プラハ、二〇世紀の首都
あるシュルレアリスム的な歴史

Derek Sayer

PRAGUE
CAPITAL OF THE TWENTIETH CENTURY
A Surrealist History

デレク・セイヤー
阿部賢一 河上春香 宮崎淳史 訳

白水社

プラハ、二〇世紀の首都——あるシュルレアリスム的な歴史

装幀　仁木順平

インジフ・トマンに捧げる

あらゆる過去を背後にのこし、
わたしたちは、さらに新しい、さらに強力な世界へ、変化のある世界へと進出する、
新鮮に力強くわたしたちは、世界を把（つか）む、労働の世界を、そして長い行程を、
先駆者よ！　おお、先駆者よ！

――ウォルト・ホイットマン「先駆者よ！　おお、先駆者よ！」
『草の葉』（一八〇〇）より

ああ、愛しい女（ひと）よ、お互いに失うまい
心の誠（まこと）実を！　この世はこうもさまざまに
美しく　真新しい　夢の国かと見えるけれど、
その実は、喜びも　愛も　光もなく、
確信も　平和も　苦痛を癒す術（すべ）もない。
ここに立つ　私たちの在りようは
闘争と遁走の叫喚（きょうかん）が入り乱れ
けたたましく鳴りわたる暗闇の曠野での
敵も味方も弁（わきま）えぬ夜の戦闘さながらだから。

――マシュー・アーノルド「ドーヴァの渚」（一八六七）

目次

謝辞　11
序　15

1　星型の城が開いてくる

「オブジェのシュルレアリスム的状況」　29
「放棄の選択」　41

2　ゾーン

プラハの散策者　54
「このお袋さんには、獰猛な爪がある」　67
「燃える理性の時」　77
死刑執行人と詩人　90
命が宿る舌　98

3

変身

ロボットの起源　109
歴史のかたわらに位置する美しい小さな庭　122
自殺者のための助走通り　135
フランツ・カフカの夢　153
あなたはドイツ語を話しますか？　あなたはユダヤ人ですか？　163
夢の国　入場料一コルナ　173
貴重な遺産　182

4

複数形のモダニズム

アルフォンス・ムハ、鉄、コンクリート　190
未来という過去の亡霊　205
〈グランド・カフェ・オリエント〉の窓から　223
おばあさんの谷　239
電気の世紀　257
この世の美しきものすべて　274

5 ボディ・ポリティック

沈黙の女 289
未来の記憶の詩 302
ルネサンス・バレエ 316
人を殺す美の観念 328
性の夜想曲 339
庖丁で切り刻む 351
戦争経済、指令の言葉、そして毒ガス 363

6 深淵のきわで

《美しき女庭師》 373
裸にされた花嫁 387
空気と暴力を吸い込みながら 395
事物の秩序 406
「世界の起源」 421
ヴィーナスの夢 430
指揮棒を持った女の子 447

7
愛の小舟は生活に打ち砕かれ、粉々になってしまった
小さな脚のある民族的悲劇　462
虐殺された詩人　472
永遠のように分厚い壁　485
ディディエ・デロッシュ　500
そうではないか、ヤン・フスよ？　517
ガス灯の下にきらめくメッサリナの肩　530
あの名だたる白い闇　543

8
時の黄金
占い師のがらくた部屋　551
プラハ──パリの電話　559
ダンシング・ハウス　567

訳者あとがき　575

原註　*60*
参考文献　*30*
索引　*1*

謝辞

本書の執筆には長い時間を費やしたが、その間、多くの人びとのお世話になっている。ここでは、その中でも特にお世話になった方のみ名前を挙げる。私の不注意で名前を挙げなかった方々にはご容赦願いたい。カナダ社会・人文科学研究会議には、二〇〇〇年から〇三年にかけてプラハおよび他の地での本書の初期段階の調査研究を支援していただいた。二〇〇〇年から〇六年にかけてアルバータ大学に所属していた際には、カナダ・リサーチ・チェアズ（CRC）プログラムからも寛大な研究支援を受けた。ランカスター大学での二〇〇八年から〇九年までの二学期にわたる研究休暇の間、英国芸術人文研究会議から助成を受け、授業と大学業務から逃れて執筆に再度集中する時間がもたらされた。そのような外部研究費——近年、大西洋の両側において、すぐに目に見える「成果」が出るわけではない研究を進めている人文科学の「孤高の研究者」にとって、ますます得がたいものになりつつある——なくしては、本書が日の目を見ることはなかっただろう。図版の高額な使用料を負担してくれたランカスター大学歴史学科にも感謝の意を表したい。

本書のいくつかの部分は、『パスト・アンド・プレゼント』、『コモン・ノレッジ』、『ボヘミア』、『ザ・グレイ・ルーム』の各誌、ティモシー・O・ベンソン編『中欧のアヴァンギャルド』、マーク・デシモ編『マルセル・デュシャンとエロティシズム』にすでに発表した文章に加筆したものである。詳細は、本書の参考文献を参照されたい。関係者にはなるべく自身の言葉で語ってもらうために、広範にわたって一次資料から引用を行なっているが、そのような引用は、私見では、公正な使用が認められる範囲でなされるべきであろう。図版の出典と著作権については、各キャプションに明記してある。図版の使用許諾と掲載に尽力してくれた以下の方々に感謝したい。プラハ芸術工芸博物館（UPM）のアレナ・バールトヴァー、プラハ国立美術館（NG）のマグダ・ニェムツォヴァー、チェコ文学資料館（PNP）のヤナ・シュトゥルソヴァー、プラハ市立美術館（GHMP）のカレル・スルプ、エヴァ・シュチェパーンコヴァー、プラハ国立技術博物館（NTM）のトマーシュ・パヴリーチェク、チェコ科学アカデミー美術史研究所（ÚDU AVČR）のマルケータ・ヤノトヴァー、リトムニェジツェの北ボヘミア美術館のアレナ・ベラーンコヴァー、ブルノ・モラヴィア美術館のパヴラ・オブロフスカー、リベレッツ市立美術館のズザナ・シュチェパノヴィチョヴァー、ヒューストン美術館（MFAH）のヴェロニカ・キーズ、ロサンジェルスのゲッティ・リサーチ・インスティトゥートのトレーシー・シュスター、英国リー・ミラー・アーカイヴのケリー・ナガバーン、スコットランド国立美術館のフィリップ・ハント、DILIA（プラハ）のイヴァナ・シモノヴァー、ロンドンのデザイン・芸術家著作権協会（DACS）のエリザベス・ウォーリー。

プリンストン大学出版局では、幸いにも拙著『ボヘミアの海岸』の担当編集者メアリー・マレルのサポートを受けたが、もともと本書の執筆を依頼してくれたのも彼女だった。メアリーが版元を離れたのち、この企画を引き継ぎ、校正の過程を経て最終稿に導いてくれたのはハニー・ヴィナルスキーである。ブリジッタ・ヴァン・ラインベルグは、ハニーが二〇一一年夏に退職後、「美しい本」をつくるというプリンストン大学出版局の取り組みについて私を励ましてくれた。そして現在の担当編集者、アリソン・マッキーン。ケリー・マロイ、ラリッサ・クライン、サラ・ラーナーは、本書の基礎をなす部分のリサーチを手伝ってくれ、大いに貢献してくれた。本文デザインを担当したディミトリ・カレトニコフは忍耐強く応えてくれたばかりか、図版の画質に関する質問にも有益な助言を与えてくれた。ジェニファー・ハリスは、繊細かつ緻密な校正作業をこなしてくれた。ミシガン州アナーバーでのチェコ文化研究ワークショップ、マギル大学、トロント大学、オルレアン大学、レーゲンスブルク大学、テキサス大学オースティン校、カリフォルニア大学ロサンゼルス校、ランカスター大学での講義や報告の参加者たちにも、この場を借りてお礼を述べたい。私の報告に対する直接的なコメントではなかったとしても、終了後、バーやレストランで交わした会話に多くを負っている。とりわけジョナサン・ボルトン、ピーター・ズッシ、キンバリー・エルマン・ザレコールは検討すべき点を指摘してくれ、そのいくつかは本書のページに浸透していることだろう。同様に、テキサス州ヒューストンのメアリー・カレンとロイ・カレンの所蔵するチェコ・アヴァンギャルドおよびシュルレアリスム美術の素晴らしいコレクションを拝見する機会に恵まれ、多くの刺激を得た。自邸に私を招き、寛大にも時間を割いてくれたメアリーの親切には感謝してもしきれない。

親しい友人であることを幸せに思える人たちがいる。ルツィエ・ジートコヴァー（旧姓バルトショヴァー）は、『リドヴェー・ノヴィヌィ（人民新聞）』紙の記者として彼女が行なったインタビュー記事の写しを提供してくれた。イジー・ルカスはある日、入手困難な『デヴィエトスィル』および『グループＲａ』の図録を私にプレゼントして驚かせてくれた。インジフ・トマンは、実にかれらしく、寛大にも個人蔵の稀覯本や雑誌を閲覧する機会を与えてくれたり、表紙や挿画を高解像度でスキャンするのに多くの時間を費やしてくれた。そればかりか、ことあるごとに原稿に目を通してくれ、貴重な助言を与えてくれたり、綴りや他の事柄など、少なくない誤りを指摘してくれた。かれが何年もの間支援し、刺激を与え続けてきたチェコ文化研究に関わるすべての者を代表して、その感謝のしるしとして、本書をかれに捧げる。他にも、マイケル・ベッカーマン、クレイグ・キャンベル、カレン・エングル、ダリウシュ・ガフィチューク、コリン・リッチモンド、テレザ・ヴァルニー、アレックス・ウィルキンソンは、本書の原稿の一部あるいは全体に目を通してくれた。本人たちは意識していないだろうが、この企画全体の見識をめぐって私が疑念を感じていたときに、かれらの励ましはとても重要だった。それに対して、シュルレアリストたちの墓を探してバティニョルやペール・ラシェーズの墓地をさまよい歩いて過ごしたパリでの休日も含め、ヨク＝スン・ウォンは、自分がこの本にどれほど大きなものをもたらしたかをよく承知していると思う。彼女は、本書よりもはるかに長かった原稿を読むために幾晩も割いてくれた。良かれ悪しかれ、本書は、何年にもわたって、笑いながらフォルムの問題と呼んできたものに対する私の解答である。その結果、彼女のダイニングルームは元の状態に戻ることができた。

デレク・セイヤー

二〇一二年五月十五日、イングランド、ガースタング

序

「我々は曖昧な観念と明確なイメージを対峙させなければならない」[1]
――ジャン=リュック・ゴダール『中国女』

ヴァルター・ベンヤミンのエッセイ「パリ、一九世紀の首都」には二つのヴァージョンがある。ひとつは一九三五年五月に執筆され、もうひとつは一九三九年三月に執筆された。刊行はいずれも、かれの死――一九四〇年九月二十五日の夜、カタルーニャの小さな国境の町ポルト・ボウでモルヒネを多量摂取して自ら命を絶った――からだいぶ時間が経過してからのことである。アドルフ・ヒトラーが一九三三年に権力を掌握して以来、フランスで亡命者として暮らしていたドイツ系ユダヤ人批評家は、その後フランスを離れ、スペインに辿り着くものの、その翌日にナチの強制収容所に移送されることがほぼ確実であると知る。「概要」(ベンヤミンはExposéと呼んでいる)の二つのヴァージョンは、かれが一九二七年以来たずさわっていた記念碑的な一大プロジェクトに、アメリカでの支援――一九三四年、コロンビア大学内にフランクフルト大学社会学研究所を再興したドイツ人亡命者たち、そしてニューヨークの銀行家フランク・アルチャルの援助――を請うために執筆されたものである。このプロジェクトの目的は、一九世紀パリの物質的構造や文化的産物の中で具体化した「夢世界」を掘り起こす作業を通じて、「モダニティの前史」を取り戻すことだった。「パリ、一九世紀の首都」は、論考のタイトルであったばかりか、そのプロジェクト全体を包括するベンヤミンによる作業用のタイトルでもあった。一九四〇年六月十三日、ドイツ軍がパリに侵攻する前日、その大部の作品の原稿はベンヤミンがパリを脱出する前に友人のジョルジュ・バタイユに託したため、フランス国立図書館内に秘匿され、戦火を生き延びる。まとまりのない、最終的な完成を見ることのなかったこの巨大な未完の書が『パサージュ論』というタイトルで刊行されたのは一九八二年になってからのこと。英語版が『アーケード・プロジェクト』と題され、ついに日の目を見たのは、新世紀をまさに迎えようとする一九九九年のことだった。

刊行の遅れは姿を変えた祝福であったかもしれない。というのも、『パサージュ論』には、ベンヤミンの時代よりも私たちの時代の精神に近いものが多く含まれているように思えるからだ。ジャン=フランソワ・リオタールによれば、「ポストモダン」の意識を何よりも特徴づけるのが「メタナラティヴ」――人類史の過程における進歩的で単一の意味を授けるモダニティのさまざまな「大きな語り」――に対する「不信」である。[2] 同時代の多くのヨーロッパ知識人と同様、ヴァルター・ベンヤミンも自身をマルクス主義者と見なしており、一九世紀パリに対するかれの関心は単なる好古趣味ではなく、(かれ自身がのちに見るように)解放をもたらすものだった。同時に(そして、通例あまりないことだったが)、歴史と進歩を同一視することを強く拒絶し、かれがマルクス主義者であるかどうかにかかわらず、語りをひとつにまとめてしまうことに対する嫌悪は、『パサージュ論』というフォルムそのものに如実に表われている。この作品は一見不完全なものに見えるが、それは単に未完の産物であることを意味するのではない。モンタージュの文体は、『この道、一方通行』(一九二八)といった初期のテクストに前兆が見られ、その一貫性は――それが出現する限りにおいて――夥しい断片の蓄積と並列という点においてのみ表われている。[3]『パサージュ論』は、ベンヤミン本人の難解で、詩的で、ときにアフォリズム的な思索が織り込まれた多種多様な出典にもとづく数百もの逐語的な引用からなっている。ある箇所で本人が述べているように、かれの目的は「引用符なしで引用する術を最高度に発展」[4]させることであった。

ベンヤミンは、「覚え書および資料」を、それぞれ番号が振られ、相互に参照される節から構成される三十六の項目(コンヴォルート)(「束」や「包み」を意味するドイツ語の **Konvolut** に由来する)にまとめた。これらの主題で特に重要なものには、一九世紀の資本主義がもたらした新しいテクノロジー（鉄骨建築、人工照明、鉄道、写真）、都市環境（アーケード、大通り（ブールヴァール）、室内）、文化的な品々（ファッション、広告、博覧会、博物館）、社会的な類型（蒐集家、遊歩者（フラヌール））、体験のモード（退屈、倦怠）などがある。ベンヤミンが自ら主張する物質主義は、モダニティが育んだ夢や欲望にかれが同等に注目するのを妨げはしなかった。Kの項目には「夢の街と夢の家、未来の夢、人間学的ニヒリズム、ユング」、Lの項目には「夢の家、博物館、噴水のあるホール」というタイトルがそれぞれついている。他の項目は、売春、賭博、絵画、ユーゲントシュティール、鏡、陰謀、パリ・コミューン、株式市場、理工科学校、からくり、人形に及んでいる。ベンヤミンは、サン＝シモン、フーリエ、マルクス、ユゴー、ドーミエといった人物の居場所も確保しているが、同書で最大の「束」をなしている対象が、一八六三年のエッセイ「現代生活の画家」の中で「現代性（モデルニテ）」という言葉を初めて世間に広めたシャルル・ボードレールである。「現代性（モデルニテ）とは、一時的なもの、うつろい易いもの、偶発的なもので、これが芸術の半分をなし、他の半分が永遠なもの、不易なものである」とフランスの詩人は述べている。ボードレールが「昔の画家一人一人にとって、一個ずつの現代性があった[5]」と述べたことを社会理論家たちはすっかり忘れ、この際限なく続く可変性を、それ以前のありとあらゆるものと「現代世界」を区別する特徴として独り占めしている。

「現実的なるものをちょうどテクストのように読むことができる[6]」とベンヤミンは主張する。かれは、実証的な歴史学よりも精神分析に手順が近い、緻密かつ徴候的な読解を念頭に置いていた。「一九世紀とは［…］集団的意識の方はますます深い眠りに落ちてゆくような時代（ないしは、時代が見る夢）である」とベンヤミンは書いている。「一九世紀のモードと広告、建築物や政治を、そうした集団の夢の形象の帰結として解釈[7]」するべく、「夢見ている集団」を追いかけなければならないとかれは歴史家たちに助言する。このような夜のヴィジョンを日の光に当てようと取り組みながら、ベンヤミンは『パサージュ論』を、「かつてあったものについてのいまだ意識されざる知」を「たったいまわれわれにふりかかってきたばかりのもの」へと変容させることを目的とする「目覚めの技法についての試論」と位置づけた。かれは「目覚めた意識の突然の出現」とともに、「生きられた瞬間の暗さ」を照らし出そうとしたのである。一九世紀の物質的名残りは、「無意識の不定形な夢の形象」をとどめ、「集団がそれらを政治においてわがものとし、それらから歴史が生成してくるようになるまでは、永遠に等しいものの循環過程に身を置いている」[8]と考えていた。「想起と目覚めはきわめて密接な関係にある」[9]とベンヤミンは述べる。「過去がその光を現在に投射するのでも、また現在が過去にその光を投げかけるのでもない。そうではなく〔…〕かつてあったものはこの今と閃光のごとく一瞬に出会い、ひとつの状況(コンステラツィオーン)を作り上げる。〔…〕かつてあったものがこの今に対して持つ関係は弁証法的だからである。つまり、進行的なものではなく、形象であり、飛躍的である」[10]。

　ベンヤミンの視点から見れば、形象(イメージ)として新たに現在がつくられることによってのみ、過去は歴史になる。「弁証法的形象は一瞬ひらめく形象である」とかれは断言する。「こうして、この認識可能性としてのこの今において一瞬ひらめく形象として、かつてあったものが捕捉されうる」[11]。紅茶にひたしたマドレーヌというきわめて日常的なオブジェとの偶然の出会いによって、予想だにしなかった幼少期の記憶がこみ上げてくるマルセル・プルーストの『失われた時を求めて』のきわめて重要なシーンを思い起こせば、このようなグノーシス的な表現に込められた意味がわかるだろう。「これが叔母のくれた菩提樹のお茶に浸したマドレーヌの味であることに気づくやいなや」とプルーストの語り手は結びつける。「家の庭にあるすべての花、スワン氏の庭園の花、ヴィヴォンヌ川の睡蓮、善良な村人たちとそのささやかな住居(すまい)、教会、全コンブレーとその周辺、これらすべてががっしりと形をなし、町も庭も、私の一杯のお茶からとび出してきたのだ」[12]。ベンヤミンは語る。「プルーストがその生涯の物語を目覚めのシーンから始めたのと同様に、あらゆる歴史記述は目覚めによって始められねばならない。歴史記述は本来、この目覚め以外のものを扱ってはならないのだ。こうしてこのパサージュ論は一九世紀からの目覚めを扱うのである」[13]。ベンヤミンは幼少期の喩えをさらに広げ、『パサージュ論』とは何かを語る印象的な比喩を披露する。「子どもが(そして、成人した男がおぼろげな記憶の中で)、母親の衣服のすそにしがみついていたときに顔をうずめていたその古い衣服の襞のうちに見いだすもの——これこそが、本書が含んでいなければならないものなのである」[14]。

『パサージュ論』の記述は驚くほど詳細である。たとえば、「さまざまな照明」を扱う項目では、「一七九〇年二月一二日にファヴラ侯爵が反革命的陰謀のかどで処刑されたとき、グレーヴ広場と絞首台には提灯が吊るされていた」[15]ことを知る——だが、ベンヤミンは、年代記的な語りを提示しようとしてそのような細部を動員するのでもなければ、理論的な議論を例証するためにこれらを集めているわけでもない。この書物を編み上げているいくつもの断片はむしろ、読者が完全に埋没することでのみ学べる、連想や示唆からなる難解な言語を語りながら、それぞれ互いに、そして項目を超越して、直接やりとりをしているように思われる。ベンヤミンは、このような複雑に生い茂った藪の道を進む手引きをしてはくれない。迷路の中、それとわかる標識がひとつもない、幾重にも交差する小径を読者は歩いていかねばならない。すぐに、途中で会う目的地すら重要ではないのではないかといぶかしむ。迷宮の中に目に見えるアリアドネの糸があるとしたら、それはカール・マルクスの商品の呪物主義（フェティシズム）という原理だろう。だがテクストは、マルクス主義的なものも含め、私たちが設定しようとするあらゆる枠組みを絶えずすり抜けてゆく。悪魔が細部に宿っているのではない。悪魔が細部なのである。

「太古のパリ、カタコンベ、取り壊し、パリの没落」という謎めいたタイトルをまとっているCの一節は、ベンヤミンの文体の魅力を伝えてくれる。

古代ギリシアでは、黄泉の国に通じているいくつかの場所があるとされていた。［…］もっとも、パリの地下を延びているもう一つ別の系統のギャルリ、つまり地下鉄もあって、ここでは、晩になると、灯火が明々と輝きはじめ、駅名の氾濫する冥界への道を教えてくれる。コンバ、エリゼ、ジョルジュ・サンク、エティエンヌ・マルセル、ソルフェリーノ、アンヴァリッド、ヴォージラールといった一連の駅名は、街路や広場といったかつての不名誉きわまりないしがらみを自分から脱ぎ捨てて、電車のライトにつかの間に照らし出されその汽笛の響きわたる暗闇のなかで、形も定かならぬ下水溝の神々やカタコンベの妖精たちになってしまっている。この迷宮はその内部に、一頭とはいわず多くの盲目の狂暴な牡牛を飼っており、しかもこの牡牛ときたら、そのぱっくり開いた口にテーバイの若い娘を毎年一人だけくれてやれば済むというのではなく、毎朝何千人という顔色の悪いお針子たちや睡眠不足の店員たちをくれてやらねばならないのだ。〔…〕地上では、街路名同士が入り組んだり交差したりしてパリの言語網を形成しているのだが、この地下の世界ではもはやそうしたことはいっさい見られない。ここでは、それぞれの名前は一人住まいであり、地獄が彼の屋敷なら、アメール・ピコンやデュボネの酒の広告がその門番たちなのである。[16]

パリの地下鉄は紛うことなくモダンそのものであるというのに、ミノア文明の神話に出てくる迷宮をどこか想起させる。大都市で日々目にする光景や耳にする音は夢のイメージのパリンプセストとなり、それこそが歴史家が解読すべき課題である。このとき、ウィーンのあの有名なソファの上でとめどなくしゃべる患者たちが抑圧された幼少期のトラウマを現わす言葉を思わず口走るのに注意を払いながら、辛抱強く耳を傾けているフロイトの姿がいやおうなく頭に浮かぶ。ベンヤミンが無意識のうちに集団的なものに近づこうとしている点を除けば、幼年期はモダニティそのものなのである。

本書の文脈において、より直接的に比較すべき点は、シュルレアリスムの詩人ルイ・アラゴンが『パリの農夫』（一九二六）で、かつての栄華が色あせたオペラ座のパサージュを通り抜けるくだりが、ベンヤミンがパサージュにのめりこむきっかけとなったことである。もちろん、ベンヤミンにはシュルレアリストとは異なる点があったが（「アラゴンが夢の領域に留まろうとするのに対し、私の仕事では覚醒がいかなる状況であるのかが見出されねばならない」[17]とかれは鼻を鳴らす）、アンドレ・ブルトンが一九二四年に立ち上げた運動に多くを負っていることを喜んで認めている。『パリ、一九世紀の首都』の第一稿（一九三五）で、ベンヤミンは次のように書いている。「ブルジョワジーの廃墟について初めて語ったのはバルザックであった。しかし、シュルレアリスムこそがこの廃墟への目を開いてくれた」[18]。『パサージュ論』はシュルレアリスム的な脱線と共通するところが多く、都市の高速道路や側道への蛇行するような散策は、日常に隠れている驚異との偶然の出会いを求める思いに突き動かされているため、必ずしも明確な方向性を有していない。ベンヤミンは、「いまや地誌（トポグラフィッシュ）的な観点を一〇倍も一〇〇倍も強調して、このパリをそのパサージュや門や墓地や売春宿や駅［…］などといったものから組み立ててみること」という方法論に関する覚え書のようなものを呟いている。「さらには、殺人と暴動、道路網の血塗られた交差点、ラブホテル、大火事といったこの都市のもっと人目につかない深く隠された相貌から組み立ててみること」[19]。これは、どこからでも始めることができるが、終わりのない探索である——これは、知識人の手抜きではなく、信念によるものなのである。

対象を捉えるベンヤミンの試みは、一見、断片のランダムな増殖のように思えるが、実は体系的なひとつの方法論であった。「商品化」や「消費」といった、より一般的な（と思われる）プロセスの単なる例に還元されるのではなく、あらゆる具体的な特性の中で意味を持つ、ファヴラ侯爵の断頭台を照らす提灯や、通勤する人々を地下鉄に手招くアペリティフの広告といった歴史的な探求のモードを模索したのである。「視覚性〔具象性〕を高めることと、マルクス主義の方法を遂行することとを結びつけるのが、どのような方途において可能なのか」とベンヤミンは自問する。かれが導き出した答えは、学術的な歴史学、それ以前と以後のマルクス主義の趨勢に反するもので、二〇世紀のもっとも革命的な発明のひとつ、第一次世界大戦後にベルリンのダダイストやロシアの構成主義者が発明したフォトモンタージュの技術を認識論的な原則まで高めることであった。「この方途の最初の段階は」とベンヤミンは述べる。「モンタージュの原則を歴史の中に受け入れることであろう。つまり、大きな構築物を作るには、厳格かつ精密に規格生産された最小の部品の組み合わせによること。いやまさに、微小な個別的契機の分析を通じてできごとの全体の結晶を見出すこと」[20]。

英訳者の言葉によれば、『パサージュ論』の目的は、ある時代を分析したり説明することではなく、時代そのものを識別でき、その夢から目覚めることのできる「その時代のイメージ［…］歴史的な『鏡の世界』」を形作ることだという[21]。ルートヴィヒ・ウィトゲンシュタインの『論理哲学論考』[22]を反響させながら、ベンヤミンはこう述べる。「私のほうから語ることはなにもない。ただ見せるだけだ。価値のあるものを抜き取ることはいっさいしないし、気のきいた表現を手に入れて自分のものにすることもしない。だが、ボロ、くず——それらの目録を作るのではなく、ただ唯一可能なやり方でそれらに正当な位置を与えたいのだ。つまり、そのやり方とはそれらを用いることなのだ」[23]。

「ちょうど原子核破壊の方法と同じように」[24]、歴史を観るにあたっての「コペルニクス的転換」をベンヤミンは考えていた。同様の際立った比較は、ピカソとブラックの分析的キュビスムから導き出せるだろう。キュビスムは、異なる角度から対象を同時に捉えることでルネサンス以後の絵画のだまし絵的な慣習を打破し、布、新聞、その他の「発見されたオブジェ」の断片や欠片をカンヴァスに直接貼り付けさえして、現実とその表象の境界を曖昧にしたのだった。歴史を書くことであれ視覚芸術であれ、そのような遠近法のねじれは、わかりやすい外見をただちにもたらしはしない。読者の側にやるべき仕事があるのだ。だが視覚領域の断片化は、最終的に、シュルレアリストを後追いしながら、ミラン・クンデラが「思いがけない出会いの密度」[25]と呼ぶ、より確かな理解を私たちに与えてくれるだろう。私はここで『パサージュ論』の建築に張り合おうとしているわけではない——私はあるひとつの物語を語りたいだけである、夥しい小さな語りからなる物語であろうとも——が、それもまた私の意図するところでもあった。細部で脱線するのと同じくらい統制しようとする大きな語りには関心がない。

ベンヤミンは「パリ、一九世紀の首都」の第一草稿（一九三五）の結びで、次のように書いている。「いつの時代も、次に続く時代を夢見るものだが、それだけでなく、夢見ながら覚醒を目指して進むものだからである。いつの時代も、己の終焉を内に秘め、その終焉を——すでにヘーゲルが認識しているように——狡知をもって実現する」[26]。私たちにとってベンヤミンが生き、亡くなった時代は遠くも近くも感じるが、ベンヤミンにとってはルイ＝フィリップの治世のパリや第二帝政、第三共和政がそうであった。それは「近い過去」であり、記憶と歴史の境界線上にぼんやりと漂う時間である。その記念碑は、もはや私たちの世界には属することなく私たちの住む風景を揺さぶっていく。本書が試みるのは、私たちにとっての近い過去——つまり、ヴァルター・ベンヤミンにとっての現在——に対して、『パサージュ論』がかれにとっての近い過去に対してなしえたことを行なうこと、つまり、ぼろ切れの中を漁り、今日、覚醒状態にあると私たちが浅はかにも信じてやまない夢の世界が現われるのを期待して、昨日のモダニティを拒絶することである。私がその夢から目覚めようとする時代とは二〇世紀のことであり、とりわけエリック・ホブズボームが「短い二〇世紀」と呼ぶ、一九一四年八月一日の第一次世界大戦勃発から一九九一年十二月三十一日のソ連崩壊にいたる期間である[27]——それは偶然にも、いやおそらく偶然ではないだろうが、人類史上もっとも血にまみれた時代であった。「理性の研ぎ澄まされた斧[28]」のみによって生き延びる人間の能力に対して、私はベンヤミンほどには信頼を抱くことはできないが、それこそが、二〇世紀の大虐殺の本質そしてその規模の大きさを語る理由のひとつである。私はポストモダンの目覚めと、現実と理性が最終的に一致するヘーゲル的な「歴史の終わり」を同一視はしない[29]。ポストモダンの時代は、疑いなく時代特有のファンタスマゴリーを生み出すだろうし、その時代がポストモダンであるという確信もまた、そうしたファンタスマゴリーのひとつであるかもしれないのだ。

ホブズボームが言うところの「両極端な時代」は、一九〇〇年の段階でなおも世界の多くを支配していた大ヨーロッパ帝国の崩壊を背景に、モダニティをめぐる自由民主主義、ファシズム、共産主義それぞれのヴィジョンの闘争によって政治的に支配されていた。それは、第一次世界大戦の戦場におけるロマノフ王朝のロシア、ホーエンツォレルン家のドイツ、ハプスブルク家のオーストリア＝ハンガリー帝国の崩壊に始まり、第二次世界大戦後のアフリカとアジアの脱植民地化にいたるプロセスである。モダンの意味するものが多くの論争を巻き起こし、同時代のイデオロギー的な葛藤から切り離すことができるかという問いかけがほとんどなかったにもかかわらず、建築および美術において、モダニズムは時代のスローガンとなった。本書で主に扱うのは二〇世紀前半であるが、それは、その葛藤が頂点に達し、さまざまなヴィジョンが生き生きとして新しかった時期である。もっとも、その後に続く冷戦の時代への逸脱も多々あるだろうし、その場に応じて世紀末に舞い戻ることもあるだろう。ベンヤミンと同じく、私もまたこの発掘の舞台として、ひとつの都市を選択した。光の都パリに比べると、プラハはたしかに、世紀の首都としてそれほど光を放ってはいない。だが、二〇世紀は前世紀よりもはるかに暗い世紀だった。一見すると、このような捉え方は馬鹿げたものに思われるかもしれない——シュルレアリストとチェコ人の双方に愛された黒いユーモアを備えた人物ならわかるだろうが、ベンヤミンの最高傑作へのオマージュになりえていないのでは、と。だが考えてほしい。百年に満たない間に、モダンであることのこれほどまでの多様さを目にすることのできる都市が、おそらくベルリンを除いて、他にあるだろうか。それはロンドンでもなければパリでもなく、ましてやロサンジェルスやニューヨークでもない。

プラハは、ボヘミアのドイツ語話者――当時、人口のおよそ三分の一を占めていた――を「民族的」少数派に転落させる近代チェコの「民族復興」によって勢いづく、オーストリア＝ハンガリー帝国に抵抗する地方都市として二〇世紀を迎えた。それに続く百年の間に、ヴルタヴァ川沿いの街は、ヨーロッパ大陸でもっとも東に位置する民主主義国家の首都（一九一八―三八）、ナチ占領下の保護領（一九三九―四五）、ソ連のグラーグの西側の前哨地（一九四六―八九）、そして再生したポスト共産主義共和国（一九九〇―）といった段階を次々と経ていく。これらの政体の国境も、体制の変化に伴い、たびたび変化した。一九一八年十月、ボヘミア、モラヴィア、チェコ領シレジアのボヘミア諸領邦は、スロヴァキア、下カルパチア・ルテニアとともに独立したチェコスロヴァキア共和国を形成する。それから二十年後、一九三八年九月のミュンヘン協定の結果、国土および住民の三分の一がドイツ（そしてハンガリー）に移譲される。ヴェルサイユ条約で英国とフランスがチェコスロヴァキアに与えた保証は、ネヴィル・チェンバレンとエドゥアール・ダラディエが「我らの時代の平和」という名目で反故にされたのだった。半年後、スロヴァキアはドイツの保護下で名目だけの独立国家となり、ボヘミア諸領邦は第三帝国の一部となり、国名も地図上から消える。その結果、プラハは、第二次世界大戦中、ヨーロッパの首都の中でもっとも長期にわたって占領された都市となった。戦前のチェコスロヴァキアの領土は戦後復帰するが、例外は下カルパチア・ルテニアで、即座にソ連に編入された（今日では独立国家ウクライナの一部をなす）。それから四十年にわたり、プラハはウィーンの西側に位置しているにもかかわらず、「東欧」に属すこととなった（本書で扱う芸術家の大半が英語圏の多くの読者に馴染みがないのはそのためである）。一九八九年十一月のビロード革命によって共産主義が崩壊し、プラハは「ヨーロッパに回復」する。だが、それからわずか二年の間にチェコ人とスロヴァキア人の間の緊張がふたたび表面化し[30]、一九九二年十二月三十一日の真夜中、チェコスロヴァキアはチェコ共和国とスロヴァキア共和国に分離した。

ビロード離婚――件の分離について冗談めかしてそう呼ばれている――は、少なくとも友好的に進んだ。だが、それ以前のボヘミアの国境や人口の変化について同じことは言えないだろう。戦間期のチェコスロヴァキアでは、チェコ人はどうにか多数派を占めていたにすぎず、ボヘミアのドイツ人たち——銃を突きつけられ、新国家に編入された——の数はスロヴァキア人を上回っており、他にもハンガリー人、ユダヤ人など、相当数の少数民族を抱える脆弱な国家だった。その結果として起きた「民族」間の軋轢は、一九三八年から三九年にかけて起きたチェコスロヴァキア崩壊という事態に対し、必ずしもその理由ではなかったにせよ、正当化する根拠を与えることとなった。ヨーロッパでもっとも古く、最大規模を誇るプラハのユダヤ人コミュニティーは、ナチによる占領時代に根絶され、ホロコーストを生き延びた人びとも多くが戦後亡命してしまう。一九四五年から四六年には、今度は逆にチェコ人たちが三百万ものドイツ系住民を国外に追放する。この行為は「祖国の純化（Čistění vlasti）」と呼ばれたが、それは「民族浄化（Ethnic cleansing）」という単語が旧ユーゴスラヴィア経由で英語の政治的な語彙に加わる半世紀も前のことだった。[31]目に余る残虐行為が横行し、何千人もの死者が出た。これに加えて、一九三八年のミュンヘン危機、一九四八年の「勝利の二月」の共産党クーデタ、一九六八年八月二十一日のソ連軍侵攻などによって引き起こされた政治的亡命の波がいくつもあり、私たちが話題にしている世界の一部では、現代性を「一時的なもの、うつろい易いもの、偶発的なもの」と呼ぶボードレールの言葉どおりになっていることが明らかになった。

「大きな語り」、とりわけ「進歩」という「大きな語り」に対して、プラハが与えるものがほとんどないことは理解していただけるだろう。この都市の二〇世紀の歴史は、「また、あるものは善ではないが美しくありうるというだけでなく、むしろそれが善でないというまさにその点で美しくありうる。このことはニーチェ以来知られており、またすでにボードレールが『悪の華』と名づけた詩集のうちにも示されている」[32]と述べたマックス・ウェーバーの洞察をしばしば想起させる。これは、西側の社会理論家の世代が私たちに慣れ親しむように仕向ける「モダンの社会」ではなく、[33]展覧会が見世物の裁判になったり、室内が瞬時に独房に転じたり、パサージュが射撃場になったり、怠惰な遊歩者が帽子を落とした瞬間に秘密警察となるようなカフカ的世界なのだ。モダンの経験という点において、プラハは、ロンドン、パリ、ロサンジェルスやニューヨークとはかなり異なる地点を提供してくれる。それは、ブラックやピカソのキュビスム、あるいはダダイストたちのフォトモンタージュに類する遠近法であり、「見る」という慣れ親しんだ領域への挑戦である。このシュルレアルな世界――私たちにはそのように思える――こそが、五番街、ロデオドライヴ、シャンゼリゼで出くわす見慣れた光景と同じく、どこを取っても、「モダン」という名にふさわしいものであり、これこそが本書の論点である。抽象芸術と同じく、ガス室もまた現代精神（エスプリ・モデルヌ）の正統なひとつの表現[34]であることを私たちは認めるようになり、共産主義体制を支えていた、共犯関係にあることを知りながら続けられる儀式をめぐるヴァーツラフ・ハヴェルの記述は、フーコーの近代における権力分析と同様、洞察に富むものとして評価される時代を迎えたのだ。[35]

「ヨーロッパの十字路」（一九三八年六月、国際ペンクラブ大会でチェコの作家カレル・チャペックが行なった冒頭の挨拶からの引用）に位置するプラハの立地こそが、芸術家や知識人にモダニズムを夢見る豊かな契機を与えたという数多の証拠を、私たちはこのあと本書で見ていくことになるだろう。[36]二〇世紀前半の中欧は、国家経済および政治的課題において近代化を重要なものとして位置づけ、そのことは芸術にとってきわめて好都合なものとなっていた。戦間期のチェコスロヴァキア建築が持っていた並外れた活力についてのケネス・フランプトンの見解は、より一般化することができるだろう。それは、映画、演劇、文学、音楽、視覚芸術のいずれにおいても「その名に値するモダニティ[37]」である。冷戦の地勢が、かつて鉄のカーテンの両側で歴史の記述に影響を与えたことにより、ごく最近まで――ミラン・クンデラの表現を言い換えれば[38]――この「もうひとつのモダニティ」の大部分は忘れ去られていた。この物語を語り直すだけでも、本書を執筆する正当な理由となるだろう。もちろん、ここで披露される広範な議論に読者が納得するかどうかは別の問題である。だが、プラハが二〇世紀の首都という名にふさわしいと私自身が思うのは、ここが、モダニストたちの夢がある時代を謳歌し、そしてふたたび破綻していった場所だからである。遅かれ早かれ、「進歩」という「大きな語り」が子供じみたおとぎ話にすぎないのを仮面が絶えず暴いてくれる場所なのだ。

フランツ・カフカの『訴訟』や『城』、ヤロスラフ・ハシェクの『兵士シュヴェイクの冒険』、ボフミル・フラバルの『あまりにも騒がしい孤独』、ヴァーツラフ・ハヴェルの『通達』、あるいはミラン・クンデラの『可笑しい愛』といった不気味な喜劇的作品を二〇世紀のプラハが世界文学にもたらしたこと、あるいはボヘミアの首都が、パリに次ぐシュルレアリスム第二の中心であったことは決して偶然ではない。たしかに、プラハのシュルレアリスムは、フランスほど神秘的でもロマンティックでもないことはしばしば言及されている。つまり、この都市のモダニズムの歴史とは、黒いユーモアの具体的な実例そのものなのだ。アイロニーや不条理を理解する感覚、意味の取りやすい大理論や全体化のイデオロギーに対する絶えざる疑念、そして理性というあらゆる社会的、知的な見せかけに荒々しく風穴をあけるエロティックな可能性を求めるラブレー的嗜好を身につけることができる都市が他にあるだろうか。これこそが本書で探求する領域の神髄である。それは必ずしも心地よいものではないかもしれない。本書で示されるプラハは、（アンドレ・ブルトンの言葉を借りるならば）自分は昼ひなかを歩く人間だと信じるよりも、夜の中を歩くほうを好むという大人のための街なのだ。[39]カレル橋から二〇世紀を見渡すことは、マシュー・アーノルドのドーヴァー海岸から一九世紀を見渡すことどこか似ている——痙攣的な美をもたらす眺望ではあるが、同時に、自分たちが立っている足場の脆さを意識させるにちがいない。

　モダンの前史を明らかにすることがヴァルター・ベンヤミンの意図するところであったとすれば、本書はポストモダンの前史に寄与するものとして位置づけられるだろう。「パリ、一九世紀の首都」の第一草稿（一九三五）の中で、ベンヤミンは「ブルジョワジーの打ち立てた記念碑は、それが実際に崩壊する以前にすでに廃墟と化しているのをわれわれは見抜き始めている」[40]と述べ、覚醒を期待していた。だが、私の関心はそれとはまったく異なるものである。[41]マルクスの唱えた「商品」は、二〇世紀のイマジネーションを魅惑する単なる呪物（フェティッシュ）には程遠かったことは、（大学に籍を置く、少数の大きな子供たちを除き）いまや自明となっている。[42]私が廃墟と見なそうとする記念碑は、モダニティそれ自体の廃墟である。いや、少なくとも、多少なりとも控えめに言えば、時代の自意識にとってきわめて中心的な役割を果たした「大きな語り」の中で、「モダニティ」と解釈されてきたものの廃墟である。興味深いことに、ベンヤミン自身は晩年、ブルジョワジーの時代を決定づける特徴とするどころか、モダニティは（カール・マルクスの表現を用いて）時代の幻像（ファンタスマゴリー）であると結論づけている。「パリ、一九世の首都」の第二草稿（一九三九）では、ヘーゲル的な覚醒にまつわる最後の一節が、オーギュスト・ブランキが『天体による永遠』で提示した「地獄のヴィジョン」にまつわる短い瞑想に置き換えられている。ベンヤミンがあえて引用した同書は、一八七一年のパリ・コミューンの際、トーロー要塞に幽閉されているさなかにブランキが執筆したものである。ベンヤミン自身も十分に承知していたように、パリ・コミューンは共産主義という素晴らしい新世界の先駆けとなる「プロレタリアートの独裁」の初の事例として、マルクスが称賛した出来事であった。[43]

　ベンヤミンによれば、ブランキの書物には「『ツァラトゥストラ』より十年早く、事物の永劫回帰の理念が提出されている。悲壮感はわずかばかり少なく、非常に大きな幻覚誘導力をもっている」という。「進歩などない」とブランキは述べる。ただ、革命に対する絶望感が永遠に続くだけなのだ。「宇宙は限りなく繰り返され、その場その場で足踏みをしている」。「ブランキが、そのなかで懸命になって描こうとしているのは、歴史自体のファンタスマゴリーであることが明白となる進歩の像(イマージュ)――最新流行に身を飾って偉そうに歩く、記憶に残っていないほどの太古――である」とベンヤミンは述べ、次のように締めくくる。「自らのファンタスマゴリーに支配される世界、それは――ボードレールの表現をわれわれが使うならば――現代性(モデルニテ)である」。[44]

　一九三九年三月十五日、ベンヤミンが「パリ、一九世紀の首都」を改稿したのと同じ月にアドルフ・ヒトラー率いる軍隊がプラハを侵攻したことは、偶然かもしれないし、偶然ではないかもしれない。

1 星型の城が開いてくる

深淵の斜面に、賢者の石で建てられた星型の城が開いてくる。[1]
——アンドレ・ブルトン『狂気の愛』

「オブジェのシュルレアリスム的状況」

「アンドレ・ブルトン、プラハに来たる！」[2]という文字がチェコのシュルレアリストたちのビラの見出しに躍っていた。旧友ポール・エリュアール、新妻ジャクリーヌ・ランバ、チェコ人画家ヨゼフ・シーマを引き連れ、シュルレアリスムの指導者がボヘミアの首都に到着したのは一九三五年三月二十七日のことだった。その三年前に発表した写真集『夜のパリ』で光の都に衝撃を与えたブラッサイによると、エリュアールは当時、「四十がらみ」の「すらりと背が高く、堂々とした風采で［…］秀でた額の下で大きく見開かれた眼は、明るく碧空のように澄んだブルーで、優しく、やや女性的な甘さをたたえていた。面長の顔は薔薇色をしていたが、その顔はふしぎに左右のバランスがくずれていた。この人物全体から、ゆとりとしなやかさと、なんとも形容しがたい微妙な繊細さが発散していた」。その詩人は「低い、やや籠った、しかしきわめて力強く魅力的な声」をしていたが、「私の方に伸ばした手は、少し震えていた」。ブラッサイはのちに知ることになるが、その震えは、生涯にわたる不健康によるものだった。ブルトンの容姿はさらに威圧的で人目を引いた。

整った顔立ちで、鼻はまっすぐに通り、眼は明るく澄み、額をますます秀でて見えさせる長髪は、巻き毛となってうなじに垂れ下がっていて、あたかもオスカー・ワイルドを見るようだった。ただし、体質がとつぜん変化して、一層精力的、男性的になったワイルドといった感じだった。彼の堂々たる風貌、ライオンを思わせる頭部、冷徹そのものの、重々しくほとんど厳めしい顔、極端にゆっくりした、折り目正しく節度ある挙措動作は、彼に権威を与えていた。人々を魅了し、支配するために生れたが、また同時に、人々を弾劾し断罪するために生れもした、指導者としての権威を。エリュアールは私にアポロを連想させたが、ブルトンは人間の姿をまとったジュピターという感じだった。[3]

プラハを訪れた者たちに対する歓迎ぶりは、当人たちの予想をはるかに上回るものだった。「ぼくたちは、ここではフランスにいるときよりもずっと有名だ」と、エリュアールは前妻ガラに手紙を綴っている。[4] その二日後、ジョフィーン島にあるマーネス画廊で開催されたブルトンの講演「オブジェのシュルレアリスム的状況」には七百人以上の聴衆が集った。金色の屋根を戴く国民劇場に対峙し、予期せぬ出会いの詩情に満たされたヴルタヴァ川に薄片のごとく浮かぶ島は、このテーマにうってつけの舞台だった。ジョフィーン島は一九二五年、愛国的な理由から「スラヴ島」に改名されている。[5] この名は、一八四八年革命の年にここで開かれたスラヴ人会議を記念してつけられたものだが、この会議に参加したハプスブルク帝国のスラヴ系少数民族の代表者たちにとって、互いに意思疎通可能な言語はドイツ語しかなかったといういささか茶番めいた催しだった。もっとも、ブルトンがプラハを訪問した当時、この島をスラヴ島と呼ぶ者はほとんどいなかった。チェコスロヴァキア共和国がオーストリア=ハンガリー帝国から独立を宣言したのは一九一八年十月二十八日のことだが、皇帝フランツ・ヨーゼフの母ゾフィー（チェコ語でジョフィエ）大公妃のやわらかく愛らしい名前は、その島の名に名残りをとどめていた。オタカル・ノヴォトヌィーの設計により一九三〇年に建てられたマーネス画廊は、まったく異なる調子を醸し出していた。この建造物は、ニューヨーク近代美術館（ＭＯＭＡ）で開催された画期的な展覧会で「インターナショナル・スタイル」[6]とそっけなく名づけられた建築様式のモダニズム美学の典型である。飾り気がなく、白く、過去の残骸の重荷から解放された、コンクリートと厚板ガラスからなる建物は、西側に目配りしながらも素晴らしい新国家を物語り、かつ代弁していた。一五八八年から九一年にかけて建造された葱花形のドームを戴く給水塔や、一四一九年に遡る一群の製粉所の唯一現存する建物がこの画廊を取り囲んでいたが、芸術家協会マーネスは一九二六年にその敷地を購入した後、製粉所を取り壊してしまった。[7]それでも歴史は逃れがたくここにとどまっている。

ブルトンは曖昧な会釈をしながら、こう口火を切る。

フランスの外にある一つの都会、昨日までわたしにとって未知であったわけですが、未だ訪れたことのない都市のなかではもっとも親しい思いがしていた都会で、今日お話ができるのはたいへんうれしいことです。まこと、伝説の魅惑に装われたプラハは、実際のところ、詩想をたえず多少なりとも空間にとどめ漂わせるたたずまいを見せているまちです。この都市の住民の風俗とこの都市が示している地理的、歴史的、経済的重要性をまったく別にしても、この都市は、遠くから眺めると、数々の塔がほかと比較にならぬほどびっしりと林立しているところから、老いたるヨーロッパの魔法の首都のように見えます。

「想像力のために、ここが過去の魔法の一切をなおことごとく懐に抱いているという事実からだけでも、すでに、わたしの話を理解していただくのが、世界のどこよりもこの場所では、むずかしいことではないように思えます」とブルトンは聴衆に語りかける。

かれはさらに次のように続ける。「わたしは自分が、長年に亙(わた)って、ヴィーチェスラフ・ネズヴァル、カレル・タイゲのような方たちと、考え方において、信頼において、友情において、まったく完全に一致していることを承知しており、またわたしがそれを誇りに思っているからです。［…］後者［タイゲ］によりつねに躍動的に解釈を加えられ、前者［ネズヴァル］のきわめて強力な詩的力添えを受けて、今日プラハにおいて、シュルレアリスムは、パリと同じ隆盛をえていると自信をもつことができましょう」[8]。シュルレアリスムはプラハでまさに隆盛しつつあったが、厳密にはその繁栄は「長年に亙って」というわけではなかった。ブルトンがネズヴァルと初めて顔を合わせたのは、それから遡ること二年前、一九三三年五月九日にネズヴァルがパリを訪れ、〈カフェ・ブランシュ広場〉に立ち寄ったときのことだった。そこはフランスのシュルレアリストの溜まり場のひとつであり、ルイス・ブニュエルがのちに「まことにピガールによくある大衆カフェで、娼婦やひもが出入りしていた」[9]と回顧する〈カフェ・シラノ〉と同じみすぼらしい広場に軒を並べていた。ネズヴァルはこの遭遇を、パリの路上でブルトンが無邪気な娘と偶然出会ったことから始まる情事の物語『ナジャ』（一九二八）のワンシーンになぞらえずにはいられなかった[10]。ブルトンはこのプラハ訪問の際に初めて、批評家、理論家、装丁家であるカレル・タイゲと知り合うが、戦間期のチェコ・アヴァンギャルドにおけるタイゲは、フランスにおけるブルトン自身に比肩する人物だった。〈チェコスロヴァキアのシュルレアリスト・グループ〉が結成された——プラハのシュルレアリストたちは正式名称をこのように自称している——のは一九三四年三月になってからのことである。ブルトンの『シュルレアリスム宣言』が最初に出版されてから丸十年かかったが、それまでにも、一九三〇年末には、事実上シュルレアリスムの雑誌であったネズヴァル編集の『黄道十二宮』[11]が発行されたり、マーネス画廊で〈ポエジー　一九三二〉展が開催されている。同展には、画家インジフ・シュティルスキー、トワイヤン（マリエ・チェルミーノヴァー）、彫刻家ヴィンツェンツ・マコフスキー、ヨゼフ・シーマやその他のチェコ人芸術家の作品と並んで、ハンス・アルプ、サルバドール・ダリ、ジョルジョ・デ・キリコ、マックス・エルンスト、パウル・クレー、ジョアン・ミロ、ヴォルフガング・パーレン、イヴ・タンギーの作品——そのうえ作者不詳の「黒人彫刻」の一群——も展示されたが、当時、世界のどこを見渡してもシュルレアリストの作品がこれだけの規模で一堂に会したことはおそらくなかった[12]。

　ブルトンの誇張表現は詩的だった——思考のより深い真実というのは、多かれ少なかれ、つねに宙を漂っているものであるが、一瞬の偶然の一致によって思いがけず釘付けにされると、それはいっそう魔術的になる。フランスと

ポール・エリュアール、アンドレ・ブルトン、ジャクリーヌ・ランバ。プラハにて、1935年。
撮影者不詳、チェコ文学資料館蔵

チェコのシュルレアリストたちの知的な――一九三五年には政治的な――共鳴はそのように見えたので、かれらの出会いは、「まさにブルトンとジャクリーヌの関係がそうであったように客観的偶然」によって運命づけられていたとブルトンは感じたかもしれない。一九三四年からシュルレアリストの雑誌『ミノトール』に連載し、一九三七年に出版された『狂気の愛』の中で、ブルトンはその経緯を語っている。ジャクリーヌ・ランバは画家だったが、人魚、すなわちブルトンが彼女を記憶に留めるべく選んだ水の精（オンディーヌ）のイメージをまとっていて、それは、カフェでふと耳に入ってきた会話の断片（ここよ、夕食をとるのは（ロン・ディーヌ）！）、モンマルトルのミュージックホール〈ル・コリセウム〉で、裸で水中バレエを演じるジャクリーヌの夜の仕事、十一年前の一九二三年に書き留めた自動筆記による詩「ひまわり」に、夜、パリの街をともに散歩するという予感があったのを悟ったことと融合していた。「何人かはこの女のように泳いでいる様子だ／そして恋のなかには少しばかりかれらの実体が含まれている[13]」というフレーズが、そのとき不意にブルトンの頭をよぎったのだった。その詩は当時あまり気に入らず、よくわからないものでもあった。[14] マーネス画廊に集まった聴衆にブルトンが説明したところによると、「客観的偶然」とは、「人間が生命を維持するうえでそれを必要と感じているにもかかわらず、捉ええないでいる必要が、そのなかで、きわめて神秘的に人間に姿を現わして見せているといった偶然[15]」であった。

フランスのシュルレアリストたちはチェコで二週間過ごし、[16] 四月十日にこの地を発った。ふたたびチェコを訪れて長期滞在する計画もあったが、[17] ブルトンの訪問はこのときかぎりとなった。エリュアールはその後再訪を果たしている。ブルトンは「今日の芸術の政治的位置」に関する講演を行ない、エリュアールはシュルレアリスム詩を朗読した。四月一日、プラハ市立図書館で行なわれた講演会を主催したのは、一九二九年に左翼系芸術家と知識人によって結成された〈左翼戦線(レヴァー・フロンタ)〉で、この組織の初代代表はカレル・タイゲだった。講演には三百五十人近い聴衆が集まり、会場を埋め尽くした。[18] マーネス画廊での講演と同様、ここでもブルトンはプラハのために特別に準備した講演を行なっている。四月三日、ブルトンは二百五十人の学生を前に、中欧最古のカレル大学哲学部でも講演「シュルレアリスムとは何か」を行ない（「ベルクソンが話をしたときは五十人しか集まらなかった」とエリュアールは満足げに記している）、[19] 翌日はモラヴィアの中心都市ブルノで、「オブジェのシュルレアリスム的状況」に関する講演をふたたび行なった。前年ブリュッセルで講演した「シュルレアリスムとは何か」を元にしたもので、一九三七年にチェコ語で刊行されている。[20] それ以来、これはシュルレアリスム運動のきわめて重要なテクストとして広く認知されている。またブルトンはいくつかの新聞社の取材とラジオのインタビューを受け、[21] 最新刊『通底器』（一九三二）のチェコ語版（ネズヴァルと演出家インジフ・ホンズルによって翻訳されたばかり）四百部以上にサインをした。同書は、マルクス主義とシュルレアリスムを両立させるという、ブルトンにとってもっとも野心的な試みだった。ポール・エリュアールもまた、自作の詩「女、生活の原則、理想的な会話の相手」をラジオで朗読した。この録音を聞くと、「奇妙に誠実な印象を受ける[22]」と、のちにエリュアールはガラに語っている。

プラハ滞在中、ブルトン一行はチェコの主催者らとともに『シュルレアリスム国際公報』を制作している。この企画は、四月五日にネズヴァルがマーネス画廊での夕食の席で発案し、エリュアールが「きわめて重要」[23]と見なしたことで始まったという。この『公報』は、シュルレアリスム運動の公的な国際化の嚆矢となった。創刊号は、フランス語とチェコ語の二言語表記の二段組で、四月二十日にプラハで発行されている。[24]続く（フランス語とスペイン語による）第二号はテネリフェ島で五月に発行された。ベルギーのシュルレアリスト・グループを特集した第三号はブリュッセルで八月に発行され、（フランス語と英語による）第四号は一九三六年五月にロンドンで発行され、その一か月後、ニューバーリントン画廊で〈シュルレアリスム国際展〉が開催された。ブルトンはロンドンでの展覧会を「シュルレアリスム運動の影響を表わすグラフ、近年ますます右肩上がりのグラフの頂点」[25]として称賛した。同展は、サルバドール・ダリによる深海潜水スーツの中から口上を述べる行為（ダリは危うく窒息するところだった）や、裾の破けたタイトな白いドレスをまとい、バラに覆われた鳥かごを頭から被りながら「セックスアピールの幽霊」としてトラファルガー広場を徘徊するシェイラ・レッグの奇行によってさらなる悪評を得た。その二、三か月後、『シュルレアリスム』とだけ題された記念誌が発行され、その編集に携わった無政府主義者の批評家ハーバード・リードはこの号を「マニフェスト」と見なした。リードは次のような文章で序文を始めている。「苦痛と不機嫌へと長く引き伸ばされた冬のあと、灼熱の、突然開花した、すべてを洗い流す嵐の一か月の間、〈シュルレアリスム国際展〉がロンドンに押し寄せ、冷淡な知的雰囲気に衝撃を走らせ、驚きや魅了や冷笑に対して反応しなくなっていた我々の感性を刺激した」。リードが唯一軽蔑の対象としたのは「嘲り、冷笑、侮蔑による武装」だったが、この見世物はまさにこうした言葉とともにマスコミに歓迎された。「結果的に、とりわけ多数の若者が来場し、かれらは嘲笑するどころか、学び、啓蒙され、生を体感した。社会とマスコミの関心が収まったのちに我々と残ったのは、真摯な科学者、芸術家、哲学者、社会主義者であった」[26]。シュティルスキーとトワイヤンは、当時の他の主要なシュルレアリスム国際展と同様、ロンドンでの展覧会でも出展者に名を連ねた。いくぶん不可解ではあるが、『シュルレアリスム』誌には、「恍惚状態のチェコスロヴァキアの農夫」によるとされる作品も掲載されている。[27]

ブルトン一行は、プラハでの多忙な日程の合間を縫って、カルロヴィ・ヴァリ（カールスバート）やマリアーンスケー・ラーズニェ（マリーエンバート）などの温泉町に出かけ、ゲーテやマルクスの亡霊に取り憑かれたウェディングケーキのようなホテルや、独特の形をしたカップから湧き水をすする旅人でごった返す擬古典的な列柱の並ぶ、超現実と呼ぶにふさわしい場所を訪れた。シュルレアリストたちは魔法の都プラハを存分に散策し、ウーヴォス通り、プラハ城のあるフラッチャヌィ、カンパ島、カレル橋、旧市街広場はブルトンの大いに称賛するところとなった。現在、観光客が目にする街並みは一九三〇年代と比べていくぶん古雅に欠けるにしても、ブルトンとエリュアールが目にしたにちがいない姿のまま残っており、広場は今も映画の舞台のようである。今日でも路面電車のレールが石畳を貫き、正真正銘のゴシック建築〈石の鐘の館〉は今もなお、そのバロック様式のファサードから切り離されずにいる。一九世紀ネオ・ゴシック様式の翼のある旧市庁舎は、ヨーロッパにおける第二次世界大戦の最後の戦闘のひとつ、一九四五年五月五日から八日に起こったプラハ蜂起の際に一部が破壊されたが、当時はまだ威容を誇っていた。各建物に番地が振られるようになった一七七〇年以前の建物であることを証明する浅浮き彫りの施された石や石膏の特異な紋章に、ブルトンら訪問者は魅了された――ヴィーチェスラフ・ネズヴァルはこれを「秘められた性的意味を備えたシュルレアリスムのオブジェ」[28]であると説明している。エリュアールはあやつり人形（数世紀にわたるチェコの民衆娯楽）と絵の描かれた卵（来る四月二十一日が復活祭だった）に隠された意味を見いだしていた。エリュアールが目にするものに敏感であったならば、派手なリボンで飾られた「ポムラースカ」（復活祭の一週間、露店で売られる柳で編まれた棒。今も見られる）の性的意味について思い巡らしたかもしれない。神の復活を祝して、復活祭の月曜日に少年たちはポムラースカで少女たちの臀部を鞭打ち、少女たちはお返しに色付けされた卵を贈る。ポムラースカの語源は「若返る」という意味の動詞 pomladit である。

ブルノは戦間期のモダニズム建築の中心都市として知られているが、[29]ネズヴァルがシュルレアリストたちの関心を惹こうとして代わりに選んだのは「市庁舎と鰐と車輪の偶然の出会い」であった。その鰐は「ブルノの竜」と呼ばれ、一六世紀にトルコからボヘミア王マティアス・コルヴィヌス（マーチャーシュ一世）に献上されたもので、住民はそれを竜と勘違いしたという。その剝製の鰐は今でもブルノ旧市庁舎の入口にある廊下天井に吊るされている。ブルトンはこのような組み合わせを、ロートレアモン伯爵ことイジドール・デュカスに値すると考えた。『マルドロールの歌』の作者ロートレアモンは、同書で英国少年の美を「解剖台の上のミシンと雨傘の偶発的な出会い」[30]に譬えることで、もっとも名高いシュルレアリスムのイメージをつくり上げた。ブルトンはマーネス画廊での講演で、シュルレアリストがこうした偶然の出会いの蓄積をいかに重要視しているかについて、ドイツ人画家マックス・エルンストを引き合いに出しつつ、説明する労をいとわなかった。エルンストによると、「相応しくない場でのかけ離れた二つの現実の出会いの開発［…］あるいはもっと短い言葉を使えば、体系的デペイズマンの効果を発展させること」は、「（理性、好み、意識された意思を呪う）これらの方法」の中で、シュルレアリスムの芸術家にとって最初の、かつ抜きんでて有効な手段だった。「与えられた事実によって、つまり、外見的にはそれらに相応しくない場で、連結できないように見える二つの現実を連結することによって［…］愛の行為のような純粋行為があとにつづく完全な変換が、必然的に起こるであろう」[31]。

あとでわかったことだが、まさにこうした偶然の組み合わせは手近なところにあった。ブルトンはプラハ西部の郊外、ビーラー・ホラにある星型（フヴィエズダ）の城（夏の別荘）に魅了された。そこはルネサンス時代の狩猟小屋で、ハプスブルク家のオーストリア大公フェルディナントとユダヤ系の（内縁の）妻フィリッピーネ・ヴェルザーのために、一五五五年から五七年にかけて、イタリア人建築家ジョヴァンニ・マリオ・アオスタッリとジョヴァンニ・ルッチェーゼによって建てられたものである。その城館の名は、外壁が六芒星の形に組まれているという事実に由来する。「星型の城」は、間違いなく「記憶の場」であるが、何を、どのくらいチェコ人に想起させるか、フランスのシュルレアリストたちに明らかだったとは言いがたい。一六二〇年十一月八日、ビーラー・ホラ（チェコ語で「白い山」の意）の戦いはまさにこの場所において、反乱を起こしたボヘミア貴族にとって屈辱的な結末を迎え、三十年戦争の引き金となった。西欧の歴史家の通説によれば、この戦争は近代に突入したヨーロッパの国家体制が築かれる坩堝（るつぼ）と見なされる。しかしこの戦いは、チェコ諸領邦に二重の大惨事をもたらしたものとして記憶されることになった。一五世紀、チェコの異端者ヤン・フスの教義に端を発する自国のプロテスタント主義に対し、反宗教改革側が引導を渡すことになっただけでなく、かつて繁栄を謳歌した中世のボヘミア王国がオーストリア帝国の一領邦へと結果的に衰退していく道を切り開いたからである。プラハのガイドブックで喧伝される荘厳な建築の多くはバロックの遺産であるが、ビーラー・ホラでの敗北に続く一世紀は、一九世紀チェコの民族主義者にとって、単に「暗黒」の時代として記憶された。それは資産の没収、宗教的迫害、政治的抑圧による長い夜であり、国外へ移住する者があとを絶たなかったことからチェコの文化は大規模に断たれ、一時はチェコ語の存続自体も危機に瀕しているように思われた。このような捉え方も誇張されていて、かつ一面的なものであるが、歴史的な正確さはここでは重要ではない。過去は想像力の中で培養され、作り変えられたのであった。

翌年、ブルトンは『ミノトール』誌に紀行エッセイを掲載し、ジャクリーヌへの愛やカナリア諸島の風景（ブルトンはプラハから帰国後すぐに、シュルレアリスム展のため同地を訪れている）を自由に連想し、「星型の城[32]」という題のもと、客観的偶然に思索を巡らせている。一九三三年、スイスの出版業者アルベール・スキラが刊行した雑誌『ミノトール』は、もっとも重要かつもっとも美しいシュルレアリスムの雑誌だった。『ミノトール』が目的としたのは、「現代の運動を構成する要素を再発見し、再結合させ、再始動させること[33]」であり、そこには文学、視覚芸術、音楽、建築、映画、演劇だけでなく、民族誌学、考古学、宗教史、神話学、精神分析までもが含まれていた。フロイト以降、二〇世紀最大の精神分析論者と目されることの多いジャック・ラカンは、若い頃、『ミノトール』誌創刊号に寄稿している[34]。第二号は、当時フランスが行なったダカール＝ジブチ民族誌学調査が総特集され、記録係として同行したのは作家ミシェル・レリスだった。また『ミノトール』の発刊という企画を通じて、ブルトンとシュルレアリスムの「古くからの内部の敵[35]」（と当人が自著で述べている）ジョルジュ・バタイユは一時的に結束したものの、ブルトンは一九二九年の『シュルレアリスム第二宣言』でバタイユに対し、敵意に満ちた攻撃を行なった[36]。それに対し、バタイユは下品な小冊子『死骸』で応酬し、冒頭のページで棘の冠を授けられたシュルレアリストの指導者は「萎びでかまら野郎、ふやけ夢見男[37]」と嘲笑された。シュルレアリストの革命的政治だけが、『ミノトール』の光沢仕上げのページから追いやられた。ブラッサイの説明によると、「『ミノトール』において、彼らは確かにシュルレアリスムの精神を維持することができたが、かつてのシュルレアリスムの諸雑誌がもっていた戦闘性は、あきらめねばならなかった。[…]プロレタリアの懐具合ではとても手が届かず、シュルレアリストの軽蔑するブルジョア階級や、肩書と金をどっさり持っているスノッブな連中の間にしか入っていけなかった。これらの連中こそ、シュルレアリスムの最初のパトロンであり、蒐集家だったのである」。「《拳銃を手に、街頭におりてゆく》か、それとも《芸術に復帰するか》という、シュルレアリスムの永遠の二者択一を前に」して（とブラッサイは続ける）、「ブルトンとエリュアールは後者の道を選んだ。『ミノトール』の発刊は、もはや《世界との激烈な決裂》ではなく、逆にシュルレアリスムの美術と詩の、世界（モンド）への、いやそればかりか、上流社会への、大行進であった」[38]。

先行する雑誌『シュルレアリスム革命』（一九二五―二九）や『革命に奉仕するシュルレアリスム』（一九三〇―三三）と『ミノトール』を何よりも隔てていたもの、それは贅沢なまでの視覚的な体裁の工夫であった。シュルレアリストたちは、世界大恐慌の只中にそうした豪華な雑誌を出すことの皮肉を十分承知していたが、それを思いとどまることはなかった。一九三六年、『ミノトール』の編集者は、「この豪華さそのものが私たちの時代に対するパラドクスをなしているが、私たちの考えでは、精神に最初に付随する性質を備えた眼は、満足することを要求する」[39]と記している。創刊号の表紙をデザインしたのはピカソで、男根状の短刀を上向きに握って座るミノタウロスが描かれている。続く号の表紙は、マン・レイ、マルセル・デュシャン、ジョアン・ミロ、サルバドール・ダリ、アンリ・マティス、ルネ・マグリット、マックス・エルンスト、アンドレ・マッソンが手がけ、どの作品もすべてフルカラーで掲載された[40]。一九三九年春、『ミノトール』はついに廃刊となるが、その理由は暗雲が垂れこめ始めたヨーロッパの政治状況というよりも、発行する余裕がもはやスキラになくなったことのほうが大きい。「もし数年後に我々の時代の暗部を吟味しようとする者がいるなら、すなわち、時代とはまったく無縁の意見を形成する半秘密結社、すなわち影で働く人々、いくつかの潮流を準備し、流行に影響を与え、新しい人間に価値を与える人々の関心事、研究、好奇心を調査しようとする者がいるなら、『ミノトール』を閲覧する必要があるだろう」とエドモン・ジャルーは記している[41]。おそらくかれの言うとおりだった。ブラッサイが、運動としてのシュルレアリスムに対して――あるいはひとりの人間としてのアンドレ・ブルトンに対して――いかなる疑念を抱いていたにしても、『ミノトール』は「世界で最も美しい美術雑誌」で、ここには「二十年、三十年後の美術、詩ないし文学の世界で開花すべきすべての要素が、芽生えの状態で、またすでに開花した状態」[42]であったことは明らかだった。

「星型の城」は、のちに『狂気の愛』に登場する。『ミノトール』に掲載されたテクストの最後の一文、「深淵の斜面に、賢者の石で建てられた星型の城が開いてくる」[43]は、『狂気の愛』では一枚の「星型の城」の絵葉書によって図示されている。ブルトンは、この写真家が何を撮ったか、この絵葉書はどこのものか、手がかりをいっさい示していない。そのイメージは、歴史的、地理的、経済的状況から解放され、詩的空間の中に漂い、ブラッサイ、アンリ・カルティエ＝ブレッソン、マン・レイの写真に新たな場所を見いだす。ブルトンのこの文が最初に『ミノトール』に掲載されたとき、ボヘミア、一六二〇年の破滅的な戦い、チェコ人の記憶といったものと「星型の城」との結びつきは判然としないままだった。ブルトンの詩的遍歴に添えられたのは、マックス・エルンストによる七点のモノクロのフロッタージュである。その最後の一点に描かれているのは、虚空にきわどく建つ城で、その後方でおぼろげに聳え立つのは、文脈から考えると、おそらくテネリフェ島のテイデ山頂だと思われる。事情を知っている者には、その建物のシルエットは紛れもなくビーラー・ホラにある古い狩猟小屋のものであることがわかる。エルンストはブルトンの絵葉書をもとにして制作したにちがいない。そのルネサンス様式の外形は、それ自体特異さをとどめているが、そのイメージは場所と時間から逸脱し、何か不穏な別のものに変容を遂げている。城の平面壁には、とびきりのインターナショナル・スタイル風に細長い窓が等間隔に穿たれている。[44]それは古代の遺物とモダニティの結合であり、奇妙なほど不隠だが、それについては後述する。

「放棄の選択」

〈左翼戦線〉主催によるブルトンの講演には、同時代の懸念がよりはっきりと示されていた。テーマは「今日の芸術の政治的位置」。ブルトンは——それなりの熱意を込めて——「苛酷で、時としては悲劇的で、さらに言うならばより高揚的な現代の現実」と評する事柄から語り始める。

一方には、家族、宗教、祖国に立脚した圧迫の機構の補強や、人間の人間による隷属が必要とされることの承認、また、社会的改革の絶対的必要性を、経済的産業的寡頭政治の利益だけのためにひそかに利用しようという狙い、あるいは、知的天賦に恵まれた人が、時には歴史のかなたから同族の無関心をこれまでゆさぶり起こしてきた、偉大な個々の訴えを、沈黙させようという狙い、つまり、沈滞と逆行と衰退の全的機構があります。すなわちこれは夜です。他方、社会的隔壁の破壊、あらゆる隷属を憎悪すること——自由を擁護することはけっして隷属することではありません——、人間にとっての、自らを真に処理する権利の展望——労働者に全的利益をもたらすこと——、さらに、人間的特権の回復を最大限に掌握する権利を可能なかぎりあたえるために、いかに特殊な面でそれが示されようとも、人間的特権の回復をうることに専念すること、すなわち、不満と前進と青春の全過程があります。つまり、昼です。

「これについて、これ以上明瞭な情況を想定することは不可能」であるとブルトンは聴衆に語りかける。しかし、「左翼の知識人、とくに詩人と芸術家」にとって政治的立場を明確にすることにどんな意味があるのかという点についてはかなり不明瞭だった。ソ連でスターリンが権力の座に就いて以降、公的な共産主義運動は徐々に文学と芸術のアヴァンギャルドに敵意を抱くようになっていた。「プロレタリアの目的利益と現実に結びつくことのできる革新的作家や芸術家の誠意」を疑いつつ、ブルトンは不満を漏らす。「左翼の政治的立場では、慣用的に認められたものばかりか旧弊な形式しか芸術においては価値を認められない。［…］これにたいして、右翼の諸グループは、この方面ではいちじるしく歓迎的で、不思議なくらい好意的な姿勢を見せております」。ブルトンによると、フランスでは共産党機関紙『ユマニテ』は、「もっぱらマヤコフスキーの通俗的蘆笛調の詩の翻訳ばかり」載せ、同時に「王党派の新聞『アクシオン・フランセーズ』［…］は、ピカソは現存する最大の画家であると好んでくりかえして」いる一方、「ムッソリーニの後ろ盾で、ルネサンス前派、古典派、シュルレアリストたちが、イタリア芸術大展覧会の名目の下で大記念館（グラン・パレ）に近く共に蝟集（いしゅう）しようと」していた。そうしたありそうもない結びつき――シュルレアリスムの父が明白にそう見なしたように――は、同時代の政治状況の果てしなく大きなドラマさえなければ、「悲壮な（ドラマティック）」と評することのなかったであろうジレンマを革新的作家と芸術家にもたらした。

　そのひとりひとり［芸術家たち］が自分の、自分だけのうちにその秘訣を見出している方法で、世界を解釈表現するのを諦めるか――危機に瀕しているのは、かれら自身が生きのびる機会（チャンス）なのですから――または、実際行動の面でこの世界の変革に加わるのを断念するか、そのどちらかを選ばなくてはならなくなっております。[45]

「この二つの放棄のうち[46]」からの選択は――終生とは言わないまでも――その年の間ずっとブルトンの心を占めていた。

　プラハの共産党機関紙『ハロー・ノヴィヌイ』に一週間後に掲載されたインタビューで、ブルトンはこの十年間貫いてきたように断固として次のように述べている。「今日の真正の芸術には、革命的社会活動と直結した部分があります。それは、革命的社会活動とおなじく、資本主義社会の攪乱と破壊を目指すものです」。それゆえ、「左翼思想を絞殺するためには、マルクス主義者を迫害するだけではなく、あらゆる前衛芸術を禁断化しなければならぬ[47]」ことをヒトラーは理解していたとブルトンは説明する。スターリンも同様に、「奇怪なフォルマリズム」のかどでソヴィエトのアヴァンギャルドを激しく迫害していたにもかかわらず、ヒトラーは実際にマルクス主義と前衛芸術を結びつけた。またそれについて言えば、ムッソリーニがイタリア未来派の後ろ盾だったことも指摘できる。イタリア未来派は、自分たちに関するかぎり、ファシズムと自身の紛れもない前衛芸術との折り合いを難なくつけた。ナチは政権に就く二年前からバウハウスの閉鎖を要求し、大学を処分し、ドイツで活動していた数多くの著名な芸術家、知識人を亡命に追いやった。オスカー・ココシュカ、ヴァシリー・カンディンスキー、パウル・クレー、ベルトルト・ブレヒト、フリッツ・ラング、ヴァルター・ベンヤミン、クルト・ヴァイル、ヴァルター・グロピウス、ジョン・ハートフィールド、ジョージ・グロス、ハインリヒ・マン、トーマス・マンは、すでに第三帝国から逃れていた。クルト・シュヴィッタース、マルセル・ブロイヤー、ライオネル・ファイニンガー、ラースロー・モホイ＝ナジ、ミース・ファン・デル・ローエは、すぐにもかれらのあとに続くはずだったがそうはしなかった。ミースの場合、ナチ体制下で建築を続ける可能性が完全に断たれるまでドイツに留まっていた。バウハウス最後の校長であり、一九二九年のバルセロナ万国博覧会の伝説的なバルセロナ・パビリオン――ヘンリー＝ラッセル・ヒッチコック著『インターナショナル・スタイル』によれば、「一九二〇年代の建築デザインのおそらく最高の実例[48]」――の作者は、一九三四年、ヒトラーによって突撃隊幕僚長エルンスト・レームが殺害され、厄介な左派のレームの部隊が粛清された「長いナイフの夜」に続いて行なわれたヒトラー支持の宣言に署名した一人だった。

一九三〇年代のヨーロッパは、詩人や芸術家が政治を無視できる時代と場ではなかった。かれらの政治への関与がいかなるものでも、あるいは――たいていの場合そうであったかもしれないが――政治への関与がなかったとしてもである。アンドレ・ブルトンはそれを望んでいたわけではない。ブルトンは、フィリップ・スーポーやルイ・アラゴン（ポール・エリュアールは数か月遅れでグループに参加）とともに、一九一九年三月、雑誌『リテラチュール[49]』を創刊した若きダダの時代以来、「芸術のための芸術」を侮蔑してきた。ブルトンはプラハ市立図書館に集った聴衆にも、芸術はそれ自体、政治理念の本質に背くことなく、そのしもべになり下がることは決して許されないと訴えた。

それは、芸術が、現代において大きな変貌を遂げたことによって、芸術の特性は想像力のなかにのみ存在し、芸術を生み出した外的事物とは関係がないということを覚悟するよう芸術は運命づけられているからです。すなわち、この想像力が登場するにいたる、それだけが登場するにいたる自由さに、すべてがかかっていることを知るということです。[…] 詩や芸術を一つの概念、それ自身いかに称讃すべきものであっても、一つの概念にもっぱら奉仕させることは、詩や芸術を早晩無力なものに陥れ、ふたたび待避線に下がらせることになる、と考える世界にわたしたちの多くは未だ留まっているのです[50]。

政治参加と芸術的自由という一見矛盾する要請の折り合いを重視する姿勢は、ブルトンの政治に対する中心テーマであり、終生にわたってそうあり続けた。それはまた、ブルトンがプラハで見いだしたと信じていた「完璧な知的友情」の中心にあるものでもあった。

〈チェコスロヴァキアのシュルレアリスト・グループ〉が一九三四年三月二十一日に発表した宣言「チェコスロヴァキアにおけるシュルレアリスム」は、次の言葉で始まっている。「革命のヨーロッパには幽霊が出る――ファシズムという幽霊である」。マルクスとエンゲルスの『共産党宣言』の冒頭の一節を繰り返しても、ほとんどの読者に響くことはなかっただろう。この宣言は、ヴィーチェスラフ・ネズヴァルが起草し、インジフ・シュティルスキー、トワイヤン、ヴィンツェンツ・マコフスキー、インジフ・ホンズル、詩人コンスタンチン・ビーブル、作曲家ヤロスラフ・イェジェク、精神分析の若き理論家ボフスラフ・ブロウクが署名した。カレル・タイゲは自身が編集する雑誌『ドバ（時代）』で、グループ結成を歓迎するとともに、次のように警告している。「わたしはシュルレアリスト・グループの一員ではなく、自分をシュルレアリストだとも考えていないが、それはシュルレアリスムに共鳴していないからではなく、そのイデオロギーに共感できないからである。社会の関心や動きに関わる活動において、とりわけ弁証法的唯物論の芸術科学の諸問題において、シュルレアリストとだけでなく、あらゆる知的左翼戦線のグループと共働することがわたしの責務であると考えている[51]」。タイゲは、一九三〇年以来公然と続いているインジフ・シュティルスキーとの不和については口にしなかった[52]。二人はじきに関係を修復し、タイゲはグループに加入し、すぐにネズヴァルと並ぶグループの主導者となった。

〈チェコスロヴァキアのシュルレアリスト・グループ〉による宣言の冒頭には、二通の書簡が一語違わず転載されている。第一の書簡はネズヴァルからブルトンに宛てられたもので、一九三三年五月十日、二人が〈カフェ・ブランシュ広場〉で出会った翌日パリでしたためられ、数日後、『革命に奉仕するシュルレアリスム』誌に掲載された。そこでは芸術についてほとんど触れられていない。ネズヴァルによると、チェコ人がついにシュルレアリスムを受け入れるにいたったのは、「マルクス-レーニン主義と弁証法的唯物論」に対する共通認識があったからだという。

弁証法的唯物論者によって、現実と超現実、内容と形式、意識と無意識、活動と夢の間に不変的対立があれば、また同様に、進化と革命、発明と伝統、冒険と規律、必然と偶然の間にいかなる矛盾も見ないのであれば、シュルレアリスムと緊密に共働しないでいられようか。シュルレアリスムは、もっとも古典的な方法で超現実という思想に、これらの矛盾が弁証法的に総合される点を見いだした世界で最初のアヴァンギャルドだった[53]。

ネズヴァルによると、この概念によってフランスとチェコのシュルレアリスト・グループは、「共産党が公的に指導」する「通俗的マルクス主義の潮流」とは異質なものになっているという。実際、そのとおりだった。弁証法的唯物論的な世界観（ヴァルター・ベンヤミンがときに接近した[54]）の要として「超現実という思想」を想像したマルクス主義者は当時ほとんどいなかっただろうし、共産主義者であればなおさら少なかっただろう。にもかかわらず、一九三四年三月十九日付の第二の書簡は、チェコスロヴァキア共産党アジプロ部門に宛てられたものだった。そこで宣言されたのは、チェコのシュルレアリストには「文字、言葉、ドローイング、絵画、彫刻、演劇、そして生きることそれ自体で」プロレタリア階級闘争に奉仕する用意があるということだった――かれらはそうした関与を「チェコスロヴァキアにおけるシュルレアリスムの最初の成功」だと見なしていた。ネズヴァルは注意深く、このグループは「慣習的手法」を用いる左翼作家に対する「余計な論争」を控える一方、「グループ固有の実験的手法の独自性[55]」を保持すると書き加えた。それは奇妙な門出であり、画家と詩人のグループにとってはさらに奇妙な「最初の成功」であった――しかし、かれらのいた時代ほどには奇妙ではなかった。

〈チェコスロヴァキアのシュルレアリスト・グループ〉が最初に展覧会を催したのは、ブルトンとエリュアールがプラハを訪問する三か月前の一九三五年一月、マーネス画廊においてであった。カレル・タイゲは図録の序文で次のように宣言している。「トワイヤン、インジフ・シュティルスキー、ヴィンツェンツ・マコフスキーの絵画、彫刻、写真、モンタージュが展示されている展示ホールの入口の上にある第一回〈チェコスロヴァキアのシュルレアリスト・グループ展〉の扉の前に、次の標示を掲げるべきであろう」。

シュルレアリスムは流派ではない

〔…〕芸術、絵画や詩や演劇の創作や刷新は、シュルレアリスムが目指すものではなく、歴史の革命的な歩調に足並みをそろえるという条件のもと、人間の精神および人間の生活全体の解放をもたらしうる装置、手段、道程のひとつである。

〔…〕シュルレアリスムの哲学そして世界観となるのが弁証法的唯物論である。〔…〕シュルレアリストたちが革命という言葉を発するとき、かれらは弁証法的唯物論の世界観にもとづく社会運動の支持者であることを意味している。[56]

マルクス主義の政治的メッセージが展覧会の展示作品からにわかには見てとれないことから、このように体裁を取り繕う必要があったのだろう。シュティルスキーが出展した作品に連作《移動キャビネット》からのコラージュがあるが、ある作品ではストッキングを履いたハムがワルツを踊り、またある作品では靴同士がバスタブの中で愛を営んでいる。その一方、かれの写真作品は、仮面、棺、義肢、胸像、手相占い表、オルゴール、太った女性、堕天使などさまざまなものを記録している。シュティルスキーは、ひと気のない日曜日の午後、ボヘミアにあるどこかの田舎町をシュルレアリスム的に放浪することでそれらと遭遇したのだろう。[57] 私たちは、共産主義運動の文化人民委員に優遇されていた社会主義リアリズムとは遠く離れたところにいる。

　ブルトンはまもなくフランス共産党と決定的に袂を分かつことになる。一九二七年一月、ブルトンはエリュアール、アラゴン、ピエール・ユニック、バンジャマン・ペレと共産党に入党し、一九三三年にエリュアールとともに除名された。ブルトンは一九三五年秋、プラハから帰国して数か月後に発表した小冊子「シュルレアリストが正しかったとき」の中で意見の相違を明らかにした。このころブルトンの関心はすでに、想像力の産物を描く芸術家の自由といったもののさらに先にあった。この小冊子は、七月二日にモーリス・エーヌ——マルキ・ド・サドの専門家——宅で行なわれた全パリ・シュルレアリスト・グループの会合で承認されたものだが、その中で「ソヴィエト・ロシアの現在の政体と、この政体がかくあらねばならぬもの、過去にそうであったものとまったく逆の方向を向いた責任をもつ全能の指導者」が大っぴらに非難され、「この政体、この指導者にたいし、われわれは明白に不信の念を表明するのみである」[58] と締めくくられている。ブルトンとエリュアールの他、この決別に署名した二十六人の中には、マックス・エルンスト、サルバドール・ダリ、ドラ・マール、ルネ・マグリット、バンジャマン・ペレ、メレット・オッペンハイム、マン・レイ、イヴ・タンギーがいた。当時、ネズヴァルはシュティルスキー、トワイヤンとともにパリを訪れていて、七月二日の会合に出席したが、チェコのシュルレアリストたちは慎重に議論を重ねたうえでこの宣言の承認を見送った。かれらが辞退した理由は、魔法の都に関するブルトンの希望的観測をかえって強固にしたのであろう。ネズヴァルの記述によると、個人的には何の躊躇もなく「あなたの見事な宣言」に署名する用意があったのだが、そうすることによって「言論の自由を認めてくれていた共産党との関係」が悪化するおそれがあったという。[59] ブルトンはそうしたチェコ人を羨むばかりであった。

　「シュルレアリストが正しかったとき」は、ブルトン自身が重要なプログラムの声明として疑いなく認めた両プラハ講演と『ハロー・ノヴィヌィ』紙のインタビューとともに、一九三五年十一月、『シュルレアリスムの政治的位置』[60]

ポール・エリュアール、ヴィーチェスラフ・ネズヴァル、アンドレ・ブルトン。プラハにて、1935年。
撮影者不詳、チェコ文学資料館蔵

に転載された。パリのシュルレアリストたちは、ヨーロッパで最初にスターリンの独裁体制に公然と反対を表明した左翼知識人だったが、これは翌年に始まる悪名高い「モスクワ裁判」の前のことだった（ブルトンもただちにモスクワ裁判を非難する）。一九三八年、シュルレアリスムの指導者は見果てぬ夢を追い求めてメキシコを訪れ、亡命中のレフ・トロツキーとともに「独立革命芸術のために」と題した宣言を共同で執筆する――このときトロツキーは法的煩雑さを避けるため、ディエゴ・リベラの名で署名している。この宣言は「物質的な生産力の拡大のために、革命は集中化されたかたちでの社会主義体制を築きあげることを余儀なくされている」と認める一方、赤軍の創設者とシュルレアリスムの父は、「知的創造に関しては、その最初から、個人的自由につらぬかれた無政府主義的体制を築きあげ、確保しなければならないのである。いかなる権威も、いかなる束縛も、ほんのかすかな命令の痕跡もあってはならないのだ！」と主張した。「現在においても近い将来においても、芸術を、われわれには芸術の諸方法と根本的に両立しがたいと思われるなんらかの規律に従わせることをわれわれに強制する連中にたいしては、われわれは決定的な拒否と芸術におけるいっさいの自由という定式を固執しようという断乎たる意思をもって立ち向かうのである」[61]。それから二年後、トロツキーはスターリンの差し向けた暗殺者の手にかかり、頭蓋骨にアイスピックを刺されて殺害され、この事件は二〇世紀を特徴づけるイメージのひとつとなった。

　ブルトンが足を踏み入れようとしていたこと――外見的にはそれらに相応しくない場で、連結できないように見える二つの現実を連結することは、困難な、おそらく不可能な綱渡りであったと私たちは考えざるをえない。しかし、ほんの束の間ではあったが、プラハは、これらの一見対立するもの同士が愛を交わす場としての解剖台を提供しているように見えた。チェコスロヴァキア共産党の記者ザーヴィシュ・カランドラは『ハロー・ノヴィヌィ』紙上で、ブルトンとエリュアールによる〈左翼戦線〉のための演説を温かく歓迎し、シュルレアリストが「詩的活動を［…］下手くそな詩のレベルに堕落させることを［…］望まない」[62]点を称讃した。カランドラはまた、『通底器』を高く評価し、その三か月前には『ドバ』誌にそのチェコ語訳の書評を寄せていた。カランドラの説明によると、「シュルレアリスムを非難」する「マルクス主義批評家たちは、もしアンドレ・ブルトンがかれの研究の中で人間一人ひとりをその『永遠の』主観性においてわれわれに呈示しているとすれば、またかれがそうすることによって、この個を絶えざる社会的変化の過程の中で歴史的社会的秩序の諸条件に従属させられている個から切り離しているとすれば」、「この作品を非難して当然ということになる」。しかし、「ブルトンはこの種の誤謬を決して犯さなかったのである。『通底器』が証明しているのはまさにこの誤謬と正反対である。この作品に科学的な価値を与えている根本的な主題を引き出すだけで、その点については十分納得がいく」。マルクス主義批評家が理解できていないのは、「このシュルレアリスムの素晴らしい詩的作品」は「科学的な行為そのもの[63]」でもあるということである。ブルトンとエリュアールは、プロレタリアートの前衛を自称する人物がこのような理解を示していることに驚きを隠せなかった。ブルトンとエリュアールがプラハで見た——と想像した——もののおかげで、革命的政治と革命的芸術を両立させるというかれらの夢は支えを得ることとなる。

当初、ジャクリーヌ・ランバをシュルレアリスム——そしてブルトン——へと引き寄せたのは、まさにこの夢への期待だった。彼女は左翼系の会合をたまたま見つけ、「まったくありふれた性格で、初歩的で、陰気で[64]」反抗的な十代の若者として参加したのだった。客観的偶然がこの会合でどんな役割を演じたにしろ、ブルトンを探し出したのはジャクリーヌ自身だった。「スキャンダラスなまでに、途方もなく美しかった[65]」。ブルトンは、自分がいることを承知で〈カフェ・シラノ〉へ入ってきたジャクリーヌをこのように形容した。ジャクリーヌはまさに、ブルトンが『狂気の愛』で呼んだように「ひまわりの夜を組織した全能の女性[66]」だった。その場所での出会いを提案したのは、学生時代の親友ドラ・マールである。ドラ・マールはのちに同じような作戦を使って、サン=ジェルマン通りの〈カフェ・レ・ドゥ・マゴ〉で、のちに愛人となるピカソとの出会いを果たしている。[67]そこはジョルジュ・バタイユとロベール・デスノスが『死骸[68]』を考え出したカフェでもあった。〈カフェ・シラノ〉は、その後ハンバーガー・スタンドになるが、〈ドゥ・マゴ〉は現在も当時と同じ場所にあり、文学好きの観光客相手に法外な価格でコーヒーを売りさばいているものの、そのカフェがある広場は現在、のちの常連客ジャン=ポール・サルトルとシモーヌ・ド・ボーヴォワールにちなんだ名がつけられている。

「この旅は啓示だ」、エリュアールはプラハからガラに宛ててこう綴っている。ガラは当時すでにサルバドール・ダリの妻となっていたが、エリュアールが元妻と情熱的に手紙を交わしたり、ときおりベッドをともにすることのできる状況がほぼ生涯を通じて続いた。「美しく愛しいガラへ」とエリュアールは手紙を書き始める。

ここにはとても素晴らしい人たちがいる。まずネズヴァルとタイゲ、二人の画家シュティルスキーとトワイヤン――とても興味深い女性――この二人は見事な絵画作品とコラージュを制作している。それと彫刻家のマコフスキー。このような人たちは多くはないが、かれらの放つ輝きと影響はあまりに大きいので、かれらは絶えずそれらを抑え込まなくてはならないほどだ。共産党の中でかれらは特別な位置を占めている。タイゲはチェコスロヴァキア唯一の共産党機関誌を編集している。毎号シュルレアリスムに関する記事が一つかそれ以上掲載されていてね。かれらはモスクワでの作家会議に出席し、あらゆる手段を尽くしてシュルレアリスムを擁護している。かれらは真の詩人で、愛情と独創性に満ち溢れている。[…] 雑誌に掲載されたぼくたちの写真、共産党機関紙の称讃の記事、インタビュー、ぼくたちにとってプラハはモスクワにいたる道だと信じている[69]。

ブルトンとエリュアールが新聞で読んだことを鵜呑みにしたのはやむをえない。人気のあった図版入り雑誌『スヴィエトゾル（世界の展望）』でさえ、二人のプラハ滞在――その日はエイプリル・フールでもあった――に合わせて特集記事を組んだほどで、マリエ・スタホヴァーによるエロティックなコラージュ《シュルレアリスム革命の勝利のあと》[70]が雑誌を飾っていた。過去の喜びと将来への期待が思いがけなく合流し、マルクスの「世界を変革せよ」とランボーの「生を変えよ」[71]がこのときばかりはひとつの詩的革命の要請に融合しうるように思えたため、ボヘミアの首都はシュルレアリストの夢の都市のように映ったのだった。

トワイヤンとシュティルスキーのカンヴァスを餞別に受け取った訪問者たちは列車に乗り込み、チューリヒ――ブルトンはここでマーネス画廊での講演をもう一度行なう――へ向かったが、ブルトンがネズヴァルに書き送ったとこ

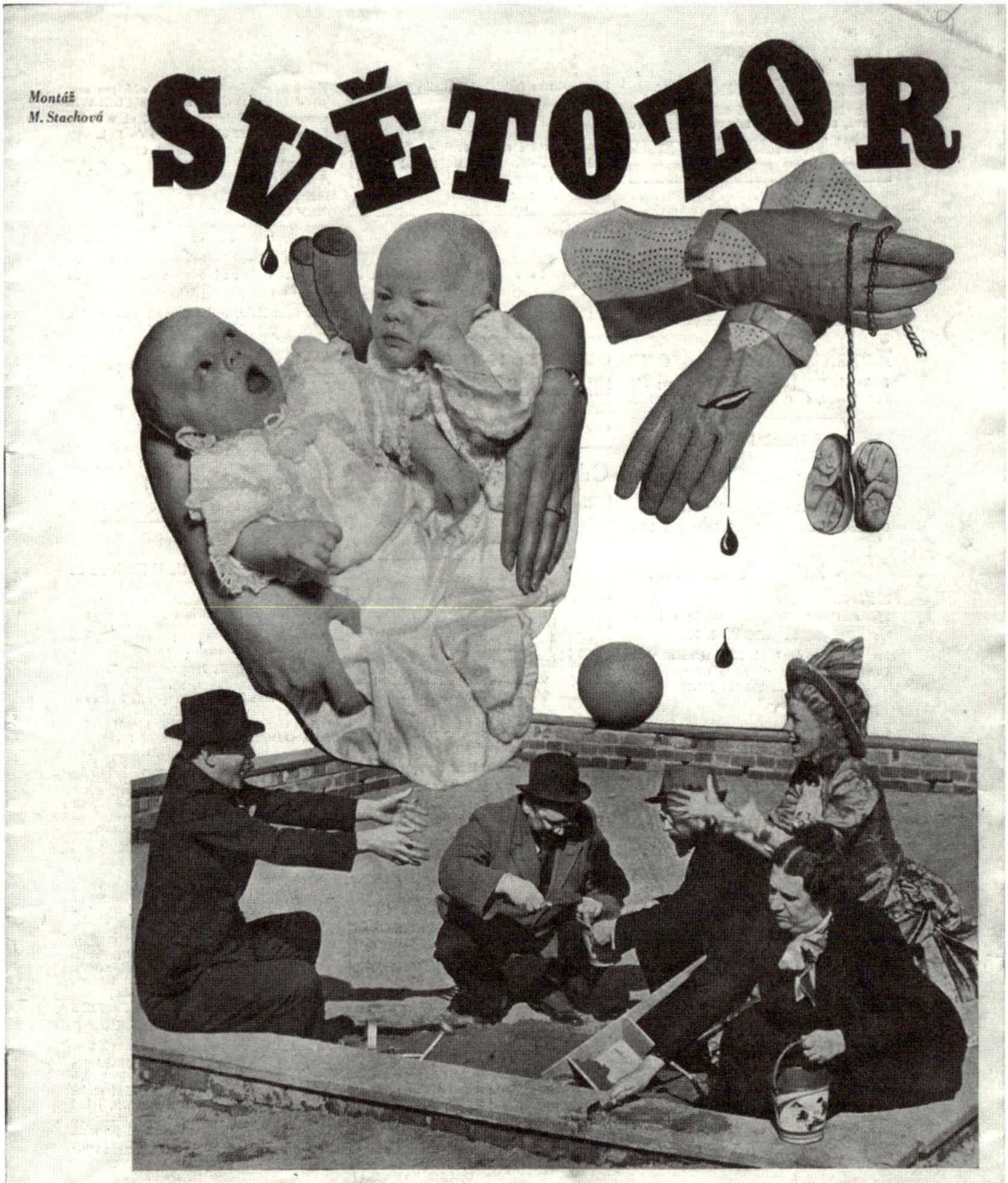

マリエ・スタホヴァー《シュルレアリスム革命の勝利のあと》1935年。『スヴィエトゾル』誌に掲載されたフォトモンタージュの表紙、1935年4月1日号。Archive of Jindřich Toman.

ろによると、かれらは「ただあなた方と対照的だということでしかわたしの関心を引かない、冷淡で近寄りがたい人びと[72]」だった。その後ネズヴァルは、タイゲ、シュティルスキー、トワイヤンとともにまず〈カフェ・エレクトラ〉、次に〈カフェ・メトロ〉へ行った。ネズヴァルは「悲しい」と打ち明け、「日記を書く[73]」。エリュアールもまた帰国後、魅力的な新妻ニュッシュが待っているにもかかわらず、パリを「冷たく悲しい」と感じた[74]。一か月後、インジフ・ホンズルは新劇場で、ブルトンとアラゴンの『イエズス会士の宝』（一九二八）——作者たちはパリでこの作品を発表する場を確保できずにいた——の世界初演を行なう。それと並び、「シュルレアリスムの夕べ」と宣伝された催しの中でネズヴァルの短篇劇も上演された。音楽を担当したのはヤロスラフ・イェジェクである。シュティルスキーの舞台美術の中心は、ある意味で時代を象徴する、お粗末な、巨大な女性のトルソだった。ネズヴァルは興奮した様子でエリュアールに宛てて書いている。「私たちは、共産党系の新聞でたいへん評判がよい[75]」。ブルトンは帰宅後すぐに、形式的な礼状にとどまらない感謝の言葉をネズヴァルに書き送っている。ヴルタヴァ川畔の都市は、ブルトンに拭い去れない印象を残した。「親愛なる友へ」とかれは書き始める。「プラハでの滞在中ずっと、わたしは幸せでした」。「しばしば」とブルトンは回想する。

午前中、昼食をともにする前、部屋の窓越しに、太陽と同じくらい美しい雨がプラハに降り注ぐのを眺め、わたしはこのきわめて稀な確かさを楽しんだものです。それをこの街から、あなた方のところから持ち帰ったことは、わたしの人生でもっとも美しい思い出のひとつとなっています。［…］あなたもご存じのように、わたしはあなた方を全面的に支持しますし、あなた方のためなら万事を尽くすつもりですし、あなた方はわたしの親友です。誇らしい人たちです。知性、美、高貴さ、未来について考えるとき、あなた方の顔が最初に浮かびます[76]。

これらの言葉は、いずれ見ていくように、やがてブルトンを悩ますことになる。だが、それほど先の話ではない。

2 ゾーン

世界の反対側にはボヘミアがある
美しく　エキゾチックな土地
深く　神秘的な川がいくつもあり
君は　イエスの名のもとに　水に足を濡らすことなく川を渡る
——コンスタンチン・ビーブル『紅茶と珈琲の輸入船とともに』[1]

プラハの散策者

ボフミル・フラバルの小説『わたしは英国王に給仕した』（一九七一）の小さな主人公ジーチェが〈ホテル・パリ〉の給仕人になったのは、ブルトン、ランバ、エリュアールがプラハを訪れ、同ホテルに滞在していた頃かもしれない。一九〇〇年代に建設された〈ホテル・パリ〉は、チェコスロヴァキアでの四十二年にわたる共産主義の支配に終わりを告げた一九八九年十一月のビロード革命後、アール・ヌーヴォーの本来の輝きを見事に取り戻している。〈ホテル・パリ〉は「あまりにも美しく」と少年は語る。「その場で卒倒しかねないほどだった。鏡、真鍮の手すり、真鍮の取っ手、真鍮の燭台が無数にあり、すべてが光り輝くまで磨きあげられていて、黄金の宮殿を思わせんばかりだった」。かつて英国王に給仕した経験を持つスクシヴァーネク給仕長のもと、ジーチェは給仕のいろはを教わっていく。そして次第に、「証券取引所が終わるのをカフェで待っていて、その後個室に向かう女の子たちの信頼も得るようになった。午前十一時だろうと、午後十一時だろうと、夜明けだろうと、深夜だろうと、まったく関係がなかった。朝方からホテル・パリは明るく、ホテル全体が一体となって、消し忘れたシャンデリアのように光り輝いていた」。女の子たちが〈検査室〉、〈内科〉、〈検査の間〉と呼ぶ場所では、次のような光景が広がっていた。

年配の仲買人たちはたえず笑みを浮かべ、冗談を言い、女の子たちが服を脱ぐのは罰ゲームのようなものだと思っていた。シャンパンやコニャックが注がれたカットグラスをすこしずつ味わったり、香りを味わいながら、自分からテーブルの上に座った女の子の服を脱がしたりした。女の子がテーブルに横たわると、仲買人たちは女性の肢体の周りに、自分のグラスのほかに、キャビア、サラダ、スライスされたハンガリー風サラミが盛りつけられたプレートを持って集まる。仲買人たちは眼鏡をかけて、その美しい女性の窪みという窪みを見逃さないように眺め、ファッションショーか、美術アカデミーのアトリエにいるかのように指示を出し、女の子に立ったり、座ったり、跪いたりテーブルから足を下ろしたり、小川で足を洗っているかのように裸足で足をバタバタさせるよう頼んだ。女の子の身体のどの部分が自分の反対側にあるとか、自分のほうを向いているとかをめぐって、仲買人たちが言い争うことは一度もなく、誰もがただ興奮し、それは風景を見て感動したものをキャンバスに置き換えようとする風景画家の興奮に類するものだった。老人たちは興奮したますぐ近くからじっと眺め、曲がった肘、ほどかれた髪の房、足の甲、くるぶし、そしてお腹を眼鏡越しに眺める。また別の老人は女性の美しいお尻の分け目をそっと開いてみて、子どものようにはしゃぎながら目の前にあるものをじっくりと見るのだった。また別の者は興奮のあまり声を出し、女性が足を広げる姿を目にし、いちばん好きな場所に指や口で触れることができて、神に感謝するかのように天井を仰ぎ見た……[2]。

より高尚な事柄に思いをめぐらしていたのだろうか、稀有なる〈ホテル・パリ〉でブルトンの気を惹くものは何もなかったようだ。いや、そうでもなかったかもしれない。ポール・エリュアールは、ガラに宛てた手紙の中で、プラハは「美女だらけで、素晴らしい歓待を受けている」と綴り、次の一節を書き加えている。「アポリネールがその本質をよく見抜いていたように、実に興味深い都市。狂気」[3]。
ギヨーム・アポリネールは、戯曲『ティレシアスの乳房』（一九一七）[4]の中で、シュルレアリスムという単語を偶然創り出したが、ホテルの優雅なファサードのヴェールに覆われた「エロティック」を見過ごしたとは思えない。ブルトンとエリュアールがプラハを訪問する二十年も前に、この街は、一九一三年に刊行された詩集『アルコール』の冒頭を飾るもっとも有名な詩篇「ゾーン」の中に出現している。リズムがつねに変化し、次々にほとばしるイメージの連鎖によって読者を眩惑する句読点のない詩篇「ゾーン」は、文学におけるモダニズムの礎石となった。まだ産声を上げたばかりの二〇世紀のせっかちな声は、一九〇六年のサロン・ドートンヌで野獣派（フォーヴ）がさまざまな色をまき散らしたり、その翌年ピカソが《アヴィニョンの娘たち》で、古代イベリア彫刻をもとに娼婦の身体を、アフリカの仮面をもとに娼婦の顔を描いたのと同じくらい荒っぽいやり方で、古いヨーロッパのサロンや客間へのひとつの入口を切り開いた。アポリネールの詩は、活力にあふれる賑やかなパリから始まる。そこでは、ありとあらゆるものが動き、ありとあらゆるものがモダンであった。

支配人や労働者や美しいタイピストたちが
月曜の朝から土曜の晩まで日に四回そこを通るのだ
朝に三度　サイレンがそこで唸り
気短かな鐘が　正午頃に吠えたてる
看板や壁の文字が
標識や掲示板が　オームみたいにわめいていた[5]

その世界の反対側に位置するのが、輪郭のぼやけた物憂いプラハであり、一九〇二年三月の第一週にこの街に短期間滞在した記憶をたよりにアポリネールが作り上げた大陸のもうひとつの極であった。当時、かれはまだヴィルヘルム・コストロヴィツキという名だった。ポーランド人の母親と正体不明の父親の間にローマで私生児として生まれ、モナコとニースで育ったアポリネールは、二十一歳のとき、ケルン、ベルリン（「快適であると同時におぞましい都市」[6]）、ウィーン、ミュンヘンなど、中欧（ミッテルオイローパ）のドイツの都市をバックパッカーのように旅している。かれが書いたものから誤って推測している者もいるが、ブルノ――当時はむしろブリュンとして知られていた――はおそらく訪問していないだろうし、したがって「ブルノの竜」もおそらく見ていない。友人のアンドレ・ビイイはこう綴っている。「旅のことを何度か尋ねてみたが、かれの口からは詳しい話はついぞ聞くことができなかった。ほとんど徒歩で旅をし、金もなく、プラハでの二日間の滞在中はカマンベールチーズを食べて、どうにか凌いでいたという」[7]。アポリネールが食べていたのはカマンベールではなく、地元のソフトチーズ、ヘルメリーンだろうが、それは些細なことである。詩篇はテンポを緩め、スタッカートはレガートとなり、時間軸は次々と変わっていく。

ユダヤ人街の大時計の針はさかさにまわる
そしてきみもきみの人生のなかをゆっくりと後ずさる
プラーグの旧市内（フラジン）の坂をのぼったり　晩には
居酒屋でチェコの歌のうたわれているのを聞いたりして[8]

このような儚いイメージは、プラハを訪れたのと同じ年にアポリネールが書いた長めの短篇小説の道程に結実したものでもあり、記憶というものが往々にしてそうであるように、本質と思われるものだけがそこでは保たれている。詩に表現されたものの中身を見てみるのも興味深い。[9]一九〇二年六月に刊行され、その後一九一〇年に『異端教祖株式会社』の冒頭の一篇として再録された「プラハの散策者」（英訳では「さまよえるユダヤ人」としても知られている（邦訳は「プラーグで行き逢った男」））は、あたかも旅行記そのものであるかのように一人称で語られている。近代都市であることがわかる記述を織り込みながら、物語は淡々と始まる。ドレスデンから列車でやってきたアポリネールは、フランツ・ヨーゼフ駅——のちに「ウッドロウ・ウィルソン駅」と改名し、さらにその後、ただ単に「プラハ本駅」と名前を変える——に到着し、一時預り所に荷物を預けると、安宿を探しに出かける。通りがかりの人にドイツ語で尋ねてみるが、誰もドイツ語を理解しないのに最初は驚く。すると微笑みながらフランス語で答える者がいる。「ムッシュウ、フランス語でお話しなさい。私たちは、フランス人以上にドイツ人という奴が嫌いなんです。奴らときたら、塩以外のものは、葡萄酒、石炭、宝石、貴金属と、すべてのものを産みだすわれらの豊かな土地と、われわれの工業とを利用するだけ利用し、その上に自分たちの国語をいやでも使わせようとするのです、われわれはそんなことをする奴らを憎んでいるのです。プラーグでは誰もチェコ語しかしゃべりません。だが、あなたがフランス語をお使いになれば、フランス語を知っているものは、いつも喜んで答えてくれるでしょう」[10]。詩人は、ナ・ポジーチー通りにあるホテル——ヴィーチェスラフ・ネズヴァルはのちに、それが〈ホテル・バヴァリア〉であったと確信する[11]——へと向かう。一階部分は音楽喫茶で、店を仕切る老婆が「つき合ってくれる女の子も簡単にみつかりますさ」と声をかけてくる。さらに散歩を続けることにして、別の見知らぬ人に尋ねると、またフランス語で答えてくる。その男は「六十近い老人だったが、まだ矍鑠（かくしゃく）として」いて、きわめて筋肉質のふくらはぎが見えた。あとになって、その人物こそ「さまよえるユダヤ人」アハスヴェルスであることが判明する——だが、その老人はイサアク・ラケデムと名乗る。前の年にパリを訪れていて、アポリネールはバスティーユに向かう途中、乗合馬車の屋上席から、ブルターニュ通りの壁にその老人の名前が白墨で書かれているのを目にしていた。アハスヴェルスは、「プラーグ町とその目ぼしい場所」[12]を若者に案内しようと申し出る。

まず客人の関心を惹こうとして、見慣れぬ家の紋章——「聖母の家」、「鷲の家」、「騎士の家」といった、いかにもエリュアールやブルトンに印象を残すようなもの——に触れたのち、ユダヤ人は旧市街広場を案内し、ゴシック様式の二つの塔があるティーン教会を指差しながら、「三十年戦争と七年戦争のおりの弾痕」が壁に残っていることを伝える。さらに、旧市街の天文時計を訪れ、そこでは「綱を引く死神が頭をふりながら鐘を鳴らしていた。また他の小さな像も動いていた。一方では、雄鶏が羽ばたきをし、開けはなった窓の前を、十二使徒たちが道路に無感動な視線をなげかけながら通りすぎていった」[13]。鳴き声をあげる雄鶏は、一九世紀になってから中世の天文時計に追加されたものだが、アポリネールはそれを知る由もない。二人はユダヤ人街に足を踏み入れ、女性が入ることを禁じられた古いシナゴーグを訪れ（アポリネールは名前を挙げていないが、十三世紀末に建てられた旧新シナゴーグにちがいない）、バロックの彫像が物憂げに立ち並ぶカレル橋を渡り、おそらくネルダ通り――一八九五年以降、この曲がりくねった道は、一八四五年から五九年にかけて〈二つの太陽の館〉に住んでいたチェコの作家ヤン・ネルダの名を冠している――を通り、長い丘を登って城へと向かう。そこでアポリネールは心をかき乱される経験をし、それは「ゾーン」にも現われている。聖ヴィート大聖堂内の聖ヴァーツラフ礼拝堂の壁に嵌められた瑪瑙（めのう）のひとつに、「暗く、嫉妬深い眼をした」自分の顔が刻まれているのを見て、アポリネールは愕然とする。チェコ語で聖ヴァーツラフとして知られる聖ウェンツェスラウスはボヘミアの守護聖人であり、聖ステパノの日に城から街を見下ろす善き王ウェンツェスラウスとして、英語のクリスマス・キャロルにも歌われる。九二九年、あるいは九三五年かもしれないが、ヴァーツラフは弟（かつ後継者）のボレスラフ一世に暗殺されるが、最初期の聖ヴィート教会をフラッチャヌィに初めて建立したのは、ほかならぬヴァーツラフだった。

城と街を見下ろす現在の大聖堂の建設は、一三四六年から七八年にかけてボヘミアを統治した神聖ローマ帝国皇帝にして「祖国の父」カレル四世の時代に始まった。内陣、鐘塔、周囲の礼拝堂は、ゴシック期の建築家であるアラスのマティアスとペーター・パーラーの手になるものだが、プラハの他の多くの建築と同様、古風なファサードの奥にモダンなものが潜んでいる。この建造物が公式に「完成」したのは一九二九年のことだが、それは奇跡的にもヴァーツラフの殉教からちょうど千年にあたる年だった。だがそれにも増して、ヨーロッパの地図に現われてまだ十年と経たない国家が「我が国の千年におよぶ文化[14]」の大式典を演出するまたとない機会となった。身廊、西側の二つの塔、多くのステンドグラスは近代的なものである。マックス・シュヴァビンスキーによる記念碑的な《最後の審判》は、裸の女性のフォルムに対する敬意を示している。とりわけ裏側から見てみると、一八九〇年代から一九六〇年代にわたるキャリアを通じてかれが制作したニンフを追いかけるサテュロスや、衣服をまとった雲の上の女神、楽園で戯れるアダムとイヴの無数のエッチングやリトグラフからそのことが窺える。[15] アルフォンス・ムハ（Alfons Mucha）による青と緑の花のような煌めきを放つステンドグラス（スポンサーはスラヴィア銀行）は、九世紀にボヘミアの地にキリスト教をもたらしたビザンツの伝道師、聖キュリロスと聖メトディオスのみならず、異教徒にもオマージュを捧げている——その作者は、一八九五年一月一日、ジスモンダ役のサラ・ベルナールのポスターでパリ中の喝采を浴びたアルフォンス・ミュシャ（Alphonse Mucha）と同一人物である。後者の名前は、やわらかいフォルムと曲がりくねった線を特徴とする芸術様式と同義のものとなり、それはユーゲントシュティール、分離派、アール・ヌーヴォーなど、ヨーロッパの世紀末美術の中でさまざまな形で知られている。

隻腕の写真家ヨゼフ・スデクは、写真集『聖ヴィート』で二〇世紀のこのゴシック建築の不調和を美しく描き出した。一九二八年、〈協同組合（ドルシュテヴニー・プラーツェ）〉が刊行した同書は絶賛を浴びる。[16] 一九二二年に設立されたこの組織は芸術家とデザイナーの協同組合で、二〇年代末には一万一千人の会員数を誇っていた。この組合の最初の刊行物は、共産主義作家マリエ・マイエロヴァーの『もっとも美しい世界』である。前衛的な出版社として始まった同組合は家具にも手を広げ、プラハ、ブラチスラヴァ、ブルノ、パルドゥビツェやその他の町に〈美しい居室（クラースナー・イズバ）〉というショールームを次々とオープンする。アートディレクターのラジスラフ・ストナルの言葉を借りるならば、このショールームの目標は、「芸術的価値および職人的技術の両面において、優れた商品を販売すること」[17]であった。ここでの美しさは、当然ながら、徹底的にモダンなものであった。〈美しい居室〉の製品は、妥協を許さない機能主義的なエートスおよび簡素なモダニズムの美学によって際立っていたが、その二つは同じものを意味しているわけではなかった。製品の中でも特筆すべきは、ストナルとアドルフ・ロースによるガラスや陶磁器の食器と、アントニーン・キバルによるカラフルな抽象的模様のカーペットである。スデクはありとあらゆる写真技術を駆使して、ストナル作のティーセットを、光、空気、透明感のモデルそのものである具象詩に変貌させ、〈協同組合〉を代表する見事な広告写真を作り出した。スデクはまた、ノヴァ・ピックレスの手袋、ボタン、灰皿、水差しなどの思いもよらぬ美しさや、木のテーブルに置かれたスープの入った深皿、パンの塊、水の入ったコップなどの偶然の組み合わせを浮かび上がらせたのだった。[18]

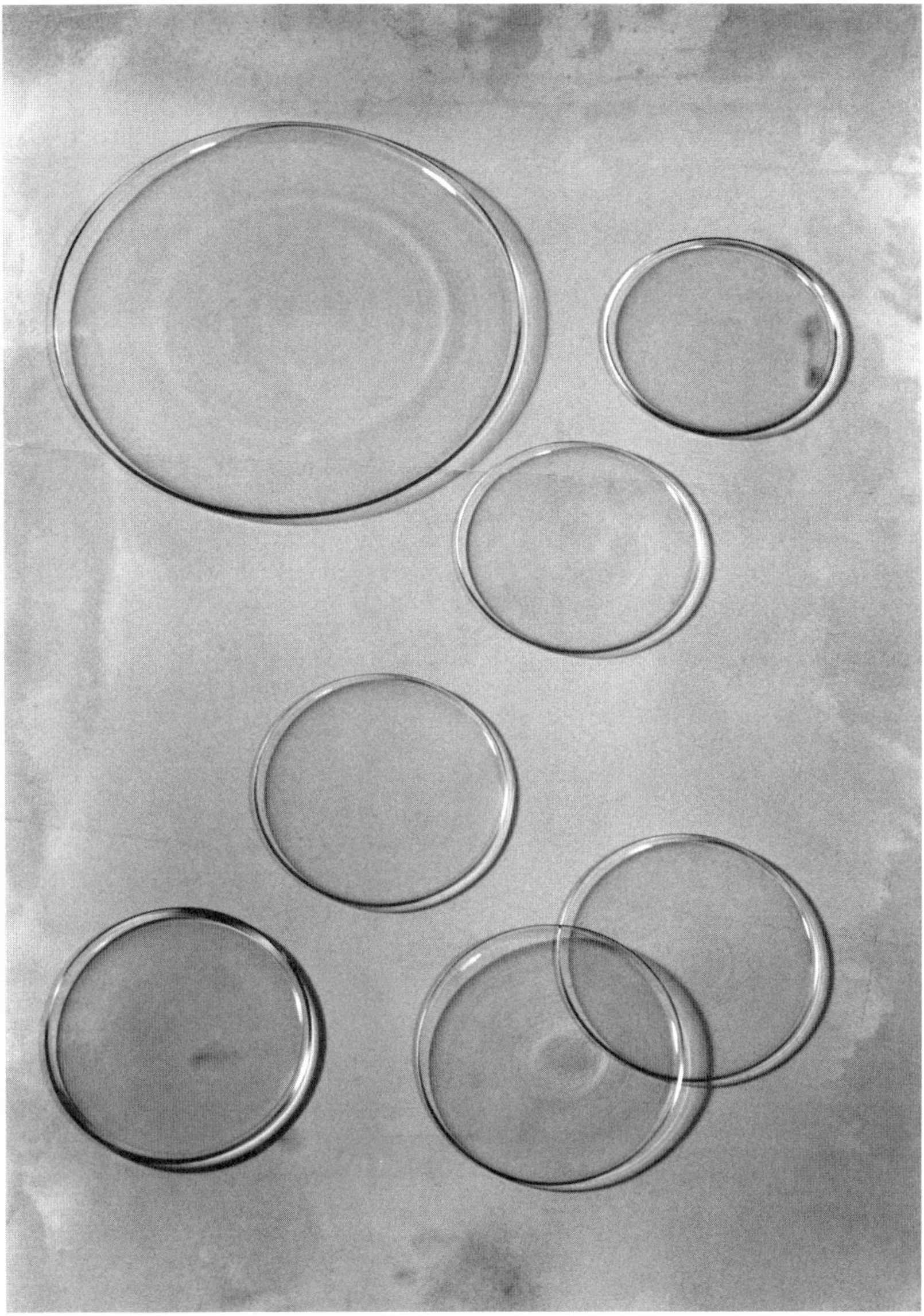

ヨゼフ・スデクの広告写真。ラジスラフ・ストナル作のガラスプレート、ゴルトベルク（？）、1930-32年。
Photo Josef Sudek © Anna Fárová heirs. Photo new print 2003 © Vlado Bohdan, Institute of Art History, Academy of Sciences of the Czech Republic, v.v.i.

『聖ヴィート』は、同じ写真家による作品であることはわかるものの、まったく異なる感覚を湛えている。百二十部の署名入り限定版に収められた十五点のポートフォリオは「威厳があり、偉大で、崇高で愛国的なアルバム」であり、「記念碑的であると同時に親密で、輝かしいと同時にきわめて完璧な構図で、雰囲気と同時に崇高な霊感を醸し出し、周囲の眩さと同時に細部と繊細な調和の重要性を兼ね備え、スデクの作品の最良の要素が含まれている」とアンナ・ファロヴァーは述べている。写真は「大聖堂の建築家たち」を写しているが、「比喩的な意味では、スデク自身もまた建築作業員である。建設中の大聖堂の細部、整えられた空間内の無形の建築材料、ロープ、砂でいっぱいの手押し車、誰かの弁当の隣に置かれたビアマグ、散らかった道具といった多種多様なオブジェは、かつて生命が存在した古代に新たな命をもたらす[19]」と彼女は付け加える。鋭い洞察ではあるが、それに加えてこれらのイメージが命を授けるのは、永遠にかりそめのものであり続ける過去の性質に対してでもあると言えるだろう。あらゆる写真と同様に、これらのイメージはある一瞬を捉えているが、時間の本質を正確に繋ぎとめることはできない。建築に触れるならば、それは必ずしも比喩的な領域というわけではないが、無形の建築材料だけではなく、精神の造形的な空間のための構造物と言えないだろうか。修復中の大聖堂の中でスデクを魅了したのは、「物の驚くべき雰囲気と、その混沌とした様子」が同時にある様子だった。ボードレールの「現代生活の画家」と同じく、スデクは儚い一瞬の永遠の刻印を捉えようとしていた[20]。「そして突然、ここで何かが起こっていると感じたのです」。一九七六年、スデクはヤロスラフ・アンジェルにこう語っている。「わたしの印象に刻まれたのは、建築物としてではなく、静物としてだったのです。[…]わたしは自分にこう言ったのです。『おい、ここに何かあるぞ!』とね[21]」。

第一次世界大戦中、スデクは味方のオーストリア軍の誤射によって片腕をイタリアに置いてきた。だからといって、聖ヴィート大聖堂の梯子の一番上まで登り、危険に身をさらすことはいとわなかった。「日本人のような我慢強さで太陽と影を待ち続け、物事を自分で思い描いたとおりに、オブジェに魔法を授ける。そのために、かれは何時間でも待ち続ける」と、幼馴染みである写真家のヤロミール・フンケは述べている。「そして現場に何度でも通うのだ——何週間も、何か月も」。フンケは、とりわけ「他に例を見ない新しさと巧みさ」を備えたスデクの眼を評価し、流行しているフォトモンタージュの芸術的手法を用いたほうがふさわしいのではないかと考える。[22]それから三十年後、スデクは、一九世紀に作られたコダック製のパノラマカメラをボヘミア北部の荒んだ工業地帯に運び、モダニズム的な歪曲を用いることなく、土地の生態系の途方もない荒廃ぶりを捉える。フンケ、ヤロスラフ・レスレル、エウゲン・ヴィシュコフスキーら、戦間期の同時代の仲間たちが機械の時代を劇的に捉えた幾何学的構図の強調、鋭いフォーカス、ハイ・コントラストに立ち返ったスデクは、一九五七年から六二年にかけて、すべて自然光を用いて、ズームやトリミングを控えた連作『悲しき風景』を撮影し、自らのイメージを、汚染された広大な風景のありとあらゆる細部がグレーの影のグラデーションとなってかすかに浮かび上がるコンタクトプリントを通して再現した。[23]「ここには、恐怖によって言葉を失った空の下、とても自然とは思えない風景の沈黙がある」と、チェコの批評家アントニーン・ドゥフェクは述べている。「これは『理性的な』文明という袋小路の寓話だ、それは人道主義の別の側面を示すメタファーなのだ[24]」。

スデクは、事物の驚くべき雰囲気への崇敬の念をどこで学んだのだろうか。第一次世界大戦は、ヨーロッパの芸術家のあらゆる世代の身体と心にさまざまな形で影響を及ぼしたように、スデクの技術にも幽霊のような痕跡を残したのだろう。「わたしは死神を見た」とスデクは、一九一七年の夏、自らの腕を切断した後、友人のペトル・ヘルビッヒに次のように綴っている。

高熱が出た。たしかそれは夜のことだった。わたしの頭上でガスランプが燃えていて、なんとも奇妙なシューという音を立てていた。突然ドアが開き、頭のない人物がわたしのベッドを横切って、中に入ってきた。いや、頭は包帯で覆われ、胴体はシーツにくるまれていたかもしれない。それが死神だとすぐにわかった。わたしはベッド脇のテーブルにあったコップをつかむと、その人物めがけて投げつけた。「死にたくない!」とわたしは叫んだ。コップは粉々に割れ、その人物は姿を消した。看護婦が駆けつけてきて、わたしが何で遊んでいるのかと様子を確かめに来た。翌朝、熱は下がっていた。[25]

ヨゼフ・スデク《聖ヴィート》1926-27年。© Anna Fárová heirs.

「ぼくは礼拝堂をあとにした」とアポリネールは続ける。「前々から気狂いになることを非常に怖れていたぼくは、今、眼の前に狂った自分の姿をみせつけられて、蒼ざめ、やりきれない気持になっていたのだった」。アハスヴェルスは、もう記念碑の見物はよしましょうと告げる。そして「先ほどのより一段と近代的な橋を通って」[26]旧市街へと向かう。おそらくそれは、かつて吊り橋があった場所に一八九八年から一九〇一年にかけて建設された軍団橋だろう。アポリネールが何を思ったかはわからないが、橋の近代性もまた、スデクが体験したような超自然的な出会いから逃れることはできなかった。ある晩、聖ヴィート大聖堂の時計が十二時を打つ頃、橋の欄干にもたれながら、ヴィーチェスラフ・ネズヴァルは自殺を考えているひとりの賭博師に出会う――一九二八年に発表されたネズヴァルのよく知られた詩篇のひとつ「エジソン」の中で、そのように語られている。「目を見開いたまま夢を見ているように、手を取り合って」、二人の男は無言で歩き、「アル中どもの集う侘しいキオスクを通り過ぎ」、ネズヴァルの住まいのあるコシージェ、「街が終わり」郊外が始まる場所に向かう。「そこでは、何か重苦しい息吹がただよい、生と死の不安と悲哀に満ちていた」とリフレインが続く。ネズヴァルがドアを開け、部屋の明かりをつけると、賭博師の姿は影も形もなかった。一緒に連れ添った人物は幽霊だったのか、はたまた幻だったのか、詩人は不安を覚える。[27]これは、今まで触れてきた問題と無関係というわけではない。つまり、不確かさが石そのものに刻まれているらしいのだ。アポリネールがプラハを訪れたとき、軍団橋はまだハプスブルク家の皇帝フランツ一世の名前を冠していた。一九三九年から四五年のナチ支配の時代には「スメタナ橋」となり、共産主義体制下では「五月一日橋」という名称だった。今日ではふたたび、第一次世界大戦中に連合国側で戦った亡命者、戦争捕虜、脱走兵からなるチェコスロヴァキア軍団を記念する名前になっている――かれらが独立を獲得するために戦った国家は、一九九二年十二月三十一日の真夜中に消滅してしまった。チェコスロヴァキア独立の興奮がまだ冷めやらぬ一九一九年に初めてつけられた「軍団橋」という古くて新しい名前は、その二年前（一九九〇年）にふたたび用いられるようになったばかりだった。

我らが遊歩者たちは居酒屋を見つけ、「パプリカ入りのグラーシュ、クミンの実をまぜた馬鈴薯のソテー、けしの種をいれたパン」を注文し、「苦いピルスナー・ビール」を流し込む。同じ店ではないにしても、今日、私たちは同じ食事をとることができるが、今でも同じ通りに同じ店があるかどうかは別の問題である。フランスからの訪問客に敬意を表して、楽団はラ・マルセイエーズを演奏し始める。「ヴェンゼルプラッツとか、ヴィーマルクト、ロスマルクト、あるいはヴァーツラスケー・ナームニェスチーとか呼ばれている長方形の大きな広場」――英語ではウェンツェスラウス広場として知られている――を渡って、二人はユダヤ人街に舞い戻り、アハスヴェルスは異なる種類のプラハの美しさと名所を客人に案内する。アポリネールは堅物ではない。「発作的で享楽的な[28]」『一万一千本の鞭』（一九〇七）は、ブルトンの『ナジャ』と同じ一九二八年に刊行されたジョルジュ・バタイユの『眼球譚』やルイ・アラゴンの『イレーヌ』といった二〇世紀のシュルレアリスム-ポルノグラフィー[29]の系譜の重要な先駆けとなった。アポリネールの性的嗜好は、日中仕事をする傍ら、夜には『鞭打ち伯爵夫人』、『美と恐怖』、『ブローズン氏と教師の美しき客人――独身女性と既婚女性の鞭打ちに関する興味深い事実にまつわる書簡の抜粋を含む[30]』といった作品を気晴らしに書いていたフランスの戦間期の前衛作家ピエール・マッコルランに通じるものがある。愛人のルイーズ・ド・コリニーにあることを執拗に迫っているのを見るかぎり、アポリネールはチェコでの復活祭明けの月曜日を満喫したにちがいない。自分が兵役で留守にする間、彼女が自慰にふけるのをやめなければ、「ミルクにまじる苺の姿[31]」に変わってしまうほど鞭を打つとかれは約束したが、そのせいで、彼女はますます自慰に溺れていたのだろう。アハスヴェルスから「小児愛好者どもの趣味にも適うような十四、五歳の娘たちがいますよ[32]」と誘われるが、詩人は王立葡萄園地区の訪問という「気をひく申し出」を辞退する。そこは、一九世紀後半に急速に発展したプラハの郊外の数ある高級地区のひとつだった[33]。当時はまだクラーロフスケー・ヴィノフラディ（王立葡萄園）と呼ばれていたが、その後、共産主義時代の一九四八年には「王立」という表現が削除された。

ヴィノフラディの娘たち――きらびやかな若い「女学生[34]」の時間制エスコートの広告は、今でもプラハのホテルのロビーで山ほど目にすることができるかもしれない――を除くと、アポリネールの駆け足での街めぐりは、標準的な観光客が辿るコースとほぼ同じである。だが観光客はえてして道を誤るものだ。とりわけ、文学的な気質の持ち主ならなおさらだろう。〈ホテル・パリ〉の華やかさと眩しさがそうであるように、過去の喜びもまたそれほど単純なものではない。「ゾーン」で描かれる風変わりな時計は、数世紀にわたって壁に覆われてきたゲットーのユダヤ人街の市庁舎を飾っている。それはとりわけ詩人たちの心を捉えてきたようだ。ブレーズ・サンドラールもまた、その隠喩的な可能性に魅了された詩人のひとりで、「プラハのユダヤ人街の時計のように、世界は絶望的なまでに逆回転していく」[35]と想像力を働かせている。ブルトン、ルイ・アラゴンとともに雑誌『リテラチュール』を創刊し、ブルトンの初の「自動記述」小説、『磁場』（一九二〇）の共著者でもあるフィリップ・スーポーもそうだった。スーポーは一九二七年のプラハ旅行後に書いた詩で、この時計を「記憶の時計」と呼んでいる。「プラハへ」と題されたスーポーの詩は、カレル・タイゲが中心的な役割を担い、一九二〇年代のプラハの前衛芸術を牽引した運動であるデヴィエトスィルのもっとも重要な雑誌『ReD』（一九二七―三〇）創刊号の巻頭を飾っている。[36]「ReD」という名称は「レヴュー・デヴィエトスィル（Revue Devětsilu）」を縮めたものだが、革命を示唆する英語の単語との語呂合わせは偶然ではない。この時計の針は、時計盤のヘブライ数字をたどるべく、まさに時計回りとは反対に回る。だが、反対回りと見るかどうかは、どちらの側から眺めるかによる。

「このお袋さんには、獰猛な爪がある」

ゲットーの壁は一九世紀初めに取り壊され、プラハの地理的中心に位置し、ユダヤ人街として知られてきた地区は、一八五〇年、合法的にプラハ市に合併された。旧市街、新市街（一三四八年、カレル四世によって設立）、小地区、フラッチャヌィ（ドイツ語ではフラチーン）（城下地区）に加えて、プラハ五区、通称「五区」となる。一七八三年、プラハの中世の四つの地区をひとつの自治都市として認めるなど、近代化を推し進めたハプスブルク家の皇帝ヨーゼフ二世を記念して、この地区はヨーゼフ街（ヨゼフォフ）とも呼ばれている。その二年前、ヨーゼフ二世は、善きオーストリア国民となるようボヘミアのユダヤ人を「解放」したが、ユダヤ人が完全な市民権を得るのは一八四八年の革命以降のことだった。[37] 数世紀にわたって、プラハはヨーロッパ有数のユダヤ人コミュニティの中心地であったが、ユダヤ人の置かれた立場が保証されたことはほとんどなかった。ヨーゼフ二世の母である女帝マリア・テレジアは、一七四四年、オーストリア継承戦争の折に侵攻してきたプロイセン軍に協力したとして、すべてのユダヤ人をプラハから追放した。寛容さを示すべく、マリア・テレジアは四年後に帰還を許したが、それは深刻な打撃を受けた経済を立て直すためでしかなかった。一八三七年、居住に関する最後の制限が撤廃される前、ユダヤ人はなおもゲットーの人口の八割を占めていた。だが、一八四八年以降、ユダヤ人の大半は急激に拡張する都市のより健全な地区——新市街の山の手、クラーロフスケー・ヴィノフラディ、ブベネツの住宅街——に移り住み、残ったのは超正統派のユダヤ教徒と貧困層だけだった。一九世紀末になると、ユダヤ人はヨーゼフ街の住民のたった四分の一になっていた。五区はプラハのバワリー街〔ニューヨークのマンハッタン、浮浪者の溜まり場として知られた〕、すなわちくず拾い、乞食、娼婦、犯罪者の溜まり場となり、アハスヴェルスがアポリネールに向かって、「いけばわかりますがね、夜はどの家も淫売宿に変るんです」[38] と告げる場所になった。

ロートレアモンの解剖台の上のミシンと雨傘の偶発的な出会いのようなありそうもない美のように、「ダンスホールの喧騒、街頭の酔っぱらいのわめき声、娼婦たちの大きな笑い声が、シナゴーグから漏れ聞こえる物憂げな安息日の唄と混ざり合う」[39]。このように、少なくともアンジェロ・マリーア・リペッリーノは想像する。このイタリア人の学者による『魔法のプラハ』は、ボヘミアの首都をめぐって書かれた書物の中でももっとも啓蒙的な一冊である——「啓蒙的」という語が、自分は昼ひなかを歩く人間だと信じるよりも、夜の中を歩くほうを好む『ナジャ』のアンドレ・ブルトンのような散策者との繋がりにおいて用いられるのが特にふさわしい形容詞であるならば。かれの驚異的なまでの博識にもかかわらず、学者たちはリペッリーノの作品を避ける傾向にある。おそらく、リペッリーノが近代世界の表層と見取り図を形づくる現実と想像、現在と過去の区別を認めることを拒否しているからだろう。それは、ブルトンやシュルレアリストたちが拒否したものと同じ対立でもあった。だが、都市というものは、とりわけ複雑かつ長い歴史を有するプラハのような都市は、煉瓦とモルタルだけでできているわけではない。それは、記号と象徴、記憶と欲望からなる夢の世界でもあり、精神と物質が絶えず変化しながら浸透していく様相こそ、リペッリーノがその詩的想像力のおかげで、また同時にその詩的想像力にもかかわらず、多くの者よりもよく捉えるものである。

リペッリーノは、著書のタイトルをブルトンに負っていることを認めているが、かれが呼び出す魔法ははるかに暗い色調を帯びている。一九六九年に共産主義者によって追放されるまで、長年にわたってプラハを第二の故郷としたこのイタリア人は、ブルトンやアポリネールよりもはるかによく――親密に――この街を知っていた。「プラハは幽霊の温床、魔術の闘技場である」とかれは警告する。「それは罠である――いったん霧に包まれ、黒魔術に囚われ、毒の入った蜂蜜を舐めようものなら――あなたを放さず、赦してもくれない[40]」。若きフランツ・カフカが故郷について発したあの有名な言葉をリペッリーノが引用するのも無理はない。もっとも、他の多くの人びととは異なり、かれは正確に訳している。「プラハは放さない。[…]このお袋さんには、獰猛な爪がある[41]」。一八八三年、カフカは旧市街広場から少し離れたユダヤ人街の外れにある家で生まれた。その建物が面している小さな広場は、今日、フランツ・カフカ広場と呼ばれている。追悼するには遅きに失した感がある。その名がつけられたのは新世紀に入ってからなのだから[42]。カフカがプラハを指して言う「お袋さん（Mutterlein）」とは、チェコ人がときおり愛情を込めて自分たちの街を表現する言い方であるチェコ語の matička に相当する。リチャード・ウィンストンとクララ・ウィンストンは標準英語に訳す際に「老婆」としているが、その語が仄めかすものや撞着語法を失い、的を外してもいる。それにもかかわらず、リペッリーノは、プラハは「『お袋さん（matička）』ではない」と主張する。というのも、年老いた娼婦以上の何かを有しているからだ。「絶えず変わる光のアイシャドウで化粧をし、波打つ霧のガウンに身を包む気まぐれな愛人であり、誘惑者。だが、まとっているのは売春宿のネグリジェなのだ[43]」。自著を通じて、リペッリーノはプラハに性的な特性を与えている（そして同じことをしているチェコの男性作家を数多く引用する）。彼女はつねに女性であり、欲望の対象である。だが、信頼のおける愛人であったためしはない。プラハ――「黄金のプラハ（ズラター・プラハ）」、「美しいプラハ（クラースナー・プラハ）」とチェコ語で呼ばれる――あらゆる物や人に文法性が付与され、性差なしには話すことも表現することもできない言語にあって、この都市を表わしているのはチェコ語の女性名詞である。

ゴシック教会のオルガンのパイプのように
すべての尖塔が
夜になると、燃え盛るランタンに向かって
ヨーロッパのレクイエムを奏でている。

それがプラハ、街と愛する人……
さまよい歩く詩人たちが
美しい娘たちに穿かせるのは
アプリコットの花の模様と
君だけが知っている幻想的な言葉を
織り込ませた長い靴下[44]。

この詩行は、少なくとも英語圏の読者にはもっともよく知られているであろう二〇世紀チェコの詩人、ヤロスラフ・サイフェルトによるものである。サイフェルトは、一九二〇年に年上の共産主義詩人スタニスラフ・コストカ・ノイマンに捧げた『涙に埋もれた街』という「プロレタリア詩」の詩集によって詩人としてのキャリアを開始した。その詩集の冒頭には妥協のない宣言が置かれ、以下のように締めくくられている。「これは階級についての本であり、あなたが本の中身なのだ。［…］新しい、新しい、新しいのは共産主義という星である。その共同作業によって新たな様式を打ち立てること、それ以外のところに近代性はない[45]」。それから六十四年後、かれと共産主義が別々の道を歩むようになってだいぶ時間が経った頃、サイフェルトはチェコの作家として初めてノーベル文学賞を受賞する。この詩「ペトシーンから見たプラハ」は、解説の代わりにある種の導入として、ヨゼフ・スデクの一九五九年の写真集

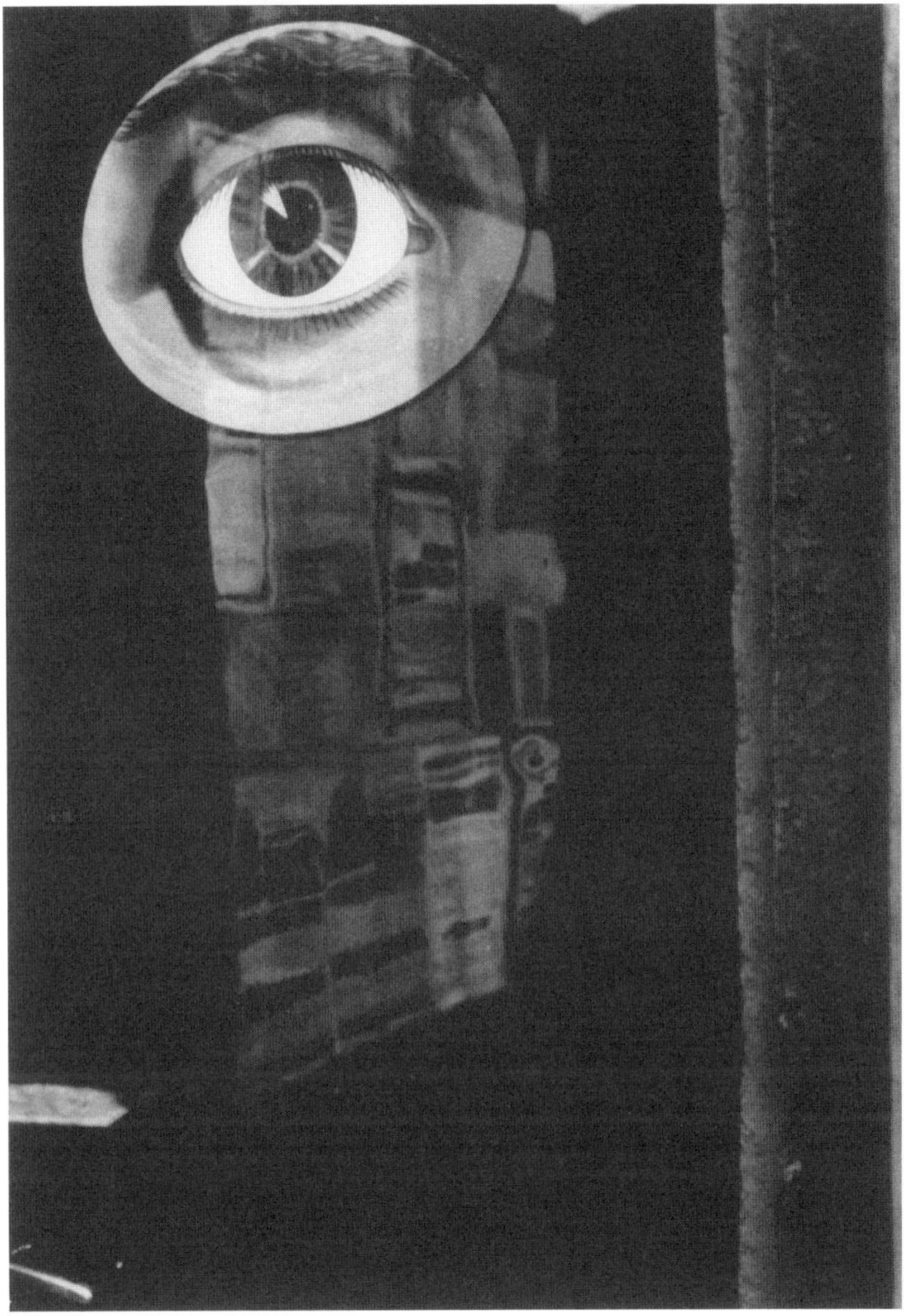

ヤロミール・フンケ《目の反射》、連作《時間は持続する》より、1932年。ヒューストン美術館蔵。
ニーナ・カリナンの思い出に捧ぐルイーザ・ステュード・サロフイムによる寄贈

『パノラマのプラハ』[46]に掲載されている。この写真集は、『悲しき風景』と同様、限りない忍耐と愛情と客観性をもって都市の肖像を捉えている。「都市は死ぬ。その灰は撒き散らされる。だが夢の首都は〔…〕ゼラチンの空の下、征服できない城壁を立ち上げる。街路の迷宮は、川のように道を進む。十字路はいつも哀愁に満ちた出会いの場となる」。ロベール・デスノスによるこの一節は、不釣り合いなほど古風な技術に執着したもう一人の写真家ウジェーヌ・アジェの追悼記事であるが、デスノスはまさにスデクの『パノラマのプラハ』のために書いたかのように思える。[47]「今日でもなお、夕方五時になると、山高帽をかぶり、黒いスーツに身を包んだフランツ・カフカは、ツェレトナー通りを歩いて家路につく」。『魔法のプラハ』はこのような書き出しで始まる。「今日でもなお、夕方五時になると、ヴィーチェスラフ・ネズヴァルは蒸し蒸しするバーやパブを出て、ボートに乗ってヴルタヴァ川を渡り、トロヤにある屋根裏部屋に向かう」[48]。リペッリーノの描くプラハでは、過去がつねに現在である。過去は決して過ぎ去ったものではない。死者は生者をそっとしておいてはくれない。『魔法のプラハ』には、一五七六年から一六一一年まで在位し、プラハを帝都とした二人目の神聖ローマ帝国皇帝ルドルフ二世の亡霊が絶えず出没する。一人目は祖国の父であるカレル四世、一三五七年七月九日午前五時三十一分に建設が始まった五百二十メートルの橋を架けた人物であるが、この王の名前を冠するようになったのは一八七〇年以降のことである。伝説によれば、モルタルに卵を混ぜたことで強度が増したというが、一八九〇年の大洪水のときには橋のアーチは二つしか残らず、他は全部流されてしまった。現在にいたるまでプラハの典型的なシンボルとなっているこの橋――アンドレ・ブルトンは、ここから永遠に向かって伸びているものと追憶する[49]――は、かつてはただ単に「石橋」として知られていた。この橋は、フランツ・ヨーゼフ一世の名を冠した吊り橋、のちの軍団橋が一八三九年から四一年にかけて架けられるまでの間、川を横断する唯一の通行路だった。ルドルフ二世の時代はまだ欄干に彫像はなかった。バロック彫刻の行列は――たとえば、ヨゼフ・スデクのレンズを通してみれば[50]――プラハの土地の精神（ゲニウス・ロキ）を具現化したもののように思えるが、それが始まるのは、せいぜい一六八三年に建てられたヤン・ブロコフによる聖ヤン・ネポムツキー（ネポムクの聖ヨハネ）像以降のことである。この彫像は、ネポムツキーが、おそらく王の手で、火にかけられ拷問され、手足を枷で縛りつけられた場所を示している。哀れな司教は、今から三世紀前、ヴァーツラフ四世の命令でヴルタヴァ川に投げ込まれた。

ヤン・ネポムツキーの実像、ならびに殉教の理由については諸説が入り乱れている。さまざまな物語、そしておそらくさまざまな人びとが歴史的な想像に加わり、それらが合成されていったのだろう。ある修道院を接収する提案を拒絶したことで、一三九三年にヴァーツラフ四世が溺死させたプラハ大司教総代理は、王妃の告解の秘密を明かすことを拒んだ厄介な司祭と同一人物かもしれないし、そうでないかもしれない。少なくとも事実であるのが――アハスヴェルスがこの聖人についてギヨーム・アポリネールに説明したように[51]――「懺悔の秘密を守りぬいた殉教者」として、インノケンティウス十三世が一七二九年にネポムツキーを列聖していることだ。その十年前に遺体が掘り返されたとき、「かれの舌は、萎びてはいたものの、腐敗してはいなかった」[52]とする話もある。それから一世紀後、チェコの民族主義的な歴史家たちは、ネポムツキーはヤン・フスの記憶に取って代わるためにイエズス会が捏造した存在にすぎないと主張した。そうであったとしても、それは期待外れに終わった。「バロックの聖人」は、ボヘミア、モラヴィア各地から地方の人びとを首都へ呼び寄せる庶民の崇拝対象となったからである。「全般的にドイツ化が進み、民族意識が低下している時代にあって、聖ヤンの巡礼の時期になると、ドイツ化してもプラハはチェコであるという点において、このような儀式はきわめて重要であった」と、フランチシェク・ルトは『王立プラハ年代記』の中で記している。街路ごと、建物ごとに記録した異常なまでに詳細なこの都市の年代記は、アポリネールがプラハを訪れた年に刊行された。「毎年五月十六日頃に地方から訪ねてくる親戚と言葉を交わしていなかったら、おそらくプラハの人の多くはチェコ語を忘れてしまっていたであろう」[53]。この巡礼の伝統があっても、一九一八年の独立の余波でネポムツキーの記念碑が破壊されたり、またヴァチカンの不快感を考慮してか、一九二五年、チェコスロヴァキア政府が五月十六日の祝日を取り消すのを防ぐことはできなかった。その祝日は、一四一五年、フスがコンスタンツ公会議で火刑に処された七月六日に取って代わられた。自動車さえ古臭く見えるのに、「宗教だけがまだまっさらなままだ」[54]と「ゾーン」にあるが、それは、アポリネールがその影響についてあまり通じていなかったことを示している。

今日であればオカルトと見なされるようなもの――当時は、自然なるものと超自然なるものの境界は今よりも曖昧だった——の熱烈な信奉者だったルドルフ二世は、ヨーロッパ中の天文学者、錬金術師、芸術家を宮廷に抱えていた。その中には、晩餐の席で「健康よりも礼儀を重んじ」[55]、膀胱破裂で亡くなったティコ・ブラーエがおり、かれはティーン教会に埋葬されている。ヨハネス・ケプラーは、今では観光客で溢れ返るカルロヴァ通りに面した建物で天体の運行法則を発見した。イタリアのマニエリスム画家ジュゼッペ・アルチンボルドは、果物、野菜、鳥、魚、図書館の本、炙り肉の皿をコラージュしてグロテスクな顔を作っている。ティコ、ケプラー、そしてアルチンボルド（アンドレ・ブルトンの『魔術的芸術』で光栄にも言及されている）[56]はいずれも、モダンの系譜の中でそれぞれ正当な位置を占めている。私たちの嗜好にはいかさま師かペテン師にも思えるルドルフ二世の宮廷の他の名士たちは、歴史が書き記すものの隙間に埋もれ、忘却の彼方にある。だがリペッリーノによれば、かれらの魂はプラハの古い通りをさまよっているという。たとえばエドワード・ケリー。かれは各地を遍歴しながらスワッピングを行なっていた英国系アイルランド人の錬金術師で、貨幣偽造の罪でランカスターの裁判官によって耳切りの刑に処せられた。ルドルフ二世はかれに勲爵士の称号を授けたが、やがて牢獄に入れる。脱獄を試みて失敗し、片脚を失ったケリーは、二度目に脱獄を図ったときにもう一方の脚もだめにしてしまい、そのあと毒をあおったという。

　ティーン教会との関連で——少なくともチェコ人に——知られる遺骸は、ティコのものだけではない。一六三一年十一月三十日の午後、ザクセンのプロテスタント軍がプラハを短期間制圧した際、ビーラー・ホラでの屈辱的な終焉を目の当たりにしたチェコ貴族による蜂起に加わった十一人の指導者の頭が、見せしめのために十年にわたって吊るされていた「石橋」の橋塔から教会の「秘密の場所」に埋葬されたのだった。[57]チェコの領主たち——全部で二十七名——は、一六二一年六月二十一日、旧市街広場で処刑された。陰惨な見世物は、午前五時に太鼓の連打とともに始まり、そのあと丸々四時間かかったとされている。犠牲者の一人、ヤン・イェセンスキー（またはイェセニウス）はプラハ大学総長であったが、その二百年前、同じ地位に就いていたのはヤン・フスである。ネポムツキーの舌が頭蓋骨の中で奇跡的に腐敗を免れて残っていたことと同じくらい、ビーラー・ホラの戦いの後、数世紀にわたってチェコ語が衰退したことを嘆いていた一九世紀の「民族覚醒者たち」の心に雄弁に響くある種の象徴的振る舞いによって、死刑執行人ヤン・ミドラーシュはイェセンスキーの舌を切り出し、斬首の前、処刑台にその舌を釘で打ちつけたのだった。イェセンスキーはそもそも、絞首台から運ばれてきたばかりの死体を大学で公開解剖したのに感銘を受けたルドルフ二世の招きでプラハに滞在していた。[58] その日、ミドラーシュは四回剣を突き刺している。チェコの領主たちは「勇ましく、そして威厳をもって」亡くなったと、ルトの『年代記』は記している。「だが、それよりも悲惨な出来事が国全体を待ち受けていた。プラハそして民族全体の歴史においてもっとも悲しむべき時、恐怖の時が訪れ、やがて墓場の静けさが訪れた」。[59] かれらにしてみれば、ビーラー・ホラの勝者は、十二歳のシモン・アベレスの傷だらけの遺体を引きずり出すだけの悲哀を持ち合わせていたということだろう。このユダヤ人の少年はカトリックに改宗したため、実の父親から拷問を受けて命を落としたと言われている。少年の遺体は、一六九四年、ティーン教会に埋葬されている。この超現実的な光景の複雑さを伝えようとする者であれば誰もがするように、リペッリーノもこの二つの物語を関連づけている。[60] アントニーン・ドヴォジャークはカトリックの聖ヴァーツラフの単旋歌とフス派のコラール「汝ら神の戦士らよ」を組み合わせて『フス派序曲』を作曲したとき、自分が何を行なっているかを自覚していた。プラハは、ヤン・フスとヤン・ネポムツキーの運命に対して、等しく目を光らせている場所なのである。アハスヴェルスが旧市街広場にアポリネールを案内したときにこのような信じがたい関連について語る時間があったのかどうか、「プラハの散策者」は記録に残していない。

プラハ城の城壁の内側に沿って延びる「黄金の小路」に住んでいたのは、ルドルフ二世の錬金術師ではなく、商人たちであるようだ——その中には金細工師もいたとされ、それが通りの奇妙な名前の理由であるかもしれない。『ギネスブック』によれば、プラハ城は世界一大きな城であるという。「錬金術師通り」は、ブルトンとエリュアールが間違いなく立ち寄った場所だが、アハスヴェルスは見せるに値するものはないと思ったらしく、アポリネールは「フラジンの王宮の、厳(おごそ)かであるが荒涼たる数々の居間」[61] と記しているのみである。だが、その見かけ倒しの建物では、かつては不老不死の薬と賢者の石を求める皺だらけの老人がぶくぶくと泡を立てる蒸留器の番をしていたかもしれないと思えるのだ。少なくとも一九三五年にはそうだった。今では、観光客向けのキッチュな商品を並べるファサードの向こうに何があったかを想像するのは容易ではない。フランツ・カフカは、二二番地の「黄金のカマスの家」に短期間住んでいた。ここは、カフカの妹オットラが一九一六年から一七年にかけて数か月借りていた場所で、そのおかげでこの小さな通りの雑踏が持つ意味にもうひとつの要素が加わっている。この通りとルドルフ二世の錬金術師との歴史的な結びつきを暴いたのち、リペッリーノはそれほどオカルト的ではないかれ自身による変身、つまり「黄金の小路」を「神秘的な城の外辺に寄生する世界のカフカ的イメージ」[62]へと変形させる作業を行なっている。プラハはカフカのフィクションを具現化するが、実際のところ、カフカの作品において、プラハに関する明らかな記述は驚くほど少ない。カフカの悪夢は――少なくとも近代世界であれば――どこでも見ることができる。プラハに親しんだ人であれば、ときどき不思議に思わずにいられないだろう。『変身』の哀れな主人公グレゴール・ザムザが、ある朝目覚めると巨大な虫に変わっているのに気づくのは、プラハにあるどの一九世紀の陰鬱なアパートなのかと。[63]ルドルフ二世から、共産主義者の「忘却の大統領」グスタフ・フサーク――一九六八年八月二十一日のソ連軍侵攻と一九八九年十一月の共産主義体制崩壊の間の二十年にわたる「正常化」を取り仕切った――にいたる城の住人たちの教理を心に留めてみると、プラハ城をカフカの「城」として想像したり、いざとなれば、カレル四世によってもうひとつの福祉事業として建てられたペトシーンの丘を蛇行する「飢えの壁」が、カフカの短篇「万里の長城」[64]にインスピレーションを与えたと見ることもたやすいだろう。「『黄金の小路』は、『変容』という劇的な奇跡の背景となっている」[65]とリペッリーノは説明する。「あらゆるものは、あらゆるものに変容可能である」と信じていたポール・エリュアールであれば、きっとその意見に同意しただろう。[66]

一五九一年、アルチンボルドは、眉にはエンドウ豆のさや、鼻には洋梨、喉仏には白いラディッシュを用いて、ルドルフ二世を四季の変化をつかさどる古代ローマの神ウェルトゥムヌスとして描いている。「余は、それがなければ怪物のように見えただろう／だがその中では、高貴な肖像のよう／そして王のイメージが隠れている」と、その絵が書かれた年にコマニーニは秘密を明かすべく記している。オロフ・グランベリが一九一一年にアルチンボルドの作品の目録を作成しにやってくる頃には、黄金は鉛に変わっていた。俗世のものに驚異を見いだすことのできなかったグランベリは、素っ気なくも皇帝を庭師と勘違いした[67]。もはや近代世界となり、科学と理性の夜明けの中で、魔法はおとぎ話の中に消えてしまい、私たちは何かが変身するのを期待するばかりである。だが、プラハはモダニティの形而上学を困惑させる。アルチンボルドのカンヴァスに描かれたものには、二重の命が宿っている。幻想的なものを意味するかと思うと、日常的なものであり続ける。「以下同様だ」とロラン・バルトは書いている。「隠喩は自転する。しかし、遠心的にだ。意味が無限の彼方にはねて飛ぶ[68]」。バルトが話題にしているのはアルチンボルドの《料理人》だが、プラハのことを話しているかのようである。ここでは、あらゆるものが見かけほど単純ではない。あらゆるものが背後にあるものや遠く離れたものを示している。あらゆる片隅や裂け目は歴史の重荷を背負い、不穏な過去の痕跡を重ねている。

「燃える理性の時」

リペッリーノにとって、ユダヤ人街は「プラハの魔法の焦点[69]」である。かれは、一八九〇年代までにゲットーが沈んでいた深みに潜り、人びとが密集し、みすぼらしく、汚物や病気にあふれ、光が差し込まず、息がつまり、下水設備もない細部にいたるまで愛おしげに、ディケンズ風の描写を展開する。そこでは性にまつわる記述が多い。『城』の中には、くずや飲み残しのこぼれたビールだらけの酒場の床で、Kとフリーダが性交するシーンがあるが、二人の結びつきの魔法を少しも損なうものではない。「そのなかで抱き合ったまま、時が過ぎていった。呼吸（いき）をともにし、ともに胸の鼓動を聞いていた。その間ずっと、自分がどこかに迷いこんでいくようにKは感じていた。すでに見知らないところにいる[70]」とカフカは書いている。「腐った丸石は、ごみ、淀んだ水たまり、汚い小川の臭いを放つ」とリペッリーノは書いている。「いたるところにネズミがいる。あばら屋の入口で、半裸の女たちが丸見えの場所でくつろいでいる――その地区にはトイレも下水もない――そしてうだるような暑さの中、息のつまるような家から出て、子供たちの虱取りをする」。世紀末のボヘミアという縁もゆかりもなさそうな時代や場所から思い起こしたのは、シチリアで過ごした自分の幼少期のイメージだったとかれは言う。「寒くかび臭いあばら屋、悪臭のきついねぐら、鼻の曲がりそうな穴ぐら」には「酒場や牢獄で出会った年齢も性別もさまざまな人たちがいた。万引きの常習犯、かつてはプラハの他の地区でフラシ天の絨毯を敷き詰めた家を所有していたものの破産した連中、そういった輩が無差別に詰め込まれていた」。どの部屋も「腐った藁のマットレスとその場しのぎのベッドとして使われるテーブルがあるだけのねぐらで、そこでは見えないチョークの線と線の間に、病気の老人、情熱的な恋人たち、娼婦、子供たちがひしめき合い、他人の前で出産する女たちもいて、物乞いが持ち場を離れて帰ってくる夕方近くに群衆が増えていく『闇の穴』だった」[71]。夜の帳が下りると、「大の酒好きとぽん引きがゲットーに集まってくる」[72]。そのうちの一人はアハスヴェルスで、自分にふさわしい「乳房もお尻も大きなハンガリア女」を探していた。娘はめったにない満足を与える。「あの娘はとてもよかったですよ」とアハスヴェルスは語る。「一二六七年にフォルリで処女を犯したときの楽しみを思いだしますよ」。そして、「かれの割礼をうけた性器は」とアポリネールは続ける。「節の多い切株か、さもなければアメリカ・インディアンの肌みたいな棒杭、嵐をよぶ大空の深紅と濃い紫とシエナの黄色い土の色とが斑（まだら）に入りまじった棒杭を思いださせた」[73]。

リペッリーノは、ルドルフ二世の名高い「驚異の部屋」の中身と、一九世紀末の五区に流れ込んだありとあらゆるがらくたとの幅のある類似性に触れ、永劫回帰の倒錯したパターンの中で一方が他方を諷刺するという例を引き合いに出す。ルドルフ二世の「美術と驚異の部屋（クンスト・ウント・ヴンダーカンマー）」の「非体系的な目録」は以下のように始まる。

> トカゲの石膏鋳型、別の生き物の銀の模型、二枚貝、亀の甲羅、真珠貝、椰子の実、色つき蠟の小さな像、エジプト粘土の人形、ガラスと鋼の優美な鏡、眼鏡、珊瑚、けばけばしい羽毛を敷き詰めた「インド風」箱、麦わらと木でできた「インド風」容器、「インド風」すなわち日本の絵画、磨かれた銀と金箔の「インドの」木の実、インドからキャラック船が全速力で運んできたその他の品々、プラハのシュルレアリストたちがたいそう気に入

りそうな有色の肌の石膏で覆われた女性のトルソ[74]

――などなど、あと三ページ続く。小説『ウッツ男爵』で、もうひとりのマニアックなプラハの蒐集家の精神を探求し、葬られ入り組んだ歴史を発掘したブルース・チャトウィンもまた、「プラハはいまなおヨーロッパの都市にあって、もっとも秘密に満ちた町であり、そこでは自然の法則を超えたところが、こともなく起こるという」と述べている。そのチャトウィンによれば、ルドルフ二世の秘宝には、「一角獣の角、金の台座つき椰子の実、アルコールづけの人造人間(ホムンクルス)、ノアの方舟の釘、神が塵よりアダムをつくるに際し、その塵を入れたフラスコ等々[75]」が含まれていたという。皇帝は自分の居場所を意識して、農夫プシェミスル、一三〇六年にヴァーツラフ三世が亡くなるまでの四世紀にわたってボヘミアを統治したプシェミスル朝の伝説上の始祖の帽子を置く場所を陳列棚に忘れずに用意していた。プシェミスルは、同じく伝説上の王妃リブシェの夫であるが、リブシェは太古のあるとき、ヴィシェフラットの要塞からヴルタヴァ川を眺め、「その栄光が天の星まで届く[76]」都市が誕生すると予言したのだった。

すべての世界は城壁に変わり、失われて久しい鍵の符号に従って並べ替えられる。いまや私たちの理解を越えるその論理、ルドルフ二世の「美術と驚異の部屋」は、ミシェル・フーコーが『言葉と物』の冒頭で引用したボルヘスの一節、「シナのある百科事典」の動物の分類と同様に超現実的に思われる。「動物は次のごとく分けられる。(a)皇帝に属するもの、(b)香の匂いを放つもの、(c)飼いならされたもの、(d)乳呑み豚、(e)人魚、(f)お話に出てくるもの、(g)放し飼いの犬、(h)この分類自体に含まれているもの、(i)気違いのように騒ぐもの、(j)算えきれぬもの、(k)駱駝(らくだ)の毛のごく細の毛筆で描かれたもの、(l)その他、(m)いましがた壺をこわしたもの、(n)とおくから蝿のように見えるもの」。フーコーは「読みすすみながら催した笑い」、「思考におなじみなあらゆる事柄を揺さぶらずにはおかぬ、あの笑い」について触れる。「いま思考と言ったが、それは、われわれの時代と風土の刻印をおされたわれわれ自身の思考のことであって、その笑いは秩序づけられたすべての表層と、諸存在の繁茂をわれわれのために手加減してくれるすべての見取り図をぐらつかせ」る[77]。友人のピカソとブラックに触発されて、アポリネールは、「ゾーン」に始まり、一九一三年から一六年の『カリグラム』——言葉が同時に別々の方向に編まれ、ページ一面に、雨からエッフェル塔にいたるあらゆるものとそっくりに形作られている——で爆発する自らの「キュビスム」詩の中で、わたしたちの思考の習慣を同じように破壊しようとした[78]。

第一次世界大戦の塹壕でアポリネールが過ごした時間は、タイポグラフィーの破壊に寄与したかもしれない。図像的空間のキュビスム的再構成は、つまるところ、そのときまでに新たな用途を戦車のカムフラージュに見いだしていた。『カリグラム』に収録された詩の多くは、生まれつつある恐ろしい美に歓喜し、それを賞揚している。

一九一四年八月三十一日

[…]

ぼくらは一つの時代に別れを告げた
怒れる巨人がヨーロッパに立ち上ったのだ
鷲は太陽を期待してその巣をとび立ち
貪欲な魚は深淵からのぼってきた
人々は心底から知り合うために駆けつけ
死んだ者たちは彼らの暗い住家で恐怖にふるえた[79]

アンドレ・マッソンはのちにこう回想している。「戦場の臭いは人を酔わせる。『空気はひどいアルコールに充ちていた』。そう、アポリネールはすべてを見た。そのことを語った唯一の詩人だ。[…] ある土手で奇妙な姿勢の死者を見た衝撃、オーストリア八五式で吹きとばされた頭 […] 実に美しい姿勢をとる、傷ついた雌ライオンのような姿の他の者たち[80]」。友人ジョルジュ・バタイユとともに犠牲に関する強迫観念を共有するマッソンが、遺体だらけの《虐殺》の絵、ポエジーの探究というよりも、すさまじい殺戮にそれほど抵抗していないイメージを次々と描き続けたとしてもそれほど不思議ではない。「このような殺人行為は、無意識が命じたもののように思える」と、マッソンはのちに述懐している。「こうした女たちの虐殺は、儀式的かつ犠牲の様相を呈している。［…］当時、それはありふれた主題ではなかった。誰もが虐殺を忘れたがっていた。四年間にわたって繰り広げられた戦場にいた者たちは」[81]。マーネス画廊での講演の中で、アンドレ・ブルトンはアポリネールの詩をマックス・エルンストのコラージュに喩えている[82]。この詩人と画家にはたしかに共通点があったが、二人を分かつものもあった。二人は一九一三年、アウグスト・マッケの家で一度だけ会っている。エルンストは、自らが回想する時代や場所からかけ離れた、（このヴァージョンでは）一九六一年にニューヨークで執筆された（ある若い友人に本人が語ったもの）「マックス・エルンストの非公式な生活」の中で、その出会いを回想している。「言うまでもなく、M・Eはとても感動した。かれが読んできたものに魅了され、興奮を覚えたのだ。『ゾーン』は『シュトルム』紙に掲載されていた。『アルコール』の初版は、ピカソの素描を収録し、メルキュール・ド・フランス社から刊行されていたが、ケルンにも届いていた。もっとも軽いものからもっとも深刻なものへ、深い感動を覚えるものから笑いへ、逆説から鋭い定義へといたる、翼を持つアポリネールの言葉にすっかり圧倒され、私たちは言葉を失った」[83]。翌年の夏、戦争を終わらせるための戦争が勃発すると、アポリネールは喜び勇んで従軍した。敵側の砲兵として前線で四年間を過ごしたエルンストのほうは、戦争に乗り気ではなかった。かれはこう書いている。「一九一四年八月一日、M・Eは死んだ。一九一八年十一月十一日、かれは同時代の神話を見つけることを切望するひとりの若者として復活した」[84]。エルンストの最初の妻ルーは、画家の再臨をやや異なるかたちで回想している。「西部戦線で過ごした四年間のせいで」と彼女は述べる。「口数が減り、内向的になり、あの美しい青い瞳は冷たく見つめるようになったのです」[85]。

曳光弾や炸裂した榴散弾をディオニュソス的な恍惚のオブジェへと転換した二〇世紀初頭の前衛芸術家はアポリネールだけではない。「我々は戦争を賛美したい――この世を浄化する唯一の方法だ」とF・T・マリネッティは一九〇九年の『未来派宣言』の中で誇らしげに語る。あらゆる速いもの、新しいもの、モダンなものに対する熱狂的なこの文書はまた――決して偶然ではないが――「女性蔑視」を支持している[86]。「女性が唯一の理想と見なされたとき、我々は女性を蔑視する」と、翌年かれはより明確に述べている。「愛の神聖な容器、毒としての女性、痛ましい遊び道具としての女性、はかない女性、耳について離れない抗しがたいその声は運命の重みを帯び、その夢のようなふさふさとした髪は森まで伸び、月明かりを浴びた葉に溶けている」。この生き物は、少なくともアンドレ・ブルトンにとっては、シュルレアリストの女性のように怪しいものだった。「投票という馬鹿げた、哀れで取るに足らない権利への子供じみた熱狂」と憐れみながら、マリネッティは、婦人参政権論者に対してはより多くの時間を費やしている。かれの信じるところによれば、それは「恐ろしく、重い愛の専制」であり、それは「男性の歩みを邪魔し、人間としての独自の道を進むのを妨害する」もので、「その中でもっとも自然で重要なのが性交であり、その行き着く先は人類の未来派[87]」だという。ここに、マリネッティが考えていた「世界でただひとつの健康法」の称賛という例があるが、それは一九一二年十月、伊土戦争のさなかにアドリアノープルで書かれた性交と蛮行の混淆を予言するものだった。

雨（**紫　震える－緑**）　アイ　アイ　アイ　とぺちゃくちゃしゃべる歯を流す橋をぞっとさせる　木の肉軟骨　角材　樽　疲弊している爪　繊維の苦しみ（**固い　凍った　きつい　身動きできないものが実にゆっくりと　緑がかる**）　空の下腹部　重いカラスの誕生　死骸でぎゅうぎゅう詰め

カウ－カウ　タタタタタタタ

機関銃を手に取れ　いや　ガタガタいう荷馬車　パリのレ・アール　タバコはあるか　セルビアの将校フランス語訛り　かれのまつげの隙間から見える女のシルエット　モンマルトルの暖かい腰のふくらみ　レースのような明かりは魂を巻き上げ　鏡を興奮させる　汗　ビデ　カスタネット　息切れのする胸の露出　決まりきった足が叫ぶ　激しいノイズの侵入　ブロンド　記憶－欲望の燃焼……[88]

未来派の「爆発－固定」は、それから数年にわたってヨーロッパの想像力を熱狂させ、とりわけプラハではイタリア未来派絵画の最初の展覧会が一九一三年に開催された。[89]アポリネールに刺激を与えたマリネッティの「解放された言葉」は、一九二二年にチェコ語に翻訳されている。英語の全訳が出るまでには、それから十七年の月日を待たなければならなかった。[90]エンリコ・プランポリーニが企画を担当し、ウンベルト・ボッチョーニによる二十一点の作品が展示されたもうひとつの未来派展は、一九二一年秋、ヴルタヴァ川右岸に一八八五年に開館した堂々たるネオ・ルネサンス様式のコンサートホールと美術館の複合施設ルドルフィヌムで開催された。マリネッティは一九二一年十二月にプラハを訪れ、シュヴァンダ劇場で自身の『未来派の統合』の演出を手がけている。またかれの「炎の太鼓」は、翌年、貴族劇場（スタヴォフスケー）——一七八七年、モーツァルトの『ドン・ジョヴァンニ』の世界初演が行なわれたことで知られる会場——で上演された。未来派の指導者は、滞在中に親切にもカレル・タイゲの部屋を訪れ、「革命的前衛芸術家国際連盟」デヴィエトスィルの若い初心者のために朗読を行なっている。このグループは、前年の一九二〇年にナーロドニー大通りの〈カフェ・ウニオン〉で結成され、一九二二年秋には、『革命論集デヴィエトスィル』の中で楽観的な自分たちの姿をフランス語、チェコ語、ドイツ語、ロシア語で提示している。[91]メンバーのほとんどは十代になるかならないかだった。初期のデヴィエトスィルは未熟であったが、その後、ヨーロッパの戦間期の前衛運動の中でも息の長い、もっとも活気にあふれた活動となり、かれらの世代で特に才能あるチェコの作家、詩人、造形芸術家、建築家、作曲家、批評家、舞台美術家、俳優が数多く集い、かれらのトレードマークとなる「ポエティスム」の美学を展開する。[92]その後、だいぶ時間が経ってから、カレル・タイゲはマリネッティを「二流か三流[93]」の詩人と切り捨てている。それは、タイゲが弁証法的唯物論を発見し、イタリアの未来派がムッソリーニと運命をともにした後のことだったが、いずれも、デヴィエトスィルの解放劇場が一九二九年にインジフ・シュティルスキーの舞台装置によるマリネッティの『捕虜』を上演するにあたり、障害とはならなかった。

　ルイーズ・ド・コリニーは、アポリネールによる幾多のカリグラムを読んだ最初の人物だったが、それらの詩は、退屈な軍隊生活や、彼女の太ももや尻や胸、「王なるワギナ」、「中国人のように皺よる菫色のアヌスを、ぼくがそこに侵入してきみににがい苦痛の叫び声を上げさせた」など、彼女の身体の「九つの聖なる門」——詩人が彼女に伝えたところによると、それこそが、かれの「九つのミューズ[94]」であったという――を有頂天になって賛美する手紙の記述の合間に挟まれていた。詩人のそのような発想は、やがて、かれの次なる恋人マドレーヌ・パジェス――彼女の最後の二つの門の鍵をアポリネールは見つけなければならなかった[95]――へと移っていく。また別の折には、詩人はルーに尻を金属で覆うよう助言する。つまり「坐れなくなる」ほどの折檻を考えていたのだった。その理由は、例によって、手淫する彼女の指だった。「ぼくのいとしいひとよ、きみのお尻がきみの可愛い隠し所のための償いをするのだ[96]」。パリで「熱愛するぼくの奴隷」と再会できるのを心待ちにし、「いつかふたりで話した素晴しい夜が持てるよう一刻も早くパリできみと会えるよう祈っている。[…]出来る限り静かに、美しき囚れの女にふさわしい心地よさで、きみを鞭打とう。今ぼくの心に浮ぶのは、神々しいまでに嫋（たお）やかなきみの躰、枷（かせ）など決してはめられたことのないすんなりとしたきみの躰のこと。さらにぼくの思いは日曜日にぼくの手で跡をつけたきみのお尻の上にとまる。太陽の無情な光の中、繋がれた風船が、鞭の下、誇り高く揺れるようなきみのお尻に[97]」。ルーが気を留めていた様子は少しもない[98]。戦争は思いがけずこの二人をともに解放するものであったということがありうるのだろうか。ごく表層的であるかれらに文明の表層や見取り図をさらし、その下にある夥しい数の物事を解き放って大混乱をもたらし、倒錯した快楽を与えるものであったということが。

「美は痙攣的なものになるだろう、さもなければまったく存在しないだろう」という一文でブルトンの『ナジャ』は終わっている。今日、この有名な言葉を単なる詩的指令として読むのはたやすいが、シュルレアリスムは文学のためのプログラムとしてではなく、生のプログラムとして企図されていた。野生であることのブルトンの確信には、思考の歩みがつねに伴っていたが、それが形づくられたのは西部戦線の「血と愚行と泥とに満ちた下水だめ[99]」の中でのことだった。一九一七年、サン＝ディジエの軍病院で付き添い医見習いとして待機していたブルトンに、荒れ狂う砲弾は強い衝撃を与える。かれの若かりし時代の感性は、戦地に向かったボードレール的な遊歩者（フラヌール）、ダンディなニヒリストであるジャック・ヴァシェ、そしてジークムント・フロイトの『夢判断』の啓示的な読みによって育まれた。ヴァシェは、一九一九年一月、ひどい寒さにもかかわらず、ナントのホテルの一室で別の男性とともにベッドの上で裸のまま、阿片の過剰摂取のため亡くなっている。[100]「私の最も愛していた人が世を去ったのです」と、その数日後、ブルトンはトリスタン・ツァラに宛てて書いている。[101] シュルレアリストはダダイストとして始まり、ダダは狂気から生まれた——文明世界が猥褻という名のもとに自らを引き裂いたように、理性の錯乱はブルトンの患者たちを狂気に駆り立て、ブルトンがかれらに見いだしたのは「〈家庭〉、〈国家〉、〈宗教〉[102]」だった。「我々にとって」、敵軍の気乗りのしない兵士であるマックス・エルンストはこう綴っている。「ダダは、まずもって心のあり方の問題だった。[…]あの馬鹿げた戦争の、不条理、何とも言えない馬鹿らしさから発していた。我々若者は茫然自失の状態で戦争から戻った。我々は自分たちの怒りをどうにかして表現する方法を見つけなければならなかった。それが、戦争責任のある文明の基盤に対する攻撃という形をとったのはごく自然なことだった。演説、統語論、論理、文学、絵画といったものに対する攻撃だ[103]」。

「殺戮の戦場は我々の売春宿だ」と、フーゴ・バルは一九一六年の詩「死の舞踏[104]」で挑発する。バルは、ダダが生まれたチューリヒの〈キャバレー・ヴォルテール〉の創設者だった。「ある娘が、やくざ言葉で、『されこうべ（トーテンコプフ）（髑髏（どくろ））』と呼ばれている。彼女のやつれた顔立ちをとおして、骸骨の輪郭が微かに浮んでくる。かつて、わたしは、古い礼拝堂で見つけた髑髏を、肌身離さず町から町へ持ち歩いたことがある」と、その数か月前にかれは日記で打ち明けている。

　墓が掘り返されて、そのとき百年前の骸骨が土のなかから発き（あばき）出されたのだ。頭蓋冠（ずがいかん）には故人の姓名と、さらに誕生地が書かれていた。頬骨にはバラと忘れな草が描かれていた。わたしが長年持ち歩いたそのされこうべ（カプト・モルトゥウム）は、一八一一年に二十二歳で亡くなったある娘の頭蓋だったのだ。わたしは百三十三歳の女にすっかりうつつを抜かして、なかなか縁が切れないでいた。しかしついに、スイスへやってきたとき、彼女をベルリンに置き去りにしてしまった。当地の、まだ生きている娘にかいまみる骸骨［引用者註——彼の愛人エミー・ヘニングスの頭のこと］は、あの置き去りにしてきたされこうべを思い出させる。わたしはその娘をみていると、いつも、絵具をとって、彼女のやつれた顔を花で彩ってやりたいと思うのだ。[105]

エミーもまた安楽死に半ば恋をしていた。「希望という紐をたずさえて、死に向かっていく」と、一九一六年七月十四日、〈キャバレー・ヴォルテール〉で朗読した彼女の詩「牢獄」は始まる。

大鴉は牢獄の中庭をうらやむ。
キスをしたことのない私たちの唇は震える……
私たちは鉄のレールを悲しげに眺める
神が授けたこの命以外に
失うものは何もない。
私たちの手に残っているのは死神だけ。
誰も私たちから奪えない自由——
未知の土地へ行く自由。[106]

このような屍姦的な瞬間、馴染みの目印は、ルドルフ二世の「驚異の部屋」の中身と同じく、わかりにくいものとなる。停泊地を過ぎた時代の考え、注意深く錨が下ろされた「古くからある二律背反」のすべて——ブルトンがのちに『シュルレアリスム第二宣言』でまとめるように、「生と死、現実と想像、過去と未来、伝達可能なものと伝達不可能なもの、高いものと低いもの」[107]——は、誰にでも手に入るものだった。かれはあざけりながらこう述べている。シュルレアリストは「フランス国旗を前に蛮人のように騒ぎまくり、どの僧侶の面にも嫌悪の反吐を浴びせかけ、〈善良な市民〉にむかって性的厚顔無恥の強力銃を突きつけたいという彼らの片時も忘れない願望を見せつけられたとき、卑劣にも常になにか〈若気の〉せいにして片付け去るブルジョワ大衆のあいだに行きわたった大げさな悲憤慷慨、それを彼らは存分に楽しむつもりでいる」[108]。このテクストの中で、ブルトンは「いちばん簡単なシュルレアリスムの行為」を悪名高く定義している。「両手にピストルを構えて、街に出かけ、群衆めがけて、出来るだけ、盲滅法に射ちまくることである。現に幅をきかせている堕落と白痴化のしみったれた社会体制とこのようなかたちで縁を切りたいと、ただの一度も、考えたことのないような人間は、その群衆の中でとくに目立つ位置でピストルの筒先に下腹をさらけ出している」[109]。

一九一六年三月、頭部を負傷し、脳内の圧力を軽減するために穿孔手術を受けたアポリネールは、新しい世紀に向けて鏡を上に掲げた。一九二五年から二九年にかけてパリに住んでいたシュティルスキーとトワイヤンは、当時かれらが〈人工主義（Artificielisme）〉と呼んでいた絵画を描く合間に、フランスの首都の素晴らしいガイドブックを書いている。ジャーナリストのヴィンツェンツ・ネチャスとの共著による『パリとその近郊案内』は、一九二七年にデヴィエトスィルの主たる出版社オデオンから刊行され、「科学と芸術の中心地、現代文化の焦点、近代建築の揺籃の地」[110]を読み解く鍵を提供するものとして、『ReD』で大々的に宣伝がなされた。文学にまつわる場所に関する節では、頭に包帯を巻き、フランス軍士官の軍服を身にまとったアポリネールがモンパルナスのカフェ〈ロトンド〉でビールを啜りながら、レフ・トロツキーと打ち解けた様子で語り合う姿を未来のチェコのシュルレアリストたちは想像している[111]。ヤロスラフ・サイフェルトの目にもまた、白い包帯を頭に巻いたアポリネールの姿が絶えず浮かんでいた。面白いイメージに思われたのか、一九二五年刊の詩集『TSFの波に乗って』の冒頭の詩でもそのイメージに触れている。カレル・タイゲが装丁を手がけたこの詩集は、遊び心に溢れるタイポグラフィーという点で『カリグラム』に多くを負っている[112]。ブルトンが初めてアポリネールに会ったのは、詩人が手術を受けた翌日の一九一六年五月十日、病院内でのことで、それから「死に至るまで［…］毎日のように」[113]会っていたという。「ゾーン」の作者は、休戦協定が署名される二日前の一九一八年十一月九日に亡くなった。弱冠三十八歳、第一次世界大戦よりも多くの犠牲者をもたらしたスペイン風邪の犠牲になったのだった——ヨゼフ・スデクの『悲しき風景』と同じく、ひとつの統計値は、モダニストの思い上がりを物事のより大きな尺度の中でふさわしい位置に収めてくれる。

「さてぼくはどうやら誰の前でも常識をそなえた一人の男だ」と、『カリグラム』の最後の詩「きれいな赤毛の女」は始まる。

生を認識し　死に関しても一個の生者が識り得るところのことを識り
恋愛の歓びも苦しみも経験し
ときには恋愛についての考えを披瀝することもでき
いくつもの言語を識り
かなりに旅をし
砲兵隊や歩兵隊で戦争も見
頭に負傷し　クロロホルム下に開頭術を施され
おそるべき戦争で最良の友人たちを失ったこともある
ぼくは古いものと新しいものについて　一個の人間が知り得るかぎりを知っている

「激しい季節　夏がやってきて」とアポリネールはさらに続ける。「春と同じように　ぼくの若さも死んだ」——

おお太陽よ　いまは燃える理性の時だ[114]

第一次世界大戦の桁外れの大量殺人は、歴史上例を見ないものだった。ルドルフ二世のコレクションもまた一七世紀の騒乱で四散し、大まかな統計でしかないが、戦争、疫病、移住によって、ボヘミアはその半分の人口を失ったとも言われる。ビーラー・ホラで帝国軍を率いて勝利を収めたバイエルンのマクシミリアン大公は、戦利品を載せた千五百台の荷馬車をミュンヘンまで運び、その後ザクセンを支配すると、一六三一年にさらに五十台をドレスデンに運んだ。アルチンボルドの作品の多くは、一六四八年にプラハがスウェーデン軍に占領されたのち、スウェーデンのクリスティーナ女王の美術館に収められることになる。このとき、フラッチャヌィと小地区は占領されたが、三十年戦争に終止符を打ったヴェストファーレン条約によって略奪が中断され、旧市街は難をまぬがれた。それから二世紀半後、ルドルフ二世の調和とはかけ離れたキャビネットがカーニヴァル風に再現されたかのように、今度はゲットーそのものが「ある種のメルツバウとなった」――ここでリペッリーノは、もう一人のコラージュの巨匠、ダダイストのクルト・シュヴィッタースを示唆している。シュヴィッタースもまた、一九二〇年代にボヘミアの首都を二度訪れていた――「プラハ中からかき集められたくずやぼろからなるバベルの塔のような乾船渠。そこに集まっていたのは創造物のありとあらゆるがらくただった。ルドルフ二世の『驚異の部屋』は銀の比率が高かったが」、リペッリーノはこう続ける。「五区に多かったのは、錆びついて壊れたアイロンだった」。

破砕されたモルタル、ねじれたおろし金、木製スプーン、ハンマー、鑿(のみ)、壊れた道具、識別不能な機械、洞窟のように奥行きのある倉庫に山と積まれたり、露天商の店先で広げられた鼠取り。揃いでない泥だらけの蹄鉄、杓、フライパン、石炭用のレーキ、床尾のない銃、錆びた短剣、真珠母の柄がついた礼装用佩刀(はいとう)、文字盤のない時計、時を打つ仕掛けのない「シュヴァルツヴァルト」の鳩時計、刃のないナイフ、歯のないフォーク、柄のない剣、底のない篩(ふるい)、引き金のない小銃、指針のない天秤。さらに、埃をかぶった分厚い本の乱雑ぶり、そこをくまなく探すのはひとつの喜びだった。他にも、すり切れた靴、パイプの火皿、傘、汗臭いしわだらけのスーツがあったことは言うまでもない。[115]

謎めいた鉄の仮面――古代エジプトのヒエログリフと同様、解読できなかった第一次世界大戦の不気味な遺骸――そして、小さな靴が柄についている木製のスプーンのことを思い出せばいい。『狂気の愛』の中で詳しいエピソードが述べられているように、これらは一九三四年のある春の日、パリの蚤の市でブルトンとジャコメッティを魅了したもので、シュルレアリストたちが（ブルトンの言葉によれば）「ある人々からはうとまれ、他の人々の欲望の対象となる。その両者のあいだにあって、古物市に夢を見にやって来るあのさまざまなオブジェは［…］他のどんな場所よりも、人間が作り出したこれほど多くの小さな物の運命のはかなさを考えさせる」[116]。これほどの宝庫に出会って喜びを感じていたのは想像に難くない。だが、かれらが魔法の都を訪れ、そうするには少しばかり遅かった。

死刑執行人と詩人

リペッリーノは、単にこの「ボヘミアのブリューゲルに匹敵するボヘミアの市」[117]――アハスヴェルスの後をついて歩きながら、アポリネールその人にも強い印象を残した光景――「古着や鉄くずや、その他の何やらわからぬ品物を並べたてたユダヤ人街をつっ切った。長靴をはいた女たちがせわしそうだった。喪服をつけたユダヤ人が通っていった。ぼろぼろに破けた着物から、すぐにユダヤ人であることがわかる」[118]――を思いついたわけではなかった。このイタリア人の著者が記述するうえで主な典拠としたのは、チェコの世紀末作家イグナート・ヘルマンとジクムント・ヴィンテルである。魔法のプラハは、単に秘教的、異国趣味的なものに対する異邦人の欲望の投影、都合のよいことにヨーロッパの中央に位置する神秘的な東というのではなかったが、実際のところそのような面もあるにはあった。グスタフ・マイリンク、フランツ・ヴェルフェル、イジー・カラーセク・ズ・ルヴォヴィツ、ヤロスラフ・ヴルフリツキー、その他多くのプラハの作家たちは、デカダンの豊穣さにも表現主義者の想像力にもふさわしいゲットーの神秘主義と、チェコ語でもドイツ語でもどっぷりと融合していた。そして、一世代若いヴィーチェスラフ・ネズヴァルもまた同様であった。リペッリーノがネズヴァルを引き合いに出してゲットーについて語るとき、そのトーンは思いがけず変わる。かれは一瞬にして私たちを夢から現実へと引き戻し、現在と過去、現実と超現実を解きほぐしながらもひとつのものとして語り、かつてあったものと追憶として回帰してくるものを切り離していく。一九三六年に刊行された『幸運の鎖』に触れながら、リペッリーノはこう述べている。「ネズヴァルは［…］舞台監督インジフ・ホンズルとともに、夜、騒然とした古いヨーゼフ街を散策したことを思い出す。（かれの言葉によれば）その〈デ・キリコ的風景〉は、これまでとは異なるプラハの情緒的解釈の手がかりを与えてくれたという」。さらにリペッリーノは、「むさくるしいゴミ溜めの密集はそのようにして、形而上学的絵画がノスタルジックに希薄化したものに変化したのだった」[119]と素っ気なく評している。

ネズヴァルとホンズルが散策した「騒然とした古いヨーゼフ街」は、プラハのゲットーではなく、その単なる影、受け売りの記憶にすぎなかった。リペッリーノが描写する――また、その最後の名残をアポリネールが束の間経験した――ゲットーは、一九〇〇年生まれのネズヴァルが小学校を出る以前に、「進歩」という勝利の行進の犠牲となっている。モラヴィアの詩人がアポリネールのアルコール混じりの眼差しを通じて自分の故郷としたプラハの街を見たり、それを詩的虚構として新たに作り直すにあたって、そのことは障壁とはならなかった。

呪われた街　ぼくたちは盲人のように君をじっと見つめていた
ぼくたちは　君を　プラハを遠くから探していた　今日そのことを悟った
君は　深い岩の炎のように暗く　まるでぼくの夢想のよう
君の美は　洞窟や地下の瑪瑙（めのう）から噴出する
君は　歌が空を舞う大草原と同じくらい年老いている
天文時計が時を打つとき　君は孤島の夜のように暗くなる[120]

「このことは強調してもしすぎることはない」と、ネズヴァルは『プラハの散策者』（一九三八）の中で述べている。「それまでは単なる古いプラハの物語としか思っていなかったあらゆるものに対するまったく異なる見方を教えてくれたのは、ほかならぬかれ「アポリネール」であり、空想というヴェールで覆われたかれの瞳だった」[121]。ネズヴァルの著書『プラハの散策者』は、アポリネールの短篇の原題をチェコ語に訳したものであり、アポリネールへの敬意が示されている。

アポリネールの『アルコール』に酔わされたチェコの作家はネズヴァルだけではない。「ゾーン」を初めてチェコ語に翻訳したのはカレル・チャペックだった。その詩は一九一九年にS・K・ノイマンの雑誌『チェルヴェン（六月）』に発表されたのち、翌年、カレル編のアンソロジー『新時代のフランス詩』に収録されている。ボードレールからスーポーにいたるフランス詩の翻訳を手がけたカレルは、「戦争という圧力のもと、我々の心と信念という大義と同じ大義のために、ヴェルダンの前で血を流していた民族との連帯と精神的同盟を示す文学的行為[122]」であったとのちに説明している。それは、時代が違えば反逆罪とも見なされかねない連帯の行為だった。もう一人のチェコの詩人ヴィクトル・ディクは、チェコ人の主張がオーストリア＝ハンガリー帝国の敵であるフランスとイギリスの主張と同一のものと見なされ、ウィーンの刑務所で死刑宣告を受け、すでに衰弱していた。『新時代のフランス詩』は戦間期のチェコ文学に多大な影響をもたらす。イジー・ヴォルケルの「スヴァティ・コペチェク（聖なる小さな丘）」（一九二一）、チェコ・モダニズムの画期的な作品であるコンスタンチン・ビーブルの「新イカロス」（一九二九）、そして「エジソン」や「驚異的な魔術師」（一九二二）といったヴィーチェスラフ・ネズヴァルの「偉大なる作品」は、チャペックによる「ゾーン」の翻訳がなければ「ありえなかっただろう」とミラン・クンデラが述べているのはあながち誇張ではない。クンデラの見立てによれば、どの国にも独自の世界文学の歴史があり、ありそうもないように思えるかもしれないが、二〇世紀のプラハでは、グローバルな文学史の先頭かつ中心にいたのはアポリネールであった。[123]

「自分という人間、鉄の発明、そして善きイエス・キリスト」を熱心に信じていた若きイジー・ヴォルケルは、「スヴァティ・コペチェク」の中で、「偉大なロシアと勇敢なレーニン」を聖母マリアと組み合わせるという冒瀆を行ないつつも、心に不協和音をもたらすという点においてアポリネールの教えを引き継いでいる。[124]この詩のタイトルは、祖母とともに幼少期の休日を過ごしたモラヴィアの村に由来し、そこは、栄えあるバロック様式の神の母の教会が丘の頂上に聳える巡礼の場所となっている。オロモウツからスヴァティ・コペチェクまでの道中、マリア・テレジアの時代に植えられた栗の木が並んでいるが、酸性雨の被害を受け、その多くは枯れている。プーシキン、ランボー、そして一九世紀チェコのロマン派詩人カレル・ヒネク・マーハと同様、ヴォルケルは潔くも年老いる前にこの世を去り、ジョン・キーツのギリシアの壺を愛する者たちのように、かれの詩は永遠に若いまま残されることとなった。ヴォルケルが結核でこの世を去ったとき、かれはまだ二十三歳の若さだった。夭折というセンチメンタルな誘惑になびくことのなかったミラン・クンデラは、一九四八年の「勝利の二月」事件という共産党クーデタに続く英雄の時代を舞台にした小説『生は彼方に』の中で、ポール・エリュアールを含むあらゆる若い抒情主義を情け容赦なく諷刺している。中心となるエピソードは、主人公ヤロミールが革命に対する純粋な愛から、恋人である赤毛の娘の兄を裏切って秘密警察に売り渡す話である。ヤロミール（「春を愛する人」の意）もまた詩人であり、「真正な詩人であり、無垢な魂の持ち主[125]」とクンデラはあえて強調している。「こんにちでは、みんなにとって、あれは政治裁判、迫害、禁書、裁判による暗殺の年月だ。しかし、その時のことを覚えている筆者としては、筆者なりの証言をしなければならない。あれはただ恐怖の時代だけではなかった。あれはまた抒情の時代でもあったのだ！　詩人たちはその時代、死刑執行人たちと一緒に君臨していたのだ[126]」。

作家は知っていたにちがいない。一九六九年、ボヘミアで脱稿し、一九七三年にパリで刊行された『生は彼方に』は、芸術家自身の自画像であると同時にひとりの若者の自画像であるかもしれない。存在の耐えられない軽さに関心を向ける以前、クンデラは詩と政治を融合させた詩行を数多く書いている。もっとも〈悪〉名高いのが、共産主義者のジャーナリスト、ユリウス・フチークへの頌歌『最後の五月』（一九五五）である。共産党の日刊紙『ルデー・プラーヴォ（赤い正義／権利）』および党の文芸誌『トヴォルバ（創造）』の記者であったフチークは、一九四三年、ドイツ軍に処刑された。フチークの獄中記『絞首台からのレポート』は、共産主義時代のチェコスロヴァキアで全児童の必読書となっていた。クンデラの詩のタイトルは、おそらくもっとも愛されているチェコ語の詩である一八三六年刊行のカレル・ヒネク・マーハの詩集『五月』を恥ずかしげもなく踏襲している。チェコ人であれば誰でも冒頭の数行は知っている。「夕暮れ遅く――五月一日――夜の五月――愛を育む時」。毎年五月一日になると若い恋人たちが手

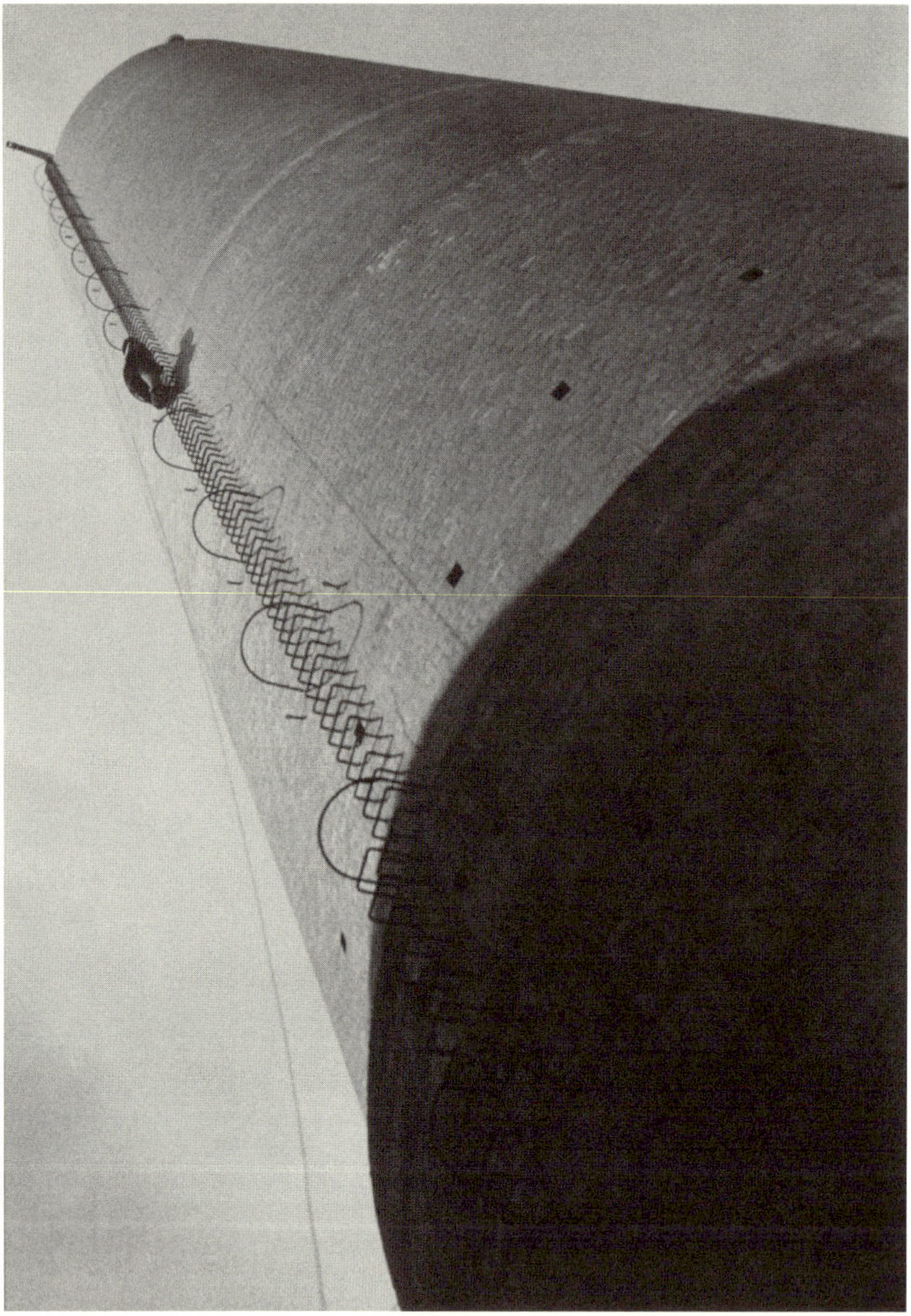

エウゲン・ヴィシュコフスキー《煙突》（コリーン発電所）1932年。プラハ芸術工芸博物館蔵

を取り合って、ペトシーンの丘にあるマーハ像の足元に花を置くのが、長い間プラハの伝統となっていた。偶然だろうか、いや、この場合おそらくそうではないだろうが、クンデラの『最後の五月』が題材にした『絞首台からのレポート』のあるエピソードはペトシーンの丘で展開する。急勾配の斜面が絵画のように美しい小地区と、一九世紀に安アパートが次々と建てられたスミーホフを分かつこの丘からは、思わず息を呑むようなプラハの景観を望むことができる。フチークはパンクラーツの刑務所の独房からここに連行され、ワインと食事でもてなされ、この世のありとあらゆる美を目にする。もし口を割っていれば、その光景を自分のものにできたかもしれない。だが、かれは話すことはなかった。

かれはただヴルタヴァ川が堰でツィンバロンを奏でるのを耳にする
自分が同志たちの大きな群衆とともに歩いているように感じた
はるか遠くまで向かっているように思えた
そのパルチザンの山からは反逆者たちの唄が聞こえる![127]

ありがちな真実――他の者たちと同様、フチークもまた圧力に屈していたこと――は、『絞首台からのレポート』の検閲前の完全版が一九九五年に日の目を見たときにようやく明らかになった。[128]
だが現実は、必ずしも真実と同じというわけではない。一九五〇年代のプラハに住んでいた人びとの現実は、『最後の五月』の社会主義リアリズムという夢世界であった。小説『冗談』(一九六七)の中で、クンデラは、一九五〇年に制作の依頼を受けてマックス・シュヴァビンスキーが(写真をもとに)描いたフチークの肖像画が壁に掛かっている様子について、「わが国の他の何千という公共の場でも見られた」と回想している。シュヴァビンスキー――聖ヴィート大聖堂に性的魅力たっぷりの《最後の審判》を提供したマックス・シュヴァビンスキーと同一人物である――は、共産主義の殉教者の肖像画を「なんとも繊細きわまる線で描いた。それはほとんど少女を描いたような、熱意と熱望にあふれ透きとおるように明るく、じつに美しい顔だったから、モデルを知っている者たちも生前の思い出よりこの肖像画を好むほどだった」[129]。クンデラはさらに続け、モデルの特徴を強調するためにジェンダーを混交させた「その表現は、恋する若い女性の晴れやかな表現」〔この表現はチェコ語の原文にはない〕となっていると述べる。ここには、詩集『五月』が刊行された年、二十六歳の誕生日を前にして肺炎で亡くなった同世代のカレル・ヒネク・マーハとの類似点はない。だが、チェコの小学生は誰でも、「シュヴァビンスキーのチェコのパンテオン」にあるもうひとつの肖像画のおかげで、マーハが肖像画でどのように描かれているか知っている[130]。詩人の黒い瞳は鬱屈し、バイロン風のマントを羽織り、つば広の帽子をかぶっている。『五月』の悲劇的な英雄ヴィレームが処刑の折に身につけていたのと同じマントと帽子である。ヴィレームが絞首台に向かうのは愛のためであった。かれは、愛するヤルミラを誘惑した者を殺めるが、それにより彼女を犯したのが自分の父親であることを知る[131]。シュヴァビンスキーの描く線は、かつてないほど優雅である。だが、恋人ロリとの性的関係を詳細に記すきわどい日記、それに父なし子を遺したマーハは、ユリウス・フチークと同様、純潔というわけではない。だが、それがどうしたというのだろう。毎年五月一日になると、詩人たちがペトシーンの丘に集う美しい少女たちにアプリコットの花の模様を織り込んだ靴下を穿かせるように、マルクスとランボー、労働者の日と愛の時を組み合わせるなどして、メタファーは際限なく展開していく。

ネズヴァルの「古いプラハの物語」への言及は——表面的には——ピカソとアクシオン・フランセーズが結びついたのと同じくらい奇妙にもシュルレアリスムと結びつく、民族主義的な神話の創生の一ジャンルをも想起させる。その最良の例は、歴史小説家アロイス・イラーセクによる一八九四年に刊行された『チェコの古代伝説』である。一八五一年、近代世界の到来を宣言したロンドン万博が開催された年に生まれ、幅広い人気を得ていたイラーセクは、ボヘミアの過去をチェコの未来に奉仕させることに生涯を捧げた。かれの小説や戯曲は、伝説的な起源に始まり、フス戦争、一六二〇年以後の「暗黒」の時代、そして民族再生と一八四八年の革命にいたる民族の長い旅路を辿っている[132]。「チェコのウォルター・スコット」として知られたイラーセクは、リペッリーノ——あるいはブルトン——と同様、自在に歴史を想像力に託し（あるいは逆に想像力を歴史に託し）、古いプラハの魔術を新たに流布させた。ズデニェク・カリスタはこう述べている。「闇夜に旧市庁舎前を通り過ぎるとき、私たちは、アポリネールの『プラハの散策者』に出てくる天文時計のシーンを想起せずにはいられない。ネズヴァルが闇の中、旧ユダヤ人墓地の壁沿いを歩くとき、世紀初頭のユダヤ人街を描いたアポリネールのイメージに溶け込む静かな場所、もはや存在しないひとつの世界をつねに思い浮かべるのだ」[133]。旧市庁舎の天文時計を制作した時計職人ハヌシュが、このような素晴らしいものを他の場所で作ることがないように市議会の人びとに失明させられたという逸話をチェコの学童たちに教えたり、ユダヤ人街をさまよう幽霊の話でかれらを怖がらせたり、古くて新しい神話によって、プラハのこういった場所、他の多くの場所を魅力的なものにしたのは、まさに「老イラーセク」――カレル・チャペックは親愛の情を込めてこう呼んだ――だった。チェコのシュルレアリストたちが辿る道は、旧レ・アールやサン゠ジャックの塔をあてもなくさまよい、ひまわりの魔術的曙の中、ブルトンとジャクリーヌが夜の散歩を終えたジ゠ル゠クール通りで終わるかもしれないが、その先は、よく踏みならされたチェコの道と交わっていた。

　ネズヴァルは、場所や言語を入れ替えて、一九三四年の『目に見えないモスクワ』に始まり、一九三八年の『プラハの散策者』で終わる、ブルトンの『ナジャ』に触発されたことが明らかな三部作の二作目のタイトルとして『ジ゠ル゠クール通り』（一九三五）を選んでいる。モスクワ―パリ―プラハ――これは、ロートレアモン伯爵にふさわしいもうひとつの配列である。だがそれはまた、チェコのシュルレアリストたちが住んでいた夢世界の座標について多くを語るものでもある。一九三五年の夏、パリを訪れたネズヴァルが深夜にリュクサンブール公園を散策したとき、緯度と経度は絶えず変化した。

ひとつの街が見える
その街にはセーヌ川とネヴァ川とヴルタヴァ川が流れている
田舎女が服を洗濯する小川もある
わたしの住む小川が

そして窓も
一つ目の窓では、彫像がパンテオン広場から部屋に入ってくる
二つ目の窓はカレル橋を望み、
三つ目の窓から、わたしはネフスキー大通りを眺める……[134]

命が宿る舌

一九三六年に刊行された詩集『雨の指をしたプラハ』の中で、ネズヴァルは空想のヴェールに覆われたアポリネールの眼差しが新たに見せてくれた古（いにしえ）の街を熱烈に語っている。ネズヴァルは、街にふたたび愛人の役を割り当てる。「ぼくは命が宿る君の舌にすぎない」とかれは告げる。

いつも君に耳を傾けていたい、そう、夢の中でさえも
そして、君はぼくの前に姿を現わす、すでに百回も知り合っていたかのように
まるで今、初めて出会ったかのように
そして、君はぼくの前に姿を現わす、初めて君に会うことを望んでいたかのように
[…]
思い出してくれ
ぼくがプラハで暮らし、プラハの街を歩いたことを
これまで愛されたことのない方法で、プラハを愛することを学び
ガールフレンドのように　異邦人のように　プラハを愛することを学んだことを[135]

アポリネールが言及したゲットーの黄泉の国の時計は、時を示す以上のものを伝える隠喩として、この詩集でも触れられている。それは、詩人を人生の中にゆっくりと巻き戻し、幼少期という失われた永遠の時間に遡らせる。もっとも、ここでの対比は、「ゾーン」で見られたはるか遠いパリではなく、すぐ近くにあるナ・プシーコピェ（Na příkopě）通りとなされる。

口語では「プシーコピ（Příkopy）」として知られる通りの名前は、かつてカレル四世の時代に新市街と旧市街の間にあった濠（ほり）に由来する。プラハのドイツ語話者たちは、アム・グラーベン（Am Graben）通りと呼んでいた。アポリネールが訪問した頃、プラハのドイツ人社会の中心であった〈ドイツ・カジノ〉があり、「ドイツ人の遊歩道」であったこの通りを、街の上流社会の人びとは自分たちの階級をひけらかすために散策していた。今日、プラハの街を歩いても、忘れ去られた名前が刻まれた誰も訪れることのない墓石を別にすれば、そのような過去を目にすることはほとんどない。第二次世界大戦後、チェコスロヴァキアの三百万に及ぶ「ドイツ人」は、「チェコ人とスロヴァキア人の連合国家」を樹立するために追放された。「我々のモットーは、我が故郷を、文化、経済、政治において完全に脱ドイツ化すること」と、一九四五年五月十六日、新たに就任したエドヴァルト・ベネシュ大統領は旧市街広場で演説した際、熱弁をふるった。[136] チェコ人の記憶を新たな方向に導くべく、ドイツ語の地名はチェコ語の地図から削除された。今日「民族浄化」と呼ばれる二〇世紀の見世物的な事例のひとつである「追放」――すべての戦勝国の全面的な賛同のもと行なわれた――は、当時は「移送（odsun）」という婉曲表現で知られていた。グレゴール・ザムザの変身と同じくらいありそうもないことだが、〈ドイツ・カジノ〉は一夜にして「スロヴァンスキー・ドゥーム」、すなわち〈スラヴ会館〉となった。だが、かつて、それもさほど遠くない過去にはそうではなかった。アポリネールの作品に登場する地元民が伝えるのとは裏腹に、一九〇二年、チェコ語はボヘミアの首都で話される唯一の言語ではなかった。しばしば引用される（だがおそらく十分に検討されていない）マックス・ブロートの記述として、当時のプラハは、チェコ人、ドイツ人、ユダヤ人という「三つの民族の街」であったというものがある。二〇世紀を迎える頃には、同じ地理空間に住んでいたにもかかわらず、かれらはますます別々の世界で暮らすようになった。

表層や見取り図の管理に関しては、古くて新しい事情があった。プラハでは千年以上にわたって複数の言語が話されていたが、言語の複数性が民族的アイデンティティに変質するのはごく最近のことである。ユダヤ人は（少なくとも）一〇世紀からこの都市に暮らしており[137]、他方、ドイツ語話者がボヘミアとモラヴィアで重要な少数派となったのは、近代化を推進したプシェミスル朝のオタカル二世が、ドイツの商人や職人を一三世紀に自分の王国へ呼び寄せてからのことである。一六二〇年以降、ドイツ語は次第に国家と文化の言語となり、一方のチェコ語は、農民や召使の話し言葉よりも多少ましなものにやせ細ってしまう。この「ドイツ化」は、文化的ジェノサイドのよく練られた計画というよりは、実質的にはハプスブルク帝国の国家形成という差し迫った現実的要求によるものだった。だがその結果、近代を迎え、プラハの知識階級が商取引を行なう際に用いる言語は、のちの世代から「よそ者」の圧制者たちの言語と見なされるようになったのである。一八五一年の不完全な国勢調査によると、都市人口のおよそ三分の一、つまり十五万もの人が「ドイツ人」（あるいはユダヤ系のドイツ語話者）であった――もっとも、調査員たちがその統計を不十分だと思った理由のひとつは、回答者が自分が属することを求められる民族性（ナショナリティ）という奇異で目新しいカテゴリーを必ずしも理解していなかったことにあった[138]。「日常語」（obcovací řeč/Umgangssprache）という基準によって民族的に分類されるのであれば、チェコ人としての意識に目覚めた人びとの多くでさえ、ドイツ人と見なされる。実際、一八八〇年以降、帝国の国勢調査はボヘミアの人口をこの基準で分類し、統計を出していた。

インジフ・フュグネル（Jindřich Fügner）とミロスラフ・ティルシュ（Miroslav Tyrš）は、筋骨たくましく愛郷的な（かつ戦闘的なスラヴの）チェコの体育協会ソコルを一八六二年に創設したが、二人の洗礼名はそれぞれ、ハインリヒ・フューグナー（Heinrich Fügner）とフリードリヒ・エマヌエル・ティルシュ（Friedrich Emanuel Tirsch）であった。「台所で使うチェコ語」しか話さないことを自認していたフュグネルは、六歳の娘レナータから、若い頃「ドイツ人だったの」と聞かれて――正直にも――こう答えている。「いや、お父さんはプラハ人だったんだ、ドイツ語を話すプラハ人だった[139]」。チェコの「国民的作曲家」ベドジフ・スメタナは日記をドイツ語で書いていた。チェコの美術史家たちに「存在自体が民族的」と見なされていた画家ヨゼフ・マーネスは、当人の手紙が悲しくも示すように、チェコ語を完全にマスターすることはなかった。チェコの偉大な歴史家フランチシェク・パラツキーは、一八四八年、「私はドイツ人ではない、少なくともそう感じていない。[…]私はスラヴ系のチェコ人である」[140]という理由でドイツ帝国のフランクフルト議会への参加を拒絶したことで知られるが、当人が家で妻や子供たちと話す言語はドイツ語であった。パラツキーによる記念碑的な『ボヘミアとモラヴィアにおけるチェコ民族の歴史』の最初の三巻(一八三六―四二)はドイツ語で執筆されている。一八四八年の革命後、続く巻はチェコ語では刊行できなかった。とはいえ、「民族の父」というパラツキーの通称――カレル四世の通称は「祖国の父」であり、この違いは多くを物語っている――は広く受け入れられている。ヨゼフ・ユングマンの『チェコ語‐ドイツ語辞典』(一八三四―四九)という例外を除くと、パラツキーの『歴史』は、他のどの作品にも増して、生まれつつある主体を想像させる役割を果たしたことに異論はない。一八四八年革命の「殉教者」であるジャーナリストのカレル・ハヴリーチェク・ボロフスキーが、単語の一覧を書き写したり暗記したりして自身の「民族」語を流暢に操れるようになったのは、ユングマンの辞書のおかげだった。だが、ハヴリーチェクが学んでいたのが正確にはどの言語かという点については議論の余地がある。ドイツ語の表現に対応する同時代のチェコ語の話し言葉を見いだせないとき、ユングマンは、中世のチェコ語、さらにはロシア語やポーランド語といった他のスラヴ語から借用したり、場合によってはでっち上げていたからである。カレル・ヒネク・マーハが恋人ロリに何語で睦言を囁いたかは知る由もないが、ロリに宛てた手紙はドイツ語で書かれていた[141]。

アポリネールがこの街を訪れる頃になると、ドイツ語を話しながらチェコ人であると感じるという組み合わせは、ロートレアモンの一節のようにきわめて超現実なものに思えたことだろう。一九世紀後半、ボヘミア社会の風景は言語境界線に沿って体系的に再構成されていた。二者択一が次第に要求される世界において、言語は社会を区分する指標から民族的アイデンティティの試金石に変わりつつあった。構造上の変化が起こり、アイデンティティの複数性という余地はほとんど残されておらず、とりわけプラハのユダヤ人たちがのちに気づくように、引き裂かれた忠誠心にとってはいっそうその可能性は低かった。「日常語」はドイツ語であると申告した人びとの比率が一八九〇年（七四パーセント）から一九〇〇年（四五パーセント）にかけて急激に減少しているのは、人口変化というよりも政治的に説得されたためである。一八九二年、ドイツ人とユダヤ人の商取引のボイコット運動「各自が自分のために（Svůj K svému）」により、ユダヤ人が自らをチェコ人であると見なさないかぎり、ドイツ人と見なされることが明らかになった。一八九七年十一月、チェコの暴徒が、「新ドイツ劇場」――第二次世界大戦後には「スメタナ劇場」と滞りなく改名された〔現在は「プラハ国立歌劇場」〕――のみならず、圧倒的にチェコ語話者が多く住む郊外のジシュコフやスミーホフのシナゴーグの窓ガラスをことごとく破壊したことで、そのような姿勢は十分に認識された。社会における言語の重要性の変化およびチェコ語が話される地方からの移住によって、「フス派の時代およびその直後の時代」――一九〇〇年の国勢調査の結果に悦に入る『オットー百科事典』の、プラハの変わりゆく民族人口に関する自己満足的な項目からの引用である[142]――以来初めて、プラハがついにチェコ人の首都になったのだった。新しく分離したチェコ系のプラハ大学の多くの人びとの協力を得て、企業家ヤン・オットーにより、一八八八年から一九〇九年にかけてまばゆい全二十八巻の構成で刊行された『オットー百科事典』は、当時、『ブリタニカ百科事典』に次いで世界第二の規模を誇る百科事典であった。知の目録がつねにそうであるように、この辞典は単なる記録にとどまらないとされる多くのことを物語っている。

　このようなアイデンティティの可変性、あるいは、同年代にプラハの街のファサードに移住した地方の人びとの、そして歴史主義者のイメージによるモダニティの結晶化を余すところなく集めるつもりはない。ヨゼフ・マーネスは一八六六年、時計職人ハヌシュの天文時計に農業の一年のサイクルを描いた色鮮やかな円盤を加えた。四季の変化は、チェコの農夫の衣装を身にまとい、陽気に振る舞う端正なチェコ人の若者や見目よいチェコ人の娘の姿を通じて擬人化されている。ミコラーシュ・アレシュは、旧市庁舎の玄関ホールに《プラハの栄華を予見するリブシェ》を描き、旧市街広場の反対側のシュトルフ書店の正面には若い聖ヴァーツラフを漆喰で塗り、チェコの田園風景を描いたいっそう感傷的なフレスコ画によって、小広場の角にあるロット金物店の外装を手がけている。同様に民族的なモザ

ミコラーシュ・アレシュ《プラハの栄華を予見するリブシェ》1904年。プラハ旧市庁舎玄関ホールの壁画のためのスケッチ

イクが使われた地方銀行の建物は、一八九五年、「ドイツ人のプラハ」の中心に近いナ・プシーコピェ通りで、ナイフをそっと差し出すかのように開業している。チェコ語話者のブルジョワジーによる成長する富と自信の象徴たる銀行は、当時〈ドイツ・カジノ〉だった建物のすぐ隣に位置していた。歴史――現実のものか、想像のものか、それはこの場合、大した問題ではなかった――は、クロード・レヴィ＝ストロースによるかつてよく知られた定義にあるように、「時間を抑圧する機械」の神話としてふたたび繰り返される。その効果は何かというと、ヨゼフ・マーネスの暦表に描かれた永遠の回帰と同様に、永遠にチェコのものとなった空間において、ドイツ語話者を永遠の侵入者とすることであった。

一九〇〇年までに、当時行なわれた国勢調査によれば（その結果が意味するところは、その頃までには誰の目にも明らかとなっていた）、プラハのドイツ語話者は、都市人口のわずか六・七パーセント、かつての三倍に相当する五十万人以上にまで膨らんだ人口のうち、三万四千百九十七人まで落ち込んでいる。それでも「ドイツ人」は、数字の上ではプラハの中心部で勢力を保ち（旧市街では一〇・四三パーセント、新市街では一二・五一パーセント）、その数――多くのチェコ系住民の増大しつつあった怒り――に対する全体の比率の中で、社会的に目に見える存在であり続けていた。「称号を有していない者、あるいは裕福でない者は、そこには属していなかった」と、「怒れる記者」エゴン・エルヴィン・キッシュは回想している。

「ドイツ人のプラハ」！ その大半は上流中産階級であり、褐炭鉱山の所有者、石炭会社や製鉄会社やシュコダ軍需工場の取締役、ザーツ地方と北米を行き来するホップ商人、製糖、繊維、製紙業者、そして銀行の取締役だった。大学教授、高級将校、官僚がそのサークルの中を動いていた。ドイツ人のプロレタリアートは存在していなかった。二万五千人のドイツ人は、当時プラハの人口の五パーセント程度しか占めていなかったが、二つの素晴らしい劇場、巨大なコンサートホール、二つの大学、五つの高校、四つの高等職業機関、朝夕発行する新聞を二紙、巨大な会議場、そして活発な社会生活を有していた。[143]

繰り返すが、これは正確な描写ではまったくない。一九一〇年の国勢調査にもとづくゲイリー・コーエンの分析によれば、プラハのドイツ語話者のおよそ三分の一は、実際のところ、「労働者階級、あるいは下流中産階級」を構成し、多数派のチェコ語話者と結婚したり、別のかたちでチェコ語話者の中に埋もれてしまうことが少なくなかった。[144]だが、もう一度繰り返すが、真実とは人間が生を営む場所における現実のことでは必ずしもない。「すべては幻影だ」、フランツ・カフカは一九二二年十月二十一日の日記でだしぬけにこう記している。「家族、事務所、友人たち、街通り、すべて幻影だ。遠くにいようと近くにいようと、女もそうだ。最も近い真実は、窓も出口もない独房の壁にお前が頭を押しつけている、ということだ」[145]。

プラハのチェコ系住民は、世紀末の日曜日の散歩に出かける際、国民劇場の前を通ってフェルディナント大通りを歩いていった。この通りの名前は、一八三六年に聖ヴィート大聖堂でボヘミア王として公式に戴冠式を行なった最後のハプスブルク家の統治者である精神薄弱な皇帝フェルディナント五世にちなんでいる[146]。チェコの人びとが記憶しているように、善良なフェルディナントは、皇帝フランツ・ヨーゼフのために一八四八年に退位を強いられ、余生をプラハ城の隠遁者として過ごした。フェルディナント大通りに続くチェコ系住民の散歩道は、ドイツ系住民がナ・プシーコピェ通りを散歩するのと同様の意味合いを持っていた。アロイス・イラーセクが「チェコ芸術の大聖堂[147]」と呼んだ国民劇場は、単に演劇やオペラを上演する場所ではなかった。（フランチシェク・パラツキーを筆頭に）一八四五年に始まった公の募金運動によって資金が賄われ、ミコラーシュ・アレシュ、ヴァーツラフ・ブロジーク、ヴォイチェフ・ヒナイス、ユリウス・マジャーク、フランチシェク・ジェニーシェク、のちに「国民劇場世代」と呼ばれる他の若い芸術家たちによって贅沢な装飾が施される。同劇場の建物は一八八一年に完成したものの、わずか十二回の公演ののちに焼失するが、一八八三年には灰から立ち上がった不死鳥のように――民族の運命を表わすメタファーである――復活した。まもなく「ヴルタヴァ川沿いの黄金の小礼拝堂」と親しみを込めて呼ばれるようになるこの記念碑的な建造物は、スメタナの『リブシェ』の初演によって華々しくオープンした。『リブシェ』は十年以上前に作曲されていたが、「オペラのレパートリーには加えず、特別な記念日のお祝いとしてとっておいた[148]」作品だった。伝説上の王妃は、この作品においては、イラーセクが『チェコの古代伝説』で描いた以上に先見の明があり、プラハ創設のみならず、カレル四世統治下の黄金時代、そしてヤン・フスの殉教も予言している。舞台と観客席を分かつ前舞台のアーチの上には、簡潔ながらも誇りに満ちた標語「民族は自らのために」が記されていた。

　もはや疑問の余地なきボヘミアの民族の複数性によって、ときにヴァーツラフ広場の下のほうでフェルディナント大通りとナ・プシーコピェ通りがぶつかる場所で芝居じみた衝突が起きることがあった。西欧の読者にはフランツ・カフカのチェコ語の翻訳者そして恋人として知られるミレナ・イェセンスカーは、幼い頃、上の階の窓を眺めていて目撃したそうした衝突のひとつを忘れがたいものとして描いている。そのとき母が「少しきつく」自分の手を握っていたとミレナは回想する。熱烈な民族主義者の父ヤン・イェセンスキーは、チェコ人たちの最前列で行進していた。警察が介入し、銃声が響き、男がひとり、舗石の上で血を流して倒れている。群衆は立ち去った。「銃の前にひとりの男性が立っていた——私の父だった。父が立っている姿をはっきりと、このうえなく鮮明に覚えている。落ちつきはらって、両手を腰にあてていた」[149]。数年後、父の世代の民族的な忠誠心をあざ笑う若者の不遜な反抗心の中、ミレナは、ファッションについての発言ほどに政治的でない、同様の見えない一線を越えることになる。「ある日曜の朝、ナ・プシーコピェ通りは、旧オーストリアの領土だった」とヨゼフ・コジーチェクは回顧する。

六フィート八インチの長身を誇るプラハの統治者トゥーン伯爵の堂々とした姿は、群衆の中でひときわ際立っている。コウノトリのように細身で、大陸でもっとも素晴らしい着こなしを見せる人物である。神々しいほど落ち着きはらった姿で立ち、片足を曲げてもう一方の足の膝に隠しながら、黒縁の片眼鏡（モノクル）越しに押し寄せては引いていく群衆を一瞥する。ちょうどそのとき、二人の娘が腕を組んで歩いてきた。視線はなぜかその二人に引きつけられてしまう。プラハで初めて、わざとボーイッシュな格好をしている娘たち。二人の装いは申し分ない。髪型は英国のラファエル前派をモデルにし、柳の魔女のようにほっそりとして、顔にも姿にもプチブル的なところはかけらもない。戦前の世代の中で、チェコ人の散歩道であるフェルディナント大通りからナ・プシーコピェ通りへと自分たちの世界を広げたおそらく初めてのチェコ娘たちであり、かくして彼女たちはドイツ語の文人たちと接触するようになったのだ。この二人はまさに真のヨーロッパ女性だった。大事件だった！　トゥーン伯爵は二人を眺めようと足の向きを変え、熱狂と好奇心の波が群衆の間を通り抜けていく。［…］ミレナとスタシャ。その場の雰囲気をつくり出していたのがミレナであることは明らかだった。[150]

チェコスロヴァキアがオーストリア＝ハンガリー帝国からの独立を宣言してから三か月後の一九一九年二月、フェルディナント大通りはナーロドニー（国民）大通りとして生まれ変わる。同時に、フランツ・ヨーゼフ一世橋は軍団橋となり、フランツ一世河岸はマサリク河岸、フランツ・ヨーゼフ広場は共和国広場、かつてフランツ・ヨーゼフの妻の名前を冠していたエリーザベト大通りは革命大通りとなった。「国民」、「共和国」、「革命」という名称は、一九三九年から四五年にかけてのドイツ軍による占領という一時的な中断を除き、二〇世紀がこの街に投げかけたあらゆるものを耐え抜く。これらは変わりゆく世界を生き延びるのにうまく適応した包容力のあるカテゴリーである。個別かつ具体的なものの痕跡がより重荷となっている他の記号表現（シニフィアン）は、常軌を逸した運命の揺り戻しや迂回と折り合いをつけることができなかった。チェコスロヴァキアの「大統領‐解放者」トマーシュ・ガリッグ・マサリクの名前を取ったマサリク河岸は、共産主義の変容を経て、一九五二年にスメタナ河岸となる。このような指示対象の移り変わりは、それ以前にナチが軍団橋をチェコの同じ作曲家の名前に改名したことをも苦々しく思い起こさせる。スメタナはあらゆる状況に対応する記号表現であった。気まぐれな時勢に左右されつつ変わっていくのは、記号内容（シニフィエ）のほうなのである。「我々の国では、あらゆるものがつねに作り直されている」と、イヴァン・クリーマの小説『愛と廃物』の登場人物はこぼしている。「信念も、建物も、通りの名前も。時間の経過はときおり隠されたり、そういうふりを見せるだけ。その間、現実的で真実味溢れる証言が何もない[151]」。

　プラハの記号論的風景の可塑性については、近代のチェコ人作家たちがたびたび多大な関心を寄せてきた。幾度も分裂し、際限なく書き換えられてきたチェコ諸領邦の二〇世紀史を考慮すれば、そのような執着も理解できることだろう。というのも、その歴史は、不条理以外のあらゆる論理を寄せつけないように思えるからである。だが、それはより一般的で、おそらく特殊な近代の恐怖についても語っていて、ボードレールが現代性を「一時的なもの、うつろい易いもの、偶発的なもの」に重ね合わせたことと完全に一致する。あてにしていた道標が次々と名前を変えるとき、自分たちがどこにいるか――あるいは誰なのか――どうやって思い出したらよいのだろう。ミラン・クンデラの『笑いと忘却の書』（一九七九）の冒頭で、ミレックはこう主張する。「権力にたいする人間の闘いとは忘却にたいする記憶の闘いにほかならない[152]」と。だが、果たしてそうだろうか。『小説の技法』の中でクンデラは、ミレックの意見は「その小説のメッセージ」ではないと警告しているが、それはきわめて反語的である。クンデラはさらにこう続ける。「私はミレックの物語の独創性をまったく別のところに見ていた。彼はじぶん（じぶんやじぶんの友人たち、彼らの政治的な闘い）が忘れられないように全力で抵抗しながら、それと同時に他人（彼が恥じている元の恋人）にじぶんを忘れさせようと不可能なことをしている」[153]。クンデラはさらに別のくだりで、私たちが思い出すものは思い出すというまさにその行為の中でつねに別のものに変容してしまうため、忘却に対して単に記憶を対置すればよいわけではないと示唆しつつ、知らず知らずにはまってしまう危険についてもあえて触れている。それらは言語という潮の上に浮かぶことを運命づけられている記号表現として生まれ変わり、言語が指示する事物から遠ざかったり、絶えず留保を繰り返している——アルチンボルドの絵画に描かれた果物や野菜、図書館の本や炙り肉の皿のように、絶えず姿を変えているのだ[154]。クンデラはこのように結んでいる。「現在の瞬間はその思い出とは似ていないのだ。思い出は忘却の否定ではなく、忘却の一形式なのである」[155]。議論は存在論的な深淵へと広がっていき、そこでの現実と想像の境界は、シュルレアリストたちにとってのそれと同様、曖昧になっていく。変容は、人間という存在のいたって正常な状態である。夢の王国に属するのは、アイデンティティという幻想のほうなのだ。

ネズヴァルの書いた「ゲットーの時計」という詩がある。翻訳ではその魅力が失われてしまうが、十年前に束の間訪れたプラハが心に刻んだ印象の記憶をたよりにかのフランスの詩人が紡いだものを、チェコの詩人が再構成を試みたという面白さは保たれている——詩的思考を空想的に漂わせた、ひとつのケーススタディと言えるかもしれない。

死の車を追い越そうとする
競輪選手のように
プシーコピで時間のギアが変わるとき
君は　針が逆回りに進んでいく
ゲットーの時計のようだ
不意に死が訪れるならば
わたしは六歳の少年として死ぬのだろう。[156]

3 変身

異端の世界
愛はない／レニ、カフカの女／経験の沼地／太腿
深みへの途上にある上部／路地の世界／忘却
——ヴァルター・ベンヤミン「カフカにおけるフォルムの世界」[1]

ロボットの起源

ネズヴァルが『雨の指をしたプラハ』を発表する十五年前、フランツ・カフカは同じ記憶を辿りながら、古いゲットーの影を感じ取っていた。だがそれは、ネズヴァルが感じていたものよりもはるかに重く、プラハのユダヤ人であるかれにのしかかっていた。その存在はあまりにも明白であり、あまりにも現実のものであり、詩的ノスタルジアの対象とはなりえなかった。カフカが一歩踏み出すたびに、意図しない場所へと連れ戻される——もちろん、グスタフ・ヤノーホの『カフカとの対話』で語られていることを信じるのであればの話だが。ヤノーホはこう語っている。「第一次世界大戦の直後、グスタフ・マイリンクの『ゴーレム』がもっとも成功したドイツ語小説だった。フランツ・カフカは、私にこの書物についての意見をのべた」。

「古いプラハのユダヤ人街の雰囲気が見事に捉えられています」

「古いユダヤ区のことをまだ憶えていらっしゃるのですね」

「本当はもう縁が切れたはずです。けれども……」カフカの左手の動きはこう言いたげだった。「それがなんの役に立ったのか」

彼の微笑みが応えていた。「なんの役にも」

そして彼は言葉をつづけた。

「私たちの内部には、相変わらず暗い場末が生きています、曰くありげな通路が、盲いた窓が、不潔な中庭が、騒々しい酒窟が、陰にこもった旅亭が。私たちは新しく建設された広い市街を歩きます。しかし私たちの歩み、私たちの眼差しは定まらない。内部で、私たちは、やはり古い陰惨な小路を歩くときのようにふるえています。私たちの心臓は、地区衛生化についてまだなにも知らないのです。私たちの内部の不健康な旧ユダヤ街は、私たちの周囲の衛生的な新市街に比べてはるかに現実的です。眼醒めつつ私たちは夢のなかを歩む。その私たち自身、過ぎ去った時代の亡霊にすぎないのです[2]」

リペッリーノをはじめ、あまりにも頻繁に引用されるこのくだりは、非の打ち所がないほど古いヨーロッパの魔法の都プラハそのものである。つまり、あまりにもよく描かれているがゆえに真実からかけ離れている。マックス・ブロートがヤノーホのカフカの本を、「まるで友人カフカが突然死から目覚めて、私の部屋に入ってきたよう[3]」に生々しく感じたとしても、これは事実ではないだろう。一九三七年にプラハで初版が刊行されたブロートのカフカ伝という形をとった記憶の気まぐれは、それまでの二人の回想を十分に潤色していたかもしれない。ブロートがヤノーホの原稿を十年後に受け取ったとき、「生まれ故郷のプラハを最終的に離れてから八年目」で、すでにパレスチナに住んでいた。[4]かれは一九三九年三月、ドイツ軍の侵攻前に最後の列車に飛び乗り、プラハを脱出したのだった。ミラン・クンデラは、カフカを去勢された神話上の「聖ガルタ」に変えてしまったとしてブロートを強く非難しているが、ヤノーホの回想録が予期せぬ形で現われたのは(「どの教会にも、それぞれの外伝がある」とクンデラはあざ笑う)

まったくの偶然であろう。[5]『フランツ・カフカ』の第二版でブロートが厄介にも受け入れざるをえなくなった「カフカの新たな側面」のひとつは、カフカに私生児がいたという発見であった。この話が真実かどうかについては今なお議論の余地があるが、[6]禁欲的で知られたフランツが足しげく売春宿に通っていたことは知られており（「愛人の家のように売春宿に立ち寄った」と一九一〇年の日記には書かれている）、[7]「非常に聡明な子」で「非常に社会民主主義的な考え方」の女学生の「むっちりした脚」[8]など、恥ずかしげもなく猥褻なことを夢見ている。このうえなくモダンになったマイリンクという形容も、カフカの姿にはふさわしくない。読者を刺激すべく過去の亡霊を召喚することはなかったが、世評によれば、マイリンクはプラハで初めて自動車を運転した人物だった。[9]

プラハの娼館に神聖とも言えるアウラを授けた作家はカフカだけではない。ヤロスラフ・サイフェルトは、回想録『この世の美しきものすべて』（一九八一）の中で、第一次世界大戦の最後の月、ジシュコフから小地区へと巡った若かりし頃の旅を思い起こしている。かなりの道のりだったが、「少し好奇心から、少し別の理由もあって」朝早く出発する。プラハには当時ハンガリー兵があふれていて、かれらは「いかがわしい店があり、ウムルチー通りと呼ばれる小路」を訪れていた。「娘たちは外に出ることはできず、つねに監視されているという」。通りの正式名称はブジェチスラヴォヴァ通りであった（今もそうである）が、誰もそう呼ぶ者はいなかった。近くにあるヤーンスキー・ヴルシェクの墓地に向かう葬列がかつてここをよく通ったため、「ウムルチー」すなわち「死者の小路」として広く知られていた。墓地が廃止されてからだいぶ時間が経過したが、その小路の名前は残り、時代の変化とともに新たな連想が蓄積されている。詩人が訪れたとき、通りには誰もおらず、カーテンは閉じられていた。「午後の早い時間はきっと愛の営みの時刻ではなかったのだ」とかれは悲しげに回想する。「女たちは昼食後で寝ていたのだろう」。失望したヤロスラフは自分の足取りを辿り直す。

下の最後の建物近くまで来た時、窓を軽く叩く音が聞こえた。私はその方に目を向けざるを得なかった。カーテンが二つに割れ、黒いお下げ髪を肩越しに垂らした娘が窓辺に立っていた。びっくりして私は立ちつくした。

私の驚いた視線に気づいた彼女は、微笑んで何かこちらに向かって言った。でも窓ガラスの中のその声は聞こえなかった。通りはとても狭く、二歩あれば十分で、私は反対側にいた。それを飛び越えるのはわけなかった。もう一度、今度は少し落ち着いて私は閉ざされた窓の中をのぞいた。娘はみめうるわしかった。少なくとも私にはそう思えた。彼女がにこっと微笑んだので、恐れの念が少しとれた。彼女は私がもじもじしているのに気づくや、白いブラウスをさっとはだけた。私はびっくりして一瞬血の気がひき、それからまた血が一気に顔に上ってくるような気がし、窓越しに娘の裸の乳房をこわごわと見つめた。私はすぐそばの舗道に雷が落ちたかのように、取り乱していた。娘は微笑みかけ、私はふらついた。それはほんの数秒続いただけだった。その間に娘はまたゆっくりとブラウスのホックをかけ、私に中に入るよう手招きした。それからカーテンがまた真中に寄せられた。

私はあわてて逃げ出した。[10]

それから六十年後、このノーベル賞詩人は、「この世で最も美しい神話の一つ」をまだ信じていると打ち明ける。「女性の愛の神話」は「今日ではもはや希少価値といえよう。女たちは目に見えない後光をかなぐり捨て、そのために別な髪の結い方をしている。残念！　この世では、ありのままの草花と裸の女性より美しいものはない。もちろん、これらの美はよく知られてはいるが、私たちにとって常に改めて不可思議なものであり、私たちはさらに改めてそれを見出すことを望んでいる」。

野心溢れる十代の詩人グスタフ・ヤノーホが知っていたカフカは、ナ・ポジーチーにあるボヘミア王立労働者災害保険局でヤノーホの父とともに働いていた。この保険局は、一九〇二年にアポリネールが滞在した通りにあった。『カフカとの対話』がドイツで刊行されたのは、二人が出会ってから三十年以上が経過した一九五一年である。ヤノーホはそれ以前に共産党の不興を買い、第二次世界大戦直後に短期間投獄されている。ヤノーホの投獄に英雄的なところは特段ない。刑に服していたのは横領のためであった。警察の内通者だったという説もある。もちろん、かれが初めての転向者というわけではない。チェコの人びとの誰もがきまりの悪さを感じるのが、ベドジフ・スメタナの「国民オペラ」、『売られた花嫁』（一八六六）の台本作者である忠実な愛国者カレル・サビナである。ヤノーホはジャズにも情熱を傾けていたが、ナチの時代、ジャズは退廃的であまりにも黒人的と見なされたため、戦後も政治的に嫌われていた。「哀れなヤノーホ」とヨゼフ・シュクヴォレツキーは綴っている。「かれの最高傑作は、今となってはカフカに関する情報源としてきわめて信憑性の低い書物である。かつてのスイングマンは自らの記憶に手を加え、水増ししたのだろう。だが、大作家との出会いをもとに、少々の金儲けを企んだかれを非難する道徳的権利など、我々にあるだろうか?」シュクヴォレツキーは、ヤノーホが戦時中に書いた同時代の魅力ある雰囲気を伝える記事を懐かしげに思い出す。「ジャズの魔法」の中でヤノーホは、一九二一年、バルトロムニェイスカー通りの〈コンヴィクト・クラブ〉に「プラハ初のジャズドラム」が到着したと述べている。「それは、十六本のパイプがあるチューバフォン、ベルやジングルベルの連なる四本の紐、六つのカウベル、三つのシンバル、タムタム、ゴング、四つの小太鼓に囲まれ、赤く塗られた巨大な化け物だった」[11]。ヤノーホの物語もまた申し分なくプラハらしいが、それはおそらく、カフカのプラハというよりもむしろ善良な兵士シュヴェイクのプラハだろう。だが少なくとも、「この都市と住民にふさわしい地理的、歴史的、経済的事柄から遠く離れて」、詩的煉獄に存在しているのではないという利点がある。プラハはヨーロッパの中心をふらりと訪れることのできる地理にあるため、プラハ市民は、ニュルンベルク法、共産主義、そしてジャズといったヨーロッパのモダニティに逆行するあらゆる荒波に揉まれることを余儀なくされた。

バルトロムニェイスカー通りは、〈コンヴィクト・クラブ〉とは別の物事でもっとよく記憶されていた。ヤン・ネルダの『小地区物語』（一八七八）の英訳の序文で、イヴァン・クリーマは、一九六八年のソ連軍侵攻のあと、ロンドンからプラハに戻ったときの様子を綴っている。

私はしばしば警察で尋問を受けた。最初のときはネルダの短篇「警察の風景」の冒頭の文を思い出しながら、警察に向かった。「プラハのバルトロムニェイスカー通りの裏手にあるのは警察署、荒れ果て、見捨てられ、陰気な場所……」。ネルダの死から一世紀を経てもなお、警察署はあの荒れ果てた陰気な同じ通りにあり、私は初めて――そのあと何度も――古いオーストリア君主制の何か、つまり、ネルダの時代の何かを裏づけるものが残っているかと思うと、奇妙な心地良さを覚えた。[12]

そのようなマゾヒズム的な慰藉、ありきたりのモダニティに慣れ親しんだ人にはおそらく理解できない類の慰めには、どこかカフカ的なところがある。クリーマが触れた「正常化」と同時代に執筆されたルドヴィーク・ヴァツリークによるエッセイの英語版コレクションのタイトル『尋問官との一杯のコーヒー』は、不条理における親しみという同様の安堵を表わしている。だが、それはより暗いものだろう。一八四八年の革命時のプラハ警察署長は、偶然にも、レオポルト・フォン・ザッハー＝マゾッホ、すなわちマゾヒズムの名前を誕生させることになる『毛皮のヴィーナス』の作者の父親だった。ヴルタヴァ川沿いの街は、若きレオポルトに潜行性の魔法をかけたのだろうか？「すでにかれは若い頃にその雰囲気を見いだしており、さらには、小説家としての作品に痕跡を残す奇妙ないくつかのきわめて特徴的な要素に気づいていた」と、性科学者ハヴロック・エリスは考えた。[13]

前を通る詩人を魅了したゲットーの時計の針が反対回りに進んでいたのは詩的空間だけではなかった。アポリネールが目にしてからだいぶ時間が経過したにもかかわらず、その時計が今も残っているのは僥倖である。ユダヤ市庁舎は、一八九四年、プラハ市議会が五区で始めた「衛生化」をまぬがれた一握りの建物のひとつだった。この都市再生計画は、オースマン男爵のパリでの野望を小規模ながらも反映していた。「小さい（マレー）けれど、私たちのもの（アレ・ナシェ）」とチェコの人びとは好んで言うが、ペトシーンの丘に今も立つ小さなエッフェル塔もまさにそうである。エッフェル塔の縮小版レプリカといった趣のペトシーンの展望台は、ボヘミアの工業生産力およびチェコのモダニティが世界最高レベルのものと競う能力があることを示すべく、一八九一年に開催された内国総合博覧会の折に建設された。「衛生化」措置は何百棟もの建物を減じさせ、そのほとんどは古い遺物であったが、それほど歴史的に重要でない瓦礫にすぎなかった。ネズヴァルを大いに魅了した旧ユダヤ人墓地――一八九六年に芸術工芸博物館が建てられた箇所を除く

——も、（十八あったうちの残った）六つのシナゴーグ——アポリネールが訪れた旧新シナゴーグ、そしてマイズル・シナゴーグ、高シナゴーグ、ピンカス・シナゴーグ、クラウス・シナゴーグ、スペイン・シナゴーグ——ともに残っている。この墓地は遅くとも一五世紀初頭に作られたが、もしかしたらそれよりもはるかに古いかもしれない。一七八七年、墓地は改革者ヨーゼフ二世の命で閉鎖された。疫病を恐れた皇帝は、生者と死者を隔てることを望んだのである。このような界隈では無駄な試みであると思うかもしれないが、ヨーゼフ二世は近代的な精神の持ち主であった。

サッカー場と同程度の面積がある一帯で、およそ一万二千の墓石が飲んだくれのように折り重なり、「ブリューゲルの描いた盲人のように」[14]、人生が芸術を真似るというもうひとつのリペッリーノのイメージのようである。墓石の下には、次々に積み上げられた遺体が十二の層になって横たわり、シュルレアリストにとってこのうえない想像力の源になっている。このような一風変わった墓地の過密ぶりは、きわめてありきたりな理由によって説明できる。プラハのユダヤ人は、生活空間だけでなく、埋葬場所も厳しく制限されていたからである。リペッリーノが語るところによれば、「衛生化」以前、旧ユダヤ人墓地は、「売春宿、排水坑、皮なめし工房、それに死刑執行人や浮浪者や野犬狩りが住む掘立て小屋に囲まれていた」[15]——その他には？　ブルース・チャトウィンが描いたマイセンの小立像の偏執的蒐集家ウッツ男爵と遭遇するのに、旧ユダヤ人墓地を見晴らすアパート以上にふさわしい場所があるだろうか。だがそのころまでに計画はひととおり終わり、三十一の混雑した通り沿いの三百を越える建物のうち、残ったのは墓地、シナゴーグ、針が逆向きに回る時計のあるユダヤ市庁舎だけだった。残った建物はたちまち失われた過去の代替品となり、詩的思考がときおり光を照らす岬となった。取り壊されたゲットーがどのようなものであったか、想像するのを手助けしてくれる写真は数多くあり、それらは過ぎ去る瞬間を永遠のメタファーに変容させ、かつてあったものの記憶を絶えず潤色するようにと心の窓である眼に訴える。しかるべき時が来たら、その記憶は、ロラン・バルトがかつて述べたように「未来の死を私に告げている」[16]ものとして、『古（いにしえ）のプラハ』や『消えたプラハ』といったタイトルの郷愁を誘う刊行物を満たしていくのだろう。

旧ユダヤ人墓地のある墓石は、ルドルフ二世の時代の高名なタルムード学者ラビ・レーフ・ベン・ベザレルのものである。この人物は、同時代の人びとにはマハラル――ヘブライ語の略称で「我らの師」を意味する――として知られていたが、後世の人びとには、むしろマイリンクの小説の伝説的なゴーレムの創造者として知られている。アロイス・イラーセクは『チェコの古代伝説』の中で、マイリンクよりも前にこのラビの物語を語っている。カバラの謎の調合法から作られた土くれの人間であるゴーレムは、歯の裏に護符を貼りつけると動き出す。ある晩、マハラルは、shem〔ヘブライ語で「真理」〕と書かれた護符を外すのを忘れてしまい、ラビの召使は暴れ狂い出す。『ゴーレム』では、プローコプが友人ツヴァックにこう語る。「『そのおなじラビが、皇帝［引用者註――ルドルフ二世のこと］に城に招かれて、呪文で死者の幻影を呼び出して、みんなに見せた、ということも言われてますね［…］現代の学者は、幻燈を使ったんだと言ってますが』。『そうだろうとも。説明するからには現代の人間を納得させんならんからな。だけどばかげた話さ』ツヴァックはたじろぐことなく話しつづけた[17]」。『ゴーレム』は、現在が次々と過去に舞い戻って繋ぎとめられる悪夢という、『魔法のプラハ』でたびたび言及されるもうひとつのモチーフである。ハクスリー『すばらしい新世界』のジャンルの先駆的な事例であるカレル・チャペックによる一九二二年の戯曲『ロボット』（R. U. R.）に描かれた、太平洋の島で製造されたSFのロボットの陰にはラビ・レーフの手が潜んでいることをリペッリーノは探り当てた[18]。ロボットは近代の悪夢かもしれないが、機械仕掛けの化け物の真のルーツは「プラハの腐植土、魔術の中に」あるとかれは述べている。

リペッリーノは、カレル・チャペックの『マクロプロス事件』（一九二二）の姿を変えて生きながらえるヒロインを、アポリネールのさまよえるユダヤ人の女性版と見ている[19]。というのも、彼女は、ルドルフ二世のお抱え錬金術師のひとりだった父ヒエロニムス・マクロプロスが調合した不老不死の薬を飲んだがために永遠の命を運命づけられるからだ。チェコ語の発話旋律やモラヴィアの民謡の旋法性にもとづくオペラを探求していたレオシュ・ヤナーチェクは、ドストエフスキーの『死の家の記録』をもとに、シベリアの強制労働収容所を舞台にすべてのパートが男性の声で演じられるオペラ『死の家より』を作ったように、マクロプロスのいくつもある化身――エリナ・マクロプロス、エリアン・マクレガー、エルザ・ミューラー、エウヘニア・モンテス、エカテリーナ・ムイシュキナ、エレナ・マーティー——をもとに、信じられないほど現代的な音楽劇を作曲した。サー・チャールズ・マッケラスが一九八二年に復元したヤナーチェクのオリジナル・スコアにより、ミラン・クンデラは「簡素で突飛な音色が回復された」と考え、「『死の家より』はベルクの『ヴォツェック』と並んで、暗い今世紀のもっとも真実で、もっとも偉大なオペラ」[20]となった。批評家のマイケル・ケネディも、ヤナーチェクのオペラを「二〇世紀音楽の主要な偉業」と見なし、「プッチーニの劇的なインパクト、マスカーニの現実らしさ、ヴェルディの高貴さ、ブリテンの人物に見られる心理的な効果、ショスタコーヴィチの残忍さが組み合わさり、音楽の中で表現されるすべてのものは、抗いがたい生命力にあふれ、豊かなメロディーをたたえ、抒情的な光を放ち、野生の獰猛さを備え、きわめて独創的なオーケストレーションからなり、そしてとりわけ、人類、そして人類の運命との関わりに対する深い共感がある」[21]。クンデラにとって、ヤナーチェクの作品は、「優しさと荒々しさの、怒りと安らぎの、つなぎ目がなく、凄まじく緊迫した対決」であり、アポリネール——あるいはブルトンも、仮に音楽を聴き分ける耳をもっていればの話だが——が嫉妬を覚えるような、痙攣的な美の同時性および矛盾を内包している[22]。

驚くべきことに、ヤナーチェクのオペラのうち四作品（『カーチャ・カバノヴァー』、『利口な女狐の物語』、『マクロプロス事件』、『死の家より』）は、作曲家が六十五歳の誕生日を迎えてから作られたものである。そればかりか、『グラゴール・ミサ』（一九二六）もそうである。この作品は聖キュリロスと聖メトディオスが九世紀にモラヴィアにもたらした古代スラヴ語の典礼をもとにしているが、中世の修道僧が歌う単旋律聖歌というよりも、ストラヴィンスキーの『春の祭典』の精神に近い。クンデラは、この作品を「ミサというよりもむしろ饗宴[23]」であると的確に評している。ブルノ音楽院院長を一九四八年から六一年にかけて務めたミランの父、ルドヴィーク・クンデラは[24]、「老いたヤナーチェクは強い信仰心を抱き、神との関係を表わさずには、自身の創作が不完全なものになると強い切迫感を覚えたのだろう」とある批評の中で綴っている。それに対し、作曲家は絵葉書で、「自分は老いてもないし、信仰心もない[25]」と素っ気なく答えている。だが、ヤナーチェクの晩年における創造力の爆発は、ピカソと同様、そっとこの世に別れを告げるようなものではなく、まさに老人の激情とでも言うべきものであった。《アヴィニョンの娘たち》（ピカソは当初《アヴィニョンの売春宿》と名づけるつもりでいた）の画家は、晩年、スケッチブックを常軌を逸した性行為で埋めつくした[26]。年金生活者の年齢を迎えてからのヤナーチェクのミューズは、若い魅力的なユダヤ人女性、カミラ・シュテスロヴァーだった。思いもよらないこの組み合わせは、フランツ・カフカとミレナ・イェセンスカーと同様、その狂気の愛を成就させることはなかったろうが、少なくとも作曲家はなおも夢を見ることができた。いや、それとも、二人の愛は成就していたのだろうか。

一九二八年の夏、彼の恋人は二人の子供を連れて、田舎の小さな家に会いに来た。その子供たちが森のなかで道に迷ったので、彼は捜しにゆき、あちこち走りまわって寒気を催し、肺炎に罹った。病院に運ばれ、その数日後に死んだ。彼女はずっと彼のそばについていた。私は十四歳のときから、彼が病床でセックスしながら死んだのだという囁きを耳にしている。あまりありそうもないことだとはいえ、ヘミングウェイの好きだった言い方をすれば、それは真実よりも本当なのだ。晩年になって解き放たれたあの幸福感の有終の美としては、それ以外になにがあるというのだろうか[27]？

おそらくクンデラはこの噂話を、かつてヤナーチェクの弟子であった父から伝え聞いたのだろう。

カレル・チャペックの兄ヨゼフはキュビスムの画家で、弟の手がけた「ゾーン」の翻訳が『チェルヴェン』誌に掲載された際、リノリウム版画の挿絵を提供した人物であり、「ロボット」という言葉を造り出したのもかれだった。兄弟はともに、芸術家協会マーネスから分離して一九一一年に結成された〈造形芸術家グループ〉の一員であった。このグループには、画家（エミル・フィラ、ヴィンツェンツ・ベネシュ、アントニーン・プロハースカ、ヴァーツラフ・シュパーラ）や彫刻家（オットー・グートフロイント）のみならず、建築家（ヨゼフ・ホホル、ヨゼフ・ゴチャール、パヴェル・ヤナーク、ヴラスチスラフ・ホフマン）、作家（フランチシェク・ランゲル）、美術評論家（ヴィン

ヨゼフ・チャペック《街の上の女》1917-20年。リベレッツ市立美術館蔵

ツェンツ・クラマーシュ、V・V・シュテフ）も参加し、最新のパリの美術潮流の影響を受けていた。一九一〇年から一三年までの三年間、パリで過ごしたクラマーシュは、ピカソとブラックの優れた作品を多数蒐集し、やがて――共産党当局から少なからず説得されたこともあり――チェコスロヴァキア（現チェコ）のプラハ国立美術館に寄贈した。それらは同館の二〇世紀美術コレクションの至宝となっている。[28] 一九一八年四月、ヨゼフ・チャペックは、シュパーラ、ホフマン、ルドルフ・クレムリチカ、ヤン・ズルザヴィーとともに〈頑固派〉を結成し、プラハで開かれた展覧会〈それでもなお（A přece）〉で戦前のモダニズムの見解を重ねて主張した。展覧会の名称は、一六三二年、ヴァチカンから天道説の撤回を要求されたガリレオが小声でつぶやいたとされる発言――「それでも［地球は］動く（eppur si muove）」――を示唆するものであり、新興のモダニティが闇と迷信に背を向け、科学の光のほうを向くという支配的イメージのひとつである。一九三九年九月一日、（エミル・フィラ、そして多くの反ナチの芸術家や知識人たちとともに）ナチに逮捕されたヨゼフは、ベルゲン=ベルゼンで第二次世界大戦が終わりを迎える数日前にチフスで亡くなる。戦前の諷刺画の連作《近代》、《独裁者のブーツ》、《ファシズムの影の下》は、世界中を踏みつけるよく磨かれた一足の長靴の冒険を描いている。[29]

カレル・チャペックは戦争をまぬがれた。一九三八年のクリスマスに四十八歳の若さで亡くなったからである。チャペックが命を落とした真の理由は、その三か月前、英国の首相ネヴィル・チェンバレン、フランスの首相エドゥアール・ダラディエがヒトラーとムッソリーニと面会し、「我らが時代の平和」という利益のために、チェコスロヴァキアの領土と人口の三分の一を第三帝国に移譲する協定に署名したミュンヘン会談によって心を打ち砕かれたためだとミレナ・イェセンスカーは考えていた。チェコスロヴァキア政府は、友人たちとの会合には招待されなかった。一九三八年九月二十七日、チェンバレンはBBCラジオで英国国民に、「遠く離れた国で我々の知らない人びと同士の間で起きている争いのために、我々が塹壕を掘り、ガスマスクをはめるとはなんと恐ろしく、素晴らしく、信じられないことか！」[30]と述べている。一九二四年、ブリテン諸島と英国人の奇矯さを愛情を込めて描いた『イギリス便り』の著者チャペックにしてみれば、英国とフランスが「我々の心と信念の拠り所」を裏切るなど信じがたいことだった。「ゾーン」の翻訳者はつねに西欧を文明社会と見なし、よりよいものと想定していた。カレルの親友で、雑誌『トリブナ』（一九一九―二四）や『プシートムノスト（現在）』（一九二四―三九）の編集者、そしてカレルが文芸欄を担当していた新聞『リドヴェー・ノヴィヌィ』にも寄稿していたフェルディナント・ペロウトカはこう記録している。「カレル・チャペックは我々とともに座り、『条約が反故にされることなどありえない。それは文化の終わりだ』と一本調子で繰り返した。額には汗が浮かんでいた。成人してからずっと、民主主義とヒューマニズムに身を捧げてきたというのに。いまや――その間――『ロボット』、『山椒魚戦争』、『白い疫病』など、かれの本の中でさまざまに様式化されたものが勝利を収めたのだ」[31]。「かれは息を止めたにすぎない、生きるのをやめたにすぎない」とミレナは書いている。「もしお望みなら、気管支炎、肺炎で亡くなったと思うこともできる」[32]。

カレル・チャペックの死に、目に見えない偶然以上のものを見いだしたもうひとりの人物がヴィーチェスラフ・ネズヴァルだった。シュルレアリスム、弁証法的唯物論に傾倒していたにもかかわらず、詩人はかつて多くの試練に耐えたチェコ・カトリックの想像力に何のためらいもなく回帰している。

クリスマス・ツリーの最後のロウソクが
今日、君のために点っている。
こんなに、わずかなぼくたちが残った
こんなに、わずかしかぼくたちはいない
あの悲劇のあとの――
こんなに悲しいときに
こんなに重大な時期に
仕事を置いて去って行くとは
ああ、なんというさびしさだろう、祖国にいるというのに……

きみは知っていた。そして、いま、きみは知っている、
わが民族がほんの少し、傷ついた肩にかついだ
自分の十字架を引きずりながら、生きているということを……[33]

リペッリーノは『ロボット』の起源を『ゴーレム』まで遡る折に、ルドルフ二世のプラハの幽霊にあまりにも多く言及している節があるが——もし客観的偶然を信じるのであれば——ラビの話には何か予兆めいたものがあったかもしれない。[34] 進歩の申し子がその親に復讐するのを初めて想像したのはチャペック兄弟ではない。メアリー・シェリーが「現代のプロメテウス」という予言的な副題のもと、フランケンシュタインから逃げ去る怪物という傑作を発表したのは、イングランドの緑豊かで心地良い土地が悪魔的な暗い工場に支配されていた一八一八年のことであった。

だが、ありそうもないことのように思われるかもしれないが、世界中の言語と想像力の中に入り込んだ「ロボット」という単語は、領主の土地を借り受けたボヘミアの人びとが行なう賦役を意味するチェコ語の robota という単語に由来する（もちろん、二〇世紀音楽の栄光のいくらかが、レオシュ・ヤナーチェクの生まれたモラヴィアの辺境の村フクヴァルディに由来するというのに比べればまだありうることかもしれないが）。進歩的なヨーゼフ二世は、一七八一年に農奴制を撤廃したが、ボヘミア諸領邦の賦役は一八四八年まで続き、まさにこの地の想像力の中で、近代の発狂という普遍的な原型への変貌が育まれたのであった。

歴史のかたわらに位置する美しい小さな庭

チャペック兄弟の墓石は、ヴィシェフラットの聖ペトロ＝聖パウロ教会の墓地で隣り合っている。アロイス・イラーセクが『チェコの古代伝説』で描いたように、ヴィシェフラットでは岩肌が露出し、王妃リブシェはかつてそこか

ら、今日フラッチャヌィのあるヴルタヴァ川の対岸を眺めつつ、その栄華が星々まで届く都市の姿を目にしていた。ヴィシェフラットはプラハの他の場所と比べてもきわめて超現実的な場所であり、ボヘミアの遠い昔の夢のようなスナップショットを見せてくれる。もちろんそれは黄ばんで色褪せたスナップショットだが、セピア色の魅力がないわけではない。社会主義時代にできた地下鉄に乗ってヌスレ陸橋を渡り——近代工学の壮観な偉業であるこの橋は、より壮観な戦前のモダニズム建築の想像力に由来している——〈文化宮殿〉を通り過ぎて墓地に向かい——この〈文化宮殿〉は一九八〇年に完成した共産主義のショーケースであり、それ以来、見本市、美術オークション、そしてときおりエロティックなイベントの場となっている——その道は、プシェミスルやリブシェの時代ほどではないにせよ、少なくとも、まさに神話によって形作られた時代へ遡行する旅となる。そのあと、ネクラノヴァ通りを下り、驚くほどの調和に満ちたヨゼフ・ホホルのキュビスム住宅を感嘆しながら立ち止まる。さらに、かつてフリードリヒ・エンゲルス河岸と呼ばれた場所を歩き、パラツキー橋、イラーセク橋、マーネス画廊、国民劇場を通り過ぎ、旧市街に戻る。二、三キロの間に百万ものモダニティが埋め込まれている道程だが、その表面はホホルが設計したファサードのように、今では断片化されている。

一九三九年七月、マックス・シュヴァビンスキーはアルフォンス・ムハの葬儀に際し、[35]ヴィシェフラットを「もっとも神聖な場所」と述べたが、ここは昔から畏敬の念を抱かせる場所であったわけではない。古代の要塞は一二世紀には王宮でなくなり、一四二〇年、フス派の人びとは何のためらいもなくこの地を略奪している。この土地がのちに神聖さを帯びるのは、チェコの偉人たちが眠る場所として生まれ変わった一九世紀後半以降のことである。一八六二年に設立され、神出鬼没のフランチシェク・パラツキーが代表を務めたスヴァトボル協会による支援のもと、アントニーン・バルヴィティウス、アントニーン・ヴィールの設計によるイタリア風の大理石のアーケードが墓地に設置されたのは一八六九年のことだった。スラヴィーン（「パンテオン」の意）として知られる共同墓地のヴォールトも同じくヴィールの設計によるもので、「チェコ民族に対する貢献という点において傑出した人びと、卓越した文章、芸術的努力、重要な発明、非凡な犠牲、困難な闘い、あるいは有益な成功によって、祖国の境界を越えてチェコ民族の

ヨゼフ・ホホル設計の集合住宅。プラハ、ネクラノヴァ通り、1913年。撮影者不詳、プラハ国立技術博物館蔵

栄華を広げるのに寄与した人びと」[36]のために一八八九年から九三年に追加された。石棺には「死者なお語る」と刻まれている。聖ペテロ=聖パウロ教会はヴィシェフラットの再生したチェコ性を反映して古風な趣がある。一一世紀のロマネスク様式のバシリカに起源を持つこの教会は、カレル四世の時代に再建され、一七二〇年代にジョヴァンニ・サンティーニによってバロック風に改築されている。一六七八年に建てられた鐘楼が崩壊した一八八五年から一九〇三年の間にようやく、現在のような二つの塔からなるゴシック風のシルエットを獲得した。設計に携わったのは、先に触れた聖ヴィート大聖堂のネオ・ゴシック風な「完成」を手がけた建築家ヨゼフ・モッケルである。

「民族の父」フランチシェク・パラツキーは、ヴィシェフラットに埋葬されていない。レオシュ・ヤナーチェク、アロイス・イラーセク、トマーシュ・ガリッグ・マサリクも同様である。これらの人びとは皆、同じようにチェコ人の永眠の場であっても、より個人的な場所を選んでいる。大統領-解放者として親しまれている「タチーチェク」(「父さん」の意)マサリクは、カレル・チャペックとの『対話』[37]の多くが行なわれたラヌィの大統領官邸の敷地内で、アメリカ人の妻シャーロットの隣に眠っている。チェコスロヴァキアの初代大統領であり、政界に転身する以前はチェコ系のプラハ大学の社会学教授であったマサリクは、戦間期にクラーロフスケー・ヴィノフラディにあるチャペック兄弟の邸宅をしばしば訪れていた。パラツキーはロプコヴィツェにある家族の墓に、イラーセクはボヘミア北東部にある故郷フロノフに眠っている。ヤナーチェクはフクヴァルディにひっそり籠っている。不在によってこの国家の殿堂につきまとうのはチェコの偉人だけではない。没収された『ソドム』(一八九五)の著者であり、一八九〇年代のデカダン雑誌『モデルニー・レヴュー』の創刊者の一人である同性愛者の詩人イジー・カラーセク・ゼ・ルヴォヴィツもまたここには居場所がない。一八九五年十月にマニフェスト「チェスカー・モデルナ(チェコ・モダン)」を発表したF・X・シャルダ、F・V・クレイチー、J・S・マハル、オタカル・ブジェジナも同様であり、かれらは、「模倣された国歌」や「詩に歌われるたくだらぬフォークロア」といったものを歴史の掃き溜めに葬るのに二〇世紀の到来を待てなかった。[38]ノーベル文学賞を受賞した唯一のチェコ人を、この神聖な場所で探しても見つからない。ヤロスラフ・サイフェルトは、一九八六年一月二十一日、母の故郷クラルピ・ナド・ヴルタヴォウに埋葬された。プラハで行なわれたかれの葬儀には、一世紀前に行なわれた急進主義的なジャーナリストのカレル・ハヴリーチェク・ボロフスキーの葬儀と同様、秘密警察の人びとが参列していた[39]。

ここに不在の他の人びとは、かつてヨゼフ・シュクヴォレツキーが「魂のボヘミア[40]」と呼んだ二〇世紀の大半——そして一七世紀の大半——にかけてプラハの街に影を落とした亡霊の分身を想起させる。ヴィシェフラットにはヨゼフ・シーマが埋葬されているが、こちらは画家のほうではない。ブルトンとエリュアールが一九三五年に来訪した際に同伴した画家のシーマは、一九二一年以来住みついたフランスの地で一九七一年に亡くなった。トワイヤンはパリのバティニョル墓地に眠り、アンドレ・ブルトン、インジフ・ハイスレルの近くに埋葬されている。ハイスレルは、第二次世界大戦後にトワイヤンとともにプラハを離れた若いシュルレアリスム詩人であり、グラフィックアーティストであった。エロスに全体が捧げられた一九五九年の〈シュルレアリスム国際展（Expositions inteRnatiOnal du Surréalisme）〉の参加者リストの中で、トワイヤンは「一九〇二年プラハ生まれ。一九四七年以降パリの難民[41]」とだけ記されている。二〇世紀チェコの画家の中で——少なくとも西欧の人びとにとって——おそらくもっとも知られているフランチシェク・クプカもまたフランスの地に眠っている。一八九五年以来フランスに住み、第一次世界大戦にはチェコスロヴァキア軍団の志願兵として従軍したが、祖国の独立も、また一九二二年にプラハ美術アカデミーが名誉教授職を授けたときでさえ、かれが帰郷する契機にはならなかった。作曲家ボフスラフ・マルチヌー、デザイナーのラジスラフ・ストナル、アントニーン・ヘイトゥム、建築家ヤロミール・クレイツァルといった他の高名な二〇世紀のチェコ人もまた異国の片隅に埋葬されている。ヴィクトル・ディクの詩「祖国は語る[42]」には、「もし君がぼくを見捨てても、ぼくは死ぬことはない。死ぬのは君だ」という有名な一節があるが、さまよえる魂のボヘミアは現実よりも正当なものであるという、オンタリオ湖畔で長い亡命生活を過ごすうちに醸成されたシュクヴォレツキーの確信に納得しない者もいるだろう。

とは言うものの、マックス・シュヴァビンスキーが「我らが偉大なる精神の仲間たち」と呼びかけた墓地の住人は傑出した人びとである。「王妃リブシェがいたヴィシェフラットで」と、シュヴァビンスキーはムハを元気づける。

「君はフラッチャヌィ、聖ヴィート大聖堂を目にする。［…］暗い秋の雲が君の頭上を流れ、冬になるとスラヴィーンは白貂の雪に覆われる。だが春がふたたび訪れると、ボヘミアの草原と木々に花が咲くだろう」。それは最良の時ではなく、人生でしばしばあるように、かれらは隠喩や暗示に救いを求めた。というのも、これはドイツ軍がプラハを占領してまだ四か月も経っていない時期だったからである。七十八歳のムハはゲシュタポによる尋問のために最初に逮捕された人びとの一人であったが、まもなく釈放された。シュヴァビンスキーの「草原と木々」にふたたび花が咲くというチェコ語の表現は、ベドジフ・スメタナの交響詩『わが祖国』（一八八二年完成）の第四楽章「ボヘミアの森と草原から」の抒情的な旋律を想起させる。『わが祖国』は「ヴィシェフラット」に始まり、「ヴルタヴァ」（主題はボヘミア童謡の旋律にもとづく）に入り、神話（「シャールカ」）の緑の牧草地、歴史の急流（「ターボル」）を抜け、「ブラニーク」の不透明な未来に流れ込む。ブラニークの騎士は──アロイス・イラーセクが『チェコの古代伝説』で描いたように──差し迫ったときに国を助けるべく、聖ヴァーツラフとともに馬に乗って駆けつけるのだ。シャールカはリブシェの侍女であり、王妃の死後に勃発したとされる「乙女戦争」のヒロインである。自身の美貌を武器に領主ツチラトを籠絡し、その後反乱を起こした女たちは、ツチラトの遺体を車裂きにした。ボヘミア南部の町ターボル──「宿営地」の意──は、フス派の牙城であった。ブラニークの丘に眠る騎士たちの伝説は、のちに皮肉が込められ──ありきたりなモダニティに慣れた人びとには必ずしもそうではないが──腹の皮がよじれるほどの笑いをもたらす冗談を誘う。第一次五か年計画が始まる日、騎士たちはプラハに馳せ参じたが、戻ってひと眠りしてから五年後にまた来るよう命じられるのだ。

だが冬が続く間、ヴィシェフラットは、イヴァン・クリーマがバルトロムニェイスカー通りの警察署の外で見つけるものと少なからぬ関わりのある安らぎをムハに与えることになる。「君はベドジフ・スメタナと言葉を交わすだろう」とシュヴァビンスキーはムハに語る。「アントニーン・ドヴォジャークとも、そして偉大なミコラーシュ・アレシュとも、ヤロスラフ・ヴルフリツキーやヨゼフ・ミスルベク、そして若いヤン・シュトゥルサとも」。スメタナとドヴォジャークの名前は、コンサートに通う西欧の人びとにはよく知られているが、他の人物はそうでもないだろう。プラハの建築物の装飾について前章で触れたアレシュは、「愛郷的な歴史や民謡を題在にした作品の図案家であり、挿絵画家、画家であり、絵画における民族的伝統の創始者であり、もっともチェコ的な芸術家[43]」であった。ヴルフリツキーは一九世紀の高踏派の詩人で、あらゆる詩のジャンルの実例をチェコ語にもたらすことに生涯を捧げた。そのため、チェコ・モダニズムからとりわけ槍玉に上げられることになる。ミスルベクとシュトゥルサはともに彫刻家で、素晴らしい才能に恵まれたシュトルサの繊細な《思春期》(一九〇五)と《憂鬱な少女》(一九〇六)は、チェコ分離派の珠玉の作品である。かれの作品の中でも記念碑的な連作《労働》と《人間らしさ》(一九一二―一三年制作)は、パヴェル・ヤナークが設計し、オットー・グートフロイントが装飾パネルを手がけたプラハの「キュビスム」風のフラーフカ橋の塔の上に立っている。これらの彫刻がかれらについて社会主義リアリズムを予期させる薄気味悪い雰囲気を持っているのは、単なる偶然、ひまわりの夜の時間の構造の歪みなのだろうか。ヴィシェフラットに眠るチェコの文化人はこれですべてではない。ムハは、作曲家ズデニェク・フィビヒ、詩人ユリウス・ゼイエル、アドルフ・ヘイドゥク、ヨゼフ・ヴァーツラフ・スラーデク、画家ヴォイチェフ・ヒナイス、アントニーン・ヒトゥスィ、ユリウス・マジャーク、カレル・プルキニェ、彫刻家スタニスラフ・スハルダ、ラジスラフ・シャロウン、建築家ヨゼフ・シュルツ、ヨゼフ・モッケル、アントニーン・ヴィール、作家ボジェナ・ニェムツォヴァー、ヤン・ネルダ、スヴァトプルク・チェフといった人びとの霊とも親しく言葉を交わしているだろう。シュヴァビンスキーもまた、ここに一九六二年に埋葬された。かれの芸術は、当時すでに生けるアナクロニズムであったが、モダニズムの暦によれば、二〇世紀の大部分においてもそのような位置づけであり、しかしそれでも人びとはかれの芸術を好きにならずにはいられなかった。

エマ・デスティノヴァーは、それとは異なる種類の安らぎをムハに与えてくれるにちがいない。エミー・デスティン――西側のオペラ・ファンにはこの名前で知られている――は、当時を代表するソプラノ歌手のひとりだった。一九〇五年、コヴェント・ガーデンでの『蝶々夫人』の初演ではピンカートン役にカルーソーを迎えて「蝶々さん」を歌い、一九一〇年にはメトロポリタン歌劇場でふたたびカルーソーを相手にプッチーニ『西部の娘』の主役をつくり上げた。同劇場での世界初演はトスカニーニが指揮している。デスティンはまた、その一年前に初演が行なわれたスメタナの『売られた花嫁』のニューヨークでの初演も披露した[44]。デスティンの生涯は、絶世の美女と聞いて我々が想像するような華やかなものだった。「あなたの完璧な息遣いをわたしのフレージングに移し変えてみせましょう、ショパンは自身の作品にルバート奏法〔楽句中にテンポを自由に変えること〕を必要としたとき、まさに同じことを考えていたはずです」と、若きアルトゥール・ルービンシュタインは一九〇七年に、ベルリンでの遅い夜食の席で彼女に告げる。「わかったわ、わかったわ」とエミーはシャンパングラスを叩き割りながら声を張り上げた。「わたしは、自分が優れた歌手だってことはわかってる、でもわたしは女でもあるの」。その後まもなくピアニストは、この歌姫の足首から上腿にかけて獲物を締め殺す大蛇の入れ墨があるのを目にする。「あの晩、わたしは最良の出来ではなかったかもしれない」とルービンシュタインは告白している。「だが、彼女は気にする素振りは見せなかった」[45]。一九一六年、愛人のディン・ジリー――このフランスのバリトン歌手はオーストリア当局によって敵国外国人として抑留されていた――に会うためにニューヨークからヨーロッパに戻る危険な旅をしたデスティンは、国外のチェコ人レジスタンスと連絡をとるためにボヘミア南部の自身の城に籠もった。一九一四年に購入し、改装した中世の城にはいくつもの気晴らしが施されていた。「特注のピアノの鍵盤は黒鍵と白鍵の色が逆になっていたり、カエル専用の水槽があって、プリマドンナの名前をそれぞれにつけていた。カエルの鳴き声の異なる調子を彼女は聞き分けていたようだった」[46]。熱狂的なファンから「神聖なるエミー」と呼ばれた彼女は、のちにチェコ共和国の二千コルナ紙幣に肖像が描かれている。一九一〇年の「イゾルデの愛の死」の録音が名盤であることに疑いはないだろう――メトロポリタン歌劇場の『売られた花嫁』と同様、ドイツ語で歌っていたとしても。力強く、空高く舞い、オーケストラの波を突き進む彼女の歌声は、まるで愛のために死につつあるかのようで、その切迫感のために、ほとんどの演奏は謹厳なオラトリオのように響く[47]。

　アルフォンス・ムハは、こういった仲間たちと思う存分くつろいでいるにちがいない。ミュンヘンで若い学生だった一八八六年、ムハはミコラーシュ・アレシュを安心させるべく手紙を綴っている。「私たちはこれまでつねにあなたのことを理解していたし、これからもそうであり続けるでしょう。反動的でなく、多少なりとも分別のあるチェコ人であれば、誰もがそうであるように」[48]。それから十年後、ムハはうねるような線でパリを魅了する。老画家がムハに与えたこの影響は西側の美術史家の射程の外に置かれるが、アレシュの作品に慣れ親しんでいる者であれば、それは一目瞭然である。かつてモダンな様式として知られたものに影響を与えた源泉のひとつとして、チェコ版『マザーグース』とも言えるアレシュの『民謡と子守唄の小冊子』を挙げて喜ぶのは意地悪かもしれない。これは、モダニズム音楽とヤナーチェクの生まれたモラヴィアの小さな村フクヴァルディという組み合わせから来るのと同じ喜びである。これらはともに、フーコーがボルヘスの一節を読むときに覚える笑いを思い起こさせる。しかし、パリのアール・ヌーヴォーのかつてのスターが、死後、より規範的なモダニズム芸術の語彙への関心を発展させたというあまりありそうもない出来事に思えるが、かれが〈造型芸術家グループ〉、〈頑固派〉の古兵たち、すなわちフランチシェク・ランゲル、ヨゼフ・ゴチャール、ヴィンツェンツ・ベネシュ、ヴァーツラフ・シュパーラといった人びとと同じ時間を過ごし、戦間期のチェコ・アヴァンギャルドをめぐる冗談を言い交わした可能性はある。美術史的な回顧を順序立てて再構築する際には異なる時代に属すと思われているが、これらの人びとはつまるところムハと同世代だった。建築家ヤロスラフ・フラグネル、画家フランチシェク・ムジカ、演出家エミル・フランチシェク・ブリアン、かれらは皆、デヴィエトスィルのメンバーであり、もっとも神聖な場所に埋葬されている。ヴィーチェスラフ・ネズヴァルも同様であり、そして——やや意外な感もあるかもしれないが——カレル・タイゲもそうである。それ以上ユートピア的な夢に惑わされていないといいが、タイゲは家族の区画に、かつてプラハ市の古文書館職員であった父ヨゼフの隣に眠っている。

一見すると、ヴィシェフラットは、ワシントンDCのアーリントン国立墓地のような他の記憶の場を思い起こさせるかもしれない。だがこれは、真実が自明であり、海から輝く海へと一本の線でまっすぐに歴史が走っている場所の記念碑ではない。ここには軍人の英雄はひとりも見当たらず、政治家もごくわずかである。パラツキーの娘婿で、いわゆる老チェコ党の指導者であったフランチシェク・ラジスラフ・リーゲルは数少ない例外である。そのかれでさえ、一八六〇年に刊行が始まった十巻本のチェコ語初の百科事典『リーゲル百科事典』の編纂にたずさわったことで、政治を文学に結びつけている。それはまるで、文人顕彰コーナーがウェストミンスター寺院を呑み込んでしまったかのようである。ただ、その規模は地方にある教会墓地のようにこじんまりとしており――「小さいけれど（マレ）、私たちのもの（アレ・ナシェ）」――素朴で親しみやすい雰囲気がある。パリのモンパルナス墓地と比較するとよりわかりやすいかもしれない。シャルル・ボードレール、サミュエル・ベケット、マン・レイと妻のジュリエット、シモーヌ・ド・ボーヴォワールとジャン＝ポール・サルトルの墓の間をさまようこともできれば、セルジュ・ゲンスブールの墓を飾るウィスキーのボトル、キスマークのついた地下鉄のチケット、そしてときにはパンティ一、二枚を見て微笑むこともできる。だがモンパルナスは国民墓地ではなく――少なくともそのように見なせるだろう――私的な休息の場である。ヴィシェフラットは前者でもなければ後者でもない。私たちの思考、つまり、私たちの時代、私たちの地理の刻印が押された思考という栄誉へと回収されることを拒んでいる。だが、必ずしも――私たちの見立てでは――つねに同じ時代ではないにせよ、同じ時間に存在した他者たちが、私たちの思考と私たちの地理に影を落としていたことを想起させてくれるにちがいない。

ミラン・クンデラによる人間の条件をめぐる文学的洞察は、当人が認める以上にかれのボヘミア体験と結びついており[49]、かれ自身も説明を試みている。その文脈は、先に引用した「一家の嫌われ者」というヤナーチェクをめぐるエッセイである。クンデラはヤナーチェクの音楽を「歴史のかたわらに位置する美しい小さな庭」と譬えている――つまり、無視することはできないが、同時に「現代音楽の変化（さらには成立）における彼の位置という問題は、提起さえされない」ほどに異質である。ヤナーチェクの音楽は「大国のものとは対照的」な「もう一つのヨーロッパ」のものであるという。

小国民。これはたんなる量的な概念ではない。一つの状況、一つの運命を指す概念である。小国民はずっと前からつねに、永遠に存在しているという幸福な感覚を知らない。彼らは歴史のある時期に、いずれも死の控えの間を通った経験をもっている。つねに大国の傲慢な無知に直面し、みずからの存在がたえず脅かされるか、再検討されるのを見る。なぜなら、彼らの生存そのものが問題であるから。

これは単に周縁性の問題ではなく、ロンドン、パリ、ニューヨーク、ベルリンといった優位な立場から見た場合、どう映るかという問題であることが多い——ネヴィル・チェンバレンの言う「遠く離れた国」、あるいはフリードリヒ・エンゲルスの「歴史的に決して存在したことのない『民族』」と呼ばれる問題である。のちにヴィシェフラット近くの河岸に名前を残すエンゲルスは、一八四九年に歴史の唯物論的概念の進歩主義的な期待に達することができなかったとき、チェコ人を見放した。[50] 大民族や大きな語りの視点から見ると、単に周縁的とされるものこそ、異なるモダニティであるとクンデラは自論を展開する。それは、必ずしも私たちが想像したがるほどかけ離れたものであるわけではない。「もう一つのヨーロッパ」には独自の「変化のリズム」があり、それは、歴史の主流と私たちが考えたがるものと思いがけない形でシンコペーションを刻む。

クンデラはさらに続ける。ヨーロッパの小民族の多くが独立を達成したのは、ようやく一九世紀から二〇世紀になってからのことである。この「歴史的非-同時性」は、しばしば芸術にとって実によい結果をもたらし、「異なる時代の興味深い望遠鏡」を与える。「たとえばヤナーチェクとバルトークは、自国民の民族解放闘争に熱心に参加した。それが彼らの一九世紀的側面である。比類のない現実感覚、大衆階層と民衆芸術への愛着、聴衆とのより自発的な関係。当時の大国の芸術からは消え去ってしまっていたそのような特質が意外で、模倣しがたく、幸福な結婚の形でモダニズムの美学と結びついたのだ」。私はここで、クンデラよりもさらに議論を進めたい。外見的にはそれらに相応しくない場で、連結できないように見える二つの現実を連結することは、私の考えでは、歪んでいるのは私たちの歴史感覚のほうなのだということの確かな徴候なのだ。その代わり、私たちはこういった雑婚によって侵犯される境界について再考しなければならない——そして、クンデラが同様の「非-同時性」の例として、イプセン、ストリンドベリ、セフェリス、そしてジョイスといったモダニズムの名作を引用するときはなおさらそうなのである。ヤナーチェクやバルトークが民謡の伝統に寄与していたことに「一九世紀」的な何かがあるかどうか、私にはわからない。自ら任じた「民族」音楽の守護者という立場には、二人とも困惑していた。同様に、クリムト、シーレ、ココシュカ、マーラー、シェーンベルク、ウィトゲンシュタイン、ロース、そして言うまでもなくモラヴィア生まれのジークムント・フロイトを黄昏の年代に輩出したのは、パリでもロンドンでもニューヨークでもベルリンでもなく、「世界列強の尻からかぞえて二番目に確実にとどまる」[51]「ばらの騎士」の首都である世紀末のウィーンであったという逆説について考えてみたい。かれらの遺産から離れて、どうやってモダニティを考えることができるのだろう?

だが、遠く離れた場所での幸運な一致にも裏がある。クンデラが取り上げる芸術家の多くは、祖国で認められるようになるまで生涯の大半を国外で過ごさなければならなかったが、それに対してヤナーチェクは、長年にわたってある種の内的亡命に苦しまなければならなかった。ヤナーチェクの作品が国際的に注目されるうえで重要な役割を担ったのは、ドイツ語話者であるユダヤ人のマックス・ブロートである——かれは同じことをフランツ・カフカに対しても行なっている。ヤナーチェクのもっともよく知られたオペラ『イェヌーファ(彼女の養女)』は、一九〇四年、ブルノで初演が行なわれたが、プラハの国民劇場での上演は一九一六年まで待たなければならなかった。「音楽のなかにスメタナ以外の神を知らず、スメタナ以外の法則を知らなかった」ため、「民族主義のイデオローグたちは[…]ヤナーチェクの異質性には我慢がならなかったのだ」とクンデラは皮肉っている。小さな民族の芸術が評価されるうえでの大きな障壁とは、「難解な言語の背後に隠れ」ているからではなく、「それは逆なのだ。この芸術にハンディキャップがあるのは、(批評家も、歴史家も、同国人も外国人も)みんなが国民という家族写真のうえにその芸術を張りつけて、そこから外に出ることを許さないからなのである」とクンデラは述べる。「小国民は大家族に似ており、またみずからそう呼ぶことを好む」、そして「温かい親密さのなかで、各人が各人を羨ましがり、みんながみんなを監視する」[52]。妬み(závist)こそが民族の性格のあまり好ましくない特徴のひとつであることに、多くのチェコ人は賛同するだろう。家族としての民族のまたとない肖像であるヴィシェフラットの墓地は、慰藉を与えてくれる存在と悪意に満ちた不在という両面によって、温かみのある、そして監視し合う親密さを具現化している。もし仮にノーベル賞を受賞し、その受賞を多くの人が、少なくともヤロスラフ・サイフェルトのときと同じくらいふさわしいと考えたとしても、クンデラ自身がスラヴィーンに埋葬されることはまずないだろう。同郷人の中でクンデラは二重に不人気であり、二重に妬まれている。まず一九六八年の「プラハの春」の文学界の寵児として名を馳せ、国が立ち行かなくなった時期に、捨てた祖国が窮状に陥ったことをネタにして、新たに国際的な名声を獲得した。もっともクンデラも、我らが偉大なる精神の持ち主たちに囲まれて、永遠の眠りにつきたくはないだろう。そして、一九九〇年以降、かれはフランス語で執筆しているが、それは、「大聖堂と要塞[53]」と形容されてきた民族の言語に対する最大の冒瀆となっている。

一九七八年にニューヨークで亡くなったフェルディナント・ペロウトカがヴィシェフラットへ帰還したのは、ようやく一九九一年になってからのことだった。雑誌『プシートムノスト』の編集者であったかれは、第二次世界大戦をダッハウとブーヘンヴァルトで過ごし、「勝利の二月」事件以降、亡命先のアメリカで最後の三十年を過ごしたため、故郷に帰還するまで長い道のりを経た。アメリカでの亡命中、ペロウトカはラジオの自由ヨーロッパ放送で千五百回を超える時事解説を行なった。そのうちのひとつ、一九五六年の放送では、戦後、チェコスロヴァキア領内の三百万人の「ドイツ人」が戦後になって「移送」されたことと、チェコ諸領邦における「権利や法律なき生活」のその他のさまざまな形との間に見られる、当時の（あるいはそれ以後の）多くの人びとには思いもよらなかった結びつきを指摘している。「ある民族に属しているという事実だけで、個人を有罪に処すことが可能であるならば」とペロウトカは述べる。「ある社会階級や政党に属しているというだけで、有罪に処せられることになるだろう[54]」。他の多くの人びとと同様、一九五〇年、チェコスロヴァキア共産党による初めての大規模な公開裁判のあと、パンクラーツの刑務所で絞首刑に処せられた国民社会党の議員ミラダ・ホラーコヴァーのことを念頭に置いていたのだろう。ホラーコヴァーもまた、今では私たちの偉大なる精神の仲間たちの間に居場所を確保している。比喩的な場所、つまり彼女の遺体が消えた場所は謎に包まれている。一九九一年、それでもやはりヴィシェフラットに置かれた彼女の墓石には、「処刑されても、埋葬はされず」と記されている。表現が内容に取って代わる事例は、歴史上なかったわけではない[55]。

ここに、画家、詩人ヨゼフ・チャペックは埋葬されるはずであった
墓は遠くのどこかに
一八八七年三月二十三日―一九四五年四月某日

自殺者のための助走通り

英語の sanitation「公衆衛生」、sanity「健全」、フランス語の cordon sanitaire「防疫線」と同様、プラハの二〇世紀初頭のスラム一掃を表現する新語であるチェコ語の asanace「衛生化」は、ラテン語の sanitas に語源を有している。詩人や芸術家は、公衆衛生という名目でユダヤ人街を暴れ回る「勝ち誇る獣」（作家ヴィレーム・ムルシュチークが一八九七年に発表した小冊子のタイトル）に憤って反対した。だがかれらは、ヨーゼフ街の驚異的な死亡率という近代的な緊急事態には対抗できなかった。ついでに言えば、再建された建造物はたちまち高級不動産となり、それによって生まれた金銭の魅力にも敵わなかった。一八九〇年から一九一〇年まで、プラハの歴史的な五つの区の千五百棟ほどの建造物が取り壊されるが、それは全住宅数の約半数に匹敵する。そのうち、「衛生化」の犠牲になったのは六百二十棟だった。[56] 第一次世界大戦が勃発する頃には、ヨーゼフ街、そして旧市街広場の北側を含む旧市街の一部は、解体用の鉄球の餌食となっていた。フランツ・カフカの生家はなくなり、わずかに表玄関だけが面影をとどめている。その場所には、高価な歴史主義的まがいものからなる空虚な一帯が出現し、ネオ・ルネサンス様式、ネオ・ゴシック様式、ネオ・バロック様式、アール・ヌーヴォー様式の集合住宅の寄せ集め、全部で八十三棟が新たに整備された十本の広い街路に建った。ネズヴァルが『幸運の鎖』で描いた自身とホンズルの夜の散歩は、まさにこのデ・キリコ的な風景の中でのことだった。シュルレアリストたちによって愛された空虚な広場に満ちた形而上学絵画を初期に描いたイタリアの画家にネズヴァルは触れ、ぼんやりとした不穏な空虚さ、消えることのない別の不在の影を仄め

かしている。マリネッティと同様、デ・キリコものちにムッソリーニの魅力の虜となり、カレル・タイゲ[57]、アンドレ・ブルトンの双方からも嫌悪されるほどであった。

新しい五区の中心にあるミクラーシュスカー通りは、中世のいかがわしい小路の迷路であったところを抜け、旧市街広場に始まり、一九〇五年から〇八年にかけて分離派様式で建設されたヴルタヴァ川をまたぐヤン・コウラ設計の優美なスヴァトプルク・チェフ橋にいたる壮麗な道を貫通させた。汎スラヴ主義的連帯意識を示す修辞的な振る舞いとして、ミクラーシュスカー通り——あるいはプラハのドイツ人はニクラースシュトラーセと呼ぶ——の名は、一般に思われているように、一七三七年から旧市街広場に面する通りの角に建つプラハのバロック建築の手本となる傑作、キリアーン・イグナーツ・ディーツェンホーファーによる聖ミクラーシュ教会に由来するものではなく、レーニン率いるボリシェヴィキによって、一九一八年、シベリアの幽閉先の地下室で妻、息子、四人の娘とともに殺害されたロシア皇帝ニコライ二世に由来する。一九二〇年、聖ミクラーシュ教会は、新生チェコスロヴァキア国家によって支援を受け、再興したフス派教会の公式の主教座となった。一九四一年の暗い日々、カレル・タイゲは、エドガー・ドガの《フェルナンド座のララ嬢》のパスティーシュを逆さまにしたような裸の少女を円天井から吊るした無題のコラージュの舞台としてディーツェンホーファーの教会を選んだが、タイゲが何に触発されたかわかった者がいただろうか。広場の反対側に位置するティーン教会のほうが、フス派の歴史——そして平易で簡素なゴシック建築——という観点からその本拠地としてふさわしいように思われるが、こちらはヴァチカンの所有のままである。公的に知られる新しい宗派として、チェコスロヴァキア教会は約五十万人の転向者を迎え入れるにとどまった。民族を想像するうえで、何であれフス派の過去がそれまでは重要な意味を担ってきたとはいえ、チェコ人の大半はローマ・カトリックの神を崇拝し続けた——もちろん、崇拝しなければならない状況での話だが。ヤロスラフ・ハシェクの『第一次世界大戦中の善良なる兵士シュヴェイクの運命』〔邦訳は『兵士シュヴェイクの冒険』〕（一九二三年の著者の死によって未完に終わり、その後カレル・ヴァニェクによって続きが書かれた）に描かれた陽気でグロテスクな戦場でのミサのほうが、国勢調査で自己申告された架空の信仰よりもはるかにプラハの大衆の宗教性を示す基準として正確だろう[58]。一九二六年、この通りが

「パリ通り」と改名したことは、新生チェコスロヴァキア国家の——文化面での憧憬は言うまでもなく——より西を向いた外交姿勢を反映している。フランツ・カフカのやり手の両親は、一九〇七年にツェレトナー通りからミクラーシュスカー通りに引っ越したが、その息子は建設中のチェフ橋の未完成の橋桁が危うく川のほうに突き出ているのを見て、皮肉を込めてその大通りを「自殺者のための助走通り」[59]と名づけている。

一八九七年のヤン・コウラの原案によれば、ミクラーシュスカー通りは、南は旧市街広場を越え、ナ・プシーコピェ通りを横切ってヴァーツラフ広場まで延び、北はチェフ橋を越えて凱旋門のアーチを抜け、急峻な斜面を通って河岸の上のレトナー公園まで延びることで、再生した「黄金の、スラヴ人のプラハ」——市議会になおも残っていたドイツ系議員が断念するよう挑発すべく、ときの市長トマーシュ・チェルヌィーは一八八二年の開通スピーチではっきりとこう述べている[60]——の骨格となるはずだった。ヴァーツラフ広場がその意味において民族的色彩を帯びたのは、カレル・ハヴリーチェク・ボロフスキーの提案により、ボヘミアの守護聖人の名前に改称された一八四八年になってからのことである。カレル四世によって設置されてから五百年の間、その広場は単に「馬市場」として知られていた。それゆえ、いろいろな名前がアポリネールの「プラハの散策者」に記録されている。近代的な発展が中断される危機のとき（一九一八年、一九三八年、一九四五年、一九四八年、一九六八年、一九八九年）にチェコの人びとが周囲に集うヨゼフ・ヴァーツラフ・ミスルベクによる聖ヴァーツラフの騎馬像が国立博物館の前、広場の上方に設置されたのは一九一三年のことだった。レトナーの丘の広さは、独立したチェコ国家の新しい議会の建物に理想的な場所だとコウラは考えた。こうしてミクラーシュスカー通りは、過去の裏小路を通って一筋に延び、古代ボヘミアの首都の上に近代的なチェコ民族の進展を位置づけた。

だが、この夢は失敗に終わる。独立によって人びとが油断している間に、一九一八年、新しい議会は仮のスペースをルドルフィヌムに見いだしたのだった。第一共和国の時代には、デヴィエトスィルの建築家ヤロミール・クレイツァルの輝かしいデザインをはじめ[61]、常設施設の数多くの計画があったが、そのいずれも実現していない。これもまた、客観的偶然の解読不能なもうひとつの予兆なのだろうか？　一九七三年にようやくその目的に適った議会の建物

ヤロミール・クレイツァル、チェコスロヴァキア議会（プラハ、レトナー）の設計案、1928年。プラハ国立技術博物館蔵

がチェコスロヴァキアにできたとき、その象徴は意味と目的を失っていた。というのも、チェコはそのときすでに、事実上の一党独裁国家となっていたからである。コンクリートとガラス張りのブルータリズムの構造物は、かつて「ウィルソン通り」——第一次世界大戦中、チェコスロヴァキア独立を支援したアメリカ大統領ウッドロウ・ウィルソンに感謝の念を示すために名づけられた——と呼ばれていたが、当時は「勝利の二月通り」と呼ばれた場所に位置していた。[62] 建築家カレル・プラゲルによる大建築は、一方で国立博物館に、もう一方でかつての新ドイツ劇場、当時は「スメタナ劇場」と呼ばれた建物に面していた。「議会とは何か？」と必然的に冗談が沸き起こる。「劇場と博物館の中間のようなものさ」。その建物は、のちにヴァーツラフ・ハヴェルの提案により、一九八九年のビロード革命以降、ラジオの自由ヨーロッパ放送の本部となった。今では国立博物館の別館となっているが、それはそれでふさわしいかもしれない。

旧市街広場は、今なお不条理に狭い小路の迷路によってヴァーツラフ広場とつながっている。プラハが都市の経済とアイデンティティをこの街の魔法のマーケティングと結びつけるようになったポスト共産主義的——そしておそらくポストモダン的でもある——二一世紀の始まりである今日でさえ、小路の時代を経た魅力に下手に手を加えることなど考えることもできない。レトナーの丘は、はるか川下にあるあまり成功したとは言えないトンネルによってついに突破され、コウラの設計したスヴァトプルク・チェフ橋の上に仰々しい階段がついているのが見えるが、その先にあるのは、かつて世界最大のヨシフ・スターリン像が立っていた今は何もない台座だけである。この記念像の作者はミスルベクの弟子にあたるオタカル・シュヴェッツで、一九五五年にこの醜悪で巨大な像の除幕式が行なわれた直後に自殺した。プラハ市民は、この作品をシュヴェイク的に「肉の行列」と呼んでいた——なんとも堪えられない喩えである。というのも、シュヴェッツの彫刻は四人のチェコ人と四人のソ連人が元帥の後ろに並び、約束の地を目指して行進しているからである。彫刻の下には、都市伝説によれば、ジャガイモが貯蔵されていたという。行進する人物のうち、女性についての卑俗なジョークもあり、それによると、その女性の像の視線は未来の地平線をしっかりと見据えているが、ある角度から見ると、彼女の後ろにいる筋骨たくましいプロレタリアートの男の股間に手を伸ばしているようにも見えるという。それ以前、シュヴェッツは一九二五年のパリ万博——チェコスロヴァキアはフランスの次に多くの賞を受賞した——のチェコスロヴァキア館の外に「人間と機械の新しい関係のシンボル」として設置された流線型の《太陽光線バイク》の作者として知られていた[63]。レトナーの丘の階段部分は、ヤン・シュトゥルサの甥イジー・シュトゥルサが設計したが、このような小さな民族を結ぶ親類縁者の人脈は、必ずしも比喩的なものではなかった。今日、例の台座にはヴラチスラフ・ノヴァークによる華奢な外見のメトロノームが置かれ、その針は前にも後ろにも動かず、ただテンポに合わせて揺れているだけである。おそらくそれは何かの徴なのだろう。シュトゥルサの階段は、スケートボーダーたちへの思いがけない贈り物となっている。

　一九九一年に暫定的なインスタレーションとして立てられたメトロノームは、しばしば現代チェコ彫刻界の反逆児ダヴィット・チェルヌィーの作品だとされているが、それは間違いである。チェルヌィーの名前が初めて知れ渡ったのは、ビロード革命後、一九四五年五月九日にドイツ軍から赤軍がプラハを解放したことを記念するスミーホフの戦車をピンク色に塗ったときのことだった。一九六八年八月、アレクサンデル・ドゥプチェクによる短命に終わった「プラハの春」を鎮圧するためにロシア軍が戻ってきたとき、その戦車は別の意味合いを担うようになった。まもなく、チェコスロヴァキアは世界でもっとも教育レベルの高い機関助手、ゴミ収集人、窓拭き掃除人に恵まれることになる。二十年後、チェコ共和国が欧州連合の議長国に選出された際、ブルガリアはトイレとして描かれ、ドイツには鍵十字の模様になったアウトバーンが交錯し、オランダは北海に呑み込まれ、残っているのはかつてそこに存在していたことを想起させるモスクの尖塔のみというヨーロッパの巨大なレリーフ地図をチェルヌィーは作って祝い、政府を困惑させ、市民を喜ばせた。その地図からは、ブリテン諸島は完全に欠落していた。チェルヌィーのもうひとつの芸術的悪ふざけには、ミスルベク作の聖ヴァーツラフ像のパスティーシュがあり、上下逆さまになった馬にはボヘミアの守護聖人が誇らしげに座っている。[64] 不作法なほど滑稽だが、同時に――チェコ史を知る者にとって、そしてチェコ人にとってはおそらく――大いに動揺させられるこの彫刻は、もともとプラハ中央郵便局に設置される予定だったが、局長に「やりすぎ」だと拒絶されてしまう。現在、チェルヌィーの馬は、ヴァーツラフ広場のミスルベク作の像から数百メートルほどのところにあるルツェルナ宮殿内のパサージュの天井に吊るされている。コンサートホール、バー、レストラン、そしてプラハ最初期の映画館のひとつを擁したアーケードの複合施設ルツェルナ宮殿は、のちの大統領ヴァーツラフ・ハヴェル（Václav Havel）の祖父で、当時の最大の不動産業者のひとりだったヴァーツラフ・ハヴェル（Václav Havel）によって一九〇七年から二一年にかけて建設されたものである。プラハで初めて強化コンクリートを用いたその建造物は、近代建築の典型的なシンボルであり、〈ルツェルナ・シネマ〉はチェコで初めてトーキー映画（一九二九年、『ショーボート』）を上映した映画館である。

ハヴェル家は、戦間期のチェコスロヴァキアで栄えた映画産業の中心を担っていた。当時のヨーロッパで最大かつ技術的にもっとも先進的だったバランドフ・スタジオは、未来の大統領の叔父ミロシュが所有し、ヴァーツラフの父ヴァーツラフ・マリア・ハヴェルによって一九三一年から三二年にかけて建設された。バランドフはプラハ南西部の郊外にある高級別荘地区だった。「着想を得たのはアメリカだった」とヴァーツラフ・マリアは後年回想している。「田園都市」の構想を初めて思いついたのは、第一次世界大戦後、二十四歳で学生としてバークレーを訪れ、カリフォルニアの富裕層の暮らしぶりに衝撃を受けたときのことだった。[65] サンフランシスコのクリフハウスをモデルとす

ヤン・ラウフマン《バランドフにて》1932年。ブルノ、モラヴィア美術館蔵

るバランドフ・テラス[66]は、一九三〇年代、プラハの日帰り旅行客に人気の目的地となる。ヴァーツラフ広場からは無料のシャトルバスが運行していた。アレクセイ・フルストカによる四言語で書かれたポスターには、「プラハの外れですがプラハ市内。ぜひバランドフにお越しください（Za Prahou a přece v Praze. Visit Barrandov. Visitez Barrandov. Besucht Barrandov.）」と書いてある。手前では上品な若い女性がカクテルを啜り、その背後ではヴルタヴァ川の上方で、日除けの曲線に縁どられたテラスが終わらない夏に向かって伸びている。[67] 戦間期、ルツェルナをめぐっては、「悪名高い同性愛者［ミロシュ・ハヴェル］が、道徳的に退廃した若い男を集め、お世辞を言わせていた」「倒錯した欲望の根城」という好ましくない評判が広がった。これは、戦後行なわれたチェコ映画製作者連盟の懲罰委員会の記録から引用したものである。かれらは戦時中ナチに協力した疑いのある人物を調査しており、ミロシュにも嫌疑がかけられたが、一九四七年十二月、証拠不十分で疑いは晴れている。[68] それから一年半後、ミロシュはオーストリアに逃れたが、ソ連占領地区で逮捕され、故郷に送還されると二年間の刑務所生活を余儀なくされた。だが一九五二年、偽造パスポートを使ってミュンヘンに逃れている。かれは戦時中のバランドフの利用について、ドイツの映画会社ウーファに対し、首尾よく訴訟を起こした。ファイト・ハルランの悪名高い『ユダヤ人ジュース』は、（映画産業では他に仕事ができなかった）プラハのユダヤ人をエキストラとして使い、いくつかのシーンをここで撮影している。訴訟が進む間に、ミロシュは〈都市プラハ（Zur Stadt Prag）〉という名のレストランを開くが、その名前はかれの失われた故郷のみならず、チェコ語とドイツ語の二言語表記が過去のものとなったことを想起させる。顧客の多くは、かれらにとってもかつて故郷（Heimat）だったものの味を懐かしむズデーテン地方のドイツ人たちだったかもしれない。未来の大統領の叔父は「プラハの春」を目にすることなく、一九六八年二月に亡くなっている。

チェコ・シュルレアリスムの第二世代にあたるペトル・クラールが、一九八七年にチェコ語ではなくフランス語で刊行した『プラハ』――（『ル・モンド』紙の評者によれば）プラハの「詩的ガイド、夢想的ガイド、幻影的ガイド」――の中で追憶する場所のひとつがルツェルナ宮殿である。一九六八年以降パリに住んでいるクラールもまた、記憶の風景をさまよっていた。路面電車がキーキーと軋む金属音を立てる様子、あるいは、「きわめて近代的で簡素なマーネス橋」のすぐ脇にあるルドルフィヌムの前の広場で「女子学生たちが太腿を途中まで太陽にさらしている」姿を思い出すにせよ、クラールが追憶する細部はいずれも、マルセル・プルーストのかの有名なマドレーヌとの出会いを思わせる鋭敏さを持っている[69]。一九一一年から一四年にかけて建設されたマーネス橋の均整のとれた直線は、近くにあるヤン・コウラのチェフ橋が醸し出すアール・ヌーヴォーの幻想性と明確なコントラストをなしているが、二つの建造物はほぼ同時代の作品である。近くにある哲学部や工芸大学の女子学生たちが日光浴している姿をクラールが懐かしく思い起こす広場は、同書では「赤軍広場」と名づけられている。一九一九年から四二年、そして一九四五年から五二年にかけては「スメタナ広場」であった。他の名称もあったのだろうか。ボヘミア・モラヴィア保護領におけるヒトラーの代理を務めたラインハルト・ハイドリヒが英国から送り込まれたチェコのパルチザンのパラシュート部隊によって暗殺された報復として、一九四二年から四五年まで、広場にチェコ語の名前を用いることができず、ドイツ語で「モーツァルト広場」としてのみ知られていた。「我がプラハ市民なら、私を理解してくれるはず！」、『フィガロの結婚』を反動的な作品と見なした帝都ウィーンよりもはるかに暖かく迎え入れられ、作曲家はこうまくしたてたとされている[70]。ビロード革命後、「赤軍広場」は、一九六九年一月十九日にミスルベク作の聖ヴァーツラフ像のそばで自分の身体に火を放ったもうひとりの哲学部の学生を追悼して、「ヤン・パラフ広場」と改名された。当時、ヴェトナムでは仏僧が同じことをしていたが、パラフは頭の中に取り憑いていたヤン・フスのイメージに触発されたのだろう。パラフの葬儀は大勢が参加する大規模なものとなり、三十年前に執り行なわれたアルフォンス・ムハの葬儀がまさにそうであったように、国の支配者に対する沈黙の抗議となった。パラフの墓もまた、移動祝祭日のように転々とする。遺体は当初、オルシャヌィ墓地に埋葬されたものの、そこに長くとどまることは許されなかった。あまりに多くの巡礼者が訪れたからである。

クラールの描く細部は、触れることができるのではと思えるほどだが、かれの寸描は途方に暮れている。クラールは、リペッリーノと同様、プラハの摑みどころのなさについては敏感である。だが、クラールの本には『魔法のプラハ』と共通するところが多いにしても、互いに異なる点もある。プラハは「ここどこか、存在と不在」の間を揺れ動きながら、英語でいう「中間地帯（ノー・マンズ・ランド）」を漂っているとクラールは書いている。そこは、角を曲がると、「ミュンヘンやパリの郊外からほどよい場所に位置する強制労働収容所の控えの間」でもあるかのようで、「バロック様式の円柱の狭間にあるロシアのステップ」に遭遇できる場所である。都市の一時性は、地理と同様に気まぐれである。プラハは「過去と現在、神話と日常」を入れ子にして、「まどろむことを命じられた時間の外」に棲みついている。ボヘミアの首都は、「古代であると同時にモダンであり、現実であると同時に想像的」であり、「ノスタルジアと期待」という同等の部分から構成されている。だがリペッリーノ――あるいはブルトン――とは異なり、クラールはプラハのシュルレアリストたちを、都市の近代性という地理的、歴史的、経済的状況の中にしっかりと位置づけている。そのノスタルジアと期待の多くは破られたものであるが、痛々しいまでに二〇世紀的である。

夏の黄昏時にプラハの壁から息吹くもの、屋根や庭園を哀愁とともに上昇していくのは、錬金術師やイエズス会修道士のプラハ回想といったものであり、それは外国人のためのガイドブックではあまり強調されていない。回想することで蘇り、建物の石に脈動する魂は、この都市に戦前から棲みついている。ルドルフ二世と風変わりの廷臣たちという組みあわせよりは、むしろ、ネズヴァル、あるいはヴォスコヴェツとヴェリフの方がふさわしいだろう。二〇年代には、遠くからも軋む音や路面電車の鐘の音が聞こえてくる歴史的建造物の小さな地下室で、かれらはひどい騒ぎをしていたという。神童アマデウスの栄えあるプラハ滞在の回想をぼやけさせてしまうのが、マルセル・デュシャンが――なにかのチェスの大会で――ほとんど知られることなくプラハを訪問した時の残響、あるいは戦争直前にルーマニアのシュールレアリスト、ペラヒムがこの地で休暇をすごした反響なのだ。[71]

一九三五年、パリでマックス・エルンストのアトリエにいたデュシャンと出会ったヴィーチェスラフ・ネズヴァルは、「近代絵画とシュルレアリスムの伝説的な先駆者」が「誰にも知られず気づかれもせず」プラハの街路を歩いていたと知って仰天した。このことを考えるだけで、アポリネールの「アルコール」が根底から覆した馴染みの光景にまた別の意味合いが付与される。「それはいかに詩的な美しさをもたらしたことか」とネズヴァルは驚嘆する。「わたしたちの街、居酒屋、全世界を別のものに変えてしまった」[72]。

クラールは続ける。ヴァーツラフ広場近くのパサージュは、「戦前のにぎわいの反響を今なおとどめている」。ヴォジチコヴァ通りの〈ウ・ノヴァークー〉のアーケードの裏手に隠れたファサードには、「ごく最近まで」「他に例を見ない『道化役者(クラウン)』──クラールはまたもや英語を用いている──こと、イジー・ヴォスコヴェッツとヤン・ヴェリフの姿が見られる古いポスターがあった。「世界でもっとも魅力的な劇場」であるかれらの解放劇場は、まさにこのアーケード内にあった[73]。解放劇場は、一九二六年二月にデヴィエトスィルの支援のもと創設された。劇団の十周年を祝う一九三七年刊の『記念論集』には、その着想は「タイゲとネズヴァルによって定義されたポエティスム」にあり、それは「マルクス主義の哲学的基盤にもとづきながら、アポリネールの詩、ピカソの絵画、さらには戦後の西欧のダダイスムにまで広がっている。他方では、マヤコフスキーが先導するロシアの革命詩の新しい精神に近い」[74]と記されている。マヤコフスキーは一九二七年にこの解放劇場で講演を行なったが、他にもクルト・シュヴィッタース、イリヤ・エレンブルグ、ル・コルビュジエもそれぞれここで講演している[75]。同劇場の最初の舞台はインジフ・ホンズルとイジー・フレイカが演出し、素人の役者を使って他の場所を借りて行なわれた[76]。ヴィーチェスラフ・ネズヴァルの『自転車の至急便』(一九二六)、アドルフ・ホフマイステルの『花嫁』(一九二七)といった地元の前衛的な演目と並び、国外の戯曲も数多くレパートリーに含まれていた。ホンズルは一九二六年にアポリネールの『ティレシアスの乳房』を、ヤロスラフ・サイフェルト訳、オタカル・ムルクヴィチカ、フランチシェク・ゼレンカ、カレル・タイゲの舞台装置で演出している。アポリネールは「[劇団の]活動当初からの詩的パトロン」[77]であったと『記念論集』は伝えている。さらに、ブルトンとスーポーの『すみませんが』、ジョルジュ・リブモン=デセーニュの『静かなカナリア』、『ペルーの処刑人』、イヴァン・ゴルの『自殺保険』、『メトシェラ、あるいは永遠のブルジョワ』、マリネッティ『愛の小劇場』と『捕虜』が上演されている。一九二八年から二九年のシーズンの目玉には、ジャン・コクトー『オルフェ』（舞台装置はインジフ・シュティルスキー）[78]、アルフレッド・ジャリ『ユビュ王』（主演はヤン・ヴェリフ）が含まれていた。その頃には、劇団はプロの俳優を雇い、中心街のより大きな会場で定期公演を行なっていた。

劇場初期の最大のヒットは前衛演劇ではなく、一九二七年四月十九日に初演されたイジー・ヴォスコヴェツとヤン・ヴェリフによる『ヴェスト・ポケット・レヴュー』だった。ジャズと喜劇を取り合わせた作品は、二百八回を超える上演歴を誇る。翌年には、同じ二人による『スモーキング・レヴュー』――これも英語のタイトルである――も上演されている。一九二七年三月、E・F・ブリアンとともに「ダダ劇場」を設立するためにフレイカが去ったのち、一九二九年五月にはホンズルがブルノ市劇場の新しいポストに就任すると、ヴォスコヴェツとヴェリフが解放劇場を引き継ぎ、他では真似できない独自のエンターテインメントのブランドを築き、大人気の劇場となった[79]。劇団は一九二九年、ヴォジチコヴァ通りにある一千席の客席を有する建物に移動し、すぐに「フル・オーケストラ、そして『ヨエ・イェンチークズ・ガールズ』という六人組のダンスグループ[80]」も採用した。その後、イェンチークはヴォスコヴェツとヴェリフの演目の大半を振り付け、音楽は一九二九年に劇団に加わった「チェコのガーシュウィン」ことヤロスラフ・イェジェクが担当した。一九三二年の『カエサル』を皮切りに、ヴォスコヴェツとヴェリフは政治的諷刺をどんどん増やし、チェコスロヴァキアの体制と国際的なファシズムの双方に攻撃の矛先を向けるようになった。ナショナリズムはどんなものであれ、かれらにとってつねに悩みの種だった。のちにレトナーの丘にスターリン記念像をつくることになるオタカル・シュヴェツも「彫刻面での協力[81]」として参加した『ロバと影』（一九三三）は、ドイツの国会議事堂放火事件に触発されたものである。一九三四年、チェコの民族主義者たちは劇場閉鎖を求める運動を行なったが、V+W（として例のペアは知られるようになっていた）は逆に力を増していった。マヤコフスキーに近しい協力者で、一九四〇年、スターリンの保安組織によって処刑されたソヴィエト前衛演劇の演出家フセヴォロド・メイエルホリドは、「私の友人、今は亡き詩人アポリネール」に誘われ、一九一三年、モンマルトルのメドラノ座――かつてのフェルナンド座で、ここでドガは一八七九年に《ララ嬢》を描いている――である舞台を見たことを回想している。その後、メイエルホリドは即興喜劇に「酔う」ため、メドラノ座に何度も足を運ぶが失望を味わう。

「もはやアポリネールが見せてくれた役者たちはそこにいなかった。私は悲しみ、心の中で祈りながら彼らを探してみたが、もはや見つけることは叶わなかった。けれども今日、一九三六年十月三十日、この忘れがたい二人組V+Wのパフォーマンスを見て、『ザンニ』[引用者註――イタリアのコメディア・デッラルテの典型的な召使の人物」に視線を投げかけたときから、私はふたたび、イタリアの即興喜劇に根ざしたこの舞台に魅了されたのだ」。「コメディア・デッラルテ万歳！」そしてかれはこう結んでいる。「ヴォスコヴェッとヴェリフ万歳！」[82]

クラールは続ける。〈ウ・ノヴァークー〉のアーケードのポスターは「剝げてしまい、色褪せた漆喰――本来の漆喰よりも色が薄くなり、粉々になっている――と一緒くたになり、古い蜃気楼」となり、「文字通り毎回目を凝らしてみなければならない」。この幻想は、フランチシェク・ゼレンカによる舞台用広告のひとつだったかもしれない。クラールは触れていないが、それらは近年再発見され、忘れられたモダニズムのアイコンとして、ロンドンのヴィクトリア&アルバート博物館に迎えられている。[83] 建築家、そしてデザイナーとして、ゼレンカは『ドン・フアンと仲間たち』（一九三二）、『ゴーレム』（一九三一）、『ごみくずバラード』（一九三五）、そして『カエサル』といった多くのV+W作品の舞台、衣装、ポスターを手がけている。思えば、ルツェルナ宮殿は、視覚と想像力に並々ならぬ努力を求める場所であった。クラールがこの世に生を享けた一九四一年にはすでに、解放劇場が闘っていたすべては過去のものとなっていた。かれが育ったアーケードは「今はなき資本主義の快楽の真の記念碑」であり、かつての夢や欲望の記憶が棲みつく廃墟であった。だが、過去は完全に消え失せたわけではなかった。特にこの場所においては。建物は昔と変わらないように見え、ただ薄汚れているだけだった。オリジナルのパテルノステル、すなわち「扉のないケージが鎖状になって回転している」エレベーターが今も誇らしげに動いている。クラールの心の眼には、パテルノステルは「自由な企業精神（そして商品の自由な循環）、そして空間を結びつけるプラハの手際よさを同時に具体化」し、かつてあったものを永遠に思い返すように思われたのだ。[84]

クラールの想像よりも早く資本主義は戻ってきて、再建された空間をふたたび占め、永久運動を再開させる。ルドルフ二世やお抱え錬金術師たちの蘇った記憶のように、過去の出来事の追憶が二一世紀の黄金に変わらないかぎり、

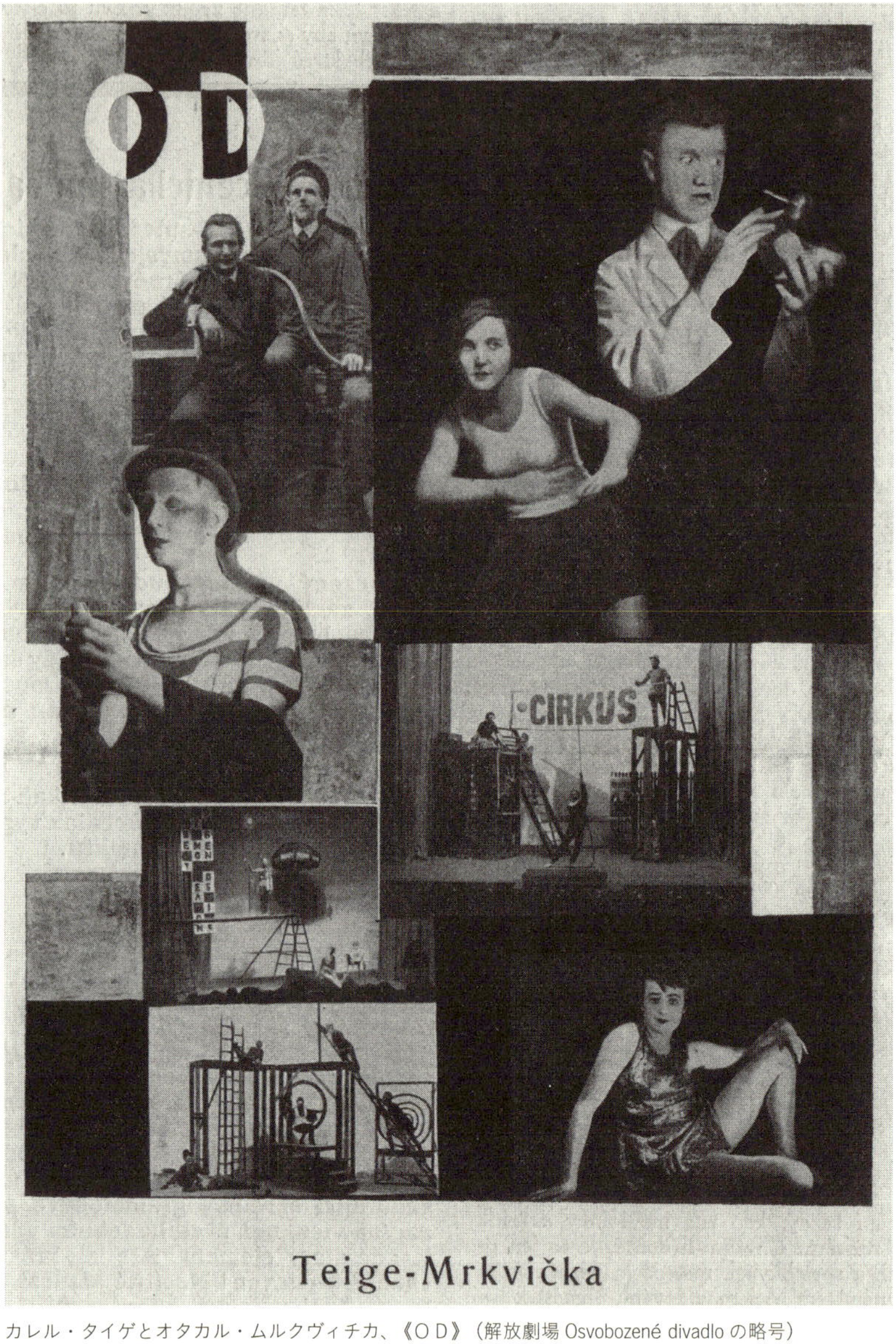

カレル・タイゲとオタカル・ムルクヴィチカ、《O D》（解放劇場 Osvobozené divadlo の略号）
『パースモ』誌（第2号第8巻、1926年）に掲載されたフォトモンタージュ。
Archive of Jindřich Toman. Courtsey of Olga Hilmerová, © Karel Teige - heirs c/o DILIA.

ノスタルジアにはそれほど時間がない。亡命したシュルレアリストは、ビロード革命後にプラハを再訪する。その足跡の中で、詩的思考の流れが突然中断され、その変貌ぶりに愕然とする。

今日の通りを満たしているのは［…］言葉の表層だけにこだわる、現実に対する圧迫感とでも言うものだろう。安物の同じダウンジャケットを着た欲求不満の消費者集団、居住不可能な砂漠や多数の人が苦しんでいる貧困に対する大衆の抵抗としてのロックンロールの騒々しさ。［…］疲れきった表情、荒廃したファサード、彫像の黒くなった石、お尻の重い肉、人間の欲望がもつ獰猛さ、党員たちの並外れた愚かさ、市場の不毛な論理。これらすべてが、終わりを告げたばかりの時代が陥った罠の空虚さと対比され、戦後の、およそ「超現実」的な先鋭さとして突然姿を現したのだ。[85]

ヨゼフ・シュクヴォレツキーの「魂のボヘミア」で触れられていたように、ある意味で住むのはたやすい。「プラハは距離を置いて住むのに、最も適しているように思える」とクラールは息をつく。「亡命先から移動してきて、誰に妨げられることなく息吹を自分の分だけ広げていく時だけ、プラハの空間は広がりを有し、平穏になっていくからだ」[86]。このほろ苦い考察は、雨の日の終わりに——ロッテルダムで——オゾンを吸い込んだプラハの夕暮れを突然垣間見たときに浮かんだものであった。

「スヴァトプルク・チェフ橋に立ち、レトナーの丘に続く急な斜面を見よ」とイヴァン・マルゴリウスは提案する。「そこで」——ヤン・コウラが国立博物館から国会議事堂に向かう幹線道路を凱旋門のアーチをくぐらせて通すことを考え、ヨシフ・スターリンがのちにパリ通りから旧市街広場に連なる通りを眺め下ろすことになるまさにあの場所で——「フューチャー・システムズは、共産主義犠牲者記念碑を位置づけようとする——自然の舞台に刻まれた永遠の傷を」。『プラハ　二〇世紀建築案内』というタイトルの書物に未完の建物を含めるのは、どこか現実離れしているように思われるかもしれないが、この場合、夢の国へ遠回りすることはきわめて理にかなっている。

丘の断面には、斜面の壁と壁をつなぐステンレス製の軽量の橋が設えられ、その四十二段の階段は共産主義体制の年数を示している。壁は黒いガラスが貼られ、命を落とした無実の人びとの名前がすべて刻まれる。処刑台や刑務所、警察や秘密警察による監禁中、強制収容所やウラン鉱山で、あるいは法を犯して国境を越えようとして亡くなった人びとに対するこのうえなくふさわしい追悼である。このプロジェクトは、私個人の心に多くを訴えかける。というのも、あの悪名高いスラーンスキー裁判で、一九五二年十二月、非合法的に処刑された人びとの中のひとりが、私の父、ルドルフ・マルゴリウスだからだ[87]。

記念碑に飢えているらしいこの場所をめぐっては、提案に事欠くことは長きにわたってなかった。一九一一年に提出された体育協会ソコルの創設者インジフ・フュグネルとミロスラフ・ティルシュの記念碑建設案は、場合によっては、スターリン像に匹敵する巨大なものとなる可能性があった。一八八二年以降、数年おきにプラハで開催される体操選手の集団によるソコル大会と、共産主義者とナチの双方に愛された健全なる身体に健全なる魂が宿るとされた見世物の間には不穏な相似を見いだせるかもしれないが、当時、そのような一致を予見した者はいなかった。フュグネルとティルシュの記念碑の設計案は、『シュルレアリスムの起点』[88]の中に、一九六三年に爆破されたスターリン像の写真とともに掲載されている。クラール、スタニスラフ・ドゥヴォルスキー、ヴラチスラフ・エッフェンベルゲル編の同書は、一九六八年の侵攻に続く「正常化」が本格的に始動する間際に折よく刊行されたものだった。ところで、「正常化（normalizace）」とはチェコスロヴァキア共産党独自の用語である。フーコーの反響――ついでに言えば、ジョン・ハートフィールドのフォトモンタージュ《正常化（Normalisierung）》は一九三六年七月二十九日、ドイツ語の亡命雑誌に発表されている――は、ここではまったくの偶然である。ハートフィールドはヒトラーから逃れてきた多くのドイツ人難民のひとりで、ブルトンとエリュアールの訪問よりも早くプラハに住み始めている。魔法の都での五年にわたる亡命生活の間にハートフィールドが作った（本人いわく）「ダダ職人（モントゥールダダ）」の何百とあるモンタージュのひとつでは、「オーストリアのドイツ人居住区」がオーストリアの十字の一部を切り落とし、鍵十字の形に変えている。[89]英国バーミンガムにある斬新奇抜なデパート〈セルフリッジズ〉でよく知られる設計事務所フューチャー・システムズは、一九七三年、「正常化」の異なる烙印から逃れた――あるいはそうでなかったかもしれないが――チェコ人のヤン・カプリツキーが設立した会社である。[90] マルゴリウスが予見したとおり、かれらのプロジェクトもまた、レトナーの丘の未完の夢という長いリストに加わった〔レトナーの丘に蛸型の図書館を提案し、採択されたが、入札手順に問題があったとして実現されていない〕。

歴史主義的な感傷も、チェコのブルジョワも好まなかったカレル・タイゲは、一九三〇年、二〇世紀初頭のプラハの都市発展の熱狂ぶりを振り返り、パリ通りは「悪趣味」に満ち、「塔や切妻、その他諸々趣味が悪く、似非バロック、偽の地元のモチーフで装飾された安っぽい集合住宅[91]」が並ぶさまは美観を損なっていると見なした。ジョフィーン島の対岸、ブルトンが講演を行ない、同じ頃に建設されたマーネス画廊の向かい側にあるリーゲル河岸に立ち並ぶ華麗なブルジョワ集合住宅にも、タイゲは同様に否定的な態度を取っている。ヴィレーム・ムルシュチークは、一八九三年刊の小説『サンタ・ルチア』でプラハを、「ヴルタヴァ川の白い霧のネグリジェに身を包む〔…〕黒い妖婦[92]」――言うまでもなく、このようなイメージはのちにリペッリーノが堪能することになる――として幻想的に描いたが、それとは異なり、タイゲは魔法のプラハへの憧れを露ほども抱いていなかった。かつて尊敬していたル・コルビュジエが、一九二五年にパリの歴史地区で「ヴォワザン計画」を提案して不評を買ったように、タイゲも、古い街の残っている部分をすべて取り壊し、過去をすべて洗い流し、よりよい未来のためのタブラ・ラサをつくったことだろう。パリ通りがようやく今日の姿を手に入れたのは一九八九年のことである。破れた夢の大通りは、今日、ディオール、エルメス、ルイ・ヴィトンといった豪華な背景をふさわしく提供している。プラハの輝ける青年時代は、〈プラウダ（Pravda）〉、〈バロック（Barock）〉といった高級レストランで外国人観光客とビジネスマンを交わらせている。*バロック・アンド・ロール*は、しゃにむに流行を求める都市の流れによくあることだが、「プラウダ（Pravda）」――チェコ語で「真実」を意味する――という言葉は、このエリアでは異なる意味を帯びている。レーニン率いる勇敢なボリシェヴィキが自分たちの機関紙を「プラウダ」と名づける数世紀前から、「真実は勝つ（Pravda vítězí）」はフス派のスローガンだった。その文言は大統領旗に紋章入りで飾られ、一九一八年の独立以降、フラッチャヌィの上でねじれながらも舞っている。

そのレストランの装飾は型破りで、みすぼらしいクレーム・ブリュレといった外観である。川を渡ると、ヴラチスラフ・ノヴァークのメトロノームが、ポストモダンの時を刻むかのようにチクタク動いている。「街は変わりつつあった」。ヤーヒム・トポルの一九九四年刊の中篇小説『駅への旅』はこのように始まる。ギャングや悪党の巣食うボリシェヴィキの夢の残骸をめぐる現実離れした物語だが、実際もそうであったのは疑うまでもない。スタンリー・クワンの映画『長恨歌』の登場人物が上海について述べているように、都市はつねに若くあり続ける。歳を取ってシニカルになり、死ぬのはその住民のみ。それでもなお、年老いた連中は戻ってきて、悪貨のように絶えず現われる。かつてあったものはくり返し見る夢のように回帰し、それは、〈ウ・ノヴァークー〉のパサージュでクラールが見たポスターのようにぼんやりとしていながら、赤軍広場の可愛い女子学生たちの日焼けした太腿の記憶のように鮮明である。私たちは――おそらく――ポストモダンなのかもしれないが、過去の痕跡を消すことはできず、その痕跡はただそこに横たわって死にゆくことを拒絶する。古いゲットーは新たな「驚異の部屋」へと変貌したのだった。

> 街は変わりつつあった。[…]ユダヤ人街にあった埃まみれの地下室と薄汚れたビアホールは、見事なまでに豪華な店に改装された。前世紀のトランク、聖母自ら口述したという本と鎖、手榴弾と高級タバコ、亡き女優の日記、年老いた農夫が使っていた荷馬車の最先端の車輪、鞭、人形、冒険家の血のついた旅行用コップ、硬貨、カフカの肖像、標的がすべてプロレタリアの大統領になっている射撃場、ぼろ切れ、骨、皮、想像できるものすべて。[93]

フランツ・カフカの夢

すべては永遠に驚きをもたらす未来に備えるためである。第一次世界大戦終結直後、正確には一九二〇年十一月、アポリネールの「ゾーン」がパリで刊行されてから七年後――マイリンクの『ゴーレム』についてグスタフ・ヤノーホに何かを語ったかどうかは別として――フランツ・カフカは、自分の内部にひそむ過去の亡霊よりも、自分を取り巻く未来の幽霊に悩まされていた。チェコ人の暴動から建物を守るために、アメリカ大使館による一時的な保護下にあったユダヤ市庁舎の反対回りの時計には星条旗がはためいていた。チェコ人は、ドイツ系、ユダヤ系の人びとの財産を無差別に標的にしていた――国家の独立に続き、ごくわずかな詩人や夢想家が予見したように、かつてあったものの視覚的な残滓はことごとく、ビーラー・ホラの戦い以降、三百年にわたる「異国」の抑圧として見られるようになった。そのような騒動のうち、後世の人びとからするともっとも現実離れしているように見える――当時はまったくもって当然だと思われていた――エピソードが、一九二〇年十一月十七日、プラハ最古の劇場である貴族劇場の占拠である。それはまさに、ビーラー・ホラでの宿命的な戦闘が「暗黒」の時代の到来を告げてから三百年にあたる月だった。「貴族を我が民族に！」――平民と貴族、そしてまたチェコ人とドイツ人を競わせる言語学的な二重の意味が込められている[94]――と叫びながら、一七八七年、群衆はモーツァルトの『ドン・ジョヴァンニ』が世界で初めて上演された青果市場（オヴォツニー・トルフ）の建物からドイツ人の役者を突き落としたのだ。その晩、国民劇場の夜の部の演者は、解放された舞台でスメタナの『売られた花嫁』を上演する。騎士団長の像が息を吹き返し、あわれなドン・ジョヴァンニを地獄に連れていった場所で、抜け目ない小作人のイェニークは結婚仲介人のケツァルの裏をかき、美しいマジェンカを自分のものにする。あらゆるものは姿を変え、夢は待機中の現実にほかならないということを皆に証明しながら。

カフカは、一九一三年に引っ越してきた――ミクラーシュスカー通りと旧市街広場の角のディーツェンホーファーによる聖ミクラーシュ教会の向かいに建つ――オッペルトの館の両親の居室に座って、窓から見える風景を描写する手紙をミレナ・イェセンスカーに綴っている。ミレナは当時、最初の夫エルンスト・ポラックとともにウィーンに暮らしていた。毒気のある民族主義者であったミレナの父ヤン・イェセンスキーから逃れようとしたというのが、若いカップルがウィーンに滞在していた理由のひとつだろう。チェコ系のプラハ大学で歯科矯正学の教授であったイェセンスキーは、一六二一年、旧市街広場で死刑執行人ヤン・ミドラーシュに舌を切断されて処刑されたヤン・イェセニウスの末裔であると自称していたが、その説は胡散臭いものがある。イェセンスキーは、娘とユダヤ人の関係を邪魔することに全力を傾け、しまいには「背徳症」という理由でミレナを九か月にわたって精神病院に入院させた。これは、少なくともマックス・ブロートの見立てでしかないが、ミレナをよく知る別の者は、父の反ユダヤ主義ばかりか、彼女の手に負えない盗癖がこの幽閉に一役買ったとしている[95]。オーストリア＝ハンガリー帝国初の私立女子学校（ギムナジウム）ミネルヴァの卒業生ミレナは、その頃、服を着たままヴルタヴァ川を泳いで渡ったり、ヒベルンスカー通りの〈カフェ・アルコ〉で「ブロートしたり、カフカったり、ヴェルフェルり、キッシュしている」[96]ドイツ語で活動するユダヤ系の作家や知識人と遊んだり、父の診療所からくすねた薬を試してみたりする浮わついた娘だった。「午後ずっと通りでユダヤ憎悪をあびていた」とカフカは彼女に伝えている。「ちょうどいま窓から見たのだが、騎馬警官や銃剣をかまえた憲兵隊、わめき立てる群衆、ここでは保護のもとに生きているというまわしい恥辱[97]」。カフカはこう訊ねている。「『疥癬（かいせん）人種！［チェコ語］』という声も聞いた。そんなに憎まれているのなら、ここを立ち去るのは自明のことではないか」。マックス・ブロートはナチが侵攻する間際に最後の列車に飛び乗ることができたが、カフカがこの地を離れることはなかった。

「シュルレアリスムは」――アンドレ・ブルトンは『通底器』の中でこのように綴っている――「あまりにも分離されているいくつかの世界、覚醒状態と夢とか、外的現実と内的現実とか、理性と狂気とか［…］等々といった世界相互のあいだに、導きの糸を投げかける以外の何ものでもない[98]」。関係があるかどうかはわからないが、フランツ・カフカは、その九年前の一九一一年十一月九日、日記にこう記している。

カレル・タイゲ《コラージュ》1941年。背景の建物は、プラハ旧市街広場の角に建つ聖ミクラーシュ教会。チェコ文学資料館蔵。Courtsey of Olga Hilmerová, © Karel Teige - heirs c/o DILIA.

おととい、夢を見た。

劇場のことばかりだ。ぼくは上の天井桟敷にいるときもあれば、舞台にいるときもあった。［…］ある幕では舞台装置（セット）が大きすぎて、その他のものは何も見えなかった。舞台も、観客席も、暗がりも、フットライトも目に入らなかった。むしろ大勢の客がみんな舞台のシーンのなかにいた。そのシーンは旧市内の大円形広場（リング）を表わしていて、おそらくニクラス［ミクラーシュスカー］通りの入り口から眺めた光景だった。したがって市役所の時計台の前の部分や小円形広場（リング）は、本来は見えないはずだが、それでも舞台の床が少し回転したりゆっくり揺れたりすると、例えばキンスキー館からその小リングを見わたすことができた。このことの目的は、できるだけセット全体を見せようということ以外には何もなかった。なぜなら、セットはもうそれほど完全だったし、またぼくがよく知っているように古今東西を通じて最も素晴らしいこのセットのなかの何かを見落とすことは、泣きたいぐらい残念なことだったからだ。［…］広場はひどく傾斜し、舗道はほとんど黒かった。ティーン教会はいつものところにあったが、その前に一つの小さな宮城があって、その前庭には、ふつう記念物として広場にあるものがまことに整然と集められていた。すなわち、聖母マリアの柱像、ぼくが本当はまだ一度も見たことのない市役所前の古い泉、ニクラス［ミクラーシュ］教会前の泉、いまフス記念碑を建てるために土を掘り出す目的でつくられた板囲い。[99]

カフカは旧市庁舎前の噴水を目にしたことがなかった。ルドルフ二世の時代に遡るその噴水は、かれが生まれる前の一八六三年に略奪されたのち、広場から撤去されている。聖母マリアの柱像は、一六四八年のヴェストファーレン条約によってスウェーデン軍の略奪からプラハが解放されたことへの謝意として一六五〇年に建てられた。それは、ビーラー・ホラでの勝利を記念してバイエルン選帝侯マクシミリアン一世によって一六三八年にミュンヘンに設置された柱像の複製だった。ミュンヘンの柱像には、「王、王国、政府、地域、宗教は——汝の庇護のもと再建される（Rex, regnum, regimen, regio, religio—restaurata sunt sub tuo presidio）」と刻まれ、新たな規律あるアイデンティティとなる信条、聖体、主体が頭韻を踏んでいる。ヤン・フス像の礎石は、一九〇三年七月五日に置かれている。聖母マリア柱像と並ぶのは容易なことではなかった。歴史家ヨゼフ・ペカシュが定礎式の際に行なった演説で指摘したように、ベツレヘム礼拝堂の説教壇からフスが教皇権に疑義を呈したことは、それから二百年後、ビーラー・ホラでの惨禍に終わる出来事の第一歩だった。[100] 過度な表現主義的タッチで彫刻されたラジスラフ・シャロウンによる記念碑が除幕されたのは、フスが火刑に処せられた日からちょうど五百年後の一九一五年七月六日のことである。それは第一次世界大戦のさなかの出来事だった。オーストリア当局は、式典の様子を伝える報道を厳しく検閲した。カフカは、フランチシェク・ビーレクの「まぎれもなく比類を絶した」という言葉を引き合いに出しながらシャロウンの大作を「凡庸な作品」と見なしたが、「ユダヤ人の手がこれを実現する適切な手かどうか[101]」については確信を持てずにいた。

　記念碑は、記憶を場所に釘付けにする。亡命者は一六二一年の処刑の影にうずくまり、旧市庁舎前で跪く。神とその法を誇りに思う兵士たちは、数世紀前にフス派の拠点であったティーン教会の前でポーズを取る。聳えるフス像の陰に隠れたこれらのイメージの間で、民族は再生し、養母にそっと育てられていた。配置はふさわしいものだが、偶然によるものだろう。養母はスラム街の解体で取り壊されたばかりの広場のほうを向き、フスは絶えず非難し続けるかのように聖母マリア柱像のほうを見つめる位置にある。台座に刻まれた碑文には、「あなた方の問題に関わる政府が、あなた方のもとにやってくると信じている、おお、民よ！」とある。これは、ボヘミア同胞教団の最後の司祭ヤン・アーモス・コメンスキー――西側では、人文主義的な教育者で児童文学の創始者コメニウスとして知られている――の祈りの一節である。三十年戦争によって妻と子、蔵書を失った『世界図絵』の著者は、一六二八年、故郷を離れ、心の楽園を求めて地上の迷宮をさまよう。かれは、ヨゼフ・シュクヴォレツキーの「魂のボヘミア」に先んじる探求者であった。[102] 一九一八年、アルフォンス・ムハは《スラヴ叙事詩》で、ナールデンでの晩年、物思いにふけりながら冷たい北海を眺め、椅子に沈み込む老人としてコメンスキーを描いている。[103]

　ヴェストファーレン条約により国境が明確になった古いヨーロッパは、ついに第一次世界大戦という売春宿のベッドの上で息絶えたかと思われたが、ようやくコメンスキーの祈りが通じたようだった。一九一八年十月二十八日、チェコスロヴァキアの独立が市民会館で宣言され、同会館が面する広場はまもなく「共和国広場」と呼ばれるようになる。一九〇五年から一二年にかけて建設された市民会館は、プラハ最後のアール・ヌーヴォー様式の巨大建造物となった。ヤナーチェクとカミラは、ここで人目を忍ぶ逢い引きを繰り返していた[104]。それは、一九三五年にブルトン、ランバ、エリュアールが滞在した〈ホテル・パリ〉から通りを一本挟んだところにあるが、一行には何の印象も与えなかったようだ。建物の現実離れした特徴――ミコラーシュ・アレシュの描く田舎の肉屋やまぬけな娘たちは、地下の「アメリカン・バー」を称賛している――はおそらく、かれらを魅了するにはあまりにもモダンだった。アルフォンス・ムハは「市長の間」の装飾を手がけているが、二十年も国外にいた高名な画家に重要な依頼をするとは何事かとチェコ人芸術家の複数の団体が反対し、ひと悶着あった。「スラヴの連帯」を象徴する壮観な円天井の下、八つの三角小間にチェコ史の英雄たちが描かれ、フスは「正義」、コメンスキーは「忠実」、祖国の父カレル四世のチェコ人の母、エリシュカ・プシェミスロヴナは「母の知性」といった具合に、それぞれ美徳を擬人化している。三つの巨大な壁画は、「聖なる母なる民族よ、息子の愛と情熱を受け止めよ！」、「侮辱され、痛めつけられたとしても、汝は復活を遂げる。おお祖国よ！」、「自由を渇望する強さとともに、一体を求める愛とともに」という三つの文章をそれぞれ説明している。二つの小さめのパネルは、魅力的なチェコ娘が悲嘆に暮れ、夢見る様子を描いている。聖ヴィートは「朽ちた祖国に流す涙」の中で、過去三百年の苦難を見通しているかのように描かれ、ヨゼフ・モッケルがデザインを手がけた「チェコの王冠」こと大聖堂のシルエットは、その「完成」として描かれている。夢想する愛らしい囚われの身の娘は、スメタナの《売られた花嫁》のマジェンカのイメージそのものであることは言うまでもない[105]。

独立から一週間後の一九一八年十一月三日、ビーラー・ホラでの集会から戻り、酒を飲み騒いでいた連中が、世界でもっとも美しい舞台はこれからもずっとヤン・フスだけのものであると主張し、旧市街広場の聖母マリア柱像を引きずり倒して破壊してしまった。当時すでに、フスはチェコ人にとって重要な存在となっていた。群衆を先導したのは、『兵士シュヴェイクの冒険』の著者ヤロスラフ・ハシェクの飲み仲間、フランチシェク・サウエル＝キセラだった[106]。カフカは夢を見る。

> 演じられたのは――観客席で見ていると、人は、舞台やこのような書割のなかで起こっていることがいかに真実らしく見えようとも、それは演じられているにすぎないということをしばしば忘れる――皇帝の祝宴と革命の場だった。この革命はきわめて大規模なもので、おびただしい大群衆が広場を右往左往する、たぶんプラハではまだ一度も起こったことがないほど大きなものだった。革命のシーンは、元来はパリのはずだったが、明らかにセットの都合だけでプラハに移されたのだった。祝宴らしいものは、始めはまったく見られなかった。それはともかく中庭には祝宴に馳せつけた車の轍があった。その間に革命が勃発して民衆が城内に侵入していた。［…］彼らはニクラス通りへ向かって歩いていった。この瞬間からぼくにはもう何も見えなかった。[107]

カフカのパリの夢は、二〇世紀が過ぎるにつれて旧市街広場で再演されることになる。決して同じではないが、それは永遠に繰り返される。もっともよく知られているのが、それから三十年後、一九四八年に共産党の指導者クレメント・ゴットヴァルトが「勝利の二月」のクーデタを支持すべくキンスキー宮殿のバルコニーから群衆を集めたことである――そのバルコニーは偶然にも、かつてフランツ・カフカの通ったギムナジウム、帝立-王立旧市街ギムナジウムの教室があった場所にあり、その一階にはカフカの父ヘルマンの営む小間物店があった。

ミラン・クンデラは『笑いと忘却の書』の忘れがたい超現実的な冒頭の一節で、チェコ現代史のきわめて重要なこの瞬間を取り上げている。二月のその日、当時の外務副大臣ヴラジミール・クレメンティスが同じバルコニーで指導者の隣に立っていたが、四年後に反逆罪で処刑されたため、写真から抹消されてしまう。唯一残されたクレメンティスの痕跡は毛皮のトック帽だったが、それは、雪が降り始めていたのでクレメンティスが気を遣ってゴットヴァルトの頭の上に置いたものだった。[108] イヴァン・マルゴリウスの父と同じく、クレメンティスはスラーンスキー裁判の犠牲者となった。イジー・コラーシュ――一九六八年以降、パリの住人となったもうひとりのチェコ人芸術家――は、オリジナルと修正後の写真を用いて、《だが、我らを救いたまえ》という暗澹な笑いを催すコラージュに仕立て、「マランティオス――アリストラトスを消し、椰子の木に置き換えること、あるいは社会主義の三つの規則[109]」というキャプションを付している。共産党のクーデタから三週間後、クレメンティスは外務大臣に昇進する。かつての上司ヤン・マサリク――トマーシュ・ガリッグ・マサリク大統領の息子――は、プラハでもっとも快適な場所のひとつ、フラッチャヌィのロレタ教会の向かいにあるチェルニーン宮の五階の窓から転落した。ヤンが自殺したのか、誰かに突き落とされたのか、今なお結論は出ていない。プラハでは、国の統治者が変わるたびに窓外投擲（とうてき）事件が起こり、これが三度目となる。一四一九年七月三十日、新市街の市庁舎の窓から参事会員が突き落とされた最初の事件は、フス戦争の口火を切るものとなった。一六一八年五月二十三日、帝国の役人が城の壕に突き落とされた二度目の事件は、チェコ貴族の蜂起の引き金となり、ビーラー・ホラで終焉を迎えた。ヘルマン・カフカの奇抜な小間物店もまた、歴史が一回転して元に戻った。その店は現在、フランツ・カフカ書店となっている。

ロレタ教会は、ペトル・クラールが追憶の中で辿るプラハのもうひとつの場所である。かれはこうつぶやく。「しっかりとした（けれども音を出すことのない）チェルニーン宮と、うっとりさせる鐘の音を響かせ、細かい彫刻がほどこされた繊細なロレタ修道院とのあいだにたたずむ沈黙は［…］都市と地方の道程半ばで躊躇している」。それはまた、「遠いパリのかすかな徴」でもあった。というのも、クラールが初めてブルトンの『ナジャ』に出てくるドーフィーヌ広場の場面を読んだとき、脳裏に浮かんだのがここロレタ広場だったからだ[110]。ブルトンによれば、セーヌ川の太腿に囲まれ、シテ島の先端に埋もれているこの美しい小さな場所は、「まさに私の知るかぎりもっとも深く引きこもった場所のひとつであり、パリでもいちばんよからぬ空地のひとつである。私はそこへやってくるたびに、よそへ行きたい気持がどんどん薄らいでゆくのを感じたもので、やけに優しく、快すぎるほどしつこく絡みつき、ついには私を粉々にしてしまう一種の抱擁から逃れるために、自分自身を説き伏せなければならないほどだった[111]」。この抱擁が永遠に女性的なものであることをブルトンはのちに知る。それを悟ったとき、ブルトンは「ほとんど魅了」されるほどであった。

今日、私には、私以前に誰かがポン-ヌフを渡ってドーフィーヌ広場へ出るという冒険を試みた場合、三角形で少し曲線を帯びたその形状や、それを木の植わった二つの空間にわける裂け目などを眺めて、のどもとをつかまれるような思いをしなかったと認めることは困難である。これはどうにもまちがえようのないことだが、これらの茂みのかげに描き出されているのは、パリのセックスにほかならないのだ。[112]

パリの街路を設計した際、オースマン男爵にもシュルレアリストの想像力を刺激する意図はなかったであろう。だがパリは、アメリカ合衆国のような男性的な碁盤目状の街として構想されていない。パリの街は三叉路に富み、ところどころ樹木がこんもりと茂っている。ならば、ロレタ広場はプラハの性器（セックス）なのか？　おそらくそうではないだろうが、レオポルト・フォン・ザッハー＝マゾッホであれば、この場所の痙攣的な美に刺激を見いだしたかもしれない。ヤナーチェクが近代音楽と近しい関係にあるように、クラールにとって、ロレタ教会の夢のような鐘の音は郊外にあるロシアの強制労働収容所のすぐ隣にある。教会裏手の狭い小路には、悪名高いＳｔＢ（エス・テー・ベー）（共産党の秘密警察）の拷問施設があった。今では、当たり障りのない建物に共産主義時代の過去を知らせる記念プレートがあるのみである。その建物は、恐ろしいことに「ドメチェク」（「小さな家」の意）という親愛の情のこもったチェコ語の指小形で知られていた。

キンスキー宮殿のバルコニーから、カフカが夢見た――元来はパリのはずだった――舞台を見下ろしながら、当人も好んでこう自称した「労働者階級出身の初の大統領」クレメント・ゴットヴァルトは、一世紀前にパリで起きたもうひとつのクーデタを振り返るカール・マルクスの『ルイ・ボナパルトのブリュメール十八日』のよく知られるあの一節を思い起こしていただろうか。これは、おそらくマルクス自身が深刻に受け止めていなかったことも含む、きわめて意味深長な考察である。

死滅したすべての世代の伝統が、生きている者たちの脳髄に夢魔のようにのしかかっているのだ。そして、生きている者たちは、ちょうど、自分自身と事態を変革し、いまだになかったものを創り出すことに専念しているように見える時に、まさにそのような革命的な危機の時期に、不安げに過去の亡霊たちを呼び出して助けを求めて、その名前や闘いのスローガンや衣裳を借用し、そうした由緒ある扮装、そうした借りものの言葉で新しい世界史の場面を演じるのである。[113]

まさかそんなはずはあるまい。弁証法的唯物論は、歴史に後退ではなく前進を要求する――いたるところで目にしたチェコスロヴァキア共産党の当時のスローガンを用いるならば、まさに「前へ、一歩も下がることなく（kupředu, zpátky ani krok）」である――アルチンボルドの絵画のように、メタファーを無限に繰り広げながらぐるぐると円を描くのではなく。反復強迫というねじれたフロイト的な道を進むことは期待されていない。だが、ゴットヴァルトが超現実的な感覚を持っていたことは知られていなかった。四十年後に人びとがヴァーツラフ・ハヴェルを政権に就かせたように、ゴットヴァルトもまた城の主となった。そう、ハヴェルもまた、不条理に関しては鼻が利いた。

ミラン・クンデラは『裏切られた遺言』の中で、カフカをシュルレアリスムという言葉が生まれる以前のシュルレアリストであると主張している。「我々を魅了するある種の想像力」は、カフカが偉大な小説を書き始めてから十年後、だが――ひとえに原稿を焼くようにとの友人の指示に従わなかったマックス・ブロートのおかげで――それらが刊行されるはるか前に世に出た『シュルレアリスム宣言』の中で、アンドレ・ブルトンがまさに「夢と現実の溶解」と述べたものであった。クンデラはこのように主張する。「事物が互いに無縁であればあるほど、それだけますますそれらの接触からほとばしる光が魔術的になるというものだ」。かれは、『城』の居酒屋の床でのKとフリーダの性交を「眼もくらむような密度」[114]の例として挙げている。クンデラが話題にしているのはカフカの芸術であって、人生ではない。一方をもう一方に還元することをクンデラは強く拒絶する。だが、私たちが夢と、その夢があれほど不気味にも予言していた出来事の間に導線を引くことを妨げるものでもない。そう、『狂気の愛』に出てくる「ひまわり」と、それから十一年後のジャクリーヌとの出会いの関係のように――たとえブルトンがただ思いをめぐらしたというだけの理由であっても。どんな覚醒がこの眠りに変わるのか、どんな外的現実がこの内的現実に変わるのか、どんな理性がこの狂気に変わるのか？　あるいは、その逆なのか？

あなたはドイツ語を話しますか？　あなたはユダヤ人ですか？

一九二四年夏、カフカは数年来身体を蝕んできた結核のため、四十歳で亡くなった。「内気な男を疑問符が締め上げた」のである。[115]かれの墓は旧ユダヤ人墓地ではなく、ジシュコフのオルシャヌィの新ユダヤ人墓地にある。ジシュコフと言えば、若きヤロスラフ・サイフェルトが「死者の小路」にあった売春宿を訪ねた場所である。ジシュコフは一九世紀後半、労働者階級の暮らす地区として知られていた。この地名は、ローマ法王がボヘミアの異端を鎮圧するためヨーロッパの有力者を招集した際、「すべてに抗って（proti všem）」――アロイス・イラーセクの別の小説のタイトルを思い出させる[116]――フス派の軍隊を率いたヤン・ジシュカの姓に由来する。一四二〇年、フス派にとって初の大きな勝利となったヴィートコフの戦いが繰り広げられたのがここであった。ジシュカもまた、市民会館のムハによる半円形の壁画の中に描かれており、チェコ人の闘争心の象徴となっている。ジシュコフの街路の名や壁画は、近代都市の核心に一五世紀を深く刻み込みながら、フス戦争の戦いや英雄たちを称えていた。のちに共産主義者たちは、この労働者地区の街路を個別に一掃し、一四三四年に兄弟殺しのリパヌィの戦いを制した、あとから考えると反動的な二種聖餐派（パンと葡萄酒の両方を用いた聖餐を支持する人々）のフス派の「穏健派」が、かれらが打ち負かしたターボルの急進派に取って変わられた。[117]チェコスロヴァキア共産党にとって、リペッリーノ――あるいはブルトン――と同様、過去は永続する現在であった。七十代のスメタナ学者であり、アロイス・イラーセクの伝記作家でもあり、そして一時期『オットー百科事典』の執筆者であり、ゴットヴァルトの時代には教育啓蒙大臣となったズデニェク・ネイェドリーの言葉を借りると、「我々にとって、歴史とは死んだ過去ではない。それは過去などではなく、永続する現在でもある」。[118]

歴史ある中心部とは異なり、ジシュコフは圧倒的にチェコ人の地区である。「古いプラハ」というよりもむしろ「新しいプラハ」であり、都市の拡張はボヘミアの地方からの移住者によって進行していたが、かれらが惹きつけられたのは市街地に林立する塔ではなく、雇用の期待や近代の都市生活の魅力だった。一九〇〇年の国勢調査は、五万八千百十二人のチェコ人の海のただなかに暮らす「ドイツ人」は、わずか八百二十四人しかいなかったという事実を明らかにしている。[119] 一九〇七年には、ジシュコフはそれ自体でボヘミアで三番目に大きな地区となっていた。一八九〇年にはすでに郊外人口の合計がプラハの歴史的な五つの区の合計を凌駕していたにもかかわらず、カルリーン、スミーホフ、ヴィノフラディといった他のプラハの郊外と同様、ジシュコフが国の首都に合法的に編入されたのは一九二二年になってからのことだった。チェコ人の視点から見ると、分離というフィクションは（皇帝フランツ・ヨーゼフが一八六八年に珍しく訪問した際、満足そうに述べたように）「プラハは、まったくもってドイツ的な外観を有している」[120]という幻想を維持するファサードのひとつであった。だが、プラハに住むドイツ人の多くにとって、その架空の分離は現実にほかならなかった——それはまた、ヨーゼフ二世の言葉を信じ、想像の帝国共同体に忠誠を尽くす、当時プラハに住んでいた多くのユダヤ人にとっても同様で、ドイツ人としてもチェコ人としても受け入れられなかった——そのことはますます明らかになりつつあった——人びとにとって、そこが帰属の場所となったのは無理からぬことだった。「チェコ人になることを望むなら、ユダヤ人であることをやめなければならない」とカレル・ハヴリーチェク・ボロフスキーは一八四四年に書いている。ヤン・ネルダは一八六九年、「偉大な作曲家であり、それ以上に偉大なドイツ人であり、自由主義者であるリヒャルト・ヴァーグナー」を、意外にも主要な証人として召喚しながら、我々は「ユダヤ人から解放」される必要があると怒号をあげている。[121] ネルダの『小地区物語』はチェコ文学の珠玉の作品かもしれないが、それはシャイロックのステレオタイプに満ちている。二〇世紀初頭のプラハの心理的な地理という観点から見ると、オルシャヌィは、いわば村の出身でも城の出身でもない人間にとって最適の中間的な休らぎの場に思われる。カフカはジシュコフに行く際はつねに、「不安や、孤独や、同情や、好奇心や、思い上がりや、旅行の喜びや、男らしさの交じった感情をいだいて」入り、「ある部分ではぼくたちと同様の街なかの暮しを送って」

いて、「他の部分では、見すぼらしい、暗い、大きな堀のような溝のある街外れ」の一帯から出るときには「くつろぎとまじめさと安らぎ」を感じながら帰ってくると日記に記している。[122]旧市街広場から路面電車が走っており、ジシュコフはわずか数キロ程度しか離れていないので、「見知らぬ」場所としているが、まったくそうだったわけではないだろう。疑問に思う人がいるかもしれない。ひとつの街にいくつの世界が含まれているのか——そして、それらの間の距離を測るのに、誰の基準を用いたらよいのかと。

「私はまだ一度もドイツ国民のもとで生活したことはありません」、ミレナとの関係が始まった当初、カフカは率直に打ち明けている。この点は明確にしておくべきだろうが、二人の交際はほとんど書簡を通して行なわれたため、想像の余地が十二分に残されている。[123]「ドイツ語は私の母語ですから、私にとっては自然なものです。しかしチェコ語の方が私にはずっと心がこもったものに感じられます。ですから、あなたのお手紙がいろいろ不確かな点をひき裂いてくれるのです。あなたの姿が今まではっきり目に見えてきます。身体の動き、手の動き、すばやい、確固としたその調子、これはほとんど一つの邂逅であり、お会いしたのと変りません」[124]。フランツはミレナに、ドイツ語ではなくチェコ語で手紙を書くように頼んでいる。「なぜなら、あなたの母語がチェコ語であるからであり、そのチェコ語のうちにのみミレナ全体が息づいている」からだという。かれは、「おっしゃるとおり、チェコ語は分ります」と彼女を安心させている。[125]言語、他の面に関しても、カフカの立ち位置はミレナよりはるかに複雑である。ドイツ語が「母語」と書いているが、それは文字どおりの意味だった。母がフランツに子供の頃から語りかけた言語だったからである。父はそうではなかった。ごくわずかに現存している父の自筆の絵葉書から、ヘルマン・カフカのドイツ語能力は乏しいものだった。ボヘミア南部のオセクというチェコ語のみが話されていた小さな村で、ユダヤ教の戒律に則った肉屋の息子として生まれた野心に燃えるヘルマンは、一八八一年にプラハに移住した。ツェレトナー通りに初めての店を構え、その後、キンスキー宮殿の一階に「ヘルマン・カフカ、リネン、流行のニット製品、日除け、傘、ステッキ、コットン商品、商事法廷顧問[126]」と記された店を開く。入口の上の看板は、ヘルマン（Hermann）・カフカではなく、ヘジュマン（Heřman）・カフカ——ドイツ語ではなく、チェコ語の綴り——となっていた。その結果、地

ミロスラフ・ハーク《プラハ郊外》1947年。プラハ芸術工芸博物館蔵

元で起こった「水晶の夜」の難を逃れている。フランツの家庭教師、マリエ・ヴェルネロヴァーはドイツ語をまったく解さなかった。家族は彼女のことをただ「スレチナ」（未婚女性の敬称）と呼んだ。カフカは、亡くなる数か月前にも彼女と――おそらくチェコ語で――文通していた。[127]

フランツの母ユーリエ（旧姓レーヴィ）は、社会的に夫よりも一段上だった。彼女は一四五八年から七一年までボヘミアの玉座についた最後のチェコ王となる「フス派の王」ポジェブラディのイジーの生誕の地で、ドイツ語を話す裕福なユダヤ人家庭に生まれた。ユーリエの父は乾物商人で、ビール醸造所も経営していた。また祖父、曽祖父ともにタルムード学者として敬われていた。のちにカフカを魅了するイディッシュ劇団を輩出したブコヴィナやガリツィアといった帝国の辺境にいる貧しい東方ユダヤ人ではなく、経済的に余裕のあるボヘミアの上流中産階級の出身である。結婚する前、ユーリエは旧市街広場に面した建物に住んでいたが、彼女はこの広場を「スタロムニェスツケー・ナームニェスチー」とチェコ語では呼ばず、「アルトシュテーター・リンク」とドイツ語で呼んでいた。高圧的な父と息子との難しい関係は、解釈上の利益を数多くもたらした――言うまでもなく、デヴィエトスィルの創始者のひとりであるアドルフ・ホフマイステルによる素晴らしい諷刺画では、太ったヘルマンが臆病そうにすくむフランツを小さく見せている。[128] カフカは、母との間にも別の難しい問題を抱えていた。言語とアイデンティティの不一致は、もっとも親しい関係における現実離れした性質を与えた。「きのう」という言葉から始まる一九一一年十月の日記にはこのように綴られている。

　きのう気づいたことだが、ぼくが母を、それが母にふさわしいほどに、またぼくにも可能なほどにいつも母を愛してきたと言えないのは、もっぱらそのドイツ語が妨げになっていたからである。ユダヤ人の母は〈母（Mutter）〉ではない。このムッターという名称は、ユダヤ人の母を少し滑稽なものにしている（われわれはドイツにいるのだから、この名称そのものは滑稽ではないにしても）。われわれはユダヤ婦人に、ドイツ語のムッターという名前を与えるが、しかしそのときそれだけ一層重苦しく感情のなかへ沈みこむ矛盾を忘れている。

〈ムッター〉という言葉は、ユダヤ人にとってとりわけドイツ的で、これは無意識のうちにキリスト教的な立派さとともにキリスト教的な冷たさをも含んでいる。だからムッターという名称で呼ばれるユダヤ婦人は、滑稽なものになるばかりか、よそよそしいものになるのだ。[129]

カフカの母親と彼女にとってのプラハを当時の「ドイツ」に括るのは、かれらがいたのはどの「ドイツ」だったのかという点も含め、カフカのフロイト的な言い間違いと思うかもしれない。もちろん、その答えは地図上に引かれた線とは関係がないが、精神の地図と切り離して考えることはできない。すでにその当時、ローベルト・ムージルが描いた「カカーニエン」こと、歌い祈りながらワルツを踊って二〇世紀の中へ入っていった帝立（カイザーリヒ）－王立（ケーニクリヒ）くそ国にまで縮小していたとはいえ、オーストリア＝ハンガリー帝国はまだ存在し続けていた。[130]

ユーリエ・カフカがどの想像の共同体に属していたにせよ、二〇世紀文学の紛れもない偉大な作家である彼女の一人息子が馴染んでいたのは母の言葉だけだった。チェコ語とイディッシュ語が入り交じり、それらに染まったプラハのドイツ語は「いい」ドイツ語ではなかった。フランツが話す言葉には訛りがあり、人びとはすぐにその訛りでかれがプラハ出身であることに気づき[131]、カフカは自分の言語に対する感情を「半ドイツ人[132]」と評している。言語の使い方の純粋性という点において、カフカはゲーテを賞賛すると同時に腹を立てていた[133]。カフカは自分のチェコ語にもはや自信がなかったが、使えたとしても、「古典的なチェコ語[134]」からはかけ離れていた。チェコ語の小説の中でももっとも愛されている『おばあさん』（一八五五）の作者ボジェナ・ニェムツォヴァーをカフカは高く評価していた[135]――あまりにも素晴らしいと思うあまり、副題が「田園風景」となっている『おばあさん』の舞台とプロットの一部を『城』の超現実的な世界に移し変えている。『城』はと言えば、強制収容所内で『売られた花嫁』を演じることに少し似ている[136]。だが、「生きた話しことばとしてのチェコ語を讃嘆することを学んだ[137]」勤務先の保険局の上司の前ではうまく喋ることができなかった。「チェコ語が一番よく分るのは（チェコのユダヤ人はもちろん別として）『われらの言葉』[『ナシェ・ジェチ』]誌の連中、次がその雑誌の読者、その次が予約購読者というわけで、その一人が私です[138]」

とミレナに冗談を書いている。「私の絢爛たるチェコ語という嘘[139]」を広めてしまったと、妹のオットラと冗談を交わしてもいる。ヨーゼフ二世による解放は、財務記録や自治体の記録をヘブライ語やイディッシュ語でつけるのを禁止することでユダヤ人に商いと取引への道を開いたが、その遺産のおかげで、当時のプラハに住んでいたユダヤ人の多くと同様、カフカはゲットーの古い言語のいずれも話すことはなかった。一九一二年二月十一日、針が逆向きに回る時計の下にあるユダヤ市庁舎のホールで、カフカは「皆さんの多くの顔には、イディッシュ語を恐れていると書いてあります[140]」と皮肉を交じえた観察から話を始めている。カフカはまったくどこでもない場所に属していた。すなわち、言語の重なりや隙間、アイデンティティのずれ、かれが決して逃れることのできなかったこの多言語都市にということである。かれは今もそこから逃れられずにいる。かつて共産主義時代の辞典では、「ドイツ語で執筆するプラハのユダヤ人作家」と二重に他者化されていたが[141]、その後のプラハの散策者にとって、こぼれたビールにまみれてKとフリーダが横たわり、奇妙な土地へかつてないほど奥深くへとさまよっている間、カウンターに座って耳を澄ませているあの『城』の二人の助手を追い払うのが難しいように、今なおフランツ・カフカの姿を追い払うのは難しい。山高帽に黒いスーツを身にまとったカフカは、観光客のキッチュでいかがわしいありそうもない守護聖人であるかのごとく、絵葉書、Tシャツ、マグネット、マトリョーシカの向こうから、私たちを悲しげに見つめている。

ミレナは『ナーロドニー・リスティ（国民新聞）』に短い追悼文を寄せた。二人の関係は、カフカの希望によって、一九二〇年十二月に突然終わりを迎え、動転したミレナは何も理解できないまま取り残された[142]。ミレナはこう書いている。カフカの作品には、「世界が白日の下にさらされて見えてしまうがゆえにそれに耐えられず死に向かわざるを得ない人間の、乾いたアイロニーが、感性ゆたかな幻視の力が、そこにはあります。なにしろ彼は他の人間のごとく、高貴ではあれ知的誤謬なるものへと逃げ込むために妥協しようなどとは、思いもしなかったのですから」――いずれにせよ、ニーチェが近代と神の死を同等に捉えて以来、あらゆる可能性は尽きていたように思われる。カフカの病の原因は、身体的なものではなく、存在そのものだとミレナは示唆している。かれの日常世界が現実離れすればするほど、郵便局のどの窓口に行くべきかというありふれた選択にも当惑する――とはいえ、インジシュスカー通りに建つ帝立＝王立の立派な建物であるプラハ中央郵便局の場合、カフカを非難ばかりはできない。ミレナはカフカの手紙の一節を引用する。「心と魂がもはや重荷に耐えられなくなれば、肺がその半分を引き受ける、負担を少なくとも均等に分かち合うべく」[143]。カフカはかつてマックス・ブロートにこう語ったことがあった。「結核の病巣が肺にあるのでないのは、たとえば世界大戦の原因が最後通牒にあるのでないのとおなじことだ」[144]——これは、ガヴリロ・プリンツィプがサラエヴォでフランツ・フェルディナント大公を暗殺した結果、一九一四年七月、オーストリア＝ハンガリー帝国がセルビアに伝えた最後通牒のことである。二発の銃弾が、長かった一九世紀の遅れたもの、古いヨーロッパが残したあらゆるものに別れを告げるレースの開始を告げたのだった。

　ミレナが古い帝都から新たな国家の首都となった故郷へ戻ったのは、カフカの死後、女たらしの夫ポラックとついに離婚した翌年の一九二五年のことだった。プラハの田舎ぶりに大いに苛立ったものの、ミレナは街の伝説的な魅力にふたたび取り憑かれてしまう。「プラハのように光輝く場所は、外国のどこにもない」。一九二六年の冬、彼女は夢中で書いている。「もう何年も目にしていなかったけれど、ふたたびこの街を目にしたとき、失くしたものを見つけたような気がした。[…]国民劇場の周囲に漂う夜の霧は牛乳の濃い膜のようで、そのクリーム色の膜を通して青く輝く光が突然煌めき、金色の街灯が澄んだ光を放っている」[145]。ジャーナリストとして不安定な収入を得ながら、ミレナはジャズクラブを梯子する。タイゲ、ネズヴァル、デヴィエトスィルの他の急進的な若者たちとのパーティー。建築家ヤロミール・クレイツァルとの結婚。飛ぶ鳥を落とす勢いのジャーナリスト、ユリウス・フチークとの恋。男性形の指小辞でいつも「ホンザ」と呼びかけた娘ヤナの出産。モルヒネ中毒。チェコスロヴァキア共産党への入党、そして逃亡する指導者クレメント・ゴットヴァルトを小地区の自分の部屋に匿ったこと。一九三四年から三五年、ソ連でモイセイ・ギンズブルグとの仕事をしていた間に別の女性と恋に落ちたクレイツァルとの離婚。モスクワ裁判——人権宣言がギロチンの脇で編み物や刺繍をする女たち〔フランス革命時、処刑の立ち合いをしながら編み物をしていた女性がいた〕の姿に変容したのは、近代史において初めてのことではなかった——の後、ミレナは共産党を離党する。一九三七年のパリ万博で機能主義的なチェコスロヴァキア館の設計を手がける。建築史家ケネス・フランプトンはこの建造物を、「同時期にアルヴァ・アアルト、ル・コルビュジエ、坂倉準三が設計した重要なパビリオンと並び［…］独創性に富む[146]」と評している。それは、ピカソが《ゲルニカ》を描き、記念碑的な尊大さを兼ね備えたアルベルト・シュペーアのナチ館、ボリス・イオファンのソ連館が、エッフェル塔——私たちがそれを望むなら、世紀のメタファー——に続く遊歩道を挟んで互いを見下ろしていたのと同じ万博であった。ソ連での体験を経て、共産主義に失望し、ロシア人の妻リヴァ・ゴリツォワを気遣ったクレイツァルは、二月革命後にチェコスロヴァキアを逃れた。かれは英国建築協会附属建築学校の教授として迎えられたロンドンで、一年後に亡くなる。

一九三八年七月、ブルトンとエリュアールがプラハを訪問してからちょうど三年後、そしてチェンバレンとダラディエがミュンヘンでヒトラーとムッソリーニとともに分け前を分配する三か月前、当時はまだクラーロフスケー・ヴィノフラディと呼ばれていた場所で、ミレナは、アハスヴェルス、さまよえるユダヤ人に遭遇する。かつての自身の影にすぎないその人物は、十四、五歳の娘を探していたわけではなかった。

閑静なヴィノフラツカー通りで、私はひとりの男性に呼び止められた。ぼろをまとった哀れなその人は物乞いではなかった。もしかしてそのユダヤ人は、自分がオーストリアの解放を生き延びたかどうか確かめる勇気を必要としているのかもしれない。「あなたはドイツ語を話しますか?」「ええ」。「あなたはユダヤ人ですか?」「いいえ」。呼びかけの言葉があまりにも奇妙だったので、私は思わず振り向き、失望しているかれの背中を見つめた。というのも、この人はプラハのど真ん中で、ヨーロッパのど真ん中で、一九三八年の穏やかな晴れた昼下がり、ユダヤ人でない相手に助けを求めることをいとわないのだと気づいたからだ。近年、かれのような話を数多く耳にしている。その人の歯は折れ、目やにには血がにじんでいた。服の代わりにぼろをまとい、一枚の硬貨も持たず、もう何時間も何も食べていない様子だった。どこか同じ場所で夜を過ごしているふうでもなかった——送還されるのを恐れているのだろう。かれはただ歩き、歩き、歩いた。[147]

「この人ったら、やりっぱなしなの、この人ったら、やりつづけなの！」と、アポリネールの「プラハの散策者」に出てくる乳房もお尻も大きなハンガリー女の売春婦は、さまよえるユダヤ人との十五分間のお楽しみを終えたのち、「色気たっぷりな、しかしこわがっている様子で[148]」声を張り上げる。ここに引用したミレナの記事は、フェルディナント・ペロウトカの雑誌『プシートムノスト』に掲載され、この一節は「ヴィノフラツカー通りのアハスヴェルス」というタイトルが付されている。

ヴィノフラツカー（葡萄園）通りは、ペトル・クラールによれば、プラハのどの大通りと比べても特徴的であるという。華やかな光景のプラハと混同しないようにと念を押し、プラハのゴシック様式やバロック様式の栄光は、絶えず「唯一の建築的な貧しさである灰色」と競わなければならなかったことをかれに想起させる。「都市の精神は、現実にせよ、夢にせよ、ヴィノフラディの大きな通りにも息づいている」。見渡すかぎり、「蓄積された月日の間に吸収された［…］反響の多様さに富む稀に見るファサード[149]」が豊かにある。ミレナが先に引いた文章を執筆した当時、この大通りは、第一次世界大戦のフランス元帥フォッシュを記念して「フォッシュ通り」とプラハの地図に正式に記されていた――その後、ドイツ軍はプロイセン元帥シュヴェリーンの名をつけ、共産主義者はスターリン元帥の名をつけ、ミラン・クンデラにもうひとつの黒いユーモアを語る機会を与えた[150]。ミレナがアポリネールの話を知らずにいたということはまずないだろう。「誰のものでもない土地を探す何百何千もの人々」と題されたこの記事は、この時期のミレナの他のすべての文章と同様、並々ならぬ勇気を示している。現実離れした光景が、不幸にも夢などではない土地に目を大きく見開いて、彼女は歩く。思いもよらない想像が、日ごとにいっそう現実に近づきつつあった。一九三九年十一月、レジスタンス活動――その中にはさまよえるユダヤ人たちに救いの手を差し延べる行為もあった――によりゲシュタポに逮捕されたミレナは、最後の四年半をラーフェンスブリュック強制収容所で過ごした。一九四四年五月十七日、彼女はついにこの世を去った。

夢の国 入場料一コルナ

オットラ・カフカ――チェコ人風に呼ぶならカフコヴァー――はおそらく、兄が一時期付き合った女性よりも早くに亡くなっている。フランツは、両親や親族の反対に遭いながらも、可愛い妹とカトリック教徒のチェコ人ヨゼフ・ダヴィットの結婚を後押しし、新しい義弟には愛情に満ちた手紙をチェコ語で書いている。ヨゼフは、一九二〇年には五十万もの会員を有した愛郷的な体育協会ソコルの職員だった。その年の十月、イェニークとマジェンカ、そして旨いチェコビールを求めて貴族劇場に人びとが乱入する騒動が起こる一か月前に結婚式が執り行なわれた。ダヴィット夫婦は一九四二年に離婚する。その頃にはもう結婚生活は幸せではなかったかもしれないが、関係の解消を急いだのは、オットラとペパ〔ヨゼフの愛称〕が二人の娘ヴィエラとヘレナ――感情を込めやすい言語であるチェコ語では、伯父フランツ（フランチシェク）には「ヴィエルシュカ」、「ヘレンカ」として知られていた――を守るためだった。[151] ナチの占領下、チェコはボヘミア・モラヴィア（ベーメン・メーレン）保護領となり、その法律のもとで娘たちがユダヤ人と見なされることはなかったが、隣接するスロヴァキアは、ボヘミアとモラヴィアが第三帝国に編入される前日、ドイツの保護下で名目上の独立国家となり、そこではユダヤ人と見なされてしまうことになる。[152] それは、長いこと自分たち自身であり続けることが期待できない時代であり、場所であった。

オットラは警察にユダヤ人女性として登録され、テレジーンに移送された。そこは偶然にも、ヨーロッパでの戦争が終わって一か月後の一九四五年六月八日、ロベール・デスノスが亡くなった収容所でもあった。シュルレアリスムの詩人は、テレジーンが赤軍に解放される前日、その前にいたフレーア収容所で受けた二十五回の鞭打ちにより衰弱し、餓死寸前で、歩くのもやっとの状態で辿り着いたばかりだった。[153] チェコ人の学生のカップルがかれに気づき、一輪のバラを差し出した。デスノスは、自身の『楽しい日々の料理の手引き』のタイトルをもじり、架空のレシピをまとめた『恐ろしい日々の料理の非‐手引き』を戦後刊行する計画を立てていた。前者はマリネッティが、英雄的な冬の晩餐、過激な祝宴、自由という言葉のための春の料理を提供する一九三二年の『未来派の料理の手引き』によって切り開いたジャンルである。[154] 夢の食事を思い描いて命をつないでいたテレジーンの収容者はデスノスだけではない。記憶が遠のくなか、料理本を編む女性たちもいたが、グラーシュの主な材料を忘れてしまうこともあった。[155] 子供たちはおとぎ話に出てきた食べ物の絵を描いたりし、その下には「夢の国　入場料一コルナ」[156]と書かれていた。食事をめぐる想像力でさえ、移送には敵わなかった――あるいは、数か月前にベルゲン＝ベルゼン強制収容所でヨゼフ・チャペックの命を奪ったようにデスノスの命も奪ったチフスにも。「すぐに会えるわね、あなた」と、モンパルナスで活動した日本人画家、藤田嗣治の元妻であるデスノスの妻ユキは、すでに夫ロベールが他界したとは知らずに、一九四五年七月、このように手紙に書いている。「エッフェル塔と同じくらい大きなキスをあなたに送ります」[157]。チェコ人の学生が渡したバラの花は、デスノスとともに埋葬された。だが、その場所は誰にもわからない。

テレジーンは、プラハから北へ車で一時間ほどの場所にあり、起伏のある心地よい典型的なボヘミアの田園地方である。「高い山も目の眩む崖もなく、深い峡谷も流れの速い川もない、気持ちのよい田園風景。[…] あるのは青々とした丘と緑の牧草地、果樹と高いポプラの木立ばかり」[158]。さほど遠くないところにジープ山がある――言ってみれば、まさに「小さいけれど（マレー）、私たちのもの（アレ・ナシェ）」である。チェコ人の伝説的な父祖チェフがここから長い旅を経て、（アロイス・イラーセクが『チェコの古代伝説』で示しているとおり）ついに故郷の地を定めたのだった。ラベ（エルベ）川とオフジェ（エーガー）川の合流地点に位置するその町は、一七八〇年、ヨーゼフ二世によってプロイセン軍に対抗する要塞としてつくられた。イタリア軍の技師が設計したテレジーンの塁壁は、ビーラー・ホラの「星型の城」の壁と同じく、星の形をしている。ヨーゼフ二世の要塞は軍事作戦を展開することはなく、当時テレージエンシュタットと呼ばれた町はいつしか、まどろむ駐屯地の町と化していった。小さな要塞は帝国の刑務所として一時期機能し、もっとも有名な収容者だったガヴリロ・プリンツィプは、一九一八年にここで結核で亡くなっている。一九四一年十月十九日、ボヘミア・モラヴィア保護領の総督代理であり、親衛隊でハインリヒ・ヒムラーの副官を務めたラインハルト・ハイドリヒの命令によって、ヨーゼフ二世の星型の城は「ユダヤ人再定住地区」に変貌する。この変容は、『ミノトール』誌に掲載されたブルトンの「星型の城」に添えられたマックス・エルンストの挿絵を見て、私があまりにも心をかき乱されたことの予兆だったのだろうか。無意識だけが読み取ることのできるフォルムに入り込む必要性を示す、客観的偶然のもうひとつの奇妙な例なのかもしれない。

テレジーンを「モデル・ゲットー」に変身させるアイデアはヒムラーによるものらしいとはいえ、総督代理の意向に近いプロジェクトだった。「ヨーロッパにおけるユダヤ人問題の最終的解決」を計画することを眼目とする、一九四二年一月二十日に行なわれたあの悪名高いヴァンゼー会議の議長を務めたのがハイドリヒだったからである。テレジーンは、実際のところ、アウシュヴィッツ、ソビボル、トレブリンカに向かう途中駅にすぎなかったが、このヨーゼフ二世の要塞町は、ホロコーストを否定する劇場として、その非現実性において二役を兼ねていた。一九四四年六月二十三日、国際赤十字による査察のため改装が行なわれ、その直後にプロパガンダ映画『ヒトラーがユダヤ人に町を与える』のセットが組まれた。「ふざけてるったらありゃしない」、十四歳のヘルガ・ヴァイソヴァーは日記にこう書き記している。「まるでテレジーンが温泉町か何かに変わったみたい」。

> これまで病院として使われていた学校は一夜のうちに掃除され、建物全体がペンキを塗り直されてきれいにされ、その間、患者はどこかに追い出された。学校のベンチが運び込まれ、朝になると「少年少女の学校」という看板が遠くから見えた。とても見映えがよくて、本当の学校みたいだったけれど、先生と生徒だけがそこにいなかった。その欠点を補ったのが、ドアに吊るされた「休日」という小さな掲示だった[159]。

「この小さな町のすべてが偽物で、でっちあげだった」と、戦後に作家イジー・ヴァイルは回想している。「住民はみな、あらかじめ死刑を宣告されていた[160]」。

それに先立ち、ヴァイルは自分が永久にユダヤ人であり続けることを知る――無神論者でチェコスロヴァキア国籍を有するかれにとって、ユダヤ人というアイデンティティはそれまでまったく異質なものだった。ヴァイルはソ連の前衛詩をチェコ語に訳した（他の言語と比較しても）最初の一人だった。一九二二年には革命後のロシアを初めて訪問する。ヴァイルは「訪問時にロシア語を知っていた唯一の人物で、マヤコフスキーの詩を初めて翻訳したのもかれだった。ソ連のいろいろな前衛雑誌を見せてくれ、のちにタイゲがそれらを入手し、我々の前衛雑誌の印刷レイアウトに多大な影響を与えた」[161]と、ヴィーチェスラフ・ネズヴァルは回想している。一九三三年、ヴァイルはレーニン全集をチェコ語に翻訳するため、ふたたびソ連を訪れる。だが何の説明もないまま党から除名され、カザフスタンに追放されてしまう。チェコスロヴァキアへの帰国が幸いにも認められたのは一九三五年のことだった。翌年プラハで刊行された実話小説『モスクワ—国境』は、モスクワ裁判を背景にした初めての小説となる。だが共産党の左翼の受けは悪く、なかでもユリウス・フチークはその著作を徹底的に糾弾したひとりだった。続く『木のスプーン』——今度はロシアの強制労働収容所を舞台にした初めての小説——は一九三八年に完成したが、チェコスロヴァキアで合法的に刊行されるには一九九二年まで待たねばならなかった。ここでもまた、事実とフィクションが絶望的なまでに入り交じっている。『モスクワ—国境』の主人公リーのモデルは、プロスチェヨフの工場主の娘ヘラ・ガラソヴァーだった。ヘラは詩人イジー・ヴォルケルの初恋の相手だったが、ソ連人技師と結婚した。小説が刊行されたのち、ヴァイルの描写から二人の存在が発覚したため、夫妻はただちに逮捕され、処刑されている。

保護領下で、「アーリア人」の恋人オルガとの最後の「混交婚」——そのことも、かれが純粋にかつ単にユダヤ人であるという事実を変えることはなかった——の約束を交わしたヴァイルは、パヴェル・ヤナークが設計したフラーフカ橋から飛び降り自殺したように見せかけてテレジーンへの移送を逃れた。戦争が終わるまでの間、かれは身を潜めてどうにか生き延びる。一九四六年、「病院や非合法の宿に隠れている間に、紙切れに鉛筆で書いた。[…]そのうちのいくつかはなくなり、のちに加筆したものもある[…]占領期の短篇集」を刊行する。同書は「友人たちに——生きている者にも、亡くなった者にも」捧げられており、後者にはミレナ・イェセンスカーも含まれていた。[162]この短篇集『色』の語りは、英訳者レイチェル・ハレルが指摘しているように、「非線状的」である。それぞれの短篇の「語りは、繰り返し登場するイメージやフレーズが交錯する間にほんの少しずつ現われる。[…]読者が複雑に織り上げられたイメージの網目の中に素早く捉えられるまで、描かれる恐怖から目をそらすことができない」[163]。

カレル・タイゲ《コラージュ 196番》1941年。飛び込み台はバランドフ・テラスのプールにあったもの。チェコ文学資料館蔵。Courtsey of Olga Hilmerová, © Karel Teige – heirs c/o DILIA.

あなたが盲目であってくれたら、あなたに私の姿が見えなかったなら！　私は鼠か醜い甲虫にでもなりたい、そうすればあなたは気にも留めることなく通り過ぎ、ふたたび振り返ることもないだろうから。橋の白い欄干にもたれ、ハーモニカで調子外れの単純な歌を吹く。そうすれば、あなたは私の前を通り過ぎ、むかむかしながら立ち去っていくはずだろうから。私は立って演奏し続ける。私の身体の上で青いヒキガエルが踊り、跳ね、足を踏み鳴らし、あなたの長靴が私にのしかかる。ヤナ・マリエは私のことを見なかった。彼女はしなやかな赤いスカーフと黒のコート姿でまっすぐ歩いていく。

カエルたちの我慢も限界だ。木々も、川も、丘も暗くなりつつあり、泥の地面は水浸しになり、雨の匂いがする。私はよろめくも、どうにか倒れないように踏ん張る。あなたに辺りを見回してほしくないから、ヤナ・マリエ。

「さあ続けろよ」、カエルがささやく。「顔を見せろ」[164]。

これらのイメージにプラハを見いださずにいるのは不可能だろう。暗闇、雨、川、橋、レトナーの丘に立つ木々、ヨゼフ・チャペックの描く大道芸人やアルコール中毒患者、大きな虫と化して目覚め、あなたが今まさに踏み潰そうとしているグレゴール・ザムザ。

脚のない小型グランドピアノの伴奏で、『売られた花嫁』のテレジーン初演が行なわれたのは、一九四二年十一月二十八日のことだった。そのピアノは、町の城壁のすぐ外にあるかつてのソコルのギムナジウムで誰かが見つけ、ゲットーにひそかに持ち込んだものだった。トルダ・ボルガーがマジェンカ役を、フランタ・ヴァイセンシュタインがイェニーク役を、ベドジフ・ボルゲスが結婚仲介人ケツァル役を演じた。公演は大変な人気を博し、その後三十五回の上演が行なわれ、その間にケツァル役の「素晴らしいカレル・ベルマンが、熱狂的なアマチュアのボルゲスに取って代わり」[165]、マリオン・ポドリエがマジェンカ役を引き継いだ。「プラハで三回、『売られた花嫁』を観たけれど」

と十三歳の少女は興奮気味に日記に綴っている。「ここの公演ほど素晴らしくはなかった。指揮者のシェヒターがここまで準備できたのは本当に奇跡だった。歩いて帰る途中、食べ物のことや闇市のこと、通行証のこと、原っぱでの仕事のこととかいったおしゃべりばかりが聞こえ、素晴らしい夢を見ていたのに、突然目が覚めてすべてがまたいつもどおりになってしまったのを目にしたみたいな気分だった」[166]。テレジーンで上演されたオペラ作品は『売られた花嫁』にとどまらない。モーツァルトの『フィガロの結婚』、『魔笛』、ビゼーの『カルメン』、ヴェルディの『リゴレット』、プッチーニの『トスカ』、そしてもちろん、総統のお気に入りフランツ・レハールに次ぐウィーンのキッチュの甘ったるい作品、ヨハン・シュトラウスの『こうもり』も上演されている。人びとは絵を描いたり、音楽を作曲したり、詩を書いたりしていた。「ユダヤ人再定住地区」は、ヨーロッパ随一の芸術的才能に恵まれた人びとが暮らす強制収容所であったにちがいない。

「バビロンの川のほとりに腰掛けて泣いていたわけではない。私たちの芸術に対する尽力は、私たちの生きる意志に比例していた」[167]とヴィクトル・ウルマンは綴っている。一時期アルノルト・シェーンベルクに師事していたかれは、一九二〇年代の大半、プラハの新ドイツ劇場のアレクサンダー・ツェムリンスキーのもとで合唱指揮を担当した。ウルマンは、暗い二〇世紀のもうひとつの優れたオペラ作品としてミラン・クンデラが挙げたベルクの『ヴォツェック』を称賛していた。一九二六年十一月、オタカル・オストルチルの指揮による国民劇場での物議を醸したプラハ初演をかれは観劇している。[168]一九四二年九月、ウルマンはテレジーンに移送された。「芸術的本質が日々の体制を試し、耐えなければならないこの場所、すべての神聖な霊感が周囲の状況に抗うこの場所にこそ、人はマスタークラスを見いだす」[169]とかれは結論づけている。ウルマンがテレジーンで手がけた二十三の作品の中には、ピアノ・ソナタ三曲、弦楽四重奏一曲、数曲の編曲、そしてアトランティスの皇帝とヒトラーの薄気味悪い類似性を収容所関係者が見いだしたために上演が禁じられた一幕の室内オペラ『アトランティスの皇帝、あるいは死の否定』がある。一九四四年八月二十二日の日付のあるピアノ・ソナタ第七番は、ウルマンが最後に手がけた作品のひとつである。「びっしり書き込まれた音符、あまりにも細くて読みづらい筆致、何度も加筆された楽節」といった、「しばしば判読できない、スケッチのような下書きしか残していない楽譜の多くは［…］作曲されたときの状況を表わしている」[170]とアンドレアス・マイヤーは書いている。「ヘブライ語の民謡の変奏とフーガ」と題される可能性があった最後の楽章は、フス派のコラール「汝ら神の戦士らよ」を明らかに引用している。その感動的なメロディーは、スメタナの『わが祖国』、『リブシェ』、ドヴォジャークの『フス派序曲』、ヤナーチェクの『ブロウチェク氏の旅』で用いられているが、この作品ほどふさわしく用いられているものはない。[171]最初にこのメロディーが出てくるとき、フレーズはどことなく不確かかつためらいがちで、ほとんど遠い記憶のように響いている。だが終盤にいたるまで、きわめて目立つ形で反復されるモチーフとなり、奥底から低音が響き、ボヘミアの土地は誰の保護領でもなく、ただ神のものであることを執拗に想起させる。ウルマンは演奏権を留保すべく、「存命中の作曲家のために」[172]と扉ページに記しているが、このソナタをかれがどう演奏してほしかったかは、私たちには知る由もない。同年十月十六日、ウルマンは妻エリザベートとともにアウシュヴィッツに送られ、その二日後、二人はガス室で命を落とした。

一七四四年、厄介なユダヤ人全員をプラハから永久に追放しようとした母マリア・テレジアの名前をとって、ヨーゼフ二世が「テレージエンシュタット（テレジアの町）」と名づけたのはまったくの偶然である。総督代理ハイドリヒは、女帝が実現しえなかった夢を実行に移したのだった。一九三〇年、テレジーンの人口は七千百八十一人だったが、その半数が兵舎に住む兵士たちだった。チェコ系住民が追放されたのち、同じ一帯には五万人にのぼるユダヤ人が居住していた——一人につき平均一・六平方メートルの生存圏である。一九四一年から四五年には、一万四千百人以上の人びとが収容所に入れられた。ボヘミア・モラヴィア保護領、そして名目上の独立を果たしたスロヴァキア——移送されたユダヤ人男性、女性、子供それぞれに対して、ドイツ政府から報奨金が支払われていた——さらにドイツ、オーストリア、ハンガリー、オランダ、デンマーク、ポーランド、ルクセンブルクなどから移送された人びとである。そのうち三万三千四百五十六人がゲットー内で死亡し、さらに八万八千二百二人がここから東方の死の収容所へ移送された。[173]テレージエンシュタットの収容者のうち、およそ一万五千人が十五歳以下の子供だった。そのうち、戦後まで生き延びたのは百人程度にすぎない。[174]このような数字は私たちを麻痺させる。

夕暮れが夜の翼に流れ込む……
誰からの挨拶を伝えようとしているの？
代わりにわたしに口づけするの？
生まれた土地がどんなに恋しいか！
沈黙を保つ夕暮れだけが
膝に落ちる涙のことを知っているのかもしれない
イスラエルの地の
椰子とオリーブの木陰を
目にしたくてたまらない瞳から。
シオンの娘、
きっとお前だけが理解してくれるはず
エルベ川沿いの小さな町のために
誰が涙を流し、
でもそこに戻るのを恐れていることを。[175]

「二人の生活をどんなに思い描いていたか、読んでほしい」と、レオシュ・ヤナーチェクは備忘録を書き起こしている。ヤナーチェクは欲望に彩りを添える他者性の鍵を入れ替えて、愛情を込めてカミラのことを「いとしい黒人娘」と呼び、この備忘録を彼女のためにつけていた。かれの若いミューズは、岩の上で肌をこんがり焼きながら、オパヴァ川の岸で日光浴をするのを好んだ。そのことが、二人の書簡を謎めいたものにしている。「私は始終水辺にいます」とカミラはヤナーチェクをからかっている。「あまりにも真っ黒になって、もうあなたに見分けがつかないほど」[176]。それに対し、「君が横たわる岩になれたら、君を洗う水になれたら、君を乾かし、黒く焼く太陽になれたら」[177]と老人は綴っている。「悪鬼になって、日焼けして暖かくなった君を隠れ家に連れ去り、そこにずっと閉じ込めておけたら」[178]。ヤナーチェクが亡くなる二日前、一九二八年八月十日の日記の最後の記述は、狂詩曲風に終わっている。「そして私は君に口づけをした。君は私の隣に腰掛け、私は幸せを、平穏を感じる。おそらく、天使たちはこんなふうに時間を過ごしているのだろう」[179]。だが、ヤナーチェクの水の精（オンディーヌ）が一九三五年に癌で早死にしていなければ、テレジーン行きの列車に乗っていたにちがいない。カミラの夫ダヴィットはスイスに逃れ、息子ルドルフとオットーはナチ占領下を生き延びたが、カミラの父アドルフは収容所で亡くなっている。

貴重な遺産

一九四三年十月、オットラ・カフカはアウシュヴィッツへ向かう子供たちの付き添いに自ら名乗り出た。現地に到着後、子供たちはガス室に送られた。オットラも子供たちと一緒に命を落としたのだろう。他の多くの人びとと同様、彼女がいつ、どのように死を迎えたか、正確な記録は残っていない。戦後、オットラの名前は、姉のエリとヴァリ、そして占領下でドイツ軍の手によって亡くなったことが判明している七万七千二百九十七人のボヘミア、モラヴィアのユダヤ人の名前とともに、プラハのピンカス・シナゴーグの壁に刻まれた。この記念碑は世界最大の墓碑であると指摘する者もいる――ソンムの戦いで遺体が回収されなかった英国および南アフリカ軍の七万二千人の将校および人びとの名前の一覧を刻むエドウィン・ラッチェンスによるティプヴァルの記念碑が僅差で続くだろう。孤立して丘の風景を見下ろすティプヴァルは、日の出を待って高い場所にある巣から飛翔する鷲や、深淵から上昇する貪欲な魚のように互いを知るようになった近代国家に対する記念碑である。ヴィシェフラット墓地と同様、今日その地を訪れる人びとはかつてほど多くはない。近代の悪魔を取り逃した第一次世界大戦は、記憶から歴史の領域に移りつつあり、そこでは詩的思考の翼に乗って漂いながら想像力の中で安全に育まれるかもしれない。ピンカス・シナゴーグの記念碑の来歴は、いっそう波乱に富んでいる。決して静かに忘れられるようなものではない。

旧ユダヤ人墓地や、「衛生化」後に残った他の建造物とともに、ピンカス・シナゴーグは一九五〇年に新たに設立された国立ユダヤ博物館の一部となった。戦後のチェコスロヴァキアでほとんどすべてのものがそうであったように、一千年もの歴史を持つボヘミアのユダヤ人の廃墟もまた国有化された。プラハのユダヤ博物館――一九三五年に訪問したブルトンとエリュアールにとって、街の魔術的な魅力を高めたもうひとつの名所[180]――はもともと、デ・キリコ的な光景をネズヴァルにもたらした「衛生化」措置で取り壊されたシナゴーグの遺物を保護する目的で、一九〇六年、シオニストたちが設立したものだった。一九三九年三月十五日のドイツ軍侵攻により閉鎖され、一九四二年になってようやく、中央ユダヤ博物館というグロテスクな形で生まれ変わる。どんな方向に風が吹いているかが明らかになったとき、占領当局に嘆願したユダヤ人社会の指導者たちにとって、この変容は、かれらがいなくなってもボヘミアのユダヤ人の歴史における位置が記憶されることを保証するひとつの手段だった。ナチも同じことを考えたが、その用途は異なっていた。同博物館は、ユダヤ教の遺物の世界最大のコレクションをたちまち蒐集した。今にいたるまでその収蔵品は、イスラエル以外に競う相手がいないほどである。収容所への移送を待つ間に、ユダヤ人の知識人たちは――イジー・ヴァイルを含め――ボヘミア、モラヴィア各地（およびそれ以外の場所）からユダヤ人共同体がかつてプラハの古いゲットーに集まったように、ジェノサイドのがらくたの一覧を作るべく徴兵された。「君のクッション、ソファに私は横たわった。そして、君と一緒に遠い国へ出帆した。私は横になり、オセアニアの椰子の実、切妻屋根、車が行き交う道幅の広い道、光の柱列を眺めた」と、ヴァイルは『色』の中で書いている。[181] このような譫妄状態の移送は、実際に起こった出来事以上に超現実的と言えないだろうか。二十万点を超える品々が十万一千九十枚の索引カードに手書きで分類され、[182] ルドルフ二世が夢見たものよりもはるかに体系的かつ包括的な目録となっている。トーラーの装飾品――盾、頂部装飾、冠、指し棒――、燭台、献金皿、コップ、慈善箱、カーテン、天蓋、掛け布、クッション、マント、肩掛け鞄、白衣（キッテル）、旗、横断幕、彩色された草稿、祈禱書、巻物、婚姻契約書、免状、銘

ジクムント・リーチ、モーゼス・リーチのユダヤ人街の古物店。1908年頃

板、肖像画、写真。視覚的な思い出の品の中には、破壊前夜のユダヤ人街を写したジクムント・リーチの大判写真があり、グスタフ・ヤノーホの伝える古い貧民街のイメージは、フランツ・カフカにとって、そのときかれが囲まれていた衛生的な新市街よりもはるかに生々しく感じられた。老いたスイングマンの記憶を紡いだものは、真実以上に真実味を帯びたものに変わるもうひとつのフィクションであったように思われる。世界全体がふたたび城壁の中へ向かう道を見いだしたのだ。このときばかりは、「美術と驚異の部屋」の鍵は謎めいたものではなかった。「まず、すべてのものに番号が振られ、そのあと、それらを使っていた人間にも番号が振られた」と、博物館のウェブサイトでレオ・パヴラートは説明している。[183]

ヴァーツラフ・ボシュチークとイジー・ヨーンの設計によるピンカス記念館が存在しているのは、ひとえにある一人の女性の勇気と粘り強さのおかげである。その女性とは、一九四五年にユダヤ博物館の館長職を引き継いだ美術史家、ハナ・ヴォラフコヴァーである。戦時中の博物館スタッフの中でホロコーストを生き延びたほんの数人のうちの一人だったヴォラフコヴァーは、叢書『消えたプラハ』の旧ユダヤ人街に関する巻の著者であった。[184] かつてあったものが、その頃までに単なる郷愁以上の意味を担うことになったのである。振り返ってみると、世紀末のスラム街の解体（そして「衛生化［asanace］」というチェコ語の語源をここでもう一度考えることになる）は、客観的偶然のもうひとつの解読できない予兆と実によく似ていた。ヴォラフコヴァーが抱いていたピンカス記念館の構想の簡素さは、ワシントンＤＣにあるマヤ・リンのヴェトナム戦争戦没者記念碑に匹敵する。後者は――リンの設計に多くを負うフューチャー・システムズによる共産主義犠牲者記念碑のコンペ案と同様――「大地への切り傷［…］時間のみが癒しうる最初の暴力と苦痛」[185]として考案された。追悼をめぐるヴォラフコヴァーの静かな行為には仰々しいところは何もない。それは、追悼の対象とする人びとを、何かより大きな大義のために引き入れることでかれらを矮小化するものではない。俗悪なまがいものを新しく見せかけるものでもない。ヴォラフコヴァーは数字の重みを熟知しており、物事を人間の尺度に戻そうと決意していた。

　アルファベット順に並べられ、場所ごとに配列された名前は、記録としての性格を失っている。どの家族もここではひとつのまとまりとして新たに足を踏み出し、どの個人もひとりであり続ける。戦争中、数字と輸送物に貶められた人びとは、ここでふたたび居場所を、そして人間の顔を手に入れた。ほとんど中世的な匿名の技術によって、敬虔に刻まれたつつましい文字から解放されたのだ。[186]

モダニティの傲慢さに対抗するのにふさわしいものは何かが考え抜かれている。まるでヨゼフ・スデクがボヘミア北部の悲しげな風景を撮影したあのかさばるパノラマカメラの写真のように、平易で簡素、絶望的なまでに時間の継ぎ目が外れている。だが、書くことが、人を殺すことのようにほとんど手で行なわれなくなったこの近代という世界は、たちまち噛みつき返してきた。

　一九六八年八月のソ連軍侵攻ののち、ピンカス・シナゴーグはふたたび閉鎖され、その後二十年にわたって続く「正常化」の間ずっと閉じられていた。その理由は、水害による「修復」が必要であるというものだった。一九世紀を通じて、ヴルタヴァ川の手に負えない流れを合理化し、管理しようとする英雄的な試みがなされたにもかかわらず、堤防を越えて川の水が氾濫しがちであることが格好の口実となった。一九九二年、シナゴーグがふたたび公開されたとき、寄付を募るタイプ書きの文章が入口の掲示板に貼られていた。世界の表層と見取り図が再構成されたことを顕著に示すように、それは英語で書かれていた。

二十数年にわたる閉館期間を経て、国立ユダヤ博物館はプラハのピンカス・シナゴーグをここに開館いたします。一九五〇年代、この壁には、ボヘミア、モラヴィア出身の第二次世界大戦の犠牲者約八万人の名前が刻まれていました。一九六九年から八九年にかけて行なわれた改修中、その名前は消し去られてしまいましたが、本館はそれらを元どおりにする作業をただちに行なう予定です。そのためには関係各位の協力が不可欠です。[187]

常套句がここでも用いられている。「ボヘミア、モラヴィア出身の第二次世界大戦の犠牲者」、つまり、ユダヤ人ではないとこの文章は述べている。しかし、かれらはユダヤ人として、ただユダヤ人として犠牲になったのであり、これらの家族と個人は分類され、数えられ、移送され、絶滅させられることを余儀なくされたのだ。

意識的か、あるいはそうでないのか――おそらく後者だろう――その言葉遣いには、共産主義時代のプロパガンダの響きがある。その時代には、「シオニズムのイデオローグが人為的に作り上げた、いわゆる『世界ユダヤ民族』の構成員の歴史的発展としてではなく、チェコ諸領邦の人口に不可欠な一部を形成する宗教集団の発展として」、博物館は「ユダヤ人共同体の歴史的発展」を表象する政治的立場を建前としていた。[188] 私たちはカレル・ハヴリーチェク・ボロフスキー以来、長い道のりを経ている。かれにとっては、「ユダヤ人を別物と見なさなければならない」ことは自明であった。かれらは「我々の中にたまたま住みつき、我々の言葉をときおり理解する、または知っているセム族である。[…]かれらを互いに結びつける繋がりは、かれらが暮らしている土地との繋がりよりも強いものだった」。[189] だが、そうだったのか？　それとも、ミラン・クンデラが述べるように、誰かを追悼するのと同じくらい誰かを忘却する数多の方法があるのではないだろうか？　ピンカス・シナゴーグが閉鎖され、人びとの名前が壁から削り取られる間、ナチが略奪した人的財産はいまや〈チェコスロヴァキア国立コレクション所蔵　ユダヤの秘宝〉展として、アメリカ合衆国を巡回していた。ワシントンDCのスミソニアン博物館と共同で刊行された図録では、「貴重な遺産」というタイトルのもと、「人類が経験したこのような複雑かつ重要な規模で未来の世代に向けて保存されたのは、チェコスロヴァキア社会主義共和国の功績による」[190]点が強調されている。

ここで、アンドレ・ブルトンとポール・エリュアールが一九三五年に滞在し、超現実的なものには何も気づかなかった〈ホテル・パリ〉を舞台にボフミル・フラバルが描いたストリップの場面に戻るのは悪趣味である――悲劇と喜劇、残忍なものとありふれたものの間に私たちが心安まる距離を置こうとしていることと一貫していない――と思う人もいるかもしれない。私としては、シェイクスピア的な軽い安らぎを与えるよりは、むしろ闇への冒険を試みたい。[191]老人たちが思う存分検分して楽しんだのち、ちびのジーチェ（ディティー）はこう語る。「それから老人たちは女の子に服を着せてもらったかと思うと、映画が巻き戻しされるかのように、脱がせたのとまったく同じやり方で女の子に服を着せた。けれども、ことが終わるとありがちな無関心とは無縁で、紳士らしさを最初から最後まで見せるのだった……」。それに続く変身は、プラハでは見いだすことのできないほど奇跡的なものだった。

けれども〈回診〉を終えた女の子はいつもその個室に居残り、待っているのだった……。わたしがテーブルを片づけ、最後の食器を運び出そうとすると、彼女はわたしが映画俳優であるかのように飢えた眼差しを投げかけてくる。［…］女の子はあの〈回診〉のせいで息がぜいぜいいうほど興奮してしまい、もうそこから出ていくことはできないといった様子だった。その時初めてそうなったのだが、それから毎週木曜、老人たちが始めたことの始末をわたしがつけなければならなくなった。どの女の子もわたしに情熱を投げかけ、わたしを熱望する。まるで初めてそうするかのように……。その数分のあいだだけ、わたしは背の高い、巻き髪の美男子になったような気がした。わたしは美女たちの王であるという印象や感覚ではなく、確信を持つことができた……。でもそれは、彼女たちの身体が〈回診〉のせいで目や手や舌から快い刺激を受けていたので、歩くこともできなくなっていたからだ。一度か二度ピークに達すると、また息を吹き返したかのような目に戻り、目を覆っていた膜は消え、包み込まれていた雲も消失し、何もなかったかのように周りを見るのだった。そしてわたしはふたたび小さな小さな給仕人となり、美しく力強い男性の代役をつとめた人間になりさがるのだ。けれども木曜日ごとに、やる気が高まるとともに腕も上げていった。[192]

それから数年後、ジーチェは美しく力強い男性の代役となり、ふたたび命令をこなすことになる。あまりにも背が低いため、兵士にはなれないとチェコスロヴァキア軍に受け入れられなかったかれは、ドイツ語の授業を受けたり、ドイツ語の映画を観たり、ドイツ語の新聞を読み始め、ついには、ドイツ語が話される国境の町ヘプにあるレストラン〈アムステルダムの町〉のドイツ人オーナーの娘と付き合うようになる。「それからわたしたちはお互いの裸体を近づけ、自分たちが蝸牛になったかのように殻から出た濡れた身体をくっつけて、全身がぬるぬるした状態になった。リーザは激しく身体を揺らし、震えていた。わたしは生まれて初めて人を愛し、愛されてもいると知り、それまでとはまったく違う感覚をもった[193]」。そして、そのような時代だったため、

わたしは医者の前に裸で立ち、棒で性器を持ち上げられていた。わたしが回れ右をすると、医師は棒をあてて臀部を眺めてからわたしの陰嚢を手で持ち上げ、診察結果を大きな声で書き取らせ、それから触診をした。そのあと自慰をして、科学検査用の精液を少量提出しなければならなかった。その医者はエーガーラントのひどい訛りのあるドイツ語で話したのでわたしにはよく理解できなかったけれども、このくそったれのチェコ人がドイツ人と結婚したいというなら、せめてそいつの精液はヘプという町の一番ランクの低いホテルの一番下働きのポーターの精液よりも倍はいいものじゃないとな、というようなことを言っているのがわかった。そしてこう言い足した。ドイツ女がお前の目に唾を吐きかけたとしても、それは彼女自身にとって恥かもしれんが、お前にとっては

光栄なことにほかならないんだ、と……。突然、遠くに置かれてあった新聞の記事がわたしの目に入った。ドイツ人がチェコ人を撃ち殺していると書かれた記事を読んでいるその同じ日に、ドイツ人女性との結婚の許可を求めて、性器を手にしてわたしは戯れている。突然、わたしは恐怖に襲われた。あの地では処刑が行なわれ、わたしはここで医者の前で性器を握って立ったまま、勃起もせず、数滴の精液も出せないでいる。[194]

そしてドイツ人の看護婦が、かれの自慰に手を貸す羽目になる。

4

複数形のモダニズム

では、タイゲは？　一九二〇年代、三〇年代のモダニズムのアヴァンギャルドは？　皆が霧の中を歩んでいたわけではなかったのか？　モダニズムの霧、世界革命の霧、二つの世界大戦の霧、ファシズムと共産主義の霧、とめどないマルクス主義の前進という錯覚の霧？　つまるところ、ポストモダンの幻滅という不安定な止まり木からはっきりと見えているふりをしているわたしたち自身は、本当に霧から抜け出しているのだろうか？　では、過去はどうなのか？　葬り去るべきか、評価を下すべきか？　あるいはただ単に物語ればよいのか？

——エリック・ドゥルホシュ『カレル・タイゲ　一九〇〇—一九五一』序文[1]

アルフォンス・ムハ、鉄、コンクリート

この写真を見ると当惑を覚えてしまう。古いヨーロッパの魔法の都は、「近代建築の四人の指導者」の一人——ヘンリー＝ラッセル・ヒッチコックとフィリップ・ジョンソンは『インターナショナル・スタイル』の中でル・コルビュジエをそう形容している——がそうやすやすと見つかるような場所ではない（ちなみに他の三人は、バウハウスの創設者ヴァルター・グロピウス、オランダのデ・ステイルの建築家Ｊ・Ｊ・Ｐ・アウト、ミース・ファン・デル・ローエである）[2]。サヴォア邸とユニテ・ダビタシオンを手がけた建築家は、カレル・タイゲ、オルジフ・ティル、そ

してヤン・E・コウラ——前章で見た国立博物館から未来の国会議事堂へ一本の幹線道路を通すため、レトナーの丘に切通しを開ける計画を立てたヤン・コウラの息子——とともに、ジトナー通りのティル設計によるYWCAホステルの屋上に並んで立っている。だが、一九二八年十月に撮影されたこのスナップ写真は、戦間期チェコの機能主義建築の傑出した範例[3]であるティルの「妥協のない、独自の」[4]YWCAホステルと同様、特に変わったものではない。ル・コルビュジエはプラハを四年間に三度訪問し、この写真はその三度目の訪問の際の記念である。今回、国際知的協力委員会の代表団として訪問していたル・コルビュジエは、「より広範な公開討論とより関心の高い聴衆」を前に、「抒情性の基盤としての技術」に関する講演をデヴィエトスィルの招聘により解放劇場で行なった。ル・コルビュジエは満員の聴衆にこう語る。「この人間の最上の喜びと価値、『人間性に宿る天与の火花』である抒情性」が、「**調和しながら完全に開花するのは**、**完璧に管理された技術の精密さかつ正確な基盤においてのみ**です。この観点から見ると、建築は詩と定義されます。つまり、あらゆる技術成果の助けを借り、科学的方法によって創造される詩のことです」[5]。インジフ・トマンが述べたように、当時はまさに大文字の「詩」の時代であった[6]。

それから遡ること四年前、一九二四年から二五年の冬、ル・コルビュジエは、グロピウス、アウト、アメデー・オザンファン、アドルフ・ロースとともに「建築家クラブ」主催によるプラハのモーツァルテウムでの大がかりな連続講演会に参加した。カレル・タイゲはこの講演会で、ソ連の構成主義について講演を行なった。ロースはウィーンの建築家と思われがちだが、チェコ諸領邦と密接な繋がりがあった。一八七〇年ブルノに生まれ、ドレスデンで学んだロースは、一八九六年にウィーンへ、一九二二年にはパリへ引っ越した。「建築家クラブ」の会員で、ブルノの『ビトヴァー・クルトゥラ（住宅文化）』誌の編集委員でもあったロースは、一九三〇年にチェコスロヴァキア国籍を取得する[7]。モダニズム美学の根幹となるマニフェストとして広く認められている一九〇八年の評論『装飾と犯罪』において、ロースは、身体からティーカップにいたるあらゆるものから装飾がなくなる程度によって人類の進歩を評価した。「パプア人や子供達にあって極く自然なことが、近代人にあっては変質的行為なのである」とロースは説明する。かれは犯罪者に愛好される刺青の事例を挙げた。不幸にもナチの語彙を先取りしているが、それは単なる偶然にすぎない。世紀末ウィーンでロースの建築は淫らに裸をさらしていると非難されるが[8]、当人は「都市の街路という街路が白壁のように輝く日がくることだろう」と将来を待望していた。一九三〇年、プラハ郊外のストシェショヴィツェ地区に建てられたロースのミュラー邸は「プレーンな簡素なつくり[9]」の典型であり、少なくとも外観はそうである。むき出しのコンクリートでできた立方体は、目的に応じて形作られた中二階における公私の（すでに議論され、高度にジェンダー化された[10]）空間の独創的な配分を隠している。つねに批評をその論理的帰結まで追究する性格であったタイゲはこれには我慢ならず、自著『チェコスロヴァキアにおける現代建築』（一九三〇）の中で、邸宅の内装家具に高級硬材や大理石を豪奢に採り入れた点について「時代遅れの唯美主義」に溺れているとロースを非難している[11]。

「建築家クラブ」の連続講演は、その当時は、ありそうもない友人たちの集いには見えなかっただろう。戦間期のチェコスロヴァキアには、急進的建築を育む環境があったからである。「家は住むための機械である」という概念を世に広めたル・コルビュジエの評論集『建築をめざして』が、当時まだ出版されてから一年余りしか経過していなかったことを考えると、主催者が国際アヴァンギャルドの動向にいかに意識的であったかがわかる。ル・コルビュジエの思想は自身の雑誌『レスプリ・ヌーヴォー』（一九一八―二五）で発表した論考から発展したものだったので[12]、プラハの建築家の間では目新しいものではなかった。ヤロミール・クレイツァル編によるデヴィエトスィルの論集『ジヴォット（生）Ⅱ』には、早くも一九二二年十二月にル・コルビュジエとオザンファンに寄稿してもらった記事が掲載されている[13]。一九二六年には、当時「ピュリストの四人」を自称していた若き建築家ヤロスラフ・フラグネル、カレル・ホンジーク、エフジェン・リンハルト、ヴィート・オブルテルが、クレイツァルとベドジフ・フォイエルシュタインとともに、デヴィエトスィルの建築部門（ＡＲＤＥＶ）を創設し、同グループのもっとも活動的な一部門となった。チェコの建築家たちは、ＣＩＡＭ（近代建築国際会議）でも存在感を示すようになる。これはル・コルビュジエとジークフリート・ギーディオンによって創設された組織で、インターナショナル・スタイルの美学を普及させるためというよりも――たしかにこの目的も達成したが――社会工学のツールとしての建築理念を発展させることを目指していた。ロースは、一九二八年にラ・サラで行なわれたＣＩＡＭ設立会議でチェコスロヴァキア代表を務め、集合住宅に関するチェコ代表団の論考は『合理的地区開発』というタイトルで、一九三〇年のＣＩＡＭブリュッセル会議の刊行物にも収録されている。[14]

タイゲは幅広い活動を行なっていたが、ヤン・Ｅ・コウラ、オルジフ・スタリーとともに「建築家クラブ」の機関誌『スタヴバ（建設）』の共同編集者も務めていた。リチャード・ノイトラは同誌を、「あなた方の国の国境に収まりきらない計り知れない影響を与えてきた果敢な雑誌」と見なし、「アメリカ合衆国でも広く流通してほしいと思う」と評した。[15] 一九二八年には、タイゲは共産主義者であるバウハウス校長ハンネス・マイヤーとともに、階級闘争の重要な前線としての建築およびその最前線にある機能主義の理論化を試みている。バウハウスとの関係もまた、このとき始まったものではなかった。一九二三年に開催された〈バウハウス国際建築展〉には、八人ものチェコ人建築家（クレイツァル、フォイエルシュタイン、フラグネル、ホンジーク、コウラ、リンハルト、オブルテル、ヨゼフ・ホホル）が参加している。ズデニェク・ロスマン、ヴァーツラフ・ズラリーとアントニーン・ウルバンは、一時期ともにバウハウスで学んだ。マルセル・ブロイヤーの金属パイプを使用した家具を含むバウハウスのデザインは、ライセンス契約の下、チェコスロヴァキアで製作され、〈協同組合（ドルシュテヴニー・プラーツェ）〉のショールーム〈美しい居室（クラースナー・イズバ）〉で販売されていた。一九二七年には、カレル・タイゲ（Karel ではなく Carel という綴りになっている）の著作『チェコスロヴァキア建築』が、カンディンスキー、シュヴィッタース、アウト、マリネッティ、ミース、ル・コルビュジエ、その他国際アヴァンギャルドを先導する人びとの作品集と並び、バウハウス叢書の近刊書として告知されている。[16] 一九二八年、ル・コルビュジエの訪問の一か月後には、ハンネス・マイヤーが、デヴィエトスィルとの関係を深めようとプラハを訪れている。マイヤーに招かれ、タイゲは一九三〇年にバウハウスで外国からのゲストの一人として、タイポグラフィー、広告デザイン、建築社会学について講義を行なったが、そのときのことについてマイヤーがデッサウ市長に宛てて綴ったところによると、アウトやタイゲといった面々を招聘したのは「擬似科学的活動の脅威に対抗するため」であったという。[17] 同年の『ＲｅＤ』誌では、マイヤーの評論「バウハウスと社会」を含むデッサウ・バウハウス特集が組まれ、『スタヴバ』誌にはタイゲの批評「バウハウスの十年」が掲載されている。[18] マイヤーが一九三〇年八月に解雇されていなければ、こうした協力関係はさらに推進されていたかもしれない。マイヤーの後任には、ヴァルター・グロピウスの提案でミース・ファン・デル・ローエが就任した。ミースは一九三三年にナチによって閉鎖に追い込まれるまで、二〇世紀でもっとも影響力のあったデザイン学校の校長を務めることになる。[19]

ル・コルビュジエは、一九二八年のプラハ訪問の際、当時竣工したこの街の建築を数多く視察している。そのうちのひとつが、ヤロミール・クレイツァルによるスパーレナー通りの百貨店〈オリンピック〉（一九二五―二六）だった。正面がガラス張りになった傑作で、上階は当時のデヴィエトスィル芸術の共通モチーフであった海洋定期船の甲板を思わせる。クレイツァルのデザインは、モダニズムの記号表現で輝いていた――一階には「ラジオ」、「カフェ・エスプレッソ」、「カルパタ・ダンシング」のネオンサインが輝き、建物の側面には「輝くネオン」、「広告」、「TSF（無線）」といった言葉が並んでいた。[20] ル・コルビュジエにもっとも感銘を与えたのは、一九二六年から二八年にかけてホレショヴィツェ地区に建設されたヨゼフ・フクスとオルジフ・ティルによる巨大建造物、〈見本市宮殿〉（ヴェレトルジュニー・パラーツ）だった。この建物は、プラハ見本市社（PVV）の新しい複合施設の最初のひとつとして建設されたが、最終的に実現したのはこれだけである。当時、〈見本市宮殿〉はヨーロッパで最大規模の機能主義建築だった。街の一区画全体を占め、広大な展示ホールを有し、アトリウムが八階の高さまで吹き抜けになっている。地下には映画館、平屋根のテラスに面したレストランとカフェがあり、十分なオフィス空間を備えていた。コンクリートのカーテンウォールには、切れ目のない長い水平窓、非対称的なセットバックが上下階に挿入され、単調にならないよう工夫されている。のちにヒッチコックとジョンソンは、こうした特徴をすべてインターナショナル・スタイルの特性として認めるようになる。この建物に独創的な美しい表情を与えているのは――ほとんどミース的とも言えるかもしれないが――ガラス張りの天井から広大な内部空間に自然光が注ぎ込むアトリウムと大ホールの明るさであった。

ル・コルビュジエは、フクスとティルが成し遂げたものの偉大さに称賛を惜しまなかっただけでなく、羨望の念も隠さなかった。『アヴェンティヌム論叢』のインタビューで、ル・コルビュジエは次のようにタイゲに語っている。

「PVV初の建物の見学は、私にとって真の体験となりました。巨大宮殿の第一印象は強烈だった。［…］ジュネーヴ

ヨゼフ・フクスとオルジフ・ティル、〈見本市宮殿〉プラハ、1928年。撮影者不詳。
Photograph © National Gallery in Prague, 2011.

の国際連盟会館を設計した私の案は、実現不可能だと言われました。――ですが、〈見本市宮殿〉はそのような反論を現実に吹き飛ばすものです。[…]この規模の建築を実際に目にすることは、私にとって大変な教訓になります」。もちろん、豊かな批判精神がなければ、ル・コルビュジエをしてル・コルビュジエたらしめているとは言えないだろう。ル・コルビュジエは、〈見本市宮殿〉の平面図と「建築形式の欠如」の二点について異を唱えている。

ここには、性格の異なる三つか四つの建物がありますが、互いにうまく溶け込んでいません。あるべき洗練された簡素さも見られません。プロポーションの調和にも欠けています。北面の角窓もふさわしくありません。そこは階段ではなくスロープにすべきでしょう。建物内部のコミュニケーションも不十分です。[…]外部の構造も不均一で、いろいろな影響が入り混じっています。フィアットの工場もあれば、ここはベーレンス、あそこはロシアのモダニズム建築といった具合に。

「きわめて重要な建造物ですが、まだ建築とは言えません」とル・コルビュジエは締めくくる。それでも、「これほど壮大な建築プロジェクトを実現できたプラハと、この地の建築に対して祝福の言葉を送りたいと思います」と喜んで述べている。「〈見本市宮殿〉を見学して、巨大な建造物をどうやって造るべきかを理解しました。私はと言えば、これまで控え目な予算でいくつかのごく小さな家しか建ててきませんでしたから[21]」。

タイゲもまた惜しみない称賛を送った。『チェコスロヴァキアにおける現代建築』の中で、かれはこう述べている。「オルジフ・ティルによる設計は、合理主義建築にもっとも徹した作品である。ティルの現実的な真のエンジニア気質、そして建築の科学的かつ技術的原則に精通しているおかげで、このような複合的な作品が可能になったのだ。[…]［〈見本市宮殿〉は］現代建築の傑出した作品であり、採光、機能的空間、巨大なホールを有機的に統合するスケルトン建築である。そのフォルムは芸術家の思索からではなく、目的の本質に由来する[22]」。ル・コルビュジエの唱えた異議の多くが美学的問題であったのに対し、タイゲは建築から美学を完全に払拭することを望んでいた。二人の緊張関係が白日の下にさらされたのは、その翌年のことである。タイゲはポール・オトレの発案によるル・コルビュジエのムンダネウム（ジュネーヴ湖畔に計画された世界文化博物館）設計案を猛批判する長文の記事を『スタヴバ』誌に発表する。タイゲが対置する建築は、「抽象的空理からではなく、生活の支配の下、実際の生が求めるものから生まれるべきであり、アカデミーやお役所といったいかなる種類の庇護の下でもない」とし、「記念碑的様式の誤り［…］宮殿の誤り」に抗議する。さらに、「ムンダネウムは模造品である」と声を大にして強調している[23]。ル・コルビュジエはモスクワ行きの特急列車の車内で当意即妙の返答をしたためるが[24]、かれが公の場で批判に答えたのは初めてのことだった（本人も述べているように、明けても暮れても標的にされることには慣れていたが）。ル・コルビュジエの反論は「建築を擁護するために」と題して、チェコの雑誌『ムセイオン』に掲載された[25]。

やがてタイゲは批判の矛先をル・コルビュジエの邸宅にも広げ、『最小住宅』（一九三二）の中で「最近のル・コルビュジエお気に入りの豪華建築のモデル［…］フラットルーフ、テラス、水平窓、コンクリート家具、クロームメッキ仕上げの椅子、厚板ガラスなどはモダニズムの呪物となり、お定まりの様式的な常套手段の地位を獲得した。そして言うまでもなく、流行と様式はつねに富者の独占領域であり続けている」とあざ笑っている。さらに「ル・コルビュジエの近代住宅構想は［…］建築革命であるかもしれないが、住宅の社会的性格の本質は手つかずのまま残っている。かれの革命は、まったくもって住宅のブルジョワ的定義の範囲内に留まっている」[26]。タイゲはブルノにあるミース・ファン・デル・ローエのトゥーゲントハット邸に関しても同様に辛辣だった。一九二九年から三〇年にかけて建てられたトゥーゲントハット邸について、ヒッチコックとジョンソンは「新様式におけるもっとも洗練された二つの住宅」のひとつと見なしていた（もうひとつはル・コルビュジエのサヴォア邸である）[27]。タイゲは嘲笑を込めてこう述べる。トゥーゲントハット邸は「本物のヴィラですらなく、［ミースによる］バルセロナ万博のドイツ館［バルセロナ・パビリオン］を改作するにあたって行なったのは（バルセロナ・パビリオンはライト風の建築で、彫刻的なとめどない空想以外の何物でもない）、トイレと浴室を加えただけである。［…］これは、劇場や彫刻であって、建築ではない——俗物的な虚飾であって、住宅ではない」[28]。ヤロミール・クレイツァルもまた、ル・コルビュジエの「高価な小美術品」に侮蔑の念を表している（ミースのトゥーゲントハット邸には、村に下水道を設ける決議をする片田舎の教区会議ほどの意義もないと評した）[29]。明らかに、これらの議論の争点は、単なる様式の問題をはるかに超えていた。それとも、これもまた様式の問題だったのだろうか。

〈見本市宮殿〉が建つホレショヴィツェは、工場や安アパートが大半を占める一九世紀後半にできた市内の住宅地で、街の中心から川下のヴルタヴァ川左岸にある。首都には一八八四年に正式に編入された。この一帯には、いかにもプラハらしい、すなわち薄汚れた工業都市らしさがある。一八五〇年以来の目覚ましい成長によって、プラハは近代的なチェコの首都に生まれ変わった。一八九〇年までに同地区の人口は一万五千三百五十二人を数え、全住民が日常語をチェコ語であると申告している[30]。これまでの章で見たように、移住者は自分たちのイメージに合う形で街を作り変えることに力を注ぎ、古代ボヘミアのパリンプセストを、復活したチェコらしさという目に見える記号で上書きした。〈見本市宮殿〉の正面入口の向かいにそのささやかな例があるが、間違いなくどの教科書にも載っていないだろう。凡庸な安アパートの並ぶ区画にあるのは三枚のフレスコ画で、一枚目は神話上の「乙女戦争」で農夫プシェミスルの権威に挑んだ荒くれ女どもの指導者ヴラスタを描いている。二枚目はヴラスタのような架空の人物ではなく、むしろ「フス派の王」としてまさに神話化されたポジェブラディのイジーであり、三枚目は地元の英雄、ブベンのヘジュマンである。このような歴史主義的イコノグラフィーは、通りの反対側にある威勢のいい新しいモダニズムとは相当かけ離れているように見えるが、実際のところ、両者の関係は私たちの想像以上に近いものである。

一九二〇年代に入ると、ホレショヴィツェはプラハやその他の地域からやってくるチェコ人たちによく知られるようになっていた。この地域で人びとをもっとも惹きつけたのは、〈見本市宮殿〉の北西に位置し、〈博覧会場（ヴィースタヴィシュチェ）〉があるストロモフカ公園だった。当時も今も、日曜の昼下がりに散策を楽しむにはうってつけの場所である。〈博覧会場〉は、第二次世界大戦後に「ユリウス・フチーク文化公園」と名前を変えることになるが、それはまた別の話である。一九一三年に発表されたS・K・ノイマンの「未来派」風のマニフェスト「開かれた窓」で、詩人が評価するモダニティの中には、万国博覧会、鉄道駅、芸術的な広告、鉄、コンクリートに加えて「ストロモフカ公園での軍楽隊によるコンサート」（およびホレショヴィツェの中央食肉処理場）が含まれている。ノイマンが「死」を宣告したのは、「フォークロア、スロヴァーツコ（スロヴァキアに接するモラヴィアの地域）の刺繍、アルフォンス・ムハ、［そして］古いプラハへの感傷」であった。[31] しかし、古いものと新しいものの結び目はそれほど容易にほどけはしなかった——とりわけ、新しい人口動態に応じて都市を歴史化すること自体、典型的な近代の現象だったからである。それがもっとも如実になったのは、一八九〇年代、〈博覧会場〉で開催された三つの主要な展覧会での展示をおいて他にない。一八九一年に開催された一〇〇周年記念内国総合博覧会（一七九一年のレオポルト二世の戴冠式および同年にプラハで開催された欧州初の産業博覧会を記念したもの）の訪問者数は二百四十三万二千三百五十六人を数えた。当時建てられた建造物のうち、最大の建築が現存している。ベドジフ・ミュンツベルゲルの設計による〈産業宮殿〉であり、一八五一年のロンドン万博の鋳鉄とガラスでできた〈水晶宮〉と一八八九年のパリ万博の機械館の流れを汲んでいる。〈産業宮殿〉の隣には、のちに国立博物館の石碑収蔵館となる、一九〇八年に建てられたプラハ市商工会議所博覧会場があった[32]。プラハ市商工会議所博覧会の図録は、プラハ市発展五〇年小史に始まり、「一八五〇年代はドイツの町のような印象を与えたが、もちろん純粋なドイツの町ではなく、民衆だけはチェコ民族であるように見えた」プラハが、近代チェコの首都へと変貌を遂げる輝かしい物語を伝える統計資料が目白押しだった[33]。この文章の書き手は、プラハ市の古文書館職員だったヨゼフ・タイゲ、すなわちカレル・タイゲの父である。その後、石碑収蔵館はお払い箱になった彫像の保管場所となり、旧市街広場にかつて立っていた聖母マリア柱像もここに置かれている。

おそらく正論であるが、息子カレル・タイゲは、一八八九年のパリ万博がフランスの建築に影響を与えたのと同様、一〇〇周年記念内国総合博覧会はチェコの新しい建築に影響を与えたと主張している。また同博覧会によって、プラハのペトシーンの丘にエッフェル塔のミニチュア版が設置されることにもなった。「その博覧会はガラスと鉄の近代建築を予兆するものとなった。当然ながら、エッフェル塔がパリの審美家を憤慨させたように、これもプラハの審美家たちに拒否反応を引き起こした。ミュンツベルゲルの〈産業宮殿〉は［…］それ自体が注目に値する重要な建造物であった[34]」。たしかにこの博覧会は、工作機械からガラス、服飾、ビールにいたる最新のチェコ製品を披露する場であった一方、同様に――おそらくその結果として――ようやく取り戻されたチェコ人の記憶を祝す場となった。〈産業宮殿〉前にはボフスラフ・シュニルフによる巨大なポジェブラディのイジーの騎馬像が立ち、この「フス派の王」像は、〈見本市宮殿〉の向かいの安アパート群に華を添えていた。近代工業製品のかたわらで博覧会に展示されていたのは、新しいプラハの感傷を集めた豊富な見本だった。もっとも人気を博した展示は、アロイス・イラーセクやヤン・コウラらから助言を受けたアントニーン・ヴィール設計の「チェコの田舎家（チェスカー・ハルパ）」だった。この田舎家は、いくつかの地域特有の異なる様式によって装飾を施されたディズニーランドさながらの夢の家だったが、その魅力を損なうものではなかった。内装を手がけたのは、体育協会ソコルの創設者インジフ・フュグネルの娘であり、戦友ミロスラフ・ティルシュの妻レナータ・ティルショヴァーだった。レナータはれっきとした著名な民俗学者で、父親とは異なり、チェコ語が堪能だった。博覧会にはこうした民族主義的な含意があったため、ボヘミアのドイツ系企業の多くが参加を拒否する事態となった。

「チェコの田舎家」の大成功に触発され、一八九五年、〈博覧会場〉では、いわゆるチェコスラヴ［原文ママ、チェコスロヴァキアではない］民族誌博覧会が開催され、二百万人以上の来場者を記録した。同博覧会の目玉は、丹念に復元された「チェコの村広場」、ユングマン、ハヴリーチェク、パラツキーをはじめとする民族復興の指導者たちに捧げられた部屋、フス派の武器コレクション、「伝統的な」農村の慣習と民衆の祭りの様子を衣装を着せた蠟人形で再現した展示、膨大に蒐集された村人の色とりどりの晴れ着――当時すでに「民族衣装」として再構成されていた――といったものだった。[35] ポール・エリュアールがいれば、モラヴィアの聖霊降臨節の行列、「王の乗馬」の性的含意に興味をそそられたかもしれない。それは、女装した少年が馬に乗り、紅をさした口に薔薇をくわえて練り歩く行列である。ヤン・オットーによるもうひとつの豪華な刊行物が、六百ページにわたる同博覧会の図録であり、「大規模な行事で初めて［…］我々が日常的に行なっている［チェコ語‐ドイツ語の］二言語使用をなくした[36]」ことを強調していた。その十年間で三番目の規模となった一八九八年の建築・工業博覧会にも、同様の記述が見受けられる。「建築・工業」という名称から、もっと別のものを期待するかもしれないが、同博覧会の目玉は、フス戦争の山場となったリパヌィの戦いを再現したルジェク・マロルトによるジオラマだった。大勢のアシスタントの助けを借り、直径三十メートルの円形パビリオン内で製作されたジオラマは、九十五メートル×十一メートルにもなる巨大な寸法を誇っていた。[37]

〈見本市宮殿〉の建築を見て、カレル・タイゲ（あるいはヒッチコックとジョンソン）のモダンをめぐる進歩的なナラティヴの中にそれを位置づけることから私たちが何を思い込もうとも、フクスとティルによる建築は、ミュンツベルゲルのガラスと鉄の宮殿ほどには歴史主義的遺産との断絶を表わしてはいなかった。プラハ見本市社（ＰＶＶ）社長ヴァーツラフ・ボハーチは、鉄とコンクリートとアルフォンス・ムハの間にはいかなる矛盾もないとするモダニティのヴィジョンを長きにわたって明言してきた。国民社会党商業部門の部長ボハーチがチェコ見本市社の創設を試みたのは一九〇八年に遡る。一九一二年十一月、ボハーチは自身が記者を務める『ナーロドニー・オベッツ〈国民社会〉』紙に、「プラハにおけるスラヴ博覧会」と題した記事を掲載し、プラハは「まだ未来のスラヴのメッカにすぎないが、代表者たちに抜け目なささえあれば、世界屈指のスラヴ都市になるだろう」と論じている。ボハーチの汎スラヴ主義は実用的な役割を有し、まさに工学的精神の特徴を備えていたと言える。チェコスラヴ民族誌博覧会に代表される空虚な文化的示威行為に費やす暇は、ボハーチにはほとんどなかった。「あらかじめ言わせていただくなら、産業やビジネスを伴わない民族誌文化博覧会のプログラムは、我々の考えではまったくもって無意味であり、チェコを後退させるもので実際的ではない[38]」とかれは警告する。それほど驚くことでもないが、ウィーンの帝国政府はボハーチの提案を却下した。

独立後ということもあり、冒険を試みる条件は整っていたが、とりわけボハーチが与党の国民社会党との繋がりを持っていたことが関係していたのだろう。一九二〇年、チェコスロヴァキア政府は有限会社プラハ見本市社の設立を承認し、相当数の株式をプラハ市が保有することになった。同社は〈博覧会場〉の管理を引き継ぎ、同年九月に最初の見本市を開催する。面積も市の中心へのアクセスも、ボハーチの野心を満たすものではないことが判明する。一九二四年、ボハーチは私財をすべて投じて、当時老朽化した二つの工場が建っていたホレショヴィツェの区画を買収する。新しい「見本市都市」〈当初、ホテルを含む四棟の建物が構想されていた〉の設計案のコンペがさっそく開始された、ティルの案が一等、フクスの案が三等となった。二次コンペでは、二人の建築家が才能を出し合い、かれらの合同コンペ案は、美的見地からするとより伝統的だが実用性に欠けるアロイス・ドリアークの案を打ち負かし、プラハ見本市社に採択される。一九二八年九月二十八日、「独立一〇周年を迎えたチェコスロヴァキア共和国への贈り物」と宣伝された〈見本市宮殿〉は華々しく開業を迎える[39]。チェコ語のメディアでは大げさな表現が並び、なかでも「宮殿（palác）」という語は、記念碑的かつ歴史主義的なものを明らかに想起させ、のちにタイゲがル・コルビュジエのムンダネウム案に不快感を抱く理由となった。「建物自体はこれ見よがしに飾り立てられたファサードに迎合することなく、心を打つ静寂、大聖堂のような静寂によって確信を与える。一万回の爆発、際限のない仕事、仕事、仕事で沸き立っていることを［…］私は現代の世界征服者が勝利を待ち焦がれる城である」と大いに称賛する記者もいた[40]。「仕事、仕事、仕事（práce, práce, a práce）」はトマーシュ・ガリッグ・マサリクのスローガンで、国家が実用性を重視すべきだという点において、マサリクはヴァーツラフ・ボハーチと完全に意見を同じくしていた。パラツキーや一九世紀の先覚者につねに配慮しながらも、「大統領-解放者」マサリクが主張し続けたのは、チェコ人は、一八九〇年代以降の過去がかれらにとってそれほどよいものではなかったにもかかわらず、その過去に取り憑かれているということだった[41]。

大聖堂の比喩は、大ホールで開催される予定の最初の美術展を見据え、『ノヴァー・プラハ〈新しいプラハ〉』紙でふたたび使用されている。「〈見本市宮殿〉の記念碑的なホールは、スラヴの魂、愛、情熱の壮麗な大聖堂へと変容することだろう。そこでは、個々の絵画はスラヴの最終的勝利へと向かうスラヴ民族の歴史的巡礼における象徴的な停留所となるだろう[42]」と同紙は大々的に報道した。S・K・ノイマンやカレル・タイゲの信念がどのようなものであったにせよ、それらもまた、チェコ機能主義建築の矜持と歓びたるフクスとティルによる鉄とコンクリートの宮殿が、アルフォンス・ムハの《スラヴ叙事詩》の一般公開によってこけら落としを迎えたという事実と同じ性格のものだった。《スラヴ叙事詩》は、パリのアール・ヌーヴォーの寵児ムハが一九一〇年のボヘミアへの帰郷以来、当人の言葉を借りれば「民族のための作品[43]」に生涯を捧げるべく取り組んできた畢生の大作だった。ムハの制作したチェコスロヴァキア共和国初の郵便切手と紙幣、愛国的理念を示す数々のポスター、一九二六年のソコル大会におけるヴルタヴァ川での壮観な水上公演案など、これらすべては巷に溢れる一九世紀の民族主義的イメージを利用したものであった[44]。《スラヴ叙事詩》は二十点の巨大なカンヴァスから構成され、シリーズ全体の主題を要約しているのが、連作最後の一点のタイトル《スラヴ民族の賛歌》である。連作で取り上げられているナールデンで臨終を迎えるヤン・アモス・コメンスキーを描いた一点についてはすでに触れた。《スラヴ叙事詩》を、当時のチェコ人のモダニスト批評家たちは、様式、内容ともに前世紀への時代錯誤的な後退としてことごとく切り捨てたが、進歩的知識人による批評は無視された[45]。これに次ぐ大ホールでの美術展もまた、ミシンと雨傘の結びつきを想起させるものだった。それは、ヴァーツラフ広場の聖ヴァーツラフ像の作者である彫刻家ヨゼフ・ヴァーツラフ・ミスルベクの没後大回顧展だったが、このような出会いもまた偶然ではなかった。[46]

　アルフォンス・ムハと鉄とコンクリートの奇妙な結婚よりもふさわしくないと思われる次元において、一見すると結びつくことのない二つの現実の目に余る——モダニストの審美家にとっては許しがたい——結びつきを求めることはできるのだろうか？　それは、ピカソとアクシオン・フランセーズを結びつけるくらい不相応なものに思える。この結びつきが現実離れしているように見えるのは、当然ながら、モダニストの眼差しを通してモダンなものを見る私たちの習慣、あるいは換言すれば、モダニズムの美学の命じるところに従って振る舞うことを歴史に期待する私たちの習慣の問題である。だが——少なくともこの地域の——近代史の道のりは、一九三六年のニューヨーク近代美術館〈ＭＯＭＡ〉で開催された〈キュビスムと抽象美術〉展の図録の表紙に掲載されたアルフレッド・バーの有名なフローチャートとは似ても似つかない。そのフローチャートでは、近東美術、日本の版画、黒人彫刻、新印象派、セザンヌが、キュビスムと機械美学を通過し、現代建築と抽象美術へ見事なまでに続いている。[47]それに、この道のりは次のような流れとも異なる。「最初それは幅が広く自由で［…］多くの渦や傍流によって乱されもするゆったりとした動きであるが［…］狭い水路に入り込み、その結果しばらくの間はヴェンチューリの物理法則により、ほとんど革命的な速度で突き進んだ」——これは、一九六六年にニューヨーク近代美術館から再刊された『インターナショナル・スタイル』の序文でヘンリー＝ラッセル・ヒッチコックが近代建築の発展に関して語った有名な一節からの引用である。[48]モダニティは灰色の夢幻の影の中に刻まれ、光と影の筋に貫かれたキアロスクーロよりも捩れているが、それはいつの時代もそうだった。〈見本市宮殿〉のさらなる冒険がどのような暗部と捩れを抱えているのか、のちに明らかになるが、それほど先の話ではない。

　その間、ミース・ファン・デル・ローエによるトゥーゲントハット邸の歴史とその時代にまつわるエピソードをいくらか辿ってみれば、モダニティとその建築スペクタクルを混同することはなくなるかもしれない。ミースはバルセロナ・パビリオンに取り組んでいたのと同じ時期にこのブルノの邸宅を設計し、こちらも同様の先鋭的なデザインの要素（オニキス製の仕切り壁、十字形の鉄骨柱、厚板ガラスの開口部）を数多く有している。一九二八年九月、建築家はブルノの古い街並みを一望できる土地を調査する。作業は急ピッチで進められ、ともに地元の裕福な繊維業者一家の出である新婚のフリッツ・トゥーゲントハットと妻グレーテは、一九三〇年十二月に新居に移ることができた。だが、二人の新婚生活は長くは続かなかった。運の悪い場所と運の悪い時代にユダヤ人は巻き込まれ、一九三八年、夫妻は二人の幼い娘を連れてスイスへと逃れ、その三年後にはベネズエラのカラカスに渡る。一九三九年三月のナチ侵攻後、この邸宅はゲシュタポに接収され、メッサーシュミット航空機社をはじめとするさまざまなドイツ人入居者に占有された。戦争の終盤、建物は砲撃を受け、邸宅の内部はソ連兵に厩舎として使われたため、すっかり荒廃した。戦後、邸宅は修復され、バレエ学校となる。「勝利の二月」事件により共産党政権が誕生したことで、一家が所有権を取り戻す道は断たれ、一九五〇年、トゥーゲントハット邸は国立リハビリテーション研究所として接収された。その後、邸宅はブルノ小児病院の一部となった。

新しい「プラハの春」の最初の試行的な兆しが漂う一九六三年、トゥーゲントハット邸は「重要文化財」に登録された。一九六八年、ブルノの〈芸術の館〉でミースの作品展が開かれ、翌六九年一月に行なわれた修復可能性に関する会議によって、建物を元の状態に復元する希望が見えた。その頃には、建物の構造はすでに相次ぐ入居者によって手が加えられ、ミースが手がけたオリジナルの家具や建具——かれのトレードマークであるバルセロナ・チェアを含む——のほとんどが散逸していた。その一か月後、邸宅の所有権は正式にブルノ市へ移譲される。保存への努力を重ねてきたにもかかわらず、今度は「正常化」体制によって水泡に帰す。修復工事は一九八二年まで停滞し、その間、邸宅はマルクス-レーニン主義研究所の公文書館として利用された。一九八五年、修復工事が完了した後、ブルノ市は邸宅を宿泊所兼会議施設として利用した。一九九二年の選挙で勝利したチェコ側のヴァーツラフ・クラウスとスロヴァキア側のヴラジミール・メチアルが、その年の夏、ミースによる壮麗な黒壇の円形ダイニングテーブルを囲んで席に着き、チェコスロヴァキアを二つの独立国家に分割する「ビロード離婚」について協議した場所は、ほかならぬこの邸宅だった。

最終的にトゥーゲントハット邸はブルノ市立博物館へ譲渡され、一九九四年に一般公開された。翌年、ミースの傑作に「国家文化記念物」の地位が正式に与えられる――もちろん、超現実の一翼を担ってきたもはや存在しない国家の近代史の記念碑としてではなく、建築のモダニズムの記念碑としてである。二〇〇一年、ユネスコはトゥーゲントハット邸を世界文化遺産に登録したが、モダニズムのファサードの裏に隠された歴史の不条理にそれ以上関心を示すことはなかった。この邸宅を「一九二〇年代にヨーロッパで発展した、建築におけるモダニズム運動の中のインターナショナル・スタイルの顕著な例」と認めつつ、次のような説明が続く。その「特有の価値は、革新的な空間と美の概念を適用した点にある。この概念は、近代の工業製品によって与えられた機会を生かすことで新しい生活様式の必要性に応えることを目指している」[49]。何が私たちの遺産で、何がそうでないかを決定する人びとの脳裏に、この邸宅の数奇な運命には現代の歴史家たちに伝えるメッセージが他にあるかもしれないという考えがよぎることはなかったようである。その間、自分たちにとってはまったく異なる意味を持つ家族の家を取り戻す希望を捨てずにいたフリッツとグレーテの娘たちとの訴訟は、膠着状態が続いていた。末娘ダニエラはその頃すでに高齢で、夫とウィーンに暮らしていた。「あの家にとっても、ブルノ市にとっても、好ましい解決策がまだあるかもしれません」。二〇〇七年、ダニエラはロンドンの『オブザーバー』紙の記者にこう話している。「私にはわかりません。今のところは好ましくはないようです」[50]。

未来という過去の亡霊

「古都プラハの話をする必要はないでしょう」、ル・コルビュジエはカレル・タイゲにこう請け合った。「誤解してほしくはないのですが、私はこの街がすっかり気に入りました。ですが、聖ヴィート大聖堂のことではなく、見事に均整の取れた古い家屋やどこにでもある建物のことです。たしかに質素ではありますが、他と違った特徴があり、品を感じます。これは南方の精神が宿る建築です。ウィルソン駅（現在のプラハ本駅）の裏手の新市街の界隈、そこかしこはつまらないドイツの街です」。ル・コルビュジエは、チェコの現代建築家たちが新即物主義のウイルスに感染していないことを知って喜ぶ。そして、鼻であしらうようにこう述べる。ドイツは「神経衰弱的かつロマン主義的なので、私は我慢がなりません。近代建築の揺籃の地がドイツだと言う人もいますが、それは違います」。近代建築の発祥は、ユーゲントシュティール（あるいは「ドイツ表現主義のヒステリー」）ではなく、ポン・デ・ザール、機械館、フランス国立図書館であるとル・コルビュジエは言い添えている。チェコの民族主義的な新聞社のいくつかが、ル・コルビュジエの発言を好機とばかりに取り上げたため、タイゲは『スタヴバ』誌上で、ル・コルビュジエは排外的な人物ではないと擁護する羽目になったが、完全に誤解が解けたわけではなかった。[51]

近代建築史に対するル・コルビュジエのこのような截然とした見方について、ヒッチコックとジョンソンならどのように考えるか見当もつかないが、『インターナショナル・スタイル』の淀みのない拍子を乱しているのは明らかであり、モダニズムを複数形で考えたほうがよいということを今一度示唆している――「複数形」という表現は、一九三六年に発表され、ポール・エリュアールに捧げられたヴィーチェスラフ・ネズヴァルのもっともよく知られた詩集『複数形の女』を想起させる。[52]「モダニズム運動」というニューヨーク近代美術館の単数形の抽象概念で育った人びとは、ル・コルビュジエがプラハ特有の複雑さと矛盾に熱狂しているのを知って、同じように面食らうかもしれない。このフランス系スイス人の建築家は、自らが近代ヨーロッパの中心にいることを知っていたが、それはかれが知っていると思っていた近代ヨーロッパそのものではなかった。

「ヴァーツラフ広場の街路は素晴らしい」とル・コルビュジエは話を続ける。「その生命、テンポ、店、行き交う人びと、裕福な中産階級もいれば、庶民もいる。なぜかはわかりませんが、少しアジア的なものを感じます。パリとはまったく別物です。素晴らしい未来が待ち受けているはずです。ここには健全さ、力、熱意、意欲、少しばかりの野蛮さがあり、古典主義の文化がいくらか欠けているものの、かといって神経衰弱的ではない」[53]。かつての（そして今もそうだが）ヴァーツラフ広場の「猥雑な活気」を目の当たりにして、ル・コルビュジエは「目抜き通りはほとんど正気の沙汰ではないですね」とほとんど結論を出したようだった。[54]かれが唯一気にかけたのは、プラハが「あまりにも世俗的」であることだった。「その点では典型的なプチブルのパリを好みます。プラハの豪奢なカフェや張り巡らされた鏡を見るとぞっとします。私が好むのは簡素な生活様式なのです[55]」と心の内を打ち明けている。

活気にあふれ、商業的で、未来志向という（「アジア的」である点はさておき）ル・コルビュジエが抱いたプラハの印象は――もしそのような単一の実体が仮に存在したとして――アンドレ・ブルトンが発見した古いヨーロッパの魔法の都と比べて必ずしも真実に近いわけではなかったが、その時代の精神、少なくともその時代の夢と歩調をともにしていたことは確かであった。ネズヴァルが『雨の指をしたプラハ』を書く頃には、ナーロドニー大通り、ナ・プシーコピェ通り、ヴァーツラフ広場は〈黄金の十字路（ズラティー・クジーシュ）〉の幹線を形づくり、モダニズム建築様式の不協和音を作り出すネオン輝く繁華街となっていた。ヤロミール・ヨーンは小説『賢いエンゲルベルト』で、チェコスロヴァキア独立初期に特徴的だった風景や史跡の位相の変化を苦々しく回想している。ヤン・ネポムツキー巡礼〔聖人の祝日にあたる五月十六日にプラハのカレル橋などを訪問する〕のために地方から上京する人びとは、都市部に住む親類縁者を国民の進むべき道の途上に引き留めておくことはおろか、かれらの所在を突き止めるのにも苦労しただろうとヨーンは訴える。

ヴァーツラフ広場は、人間の身体と自動車の爆発で波打つ湖となった。［…］ナ・プシーコピェ通りとナーロドニー大通りは人いきれでむせかえる大河と化した。［…］古びた家々は一夜にして消滅し、そこには宮殿のような銀行、保険会社、そしてパサージュやレストランや映画館やバーを併設した百貨店が続々と建った。［…］老舗のワインバーやビアホールに何十年も通い詰めていた田舎の人びとは、もはやその所在を突き止めることもできないだろう。ヤン・ネポムツキーの日に訪れるプラハの親類の住所録を持っていても、以前の住所にはもはや見つからないだろう。［…］私たちの歴史には、通りの名に値する偉人はまだそれほど多くなかった。地名もあまり多くはなく、番地もほとんどなかった。[56]

ズデニェク・ペシャーネク、エジソン変電所の照明彫刻、プラハ、1929-30年（のちに復元）。
Photograph © National Gallery in Prague, 2018.

『賢いエンゲルベルト』が執筆された一九四〇年は、ボヘミアの古くて新しい占領者が戻ってきた時期であり、狂ったようにモダニズムへとひた走っていたプラハは、がたがたと揺れて足を止めたかに見えた。危機に瀕すと浮かび上がる記憶を捉えた同時代の作家はヨーンだけではなかった。デヴィエトスィルの初代代表ヴラジスラフ・ヴァンチュラもまた、前衛小説の執筆よりも『チェコ民族史の像』（一九三九―四〇）を描出するほうに才能を傾けるようになり、フランチシェク・ハラスとヤロスラフ・サイフェルトはともに、農村を舞台とし、情感に訴える一九世紀チェコの不朽の名作『おばあさん』の著者、ボジェナ・ニェムツォヴァーの記憶を呼び起こすタイトルの詩集を発表した〔ハラス『われらの婦人ボジェナ・ニェムツォヴァー』、サイフェルト『ボジェナ・ニェムツォヴァーの扇』のこと。ともに一九四〇年刊〕。プラハのモダニストの夢の儚さを裏づけるように、ヴァンチュラは、保護領総督代理ラインハルト・ハイドリヒが暗殺された報復に処刑された男女一千三百八十一人の一人として、一九四二年六月一日、コビリスィ郊外の射撃場で生涯を終える。[57] もっとも、騒々しかった二〇年代には、危機に瀕した過去への郷愁はそれほど目立ったものではなかった。カレル・タイゲとヤロミール・クレイツァルは、一九二四年に「新しいプラハのためのクラブ」を嬉々として設立する。この命名は、スラム街の解体という蛮行に対抗すべく一九〇〇年に設立された保守的な「古いプラハのためのクラブ」に対するあてつけとして、その名を辛辣にもじったものであった。

オースマン男爵のパリとは異なり、ヴァーツラフ広場を優雅でモダンな大通りとするために、何世紀も前に建てられた兎小屋のような住居をことごとく整地する必要はなかった。カレル四世の時代にできた中世の馬市場のおかげで、ゆったりとした空間が取られていたからである。道幅に余裕のあるナ・プシーコピェ通りも同様だった。とはいえ、大改造は不可避であった。ル・コルビュジエの訪問時、ヴァーツラフ広場に並ぶ六十数棟の建物のうち、一九世紀以前のものはひとつしかなく、[58] 大部分は築五十年に満たないものだった。古都プラハの面影を残す建物がわずかに存在していたことは一八七〇年に撮影された写真から確認できるが、当時、ヴァーツラフ広場の上方はまだ馬市場の門によって開閉され、並木が植えられたのは一八七六年になってからのことである。残存していた建物も長くは持ちこたえられなかった。一六世紀後半に建てられたルネサンス様式の〈皇帝の館〉は一八九五年に取り壊され、ゴシック様式の〈ルホテク館〉（一六〇〇年に塔を増築）は一九一三年に消滅し、後期ルネサンス様式の〈アエフレンタールスキー宮殿〉は一九一八年に解体された。バロック様式の〈金の子羊の館〉は一九一一年に百貨店に場所を譲り、その後すぐに〈アンバサダー・ホテル〉になっている。一八四七年にはガス灯が広場を照らし、電気が店舗のファサードを煌めかせ、人びとを魅惑するようになったのは一八八二年のことだった。二〇世紀への転換期になると、かつての馬市場はバスやトラムで溢れ返り、アポリネールのパリと同様、美人秘書たちがせわしなく行き交っていたことだろう。

ヴァーツラフ広場の下方の端に位置するバチャ靴店は、『インターナショナル・スタイル』に掲載された四つしかないチェコスロヴァキア建築のひとつだった（そのうちのひとつはミースのトゥーゲントハット邸）。ヨーロッパのこの地域について、ヒッチコックとジョンソンがバチャ靴店を同書に含めたのは、ヨーロッパへの短期旅行の思いがけない成果でもあったようだ。[59] バチャの店舗がニューヨーク近代美術館に殿堂入りしたのは驚くべきことではない。一階で即日対応の靴修理を行ない、最上階にはビュッフェとペディキュアサロンを備える一九二八年から二九年にかけて建てられた九階建ての店舗は、今日の視点から一見して明らかにモダニズムとわかるものの典型的な例である。「ユングマン広場を眼下に望むファサードの連続窓が胴蛇腹をほとんど覆っているので、残るは窓と窓の間にある、輝く白いストライプのみである。鉄筋コンクリートの骨組で大胆にも宙吊りにされたファサードは、全面ガラスでできている。積極的な機能主義的空間は、構成の存在のみを認めつつ、どんな障害をもすり抜けて怒涛のように溢れ出る」[60]と建築史家ロスチスラフ・シュヴァーハは熱弁を振るっている。戦間期に、手頃な値段の紳士・婦人靴の最新モデルの広告と「我々のお客様こそ、我々の主人！」というコピーが正面に派手に示されていたので、建物のピュリスムはいささか評判に傷がついていた。そこに群がる群衆は、自らが奉仕されることを求めていたのだった。

この店舗は、モラヴィアの町ズリーンのバチャ社に拠点を置くデザインチームの産物であり、同チームを補佐したのは、同じように人目を引く（そして同じように機能主義的な）隣のリンツ百貨店の設計を手がけた建築家ルドヴィーク・キセラである。[61] 一八九四年創業のバチャは、世界初の多国籍企業のひとつだった。靴屋の息子だった創業者のトマーシュ・バチャは、第一次世界大戦中、オーストリア＝ハンガリー帝国軍にブーツを供給したことで大きなチャンスを手にする。一九一七年にはズリーンの工場で五千人の労働者を雇用し、日に一万足の靴を生産していた。その二年後、ヘンリー・フォードの工場を視察し――トマーシュの三度目のアメリカ旅行だった――最新のアメリカ式生産方法の虜になる。バチャは独立後の不景気を運に恵まれて乗り切り、一九二二年、全商品を半額に値下げし、チェコ市民の想像力と国内市場の大部分を手中に収める。一九二八年には、チェコスロヴァキアは世界有数の靴輸出国となり、バチャの製品は日産十万足を超え、三〇年代末には生産高は二倍以上になった。トマーシュが一九三二年に飛行機事故で亡くなると、異母弟のヤン・アントニーン・バチャが経営を引き継ぎ、かれの指揮下で、タイヤ、ゴム製品、玩具、自転車、航空機、人工繊維へと多角化を図ったことで、大恐慌の困難を乗り切ることに成功する。第二次世界大戦前夜、バチャの社員はヨーロッパ、アジア、北米の三十三か国にわたり、その数は六万七千人にのぼっていた。

かつてない進歩的な雇用主だったバチャは、一九二四年には労働者への利益分配計画を始め、一九三〇年には週五日、四十時間制をチェコスロヴァキアで初めて導入した大企業となった。夥しい数のスピーチ、記事、著作で詳述される「共働（スポルプラーツェ）」というバチャの哲学は、従業員をただの人手としてではなく、むしろ「共働者（スポルプラツォヴニーツィ）」と見なすという点において、スターバックスやウォルマートの論法の数十年先を行っていた。「共同体として働き、個人として生きよ！」が同社のスローガンだった。労働者には、学校、病院、スポーツ施設、レジャー施設、低コストで高品質の住宅が提供され、平屋の「靴箱」という独特の小さな庭付き住宅はズリーンで開発され、最終的には世界中のバタヴィル、バタトゥーバ、バタナガルで生産されるようになった。「それは素晴らしい住居でした」と、一九四〇年にロンドンのイーストエンドからエセックスのイーストティルベリーにあるイギリスのバチャ団地に父親とともに引っ越したジョーン・ジェイムズは回想している。「当時、それはとても近代的でした。家の中にバスルームがあるのは目新しいことだったのです。村はずれの家には、まだ電気が通っていませんでしたから」。同時にこう注意を引いている。「ただし、仕事を失うと家も失いました。それに、ある水準を維持する必要がありました。たとえば、毎年夏にはガーデニングのコンペがあったので、敷地内は美しく保たれていました。しかし、一定の水準に達していなければ、庭を手入れするようにとの通達を受けました。監視されてはいましたが、息苦しかったわけではありません。とても安全な環境でした[62]」。今日であればゲーテッド・コミュニティと呼ぶであろうが、ここでのゲートはバチャ工場のゲートのみで、安全は仕事と結びついていた。

世紀末には三千人しかいなかったものの、一九三〇年には二万一千人を超えるまでに人口が膨れ上がったズリーンという町自体が——あらゆる意味で——計画され、すべてが一望できる近代性のモデルだった。一九二三年、トマーシュ・バチャは市長に選出され、同年、「バチャ派」の候補が市議会の三十議席中十七議席を獲得し、一九二七年には二十五議席に躍進する。同社は田舎の町を思うがままに、エベネザー・ハワードの構想した工業田園都市へと作り変えたのだった。一九二五年、ル・コルビュジエはこの構想の実現にあたって監督を打診されたが、かれの計画案はあまりにも高額な経費となることが判明する。最終的に仕事を託されたのは、地元の建築家フランチシェク・リディエ・ガフラとヴラジミール・カルフィークの二人だった。カルフィークは以前、パリのル・コルビュジエのアトリエ（一九二五—二六）とアメリカ合衆国のフランク・ロイド・ライトの現場（一九二九—三〇）の両方で働いた経験があった。「ズリーンは、一貫した建築様式という見事な運命に恵まれていた」とかれはのちに記している。「構成要素の簡素さ、若い町の建築にみなぎる溌溂とした誠実さは、外国からやってきた者が緑の草木、ホステル、労働広場に囲まれたズリーンの工場を最初に目にするときに感じるものだった[63]」。

ル・コルビュジエ自身もまた、同じように感服した外国人のひとりだった。フランチシェク・ガフラは一九三五年一月十九日、ル・コルビュジエに詫び状を書いている。

パリでお世話になってから一年が経ちました。パリでは、僭越ながらあなたをズリーンにお招きし、招待状を差し上げる約束をしました。

今日の今日までこの約束を果たせなかったことをお許しください。旅先から帰国すると、十四歳の娘と四歳半の息子の具合が悪いことがわかりました。それから四か月後、二人は亡くなりました。そのため、あなたに対する義理はもとより、社会的な責務も疎かにしてしまったのです。

現在、落ち着きを取り戻しましたので、改めてバチャ社を代表し、あなたをズリーンへご招待させていただきたく存じます。［…］

あなたをこちらにお迎えするのはこのうえない喜びであることをお伝えしたく思います。というのも、我々は建築においてモダンの形式を見いだそうとするあなたの試みを尊敬しているからです。それこそが現代の精神にかなう唯一のものであると我々は考えております。[64]

一九三五年春、ル・コルビュジエは六週間にわたって滞在するが、これは偶然にも、アンドレ・ブルトンとポール・エリュアールが古都プラハの林立する尖塔の中に詩的思考の漂流物を見いだした年でもあった。ズリーンを目にしてル・コルビュジエの頭にすぐに浮かんだ印象は、「アメリカの蟻塚。少なくとも外見上は。コンコルド広場から直接そこに向かうのは、移動としてあまりに性急すぎる」というものだった。だがすぐに、「自分がいかなる法則からも離れた世界、幸せがいたるところにあって、そこでの生活はつねに興味深い新世界に舞い降りた者のように感じました。この事実は、素晴らしい作業の組織化の中でも際立っていますが［…］この合理的機構のもとで、いっそう価値があり、効果的な要因となっていると気づいたものは、人間らしい心です」。さらにこう祝辞を述べる。ズリーンは「ヤン・バチャ氏、共働者たちとともに［…］新世界のもっとも胸躍る場所のひとつです。そこには真の生活があります！　パリではズリーンのようなものに遭遇したことはありません。パリですることと言えば、うまく寝つけたかどうか自問する程度のものです[65]」。ル・コルビュジエは、ズリーンおよびフランスのエルロクールの双方で、バチャのヴィジョンを建築としてさらに具現化するマスタープランの素案を意気込んで書いたものの、こちらも実現にはいたらなかった[66]。かれが『輝ける都市』（一九三二）の夢を実現する機会を得るには、一九五〇年にジャワハルラール・ネルーからパンジャーブ州チャンディーガル市の都市計画を依頼されるまで待たなければならなかった。

ズリーンの公共建築はすべて、カルフィークが重視した様式面での統一がなされていた。構造の基本単位は、ル・コルビュジエのドミノ・システムで提唱された六メートル×六メートルのモジュールになっていた。「我々が当初より試みていたのは、工業建築から有機的に派生するかたちで、様式面でも町を発展させることだった」とガフラは説明している。「ズリーンの外観は、工業的オブジェ、すなわち工場建築の影響を受けている。それこそがズリーンの建築の主要なモチーフになっている」[67]。町はアメリカ式に碁盤目状に建てられ、工業地帯と居住地区を分ける新しい中心街がつくられた。商業地区の中心には、あからさまな名前を冠した「労働広場」があり、その周囲には、共働者たちが汗水流して稼いだ金を使うことのできる九階建ての百貨店、十一階建てのホテル〈社交館(スポレチェンスキー・ドゥーム)〉、そして当時としてはヨーロッパ最大規模の客席二千席の映画館が並んでいた。ホテルの経費は予算をはるかに超えていたが、会社の来賓はそれだけのものに値するとトマーシュ・バチャは考えた。レストランや会議室、そしてカフェやダンスフロアのある屋上テラスがあっただけでなく、全室に浴室を備えたヨーロッパ初のホテルでもあった。このような革新性は、カルフィークのアメリカ時代の経験によるものだった。カルフィークによれば、「私が仕事をしたアメリカのホテルでは、すべての客室に浴室があった。こことは状況がまったく異なっていた。プラハでさえ、浴室付きの部屋のあるホテルはなかった」[68]。

工場地区と商業地区の交わるところにある十七階建てのバチャの管理棟——基盤目上の所在地にちなんで、単に〈二十一番ビル〉として知られる社の本部——は、すべてを一望できると同時にどこからでも見える建物だった。カルフィークの設計で一九三六年から三九年にかけて建てられたこのビルは、当時チェコスロヴァキア一の高層建築であっただけでなく、ヨーロッパ大陸でも一、二を争う高さを誇っていた。モラヴィアの丘を背にする屋上庭園を見ると、マルセイユにあるル・コルビュジエのユニテ・ダビタシオンを思い浮かべてしまうが、この〈二十一番ビル〉は、それよりも十年以上前に建てられたものであった。高層ビルの外壁の半分以上はガラス製だった。フロアの大部分は分割されていない工場の製造スペースをモデルとし、必要に応じて可動式のガラス製パーテーションで仕切ることのできる自由な間取りのオフィスを見越したもので、もうひとつのアメリカ的な革新性を示していた。このような透明性の例外は八階で、それぞれ家具を備えた木製パネル張りの部屋があり、役員用の執務室となっていた。だが、先見の明のあるヤン・バチャはと言うと、給湯設備、エアコン、無線、電話、そして電動式の窓網戸を備えた六メートル四方のエレベーターの中に自身の執務室を持っていた。つまり、「どの部署にもボタンひとつで移動でき、組織と業務の中枢神経となっていた」[69]。この可動式キャビネットのおかげで、従順で規律ある近代的な身体の系譜をレオシュ・ヤナーチェクのいたモラヴィアの田舎の僻地に探し当てることになると知ったら、ミシェル・フーコーにふつふつと湧き上がるボルヘス的な笑いを催させたにちがいない。

一九三四年五月一日、創業四〇周年の式典で、ヤンは「同僚たち、青年男女諸君！」と呼びかけ、四十年前、まだ十八歳だったズリーンの若者――ヤンの兄トマーシュ――がここと同じ場所に立っていたことを思い出させた。「兄が立っていたこの土地は、当時、外国の貴族が所有していた。かれらは町や町の人びとが何を必要としているか理解しておらず、言葉もほとんど理解していなかった。兄はズリーンの地に立ち、一握りの小屋が寄り添うちっぽけな集落をじっと見つめていた。それは貧しさ、そしてときに飢えに喘ぐ人びとの家庭だった。〔…〕そしてある思いが兄の心を捉えた。手助けしたいという思い。人びとの厳しい生活を改善したいという思い。兄の目の前にあったのは、我々の歴史の鑑だった」。それは、何よりも偉大な建設者であり都市計画家であった「祖国の父、カレル四世だった。〔…〕かれは労働の力と勇敢さによって、人民を当時の文明の最前線に押し出したのだ」。新しい世界を想像するようになったとしても――いや、まさにそうだからこそ――歴史は、決してチェコ人の心から遠く離れてはいない。ヤンは続ける。「今日、ズリーンは、チェコスロヴァキアの都市で婚姻件数がもっとも多い。出生率ももっとも高く、死亡率はもっとも低い。我々の町は自動車の台数がもっとも多く、自営業の年間成長率はもっとも高い。これらはすべて、我々の労働の産物なのだ」[70]。フランチシェク・ガフラはそのときまでに、人間の幸福という点で「仕事、仕事、仕事」が保証できることの限界を問題にする理由があったかもしれないが、いかなる規則にも不幸な例外がある。バチャが未来に楽観的であったのも、もっともであるように思われる[71]。

しかし、歴史が理性と歩調を合わせることはめったにない。〈二十一番ビル〉に最後の仕上げが施される頃には、ズリーンはボヘミア・モラヴィア保護領の一部となり、ヤンはブラジルに逃れていた。バチャの工場はドイツ占領下でも操業を続けていたが、一九四四年十一月、アメリカ空軍の爆撃を受ける。チェコスロヴァキア共産党が考えたように、自らの意志で亡命した社長はナチの協力者だったのか（戦後、共産党はバチャを欠席裁判にかけている）、それとも、工場を稼働し続けることでバチャの共働者たちをドイツでの強制労働から守り、またオーストリア併合後にユダヤ人共働者を国外に転勤させ、ホロコースト行きから救った英雄だったのかという議論は今なお続いている。ヤンに命を救われたことに疑いのない人物のひとりは、当時まだ一歳六か月だったトマーシュ・ストラウスレルである。バチャ社の嘱託医であった父エウゲンは、一九三八年に急遽ズリーンからシンガポールへ転勤を命じられた。若きトミックはその後イギリスにわたり、そこで時満ちて、著名な英国の劇作家トム・ストッパードに変身する。ラジオ・プラハは、バチャとズリーンを題材にした戯曲を最近放送したが、「余白」――ハプスブルク帝国の時代、新聞に対する検閲で生じた空欄にちなんで「白い場所（ビーラー・ミースタ）」と呼ばれた――を残して、不必要な複雑さを歴史に上書きするというボヘミアならではの伝統を引き継いでいるせいか、ヤンの共犯関係をめぐる問題には触れず、ナチの接収に際して、バチャ社をトマーシュ・バチャから「トマーシェク」の愛称で親しまれていた同名の息子に直接移譲し、ヤンの名前にはまったく触れていない。[72]トム・ストッパードの小説『マルキスト卿とムーン氏』に登場する人物はこう述べる。「真実というのは、二つの相反する半面の真理が合わさったものにちがいありません。ですが、それは決して手の届かないところにあるのです。というのも、それでも言い足りないものがつねにあるのですから」[73]。この場合の真実がどんなものであれ――そう、ここでもまた、単数形の真実というものがあればの話だが――一九四五年の大統領令によって、バチャ社は、チェコスロヴァキアのあらゆる銀行、鉱山、公共施設、保険会社、大企業とともに国有化された。ズリーンの町はやがてゴットヴァルドフ〔社会主義体制の初代大統領であるゴットヴァルトの町の意〕と改称され、バチャ社は解散してスヴィート（「光」の意）社となり、ホテル〈社交館〉は〈ホテル・モスクワ〉に生まれ変わった。

その後、四十年かけて――一九四五年以降、チェコらしさだけでなく、チェコ語の補助記号も捨て去り――「バチャ（Baťa）」は「バタ（Bata）」となり、トマーシェク、別名トーマス・バタ・ジュニアの指揮の下、カナダのオタ

〈ホテル・バチャ〉フォトモンタージュ、ズリーン、1930年代。作者不詳。Archive of Jindřich Toman.

ワで自社を立て直したが、ゴットヴァルドフの町には暗澹とした時代が押し寄せてきた。町がかつてのズリーンという名称を取り戻したのはビロード革命後のことである。どのような過去、あるいはどのような未来が現在に影を落としているかは明らかでないが、ズリーンには今なお、未来という過去の亡霊が取り憑いている。二〇〇七年、『ニューヨーク・タイムズ』紙の記者は困惑した様子でこう記している。「〈ホテル・モスクワ〉内にある〈アシエンダ・メヒカーナ〉で夕食をとっていると、そこの安っぽいプラスチックの屋根材の奥に、建物の元の姿をとどめる鉄筋コンクリートの梁、『バタ』のモダニズムのヴィジョンを示すむき出しの骨組があった」[74]。ル・コルビュジエなら、「輝ける都市」の都市計画を「さまざまな偶発的事象の中心に打ち立てられる論理的かつ叙情的なモニュメント」[75]として称賛しただろうが、今回の場合、偶然性があらゆる論理性を圧倒し、残されたポエジーは何かというと、明らかに哀調に満ちたものであった——それは、シェリーの「オジマンディアス」を彷彿とさせる。現在、ズリーンは歴史の踏み固められた轍から遠ざかり、残念ながら一般的な観光名所には乏しいかもしれないが、現実離れしたものを愛好する者であれば、足を延ばす価値は十分にある。骨董のようなこの土地を旅する者の中には、夢のようなバチャの夢のような都市を労働者階級出身の初の大統領の名前に改称したのは、あながち黒いユーモアでないわけでもないと考える者もいるかもしれない。ポストモダンの安物を身にまとったそのむき出しの骨組は、社会主義建築の遺物と容易に見間違えかねないものだった。そしてこれらの建物は、あちこちに建つことになる「パネラーク」を予兆していただけではない。「パネラーク」とは、建設に用いられるプレハブのコンクリートパネルにちなんで名づけられた共同住宅のことで、第二次世界大戦後、プラハやその他のチェコスロヴァキアの都市を取り囲むように建てられたものである[76]。

ヴァーツラフ広場に見いだせるモダニズムのショーケースはバチャの店舗だけではない。私見では、この目抜き通りを典型的にモダンたらしめているのは、個々の建物がどれもインターナショナル・スタイルの美学の拘束に従っていることよりもむしろ、戸惑いを覚えるほど次々と繰り出される建築のさまざまな語彙が醸し出す騒々しさである。バチャの店から三軒上手にあるのは、一八九八年から九九年にかけて建てられたプラハの〈珍しく抑制の効いた〉アール・ヌーヴォー初期の例、ヤン・コチェラによる〈ペテルカ館〉である。ウィーンの建築家オットー・ヴァーグナーの弟子であったコチェラは、チェコ近代建築の父として広く認知されている。「建築家クラブ」の講演会が一九二四年から二五年に行なわれたジトナー通りのモーツァルテウムもまたコチェラの作品である。グラスゴーやブリュッセル、そしてウィーンと同様、プラハもアール・ヌーヴォー全盛期の名残を色濃くとどめているが、興隆も早ければ衰退も早かった。そうした名残のひとつとして、ヴァーツラフ広場を数百メートル上がったところには、ともに一九〇四年から〇六年にかけて建造された〈グランド・ホテル・エヴロパ〉（以前は〈グランド・ホテル・シュロウベク〉、さらにその前は〈シュチェパーン大公ホテル〉）や隣の小さな〈ホテル・メラン〉（元〈ホテル・ルナ〉）の惜しみない曲線美がある。通りを挟んで向かい側には、ヴィシェフラットのスラヴィーンを設計した建築家アントニーン・ヴィールの設計により、それらよりも十年早く建てられたネオ・ルネサンス様式の〈ヴィール館〉が建っているが、別の時代の建築という印象を与える。ナ・プシーコピェ通りの地方銀行と同様、ヴィール館は民俗的モチーフ、チェコ語の格言、歴史画を組み合わせたミコラーシュ・アレシュ（そしてこの場合はヨゼフ・ファンタも）によるフレスコ画を誇示している。一九五四年から五八年にかけて建てられた社会主義リアリズムの〈ホテル・ヤルタ〉は、この雑多な集まりの中でも場違いな感じはしない。共産主義の確信が、クリノリンやカセットテープと同じくらい時代遅れに思える今でもなお存続しているのを目にすると、いかなる近代性――ボードレールに遡る――もまた、つねに過去となる歩みを止められないのだということを痛烈に思い起こす。

このような建築の混乱をより謎めいたものにしているのは、この世のありとあらゆる美を差し出すパサージュの迷宮である。プラハのパサージュはもっと知られてしかるべきである。過ぎ去った時の廃墟に歴史の償いの真実を見いだす果てしない探求へとベンヤミンを誘ったもっと有名なパリのパサージュと同様、これらは失われた時を雄弁に物語る貯蔵庫となっている。[77] プラハにある他の多くのものと同じく、この街のパサージュは私たちの時間感覚を狂わす。パリとは異なり、プラハのパサージュは一九世紀の遺物ではなく二〇世紀の遺物である。一九〇七年から四〇年にかけて、四十ほどのパサージュが、ヴァーツラフ広場、ナ・プシーコピェ通り、そしてナーロドニー大通りに作ら

パヴェル・ヤナーク〈アドリア宮殿〉プラハ、1922-24年。撮影者不詳、プラハ国立技術博物館蔵

れた。これらもまた、建築様式のごった煮(グラーシュ)に含まれている。ヴァーツラフ広場からヴォジチコヴァ通りへ抜けようとして、ハヴェルの罪と映画館の宮殿、すなわち〈ルツェルナ宮殿〉を通り抜けると、〈ルツェルナ・パサージュ〉がアール・ヌーヴォーの暖かい茶色の繭(まゆ)で道行く人を包み込む。ナ・プシーコピェ通りにあるアントニーン・チェルヌィーとボフミール・コザークの〈ブロードウェイ・パサージュ〉――かつて〈セヴァストポル・シネマ〉が入居していた――は、すべてクロームメッキとガラス、そして流線型の簡素な線でできている。黄金を模した建具の光を浴び、ピンクと灰色の大理石を贅沢に用いた、ユングマン広場とナーロドニー大通りの角にある〈アドリア・パサージュ〉は、一九二五年のパリ万博、現代産業装飾芸術国際博覧会を契機に瞬く間に世界中に広がり、同博覧会にちなんで「アールデコ」の名で呼ばれるようになる様式を先取りするものである。共産主義体制崩壊後の改装が行なわれるにあたり、この二〇世紀という冥界からそのベンヤミン的アウラを極力取り去ろうとしているが、過去のモダニティの紛れもない遺物に今でもときおり出くわすことがある。たとえば、ヴァーツラフ広場の〈フェニックス・パサージュ〉内の〈ブラニーク・シネマ〉のファサードにあるルドルフ・クレムリチカによるモザイクは、比類ないチェコ・キュビスムの曲線で描かれた艶めかしい女性の身体に満ち溢れている。

〈アドリア・パサージュ〉があるパヴェル・ヤナーク設計の〈アドリア宮殿〉は、一九二二年から二五年にかけて保険会社リウニオーネ・アドリアティカの建物として、いわゆるロンドキュビスム(あるいは「国民様式」)で建てられた。これは、プラハでもっとも型破りな――もっとも非常識な、と言う人もいる――建造物である。これについて、ル・コルビュジエは「アッシリア的特徴を備えた巨大建築」[78]と巧みに描写している。それに比べて、容赦なくヤナークの奇想を非難したのはカレル・タイゲだった。「あの卑しむべき奇怪なミラマール城は、グロテスクな銃眼付きの胸壁を備え、遠くから見るとボンボン入れのような印象を受ける。[…]ファサードだけで平均的なアパート四棟を建てるのに十分な費用がかかっているとしたら、これは経済と社会に対する罪」であり、ミシガン湖に卵を投げ捨てるようなものだと息巻いている。[79]そのファサードを煌かせているボンボンの間では、ヤン・シュトゥルサによる魅力的な胸とそり返った尻の女性裸像が列をなし、これらは同じくシュトゥルサによるフラーフカ橋の《労働》と

《人間らしさ》の英雄群像と比べると、つまるところ都市の景観を軽薄に見せる一因となっている。タイゲもル・コルビュジエも、ヤナークの信じがたい砂糖菓子が、数十年後にはさらに信じがたい革命の当事者になるとは夢にも思わなかったであろうが、この建物は革命の最先端に立つこととなる。一九八九年十一月、共産主義体制崩壊を演出することになった反体制派の雑多な連合「市民フォーラム」が本部を構えたのは、アドリア宮殿の地階にあったラテルナ・マギカ（「魔法のランプ」の意）劇場だった。これこそ革命兼祝宴にうってつけの舞台装置であり、この場合、紛れもなくパリよりもプラハにふさわしいものだった。（窓ガラスが一枚も割れなかった）十日間のデモを経て、不条理劇の劇作家を城に送り込むような場所が他にあるだろうか。そう、間違いなく単なる偶然の一致である。だがこれは、機能とフォルムの間にあまりにも論理的な一致を求めることがいかに危険であるか、私たちにふたたび警告を発しているのだ。

ネオ・ルネサンス様式の国立博物館のばかでかい建物が〈黄金の十字路〉をつかさどっているが、それはまさに妥当であるように思われる。国立博物館の面前には、ヨゼフ・ヴァーツラフ・ミスルベクによる聖ヴァーツラフ像が立っているが、近代の不協和音からなる交響曲の拍子外れの指揮者にはうってつけである。ヨゼフ・シュルツによる国立博物館の設計案は、偉大かつ善良なチェコ人を表わす彫像や胸像を収蔵するドーム型のパンテオンが主な勝因となり、他の応募者を抑えて選ばれた。パンテオンに収められる人物には、トマーシュ・マサリクのように政変ごとに出たり入ったりする者もいれば、ベドジフ・スメタナやボジェナ・ニェムツォヴァーのように、時代の変化に自在に適応できることを示す者もいた。だが、大半の者は単に忘れ去られたにすぎない[80]。ヴァーツラフ広場はヴィーチェスラフ・ネズヴァルのお気に入りの場所ではなかったものの、この広場の魅力に完全に抗えたわけではなかった。ネズヴァルのミューズは、ル・コルビュジエのものよりも複雑であり、黄金の二〇年代の明るく若々しい存在ではなかった。ネズヴァルは『プラハの散策者』にこう記している。「夜、ヴァーツラフ広場の博物館に点々と灯る窓の明かりを目にすると、ランプを手にし、数世紀の間さまよっている夢遊病の女性に出会えるのではないかという妄想を抱き、中に入ってみたくなる。彼女が前世紀半ばの有名な女優であるとわかったとしてもまったくかまわない。黒い絹のストッキング、それにある種の偏った倫理感は、愛を実に官能的なものにする。こういう事柄について、わたしは悪徳を好む」。広場で繰り広げられる日々の悪徳に対して、ネズヴァルはその頃までそれほど魅力を感じていなかった。ネズヴァルが嘆くほど、ヴァーツラフ広場は「凡庸な娼婦の類」であふれ返っていた。だが、土曜日だけは特別である。〈カフェ・パサージュ〉の二階で、「今なおロマン主義の感覚を備えた見習いの帽子職人と美容師」の姿を目にすることができるかもしれない。そしてネズヴァルはこう結ぶ。「さもなければ、その明かりと甘いかび臭さにいたるまで、ヴァーツラフ広場はまるごと消え失せるがいい。ここではわたしのために幸福が花開くことはない。ご承知おきを！」[81]

〈グランド・カフェ・オリエント〉の窓から

バチャの店舗のちょうど裏手、ユングマン広場の外れには、エミル・クラーリーチェクによる「キュビスム」の街灯が立っている。それを見ると、どういうわけかC・S・ルイスの童話『ライオンと魔女』に出てくるナルニア国の国境を定める孤独な街灯がつねに脳裏に浮かぶ。イギリスの田舎屋敷にある衣装簞笥の中を通り抜けると、ナルニア国に辿り着く。物語の冒頭で、ナルニア国は美しい白い魔女に魔法をかけられ、百年の間、一年中冬の世界になり、決してクリスマスが訪れることはなく、魔女は敵対する者を石像に変えてしまう。[82] クラーリーチェク作のぽつんと立つ街灯は、ブランクーシの《無限柱》を予兆させる気配があり、少なくとも西寄りの芸術基準の眼を通して見るならば、同じく混沌とした不思議の国への扉をも開く。「チェコ・キュビスム」――昨今、曖昧ながらこう呼ばれるようになった――は、実に特徴的な近代建築をいくつもプラハに残している。世界中どこを探しても、これほど特徴的な近代建築はほとんど見つからないと言っても過言ではないだろう。というのも、アポリネールが名づけた断片の美学を建築に応用するという例――衣装簞笥や肘掛け椅子、灰皿、照明、ブックカバー、そして舞台装置などへの応用は言うに及ばず――は、他のどこにも見当たらないからである。これがすなわち、ヨゼフ・ホホル、パヴェル・ヤナーク、ヴラスチスラフ・ホフマン、そしてヨゼフ・ゴチャールが試みていたことであるならの話だが。チェコ・キュビスムがいかなるものであったにせよ、間違いなくもっとも興味深いのは、決して純粋なものではなく、むしろ不純であるという点である。その確かな証拠に、これらの作品の分類方法はどこか不完全である。なぜなら、美術史家は心許なさそうなハイフン（「立体-表現主義」）やぎこちない合成語（「ロンドキュビスム」）に繰り返し頼ったり、「チェコ・キュビスム」や「表現主義とチェコ美術」のようなテーマを異にする展覧会に、同じ作品が違和感なく出品されているからである。[83]

　予想どおり、カレル・タイゲはモダンという直線からのこのような逸脱に困惑を見せている。かれは構成主義と機能主義が建築界を支配していた一九三〇年を振り返りながら、チェコのキュビスム建築は「ロマン主義的想像力という司祭に牛耳られた袋小路」であるとして撥ねつけ、キュビスムに続くロンドキュビスム――取り戻した国の独立にふさわしい「国民様式」を創造すべく、一九一四年以前のキュビスムの遺産にスラヴ的要素を吹き込もうとしたものの、短命に終わった運動――は「建築の進歩を半世紀以上巻き戻す」ものだと主張した。タイゲは、ホホル、ヤナーク、ゴチャールの建築の角張ったファサードの背後に、ドイツ表現主義のヒステリーの痕跡のみならず、遠いバロックまで及ぶ影響を見抜いていた。「モダニズムの建築家であることを自認する人びと［が］［…］バロックの恩恵をこうむっているというのは、奇妙な運命の皮肉である」とタイゲは嘲笑する。ただ、キュビスムの「抽象的な精神性、劇的なまでにダイナミックなフォルム」が、ヤナークのフラーフカ橋やゴチャールの「並外れて勇ましく、表現豊かで、歴史的意義のある」〈黒い聖母の館〉とともに、人目を引く巨大建築をプラハにもたらした点は認めている。しかしながら、タイゲの考えによれば、「比較的均一な服装で、モダンな、つまりあらゆるものが価値や機能そして目的によって明確に規定されている適切な住まいと家具も探し求める近代の個人」にとって、このような建物は見当違いなものだった。進歩という目的論――あるいは均一性のエロス――とそれほど強く結びついていない者たちは、過去に遡って、プラハの土地の精神（ゲニウス・ロキ）に対するキュビスムの建築家たちの感性に恩義を感じたかもしれない。かれらは、

ヨゼフ・ゴチャール〈黒い聖母の館〉プラハ、1911-12年。撮影者不詳、プラハ国立技術博物館蔵

タイゲの言葉を借りれば、「[第一次]世界大戦前の数年間にヨーロッパ[建築]の発展の前衛[84]」に立つことと、「古いプラハのためのクラブ」の会員として活動することとの間に何の矛盾も感じていなかった。[85] かれらの建物の持つ遊び心と、過去を反復しようとする意欲の両方をあとになって考えてみると、一九世紀の模倣的歴史主義とは大きく性格を異にするそれらの建築は、あえて言えば、ほとんどポストモダンのようにも見える。

ツェレトナー通りと青果市場の交わる角に建つ〈黒い聖母の館〉が建設されたのは一九一一年から一二年にかけてで、それは、百メートルほど通りを下ったところにある市民会館がほぼ完成してから数か月後のことだった。二つの建物は、ほぼ同時期に建てられたにもかかわらず、それらの差異はこれ以上ないほど極端である。ゴチャールによる六階建ての百貨店（竣工当時はそうであったが、現在は〈チェコ・キュビスム博物館〉となっている）は、彩色した卵やポムラースカといった復活祭の楽しみや遊びのように、振返ってみるときわめてチェコらしいことがわかるが、あからさまに愛国心に訴えかけてくるようなものではない。建物に唯一加えられた装飾と言えるのが、角の格子に納められた小さな黄金の聖母像であるが、これはプラハ古来の紋章の伝統を二〇世紀なりに受け入れたもので、シュルレアリストたちを大いに魅了する。この像はかつてこの場所に建っていたバロック様式の館を飾っていたものだった。建物の外観は規則的かつ幾何学的で、最上階とその下の階は対称的に引っ込んでいる。それより下の四階分のファサードの大半はガラス板でできている。「キュビスム」建築としてこの作品が傑出しているのは、表面を解体すべく、ゴチャールが傾斜面を対角線上に配置したことであり、それによって感じられたであろう抗しがたい重量感が緩和されている。正面ファサードは中央に向けてわずかに角度がつけられ、二、三階部分の張り出し窓が引っ込んでいるため、屈折はより強調されている。この宝石のようなカット面は、ネクラノヴァ通りにあるヨゼフ・ホホルのホデク集合住宅でより明確に用いられており、窓は別として、外装のディテールはほとんど垂直になってはいない。ホホルに芸術的インスピレーションを与えた源として、ブラックやピカソがすぐに思い浮かぶが、実際はそうではない。ロスチスラフ・シュヴァーハはこう述べている。「角のバルコニーのほっそりとした柱は、菱形のヴォールトというふさわしい一片によって完結する後期ゴシック教会から移植されたかのようだ」[86]。

プラハは、第一次世界大戦前に多視点的な実験を行なったピカソやブラックをはじめ、同時代のフランスの影響を受けなかったわけではない。当時のパリとプラハの距離は、二〇世紀後半に比べるとはるかに近いものであった。もしかしたら、フランツ・カフカが路面電車に乗って旧市街からジシュコフまで向かう距離よりも近かったかもしれない。セーヌ川両岸で富と名声を求めたチェコ人画家はアルフォンス・ムハだけではない。ヴァーツラフ・ブロジーク、ヤロスラフ・チェルマーク、アントニーン・ヒトゥスィ、ルジェク・マロルト、カレル・ヴィーチェスラフ・マシェク、ヴィクトル・オリヴァ、そして〈国民劇場の緞帳を手がけた〉ヴォイチェフ・ヒナイスといった一九世紀の芸術家はみな、長年パリに暮らし、パリの空気に浸った[87]。批評家で蒐集家のヴィンツェンツ・クラマーシュについてはすでに触れたが、クラマーシュが目端を利かせてダニエル＝アンリ・カーンワイラーや他のパリの画商から作品を購入したことで、〈造形芸術家グループ〉のメンバーは刺激を受け、新たなキュビスムの視覚言語を探求することになる。ゴチャール、ホホル、ヤナーク、そしてホフマンはみな、同グループの一員であり、画家オタカル・クビーン、エミル・フィラ、ヨゼフ・チャペックも同様であった。後者の三人は、一九一〇年から一四年にかけてパリに長期滞在している[88]。一九一一年から一三年にかけての作品が世界でもっとも早いキュビスム彫刻のひとつに数えられるオットー・グートフロイントもまた、一九〇九年から一〇年までの一年間、パリのエミール＝アントワーヌ・ブールデルのもとで学んでいる。一九一四年の春、パリに戻ったグートフロイントは、ピカソ、アポリネール、グリスと知り合う。戦争が勃発すると、フランス軍の外国人部隊に入隊し、アルザス、ソンム、シャンパーニュで戦闘に加わったが、外国人部隊の条件について抗議したかどで、一九一六年五月以降、戦争が終結するまで投獄されていた[89]。ボフミル・クビシュタは〈造形芸術家グループ〉への参加を断ったが、チェコ・キュビスムの画家の中でもっとも独創性溢れるひとりである。クビシュタも一九〇九年から一〇年にかけてパリを二度訪れ、八か月ほど滞在した[90]。明快な美術史の系譜を好む者にしてみると困惑するかもしれないが、クビシュタは一九一一年、ドレスデンの表現主義グループ、ブリュッケに参加している。それは〈造形芸術家グループ〉が結成された年でもあった。

同様に分類しがたいのは、アルフレッド・バーがのちに「西欧初の純粋な抽象[91]」絵画と評する特異なボヘミア人、フランチシェク・クプカである。一八九五年からパリで暮らしていたクプカは、一九〇六年、婚約者ウージェニー・ストウブとともに、ピュトー郊外にあった小さなアパルトマンに移り住む。隣人にはマルセル・デュシャンの二人の兄、ジャック・ヴィヨンとレーモン・デュシャン＝ヴィヨンがいた（デュシャンの妹シュザンヌもまた優れた画家だったが、このことは忘れられがちである[92]）。「ピュトーの毎日曜日」に、三人の男は〈セクシオン・ドール（黄金分割）〉のキュビスト、ジャン・メッツァンジェ、アルベール・グレーズ、フェルナン・レジェ、そしてロベール・ドローネーと妻ソニア、さらに批評家アンドレ・サルモン、アレクサンドル・メルスローらと集い、話題は「レオナルド・ダ・ヴィンチ、キュビスム、未来派、黄金数、非ユークリッド幾何学、マレーのクロノグラフ、そして四次元」へと広がり、「常連にはギヨーム・アポリネールもいた[93]」。一九一二年、クプカはサロン・ドートンヌに、〈セクシオン・ドール〉の面々とともに自身の（あるいは他の者にとっても）最初期にあたる抽象絵画を二点、《アモルファ――二色のフーガ》と《アモルファ――暖色》を出展する。批評家の反応は予想どおり否定的だったが、アポリネールが「オルフィスム」という造語の着想を得たのは、まさにクプカのカンヴァスからだった。翌年、『ニューヨーク・タイムズ』紙に「オルフィスム――絵画の最新流行」という長文の記事が掲載され、見出しには「クプカが主導するエコール・ド・パリは、音楽と同じように感覚に作用する色を持つ」と記されていたが、これこそクプカが目指していたものであった[94]。一九一三年初め、クプカは友人アルチュール・レスラーに宛てて次のように綴っている。

「概して、私が目下探究しているのはシンフォニーだ。［…］私がどれだけの嘲笑に耐え忍ばなければならないか、想像もできないだろう」。観衆から「これは何を表わしているのか?」、「これは何のつもりか?」と尋ねられるたびに、クプカはモダンアートの中にモダニティを位置づける次のような質問で応酬した。「ではお尋ねしますが、美術作品というのは何かを表わしていなければならないものなのでしょうか?」[95]

第一次世界大戦終結後、パリはふたたび、チェコ人芸術家たちを惹きつける磁力を有した。かれらは、冒険心あふれる多くのアメリカ人――ほんの数例を挙げるとしたら、マン・レイ、ガートルート・スタイン、F・スコット・フィッツジェラルド、ヘンリー・ミラー、アーネスト・ヘミングウェイ、ベレニス・アボット、アレクサンダー・カルダー、リー・ミラーら――と同じく、その神話的源泉にモダニティを探し求める旅に出た。ヨゼフ・シーマは一九二一年フランスに居を定め、フランス人女性と結婚したのち、一九二六年にフランス国籍を取得した。マーネス画廊で開催された〈ポエジー　一九三二〉展にパリの作家の作品を数多く展示できたのはシーマに負うところが大きい。同展はアンドレ・ブルトンの認めたものではなかったが、おそらくそのことが、規模の大きさにもかかわらずシュルレアリスム運動の大半の歴史の中でほとんど注目を集めてこなかった一因だろう――第二次世界大戦後、プラハが「東欧」へと驚くべき変貌を遂げたことも、そうした忘却に一役買ったにちがいない。シーマはパリとプラハで作品を同等に展示しながら、都市、言語、そして文化をうまく跨いでいた。[96] シーマは、ロジェ・ジルベール゠ルコント、ロジェ・ヴァイヤン、ルネ・ドーマルといったフランスの若い作家たちとともに〈大いなる賭け〉の創設メンバーとなるが、同グループはシュルレアリスト・グループとは意見を異にしたため、アンドレ・ブルトンを苛立たせることになる。『リドヴェー・ノヴィヌィ』紙のパリ特派員でもあったチェコ人作家リハルト・ヴァイネルもまた、同グループに出入りしていた。ヴァイヤンが一九二七年夏にプラハにいたヴァイネルを訪ねた際、カレル・タイゲを「チェコ・シュルレアリストのリーダー」と誤解している。当時、タイゲはシュルレアリスムとほとんど関係がなかったことを考えると、まさにこれは客観的偶然の予兆となる言い間違いだったと言える。[97] 一九二九年、シーマはグループ名の由来となった雑誌『大いなる賭け』にネズヴァルの詩篇「アクロバット」を訳して掲載し、表紙のデザインも手がけている。[98]同号には、アンドレ・マッソン、かつてのダダイスト（そして『リテラチュール』誌にもたびたび寄稿していた）ジョルジュ・リブモン＝デセーニュに多くのページが割かれている。当時、二人ともブルトンの著書で言及されたことはなかった。翌年、『ReD』はその恩返しに〈大いなる賭け〉の特集号を出している。[99]

シュティルスキーとトワイヤンによる『パリとその近郊案内』の「パリのチェコ人」の章によると、フランスの「チェコ人居住区」には推定八万人のチェコ人が住んでいるとされている。チェコ人居住者には、チェコ人学校、スポーツクラブ、園芸クラブ、在郷軍人会、飛行クラブ、銀行、新聞（『パリのチェコスロヴァキア人』紙、『パリープラハ』紙など）、九軒のチェコ料理店、二軒のチェコ・バーがあった。だがこれらは、短期滞在のボヘミア人芸術家たちが、〈ドゥ・マゴ〉や〈ドーム〉や〈ロトンド〉、その他パリのアヴァンギャルドの作家や芸術家の溜まり場に足繁く通うことを妨げはしなかった。[100]かれらの多くは個展やグループ展で作品を披露している。クプカは一九三六年にジュ・ド・ポーム美術館で大回顧展を開く栄誉に浴したが、それはアルフレッド・バーがニューヨーク近代美術館で開いた〈キュビスムと抽象美術〉展にクプカの作品を四点含めたのと同じ年のことだった。同じ時期、同じ会場では、クプカのみならず、アルフォンス・ムハの展覧会も開かれていて、美術史上起こりそうもない組み合わせだったが、当時はそれほど違和感を抱かせるものではなかった。一九二三年から三四年にかけてパリに暮らしたチェコのキュビスム画家フランチシェク・フォルティーンは、一九二七年にル・サクレ・デュ・プランタン画廊で展覧会を開き、一九三〇年にはパリでもう二度展覧会を開く。かれは〈セルクル・エ・カレ（円と正方形）〉と〈アブストラクシオン-クレアシオン（抽象-創造）〉（創設メンバーのひとりはクプカ）の二つのグループに属していた。〈頑固派〉のメンバーだったヤン・ズルザヴィーは、一九二三年から三八年にかけてパリ（およびブルターニュ）を拠点としたが、シーマと同様、母国との密接な関係を保っていた。戦間期のパリで重要な時期を過ごしたチェコ人には、他に画家ズデニェク・リクル、アレーン・ジヴィシュ、イジー・イェリーネク、フランチシェク・ムジカ、彫刻家ヴィンツェンツ・マコフスキー、ハナ・ヴィフテルロヴァー、前衛写真家ヤロスラフ・レスレル、作曲家ヤロスラフ・イェジェク、ボフスラフ・マルチヌー、ヴィーチェスラヴァ・カプラーロヴァー、俳優イジー・ヴォスコヴェツらがい

シュティルスキー、トワイヤン、ネチャスによる『パリとその近郊案内』の表紙。作者不詳、プラハ、オデオン社刊、1927年。Archive of Jindřich Toman.

た。[101] クプカは多くのチェコ人滞在者を世話し、授業料を払える余裕があるかどうかにかかわらず、一九二二年に自身が始めた講座の履修を認めている。[102]

一九二五年十二月、シーマとフォルティーンはともに〈今日の芸術〉展に出品した。同展には、パリに到着したばかりのシュティルスキーとトワイヤンも出品し、二人はその後四年間滞在することになる。一九二六年十月、シュティルスキーとトワイヤンはモンルージュのアトリエで〈人工主義〉〔シュティルスキーとトワイヤンが提唱した概念で、詩人と画家の同一化を目指した〕絵画を展示し、それが契機となって、翌月には流行の先端を行くアール・コンタンポラン画廊での展覧会にこぎつけている。翌年、二人はヴァヴァン画廊で展覧会を開き、当時すでにブルトンと仲違いしていたフィリップ・スーポーが二人のために称賛に満ちた序文を寄せている。[103] アドルフ・ホフマイステルは『アヴェンティヌム論叢』で二人の成功を次のように報告している。

> 最後に触れるのが、自信にあふれ、ジェットコースターの激しいテンポで成功と失敗を繰り返している、濃霧のような郊外の住人。優雅なマンカ［マリエの愛称］ことトワイヤンはモードの最先端の服を買い、物静かな人工主義の画家インジフ・シュティルスキーとともに、〈オ・ランデヴー・デ・ショフール〉で燻製の鯖の夕食をとっている。かれらの人工主義は、あなた方を展覧会に誘う。我々は飲み騒いで祝福する。我々を守ってくれるのはネチャスの拳。午前六時より前に我々が帰宅することはない。[104]

母親に付き添われて、ホフマイステルは一九二二年に初めてパリを目にし、マン・レイ、オシップ・ザッキンと出会い、さらにはアポリネールの信奉者で、シュルレアリスムという語の意味および所有権をめぐり、しまいにはアンドレ・ブルトンにその座を奪われたイヴァン・ゴルとも出会っている。[105] 二十歳のホフマイステルはパリがいたく気に入り、第二次世界大戦が勃発するまで、年に一、二回訪れていた。一九三九年四月、ホフマイステルが保護領から脱出できるよう、ルイ・アラゴンは特別ビザを手配するのに手を貸したが、その後ホフマイステルはソヴィエトのスパイであるとの嫌疑をかけられ、フランス当局から他のチェコ人亡命者とともに拘束されてしまう。一九四〇年春、軍事法廷で身の潔白を証明したのち、デヴィエトスィルの諷刺画家はフランスが陥落した日にカサブランカに逃れ、さらにタンジール、リスボン、ハバナを経由し、一九四一年四月にニューヨークに辿り着いた。[106]

アヴァンギャルドのこのような往来は一方通行にとどまらない。その間、複数の展覧会がモンマルトルやモンパルナスからプラハにやってくる流れがあった。一九三一年には、フランスのモダンアートの二つの大回顧展が四か月弱ほどプラハで開催されたが、このような例は他の都市では見られない。二つの展覧会をそれぞれ企画したのは、一九世紀後半の愛国的熱狂の中で創設された、ともにチェコでもっとも古い芸術家組織である芸術家協会マーネスと〈芸術協会（ウムニェレツカー・ベセダ）〉であった。[107] ヨゼフ・チャペックが担当した後者による展覧会は市民会館で開催され、アルプ、ボナール、ブランクーシ、ブラック、デ・キリコ、ドラン、デュフィ、エルンスト、レジェ、マイヨール、マッソン、マティス、ミロ、ピカビア、ピカソ、タンギー、ヴァン・ドンゲン、ヴァラドン、ヴュイヤール、ザッキンらによる五百二十五点の作品が展示された。[108] クプカとシーマは、狭義のチェコ人としてではなく、むしろ展覧会のタイトルと同じく、エコール・ド・パリの面々の中に堂々と位置づけられていた。同展の図録に序文を寄稿したのは、ピカソが《アヴィニョンの娘たち》を制作した時期にモンマルトルのアトリエ〈洗濯船〉に住んでいたアンドレ・サルモンである。[109] マーネス画廊で開催された〈フランス現代美術展〉は、規模は小さかったものの内容面ではきわめて充実していた。二百二十点の出品作のうち、ブラックが十五点、ドランが十三点、ピカソが十六点、マティスが四十五点、モディリアーニが九点、マッソンが十四点だった。図録の序文で、アントニーン・マチェイチェクは、民族的なものと国際的なものの結びつきは不可分であると強調したうえでこう述べている。「二つの信念は、マーネスの会員にとって、ほとんど教義と言ってよいものとなった。ひとつは民族の強度と創造力、そして芸術の未来への信念であり、もうひとつは、今日の芸術を生き生きと照らし出す光は西から差し込み、現代の芸術の創造性と主導者を代表するのはフランスであるという信念である」[110]。

続けてマチェイチェクは、この歴史ある協会の長く輝かしい歴史を来場者に想起させる。芸術家協会マーネスは、一九〇二年のロダン展を手始めに、一九〇二年と一九〇七年の印象派展（ファン・ゴッホ、ゴーギャン、セザンヌを含むゆるやかな解釈による分類）、一九一〇年のアンデパンダン展を開催し、パリのモダニズムをプラハにもたらしていた。[111] マーネス主催の展覧会は、のちにカレル・タイゲが記すように、「チェコの芸術家にとって実践的なセミナー」[112]となった。百五十七点が出品されたロダン展は、彫刻家の存命中に開催された展覧会のうちで二番目に規模の大きな展覧会であり、[113] プラハの美術界に大きな衝撃を与えている。巨匠ロダンは、展覧会の折にアルフォンス・ムハに付き添われてボヘミアを訪れ、一九世紀チェコの民族主義者がこよなく愛した地方の習俗を今に残す（そしてS・K・ノイマンの「開かれた窓」の中でひどく嘲笑された）スロヴァーツコを訪問した。ボナール、ブラック、カモワン、ドラン、ヴァン・ドンゲン、マイヨール、マンギャン、マルケ、マティス、ヴラマンクらの作品が展示されたアンデパンダン展は、（主に）フォーヴィスムの旋風を引き起こし、これらの作品に強い衝撃を受けた若手芸術家たちは、まもなくマーネスを離脱し、〈造形芸術家グループ〉を結成する。現在、プラハ国立美術館にはドランの《水浴する女たち》が所蔵されている。エミル・フィラは後年こう語っている。「ドランの絵画——価格は八百コルナだった——をプラハに残すべきだと私は考えた。そこで私たちは寄付の申込書を持って、いくつものカフェを駆けずり回った。［…］合計が八百コルナに達するまで[114]」。街の東西の門が閉じられてしまう第一次世界大戦よりも前にプラハのマーネス画廊で開催された最後から二番目の〈モダンアート——パリ、アレクサンドル・メルスロー・コレクション〉展は、世界最大規模のキュビスム展となることを目指した。この展覧会により、アーキペンコ、ブランクーシ、ロベール・ドローネー、アルベール・グレーズ、ジャン・メッツァンジェをはじめとする面々がプラハ市民に紹介された。[115]

マチェイチェクやその他多くの者たちにとって、太陽はセーヌ川の上に昇っていたかもしれないが、新風は北からも吹いていた。一九〇五年、マーネス画廊で開催されたエドヴァルド・ムンク展には百二十一点が出品され、その三年前の壮大なロダン展に劣らずセンセーションを巻き起こす。ロダンと同様、ムンクも展覧会の折にプラハを訪れ、ボフミル・クビシュタらと会っている。それから三十年後、エミル・フィラは「我々の旅の始まりにはムンクが立っていた」と書き残している。カレル・タイゲはかつてフィラについて、「太陽の光を受けて輝く月のような、芸術家の衛星という並外れた模範[116]」であると、無情ながらも的確に非難した——長年にわたるフィラの作品の進化は、ピカソの紆余曲折を忠実に辿っていた——が、「キュビスムの囚人」として知られるようになっていたフィラは、プラハでのムンクの衝撃を、パドヴァでのドナテッロ、アムステルダムでのレンブラント、フィレンツェでのミケランジェロ、ローマでのカラヴァッジョの衝撃に喩えている。フィラの説明によると、ノルウェーの偉大なる画家ムンクは、かたや巨匠によるアカデミズム、他方で分離派の名残が色濃かったこの地に、「なおざりにされていた個人の内的状態をふたたび表現する可能性、そして個人の魂を、とりわけ芸術的創造においてあらゆる感情と活動の担い手にする可能性[117]」をもたらしたという。ヴァーツラフ・シュパーラは、(ファン・ゴッホとともに)ムンクを自分たちの世代にとって「もっとも偉大な刺激であり指針」であると、上位に位置づけることをはばからないもう一人の芸術家であった。シュパーラによると、マーネス主催の展覧会は、「そのときまるで何かが弾けたかのように我々若者を虜にし、夢と憧れの的になった[118]」という。

一九〇七年四月、火薬塔の裏手にある空き店舗で初の展覧会を開いたグループ〈オスマ〈「8」の意〉〉の主題と様式の両方におけるムンクの影響は明らかである。〈オスマ〉のメンバーは、エミル・フィラ、オタカル・クビーン、ボフミル・クビシュタ、エミル・ピッテルマン、アントニーン・プロハースカ、そしてボヘミア在住のドイツ系芸術家フリードリヒ・ファイグル、マックス・ホルプ、ヴィリ・ノヴァクだった。ホルプは同年十二月に他界し、翌年にはヴィンツェンツ・ベネシュと、のちにプロハースカの妻となるリンカ・シャイトハウエロヴァーがグループに加わっている。展覧会図録は紙一枚だったが、その見出しには「展覧会〈8〉[119]」とチェコ語とドイツ語の両方で記されていた。不穏なまでに当時の状況にそぐわない二言語表記である。二〇世紀初頭までのプラハの他のすべての事柄と同様、一九〇二年創立のボヘミア王国の近代美術館はチェコの部門とドイツの部門に分けられていた[120]。チェコの批評家はおおむね〈オスマ〉展を酷評したが、「チェスカー・モデルナ〈チェコ・モダン〉」の主な執筆者のひとりであるF・X・シャルダは、同グループを「精神的に支援[121]」していたようである。「プラハの春」と題して唯一肯定的な記事を書いたのはドイツ系ユダヤ人作家マックス・ブロートで、新しいものや興味深いものを嗅ぎ分ける確かな嗅覚をつねに持っていたかれは、民族的背景に惑わされることはなかった。ブロートは『ゲーゲンヴァルト〔現在〕』誌の読者にこう伝えている。「ベルヴェデーレ〔レトナー〕近くの小さなアトリエで、それらの絵を見て楽しいひとときを過ごした。現在、それらの作品は小規模な展覧会で見ることができる」。

> 多くの新生活、多くの興奮、多くの若々しい春がいくつかの壁に掛かっている。最初に述べておきたいのは、これらの新しい人びとや芸術家が何者かということ、そしてかれらの作品についてである。〔…〕かれらは芸術家であるが、長髪でもなければ縁の広い帽子を被ることもなく、誰かを模倣することもない。かれらは普通のやり方で衣服を身にまとい、ボヘミアンな主義を乗り越えている。ブルジョワジーを駆り立てることがかれらの目的ではない。かれらは内面で大衆とはあまりにもかけ離れていると感じているので、証明すべき外的なものを何も持っていない。それゆえ、かれらにとって一般の人びととの繋がりは、今一度可能かつ歓迎すべきことである。〔…〕かれらの絵画言語はあらゆる言語的手段を拒絶し、絵画のみが八人全員のモダンな見解を明らかにする。〔…〕ベルリンの画廊、たとえばカッシーラーのようなところがこの豊かな新しい芸術のために場所を開放してくれれば、実に喜ばしいことだろう。[122]

フィラの描いた《ドストエフスキーを読む男》（一九〇七）は、小説家の言葉の重みで卒倒しそうに見える。一方、クビシュタの一連の自画像、黄と緑のグラデーション（《煙草をくわえた自画像》、一九〇八）、赤と茶のグラデーション（《インヴァネスを着た自画像》、一九〇八）、陰鬱な青の陰影（《青の自画像》、一九〇九）の作品は、自身の精神状態を描出したものである。ブリュッケや〈青騎士〉のような白熱する色合いに欠けるものの、これはまさに「表現主義」という用語ができる以前の表現主義にほかならない。

「一九一〇年、パリ」という日付が付されたアンデパンダン展図録の序文で、アントニーン・マチェイチェクは偶然にも、表現主義者という用語を国際的な美術史の議論に初めて導入した人物であった可能性がある。ただしマチェイチェクがその用語を用いたのは、その語がのちに連想させるドイツやオーストリアの芸術家に言及するためではなく、セザンヌやマティス、それに「プリミティヴの中のプリミティヴ」であるブラックの作品を特徴づけるためであった（ブラックについては、「まだ若く」、かれの「芸術は完成した表現とは明らかにかけ離れている」とマチェイチェクは注意を促している）。マチェイチェクの主張によれば、「新しい道徳的な空気から抜け出し、近代的な個人の精神」を育むこの新しい芸術が目指すのは「もっとも凝縮され、もっとも豊饒な芸術表現であり、その時代の感情内容をより正確かつより深遠に転写する象徴である。［…］印象派は［…］表現主義となり、分析ではなく統合、つまり客観的描写ではなく主観的転写を要求する」。さらに、「表現主義者は何よりも自らを表現しようとする。感覚と知覚は画家の精神を通過し、その精神はあらゆる表面上の汚れをまぬがれ、それらの純粋な本質を発散する」[123]と述べている。もちろん、セザンヌやマティスやブラックの絵画の革新性についてこの分析が把握していたかどうかについては議論の余地がある。というのも、戦後、英米の美術史で支配的となるアルフレッド・バーとクレメント・グリーンバーグの批評の伝統は、世界に対する存在論的姿勢よりもフォルムの革新に重きを置いているからである。だがここで重要なのは、第一次世界大戦の前夜、モダンアートの何がモダンであるかをチェコ人がどのように理解していたかが、マチェイチェクの発言に表われているという点である。

　このような優位な視点から見ると、プラハのいわゆるキュビスム建築はまさに表現主義的と言えるかもしれない（もはやそう呼ばれることもないが）。一九一一年に発表した影響力のある論文「プリズムとピラミッド」の中で、パヴェル・ヤナークは、建築は実用的なニーズを満たすだけではなく、「彫刻表現」を目指さなければならないと主張した。かれはフランスから着想を得たことを認めているものの、それはブラックやピカソのキュビスムではない。ヤナークの想像力を掻き立てたのは、「一二〇〇年頃のフランスのゴシック様式」だった。この論文の冒頭、「ヨーロッパ建築を二つの大きな系統、すなわち南方の古代ギリシア・ローマ建築と、北方のキリスト教建築」に分け、その二つの流れが一千年におよぶボヘミアの歴史を通じて競い合ってきたとヤナークは述べている。南方の建築は「建築的自然主義を示している。［…］美学的な介入があるとしたら、それは美しく切り出され、比率に応じて配置された重厚な石とスラブに対してであり、それらは重力というもっとも単純な自然の法則に従って、静かにそっと重なり合っている」。「同時代の、いわゆる『モダニズム』建築は、この物質的視点を共有している」とヤナークは論じる。このような特徴づけについて、ル・コルビュジエはほぼ異論はなかっただろう。ル・コルビュジエは自著『建築をめざして』の中で、穀物サイロや大洋航路船とともにパルテノン神殿も称賛しているからである。[124] 一方、ヤナークは、モダニズムが「途方もなく行きすぎた疑似歴史的建築に歯止めをかけるうえで有益かつ効果的」であることを認めつつも、その「物質的でない精神的なフォルムに対する本質的な嫌悪」を批判する。「現代建築は物質的には単調であり、現実の詩を欠いている」とヤナークは嘆いている。

それに対し、「北方」の伝統は「ありふれた世俗的建築物を超克し、超自然的な美に到達することを目指す。［…］その目的とは、すべての部分が緊張状態にあるかのように生き生きとして活動的な、単一の物質からできているかのような建造物をつくることである」。ゴシック建築（そして一部のバロック建築──ヤナークは北方の「抽象主義的」感性が南方の「物質的」骨組の中に出現したものとしてバロック建築を見なしている）は、物質に精神を吹き込むことによって重力の限界を超越しようとした。ヤナークは、結晶化によって自然界に生み出されたフォルムとの類似性を導き出す。そこでは「第三の力」が重力の作用のみにもとづく垂直面と水平面を乱している。その結果、ゴシックの大聖堂、エジプトのピラミッド、インドの寺院、シャムの仏塔、中国の屋根といった例に見られる「三平面、つまり斜線や曲線の構造」によって、直角を基本とする建築物の崩壊が生じる。[125] 実際には言及していないものの、現代の建築材料がこのような彫刻的発想を実現する無限の構造的可能性を切り開いたことを、ヤナークは言い添えようとしたのかもしれない。今から振り返ってみると──他の建築様式の流行や潮流と同様、インターナショナル・スタイルも、ある時代とある場所の時代遅れな記念碑と見なせる──現代の技術進歩によって基準が越えられるようになってようやく、モダニズムはヤナークの言う「南方建築」の基準を普通化したとも言えるだろう。カレル・タイゲは、キュビスム建築を救いがたいほど時代遅れなものとして却下したが、仮にそういうものがあったとすれば、現代のゴシック大聖堂とも言えるフランク・O・ゲーリーによるビルバオのグッゲンハイム美術館は、異端とも言えるヤナークの考察がはるかに先駆的であったことを示すものではないだろうか。「ミネルヴァの梟は夜に飛び立つ」という格言があるが、梟は必ずしもまっすぐ飛ぶわけではない。

〈黒い聖母の館〉の二階にある〈グランド・カフェ・オリエント〉は、プラハの他の場所と同様、ポストモダンのひとときを過ごすには格好の場所である。そこでは、いずれも小型グランドピアノ用に趣味よく編曲されたバッハの『主よ、人の望みの喜びを』、アバの『ザ・ウィナー』、アンドリュー・ロイド＝ウェバーの『メモリー』の旋律に身をゆだねながら、詩的思考の翼に乗って思いを巡らせることができる。一九一二年に開業したこのカフェは、今ではプラハ城やカレル橋と同様、時を越えてプラハの街を織りなす一部のように思える。ただし元の〈グランド・カフェ・オリエント〉は、「主にキュビスム様式によってモダニズム的ではない」[126]という理由で、開業からほんの十年ほどで閉店している。今ではゴチャール自身がデザインした「キュビスム」の照明や「キュビスム」のコート掛け、「キュビスム」のバーカウンターといった細部まで復元されている。そこは時を超えた場であり、シニフィアン＝「記号表現」の不滅の生に加わるために蘇ったのであった。近年プラハでは、開業時期はさまざまであるものの、いくつもの名の知れたカフェが営業を再開しており、〈グランド・カフェ・オリエント〉もそのひとつである。〈グランド・カフェ・オリエント〉よりもはるかに壮大なのが〈カフェ・インペリアル〉である。このカフェは、ナ・ポジーチー通りの一九一三年から一四年に建てられた同名のホテル内にある。ル・コルビュジエがこのような場所を訪れてぞっとした理由を理解するのはそれほど難しいことではない。モザイクタイルの天井はゆうに九メートルの高さがあり、薄いベージュ色の壁は白やパステル調のセラミックタイルでびっしり覆われ、エジプト様式の柱の柱頭は濃いターコイズブルーのほとばしりで目が眩むような場所だからだ。メニューに書かれているとおり、〈カフェ・インペリアル〉は、ナチ占領期にはドイツ軍兵士の行きつけの場所だった。共産党員がホテルを労働組合に譲渡して以来、徐々にみすぼらしくなり、衰退の一途を辿っていたが、二〇〇五年から〇七年にかけて修復され、本来の美しさを取り戻している。[127] ヒベルンスカー通りにある〈カフェ・アルコ〉は、かつてフランツ・カフカやマックス・ブロート、フランツ・ヴェルフェル、そしてエーゴン・エルヴィン・キッシュが通った場所で、若きミレナ・イェセンスカーが父親の我慢の限界を試した場所でもあるが、ここはあまりうまくいっていない。一九九〇年代に改装されたものの、ふたたび閉鎖されている。客を引き寄せるには、もはやカフカにあやかるだけでは十分ではないようである。カフカの山高帽と悲しみに沈んだ目は、今ではプラハであまりにも馴染みの存在となったので、もはや特別な意味を持たなくなったのだろう。あるいは、〈アルコ〉のもっとも有名な常連だったカフカの散文と同じく余分なものを削ぎ落した装飾は、ポストモダンの嗜好にはあまりにも質素だっただけかもしれない。

おばあさんの谷

一九一八年四月、第一回〈頑固派〉展〈それでもなお〉の紹介に際して、S・K・ノイマンはこう不満を口にしている。「芸術が急速に発展する時代に［…］無気力に屈せず、あるいは大衆が抱いているような新しいものに対する全般的な嫌悪感に惑わされることなく芸術に関心を持つ人びとは、こうした危機的な転換の時代にあって、あまりにも少数である」。さらにノイマンは激しく非難する。「新しい創造的感性を思いつく若手芸術家は［…］現在要求されるものはこれだと声高に脅かす人びとからの挑戦を受けている。率直に言わせていただくなら、若手芸術家は、空想上のあるいは現実の主義主張の加担者であり、そのような主義主張は『非国民的』芸術として禁じられてきた」。「よい絵画とは、論説記事でもなければ、トランペットの轟音を響かせる軍隊行進曲でもない[128]」とノイマンは続けて主張する。これはアヴァンギャルドによる想像力の自由の擁護としてお馴染みのもので、世紀を通じてその後の世代にも繰り返されることになる。ノイマン自身のアヴァンギャルドとしての血統には非の打ちどころがない。一八九〇年代にデカダン派（あるときは無政府主義者および悪魔主義者）として登場して以来、一八九六年の『分離派年鑑』と『一九一四年の年鑑』という二つの重要なチェコ・モダニズム宣言に関わっている。[129]また先に見たように、未来派風パンフレット「開かれた窓」で、古いプラハへの感傷、スロヴァーツコの刺繍やアルフォンス・ムハを毛嫌いしたのもノイマンである。ヨゼフ・チャペックの挿絵とともに、カレル・チャペック訳によるアポリネールの「ゾーン」が初めて掲載されたのはノイマンの雑誌『チェルヴェン』（一九一八―二一）だった。ヨゼフが当時好んで取り上げた主題は、物乞い、貧者、酔っぱらい、そして売春婦である。ヨゼフの作品《急進派の諸君、『チェルヴェン』を読みたまえ》と《街の上の女》は、現代の疎外感を如実に伝えている。チェコ・キュビスムを通して発展した角ばったフォルムを用いて、コンクリートでできた高層ビルの塊の固い海のただなかに人物を置いている。[130]『チェルヴェン』創刊号の奥付には、雑誌の扱うテーマに「新しい芸術――自然――技術時代――社会主義――自由」とあり、まもなくノイマンが鮮明化する計画として、「プロレトクリト〔プロレタリア文化の略語〕――共産主義――文学――新しい芸術[131]」ともある。ノイマンは、一九二一年にチェコスロヴァキア共産党の設立と同時に入党する。それは、今日であればいくぶん苦渋の選択となるだろうが、一九二〇年代初頭、あらゆる点で進歩的だった詩人にしてみれば、まったくもって当然の家のようなものに思われた。

愛郷的な叫びを耳にするのはこの時代が最後だと私たちは思うかもしれない。その後の世紀を通じても、チェコ人のアイデンティティが農村の表現に重ね合わせられるようなことは減っていくと思うかもしれない。だが、これまでしばしばそうであったように、我々の期待は見事に裏切られる。ノイマンは、第一次世界大戦の間、国が孤立していたために育まれた特殊なチェコ美術として、〈頑固派〉の作品を擁護し続けるのである。

この展覧会では、同時代の頑固な芸術家の作品を見ることができる。ほとんどの作品は、セザンヌの創造的発見によって道が開かれ、ピカソのもっとも抽象的な手法によって到達した広い意味での新しい後期印象派に含まれる。だが、ここに展示されている多くの絵画にはそれ以上の意味がある。これらの作品は、暴力的な時代を鍵のかかったドアの外に追い出す外国のスローガンに煩わされない沈黙の中で熟したからである。〈頑固派〉の芸術が手にしたのは、そのような状況からの完全な解放であり、そこに見いだす真に美しく熟したものはすべて、かれら固有の言葉で語りかけてくる。ここでは、現代のモダンなヨーロッパ芸術から分かれた勝気で力強いチェコという枝が、日の光に向かって当然のごとく伸びている。〈頑固派〉の芸術家たちはヨーロッパ芸術の影響を追い払い、そこから光と空気を奪おうとした。だがそれでも頑固に、自らが目指す方向に前進する。[132]

新しいものと民族的なものをこれほど大胆に統合することを誰もが評価したわけではない。「我々のもっとも美しい文学作品を辱めるならば、その本を発禁にすべきだ!」と、一九二三年、ある書店主はアヴェンティヌム社の社主オタカル・シュトルフ=マリエンに対して激しい怒りをぶつけている。書店主の憤怒の矛先は、アヴェンティヌム社から刊行されたヴァーツラフ・シュパーラの挿絵入りのボジェナ・ニェムツォヴァーの『おばあさん』のペーパーバック版だった。書店に配本された六百六十四冊のうち、二週間で四百四十冊が返品されている。[133] シュパーラによるモノクロのリノリウム版画が「キュビスム」と見なされたかどうかは議論の余地がある。たしかに、それらの視覚的特徴は意思表示をしている。モダンアートを見慣れていない人にとっては、単なる走り書きとこすりつけた絵の具にしか見えないだろう。この挿絵は子供の絵のように簡素で、その点こそが、明らかに問題の一部をなしていた。だが、シュパーラの絵画言語はモダニズムでありながらも、その語り口は強いチェコ語訛りのある田舎風のものだった。そう、まさにチェコの人びとが言うところの u nás〔「私たちのところ」の意〕という言葉が表わす世界である。チェコの丘と野原、チェコの山小屋、チェコの教会、チェコの農園、チェコのクリスマスツリー、チェコの木のおもちゃ、味わい深いチェコのパン、そして民族衣装を着た愛らしい少女たちに囲まれた場所。これは翻訳しにくいチェコ語の言い回しのもうひとつの(そしてきわめてチェコらしい)例である。英語であれば our place と言い、フランス語では chez nous と言うが、u nás は私たちの村、地域、国、ものの見方や振る舞いをも含み、(カレル・チャペックがかつてミコラーシュ・アレシュについて書いたように)「見られ、愛されるために表現されるただひとつの現実の中で最大のものと最小のもの」[134]が結びついている。シュパーラは何本かの線を筆で引いただけで、ニェムツォヴァーの小説の登場人物である気の触れたヴィクトルカに命を吹き込んだ。農夫の美しい娘ヴィクトルカは、鬱屈した目つきの「陰気な兵

ヴァーツラフ・シュパーラによるボジェナ・ニェムツォヴァー『おばあさん』の挿絵、ヴィクトルカを描いたもの。プラハ、アヴェンティヌム社刊、1923年

士」に恋をするが、捨てられてしまう。ヴィクトルカは乱れた身なりのまま森の中で孤独に生き、誰とも言葉を交わすことはない。そして毎日夕方になると、彼女が生まれたばかりの我が子を川中に捨てたと噂される場所に子守唄を歌いにやってくる。チャペック兄弟の祖父カレルは、ヴィクトルカのことを知っていたという。[135] レオシュ・ヤナーチェクはオペラ『イェヌーファ』の下敷きとして似たような話を用いているが、このオペラの場合、嬰児殺しをしたのは憐れな娘ではなく、村の教会の仕事を手伝う継母だった。そのような物語が示しているのは、花嫁が売られてしまうスメタナ的世界の影の側面であり、伝統的なチェコの日曜日の昼食ヴェプショ・クネドロ・ゼリー〔ローストポークにクネドリーキ、ザワークラウトが付け合わせになっている伝統料理〕に添えられるザワークラウトがこってりした豚肉の濃厚さを和らげるように、『おばあさん』が浸っている感傷性を薄めている。

「おばあさんの谷」の聖域を踏み荒らした当時の芸術家はシュパーラひとりではなかった。「おばあさんの谷（バビチノ・ウードリー）」は、ボジェナ・ニェムツォヴァーが幼少期を過ごした実在の場所で、この小説の舞台となって以降、こう呼ばれている。ボヘミア北東部、チェスカー・スカリツェ近郊のラチボジツェにあるこの谷では、当然ながら、チェコ諸領邦のどの地方にもあるような愛らしい田舎の一端を垣間見ることができる。一九二一年以来、谷に華を添えている（あるいは、冒瀆されていると考える者もいる）のは、おばあさん、孫、愛犬を象ったオットー・グートフロイントによるニェムツォヴァーの記念碑である。一九二〇年にパリからボヘミアに戻る頃には、グートフロイントはキュビスムの表層と見取り図を捨て去り、一般の人びとにも理解されやすい「市民的リアリズム」の作風を選んでいた。一九二〇年代のグートフロイントのもっともよく知られた作品は、明るく彩色された石膏あるいは粘土でできた、現代生活の喧騒を描写する彫刻である。《ビジネス》（一九二三）では、女性秘書が山高帽をかぶった上司に手紙を読み上げ、上司は電話越しに口早に話している。かたや《産業》（一九二三）では、旋盤を操る二人の労働者が「産業」を体現している。シュパーラによる『おばあさん』の挿絵に見られるように、作品がどのような意味を担っているかは明白である。だが、これをリアリズムと呼ぶのはふさわしくない。これらの作品の様式は素朴派を意識したもので、アンリ・ルソーの絵画を三次元にしたものである。かつて『モデルニー・レヴュー』誌の中心人物であり、マニフェスト「チェスカー・モデルナ」に署名した詩人オタカル・ブジェジナにとって、このような素朴派と民族の聖域との結びつきはモダニズムからかけ離れたものだった。「チェスカー・スカリツェの谷にあるグートフロイントの『おばあさん』像は、粗野で醜く、場違いで、チェコらしくもスラヴらしくもない。ご存じのとおり、この彫刻家が受け入れられるような時代になったのだ！」[136]とブジェジナはまくし立てている。

ここに反ユダヤ主義の気配があっただろうか？　オットー・グートフロイントはユダヤ系だった。よもやそんなことはあるまいが、ブジェジナがグートフロイントの作品を拒絶するさまはどこかで聞き覚えがある。さまよえるユダヤ人は、はるか昔から――いつの時代も、実際、第二次世界大戦の前も――路傍の小さな聖母マリア像やクリスマスイヴに食べる鯉やイースターの月曜日に行なわれる行事ポムラースカと同様に、チェコ人の田園生活の一部だった（ボジェナ・ニェムツォヴァーは『おばあさん』の中で、「鞭打ち」は「女たちにとっては厄日」であると愚痴をこぼしている）[137]。ブジェジナの選んだ言葉には、ハヴリーチェクの「我々の中にたまたま住みつき、我々の言葉をときおり理解する、または知っているセム族」というフレーズが反復されているばかりか、誰もが愛読するミコラーシュ・

アレシュの絵本『民謡と子守唄の小冊子』の甘美で無垢な他者化の鸚鵡返しでもある。ユダヤ人はつねに付かず離れずの存在であり、チェコらしさを悩ませる境界線をつねに想起させる存在でもあった。

我々のユダヤ人、リーバーマンは
七年間彷徨し
クラクフに辿り着き
じゃがいもを買った

と、アレシュのある童謡に書かれているが、そこには人びとが思うような傴僂（せむし）で鉤鼻の戯画が描かれている[138]。ここでもおそらく、意識的な反ユダヤ主義はなかっただろう。そうした境界は根っから備わっていたものだった。

ブジェジナはとっさに反動的な態度をとったわけではない。のちに見るように、同性愛に関して当時としてはかなり寛容だったかれの見解は、性的な自由思想に対するアンドレ・ブルトンとポール・エリュアールの見せかけの主張をはるかに凌ぐものだった。しかし、アヴェンティヌム社版『おばあさん』を目にした書店主がシュパーラの挿絵に示した反応と同様、ブジェジナは、グートフロイントによる「おばあさん」の記念碑は暴力行為であると見なした。強姦は暴力の比喩であり、この文脈においても本質を突くものである。ボジェナ・ニェムツォヴァーは国立博物館のパンテオンに殿堂入りした二人の女性のうちの一人（もう一人は一九世紀の作家・愛国者エリシュカ・クラースノホルスカー）であるが、そのような事実をチェコ人の想像力における女性の場所であると誤解してはならない。たしかにそれは、女性に対するかなり旧態依然とした考え方だが――少なくともポストモダン的な見方においては――それでもその残響は続いている。チェコ人が自民族を象徴化する方法は、チェコ人が自らの歴史をどのように理解するかということと密接な関係にあった。つまり、ここでの歴史とは（ミラン・クンデラを思い起こすと）、「存在が絶えず脅かされたり、疑問を投げかけられる民族――まさに存在自体が疑問である民族」の歴史である。これは、世界の

オットー・グートフロイント《ビジネス》1923年。Josef Císařovský, *Otto Gutfreund*. Praha: Státní nakladatelství krásné literatury a umění, 1962.

隅々から忠誠の誓いを集め、気高く玉座につく威厳ある女神ブリタニアの土地でもなければ、「美しきフランス」を魅力的に具現化した素晴らしいマリアンヌ（ドラクロワの絵では胸を露わにし、フリジア帽を被り、人びとをバリケードへ導く姿として描かれた）の土地でもない。チェコはヨーロッパの操縦席に位置する小さな土地であり、危険と隣り合わせで住んでいるのが、何でも指小形で呼ぶのが好きな「小さなチェコ人（マリー・チェスキー・チロヴィエク）」である。「小さいけれど（マレー）、私たちのもの（アレ・ナシェ）」と呼ばれる土地。歴史によってレールを敷かれ、歴史家たちが素通りした土地、そこでは、小さいものとは状況と運命、そして国家の存在基盤である。

一九世紀の芸術家、詩人、作曲家は、民族再生を具現化する女性像を求めていたが、チェコには神話上の予言者や豊満なアマゾネスという豊かな鉱脈があり、かれらは憑かれたようにそれらを発掘した。ミコラーシュ・アレシュもまた、伝説の「乙女戦争」の場面を描いたが、そこではアレシュお気に入りの主題として、可愛い少女と鼻息荒い雄馬が一緒に描かれている。レオシュ・ヤナーチェクが初のオペラ作品として作曲したのは、宿命的なまでに人を魅了する『シャールカ』（一八八七―八八、初演は一九二五年）だが、ズデニェク・フィビヒもその十年後に『シャールカ』（一八九六―九七）を作曲する。カレル・ヴィーチェスラフ・マシェクは分離派の神秘主義的要素を総結集して、長く記憶に残る《リブシェ》（一八九三）を描いた。「亡霊のような預言者リブシェの姿は月光に照らされ、平野を川がうねるように流れる夜の景色を圧している」[139]同作は、現在、パリのオルセー美術館に展示されている。このようなイメージは、当時のチェコ人男性の空想をある程度表現しているのかもしれない。だが、ラジスラフ・シャロウンが旧市街広場のヤン・フス像を制作する際、民族の再生を表現すべく選んだ授乳する名もない母親のほうが、より多くのことを語っているかもしれない。その母親は、フス像の反対側にいる誇り高き「神の戦士たち」よりもはるかに穏やかな口調で語りかけてくる。チェコ性の「すべてに抗って」版となり、それから二世紀後、ビーラー・ホラの戦いで屈辱的な敗北を喫したフス派の戦士は、一六二一年の絞首台の影で震えおののく絶望した追放者となる。ボジェナ・ニェムツォヴァーの優しいおばあさんもまた、他の誰よりも穏やかに、そして長きにわたって語りかける。ヨゼフ・シュクヴォレツキーと妻ズデナ・サリヴァーロヴァーは、「正常化」の時代にトロントを拠点とする亡命出版社シックスティ・エイト出版を経営していたが、同社の百点目の記念刊行物として選ばれたのか、秘密裏に持ち込まれたルドヴィーク・ヴァツリーク、イヴァン・クリーマ、ヴァーツラフ・ハヴェルによる地下出版の手書き原稿ではなく、『おばあさん』の記念版だったことは決して偶然ではない。[140]『おばあさん』の主人公は、困難な時代にあって、永遠の慰めを与えてくれる存在である。国民の精神を真に体現しているのは、暗闇をくぐり抜けて輝きを放つ、彼女のか弱くも不屈の精神である。というのも、彼女のような無数の女性がいなければ、チェコ国民の精神がモダンな世界に出現することはそもそもなかったかもしれないからである。あるいは、少なくともそのように信じられている。

　そういうわけで、近代チェコ小説の初の傑作は女性によって書かれるべくして書かれ、小説に登場する平凡な女性は主人公にうってつけであった。そこにあるのは壮大な叙事詩でもロマンスでもなく、つましい「田舎暮らしの描写」である。アヴェンティヌム社版『おばあさん』に対して用いられた書店主による性的喩えをさらに敷衍するなら、ビーラー・ホラの戦いでの惨事から二世紀、チェコ民族は去勢されていたと言えるかもしれない。また、フランツ・ファノンが『黒い皮膚・白い仮面』で探求した植民地支配による去勢という心理学的領域との思いがけない類似性を引き出すこともできるだろう。もっともチェコの場合、皮膚も仮面も吹き溜まりの雪のように白い一枚岩のヨーロッパ帝国と見なされることがあまりに多いものの中で演じられる物語でしかないが。[141]一八六〇年代以前、男性がチェコ人として富、権力、あるいは特権を望める職業や地位は、ボヘミアにはほとんどなかった。言語学的に見てもその他の見地からも、男性の野心が足跡を残す領域――統治、軍隊、工業と商業、教会の上層部、大学、科学、文学、そして芸術――からチェコ性は失われ、日常というつましい領域、すなわち女性の支配する領域に後退していた。そのような「苦難の三世紀」を通じて民族を牽引したものは男性らしいヒロイズムではなく、女性の不屈の精神だった。

　男性は、活力と知性を存分に発揮したとしても、つねに子供の状態に留まっていて、妻の中に母親や友人を探し求め、すべてを肯定し、人生のあらゆる場面で支えとなってくれる人物を探し求める。弱い人間にはしばしば驚くべき忍耐力がある。女性が男性より弱いとすれば、そのとき女性の忍耐力——それが九か月間の妊娠と苦痛を伴う出産によって過剰に発達したものであることは確かである——は男性の力をはるかに凌ぐ。弱さによるヒロイズムと勇敢さ、生来の受動性による勇気と忍耐——またもや女性の身体的性的組成によって決定づけられた受動性——はすべてに耐えうる帆柱であり、失望を知らぬ力であり、つねに救いのために差し出される手なのではないだろうか？[142]

ここで引用したのは、一九二三年二月に発行された『ナーロドニー・リスティ』紙の文芸欄に掲載された、一部おどけたところもあるミレナ・イェセンスカーの「女性解放に関するいくつかの時代遅れな論評」である。ミレナはここで、自身の民族について言及したつもりではなかったが、まさにそうしたも同然であった。『存在の耐えられない軽さ』（一九八四）の主人公テレザが一九六八年のソ連軍侵攻を逃れた数か月後、愛犬カレーニンを連れてチューリヒからプラハへ戻るとき、ミラン・クンデラは古い喩えを利用する。テレザは、自分が「弱い人間の国」の住人であることを内心では承知しているからだ。「あのときには耐えがたく、むかつくように思われ」た弱さ——チェコスロヴァキア・ラジオでアレクサンドル・ドゥプチェクが「プラハの春」の終わりを告げたとき、その声は震え、長く沈黙することもあったが、その長い沈黙に体現された弱さに彼女は「惹きつけられ」た。女に目がないテレザの浮気性なパートナー、トマーシュは、その五日後、惨めにも彼女を追ってプラハに向かうが、それは愛からではなく、無力感によるものであった。[143]両者が想起させるのは、ソ連軍侵攻後のプラハに帰還したイヴァン・クリーマが、ヤン・ネルダの短篇「警察の風景」の冒頭の一節を思い出してわけもなく慰められながら、バルトロムニェイスカー通りでの取り調べに向かうときに感じた自虐的で複雑な感情である。

『おばあさん』は「幸福なひとだこと！（Šťastná to žena!）」という一節で結ばれている。これは、カレル・ヒネク・マーハの詩『五月』の冒頭の対句とともに、チェコ文学の中でもっともよく知られた一節に数えられる。だが、この一節はボジェナ・ニェムツォヴァー自身に当てはまるものでは到底なかった。私生児として生まれ、十七歳で年上の男性と結婚し、不幸な恋愛を重ねたニェムツォヴァーの生涯は、小説内の家庭的な美徳とは程遠いものだった。それでも、不運なヴィクトルカにそれとわかる共感を寄せていたことを説明するものかもしれない。ミレナ・イェセンスカーもまた、その語のどんな意味においても「幸福（šťastná）」であるとはとても言えなかった。とはいえ、どちらの場合においても、実にチェコ的な繋がりが存在する。というのも、私たちはチェコ的な欲望とチェコ的な夢の領域の中にいるからである。二人の生きた時代を考慮すると、ミレナはニェムツォヴァーがそうであったように、きわめて自立した女性だった。しかし、強制収容所で一緒だったマルガレーテ・ブーバー＝ノイマンによると、エルンスト・ポラック、フランツ・カフカ、ヤロミール・クレイツァルら顔なじみの知識人や芸術家が集うプラハのワインバーで、ある晩、ミレナは友人のフレディ・マイヤーに愚痴を述べたという。「あまりにもおしゃべりだったり、あまりにも神経質だったり、とても生活にうとかったり」とミレナは不満げに鼻を鳴らした。「あのひとたちはみんな生きることに不安だったのよ、そんなかれらに勇気を与えるのがいつもわたしの役目だったわ。あべこべじゃないの。わたしはよく、子どもをたくさんつくり、乳牛の乳搾りをしたり、ガチョウを飼うことができたらなあ、と思ったわ、それから、ときどきわたしのことをさんざん殴る夫をもっていたらってね。わたしって、心の底では、チェコの農婦なのよ[144]」。チェコ語を解さず、プラハを訪れたこともなかったブーバー＝ノイマンは、もっとも信頼に足る情報源とは言えないが、この場合に限っては、ミレナの心情は真実らしく響く。真の男性へのこのような憧れを、私たちはモダンで教養のある都会の女性の口から耳にしたいとは思わないかもしれないが、問題なのは、私たちがどう思うかではない。これは、男性に対して母親のように接するのに時折うんざりする二〇世紀のチェコ人女性の話なのである。

昔ながらの女性のやり方で、ミレナは立ち上がって埃を払い、日々の仕事に備える。すでに見たように、ミレナには父親――あるいは著名な愛国的作家の叔母ルージェナ――が声高に叫ぶナショナリズムに耳を貸す暇はほとんどなく、戦間期を通じて、断固としてコスモポリタン的な芸術家や政治家のサークルに出入りし続けた。一九三八年から三九年の事件が起きても、ミレナが信条を曲げることはなかった。一九三九年夏に発行された雑誌『プシートムノスト』に掲載された記事「わたしは何よりもまずチェコ人なのか?」の中で、ミレナは自身の愛国主義に対する賛辞に辛辣な論評を加えている。「わたしは間違いなくチェコ人ですが、何よりもまずまともな人間であろうとしています」。同年三月、フェルディナンド・ペロウトカが逮捕されると、ミレナは同紙の事実上の編集長となる。しかし、ミレナが目にしたように、ナショナリストの偏狭さに対する敵意は国家自衛の権利を認めないものではなかった。彼女自身がゲシュタポに逮捕される二、三週間前に発表された記事「チェコのお母さん」の中で、ミレナは、代々チェコ民族を育んできた女性の手にふたたび民族を託す。「些細なことが大きな象徴になる。というのも、その些細なことを手の中で巧みに扱うのが女性なのだから、女性は大きな象徴をも支配する。チェコ語の歌、チェコ語の本。チェコ風のもてなし。チェコ語、チェコの古い風習。チェコのイースターの卵、小さなチェコの庭、咲き乱れるチェコのバラ」。偉大な民族の夢がつくられるのは、必ずしもこうしたものからではない。これは取るに足らないものであり、少女じみたものであり、消えることがなければあるのが当然と思われているものである。ミレナは「ボジェナ・ニェムツォヴァーの『おばあさん』にそっくりだった」という自分の祖母を読者に紹介する。ミレナのおばあさん(バビチカ)は、第一次世界大戦中、「オーストリア帝国の発明」である夏時間に自分の時計の針を合わせることを頑なに拒んだ。これは、信念を守るためのささやかで個人的な家庭内の行為であり、どんな歴史家にも抵抗活動として記録されることはないだろうが、それでもきわめて重要な行為だった。[145] 問題は、シュパーラやグートフロイントが描写したニェムツォヴァーの「おばあさん」は、人びとが記憶にとどめたいと思う——そして、万が一人びとが自分たちの思い描いたおばあさんの姿を残しておく機会があるなら、おそらく記憶にとどめる必要のある——自分たちのおばあさんの姿とは似ても似つかないものだったことである。

上の世代のアレシュやムハと同じく、シュパーラの描く線もまた、女性のフォルム——風景や花とともに、かれの好んだ主題——の描き方を心得ている。たとえ水浴びをする女や農民の少女の身体が、三角形と円の弧の魅力的な交差に変換されることもしばしばであったとしても。シュパーラの好んだ色彩が、国の色である赤、白、青の三色であるのは単なる偶然だろうか。《旗柄の服を着た田舎女》(一九一九)以外の作品にもその配色が見られる。[146] 世界でもっとも美しい二つのものは裸花と裸婦であると考えたヤロスラフ・サイフェルトは、晩年になってシュパーラの作品に大いなる安らぎを見いだしている。未来のノーベル賞詩人は、若い頃、国民劇場の向かいの角にある〈カフェ・スラヴィア〉の窓越しに、雨の日も、晴れの日も、雪の日も、チャペック兄弟がマサリク河岸通り（当時はそう呼ばれていた）沿いを散歩する姿をよく目にしたものだった。サイフェルトによると、「チャペック兄弟は揃いの固い帽子、首のまわりに同じような派手な色のスカーフ、黄色い手袋、竹のステッキといういでたちだった。彼らは人目を引いたが、まさにそれが彼らの狙いだったのだろう」。「ワイヤーフレームの眼鏡をした快活な身振りの小柄で機敏な男」、シュパーラがチャペック兄弟とともにいることもあっただろう。すでに『チャス（時）』誌や『トリブナ』誌に寄稿したことがあり、画廊のオープニングにも顔を出していたカレル・タイゲだけが、デヴィエトスィルのメンバーの中で唯一〈頑固派〉と面識があったが、サイフェルトによると、「私たち他の者は若すぎて、まだあまり知られて」いなかった。「後にそれらすべての人と親交を結んだが、はじめ私たちは、古い世代に対し新たに台頭する世代として批判的態度を持つ権利を声高らかに主張していた。さまざまな政治事件やファシズムの危険が、私たちすべてを近づけ、第二次世界大戦前の数年間、いろんな布告やアピールの下に、私たちの名前が仲良く並ぶようになった」。

　デヴィエトスィルの若者たちが「親切で客あしらいのよい」〈ナーロドニー・カフェ〉ではなく、「紫煙たちこめる」「俳優たち行きつけの老舗カフェ」、〈スラヴィア〉に足繁く通った理由について、サイフェルトははっきりとは覚えていない。「私たちはヴルタヴァ川の岸に面した窓辺に席を占め、アブサンをよく飲んでいた。それはちょっぴりパリに媚びただけのことで、それ以上のなにものでもなかった」。〈スラヴィア〉は伝説的なもうひとつのプラハのカフェで、近年修復されたが、それは主として、常連である文学愛好家の旅行者や、過去を知らない感傷的なチェコ人をもてなすためだろう。対岸に見える小地区とプラハ城の景色は、今なお詩情を誘う。カフェの壁にはヴィクトル・オリヴァの《アブサンを飲む男》が掛けられているが、これはオリヴァが一八八八年から九七年にかけて滞在したパリから持ち帰った手土産である。オリヴァは帰郷すると、ヤン・オットーによるもうひとつの刊行物である愛国的な挿絵入り雑誌『黄金のプラハ（ズラター・プラハ）』の美術担当となった。[147] その絵では、苦悩する中年男がカフェで座っている。男の視線は、開いていない新聞から一糸纏わぬ姿でテーブルに腰掛けている若い女性のほうに引き寄せられている。背景ではウェイターが、この予期せぬ濃密な出会いをそっと窺いながら立ちつくしている。すらりとした妖婦が半透明の緑という屍体愛好症の色調を帯びているにもかかわらず（いや、帯びているがゆえにと言うべきだろうか）、オリヴァの《アブサンを飲む男》は、同じ主題を扱ったマネの有名な作品以上に、悪魔の飲み物への誘惑をより性的なものとして——シュルレアリストであれば、よりいっそう現実的なものと論じるだろう——扱っている。マネは虚ろに宙を眺めるアブサン中毒者を外側から観察して描いているが、それに対してオリヴァは、中毒者が生きる夢の世界の内側から見て描いている。街路から店内の客の様子が見える巨大な見晴らし窓のある広々とした〈スラヴィア〉は、仰々しい〈カフェ・インペリアル〉と同様、おそらくル・コルビュジエの好みではなかっただろう。その後、〈スラヴィア〉はヴァーツラフ・ハヴェルや反体制派の友人たちの溜まり場となった。それはある意味で演劇的空間でもあった。互いに妬み、互いに監視し合うこの街で身を隠そうとすることにどんな意味があるだろう。〈スラヴィア〉から徒歩五分足らずのバルトロムニェイスカー通りには警察署が建っていた。[148]

「悪い時代がやってきた」とサイフェルトは続ける。〈頑固派〉のメンバーたちもまた鬼籍に入る。「エレガントで背の高い」ルドルフ・クレムリチカは、一九三二年、若くしてこの世を去る。クレムリチカは、女性のフォルムを熱烈に愛したもうひとりの画家だった。ドガやボナールと同様、クレムリチカは浴室にいる女性を数えきれないほど描いている。なかでも愛着を寄せていたのが、水浴する女性の流れるような仕草だった。「おそらく生きるための戦いをあきらめた」カレル・チャペックもまた、「チェコが占領される直前」にこの世を去っている。『ロボット』の作者カレルがミュンヘン協定後に英国に亡命していれば、チェコスロヴァキア問題に役立っていたにちがいないと考えた同時代の人びとにサイフェルトは同意しているが、旅慣れた優れたコスモポリタンであったカレルはそれを拒否したことだろう。「その後ゲシュタポは彼の兄［引用者註——ヨゼフ］を連行した。祖国が解放された翌年ヴァーツラフ・シュパーラが逝った。彼が大いなる喜びをもって描いていた花いっぱいの五月に」。戦後、サイフェルトはシュパーラの没後回顧展で、〈頑固派〉の残る二人のメンバーのうちの一人、ヤン・ズルザヴィーに遭遇する。

私たちは次々と絵を見て廻り、ズルザヴィーは興奮を隠さなかった。

「ねえ君」ふいに彼は私の方を向いて言った。「とにかくシュパーラはわしらのうちで最高だね。それに何てチェコ的なんだ！」

もう私も年をとり、冬は好かない。もう雪も嫌いだ。大雪が降って、あの名だたる白い闇で窓辺が暗くなると、私はこの雪の中に、シュパーラの花束の明るい色をよく思い浮かべる。その美しさ！　すると気分がすぐに良くなる。そして私は春を待ちわびる。[149]

「あの名だたる白い闇」、それは何よりもロートレアモンの作品に見られる痙攣的な美のイメージである。あるいはブルトンのイメージかもしれない。

当時、モダンであることに多くのやり方があったのと同様、チェコ人であることにも多くのやり方があったように思われるかもしれない。それとも、時代を経るにつれて新奇さの衝撃が薄れてしまい、〈頑固派〉をアルフォンス・ムハ、ミコラーシュ・アレシュ、ヨゼフ・マーネスにまで遡って結びつけ、『兵士シュヴェイクの冒険』の挿絵を描いたヨゼフ・ラダやカレル・スヴォリンスキーといった「国民的芸術家」――共産主義時代にはこのように敬意を表されることになる――を予兆させる主題や様式の共通性を見分けることが容易になっただけなのだろうか。[150]　オットー・グートフロイントの彫刻もまた、しまいには「おばあさんの谷」の緑の牧草地にすっかり溶け込んでいる。騒動が収まると、人びとは記念碑に愛着を抱くようになった。おそらく、まさにそのプリミティヴィスムによって、その彫刻は「小さいけれど（マレー）、私たちのもの（アレ・ナシェ）」に列せられるようになったのだろう。というのも、より芸術的に洗練された他の彫刻ではなしえなかった方法で、『おばあさん』の家庭的な余韻を湛えているからである。グートフロイントの作品が愛郷的な記念碑となったのはこの彫刻だけではない。かれはナ・ポジーチー通りにあるヨゼフ・ゴチャール設計のチェコスロヴァキア軍団銀行（一九二一）のファサードに《チェコスロヴァキア軍団の帰還》というフリーズを制作しているが、この銀行はおそらくもっとも好評を博した国民様式の建築となった。一九二六年には、パヴェル・ヤナークやフランチシェク・キセラと組み、マサリク河岸通りのスメタナ記念碑の設計のコンペで優勝している。だが翌年、グートフロイントはこの世を去ったため、その記念碑が実際に建てられることはなかった。スメタナ記念碑は、当初この河岸通りの名前の由来であった皇帝フランツ一世のウェディングケーキ形の記念碑に代わって建てられる予定だった。フランツ一世の騎馬像は一九一八年に撤去されたが、他の彫刻はそのまま残され、今はなき往時のハプスブルク帝国の主題は、何もない台座のデ・キリコ的な空虚さに永遠のオマージュを寄せている。フランツ一世の像は、二〇〇三年に国立博物館の石碑収蔵館から、スメタナ河岸通りと名称が変わった元の場所にそっと帰還を果たした。

　共産主義者たちが背負わせていた余計な意味合いさえなければ、このような芸術家たち全員に受け継がれた不朽の「チェコ性（českost）」は、かれらの描く線の lidovost という点にあるのだと言いたい気分に私は駆られる。この語は英語では通常、folk「民衆の」、あるいは popular「大衆の」と訳されるが、言葉というのはそれが埋め込まれている世界から意味を引き出すものであり、この場合の世界とは私たちの世界ではないため、ぴったり当てはまる訳語はない。lidový člověk というのは、どこにでもいる人のことである。民族的なもの（národní）と民衆的なもの（lidový）を同等に捉える見方は、チェコスロヴァキア共産党設立のはるか前まで遡ることができる。トマーシュ・マサリクはもちろんマルクス主義者ではなかったが、[151] 著書『チェコの問題』（一八九四）の中で、ボジェナ・ニェムツォヴァーとヤン・ネルダの lidovost を過剰に称讃している。マサリクは次のように二人をもてはやす。「若い作家や詩人は［…］より具体的なチェコ人像を探し求めている。かれらはチェコの農村、そして文化の発展に染まっていない人びとの階級に自然とその姿を見いだす。［…］民衆性（lidovost）という点において、チェコ性（českost）とスラヴ性（slovanskost）は、疑う余地なき具体的で生々しいものである」[152]。民衆文化こそ、一九世紀の再生した民族文化が参照できる唯一可能な基盤であった。というのも、ハイカルチャーはドイツ由来のものだったからである。そのため、民衆文化は民族復興を試みる辞書編纂者、民族誌学者、民俗学者にとって重要なものとなった。そして、当時のチェコ語話者の大半が農村の民衆だったため、この民衆文化は必然的に総じて農村文化のことであった。二〇世紀初頭、プラハ、ブルノ、プルゼン、あるいはオストラヴァに暮らすチェコ語話者の大部分はまだ、その地に移住してきた第一世代か第二世代であった。今日にいたるまで、チェコ人は園芸を愛する民族である。各家庭が農村に小屋を建て、作物を育て、自ら収穫した果物や野菜を缶詰めにすることを許容し、さらに面倒なことに口を出さなければ干渉されることはないと人びとに知らしめる空間を作り上げたことは、「正常化」の時代におけるチェコスロヴァキア共産党の重要な安全弁となっていた。そういった人びとの中には、カレル・チャペックの『園芸家の一年』（一九二九）を頼もしい道連れとした者もいただろう。チャペックと言えば、フゴ・ボエティンゲルがかつて描いたようなポマードをつけた黒髪、くわえ煙草、あらゆる点で都会風の知識人の風貌を思い浮かべてしまうが、カレル本人はきれいに手入れされた爪が汚れることを厭わなかった。「庭に厩肥（きゅうひ）をやったことがおありだろうか」とカレルは勧める。「厩肥をいっぱいに積んだ荷車がやってきて、あたたかく湯気を立てているのを、山のようにぶちまけると、あなたはそのまわりを歩いて、目と鼻でその値打ちをはかり、うなずきながら言う。『神よ、お恵みを、これは、りっぱな厩肥だ』[153]」。

一九二〇年代の終わり頃には、圧倒的に都会的だった兄ヨゼフの作品のレパートリーは、《村》（一九二九）、《田舎の礼拝堂》（一九三〇）、《じゃがいもをむく女》（一九三一）といった田舎を舞台とした主題に次第に移行する。フォルムを扱うヨゼフの語彙はむしろ簡素になっているものの、畑と家屋の幾何学や、農婦のスカートとスカーフの曲線こそがカンヴァスの構成要素となっている。ヨゼフ・チャペックの作品から決して消え去ることのなかったこの伝統的モチーフへの回帰は、チェコスロヴァキアの統一を脅かす古くて新しいドイツの脅威に対する――意識的な、あるいは別の――ひとつの返答だったのだろうか。一九三〇年代、ヨゼフは活動的な反ファシスト主義者だった。ミュンヘン協定の直後に描かれた二つの優れた連作《火》と《憧れ》は、チェコ・モダンアートの絶頂期の作品に数えられる。《火》では、「威嚇する好戦的な女」が逃げまどう人びとと燃えさかる建物のある風景の上に立ち上がる。一方、《憧れ》では、「かれ［引用者註――ヨゼフ］によれば、国境地域の分断された田園地帯を憧憬の眼差しで見つめているひとりの女[154]」が描かれている。《憧れ》の連作のいくつかの作品に描かれた女性の身振りが――永劫回帰を受け入

ヨゼフ・チャペック《じゃがいもをむく女》1931年。リトムニェジツェ・北ボヘミア美術館蔵。
Photograph © North Bohemian Gallery of Fine Art, Litoměřice, Jan Brodský.

れるのに慣れている人びとにとって——不気味なまでに想起させるのは、市民会館の「市長の間」にあるアルフォンス・ムハの描いた悲しみに暮れるマジェンカである（私はマジェンカのことを考える癖がついてしまったようだ）。ヴァーツラフ・シュパーラもまたチェコの風景画を数多く描いたが、〈美しい居室〉の先駆けとなる〈アルチェル〉向けに、最良の民衆的伝統として鮮やかに彩色された木製の雄鶏、雌鶏、梟、悪魔のデザインも手がけていた。〈アルチェル〉には、パヴェル・ヤナークやヴラスチスラフ・ホフマン、ラジスラフ・ストナルら全員が関わっていた。[155] ヤン・ズルザヴィーはオストラヴァのぼた山から視覚詩をつくり出した。[156] そう、ノイマンは正しかった。これらは紛れもないモダニズムの芸術であり、同時代のヨーロッパ美術から分かれた正真正銘の枝であるが、それでも消しがたいほどにチェコ的であり続けている。だが、それほど驚くべきことではない。セザンヌ、ファン・ゴッホ、あるいはマティスもまた、プロヴァンスという土地の色彩、自然のフォルムや眩い光なくして、二〇世紀の絵画に革命を起こすことができただろうか？

電気の世紀

アヴァンギャルド絵画（当時は主としてフォーヴィスムのことであるが）を学ぶべく、一九一〇年から一一年にかけてパリに滞在していた間、ヨゼフ・チャペックはトロカデロ民族誌博物館のコレクションと出会い、はからずも方向転換をすることとなった。一九一四年までにその大半が執筆されたヨゼフの著書『原始民族の美術』は、ゴーギャンからピカソに至るまでの近代ヨーロッパの芸術家に多大なインスピレーションを与えてきたアフリカ、ネイティヴアメリカン、オセアニアの工芸品を理解しようと試みたどの言語の中でも最初期のひとつである。だが残念なことに、同書が刊行されたのは一九三八年になってからのことだった。[157]「未開」芸術に関するこの著書と、アヴェンティヌム社から一九二〇年に刊行された薄いが影響力のあるヨゼフの著書『慎ましい芸術』の間には共通点が数多くある。後者でヨゼフが分析するイメージと工芸品は、トロカデロでかれの想像力を捉えたものに劣らず「プリミティヴ」（チェコ語では přirodní といい、第一義は「自然な」）だったが、より身につまされるものだった。ヨゼフは自身の関心領域を明確にしている。かれが関心を寄せていたのは、「民族芸術」（národní umění）や「農村芸術」（selské umění）として一般に知られる、いわゆる「民衆芸術」（lidové umění）ではなく、庶民的な職人や愛好家による作品、「現代の民衆芸術」（umění lidové soudobé）であり、つまり「都会の芸術」、より正確に言えば「郊外の芸術」だった。[158]一例としてヨゼフが挙げているのが、商店の看板に見られる「日曜画家による作品」である。「日曜画家というのはジャンルではなく、アンリ・ルソーが素朴できわめて愛らしい絵に描いたように、市井の人びとの現実世界である」[159]。続いて同書は、大衆的な冒険譚を活気づけた「血や快楽や死の絵画」について論じ、「我らの父たちの写真」を撮影する肖像写真スタジオ、雑誌のドキュメンタリー写真、ハリウッド映画、木製玩具、職人の描くポスター、ショーウィンドウのディスプレイなど多くのものを取り上げる。

ヨゼフがそのような芸術の中でもっとも称賛するのは、それらが簡素で誠実であり、ひけらかしたり教養的だったり洗練されたりしていない点である。ヨゼフによると、日曜画家の絵は写実を志向することがないという。視覚的に説得力を持つ自然の複製を制作するには、相当な技術が求められるからである。このような工芸品は、「ありのままの現実」（Jest, co jest. 同書のある章のタイトルでもある）の世界に由来する。そこで人間は、幻影による欺きではなく、実体のある物質性にどっぷり浸っている。ヨゼフの関心は、「ものの優雅さ、人びとのものに対する関係の優雅さ」[160]にあった。そこを越えなければ芸術が始まらないという明確な境界線はヨゼフにはなかった。「たしかに芸術は真実と美において完結しているが、真実と美に始まるものでもある。ならば、偽物の芸術よりも、即物的な日常のもののほうがいい。もっとも美しいアンティークの花瓶は、集合住宅を四棟所有するオーナーの棚に飾られる壮麗な花瓶よりも、もっともプリミティヴな土器のほうがはるかに近い」[161]。このような感情は、アンリ・ルソーばかりか、ジャン＝ジャック・ルソーをも想起させる。さらには、ズリーンの建築の「若々しい誠実さ」に対するヴラジミール・カルフィークの思い入れや、「ものに備わった驚異的な雰囲気」に対するヨゼフ・スデクの畏敬の念にも通じる。

ありふれた、時としてあからさまに低俗な主題を扱っているにもかかわらず、『慎ましい芸術』はその根底においてモダニズムの美学論となっている。

ヨゼフは日常性の暗部について盲目だったわけではない。ヨゼフが紹介する素朴なもののいくつかは、『狂気の愛』の中で、ブルトンとジャコメッティが蚤の市で偶然出くわした謎めいた鉄の仮面と同じく不気味なものであることがわかる。「この本のもっとも風変わりな章に差しかかろうとしている」とヨゼフは注意を促す。「その主題に読者はいくばくかの怖れを抱き、不穏な気持ちになるかもしれない。そう、私も不安を覚えている」。

ここで私が話題にしようとしているのは、毎日目にしているのに、それを見るたびに不安を感じるものについてである。それはあまりにも謎めいていて、醜悪とも言えるかもしれない。とはいえ、それが描き出している人物がもはや生きていないからというだけでは決してない。すでに多くの人びとは、虚ろな目でこちらを凝視する青ざめた冷たい顔に怯えている。ただ陰鬱な幽霊と見なすには、あまりにもはっきりと感じ取れるような真実味がある。あまりにも本物のようなので、人びとは写真、それもかなり加工された写真としてそれを捉えている。それは写真ではなく、着色紙にチョークで描かれた紛れもない絵である。絵の由来は実に平凡である。そこに描かれているのは棺に横たわる私の祖母であり、長年私たちの家に住んでいた田舎のペンキ屋によって一八七七年に描かれた。祖母は亡くなり、思い出の品として祖母を描くようにペンキ屋が呼ばれた。そうでなければ、かれはそのような仕事をしなかっただろう。ペンキ屋は部屋の塗装も手がけていた。かれの名はラファエル・ヨルカ。[162]

田舎のラファエロの手になるヨゼフ・チャペックの「おばあさん」の肖像の話は、たしかに頭から離れないが、その理由をはっきりと指摘するのは難しい。それはもちろん写真でもなければ、よく描かれているわけでもない。だが、あの閉じた瞳には抗しがたい何かがある。その絵は、祖母を偲ぶために描かれたにもかかわらず、誰の祖母にも

ラファエル・ヨルカによる「おばあさん」の肖像画。ヨゼフ・チャペック『慎ましい芸術』(1920年)より

似ていないが、たしかなのは、見る者に死の存在を感じさせることである。

これは、シュルレアリストがのちに独自につくり出す領域でもある。しかし、「狂騒の二〇年代」初頭のプラハでは、日常性が眼差しの対象となり、それはヨゼフ・チャペックともアンドレ・ブルトンともかなり異なっていた。一九二〇年十二月六日付『プラシュスケー・ポンジェリー(プラハの月曜)』誌に掲載されたグループ結成を告げるデヴィエトスィルの記事は、「時代は二つに分かれた」と高らかに喧伝している。「我々の背後にあるのは、図書館で朽ち果てる運命にある古い時代であり、我々の前では新しい日が輝きを放っている[163]」。日常性こそが、(デヴィエトスィルの芸術家たちが自称したように)「もっとも若い世代」のはしゃぎ回る遊び場であった。かれらは「映画、サーカス、スポーツ、観光、そして生活そのもの」にある詩を見いだし、「日曜の昼下がりの詩、ピクニックの詩、光輝くカフェの詩、陶酔させるアルコールの詩、活気あふれる街路の詩、温泉保養地の遊歩道の詩」を発見した。これはカレル・タイゲのマニフェスト「ポエティスム」(一九二四)からの引用だが、あらゆるイズムに終わりを告げ、チェコの新しいイズムの誕生を宣言するものであった[164]。タイゲはその三年前にヨゼフの『慎ましい芸術』を称賛しているが、それは「人々が路上で口にする卑俗な歌や小話といった粗野な」「なおざりにされた」芸術に注目したからであり、また「全世界がうらやむにちがいない私たちの素晴らしい民族衣装」そしてその他の「農村の芸術」についても好ましく捉えている。[165] だがデヴィエトスィルの芸術家たちは、まもなく上の世代と距離を置くようになる。永遠の美学的真理が宿る聖なる場所として日常性を捉えるのではなく、芸術とは関わりのない日常性——とりわけモダンで都会的な日常性——を、芸術に終止符を打つ全面的な攻撃を行なう基地へと変えたのであった。いや、少なくともそれはレトリックだった。というのも、ほぼ期を同じくして同じ革命を叫んでいたベルリンやパリのダダイストやロシア構成主義者たちが芸術家であることをやめなかったように、誰も芸術家であることをやめなかったからである。

「新しい芸術は芸術であることをやめる！」——タイゲは「今日の芸術と明日の芸術」の中でこう声を張り上げている。この文章は「新しいプロレタリア芸術」とともに、一九二二年秋の『革命論集デヴィエトスィル』に掲載されている。芸術（「印象派、フォーヴィスム、表現主義、キュビスム、未来派、流行の新古典主義」を含む）が「その指定の場所、図書館、画廊、上流階級の劇場を住処とした一方で」、「中産階級や田舎の住居で目にするのは、悪趣味なカラー印刷や俗悪な装飾品、不快で感傷的な、アロイス・イラーセク、カレル・ヴァーツラフ・ライス、スヴァトプルク・チェフ、『ロボット』といったもの」とタイゲはあざ笑う。労働者や学生は「鏡の裏側へ追いやられた雑誌の複製、映画やスポーツイベントの写真、［そして］魅力的な、時として味気ない世界中の絵葉書」で部屋を飾る。芸術は「モダンな美、つまり複数の顔を持つ近代性と革命のヒュドラの一面にすぎないが」、「美は芸術の外にも存在する」。タイゲは、探偵小説や冒険物語（シャーロック・ホームズ、ジャック・ロンドン、ジュール・ヴェルヌ）、アメリカの工学（「飛行機、自動車、現代の工場、電話、機関車は美しい造形作品である」）、映画（「世界の中心にある詩」、「今日、唯一大衆的な芸術」）、ポピュラー音楽（「ジャズバンド！　アコーディオン！　荒削りな手回しオルガン！　救世軍の聖歌隊では、歌に伴奏するドラムが異国の健全な影響を示す！」）、ダンスホール（「南米のダンス、黒人のケークウォーク」）、ビルボード（「どこからでも見える、挑戦的でくっきりとした、煽動的で純粋な大都会」）、ドキュメンタリー写真などの「新しい美」を称賛する。そしてこう宣言する。「私たちが必要としているのは、生活にもとづく芸術あるいは生活のための芸術ではない、生活の一部となっている芸術である」[166]。

この文章は、「学生よ、労働者よ、手をつないで戦え！」という二〇世紀にたびたび繰り返される白日夢の最初期の事例のひとつと言える。だがその白昼夢も、ほんの一瞬、夢想と覚醒を分かつ亀裂を飛び越え、敷石（pavé）の下の砂浜（plage）で日光浴することができたように思われたとき、あの一九六八年パリの五月革命で完全に目が覚めることになる[167]。ここで「目が覚める」と述べたのは、これまでもしばしばあったように、労働者が学生たちの夢の中で割り当てられた役割を演じるのを拒否したからである。同年にプラハで起こる事件は、「人間の顔をした社会主義」という棺に別の釘を打ち込む。だが、輝く夜明けを迎えたばかりの一九二〇年代、デヴィエトスィルの急進的な若者たちにしてみれば、未来はより確かなものに思えたのだった。タイゲにとって、「明日の世界をなす人びとと社会階級の健全な中心」は「プロレタリアートと進歩的な知識階級」にほかならなかった[168]。頭脳と働き手を希望的観測を通じて同一視したことによって、田舎の人びとこそ、地の塩、つまり社会でもっとも善良な人びとであるという『チェコの問題』におけるトマーシュ・マサリクの立場からの決定的な転換が示されたのだが、進歩的な人びとと大衆が根底において結びついている点は依然として同じであった。「文化の発展にほとんど触れていない民衆の階級」にこそ、救済はもたらされるべきだった。つまり、知識人が選んだ進歩という器が変わったにすぎない。『プラシュスケー・ポンジェリー』誌でのデヴィエトスィルの宣言はこう続く。「今日、若い芸術家、作家、画家、建築家、俳優は、家族のように一丸となり、青いつなぎ姿の人びととともに最前線に向かい、新たな生のために闘うつもりである。なぜなら、ブルジョワジーがかれらのために闘うことはないからだ。［…］かれら［引用者註――芸術家たち］は若く、革命的である。だからこそ、同じように革命的な人びと、すなわち労働者階級とともに歩むほかできないのだ」[169]。『革命論集デヴィエトスィル』には――当時ボヘミアでは、ボリシェヴィキから逃れてきた亡命者以外にロシア語を話す者はそれほどいなかったにもかかわらず――ロシア語の要約が付されているが、このことは雑誌の政治的傾倒を物語っている。ヒッチコックとジョンソンが近代ヨーロッパ建築の概説書からある政治的な偏向を注意深く削除したにもかかわらず、この文章で「インターナショナル・スタイル」という用語が十年先んじて用いられているのは偶然であることに疑いはない。[170]これは、モダンな世界における私たちの表層と見取り図の秩序が拭い去ったものは何かを気づかせてくれるもうひとつの偶然である。セザンヌ、マティス、ブラックについてアントニーン・マチェイチェクが用いた表現主義という語もまた、混乱を招く使用方法ではあったが、時代に先んじるものだった。デヴィエトスィルは時空間をめぐる独自の地図製作法、すなわちモダニティの地図を有していた。

フランス大革命は時代の幕開けを知らしめ、今日私たちはその墓石の上に立っている。〔第一次〕世界大戦は、この時代の残虐で気の滅入るような苦悶だった。この新時代の入口はロシア革命であり、東の大帝国から生まれたそれがつくり出したのは、プロレタリアートの祖国と新世界の揺り籠であった。〔…〕ロシア革命と、世界各地で起こる今日の革命的騒乱は、偉大な輝かしい未来の始まりを知らしめている。それらは明確な目標、すなわち社会主義的社会に向かって前進している。この目標が達成されたとき、新たな様式、あらゆる解放された人間の様式、インターナショナル・スタイルがつくり出される。この様式は、地方の民族文化や芸術を一掃するだろう。[171]

この地図の等高線と道標は誰のものか、知っておいたほうがよいだろう。というのも、世界大戦の陰で育ち、革命が約束したものに熱狂した「もっとも若い世代」が混沌とした時代の舵取りをする際に用いたのが、まさにこの地図だったからである。かれらは〈キュビスムと抽象美術〉展図録の表紙に示されたアルフレッド・バーのフローチャートに自らを位置づけはしなかったし、ましてや「この百年間の主要な活動と重要な芸術家の有益なロードマップ」[172]を美術館の訪問者に提供すべく、ロンドンのテート・モダンの三階から五階にかけて教育的道順を示しているサラ・ファネッリの「美術年表」に自らを位置づけようともしなかった。今日、芸術家の営為を言い表わすのに「芸術をつくる」とよく言われるが、デヴィエトスィルの芸術家は芸術をつくっているとは思っていなかった。かれらは新しい世界をつくり出していると自認していた。ヴラジスラフ・ヴァンチュラ、ヴィーチェスラフ・ネズヴァル、そしてヤロスラフ・サイフェルトがチェコスロヴァキア共産党に入党したのは、アンドレ・ブルトンやポール・エリュアールが入党を考えるはるか前のことである。もっとも、興味深いことにカレル・タイゲは共産党に入党していない。

　政治へのこのような関与が芸術的実践に何をもたらしたかというと、のちにフランスのシュルレアリストたちにとってそうなるように、デヴィエトスィルの内部で論争を呼ぶ問題となった。アドルフ・ホフマイステル、フランチシェク・ムジカ、アロイス・ヴァクスマンら、一九二二年五月にルドルフィヌムで第一回〈春のデヴィエトスィル展〉に参加したメンバーは同年秋にグループを去り、詩人イジー・ヴォルケルも翌年一月にグループを脱退する。[173] かれらに初期のデヴィエトスィルが標榜したプロレタリア芸術の綱領から遠ざかったと見なされ、この不幸がもたらされたのであった。グループ初期の方向性は、一九二二年十二月、ルドルフ・レイマンの共産党書店兼出版社から刊行されたサイフェルトの第一詩集『涙に埋もれた町』において明確に示されている。同詩集の序文のよく知られた結びの箇所を引用するが、この序文はデヴィエトスィルの名で署名されているものの、実際に書いたのはヴラジスラフ・ヴァンチュラである。「新しい、新しい、新しいのは共産主義という星である。その共同作業によって新たな様式を打ち立てること、それ以外のところに近代性はない！」さらにヴァンチュラはニューヨークという亡霊を召喚し、「偉大さを轟かせるニューヨーク、目の前で繰り広げられる営利活動は奇怪で、敵意を呼び起こす」と述べ、「ならば、それがいなくなるようにするがいい[174]」と助言を与える。ヨゼフ・チャペックが都会のジャングルを手がけたらこうなるのではと思わせる、息の詰まるようなモノクロのリノリウム版画によるカレル・タイゲの表紙もまた、同様のメッセージを発している。タイゲは同詩集の第二版（一九二三）、第三版（一九二九）で色調をかなり明るくし、第二版ではピンク地に淡い赤のコンポジションによって街にまずやわらかさをもたらし、第三版ではついに具象的な事物をひとつも載せず、黒、白、黄色で空間を分ける抽象的なデザインを用いている。[175]

　これらの初期の詩の中でサイフェルトが提示する大都市とは、「角張った苦悩のイメージで[176]」、「そこでは小夜啼鳥（ナイチンゲール）も鳴かず、もみの木も香りを放たず／人間ばかりか／花、鳥、馬、卑しい犬までも隷従する」。ニェムツォヴァーの

カレル・タイゲ、『レフレクトル』誌第１巻９号の表紙、メーデーのモチーフを用いたフォトモンタージュ、1925年。Archive of Jindřich Toman. Courtsey of Olga Hilmerová, © Karel Teige – heirs c/o DILIA.

『おばあさん』と同様、詩篇「路上の祈り」はあまりにも感傷的に、人間と機械の近代的な対立を劇的に表現する。ピンクのリボンを巻いた小犬が突進してきたプラハの路面電車に轢かれ、詩人のよく晴れたのどかな日曜日は台無しにされる。

私は考え込んでいるうちに
いつの間にか青果市場とツェレトナー通りの交わる角で
舗道に膝をついていた
見上げると
黒い聖母が立っていて
私の頭上で手を合わせている
私は祈りを捧げた――
聖母マリアよ
私にも死が訪れるとき
あの犬のような死に方をさせてくれるな
美しい日に革命のバリケードの上で死なせたまえ
手には銃を持ったまま[177]

〈黒い聖母の館〉の二階にある〈グランド・カフェ・オリエント〉では、今でもトルココーヒーを提供している。[178]提供していない時代のほうがはるかに長かったが。

一九二二年夏、タイゲとサイフェルトがパリの歓喜を身をもって味わい、ル・コルビュジエ、オザンファン、フェルナン・レジェ、マン・レイらと知り合うことがなかったとしたら、デヴィエトスィルは国際的なプロレタリア芸術の論集の脚注にしか残らなかったかもしれない。ヴィーチェスラフ・ネズヴァルは同年デヴィエトスィルに参加したが、夏の休暇中にユーゴスラヴィアで出会ったシュティルスキーとトワイヤンが翌年春に同グループに加わったのは、他ならぬネズヴァルの仲介によるものだった。デヴィエトスィルの新たな方向性は、一九二二年の暮れの三か月の間に刊行されたデヴィエトスィルによる二冊のアンソロジー、つまり『革命論集デヴィエトスィル』と『ジヴォットⅡ』の中で示されている。タイゲとサイフェルト編による『革命論集デヴィエトスィル』は、ネズヴァル、[179]サイフェルト、ヴォルケル、A・M・ピーシャ、インジフ・ホジェイシー、アルトゥシュ・チェルニーク、カレル・シュルツの詩、シュルツ（「ヒューズの自殺研究所」）とヴラジスラフ・ヴァンチュラの小説、ヤロスラフ・チェハーチェクの評論「知識人と戦争」、インジフ・ホンズルの評論「プロレタリア演劇について」、ヤロスラフ・スヴルチェクの「偏向的グラフィック・アーティスト」、ヤロスラフ・イーラの「フランスの新しい芸術」、そしてヴラジミール・シュトゥルツの「異国趣味」などを収録している。イーラがパリで、「キュビスムとオルフィスムは［…］現在では［…］若者が努力や興味を傾ける対象ではない」[180]と自信たっぷりに語る一方で、シュトゥルツはピカソに関連して、「フランス古典主義の全盛とその完成によって、ヨーロッパは野蛮人と未開人に直面する」[181]という所見を述べている。アルトゥシュ・チェルニークは、現代ロシア美術の考察と「電気の世紀の歓喜」への賛歌という二本の記事を寄稿している。「電気の世紀の歓喜」には、映画、サーカス、演芸、キャバレー、バー、モダンダンス、旅行、移動遊園地、回転木馬、小旅行、サッカー、漕艇、飛行船遊覧が扱われている。[182]『論集』にはジャン・コクトーやイヴァン・ゴルの詩の翻訳だけでなく、イリヤ・エレンブルグ著『それでも地球は動く』の抄録も掲載されている。同論集はタイゲの「新しいプロレタリア芸術」に始まり、同じくタイゲの「今日の芸術と明日の芸術」で締めくくられている。

『論集』は、『ジヴォットⅡ』ほど図版が盛り込まれていないとはいえ、その視覚的内容に興味を引かれないわけではない。『論集』の表紙の中央には黒一色の円のモチーフが配され、それは『ディスク』（一九二三―二五）や他のデヴィエトスィルの刊行物でも繰り返し用いられることになる。[183]スロヴァキアの農村のヴァニタス〔頭蓋骨などが描かれた寓意的な静物画〕、子供のお絵描き、そしてモンマルトルの日曜画家エミール・ボワイエによる「大衆化した印象派の花」[184]といったものの図版が、イヴァン・ゴルの『チャップリン物語』所収のフェルナン・レジェの諷刺画やチャーリー・チャップリンとダグラス・フェアバンクスの映画のスチール写真とともに競い合って並んでいる。イーラとチェルニークはそれぞれしかるべき図版を掲載してフランスとロシアの美術を概説する一方、チェルニークは電気の世紀に捧げる狂詩曲をスーラの描くサーカスの風景で締めくくっている。サイフェルトの詩篇「パリ」には、一九〇〇年のパリ万博の折に（もちろん）エッフェル塔とともに建設された高さ百メートルの大観覧車の写真が挿入されている。だが何よりも読者を新しい世界へと投げ出すのは、タイゲの「今日の芸術と明日の芸術」に添えられた図版である。ニューヨークの蒸気船の上部構造を映し出した写真には、次のようなキャプションが添えられている。「現代絵画のように美しい。むき出しの構造、フォルムの純粋さ、調和のとれたコンポジション、最高の規律、正確な数学的秩序、これらは目的にかなっている。要するに、あらゆる芸術作品の美徳を備えている。［…］もっとも美しい絵画のように調和がとれている。生活の有用性が基準となる、それはもっとも美しい絵画以上に重要なもの」。アメリカの除雪列車の写真の下には、「建築の基本的な美しさ。むき出しの幾何学的フォルム、簡素な記念碑性、実用性、優美さ。私たちの世紀の精神と要求に応えるもの、それは、生活必需品に『芸術』を闇雲に応用した美術産業の商品よりはるかに優れている。ここに目にするのは造形面での健全さであり、飾りと装飾の玩具店ではない[185]」というキャプションが付されている。タイゲが新世紀についてもっとも評価したのは、ピュリスムの美学に適合していたことであって、その逆ではないと捉えて差し支えないだろう。

〈芸術協会（ウムニェレツカー・ベセダ）〉という予想外の傘下で一九二二年十二月に発刊された『ジヴォットII』の趣は異なっている。（副題にあるように）この「新しい美のアンソロジー」は『論集』の「対をなし、芸術的に補完するもの」として宣伝されたが[186]、『ジヴォットII』が初期のデヴィエトスィルが標榜したものをきっぱりと捨て去ることになると予想できた者はほとんどいなかっただろう。同誌は「徹底して真にモダンである新しい芸術のアンソロジー[187]」を提示することを目的としていた。扉ページはチェコ語とフランス語で記されているが、デヴィエトスィルの国際的な野望は、アーキペンコ、藤田嗣治、キスリング、リプシッツ、マン・レイ、モディリアーニ、プランポリーニ、ザッキン、オーギュスト・ペレ、フランク・ロイド・ライト――チャーリー・チャップリン、ダグラス・フェアバンクス、そしてハリウッドの妖婦メアリー・ピックフォードとパール・ホワイトは言うまでもない――といった協力者一覧によってさらに強調されている。[188] ペーター・ベーレンス、ル・コルビュジエ、オザンファン、イリヤ・エレンブルグ、エリー・フォール、そしてフランスの映画批評家ルイ・デリュックとジャン・エプスタインは原稿を寄せたが（ル・コルビュジエとオザンファンの「建築とピュリスム」は『ジヴォットⅡ』のための書き下ろしであると同誌は誇らしげに記している）[189]、その他の面々は図版の掲載許可を与えた程度にすぎないようである。なお、『ジヴォットⅡ』はマン・レイのフォトグラムを掲載したヨーロッパ初の刊行物となった。時期を考えると特筆すべきことだが、カレル・タイゲはこう述べている。「写真は決して、そしてここでもなお現実を放棄することはないが、超現実になることができる」[190]。マン・レイの図像を大観覧車やエッフェル塔の写真、チャップリンの映画『キッド』のスチール写真、アメリカの映画女優やフランスのミュージックホールの歌姫の宣伝写真とともに掲載したのは、（新しいメディアを理論化したもっとも早い時期の試みである）タイゲの論考「フォト・キノ・フィルム」であった。[191] タイゲは、他にもキュビスム以降の絵画の動向を概観する長文の論考を寄稿している。[192] シュトゥルツはフランスの現代彫刻について、イーラはフランスの現代美術、ホンズルは演劇、チェルニークは「未来派の二面性」について寄稿し、一方ではサイフェルト、ネズヴァル、シュルツ、イジー・ヴォスコヴェツの詩と散文が文学的彩りを添えていた。ネズヴァルの戯曲「自転車の至急便」の役柄は、ジャズエイジにふさわしいものである。同作に登場するのは、無線電信技師、女性店員、道化師、黒人、船乗り、「異国風のもの」、拡声器、二台の蓄音機だった。ネズヴァルは、一九二六年に解放劇場で上演されるこの戯曲に、次のような明示的な副題をつけている。「カレル・タイゲ（チェルナー通り十二番地a、プラハ二区、ヨーロッパ）に捧げるボードヴィル」[193]。そう、「プラハ二区、チェコスロヴァキア」ではなかった。

『ジヴォットⅡ』がもっとも明白に、かつ自意識過剰なほどにモダンであったのは、視覚的なインパクトという点にあった。レイアウトやタイポグラフィーによって、同誌はアヴァンギャルドのページデザインの最高傑作となっている。[194] ヤロミール・クレイツァル、ベドジフ・フォイエルシュタイン、ヨゼフ・シーマ、カレル・タイゲによるモンタージュの表紙が全体のトーンを決定づけ、そこでは、大海原を背景に立つドーリア式円柱という古代ギリシアの美の上に、プラガ製自動車のタイヤの持つモダンな美が重ね合わされている。[195] いくつかの論考は、当時人気を博した図版入り雑誌と――内容面ではなく――形式面で似たフォトエッセイとなっている。ベーレンスの文章は、自身の設計によるベルリンの名高いAEG工場、AEG製造の列車の内装、そしてすっきりとしたデザインの扇風機と照明の写真を中心に構成されている。[196] 他方、「新しい芸術は芸術であることをやめる」というエレンブルグのメッセージは、言葉それ自体で伝えられるだけでなく、テクストの真ん中を飛んでいく飛行機の翼に乗って伝えられる。[197] イメージの並置と配列は印象的な効果をもたらしている。その中で、アンリ・ローランスの彫刻と「インドのトーテム」に親和性があることを発見しても、今であればそれほど驚きはしないかもしれない。[198] だが、デュッセルドルフにある最先端の公開手術室にコロンブス到来以前のペルー人墓地が不気味にこだまするさまには、今なお考えさせられるものがある。二つの写真には、次のようなキャプションが付されている。「時代と地理的位置を異にする二つの建築学的事実。それにもかかわらず、そのようにありのままに構成され、目的に沿った建築物の美と雄大さは、つねに同族であり同類である」[199]。チベット建築の写真を目にすると、モダンの時間的、空間的特性の再考を促されることになるかもしれない(「あらゆるアジア芸術からかけ離れている一方、近代建築の構成主義的傾向にきわめて近い」)。チベット建築の写真は、「遠洋航路船」のすぐ次に掲載されている。[200]

ヨゼフ・シーマによる広告礼讃の文章は、潜在意識に訴えかけるようにS・K・ノイマンの「人生万歳!」というスローガンを本文の下に踊らせ、その主張を体現している。[201] このアンソロジーでは、本文を埋め合わせるかのように、マルクス、[202] アポリネール、フローベール、ホイットマン、チャップリン、F・X・シャルダ、フランク・ロイド・ライトらの引用が多種多様な字体やサイズでちりばめられている。ページの上部や下部を闊歩する太字の見出しは旗印となっている――「自然のすべての事物は、立方体、球体、円錐、円柱で構成されている」(セザンヌ)、「愚かさはナショナル。知性はインターナショナル」(ヴラマンク)。[203] 空間処理についてロシア構成主義からの影響は明らかであるが、ロシア・アヴァンギャルドであれば何もかもデヴィエトスィルが賛同を示したわけではなかった。エッ

ヤロミール・クレイツァル、カレル・タイゲ、ヨゼフ・シーマ、ベドジフ・フォイエルシュタイン、『ジヴォット II』の表紙。フォトモンタージュ、1922年。プラハ芸術工芸博物館蔵。
Courtsey of Olga Hilmerová, © Karel Teige - heirs c/o DILIA.

フェル塔の隣にはヴラジーミル・タトリンの第三インターナショナル記念塔が置かれているが、そこには、辛辣な見解が添えられている。

卓越した建築作品であるパリのエッフェル塔は、万国博覧会のために建設された。展望台として、独自の娯楽施設として考案され、その目的を忠実に満たしている。一部のディテールに見られる当時の悪趣味に目をつぶりさえすれば、エッフェル塔は総じて美しい。だが、タトリンはなぜ、多様な事務スペースを有する第三インターナショナル記念塔を「塔」という形式で建てたのか？　それは闇雲な模倣であって、場所も目的もはっきりしていないところにある種の成果を軽率に移植する「機械時代」への熱狂にすぎない。[204]

ここでは、ピュリスムの美学はプロレタリアの政治学に勝っている。

ヤロミール・クレイツァルの文章「メイド・イン・アメリカ」は、言葉とイメージ、政治と美学を多様な方法で組み合わせた爽快な内容で、『ジヴォットⅡ』を他とは異なる新しいものに変えるすべてのものを内包し、二つのものを融合しようと試みていた。建築家クレイツァルは同誌の編者であったが、サイフェルト、ホンズル、シュルツ、チェルニーク、シュトゥルツ、ネズヴァル、「そしてとりわけK・タイゲ」の協力に惜しみない謝辞を捧げている。[205]クレイツァルの文章のタイトルには国際的な英語が用いられ、用いられた図版はすべて「新世界」のものである。ほんの一年前、ヴラジスラフ・ヴァンチュラは「奇怪で、敵意を呼び起こす」ニューヨークという巨大都市が地球上から姿を消すのを望んでいたかもしれないが、ここでクレイツァルはビッグ・アップルの轟くような偉大さを新しい美の頂点として称讃した。マンハッタンの雑踏、フラットアイアン・ビルディング、コートランド・ビルディング、メトロポリタン生命保険会社タワー、ブルックリン橋の写真を見て心を奪われるようクレイツァルは仕向ける。タイゲが「今日の芸術と明日の芸術」の図版として使用した蒸気船と除雪列車の写真は、オリバー社のタイプライター、シカゴとバッファローにあるフランク・ロイド・ライトの建築の写真とともにふたたび掲載されている。そこには一輪の花もないが、路面電車と自動車の間を縫って進む馬車がかろうじて一、二台だけ見える。クレイツァルは記事をこう締めくくる。「今日、アメリカの首都はエジプトの絶対君主になぞらえることができる。何千人という現代の奴隷が新しいピラミッド建設に従事しているからだ」。しかし、今日が永遠に続くことはない。ここで新たなジンテーゼが浮かび上がる。

アメリカとロシア。両国は人類社会の未来に取り組んでいる。クレール・ゴル編『現代アメリカ抒情詩集』の序文の結びを引用するのが適当である。

> 「アメリカはひとつの未来の地であるが、未来の地はロシアである」。
> プロレタリアが支配する国が、全国民に製品を潤沢に提供しうる真のプロレタリア国家となるために、ロシアはアメリカの文明を必要としている。[206]

これはマルクス主義者でない人物が行なう議論ではなかった。あの果敢なレーニンは、結局のところ、「ソヴィエト」+「電化」として「社会主義」を定義していなかっただろうか?

デヴィエトスィルの活気は、ヨーロッパの他の場所でも目に留まらないはずはなかった。「多くの大都市でそのために闘う必要があるものの、ほとんど存在していないものがプラハにはある。それは、創造的で活気ある雰囲気である」とハンス・リヒターは、ラウール・ハウスマン、エル・リシツキー、テオ・ファン・ドゥースブルフ、ミース・ファン・デル・ローエが参加したベルリンを拠点とする前衛建築、デザイン、映画の雑誌『G——エレメンタルな造形のための材料』の読者に伝えている。リヒターはさらにこう続ける。「モダンという信念は、この雰囲気において、すなわち集団作業の精神、そして『生への信頼』から生じる活動において成長しうる。多数の若い芸術家たちの活力がいくつかの雑誌に表われている。とりわけ活気に溢れているのは、アンソロジー『ジヴォットII』である。これほど時代に先んじた図版入りの書物は、私の知るかぎり他にはない」。リヒターはカレル・タイゲについて、「アメリカ風ロマン主義を志向し、鋭敏で、感性豊か」と評し、デヴィエトスィルの主導者を的確に捉えている――タイゲがマルクス主義者であるにもかかわらず。だがリヒターは、より空想的な調子で文章を結んでいる。そこには（よくあるように）、モダンに対する並外れた受容力があると気づいたばかりの都市を、エキゾチックでオリエンタルなものにしようとする意図が見られる。

かれ［タイゲ］とその仲間たち、雑誌、グループ、そして勢力を完全に掌握しているのは、美しいトワイヤンである。プラハ生まれのトワイヤンはチェコスロヴァキアの言語を流暢に話し、パリにいるときでさえ、その言語を用いて暮らしていた。職業は画家。我々が数多くあるトワイヤンの作品の中から選んだのは、力強さにおいても繊細さにおいても、他の男性の仲間の作品に引けを取らない作品だからである。この――内容と形式において、ともに汚れのない――私的な作品を本誌に掲載することを、トワイヤンも快く認めてくれた。[207]

優雅なマンカことトワイヤンは、雑誌『G』の読者に伝説的な無線のキスを送っている。「TSF（無線通信）によるキス」というキャプションが付され、『ディスク』誌のレターヘッドの余白にキスマークが印刷されていた。言うまでもなく、トワイヤンの口紅は燃えるような赤だった。

この世の美しきものすべて

時代の精神にふさわしく、『ジヴォットⅡ』はヤロスラフ・サイフェルトの詩篇「この世の美しきものすべて」で始まっている。グループの新しい方向性について、読者は疑問を抱くかもしれない。「今日もっとも美しい絵は」とジシュコフの詩人は歓喜する。「まだ誰にも描かれていない／街路はフルートとなり、朝から晩まで自らの歌を奏でている」。

自らの詩のため、我らが見いだしたのはまったく新しい美
終わりつつある儚い夢の島である月よ、消えるがいい
ヴァイオリンを奏でるのをやめ、自動車のクラクションを鳴らすのだ
交差点の真ん中で、夢を見ることができるように
飛行機よ、夜啼鳥（ナイチンゲール）のように、夜の歌をうたうのだ
バラ色のバレリーナよ、ビルボードの文字に囲まれて踊るがいい
太陽よ、姿を消すがいい——街灯の光が
街路に新しい炎の日を投げかける
［…］
ではまた、偽の美を捨てよう
フリゲート艦は大海原へ出帆する
ミューズよ、あなたの長い髪を悲しみからほどくがいい
芸術は死んだ、今日から世界は芸術を必要としない[208]

「この世の美しきものすべて」は、一九二〇年代初頭、デヴィエトスィルが好んで用いるスローガンであった。タイゲもまた「今日の芸術と明日の芸術」をこの一節で結んでいる。大文字の太字体で中央揃え、両側に指差しマークを配置し、チラシのようなレイアウトである。[209]それから半世紀以上を経て、サイフェルトが自身の回想録のタイトルとしてこの一節を用いる頃には、そのフレーズはほろ苦いものとなっていた。詩人サイフェルトは、国の文学的象徴であると同時に好ましからざる人物（ペルソナ・ノン・グラータ）であるという、現実離れしてはいるもののこの地では珍しくない立場に置かれて

いたからである。サイフェルトが憲章七七（一九七七）に署名すると、チェコスロヴァキア共産党中央委員会は、オデオン社が企画していたサイフェルトの回想録の出版停止を命じる。憲章七七は、ヘルシンキ宣言で合意された人権に関する義務の履行をチェコスロヴァキア政府に求める反体制派の声明であった。その後、回想録の一部は地下出版物として回し読みされていたが、詩人の七十五歳の誕生日を祝って、同書の朗読の夕べが、ヴラスタ・フラモストヴァーの自宅の「アパート劇場」で始まった。こうした秘密裡の朗読会は、プラハ、ブルノ、オロモウツのアパートや地下室など二十二か所で次々に開催された。サイフェルトの回想録は、最終的に一九八一年十月にトロントのシックスティ・エイト出版から刊行されたが、チェコスロヴァキア作家出版から厳重な検閲を経た版がついに日の目を見るのは、それから一年以上経ってからのことだった。チェコスロヴァキア作家出版はチェコスロヴァキア作家連盟の出版社であったが、同連盟の議長を務めていたサイフェルトは一九六九年に議長の座を追われている。[210] 一九二〇年代においても一九八〇年代においても、「この世の美しきものすべて」という一節は、マーハの『五月』の冒頭の対句、あるいはニェムツォヴァーの『おばあさん』の最終行と同様、チェコ人にとって馴染みのあるものであっただろう。実は、この一節は『売られた花嫁』に登場する結婚仲介人ケツァルが歌う喜劇的アリアから借用されている。そう、デヴィエトスィルの若者たちは、国民文化の聖域を少し不敬なかたちでからかっていたにすぎない。だが、すでに述べたように、新たな世界をつくり出そうとするときでさえ――いや、おそらくそうしたときだからこそ――過去から逃れることは困難であったのだ。

では、栄えあるデヴィエトスィル号はどこへ向かって舵を切っていたのだろう？　大海原は、一九二〇年代に内陸国のアヴァンギャルド芸術で繰り返し用いられたモチーフである。それはサイフェルトやネズヴァルの詩にも流れている。想像上の移動に飽き足らず、コンスタンチン・ビーブルは、アルジェリア、チュニジア、ジャワ、スマトラ、セイロンに出帆し、そこで詩集『紅茶と珈琲の輸入船とともに』（一九二七）のための豊富なインスピレーションを得た。[211] 海のモチーフは、クレイツァルの設計による百貨店〈オリンピック〉の引っ込んだバルコニーと手すりのついたテラスにも見られ、それはズブラスラフのヴラジスラフ・ヴァンチュラ邸にも用いられている。デヴィエトスィルの多くのメンバーが制作し、おそらくデヴィエトスィルがモダンアートに寄与した最大のものとも言える「絵画詩」にも、海は頻繁に現われる。カレル・タイゲの絵画詩《旅路からの挨拶》(一九二四)では、船舶旗、地中海の町、地図、双眼鏡、そして「ムッシュウ・J・サイフェルト、プラハージシュコフ」という宛名の封筒が組み合わされている。「抒情的映画の一瞬」と評した自身の絵画詩《シテール島への船出》(一九二三―二四)では、遠洋航路船、ヨット、クレーン、アメリカン・ライン社のロゴ、そしてAu revoir!(さようなら!)とBon vent(あばよ)という言葉が構成主義的な空間にモンタージュされている。インジフ・シュティルスキーの《想い出》(一九二四)はまさに絵葉書のような形をした絵画詩で、椰子の木、ムーンフィッシュ、イソギンチャク、帆船、日光浴をする五人組の美女がジェノヴァ湾の地図に重ね合わせられている。水着姿の可愛らしい少女は、アントニーン・ヘイトゥムの《アンダーグラウンド》の中央にも登場し、他にはエドワード・ジョンストンのロンドンのUndergrounDの特徴的なタイポグラフィー――モダニズムのグラフィックの象徴――とロンドンの市街地図、英国やフランスやオランダの鉄道切符の寄せ集め、さらに一九二四年の大英帝国博覧会記念一ペニー切手がコラージュされている。[212]『ジヴォットII』にはホーランド・アメリカラインのクルーズ客船フォーレンダム号に関する見開き写真が六ページにわたって掲載され、その直後にカレル・シュルツの詩「海上のジャズ」が続いているが、これには機能に従った形体美を提示する意図があった。だが、そのような船舶のイメージは、心の中でしか海岸線を持たないヨーロッパの心臓部に閉じ込められた小国の憧憬を同時に示すものではないかと誰もが思うことだろう。[213]

「この世の美しきものすべて」は、一九二三年四月に刊行されたサイフェルトの第二詩集『愛そのもの(Samá láska)』の巻末にも再録されている。『愛そのもの』とは巧みな表題である。というのも、チェコ語のsámの持つ意味の幅広さを利用しているからである。このタイトルは同様に、『愛だけ』、『愛ばかり』、あるいは(ダナ・ローウィーの英訳のように)『まったき愛』[214]とも翻訳できる。『涙に埋もれた町』に劣らずプロレタリアの理念に傾倒しながら、この「世界とソヴィエトの詩」――このように宣伝された[215]――は想像力豊かな新しい展望を切り開いている。オタカル・ムルクヴィチカによる表紙は、来るべきものに注意を促している。遠洋航路船と飛行機がヴァーツラフ広場

オタカル・ムルクヴィチカ、ヤロスラフ・サイフェルト『愛そのもの』の表紙のフォトモンタージュ。プラハ、ヴェチェルニィツェ社、1923年。プラハ芸術工芸博物館蔵

の国立博物館の上空を飛び、広場には共産主義の赤い星を頂上に戴くアメリカの摩天楼が新たに配されている。二十世紀の視点で見ると、著しく調和を欠いたモダニティの不協和音がある。だからこそ我々の注意を引くのだろう。数十年にわたる冷戦と長引く相互不信の結果、電気の世紀への見境なく歌われる聖歌の中で、共産主義国家ロシアとアメリカ合衆国が同じページで歓喜しながら抱き合う姿を見ることがなくなって久しい。ムルクヴィチカがこの詩集で手がけた他の図版は、横柄な船員、恋人たち、パリの快楽の数々といったもので、「ソヴィエト的なもの（sovětské）」よりも「世俗的なもの（světské）」を扱っている。他の多くの詩と同様、サイフェルトは、目も眩むほどの世俗的な歓喜の中に、なおもヴァーツラフ広場でのメーデーのデモや一連の「革命記念の詩」をさりげなく忍ばせている。[216] 口絵では、イチーン――ボヘミアのチェスキー・ラーイ（「チェコの楽園」の意）地方にある景勝の町、サイフェルトが「世界で類を見ない」[217]と評して愛した――の夢見る少女が中央に配されているが、ムルクヴィチカはこの楽園を本来の緯度から切り離し、列車、船、飛行機、エッフェル塔、ニューヨークの摩天楼といったもので現代のマジェンカを取り囲んでいる。[218] 一年余りが経過して、『涙に埋もれた町』に影を落としていた苦悩の角ばったイメージは、強力な欲望の隠喩へと変わったのである。

この詩集の――ふたたび個人名ではなく、デヴィエトスィルというグループ名義で署名された――あとがきの中で、カレル・タイゲは不可能に思えることを試みている。すなわち、その後二十年にわたって熟達する弁証法的操作であり、すべてのボールを同時に空中で見事にキープするように、ピュリスムとポエティスム、構成主義と（やがては）シュルレアリスムの二律背反を巧みに扱ったのである。「『涙に埋もれた町』を気に入ったすべての人へ」と語りかけながら、タイゲは、「『愛そのもの』はもうひとつの半球をなしながら、いわば周期的にサイフェルトのデビューと結びつく――そして技術的に、一方は発展、他方は対極」であると読者に説得しようとする。この詩集の「題材はもっぱらプロレタリア世界を扱い」、プロレタリア世界の「新しい創造的な精神と新しい大胆さ」を「歌う」。「労働者に関するでっち上げの誤解」を拒否しつつ、「ブルジョワジーや似非社会主義詩人が得意とした同情を誘う哀れな殉教者のイメージから引き離し」、真の光の中へ召喚する。真偽のほどはわからないが、タイゲは次のように述べている。

この詩集は、労働者の物質的な夢のもっとも原始的なものを謳い上げる。すなわち、あらゆる世俗的なかたちをとる神々の食物であり、神々の酒である。この詩集は、労働者の感じる精神的な喜びを謳い上げる。すなわち、恋人や子供への無償の愛、集団活動の熱意、革命への敬意、自己犠牲の決意である。この詩集は、労働者が社会に属す喜びを謳い上げる。すなわち、歌、ダンス、演劇、遠いヨーロッパや異国の故郷、地球上のありとあらゆる美しさ、新たな美しさを。この詩集は、労働者のハンマーでつくった労働の成果から飛行機にいたるものを寿ぐ。そして労働者の階級の憎しみを謳い上げる。

タイゲは続ける。サイフェルトの作品は、「プチブルの意図に沿って、教育、道徳、教訓が大量生産されている俗物的で寓意的な、社会的で『偏向的な』詩となんら共通点はない」。プロレタリア文化についてはこういった具合である。さらに「基本をなす気質は夢想である。[…] 現実から逃げず、ユートピアにも他の場所にも逃げ込むことなく、この偉大なる世紀のロマンチシズムを自らの詩の中にとどめている。かれの詩には、クラドノ、ニューヨークが息づき、パリ、イチーン、プラハ、全世界が息づいている[219]」。

それでは、この偉大な世紀、その全世界はどのように構想されたのだろうか？　ロマンチシズムだったのか？　フリゲート艦デヴィエトスィル号は、どのような非ユートピア的な夢の国に航路を定めたのだろう？　その答えの一部は、堂々と「ニグロ（Černoch）」と題された『愛そのもの』所収の詩にある。ロマンチシズムとは、たしかに適切な表現である――だが、オリエンタリズムもまた同様である。

大洋の岸にそよ風が吹く
空っぽの貝殻や漂ってきた珊瑚のかけらの間を

黒人女たちは心地よさそうに腹這いになっている
潮の波はゆっくりと持ち上がる
私はただのヨーロッパ人であることを寂しく思う
この運命を受け入れることはできない
神よ、椰子の木陰に座らせてほしい
あるいは、あの黒人女たちのように海岸に寝そべらせてほしい[220]

トワイヤンの《ニグロの楽園》は、サイフェルトの詩的憧れを猥褻に具体化したものである。一九二五年に制作されたこの絵画は、フェリシアン・ロップスやジェフ・クーンズの作品と同様、ポルノ的であるが、英米の美術史家にもっと知られていたならば、トワイヤンはクールベの《世界の起源》やマネの《オランピア》と同じ悪評をたやすく手にしていたかもしれない。これはチェコの楽園ではない――いや、よく考えてみればそうであるとも言えるかもしれない。優雅なマンカことトワイヤンの作品の登場人物は、仮の腰蓑（そこから溌溂と勃起した男性器が覗いて見える）以外は裸であり、陽気にもさまざまなかたちで性的快楽を得ようとしている。作品の中央には、イヤリング、ネックレス、シルクハットしか身に着けていない紳士が、自慰に耽る付き人の持つパラソルの下で満足げに座り、傍らに跪く男（かれも別の男から性器を挿入されている）に口淫させ、さらに足元に寄りかかるもう一人の女はぼんやりと自慰に耽っている。トワイヤンがこの絵を構想した際、ヨゼフ・チャペックの《ニグロの王》（一九二〇）が脳裏を去来したかどうかは定かでないが、ヨゼフの絵もまた、「原始的な」裸と「文明化された」衣装――この場合、懸章、勲章、シルクハット――の同様の不調和を取り上げ、滑稽な印象をもたらしている。[221]今日このような作品を眺め、人種的中傷という不快感以外の何かを見ることはほとんど不可能であるという現代の困難がある。とりわけ《ニグロの楽園》は、黒人の性という使い古された固定観念のもとに描かれ、その素朴な作風（これはトワイヤンが一九二四年から二五年までの間にそのような作風で描いた数少ない作品のひとつである）は、先住民の外見上の幼児性を補強するものでしかない。しかし、今日の基準に照らして過去を判断することは好ましくない行為だろう。チャペックが描いた滑稽なシルクハットがよい象徴であるように、一九二〇年代のチェコで嘲笑されていたものは、西洋文明の虚栄心ほど「原始的」ではなかった。

　トワイヤンの描いた椰子の木の下でのパーティーの対象が白人であったならば、アンリ・ルソー的な簡素で無邪気なやり方でみだらなものを描いたとして、その機知と転倒が間違いなく評価されていただろう。偶然にも、《ニグロの楽園》の予兆は、トワイヤンの初期の絵画《枕》（一九二二）に見られる。売春宿で行なわれる集団性交の場面だが、先の作品と同様、夢中になっている参加者たちはみな間違いなくコーカサス人である。この場合、クンニリングスが肉欲の入り乱れた悦びの中でひときわ目立っている。戦後のパリ亡命時にトワイヤンと親しかったアニー・ル・ブランは、二〇〇一年に書いた文章でこのような疑問を投げかけている。「視覚的な領域において［…］この絵を実現するために二十歳の若い女性がとった信じがたい大胆さを今日推し測るとしたら、これに匹敵する作品を制作した人物をトワイヤン以外に私は知らない」[222]。一九二五年に描かれたトワイヤンのスケッチブックのページには、Poulet（「雌鶏」、フランス語の俗語で「娼婦」の意）と題された、客と戯れる半裸の娼婦が描かれている。その女もやはり黒人だが、舞台中央で魅力をふりまく上半身裸の五人の若い女（そのうち一人は下半身も裸）は真っ白な肌をしている。そのスケッチは、一九二五年十二月以降、シュティルスキーと長期滞在するのに先立ち、同年初めの数か月間、トワイヤンがパリへ旅行した時期のものであり、当時の見聞の成果と言えよう。トワイヤンがバラエティーショーに足繁く通っていたのは確かだが（同じスケッチブックには、〈フォリー・ベルジェール〉での「ナイル川の伝説」と〈ムーラン・ルージュ〉での「ガートルード・ホフマン・ガールズ」のシーンも含まれている）[223]、ブラッサイと同様、パリの売春宿にインスピレーションを求めていたのかもしれない。アフリカ系アメリカ人ダンサー、ジョセフィン・ベイカーは、《ニグロの楽園》に見られる露出の多いスカートを喜んで身にまとっている。黒人の性のステレオタイプを利用して、彼女はあらゆるものを身にまとい、戦間期のヨーロッパでもっとも成功した芸歴のひとつを築いた。一九二八年の世界巡業のプラハでの初日、オーケストラの演奏のテンポがあまりにも早かったため、ジョセフィンは

カレル・タイゲ《シテール島への船出》コラージュ、1923年。プラハ市立美術館蔵。
Courtsey of Olga Hilmerová, © Karel Teige - heirs c/o DILIA.

リズムについていくことができなかった。「私はトーチのように火照っていました」とのちにジョセフィンは当時を振り返っている。「観客は拍手喝采し、私をステージに呼び戻そうとしていました。幕は上がらなかった。［…］気絶していたからです。カーペットには少し血が滲み、腕は組んだままでした」[224]。おそらくシュティルスキーとトワイヤンは一九二五年のパリで、ベイカーが「ルヴュ・ネーグル」で演じるのを目にしたのだろう。カルラ・ヒューブナーの示唆するところによると、《ニグロの楽園》は「おそらく［…］ある部分でベイカーという紛れもない性的ペルソナへの賛辞」であり、この作品を黄金時代のルネサンス絵画のパスティーシュと読み取ることができるという。「トワイヤンのアフリカには、明らかに真の黄金時代がある。そこではいかなる性的行為もためらう者は誰もいない」[225]と述べるとき、ヒューブナーはたしかに作品の精神を見事に捉えている。

若き日の（そして、『この世の美しきものすべて』を踏まえると老年期もまた高い確率で）ヤロスラフ・サイフェルトも、同様の性的な夢に囚われていた。「そしてこの黒人青年は今日、我々のもとを去ろうとしている」。サイフェルトの詩「ニグロ」は次のように続く。

申し訳ないが、ジョン船長、あなたを羨まずにはいられない
十二日間も経過すれば、あなたは海辺で黒人女たちと戯れている
　列車はすでに出発し
　　船は航海中で
　　　飛行機は海上を飛んでいる
文明の美を静かに嘆きながら
私は駅の食堂で座っている
乗ることができないのなら
鉄の鳥である飛行機など、私に何の価値があるだろう

そして飛行機は、私の頭上を越えて遠い雲の彼方に消える

ああ、ジョン船長
ヨーロッパを雲の下に追いやらなければならない
ありとあらゆる魔法と奇跡が
三つの閂(かんぬき)で閉じ込められているのだから

「ジョン船長」は、原文では master John と英語で書かれている。[226]

「なぜ、なぜ運命は我々が生きることを咎めたのか?/北緯五〇度のこの街の通りで」と、サイフェルトは詩篇「パリ」の中で尋ねる。この詩は早くも『革命論集デヴィエトスィル』に掲載され、イヴァン・ゴルに捧げられている。この場合、ムルクヴィチカによる挿絵は、口絵のマジェンカに代わる裸のダンサーを主役とし、エッフェル塔の真下で、映画館やカフェ――〈ロトンド〉の名が確認できる――を背景につま先立ちで旋回している。[227] 魔法が見つかるのはプラハにおいてではない。ヴルタヴァ川沿いのこの街は、平凡でありふれていて、「人生は脱線することなく」、「あらゆる感覚は燃え上がる前に衰えざるをえない」とサイフェルトは不満を述べる。それでもサイフェルトは、「セーヌ川の流れる西にはパリがある」と慰めを見いだす。[228] たとえ――五つの大陸に五人の恋人を持ち、「白く、赤く、黒く、黄色く、茶色い[229]」胸元に落ちる彼女たちの涙を味わう詩篇「水夫」に登場する英雄のように――象牙海岸を持てなかったとしても、それではなぜ「パリは、少なくとも天国に近づくための一歩である」のか。

夕暮れ時、空に銀色の星々が点ると
多くの人々と自動車が大通りを行き交う
そこにはカフェ、映画館、レストラン、モダンなバーがあり

生活は陽気で、沸き立ち、旋回し、あなたを連れ去る
そこには有名な画家、詩人、人殺しや悪党がいる
見慣れない新しいことが起き
美人女優、有名な探偵がいる
裸のダンサーが街はずれのバラエティーショーで踊る
彼女たちのレースの芳香は愛であなたの理性を惑わせる
パリはあまりにも誘惑的で、人はそれに抗えない[230]

すべてのチェコ人の脳がそのような愛の芳香に圧倒されていたわけではない。「プロレタリア芸術」を擁護すべく、ヨゼフ・コプタは「どことも知れぬ場所から、行くあてもない旅路の道標[231]」としてポエティスムをぞんざいに退けている。雑誌『アヴァンギャルド』に掲載された一九二四年の連続記事「注記——方法論的研究などありはしない」の中で、プラハのドイツ人共産主義作家F・C・ヴァイスコップは、デヴィエトスィルの「ジシュコフにおけるアフリカ」について辛辣な見解を提示した。その記事はこのように始まる。「ヤロスラフ・サイフェルトは郊外出身である。かれが好んだのは[…]映画、回転木馬、酢漬けニシンであり、磨き上げたよそ行きの靴とツェレトナー通りだった。[…]サイフェルトは小さなプラハの郊外から広大な世界へ向かった。[…]すなわち、実際にどこに行くこともなく、ここに留まったまま、ジシュコフに東洋風の新しいコートを着せた。そして見るがいい、ツェレトナー通りはいまやラ・ペ通りとなり、青果市場はエッフェル塔に、ニシンは冷凍パイナップルに変わり、恋人たちはもはや春の公園を散策せず、寝台列車、食堂列車に乗る」。「サイフェルトの地理的変容については理解できる」とヴァイスコップは認める。若者の憧れに水を差す者などいない。「私が理解できないのは、理論家「カレル・タイゲ」がサイフェルトの新しい詩にポエティスムの烙印を押したことだ。実際、全世界は『涙に埋もれた町』ではなく、サイフェルトの新刊本もまた全世界を包含するわけではない。というのも、カフェのテラスがたとえパリにあるとしても、それは

全世界ではなく、生もまた陽光と花だけでできているわけではないからだ。ミス・ガダ＝ニギ[232]の傍らで今もなお生活しているのは、腕のない傷病兵と［引用者註――プラハのリベン地区にある］チェスコモラフスカー工場の労働者である」。ヴァイスコップは、当時のアヴァンギャルド雑誌の典型であるタイポグラフィーを駆使した伝達信号で自論をまとめている。

我々が望むものは次のものだけではない
パリとアフリカ
ジャズバンド
寝台列車
日曜日と休日
黒人とスペイン人

だがこれも欲する
その他のヨーロッパ、全大陸、炭田、海、工場
機械の騒音、闘争と信号の爆発
革命の装甲車
すべての週と月
すべての人種と階級

我々はワインを欲する、スプリッツァーではない
それゆえ
一〇パーセントの代わりはいらない！
一〇〇パーセントを与えよ
せめて理論上は[233]

ヴァイスコップは紛れもない論点を示したが、ヴァイスコップのものであれ、サイフェルトのものであれ、両者のヴィジョンは結局のところ、いずれもかなり極端なものであり、議論の余地があった。少なくとも、サイフェルトは自分が夢見ていることを知っていた。

デヴィエトスィルの芸術は、実際のところ、想像上のどこか別の場所の芸術だった。想像上のアフリカ、想像上のパリ、想像上のモスクワ、想像上のニューヨークであり、人生が決して脱線することのない北緯五〇度にある灰色の

石の街ではない想像上のどこかであった。その旅が紙の上のものであっても、観光客というものがたいていそうであるように、船の乗客はそれぞれ思い描いていたものを見いだした。サイフェルトは、一九二五年にカレル・タイゲとともに（チェコスロヴァキアーソ連友好団の一員として）訪れたソ連への旅から有頂天で帰路に就いている。労働者の楽園はサイフェルトが想像したすべてだった。かれは翌年、こう記している。「革命記念日にモスクワにいたとき、熱狂する人びとの流れに巻き込まれた。人びとは『赤の広場』に向かって進んでいた。その瞬間、私はこれらの人びとの詩人になりたいと死ぬほど切望した」[234]。多くの人が訪れるパリもまた、ヴィクトル・オリヴァの描いた〈カフェ・スラヴィア〉の一糸纏わぬ緑の女神や、青年期に読んだアポリネールといったものに囚われ、繰り返し立ち現われるボヘミアの夢の一部として、多くのチェコ人芸術家が体験したのではないかと思う人もいるだろう。ヴィーチェスラフ・ネズヴァルの『ジ＝ル＝クール通り』は——かれ自身もわかっていたように、パリのあらゆるものが驚異であった——そういった感情移入の豊富な証拠を与えてくれる。ところがネズヴァル本人は、本当は旅が好きではなく、「想像だけで場所から場所へと移動する」ほうがはるかによいという告白から同書を書き起こす。自分は「夢の中で起こるような、欲望から生じるもの」しか見ない「悪い観察者」であると、ネズヴァルは快活に警告する[235]。だが、それがどうしたというのだろう。一九二〇年代において、芸術に対して、誰が現実を表象することだけを期待しただろうか。逆に、想像力に変革をもたらす力こそがデヴィエトスィルの芸術を形作ったのである。プラハの若い作家と芸術家が、海や摩天楼からも遠く離れたヨーロッパの内陸の中心で孤立していなかったら、かれらの作品ははるかに冒険心のないものになっていたかもしれない。無限と思われた想像上の未来と、回帰することがつねに求められた想像上の過去との交差路にその都市はあった。交差路上の子供たちは、夢見るには理想的な場所に立っていたのである。

5 ボディ・ポリティック

額縁のない小さな鏡を一枚のヌード写真の上に垂直に立てよ。そしてつねに九〇度の角度を保って、眼に見える全体のシンメトリックな半分の双方がゆっくりと規則的に変化しながら小さくなったり大きくなったりするように、鏡を前進もしくは回転させよ。——全体はたえず、シンメトリーの軸のむしろ理論的な裂け目からむくむくと湧き出してくる、羊膜嚢や弾力のある皮膚に包まれて生成する。あるいは、運動を逆向きにすれば〔鏡が画面上端から眼の方向に向って逆さまに近づいてくれば〕、イマージュは必然的に収縮して、片割れの双方は、ねばつく抗い難い虚無に吸い込まれる膠のように——灼けた暖炉の台板の上にのせられて足元から音もなく溶けてみるみる小さくなり、しかもその足元の土台が溶けた蠟のなかに反射されている分身の土台でもあるような、そんな蠟燭そっくりに、相互の鋳型に注ぎ込み合うのである。このおそろしく自然な、視線を熱狂的に奪いつくす出来事を目のあたりにしては、この動く統一性の片割れの双方の、現実性だの虚性だのといった問題は、たちまちにして意識のうちで色褪せて、影が薄くなってしまうのである。

——ハンス・ベルメール『肉体的無意識の小解剖学』[1]

沈黙の女

アポリネールがプラハを訪れる三年前、グスタフ・クリムトはウィーンの画壇で人びとを激怒させていた。「裸体をさらした波打つ長い髪の女性が恥ずかしげもなく正面を向いて我々の前に立ち、手にした鏡をこちらへ向けている」という装いで真実を描いたのだ。（このように描写した）トビアス・G・ナターは、こう付け加えてもよかったかもしれない――この女性の燃え立つような赤毛の陰毛を、ちょうどフレームの幾何学的な中央部を占めるように描き、ギュスターヴ・クールベがいみじくも《世界の起源》と呼んだ場所に容赦なく視線を惹きつけている、と。[2] 物議を醸したのは女性の裸体ではなかった。帝都ウィーンでは、地方都市であるプラハと同様、世紀末のファサードに華を添える一糸まとわぬ美女たちが、古典古代のミューズから科学と工業の近代の美徳まで、ありとあらゆるものを行儀よく演じていた。恥丘を露わに描いたことが問題視されたわけでもない。ウィーンは成熟した都市であり、「艶やかな」性愛文学は、紳士向けの芸術として一ジャンルを築いていた。これほどの反発を引き起こしたのは、クリムトが境界を踏み越え、人間の身体、とりわけ女性の身体に対して、従来とは異なる社会的環境の内に異なる意味を付与し、異なる場所にいた窃視者に向けて提示したからである。クリムトがあからさまに命名した《ヌーダ・ヴェリタス――裸の真実》（一八九九）は、寓意画でもポルノでもなく、両者の扱いにくい混合体である。真実を表象する裸の女性の代わりに、クリムトは裸の女性の真実を描き、さらにプライベートな部分を公共の領域へと押し出すがごとく、好事家向けの書物やエロティックな絵葉書が流通する公認の地下世界から画廊へとその真実を引きずり出したのだ。その三十年前、マネの《オランピア》がサロン・ド・パリに出品された折に似たような物議を醸したが、クリムトの裸の女性も同様に、鑑賞者をまっすぐ見つめ返している。まるで眼前の物理的な証拠を拒もうとするかれ――あるいは彼女――に挑みかかるかのように。しかしクリムトのあけすけな描写にもかかわらず、この女は自らの身体を美術品に変える象徴の森の中に置き去りにされることは決してない。足元にまとわりつく蛇は、彼女が永遠のイヴであることを暗示している。これは、マネが《オランピア》で同時代の売春婦を、まるでティツィアーノの裸婦像のようなしつらえとポーズで描いたのと同じく、相反するものの爆発的な結合であり、クリムトもそのことを承知していた。かれはタブローの上部にシラーの挑戦的な引用をあしらっている。「自らの功績や芸術作品ですべての人を満足させることができないのなら、選ばれた少数の人びとを満足させるようにせよ。大衆におもねるのはよいことではない」[3]。

みだらに裸にしたものに無用なものを加えることで、クリムトは少なくとも真実を美しいものとして描いた。かれの若い弟子であったエゴン・シーレやオスカー・ココシュカは、当時の画壇の視覚的タブーにさらに踏み込み、裸体の美しさばかりか醜さも余すところなく描いた。シーレは自分自身の身体もしばしば描いているが、その筆致には容赦がない。かれは性交する男女、自慰する女、抱き合う「女友達」、妊娠した女（一九一〇年、シーレは友人のエルヴィン・フォン・グラフの婦人科医院に出入りしていた）、そして思春期前の少女たちを描いている。ここでふたたび問題になるのは、何を描いたかではなく、どのように描いたかという点である。「クリムトと／シーレは裸体に女性器を鉛筆で黒く描き／さらには陰唇までくっきりと描く／男たちが求め、かつ恐れる無実の穴を縁どるものを」と、ジョン・アップダイクは「クリムトとシーレは女陰に向き合う」[4]と堂々と題された詩の中で述べている。偉大なアメリカの小説家はこの言葉を綴るとき、自分が何を語っているかをよくわかっていた。シーレの作品は、人体の自然主義的な描出でもなければ、ただの日曜画家の成果でもなかった。シーレは卓越したデッサンの腕前を持っていた。かれの絵画の力は、無駄のない研ぎ澄まされた空間、線、色遣いに宿り、見る者の視線を描かれたものの本質に導く。しばしば、気まぐれに広げられた脚の間の紅い性器、こわばった裸の下半身は、赤いブラウス、緑のスカーフ、黄色のストッキング、あるいはめくれ上がった黒いスカートで強調されている。人体は短く切り詰められ、縮められ、ねじられ、誇張される――つまり、自然の単なる模倣の芸術に慣れた目から見ると、奇形化（デフォルメ）されていたのだった。

「画家たちは長いあいだ、写字生（スクリーブ）の序列に身を落としたまま、りんごを模写してはその名手となってきた」と、ポール・エリュアールは一九三六年七月にロンドンで開催された〈シュルレアリスム国際展〉での講演「詩の明証性」の中で宣言している。「彼らの虚栄心はとほうもなく大きくて、彼らをしてほとんどつねに、あたかも壁と相対してでもいるかのように、反復するためのひとつのイメージ、つまりひとつの原本の前に、腰を据えるようにとしむけたのである」。エリュアールはさらに続ける。「事物相互の関係はかろうじて成立したばかりのところで早くも消滅し、同じようにはかないものである他の関係に取って代わられるものであることを、彼らは承知している。なにものも十分に描写されることはなく、またなにものも原本そのままには再現されないことを、彼らは承知しているのだ。ヴィジョンを解き放つために、想像力を自然と結び合わせるために［…］彼らは一様にひとしい努力を続けているのである。［…］見ること、それは理解し、判断し、変形［…］することなのである」。それからエリュアールは、現代芸術を批判する者たちを、「ガリレオを拷問にかけ、ルソーの書物を焼き、ウィリアム・ブレイクを飢えさせ、ボードレールとスウィンバーンとフローベールを罪人にし、ゴヤやクールべは描くことを知らないやつだときめつけ、ヴァーグナーやストラヴィンスキーを口笛でやじり倒し、そしてサドを牢獄につないだ[5]」人びとになぞらえる。シーレはこのような殉教者の役割を引き受ける準備ができていた。一九一五年にウィーンのアルノット画廊で行なわれた個展のポスターは、かかりのついた幾本もの矢が激しく刺さった《聖セバスティアヌスとしての自画像》である。こうしたマゾヒスティックなイメージは、この時代の異端の芸術家たちの多くが探求したもので、ボフミル・クビシュタ、T・S・エリオット（死後に出版された詩）などにも見られる。[6]磔刑にされたかのようにシーレの腕は長く伸び、その表情はまさに我々の罪を引き受けるキリストのイメージとなっている。

　この若い芸術家と無理解な世界との最初の衝突が起きた場所は、偶然にもプラハだった。一九一〇年、ウィーンのノイ・クンスト・グルッペ展に出品されたうちの十四点が「猥褻」と判断され、プラハ市警に撤去を命じられたのだ。翌年、シーレは（チェコ人の）母親の故郷であるボヘミア南部のチェスキー・クルムロフ（当時は「クルマウ・アン・デア・モルダウ」）から追放された。かれと恋人のヴァリ・ノイツェルがこの地で暮らすこと、さらに地元の少女たち――『売られた花嫁』のマジェンカによく似ていたことは疑いない――が庭でシーレのヌードモデルをすることに地元住民が反対したのだ。ちょっとした詩的な報いとしては、この地でシーレが描いた女性の肖像画のうち一点は、今日、プラハ国立美術館の貴重な一作として常設展示されている。緑色のブラウスと黒いストッキングを身につけ、髪をショートカットにした彼女は、実にモダンな少女に見える。シーレはまた、パウル・クレーを思わせるチェスキー・クルムロフの甘美なドローイングも描いている。かれは油彩画の大作に専念しようと、一九一二年にはウィーンにほど近いノイレンバッハ村に移る。だがここでもまた法的なもめごとが持ち上がる。自宅に一晩泊めた十代の少女に対する児童虐待の疑いをかけられたのだ。性的暴行の嫌疑に関しては無罪が言い渡されたものの、数点のドローイングが猥褻物として押収された。寝室に掛けられていたものが、法律上は公開されたものと見なされたのである。シーレは自分の状況にふさわしい痛々しい素描を牢獄で残している。[7] 一九一八年、妻エーディトが死んだ三日後、シーレは夭逝した。アポリネールと同じく、スペイン風邪の犠牲となったのである。

オスカー・ココシュカはシーレよりもはるかに長生きしたが、かれも自身を「裸の真実」の殉教者と見なしていた。ココシュカが初めて世間の注目を集めるきっかけとなったのは、戯曲『暗殺者、女たちの希望』である。初演は一九〇八年のウィーン総合芸術展で、その「野蛮な雰囲気は［…］くぐもった、あるいは耳障りなドラムの音と、けたたましい管楽器の音楽によって高まり、ぎらぎらした色彩の照明によって強まった」[8]。ココシュカの台本は、一九一〇年、ベルリンの雑誌『シュトゥルム』に本人の挿画入りで掲載される。表紙には「ナイフを持って襲いかかってきた男に殴り倒される女が描かれている。背後にいる犬の行動も、血に飢えた男の様子に注意を引こうとする。とりわけ、女の刺し傷から噴き出す血を男がこらえきれずに舐めている」[9]。言うまでもなく、この女は乳房をむき出しにしている。これにより、ココシュカはスキャンダルという名声を獲得した。『シュトゥルム』の読者の半数が定期購読をキャンセルしたが、その後もこの雑誌はさらにココシュカの作品を掲載し続ける。一九一一年、皇太子フランツ・フェルディナンドがある展覧会で初めてココシュカの作品を見たとき――サラエヴォでガヴリロ・プリンツィプに暗殺され、第一次世界大戦が勃発する三年前――「この男は体中の骨を一本残らず折られるべきだな」[10]と感想を述べたという。「自分が犯罪者まがいの扱いを受けることになったので」とココシュカは述懐する。「要注意人物であることがわかるよう、髪の毛を剃るよう強要された」。そして囚人の格好をした自分の姿を絵に描く[11]。それから四半世紀が過ぎても、ココシュカは自分が「誤解され、責め立てられ、見放されている」と感じていた。「私が十八歳で選び取ったのはそういう道だった。ほとんどすべての芸術家たちが辿ってきた茨の道[12]」。

のちのフランスのシュルレアリストたちと同じく、ウィーンの表現主義者たちは、大衆よりも、ココシュカが「我

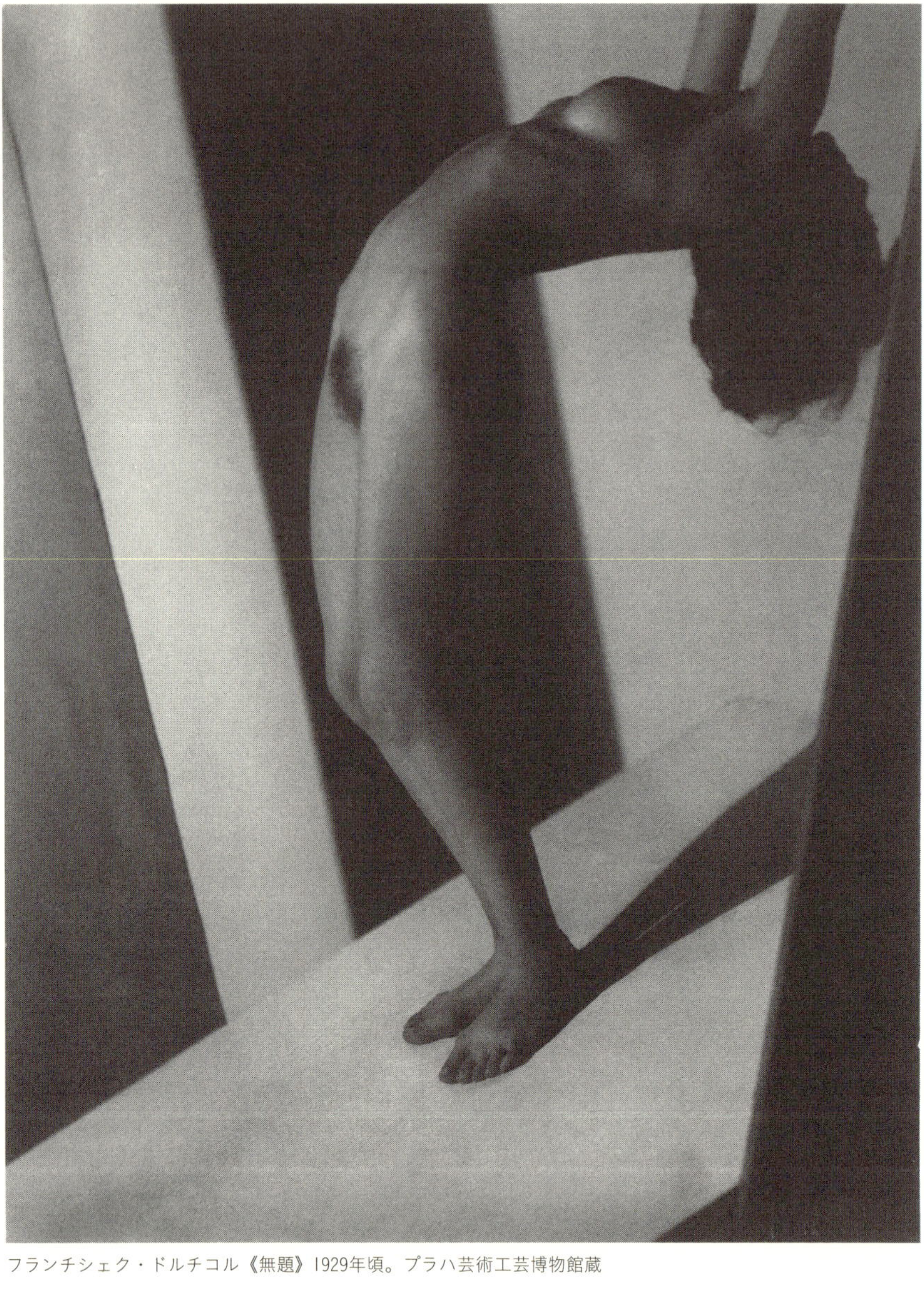

フランチシェク・ドルチコル《無題》1929年頃。プラハ芸術工芸博物館蔵

慢ならなかった」[13]と主張する「上流社会」から多大な理解（と支援）を得た。こうした社交界の面々が集う場で、ココシュカは、ウィーン一美しい女性と評判の、作曲家グスタフ・マーラー、のちにバウハウスを設立する建築家ヴァルター・グロピウス、プラハのドイツ語作家フランツ・ヴェルフェルと立て続けに結婚するアルマ・マーラー（旧姓シンドラー）と出会う。ココシュカとアルマの狂気の愛は、マーラーが死んだ翌年の一九一二年に始まった。当時ココシュカは二十五歳、アルマは三十二歳だった。ココシュカは二人の情熱的な愛を《風の花嫁》（一九一四）に永遠にとどめている。「この作品が示しているのは」と、半世紀後にココシュカは自伝に記している。「かつて激しく愛した人とともに、海の真ん中で難破している私の姿だ」。「私の色遣いは決して嘘をつかなかった」とココシュカは続ける。青と緑の混じり合うこの絵画の色調は「イゾルデの愛の死」を思い起こさせるが、それは決して現実離れしたものではない。アルマがピアノの前に座り、この歌を「かれだけのために」歌ったのは、二人が初めて出会ったときのことだった[14]。「嵐に巻き込まれ難破していた私の世界から、私の手がひとつの抱擁を取り出したのだ」とココシュカは語る。「生き延びるという幻の約束を保つべく、心はもはや古代のタペストリーに描かれているかのような記憶を必要としない」[15]。だが、難破するにはそれほど時間はかからなかった。《風の花嫁》が完成して間もなく、二人の関係は座礁する。マーラーのデスマスクを家に置くというアルマの主張をきっかけに二人は大喧嘩し、アルマはココシュカの子を堕胎したのだった。「かくてそれも、また終わる」とアルマは日記に書き残している。「私が長続きすると思っていたものが[16]」。二人の関係は、第一次世界大戦が勃発するまでのもう数か月の間、不安定な状態のまま続いた。一九一五年一月、ココシュカはオーストリア騎兵隊に入隊し、馬を買う資金を融通するために《風の花嫁》をハンブルクの薬剤師に売る。かれの任官にあたり、保証人を引き受けたのはアドルフ・ロースだった。七か月後、アルマはグロピウスと結婚する。二人の間には、アルマがまだマーラーの妻だった一九一〇年にトベルバートの温泉町で情事に耽った過去があった。「オスカー・ココシュカは私にとって奇妙な影となった」と、アルマの日記は明かしている。「もはや何の興味も彼にはわかない。にもかかわらず、私は彼を愛している！[17]」

戦争で二度にわたって負傷し、さらに重度の戦争神経症を患ったことで、ココシュカはアルマを忘れるのに苦労した。「私は殺戮の現場に行き、頭に銃弾を受け、肺を銃剣で貫かれた。それでも神は私を拒絶し、喜んで捨てるつもりだった命を突き返したのだ」[18]と、何年も経ってからココシュカはアルマに書き送っている。一九一八年、アルマはすでにグロピウスと別れ、フランツ・ヴェルフェルのもとに走っていたが、ココシュカはドレスデンで快方に向かい、その地で美術アカデミーの教授職に就くことを切望していた。ココシュカの滞在する部屋の家主であるポッセ博士は、一人のメイドを雇っていた。「若く可愛らしいザクセン人の少女で、名前をフルダという。想像力豊かな娘だった」とココシュカは書いている。「そこが私の興味を引いた」。ココシュカは彼女をレザールと呼び――この愛称はその地方では「テレザ」の指小形にあたる――よく一緒にゲームをした。「彼女が私の部屋で仕事をする間は、淑女のメイドとして振る舞ってもらう。そのために私は帽子とバチスト布のエプロン、それから黒い絹のストッキングを与えた。ストッキングは、かつて数年間パリをぶらつき、今は闇市で店を開いている予備役軍人から買ったものだ」。レザールはありきたりな理由でフランスのメイドの格好をしていたわけではなかった。彼女は性的な対象ではなく、むしろココシュカの空想世界の端役の一人だった。「何よりも」とココシュカは言う。「レザールは、私が人形と一緒に演じる空想の遊びを手伝ってくれた」[19]。――アルマ・マーラーと等身大の精巧なレプリカとして構想されたその人形こそ、メイドのレザールが仕えるべき相手だった。

一九一八年夏、ココシュカは失われた恋人をかたどった人形の製作を、以前アルマのドレスをデザインしたことのあるシュトゥットガルトの人形師ヘルミーネ・モースに依頼する。無数の手紙やドローイングで伝えられるココシュカの指示は、綿密で詳細なものだった。

昨日私が送ったのは［…］愛しい人の等身大のドローイングだが、どうかこれを最大限忠実に模して、現実のものにしていただきたい。［…］頭と首、胸郭、臀部、手足の寸法には特に注意を払うように。それから身体の輪郭、たとえば首から背中にかけてのライン、腹部の曲線にも留意すること。［…］脂肪や筋肉の層が突然、筋張った皮膚に代わる場所については、私の触覚が満足できるようにしていただきたい。［…］一番下の（内側の）

層には、細いカールした馬の毛を使うこと。古いソファかそれに近いものを買うといい。馬の毛は消毒すること。その上には羽毛を詰めた小袋を敷き、尻と胸には綿を詰めること。［…］こうしたあらゆる細工を頼むのも、彼女を抱擁できるようにするためなのだ[20]!

「口は開くか?」十二月、ココシュカはしきりに尋ねている。「中に歯と舌はついているか? そうしていただきたいのだが[21]」。

「彼女を想うあまり私はやつれていく我が最愛の人[22]」が近々届くことにココシュカはひどくこだわっていたので、「まだ男に裸を見られたことのない[23]」愛らしいレザールに心を動かされることはなかった。ポッセ博士の父親が亡くなったとき、ココシュカは、ヨゼフ・チャペックの故郷のラファエルのように、葬儀屋が到着する前に遺体をもとに肖像画を描くように依頼された。それは決して楽しい仕事でなく、むしろ意気消沈させられた。そのときまでにこの「キャプテン[24]」と望みのない恋に落ちていたレザールは、しきりに画家を慰めようとした。

私は独りきりで、夜遅くまでドローイングに没頭していた。作業が終わり、身体を洗おうと地下室に続く暗い階段を降りていった。そこにはあらゆる家事に使う大きな貯水槽があった。［…］月の光が地下室の窓から射し込んでいた。すると驚いたことに、まるでおとぎ話のウンディーネのように、レザールが水の中から姿を現わしたのだ。挑発的な軽い口調で、死について考えるのをやめてほしかっただけなのだと彼女は私に言った。［…］レザールがたちまち顔を赤らめたのを見て、私は好ましく思った。だがそろそろ人形が到着することを考えると、不安で頭がいっぱいになった。人形のために、パリ仕立ての服と下着も、すでに用意していた。

「私はアルマ・マーラーとの関係を完全に絶ちたかったのだ」とココシュカは説明する。「もう二度と、これまで私にさんざん苦しみをもたらしてきた運命のパンドラの箱の犠牲者になりたくはなかった[25]」。かれにはただアルマの似姿しか見えていなかった。アルマ本人との間では失敗に終わった完全な所有という関係を、人形に移し替えたかったのである。「私は嫉妬のあまり死ぬにちがいない」。一九一九年一月、ココシュカはモースに語っている。「もし裸のこの人造の女性に手で触れ、彼女の姿を見ることを許された男が他にいたとしたら。［……］いつになったら私はこのすべてを手にできるのだろう?[26]」

「人造の女性」は、春先に緩衝用の削りくずを詰めた巨大な梱包で到着したが、その出来はココシュカの期待を裏切るものだった。「正直に言うと、あなたの人形にはショックを受けた」と、ココシュカは四月六日、モースに書き送っている。「私が長い間、現実から距離を置いて準備を進めてきたにもかかわらず、あまりにも多くの点で私の要求や希望と矛盾するものになっている[27]」。いずれにせよ、ゲームは続いた。「レザールと私は、彼女を単に『沈黙の女』と呼んだ。レザールは『沈黙の女』の魅力と謎めいた出自について噂を広める役割を引き受けた。たとえば、私は晴れた日に彼女を連れ出すための馬車を雇い、彼女の存在を誇示すべくオペラ座のボックス席を予約した[28]」。アルマのイメージはさらに多くのイメージを生み出すこととなる。たいていは性的な目的のために人形にさまざまなポーズを取らせ、ココシュカはドローイングや油彩を次々と描いたのだった。そうした絵画の最後の作品が《人形のいる自画像》であり、一九二〇年から二一年にかけて、画家は記憶を頼りにこの絵画を制作している。アルマの人形はココシュカに寄り添い、裸でソファに座っている。画家自身はといえば、ちゃんと服を着ている。「特筆すべきはおそらく」とリチャード・カルヴォコレッシは述べている。「この絵画の中のココシュカが、あきらめたような、あるいは無関心な表情で人形の性器を指差しているということだろう[29]」。たしかにそうかもしれない。だが、そこにいないアルマに対してどんな不義があったとしても、ココシュカが強調しているのはプルースト的なイメージの錬金術そのものであった。

高まる期待を感じながら、エウリュディケを冥界から呼び戻すオルフェウスのように、私はアルマ・マーラーの似姿を梱包から解き放った。人形を日の光の中に持ち上げてみると、私が記憶にとどめていた彼女のイメージが呼び覚まされた。このとき私が見た輝きは前例のないものだった。［…］布とおがくずでできた人形、私はそこにアルマ・マーラーの特徴を少しでも見いだそうとむなしく求めたが、突然それは想像力の閃きとなり、一枚の絵画を生んだ――《青い服の女》である。幼虫はさなぎの中で長い冬を越え、とうとう蝶になって現われたのだ。[30]

人形製作に多大な労力と費用を投じたにもかかわらず、数か月後、ココシュカは彼女を処分することを決意する。これについて、画家は理由を書き残していない――もっとも、本人がその理由を知っていたかどうかは不明だが。ココシュカにしてみれば、完成した人形そのものよりも、製作プロセスのほうが重要だったのかもしれない。人形はアルマの亡霊を追い払うという役目を完遂したのかもしれないし、あるいは単にココシュカ自身がこのゲームにうんざりしたのかもしれない。いずれにせよ、かれはこう述べている。

私は盛大なパーティーを開くことにした。シャンパンを友人みんなに――男女を問わず――ふるまい、それから私の生命なき伴侶に引導を渡した。［…］この日のためにオペラ座の室内管弦楽団を雇った。音楽家たちは正装し、バロック様式の噴水が午後の暖かい空気を冷ます庭で演奏を行なった。［…］首元の大きく開いた服を身にまとい、その美貌で名を馳せたヴェネツィアの高級娼婦が「沈黙の女」をライバル視したのか、じかに会いたいと主張した。彼女は窓ガラスの向こう側にいる蝶を追いかける猫のような気持ちだったにちがいない。単に理解できなかったのだ。レザールがファッションショーのように人形を連れてきた。娼婦は私に、人形と寝たのか、かつて私が愛した女性に似ているのかと訊ねた。［…］パーティーの間に人形は頭を失い、赤ワインまみれになった。

翌朝、レザールは警察官にたたき起こされる。殺人があったのではないかとの一報を受けて捜査しているのだという。「寝巻のまま、私たちは庭に向かった。首のない人形が、血まみれのような姿で横たわっていた」。こうして真相が明らかになり、ポッセ博士が場を取りなし、あわれな「死体」は運び去られた。「ほの暗い夜明けに、ゴミ運搬車がやってきて、エウリディケの帰還の夢を運び去っていった」とココシュカは書いている。「この人形は、ピグマリオンであっても命を吹き込むことのできない、用済みの愛の象徴だった」[31]。数年後、ココシュカはヘルミーネ・モースに宛てた手紙の何通かを、いみじくも『フェティッシュ』と題された芸術家の文章のアンソロジーに収録することを許可している[32]。

こうした数々の無分別な言動にもかかわらず、ココシュカは一九一九年秋にどうにか教授職に就く。翌年三月にはさらに悪評が高まる事態となる。今度は作品の過激さのせいでもなければ、しばしばスキャンダルとなってきた私生活の奇矯さのせいでもなく、敗戦後のドイツを揺るがしていた政治的混乱に対するかれの反応が引き金となった。軍隊が労働者のデモ隊に向けて発砲し、数名の死者と負傷者を出した翌日、「ドレスデンの住民に宛てた公開書簡」が街中の広告板に貼り出される。署名者は「オスカー・ココシュカ、美術アカデミー教授」だった。「この書簡は、銃口の前で自らの政治理論を弁護する覚悟のあるすべての者に宛てたものである。［…］極左であれ、極右であれ、極端な中道であれ」、文章はこのような書き出しで始まる。「ツヴィンガー宮殿内の美術館のそばで軍事演習をするのではなく、どこか別の場所、人間の文明が危機にさらされることのない荒野の射撃場のような場所でするがいい。三月十五日月曜日、ルーベンスの傑作は一発の銃弾によって損傷を受けた。絵画というものは、人間が守ることのできない場所から逃げることはできない」。ここで言及されているのは、屋上で沐浴するバテシバの肖像画である――聖書に由来する陳腐な題材で、スザンナと好色な老人たちのように、女性の裸体を描くのによく用いられる。「疑いの余地なく」とココシュカは付け加える。「もし我々が絵画を救おうとするならば、いずれドイツの人びとは、絵画を鑑賞することに、現在のドイツの政治活動家たちの意見から得られるよりもはるかに大きな幸福を見いだすだろう」[33]。

ベルリンのダダイスト、ジョン・ハートフィールドとジョージ・グロスは、表現主義と関わる暇はそれほどなかったものの、『ゲーグナー（敵）』誌上で怒りを露わに返答した。同誌の発行元であるマリク書店は、ハートフィールドが一九一七年に弟のヴィーラント・ヘルツフェルデとともに設立した社会主義系の出版社であった。ヘルムート・ヘルツフェルデとして生を享けたハートフィールドは、ドイツの軍国主義に対する抗議の意を込めて自らの名前を英語化した。この兄弟は設立されたばかりのドイツ共産党に、一九一八年の大みそかにグロスとともに入党する（グロスの名の綴りはもともとGeorg Großで、のちにGeorge Groszと改めている）。ハートフィールドとグロスはココシュカをあざ笑って「ならず者」と呼び、「赤軍による機銃掃射のほうが、あらゆる画家の形而上学的な体系全体よりもはるかに差し迫った問題であるというのに、まるで聖なる使命を帯びたかのように、栄えある絵筆で仕事をしたがっている。芸術や芸術家といったものはブルジョワの発明品だ」と喝破する。「この国の芸術家たちの立場は、支配者の側、つまりブルジョワ階級の側にしかない」。

「芸術家」という称号は侮辱である。
「芸術」の称号は人類の平等を無効化するものである。
芸術家の神格化は自己神格化に等しい。
芸術家は自らを取り巻く環境と、自らを承認する社会よりも高い位置に立つことなどない。かれのちっぽけな頭は創造を行なうのではなく、単に（ソーセージ屋が肉を扱うのと同じように）自らを取り巻く人びとの世界観を生産しているにすぎないからである。

第一次世界大戦で勝利を収めた連合国側がドイツの美術館の中身すべてを食料の供給と引き換えに商いすることは、「くる病で足が不自由になった者を展示室に並ぶ傷ひとつない傑作の前に立たせるよりも、はるかに『将来の貧しい人びと』のためになるだろう」[34]と二人は考えた。

銃の手入れについては、ココシュカは多少知っていた。いや、実際のところ、かれを批判する者たちより多くを知っていた。というのも、かれらは戦時中に首尾よく兵役を忌避し、ハートフィールドにいたっては心神喪失を装ったからである。だが、そのような浮世離れした意見にダダイストたちが縛られていたのも無理はない。ココシュカが軽蔑を込めて無視した「政治活動」には、スパルタクス団の指導者カール・リープクネヒトとローザ・ルクセンブルクの殺害や、ドイツ義勇軍のような右派の凶漢らによるバイエルン・レーテ共和国に対する血まみれの弾圧、そしてアドルフ・ヒトラーによるナチ党の設立が含まれている。「ココシュカの声明は、典型的なブルジョワジーの態度の表明だ」と、ハートフィールドとグロスは吐き捨てた。「銃弾が貧しい労働者階級の地元民の家ではなく画廊や宮殿を飛び交い、ルーベンスの傑作に撃ち込まれるニュースを我々は歓迎しよう[35]」。その後、一九四五年二月十三日の夜、ツヴィンガー宮殿が、第二次世界大戦の連合国軍による最大規模の空爆の犠牲となり、ドレスデンの歴史地区や三万五千人以上の人びとともに炎に包まれることになるとは、このとき、ダダイストたちもココシュカも、もちろん知る由もなかった。宮殿であろうと労働者の住む地区であろうと、爆撃は分け隔てなく襲いかかった。今にして思えば、「古典古代のように、今後、争いは各政党指導者の決闘によって、おそらく円形闘技場で決着を図り、その支持者たちのホメロス風の罵り合いによって増幅させるべきだ」というココシュカの提案は、あながち馬鹿馬鹿しいとも言えない。そのほうが、画家いわく「現在採用されている方法よりもはるかに安全で、はるかに秩序立っている[36]」からである。

未来の記憶の詩

〈自称〉〈ダダ哲学者（ダダゾフ）〉ラウール・ハウスマンとともに、ハートフィールドとグロスは第一回〈国際ダダ見本市〈ダダ・メッセ〉〉を企画し、同展は四か月後の一九二〇年七月にベルリンで開催された。ハウスマンが出展した作品のひとつに《ダダは勝つ！》があり、その中央にはプラハのヴァーツラフ広場の写真が使用されている。同作品には「ブルジョワの精密な頭脳が世界革命を引き起こす」という副題がついているが、当時のアヴァンギャルド芸術家の夢想としてはありふれたものである。普通なら絵画が置かれているはずのイーゼルには、プラハの写真が立てかけられている。その前にハウスマン本人が、オーバーコートに手袋、トリルビー帽というダンディーな出で立ちでポーズを取り、その周りをレミントンのタイプライターやいくつもの肉挽き器が囲んでいる。写真内の舗石にDADAと赤い文字が刻まれ、脇の建物のひとつには、フランシス・ピカビアの雑誌のタイトル『391』という真新しい数字が見える。マルセル・デュシャンの髭の生えたモナリザがL.H.O.O.Q.という駄洒落の効いたタイトル（そのまま発音すると「彼女のお尻は熱い」という意味になる）で初めて掲載されたのがこの雑誌だった。《ダダは勝つ！》は、サイフェルトの詩集『愛そのもの』の装丁を手がけたオタカル・ムルクヴィチカに影響を及ぼした可能性があるが、両者の共鳴はおそらくまったくの偶然だろう。二〇世紀美術の重要な展覧会のひとつとして知られる場になぜヴァーツラフ広場が登場したのか、[37]理由は判然としないが、ハウスマンはその数か月前、ダダイスト仲間のリヒャルト・ヒュルゼンベックやヨハネス・バーダーとともにプラハを訪れている。ロバート・マザーウェルが「ダダ運動の輝かしい歴史」[38]と呼んだものを、ヒュルゼンベックは「三月一日のプラハにおけるダダの偉大なる勝利」で締めくくった。

ダダがダダである以上、ヒュルゼンベックの話の大半は割り引いて考えるべきであろう。ただし、ダダイストを攻撃した人びととその理由に関するかれの見解は一考に値する。それは――客観的偶然のような曖昧な形で――その後の二十年間、ヨーロッパのアヴァンギャルド芸術家が直面する対立を要約している。テプリツェ（あるいはヒュルゼンベックの呼称に従えばテプリッツ＝シェーナウ）で、「馬鹿で面白半分の客たち」の前で自分たちの作品を見せびらかした後、ダダイストたちは「意識が朦朧とするまで酒を飲んだ。高位ダダ（ユーバーダダ）のバーダーは五十歳になろうとするところで、私の知るかぎりでは孫がいたのだが、〈マルハナバチの娼館〉に行ってワインと女とローストポークをむさぼり、かれの見立てによればハウスマンと私のプラハでの生活がかかっているという犯罪計画を練り始めた」。ヒュルゼンベックによれば、街の状況は「いささか奇妙だった。四方八方から暴力で脅された。チェコ人たちは我々が不運にもドイツ人であるという理由で殴ろうとした。ドイツ人たちは我々をボリシェヴィキだと思い込んでいた。そして社会主義者たちは反動的な快楽主義者であるという理由で我々を皆殺しにしようとした。［…］新聞社では記者たちが親切にも拳銃をちらつかせ、場合によっては、私たちを三月一日に撃ち殺すことを計画していたらしい」。恐れをなしたバーダーは、同志たちを「公衆の憤怒」の中に置き去りにして逃げ出した。「街全体が大騒ぎだった。［…］何千人もの人びとが商品交換所の入口に殺到した。観客は何十人と窓台やピアノの上に腰掛け、怒り狂い、怒鳴り声を上げていた。［…］窓ガラスはがたがた鳴り始めていた」。幸いにもダダイストたちは、二晩後のモーツァルテウムでの「大成功に終わった」公演まで試練を生き延び、三月五日にはカルロヴィ・ヴァリでも公演を行なった。「ここでは大変満足の行くことに、我々はダダが永遠であり、不朽の名声を得る運命にあると確かめることができた[39]」。

　大勝利であったかどうかはさておき、このダダイストたちのおふざけは、チェコ・アヴァンギャルドにはほとんど衝撃を与えなかったようだ。翌年にはハウスマンが、恋人のハンナ・ヘーヒやクルト・シュヴィッタースとともに、「反ダダ・ツアー」と称してプラハへ戻ってきたにもかかわらずである[40]。アドルフ・ホフマイステルは商品交換所でのダダの夕べに出席していた可能性があるが、それを除く他のデヴィエトスィルのメンバーがダダの公演を見た形跡はない。この無関心は、ダダの公演自体がドイツ語で行なわれ、主にドイツ語話者の観客に向けて催されたことと関係があるかもしれない。ダダの影響が少し遅れてプラハに浸透し始めたとき、そのルートはベルリンではなくパリから伸びていた。一九二三年十一月、デヴィエトスィルの〈現代芸術バザール〉展で、カレル・タイゲが「観客の皆さん、これがあなたの肖像画ですよ！」とキャプションをつけて出品した鏡は、おそらくフィリップ・スーポーのよく似た構想の戯曲（タイトルは『見知らぬ者の肖像』）がもとになっている。サイフェルトとともに、一九二二年のパリ旅行中に〈サロン・ダダ〉を訪れたタイゲは、この戯曲に衝撃を受けた[41]。タイゲと詩人のフランチシェク・ハラスは、のちにダダに対して肯定的な記述を残しているが、それはすでにダダの運動が最盛期を過ぎた一九二〇年代半ばになってからのことである。ハラスは「ダダ＝現代性に驚かされる人間」と考えていた[42]。シュルレアリスムもまた、当初プラハではさほど支持を集めていなかった。イヴァン・ゴルがアポリネールから引き継いだ「超-現実（sur-réalité）」のほうが、アンドレ・ブルトンのそれよりも重要視されていた[43]。一九三五年にマーネス画廊で行なった講演で、ブルトンは「長年にわたり」、「申し分のない知的な交友関係」があったと主張したが、一九二〇年代の大半を通じて、デヴィエトスィルの芸術家たちとパリのシュルレアリストの間にはそれほどの交流も共通点もなかった。ブルトンの『シュルレアリスムと絵画』を評して、「現代絵画のこのエピソードに関する、意義深い有益な研究である。現代絵画はキュビスムが切り開いた道から逸脱し、シュルレアリスムの夜が終わりに近づきつつある今日、すでに終わったものと見なすことができる」とタイゲが書いたのは、ようやく一九二八年になってからのことである[44]。

シュティルスキーとトワイヤンが、四年間にわたるパリ滞在中、自分たちのスタイルを〈人工主義〉と称したのは、ひとつにはシュルレアリスム美術から距離を置くためだった。かれらはシュルレアリスム美術を「歴史的な形式にしたがった絵画」と片づけているが、それが正確に何を意味するかは語っていない[45]。一九二八年、二人の最新作を評するにあたって、タイゲは人工主義とシュルレアリスムの違いを明らかにしようと試みている。かれによれば、シュルレアリスムは、「ベックリンや表現主義に負うところがあまりにも大きく、またキュビスムの遺産として残された無限の可能性を利用できずにいるため、文学的で形式的な歴史主義に陥っている」という。シュティルスキーとトワイヤンが人工主義を標榜したのは、タイゲによれば「自然界から完全に独立し、無意識の力に決して従属しない」ことを強調するためである。二人の絵画には「モデルがなく、絵画そのものが主題となっている[46]」。完全に抽象的なこれらの作品は、光のような色の調整と、砂、角砂糖、羽根などさまざまな素材を取り入れた表面のテクスチュアの実験性によって、独特の詩的効果を挙げている。ジャクソン・ポロックやマーク・ロスコの絵画は、いくつかの面で（トワイヤンがドリッピングを用いたように）人工主義が驚くべき形で予見していたものとも言えるが、同じようにトワイヤンとシュティルスキーの絵画も、よく理解するには見られなければならない。外部の現実を写し取ったイメージではない以上、複製は用をなさない。人工主義とは、チェコの作家たち自身の言によれば、「映らない鏡」、「現実は手つかずのままに、ひたすら想像力の極点を志向する」芸術であり、そこから生み出される絵画は「時間、場所、空間の条件下に拘束されることは」ないのだ[47]。

タイゲが特に強調したのは、人工主義絵画は「夢や幻覚によるイメージではない」という点である。ブルトンの場合はもちろん、「純粋な状態における心的オートマティスム」こそがシュルレアリストの活動を定義するものだった[48]。

のちにブルトンは、自動記述の有効性に対する考えを無意識への回路を開くものと軌道修正したが、[49]「イド」は活用すべき創造的な源泉であり続け、理性、美学、道徳の束縛から思考を解放するものとして期待した。タイゲは、シュティルスキーとトワイヤンの絵画は「おそらくは無意識に触発されたものかもしれない」と譲歩する――フロイト以降、そうでないものがありえただろうか。実際、シュティルスキーは一九二五年から文章とドローイングで夢の記録をつけている。のちにかれがシュルレアリスムに転向することは、一見すると唐突に見えるかもしれないが、実はそれほど急なことではなかった。[50]だがもっとも重要なのは、タイゲによれば、人工主義絵画は「意識の十全な輝きの中で認識される」ということだった。

新しい現実、新しい花々、新しい光の詩によって、興奮と感動をもたらす映画が撮影され、紫外線の超意識的な世界が生み出される。それは魔術的で魅惑的な作品であり、忘れることのない宝石、我々の眼前に広がる新たな詩の夜明けの色彩豊かな霧である。／トワイヤンとシュティルスキーの人工主義は、ネズヴァルのポエティスムと深いつながりがあり、そこには、もっとも人工的な存在は最小の幻想と最大の幸福を秘めているという確信が息づいている。色彩豊かな遊戯の詩、変容し、作り上げられ、抽象化された詩、未来の記憶の詩。それは無意識の受動的な記録でもなければ、占星術でも夢解釈術でもない。それは創作であり、発明であり、詩である。詩的な超意識の作品、事実、産物である。[51]

世界を本来の状態に戻そうとする「超意識（nadvědomí）」（そして日曜日の世界に光を灯す詩）へのデヴィエトスィルの信頼は、かれらの多くがフランスのシュルレアリストたちよりもかなり若く、第一次世界大戦を直接体験していないという事実と関係があるかもしれない。コンスタンチン・ビーブルはその例外だが、かれの詩の簡素な見かけの下には、ネズヴァルやサイフェルトの豊かな言葉遊びから欠落している深みと厳しさがある。サイフェルトはアポリネールを愛読していたが、若者特有の不遜さと無邪気さから、戦場で負傷したこの詩人の頭に巻かれた包帯を面白がることができた。ジャック・ヴァシェもまた、そこに残酷なユムール（umour）〔ヴァシェはhumourをumourと綴った。ブルトンは「飾りのないユーモア」と述べている〕を好んで見いだしただろうが、それはサイフェルトの感性と同じものではない。ブルトンの『黒いユーモア選集』の校正刷りは――いみじくも――一九四〇年にドイツ軍がパリを占領するほんの四日前に印刷所を出たきり、その後五年間にわたって日の目を見ないまま放置されたのだが、そこにはヴァシェの「すべての演劇的な（そして楽しみのない）つかみどころのなさの［…］感覚」がふんだんに盛り込まれている。ジョナサン・スウィフトの『慎ましい提案』からカフカの『変身』にいたるまで、この選集にはひどく可笑しい部分もあるが、まったく軽さを欠いている。ブルトンがもっとも重きを置いたユーモアとは、きわめて真剣な「感傷性――［…］宿敵[52]」であった。「たしかに彼は反語（イロニー）や皮肉、辛辣な嘲弄といった、他人をやっつけるのに欠かすことのできない報復武器を巧みに駆使したものの」とブラッサイは回想する。「世界をその重力と宿命から解き放ち、一切のものを包容しにやってくる、ぴちぴち躍動する、微笑をたたえた真のユーモアは、彼のものではなかったように思う[53]」。ロベール・デスノスもそれに賛同し、ブルトンを「笑わない司祭、笑いたいという欲望に食い尽くされんばかりであっても、笑うというのがどういうことかさえ知らない[54]」者であると言う。チェコのポエティスムとフランスのシュルレアリスムには明らかに芸術上の類縁性が見られたが――一九三五年春の時点でのこの二つのグループの夢と欲望を見れば、あまりに明白な類縁性かもしれない――その奥には感性の違いが潜んでいた。

　デヴィエトスィルの芸術に関しては、「楽しみのなさ」という言葉ほど似つかわしくないものはない。「顔には軽い悲しみを／心には深い笑いを」と、サイフェルトの詩集『ＴＳＦの波に乗って』のエピグラムにあるが、これはカレル・ヒネク・マーハの『五月』の詩句の一部をもじった言葉遊びである[55]。一九二五年、ヴァーツラフ・ペトル社から出版されたサイフェルトの第三詩集は、タイゲ、ネルヴァル、ホンズルに捧げられ、『愛そのもの』の続編とも言えるものになっている。ここにはもはや「ソヴィエト詩」の痕跡はない。ユリウス・フチークは『ＴＳＦの波に乗って』を、「イデオロギーの拒絶、純粋詩への接近」と見事に評している。そこでは「飛行機は勢いよく空を飛び、大西洋横断蒸気船は詩という積荷で沈んでゆく。港、海、マルセイユとイタリア、ニューヨークとヨット、摩天楼、パイナップル、世界のありとあらゆる香り、世界のありとあらゆる美しさ、世界のありとあらゆる民族、黒人、中国人、詩人、鉄骨構造と異邦人たち。無線通信の電波に乗った世界一周の大いなる旅路」。フチークは当初、サイフェルトが表面上「プロレタリアの信念を放棄した」ことを受け入れられなかったというが、すぐに考えを変える。「ヤロスラフ・サイフェルトが問題であったことはないし、今もそうである」とフチークは何度も念を押す[56]。詩に登場する儚い主題(「ローンテニス」、「煙草のけむり」、「アイスクリームの詩」)だけでなく、同書のデザインからも、笑いがふつふつと湧き上がってくる。「[印刷所の]活字ケース内のほとんどすべての活字」を分捕り、タイゲはサイフェルトの詩句を垂直にしたり水平にしたり、ページの下に向かって対角線上に並べたりして、「タイポグラフィーのロデオ[57]」を演出する。「夜の灯り」と題された抒情的な連に沿って、コンドームの有名ブランド(OLAGUMY)の名前が太字の大文字で下に延びている。詩篇「発見」は、カリブ海の地図に重ねられている(この詩の全文を引用しておこう。「一四九二年、ジェノヴァ人のクリストファー・コロンブスが見知らぬ島々を発見した／ありがとう!／おかげでわたしは煙草が吸える」)。「サーカス」という詩では、『革命論集デヴィエトスィル』の表紙にあしらわれていた黒い円盤が「巨大なアドバルーン」となってふたたび姿を現わし、そこには「本日最終日」と書いてある[58]。同書の中でももっともよく知られた詩は(「これが詩と言えればの話だが」と、半世紀後にサイフェルトは『この世の美しきものすべて』の中で笑い交じりに記している)、地球の反対側からやってきたリンゴにまつわる色っぽい言葉遊びである[59]。

「その頃」とサイフェルトは説明する。「高級食品店では実際に冬、オーストラリアのリンゴが売られていた。この果物は輸送中に熟れ切ってしまっていたから、味が格別というわけでもなかった。その代わり大変きれいだった。一個ずつ柔らかい薄紙に包まれ、国民大通りの食料品店主のパウケルトさんは、それを陳列棚の皿の上にのせ、とてもきれいな色が見えるよう、包み紙を少し開けていた。それは珍しかった。それに高かった[60]」。それはどれほど魅力的だったのだろう。私たちはどこか別の店のショーウィンドウを覗きに、自殺者のための助走通りに戻ったほうがいいかもしれない。

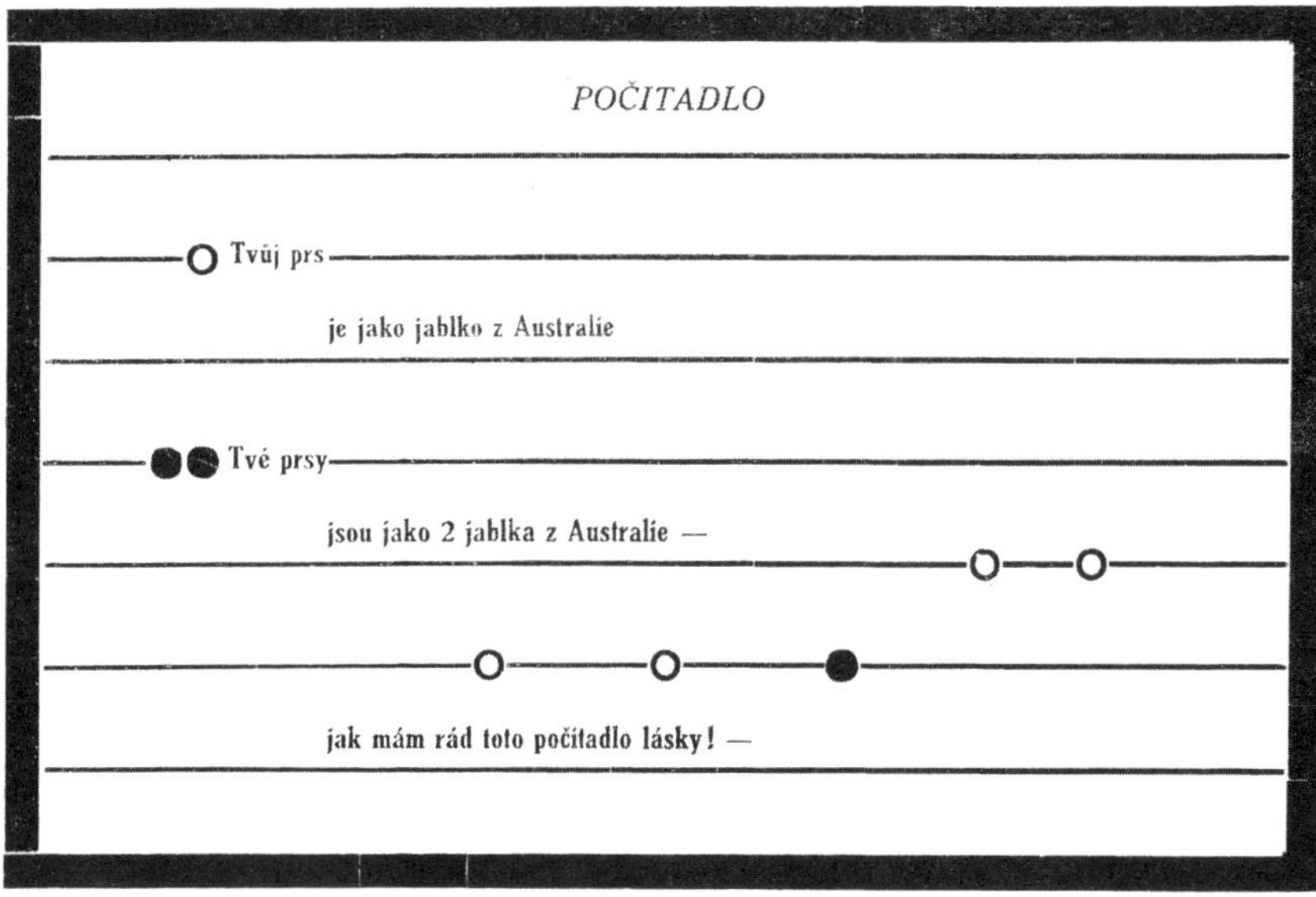

POČITADLO
Tvůj prs
je jako jablko z Australie
Tvé prsy
jsou jako 2 jablka z Australie —
jak mám rád toto počitadlo lásky! —

ヤロスラフ・サイフェルト「そろばん」、『ＴＳＦの波に乗って』所収、1925年。カレル・タイゲのタイポグラフィー、プラハ、ヴァーツラフ・ペトル社、1925年。Courtsey of Olga Hilmerová, © Karel Teige - heirs c/o DILIA. 詩の翻訳は、「君の片方の乳房で／オーストラリアのリンゴ一つ／君の二つの乳房で／オーストラリアのリンゴ二つ／なんて私はこの愛のそろばんが好きなんだろう」。

パウケルトの店はナーロドニー大通りで今も営業しており、由緒ある古きプラハの名残をとどめている――あるいはそのように見える。この店が開業以来ずっと続いているというのは、ヨゼフ・ゴチャールの設計した〈グランド・カフェ・オリエント〉と同様、見せかけである（少なくとも、そこには複雑な経緯がある）。ヤン・パウケルトと妻のシュチェパーンカが一九一六年に始めたこのデリカテッセンは、一九二〇年、現在の場所に移転する。戦間期にこの店は活況を呈す。ヤン・パウケルトは、どこでも食べられる（しかも美味しい）チェコのオープンサンドイッチことオブロジェネー・フレビーチキを発明したのは自分であると主張する。ヴォスコヴェツとヴェリフは常連で、トマーシュ・マサリクも持ち帰りを注文することで知られ、エマ・デスティノヴァーもお気に入りの緑のリキュール、イザラを飲みにしばしば立ち寄った[61]。パウケルトが家族経営の店でなくなったのは一九五二年、他のすべての小売店と同様、国有化されたときである。それから四十年を経て、共産主義が去ったのち、店は昔の名前で再開を果たす。その名前の響きは、単に自殺者のための助走通りやジョフィーン島に漂っていたものの記号上の残滓ではない。家族経営の形でデリカテッセンを復活させたのは創業者の息子、ヤン・パウケルト・ジュニアである。当時、かれはすでに七十代だった。建物の鍵を取り戻したヤンがまず初めに行なったのは、貴重なコニャックを回収することだった。一九三八年、ナチの手を逃れるため、ヤンと父は地下室の壁の中にかなりの数のコニャックの瓶を隠していたのだ。「パウケルト氏だけでなく、このコニャックもまた［…］ある意味で、国有化された時期を乗り越え、ヤン・パウケルトというブランドを現代につなぐ架け橋となったのです」と、ヤンの共同経営者であるダヴィット・ジェレズヌィーは語っている。[62] この二〇世紀プラハの悲劇と茶番の小宇宙には隠喩めいたものが感じられるが、それが何を示しているのかは私にはわからない。善良なる兵士シュヴェイクなら、ヤンが長生きして父親の隠したコニャックの瓶を手にするというこの物語に価値ある教訓を見いだしたであろう。

　一九二二年末に書かれたヴィーチェスラフ・ネズヴァルの連作詩「アルファベット（アベツェダ）」で「恋人の胸のミニチュア[63]」を形作ったのは、薄紙で大事に包まれたリンゴではなく、アルファベットのBという文字だった。この連作はまず、一九二三年十二月『ディスク』誌に掲載され、翌年、ネズヴァルの第一詩集『パントマイム』[64]に収録されている。「いわゆるプロレタリア詩を擁護する側と拒否する側が互いに反目し合っていたとき」とネズヴァルは説明する。「私はこのようなイデオロギー的なアプローチに反発した。あらゆる主題を排し、頭の体操という口実のもとに選んだのが、もっとも主題のない対象――つまり文字だった」。アルファベットのそれぞれの文字の形、音、機能から呼び起こされる連想を用いて、ネズヴァルは二十五篇の四行詩を作る。「その内容は自律的で、いかなる主題の内容にも従わない、また、広く行き渡った抽象的なイデオロギーを、即物的な内容に富むイメージに置き換えたという意味で現実的なものとなっている」。ネズヴァルは文字を、主題としてではなく「むしろモチーフとして、水面にさざ波を立てる小石、あるいは詩の口実として[65]」扱ったのだった。マシュー・ウィトコフスキーは、「アルファベット」の詩的実践とロマーン・ヤーコブソンの言語理論の間にある類縁性を見ている。ヤーコブソンはデヴィエトスィルの一員であり、またヤン・ムカジョフスキーらとともにプラハ言語学サークルの創設メンバーでもあった。[66] 詩人ネズヴァルと言語学者ヤーコブソンはよき友人となった。二人がカレル・タイゲとともに、ブルノのイジー・クロハ邸のプールで酒を酌み交わす楽しげな写真が残っている[67]。言うまでもなく、ネズヴァルの脳裏にあふれていた具体的なイメージは、椰子の木の立ち並ぶ南国、荒野のカウボーイ、大草原のインディアン、インド、エジプト、エッフェル塔など、デヴィエトスィルで使い古されたものばかりだったが、それ以上に重要なのは、当時の議論の文脈において、かれは想像力がただそれ自体を表現する権利を擁護していたことだった。おそらくアンドレ・ブルトンも賛同したことだろう。

ネズヴァルの機知に富んだ頭の体操だけでなく、「アルファベット」はもうひとつ別の体操でも人びとに記憶されていた――より正確に言えば、この二十年の間に再発見された[68]。もし文字が乳房へと変容することが可能なのであれば、同様に女性の身体も、文字の形態、音、そして機能を表わすことができるはず。少なくともミルチャ・マイェロヴァーはそのように考え、「アルファベット」に振付し、生き生きとした自分自身を主役に据えた。マイェロヴァーによるこの詩のパフォーマンスは、それぞれの連の一行ごとにアクロバティックなポーズをひとつ取るというもので、一九二六年四月、解放劇場で行なわれた「ネズヴァルの夕べ」の目玉となった。彼女の演じた「ABC」は大評判となり、同じ演目が夏と秋にも数回にわたって上演された。「ダンサーのしなやかな身体[69]」に魅了されなかった者などいただろうか――ネズヴァルが「I」の文字の形態、音、そして機能について考えようとして最初に頭に浮かんだイメージがまさにそれである。それはきわめてモダニズム的な身体だった。ミレナ・イェセンスカーが衣服とスポーツに関する記事を通じて提唱したものと同様、健康で活動的な身体であり、ラジスラフ・ストナルが〈協同組合〉の雑誌『ジイェメ（私たちは生きる）』（一九三一―三二）の表紙でフォトモンタージュを行なった体操選手たちと同様、柔軟で引き締まった身体であり、そしてフランチシェク・ドルチコルが、幾何学的な背景の前でポーズを取ったたくましい裸体を、そのくっきりとした曲線美を存分に引き出す照明を当てて撮影した写真の中で純粋詩に高めた、訓練され、彫琢された身体でもあった[70]。ドルチコルは一九二五年のパリ万博でグランプリを獲得したが、一九二九年の第五回シアトル国際写真展に向けて輸送する際、陰毛をぼかさなかったために、その写真はアメリカの税関で没収された。「この種の写真を我が国に輸入することは法律で禁じられている」と、展覧会の主催者は取り澄ました調子でドルチコルに通告した。「国際郵便でこの写真を送付主に送り返すことはできない。いずれにせよ、この作品は法の名のもとに破り捨てられることになる」[71]。新世界がモダニズムの時代に遅れを取っていることが証明されたのは、これが最初でもなければ最後でもなかった。

　解放劇場での成功ののち、マイェロヴァーは自身のスチール写真の撮影を任せていた商業写真家カレル・パスパに、束の間に宿る永遠なるものを捉えるよう依頼し、ネズヴァルの作品を写真入りの書籍としてまとめることにした。同名の連作を独立させた書籍『アルファベット』は、「一九二六年のクリスマス」に出版された。同書をモダニズムを象徴する作品にしたのは、身体と頭の体操の組み合わせだけではない。もっとも、体操着と水泳帽にストラップ付きのパンプスという出で立ちで元気に跳ねまわるマイェロヴァーというパスパの捉えたイメージが、ネズヴァルの詩句に性的スリルを与えたことは疑いようもない。だが視覚的な見地から言えば、この企画でもっとも重要な役割を果たしたのは、カレル・タイゲによるページレイアウトだった[72]。それぞれのアルファベットの文字と関わる抽象的で幾何学的な図柄でマイェロヴァーの身体を囲む「タイポーフォトモンタージュ」がページ全体に印刷され、対向ページには対応するネズヴァルの詩句が配置されている。それと劣らず驚くべきことに、しかしどちらかと言えば意外にも――もっとも、我々はもはやそのような意表を突く組み合わせには慣れていなければならないはずなのだが――このモダニズムの傑作に出資したのは、同年、共同でクメン現代出版社協会を設立したオデオン社やアヴェンティヌム社などの進歩的な出版社[73]ではなかった。『アルファベット』を世に出したのは、かつて『オットー百科事典』、『黄金のプラハ』、そして「廉価版国民叢書」を刊行し、アロイス・イラーセクの変わらぬ支持を受けていた歴史ある出版社ヤン・オットーである。当時すでにオットー社が扱う書籍は古臭いものになっていたが、マイェロヴァーは偶然にもヤン・オットーの孫娘だった。

　『アルファベット』は、「ヨーロッパ・モダニズムへのチェコの見事な貢献[74]」とも、「一九二〇年代の創造的精神のユニークな産物」とも見なせるだろう。だが、賑々しい二〇年代からくすんだ三〇年代へと時代が移り変わるにつれ

ヴィーチェスラフ・ネズヴァル『アルファベット』の文字「B」。ミルチャ・マイェロヴァーによる振付とカレル・タイゲのタイポグラフィー、プラハ、オットー社、1926年。
Archive of Jindřich Toman. Courtsey of Olga Hilmerová, © Karel Teige - heirs c/o DILIA.

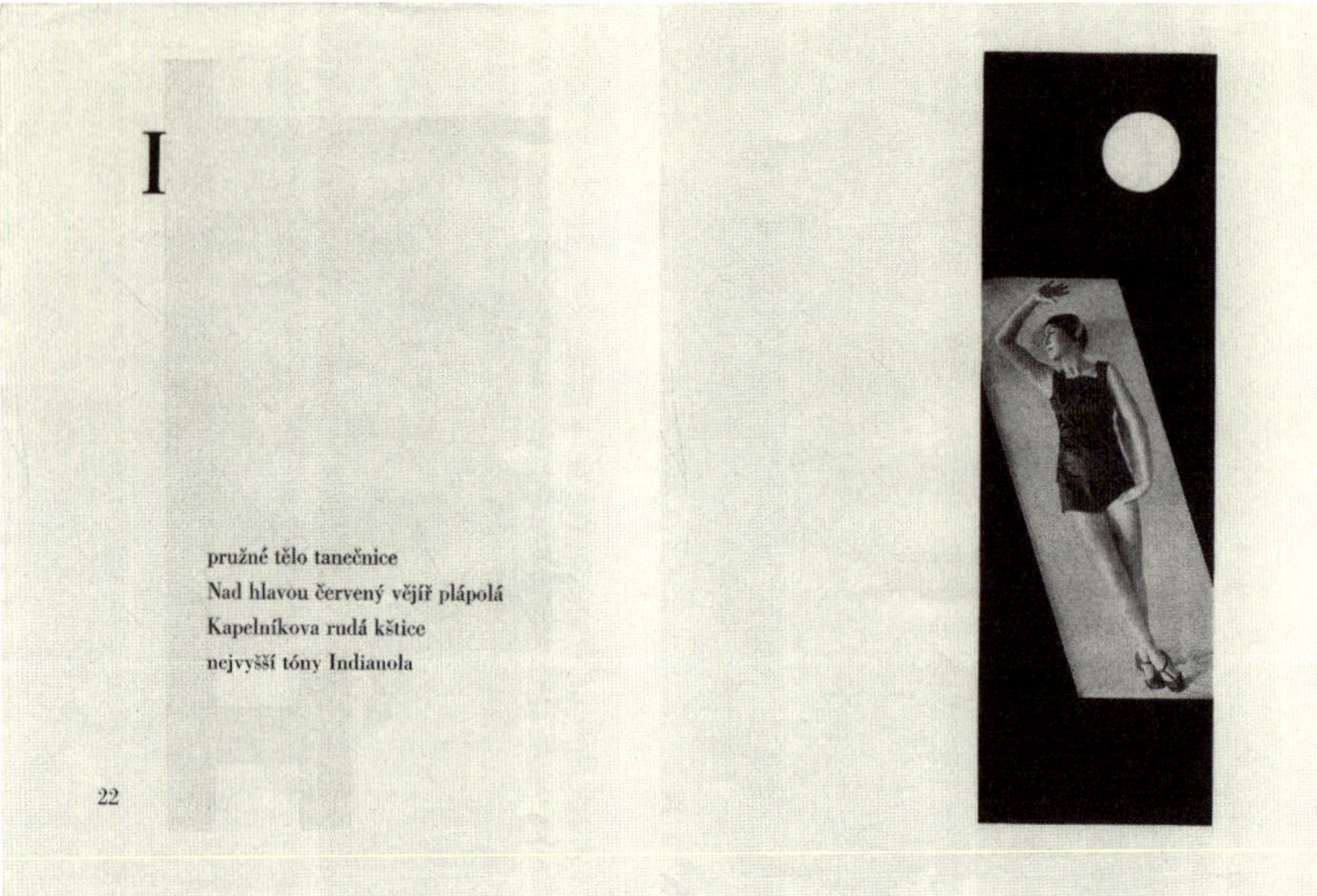
I

pružné tělo tanečnice
Nad hlavou červený vějíř plápolá
Kapelníkova rudá kštice
nejvyšší tóny Indianola

22

ヴィーチェスラフ・ネズヴァル『アルファベット』の文字「I」の詩とタイポ－フォトモンタージュ。ミルチャ・マイェロヴァーによる振付とカレル・タイゲのタイポグラフィー、プラハ、オットー社、1926年。
Archive of Jindřich Toman. Courtsey of Olga Hilmerová, © Karel Teige - heirs c/o DILIA.

て、カレル・タイゲが一九二四年の最初の『ポエティスム宣言』で描写したようなデヴィエトスィルの「気楽で、豊かで、すばらしく、陽気で、誇張しすぎず、そして恋愛のよう[75]」な芸術は、せいぜい単なる子供だましか、ともすれば故意に軽薄に振る舞っているという印象を与えかねなかった。この「下劣で不正の十年間」——W・H・オーデンは、三〇年代が暮れるにはまだ早い一九三九年九月一日、人びとの日常生活に「えも言えぬ死臭」を感じつつそう呼んでいる[76]——は、望むと望まざるとにかかわらず、現実が芸術家を放っておいてくれる時代ではなかった。チェコスロヴァキア共産党はアヴァンギャルドに対して威嚇射撃を始め、一九二九年には「急進的なプチ・ブルジョワ思想」を理由に、作家のヨゼフ・ホラ、マリエ・マイェロヴァー、ヘレナ・マリーショヴァー、S・K・ノイマン、イヴァン・オルブラフト、ヤロスラフ・サイフェルト、そしてヴラジスラフ・ヴァンチュラを党から除名した。デヴィエトスィルが想像力の自由を擁護すべく怒りに満ちた反論を行なうことはなかった。そうするにはあまりにも状況が錯綜していた。「致命的な過ちを犯した」として知られるようになった七人の作家を、「かれらの過ちを正すためではなく――ここで我々の進む道が分かれることを強調するために」[77]公然と糾弾した人びとの中には、タイゲ、ネズヴァル、コンスタンチン・ビーブル、フランチシェク・ハラス、そしてイジー・ヴァイルがいた。かたやインジフ・シュティルスキーは別の場所から、かつてもっとも若かったアヴァンギャルド世代への攻撃を始める。「我々の世代は熟してしまった。月と電球を、愛とベッドを、ポエジーと財布を結びつけるようになった」。かれの檄文「世代の片隅」はこのように始まる。「かれらは、ひっそりとした片隅のどこかで、裏切りで得た金を愛でている。［…］次々とキッチュを生み出しながら」。「物故者の多くには、民族がすでに記念碑を建てている」とシュティルスキーは続ける。「そこでかれらは座った姿勢で描かれ、かれらの若さは緑青で覆われている」[78]。この文章がきっかけとなり、シュティルスキーはカレル・タイゲと仲たがいすることになった。かれはタイゲを（また別の過ちから）、創作者ではなくただの「編集者」にすぎないと非難している[79]。

「ポエティスムは生活の頂点であり、その基礎は構成主義にある」と、タイゲは「ポエティスム宣言」[80]で明らかにしている。それは矛盾しているが優れて生産的な公式であり、ミシンと雨傘の出会いのようにしばしば引き合いに出される。だが結局、デヴィエトスィルの非現実的な両天秤は、あまりに多くのものを背負い込んだことが判明する。新しい十年は、モダンな世界のありとあらゆる美しさへのめくるめく心酔よりも強力な何かを必要としていた。ポエジーの輝く夜明けが遠くへ退いていく一方、夜の中を歩く術を一刻も早く学ばなければならないように思われた。ポエティスムの無邪気な楽観主義と構成主義の自信に満ちた合理主義のヴェールを引き裂き、代わりに悪魔の待ち受ける深淵を探り、たじろぐことなくその顔を見据えるよう提案したのはシュルレアリスムだった。自らの矛盾の重さで自滅したデヴィエトスィルは、一九三一年に解散した。その頃までにプラハの文化的生活の大部分を代わりに担っていたのは〈左翼戦線〉である――この集団は、共通の芸術的ヴィジョンではなく、「モダンな思想と利害を保守主義と反動勢力から守る」[81]という政治的課題を共有することで成り立っていた。カレル・タイゲが初代代表を務めていたが、それまでにチェコスロヴァキア共産党に律義に舞い戻ってきたS・K・ノイマンがすぐに取って代わった。パリで『シュルレアリスム革命』誌が『革命に奉仕するシュルレアリスム』に道を譲ってから一年と経っていなかった。この雑誌名の変更は（同時に表紙も地味なものになった）、プラハの場合と同じように優先順位の変化を表わしている。それをブルトンは『シュルレアリスム第二宣言』で表明し、『通底器』で詳説した。一九三〇年十一月に出たネズヴァルの雑誌『黄道十二宮』の創刊号の巻頭の辞では、同誌がシュルレアリスムの雑誌であることを否定しているが、その内容は明らかに逆の方向性を示していた。第二号にはネズヴァルによる『第二宣言』の全訳が掲載されている。[82]

半年後、カレル・タイゲはシュルレアリスムに対するそれまでもっとも友好的な見解を表明した。何よりもタイゲが歓迎したのは、当人いわく、ブルトンが「弁証法的唯物論を世界観として受け入れたこと」であったという。『革命に奉仕するシュルレアリスム』誌は単なる文芸誌ではない。それは文学的な出世主義および売春を批判すると同時に、フランスの植民地政策とすべての社会的抑圧の悪夢を鋭く批判している」とタイゲは断言する。そして、「シュルレアリスム運動、特にアンドレ・ブルトンが主導するその一派は、今日のいわゆる芸術的、文化的世界の混迷の中でもっとも先鋭的なアヴァンギャルドであるのみならず、現代フランス文学において歴史的重要性を帯びたほぼ唯一の知的潮流である」[83]と結論づける。一九二四年以来、デヴィエトスィルの指導者は長い道のりを歩んできた。「街の天文時計が古い秩序の真夜中が近づいてくるのを告げるとき、ポエジーは夏の太陽に酔いしれる鳥の歌とはなりえない。それは血を流す口となり、溶岩をあふれさせ、奢侈と略奪のポンペイが滅びるクレーターとなり、社会道徳の検閲が無力と化す力の間欠泉となる」[84]、のちにタイゲはこう語っている。

ルネサンス・バレエ

『第二宣言』の露骨な政治的表明によってプラハとパリのこの接近への扉が開かれたことは、幾重もの意味で皮肉である。デヴィエトスィルがパリでもっとも緊密に連絡を取り合っていた何人かは、ブルトンが辛辣な批判を繰り広げた文書の中で標的にされていたからである。ブルトンは、才能をジャーナリズムに浪費し、イタリアのファシスト雑誌に寄稿し、英国の煙草を吸ったかどで、一九二六年末、フィリップ・スーポーをパリのシュルレアリスト・グループから除名する。[85] 翌年四月、スーポーはプラハを訪れ、カレル・タイゲを「頭脳明晰で、知的で、冷静な人物」[86]と評している。二人は協力してロートレアモンの『マルドロールの歌』のチェコ語版を企画し、一九二九年にはインジフ・シュティルスキーの挿画入りでオデオン社から出版された。だが、検閲官は公序良俗に反するとして、同書を即座に回収してしまう。『ReD』誌はすぐさま国際的な抗議運動を展開し、発禁を公式に非難した人びとには、スーポー、ジョルジュ・リブモン=デセーニュ、ヨゼフ・シーマの〈大いなる賭け〉に属すフランスの若い仲間たちがいた。ブルトンは沈黙を貫く。ロートレアモンに関わるものにはつねに何にでも敬意を表していたかれの態度を考えると、実に稀なことである。同年の後半、『シュルレアリスム第二宣言』の中で、この抗議に名を連ねた人びとやその他シュルレアリスムのかつての賛同者たち——とりわけアントナン・アルトー、ロベール・デスノス、アンドレ・マッソンとジョルジュ・バタイユ——を拒絶したことで、ブルトンの沈黙ぶりはいっそう鮮明になっていく。ルネ・ドーマルは『大いなる賭け』誌に掲載された「アンドレ・ブルトンへの公開書簡」[87]で激しく反発し、同書簡に続けて、『ReD』誌に掲載された「羽根があるのにパンツをはいていないという理由で『マルドロール』を発禁にしたチェコのアナスタシア」に対するグループの抗議文があからさまに再録されている。ドーマルは、フランスの司法も同じくらい「愚かである」と主張しつつ、「精霊の名において［…］将軍たちの口髭、無名戦士への崇拝、そしてフォッシュ元帥の葬儀」を「真の猥褻罪として糾弾する」[88]と続ける。かれの文章は正鵠を射ていた。

カレル・スルプによれば、まさにこの時期、もっとも若い世代がようやく「成長し」、二〇年代の世界観の基盤となっていた「詩的なメタファーというヴェール」をかなぐり捨てたのだという。[89] この新たな成長がまずもたらしたものは、エロティシズムに対する継続的な探求であった。左翼の多くの人びとにとって、このような関心は、弁証法的唯物論にとって不釣り合いな相方のようなものに思われた。この点においてもまた道を示したのはパリの人びとだった。ジョルジュ・バタイユの『眼球譚』とルイ・アラゴンの『イレーヌ』は、ともに一九二八年に発表されている。一九二九年十二月、『シュルレアリスム第二宣言』が『シュルレアリスム革命』誌に掲載された際、ページの上半分には、シュザンヌ・ミュザール、ガラ・エリュアール、マリー＝ベルト・エルンスト、ジャネット・タンギー、アリス・アプフェル、イヴォンヌ・ゲーマンス、そしてエルザ・トリオレというシュルレアリストの妻や恋人たち七人のキスマークが赤く鮮やかに印刷され、「なぜ『シュルレアリスム革命』誌は姿を消したか」というキャプションが添えられていた[90]。この図像の組み合わせは、同宣言で糾弾されている背徳者に送られた卑猥な別れのキスであったかもしれない。同じ月には、バンジャマン・ペレとルイ・アラゴンのきわめて冒瀆的な詩を収めた小詩集『一九二九』が刊行された。その詩は、モンパルナスのキキのヴァギナ、クララ・ボウの唇と（体位から察するに）アヌスがマン・レイのペニスを包み込んでいる「四季[91]」というキャプションが添えられた四点の写真とともに、狂騒の二〇年代に別れを告げている。ブルトンは――柄にもなく――ブリュッセルの『ヴァリエテ』誌の資金集めのため、この愉快で猥雑な本の制作に協力した。この雑誌は、同年に刊行したシュルレアリスム特集号の印刷代を支払えなくなっていた[92]。『一九二九』というタイトルは、郵便局と消防団が毎年発行している寄付金集めを目的とする年鑑のパロディである。初版二百十五部の大半はベルギーで匿名で印刷されたものの、国境でフランスの税関当局に没収されてしまう[93]。英国税務局が先例に従い、同書の初の英語版をポルノグラフィーに指定し、輸入を禁じたのは一九九六年のことである[94]。当時であれ、現在であれ、性を間近で観察するのが反体制的であることを知っていたのは、シュルレアリストたちだけではない。

『マルドロールの歌』が検閲官に没収されたことを受けて、シュティルスキーは一九三〇年十月、『エロティック・レヴュー（Erotická revue）』という新しい雑誌を創刊する[95]。だがこの試みは、一九二〇年代にデヴィエトスィルの出版物を活気づけていたアヴァンギャルドのグラフィックデザインにほとんど寄与するものではなかった。写真は用いられず、図版はすべてモノクロであった[96]。『エロティック・レヴュー』はわずかな資金で運営される少部数の雑誌で、通し番号入りで限定百五十部（第二号は二百五十部、第三号は二百部）が刊行された。奥付には「予約者のみ購読可、公の販売、展示、貸出、その他の頒布および公共図書館への収蔵を禁ずる」[97]と明記されている。この過剰な但し書きは、『マルドロールの歌』が抵触した検閲法の裏をかくのにどうしても必要だった。チェコスロヴァキア共和国は民主国家であったかもしれないが、すべてにおいてリベラルであったわけではない。こうしたいかがわしい書物の刊行は私家版に限られていた。この雑誌に参加した作家や翻訳者の多くは——ヴィーチェスラフ・ネズヴァル、アドルフ・ホフマイステル、ヤロスラフ・サイフェルト、フランチシェク・ハラス、そしてボフスラフ・ブロウクが含まれる——臆せず本名で寄稿しているが、用心のため名前を伏せた作家もいた。エミル・フィラはＬＬというイニシャルを使い、アロイス・ヴァクスマンは2x:Vという暗号を用いて正体を隠している。このように慎重になるのも無理はなかった。当時も今と同様、身体とは危険な領域であったからだ。シュティルスキーの「世代の片隅」で受けた侮辱をなおも許していなかったカレル・タイゲは、この企画にはいっさい関与していない。

カレル・スルプは『エロティック・レヴュー』を歴史的文脈に位置づけるにあたり、商業映画で初めてヌードシーンが登場するのはその三年先であると指摘している。[98]偶然にも、世界の映画史にこの輝かしい成果をもたらしたのは、当時無名だった十八歳のオーストリア人女優、ヘドヴィヒ・キースラーを主役に配したグスタフ・マハティーの『春の調べ』(一九三三)というチェコ映画であった。マハティーの前作『エロティコン』(一九二九)の原作はヴィーチェスラフ・ネズヴァルの短篇小説である。同監督の『土曜から日曜へ』(一九三一)でも、ネズヴァルは脚本を共同執筆し、音楽を担当したのは解放劇場の専属作曲家ヤロスラフ・イェジェクだった(のちに〈チェコスロヴァキアのシュルレアリスト・グループ〉の一員となる)。サイレント映画『エロティコン』のもっとも有名なシーンでは、「豪雨の中、少女は男の誘惑に屈する。[…]我々は、窓グラスをゆっくりと伝うしずくの細部を目にする」[99]。『春の調べ』はトーキー作品にもかかわらず、会話は最小限にとどめられ、それ以上に視覚的隠喩が多用されている。一九三四年、ヴェネツィア映画祭で『春の調べ』がスタンディング・オベーションで迎えられた際、マリオ・グロモは『スタンパ』紙で、「これまで上映された作品の中でもっとも大胆で刺激的な映画のひとつだ」と熱狂的に述べている。「風に乗って広がる花咲く野原の香り、木々のざわめき、これらすべてが心理状態を表現する音符や具体的な言葉となる。ナーイアスの美しい裸体は、木漏れ日に追いかけられて森の精のそれとなり、これらの場面全体に伝説の高潔さを保っている」[100]。批評家たちはマハティーの想像力——あるいは単にヘディの美しい裸体だったかもしれない——を絶賛したが、当局はそこまで感銘を受けなかった。『春の調べ』はドイツとアメリカで上映禁止となり、ヨーロッパの他の国では編集にかなりの手が入り、ヴァチカンからも非難された——教皇は数年後、ホロコーストに目をつぶるほうがよほど簡単だったと知ることになる。その間、ヘドヴィヒ・キースラーはヘディ・ラマーへと変身を遂げた。ハリウッドの花形となった彼女は、オーガズムの激痛に歪む表情を作り出すために、マハティーが何度も安全ピンを彼女の尻に突き刺したことをのちに明かしている[101]。

『エロティック・レヴュー』創刊号の巻頭では、「夢見る少女」がボタンをはずしたブラウスだけをまとった姿でソファに横たわっている。彼女の目は大きく見開かれ、脚も同じように広げられている。周囲で浮遊するペニスはパーティー用の風船のようである[102]。繊細な描線によるこのドローイングには、「T」という一文字のみが添えられているが、間違いなくトワイヤンの「穏やかで大胆な[103]」筆によるものである。本人によれば、マリエ・チェルミーノヴァーの筆名であるトワイヤンは、フランス革命時に互いを呼び合うのに使った「市民（citoyen）」の語を縮めたものだとのことだが、ヤロスラフ・サイフェルトは別のエピソードを語っている。それによるとこの名前は、彼女がある日、ナーロドニー大通りのカフェで考え出したものだという。「彼女は優しくきれいな娘だった。私たちがみな彼女を好きだったことに文句はない」。たとえ「男言葉で話していた」としても。「それははじめ私たちにはやや馴染めずグロテスクだったが、時がたつにつれ慣れてしまった[104]」。〈Ten-Ta-Toyen〉とかつてアドルフ・ホフマイステルが優しくカリカチュアを描いたように[105]、トワイヤンは単語の性別が社会的な性差のアイデンティティをつくる文法構造と戯れていた。**ten, ta, to** はチェコ語の指示代名詞で、それぞれ男性名詞、女性名詞、中性名詞につく。**ten muž**「その男性」、**ta žena**「その女性」、**to dítě**「その子供」という形で使われる。ホフマイステルの描くトワイヤンはズボンをはいているが、背後に伸びた影はスカートをはいている[106]。トワイヤンは自分のことを男性形で話すと同時に男装し、マルセル・デュシャンがときに見せる女性の分身であるローズ・セラヴィよりも激しくジェンダーを歪めている。下卑

グスタフ・マハティー監督の映画『春の調べ』（1933年）が掲載された『グラビア映画プログラム』538号の表紙、作者不詳。Archive of Jindřich Toman.

たラブレー的なもの（滑稽なほど誇張されたペニスを弄ぶジャグラー、羽毛で互いの陰部をくすぐり合う「女友達」[107]）から、オリエンタリズムの憧憬に彩られたものにいたるまで、トワイヤンが『エロティック・レヴュー』で果たした役割は大きい。《東洋の女たち》では、見るからに東洋風のネックレス、アンクレット、ターバンとヴェールを裸体にまとった女たちが描かれ、そのうちの一人はもう一人の性器を舐めながら、三人目の自慰を指で手助けしている。[108]《異郷の楽園》では、草のスカートをはいたアフリカの女たちが、巨大な男根の形をした岩にまたがっている。[109]風にそよぐ椰子の葉の下でまどろみながら、同じく草のスカートをはいた別の女が、ブロニスワフ・マリノフスキの「メラネシアの伝説と物語」さながらの姿で巨大なペニスを抱いている。[110]トワイヤンの描く少女たちは、ただ愉しみだけを求めている。それは、人生が決して脱線することのない北緯五〇度にある灰色の石の街でなければ、どこでもよかったのかもしれない。

『エロティック・レヴュー』は下半身の世界を楽しげに渉猟し、日本の春画、一八世紀英国の鞭打ちの場面を描いた版画、レオナルド・ダ・ヴィンチの性器解剖図、オーブリー・ビアズリーやフェリシアン・ロップスのドローイングとともに、性的な想像力の表道と裏道へと読者を誘う。ありふれたものに潜む危険な逸脱は、教科書に描かれているどこにでもあるキノコ、スッポンタケ（Phallus Impudicus）の挿絵として厚かましくも家庭に持ち込まれる。同誌に掲載されたテクストも、図版と同じくらいカトリック的である。バイロン、ボードレール、マラルメ、ランボー、ヴェルレーヌの詩。スウィンバーン、サド、E・T・A・ホフマン、ヴィクトル・ユゴーの小説。そして大量の（誌面で主張されているところによれば）「通俗的な」韻文、物語、そして歌。モンパルナスのキキが十五歳で処女を喪失することになった困難な体験談に、鞭で打ってほしいという夫レオポルトの強烈な欲望を満たそうとしたときの困難をめぐるワンダ・ザッハー＝マゾッホの回想が寄り添っている。フロイトの「十六歳の少女の精神分析的日記」の抄訳は、カーマ・スートラの抜粋――そしてブルトンとエリュアールが『無原罪の御宿り』[111]で行なった同ジャンルの詩的実験――と隣り合っている。ボフスラフ・ブロウクのエッセイ「世界観としての自慰」、ルイ・アラゴンの『イレーヌ』の一節、パリの売春宿一覧などもある。この一覧のおかげで、パリを訪れる男性は、シュティルスキーとトワイヤンが『パリとその近郊案内』で挙げている文学カフェや芸術家のアトリエを巡るだけでなく、ネリー、オルガ、デイジー、ジェーンといったマダムたちの店――あるいはコルベール通りの水晶宮――で逢瀬を交わしたりして旅を締めくくることができるようになった。[112] 残念ながら、女性の旅行者にはこういったガイドは用意されていない。

女性が何を欲しているのか、そして女性が満足しているかどうかを男性はどうやって見分けられるのか、このような議論が大いに行なわれていたにもかかわらず、ブルトン、アラゴン、バンジャマン・ペレ、マックス・モリーズ、ピエール・ナヴィル、マン・レイ、イヴ・タンギーらパリのシュルレアリスト・グループがエロティックな探究のために開いた一九二八年一月の二度の会合に女性の姿はなかった。その議論の記録は「性についての探究」[113]というタイトルで、まず『シュルレアリスム革命』誌に掲載され、一九三一年には『エロティック・レヴュー』にチェコ語訳が掲載されている。ブルトンは直截にこう切り出している。「男と女がセックスをする。いったい男には、女の快感がどの程度までわかるものだろう。タンギー?」[114] ジャネット・タンギーとニュッシュ・エリュアールを含む数名の女性が、その後シュルレアリストの「性の夕べ」(一九二八年から三二年にかけて、少なくとも十二回行なわれた)に加わり、ルイ・アラゴンが「あまりにも男の側からの意見が勝ちすぎている」[115]と批判した状況をある程度改善している。続く会合には、ポール・エリュアール、マックス・エルンスト、アントナン・アルトーが参加している。だが、『シュルレアリスム革命』誌ではこのシリーズが続くことが予告されていたにもかかわらず、残りの草稿は一九九〇年まで公開されることはなかった。さまざまな発見のある驚くべき資料で、とりわけ、シュルレアリスムの想像力の多くに取り憑いた日常の恐怖や嫌悪を明らかにするものだっただけに、それは惜しむべきことであった。

この「探究」はあまりにも赤裸々な内容だったため、当時は悪評を呼んだ。男性の同性愛に対するアンドレ・ブルトンの非自由主義的な態度が、評判をさらに悪いものにした。ブルトンは男性の同性愛を「精神的、道徳的な欠陥」と呼ぶものの、「他と同列には置けない」マルキ・ド・サドについては例外とし、サドについては「当然のこととしてすべてが許されている」と語っている。[116]「まったくぞっとするし、おかまを掘る男というのは、頭のおかしい、阿呆だと思っている」と怒りを露わにする一方、レズビアンに関しては「とても興味深い」という。[117] このシュルレアリスムの領袖の「倒錯者」に対する意見は、当時としては珍しいものではなかったが、シュルレアリスト・グループのメンバー全員に受け入れられたわけではない――とりわけ、ルイ・アラゴンとレーモン・クノーは反対した。ポール・エリュアールは、神経質なブルトンよりも性に対して全体的にかなり寛容な姿勢を見せていたが、同じように「男同士の関係は大嫌いだ、精神を歪めるものだから」と述べている。[118]「性道徳の自由は生か死かの問題だった」[119]マルキ・ド・サドの場合のように、ブルトンは、男性同士の性的なつながりが抵抗の表現となる場合にかぎり、容認する心構えでいた。ブルトンが反対していたのは、かれ自身が明確に語っているように、ソドミーの実践そのものではなかった。ソドミーについては「まず精神的な理由からで、非順応主義によるものだ」といい、相手が女性の場合に限られていた。ギー・ロゼはと言うと、それほど高尚ではなかった――「肛門の締めつけによって倍の快感を得るし、相手のクリトリスを愛撫することもできるからね[120]」。

この下劣なものを利用して崇高なものを生み出す性癖こそ、ジョルジュ・バタイユを激怒させたものだった。「クソみたいな理想主義者が多すぎる」というのが、一九二九年三月、ブルトンとアラゴンが、左翼作家、芸術家、そして知識人の「共同行動の可能性」を探るのにバタイユを巻き込もうとしたときの素っ気ない反応である。[121]バタイユはシュルレアリストたちの聖侯爵への祈りに辟易していた。バタイユは、一九二九年から三〇年頃に書かれた未発表の論文――ブルトンの『第二宣言』に対するもうひとつの怒りの反応だった――の中でこうあざ笑っている。「シュルレアリスムの接頭辞 sur- が宣言するのは、「優越的でエーテル的な価値」である。「そこから結果する変質、すなわち無意識とはもはや憐れむべき詩の宝物にすぎなくなっていること、サドがその擁護者たちによって臆病にも去勢され、教訓家のイデアリストという様相を取るに至ったこと……、そうしたことは、シュルレアリストたちにとっては、ほとんど重要さを持たない。低い部分から来る要請は、屈辱的にも、高い部分から来る要求であるかのように偽装される。そしてシュルレアリストたちは、哀れむべき卑小な挫折を間近に見届けた者たちの嘲笑の的になりながらも、イカロス的な尊大な態度を執拗に保ち続けている[122]」。一方、ブルトンのほうはバタイユを「退屈な図書館員」であると切り捨てる。バタイユは「昼間はずっと、古ぼけた、時には楽しい古文書の上に図書館員の慎重な指を這いまわらせ［…］夜になると穢らわしいしろものをたらふく喰らい込み、自分の姿に重ねて、古文書の中にまでそれが一杯つめ込まれているように思い込みたがるのである[123]」。これは、『ナジャ』の中で示された昼と夜のそれぞれの美徳に対する興味深い（そして明らかにまったく無意識的な）反転となっている。

オタカル・ブジェジナによる同性愛についての考察は、かれの死後、「性についての探究」が載った『エロティック・レヴュー』の同じ号に掲載された。ブジェジナは、純潔さと危険の間のどこに線を引くべきか、あまり確信を持てずにいた——善悪の違いがかれの目にはあまりにも明白であったボジェナ・ニェムツォヴァーの『おばあさん』を象ったオットー・グートフロイント作の記念碑に見られる猥褻さを非難したときと比べると、明らかに確信を持てずにいた。

> 人間の見解は変化していく。ギリシア人男性にとって、男性への愛はごく普通のものだった。女性はそれを認めようとせず、相手の男をすべて所有したいと思ったかもしれない。だが賢者は、乱されることのない平穏と精神修養のための自由を必要とする。そのため、誰もが抱く身体への欲望を少年との関係を通じて満たし、それによって、落ち着いて哲学に身を捧げた。その後、時代が変わり、驚くなかれ、ギリシア人にとって倫理的であったことを非難され、一九世紀になると詩人オスカー・ワイルドは投獄され、その一方で、真に危険な犯罪者は堂々と世間を闊歩していた[124]。

傍点部分は、無名戦士の身元のわからない死体に対する不気味な偏愛を生み出すこの世において、真に猥褻なものは何かというルネ・ドーマルの問いを先取りしており、ブジェジナ自身が強調したものである。ちなみに、このチェコの詩人が生まれたのは一八六八年、映画に初めてヌードシーンが登場するはるか前のことだった。

『エロティック・レヴュー』とバタイユやアラゴンの文学的ポルノグラフィーとの違いは——アポリネールはそうではないが——その語のあらゆる意味でのコミカルな卑俗さだった。アロイス・ヴァクスマンが匿名で描いたドロー

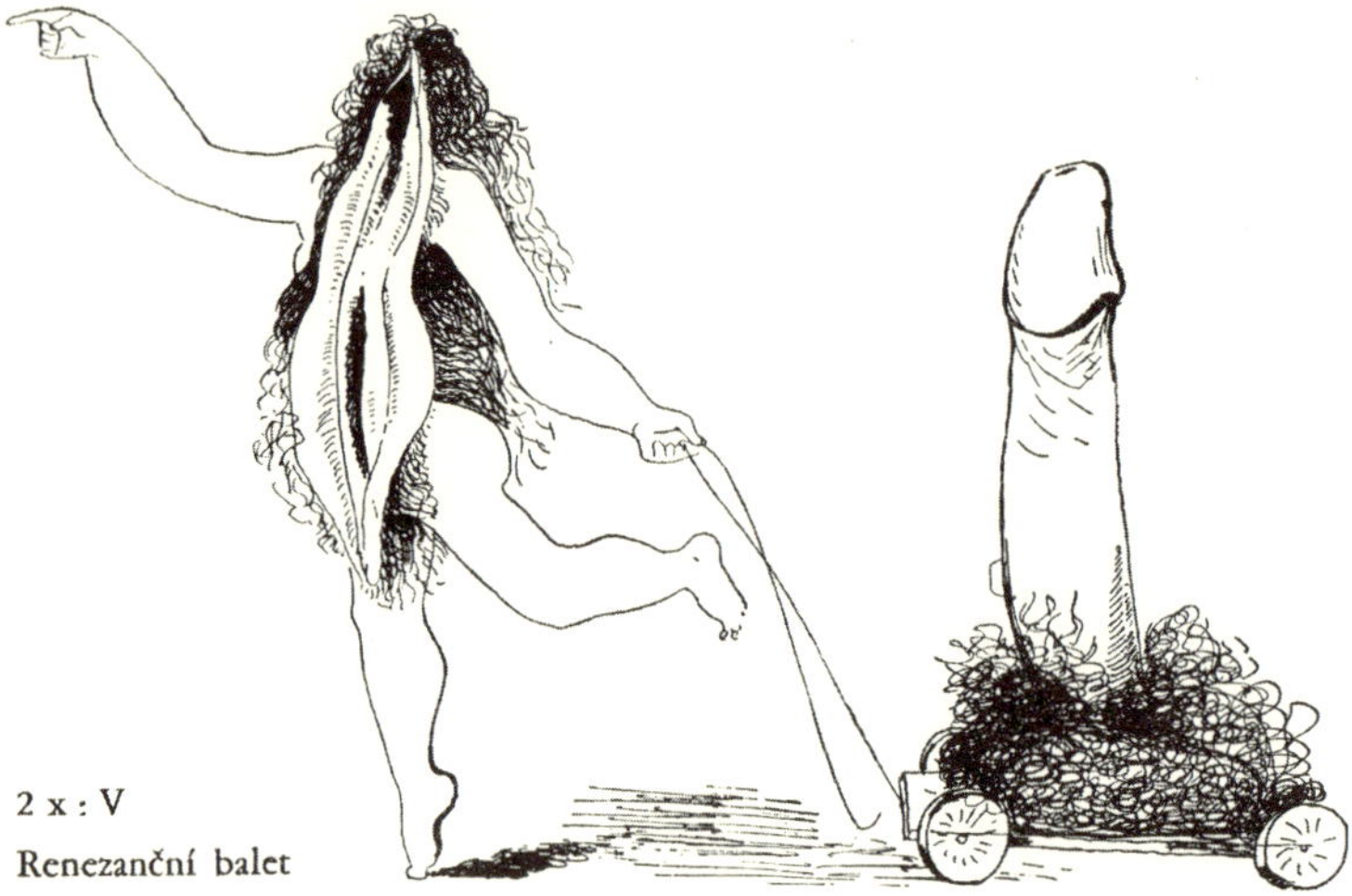

2 x : V（アロイス・ヴァクスマン）《ルネサンス・バレエ》。『エロティック・レヴュー』第3号、1933年

イングは、ルネ・マグリットや他のシュルレアリスム画家たちであればハイ・アートとして作り上げたであろう、身体の各部位を入れ替えた便所の落書きのようなものだった。手押し車の上で呆れるほど勃起したペニスを引っ張りながら軽やかに歩く少女。彼女の頭と胴体は、貪欲なヴァギナに置き換えられている。この絵には《ルネサンス・バレエ》という皮肉めいたタイトルがついている。[125] シュティルスキーの親友だったフランチシェク・ビードロは、同じように下品な漫画のシリーズを『エロティック・レヴュー』に寄稿し、「人間喜劇」というバルザック風の見出しをつけている。ビードロはその後、ドイツ人亡命者による諷刺週刊誌『ジンプリクス』（のちに『ジンプル』と改称）の名目上のチェコ人編集者となる。同誌は一九三四年一月から三五年七月にかけて、チェコ語とドイツ語で同時に刊行されていた。実際の編集を担っていたのはハインツ・ポルという人物で、それまではコミンテルンの事務局として、またベルリンの版元ヴィリ・ミュンツェンベルクのもとで働いていた。アドルフ・ホフマイステルもこの雑誌に深く関わっている。[126]『ジンプリクス』は、反ナチの漫画に性愛文学をふんだんに挟み込むという戦略を取り、それによってヒトラーの「新秩序」の重々しさを、完膚なきまでとは言わないまでもかなりの程度奪うことに成功した。検閲官はあまり系統立った対応がで

きず、読者は、雑誌のあちこちにある白抜きが政治諷刺画なのか性的諷刺画なのか、どういう猥褻さを規制したものなのかと困惑する羽目になった。

ビードロが『エロティック・レヴュー』に寄せたドローイングのひとつには、膝に腰掛けた裸の若い女の陰部を弄ぶスーツ姿の中年男性に向けて、キューピットが弓を構える姿が描かれている。キャプションにはこう書かれている。「それは夜遅く――五月一日――五月の夜――それは愛の時」。カレル・ヒネク・マーハ『五月』の冒頭の詩行であるが、当時すでにこの詩は、本来のほの暗い近親相姦による性的な三角関係とは遠く離れた高尚なものを帯びていた。[127]連載記事「俗語チェコ語性的用語辞典への貢献」もまた同じく不遜なもので、チェコ語の話し言葉からペニス、ヴァギナ、乳房といった類の単語を何十も項目別にし、語源や地域ごとの違いが解説されていた。それは、前世紀に「民衆」の歌、おとぎ話、衣装、そして習慣を献身的に収集し、分類し、体系立てた真面目な啓蒙主義者の世代の努力の意地悪なパロディで、「一般民衆」のそのような姿を期待する前世代の甘ったるい感傷に風穴をあけるものだった。この下品で、ミュージックホール、海辺の絵葉書のようなユーモアは、ハシェクの『兵士シュヴェイクの冒険』を想起させ、フラバルの『わたしは英国王に給仕した』に登場するジーチェの冒険を予感させる――小便をし、クソを垂れ、セックスをし、屁をこき、復活祭の月曜日に若い娘の尻を叩いて楽しむ身体の政治学（ボディ・ポリティック）をめぐる下卑たおしゃべりのことである。隣のナチ・ドイツで「民族（das Volk）」をほどなく再構成することになる極端な家族観のキッチュなイメージから、私たちははるか遠いところにいる。[128]そしてまた、チョコレートの箱に描かれた社会主義リアリズムの絵、不安定な世界の中で、きちんとしたよき道徳的なあらゆるものへの希望としての「人民」のイメージからも等しく隔たっている。これこそが、ヴァーツラフ広場の甘くかび臭い匂いの中、平均的な市民と裕福なブルジョワがともに飲み交わす街、古いヨーロッパの魔法の都プラハなのである。

人を殺す美の観念

オスカー・ココシュカとベルリンのダダイストたちが絵画と政治は人類の幸福に寄与するか否かをめぐって火花を散らしてから十七年後、両者の相違を消し去る大当たりを取った二つの展覧会がミュンヘンで行なわれた。一九三七年七月十八日、アドルフ・ヒトラーはミュンヘンにできたばかりの「ドイツ芸術の家」のこけら落としとなる〈大ドイツ芸術展〉を開幕する。総統お気に入りの建築家パウル・ルートヴィヒ・トローストが設計したこの美術館は、国家社会主義政権によって建てられた最初の公共建築であった。トローストが手がけた明るい大理石のホールでは、後世にはほとんど忘れられ、批評家にはキッチュの作り手として多くが無視された芸術家たちの大規模な見世物が繰り広げられた。ヒトラーが直々に展示品を吟味したが、展覧会の開幕の一月前に癇癪を起こし、八十九点の作品を壁から撤去している。共通する主題を多い順に挙げると、風景、裸体、農民であり、そのほとんどがナチ政権下で好まれた「写実的な」様式で描かれている。この機会を利用して、ヒトラーは現代美術に対する「浄化戦争」を宣言する。その概要は、総統の頭の中ですでに大半ができあがっていた。「今日、新たな時代が新たな人間のタイプを形作りつつある」とヒトラーは高らかに語る。

数え切れないほどさまざまな生活の領域で、人間を高めようとする多大な努力が行なわれている。我々の男性、少年、青年、我々の少女、女性を、より健康に、そしてより力強く、より美しくするために。［…］今日ほど人類が外見および感情面において古代に近づいたことはない。スポーツ、競争、模擬戦闘を経て、鋼のようになった何百万もの若き肉体が、おそらくこの千年の間に目にすることもなければ、ほとんど想像すらされなかった形と状態で、我々の前にその姿を見せようとしている。栄えある美しい人類のタイプが生まれつつある。［…］人類のこのタイプは、去年のオリンピックで我々が目の当たりにしたように、自らの身体の強靭さと健康という輝かしい誇りとともに、世界から一歩先を行く――時代遅れの唾棄すべき芸術の一団を擁護する方々よ、このタイプの人間こそが、新しい時代の種なのだ。かたや、あなた方が何を創造したというのか？　奇形の不具者や白痴、嫌悪の念しか呼び起こさない女たち、人間よりもけだものに近い男たち、もしそんな姿で生きていたら神の呪いとしか思われない子供たち[129]！

その翌日、通りを挟んだすぐ向かい側で、まったく異なる性質の展覧会が開幕する。この見世物の呼び名である〈退廃芸術展〉のほうが、〈大ドイツ芸術展〉よりはるかに記憶に留められることになるとは、ナチも予期していなかっただろう。これは美術史上悪名高い出来事となったが、おそらくそれは誤った理由によるものである。当時ここで問題となっていたのは、自由と検閲、モダニズムと伝統、あるいは進歩と反動といった単なる対立以上のものだった。ヨーゼフ・ゲッベルスによれば、展示作品は会期終了後に「公共施設の暖房燃料」として使われる予定だったが、最終的には差し迫って必要とされた外貨獲得のために、多くが国際的な美術市場で売却されている。ドイツ中の公立博物館や美術館から押収された一万六千点以上の作品群から六百五十点を越える「時代遅れの唾棄すべきもの」が選び出され、ミュンヘン考古学研究所別館の窮屈な空間に展示された。〈大ドイツ芸術展〉の会場との落差は、いっそう目を見張る――あるいは考え抜かれた――ものだった。普段は石膏模型の保管場所であった暗い部屋は急遽片づけられ、展示される絵画が放り込まれた。展示品はロヴィス・コリントの印象派からダダの挑発的な作品、新即物主義の素っ気ないモダニズムにまで及んだが、なかでも特に晒し台にさらされたのが、おそらく二〇世紀初頭の芸術語彙へのドイツからの最大の貢献である表現主義であった。これはある意味で驚くべきことだった。というのも、当時の多くの人びとはまだ、表現主義をナチの夢の芸術と捉えていたからである。

モダニズムが必ずしもファシズムと相容れないものではないということは、未来派が同じやり方によるムッソリーニの庇護に対して熱烈に報いたイタリアの例を見れば明らかだろう[130]。マリネッティは、一九三五年に起こったイタリアのエチオピア侵攻を称賛し、読者に次のことを今一度思い起こさせる。

われわれ未来派は、二十七年まえから、戦争を醜悪なものだとする考えかたに反抗してきた。……われわれはここにあらためて確認する……戦争は美しいものであると。なぜなら、ガスマスクや威嚇用拡声器や火焔放射器や小型戦車によって、人間のちからが機械を支配していることを証明できるからだ。戦争は美しい。なぜなら、人間の肉体を鋼鉄につつむ夢がはじめて実現できるのだ。戦争は美しい。なぜなら、花の咲きみだれる野を、火をふく機関砲の焰の蘭でかざることができる。戦争は美しい。なぜなら、銃火と砲声、死の静寂、芳香と腐臭をひとつの交響楽に統一することができる。戦争は美しい。なぜなら、大型戦車や編隊飛行機のえがく幾何学的な図形、炎上する村落から立ちのぼる煙のらせん模様など、新しい構成の美が創造されるからだ。[131]

ヴァルター・ベンヤミンは、著名な評論『複製技術時代の芸術』の中で「ファシズムの行きつくところは、政治生活の耽美主義である」という主張を補強すべく、この一節を啞然としながら引用する。それは「芸術のための芸術」のグロテスクな「消費」であり、そこでは「人間自身の破滅を最高級の美的享楽として味わうまでになったのである」。ファシズムの政治の耽美主義に対しては、「共産主義は、これにたいして、芸術の政治主義をもってこたえるであろう」[132]とベンヤミンは結論づける。ジョン・ハートフィールドなら全面的に賛成するだろうが、いかなる種類の政治とも関わりのなかったオスカー・ココシュカは、その違いを理解できなかったかもしれない。

イタリアという国家の寛容さから恩恵を受けたり、ムッソリーニを偶像化したモダニストは未来派だけではなかった。(T・S・エリオット曰く)「わたしに勝る言葉の匠」[133]であるエズラ・パウンドの恥ずべき例は脇に置いておこう。古代と現代のローマを詩的に混同する癖のあった奇矯なアメリカ人の特例として(あまりにも)難なく片づけることができる。一九三四年から三六年にかけて建造されたジュゼッペ・テラーニの設計によるコモの〈カサ・デル・ファッショ〉は、視覚的簡潔さにインターナショナル・スタイルが広めたあらゆる美点が盛り込まれたモダニズム建築の古典である。テラーニが「〈カサ・デル・ファッショ〉の建設に着手するにあたり、もっとも重要な機能主義の典型的概念」と「ファシズムの信念」を結びつけていたことについて、建築の教科書はたいてい触れていない。テラーニのさっぱりとした飾り気のない構造には、曖昧なファサードなどひとつもなく、またアドルフ・ロースが望んだように、余計な装飾がまったくない純粋な半立方体であり、それは国家と国民の相互的な透明性を担保する広場を築くべく幾何学的な調和を動員している。「黒シャツ姿の何千もの市民が〈カサ・デル・ファッショ〉の前に群れをなし、指導者の声がイタリア人および外国人のための帝国の到来を告げるのを待ちわびるだろう」と、テラーニは意気揚々と語っている。「我々は内側と外側の連続性の間にあるあらゆる亀裂を消し去らなければならなかった。［…］政治的指導者と人びとの間には、妨害、障壁、障害物があってはならない」。そしてムッソリーニによるもっとも詩的な一節を引用する。「『ファシズムはガラスの家である』と我らが統領（ドゥーチェ）が宣言するように、この言葉の隠喩的な意味こそ、この建築に特徴的な有機的統一性、明晰さ、公正さを明らかにし、例証するのだ」[134]。一九五一年にイリノイ州プレイノに建てられて以来モダニズムの象徴となっている、美しい金魚鉢のような邸宅であるミース・ファン・デル・ローエのファンズワース邸から私たちは遠いところにいる。いや、本当にそうだろうか？[135]

　ヒトラーが実権を握った一九三三年一月の時点で、表現主義が「ゴシックに起源を持つ」正統な「北方の芸術」であるかどうかは、国家社会主義政権の周辺で依然として議論されていた。ここで私たちは、パヴェル・ヤナークが北と南の建築を区別していたことを苦々しく思い起こす――そして、ふたたびシニフィアンが結びつき、グロテスクな新しい統合体を生み出す能力に驚くことだろう。エミール・ノルデの絵画を美術館から接収して国民啓蒙・宣伝省の自室の壁に飾っていたヨーゼフ・ゲッベルスは、この問題について帝国文化院長アルフレート・ローゼンベルクと対立していた。きわめて国粋主義的なドイツ文化闘争同盟を設立したローゼンベルクは、一九三〇年刊の自著『二〇世紀の神話』の中で、「表現主義はイデオロギー的にも芸術的にも外国の基準を指向しており、ゆえに生活の要求に調和するものではない」[136]として表現主義を否定している。異なる見解を持つのが詩人のゴットフリート・ベンである。一九三三年十一月に発表された「表現主義者の告白」は、表現主義をファシズムの先駆けと見なす明快かつ情熱的な納得のいく議論を扱っている。ここで表現主義は、アントニーン・マチェイチェクが、ブラックとピカソからアーキ

ヴァーツラフ・イルー《屋上での運動》1933年。プラハ芸術工芸博物館蔵

ペンコとブランクーシにいたる一九一〇年から二五年にかけてヨーロッパで生み出されたすべてを「反自然主義的表現」と捉えたのと同様に、ベンによって、ナチが最終的に是認する「素朴な――または表象的な――芸術」に対置される。「危機への愛」、「攻撃性」、「死の跳躍」そして「人を殺す美の観念」を称賛することで、マリネッティの『未来派宣言』はファシズムを予見していたとベンは（しかるべく）指摘している。たしかに、「未来派はファシズムをつくり上げることに手を貸した。黒シャツ、鬨の声、軍歌、『ジョヴィネッツァ』〔イタリアのファシスト党歌〕、すべては未来派の戦闘部門である『アルディーティ』に由来する[137]」。

ベンは、アヴァンギャルドの決まり文句である「芸術の終焉」に誰も予想しなかったひねりを加える。ベンの主張によれば、表現主義は「ヨーロッパ最後の芸術」であり、死にゆく時代に下りる黄昏に輝きながら飛び立つミネルヴァの梟だった。「今起こりつつあるもの、今姿を現わしつつあるものはもはや芸術ではない」。

オーディンの鷲がローマ軍の鷲に出会うべく飛び立つ瞬間、エヴォラの語ったギベリン党員の統合が政治的な意味で近づきつつある。紋章としての鷲、神話としての王位と、世界の精神的な啓示をつかさどる何人かの偉大なる知恵者たち。これを神話的に捉えると、北欧の神の帰還、ツーレからアヴァロンにいたる白人たちの土地、松明と斧という帝国の象徴、そして優れた人種、半ばドーリア式、半ば魔術的な世界のための太陽の選民の繁殖を意味する。可能性に満ちた無限の距離！　それは芸術ではない。松明と炎を取り囲む儀式。［…］霧に閉ざされた北方の抒情と融け合う南方の建築。アトランティスの民の彫像、そのシンボルは偉大な歌、円形闘技場のオラトリオ、漁師の歌、法螺貝の交響曲となり、太古の狩人たちの角笛と混じり合いながら石灰岩の大広間に鳴り響くだろう。無限の距離は縮まりつつあり、偉大な様式が近づいている。[138]

新しい芸術がもはや芸術であることをやめる世界を夢見たのは、カレル・タイゲひとりではなかった。一九三四年三月になって、〈アエロピットゥーラ（航空絵画）〉と題されたイタリア未来派の大展覧会が、マリネッティとベンのスピーチによってベルリンで始まる。ゲッベルスは喜んで同展の名誉委員会に加わった。ヒトラーがニュルンベルクの党大会で大成功を収めたのは同年九月のことである。なぜヒトラーが総統の地位を手に入れたのか、その理由を正確に知る者はいない。芸術家として果たせなかった個人的な野望――ヒトラーはウィーン美術アカデミーへの入学を二度にわたって断られている――と、芸術と政治のそれ以上に深い繋がりが関係していたかもしれない。ヒトラーが美術アカデミーに入学していれば、ホロコーストはなかったのではないかという可能性を考えることは、馬鹿げているように見えるかもしれないが、それほど馬鹿げたことではない。いずれにせよ、歴史の流れにはつねに意味があるはずだという私たちの期待ほどには馬鹿げていない。ヒトラーは、ローゼンベルクのドイツ文化闘争同盟が好んだ類の後ろ向きの民族的空想を却下する。総統が望んだのは、同時代にふさわしい芸術だった。だが同時に、ダダ、キュビスム、未来派、そして表現主義は「新秩序」の中に居場所がないこともはっきりさせた。子供、母親、祖母が中世の街路で列をなして花を投げたり鍵十字の小さな旗を振って待ちわびるなか、総統の乗る飛行機が街に降下してくるあの忘れがたいオープニング・ショットで始まるレニ・リーフェンシュタールの映画『意志の勝利』（一九三四）によって不朽のものとなった党大会こそが、ヒトラーが望んだものだった。そこでは誰もが清潔な格好で笑顔を浮かべている。同監督による同様に力強い映画『オリンピア』（一九三八）は、一九三六年のベルリン・オリンピックを記録した二部構成の作品で、古代ギリシアの遺跡の真ん中で躍動する裸体のシークエンスで幕を明ける。『意志の勝利』は映画史における画期的な作品であるが、技術革新といやがおうにもモダニズムの美学が、ナチの文脈や内容と、どこかぎこちなく共鳴する――少なくとも今日の私たちから見ればということであるが。リーフェンシュタール自身は、伝達手段とメッセージを一致させることはいっこうに差し支えなかった。「私が唯一関心を寄せていたのは、粗雑なプロパガンダのニュース映画のように馬鹿げたものではなく、より興味深い映画をいかにして作ることができるか、ということだけでした」。後年、リーフェンシュタールはＢＢＣニュースのインタビューでこう語っている。「私の映画は、一九三四年の時点であるがままの真実を映しているのです[139]」。

ゲッベルスはヒトラーの意向に留意し、転向者としての熱意を傾けて、第三帝国から反自然主義的表現を除去することに着手した。ドイツ軍人協会の激しい抗議に遭ったものの、鉄十字勲章を授与され、一九一六年のヴェルダンの戦いで祖国のために戦死したフランツ・マルクに対しても「退廃芸術」の烙印が押されている。「青い馬」を描いた画家もまた、社会を浄化するものとして世界大戦を歓迎した人物のひとりだった。一九一四年十月十四日、マルクは二年前から『青騎士年鑑』の編集にともにたずさわっていたヴァシリー・カンディンスキーにこう断言している。「戦争は人類にとって退行にはならない。むしろヨーロッパを浄化し、『準備の整った』状態にするだろう[140]」――だが、いったい何の準備かは明言していない。マリネッティやアポリネールと同様、マルクは、一九一五年七月に掲載した記事のタイトル「炎を純化する戦争のうちに」にあるように、戦争に美と真実を見いだしていた。

僕たちは今、軍需物資を積んだワゴンとともに森のはずれで野営している。遠くから雷鳴のような大砲の音が聞こえ、そこらじゅうに榴散弾の小さな破片が飛び散っている。どちらも残響のようでもある風景の一部で、銃撃があるたびに増幅して遠くまで運ばれていく。突如、びゅうと凄まじい音がして僕たちの頭上で巨大な弧を描く。甲高いヒューという音から低い唸りまで音は絶えず変化する。猛禽の長く響く金切り声のような音。他の鳴き方を知らない動物のように、悲鳴が次から次へと続く。すると、遠くでドンという鈍い音。敵の重砲火が唸りを上げて僕たちの前を通り過ぎ、どこか目に見えない標的を狙う。銃撃に次ぐ銃撃。空は秋の青で、このうえなく澄み渡っている。僕たちは、砲撃されるたびにその空を切り裂いていく弾丸の筋を感じる。

「砲撃戦は、砲手本人にとってさえ、どこか神秘的で神話的なものが感じられることもしばしばあった」とマルクは続ける。「僕たちは二つの異なる時代の子供だ。二〇世紀の僕たちは、あらゆるサガ、あらゆる神秘主義や超自然的な知恵がかつては真実で、そしてまたいつの日かふたたび真実となるという事実を日々体験する」。マルクは警告を発する。「ここで、これ［『この恐ろしい戦争』］を生き延び、それによって何を克服するか気づき始めている者たちは、古い革袋に新酒を入れてはならないと重々承知している。僕たちの新しい形式への意志は、この新しい世紀を再構築することになるだろう」。ナチ党員でなかったマルクは、次のように懇願しながら文章を締めくくる。「僕たちドイツ人は、感覚と国家の野望という偏狭さを何よりも避けなければならない」[141]。だがこれは、不吉にもベンの半ばドーリア式、半ば魔術的なディストピアを予兆する古代と現代の神秘的な統合であった。

表現主義グループ、ブリュッケと〈青騎士〉の指導的存在だったエミール・ノルデは、一九二〇年以来のナチ党員で、「混血児、私生児、ムラート」[142]の絵画を見下していたにもかかわらず、やはり「退廃」の非難を免れなかった。一九三六年、「文化的無責任」を理由に、ノルデは「プロかアマチュアかを問わず、芸術領域におけるすべての活動」に従事することを禁じられる[143]。「私の絵画に対してなされた中傷」に抗議すべく、ノルデは一九三八年七月にゲッベルスに次のように書き送っている。「この私こそ、ドイツの芸術家の間で唯一と言ってもよいほど、ドイツの芸術が外国に支配されることに対して公然と闘っておりました。［…］私の芸術はドイツ的で、力強く、厳粛で、誠実なのです」[144]。七年後、ドイツが「打ちのめされ、壊滅し、打ち砕かれ」、「バイエルンアレーの私たちの美しい家が爆撃で破壊され」ると、ノルデは別の考えを抱くようになる。「もし私たちが戦争に勝っていたら、どうなっていただろう?」とかれは苦々しく問いかける。「ドイツの精神性──そのもっとも美しい特質──は根絶やしにされていただろう」[145]。戦時中、ノルデは油絵の臭いで見つかることを恐れ、わら紙の切れ端に小さな水彩画を細々と描いていた。一九三七年には、少なくとも千五十二点におよぶノルデの作品がドイツ各地の美術館から押収されている。そのうち二十七点が〈退廃芸術展〉に出品された。退廃芸術の「選別基準は純粋に芸術的なものであった」と、押収を担当する委員会の長を務めた画家アドルフ・ツィーグラーは主張している。「恥毛の巨匠」として広く知られたツィーグラーは──得意とした女性の裸体画は、想像力の働く余地がないほど細密な写実主義で描かれていた──一九二九年以来、ヒトラーの個人的な美術顧問であった。ツィーグラーのモデルの一人は、ヒトラーのブロンドの姪ゲリ・ラウバルで、総統が唯一愛した女性とされている。ツィーグラーの三連画《四大元素──火、水、土、大気》は〈大ドイツ芸術展〉の目玉であり、のちにミュンヘンの総統館の暖炉の上に飾られた[146]。

美術館からの作品押収を促すゲッベルスの布告は、退廃芸術を「ドイツ人の感情を侮辱するもの、あるいは自然の形態を破壊したり混乱させるもの、もしくは単に十分な手仕事と芸術的技能の欠如を示すもの」[147]と定義している。それは、マックス・ベックマン、ハインリヒ・カンペンドンク、マルク・シャガール、オットー・ディクス、ライオネル・ファイニンガー、ジョージ・グロス、ラウール・ハウスマン、エーリッヒ・ヘッケル、アレクセイ・フォン・ヤウレンスキー、ヴァシリー・カンディンスキー、エルンスト・ルートヴィヒ・キルヒナー、パウル・クレー、エル・リシツキー、ラースロー・モホイ=ナジ、ピエト・モンドリアン、マックス・ペヒシュタイン、オスカー・シュレンマー、カール・シュミット=ロットルフ、そしてクルト・シュヴィッタースといった多種多様な才能を収容できるほどの巨大なゴミ箱だった。ここに挙げたのは〈退廃芸術展〉という「驚異の部屋」に干された作家のほんの一部である。オスカー・ココシュカは、《風の花嫁》も含む自身の作品十七点が同展に出品されたことに応じるべく、《退廃芸術家としての自画像》を制作した[148]。頭を剃った囚人という以前描いた自画像は、驚くほどに予見的だったわけである。同時代の政治的闘争から芸術作品を守るアウラが失われてしまうとき、危機に直面するのは絵画の運命だけではないということをココシュカは直感的に見抜いていたのだった。〈退廃芸術展〉で名指しされ、辱められた画家の多くはドイツ人でさえなく、ユダヤ人はわずか六人だったにもかかわらず、かれらは「ボリシェヴィキのユダヤ人によるドイツ芸術に対する襲来」[149]の代表者として吊るし上げられていた。その不快な作品群は、ヒトラー、ゲッベルス、ローゼンベルクの発言の引用を落書きのように記したパネルに展示されたが、それは一九二〇年の〈国際ダダ見本市〉で初めて使われたインスタレーションの手法の意図的なパロディとなっていた。「ダダの壁」と嘲笑を込めて呼ばれたそのパネルには、当初、作品が斜めに掛けられていたが、ヒトラーはそれをやめさせている。

〈退廃芸術展〉はミュンヘンで一九三七年七月十九日から十一月三十日まで開催され、一日に二万人の入場者が中に入るのに長い行列を作った。その後四年間にわたり、この見世物はドイツとオーストリアの十一都市を巡回する。全体で三百万人以上の人びと――ミュンヘンで二百万九千八百九十九人、ベルリンで五十万人、ウィーンで十四万七千人――が訪れたが、それは〈大ドイツ芸術展〉の来場者数の五倍以上に相当する。これは今もなお、近現代美術の単独の展覧会としては他に類を見ない入場者数を誇っている。この現実離れした統計データに私たちははっとさせられてしかるべきだが、おそらくそうはならないだろう。[150] 観客が何を期待してやってきたのか――〈オスカー・ココシュカが思っていたように〉古い友人に最後の別れを告げるためか、[151] ヴァイマール時代のドイツが本当に没落した証拠を見るためか、あるいは単に展覧会の淫靡なタイトルが約束するささやかな悦びを求めてやってきたのか――判然としない。ナチが観客に見せたがっていたのは十分にわかりやすいものであった。それは、ニューヨーク近代美術館、テート・モダン、ポンピドゥー・センターの展示でお馴染みの、連続して展開するアヴァンギャルドによる一歩も後退せずつねに前進するモダニズムの物語ではなかった。[152] 空前絶後の現代美術展は、「文化的ボリシェヴィキの戦闘序列」、「自らをさらけ出す荒野へのユダヤ人の憧憬――ドイツでは黒人が退廃芸術の理想となる」、「病んだ精神が見た自然」といった見出しによって、世界の表層と見取り図を均したのである。[153]

こうしたキャプションは急ごしらえで用意されたものだった。ミュンヘンでの展示を準備するためにツィーグラーに与えられた時間は二週間しかなかった。だが会期が終わる前に、「明白な組織原理」に則って作品を分類したガイドブックが作成され、のちに展覧会の中身を示す「推奨事例」となった。同じ hang という動詞でも、「絵」が主語であると「掛けられる」となり、「人」が主語になると「絞首刑になる」となるのは英語の特徴だが、『退廃〈芸術〉』（ガイドブックでのタイトルはこのようになっている）の視点には、こういった微妙な差異はない。芸術は、他の手段によって表現される政治の延長にほかならなかった。芸術作品には、その時代と場所の有用性のほかは、何の意味も価値もない――そして、作品に生命をもたらす外的な対象から離れて、想像力のみの領域に存在する権利もない。唯一問われるのは、絵画であれ、彫刻であれ、フランチシェク・クプカが拒否した問いのみである――「それは何を表わしているのか？」シニフィアンはシニフィエの中に崩壊し、オブジェはひとつのイメージに切り詰められる。私たちが芸術を「モダンである」と判断する基準である空間、色彩、遠近法、素材の使用に際しての形式上の革新といったものは、ここでは単に社会的（あるいはナチにとっては人種的）退廃の兆候でしかなく、「偉大な変革に先立ち、何十年も続いた文化的堕落の陰惨な最終章」[154]以外の何物でもなかった。

ガイドブックによれば、〈退廃芸術展〉における絵画の第一のグループは、「技術の観点から表現の野蛮性に関する全体像」を提示する。こうした絵画は、「形態と色彩に対する感性の進歩的な崩壊、美術の基礎をなす基本的な技術の意図的な無視、けばけばしい色彩のしぶき、描線の故意の歪曲、まったく馬鹿げた主題の選択」[155]を例証している。第三のグループが明らかにするのは、「芸術的無政府主義の手法が政治的無政府主義の煽動をもたらしている」様子である。「このグループに属するすべてのイメージは、ボリシェヴィキが言うところの階級闘争に人びとを駆り立てている」[156]。第六のグループは、国家社会主義の立場から特に唾棄すべきものである。なぜならば、「人種意識の最後の痕跡まで徹底的に根絶することを目的とするマルクス主義とボリシェヴィキのイデオロギーの一部」を支持し、「『モダンアート』の理想の人種として黒人と南洋の島民を」高く評価しているからだ[157]。第七のグループの絵画は、「白痴、阿呆、不具者」というモダンアートに「特有の知的理想」を示している[158]。この後者の関係をより明確にするため、ガイドブックにはモダンアートの作品とともに、子供や精神病患者によるドローイングも掲載されている。ほんの二年前、マーネス画廊の聴衆に向けて、芸術の目的とは「本能的衝動をよりいっそう解放し、文明人の前に立ちはだかっている障壁、原始人や子供は知らない障壁を、打ち倒[159]」すことと語ったアンドレ・ブルトンを引用しても、編者の主張は等しく伝わったにちがいない。

今日の米国のリベラルな人びとの気に障るかもしれないが、「原始的なもの」、子供らしさ、そして狂気――さらに、しばしば加えられる「永遠の女性」も含めて――これらを同等に見ることは、政治的に右か左かを問わず、当時の知識人の間で広く流布していた。当時、後世の多くの批判者が考えるよりもはるかに重要であると思われたその違いとは、シュルレアリストたちが白人、成人、狂人、男性ではない者たちを、かれらが侮蔑していた文明からの解放の源と見なしていた一方、ナチは女性を「子供、台所、そして教会（Kinder, Küche, und Kirche）」の中に閉じ込め、子供たちをヒトラーユーゲントの中で育て、人種的に劣った者と精神障害者をガス室で衛生的に処理したという点である。[160]ナチにしてみれば、ヤロスラフ・サイフェルトのあちこちの港にいる肌の色の違う少女たちへの憧れ（ましてやトワイヤンの《ニグロの楽園》に描かれた楽しげな猥雑さ）には、デヴィエトスィルの革命的政治観ほど時間を割く余裕はなかったであろう。〈退廃芸術展〉では、オットー・ミュラーの十三点の絵画が展示されたが、それはブリュッケや〈青騎士〉との関係に加えて、肌の黒いモデルを好んで描いたことによる。そのうちの一点は《ジプシーの娘とロバ》と題されている。誰もがその娘が辿ったであろう運命を想像するにちがいない。ミュラーの絵画の多くは、ツィーグラーの描く北方の女たちとはかけ離れた痩せこけた魅力と両性具有的な繊細さを備えた裸婦像であった。ミュラーが着想を得たのは古代エジプトのフレスコ画で、水彩絵の具に石灰を混ぜることで、その色合いとテクスチュアを再現しようと試みた。《風景の中の六人の裸婦》では、恥丘は緻密に描かれるのではなく控え目に示されるのみで、ガゼルのような姿の少女の体の上にぼんやりとしたハート形で描かれている。[161]

性の夜想曲

「何と馬鹿げていることか！」――ヴィーチェスラフ・ネズヴァルは『性の夜想曲』（一九三一）の中で感情を爆発

させている。「小説家なら自嘲し、遠回しの言い方をするべきだが、『ヤル』という言葉があらわしているのはもっぱら性行為のみだ。［…］恥ずべき、滑稽な同義語には耐えられない。それらは何もあらわさず、埃茸のように出来損ないで、見聞きすると吐きそうになってしまう」[162]。ネズヴァルの「暴かれる幻想の物語」（同書の副題である）の舞台はたしかに、過去と現在、現実と空想の間をさまよう夢の世界である。「そこで憂鬱が表現されるのは、満月が輝く狂気の夜の、孤独な光の擬古的表現、フットライトに照らされた身体の擬古的表現、フェティシズム、靴下留め、ソファーベッド、化粧、アルコール、満たされない感性の絶望的な憂愁の擬古的表現とともにである」と同書のチラシには書かれている[163]。だが、ネズヴァルが現実を必要としていたのは超現実を捉えるためであった。物語の中心は、詩人が十一歳でモラヴィアの小さな町トシェビーチの寄宿学校に送られた頃、売春婦相手にぎこちなく、ぶざまに童貞を喪失したエピソードである。フランツ・カフカやヤロスラフ・サイフェルトの事例からもわかるように、売春宿が少年の通過儀礼の場となるのは、当時はそれほど珍しいことではなかった。知恵の扉を照らすのは貞淑な少女ではなく、赤いランタンの光だった。

　卑猥な言葉を用いることなく、その悲哀と可笑しさを損なうことなく、ネズヴァルのありふれた物語をあるがままに語ることは可能だろうか？

> 私は心のなかで「ヤル」と言い続けていた。そうやって勃起をさせたまま歩道をうろついた。情熱のすべてを注いでいたのはふたつの言葉だった。「ヤル」という言葉と「娼館」という言葉だ。官能に導かれ、夢遊病者のように広場を横切っていくと、そこをぶらつく女工が二、三人いた。
> 私はズボンの前を開けたまま歩き、コートでそれを覆っていた。
> 大きな門を通って娼館へと向かった。

トイレから若い女が出てきて、バーと部屋のどちらがよいかと訊ねる。かれはびくびくしながら、どうにか「部屋へ」と答える。女は少年の手を取り、「よくわからないオペレッタ」を口ずさみながら（娼婦はみな歌う、とネズヴァルは請け合う）、「炎が燃え、コレラの予防接種を受けるあの非現実的な世界から」遠く離れた二階へと導いていく。服を脱ぎ、女は「まだら模様の下着」を露わにした。すると「私は正気に戻った。［…］心のなかで『娼館』と言った。つづけて何度も『娼館、娼館、娼館、娼館』と言った。そしてまた我に返ると、舌の裏側の深味のどこかで『ヤル』という言葉が響いた」。だが——もちろん——少年は急に恥ずかしくなり、シニフィアンとシニフィエは離ればなれになってしまう。「『ヤル』という言葉がふいにその意味を失った。私の小さな尻尾が悲しげに縮んでしまった」。「あんたまだヤッたことがないの？」と女は尋ねる。「ぼうや、いっしょに遊びましょう」と言って、女はパンティを脱ぎ捨てる。「これには本当に興奮した。間を置かず、そして見ている者がいればその多くにとっては馬鹿げていただろうが、彼女の股間に顔を突っ込んだ」。そしてすぐに「私はヤッた。私がヤッて、あれが穴のなかに勢いよく出ると、穴はどういうわけかひとりでにナメクジのように動いた」。

私は叫んだ。

「ヤッたぞ、ヤッたぞ！」

彼女は言った。

「じっとして、しばらくこのままでいて[164]」

『性の夜想曲』は、雑誌『エロティック・レヴュー』の姉妹版として、インジフ・シュティルスキーの主宰する「叢書69」の第一巻として刊行された。同叢書は、「優れた文学的価値を有する作品と永続的な芸術的価値を有するヴィジュアル（グラフィック）・アート・アルバム[165]」となることを約束している。『エロティック・レヴュー』と同じく（そして同じく法的な事情から）「叢書69」も、「仲間内と蒐集家たち」のみの流通を想定していた。

「叢書69」の名称に込められた性的な意味合いについては言及するまでもないだろう。一九三一年から三三年にかけて六冊が刊行され、そこにはマルキ・ド・サドの『ジュスティーヌ』やフランチシェク・ハラスの『テュルソス』が含まれていた。後者は、のちに詩人自ら「若書きだった」と否定することになるエロティックな詩を集めたものだが、詩集の刊行時にはハラスはすでに三十歳を過ぎていた。この叢書の挿画はもっと広く知られてしかるべきであろう。シュティルスキーが手がけた『性の夜想曲』の図版は、安っぽいフィクションの挿絵を切り抜いて、本人いわく「秩序立て、暴力的に」[166]組み合わせたマックス・エルンストのコラージュ小説を想起させる。「若い女はこうした廉価本の木版印刷による挿絵の女たちのすべてに似ていた」ものの、「ここは完全に現実的な部屋で」、「完全に現実的な売春婦」[167]だったとネズヴァルは主張する。『ジュスティーヌ』の挿画を手がけたのはトワイヤンだった。口絵には、ヴァギナの中からこちらを見つめる一対の目が描かれ、バタイユの『眼球譚』の山場のシーンを思わせる。だが、この奇妙なイメージを思いついたのはバタイユが最初ではなかった。ハンナ・ヘーヒのコラージュ《ダダ－エルンスト》（《神妙なダダ》、一九二〇－二一）でも、ヴァギナについた目はこちらを見つめている。このタイトルは、のちにヘーヒが語ったところによれば、つねに親近感を抱いていたというエルンストの名前をもじったものである。[168]『エロティック・レヴュー』の創刊号に掲載された無題のドローイングで、トワイヤンはこのメタファーを反転させ、目と唇がヴァギナに置き換えられた少女の顔を描いている。トワイヤンの戦後の作品に繰り返し登場するモチーフを予告するかのように、一羽の鳥が少女の口元をついばんでいる。[169]

アポリネールであれば、トワイヤンが『ジュスティーヌ』のために描いたもう一点の挿絵が気に入ったかもしれない。ウェストをきつく縛られた女性の胴体の影の中、ラズベリーとミルクが激しく混ざったものが尻になすりつけられ、口髭を生やした唇が勃起したペニスを吸っている。[170]「今ぼくは狂ったようにきみを熱愛している」、アポリネールは一九一五年一月二十八日、ルイーズ・ド・コリニーにこう書き送った。「ぼくを愛する時のきみの眼、深い切れ目のきみの口に思いはせている」。

ぼくは思い出す、土曜にきみがした素晴しい体位を、お尻を高く持ち上げ、いっぱいに開き、谷間にはあの褐色で淫らな肉の厚い襞、そこにはもの言わぬ垂直な口が開いている、ぼくはそれを崇める。その口はきみのお尻が蠢くたびに開く。今にも話し出すかのように。このぼくは正義の鞭を握る主人、あの素晴しい地球儀を打つ。きみは誇り高く耐え、苦しむ。愛はきみが感じる苦痛を快楽に変える。きみのお尻はぼくの鞭の強まりにつれて一層うごめきを激しくし、さらに高く高く上げられ、腫れて濡れたきみの羞しいところの全てをぼくに曝け出す。次の折には、きみはもっと体を開き、きみが出し惜しむ黄色の薫棒の住む薄暗い谷間も打たせねばならない。いつかのきみの跳ねざまは水に跳ねる鯉のように激しい急なものだった。[171]

一九三二年に刊行された『アルコール』のチェコ語版に、トワイヤンは『ジュスティーヌ』の口絵を提供してもよかったかもしれない。[172]（『ジュスティーヌ』の挿絵を除き）「この時期、トワイヤンは、たとえばネズヴァルのように残虐さとエロティシズムを結びつけることはなかったし、またシュティルスキーにおいて典型的であったように、死とエロティシズムを結びつけることもなかった」というカレル・スルプの見解を、トワイヤンのドローイング《裸の尻を打つ》（一九三二）に当てはめるのは難しい。そこでは、たっぷり鞭打たれた二つの尻が、杖とシルクハットの脇で愛らしい姿勢で描かれている。[173]同年、トワイヤンは女性に関する猥談のもうひとつの古典であるナヴァル王妃マルグリット・ダングレームによる『エプタメロン』のチェコ語版のために七十二点の挿画を提供している。『エロティック・レヴュー』や「叢書69」と異なり、『エプタメロン』は大きな市場向けに刊行されたものであるが、それでもトワイヤンはこれまでと同様、苦痛と快楽の危険な密通と戯れるのをやめず、縛られて猿ぐつわを嵌められたり、なすすべもなく裸でベッドに横たわり、抜き身の剣で脅かされる少女の姿を描いている。シュティルスキーは「エロティックな倦怠に満ち、オーガズムの瞬間に怯えて倒錯し、死の瞬間に優しくヴェールをかけられる、気品のある瞳、女たちの身体」[174]の饗宴に舌なめずりした。ラジスラフ・ストナルは同書に、なかで繰り広げられる暗い悦びを暗示させる豪奢な金色の装丁を施した。[175]

「叢書69」の中でももっとも重要な芸術的達成は、一九三三年に六十九部限定で刊行された同叢書の最後を飾るシュティルスキーの『エミリエが夢のなかで私の許にやってくる』であろう。エルンストの『百頭女』と同様、『エミリエ』は、シュティルスキーが六歳のときに経験した姉の死に着想を得ている。偶然の一致だが、二人の姉の名はどちらもマリー／マリエ（Marie）だった。英国やドイツのポルノ雑誌から切り抜いた素材を用いて、シュティルスキーは自身の文章に驚くべきフォトモンタージュを添えている。その強烈さは今日でもなお失われていない。「知らず知らずのうちに浮かぶ笑み、滑稽な雰囲気、戦慄——これがエロティシズムの姉妹たちだ」とシュティルスキーは読者に警告する。「だが、ポルノグラフィーの姉妹たちは恥辱と嫌悪にすぎない。このエロティックな力を持つフォトモンタージュを眺める者の幾人かは唇に笑みを浮かべるだろうが、恐怖を覚える者もいることだろう」[176]。シュティルスキーが提起した相違は、その後、アメリカの税関で消えることになる。一九九五年、大規模な美術館が仕掛けた中では芸術と性についてのもっとも意欲的な探究のひとつとなったポンピドゥー・センターの〈フェミニン－マスキュラン——芸術の性〉展に出品予定の『エミリエ』のオリジナル・コラージュの貸与が差し止めに遭ったのである[177]。シュティルスキーの絵のひとつでは、レースのパンティしか身に着けていない女が扇で顔を覆い、骸骨の脇に横たわっていて、その骸骨の股間ではペニスがぴんと勃起している。それはまるで、ピカソの《ゲルニカ》やダリの《内乱の予感》のように不吉なイメージである。来たるべき猥褻なものの組み合わせが予兆していたのは——仮にそのような予兆を説明することが可能であるとすれば——それは客観的偶然の表われとしてのみ説明可能なものだろう。あどけない顔をした少年たちの新しい世代を迎え入れるべくふたたび扉を開ける用意をしていたのは、ヴィーチェスラフ・ネズヴァルの訪れたトシェビーチの地味な娼館よりも、むしろフーゴ・バルの売春宿のほうだろう。

『エミリエ』所収の図版の最後の一点は、神がアダムに指を差し出し電気を走らせるシスティーナ礼拝堂の天井画のように、ほとばしる精子が天の川を渡って男女の性器をつなぐという嬉々としたイメージである[178]。ミケランジェロの傑作への図像面での参照は明らかである。また、野獣のような肉欲を創造に置き換えてしまうキリスト教への批判も込められている。ここでシュティルスキーは、シュルレアリストの反教権主義という深い鉱脈に触れている。それは、『シュルレアリスム革命』誌に掲載された記事「教皇に告ぐ」でのアントナン・アルトーによる公然たる非難

（「世界は魂の深淵である、歪んだ教皇よ、魂の外部にいる教皇よ。我々を我々の体に浸したまえ、我々の魂を我々の内にとどめたまえ。我々は啓蒙という汝のナイフの刃など必要としない」[179]）から、夕食の席に十字架をつけて現われたルネ・マグリットの若き妻ジョルジェットに対するアンドレ・ブルトンの個人的な侮辱まで広がり、そこにはもちろん、見る者を誘うように女性の（おそらくはリー・ミラーの）尻の割れ目を逆十字の中に配置したマン・レイの「D・A・F・ド・サドへのオマージュ」も含まれる。[180]ギヨーム・アポリネールがキリスト教の敬虔さについてのいっそう倒錯した戯曲を思いついたのは、おそらく一九一五年十月に自身が駐屯していたシャンパーニュでの殺戮に触発されたからであろう。アポリネールは婚約者マドレーヌ・パジェスに宛てた四つ目の「秘密の詩」を、「ぼくの口は十字架にかけられるだろう」という一文から書き始めている。マドレーヌはオランの女子高校の教師で、アポリネールはルーと中断した関係を彼女と再開したのだった。

そしてきみの口は十字架の横の棒となる
そしてどの口が十字架の縦の棒となるのか
おお、愛するきみの縦の口！
ぼくの口の兵士たちがきみの子宮を攻撃する
ぼくの口の司祭たちが寺院できみの美を称えて香を焚く
きみの身体は地震に遭った地帯のように震えるだろう……[181]

「叢書69」で刊行されたピエトロ・アレティーノの『悔悟者の秘密の生活』に寄せたトワイヤンのドローイングの一点には、クンニリングスと十字架という同様に罰当たりな組み合わせが描かれている。裸に頭巾をまとっただけの若い尼僧は、うっとりとした表情でその行為を眺めている。[182]

マックス・エルンストは、一九三一年に『革命に奉仕するシュルレアリスム』誌に掲載された「遺精の危険」と題した文章の中で、女性の身体に対するヴァチカンの規制に憤慨している。そのような身体の地図のエロティックな多産性に対して、エルンストはミシェル・フーコー[183]に劣らず敏感だったが、それでもエルンストは教会にうんざりしていた。

完遂された自然姦淫、未遂に終わった自然姦淫、単純な姦淫、熟練の姦淫、乱交、誘拐、売春、求められ与えられる婚姻義務、不能による中断、身体の特殊な部位への口づけ、慎み深い部位への口づけ、おしどりのようなよる口づけ、下心のない口づけ、世慣れた口づけ、単純なそして熟練の自慰、被虐的な快楽、純潔、不注意によるあるいは意図的な遺精、夢精、遺精の危険、肛門性交（ソドミー）、獣姦、姦通、配偶者間の性交、女性の自然な器、前の器、後ろの器、聖なる器、遊戯、舞踏、中断された動作、騎乗位、蒸留、使用済みの精子、生殖器の精霊、悪魔、失禁、肉に食い込む刺、種の繁栄、聖なる発生学――そして教会の医師がのたまうこのようなたわごとのすべて。

欲得ずくのすさまじい大罪の一覧、刺激的な連禱はさらに続く。「我々は言葉の価値を知っている」とエルンストは鼻を鳴らす。「そして遺精の危険は、あまりにもなじみ深い習慣となっているため、我々はそれを世慣れたものの象徴として誇らしく満喫している。教会の医師たちによる洞察のおかげで、女性の身体は、恥部と慎み深い部位に分断され、おぞましいまでの厳密さによっていまや境界線が引かれてしまった。抑えがたい情熱によって、この境界線が消えることもときにはあるだろうが、そのたびにあの吐き気を催す鮮明さとともに繰り返し現われるだろう――驚異の虐殺が、この地上から悪党の聖職者を一掃するあの祝福すべき日が来るまでは」。エルンストはこう締めくくる。「愛は、一人ではなくすべての人によって作られなければならない。ロートレアモンはそう言った。[…]あるいはそれに近いことを」[184]。

『エミリエ』の文章には、ボフスラフ・ブロウクのより分析的かつ煽情的なあとがきがついている。シュティルスキーの「ポルノ芸術」を、「(野暮ったい妻からはもはや感じることのできない) 性的刺激をときおり感じるために、清教徒たちが［…］鍵のかかった引き出しに」こっそり閉まった「ポルノのキッチュ」と対比しながら、若き精神分析医はこのように説明する。「その芸術家の作品は現実に結びついておらず、代わりにアルプスの谷をあてがうときに裸の少女に尿瓶に放尿させる必要はなく、射精もまた、シーツの黄色い染みになる必要はない――それはゴシックの大聖堂を貫く雷鳴に変容させることもできる」[185]。ブロウクのこの評論は、シュルレアリスム文学のそこここに見いだされるエロスの政治学への発言と同じく痛烈なものである。かれはこう書き始めている。「自身の性を隠そうとする人びとは、生来の能力を上回ることなく、内に秘めた能力を蔑む」。

そのような人びとは自分が死すべき存在であることを否定するものの、生殖器によって可能となり、確約される人生の悲しい円環から解放されることもなければ、神話上の神々の不滅を手に入れることもない。自分が不滅であると錯覚し、振る舞いからも心理からさえも性的要素を消そうとしても、動物としての肉体的な証を消し去ることはできない。肉体は、死すべき人間という運命を示し続けるからである。それゆえ、人間の動物性について言及することは、その正反対のことを夢想する人びとに多大な影響を及ぼす。動物に言及されるとかれらは気分を害するが、それは生活面だけでなく、科学、文学、芸術においても同様である。なぜなら、合理的な態度や社会での見せかけを損ない、かれらの夢想を妨げるからである。排泄および性行為を無理やり意識させることで、かれらの超人間的な幻想は打ち砕かれる。さらに、自然の力からの解放を試みるのは無駄なあがきであることが判明する。なぜなら、自然は死を前提とし、生殖器を備え、さらには飢えを満たす抑えられない必要性を有しているからである。

ブロウクはこう結論づける。「肉体は、不当に否定されたり、無視されてきた人びとにとって最後のよすがとなっている。それは、自然の力の前では、ありとあらゆる社会的な差異がいかに根拠のないものかを示しているからである」[186]――それはヨゼフ・スデクの《悲しき風景》、またはスペイン風邪のような「自然の力」と言えるかもしれない。

動物性（そして排泄）を強調するブロウクの姿勢は、観念的なブルトンよりもむしろバタイユの「低級唯物論」に近い。だがその差異もまた、一九三五年、フランスのシュルレアリストたちがプラハを訪れた際の高揚の中で消されてしまう。ブルトンがネズヴァルの『性の夜想曲』をどう思ったかについては議論の余地がある。というのも、「一切が金でやりとりされる場所だし、それに精神病院や監獄めいたものがあるから」[187]という理由で、ブルトンはあらゆる売春宿の閉鎖を望んでいたからである。シュルレアリスムの領袖がチェコ語を読めなかったことは、もしかしたら幸運だったかもしれない。チェコ語を知らなかったがゆえに、かれにとって魔法の都は詩的領域にとどまっていたからである。『性についての探究』の中で、ブルトンは、フランス語を話さない女とセックスするのは快感かどうかという自分自身の質問に対して、「外国語なんて大嫌いなんだ」と冗談を飛ばしている。[188]この冗談は例によって真面目なものだった。ブルトンが戦時中アメリカに亡命していた間も、英語を学ぶことを拒んだという話はよく知られている。ネズヴァルが思いのままに繰り返し用いた卑猥な言葉に関しても、自動記述の擁護者たるブルトンは自ら進んで繰り出そうとはしなかった。一九五九年に行なわれたシュルレアリストの〈エロス〉展（シュルレアリスム国際展）の序文を、ブルトンは次のような見解で締めくくった。「我々のもっとも深い不安がこうした語を――それらが引き起こす表象を――この展覧会から消し去ってきた[189]」。「性愛文学についてはまったく低い評価しか下せない」と、かれは『性についての探究』の中で尊大に言い切っている――とはいえ、ここでもまたマルキ・ド・サドは例外とされている。ブルトンはサドの書いたものを性愛文字とは見なしていなかった。[190]ポール・エリュアールはそこまで上品ぶることはなく、ブルトンに対して「これは性に関するアンケートで、愛に関するアンケートではない」と語っている。[191]

シュティルスキーがサドに関心を寄せているのを知ったエリュアールは、プラハで受け取った贈り物（二点の絵画、《ソドムとゴモラ》と《氷の男》と数点のコラージュ）の返礼として、サド本人の手稿をシュティルスキーに贈る。ネズヴァルによると、シュティルスキーの喜びようは「大変なものだった。かれは文字どおり驚嘆していた[192]」という。一九三二年の夏、シュティルスキーはプロヴァンスにあるサドの居城ラコストの遺跡を自ら巡礼した。かれが

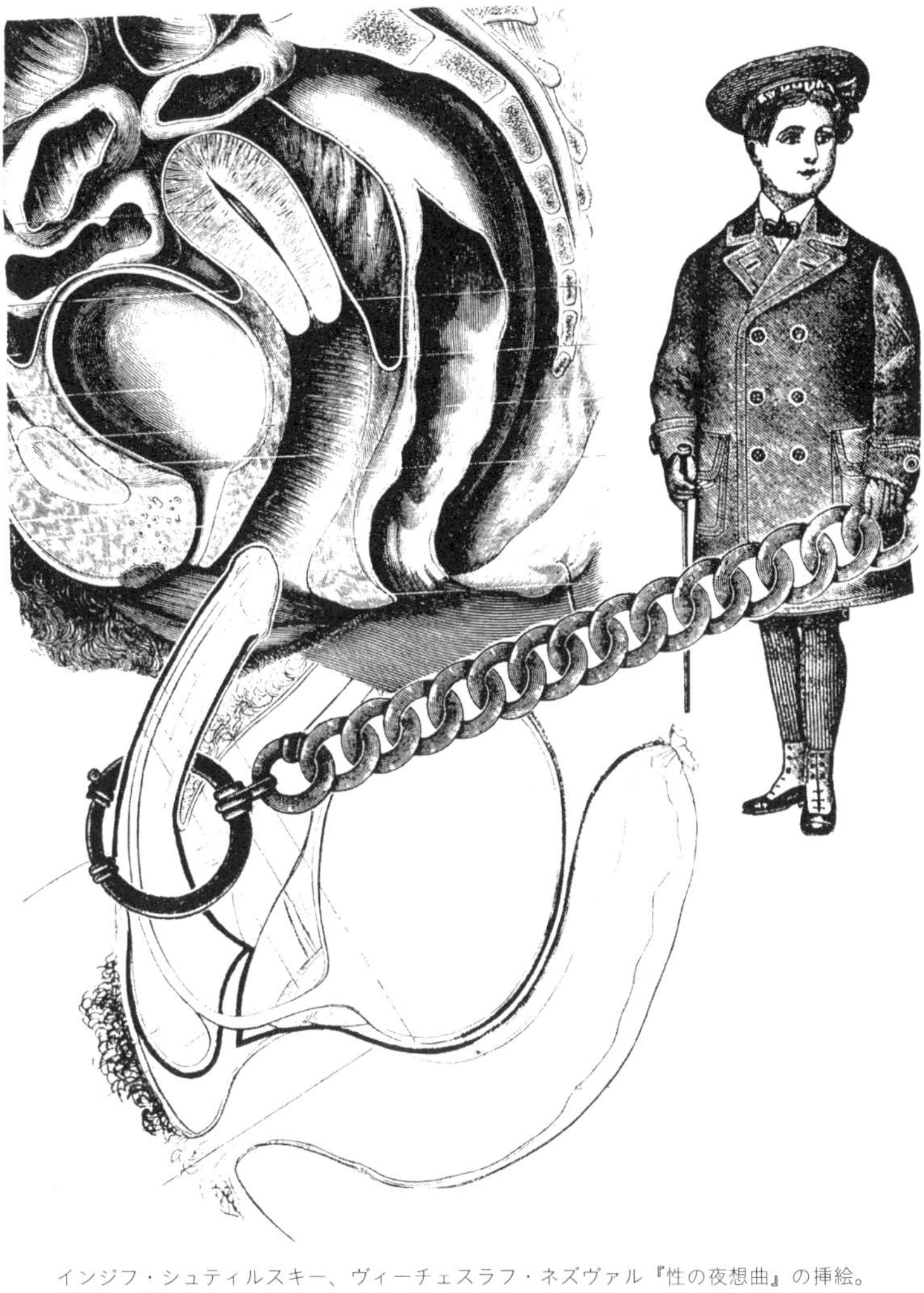

インジフ・シュティルスキー、ヴィーチェスラフ・ネズヴァル『性の夜想曲』の挿絵。
プラハ、「叢書69」、1931年

最初の写真を撮影したのもそこである。[193] エリュアールもまたサドに取り憑かれていた。一九二六年、かれはこう書いている。「三人の人物が私の思考を解き放ってくれた――サド侯爵、ロートレアモン伯爵、そしてアンドレ・ブルトンの三人だ」[194]。それから十年後にロンドンで開催された〈シュルレアリスム国際展〉での講演「詩の明証性」の中で、エリュアールは、それまで書いたものの中でもっとも個人的かつ芸術的信条の表明に近いことを述べている。かれはこう語っている。「サドは、文明人にその原始的な本能の力を回復させたいと望んだ。恋愛の想像力をその固有の対象から解き放とうとした。そこから、そしてただそこからだけ、真の平等が生れるだろうと、彼は信じたのである」[195]。サドとロートレアモンは、「彼らはふたりとも、粗雑なものであろうと精緻なものであろうと、一切の作為というものに対して、つまり人間を卑しめるあの偽りの日常的現実がわたしたちのまわりに張りめぐらせているすべての罠に対して、もっとも熾烈な闘いをいどんだ。『きみたちは、きみたちが現にあるがままの存在だ』という定式に、彼らはさらにつけ加えた。『きみたちは別のものでもあり得る』、と」。

彼らは打ち砕き、押しつけ、恐れさせ、略奪する。愛と憎しみの扉は開かれていて、暴力の通行を許すのである。情け容赦のない暴力が、人間を立ち上がらせ、真に立ち上がらせ、そして人間という地上のこの寄託物から終末の可能性を差し引くことをしないだろう。人間はその隠れ家から出てきて、魅惑と幻滅との虚しい配置に対面して、みずからの錯乱の力に酔い痴れるだろう。そのとき人間はもはや、彼じしんにとっても、また他のひとびとにとっても、部外者ではないだろう。認識の道具であり、またまさにそのことによって防御の道具であるとともに征服の道具でもあるシュルレアリスムは、人間の深層意識を白日のもとにさらけ出そうと努める。シュルレアリスムは、思考が万人に共通のものであることを証明しようと努める。シュルレアリスムは、ひとびとの間にある相違を縮小することをめざし、そのために不公平な欺瞞や卑劣さに根ざす不条理な秩序に仕えることを、拒絶するのである。[196]

ニューバーリントン画廊に集ったすべての人が、このような扉が開け放たれることを歓迎したわけではなかった。英国のシュルレアリスム画家アイリーン・エイガーはこう証言する。「ポール・エリュアールが六月二十四日の詩的な講演で、あの聖なる自由の殉教者サドについて触れると、それまで観衆に交じって静かに座っていたオーガスタス・ジョンが騒々しい音を立てて立ち上がり、ブロンドの恋人を連れて外に出ると、ドアをばたんと閉めたのだ」。ジョンもまた肉欲に関して無実だったわけではない。この老いた放蕩者は、四半世紀前、三角関係のスキャンダルでエドワード朝時代の英国を騒がせていたが、聖侯爵は明らかに常軌を逸していた。エイガーは続ける。「その解放ぶりが行きすぎたものだと思った者も何人かいた[197]」。たしかにそのとおりである。T・S・エリオットがかつて述べたように、人類には現実への耐性が十分にない[198]。『荒地』の作者もまた、ロンドンの〈シュルレアリスム国際展〉に足を運んだ一人だった。エイガーによれば、エリオットは「メレット・オッペンハイムの、毛皮にくるまれたティーカップとソーサーの前」に魅入られたようにして長いこと佇み、「見るからに女性の性の超具象的な対応物に心を動かされていた[199]」。

庖丁で切り刻む

一九三三年三月、ナチ政府はベルリンの版元マリク書店の事務所を占拠すると、出版社の資産を凍結し、四十万冊におよぶ書籍を押収、処分した。ヴィーラント・ヘルツフェルデは着の身着のままでプラハへ逃れる。翌月、兄のジョン・ハートフィールドも合流する。かつての「ダダ職人」は、『履歴書』の中でこう述懐している。「一九三三年のよき金曜日の夜、ナチ親衛隊が私のアパートに押し入ってきた。私はちょうど作品を梱包しているところだった。部屋は一階だったので、バルコニーから飛び出して逮捕を免れた。［共産］党に促され、私はズデーテン地方の山々を歩いて越え、復活祭の頃にチェコスロヴァキアに亡命した[200]」。チェコの若者ならせいぜい復活祭の週末を、ルイーズ・ド・コリニーの「驚異の世界地図」へのアポリネールの好色な関心を真似て過ごしたはずだが、ハートフィールドのほうはポムラースカの遊びに興じているどころではなかった。ヴィンツェンツ・ネチャス、F・C・ヴァイスコップらの助けを得て、ヘルツフェルデ兄弟はほどなくしてチェコの地でマリク書店を再興する。[201] ヴァイスコップについては、先の章でヤロスラフ・サイフェルトの『愛そのもの』を批判した人物として触れた。一九二八年以来、かれはベルリンで仕事をしていたが、ナチが第一党となったのち、プラハに戻っていた。ソヴィエト連邦を称賛する演説『製作の未来』（一九三二）は、マリク書店がベルリンで手がけた最後の刊行物となる。当時のチェコスロヴァキアでは外国人が合法的に会社を設立することができなかったため、ヴィーラントはジョン・レーンが営むボドリー・ヘッド社のロンドン社屋の外側にマリク書店の看板を掲げてもらうよう手配する。マリク書店がプラハで出版した本は、すべて名義上はロンドンで印刷されたことになっていたが、実際にロンドンで作られた本は一冊だけだった。社会学者カール・アウグスト・ヴィットフォーゲルが自身の体験をもとに創作した『国立強制収容所七号――第三帝国の「教育機関」』（一九三六）である。一九三三年九月以降、マリク書店はプラハで『新ドイツ新聞』の発行を始めた。「かれこそが書き、行動する」とヴィーラントは創刊号で宣言する。「我々は文学的かつ批判的な言葉とともにファシズムと戦うことを望む。ドイツではナチが猛威を振るい、我々は戦争状態にある。中立な立場など存在しない。誰にとっても。とりわけ作家たちにとっては[202]」。

マリク書店は、その後の五年間で四十点を越える書籍を世に送り出した。そこにはアグネス・スメドレー、ミハイル・ショーロホフ、イリヤ・エレンブルグ、そしてベルトルト・ブレヒトの作品が含まれる。出版への道のりは順風満帆とはいかなかった。ヴァイスコップが語るヴィリ・ブレーデルの小説『胚の中の出会い』をめぐる不運な物語は、ブルトンの『黒いユーモア選集』に収録されてもおかしくないほどである。それはまたレモニー・スニケットの『世にも不幸せな物語』をどこか彷彿とさせる。いみじくもボードレール家という名の一家の子供たちが、信じがたい災いに次々と見舞われる物語だが、もちろんこれは子供向けの小説にすぎない。

原稿が完成してまもなく、ブレーデルが暮らしていたバルセロナの建物がファランヘ党による空爆に遭い、その原稿は行方知れずとなってしまった。だが、まったくの偶然により、廃墟から原稿が発見された。その後、この原稿は出版に向けてプラハに送られたものの、活字が組まれる頃にはヒトラーがズデーテン地方に進軍し、印刷が終わる頃にはマリク書店の印刷所があったプラハ近郊の町は占領されていた。親衛隊は印刷所に押し入り、タイプ原稿を押収して燃やしてしまった。だがヘルツフェルデも知らないうちに、植字工がすでに校正刷りを持ち去り、隠していた。植字工は時期を見はからって校正刷りをプラハに持ち込むと、ヘルツフェルデがアメリカのあるジャーナリストにそれを手渡し、そのジャーナリストは校正刷りをスーツケースに入れてドイツ経由でパリに渡った。パリで印刷、製本されたその本の奥付には、「五月十日出版」とある。だがほどなくして大戦が始まり、本は流通前にフランス警察に押収されてしまう。その後、初版はすべて一九四〇年夏にやってきたナチの手に渡る。ゲシュタポはどういうわけかその一部のみ破棄し、残部は保管していた。それから四年後、西部戦線後方の連合国軍の捕虜収容所でその本が大量に出回り、ドイツ兵が読んでいたという。[203]

プラハを走る小路がたいていそうであるように、古いヨーロッパの崩壊しつつある表層と見取り図を通り抜けることの漂流（dérive）が示唆するのは、私たちが慣れ親しんでいる踏み固められた道から大きく逸れてさまようモダニティの地図を描く方法である。

プラハ滞在中、ハートフィールドは煽動的なモンタージュを発表したのち、一九二五年にヴィリ・ミュンツェンベルクがベルリンで創刊した雑誌『労働者画報』（通称『ＡＩＺ』）にモンタージュを提供している。ヒトラーが実権を握ると、『ＡＩＺ』は本部をプラハに移し、[204]ヴァイスコップも編集部に加わった。一九三〇年代初頭、同誌の発行部数は五十万部を超えていた。チェコスロヴァキアに移転後、判型を小さくし、一九三六年のオリンピックの小冊子、プディングのレシピ、洗剤の箱といったものに偽装してドイツとの国境を越えて密輸するという英雄的な努力が行なわれたが、発行部数は一万二千部にまで落ち込む。[205]ハートフィールドの作品が絶頂期を迎えたのはプラハ時代であるという点で一般的な見解は一致している。特に有名なかれのモンタージュの多くはプラハで制作されたものである——燃え上がる国会議事堂の前に、血まみれの肉屋のエプロンを着て立つヘルマン・ゲーリング。アビシニア人の頭蓋骨のピラミッドを見上げる、ラシュモア山のように巨大なムッソリーニの胸像。「中世においても……第三帝国においても」というキャプションが添えられ並置された、中世の刑車に砕かれた人体と鉤十字に破壊された人体。一九三四年三月八日に発表した「血と鉄」で、「ダダ職人」はナチの鉤十字の本質を暴いた。ひとつに束ねられた四本の斧、その刃からは血が滴っている。[206]

ハートフィールドの作品は、『労働の世界（Svět práce）』、『世界画報（Svět v obrazek）』および他のチェコの雑誌でも取り上げられ、かれ自身も、オデオン社、〈協同組合〉、シネク社などの書籍の装丁を手がけている。オデオン社の「ソヴィエト連邦作家叢書」（一九三四—三七）の表紙もそのひとつである。ハートフィールドは一九三六年から三七年にかけてシネク社から刊行された『兵士シュヴェイクの冒険』の第十版に六点のカバーを制作し、そこではヨゼフ・ラダの描いた登場人物が風景写真とコラージュされている。[207]ハシェクの描く、戦争に向かう啓蒙とは無縁の「小さなチェコの人」のイメージに惹きつけられた元ダダイストはハートフィールドが初めてではない。遡ること数年前の一九二八年、ジョージ・グロスはベルリンで翻案された『シュヴェイク』の舞台美術を手がけたが、これが神への冒瀆であるとされ、ドイツ史上もっとも長い裁判のひとつへと発展したのであった。上演に合わせてマリク書店から出版されたポートフォリオには、「お前は当局の管理下にある」、「精霊の分配」そして「ガスマスクをつけたキリスト」の三点のとりわけ煽動的なドローイングが収録されている。説教師の口から分配される精霊は銃弾の嵐で、かたやガスマスクをつけたキリストは「黙って仕え続けろ」[208]という言葉を掲げ、十字架の上から見下ろしている。

ハートフィールドと「プロパガンダダ元帥」グロスは、ラウール・ハウスマンとともに〈国際ダダ見本市〉の主催者を務めていた。ナチはのちに、〈退廃芸術展〉で同展のインスタレーションの手法のパロディを行なう。[209]〈見本市〉はベルリンのオットー・ブルヒャルト画廊で一九二〇年七月一日に始まる。壁を飾るプラカードの一枚は、「ダダは政治的だ！」と宣言していた。展示作品がそれ自体について多くを物語っていたため、それは余計なメッセージであった。ハートフィールドが出品したのは、天井から吊り下げられた頭が豚のドイツ軍将校の肖像を描いた、自身とルドルフ・シュリヒターによる《プロイセンの大天使》と、グロスと共同で組み立てた義足をつけた黒いマネキン、《中産階級の俗物ハートフィールド、激怒する（電気−機械仕掛けのタトリン・プラスチック）》である。その人形は、オスカー・ココシュカのアルマの人形とはかけ離れたもので、頭には電球が、腕には拳銃と電気ブザーが取り付けられ、錆びたフォークやナイフ、鉄十字勲章で飾られていた。[210] 人形は一対の入れ歯を股間に挟んで見せびらかしていたが、まさにこの細部がクルト・トゥホルスキーの注意を引いた。そもそもかれは同展を、「可愛らしいがらくたの店」のようなものと思っていた。トゥホルスキーは『ベルリナー・ターゲブラット』紙でこう書いている。「この小さな展覧会はずいぶんと静かなもので、もはや取り乱す者など誰もいない。ダダ――いやはや[211]」。当局は親切にも、トゥホルスキーの間違いを証明する。グロス、ヘルツフェルデ、シュリヒター、ヨハネス・バーダー、そして画廊のオーナーであるオットー・ブルヒャルトは「ドイツ軍を侮辱した」罪で告発されたからである。だが、ダダイストたちの刑罰は軽くて済んだ。

ラウール・ハウスマンがヴァーツラフ広場のイメージを大胆に組み換えた《ダダは勝つ！》を出品したのもこの展覧会だった。ほかに注目すべき作品として、オットー・ディクスの《四五パーセント健全》、別名《戦争不具者》、グロスの《社会の犠牲者》――当初のタイトルは《アウグスト叔父さん、不幸な発明者を忘れない》――などがある。当時ケルンに拠点を置いていた「ダダマックス」・エルンストは六点を出品している。国外からの主な出展者は、フランシス・ピカビアとジャン・アルプであった。その他、この展覧会はかなりの部分でベルリンの「クラブ・ダダ」の趣があり、グロス、ハートフィールド、ハウスマンが展示の一番の見どころを作り出していた。おそらく今日もっともよく知られている作品は、ハンナ・ヘーヒの《ダダの庖丁で最近のヴァイマール文化、ビール腹文化時代のドイツを切り刻む[212]》であろう。「ベルリンのダダの友人たちの好戦的な態度とはかけ離れたその立場は、クルト・シュヴィッタースに近い」と、ゾフィー・ベルンハルトは熱く語っている。「ハンナ・ヘーヒは驚くべき作品を生み出している」。

舞踏やカーニヴァルめいた雰囲気の中、現代の雑誌から切り抜かれた無数のモチーフが、薄く色のついた和紙の上に配置されている。歯車やギアのついた車輪、自動車やダンサーが、第三帝国の権力者たち、ドイツ帝国の男たち、ヴァイマール共和国の人びと、さらに芸術や文学の世界の著名人と並置されている。物思いに沈むアルベルト・アインシュタインが、重さを欠く巨大な構造と化した大都市ベルリンの騒然としたダイナミズムを観察している。ヴィルヘルム二世——勇ましい口髭ですぐに見分けがつく——とかれの将軍、皇太子が奏でる「反ダダ運動」との対比の中で出現するのは、「巨大なダダの世界」、「クラブ・ダダ」とその先駆者たちである。

> それは「解放された女性、『新しい女性』である」とベルンハルトは続ける。それは「反ダダ世界からダダの宇宙へといたる道を拓く煽動者である」。彼女はさらにこう主張する。「女性やダンサーの身体は、男たちの身体を侵食する。[…] 失業者の行進として具現化された社会主義革命は——カール・リープクネヒトやローザ・ルクセンブルクは出てこない——女性の解放と結びつき、モンタージュの中央にいるベルリンの著名なダンサー、ニディ・インペコーフェンは、『鹿さながらのジャンプ』によって構図全体にダイナミズムを吹き込んでいるように思われる」[213]。

たしかにそうかもしれない。だが、こうしたダンサーたちと配給に並ぶ人びとの行列の組み合わせは、当時それほど歓迎されたわけではなかった。ハナー（あるいはハンナ、彼女は当時、自分の名前をHannaと綴っていた）が〈国際ダダ見本市〉に出品できたのは単なる幸運だった。ハートフィールドとグロスが彼女の参加を認めたのは、その頃彼女と付き合っていたハウスマンが、ヘーヒの作品を出さなければ自分の出品を取りやめると脅したからである。二人は、ハンナの人形やコラージュをあまりにも少女趣味だと思っていた。ダダの宇宙における女性の位置づけが不明瞭だったことは、ヘーヒの作品が展覧会の図録に三つの異なる作者名で掲載されている事実からも見て取れるかもしれない。ハンナ・ヘーヒ、ハンナ・ヘーヒ＝ハウスマン、そして指小形のハンヒェン・ヘーヒである[214]。『絵描き』と題された未刊の物語の中でヘーヒは、男性、女性、そして現代についての皮肉の効いた見方を示している。

「昔々あるところにひとりの絵描きがおりました」と、その物語は始まる。「かれは涎とかそういう名前では呼ばれていませんでした。もう少し昔でしたらそう呼ばれていたかもしれません」。

それは一九二〇年頃のことでした――その絵描きは現代の絵描きだったのです――ので、名前はヘヴンリキングダムといいました。少し前の時代の本物の絵描きとは違って、筆とパレットだけを使うようにと言われはしませんでした。それは妻のせいでした。夫の才能が自由に羽ばたくのを邪魔したのです。四年間に少なくとも四回は、絵描きは皿を洗わなければなりませんでした――台所の皿です。最初は、実のところ、のっぴきならない理由があったのです。妻に、赤ちゃんのヘヴンリキングダムが生まれようとしていたのです。あとの三回には、それほど差し迫った必要があったようには、父のヘヴンリキングダムには思えませんでした。でも、かれは平穏を保ちたかったので――なぜなら結局、神はそうするよう男をお作りになったのですから――妻の口やかましい要求に従うよりほかにどうしようもありませんでした。それでもこの問題はずっと絵描きに重くのしかかっていました。その暗い影の下で、かれは人間として、絵描きとして堕落してしまったように感じていました。危機的な日々の中、かれは悪夢にうなされていました。ミケランジェロがコップを洗うのをずっと眺めていたのです。[215]

「三十年前」とヘーヒはのちに説明する。「ドイツで女性が現代美術家として自分を前に出すのは容易なことではありませんでした。[…]男性の同業者のほとんどは、長い間私たちのことを可愛くて才能のあるアマチュアと見なし、真のプロとしての地位を暗黙のうちに否定していました[216]」。

一九二二年、ヘーヒとハウスマンは破局する。一九二六年、ヘーヒはオランダに渡り、その後九年間にわたって、レズビアンのパートナーのオランダ人作家ティル・ブルフマンとともに暮らした。一九二九年、二人はベルリンに戻る。ヘーヒはハイリゲンゼーのさびれた郊外の小さな家で、広い家庭菜園で楽しく野菜を育てつつ第二次世界大戦を生き延びた。「そこでは誰も私の姿を知りませんでしたし、私のダダイストとしての、もしくは当時私たちが呼ばれていたような『文化ボリシェヴィキ』としてのけばけばしい過去に気づく人もいませんでした」。一九五九年にインタビューを受けた際、ヘーヒはハウスマンについて、「初期のベルリン・ダダイストの中ではもっとも素晴らしい空想と創造力に富んだ芸術家」と惜しみない評価を与えている。二人が別れた後、ヘーヒによれば、ハウスマンはきらめく想像力を変わらず保っていたものの、「創作を続けるのが困難になっていました」。グロスについては、仮面の下に「実に深く物事を感じ取ることのできる芸術家」がたとえいたとしても、「より道徳的で諷刺家」であったという。「でもその芸術家は、伊達男の冷たい挑発的な見かけの下に自分の感じやすさを隠すことを好んでいました」。ヘーヒはハートフィールドに対してはもっと手厳しく、「いつも政治的な関心から空理空論を振りかざす」タイプだと語る。「共産主義者というのは」とヘーヒは説明する。「自らの空想とユーモアの中で真に自由に振る舞うよりは、説教臭く正統的であろうとする傾向がつねにあります[217]」。ダダイストたちの気質の違いは、芸術へのアプローチにも反映している。ハートフィールドが自身のアッサンブラージュを細心の注意を払って写真に撮り直し、一九世紀のアカデミー画家の作品のように表面を平らにしようとしたのに対して、ヘーヒはコラージュの切れ目とつなぎ目を見せることを好んでいた。

　美術史家たちは概して、当時のクルト・トゥホルスキーの活動よりも〈国際ダダ見本市〉に大きな意義を見いだしているが、「歯のある膣（ヴァギナ・デンタータ）」についてはほとんど言及されることがない。同展を重要であると見なしたかれらがダダイストたちについて評価したのは、束の間の政治学よりも、モダンアートの形式的、技術的語彙への永続的な貢献であった。フォトモンタージュという技法についてもまったく触れられていない。ジョージ・グロスは、発見の日付を正確に記録している。「一九一六年五月のある朝五時、ベルリンの南端にある私のアトリエで、ジョン・ハートフィールドと私はフォトモンタージュを発明した[218]」。異なる説を唱えた者もいる。一時期ラウール・ハウスマンの恋人だったヴェラ・ブロイドによれば、ハウスマンは「［ハートフィールドが］フォトモンタージュを発明したのは自分だと主張するのを決して許しませんでした。病的なまでにこだわっていました[219]」。「ダダ哲学者」自身は、「フォトモンタージュのアイデアを得た」のは一九一八年の夏、バルト海に浮かぶウーゼドム島のハイデブリンクという小さな集落で、ヘーヒと休日を過ごしていたときだと主張している。その地で、家族写真から頭部を切り取り、彩色された精鋭部隊の兵士のリトグラフに貼りつけるという地元の風習から着想を得たという。徴兵された息子、兄弟、そして父親たちを偲ぶこの超現実的な風習は、当時ほぼすべての家庭で見られた。「すべて写真を切り貼りして構成される『絵画』」を制作することの可能性をハウスマンはすぐに見いだしたのだった。「九月にベルリンに戻ると」とかれは続ける。「映画や雑誌の写真を使って、この新しいヴィジョンを現実に作り始めた。発明家としての愉しみからこの技法に名前をつけたいと思い、ジョージ・グロス、ジョン・ハートフィールド、ヨハネス・バーダー、そしてハンナ・ヘーヒとの合意のもと、これらの新しい作品を『フォトモンタージュ』と呼ぶことにした。この用語は、芸術家を気取ることに対する我々の反感を伝えるものだ。我々はエンジニアを自称したため［…］構成する、つまり『我々の作品を組み立てる』と言った」。加えて、誰よりもバーダーとヘーヒが「この新しい技法を採用し、広めてくれた。グロスとハートフィールドも諷刺画的なアイデアに没頭し、一九二〇年まではコラージュに忠実であり続けた[220]」。

ロシアの構成主義者アレクサンドル・ロトチェンコとグスタフ・クルーツィスもまた、同じ時期にフォトモンタージュを発明したと主張してもおかしくはない。鉄塔を腕に抱えて歩く巨大なレーニンを描いた一九二〇年のクルーツィスのポスター《国土全体の電化》は、革命的プロパガンダの古典であるだけでなく、モダニズムのデザインの古典でもある。ハートフィールドは一九三一年から三二年にかけてソヴィエト連邦を九か月旅した際、ロトチェンコとクルーツィスとともに制作を行ない、ソ連での個展を許された初めての西側の芸術家となった[221]。それまでにもハートフィールドの名は知られていた。一九二九年、シュトゥットガルトで開催された〈映画と写真〉展では、百十点の額縁と四つの大きな展示ケースを備えた十メートル四方の部屋全体がハートフィールドの作品に充てられ、それは当時アヴァンギャルド写真を紹介するもっとも大規模かつ国際的な場となった[222]。クルーツィスのほうはそれほど運に恵まれなかった。一九三七年のパリ万国博覧会でボリス・イオファン設計のソヴィエト館のためにフォトモンタージュによるフリーズをデザインしたが、帰国直後の一九三八年一月、スターリンの強制労働収容所に消える。それから三週間後、リトアニアのファシスト組織に協力したというありそうもない容疑をかけられ、即刻処刑されてしまう。自身

カレル・タイゲ《コラージュ 50番》1938年。背景はモスクワの地下鉄、フェリックス・ジェルジンスキー駅。
プラハ国立文学資料館蔵。Courtsey of Olga Hilmerová, © Karel Teige - heirs c/o DILIA.

も才能あるフォトモンタージュ作家だった妻ヴァレンティナ・クラギーナは、夫の身に何が起きたか知ることはなかった。「グスタフはどこ?」と彼女は一九四〇年三月十九日の日記で問いかける。「あのひとがいなくなって、本当に寂しい。昨晩もまた、かれの夢を見た——元気そうで、ちゃんと髭も剃っていて、でもどこか不幸せそうで、遠くを見ていた。[…] エディク、エディク、お母さんの人生は本当につらいものなのよ」[223]。二人の息子エディク(エドゥアルド)・クラーギンが父の運命の真実をようやく突き止めたのは、母親の死から二年が経過した一九八九年のことだった。

フォトモンタージュを発明したのは誰かという(考え方によっては)きわめてダダらしくない問題以上に興味深いのは、このような芸術家たち全員が参照していたのが、モダニティの名もない下生えであったという点である。コラージュの起源は、ピカソとブラックがカンヴァスの図像空間に物理的なオブジェを組み込んだことに遡るのが慣例となっているが——アポリネールは一九一三年の『モンジョワ』誌で、ピカソについて、「流行歌、本物の切手、新聞の切れ端、藤椅子の模様のオイルクロス」[224]と書いている——ラウール・ハウスマンの呼ぶ「超-現実（supra-real）」の夢の情景は、一九世紀後半までに、商業とカメラの偶然の出会いに助けられ、いたるところに出現していた。イメージとテクストの不釣り合いな組み合わせは、子供のスクラップブック、縁日の出し物、ユーモラスな（あるいはポルノグラフィー的な）絵葉書、そして広告に見られた。[225]ひとたびカメラが現実をイメージとして再現し、印刷機がイメージを現実として繰り返し再生できるようになると、今日私たちがハイパーリアリティと呼ぶものが、イメージの並べ替えだけで遅かれ早かれ作り出されるのは避けられないことだった。おそらく当時十分に認識されていなかったのは——《ダダの庖丁で最近のヴァイマール文化、ビール腹文化時代のドイツを切り刻む》の中で過剰に見られる性質ではあるが——少なくともモンタージュには、意味を伝えるのと同様に意味を破壊し、複数化し、爆発させる力があるということだった。「ひとは現代的なものを選ぶのではない」とアポリネールは喝破する。「ひとがそれを受け入れる——それが何か議論するまでもなく、最新の流行を受け入れるようにして」[226]。

ジョン・ハートフィールドの「ダダ職人（Monteurdada）」という肩書が、当人が好んだ表現手段だけでなく、労働者との連帯を示すために着ていた青い作業用つなぎ——ドイツ語で Monteuranzug ——に由来するという事実は、なかなか痛快である。「兄は芸術家のように見られるのを嫌がっていた」とヴィーラント・ヘルツフェルデは述懐する。「だが、広告会社の重役のように見られるのも、やはり嫌がっていた」[227]。ハートフィールドが現代の視覚文化にもたらした最大の功績は、巧みなパッケージデザインを確立したことであると言えるかもしれない。それゆえ、もしかしたら広告業界でも成功を収めていた可能性もある。一九二〇年代、ハートフィールドはマリク書店の書籍の装丁を数多く手がけ、そこにはマヤコフスキー『一億五千万』、アプトン・シンクレア『石油！』、ジョン・ドス・パソス『三人の兵士』、ジョン・リード『世界を揺るがした十日間』が含まれる。ヴァルター・ベンヤミンはハートフィールドについて、「本のカバーを政治的な道具に変えた」と称賛しているが、[228]それらは店頭に並べられた際、（ヘルツフェルデの言葉を借りると）「一見して魅力的であると同時に煽動的な効果も狙った」人目を惹くものだった。[229]この場合、メッセージよりもメディアのほうが長生きしたことになる。見るからに組み合わせられそうにない複数の現実を、見るからにそれにふさわしくない場で組み合わせることは、少なくともユートピア的な夢の世界を売り歩くのと同じくらい、「商品」というファンタスマゴリーを売るのにもふさわしいことが明らかになった。「今でもまだ」と、ハンナ・ヘーヒは一九五九年のインタビューで語っている。「ときどき、ベルリンの道端でポスターをじっと見つめては、これをデザインした人は『ダダ哲学者』ハウスマン、『ダダ職人』ハートフィールド、『ダダ長官』バーダーの影響を受けていることに果たして気づいているだろうか、と知らず知らずのうちに考えていることがあります」[230]。ジョン・ハートフィールドとともにナチに包囲された暗く汚れた三〇年代のプラハから見る歴史の弁証法の馬鹿げた倒錯を、誰が予見できただろう?

ハウスマンもふたたび銃口から逃れ、期せずしてこの魔法の都に舞い戻ることになった。ヴェラ・ブロイドに出会う頃には、ハウスマンは「共産主義者だったダダイストたち——ヘルツフェルデ兄弟、ヴィーラントとジョン［・ハートフィールド］——ジョージ・グロスやその他の人びととはすっかり縁が切れていました。イデオロギーは何であれ、とりわけ政治上のイデオロギーはダダと相容れないとかれは考えていたのです。ソヴィエトのロシアについては、何の幻想も抱いていませんでした」[231]。意外なことに、ハウスマンは同時代のドイツ社会を百科事典的に網羅する目的で作られた写真による叙事詩であるアウグスト・ザンダーの『二〇世紀の人間たち』に登場している。上半身裸で片眼鏡をかけた「ダダ哲学者」は、片方の腕にヴェラを、もう一方の腕に妻のヘドヴィヒ・マンキエヴィッツを抱いている。ザンダーはこの三人所帯（一九二八年から三四年まで、三人は一つ屋根の下に暮らしていた）を、「女性と男性」と題するポートフォリオの最後に配している。他に収録されている写真はすべて、幸せそうな異性愛者のカップルのものである[232]。一九二〇年代、ハウスマンは写真に関心を寄せるようになり——バルト海の浜辺に集う人びとのヌードはお気に入りの被写体だった——また、色を音に、音を色に変換する「オプトフォン」という装置を完成させ、一九三五年にはロンドンで特許を取得している。一九三三年、イビサ島に向けてドイツを発ったとき、それは「普段よりも長い夏休みのはず」だった。「かれは、当時の政治状況に満足していませんでした」とヴェラは語っている。「ですが、かれ自身が何か脅威を感じているというわけではありませんでした。何と言っても、八分の一しかユダヤ人の血が流れておらず、左翼の政治運動からはとうの昔に離れていましたから」[233]。

まもなく故国の状況が悪化したため、ハウスマンはしばらくイビサに滞在したが、長くは続かなかった。一九三四年にはパリに旅行し、ピガールにあるウヴェール・ラ・ニュイ画廊でかれのヌード写真が展示された[234]。マン・レイは、そのうち六点を自身の写真集『ヌード』に収録し、翌年刊行している。一九三六年九月、フランコ将軍がイビサを占領すると、ハウスマンはチューリヒに移り住む。そこでは、〈キャバレー・ヴォルテール〉はすでに遠い記憶と化していた。翌年二月、ハウスマンはプラハに辿り着く。実験的な赤外線写真とイビサ固有の建築の写真が、同年プラハの芸術工芸博物館で展示された。ハウスマン自身の説明によれば、十七年前にこの地で「ダダの偉大なる勝利」を収めたにもかかわらず、チェコ・アヴァンギャルドの面々からは敬遠されたという。「カレル・タイゲは私の経歴をすべて知っていたはずだが、私を無視したばかりか、（当時）シュルレアリストだったこともあり、私に対する批判を繰り広げた」と、一九六九年十一月、ハウスマンは詩人のミロスラフ・トピンカにこぼしている[235]。一九三八年五月にはパリに渡り、ヘドヴィヒ——彼女は八分の一以上ユダヤ人の血が流れていた——とともに、リモージュ近郊のペラ゠ル゠シャトーという小さな村に身を隠し、大戦を生き延びる。ハウスマンはその地で余生を過ごし、一九七一年にこの世を去った。

戦争経済、指令の言葉、そして毒ガス

オスカー・ココシュカもまた、絶えずどこか他の場所に行こうとしていたにもかかわらず、同じような回り道の果てにプラハへ辿り着いている。ウィーン表現主義の異端児は、ドレスデンに移って以来、生活の拠点としていたドイツを一九三一年に去る。「ここで私はふたたび亡命の身となった。孤独で、友人もいない。オーストリアを去って以

来、三度目の亡命になる。今度はドイツだ」と、ココシュカはドレスデン時代の弟子のひとりで、終生の友人となったアリス・ラーマンにこぼしている。「パリで借りたこの小さな家には家具もほとんどないが、数年間ここで暮らすつもりでいる[236]」。だが、物事はかれが望んだようには運ばなかった。「千マルク必要だ、どれだけ手間がかかっても、どこから来た金でも構わない、私の命がかかっている」。一九三三年一月、ココシュカは古い友人で当時モスクワに住んでいたユダヤ系オーストリア人の詩人アルベルト・エーレンシュタインにこう書き送っている。

> 私の肺はまともに働かず、熱も上がる一方、気管支かどこかいまいましい場所に膿瘍があるにちがいない。血の混じった膿を吐くといつも熱が落ち着き、それから数日間は小康状態になるからだ。栄養状態は悪いし、もちろん医者も面倒を見てくれる人もなく、すべて自分でやらなければならない。ときには這うこともできないほど体が弱って、台所にオート麦やわずかなジャガイモがたまたまあっても、数日間何も食べずに済まさなくてはならないこともある。

雪が降りしきる中、ココシュカは立ち退きを迫られていた。「かつての友人たちに」とかれは続ける。「助けてやろうという奴はひとりもなく、返事さえよこさない」。「みんな安全な場所で座り込んだまま、戦場でそうだったように」。ココシュカは「ジョージ・グロス、かの著名な国際的コミュニスト」に対する侮蔑を露わにする。（ココシュカによれば）グロスは「祖国への郷愁を胸に、アメリカの屠畜業者や戦争で暴利をむさぼる連中の娘たちのために絵画教室を開いている。私は戦争のせいで苦境に陥った真の革命家であり、連中は指先ひとつ持ち上げることなく、死にゆく私を放ったらかしにするだろう[237]」。ダダでもっとも品のない諷刺家だったグロスは、当時すでにアメリカに渡り、ありきたりな社会主義のパンフレットを書き殴ってアメリカン・ドリームを実現しようとしていた。

ココシュカは同年の後半にウィーンに戻ったが、政治状況および経済的見通しからも、そこにとどまることは不可能だった。一九三四年九月、ココシュカはロシアへ向かう途上、プラハに滞在する。ロシアでは「おそらく一年ほどかけて、大規模な巡回展のために必要な作品をすべて描き上げるつもりです。［…］チェコの作曲家ドヴォジャークみたいに、交響曲『新世界』のようなものを」[238]。だが借金があったため、結局プラハを離れることは叶わなかった。父グスタフはチェコの金細工職人の由緒ある家系だったが、息子オスカーにとって、ボヘミアの首都は必ずしも安らげる場所ではなかった。「肺の調子は悪く、プラハの埃、霧、大気汚染は最良の薬とは言えない」[239]と不平をこぼし、「酸素不足で体の細胞が全部死んでしまったかもしれない」[240]と怯えている。ココシュカが慢性的に苦しんだ呼吸器系統の異常は、芸術家の繊細な気質によるものではなく、第一次世界大戦の銃剣が原因であった。「我々のこの呪われたヨーロッパで生きること」[241]に幻滅し、「偽善的で、血に飢えた、人殺しの白人の文明」[242]にうんざりしたココシュカが夢見たのは、「活動的なアメリカ人女性」（ありそうもないほど理想化されたこの女性は「美しく、多くの白人が他人に対して見せる常軌を逸した偉そうな態度に毒されていない」[243]）とのモロッコ旅行だった。途中、ロシアを通過し、「タタール、小ロシア、大ロシアの愛らしい少女たちが」笑みを浮かべるのを見て、「私の白髪が少し抜け」[244]、それから上海を訪れることを夢想する。「花の船に乗った何千人もの愛らしい少女たちを見たいものです。エディット・ローゼンハイムと彼女の社会が、かの地をすっかり工業化してしまう前に。もしそうなったら、そこに残るのは戦争経済、そして指令の言葉と毒ガスだけでしょう」[245]。

結局、ココシュカにできたのは「宋の女性たちと上海で一緒に暮らすことや、シバの女王とホガール山地に行くことを夢想しながら、プラハの洗剤の臭いが漂う中」[246]、燻製の豚やグラーシュ、クネドリーキといった不健康な食事に頼り、その後、四年以上にわたって「うずくまっている」ことだけだった[247]。ココシュカの不満にもかかわらず、プラハの街と人びとはかれに強い関心を寄せていた。ココシュカは数点の美しい風景画――ヴルタヴァ川を望むアトリエの窓――を描き、トマーシュ・ガリッグ・マサリクからも肖像画の依頼を受けている。マサリクは当時、「八十六歳になっていて、弱ってはいたが、とても辛抱強い人だ。これは歴史画だ」と、ココシュカはドレスデン時代の恋人で、当時ロンドンに暮らしていたアンナ・カリンに説明している。「右手にはフラチーン［フラッチャヌィ］、左手にコメニウスの『世界図絵』、背景には火刑に処されるヤン・フスがぼんやり見える」。コメニウスの教育的遺産に魅せられていたココシュカは、「チェコの教会＝小学校」[248]との結論に達する。マサリク自身の政治的、知的傾向もあって、[249]「個々の国民国家――すなわち、それらを運営する政党――の手から初等教育を奪い返し、学術的に組織された国際的な管理下に置く計画」について、ココシュカがこの老いたチェコスロヴァキア大統領に助力を仰いだのもあながち無分別なことではない。ココシュカはアルマ・マーラーにこう書き送っている。「ひとつひとつのチャンスを存分に活かす機知に富んだ人間は、この奇跡に気づくこともできる。それは、戦争の終結以来、人類を支配してきた自殺の衝動に対して、明らかに合理的で、人生を肯定する目標を設定してくれる奇跡なのだ」。「君の家に来たことのあるトム、ディックやハリー、みんなを訪ねてくれ」と、ココシュカはかつての恋人に懇願する。当時アルマはまだウィーンに住んでいたが、ほどなくしてその街を出ていくことになる。

連中を探し出し、全員集めて、耳元で怒鳴るんだ。一方にはオーストリア出身のペンキ屋がいて、ドイツ軍から権力を奪取し、仮想敵、本物の画家たちを去勢しようとしている！　そしてもう一方には、あることを世界に伝えようとするひとりの画家がいると告げてほしい。臆病者のエリート集団、いわゆる上流階級の連中（今も、君と一緒だった頃も、私が心から軽蔑していた連中）の前で、病理学に関する講演を行なう公的な機会を与えられたひとりの狂人と相対し、自分の言葉に耳を傾ける「上流」階級の人びとと精神病院にとどまり、勇気を振り絞っている画家がいることを！

ココシュカが去勢について言及しているのは喩えではない。〈大ドイツ芸術展〉の開幕スピーチで、ヒトラーは退廃芸術家たちを去勢すると述べ、現実に脅しているからである。「助けてくれ、アルマ、一刻も早く助けてくれ」と、例によって個人的なものと政治的なものの間を揺れ動きながらココシュカは書いている。「子供が、君と私の子供が取り上げられた後、君がひとりぼっちで施設にいるとわかってからのことは、すべて悪い夢にすぎなかったと思えるだろう。あれからというもの、私は子供を望んだことは一度もない。それでも、悲しいことに、私は子供がとてつもなく好きなんだ[250]」。
ココシュカは初等教育に関する構想をまとめ、一九三五年七月に『プラーガー・タークブラット（プラハ日報）』に発表した記事の修正版を「国際連盟に対するマニフェストおよび要請」として『レイバー・リーダー』紙か『マンチェスター・ガーディアン』紙に掲載できないかとアンナに相談する。かれはこう言い添えている。「英国はチェコ人に親近感を抱いてしかるべきだ。というのも、両国とも宗教改革の歴史があり、またチェコ人は東側でもっとも政治的危険にさらされている国だからだ。ドイツ国防軍とは北側で、ハプスブルク家とは南側で相対している[251]」。カレル・チャペックと同様、ココシュカも国王の統治する島を理想化していた。「まるで自分の親戚であるかのように、英国人が好きだ」とアンナに断言している。「政府は自らの責任を自覚したうえで義務を果たし、もはや泥棒のような貴族や司祭のような王にではなく、野卑な人間性全体に仕えている。そのような人間性をまるで幼稚園のように育ててゆくことを、英国人は引き受けたのだ[252]」。そのような目に余る政治的素朴さをジョン・ハートフィールドが知ったらどう思うかは想像に難くない。それでも、「芸術のならず者」を書いたハートフィールドもまた、プラハを拠点とする反ファシスト亡命者の芸術家組織「オスカー・ココシュカ同盟」――最年長のココシュカが名前を貸した（だがそれ以外はあまり関わっていなかった）――に参加している。亡命はしばしば奇妙な縁を引き寄せる。やはり意外なことだが、ココシュカもハートフィールドも芸術家協会マーネスの会員となり、年次展覧会に作品を出展していた。

一九三八年三月にドイツがオーストリアを併合した後、ココシュカはチェコスロヴァキア国籍を取得する。それは予防策としての措置だった。というのも、英国に移住することをすでに計画していたからである。「あなた方の上院議員が、私の故郷をナチに献上してしまったので[253]」国を出ざるをえなかったと、ココシュカはハーバート・リードに書き送っている。この頃になると、自分を裏切った英国への幻想は微塵も残っていなかった。「チェコの人びとは素晴らしい。気立てがいいしユーモアがある」と、ココシュカはオーガスタス・ジョンに語る。だが同時に、英国政府が「オーストリアと同じ恐ろしい運命からチェコの人びとを救うことは［…］できない、あるいはしたがらない[254]」こともわかっていた。同年九月、ココシュカはちょうどネヴィル・チェンバレンがミュンヘン協定を称賛する演説を行なった時期にロンドンに到着する。手元にあったのは五ポンドと、チェコ人の恋人オルダ・パルコフスカ——二人はその後、一九四一年にロンドンの防空壕で結婚する——そして《水浴する少女》と呼ばれる小さな油彩画、四ギニーで質に入れた「絵画関係のもの」だけだった。[255]「オルダが気の毒でたまらない」と、その二年前、ココシュカはアンナ・カリンに語っている。「彼女はまだ人生を確かなもの、虚無に対する保険か何かだと思っている。彼女は私を信じているからだ。ここで私は人類の死体にたかる蛆や虫を目にしているというのに、それについて語る自分自身を信じることもできず、それについて何もできず、金もなく、声も持たず、友人も未来もない。彼女の世代に残されるのは、疫病患者が使った石灰の飛び散ったでこぼこの藁のマットレスだけだろう」[256]。ここでもまた、ココシュカの予感は寸分の違いもなく正確だった。

ココシュカが一九四〇年から四一年にかけて描いた《赤い卵》は、客観的な描写というよりは主観的な転写が際立つ作品である。はなはだしくデフォルメされたヒトラーとムッソリーニが、英国（傲慢な帝国のライオン）とフランス（満足げな太った猫）とともに座り、巨大な卵にフォークを突き刺そうとしている。かれらのそばにはミュンヘン協定の文章がある。羽根をむしられ、背中にナイフを刺された鶏が遠くへ飛び去ろうとするなか、鼠がテーブルの周りをちょろちょろと走り回っている。背景には見慣れたプラハの風景がある。ヴルタヴァ川には裸の女性がうつぶせで横たわり、その身体には赤い飛沫が舞っている。この絵画が、現在プラハ国立美術館の所蔵となっているのはふさわしいことかもしれない。[257]だが、ココシュカがロンドンに移って最初に描いたのは、《プラハ、郷愁》と題された作品である。現在、同作品はスコットランド国立美術館が所蔵しており、ウェブサイトには以下の解説が掲載されている。「背景に古いカレル橋と大聖堂の見える有名なプラハの風景が描かれている。川岸にいる恋人たちはココシュカと未来の妻オルダであろう。二人はボートに乗るように招かれているが、それはココシュカの移住を暗示するものである。［…］この作品には、故郷を失った作家の悲しみが込められている」[258]。ココシュカがしたのはそのようなことではなかった——チェコスロヴァキアのパスポートを取得したとはいえ、本人にとっても、また誰の目から見ても、ココシュカがチェコ人になったわけではなかった——が、この魔法の都は、明らかにかれを虜にしていた。《プラハ、

オスカー・ココシュカ《プラハ、郷愁》1938年。スコットランド国立美術館蔵。

郷愁》の原型がプラハの旧市庁舎の玄関ホールにあるミコラーシュ・アレシュの壁画《プラハの栄華を予見するリブシェ》であることは、スコットランドの美術館のサイトでは言及されていない。[259] 美術館側は知らなかったのだろう。遠景は同一だが、星まで届かんとする栄光を予言してリブシェがかつて手を伸ばしていた場所では、ボートの出発を待つばかりのオスカーとオルダが立っている——もし、描かれた恋人たちが本当にこの二人であるとすればの話だが。この作品に意味づけを行なうのは、《赤い卵》のように容易ではない。

戦後、ココシュカは二重に行き場を失うことになる。「知ってのとおり、チェコスロヴァキアではちゃんとしたチェコ語を話さなければならない。さもなければ、強制収容所行きになる」とオーガスタス・ジョンに不平を述べている。「オーストリアは四つの大国に占領され、ウィーンですら四つの区画に分割される始末——では、ウィーン人として生まれ、チェコのパスポートを持つこの私は、この世でいったいどうしたらいいのか」。[260] 立派なことに、チェコスロヴァキアが解放された後、ココシュカはボヘミアのドイツ人追放に強く反対した。自分と母語を同じくしていたからではなく、「倫理的な理由から」[261]である。一九四五年九月、ココシュカはハーバート・リードにこう語っている。「チェコスロヴァキアからたくさんの手紙が届きます。多くはナチの強制収容所にいた人びとやユダヤ人からで、脱出を手助けしてほしいという内容です。ドイツ語話者として、自動的に排除される運命にあるからです。ベネシュ大統領が出した布告の中で、人種と言語が同一視されているため、かれらは『ドイツ人』という不名誉なバッジをつけなければならない。これは新しい形のファシズムであって、借金の問題を抱えるプラハの紳士連中は（おそらく）支持するでしょう。しまいには、すべては地獄への『民族大移動』につながるように思えます」[262]。この点においてもココシュカは正しかった。

ほどなくして、ココシュカの英国での亡命生活に、一九三八年十二月六日にロンドンに到着したジョン・ハートフィールドが加わる。ヴィーラントも兄の後を追うが、英国政府から居住許可が下りず、最終的にニューヨークに避難先を見つけた。一九三九年、アーケード・ギャラリーで個展〈ヒトラーに抗うある男の戦争〉が開催されたにもかかわらず、ハートフィールドは翌年、「カテゴリーC（政治亡命者）」の敵性外国人として収監される。英国の収容所で過ごしたダダイストはハートフィールドだけではない。クルト・シュヴィッタースもそうだった。一九四八年、かれはアンブルサイドの小さな湖水地方の町で生涯を終えるが、そこの納屋で最後のメルツバウを制作する[263]。オリジナルの「メルツバウ」は、一九四三年、ハノーファーを襲った連合国軍の爆撃で破壊された。一九四〇年八月十五日、議会で敵性外国人の抑留に関する議論が行なわれた際、気高い友人「ジョン・ハートフィールドは、『フォトモンタージュ』と呼ばれるものの発明者である」と発言したとき、ファーリントン卿はおそらく自分が蜂の巣をつついたことを知らなかったであろう。

かれの漫画は英国の新聞にも掲載されたことがある。あえて言うが、プロパガンダとして、この漫画以上に効果的なものはめったにない。この男は抑留されているが、私としてはかれを閉じ込めておくことは不必要であるだけでなく、我々にとって明らかに不利益であると述べたい。私のスコットランド人気質ゆえかもしれないが、それが何であれ、この世で私をもっとも苛立たせるものがあるとしたら、それは無駄遣いだ。この場合、外で十分に自活できる人間を収容所に閉じ込めておくために費やされる公金の無駄遣いだけでなく、この苦難の時期、ナチズムに立ち向かった人たちがもたらす有用な作品とすこぶる貴重な助力を無駄にすることである。[264]

ハートフィールドは健康上の理由から数週間後に解放され、在英ドイツ文化自由連盟に勤務するようになる。ドイツ人亡命者たちの組織であったこの機関の国際理事には、アルベルト・アインシュタイン、トーマス・マン――そしてチェコスロヴァキアのパスポートを持っていたおかげで抑留を免れたオスカー・ココシュカ――が名を連ねていた。ハートフィールドは、同連盟が刊行する出版物『ナチ・ドイツの内側』に作品のほとんどを提供し、一九四二年の展覧会〈ドイツ内部の連合国〉でも重要な役割を担う。フリーランスとして『ピクチャー・ポスト』、『レイノルズ・ニュース』や『リリパット』などの雑誌に携わったほか、リンジー・ドラモンドやペンギンといった英国の出版社で書籍の装丁を手がけ、ファーリントン卿の長老魂を満足させたであろうことに疑いはなかった。一九五〇年、すでにドイツ民主共和国となっていた地で弟ヴィーラントと再会し、ベルトルト・ブレヒトのために作られた劇場〈ベルリナー・アンサンブル〉で働き始め、また生涯にわたって献身的な共産主義者であり続けた。

アルマ・マーラーもまた危ういところを逃れ、一九四〇年九月十三日、フランツ・ヴェルフェルとともにフランス国境を越え、スペインに渡った。この二人もチェコスロヴァキアのパスポートで旅をしていたが、そのパスポートは、もはや存在しない国を代表するカフカ的な事務所を支配していた「人間の天使」こと、在マルセイユのチェコ領事を通じてヴェルフェルがどうにか入手したものだった。アルマは「古いサンダルを履き、私たちのお金、私の宝石、それにブルックナーの『三番』の楽譜を詰めた鞄を引きずっていました。私たちはずいぶん弱って見えたでしょうね」。アルマはこう述懐する。「『カルメン』の舞台に登場する密輸業者よりみすぼらしかったでしょう」[265]。それから二週間後、ヴァルター・ベンヤミンは、ピレネーのバニュルス=シュル=メールからポルトボウへと向かう同じく困難きわまる危険な道を、やはり同じように奇妙な荷物を抱えて歩いていた。黒い革のアタッシュケースには、「私自身よりも重要だ」と語った「新しい手稿」が入っていた。それは『パサージュ論』ではない。ベンヤミンはこの未完の宝物をパリのジョルジュ・バタイユに預けていた。もしかしたら、ベンヤミンが持っていたのはパウル・クレーの《新しい天使（アンゲルス・ノーヴス）》を〈歴史の天使〉に投影する「歴史の概念について」の最終稿だったかもしれない。少なくとも、ベンヤミンの信奉者であれば、あらゆる感覚を欠いたある出来事に、贖罪の、さらに言えば悲劇のヴェールを投げかけようとしてそのように信じたがることだろう。もっともジャック・ヴァシェであれば、訳知り顔で口元に笑みを浮かべたにちがいない。この天使は可愛らしく悲壮な熾天使（セラフィム）である。「彼は顔を」とベンヤミンは書いている。「過去の方に向けている」。

私たちの眼には出来事の連鎖が立ち現われてくるところに、彼はただひとつの破局（カタストローフ）だけを見るのだ。その破局はひっきりなしに瓦礫のうえに瓦礫を積み重ねて、それを彼の足元に投げつけている。きっと彼は、なろうことならそこにとどまり、死者たちを目覚めさせ、破壊されたものを寄せ集めて繋ぎ合わせたいのだろう。ところが楽園から嵐が吹きつけていて、それが彼の翼にはらまれ、あまりの激しさに天使はもはや翼を閉じることができない。この嵐が彼を、背を向けている未来の方へ引き留めがたく押し流してゆき、その間にも彼の眼前では、瓦礫の山が積み上がって天にも届かんばかりである。私たちが進歩と呼んでいるもの、それがこの嵐なのだ。[266]

ポルトボウに到着したベンヤミンは、国境は難民に対して閉ざされており、翌朝フランスに送還されるだろうと告げられる。かれは〈オテル・ド・フランシア〉にチェックインし、最後の手紙を書く。「この出口のない状況では、自分の手で終わらせる以外に選択肢はない。ここはピレネーの小さな村、私を知る者は誰もいない。ここで私は生涯を終える」。そしてベンヤミンは、馬一頭を殺せる量のモルヒネを飲む。[267]

翌日、フランスとスペインの国境はふたたび開放された。

6 深淵のきわで

「かたつむりの燐光の跡に導かれた夜の人物たち」

真昼間にこのような助けの必要を感じた者はまれだ――大抵の人たちが、物がはっきりと見えるという愛らしい自負をもつこの真昼間に。［…］言っておくが、目玉を大きく見開いているつもりの他の連中は、気がつくと森のなかで道に迷っているのだ。気をつけたまえ、要は偽りの明るさのゆえにこの玄武岩的な仄かな光りを見失わぬことだ、この仄かな光は、これだけが入り組んだ道を私たちが迷わず進む唯一の手だてであるときに、私たちの目から素早く夜の夢の前兆と招きを隠そうとしてもむだなのだ。

――アンドレ・ブルトン『星座』一九五八年[1]

《美しき女庭師》

〈退廃芸術展〉に出品された数少ないシュルレアリストの作品のひとつが、マックス・エルンストの《美しき女庭師》、別名《イヴの創造》である。この絵画は正面を向いた全身の裸体画だが、そこで描き出されている女性はアドルフ・ツィーグラーが好むようなものではなかった。人類の母はミュンヘンでの展示では第三展示室に掛けられ、壁には「ドイツの女性性に対する侮辱」、「理想的な――阿呆そして売春婦」と書かれてあった。一九二三年に制作され、一九二九年にデュッセルドルフ美術館の所蔵となった《美しき女庭師》は、展覧会パンフレットの最後のページに掲載された三点の図版のうちの一点であり、その上には、「極端な愚劣あるいは厚かましさ――あるいはその両方！」[2]という見出しがあった。エルンストによれば、一九二四年にこの作品がパリで最初に公開されたとき、ファッションデザイナーのジャック・ドゥーセが購入を希望したが、「彼の妻の抗議で断念する」(「裸の女は許せない！」[3])。ときに絵画の運命が掛かっている糸はとても細いものである。《美しき女庭師》は今日、所在不明であるが、破棄されたと考えられている。ナチが「売却不可」と判断し、一九三九年三月二十日、ベルリン消防署の庭で焼かれた一千四点のカンヴァスのうちの一点だった可能性がある。[4]一九三八年十一月、〈退廃芸術展〉がハンブルクに巡回した折、エルンストの息子ジミーは父の絵を見るために何度か観客の列に並んだ。この出会いが契機となり、かれはドイツを永久に離れることを決心する。若いジミーはその後アメリカに渡り、ニューヨーク近代美術館で働いたのち、一九四二年十月に開業した〈今世紀の芸術〉画廊でペギー・グッゲンハイムのアシスタントを務めている。ペギーは、一九四一年七月、ともにフランスを逃れてきたマックス・エルンストと結婚していた。「敵国人と一緒に罪人として暮らすという発想がいやでした」と彼女はのちに説明している。「だから私たちの状況も合法化すべきだと言い張ったのです[5]」。

戦争が始まったとき、エルンストは「ドイツ帝国の市民」としてエクス=アン=プロヴァンス郊外のレ・ミルの収容所に入れられ、そこで偶然にもドイツ人のシュルレアリスト、ハンス・ベルメールと同室になる。「レ・ミルの収容所はもともと煉瓦工場だった。被収容者には食べるものさえ満足に与えられなかったのに、煉瓦のかけらや煉瓦の塵はどこにでもあった。その赤い塵は皮膚の毛穴にまで入り込んできた。そこにいた者は、まるで自分がだんだんと崩れる煉瓦になっていくような気がしていた。ハンス・ベルメールとマックスはいつも絵を描いていたが、ひとつには、かれらの怒りと空腹を少しでも和らげるためだった。ベルメールはマックスの肖像画を描き、顔の部分を煉瓦の壁のようにした[6]」。ここで引用したのは、「真実の織り物、嘘の織り物」という副題が添えられたエルンストの『自伝メモ』で、たえず加筆修正が繰り返されたコラージュのような文章だが、この中で作家は一貫して自分を三人称で語っている。エルンストがレ・ミルから解放されたのは、エルンストの代理人としてフランス当局に掛け合ったポール・エリュアールの助力のおかげであった。「マックス・エルンストは、二十年以上も前に、帰国することなど考えもせず、自国を去っています」とエリュアールはフランス大統領に宛てて書いている。「かれは、フランスのサロンで展覧会を開いた最初のドイツ人画家です。年齢は五十歳。素直で、誇り高く、誠実な男であり、そしてわたしの親友です。［…］かれについては、このわたしが責任を持ちます」[7]。

この二人の友情はかなり古いものだった。《美しき女庭師》のモデルはエリュアールの最初の妻ガラで、エルンストは一糸まとわぬ彼女の姿も見慣れていた。ウジェーヌ＝エミール＝ポール・グランデルとして生まれたエリュアールがロシア生まれのエレーナ・ドミトリエヴナ・ディアコノワと出会ったのは、スイスのダヴォスに近いクラヴァデル療養所だった。一九一二年十二月から一九一四年二月まで、エリュアールはそこに入院していた。二人はともに結核の治療を受けており、ともに十七歳だったということもあり、たちまち恋に落ちる。後世に広く知られる「ガラ」という愛称をエレーナにつけたのはポールだった。一九一七年二月二十一日、二人は結婚し（従軍していたエリュアールは、結婚式のために三日間だけ前線を離れる）、翌年、ガラはエリュアールの娘――かれのたった一人の子供――セシルを産む。「芸術における道徳面での退廃。［…］［そこでは］世界全体があきらかに売春宿以外の何物でもなくなり、人間という種が売女と女衒ばかりになってしまう」――これはふたたび〈退廃「芸術」展〉のパンフレットからの引用だが[8]、その例証として、ナチには《美しき女庭師》があれば十分であった。この絵画は、エリュアール、ガラ、エルンストの三人所帯を忍ぶ作品だったからである。一九二〇年代初頭、パリ郊外のサン＝ブリスとオーボンヌで、三人は同居していた。エルンストは、最初の妻ルー・シュトラウス＝エルンストと息子をケルンに残し、一九二二年にエリュアールのパスポートで不法にフランスに入国していた。

ジミー・エルンストの「記憶に残るもっとも古い視覚的イメージ」――そしてルーによれば、息子にとっての最初の記憶[9]――は、オーストリア側アルプスのタルレンツ近くでの《草上の昼食》だった。その夏、両親、乳母のマヤ・アレッツ、エリュアールとガラ、トリスタン・ツァラ、ハンス・アルプや他のダダイストたちがともにいた。「昼下がりの暖かい陽光の中、皆で裸で泳ぎに行った。母は私を腕に抱き、謎めいた水に私の足をつけた。すると、私の目の前の鏡のような水面が割れた。頭が、そして上半身がその下から出てきた。マックスが笑いながら、顔から水を滴らせていた。私に向かって手を伸ばすと、ルーはかれのほうに私を持ち上げた」。「おそろしい数の、長い脚をした、水面を滑る虫たちがマックスの身体の周りのガラスのような表面にいる」ことに怯えた幼いジミーは「叫び出し、父に引き渡されるのに必死で抗った。マックスは不機嫌そうな怒った顔になり、くるりと背を向けると泳ぎ去っていった」[10]。心に焼きついた情景としてはいささか変わっている。ルーが話を引き取り、こう語っている。

森を抜けて歩いていく間、私が悲しい顔をしていたことに「マックスは」何かを感じ取ったらしく、奇妙なやり方で私を慰めようとした。〈かれがガラを追ってパリに行くのだろうということは目に見えていた。「ちょっとの間だよ」とかれは言った。すでに何週間も、かれは廊下を隔てた向こう側のエリュアール夫妻の部屋に間借りしていただけでなく、ガラをポールと分かち合っていたのだ。〉「なあ」とかれは言った。「もう男なんかいなくてもやっていけるよ。君は〈二十八〉歳だし、愛を知っている、息子もいる。[…]これ以上、何を望むんだい？　子供と一緒に楽しく暮らしていけるよ」。そのときはまだ、これから何が私を待ち受けているか知る由もなかったけれど、それでもあのひとの言い方は本当に残酷だと思った。

「かれが出発する前の晩」とルーは付け加える。「私たちは一緒にジミーの枕元に行った。ジミーはあどけない顔ですやすや眠っていた。私たちは二人とも泣いた」[11]。「真実の織り物、嘘の織り物」に綴られたこの夏についてのエルンストの説明は、はるかに素っ気ない。「ティロル、再びイムスト近郊のタルレンツでエリュアール、ツァラ、アルプ、トイバー＝アルプ［…］と夏を過ごす。すべてがてんやわんやの大騒ぎ。友情と結婚生活がこわれる。マックスはパリへ行く」[12]。だが、当時すでに新たな生活を始めて久しいガラについては一言も触れていない。

「あのロシア女、黒い巻き毛に歪んだ輝く目、豹を思わせる細面と手足を持つ浮わついた燃えるような女」というルーの見解は、その後何年にもわたって多くの人びとによって繰り返されることになる。[13] ガラの評判は芳しいものではなかった。ジミーはその後長いこと父親と仲違いする――そして芸術や芸術家に関するあらゆることを毛嫌いするようになる――が、しまいに、「こういう不和は私の周りではごく普通だったが、父に対してどう振る舞うかという基準を決めるのに貴重な時間を浪費してきたこと」に気がつく。結局、ジミーもまた画家になった。「あの時代の絶え間ない戦争は」とジミーは振り返る。「延々と続く空腹や個人的な経済的破綻への不安を伴い、ときに、のんきな人びとが『良識』とか『人間の価値』と呼ぶものをまったく無視しようと決めこんでいた。もし今から振り返って、あの世代の人間から『怪物』と呼べない人物をどうしても選び出せと言われたら、私は困惑してしまう」。それでもなお、「若い頃の空想的で、あちこち放浪に出るような私の個人史のもととなった恐怖と動乱には肯定的な側面もいくらかあった。もう少し落ち着いた暮らしをしていたら、『人として正しい心がけ』という贅沢に安住していたにちがいない[14]」。

シュルレアリストたちには、このように精神を飾りたてる暇などなかった。ブルジョワ家庭を侮蔑し、欲望を否定することや恋人を所有物として扱うことを拒否したかれらの多くの性的関係は、男であろうと女であろうと、当時の基準から見れば――現代の私たちから見ても――呆れるほど乱れたものだった。かれらの道徳的態度は、一九二七年十月の『シュルレアリスム革命』誌でエルンストの《楽園》の図版の下に掲載された「愛に干渉するな！」と題した記事の中に余すところなく表現されている。この文章の初出は、ヘンリー・ミラーを世に出し、ジェイムズ・ジョイスの『フィネガンズ・ウェイク』の抜粋を載せた最初の雑誌『トランジション』誌で、その一か月前に英語で掲載されていた。『トランジション』誌の編集部が「天才をブルジョワの偽善とアメリカ風の道徳から擁護する素晴らしい文書」と喧伝したこの文章はルイ・アラゴンが執筆したもので、かれの当時の恋人ナンシー・キュナードが翻訳を手がけた。彼女はアラゴンのことを「若い神のように美しい[15]」と思っていた。ナンシーは「スリムで、いつも身体をくねらせていて、セクシーなミドリヘビのようだった」と、海運業を営む一家の女相続人キュナードの教養学校時代の同窓生アイリーン・エイガーは回想している。キュナードが「ニグロたちと寝たり、母親と大喧嘩したりする――どちらも不埒な悪行だが――野性的な娘[16]」として名声を得るのにそれほど時間はかからなかった。活発なアイリーンもまた、自身の母親と目を合わせることができずにいた。「陽気で気を引くようなそぶりを見せることもあったけれど」と彼女は母についてこぼす。「とても堅苦しい人で、『セックス』という汚らわしい言葉がその美しい頭をもたげようものなら、母は非難せずにいられなかった。恋人と一緒に過ごすときのうっとりとするような他にない快楽を、母は知らずにいた」[17]。

「愛に干渉するな！」は、その当時、離婚裁判に直面し、映画界でのキャリアを失う瀬戸際に立たされていたチャーリー・チャップリンを強い調子で弁護している。訴訟の根拠となったのは、この喜劇役者の疑わしい「不品行」であった。かれの若い妻リタは、チャップリンに誘惑されたのち、身ごもった子供を堕胎することを拒否してようやく結婚にいたったと述べ、それも「正常な結婚生活ではなかった」と主張した（傍点部分はリタの弁護団の言葉）。とりわけ裁判で非難が集中したのが、チャップリンが妻に対して、「異常で、性的に倒錯し、変質的で、堕落した不道徳な」フェラチオを要求したという点であった。「そして何か月もの間、この女の邪悪さと世論の脅威がかれに耐えがたいほどの茶番を強いる間」とシュルレアリストたちは激怒する。「チャップリンは牢獄にいるが、その生きた男の心はまだ死んでいない」。

> 「そのとおりだ」と、ある日かれは言った。「ぼくは誰かと恋に落ちている。誰がそのことを知っていようがかまわない。君がどう思おうが、ぼくは自分が会いたいときに彼女に会いに行く。ぼくは君を愛していないし、一緒に住んでいるのは単に君に結婚を強制されたからだ」。これがこの男の人生の道徳的基盤であり、かれが擁護しているのは——愛なのだ。事の全体において、チャーリーはただ一人の愛の擁護者なのだ。［…］
>
> 『チャップリンの伯爵』の愛らしいワンシーンを思い出してみよう。式典の途中、チャップリンは突然、実に美しい女性が通りかかるのを目にする。彼女はこのうえなく魅惑的で、チャップリンは自分の冒険（自分の演じている役割）をすぐさま放り出し、部屋から部屋へ、そしてテラスへと、彼女の姿が見えなくなるまで追いかけてゆく。愛の命ずるままに——かれはつねに愛の命ずるままにあり、そのことは私生活でも映画でも繰り返し表

現されている。愛は突然かつ即座に、他のどんな偉大なものよりも先に、抗いようもなく呼びつける。このような瞬間、他のすべてのもの、たとえば、少なくとも家庭といったものは放棄されるしかない。世界やその法的拘束力、子供と一緒に警察に保護されている専業主婦、銀行の預金残高――こうしたもののすべてから、このロサンゼルスの富豪は永遠に逃げ出したのだ。『チャップリンの掃除番』や『黄金狂時代』でチャップリンが演じた、ひどい場末に住む哀れな輩のように。[18]

アラゴンの文章には三十二名の署名が添えられている。その中には、ブルトン、エリュアール、そしてエルンストの名前もあった。

「夜更けてともされたランプの／青春の明かりのもとで／最初の女が　赤い昆虫（アンセクト）にそこなわれた　みずからの乳房をさらけ出している」と、エリュアールが一九二二年に書いた詩「マックス・エルンスト」の最終連は綴られている。のちにこの詩がマルセル・ジャンの『シュルレアリスムの自叙伝』の中で英訳された際、「赤い虫」（les insectes rouges/red insects）は、奇妙なことに「近親相姦の赤」（incests red）となっている――もしそのようなものがあるとすれば、紛れもないフロイト的言い間違いである。[19]だが、このような意味の横滑りは、決してエリュアールの元の詩の雰囲気を損なってはいない。

　とある片隅で　近親相姦（アンセスト）が　敏捷に
動き回る　かわいいドレスの純潔のまわりを
　とある片隅で　解放された空が
嵐のいばらに　白いボールを置く

瞳という瞳の　さらに明るい　とある片隅で

人びとは苦悩の魚たちを待ち受けている
とある片隅に　夏のみどりの車
静止して　光り輝き　そして永遠に
夜更けてともされたランプの
青春の明かりのもとで
最初の女が　赤い昆虫（アンセクト）にそこなわれた　みずからの乳房をさらけ出している[20]

『反復』の冒頭を飾るこの詩では、エリュアールの詩がエルンストのコラージュの「挿画」となっている。同書はエリュアールとエルンストの初めての共同作業で、以来、二人は数多くの共作を行なっている。当時、二人は郊外の邸宅――エルンストがアンドレ・ブルトンの趣味にはまったく合わないシュルレアリスムの壁面装飾を施した――、パリ市内への毎日の通勤、そしてひとりの女主人よりもはるかに多くのことを分かち合っていた。「女主人」という表現をここであえて使うのは、支配権を握っていたのはガラにほかならないように思われるからである。

自由結婚（三人の関係はそのような形をとっていたと、ここで明確にしておこう）についての道義的な責任は、エリュアールにとって、ガラへの愛と――かれ自身が述べたように[21]――エルンストへの愛を両立させることを必ずしもたやすくはしなかった。エリュアールが双方に対して抱いていた恨みがどんなものであれ、そのようなブルジョワ的な感情を抱くことによる罪悪感のせいで、かれはさらにみじめな思いがしたことだろう。一九二四年三月のある夜、エリュアールはレストランで突然席を立ち、友人たちから見れば、どこへともなく姿を消してしまう（もっとも、その夜エリュアールはルイ・アラゴンのところにいたという噂があとでしつこく流れたようであるが）。失踪の前触れや手がかりを求めて、シュルレアリストたちはエリュアールの詩集『死なずに死ぬこと』を読み込む。これは失踪したその月に、エルンストによるエリュアールの肖像画を添えて発表されたものだった。エリュアールはこう書いている。「ことを単純にするために、私の最期の本をアンドレ・ブルトンに捧げる[22]」。多くの者が自殺を図ったのではないかと心配した。ブルトンは、「我々はもう二度とかれに会えないかもしれない」[23]と妻のシモーヌ・カーンに語っている。だが実際に起こったことはむしろ、エリュアール自身と周囲の環境を大いに明らかにするものだった。「わたしはまさにエリュアールの失踪によって開かれたばかりの玄関口(ポーチ)から超現実の世界に入ったのだ……」とピエール・ナヴィルは『超現実の時代』で書いている。[24]私たちもそうするとしよう。

エリュアールはまず、不動産開発業を営んでいた父が息子のために作っていた業務用口座をくまなくあさり、一万七千フランを引き出す。「お金は十分持っています」と息子はコート・ダジュールから父グランデル宛てに書いている。「警察や探偵を呼ぶようなことはしないでください。前者についてはこちらで対応します。あなたの名前を出して迷惑をかけることはしません」[25]。そして、のちにかれ自身が「馬鹿げた旅」と呼んで片づけるものに乗り出し、六か月かけて世界中を旅した。マルセイユから大西洋を渡り、グアドループとマルティニークを訪れ、パナマ運河を通って太平洋をタヒチへと進み、ポール・ゴーギャンに倣って地元の少女たちを撮影したり、自分も地元の衣装を着て写真に撮ったりしながら五日間を過ごす。エリュアールは旅を続け、クック諸島、ウェリントン、シドニー、ブリスベン、メラネシア諸島から当時のオランダ領東インドへ向かい、マカッサル、スラバヤ（ほどなくして、クルト・ヴァイルの曲『スラバヤ・ジョニー』の中で失恋の都として不朽の名声を得ることになる）、スマラン、チルボン、バタヴィア〔現在のジャカルタ〕、ムントクに寄港し、最後に辿り着いたのがシンガポールだった。その地でエリュアールは、かれと合流するために密かにフランスを発っていたガラとエルンストに再会を果たす。ガラはエリュアールの膨大な美術コレクションの一部を売って旅の資金を調達していた。「ぼくの可愛いひと」とエリュアールはタヒチからガラに宛てて書いている。「君が遠からずこの道を渡ってくるのを楽しみにしている。［…］君はぼくにとって大切な唯一の存在だ。ぼくが愛しているのは君しかいない。君しか愛したことがない。他の人を愛することなどできないのだ」[26]。

三人は、シンガポールから当時まだ仏領インドシナだったサイゴンに向かい、八月十一日に現地に到着する。〈ホテル・カジノ〉に宿泊するが、三人で過ごす日々は長くは続かない。ほどなくしてエリュアールとガラは、オランダの豪華客船ヒュントゥル号で、コロンボ、ジブチ、スエズ運河を経由してマルセイユに戻った。残されたエルンスト

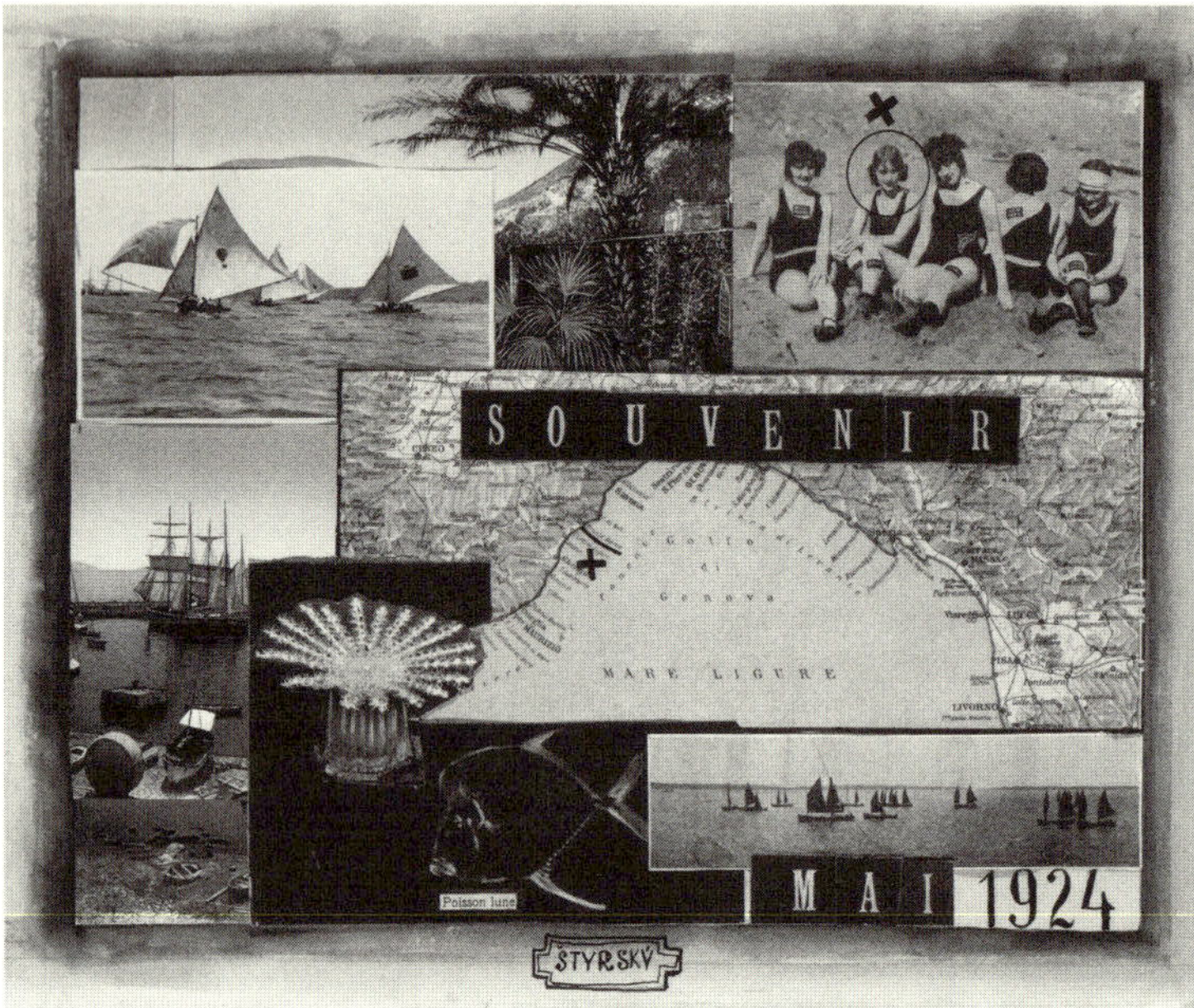

インジフ・シュティルスキー《想い出》コラージュ、1924年。Photograph © National Gallery in Prague, 2011.

は、その後古い不定期貨物船に乗り、帰還する。エリュアールがパリに戻ってきたのは一九二四年九月末で、ブルトンの最初の『シュルレアリスム宣言』の刊行とシュルレアリスム研究所の設立にちょうど間に合った。エリュアールが元気で生きていたことに友人たちは胸を撫で下ろしたが、これほど長い間消息を絶っていたことにはやはり憤りを見せていた。公平を期すために書いておくと、この謎はすべてエリュアール一人が作り上げたものではなかった。実はマルセイユから気送速達を父に送り、自分はパリで大量出血したため病院に運び込まれ、今はスイスのサナトリウムで療養中であると「全員に」同じように伝えるよう依頼していたのである。[27] いかなる理由があったにせよ、ガラもエルンストも、自分たちの知る真相を隠していた。催眠状態のロベール・デスノスが、エリュアールはニューヘブリディーズ諸島にいると予言したのを除くと——それは当たらずとも遠からずだったわけだが——半年にわたってシュルレアリストたちは詩人の居所について——それどころか生死についても——確実な情報を得られずにいた。「信じられるか?」当惑したブルトンは、マルセル・ノルにこう書き送っている。

> 実際のところ、エリュアールはタヒチやジャワで、それからサイゴンではガラやエルンストとともに楽しくやっていたんだ。
> エルンストはそのうち帰ってくるだろう。
> だが、ポールとガラは、まるで何事もなかったかのような素振りだ。［…］
> これでよかったじゃないかと、君は思うだろうが。
> 何にせよ、ポールは昨日僕に短い手紙をよこして、ただ〈シラノ〉で待っているとだけ伝えてきた。
> 本人であるのは間違いない。
> 単なる休暇、それだけだ。
> あいつは、君の近況も知りたがっていたよ。[28]

「ガラはかれの居場所を三か月も前から知っていた」とシモーヌは息巻く。「私はあの女を絶対に許さない。嘘をついたからではなく、かれがいなくなっても態度を装っていたから。あの女にはあふれんばかりの嫌悪しかない。私の感情を盗んだ人間が許せない。でも、アンドレのほうがもっといろんな感情があったはず。［…］あの女に唾を吐きかけてやりたい」。さらに皮肉たっぷりに問いかける。「象徴に喩えられる被造物って何？」[29]

かの伝説的なアンコールワット遺跡を訪れたことは、エルンストにとっていくらか慰めになったのだろう。エリュアールはガラとふたたび二人きりになりたがったため、この機会を逃した。ジャングルに覆い尽くされ廃墟と化した都市のイメージはまもなくエルンストの絵画に現われ、一九三五年から三六年にかけて描かれた壮大な連作《石化した都市》で頂点に達する――その起源にいかなる偶然があるにせよ、この作品はむしろ二〇世紀という時代の暗喩となっている。エルンストはどうやらエリュアールと同じくらい、自身に関するエピソードを覆い隠すことに執心していたらしく、「自伝メモ」の中では複雑な三角関係の全体について（誤解を招くほどではないが）そっけない記述でまとめている。「M・Eは喜んで安く彼のパリ時代の作品をデュッセルドルフにいる母親のアイに売る。そしてインドシナへ向けて船に乗り、サイゴンでポールとガラ・エリュアールとランデヴーする。そこでポールを説得し、『永久に消える』という彼の考えをやめさせる。ポールとガラはパリへ帰り、マックスは数か月後にその後を追う」[30]。

旅から戻ったエリュアールが取り憑かれていたのは、過去の遺跡ではなく、直接目にした現代ヨーロッパの植民地主義の同時代の現実であった。「インドシナでは白人の男性は死体でしかないが、その死体が自分の糞を黄色い肌の人びとの顔に投げつけているのだ」と、一九二四年十二月、エリュアールは「奴隷制の廃止」と題した記事の中で述べている。それは『シュルレアリスム革命』誌が創刊したのと同じ月のことだった。この「白人の退廃の馬鹿げた残虐さ」に対する熱のこもった非難こそが、エリュアールが政治ジャーナリズムの世界へ乗り出す最初の企てとなった[31]。ロバート・マクナブによれば、一九二四年二月にエルンストがアンデパンダン展に《美しき女庭師》を出品したことが、エリュアールの失踪を引き起こす「最後の一撃となったかもしれない」[32]という。いみじくもこの失踪こそが、愛、詩、そして政治という相反する流れの中で、生涯にわたってこの詩人が行なう航海の超現実的な出発点となる――これは、客観的偶然から逃れる必要性を謎めいた方法で垣間見せるひとつの例を示している。私たちはそろそろ、美しい女庭師が丹精込めて世話する美しい庭が歴史のかたわらに広がっていることを期待すべきでないのだろうか。

サイゴンで何があったにせよ、エルンストとエリュアールはその後も親友であり続けた。二人はともに愛した女性に捧げるべく、匿名の詩画集『沈黙の代わりに』を一九二五年に出版する。エルンストがガラを描いた二十枚のペン画と、エリュアールによる十八篇の詩からなる同書は、ボードレール以降に書かれたものとしてもっとも美しい詩であるとフィリップ・スーポーが評している[33]。冒頭の二篇の詩は、全体として「私は愛の中で沈黙する、私は夢見る」、そして「私たち二人のうち、どちらがもう片方を創造したのだろう?[34]」と読める。さらに下品なことに、エリュアールは、二〇世紀史上もっとも罰当たりなイメージに数えられるエルンストの一九二六年の絵画《三人の目撃者、アンドレ・ブルトン、ポール・エリュアールそして画家の前で赤ん坊のイエスにお仕置きする聖母マリア》の中で大きく取り上げられている。この場面の着想について、ジミー・エルンストは愛するマヤの手によってかれ自身が幼少期に受けた折檻であると語っているが、マルセル・ジャンは、このアイデアはアンドレ・ブルトンのものだと主張している[35]。この絵画は、エルンストの父のみならずケルン大司教にも大きな衝撃を与え、後者はこの絵が出品されていた展覧会を中止に追い込んでいる。神が人間を創り、無礼にも地上へ突き落したこの近代の寓意画のどこがとりわけ衝撃的であったのかを推し量るのは難しい。聖母の無慈悲な手に叩かれて赤くなっている子イエス・キリストの尻だろうか、それとも、窓越しにこの不敬な見世物をこっそり覗き見ているシュルレアリストたちの姿だろうか。マリアの後光は完全な形を保っているが、キリストのは床に滑り落ちている。現在、この作品はケルンのルートヴィヒ美術館に所蔵されている。エルンストとしては、「英国のスパンキングシーンにおける若く信念のある従順なモデル」を自称する「パンドラ・ブレイク——尻を叩かれても、黙らない」というブログに掲載されたほうがより喜んだであろう。「おそらくエルンストは、聖母子のイメージを、よりリアルな人間の経験と一致させようとしている」とパンドラは示唆している。「エルンスト自身を含む三人のシュルレアリスムの画家がことの成り行きを見守っているという奇妙な事実に触れておきたい。これは批判的監視に対するコメントなのか、それとも単に古典的な窃視趣味なのか? それは誰にもわからない」。偶然にも、彼女が好きな映画として挙げているのは、フィリップ・カウフマン監督、ミラン・クンデラ原作の『存在の耐えられない軽さ』である[36]。

のちにエリュアールは「詩の明証性」の中で、エルンストとの出会いについて語っている。これは一九三六年にロンドンの〈シュルレアリスム国際展〉で行なった講演で、マルキ・ド・サドを称揚したことでオーガスタス・ジョンの怒りを買ったものである。エリュアールの「馬鹿げた旅」から十二年が経ち、世界は大きく変わっていた。たとえニューバーリントン画廊の聴衆は、このような変化の中に結局のところ変わらないものの永遠の回帰にほかならないものを目にするのを許されていたとしても、「この熱狂の時代、ヨーロッパが——ひいては世界そのものが——ひとつの炉となるかもしれない時代[37]」と、アンドレ・ブルトンが同展で預言的な言葉を残している。エリュアールの回想に心を強く動かされたのが、（ブルトンがかつて呼んだように）「友情によるシュルレアリスト」であった英国の画家ローランド・ペンローズだった。かれは、共産主義者の詩人デイヴィッド・ガスコインとともにロンドンで行なわれた展覧会の主催者を務めていた[38]。「わたしを昂揚させるひとつのことばがある。それを聞くとわたしは必ず、大きな戦慄を覚え、大きな希望、すなわち人間を押しつぶす荒廃と死の力とに打ち勝つ最大の希望を、感じずにいられない」と、エリュアールは聴衆に語りかける。「それは友愛（フラテルニザシオン）ということばだ」。かれはさらに続ける。「一九一七年二月、シュルレアリスムの画家マックス・エルンストとわたしは、前線のわずか一キロの距離を隔てたところに互いに位置していた」。ヴェルダンでのことである。この奇妙な出会い[39]もまた、ロートレアモンの比喩に匹敵する。

> ドイツ軍の砲兵であるマックス・エルンストは、フランス軍の歩兵であるわたしが歩哨に立っている塹壕へ、砲弾を撃ち込んでいた。三年後、わたしたちはこの世でもっとも親しい友人となり、以来、人間の全的な解放という共通の大義のために、情熱を傾けてともに闘っているのである。
>
> 一九二五年、モロッコ戦争のとき、マックス・エルンストはわたしと一緒に、フランス共産党の合言葉である友愛（フラテルニザシオン）を支持し主張した。わたしにはっきりと言えることは、そのとき彼は、自分に関わりのあることに首を突っ込んでいたのだが、それは、一九一七年に彼がわたしの戦区にあって、自分に関わりのないことに首を突っ込まざるを得なかったのと、同じ程度においてであったことである。ただ戦争中は、互いに歩み寄ることも、わたしたちの共通の敵である「利潤のインターナショナル」に抗して、自発的に、また強烈に、手を差し延べ合うことも、わたしたちには不可能だったのだ[40]。

猥褻さの種類をめぐるルネ・ドーマルの考察が、ここでもまた思い起こされる。ところでエルンストは、《美しき女庭師》の中でガラの陰毛を描いていない。彼女の性器は鳩で隠されている。鳩のモチーフは、この作品の元となった一九二一年のコラージュ《聖対話》ですでに用いられていた。息子ジミーによれば、ハンブルクで開催された〈退廃芸術展〉は軍用トラックを何台か繋げて行なわれていたが、「女性のヌードを描いた他の作品と同様、《美しき女庭師》は観客の足を止めて混雑を引き起こす作品のひとつになっていたようだった」。ジミーはこう述べている。「女庭師の陰部の一部を覆った鳩の鮮烈なイメージのせいで、多くの観客が、まるでその鳥が隠しているものを見たいと言わんばかりに仕切りのロープから身を乗り出して目を凝らしていた」[41]。果たして、「世界の起源」を探し求める人間の旅路に終わりはあるのだろうか。

裸にされた花嫁

アンドレ・ブルトンなら真っ先に同意するだろうが、時代の雰囲気があらゆるものの色を決めていた。一九三五年のシュルレアリストたちのプラハ訪問は、ブルトンとエリュアールの私生活の中でも幸先のよい巡り合わせで、この街でかれらが受けた歓待もあり、ひとつのバラ色の記憶となったようだ。ブルトンは、愛すべきオンディーヌこと、二十五歳のジャクリーヌ・ランバと前年八月に結婚し、ジャコメッティとエリュアールが立会人を務めた。この結婚に先立つ一九三一年、ブルトンはシモーヌとの苦い、かつ高くついた離婚を経験していた。『ナジャ』の最後の数ページに突如現われる匿名の「君」、シュザンヌ・ミュザールとの同じく苦い不倫がその原因である。花嫁ジャクリーヌは来賓そしてマン・レイのカメラの前で裸になり、結婚のピクニックはマネの《草上の昼食》を再現するものになった[42]。ブルトンとジャクリーヌの娘オーブが魔法の都プラハで生を享けたであろうことを、アンジェロ・マリア・リペッリーノはロマンティックに断言している[43]。『狂気の愛』は、当時赤ん坊だったオーブへの愛情に満ちた手紙で終わる。「愛するハシバミリス」（「愛するエキュゼット・ド・ノワルーユ」）に宛てた文章の中で、ブルトンは「一九五二年の美しい春」を想像している。そのとき、「あなたは十六歳になったばかりだ。そしてもしかしたら、この本を開いてみようという気になるかもしれない。わたしはこの本の題名が、耳にここちよく、サンザシをたわめる風によって、あなたのところに運ばれていくだろうと思いたい」[44]。かつて『性についての探究』では父性に対する反発を表明したが、このときまでにブルトンは明らかに考えを変えていた。「絶対反対だ」と、かれはかつてグループのメンバーに請け合っていた。「万一子供ができてしまったら、何とかして会わずにすます方策を講ずる。孤児院という施設にもいいところはあるな」。もっとも、「情熱的な恋愛」の場合は、自分の考えを変える権利を留保していた[45]。

エリュアールが婚約者のニュッシュ（本名マリア・ベンツ）と結婚したのは、ブルトンとジャクリーヌの結婚式から一週間後のことで、今度はブルトンが立会人となって借りを返している。一九二九年、ガラはついにエリュアールを捨て、サルバドール・ダリのもとに走っていた。初恋に破れはしたが、エリュアールはブルトンとともに一九三〇年十二月に出版されたダリの『目に見える女』に熱烈な推薦文を寄せている[46]。ここでの「目に見える女」とはガラその人であり、「偏執狂的‐批判的方法」[47]を解説するダリのこの初めての著書はガラに捧げられている。表紙には同書のタイトルの元となったマックス・エルンストの一九二五年の作品が用いられた。マン・レイが撮ったガラの顔の写真に、鉛筆で風景が描き込まれたものである。ガラの巨大な黒い両目は、地平線の向こうからまっすぐに私たちを見返してくるが、その断固とした眼差しは、マネの《オランピア》やクリムトの《ヌーダ・ヴェリタス——裸の真実》を思わせる。ダリがエリュアールに献呈した本には、ピンク色のインクで描かれたエロティックなドローイングが余白に添えられていた[48]。エリュアールはシュルレアリストらしくこの贈り物を受け取ろうとしたが、それでもガラが去ったことに傷ついていた。「ぼくは君を十七年にわたって愛し続けてきた。そしてぼくはまだ十七歳のままなんだ」。一九三〇年四月、エリュアールはガラにこう書き送っている。「不幸という概念が、今日、君への愛とともに生まれたんだよ」。

同じ手紙ではまた、エリュアールがウラジーミル・マヤコフスキーの遺書を読んで涙したことも綴られている。マヤコフスキーはその月の初め、「愛の悲しみのために」[49]自ら命を絶っていた。その三年前、ロシアの詩人はプラハの解放劇場で朗読を行なった。「そのあと私たちは、クレイツァルが設計した百貨店〈オリンピック〉の屋上でかれの写真を撮った。そのときのマヤコフスキーときたら、ほんとにいい男だった！」ミレナ・イェセンスカーの友人ヤロスラヴァ・ヴォンドラーチコヴァーはこう回想している。「ほどなくして、かれが自殺したというニュースが届いた。私たちはぞっとして、何のことか理解できなかった。どうして、ただ、どうして？　と訊ねたけれど、誰も説明してはくれなかった」[50]。十月革命の英雄的詩人に対し、外国で恋人と会うための出国ビザをソヴィエト政府が拒絶したことがマヤコフスキーを追いつめたのかもしれないが、エリュアールはそのことには触れなかった。ブルトンもまた、『革命に奉仕するシュルレアリスム』誌に寄せたマヤコフスキーの自殺をめぐる文章の中で、やはりそのことに触れていない。その文章のタイトルは、マヤコフスキーの最後の詩「愛の小舟は生活に打ち砕かれ、粉々になってしまった」から取ったものであった。「その輝かしい不治の病」はいまだ軽々と勝利を収めている。「愛すべきか愛さざるべきか、それが問題だ」とブルトンは言う。「口づけの狂気、男が愛する女、ただその一人と交わす口づけの狂気の中［…］少なくとも瞬間的に、霧散しえないものなどこの世に何ひとつない。［…］生前、マヤコフスキーはどうしようもなくそのような瞬間に巻き込まれてしまった。私もそうだ。あまりにも美しい乳房があるのだ」[51]。

エリュアールもまた、どうしようもなく愛に巻き込まれていたようである。「ぼくの唯一の愉しみは」、と同じ月の初旬にガラに語ったところによれば、「君の裸の写真をためつすがめつ眺めること。君の乳房は食べてしまえそうなほど甘美で、君の腹が呼吸し、ぼくはそれを舐め回し噛りつき、君の性器はぼくの目の前ですっかり開かれ、ぼくの性器は君の中に入り込み、春のように不思議な動きをする君の尻をぼくは摑む」[52]。「毎晩、君の夢を見る。クルヴェルやぼくと一緒に山で裸でいる君、サン＝ブリスにいる君、等々［…］ぼくから君が去ることは決してない。でも、ぼくはますます君を恋しく思う」。エリュアールは、ニュッシュとの結婚前夜にもガラにそう告白している[53]。それは不貞ではなかった――ニュッシュも、ダリも、すべて承知していた――むしろそれは、オスカー・ココシュカのように個人的なものと政治的なものを絶望的なまでに混同して、まったく別の機会に、別の場所でヴァーツラフ・ハヴェルが述べたような嘘の中の生を送ることへの拒絶だった[54]。「ぼくは君を心から愛していた、ぼくとの生活も悪いものではなかったと思う」。数か月後、エリュアールはガラにこう書き送る。「ぼくらの愛は、自分たちのことをより深く認識させ、狂人のようなぼくらの他愛のなさを、無邪気さを手なずけてくれた。今、ぼくは君のことを穏やかに愛している。［…］ニュッシュは君が示してくれる友情に喜んでいる。彼女はぼくにとって、ちょうどダリが君にとってそうであるように、完全に愛すべき、献身的な存在なんだ[55]」。ブルトンもまた、同じような道徳的（モラル）な（かれの場合、教訓的（モラリスティック）とは言わないまでも）態度をとっていた。「すべてを白日の下にさらけ出す人生を送ってきたことがわたしの自慢だ」。シモーヌがマックス・モリーズと不倫したからではなく、彼女がそれを隠していたことにショックを受けた――あるいはそう言っていた――ブルトンは、一九二八年十一月、シモーヌにこう書き送っている。ブルトン自身は、ナジャやシュザンヌとの浮気についてすべてシモーヌに打ち明けていた。「わたしは何ひとつ君に隠さなかったし、わたしが君について知っていると（愚かにも）思っていたことを、いつでも尊重していたのに[56]」。

　エリュアールがニュッシュに見いだした慰めはかなり変化に富むものであったが、そのために結婚生活が幸せでなかったと考える理由はどこにもない。エリュアールは「背が高く、古典的な容貌で、感受性豊かで情緒的」であったと、アイリーン・エイガーは回想している。「歓びがいつも泉のように湧き出す、生に対して誠実な人、生けるエロスの神だった[57]」。ニュッシュについては、「ピカソが好んで描き、愛し、称賛した魅力的なフランス人女性。［…］可愛らしく、穏やかで、黒髪に、輝くような心と笑顔を持っていた」。サーカスの芸人というニュッシュの経歴は、アイリーンによれば「その後のエリュアールとの生活のためのよい準備になった」。なぜなら、「まず父親、それからステージに上がった観客に鎖でつながれ、そのあと謎めいた方法で脱出し、自由の身になってささやかな勝利のダンスを踊るというのが彼女の演目だったから［…］彼女は決して飼い慣らされることのない、歓びに満ちた生き物だった[58]」。エリュアールとアイリーンが最初に出会ったのは、一九二〇年代後半、若き英国人のアイリーンが、パリでチェコ人の画家フランチシェク・フォルティーンに師事していた頃のことである。その後、一九三六年のロンドンの〈シュルレアリスム国際展〉で二人は旧交を温める。翌年、エリュアールが英国を訪れたときには、アイリーンのパートナーだったジョゼフ・バードがかれを〈サヴェージ・クラブ〉へ昼食に連れていった。「部屋中に散らばっていたアフリカ彫刻の初期のコレクション」にエリュアールは魅了されたが、供されたデザートの愉しさにさらに夢中になる。「かれはとても興奮していた」とアイリーンは語る。「食事の最後に出されたオレンジゼリーが、乳房のように揺れて震えていた。実にエロティックな感じで、かれはプディングの肉感的な曲面をスプーンでつついて少し歪ませていた。しばらくじっと見つめてから、かれは自分の欲望のオブジェをむさぼり始めた[59]」。

同年の夏の後半、エリュアールがアイリーン本人をむさぼり食う機会を得たのが、ローランド・ペンローズがコーンウォールのラム川沿いにある弟の家で開いた、アイリーンいわく「愉快なシュルレアリストのホームパーティー[60]」でのことだった。それは「短くも刺激的な出来事」で、「すてきな昼と夜が一度に来たみたい」だったという。気のいいジョゼフは特に抗議をするでもなかった。「たぶんあのひともニュッシュとの関係を楽しんでいたからだろう[61]」。「この素晴らしい土地は実に健康的だ」とエリュアールはガラに書き送っている。「でも暖かすぎるということはない」。そこにいた多くの者が、ニュッシュも含め（彼女はキスマークを添えた）、エリュアールの絵葉書に挨拶を寄せている。マックス・エルンストは――いささか怪しくはあるが、単なる偶然だろう――そこに加わっていない[62]。他にはアメリカ人写真家リー・ミラー、英国人画家レオノーラ・キャリントン、マン・レイと恋人のアドリエンヌ（アディ）・フィドラン、そしてベルギーの画商でシュルレアリストの詩人でもあるE・L・T・メゼンスといった面々が揃っていた。ヘンリー・ムーアと妻のイレーナも立ち寄っている。愛――あるいはそれに似た何か――が大気中に漂っていた。リー・ミラーは裕福なエジプト人の夫アジズ・エルイ・ベイのもとを離れて初めてヨーロッパで過ごす三年間の休暇を楽しんでいた。ミラーは離婚してまもないローランド・ペンローズと出会っていたが、かれはつい数日前、パリの仮面舞踏会で乞食の仮装をしていた。エルンストはまたもや逃亡中の身だったが、このときはまだ、ほどなくしてレ・ミルの収容所を経由してニューヨークとペギー・グッゲンハイムの腕に転がり込むことになる旅路のふざけた予行練習にすぎなかった。レオノーラの父はランカシャーの裕福な織物業者で、二十歳の娘と二回り以上も年上のシュルレアリスム画家との淫行を決して認めようとはせず、最近ロンドンで行なわれた展覧会での猥褻物陳列のかどでエルンストに逮捕状を出すよう警察に要請したほどだった。言うまでもなく、かれらは皆楽しい時を過ごしていた。「ローランドが先頭に立って、ちょっとした乱交パーティーが始まりそうになった。リーが泡風呂に入っているのを見に行ったのを覚えている」とアイリーンは語る。「でも、バスタブは私たちみんなが入るには小さすぎたの」[63]。

感動的なまでに（あるいは単に向こうみずだったのかもしれないが）無邪気なものが、この「海辺のシュルレアリスム」にはあった――このフレーズはポール・ナッシュの魅力的なエッセイから借りている。自由奔放なアイリーンは、このパーティーの前年にはナッシュにも心を寄せていた――エリュアールの言った「人間を貶める偽りの執拗な現実」も、服とともに脱ぎ捨ててしまうことができると本当に信じていたかのようだった。楽園追放以前へのこの憧憬は、その夏、かれらが互いに撮り合ったスナップ写真にもっともよく表われている。エリュアール、ニュッシュ、そしてアディが、古代の名残をとどめるコーンウォールの丘を背にして、手に手を取り合い踊っている。アイリーンとエリュアールが背中合わせになり、露骨に男根の形をしたオールド・キア教会のオベリスクを囲み、中世の彫像のようなポーズを決めている。レオノーラ、ニュッシュ、アディ、そしてリーは、デッキチェアに寝そべっている。目を閉じなければ見ることができない、現代世界にふさわしいシュルレアリスムのミューズたち。（ローフンドが撮った）ある一枚の写真には、裸のリーが二階の窓から楽しげに身を乗り出している。また別の一枚では、彼女はファルマスの船具商から見事に救い出された船首像のむき出しの胸を愛撫している。この船首像のポーズは、のちにローランドの一九三八年の油彩画《射撃の名手》でリー自身の裸体と融け合うことになる。マックス・エルンストが海藻にまみれて波間から立ち上がる写真を息子のジミーが見たならば、ボヘミアンたちのホームパーティーが行き着く先を暗示する不吉な徴を見いだしたかもしれない[64]。しばしば退屈なほど馴染み深く、かといって新しい傷をつけるのに十分なほどの目新しさで、いつも歴史は繰り返される。状況は以前とまったく同じではないにせよ、ちょうど二十年前にルー・シュトラウス＝エルンストをケルンに残していったように、この「海の老人」は気の狂ったレオノーラ・キャリントンをフランスに残し、一九四〇年にアメリカへと渡る。その後、狂気への転落を記したレオノーラの回想録は、今ではシュルレアリスム文学における古典のひとつとなっている[65]。

ラウール・ハウスマンと同様、ルーとジミーは一九二八年にアウグスト・ザンダーの『二〇世紀の人間たち』の被写体となっている。ザンダーによれば、同写真集の目的は「『絶対的に自然に忠実な写真』により『われわれの時代の時代像を提示する』[66]」ことにほかならなかった。かれの記念碑的作品は、五、六百枚ほどの写真を七つのグループに分けて収録する予定だった。「農民」、「労働者」、「婦人」、「身分、職業」、「芸術家」、「大都市」そして「最後の人びと」。「最後の人びと」には「白痴、病人、狂人、そして物質」が含まれ、いわば死の様相を呈していた。これらのグループはさらに、ドイツの社会構造を反映する四十五のポートフォリオに細分化される予定だった。時が経つにつれ、表層と見取り図はほころびを見せはじめる。ザンダーは「大都市」のグループにさらに三つのポートフォリオを新しく加える必要があると考えたが、その論理にはルドルフ二世の「驚異の部屋」のような不可解さがあった。ここでの「外国人労働者」は、戦時中の第三帝国で強制労働に従事させられたウクライナの奴隷労働者たちである。「政治犯」はジークブルク刑務所の囚人たちだが、ここはザンダー自身の息子エーリッヒが十年間の懲役に服し、死亡した場所でもあった。息子の死に顔はポートフォリオの最後を飾っている。[67]「迫害された人々とは」と、ザンダーは自分の三つ目の新しいポートフォリオについて一九四七年八月に記している。「亡命を余儀なくされたり、ガス室で生涯を終えたりした人々である。どれもみな、非政治的なごく普通の人々の表情を捉えた忘れがたいポートレートとなっている[68]」。

これら多くの人物写真の中、ルーとジミーの姿があるのは、迫害された人びとを捉えたポートフォリオではなく、もう少し当たり障りのない「母親と子供[69]」のカテゴリーである。こうした分類というのは、ときとして不確かなものである。一九七六年、ペール・ラシェーズ墓地で父親の葬儀に参列したジミーは、「ナイフの切っ先で、五十五年の時を経て敷石を裏返すように、そしてまごついてしまうほど何の脈絡もなく」ある感覚に襲われる。「突然ひとつの考えが、ひどくはっきりと浮かんできた。それは、実際には目にしたことのないイメージだった。三十年以上前、何日もの間ぎゅうぎゅう詰めの貨車に乗せられた末に、この場所からはるか東に行ったところで母もまたこうして火葬され、名もない人びとの一人として煙になったのだ。ルー・シュトラウス＝エルンストがヒトラーの『最終的解決』の単なる統計の数字の一人となったとき、その場所に日が射していたのかどうかさえ、私にはわからなかった[70]」。シュトラウス＝エルンストは、ジャーナリスト、美術史家としての輝かしいキャリアを捨て、一九三三年にパリに逃

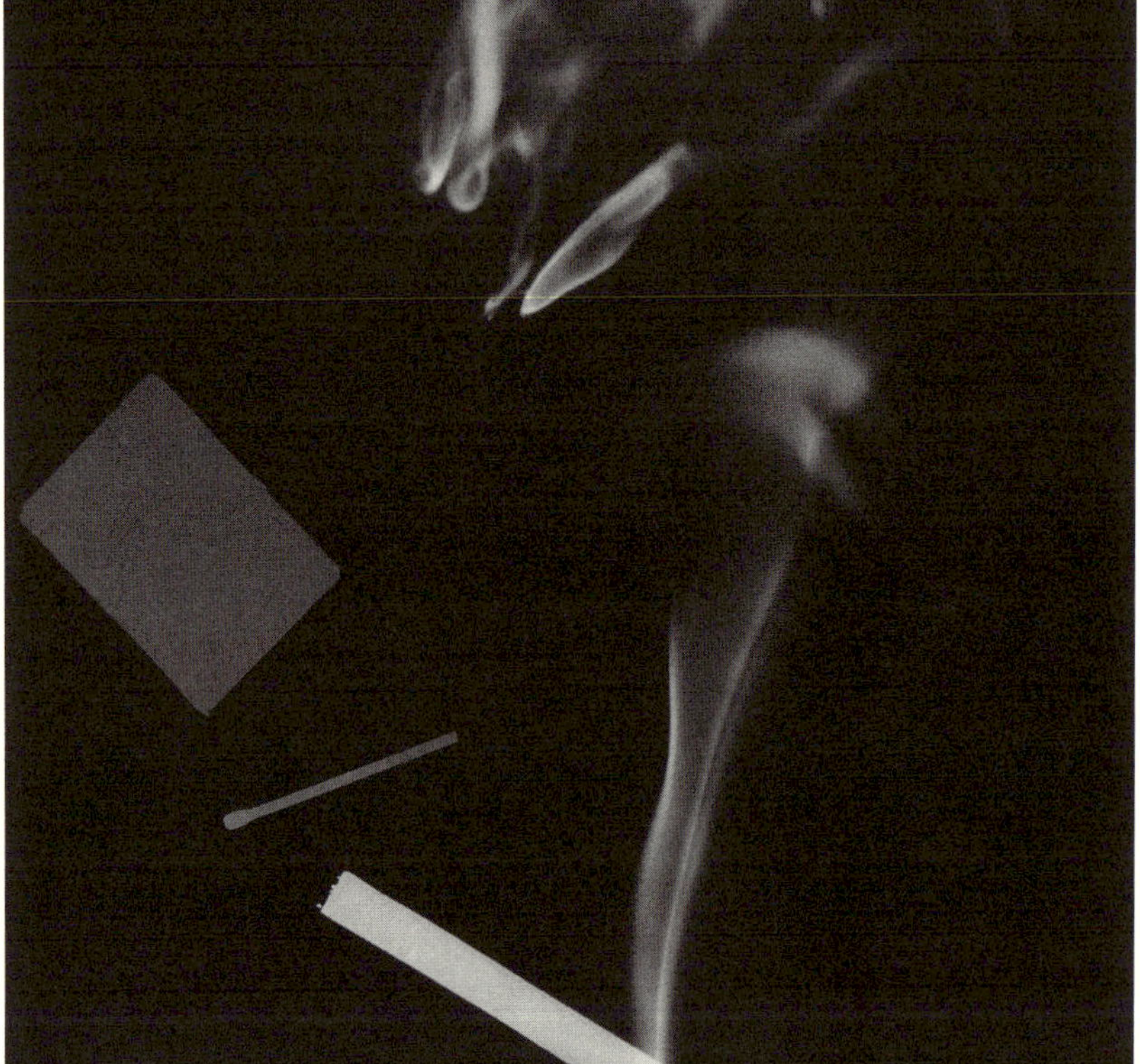

ヤロスラフ・レスレル《煙》1929年。プラハ芸術工芸博物館蔵

れる。ジミーは乳母のマヤの世話のもと、ケルンに残された。一九四四年六月三十日、パリからアウシュヴィッツへと向かう最後から二番目の列車に乗せられて、ルーは移送された。[71]

空気と暴力を吸い込みながら

ポール・ナッシュはアイリーンとエリュアールの情事に激しく嫉妬したが、アイリーンのほうがその理由を理解することはなかった。ナッシュの評論「スワネージ、あるいは海辺のシュルレアリスム」は、その前年に『アーキテクチュラル・レヴュー』誌に掲載されていた。ヴィクトリア朝時代のこの小さなリゾート地にナッシュが見いだしたのは、「美と醜さと不安を引き起こす力を併せ持つあらゆるものに宿る奇妙な魅力」だった。この街の中でも奇妙なのが街灯柱で、土台にぐるりと彫られた銘文によれば、もともとはロンドンのある広場のために作られたものだという。「砲丸のピラミッドを載せた石の柱は［…］アルフレッド大王がデーン人を撃退したことを記念して製作されたものであった。さらには「不気味なヴィクトリア朝ゴシック風の時計のない巨大な時計塔は陰鬱で、堅牢な海に対して紙のように弱々しく、かつて邸宅の庭であった場所に聳え、寂しい浜辺に突き出ている」[72]。まもなくナッシュは、ドーセットの海岸の「小さいけれ（マレー）ど、私たちのもの（アレ・ナシエ）」である超現実性と引き換えにメッサーシュミットの墓地を手に入れることになる。かれが戦争画家として仕事をこなしたのは、それが初めてではなかった。《死海》（一九四〇―四一）が第二次世界大戦から生まれたもっとも不気味な絵画のひとつであるとすれば、《我々は新しい世界を作っている》（一九一八）からは、のちに神経衰弱に罹るナッシュの若い頃の感性に第一次世界大戦が与えた衝撃がはっきりと伝わってくる。《死海》の着想の元となったのは、オックスフォードシャーのカウリーで撃墜され、打ち捨てられていたドイツ軍戦闘機の残骸である。それはナッシュの少し前の作品《冬の海》（一九二五年、一九三七年に改作）に驚くほどよく似ているが、《死海》の場合、「押し寄せる巨大な波、一面に広がる漠とした干潟、平原に持ち上がり砕け散る波[73]」は、ばらばらになった飛行機の翼や胴体でできている——まさに堅牢な海である。《我々は新しい世界を作っている》にも人間の姿は描かれていないが、そこで十二分に表現されているのは人間の夢の末路である。塩気のある沼と折れた枯れ木といった無人の風景がカンヴァスに描かれ、くすんだ太陽に気味悪く照らされている。「私はもはや好奇心旺盛な芸術家などではない」と、一九一七年十一月、ナッシュは前線から妻のマーガレットに——アイリーン・エイガーと不倫していた時期、ナッシュはまだマーガレットと別れていなかった——書き送っている。「私は伝令として、今戦っている男たちの言葉を、この戦争が永遠に続けばいいと考えている人びとに届ける。私の伝える言葉は弱々しく不正確なものだろうが、苦い真実としてかれらの下卑た魂を焼き尽くすはずだ[74]」。

グアドループ出身のムラートのダンサー、アディ・フィドランは、マン・レイにとって、五年前にリー・ミラーと別れて以来、初めて真剣に付き合った女性だった。アディは『ハーパーズ・バザー』誌の一九三七年九月号に登場し、雑誌のオーナーだったウィリアム・ランドルフ・ハーストが押しつけた人種差別を打破した（そしてもちろん、アメリカを代表するファッション誌を彩った）初の黒人モデルとなる。マン・レイの撮影による見開き二ページの記事には、「アフリカのクバ族がパリに帽子を贈る」と、シャルル・ラットン画廊で行なわれていたコンゴの頭飾りの展覧会に着想を得たタイトルが添えられている。ポール・エリュアールは写真にふさわしい詩的なキャプションを寄せた[75]。これらはマン・レイが「エキゾチックなガールフレンド」（そう形容したのはエイガー[76]）を題材にした習作というだけではない。アディがいくつかのヌード写真の被写体となっていること自体は驚くに値しないが、これらの写真はマン・レイの作品としては珍しく簡素で自然である。ソラリゼーションも、二重露光も、手の込んだ陰影の仕掛けもない。「マン・レイが撮影したアディのヌードは、奇妙なほど何も手を加えられていない自然な表現で、若々しい本能の躍動と、クレオール女性の秘めたるプリミティヴィスムに満ちている」。二〇〇七年、バレンシアで行なわれた展覧会に際してピラール・パルセリサスはこう述べている。現代のアメリカ人ならこうした物言いに顔をしかめるかもしれないが、私としてはまさにそれが、マン・レイが当時撮っていたものではないかという気がする。「血肉を備えた自然のヴィーナスのイメージは、マネキンの人工的な美に触発された天上のヴィーナス、そしてシュルレアリスムのヴィーナスの対極にある」。アドルフ・ツィーグラーであれば、別の理由ではあるが、マン・レイによるアディの写真を認めなかっただろう。

　このアドリエンヌの「素朴な振る舞いとカフェオレ色の肌、自然との見事な調和[77]」の魅力がどのようなものであったにせよ、マン・レイが一九四〇年にニューヨークへ戻ると、このシュルレアリストのミューズもまたパリに取り残される。別れを選択したのはマン・レイというよりも、むしろアディのほうだった。ユダヤ人だったマン・レイには、パリを去る以外の選択肢はほとんどなかった。アディは土壇場になって（マン・レイは自分と「妻」の分のスペイン行きの出国許可証を確保していた）、占領下のパリに残り、家族の面倒を見ると決める。もしこの写真家が自然のヴィーナスをウィリアム・ランドルフ・ハーストのいるアメリカへと連れ出していたとしても、もちろん二人の関係はフランス以上に多くの困難に見舞われることになっただろう。フランスなら（マン・レイの言葉によれば）「二人は恋に落ち、南フランスで、他の人々たちからも暖かく見守られたのだった[78]」。異人種間の結婚は、当時はまだ合衆国の半数以上の州で犯罪とされていた。マン・レイは、パリ陥落のどさくさの後どこかに行ってしまったアディのお気に入りの金メッキ仕上げの青銅の自転車を取り戻すと約束した。「金無垢でミンクの飾りのついた自転車を買ってやる[79]」。だが、この約束が果たされることはなかった。アディはナチ・ドイツの占領下を生き延び、その間にアンドレという名の若いフランス人と結婚し、マン・レイがあわただしく残していった作品の多くを守り抜く。シャンゼリゼのクラブ〈ニグロ〉で踊り子をしていたという話を最後に、彼女は美術史から姿を消す。

　コーンウォールでの集まりから数週間後、シュルレアリストのホームパーティーは陽光降り注ぐムージャンの村で再開した。〈オテル・ル・ヴァスト・オリゾン〉（「広漠たる地平線」の意）――ふさわしい名だとローランド・ペンローズは思った――が、一九三六年から三八年までの三年間、素敵な夏の隠れ家となった。そこには「休息するにも、また誰にも邪魔されず集中して活動するにも理想的な空間」と「地中海沿岸ののどかな雰囲気があった。［…］フランコ将軍がスペインに侵攻したという恐ろしい知らせで破壊されてしまったが[80]」。アイリーンによれば、「簡素な美しさのホテルで、中庭と葡萄畑が一望できた。そのはるか下にはさらにカンヌの家々の屋根と暗い海が広がっていた[81]」。

青々とした夏の一瞬は、カメラに捉えられ永遠に静止した状態となり、未来の美術館のポストカードやマグネットに使われる。サント＝マルグリット島で、エリュアールとニュッシュ、マン・レイとアディ、リー・ミラーとローランド・ペンローズが終わることのないピクニックをしている写真である。女性たちはみな胸を露わにしている——深淵のきわの世界、あとに続く暗闇によっていっそう輝きを増す一瞬のドキュメント。[82] 一九一四年の夏も素晴らしいものだったと、みなが一様に口を揃える。若い頃の写真のうち、アイリーンがとても気に入っている一枚がある。薄い紗を羽織り、ムージャンの屋根の上で踊る姿。その半世紀後に出版した自伝にも彼女はこの写真を載せている。[83] プルーストのように、彼女は「過去の記憶を持たなかったり、過去に思いを馳せない者は、未現像のネガのようなものだ[84]」と信じるに至ったという。

かれらは地中海の陽光の下でも、強風の吹きすさぶ荒涼としたコーンウォールのときと同じように、情熱的にパートナーを取り替えては愛を交わした。パーティーの盛り上げ役のピカソがニュッシュとは寝る気がしないと言ったのも、かれ自身の弁明によれば、親しい仲のエリュアールを侮辱しようとしてのことではないという。[85] 詩人と画家は、一九二六年から互いを知っていたとはいえ、二人の友情を強固にしていたのは同じ魅力的なフランス人女性を味わったからではなく、スペイン内戦の影響だった——あるいは少なくともブラッサイはそう考えていた。この二人の男の『生への感覚（グー）』と、彼らの力、彼らの労苦と苦悩を創造のよろこびに変える意思は、彼らの友情の共通分母なのだ」とブラッサイは記している。「愛なき人生を創造することのない詩人たちのうちでも、もっともよく眼の見える人、画家たちのうちでの最高のレアリストにとって、芸術とは想像したり夢みたりするものではなく、生きて、見る行為なのだ。肉体をもつ彼は、現実の支えを求め、無動機なるものの一切を逃れるのだ[86]」。ピカソとエリュアールの肉体への耽溺を、ブラッサイはたしかに捉えている。この点で、二人は頭で物事を考えるアンドレ・ブルトンとは対照的である。だが、このブラッサイの回想は一九四五年のもので、すでに世界の表層と見取り図は引き裂かれ、新しく編み直されていた。その頃にはエリュアールはまったくの別人になっていた。理由はあとで詳述するが、そのようなかれをディディエ・デロッシュと呼ぶことにしよう。その時点で、この詩人は生きることと見ること、想像することと

リー・ミラー《ピクニック、フランス、カンヌ、サント=マルグリット島》1937年。左から右に、ニュッシュ・エリュアール、ポール・エリュアール、ローランド・ペンローズ、マン・レイ、アディ・フィドラン。

夢見ることを区別していなかったのだろう。
リー・ミラーは、その後、第二次世界大戦のもっとも忘れがたい写真のいくつかを生み出し続けることになる。彼女の連作『灰色の栄光――戦火の英国写真集』はロンドン大空襲を捉えたもので、これもまた現実の瞬間が暗喩へと転化する。非国教徒の教会の扉から吐き出された大量の煉瓦。ゆらめく水たまりに映る、粉々に砕け散ったユニヴァーシティ・カレッジの屋根。《沈黙するレミントン》のタイプライターのねじ曲がったキー。《文化への復讐》では、ドイツ空軍が残した瓦礫のベッドに裸婦の彫像が横たわり、その喉はちぎれた電線で切り裂かれている。[87]これらは、アンドレ・ブルトンが「[百頭女は]正しい場所に設置された彫像と、どぶの中に放り出された彫像との間を橋渡しする。正しい場所に設置されていても気がつかないものが、どぶの中ではこのうえなく魅力的なものになる」[88]とエルンストの『百頭女』を称賛したときに念頭にあったものでは必ずしもなかっただろうが、それでも《文化への復讐》のイメージは、そのような場面をまさしく実現している。リー・ミラーは連合国軍に従軍し、ノルマンディー上陸からベルリン、さらにその先を追うが――彼女はこのような単独取材を行なった唯一の女性ジャーナリストだった――その身分は『ヴォーグ』誌の従軍記者という一風変わったものだった。[89]廃墟と化したヨーロッパのモダニティに宿る痙攣的な美を、ミラーは余すところなく記録している。軍服姿でソファに横たわり、死んでいるライプツィヒ市長の娘(「めったにない美しい歯並びだった」とミラーは述懐する)。[90]爆撃されたウィーンの聖堂の廃墟で、独りきりで『蝶々夫人』のアリアを無伴奏で歌うソプラノ歌手イルムガルド・ゼーフリード(「穴をふさぐ板の上に立ち[…]飢えで痩せ細った身体に合わせて、彼女のドレスの腰まわりは安全ピンで留められていた」)[91]。ダッハウ強制収容所のそばの水路に浮かぶ惨殺された親衛隊の歩哨は、オフィーリアのように穏やかな顔をした美しい少年である。[92]
ミラーは、彼女のもう一人の恋人デイヴィッド・シャーマンに、ミュンヘンのプリンツレゲンテン広場十六番地のヒトラーの私邸で自分が入浴する様子を撮影させた。二人はこの場所に踏み込んだ連合国側の最初のジャーナリストだった。ミラーの泥だらけの軍用ブーツが白いバスマットを汚している。この写真に込められた複数のアイロニーは多くの批評家によって指摘されてきたが、相似の効果によって、見る者を善悪の彼岸へと誘う。浴室という場所は、その日ここに来る前に彼女がダッハウで見てきたシャワー室をいやおうなしに思い起こさせる。彼女自身の言葉によれば、そこでは「選ばれた犠牲者が服を脱ぎ、何も知らずに歩いていく。[…]シャワーを浴びようと蛇口をひねると、かれらは死んでしまう」[93]。収容所を後にしたミラーは、「空気と暴力を吸い込みながら」『ヴォーグ』誌の編集者オードリー・ウィザーズに書き送っている。彼女はヒトラーについて、「今日ほどかれが生々しく感じられたことはありません」[94]と続ける。ナチの指導者の残忍さを生々しく感じたのは、ダッハウでの残虐行為よりも、むしろヒトラーの部屋の凡庸さだった。「そこには優雅さも魅力のかけらもなければ親密な雰囲気もなく、かといって広い部屋でもなかった」。ヒトラーが触れた日常的なオブジェを見ていると、「それほど権威があるわけでもない、だからこそいっそう恐ろしい」者として総統が感じられた。ヒトラーはここで「悪しき機械であり怪物」から「猿真似で我々を侮辱し貶める、我々自身のカリカチュア」へと姿を変えたように思われたのだった[95]。こうしたキッチュな品々のひとつが、ネヴィル・チェンバレンからプレゼントとして貰ったジョージ六世の肖像画をあしらった土産物のビールジョッキで、持ち上げると英国国歌が流れるようになっていた[96]。しかし、この写真の核心となっているのは罪体の配置である。バスタブの向こうには、額装された総統の肖像写真が飾られている。裸婦の小像が、アドルフ・ツィーグラーのお墨付きを得られそうな古典的なポーズで洗面台の上に佇んでいる。その間で、小像のポーズを真似て身体を洗っているのが、パリでもっとも美しい乳房を持つ金髪碧眼のアメリカ人女性であった[97]。「神のご加護がなかったら、自分もあのようになっていたでしょう[98]」と、ミラーはウィザーズに宛てて冷ややかに書いている。

言うまでもなくニュッシュの裸体もまた、マン・レイのレンズに喜びをもって捉えられた。ニュッシュの身体は、シュルレアリストたちがプラハを訪れた数か月後に刊行された詩集『たやすいこと』におけるエリュアールの愛の詩の背景をなしている。写真の多くはソラリゼーションされ、ニュッシュの少年っぽい身体の曲線に沿って、超自然的な後光が差している。この詩集にたずさわった詩人、写真家、モデル、そして印刷所は、「肉体の完全性[99]」を成し遂げたとルネ・シャールは称賛の言葉を送っている。この評価は、その後の論評の多くにも影響を与える。「たしかに、これまで作られた中でもっとも美しい本のひとつである」とシェリー・ライスは記している。「『たやすいこと』で

ヴィーチェスラフ・ネズヴァル、『アルファベット』の文字「T」。ミルチャ・マイェロヴァーによる振付とカレル・タイゲのタイポグラフィー、プラハ、オットー社、1926年。Archive of Jindřich Toman. Courtsey of Olga Hilmerová, © Karel Teige - heirs c/o DILIA.

は、マン・レイの写真とエリュアールの詩が文字どおり縒り合わされ、官能的なヌードが愛の言葉の悦びを高めている。さらに写真のシルバーの色調が、愛の光と影に形を与える。言葉が図像へと変容し、着想は肉体となる」[100]。そのような奇跡的な変容の先駆けとなったのは、もちろんヴィーチェスラフ・ネズヴァルの『アルファベット』である。とはいえ、ネズヴァルの詩とミルチャ・マイェロヴァーの変幻自在な肉体を縒り合わせたカレル・タイゲのタイポグラフィーーフォトモンタージュをエリュアールがプラハ滞在中に見たかどうか、私にはわからない。ありえない話ではないだろう。『たやすいこと』でニュッシュの裸体以外に用いられている唯一の図版は一組の手袋で、わずかに指先が触れ合っている。エリュアールとニュッシュの関係性について、何かがここで示唆されているかもしれない。

エリュアールはニュッシュとともに暮らしていた。かれは彼女を愛し、それに私であれば、かれがどれほど繊細に彼女と接していたか、説明できるかもしれない。エリュアールはそのころ結核を患ってその年の一時期をサナトリウムで過ごしていた。それでも、ニュッシュが手袋や紙切れひとつでも落とそうものなら、エリュアールはそれを拾いに飛んでいっただろう――急激な運動が身体に障るとわかっていたにもかかわらず。エリュアールがいつもニュッシュのことを気遣っていても、私にはなお、ガラの記憶が（記憶だけではない、彼女は実際にそこにいた）かれを魅了し続けているようにつねに感じられた。

ここで引用したのはロジェ・カイヨワによるエリュアールの回想である。カイヨワはフランスのシュルレアリスト・グループに一九三二年に参加したが、二年後には同グループから離れ、一九三七年にはミシェル・レリスやジョルジュ・バタイユとともに社会学研究会を立ち上げる。かれは『ミノトール』誌にも頻繁に寄稿していた。当時のカイヨワは、自身の言葉によれば「若造」で、「うぶで教条的で妥協を知らず、どちらかというと攻撃的」で、「お気に入りの英雄」サン゠ジュストを真似て、「真面目に純潔を貫いていた」。グループを去った一件は、それと同じメンタリティの一部を捨ててはいるが、かれの見解が的外れであったということを意味するものではない。ブルトンが（のちのカイヨワの回想によれば）「中に虫が入っていたら興醒めだから（そうすると神秘が失われてしまうと君は言った）」メキシコの飛び跳ねる豆を割ってみることを拒絶したとき、「私の決心がついた」[101]。若いカイヨワは、エリュアールが偽名を用いることについて、「詩人（とりわけシュルレアリスムの詩人）に似つかわしくない」と考えていた。「私の態度は」とかれは述懐する。「エリュアールを苛立たせた。私が若い女性ではなく、思想にばかり興味を持っていると言って、かれはしばしば私をからかった。だが、私の場合は手の施しようがないと悟ったのだろう。おそらく、私の理論家ぶった態度、『清廉潔白な』教条主義者としての衒いをかれは見抜いていたのではないだろうか。私に絵葉書を送るときはたいてい、半裸の女性をあしらったものが届いた」[102]。

たしかに何か明るいもの、ジャック・ヴァシェの気味の悪いユムールではない、もっと元気づけるものですますこともできたかもしれない。エリュアールは、自身の多岐にわたる絵葉書のコレクションを『ミノトール』誌に掲載するにあたって最善を尽くしている。詩人をもっとも魅了したイメージは、我々の想像どおり、隠喩と変身からなる詩的空間を占めるようなものであった。「あらゆる記憶を統合し、あらゆる町や村を不滅にし、そうしたすべての小さな土地からひとつの『国』を構成しようとしがちである」として、風景のパノラマにはほとんど時間を割かず、復活祭のカードは「概してポルノグラフィー的」と見なしている。絵葉書が「大衆芸術」であるという幻想は抱いていなかったが、「搾取される者の気を逸らそうとする搾取する者」に利用されながらも、「芸術と詩に小さな変化をもたらした」と言う。「だが、この小さな変化はときに黄金を心にもたらす」。エリュアールのこれまでの経緯からもわかるように、この黄金はしばしば女性の形をとって現われる――「子供にして女であるもの（femmes-enfants）、花のような女（femmes-fleurs）、星のような女（femmes-étoiles）、火のような女（femmes-flammes）［…］輝く乙女、完璧な高級娼婦、伝説から抜け出てきた姫君」。なかでもエリュアールのお気に入りは、「孔雀のような髪型をした高飛車な女、女の頭をした猫、墓地の門にいる浅黒い美女、揺り椅子で逆さまになった裸の若い娘、海底にいる別の裸の娘、彼女はテーブルの上ではしたないポーズをとり、煙草を吸いワインを口に注ぐ」。「あらゆる事柄が」とエリュアールは語る。「女性を裸にする口実となる。一般心理学協会が出した絵葉書には、きちんと服を着た『科学』が『自然のヴェールを取る』、『自然はそのヴェールを脱ぎ、晴れやかに立ち、真の美が生まれる』とある。イヴが林檎の中にいる。数え切れないほどの裸の女性がありそうもない姿勢を取り、人の顔や動物の姿を形作っている」[103]。――まさにアルチンボルドの絵画の中で組み合わされる果物や野菜、書物、肉を盛った皿のように。あるいは、ほとんどそのようなものに。

エリュアールにすれば大いに悔やまれることに、優しく、よく笑う（誰もが彼女をそう記憶していた）ニュッシュは、一九三五年のプラハ旅行には同行していない。ブルトン『全集』の編者は彼女が同行したと述べ、同じ間違いがジェラール・デュロゾワの権威ある『シュルレアリスム運動史』と、一九九一年にポンピドゥー・センターで行なわれたブルトンの大回顧展〈痙攣的な美〉の図録でも繰り返されている[104]。このような間違いが起こった原因は、ニュッシュとエリュアールがチェコのシュルレアリストたちと一緒に写っている何枚かの写真にある。これらの写真はその二冊に掲載され、プラハで撮影されたものと誤記されている。実際のところ、エリュアールがブルトンに同行することを決めたのは出発間近だった。当時かれは困窮しており、旅費を友人たちから借りなければならなかった。ニュッシュが一緒であったならば、他のあらゆる場所でそうであったように、間違いなく何らかの痕跡を残しているはずである。だが、ネズヴァルの日記にも、ブルトンが旅先から持ち帰った写真にも、ニュッシュの姿はない[105]。パリに戻ったエリュアールは、ネズヴァル、シュティルスキー、そしてトワイヤンに手紙を書いている。トワイヤンには「素晴らしい」水彩画を贈ってくれたことに重ねて礼を述べ、それから「妻によくあなたのことを話しています。彼女はもうあなたに会う夢を見ています。あと一か月ありますね[106]」と記している。エリュアールはチェコのシュルレアリストたちがほどなくパリを訪れるのを楽しみにしていて、実際、先述の写真はその一九三五年の夏に撮られたものであった。この旅についてはのちほど詳述する。セーヌ川とヴルタヴァ川が人びとの想像力の中で混同されるのは、これが最初でもなければ最後でもない。ここでもまた、プラハは詩想を留め置く場所として選ばれるのである。

事物の秩序

ミュンヘンで開催された〈退廃芸術展〉が閉幕して二か月と経たないうちに、パリでは〈シュルレアリスム国際展〉が始まった。十四か国に及ぶ六十名の芸術家が三百点を超す作品を出展したこの展覧会は、シュルレアリストによる第二次世界大戦前の展覧会としては最大規模のものとなった。「シュルレアリスムの活動の絶頂だ」と、マン・レイはいつものようにやや性的な含みを込めて述べている。[107] 同展はまた、パリのシュルレアリスト・グループ第一世代の最後の雄叫びともなった。シュルレアリスム運動は来たる大戦を生き延びるとはいえ――その幾多の死亡記事は時期尚早だった――エリュアール、エルンスト、マン・レイ、そしてダリといった面々はみな、戦争の前年に亡命したブルトンと行動をともにすることになる。〈シュルレアリスム国際展〉はジョルジュ・ウィルデンシュタインのボザール画廊で行なわれたが、この画廊は上流階級の集まるフォーブール・サントノレ通りにあり、決して大衆向けの場所ではなかった。招待客はオープニングパーティーのために夜会服を着用するよう指示され、一九三八年一月十七日午後十時、フロックコートに燕尾服姿のポール・エリュアールのスピーチによって展覧会は始まった。「身なりのよい人びとがこんなふうに押し合いへし合いするのを見たのは、バザール・ド・ラ・シャリテで火事が起きて以来だ」とある記者が書いている。[108] 言うまでもなく、この内覧会は労働者たちが眠りにつく時間を過ぎてもなお続いた。

同展の図録の代わりにブルトンとエリュアールが編んだ『シュルレアリスム簡約辞典』には、どこか哀愁漂うところがある。これが二人の最後の共同制作となることを、この本自体が告げているかのようである。[109] この辞典は戦前のシュルレアリスム運動の関心事や人物に関する最良の手引となっているが、とりわけ（今回に限り）、離反者たちへの言及を避けていない。アラゴン、アルトー、デ・キリコ、デスノス、（当時すでにブルトンと和解していた）マッソン、そしてスーポーまで、正当に取り上げられている。ジョルジュ・バタイユの名は挙がっていないが、「シュルレアリスムの古くからの内部の敵」がブルトンの取り巻きであったことは一度もなかった。ヴィーチェスラフ・ネズヴァルとカレル・タイゲ――あとで見るように、かれらもほどなくして別々の道を歩むことになる――は、シュルレアリスム作家として、また「チェコスロヴァキアのシュルレアリスム運動推進者」として言及されている。意外なことに、シュティルスキーとトワイヤンの名がないが、二人の作品は『簡約辞典』に数点収録されている。

『簡約辞典』のテクストは二百点近い図版とともに散りばめられ、ちょうどジョン・ハートフィールドのフォトモンタージュのように、この時代のミニアチュールを形作っている。マルセル・デュシャンによるボトルラックの「レディ・メイド」や、ローズ・セラヴィに扮する自らの顔をラベルにした〈ベラレーヌ〉の香水瓶。他にも、ハンス・ベルメールの悪名高い少女人形、ルネ・マグリットの《凌辱》、それから見開き二ページにわたるラウール・ユバックとマン・レイが撮ったシュルレアリスムの女たち。そのうちの一人は、頭部に網目の鎧が魅力的に被され、リー・ミラーだとわかる。マグリットの《凌辱》は、顔の中に女性の胴体が埋め込まれたもので、二つの乳房が両目に、臍が鼻に、ヴァギナが口になっている。フェミニスト的観点からシュルレアリストたちの女性嫌悪を告発するとき、真っ先に槍玉に挙げられるものだが、また別の読み方も可能である。もしもこの絵を描いたのが女性だとしたら、男性のまなざしに対する力強い反論と見なせるだろう。他にはブルトン、エリュアール、（ハーポ・マルクスと一緒にポーズを取っている）ダリ、エルンストの写真やさまざまな時期や場所で撮影された集合写真があり、なかには一九三五年にプラハで撮られたものも含まれている。エルンストの《友人たちの集うところ》は、一九二二年、かれがルーとジミーを置き去りにしてガラとパリのもとに走った年に描かれたもので、実に痛ましい雰囲気がある。カンヴァスの上に集う友人たちの中には、すでに除名されたアラゴン、デスノス、デ・キリコ、スーポーの姿もある。ポール・エリュアールは画面の中央近くにいて、かれよりも目立つのは派手な装いのブルトンだけである。エルンストはフョードル・ドストエフスキーの隣に腰掛けている。ここでドストエフスキーの虚構の姿がシュルレアリストとともにあるのは、ちょうどチャーリー・チャップリンとダグラス・フェアバンクスがデヴィエトスィルの名誉会員であったことになぞらえられる――かつ、うまく対比できる――かもしれない。ガラは画面の右端で男たちに背を向け、肩越しに鑑賞者に視線を送っている。[110]

『簡約辞典』に普通の辞典との共通点があるとしたら、唯一、アルファベット順の構成になっているという点だけである。見出しの選択も、曖昧さ、増殖する意味、次々と生まれる寓意に満ちている。シュルレアリスム運動であると信じているものから想像するとおり、またポール・エリュアールがかつて述べたとおり、「言葉は事物に従属しない」[111]。いみじくも辞典の最初の項は“ABSURDE”「不条理」で、ボードレール（「……不条理の論理まで自己を高めえないあの俗物理論家たち……」）そしてエリュアール（「……不条理にいたるまでの論理の錯乱、条理にいたるまでの不条理の実行……」）の引用が解説となっている。とはいえ、これらのテクストはたしかに、テクストそれ自体を解く鍵となっている。それからシュルレアリスムのある種の系譜が示される。“BAUDELAIRE”「ボードレール」、“CARROL”「（ルイス・）キャロル」、“FREUD”「フロイト」、“HEGEL”「ヘーゲル」、“HERACULITUS”「ヘラクレイトス」、“JARRY”「ジャリ」、“LAUTRÉAMONT”「ロートレアモン」、“MARX”「マルクス」、“NERVAL”「ネルヴァル」、“NOVALIS”「ノヴァーリス」、“RADCLIFFE”「（アン・）ラドクリフ」、“SADE”「サド」、“TROTSKY”「トロツキー」、“VACHÉ”「ヴァシェ」、「有名な霊媒家。［…］言語の創設者。画家」こと、“SMITH”「（エレーヌ・）スミス」は言うまでもない。シュルレアリストたちが執着するお馴染みのモチーフもある——“AMOUR”「愛」、“BEAUTÉ”「美」、“FEMME”「女性」、“HASARD”「偶然」、“MERVEILLEUX”「驚異」、“OBJET”「オブジェ、もの」、“RÊVE”「夢」。このシュルレアリスム用語集の鍵となる考え方は大方はっきりしている。このような言い方が正しければ、作品に対して明快な意味を求める知的アプローチを取るのは誤りだろう。むしろ曲がりくねった隠喩の道を辿っていくほうがふさわしい。“AZUR”「蒼空」、“BAISER”「接吻」、“CERISIER”「桜の樹」、“DENTS”「歯」、“ÉTOILE”「星」。“CUILLER”「匙」の項には、『狂気の愛』に登場した変わった靴のついた木製のスプーンの写真が添えられている。「変貌まえのシンデレラがいじったにちがいない什器のひとつ」とブルトンは丁寧に説明している。

この辞典にユーモアが欠けているわけではないが、『エロティック・レヴュー』のようなチェコの愉快な悪趣味とはかけ離れている。マリネッティなら“VIOL”「強姦」が「速度の愛」と定義されているのを気に入っただろう。この未来派の父がどこから見てもブルジョワの家長として、誇らしげに妻や娘と一緒にポーズをとっている有名な写真は、違った印象を与えるかもしれないが。[112] "AVION"「飛行機」は「迅速にベルリンからウィーンにいくのに役だつ、一個の性的象徴である」。このジョークはフロイトの学説によるものである。"HYMEN"「処女膜」の項には「人間（humain）と一語のみの駄洒落が書かれている。"DALÍ"「ダリ」は「すばらしく豊かな、カタルニア的知性の王」と描写されている。"ÉLUARD"「エリュアール」は「星たちの乳母」、"ERNST"「エルンスト」は「ロプロプ、鳥たちの王」、"PICASSO"「ピカソ」は「ベナンの鳥」。どれもジョークである。"BRETON"「ブルトン」は「嵐のなかの水盃」。一九二〇年二月に出たフランシス・ピカビアの『３１９』に見られる辛辣な寸言は、ここでも役立ったことだろう。「［ブルトンは］ダイナマイトのように十分に圧縮され、爆発する瞬間を待っている」。マルセル・デュシャンも、同じダダ時代の書物――口ひげの生えたデュシャンの《モナ・リザ》の図版を最初に掲載した本――の中で、「知的で、女たち（Les Femmes）にやや構いすぎである」と言及されている。[113] 二十年前のニューヨークでは展示できなかったデュシャンの便器は、〈シュルレアリスム国際展〉が開かれるこの時期には、その不条理さゆえに現代美術史上もっとも影響力のある作品となり、ピカソの《アヴィニョンの娘たち》をも凌ぐほどであった。[114]「われわれの友マルセル・デュシャンは」と、ブルトンはデュシャンを褒めそやしてこう言っている。「たしかに、二十世紀前半の最高の賢人であり［…］このうえない困りものである」。"GALA"「ガラ」の項では、サルバドール・ダリによる記述に短い告解が含まれている――「激しく不毛な女」。一方、"JACQUELINE"「ジャクリーヌ」の項は純粋詩へと溶解している。そこにはランバという苗字も、彼女の生まれた年もなく、彼女が画家であるという事実すら明らかにされず、「ジャクリーヌ・Xの手が、夜の庭に面した窓のように開くときは」（A・B）という記述しかそこにはない――ブルトンの一九三四年の詩「百日草の赤い目」からの一節である。[115]

この『簡約辞典』は、ジョルジュ・バタイユの雑誌『ドキュマン』に一九二九年から三〇年にかけて連載された「批評辞典」に少なからぬものを負っている。[116] そのほとんどの項目はバタイユ自身の手になるもので、短いパラグラフから小さなコラムほどのものまで長さはさまざまである。このアナーキーな用語集のバタイユ以外の執筆者には、ロベール・デスノスとミシェル・レリスがいた。雑多な主題の寄せ集めには、「審美家」、「駱駝」、「甲殻類」、「埃」、「眼」、「工場の煙突」、「衛生」、「（バスター・）キートン」、「唯物論」、「変身」、「メタファー」、「口」、「美術館」、「摩天楼」、そして「屠場」が含まれる。最後の項目には、エリ・ロタールによるラ・ヴィレットの屠場の写真が添えられている。とりわけ印象深いのは、切り取られた膝と足が列になって壁に沿って淡々と並んでいる写真だろう。他の写真のいくつかは、実際に血と臓物で構成されたイメージであり、抽象表現主義の風景を不気味な形で想起させる。バタイユが強く主張するところによると、屠場は「太古の神殿［…］が、嘆願と同時に殺戮に使用される二重の用途を備え」、「神話的な神秘と、流血の現場に特徴的な悲痛な偉大さの衝撃的な暗号が、間違いなくそこから生じていた」ため、宗教と分かちがたく結びついているという。今日でも「乱痴気騒ぎに興ずる生が消えずに残」っているものの、「供儀の血がカクテルには混ざっていない」とバタイユは嘆いている。屠場は「呪われていて、コレラをもたらす船のように隔離され」た場所となり、現代の人びとは「できるだけ屠場から遠ざかって細々と暮らし、活気のない世界に矯正されて引きこもることになる。その世界には、もはや恐ろしいものはなにもなく、そこで彼らは、拭い去れない恥辱の妄想に襲われて、もはやチーズを食べるほかないのである」[117]。この生真面目な図書館員は、フーゴ・バルの売春宿をいくらか懐かしんでいたのだろうか。

「批評辞典」でもっともよく知られている文章といえば、いずれもバタイユの情け容赦ないペン先から流れ出したものだが、おそらくは「建築」と「不定形の（アンフォルム）」の二つだろう。「不定形の」のバタイユの定義は（それを定義と呼べるなら）次のようなものである。

> ある辞書が、もはや単語の意味ではなく働きを示すときから存在し始めるとしよう。たとえば「**不定形の**」は、ある意味をもつ形容詞であるばかりでなく、それぞれのものが自分の形をもつことを全般的に要請することによって、価値を下落させる［déclasser］役割をもつ言葉である。それが指すものはいかなる意味でも権利をもたず、いたるところで蜘蛛やミミズのように踏みにじられてしまう。実際、アカデミックな人間が満足するに

は、世界が形を帯びる必要があるだろう。すべて哲学というものは、これ以外の目的をもってはいない。つまり、存在するものにフロックコートを、数学的なフロックコートを与えることが重要なのだ。それに対して、世界はなにものにも似ていず不定形にほかならない、と断言することは、世界はなにか蜘蛛や唾のようなものだ、と言うことになるのである。[118]

déclasserという動詞は、英語ならdeclassify「機密扱いを解く」あるいはdebase「質や価値を落とす」と言えるだろう。バタイユはミシェル・フーコーよりもはるか前に、言説の分類とは事物の秩序で（あり、その逆でも）あると看破した人物であるが、どうやらこの二つの言外の意味の上で戯れていたふしがある。イヴ＝アラン・ボワとロザリンド・クラウスは、「アンフォルム」を現代美術批評の中心に据えることを目指し、この語を「階級を落とす（デクラセ）（＝分類を乱す）[119]」と訳している。

対照的に、建築は「社会における理想的存在」を表現する。それは、バタイユの偏見に満ちた意見によれば「権威をもって命令して禁止するものだけ」の存在だという。「したがって、壮大な建造物は、あらゆる不明瞭な要素に対して威厳と権威の論理を対置しながら、防御壁のように屹立する。つまり、教会や国家が群衆へ向かって姿を現して沈黙を課すのは、大聖堂や王宮という形態においてである」。ここでバタイユは建築だけを話題にしているのではない。「建築的な構成が大建造物以外の場所に、たとえば表情、服装、音楽や絵画に見いだされるたびに、人間的あるいは神的な権威への支配的な嗜好を推察することができる」。

ある種の画家たちによる壮大な構成物は、精神に対して公的な理想を強いる意思を表しているのだ。絵画におけるアカデミックな構築の消滅は、逆に社会的な安定とはもっとも相いれない心理過程の表現へと（したがって熱狂へと）通ずる道である。以上のことが、半世紀以上も前から絵画の漸進的変化によって引き起こされた激しい反発を、だいたい説明してくれる。それまで絵画は、一種の隠れた建築的骨組みによって特徴づけられていたのだ。

注目すべき公式化を通して、バタイユはこう主張している。「人間的秩序は、その発展した形にほかならない建築的秩序と最初から緊密に関係している」。それゆえ、「見たところ人間は形態論的過程においては、まさに猿と大建築物の中間的段階を現している」のだと。この非の打ち所のない論法は、啓蒙主義思想を批判したフーコー、ラカン、バルト、デリダ、その他「人間」を世界の作者というよりもむしろ世界の沈殿物であると考えた戦後フランスのポスト構造主義の思想家たちを先取りしながら、アンドレ・ブルトンならば女の屁の音のように不快なものと感じたであろう結論に導く。[120]

建築における記念碑的な産物は、その影に隷属的な群衆を集めながら、讃歌と驚愕、秩序と矯正を押しつけて、現在、地上全体における真の支配者となっているが、その建築を非難するとしたら、それはいわば人間を非難することになるのである。現在のこの世におけるあらゆる活動、そして知的な次元でおそらくもっとも輝かしいすべての活動は、人間の卓越性が不十分であることを告発することによって、さらにそのような方向へと向かっている。したがって、いかに奇妙に思えようとも、人間のような優美な被造物が問題となるとき、獣じみた怪物性への道が開かれるのだ——画家たちがその道を示している。建築の奴隷となることから逃れるには、それ以外の機会はないかのようである。[121]

オーガスタス・ジョンであれば、おそらく合点がいったことだろう。

シュルレアリスムの巨匠が揃って出品していたため、〈シュルレアリスム国際展〉はむしろ回顧展に近い性格を帯びていた。この運動が始まったダダの時代に遡る作品もいくつかあった。展覧会のチラシには、ブルトンとエリュアールが「主催者」として、マルセル・デュシャンが「発電機-仲裁者」として〈このときだけ「シュルレアリストた

グスタフ・マハティー監督の映画『春の調べ』(1933年)が掲載された『グラビア映画プログラム』538号の見開き図版、作者不詳。Archive of Jindřich Toman.

ちによって、普通の世界から借りてこられたのです」[122]と当人は述べている)、ダリとエルンストが「特別顧問」として、マン・レイが「光の遣い手」として、そしてヴォルフガング・パーレンが「水と下生え」担当として挙げられている。[123]同展にはエルンストの油彩画が十五点出品されており、《セレベスの象》も含まれている。これは、ポール・エリュアールが一九二一年にケルンでエルンストと出会って恋に落ち、数点のコラージュやコラージュ小説『慈善週間』の原本とともに購入したものである。他の出品者には、アルプ、ベルメール、デ・キリコ、ポール・デルヴォー、ジャコメッティ、マグリット、マッソン、ロベルト・マッタ、ミロ、そしてタンギーがいる。ジョゼフ・コーネルがニューヨーク、クイーンズのユートピア・パークウェイにある自宅の地下室でこまごまとしたがらくたにバレリーナや映画スターの写真を組み合わせて作り上げた魔法の箱も、この展覧会でヨーロッパの人びとの目に触れる珍しい機会を得た。コーネルはヘディ・ラマーに異常な関心を寄せており、かつてダブルのジャケット、糊のきいたシャツに蝶ネクタイ、「ベージュのブルーマー、黒のストッキングにエナメル革の靴」[124]という出で立ちで古風な自転車に乗る彼女の姿を夢想している。デュシャンやトワイヤンと同様、通常のジェンダー規範を巧みに撹乱しながら、アメリカの素朴なシュルレアリストは、世界で初めて銀幕でヌードになった女性の「優美な姿」を、ジョルジョーネの描いた少年像の複製とコラージュしたのだった。[125]

それ以外の出品者たち、ピカソ、[126]ポール・ナッシュ、ヘンリー・ムーアといった面々は、今日ではあまりシュルレアリストとして顧みられることはないが、少なくとも私たちの記憶にはとどめられている。シュティルスキーとトワイヤンも出品していたが、ウィリアム・ルービンが一九六八年にニューヨーク近代美術館で大当たりを取った回顧展〈ダダ、シュルレアリスムとその遺産〉[127]を開催した際、二人は美術史の探知機からこぼれ落ちてしまった。ニューヨーク近代美術館の展覧会で、チェコ人画家の作品は一点も取り上げられず、同時に刊行された五二五ページに及ぶルービンの大著『ダダとシュルレアリスムの芸術』は、版元が「二つの運動に関する初めての真に包括的な歴史書」と銘打っていたにもかかわらず、ネズヴァル、タイゲ、シュティルスキーやトワイヤンの名は除外されていた。もしルービンがニューヨーク近代美術館で、絵画・彫刻部門の主任学芸員という現代美術のカノンに含められるべきものを取捨選択して世界に発信する権威ある地位に就いていなければ、それはそれで特に問題ではなかっただろう。とはいえ、馬鹿げたことに、現代美術の世界的な中心をパリから奪い取ったというニューヨークの主張に異論を唱える者がほとんどいなかった当時なら無理もないが、この本の年表もヨーロッパから始まってはいない。一九一三年一月、ピカソ、マティス、デュシャンらの存在を知らせ、周回遅れのアメリカに衝撃を与えた展覧会〈アーモリー・ショー〉に合わせて、フランシス・ピカビアがマンハッタンに到着したところから始まっている。ルービンによる年表は、マーネス画廊での〈ポエジー　一九三二〉展にも言及していない――一九三一年十一月、コネチカット州ハートフォードのワーズワース・アセニウムで開かれたアメリカ初のシュルレアリスム展〈新しい超-現実主義〉に比べて、三倍もの規模があったにもかかわらずである。[128]また、同書のシュルレアリスム運動の歴史における重要な日付、出来事、作品の一覧では、『シュルレアリスム国際広報』や「シュルレアリスムの政治的位置」などのテクストが誕生する契機となった一九三五年のブルトンとエリュアールのプラハ訪問も言及されていない。

一九三八年の〈シュルレアリスム国際展〉、そして戦間期のシュルレアリスム運動全体をめぐる記憶から抜け落ちたのはチェコ人の存在だけではない。〈ダダ、シュルレアリスムとその遺産〉展に展示された三百三十一点のうち、女性作家の手になるものはわずか七点。メレット・オッペンハイムの《毛皮の朝食》、それに同じく示唆的な《私の看護婦》（一九三六）は選考を通っている。後者では、一組のハイヒールが丁寧に糸で巻かれ、外側を向いた踵が観客を指し示し、「世界の起源」に向かう――もちろんそうなる必要はないが――もうひとつの身振りを示しているかのようである。メレット本人も、このオブジェから「歓びのうちに閉じられた太腿」[129]を連想したという。緊縛のメタファーを見いだす者もいるだろう。逃げ出したシニフィアンがさまよえる思考をどこへ導くのかは、誰にもわからない。同展で取り上げられている他の女性作家の作品は、ハンナ・ヘーヒの《ダダの庖丁で最近のワイマール文化、ビール腹文化時代のドイツを切り刻む》と《大型融資》（一九二三）、ゾフィー・トイバー=アルプのマリオネットと《ダダの頭》、そして若手のフランス系アメリカ人ニキ・ド・サンファルの張り子人形である（ニキはその後、「射撃絵画」とはちきれんばかりのナナ人形で名声を博すことになる）[130]。『ダダとシュルレアリスムの芸術』でも、女性作家はまったくと言っていいほど顧みられていない[131]。ルービンは自分の意図を実に率直に表わしており、自身の選択の根拠となる美的判断は、「単にシュルレアリスムの詩人・批評家たちの関心の外にあるばかりでなく、かれらの信条にはまったくそぐわない」と強調する。「それでも」とルービンは続けて主張する。「（シュルレアリストたちのほとんどが受け入れた）ダダ的態度が、固有の美的価値の可能性を否定していたにもにもかかわらず、件のオブジェが今日まで生き延びたのは、これらがまさに芸術であり、単なる文化的な人工物ではないという事実による」[132]。だが、私たちはこう反問することができるだろう。その芸術は、誰が（そして誰のために）定義するのか？

　実際、〈シュルレアリスム国際展〉のほうは、今日の基準からしても女性の参加者数が際立って多い展覧会だった。アイリーン・エイガー、ドニーズ・ベロン、レオノーラ・キャリントン、アン・クラーク、ガラ・ダリ、ジャクリーヌ・ランバ、リタ・ケアン=ラースン、ソニア・モッセ、ニーナ・ネグリ、メレット・オッペンハイム、ゾフィー・トイバー=アルプ、そしてトワイヤンが名を連ねている。シュルレアリスムのものとされている「男性の眼差し」[133]についてこれまでに何が書かれていようとも、この運動は女性の創造性に対しては（ロシア・アヴァンギャルドを別にして）[134]従来のアヴァンギャルドよりも、またそれ以降のアヴァンギャルドよりも広く門戸を開いていた。アイリーン・エイガーにいたっては、シュルレアリスムは「本質的に」女性的なものであると述べている。なぜなら「あらゆる文学や芸術の形式における無意識の重要性は、古典的でより男性的な秩序の上に、女性的なイマジネーションの支配を打ち立てるからだ」[135]という。その根底にあるとされる本質主義を受け入れるかどうかは別として、示唆に富む意見であると言えるだろう。理性の支配を拒絶し、想像力に対して故意に受動的な態度を取っていたことで——自動記述、トランス状態、偶然のゲーム、あるいは「発見されたオブジェ」など、その例は枚挙にいとまがない——シュルレアリストたちは当時の考え方に照らし合わせると、明らかに女性的な性質のほうへ引き寄せられることになったのである。それゆえ、かれらの意欲は「アブジェクシオン」の深層をえぐることであったと言えなくもない。[136]ボザール画廊での展示に参加したシュルレアリスムの女主人たちに加えて、さらにオーブとエリザ・ブルトン、クロード・カーアン、イセル・コフーン、レオノール・フィニ、ヴァランティーヌ・ユゴー、フリーダ・カーロ、ドラ・マール、マリア・マルティンス、エミラ・メトコヴァー、シュザンヌ・ミュザール、アリス・パーレン、ミミ・ペアレント、ケイ・セージ、エヴァ・シュヴァンクマイエロヴァー、ドロテア・タニング、レメディオス・バロ、そしてウニカ・チュルンといった名前を、少なくとも一度は女性シュルレアリストとしてのアイデンティティを持っていた何人かの視覚芸術家として挙げることができるかもしれない。さらにシュザンヌ・セゼール、ノラ・ミトラニ、ジゼル・プラシノス、あるいはジョイス・マンスールといった作家や詩人を加えれば、このリストはさらに長くなっていくだろう。

では、女性シュルレアリストとは誰なのか、あるいは何なのか。多くがヌードである『シュルレアリスム簡約辞典』に掲載されている写真からはひとつの答えが引き出せる。すなわちミューズ、あどけない女性、永遠に姿の見えない、偏執狂的に繰り返し描かれる欲望の対象である。一方、アイリーン・エイガーは別の答えを提示する。それは一部のフェミニズム批評家が主張していることと排反するものではないが、いずれにせよ緊張関係を解放するものではない。

女性シュルレアリストたちは、画家であってもそうでなくても、「男たちと同様」みな等しく美しい。エレガントで、羽根飾りをまとって、中身がどれだけ奇矯であったとしても服装や身だしなみに気を遣っている。私たちが見た目に気を遣うのは、男性の要求に応えるためではなく、むしろ生活とスタイルに共通する態度だ。これは当時、シュルレアリストではない他のプロの女流画家たちがわざと絵の具のしみのついた服を着て出かけて、いやしくも自分たちの芸術を勲章のように見せびらかす傾向があったのとはずいぶん対照的だった。私たちのスキャパレリのドレスと不埒な言動の組み合わせは、単にシュルレアリスムの信条を公共の場で表現しただけのことである。

とはいえ、エイガーははっきりとこうも述べている。「ヨーロッパのシュルレアリストの間ではダブルスタンダードが横行していたように思われ、女性の立場は最悪の状況だった。ブルトンの妻ジャクリーヌは偉大な男のミューズとして振る舞うことを期待され、彼女自身が能動的で創造的な存在でいることはできなかった。実際のところ、彼女はかなりの素質を備えた画家だったにもかかわらず、ブルトンが彼女の作品に言及することはなかった。男たちは性的に奔放に振る舞うことを期待されていたのに、たとえばリー・ミラーのような女性がマン・レイとの生活で同じ態度を取ろうものなら、偽善的なことに周囲はひどくうろたえたものだ」[137]。このダブルスタンダードに不満をこぼす女性シュルレアリストはアイリーンだけではなかった。レオノール・フィニは、「私の知性、私の文化、私の才能に感銘を受けた」様子のパリのシュルレアリストたちにおだてられ、いくつかの展覧会に参加した。しかし、「同性愛嫌悪や女性嫌悪にはほとほと嫌気がさした。[…]カフェでの議論でも、女性たちは黙っているよう求められた。私はといえば、自分は男たちと何の変わりもないと思っていたのに。[…]男たちからの好意は喜んで受け取ったけれど、グループに参加するのは拒否した」[138]。

（真っ先に頭に浮かぶことであろうが）これらの女性のほとんどが、男性シュルレアリストの妻や恋人として運動に参加していただけではないかと主張するのは、明らかに的外れである。レオノーラ・キャリントンの愛人であり、ドロテア・タニングの夫だったからという理由でマックス・エルンストの作品を無視するということが考えられるだろうか？（エルンストとタニングは、一九四六年、ビヴァリーヒルズでマン・レイとジュリエット・ブラウナーとの合同結婚式を挙げている。ペギー・グッゲンハイムとの結婚は、エルンストの他の恋人たちとの関係ほど長続きしなかった）。『ヴォーグ』誌のカバーガールという被写体として素晴らしい写真のキャリアを開始した[139]とてつもなく魅力的なリー・ミラーと寝たというだけで、マン・レイやローランド・ペンローズの作品を過小評価しようなどと私たちは夢にも思うだろうか？「わたしは可愛かった。ほんとに可愛かった」とリー・ミラーはのちに語っている。「天使みたいだった。なかみは悪魔だったけど[140]」。一九二八年、（エドワード・スタイケンが撮影した）自分の写真が知らないうちに、「女性の圧倒的支持を得ています！」というスローガンとともに生理用品「コーテックス」の広告に用いられたとき、当初はショックを受けたが、すぐに「全国のとりすました淑女どもをへこましてやった」ことを誇らしく思うようになった[141]。翌年、ミラーは写真家見習いとしてパリに移り住み、マン・レイを探してモンパルナスのカフェで見つける。「きょうから弟子になりました。わたしは言い放った」と彼女は述懐する。「弟子なんか採らん。マン・レイは言った。どのみち休暇でパリを離れるところだ。知ってます。わたしはそう言った。ついて行きます。そして、わたしはそのとおりにした。以後、三年間一緒に暮らした。マダム・マン・レイ、わたしはそれで通っていた。それがフランス・スタイルなのだ[142]」。その後、ミラーは〈シュルレアリスム国際展〉でもっとも印象的な作品の着想の源となる。幅二メートル以上にわたる油彩画《天文台の時刻に――恋人たち》で、これは一九三二年にミラーが自分のスタジオを立ち上げるためにニューヨークに渡った後、ひとり残され、打ちひしがれていたマン・レイが描いたものである。この作品は、ロンドンの〈シュルレアリスム国際展〉、ニューヨーク近代美術館の〈幻想美術、ダダ、シュルレアリスム〉展でも展示されたが、「挑発的すぎる[143]」という理由で展示室の入口から撤去されていた。「赤い唇が」とのちにマン・レイは書いている。「青みがかかった灰色の空に浮かび、上方は薄明の風景で、天文台と乳房にも似たふたつの円蓋が地平線上にぼんやりと表されており、それはわたしが毎日リュクサンブール公園を通り抜けていたときの印象だった。この唇が、しっかりと重なり合ったふたつの身体を連想させたのは、きっとその大きさのためだった。まことにフロイト的だった[144]」。ローランド・ペンローズの《現実の女》（一九三八）でも、「女性と囚

リー・ミラー《文化への復讐》ロンドン、1940年。初出は『灰色の栄光――戦火の英国写真集』。

われた異国の珍しい鳥を、それから性器と鮮やかな夕暮れを結びつける［…］フロイト的な置換[145]」には、やはりミラーの面影が少なからず見いだされる。

メタファーに変容させられたリー・ミラーの身体の一部は彼女の唇だけではない。一九二三年、マン・レイは、写真から切り抜いた眼を木製のメトロノームの振り子に貼りつけ、《破壊されるべきオブジェ》と題している。ミラーが去った後、マン・レイはその眼を彼女の眼に置き換え、メトロノームの後ろに次のような説明書きを入れる。「かつて愛したが、もはや会うことのない者の眼を切り抜く。メトロノームの振り子にその眼を貼りつけ、好みのテンポになるよう錘（おもり）を調整する。振り子を限界まで動かす。ハンマーで狙いを定め、すべてを一撃でぶち壊すよう試みる」。その後、アッサンブラージュのタイトルを《破壊のオブジェ》と改め、〈幻想美術、ダダ、シュルレアリスム〉展にも出品した。しかし、のちに判明するように、このイメージを破壊するのは、恋人に捨てられた芸術家にとっては耐えがたいことだった。一九五七年、パリのダダ展で学生たちの一団が先述の説明書きを実行した際、マン・レイはこの換喩的メトロノームのレプリカをいくつも、（ローランド・ペンローズの言によれば）「一家にひとつずつ、神棚に飾っておけるくらいの数[146]」用意して、これに対応した。そして最終的な作品のタイトルを選び、《破壊のオブジェ》は《破壊されないオブジェ》へと変容する。この名のもとで、ミラーの眼は、今日、世界中の数え切れないほどの美術館で熱心な窃視者たちを眺め返している。マネの《オランピア》やクリムトの《ヌーダ・ヴェリタス――裸の真実》に匹敵するほどまっすぐな、見る者をうろたえさせる眼差しで。[147]

「午前七時、想像力の飢えがまだ満たされる前」、一九三五年、マン・レイは『カイエ・ダール』誌に掲載された散文詩でこう記している。「太陽は昇ろうか沈もうかまだ決めかねている――だが君の唇はやって来る［…］」。

その唇は二つの身体となり、地平線で分かたれ、ほっそりとして、なだらかにうねる。大地と空のように、君とわたしのように、それゆえ、肉眼で見ることのできないあらゆる微細なオブジェのように［…］太陽の唇、君は飽くことなくわたしを引き寄せ、目覚める前のほんの一瞬、わたしが自分の身体を解き放つとき――わたしは無重力だ——何もない明るい空間で君に出会う。そしてわたしの唯一の現実が、わたしに残されたすべてをもって君にキスをする。そこにはわたしの唇だけがある。[148]

「世界の起源」

ニューヨーク近代美術館の官僚たちが何を望んでいたかは別として、シュルレアリストたちは〈シュルレアリスム国際展〉を何よりも美学的な問題系に関わるものとして構想したわけではなかった。人びとの目を——そして心を——惹きつけたのは、絵画にも増してインスタレーションであった。そこにあったのはオブジェ-存在——チラシでそう名づけられていた——の氾濫、マルセル・デュシャンのレディ・メイドの精神を引き継いだ末裔たちだった。もっとも、その多くは全体的な当惑という関心に「支えられて」いた。デカルコマニーや「優美な屍骸」と同様、こうした人工物のおかげで、作家や他のアマチュアも、男女を問わず、プロの芸術家と同じやり方で展覧会に参加し、万人に開かれた想像力を示すことができた。展示物の中でもっともよく知られているオブジェが、マン・レイの《贈り物》（一九二一）である。家庭用アイロンの真ん中から鋲が一列に突き出し、恐ろしいとは言わないまでも、無用なものを付与している。そしてサルバドール・ダリによるロブスターの形をした《催淫性電話》である。オスカル・ドミンゲスの《決して》は、タイトルが示すとおりの不可能な夢を描き出す。形のよい二本の脚が蓄音機のらっぱの中に消え、さらにその蓄音機は、針の代わりに手のひらが、ターンテーブル兼乳房を愛撫している。女体についての視覚的な洒落を作り上げたのはドミンゲスだけではない。クルト・セリグマンは、ピンク色のストッキングにピンクと黒の靴を履いた脚が四本ついたスツールを出品し、《超家具》と名づけている。アンドレ・ブルトンの《オブジェ-チェスト》は、アンティークの金箔張りの引き出し付き収納箱に、二本の腕と剥製の鳥が入ったガラスドームがそびえ立ち、やはり二対の女性の脚で立っている。実物大の「優美な屍骸」である。[149]

〈幻想美術、ダダ、シュルレアリスム〉展ですでに公開されていた毛皮にくるまれたティーカップとソーサーそしてスプーンのセットによるメレット・オッペンハイムの《毛皮の朝食》は、もっとも知られたシュルレアリスムのオブジェであると言えるだろう。T・S・エリオットは、この「女性の性の超具象的な対応物」をニューバーリントン画廊に長いこと居残って眺めていたとされ、以来、サルバドール・ダリの柔らかい時計やマグリットの《これはパイプではない》と並ぶシュルレアリストの想像力の象徴となっている。このタイトルを提案したのはアンドレ・ブルトンで、マネの《草上の昼食》とザッハー＝マゾッホの『毛皮を着たヴィーナス』を見事にかけ合わせている。おそらくブルトンは、マン・レイの一九三三年の連作《ヴェールに覆われたエロティック》でオッペンハイムが担った役割をあまり快く思ってはいなかったのだろう。連作中もっとも有名なこの一枚で、若いスイス人芸術家はヌードになり、輪転機の後ろでポーズをとっている。輪転機のハンドルが、ちょうど彼女に勃起したペニスがあるかのように見える位置にある。マン・レイのカメラの前で裸になったとき、メレットはまだ十九歳で、（マン・レイによれば）「わたしがそれまで会ったなかで、いちばん因習などに束縛されない[150]」女性だったという。その後、ほどなくして彼女は自分のベッドにこの写真家を招き入れた。デイヴィッド・ロマスはこの写真を読み解くのに苦労している。少女の柔らかさと機械のいかめしさという、ともすれば陳腐にも見える組み合わせには、どこか不調和なところがある。「特にこのハンドルが、女性の身体を取り外し可能なファルスで武装させている。ハンドルは、性差の特権的なシニフィアンが『簡単につかみ取れる』ものであることを示している。車輪が彼女の胸の一部を隠し、あからさまにセクシーな印象を和らげているが、ここでは男女の性差が消し去られていると考えることもできるし、カメラに対してやや斜めに向いている彼女の尻はむしろ男性的にも見える。またオッペンハイムは短く刈り込まれたヘアスタイルを強調し[151]」、さらに濃い黒の印刷用インクが彼女の可愛らしい小さな手を汚している。痙攣的な美に関するブルトンの省察とともにこの写真が『ミノトール』誌に掲載されたとき、使われたのはメレットの上半身だけだった。このファルスの削除は、彼女を女性のままにとどめておくため、「検閲として意図的に行なわれたこと」なのではないかとロマスは思案する。[152]検閲が意図的であったという証拠について、私は知らない（ロマスも提示していない）が、ファルスの消去は症候的と言えるかもしれない。たしかにシュルレアリスムの首領は、女性の性をめぐる不遜な戯れに不快感を示したことが他にもあるからである。

〈シュルレアリスム国際展〉で観客に「世界の起源」を示唆してみせた作品は《毛皮の朝食》だけではない。会場となったボザール画廊は、普段は古典的名作を落ち着いた雰囲気の中で展示する場所で、シュルレアリスムの女主人たちの無礼な闖入に不慣れだったため、同展のために、赤いカーペットを剝がしてアンティーク家具を撤去するにとどまらない全面的な模様替えが必要だった。アリス・マホンの主張によれば、「モダニズム風の『ホワイトキューブ』の展示室は、女々しい惨めさが立ちこめる暗く暖かい湿った空間になった」。彼女はその変容が「抑圧された、国家的な欲望と恐怖[153]」を暴露したと示唆する。入口を通ると方向感覚は失われ、訪問者はそこで「外側を蔦で飾られた車がヘッドライトを輝かせ、昼間の光の中で素晴らしい無用性を発揮している」光景、つまり、サルバドール・ダリの《雨のタクシー》に出迎えられる。「とどまるところを知らずほとばしる水」が、天井に取り付けられた穴の開いたパイプから車体へと流れ込み、「訪問者たちの夜会靴を濡らしながら」中庭へと流れ出していく。タクシーの運転手は男のマネキンで、黒いゴーグルをつけ、頭にはサメの顎を被っている。『ロンドン・タイムズ』紙の記事によれば、「後部座席にはほぼ全裸の女性の人形が置かれ、ペットのカタツムリが数匹、その上を這い回っていた。彼女の横にはミシンが「横たえられ」、床にはパンパの草やその他の植物が生い茂っていた[154]」。マネキンは胴着としてミレーの《晩鐘》――この頃ダリが執着していた作品――の複製を身につけ、彼女の胸は（ほとんど）丸見えだった[155]。ミシンは明らかにロートレアモンの『マルドロールの歌』を示し、床の植物は実際のところほとんどレタスの葉で、カタツムリの餌になっていた。何週間もカタツムリに蹂躙されたマネキンは、マッタによると、『ドリアン・グレイの肖像[156]』のような状態になったという。タクシーに乗った女性はオペラに行く途中なのだとマッタは想像したようだが、ダリがタクシーにつけた看板「レディ・スノッブ」は、展覧会を訪れた着飾った観客に向けられた姿見に近いものと考えたほうがよいだろう。この展覧会全体がそうであるように、私たちが目にするイマーゴがグロテスクな謝肉祭の仮面の無限後退へと溶けていく鏡の間となっている。

念入りに着飾った観客は、長い回廊を通って展示室に入る。のちにシュルレアリスト通りと呼ばれることになるこの回廊には、十六体の女性のマネキンが二メートルおきに配置されていた。唯一の男性マネキンは、マックス・エルンストのファム・ファタルの付属品で、跪いて懇願するように女性マネキンの足元に横たわっている。他に通路がないため、人びとはこれ見よがしに服を見せびらかして歩く通行人さながらに並べられたこのセイレーンたちと目や顔を合わせながら進んでいくしかない。特にオープニングの夜は、ギャラリー全体の照明が落とされていて、観客はみな、「光の遣い手」たるマン・レイから受け取った懐中電灯のみをたよりに、迷宮をそろそろと進まねばならなかった。ここでまさに眼差しが効果的に攪乱され、スペクタクルと観客の関係が逆転する。それは、赤線地帯やモラヴィアの小さな町の娼館で経験するような感覚である。それぞれのマネキンの背後には、街路名を示す青い鉄製の看板があり、まるでマネキンたちがパリの街中にいるかのように、どこかで見たことのある感覚と違和感を同時に醸し出していた。これはおそらく、展覧会のチラシで「パリでもっとも美しい通り」と予告されていたものだろう。チラシには他にも、「ヒステリー」、「花咲くクリップ」そして「フランケンシュタインの正統な子孫、自動人形の『エニグマレル』、一九〇〇年にアメリカの技師アイルランドが制作」といったものが羅列されていた[157]。「エニグマレル」は深夜零時半に登場する予定だったが、オープニングには姿を見せることができなかった。「唇通り」、「サクランボ通り」、「パノラマ通り」といった通りは、ヴィヴィエンヌ通り――ロートレアモンのマルドロールが、夕暮れに輝くショーウィンドウの中に英国人の少年メルヴィンの姿を一目見て、「解剖台の上のミシンと雨傘の偶発的な出会いのように美しい[158]」と言った場所――や、ジェラール・ド・ネルヴァルが自殺したヴィエイユ=ランテルヌ通り、そして蚤の市が開かれ、骨董市でオブジェが夢の領域へと向かう場所のひとつ、ポルト・デ・リラといった地名と並んでいる。これらのうち、いくつか新しく作り出されたものもあれば、パリの地図で実際に見つかるものもあるが、どれが実在し、どれが「架空の[159]」地名か識別しようと躍起になるのは野暮というものだろう。

　のちにマン・レイは、「十九人の若い女たちが百貨店のショーウィンドウから連れ去られ、シュルレアリストたちの気まぐれに委ねられるやいなや、それぞれ思い思いに、犠牲者の感情を顧みることなく強姦し始めた」と語っている。この描写は冗談半分であるが、マン・レイは明らかに自身のサド的な発想を楽しんでいた。かれはさらにこう続けている。「名誉を侮辱された」これらの「犠牲者たち」がこうむった「とっておきの善意」のおかげで、「興奮はさらに高まり」、その結果、「自分の服のボタンを外し」、「歴史的な関心というよりも燃える欲望に屈すべく、写真機を取り出し、乱交の風景を記録し始めた」[160]。看板のおかげで（俗悪な商業主義の商標の輪っかのせいで、不快感を露わにする参加者もいた）、これらのマネキンは、パリを代表する百貨店ＰＬＥＭから提供されたものであることが示されていた。[161] マネキンは明らかに発見されたオブジェではなかったのである。最初に貸し出されたマネキンのグループは、「永遠の女性性」[162]を十分に体現していないという理由で返却されている。展覧会で並べられたこれらの人形は、洋服をディスプレイするための単なるダミーではなかった。ほとんどは戦略的に裸のままで置かれ、本質をなす裸の状態を包み込む装飾品の銀河を披露していた。

マックス・エルンストの高慢な若い《未亡人》は、マントを纏い、フードをかぶり、ヴェールで顔を覆っているにもかかわらず、靴、ストッキング、ガーターベルトをつけている以外、下半身はむき出しである。エルンストはもともと、性器にあたる部分に電球を取り付けようとしていたが、アンドレ・ブルトンの反対に遭い、断念している。ブルトンは、レオ・マレが自分のマネキンを飾りつける際、性器に見立てた金魚鉢の中で生きた金魚を泳がせようとしたときも同じように反対した。[163] そこにないものを隠そうとするブルトンの潔癖症には、どこか皮肉なところがある。他のもので代替しなければならない性器はマネキンにはない――リュス・イリガライが指摘したように、そのような消去は古代ギリシア以来の西洋彫刻に特徴的なものである。[164] 実際のところ、マレの人形は悲しげな姿で人目を惹いた。目隠しをされ、右手がなく、帽子代わりに灯油ストーブを頭に載せていた。マルセル・デュシャンもまた、男物の靴を履かせた以外、マネキンの下半身を裸のままにし、ストッキングを履いた煽情的なエルンストのマネキンの脚よりも、ある意味では衝撃的である。デュシャンのマネキンは、紳士用のジャケット、ベスト、カラーとネクタイ、そして帽子を着用している。マン・レイは、デュシャンが自分の外套と帽子を脱いでその場でマネキンに着せてロンドンへ発っていったのだと回想し、[165] それは一種の神話にもなっているが、この性別の反転はむしろ計画的なものだったように思われる。さらにマネキンのアイデンティティを攪乱すべく、デュシャンはマネキンの恥丘にあたる部分にマネキンの作者名をローズ・セラヴィと走り書きした。ラウール・ユバックはこのマネキンを撮るために跪き、カメラを性器のない股間に向けている。[166]サルバドール・ダリはマネキンに巻いたベルトに、肘まで届く手袋や、エルザ・スキャパレリのデザインしたショッキングピンクのフェイスマスクとヘッドギアを取り付け、さらに裸の身体が隠れない程度に四十本以上の銀のコーヒースプーンで飾り、臍にエナメルの蝶々を添えていた。マン・レイは、マネキンの腰の周りにリボンを巻き、髪にガラスのシャボンを絡ませ、頬にガラス玉の涙を飾るというミニマリスト的アプローチで満足した。月光の差す浴槽から現われるオスカー・ココシュカのメイドのレザールのように、マン・レイのマネキンは円筒形の水槽から浮き上がる、口の中で溶け出すもうひとりのジャクリーヌである。

アンドレ・ブルトンが「もっとも素晴らしい」と評したアンドレ・マッソンのマネキン、《思考の口のための緑色の轡（くつわ）》は、ロートレアモンのヴィヴィエンヌ通りをぶらぶらしていた。[167]彼女もまた、前張りと赤いリボンを腰にまとっている以外は全裸である。腋の下には小鳥の剥製が添えられ、藤で編んだ鳥かごを頭に被り、開いた扉からまっすぐにこちらを見据えている。かごの隙間からは金魚が出入りしている。足下には唐辛子の入った鉢が置かれている。彼女の手は誘いかけるように前へと伸びているが、緑色のビロードの轡が口を塞いでいる。「沈黙の女」の再来ということだろうか。そうでもなさそうである。彼女の口にあたるはずの部分にはパンジーがついているが、これは「思考（pensée）」という単語と掛けてあると同時に――マッソンのスケッチブックから明らかだが[168]――視覚的には女性器と掛けてある。ヴァギナがあるべきところには、もしそれが顔に移し替えられ、思考に転化されていないのだとすれば、前張りが巻かれて「世界の起源」が曖昧になっている。このコスチューム自体はモンマルトルの歌姫たちが身につけているような大胆な衣装を模しているが、そのバタフライは普通のストリッパーの衣装ではない。それは虎眼石で縁取られた楕円形の鏡で、上部には二枚の孔雀の羽根が卵管のように上向きに反り上がっている。欲望に導かれて自分の生まれてきた場所に視線を向けても、かれ――あるいは彼女――はただ自分を見つめ返すいくつもの眼を、鏡に映る自分自身のイマーゴを縁取る眼を見いだすだけである。

「それ［イド］があった場所に、我［エゴ］が生まれる」とフロイトが書いた一節を含む文章をジャック・ラカンは好んで引用したが、かれの名高い論文「〈わたし〉の機能を形成するものとしての鏡像段階」はその二年前に『ミノトール』誌上で初めて発表され、世に広まった。[169] マグリットの《凌辱》と同じ理由で、マッソンのマネキンも多くのフェミニストから非難を受けている。[170] だが、すでに述べたように、あらゆる芸術作品は複数の解釈に向けて開かれたシニフィアンの組み合わせからできている。主体——あるいは言語、歴史——の本質を捉え直すように誘うもの、少なくともフロイト以来展開されてきた謎の探求へと誘うものが、口を塞がれていながらも実に雄弁であり続けているこの魅惑的な小像のほかにあるだろうか。困難なのはおそらく、女性の肖像、とりわけ、かごの中のこの愛らしい小鳥ほど魅力的であり、普遍的な人間を表わしながらも、特に女性という条件からは隔たった肖像について考えるということにあるのだろう。ラカンとマッソンがのちに親友となり、さらに義理の兄弟（ラカンはバタイユの元妻である映画スターのシルヴィアと結婚するが、彼女はマッソンの妻ローズの妹にあたる）となったのは、もちろん単なる偶然だろう。二人は〈シュルレアリスム国際展〉の翌年に知り合い、ラカンはこのとき、マッソンの《アリアドネの糸》を購入している。

長手袋をつけたマネキンたち——アリス・マホンは、この回廊を隠喩的ヴァギナであると示唆した——のいる場を抜けて、来場者たちはようやく展覧会の「子宮」、これもマルセル・デュシャンが設計した中央展示室に辿り着く。[171] 天井からは千二百個の木炭袋が下がっている。ほとんど照明のない部屋の壁には絵画が並び、中央にはプールと木炭の火鉢が置かれ、その周囲にはサテンのシーツがかかった四つの巨大なベッドがある。ヴォルフガング・パーレンの下生えや葉っぱが部屋中に散らかっている。室内にはヒステリックな笑い声（そして、いくつかの証言によればドイツの行進曲）が響き渡り、ブラジルコーヒーの焙煎する香りが漂う。オープニングの晩には、身体を覆うというよりもむしろ露わにする「引き裂かれた白い衣装をまとった」[172]、「シュルレアリスムの踊り子」そして「濃霧のイリス」[173] ことエレーヌ・ヴァネルが「失錯行為」を演じ、ベッドの上を飛び跳ね、プールで飛沫を上げ、来場者の上等なドレスに泥を塗った。裂けた白いドレス以外に彼女は明らかに何も着ておらず、[174] 彼女のダンスは誰が見ても、ネズヴァルの

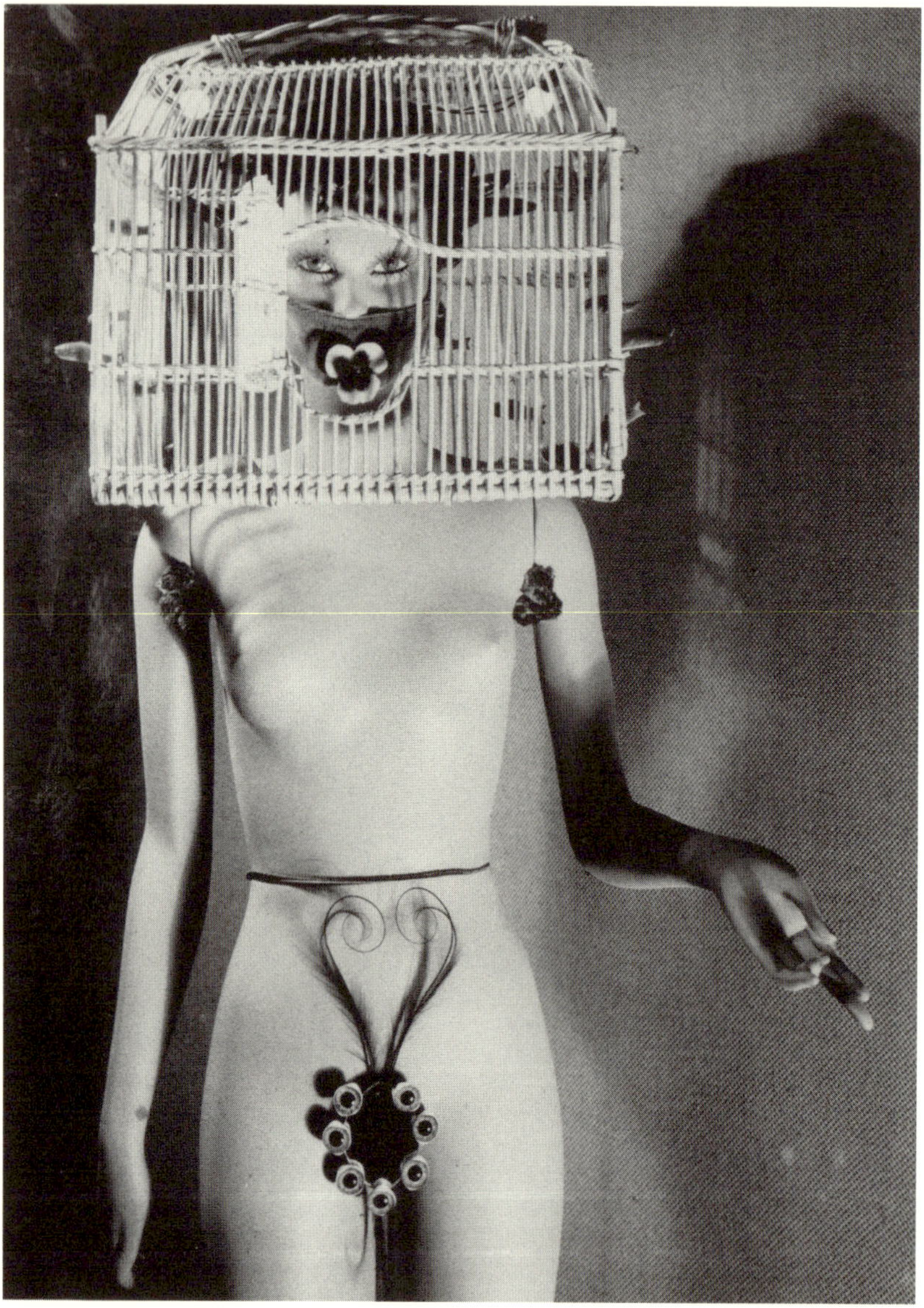

アンドレ・マッソン《思考の口のための緑色の轡》1938年にパリで開かれた〈シュルレアリスム国際展〉、撮影者不詳。The Getty Research Institute, Los Angeles(92.R.76). © ADAGP, Paris & JASPAR, Tokyo, 2018 G1248

『アルファベット』でミルチャ・マイェロヴァーが見せたパフォーマンスよりもはるかに破廉恥なものだった。エレーヌの踊りに比べれば、プラハのポエティスムの無邪気な時代に愛らしい水泳帽とスポーティーな短パンをはいたマイェロヴァーの姿は、とてもエロティックだったとは言えない。それは、ただ単に時代が変わっただけのことである。その頃には、ピカソがある日マッチ箱の裏に書きつけたように、真昼に星が見えるほど世の中は暗くなっていた。[175]

〈シュルレアリスム国際展〉について、シュルレアリストのまたひとつの「女性をだしにした冗談」だとか、「欲望と恐怖の象徴としての女体という主題を扱った中でもとりわけ空虚な創作」（これはミニョン・ニクソンの文章の引用で、彼女はルイーズ・ブルジョワについての近著で「シュルレアリスト通り」を切り捨てている）の幼稚な実践にすぎないものと見なすこともできるだろう。[176]だが私たちは、〈シュルレアリスム国際展〉が始まる一か月前に閉幕した〈退廃芸術展〉から遠く離れたところにおり、〈大ドイツ芸術展〉の判で押したような男性性からはさらに遠く隔たっている。だが、後者の展示においても、数多くの女性のヌードはぴかぴかの白壁にきちんと「掛けられ」――あるいは「絞首刑にされ」――男性の眼差しを夢中にさせた点は忘れるべきでないだろう。ただ、ナチのヌードは陰毛をまったく見せず、男根と不埒なダンスを踊ることもなかった。トローストが手がけた明るいホールには、ボフスラフ・ブロウクの描く、セックスによって保証され、飢餓によって駆り立てられるような陰鬱な生のサイクルが入り込む余地はなかった。性愛の想像力は、ここではないどこかで厳密に拘束されていた。眼差しは管理され、「世界の起源」を離れて上へ上へと向かい、そして飛行機の幾何学的な隊列と、焼き払われた村から青空へと立ち昇る煙の螺旋という男性的な近代の美へと注がれる。アウシュヴィッツへの道を開いたのは、（ポール・ヴィリリオが主張したように）ピカソやココシュカの「無慈悲な芸術」ではなかった。[177]ましてやシュルレアリストの想像力でもなかった。来たるべき大変動を支配したイメージは、レニ・リーフェンシュタールが捉えた完璧なオリンピック選手たちの姿だった。

ヴィーナスの夢

それから十年後、アンドレ・ブルトンは〈シュルレアリスム国際展〉を振り返るにあたって、「この展覧会が引き起こした動揺を通じて、一九三八年に主流となっていた精神的風土をよく表現していたもの」を明確にすると同時に、その精神的風土の構造のいくつかの側面をその真の射程の中に位置づけようとした。「繰り返すが、それは芸術的なものではない——我々の考えでは、詩的なものと現実の境界線上に横たわる人の心をかき立てる領域を、あらゆる人に向けて開放することを意図していた」。ブルトンの主張によれば、シュルレアリストたちが「意識していたことはただひとつ」、「できるかぎりボザール画廊とは似ても似つかない雰囲気を作り出すこと」であったという。しかし、当時を振り返ると、この展覧会の「『無意味さ』、皮相さ、そして悪趣味」を非難した批評家たちは、「自分たち自身の喉を切り裂くまでに至っていた」という。

火鉢の明かりのみに照らされ、千二百個の石炭袋でできた天井の下に押し込められた、あるいは乱れた売春宿のベッドに四隅を占められたそれらの部屋のひとつは、殺到する群衆や道路標識に縁取られた池に浮いているかのようだった。［…］そのすべてが、それ以来あまりにも意味深長なものになり、あまりにも不吉で予兆的なものでしかなくなり、憂鬱、窒息感、いかがわしさといった言い方で見事に消費されてしまった。当時、我々があいった雰囲気に耽溺していたことを激しく糾弾した人びとにとって、その後に続く時代の暗闇や陰鬱な残酷さから遠く離れたところで我々が立ち止まってしまったと指摘するのはあまりにもたやすいだろう。我々はわざとあのような雰囲気を作り出したわけではなかった。来たる十年に対して私たちが抱いていた予感の鋭敏な感覚が、あの展覧会に単に表われていたにすぎない。いまやシュルレアリスムが、合理主義がよかれと思って塞いでいた扉を開いてくれたことで、我々はあちこちで未来へ向けて旅立つことができるようになったと言えるかもしれない。ただ当時、我々は、これから突入していくのが未来そのものなのだとは気づいていなかった。そうしたことに我々が気づき、それを明らかにすることができるのは、あとから振り返ってみたときだけなのである。[178]

ここでもまた、客観的偶然が漠然とした魔法として作用していたようである。たしかに、その後さらにひどい状況が待ち構えていたわけであるが。

サルバドール・ダリは、一九三九年のニューヨーク万国博覧会で手がけたパビリオン〈ヴィーナスの夢〉のために、《雨のタクシー》を改作する。今日この万博は、シュルレアリストが提示したどんなものよりもむしろ単純でわかりやすいモダニティのシンボルである三角錐の塔「トライロン」と巨大な球「ペリスフィア」という二つのモニュメントによって記憶されているが、そのようなモダニティも、この頃すでに幼稚なものに見え始めていた。万博の公式スローガンは、「今日の道具を使って明日の世界を作り上げる」であった。展示場には秩序立った「美術」のための場所が十分に用意されていたにもかかわらず、ダリは自分の作品、燃えるキリンや柔らかい時計、「生きた液体の淑女たち」――〈ル・コリセウム〉のジャクリーヌ・ランバのように胸をはだけて泳ぐ――を、古ぼけた奇怪な「娯楽場アメリカ」に設置することを選ぶ。そこには他にも、「死の壁」、「呪いの雫」、そして「オープニングの日の最初のショーでは、全裸の少女がヴードゥーの生贄の儀式を行なった」という「キューバの村」などのアトラクションが並んでいた。[179]ダリのパビリオンを訪れる観客は、ボッティチェリの《ヴィーナス》の巨大な複製の下にある二本の開いた脚の間から中に入る。今回、タクシーを運転しているのは――いつの間にかニューヨークの黄色いタクシーに作り変えられている――「身体にぴったりと沿う服を着た[…]もうひとりのセクシーな女性」。そして乗客は、髭の生えた男性の頭に女性の身体をした、両性具有のクリストファー・コロンブスである。かれ/彼女の掲げる看板にはこう書かれている。「私は戻ってきた[180]」。

ダリが《雨のタクシー》を新大陸に移し替える頃までにアメリカに亡命していたアンドレ・ブルトンは、このスペイン人の名前から「ドル亡者」(Avida Dollars)というアナグラムを作っていた。ガラはダリの作品を商業化したといって激しく糾弾された。ブルトンにしてみれば、ダリの商業主義はシュルレアリスムが支持するあらゆる事柄に対する裏切りだった。だが、ダリがシュルレアリスムの夢をアメリカの奇人変人の間に移植したのが当人の売名行為やひねくれた性格、悪趣味なまでの金銭への愛着が入り混じったゆえだったとすれば、それはトライロンとペリスフィアの皮相な未来志向よりもはるかに当時の時代状況に沿うものであったといえるだろう。その頃までに、人間に潜む獣性を解き放ち、古い建築を形のない瓦礫の山にすると脅しをかけていたのは画家たちだけではなかった。コロンブスがふたたび船出した古いヨーロッパに目を転じると、すでにナチが明日の世界を作り上げていた。一九三九年三月十五日、ニューヨークで万博が始まる六週間前、プラハはふたたびドイツの一部となる。翌日には、ヒトラーが魔法の都に最初で最後となる訪問を行ない、プラハ城の窓から小地区の美しい屋根を自ら撮影している。第三帝国の権限下で、この写真はただちに切手として使用された。ニューヨーク万博の主催者は、歴史からふたたび姿を消してしまった国のパビリオンをどうすればいいかという厄介な問題に直面する。関係者の間で結託して闇に葬ってしまおうという動きが反射的に生じたが、ラジスラフ・ストナルはそれを認めなかった。

〈協同組合〉のディレクターであり、一九三七年のパリ万博でヤロミール・クレイツァルとともにチェコスロヴァキア館の企画にたずさわったストナルは、一九三九年四月十四日、パビリオンの展示を視察するためにニューヨークに到着する。同パビリオンは五月三十一日に予定どおりオープンし、式典にはチェコスロヴァキアの外交団、ニューヨーク市長フィオレッロ・ラ・グアルディア、そして亡命した大統領エドヴァルド・ベネシュが出席した。チェコスロヴァキア国旗は半旗で掲揚された。チェコの歴史で数多く起きてきたことが永遠に繰り返されてしまうのではないかと思われたそのとき、ベネシュは、チェコの政府がチェコ人たちの手に戻ってくることを願うヤン・アーモス・コメンスキー（コメニウス）の祈りの言葉――旧市街広場のヤン・フス像の台座に刻まれているのと同じ言葉――を引用する。コメニウスのこの言葉は英訳され、パビリオンの前にも掲げられていた。同じ頃に発表された報道写真「チェコの伝統衣装をまとい、ガスマスクを着けた二人の民族舞踊の踊り手」は、この時代の超現実性を見事に捉えている。[181] このときまでに、パビリオンの展示の機能は一変していた。「この展示の目的は」とストナルは書いている。

ラジスラフ・ストナル、『ジイェメ』誌の表紙、1931年。Archive of Jindřich Toman.

「チェコとスロヴァキアの国家が本質において西側と一体であること、そして西側の文明への際立った貢献を記録することである。これらの理念は、一九三八年のミュンヘン協定とその後の侵攻につながった緊張状態に照らしてよく理解されるよう慎重に選ばれた芸術作品を通じて表現されている。この状況においては、それゆえ、構想全体の計画的な文脈の中で国家の未来への希望を表現していた今回の展示は象徴的なものとなった[182]」。

戦時中、ストナルは「チェコスロヴァキアを救済するアメリカ基金」や他の愛国的な組織のチラシやポスター、招待状を数多く手がけたが、戦争終結後アメリカに残ることを選び、商品パッケージやカタログ、情報デザインの分野で多大な業績を残した。〈協同組合〉の美学は、メドウブルック病院やブルックリン・スクールの看板、スイーツ・カタログ・サービス、ノール＋ドレイク家具店など多数の会社のロゴや広告、子供向けの絵本『形の世界』、そしてアメリカの電話帳の新しいデザインなどに活路を見いだす。だが、この偉大なチェコのモダニストの長く輝かしい業績も、やはりヴィーナスのモチーフに辿り着いている。《ヴィーナスを探して》は、ニューヨークで一九六六年に最初に公開された生命力に溢れたポップアートの連作である。ストナルは一連の絵画を「歓びの芸術」と名づけた。「もし我々の混乱に満ちた時代で、冷淡さと仲違いに社会を支配されたとき、この絵画が感情的な反応を呼び起こしてくれる」とかれは説明する。「それがこの作品の使命です[183]」。《挑発的な》、《オー、ゴー・ゴー》、《テンガロンハットをかぶって》、《アメリカまで一直線》といった作品を通して、古代の女神はさまざまな姿に変身するが、その乳房はほとんどつねに大きく、弾力があってむき出しである[184]。ストナルのこの新境地をもたらしたのが、東五十二番街、「街で一番セクシーな場所」で暮らした戦時中の思い出であった。かれはジャズ・マニア、タクシー運転手、そして休暇を楽しむ兵士たちのことをよく覚えていた。（連作《ストリップ・ストリート》について述べているように）何よりもストナルの記憶に残っているのは、次のような場面だった。

格好良く服を脱いでいく女たちこそが、まさにストリップ・ストリートの風景の中心にいた。予想もつかない、茶目っ気のある、ときには愉快な出し物がそこでは演じられていた。思い返すと、ときおりそうした景色が垣間見えたのはクラブのドアの隙間からで、彼女たちはそこから通行人を惑わせていた。それぞれのドローイングでは、躍動する女性の身体のおぼろげで暗い淫靡な雰囲気をちらりと見たときの衝撃を自由に解釈している。踊り、スイングし、身を震わせたり、ツイストしたり、転げ回ったり、跳ね回る身体。あるいはただ、髪をほどく腕の動きかもしれない。[185]

第二次世界大戦前夜、アメリカに流れ着いたチェコ人の芸術家はストナルだけではない。解放劇場のスターだったイジー・ヴォスコヴェツとヤン・ヴェリフもまた、一九三九年初頭、ニューヨークに到着している。作曲家ヤロスラフ・イェジェクも一緒だった。生まれつきほとんど目が見えず、健康状態も悪く、それほど英語も話せず、移民という立場から合法的に働くこともできなかったイェジェクは、ブロードウェイで困難な日々を送る。友人のグスタフ・ヤノーホ――『カフカとの対話』の著者として言及したあの人物――が、ジャズ発祥の地で一時過ごすのはイェジェクの音楽にとってもいいことではないかと言って慰めたとき、イェジェクは怒ってこう答えたという。「馬鹿なことを言わないでくれ。[…] カムチャツカで梨が熟れることはないんだ。ぼくの音楽は、ここで、この土地に、この土に植えられた。一緒に持っていくことなんてできない。スーツケースひとつで故郷を飛び出すことなんてできない。故郷――それは空気、石畳、言葉、人びと――を全部置いていかなきゃならないんだよ。ぼくにとって、あそこで何かいいことがあるか？　ない。何もない。たぶんぼくは、ある死から別の死に逃れたにすぎないんだ」。かれの話が正しかったことがのちに証明される。「チェコのガーシュウィン」と呼ばれたイェジェクは、一九四二年一月一日、腎不全のため三十五歳で亡くなった。かれの亡骸は一九四七年に本国に帰還し、オルシャヌィの墓地に埋葬された。

ジャズ・ミュージシャンのイジー・スチヴィーンは、のちにイェジェクの葬儀の映像を短篇映画に仕立て、最大のヒット曲のひとつである『ダークブルーの世界』をアレンジして映像に添えた。この映像と音楽の組み合わせには胸が締めつけられる。悲痛すぎるほどである。マイケル・ベッカーマンが述べているように、「この憂鬱な短篇映画のせいで、『ダークブルーの世界』はいやおうなく、ほぼ盲目のイェジェクが亡命者として晩年を過ごし、ついには死にいたった日々を見事にまとめた音楽のように聞こえてしまう。だが、これはもともと一九二九年のある晴れた日の昼下がり、二人の若者［引用者註――歌詞を書いたのはヴォスコヴェッとヴェリフ］によって書かれた歌なのだ。当時、作曲家は弱冠二十三歳で、アメリカでも評価されていた。『甘ったるいセンチメンタルな曲は好きじゃないんだ』。おそらくそこには、惨めな生活とは別の物語があったのではないか」。ベッカーマンは続ける。「ヤン・ヴェリフもこんな話をしている。イェジェクが無一文で、病身で、何の見通しもなしに初めてニューヨークに降り立ったとき、かれが真っ先に気にしたのは、食事のことでも住まいのことでもなく、『ベニー・グッドマンはどこで演奏してるんだ？』ということだった」[186]。青ざめた暗い困窮の現実があったとしても、それでもアメリカはチェコ人にとって夢の土地であった。

ヴォスコヴェッとヴェリフはもう少しましな亡命生活を送り、一九三七年の演目『重砲バルバラ』は一九四〇年にクリーヴランド・プレイハウスでの上演にこぎつけたほか、ラジオ局「アメリカの声」でいくつもの番組を手がけている。戦後、二人はともにチェコスロヴァキアに帰還する。ヴェリフはやがてミロスラフ・ホルニーチェクという新しい相方を見つけ、その後、チェコの映画界で輝かしい経歴を積んだ。かれはまた、ジェームズ・ボンド・シリーズの『007は二度死ぬ』（一九六七）の悪役エルンスト・スタヴロ・ブロフェルド役の候補に上がるが、風貌があまりにもサンタクロースに似ているという理由で、最終的にはドナルド・プレザンスがキャスティングされている[187]。その翌年、ルドヴィーク・ヴァツリークが起草した「プラハの春」でもっとも重要なマニフェストのひとつ「二千語宣言」に署名し、ソ連軍が侵攻してくるとウィーンに逃れた。だがまもなく、ミラン・クンデラの描いたテレザのように弱い人間の国へと戻る。チェコスロヴァキア共産党の主導で行なわれた、反体制派知識人の「憲章七七」を拒絶する署名運動「反憲章」に、ヴェリフは当局からの強い圧力を受けて不本意ながらも名前を連ねた。かれは一九八〇年にプラハで亡くなるが、シュヴェイク的な妥協の姿勢も同胞から十分に理解される国民的な俳優となった。一方、ヴォスコヴェッが国を代表する俳優となるのはそれほど簡単ではなかった。もしかすると母親がフランス人だったことも関係していたかもしれない。ヴォスコヴェッは一九四八年にふたたび祖国を捨て、まずパリに居を移す。二年後にはアメリカへ戻るが、共産党支持者であるとの疑いをかけられ、エリス島に十一か月拘留される。この状況では悪趣味な冗談でしかなかったが、しかしヴォスコヴェッツはたしかに、当時のマッカーサー主義者の隠語で言えば「未熟な反ファシスト」だった。一九五六年になって、かれはようやくアメリカの市民権を取得する。以後ジョージ・ヴォスコヴェックと名乗り、ヴェリフが他界した翌年、カリフォルニアのピアブロッサムに埋葬された。きついチェコ訛りのせいで苦労しつつも、数多のテレビ番組と映画『十二人の怒れる男』(陪審員十一番の役)や『寒い国から帰ったスパイ』などに出演することでどうにか暮らしを立てていた。世界でもっとも魅力的な劇場は、このようにして終わりを告げた。

ヤルミラ・ノヴォトナーがニューヨークに到着したのは、トスカニーニが指揮する万博のオペラの連続公演に出演するためだった。運命の悪戯か、まさに彼女の船が着岸した三月十五日、「チェコスロヴァキアもヒトラーの愚行の餌食となったというぞっとするような知らせを受け取りました。夫と子供たちが残っていましたから、私が『椿姫』のリハーサルを始めたとき、どのような心持ちでいたか、ご想像いただけるかと思います」[188]。時代の流れに呼応するように、ソプラノ歌手としてのノヴォトナーのキャリアは一九二〇年代から三〇年代にかけて大きく変化した。エマ・デスティノヴァーに師事した彼女は、一九二五年六月、十八歳のときに国民劇場の『売られた花嫁』の公演で華々しいデビューを飾る。マジェンカ、ミミ、ルサルカ、そして「夜の女王」といった役を演じるうちに彼女の歌声と美貌の評判は各地に広まり、一九二二年から三三年にかけてベルリン国立歌劇場の舞台にも立った。しかし「その頃すでに暗雲が地平線に垂れ込め始めていました。[…]プラハで行なわれたマサリク大統領の誕生日を祝うコンサートでベートーヴェンの『第九』をチェコ語で歌ったというので、いくつかの新聞は私を攻撃する文章を書きました。またベルリンでは、ブルーノ・ワルターの指揮でマーラーの『第四交響曲』を歌ったせいで同じことが起こりました。作曲家がユダヤ人だという理由で、ワルターは指揮を止めるよう勧告されたのです」。ワルター自身もほどなくしてライプツィヒでの職を追われる。まずオーストリアへの亡命を余儀なくされ、次いでフランスへ渡り、最終的にはアメリカに辿り着く。ノヴォトナーは一九三三年にベルリンを去り、ウィーンへと向かうが、絶えずトラブルがついて回った。「『エフゲニー・オネーギン』のタチアナ役を、一九三八年三月十二日にウィーン国立歌劇場で演じていました。そのときにはもう、ドイツがオーストリアを併合するのは時間の問題でした」とノヴォトナーは語る。「私たちはボヘミアのリテンの城へ隠れましたが、そこもすぐに去らなければならないとは思ってもみませんでした。長年、私はちょくちょくチェコスロヴァキアに戻っていました。チェコ・コルナ硬貨に私の顔があしらわれるという名誉にも与ったほどです」。

ニューヨーク万博の後、ノヴォトナーは短期間ヨーロッパに渡ったが、すぐにハドソン川沿いへと戻らなければならなかった。「第二次世界大戦が勃発する前日、私はスヘフェニンゲンでブルーノ・ワルターの指揮のもと、『フィガロの結婚』を歌っていました。幸い、子供たちは私と一緒にオランダにおりましたし、素晴らしい乳母も一緒でした。そして夫は、きっと直感が働いたのでしょう、間一髪のところで私たちを連れ出すことに成功しました。アメリカへ渡る方法を見つけるのには大変苦労しましたけれど、九月の終わりには着の身着のままで脱出しました」。一九四〇年一月五日、彼女はメトロポリタン歌劇場で初出演を果たし、『ラ・ボエーム』でユッシ・ビョルリング演じるロドルフォの相手役ミミを演じる。その後、歌姫として同歌劇場に君臨し、一九五六年に引退するまで十七シーズンにわたり百四十二回、舞台に立ち続けた。また、一九四五年にはやる思いでプラハへと戻り、国民劇場で『エフゲニー・オネーギン』と『売られた花嫁』に出演したが、二月革命により故郷への永住は叶わなかった。ここで引用したインタビューは、このソプラノ歌手の「ウィーンのヒーツィンガー地区にある、広い庭のある美しい洗練された自宅」で収録されたという。

ヤン・マサリクは、何よりもノヴォトナーの近しい友人であり続けた。一九四二年、ノヴォトナーはチェコとスロヴァキアの民謡を収録したアルバムをニューヨークのRCAビクターからリリースするが、その際、当時ロンドンのチェコスロヴァキア亡命政府の外務大臣だったマサリクはピアノの伴奏を行ない、ライナーノーツも書いている。「ヤルミラ・ノヴォトナーは私の父の前でよくこうした民謡を歌ってくれた」とマサリクは述懐する。「たまたまプラハにいたときに私が伴奏した。今日ではヤルミラも私も、ヒトラーの恐るべき脅威から逃れてきた難民であり、こうした民謡を歌うのも私たち自身のためなのだ。何人かの親切な友人がレコードにしようと言ってくれて、非常に恐縮しつつも、私は自分の役割を引き受けることにした。私たちが録音している間に、ちょうどハイドリヒがプラハに着任し、死に（実に千回死んでも足りないほどだが）、そしてリディツェでの信じがたい惨劇が起こった」[189]。リディツェは第二次世界大戦中にナチの悪名高い蛮行の犠牲となった地のひとつである。ハイドリヒ暗殺の犯人を村人が匿っていると疑ったドイツ兵の部隊が、一九四二年六月十日、このボヘミアの小さな村を急襲する。（公式声明によれば）「成人男性は銃殺され、女性は強制収容所に送られ、子供はしかるべき形で養育されることになった。村の建物は徹底的に破壊され、村の名前は消された」[190]。九十六人いたリディツェの子供のうち、八十一人はヘウムノのガス室で殺されている。金髪に青い目の幸運な子供たちは、アーリア人化という名目でSSの家族に引き取られていった。「ここで一人の少年が、自分の見た夢の話をする」――歌曲『愛しい人よ、ぼくは夢を見た（Zdálo se mi, má panenko）』のマサリクの梗概にはこう書かれている。「古い村の宿屋でかれはふたたび愛しい人と一緒に踊っていた。夢の中の宿屋は黄金の煉瓦でできていた。目を覚ますと、少年は悲しげに言う、それはただの夢だったのだと」[191]。

ノヴォトナーはその後、八十五歳でふたたびプラハを訪れる。一九九二年、『リディツェの歌』がチェコスロヴァキア国内で初めてリリースされるのに合わせての帰還だった。このレコードが録音されてから、実に五十年の月日が経っていた。ナチによる虐殺の記憶は、戦後、チェコスロヴァキア共産党のプロパガンダでしきりに訴えられていたにもかかわらず、一九四八年の二月革命後と一九六八年のソ連軍侵攻後の二度にわたって、このアルバムのリリースは延期されていた[192]。戦時下のチェコスロヴァキアにおける抵抗運動を記念する動きはそこかしこで広がっていたが、モスクワはいい顔をしなかった。『リディツェの歌』はたしかに、音楽評論家アラン・ブリスの言葉を借りれば「きわめてノスタルジックで、チェコの土地に根づいた楽曲集である」[193]。その多くは別れを歌っている。兵士たちが女たちを、ときには妊娠中の恋人を置いて去っていくのだが、これはありきたりなノスタルジアではない。少なくとも私はこれらの歌を聴くとき、そこに分かちがたく溶け込んでいる歴史の残響を感じずにはいられない。村の破壊、フランツ・カフカなら険しい顔で味わったであろう、ドイツ当局による微に入り細を穿つ報告書。村の子供たちを、民族の純血性をつかさどる近代の狂える神に差し出す事務的な手つき。そして何よりも、ノヴォトナーの緊張した伴奏者ヤン・マサリクが、六年後、静まり返った巨大なプラハ城の五階の窓から転落する光景。そこから見えた美しい旧市街広場は、プラハの性器（セックス）かもしれない。だが、私はここでまた、かつてあったものの核心を突く蓄音機のプルースト的な力に導かれて、危険な連想の道を辿ろうとする気持ちに駆られ、全体主義の時代と自分の生きている時代を混同しているのかもしれない。

一九四二年、リディツェに関する巡回展の計画が持ち上がった際にストナルはインスタレーションを手がけたが、資金不足により、このプロジェクトが日の目を見ることはなかった。[194] ボフスラフ・マルチヌーの『リディツェへの追悼』は、次第に高まっていくメロディーが、横暴な金管楽器の奪回部隊と、深奥から執拗に轟くティンパニに蹂躙される八分間の楽曲で、想像を絶する悲劇をより長く人びとの記憶にとどめることになった。この曲は一九四三年にマンハッタンで書かれている。抒情性と不穏さを同時に表現しようとするこの曲の雰囲気の移り変わり――むしろ、同時性――は、ロートレアモンにも匹敵するオーケストラの音色の並置によって生み出されている。マルチヌーはおそらく、ヤナーチェクに次いでよく知られた二〇世紀チェコの作曲家である。その否定しようもなくモダニズム的な音もまた、ミラン・クンデラの言う歴史のかたわらに位置する美しい小さな庭からやってきたものである。かれの作品は明らかにストラヴィンスキーやドビュッシーに負うところがあり、またアメリカのブルース、ラグタイムやジャズにも多大な影響を受けているが、一方でモラヴィア民謡から聖ヴァーツラフのコラールまで受け継いだチェコの香りも豊かに漂っている。マルチヌーは一九二三年以来フランスに暮らしていたが、毎年夏になるとボヘミアとモラヴィアの間にある高地の町ポリチカで過ごしていた。パリのカフェでセルゲイ・クーセヴィツキーと偶然出会ったことがきっかけとなり、マルチヌーは管弦楽曲『ラ・バガール』を作曲する。これはチャールズ・リンドバーグの最初の大西洋横断飛行に集まった群衆の姿から着想を得たもので、ボストン交響楽団の演奏で一九二七年十一月十八日に初演された。「無名の作曲家による馴染みのない楽曲がシンフォニーホールでこれほど熱狂的に迎えられることはめったにない」と、『ボストン・ヘラルド』紙が報じている。[195]

国際的な名声が高まっても、マルチヌーが故郷との深いつながりを失うことはなかった。当時、外国暮らしは亡命と同等とは見なされなかった。マルチヌーのオペラ作品『兵士と踊り子』（一九二七）、『マリアの奇蹟』（一九三四）、『場末の劇場』（一九三六）、『ジュリエッタ、あるいは夢占いの本』（一九三七）はいずれもプラハかブルノで初演されている。またラジオ・プラハのために『森の声』（一九三五）と『橋の上の喜劇』（一九三五）の二作のオペラを手がけ、このうち前者はヴィーチェスラフ・ネズヴァルが台本を書いた。多くの人びとがチェコスロヴァキアを脱出しようと必死に準備していたさなか、逆にマルチヌーは、無謀にもプラハ音楽院に職を得ようとしていた。「厳しい試練が私たちを待ち受けていることは明らかです」と、一九三八年十一月、マルチヌーは音楽学者のオタカル・ショウレクに書き送っている。「私たちの国全体にとって、きわめて重大で困難な時期になるでしょうし、また私たち全員に苦難が待ち受けていることでしょう。[…] 私は多くの、実に多くの賛同しがたい状況を見てきましたし、多くの人びとが転向したというあなたの知らせにも、それほど驚きはしません」。チェコの歴史学者たちには「第二共和国」〔ミュンヘン協定が発効した一九三八年十月から、保護領となる翌年三月までの政治体制〕として知られるこの煉獄のような時代は、故郷に戻ることを検討するのにふさわしいタイミングとはとても言えなかった。ミュンヘン協定締結後の数週間で、ベネシュ大統領は辞職してイギリスへと逃れ、チェコスロヴァキア共産党は活動を禁止され、解放劇場は閉鎖された。「それでも、こうした事件の大部分は、最初の悲劇的な瞬間がもたらした衝撃に対する型どおりの反応にすぎないと思っています」とマルチヌーは続ける。「私はプラハに戻ることに決めました。たとえ作曲以外の方法であっても、この国の新たな目的に仕えることができるでしょう」[196]。近代音楽の愛好家にとっては幸いなことに、音楽院はマルチヌーの申し出を却下している。

　第二次世界大戦の勃発と同時に、マルチヌーはフランス軍のチェコ人志願兵のために『野外ミサ』の作曲に取りかかる。軍隊内での略式礼拝で使われることを想定した楽曲で、管楽器とパーカッション、ピアノ、ハルモニウムという小編成になっている。初演はパリの警察音楽隊から楽器を借りて行なわれた。作詞したのはアルフォンス・ムハの息子イジーで、当時はパリで表向きは医学生として暮らしていた。若いイジーは作家志望で、『リドヴェー・ノヴィヌィ』紙に演劇評を書いて生計を立てていた。このときかれはヴィシェフラットで行なわれた父親の葬儀から戻ったばかりだった。ヴィシェフラットといえばスメタナの音楽を思い起こすが、マルチヌーの『リディツェへの追悼』に『わが祖国』の残響を聞き取るのも単なる空想とは言えまい。イジーはゲシュタポに対して、自分がパリに戻るのと引き換えに、父親の作品の何点かを保護領となったチェコに送り返し、戦争が起こってもフランス人の手には渡らないようにすると約束した。早く作曲を始めたかったマルチヌーは、イジーの歌詞の「やや気弱な調子の始まり」を修正する時間も与えなかった。イジーは「我々の特異な状況と、そこから我々に引き起こされた感情」を表現したいと強く願い、封筒の裏や学習用ノートのページに、またパリのカフェで受け取ったレシートに詞を走り書きしていた。[197]

おお神よ
我らの貧しさを許したまえ
我らの身なりを許したまえ　我らの顔にこびりついた塹壕の泥を
祭壇に花さえ運ばぬ我らを許したまえ
神よ　神よ　なんという試練を与えたもうことか
十字架の下で身体を折り曲げている人びとに　一度ならず二度までも

ヴィーチェスラフ・ネズヴァルが描いた民族の磔刑のイメージが回帰するが、ここでは他にもチェコらしいモチーフが繰り返されている。「異郷の地より、おお神よ、我は呼ぶ」と『野外ミサ』は続く。「我は御身に祈る、この遠き地より」[198]。ここで思い起されるのはもちろん、イジーの父アルフォンス・ムハの大いに冷笑された作品、《スラヴ叙事詩》で冷たい北海の風景を見つめるヤン・アモス・コメンスキーの姿である。だがチェコ音楽の愛好家なら、マルチヌーとは別のもう一人のボフーシュ（ボフスラフの愛称）を思い出すだろう。アントニーン・ドヴォジャークのオペラ『ジャコバン党員』（一八八九）の主人公である。「私たちは異郷の地をさまよい歩いた」と、ボフーシュとユリエが歌うくだりは、このオペラの中でも特によく知られている。「歌うことだけ、歌うことだけが私たちの安らぎ」[199]。

「おお神よ、我を生かしたまえ」とイジーの歌詞は続く。「戦いに疲れ、我が足取りはおぼつかぬ。ただ我が生命のため、神よ、我は乞い祈る、汝の御手が我をふたたび故郷へと導かんことを」[200]。マルチヌーの場合、故郷へ帰ることは叶わなかった。一九四〇年、ヒトラーのフランス侵攻により、マルチヌーとフランス人の妻シャルロットはまず南仏へ、それからスペインとポルトガルを通ってアメリカ合衆国へと逃れる。マルチヌーはバークシャー音楽センター、マネス音楽大学、そしてプリンストン大学で教鞭を執った。ヤン・マサリクの窓外投擲事件でチェコスロヴァキアへ戻る望みが絶たれたのは、ヤルミラ・ノヴォトナーとまさに同じである。マルチヌーは一九五二年にアメリカの市民権を取得し、フランス、イタリアといった各地を放浪しながら晩年を過ごしたのち、スイスで——まぎれもなく亡命者として——一九五九年に他界した。

『ジュリエッタ』は、一般にマルチヌーの手がけた舞台作品の中でも最高傑作とされるが、二〇世紀に作られたとりわけ奇妙なオペラのひとつにちがいない。とはいえ、その主題はベルクの『ヴォツェック』やヤナーチェクの『死者の家から』と同じく、時代の潮流に合ったものではなかった。たしかに、『ジュリエッタ』の副題「夢占いの本」は、〈シュルレアリスム国際展〉で展示された詩的なものと現実の境界線上に横たわるあらゆるものと同じ予兆を示している。初演は一九三八年三月十六日、プラハの国民劇場で行なわれた。奇しくもアドルフ・ヒトラーがこの魔法の都に最初で最後となる訪問を行なうちょうど一年前にあたる。インジフ・ホンズルが製作を、フランチシェク・ムジカが舞台美術を担当した。ともにデヴィエトスィルの古参である。当時のチェコを代表する指揮者ヴァーツラフ・タリフが指揮棒を振った。初演の際、マルチヌー一家の横に座ったのは、このオペラのもとになった一九三〇年の同名のシュルレアリスム劇『ジュリエッタ』の作者ジョルジュ・ヌヴーだった。このフランスの劇作家は、当初、自作を歌劇とする許諾をクルト・ヴァイルに与えていたが、マルチヌーと出会い、考えを変える。「真夜中、階段を降りながら私は深く心を動かされていた」と、ヌヴーはのちに書いている。「私はこのとき生まれて初めて、真にジュリエッタの世界に足を踏み入れたのだ。マルチヌーは見るからにこの劇を気に入っていたし、その魅力と深さをさらに増し、傑作の域にまで高めてくれた——私は文字どおり目が眩んだ」[201]。作曲家マルチヌーのほうは上演に圧倒されていた。「ある作品が要求するものを感じ取れる者、私がしたように作品に身を捧げる者を見いだせるとは、このうえない幸せだ」と、のちにマルチヌーはタリフに書き送っている。「私は芸術や詩の核心に秘められたもっとも謎めいたもの、もっとも隠されたもの、あの繊細なものを表現しようとした。それに触れることができるのは、それを探し求め、それを心から必要とし、人間の生がもたらすもっとも美しい贈り物のようにそれに近づこうとする者だけであり、それを変えようとするのではなく、あるがままに受け入れる者だけである」[202]。ここで「詩」を強調したのは私である。

『ジュリエッタ』の舞台は海辺の小さな町である。パリで本屋を営む若者ミシェル・ルピックは、三年前に窓の向こうで歌う姿をちらりと目にしただけの美少女を探し、この地に戻ってくる。ミシェルは幻との恋に身を委ねまいと抗っていたものの、少女の声が夢に繰り返し現われる。かれは列車で町に到着するが、町の住人は、そんなはずはない、町には駅などないのだからと言い張る。他にもさまざまな奇妙な出来事が起こり、どうやらミシェルは忘却の土地に足を踏み入れたらしいということが明らかになってくる。「このちっぽけな町では、俺たちはみんな記憶喪失なんだ」と警部が説明する。「何もかも忘れてしまって、もう何も覚えていない者もいる。あるいは俺みたいに、いくらかは記憶が残っている者もいる。ときおりこういう記憶が浮かび上がってきて、息を吹き返す。もしよそ者がこの町を見つけたら、そんなことは滅多にないが、住人たちは寄ってたかって話を聞かせてくれとせがみ、聞いた話をそっくり自分自身の記憶にしちまうんだ！」住人たちはしばしば、すでに忘れた話を夢想していると言って互いに非難し合う。ミシェルは声をひそめるよう注意される。というのも、「他人の記憶を簒奪しようとして、みんな窓の向こうで聞き耳を立てている」からである。手紙は三年遅れで配達される。そうすれば「記憶を失った者たちが昔の出来事を蘇らせることができるから」。手相占い師は未来ではなく過去を占う。記憶の行商人は「すっかり色あせた古い写真、さまざまな色の髪、古いメダリオン、その他何でも」求めてさかんに取引する[203]。

マルチヌーは説明する。「たとえ自分がこの町にやってきた理由を知っていても」、ミシェルは「現在のうちにしか存在しないこの世界で、自分を見失い始める。［…］ようやくジュリエッタを見つけたときには、出来事はすべて現実の強烈な幻想に置き換えられてしまい、ミシェル自身の『証明済みの』現実は、それに比べると空虚で味気ないものに思われる」[204]。窓の向こう側から、ミシェルはジュリエッタの独唱する声を聴く。「今夜、私の恋人は高波にさらわれてしまった。あの人は戻ってくるかしら？　星が空へと戻ってくるように、戻ってくるかしら？」ジュリエッタはミシェルを失踪した恋人だと思い込むが、ミシェルはすぐに彼女も記憶喪失なのだと気づく。ジュリエッタは記憶の行商人が売る絵葉書に夢中になる。「セビリアの中央広場［…］それから私があなたを待っていた庭園」、「二人で四晩過ごした小さなホテル」、「幸運を願ってあなたが私に買ってくれたブレスレット」、「あなたが大好きだったヴェール」。「私を見て！」と彼女はミシェルに命じる。「私のこと、わかる？」「もうたくさんだ！　全部ただの空想だ！」とミシェルが遮り、ヴェールと絵葉書を彼女の手からひったくる。「ぼくに必要なのは現実だ！　ぼくらの本物の記憶！　聞こえるか？　ぼくらが本当に一緒に経験したことは何だ？」だが、ミシェルがジュリエッタに味気ない真実を――三年前に窓の向こうの彼女の歌声を聴き、その次の列車で町を去り、そして彼女を探しに昨日戻ってきたばかりであると――告げると、彼女は落胆を隠せずにいる。彼女の幻想は、現実以上にはるかに信じるに足るものである。「まあ、なんてつまらない！　もっとましな話はないの？」と、ジュリエッタは暗闇の向こうへ駆け出す。ミシェルはポケットからピストルを取り出し、やみくもに撃つ。叫び声が舞台の向こうから一度、そして二度響き、そして静寂が訪れる。ミシェルは途方に暮れて座り込む。「だがぼくは撃たなかった。そんなことはありえない」。

　オペラの最終幕では、ミシェルは「夢の中央管理局」にいる。職員が台帳に出入りを記録している。「アヴィニョン……夢四つ。オルレアン……夢四つ！　リヨン……夢四つ」。「もしここにとどまるなら」と職員はミシェルに警告する。「自分の身を非常な危険にさらすことになりますよ」。奇妙な人びとが管理局にやってきては去っていく。バッファロー・ビルと一緒に馬に乗って、草原を駆け回りたいという使い走りの少年。熱帯の暖かさを恋しがる盲目の乞食。終身刑を始める囚人。かれらは全員、ジュリエッタという名の女性を探しているらしいことが徐々にミシェルにわかってくる。例外はオリエント急行の機関士で、かれは死んだ娘の写真が貼られたアルバムを眺めているのだが、すぐにそのページは白紙であることが判明する。人びとの姿が、闇の中から、おずおずとやってくる。「グレーのスーツを着た人たちがいるでしょう」と職員が説明する。

「あの人たちも、ちょうどあなたのようにここへやってきたんです。［…］で、ここが気に入って［…］帰りたがらなかったんです！　夢から覚めないまま、ずっとここにいるんです！」

「あの人たちは、ずっとここで夢を見ているのですか？　気が狂っているのでは？」

「シーッ、シーッ。そういうことをここで口にしてはいけませんよ。あなたの言うとおりです。かれらは実生活のなかでは独房に閉じ込められています。でも、現実にかれらはここにいるのですから、それが何だというのでしょう？」

その職員は、朝までにここから出ていかなければミシェルも同じ状態に陥ると警告する。ミシェルはここを出ていくと言うが、その前にやっておきたいことがあると告げる。「ここで彼女を覚えておきたいんだ」とミシェルは説明する。「怖いんだ。［…］ここから出るやいなや、ぼくはすべてを忘れてしまうだろう！　でもぼくは忘れたくない！　あのドア、あれがすべての終わりだ。すべての終わり。灰色の朝が来る！　灰色の生活が！　誰にわかるというんだ？　あのドアをぼくがふたたび通ることがあるかどうかなんて」

太陽が沈む。ドアの向こう側からジュリエッタの声が聞こえる。ミシェルを愛していると言い、行かないでと懇願している。ミシェルはドアを開け、ランタンの光で暗闇を照らすが、そこには誰の姿も見えない。声はミシェルを呼び続けている。夜警の最後の制止を振り切り、ミシェルは愛の大いなる抗いがたい呼びかけに応じる。「ああ！　ああ！　聞こえていたよ！　聞こえるよ！　ぼくをミシェルと呼んだね！　ミシェルと！　そして君が見えるよ！　君が見える！　見えるよ！　ああ！　なんて君は美しい！　なんて美しいんだ、ジュリエッタ！　ジュリエッタ！」[205]そして舞台はゆっくりと回転し、記憶を失った小さな町、オペラが始まった場所に私たちを連れ戻す。「正気と現実を拒絶して」とマルチヌーは解説する。「［ミシェルは］束の間の夢に安住する。いまや舞台は最初からふたたび始まる。物語は終わることなく続く——そう、それは夢にすぎないのだ」[206]。

指揮棒を持った女の子

ボフスラフ・マルチヌーが最後にチェコの地を踏んだのは一九三八年の夏のことで、教え子であり、恋人でもあったヴィーチェスラヴァ・カプラーロヴァーとともに、ボヘミア南部のトシ・ストゥドニェにある彼女の家族の別荘で穏やかな数週間を過ごした。二人はマルチヌーの故郷ポリチカで別れを告げたが、数週間後、そこは第三帝国の一部となる。例によって、写真が物言わぬ目撃者として失われた楽園の影をとどめている。この場合、ラム川やムージャンの超現実的な記憶に比べれば、ありふれた土産物のようなものだが、それでもなお、この休日のスナップ写真は気楽な雰囲気の中で来たるべき死を暗示している[207]。ヴィートカ〔ヴィーチェスラヴァの愛称〕はそれほど美人に映っているというわけではないが、彼女は実に魅惑的な存在であったとみな口を揃えている。「人びとはこの頼りない、小柄な、透明感のある女性に魅了された」と、伝記作家のイジー・マツェクは記している。彼女は「生気がみなぎり、生きることの真の喜びに満ちあふれ、子供のように無邪気かと思えば、ときに聡明であったり、気まぐれであったりした。[…]誰もが喜んでこの女性の誘惑に身を任せたのだった」[208]。あまりにも陳腐な「子供にして女であるもの(femme-enfant)」の肖像ではあるが、カプラーロヴァーはシュルレアリスムのミューズとしての素質をすべて備えていた。自由な精神を持ち、直情的で、ロマンティックだった。虚弱な体質と圧倒的な音楽の才能の組み合わせは、彼女の性的魅力を高めるばかりだった。ある肖像写真では、さっぱりしたボーイッシュなヴィートカが、蝶ネクタイに燕尾服姿でオーケストラを指揮している。当時、指揮者が(今と同じように)圧倒的に男性の職業とされていたことから、ヴィートカのこの姿は、メレット・オッペンハイムの《ヴェールに覆われたエロティック》やネズヴァルの『アルファベット』におけるミルチャ・マイエロヴァーと同じく両性具有的な雰囲気を有している。他のシュルレアリストの女たちと同じように、ヴィートカも恋多き女だった。あるいはもしかしたら、愛に一途であるがゆえに一人の相手と長続きしなかったのかもしれない。「彼女は一度に複数の相手に対して誠実に向き合おうと懸命だった」とイジー・ムハは見る。「そのたびに、いつも真剣だった」[209]。

マルチヌーとヴィートカは、恋人同士の気恥ずかしいやり方で、互いを「シュパリーチェク（Špalíček）」と「ピースニチカ（Písnička）」と呼び合うようになる。一九三七年四月、プラハの〈カフェ・メトロ〉で二人は初めて出会い、中年の作曲家は才能ある若い生徒に、卒業後はパリで学ぶよう強く勧める。二人の愛称は多くを物語っている。マルチヌーの作品名でもある「シュパリーチェク」とは、まず「民族固有の遊び、習俗、おとぎ話にまつわるバレエ作品」であり、その最初のヴァージョン（一九三一―三二）は、一九世紀の民俗学者カレル・ヤロミール・エルベンのバラッド「幽霊の花嫁」と密接な関係にある。「シュパリーチェク」を文字どおりに訳せば「木材」という意味だが、チェコ語ではさまざまな意味合いがあり、「年老いた農夫」を表わすこともある。また、チェコ人の子供時代には欠かせないミコラーシュ・アレシュの『民謡と子守唄の小冊子（シュパリーチェク）』をも連想させる。アレシュのつけた本の題名は、ルネサンス期に田舎の市場で売られていた木綴じの小冊子を思い起こさせる。本の中には「押し花、歌、物語、いくつかのニュース、祈りの言葉があり［…］まさにいつもマルチヌー自身の、そしてこの時期のかれの作品の特徴を表わす『珍しいもののコレクション』[210]を見いだすことができる。ヴィートカもまた、労働者を描いたアレシュのドローイングを一点、ピアノの上に飾っていた。一九三六年、彼女は『ピースニチカ』という題名の曲を作っている。「小さな歌」を表わすこの指小形の名詞は、やはり単なる楽曲以上の意味合いを呼び起こす。「『ピースニチカ』という名前は」とイジー・ムハは言う。「恋するマルチヌーの心の中のヴィートカを的確に捉えている。小柄で、陽気で、活発で移り気な女性は、生の歓び、あるいは愛にあふれる歌そのものと言える存在だったからだ。かたやマルチヌーは田舎の丸太だった。枝のようなもの、優しいが素朴で、まだ洗練されていない［…］マルチヌー――丸太（シュパリーチェク）は、全体が音楽でできている粗く切り出された木材だった。ヴィートカは、周りの人びとや自分にこうしたニックネームを考えるのが大好きだった。それは最高の愛情表現だった」[211]。

その年の十月、彼女がパリに到着した二日後、マルチヌーとヴィートカはカフェ〈ドーム〉で旧交を温める。多くのボヘミアンや少なくないチェコ人たちと同様、マルチヌーもモンパルナスでくつろいだ晩を過ごすのを習慣にしており、五十サンチームのコーヒー一杯で何時間もカフェに居座っていた。洗濯をする日だけは例外で、妻シャルロットの愛情のこもった述懐によれば、「私が仕事を終えるまで、あのひとは外出せず、私のためにピアノでよくベートーヴェンのソナタを弾いてくれた」[212]。シャルロットが思い出すのを忘れたことが何であれ、あるいは忘れたのを思い出したことが何であれ、マルチヌーとヴィートカはまもなく激しい恋に落ち、『ジュリエッタ』の海辺の小さな町のように、過去も未来もない二人きりの世界を生きるようになった。「マルチヌーは本当に幸せだったのだろう」とイジー・ムハは書いている。「ヴィートカはパリにいて、二人は互いを認め合うパートナーとして取り組み、ベッツ家［引用者註――リュクサンブール公園を見渡すメディシス通り一番地にヴィートカが借りていた部屋の家主］に秘密の巣を構え、民俗詩をもとに短い愛の歌を二人で作曲していた。［…］当面の間、二人を結ぶ愛は満開の花を咲かせていた。マルチヌーはシャルロットの問題を解決しようとし、［妻の実家のある］ヴュー・ムーランに帰したり、あるいは夫婦の間に波乱を巻き起こす危険を承知しながら、ベッツ家に昼夜を問わず入り浸るようになっていた」[213]。

ヴィートカはブルノ音楽院とプラハ音楽院を首席で卒業し、すでに自身の名前で重要な曲をいくつか手がけ、その中にはヤロスラフ・サイフェルトの詩集『膝の上のリンゴ』（一九三三）所収の四篇につけた曲もあった。パリに発つ二週間前には、ヴィーチェスラフ・ネズヴァルの詩「さよならとハンカチーフ」のピアノ伴奏を作曲し、その曲を「もっとも美しい街プラハ」に捧げている。「美しいことに、ああ、すべてには終わりがある」とネズヴァルの詩は続く。

弔いの鐘よ　黙れ　悲しみよ　静まれ　私はもう知っている
キス　ハンカチ　汽笛　船の鐘
三、四度の笑顔のあとはずっとひとりきり[214]

オタカル・ムルクヴィチカ、ヤロスラフ・サイフェルト『愛そのもの』の口絵。プラハ、ヴェチェルニツェ社、1923年。

この詩の雰囲気は、一九二〇年代のデヴィエトスィルの陽気で詩的な航海の時代に比べると哀愁を誘う。だが、「旅の詩」と副題のついたネズヴァルの詩集『さよならとハンカチーフ』が刊行されたのは一九二四年ではなく一九三四年のことであった。ルドヴィーク・クンデラは、ヴィートカが「さよならとハンカチーフ」につけた伴奏について、「この曲の雰囲気と輝きの中にある、何かまったく新しいもの」[215]を見いだし、当時のチェコでもっとも優れた曲のひとつであると考えた。一九三六年十二月、ルドヴィークはヴィートカの『膝の上のリンゴ』の初演で伴奏を務めている。

一九三七年十一月、ヴィートカは短期間プラハに帰省し、自身の作品『軍隊シンフォニエッタ』の初演にあたり、男性のみで構成されたチェコ・フィルハーモニー管弦楽団を――女性として初めて――指揮した。ルツェルナ宮殿で行なわれた演奏会の客席には、当時まだ現職であったベネシュ大統領もいた。「作曲家は」とヴィートカは語る。「音楽という言語を用いて、国家の存在の問題に対する自らの情緒的な関係性、その時代の国家意識に浸透する主題を表現するものです。この楽曲は戦場の叫びを表現するものではなく、国家にとってもっとも神聖なものを守りたいという精神的希求を描き出しているのです」[216]。翌年六月、『シンフォニエッタ』はロンドンの第十六回国際現代音楽協会(ISCM)の音楽祭のオープニングを飾る。この音楽祭では、他にバルトーク、ブリテン、コープランド、ヒンデミット、メシアン、そしてヴェーベルンの新作が演奏されている。「[カプラーロヴァーの]演奏は、高い関心をもたれるのと同じくらい好奇の目で待ち構えられていた。指揮棒を持った女の子というのは実に珍しいものだった」と、マルチヌーはロンドンから鼻高々で『リドヴェー・ノヴィヌイ』紙に伝えている。「我らが『指揮者のお嬢さん(リトル・ガール・コンダクター)』(英国の新聞はこう表現していた)がオーケストラの前に姿を見せると、聴衆は暖かく彼女を迎えた。彼女は大いなる勇気を持ってオーケストラの前に立ち、演奏と作品の両方において、卓越したBBCオーケストラ、聴衆、そして批評家からの敬意と賞賛を手にした」[217]。ハヴァーガル・ブライアンは『ミュージカル・オピニオン』誌で、『シンフォニエッタ』を「素晴らしい管弦楽曲」[218]と賞賛し、ヴィートカは聴衆に八回もアンコールに呼ばれた[219]。もしヴィートカがもっと長生きしていれば、おそらくロンドンでともにスポットライトを浴びた著名な作曲家たちと同じくらい、二〇世紀音楽史に名を残す最高の音楽家となっていただろう。

ヨゼフ・スデクが撮影したマルチヌー夫妻のポートレートがある。シャルロットの回想によると、それまでの十二年間、穏やかで幸せに暮らしてきたというこの夫婦が、『ジュリエッタ』の初演のためプラハを訪れたときに撮られたものである。[220] シャルロットはまっすぐにカメラを見つめ、一方、マルチヌーは横目で妻のほうを見て、やや奇妙な表情を浮かべている。あるいは、そう思うのは、私がかれの当時の状況を知っていることから来る想像にすぎないのかもしれない。この頃、マルチヌーはかれの「指揮者のお嬢さん」とともにアメリカで新生活を始めるという計画をあたためていた。ヴィートカは気を揉む両親に、年の差は「今のところちっとも気にならないわ。もちろんこの先、それについて文句を言うこともあるかもしれないけれど、それまでには子供が生まれているでしょうから、どうにかなるわよ」と請け合った。「よき夫、子供たち、台所」――ヴィートカの婚約者ルドルフ・コペッツが示した見通し、ファシストとしての政治思想は嫌悪したが、かれの手、唇、身体を彼女は恋い焦がれた[221]――ではなく、マルチヌーは「愛と深い理解」を約束した。[222] しかし、理由は何であれ、マルチヌーの天上の愛と地上の数多の求婚者たちの身体的魅力とをヴィートカが選べなかったのか、マルチヌーがシャルロットを捨てる気になれなかったのか、あるいはかれら全員が目まぐるしい出来事に巻き込まれたせいであったのか、とにかくいずれの計画も実現することはなかった。（のちにマルチヌーが『ジュリエッタ』でミシェルが直面するジレンマとして書いたように）それは、「通常の論理的思考のプロセスが、予測不能で奇妙なまでに不条理な出来事とことあるごとに衝突する」時代だった。ヴィートカはおそらく「何か寄りかかれる支えを、安定した確固たるものを必死で探し求めて[223]」いたのかもしれない。だがその支えは、彼女の「シュパリーチェク」ではなかった。

「私はパリで足止めされていて、楽しいけれど、確実にホームシックになっています」と、一九三九年十二月にヴィートカは、ブルノ音楽院の同級生で当時パレスチナに暮らしていたハヌシュ・ヴァイグルに書き送っている。「友だちが恋しいだけじゃなく、私は骨の髄までチェコスロヴァキア人だから、ブルノやプラハのない生活なんて考えられません」。手紙には、イジー・ムハが署名した追伸（「約束の地に挨拶を送る、嵐が過ぎたら戻っておいで」）がある。ヴィートカはイジーについて、「アルフォンス・ムハの息子で、たぶん私の未来の夫[224]」と説明している。イジーとヴィートカが〈カフェ・ボナパルト〉で出会ったのは一九三九年四月二十七日のことで、ナチ・ドイツのチェコスロヴァキア侵攻によって二人がパリに取り残されて数週間が経過していた。「暖かい春の夜だった。［…］最後は一緒に私の部屋へ行った」とイジーは述懐する。「斜めの天井に大きな長方形の明かり取りがあるだけの、窓のない小さな屋根裏部屋だった。明かりを消すと、星が見えた。雨が降ると、雨粒がガラスに当たる音がした。まるで静かな音楽のようだった。その晩、ヴィートカは家に帰らなかった[225]」。パリに足止めされていた多くのチェコ人たちと同様、この若い恋人たちも愛国的な活動に関わるようになっていった。イジーはパリを拠点とする新聞『チェスコスロヴェンスキー・ボイ（チェコスロヴァキアの闘い）』紙で働いていたが、やがて、当時ラングドック沿岸のアグドに駐留していたフランス軍のチェコ人部隊に志願する。

　文章を書くことは、慎ましさや数学と並んでヴィートカの得意分野ではなかったが、イジーは彼女に『チェスコスロヴェンスキー・ボイ』紙に短い文章を寄稿するよう勧める。そのうちのひとつはフス派のコラールに関するものである。彼女はこう書き始める。「民族固有のメロディー、まるで民族の声そのものであるかのようなメロディーというものがある。［…］チェコの音楽には、言ってみれば二つの主要なモチーフが刻まれているが、それが民族の二面的な精神生活の表現ともなっているのは決して偶然ではない。一方にはフス派のコラールがあり、もう一方には『聖ヴァーツラフよ』がある」。そして彼女はこう結論づける。「フス派のコラールは、チェコ民族のあらゆる勇敢なものの信条である。［…］チェコの魂の発露であり、その言葉はまさにチェコ軍への召集令のように響く[226]」。ほどなくしてヴィクトル・ウルマンが、テレジーン強制収容所のマスタークラスで必要不可欠なものとして仕上げた自身の遺作となるピアノ・ソナタで、同じ勇敢なメロディーを引用する。「チェコ人と言えば音楽家（Co Čech, to muzikant）」という古いチェコの諺があるが、ここでチェコ人の性格の二面性を考えると、「俺は別に何者でもない、ただの音楽家だ（Já nic, já muzikant）」という同じくよく知られた言い回しが示す、まあ自分にはどうでもいいことだが、と肩をすくめる姿をシュヴェイク的に想起させもする。

終盤のどんでん返しがあったものの――イジーが南仏に行っている間に、ヴィートカはイジーの幼馴染でのちに英国空軍のエースパイロットとなる颯爽としたイヴァン・トンドルと束の間の恋に落ちていた――イジーとヴィートカは一九四〇年四月二十三日に結婚した。イジーがヴィートカをせっついたのである。いや、そうしたのはヴィートカのほうだったかもしれない。「イヴァンとのことはおかしな話で、結局、実を結ばずじまい」と、彼女は悪びれる様子もなくイジーに書き送っている。「複雑で変わりやすい性格のあなたとはあまりにも対照的な、『明快で論理的な』性格のあのひとが現われて、私はすっかり誘惑されたの。あの慇懃な態度に魅了された。［…］他の人たちといるときも、あのひとが別の誰かと話をしていても、その関心の中心は私だった。［…］あのひとはわたしの話に惚れ惚れした様子で聞き入り、何よりもあの冒険好きな性格にもかかわらず、揺るぎない自信と愛が感じられた。［…］私の性格からして、快諾せずにはいられなかったはず」[227]。第一次世界大戦時のポール・エリュアールのように、イジーも結婚式のために束の間の休暇を取った。新婚夫婦は初夜をどうにか一緒に過ごせるようにしたが、二人の幸せはそこまでしか続かなかった。イジーはアグドの兵営に戻り、ヴィートカはその後まもなく入院する。それから二か月も経たないうちに、彼女はこの世を去る。「指揮者のお嬢さん」を早すぎる死に追いやったのは近代の病ではなかった。ヴィートカは結核に冒されていた――少なくとも死亡診断書にはそう書かれている。まだ二十五歳の若さだった。イジーがトラックに乗り、徒歩で、さらに盗んだ自転車で（若い新妻を避難させていた）モンペリエの病院に辿り着いたのは、ヴィートカが亡くなる二日前のことだった。個人的なものと政治的なものが衝撃的な偶然の中で劇的にも一体となるのに直面し、イジーは絶望的なまでの無力感に打ちのめされる。「なすすべもない苦しみの中、私はただ彼女を見つめていた。［…］フランスは崩壊しつつあり、全世界が廃墟と化しつつあった。そして同時に私は、知りうるかぎりもっとも尊い存在を失おうとしていた」[228]。

妻の死の床に付き添って長い一夜を過ごしたイジーは、翌朝の光景を美しくも無感動な調子で書き綴っている。「新しい一日が始まろうとしていた。［…］夜に降った雨で庭はバラの花びらに覆われ、朝日を浴びてきらめいていた。いたるところに花があった。あまりにたくさんの花。病院の門を出ようとしたとき、ラジオはフランスの降伏を告げていた」[229]。それは一九四〇年六月十六日のことだった。翌日、ヴィートカはモンペリエのサン＝ラザール墓地にある貧民や無縁者の眠る区画に早々と埋葬された。イジーは鉄製の十字架が落ちているのを見つけ、それをヴィートカの墓の上に据え、新鮮な黄色い土と何百本もの野生のポピーを「まるで滴る血のように、墓がすっかり覆われるまで」[230]撒いた。「葬儀のオルガンの代わりに、黒雲が轟いた。可愛いヴィートカ、君は気取らないのが好きだったね」とイジーは記している。[231]その後、かれは生き続けたが、半分しか生きていなかった。[232]イギリスに逃れ、そこで英国空軍のパイロットとなり、のちにＢＢＣの戦争特派員として、北アフリカ、中東、ビルマ、中国、イタリア、そして北西ヨーロッパに派遣される。マルチヌーとは異なり、かれは戦後、故郷に戻っている。だが逮捕され、一九五一年、スパイ容疑で禁錮六年の刑を言い渡される。西側に亡命していた人間がこうした運命を辿ることは珍しくなかった。

一九五二年十一月、「地下六百メートル、揺らめく鉱夫のランプの灯りしかない真の闇の中で」[233]ものを書いていたイジーは、突然、リュクサンブール公園での出来事を生々しく思い出す。それまでは、ヴィートカの思い出を心の奥底の墓場へと葬り去ることに全力を傾けていた。「死者は巨大な威力を、巨大な力を持っている」とかれは語る。「そして死の味は萎れゆくバラの香りのように甘い。私は生きなければ、何があっても生きなければ、周りでこれだけ多くの人が亡くなりつつあるのだから」[234]。だが、このとき蘇ってきた記憶にイジーは圧倒される。

パリは不穏なまどろみのうちにあり、その不安の中に、その眠りが立てる音の中に、来たるべき悲劇の最初の予兆があった。木々の梢越しに、月の光が砂利敷きの小道に降り注いでいた。どのベンチにも人影はなく、日中、子供たちが小舟を浮かべる池も、今は黒い鉄の鏡のようにそっと光を放っていた。

私たちは立ち止まり、夜の湿気で冷たくなった柵にもたれかかった。かすかな光の中で見えたのは、ヴィートカの青白い子供のような顔と、ふんわりとした唇の形だけだった。彼女はまさしく大人の世界に迷い込んだ少女のようだった。彼女の鼓動は人間の手に握られた小鳥のように早かった。ヴァル＝ド＝グラースの鐘が定時を告げた。悲しげな余韻を残す三つの音。サン＝ミシェル大通りからバスの轟音が聞こえ、通りの向こうへと消えていった。

まるで誰かに聞かれるのを恐れるかのように私たちは囁き合っていた。ヴィートカは目を半分閉じて、急に私の顔をじっと見た。

「気をつけて」と彼女は言った。「あなたはただ恋に恋してるだけかも[235]」。

ここで引用したのは、のちに『冷たい太陽』（英語版のタイトルは *Living and Partly Living*）と題して刊行されるイジーの獄中記である。イジーはこれらの記録を、理解ある鉱夫がひそかに収容所に持ち込み、また外へと持ち出してくれるノートに書き溜めていた。何か月も独房に監禁された後の鉱山での重労働は、むしろ気が晴れるように思われた。

一九五三年に大統領クレメント・ゴットヴァルトが死去すると、イジー・ムハは恩赦を受ける。「回顧録‐小説」と銘打った著書『奇妙な愛』（*Podivné lásky*）の中で、マルチヌーとカプラーロヴァーの関係を初めて世間に明らかにしたのはイジーだった。このタイトルにふさわしい英訳は *Peculiar Loves* だろうが、チェコ語の形容詞 podivný は、**uncanny**「不気味な」と訳すこともできる。この本が刊行されたのは、一連の出来事から半世紀が経過した一九八八年のことだった。フランス語版のタイトルは『夜のとば口で』（*Au seuil de la nuit*）となっているが、これも同じくよい題名である。当時、七十代になっていたイジーは、自分の記憶から抜け落ちたもの、そして自分のもとを離れずに執拗に記憶にとどまっているものの真実を求めて[236]、自分やヴィートカの古い日記、またヴィートカが両親や恋人たちとやりとりした手紙を偏執狂的なまでに調べ上げた。イジーの二人目の妻ジェラルディン（戦争中に出会ったスコットランド人女性）はこう語っている。「ひとたびこの小説に着手すると、他のことは何も手がつかなくなりました[237]」。過去の事実を探し求める『ジュリエッタ』の小さな町の住人さながら、イジーは過去に連れ戻してくれるかもしれないプルースト的な紙切れの最後の一枚まで懸命に調べ上げていく。思い出すのもつらい多くの出来事の中から、かれはヴィートカが結婚式の当日の朝をマルチヌーと過ごしていたことを突き止める。その五日後、彼女は遺作となる歌曲に取りかかる。チェコの詩人で児童文学者のペトル・クシチカによる一九二四年の作品をもとにしたもので、『手紙』と題されている。男声のために書かれた譜面だが、これは誰が誰に宛てて書いた手紙なのだろう?

君は「いや」と言った。ならばそうしよう……
運命によって、私たちは離ればなれになった。
私はそのことを悔やんでいるが、君は幸せそうだ――
ならば、受け入れよう。
どちらにより罪があるのか、
どちらがより多くを失ったか、私は問うまい。
昨日は一本しかなかった道が、今日は二本になった。
わかっている、誰のことも責めまい。
誰にもわからない……いつの日か、
君の心は私をふたたび認めるかもしれない。
なぜなら神は偉大な芸術家であり、
そして神の道は神秘であるがゆえに……[238]

もしもこの『手紙』が、マルチヌーとの関係を断つ意志表示であったとすれば、それは失敗に終わる。死の一週間前、高熱にうなされながら残した支離滅裂な鉛筆の走り書きの中で、ヴィートカは生々しくも恐ろしい悪夢について訴えている。彼女は「あの誇大妄想狂に、あのマルチヌーに」「取り憑かれて」いた。「かれの手紙、苛立たしい言葉は全部捨てたし、返事もなかったのに。あのひとは悪魔、悪魔みたいなやつ!」[239] だがイジーによれば、彼女の最後の言葉は「ジュリエッタだわ（To je Julietta）」だったという。モンペリエの病棟で窓ガラスに打ちつける雨音に、ヴィートカはマルチヌーのオペラのメロディーを耳にしていた――ちょうど十四か月前、カルチエ・ラタンにあったイジーの小さな屋根裏部屋の明かり取りにしとしとと降る雨のメロディーを耳にしていたように。[240]

マルチヌーは、一九三七年一月に『ジュリエッタ』を完成させる。ヴィートカに出会う四か月前のことだった。だが、言ってみればこの作品は二人の曲となった。イジーにしてみれば、これは「しばしば起こること、すなわち、痛々しい予兆あるいは欲望として作り上げられたものが、一年後に夢であると気づく」という教科書的な事例であった。「[マルチヌーにとって]彼女はピースニチカであると同時にジュリエッタだった[241]」。エリック・エントウィッスルは、「『ジュリエッタ』のコード」と「『ジュリエッタ』のモチーフ」がマルチヌーとヴィートカの作品の間で行ったり来たりしながら「相思相愛の音楽のコード」となり、二人の幸薄い恋の成り行きに合わせて、その色合いがときに詩的なものに、ときに怒りを帯びたものに変わるさまを辿っている。同じ構図は、ヴィートカの死後もマルチヌーの作品にたびたび繰り返されている。アメリカで作曲した最初の曲『マズルカ』も「ポーランドではなく、チェコの幽霊に取り憑かれて」おり、『リディツェへの追悼』でも「作品がクライマックスに近づくにつれ、下降してゆくメロディーのパターンが聞こえる」。ヴィートカの母の求めに応じて書いた一九五七年の『ピアノのためのアダージョ』もそうである。ヴィートカ、ヴィートカの父ヴァーツラフ――レオシュ・ヤナーチェクの教え子であり、娘の最初の教師であった人物――さらにかれらが一九三八年にトシ・ストゥドニェでともに過ごした、永遠に記憶に刻まれた新緑の夏を記念した曲である。[242]

マルチヌーが、夢の中の永遠の現在にとどまりたいとどれほど願っていたかがわかる記述が残っている。

> 素晴らしい夏だった、ヴァーツラフ！　トシ・ストゥドニェの君のところほど心地よい場所は、間違いなくどこにもない……いつの日か、あのヴィソチナや小川や泉を礼賛する小品を書きたいと思っている。子供たちの声や笑いに満ちた歌を、そう、ヴィートカの笑い声のような……彼女は華奢だけれども、小さなツバメのように生

き生きしていて、近くにいる者は実にいい気分になる。あのような才能を発揮した者は他にいるだろうか。若い女の子だというのに、『軍隊シンフォニエッタ』も作曲している……今、トシ・ストゥドニェの君の別荘の近くで、私は芝生に寝っ転がり、とても爽快な気分だ。心の中ではいやな雲のようなものが浮かび、私は二度と生きてここに戻ってこられないんじゃないか、二、三日したら、ヴィートカも、君、ヴァーツラフもいなくなってしまうんじゃないかって――そんな馬鹿げたことが頭に浮かんでしまう！……ヴァーツラフ、私が君たち二人を、君と娘のヴィートカをどれほど好きか、言葉で言い表わすことはできない。明日どこにも出かけないのが一番だ……すべてがこのまま動きを止めて、今あるがままで続くとよいが[243]。

ヴィートカも同じように、時が止まればいいと願っていた。一九三九年一月二十一日の日記にこう書いている。「ルデク［・コペッツ］に葉書を送る。公式な婚約を延期するため。もしこれが何かの役に立つのであれば。今晩のレセプションはとても素敵、でも悲しくて、悲しくてたまらない。いったいシュパリーチェクに何があったの？どうして去年のようにならないの？ああ――調弦が合うことはない」。翌日の日記。「つらい目覚め……ここでどれだけ耐えられるかわからない。神さま、私はめったにあなたの助けを求める人間ではないですが――今ばかりは、時計の針を巻き戻したい。以前のようにもう夢から覚めたくないと思うところまで来てしまった[244]」。

マルチヌーはヴィーナスの夢から覚めることはなかった。たとえピースニチカが、かれの音楽的想像力の中で、これまで愛し、失ったすべてのものと同化していたとしても。「おそらくカプラーロヴァー本人が」とエントウィッスルは考える。「『泉開き』の結びでバリトンのソロが歌い上げる『故郷への鍵』として象徴化されるようになったのだろう[245]」。詩的想像力の中で、女性のイメージが国と混同されるのは、これが最初でもなければ最後でもない――国だけでなく、理想や美徳、あるいは欲望といった、男たちが手で触れることのできる顔とフォルムを与えたいと切望するものは、しばしば女性の姿をとってきた。では、ヤナーチェク以降もっとも有名な二〇世紀チェコの音楽家も、二度と目にすることのなかった故郷をこのような形で記憶にとどめようとしたのだろうか。私はそう考えたい。

二人は新しく設立された旅行代理店「チェドック」の開店準備をしていた。民族衣装をまとい、歌と民族舞踊が披露される予定だった。ヴィートカとマルチヌーは民謡を編曲し、さらにヴィートカが歌い踊り、ピアノを弾くプログラムも用意していた。いまやピースニチカも民族衣装を着て、作曲家の夢はおとぎ話のような衣服をまとっていた。一九三八年秋の手紙の中で、マルチヌーはこの日の思い出を繰り返し語っている。美しい小柄なモラヴィアの娘が、短いスカートと刺繡入りのブラウスを身にまとい、ベッツ家のバルコニーでかれに向かって手を振り、別れを告げる光景を。[246]

アルフォンス・ムハの不屈の息子、ときには戦闘機に乗り、ときには戦争特派員となり、そしてクレメント・ゴットヴァルトの強制労働収容所の生き残りでもあるイジーについてはどうだろうか。かれの死後、突き刺したナイフをさらに抉るかのように、チェコスロヴァキア共産党のスパイだったという疑惑が生じた。[247]どこかの時点で転向したにせよ、しなかったにせよ、アポリネールが「きれいな赤毛の女」で綴ったように、かれは自分自身をこう捉えていたかもしれない。いくつもの言語を操り、あちこちを旅して、戦争を見、そして恐ろしい戦争で親しい友人たちを失い、新しいことも、古いことも、一人の人間が知りうるありとあらゆる物事を知ったのだと。恋愛の酸いも甘いも嚙み分けたイジーは、しかしながら、夢の世界に逃げ込もうとはしなかった。『ジュリエッタ』のような永遠の回帰を決して求めなかった。「今のところ、自分の過去の中に閉じこもったことはない」。揺らめく鉱夫のランプの灯りしかない深さ六百メートルの地底で、イジーは決然とした調子で書いている。「血の熱が冷めつつある人びと、未来を信じない人びとだけが、自分の思い出という不確かな炎で自らを温めなければならないのだ。私は過去でできている。ピアノの弦が生命を吹き込まれて澄んだ音を奏でるように、現在が過去と触れ合えばつねに共鳴する。だが私を生に駆り立てるのは、明日へのあらゆるヴィジョンである。それは、過ぎ去ったどんな幸福の記憶よりも、はるかに美しい」。[248]美しい未来の夢こそが、夜をやりすごすためにかれが必要としたものだったのかもしれない。

問題は、「指揮者のお嬢さん」がイジーの夢から去りはしなかったということである。フランスが陥落した日を、目もくらむようなプロヴァンスの光を、かれは忘れることはできなかった。坑道の暗闇の中、ヴィートカこそが、目に見えるもっとも輝かしいものであり続け、その眩しさは耐えがたいほどであった。

その光景は私のところに絶えず戻ってくる。暑いプロヴァンスの丘、水平線、糸杉のほっそりとした木陰のある風景を追い払うことはできない。ラベンダー畑で蟬が鳴き、墓地へ向かう古い葬儀用の馬車が軋む音を立てるのが聞こえる。悪夢のようだ。同じ場面が何度も何度も繰り返され、何年も前に刻まれた残酷な美しさをそのままにとどめて上演される。

船は、出帆してはまた戻ってくる。モンペリエ郊外の墓地で、私はふたたびその墓を見つけた。雑草と数百本もの野生のポピーが生い茂っていた。風が小さな白い雲を海の向こうに追いやり、葡萄畑では今年最後の実が熟れつつあった。茂みの中、露の下りた葉の間で、草が風にそよぐささやくような音がした。夜明けに窓辺で降っていた優しい雨にも似ていた。ささやかな足音、言葉、目に見えぬピアノの音のようにも聞こえた。

いや、死者は、けっして忘れてはくれない。[249]

7

愛の小舟は生活に打ち砕かれ、粉々になってしまった

四番目のもの［刑務所］はこの世の楽園だった。美しい建物、壮麗な庭園、選り抜きの人びと、感じのよい女性たち。急遽、処刑場が我々の窓の真下に移動させられ、犠牲者の墓地が庭園の中央に移動した。親愛なる友よ、三十五日間で我々は千八百人を埋葬し、そのうち三分の一はみじめなこの建物にいた者だった。

D・A・F・ド・サド、一七九四年十一月十九日付の書簡[1]

小さな脚のある民族的悲劇

一九三四年四月、マーネス画廊で開催された第一回〈諷刺とユーモア国際展〉に、ジョン・ハートフィールドによる三十六点のフォトモンタージュが、ジョージ・グロス、オットー・ディクス、ジャン・コクトー、フランチシェク・クプカ、ヨゼフ・チャペック、アドルフ・ホフマイステルの諷刺画とともに展示されると、激怒したドイツ大使館は抗議を行なった。もっとも怒りを買ったのが、《アドルフ――超人、金貨を飲み込みブリキを話す》である。飛んでいるかのような総統の胸腔は切り開かれ、金貨の柱でできた背骨が見え、心臓には鍵十字が置かれている。ファシズムと資本主義の関連づけは、ハートフィールドの十八番のひとつである――あらゆるものは経済的基盤という見

えざる手によって最後に意味をなしうると確信する生粋の共産主義者に私たちが期待するものでもあった。一九三三年のモンタージュ《神の手の道具？　あるいはティッセンの手のおもちゃ？》は、そのすべてを物語っている。鉄鋼王フリッツ・ティッセンに操られているヒトラーを小さな人形として描き、ティッセンには鍵十字のネクタイピンと太い葉巻を辛辣に加えている。[2]やがてチェコスロヴァキア政府はナチの圧力に屈し、ハートフィールドの作品を何点か撤去するよう指示した。だが、そのような騒動は画廊の訪問者に影響を与えるものではなかった。次の日曜日には三千人が同展を訪れている。当初の日程より会期を一か月延長し、六月三日に展覧会が終了するまで、およそ六万もの人びとが来場した。ハートフィールドは作品の撤去に対し、「絵画が没収されればされるほど、それはより現実となる」とキャプションをつけた痛烈な作品を『ＡＩＺ』に掲載して応答した。そこでは、かれの作品が何点か撤去されたマーネス画廊の展示風景の写真が示されている。その隙間越しに、不気味な刑務所の壁を見ることもできるだろう。[3]続いてオーストリア、イタリア、ポーランド政府が抗議に加わり、さらにヘディ・ラマーの美しい裸体と同様、ハートフィールドの逸脱をやや卑猥であると見なしたヴァチカンも抗議し、五月には多くの展示作品が撤去された。

　このような反応に対して、フランス共産党の名目上の組織〈革命作家・芸術家協会〉（ＡＥＡＲ）は、一九三五年春にハートフィールドを招聘し、パリの文化会館でかれのモンタージュ百五十点を展示する。「ダダ職人」はその展覧会に合わせて数か月フランスに滞在していたため、ブルトンとエリュアールがプラハで行なった講演に参加していない。いずれにしても、二人には近づかなかったであろう。シュルレアリスムを「反動的」[4]と見なしていたからである。そのため、ブルトンとエリュアールがプラハ訪問から戻ってわずか二週間後の五月二日、文化会館で「ジョン・ハートフィールドと革命的な美」と題した講演で展覧会の幕を開けたのはルイ・アラゴンだった。アラゴンはまず、キュビスムによって頂点を迎えたとされる絵画の「危機」を要約したうえで、その危機はダダやシュルレアリスムにはないと主張する。というのも、これらを「キュビスムが到達したこの芸術の極みに対する暴力的な反動の徴」にすぎないと見なしていたからである。写真の発展により、現実を「模倣」すべく画家たちが格闘することは「幼稚」なことになってしまったとアラゴンは論じる。だが、第一次世界大戦末期のドイツでは、ハートフィールド、グロス、エルンストが、「新しい詩的な目的のために絵画に挑戦を挑もうとして、まさにこの写真」を用いて、「模倣」手段から「表現」媒体へと写真を変容させた。ブラックやピカソによるパピエ・コレが現実と表象の境界を曖昧にしたのに対し、ベルリンのダダイストによるコラージュの「力と魅力」はまさに、かれらが集めたものの「現実のオブジェの形象化」によって「真実らしさ」がもたらされる点にある。「モダンアートが外観を分解するのを目の当たりにして、単純な戯れを装って現実を求める新たな生々しい興味がふたたび生まれた」。写真職人（フォトモントゥール）は「モダンの怪物を作り出し、寝室であろうと、スイスの山頂であろうと、海底であろうと、自由に歩かせる。［…］［ランボーの］『地獄の季節』に出てくる『湖底にあるサロン』は、絵画によく見られる風潮となった」と述べる。

　それから十五年後、アラゴンは、エルンストが「望めるかぎりの想像力を総動員して」詩そのものを目指し、現実の断片で詩をこしらえるこの「湖底の装飾」からなおも脱しきれていなかったと不満を述べる。オスカー・ココシュカが「かのゲオルク・グロスコミュニスト」と侮蔑したことをおそらく知らずに、「ジョージ・グロスがその後どうなったかを私たちはよく知っている」ともあざ笑う。だが「今日、ジョン・ハートフィールドは、どうやって美を称えるべきかよく心得ている。見かけという炎と戯れているうちに、かれの周囲で現実が燃え上がったのだ」。そして一九一八年十一月、ドイツにソヴィエト兵がいたことや、ハンブルク、ドレスデン、ミュンヘン、そしてベルリンで「壮大かつ素晴らしい現実の転覆」によって戦争を終わらせたのはフランス軍ではなくドイツの民衆であったことをアラゴンは聴衆に訴える。「北海やバルト海の大柄なブロンドの水兵たちが赤い旗をはためかせた装甲車両に乗って通りを走り抜けるとき、『湖底にあるサロン』の奇跡はいかに弱々しいものか」とアラゴンはまくし立てる。だが、夢は夢であり続ける――少なくとも当分の間は。「パリとポツダムで燕尾服姿の男たちが合意に達したあと、クレマンソーは社会民主党のノスケに未来のヒトラー主義者たちを武装させる機関銃を返す。カール［・リープクネヒト］とローザ［・ルクセンブルク］は凶弾に倒れ、将軍どもは口髭に今一度ワックスをつけ」、そして「社会の平和は、ぽっかりと口を開けた労働者階級の遺体安置所の上で、黒、赤、金色に花開く」。そして不意に、「ジョン・ハートフィールドはもはや戯れてはいない」と述べる。

かつてかれがただ驚き喜ぶために集めていた写真の断片が意味を持ち始めた。あっという間に、社会的に禁じられたものが詩的に禁じられたものに取って代わった。あるいはより正確に言えば、さまざまな出来事の圧力のもと、芸術家が目下奮闘しているさなか、その両者が一体となったのだ。すなわち、革命の詩のほかに詩は存在しない。一方で革命が倒されたり、他方で革命が勝利を収めたりといった激動の年月を経て、芸術の極点においても同じように、マヤコフスキーがロシアに登場し、ハートフィールドがドイツに登場した。プロレタリアートの独裁のもと、あるいは資本の独裁のもと、理解不能な詩から、少数のための芸術という究極のフォルムから出発したこの二人は、大衆のための芸術という、壮大かつ不可解にもけなされるものがなしうることの同時代のもっとも鮮烈な例証を示したのだった。

アラゴンはマヤコフスキーの自殺についてはいっさい触れていない。結局のところ、かれがここで述べているのは革命的な美についてであって、不意の愛でもなければ、抗いがたい重大な召喚でもなかった。被造物がひとつの象徴へと変貌するには十分な時間を要したにちがいない。ハートフィールドのモンタージュの中に「ダダの古い影」を感じ取る者は、「国際連盟の宮殿の前で、銃剣に刺さった鳩の前で立ち止まらなくてはならない。ナチのクリスマスツリーの枝は鉤十字の形に歪んでいくだろうから」とアラゴンは続ける。これこそが「数世紀にわたるすべての絵画」から引き継いだ遺産なのである。

ここにおいて、芸術家は単にはさみと糊を用いて、日常の謎というあの失われた道で、キュビストとともにモダンアートが試みた最良のものを超越することに成功した。セザンヌのリンゴやピカソのギターがかつてそうであったように、簡素なオブジェである。だがここには、それに加えて意味がある。そしてその意味は美しさを損なっていない。[5]

「闘いの怒りという怒りとともにかれが白黒はっきりしたものへと置き換えるほかならぬ弁証法的唯物論、歴史的運動の現実の導き」によって、ハートフィールドの芸術は「我々の時代の美そのもの」であり、そのパレットは「現実世界のすべての様相」[6]を呈しているとアラゴンは結ぶ。

だが、「すべて」というわけではないだろう。シンプルで、直截的で、きわめて力強いことはたしかだが、ハートフィールドのイメージはいともたやすく時代を代弁してしまっている。そう、あまりにもたやすく。時代そのものが、まさに想起を促すイメージを置き去りにしながら、歴史へと後退してしまっているからである。ただ、ハートフィールドはヌードを手がけなかった。シュティルスキーの『エロティック・レヴュー』で露わにされた広範な人間喜劇――芸術的な表現を用いるなら――にかれが唯一参加した作品は、一九二〇年の〈国際ダダ見本市〉におけるやや幼稚な「歯の生えた膣（ヴァギナ・デンタータ）」だったと思われる。尿道と肛門の間にある自分たちの「起源」を想起させるものによって、自分たちの芸術も政治も汚されたくないと考える人びとには、ほっと安堵のため息をもらす者もいるだろう。しかし、この「歴史的運動の現実」を「白黒はっきりしたもの」に「置き換える」うえで悩ましいのが、人間存在の下品さを否定し、そのようなイメージ――そのような政治――に対して、まず明快さと力をもたらしてしまうのではないかという点である。歴史はつねに明々白々ではない。実際のヒトラーはティッセンの糸の先で踊る人形以上の存在であり、ナチズムは資本の蓄積という衝動以上に黒々としてありふれた夢や欲望から養分を得ていた。ゲーリングはただの肉屋などではなく、美術に精通した人物であり、その思いがけない巡り合わせの密度はかれをあれほど怪物にしたものの一部である。逆に私はこう述べたい。ハートフィールドの切り抜きの「力と魅力」は、現実の中のそれらのルーツにあるのではなく、むしろ、イメージの明快さを引っ掻き回したり混乱させたりするあらゆるものをはさみと糊を使ってきれいさっぱり削除する、かれの手法の単純さにあるのだと。

一九五八年に東ベルリンのアトリエを訪れたハートフィールドから軽薄な色遣いを咎められたとき、スペインの「写真職人（フォトモンタドール）」ジュゼップ・レナウは呆然としたにちがいない。一九三〇年代初頭、バレンシアで芸術や政治を学び始

『レフレクトル』誌第３巻16号、ジョセフィン・ベイカーの表紙写真、1927年、作者不詳。
Archive of Jindřich Toman.

めていた頃から、レナウはかの「ダダ職人」を崇拝していた。一九二八年には初めてのフォトモンタージュ《北極の男》を制作し、一九三一年にはスペイン共産党に入党する。連作《十戒》（一九三四）にはゴヤの《戦争の惨禍》がこだましているが、のちの作風の特徴のいくつか——色遣い、象徴化、女性のヌードの諷刺的配置——がすでに明確に表われている。[7]スペイン内戦が勃発すると、レナウは公共教育および美術省の美術庁長官に任命され、プラド美術館のスペイン絵画コレクションを、まずバレンシア、次いでバルセロナ、場合によってはスイスに避難させる作業を監督する立場にあった。同職に就いて最初の任務のひとつが、パブロ・ピカソをプラド美術館の新しい館長に任命することだった。一九三七年のパリ万博のスペイン館にピカソを関与させたのもレナウだった。ドラ・マールが撮影した《ゲルニカ》の有名な写真が初めて掲載されたのは、レナウの雑誌『ヌエバ・クルトゥーラ（新しい文化）』[8]である。「フォトモンタドール」はパビリオンの準備のためにパリで数か月過ごし、壁面用の大判のフォトモンタージュの連作を制作している。

一九三九年二月、スペインを脱出したレナウは、フランスで短期間拘束されたのち、五月六日、ニューヨーク行きの蒸気船ヴェンダム号に、家族や他の多くのスペイン人芸術家や知識人とともに乗船した。アメリカ合衆国到着後、南のメキシコシティに向かい、一九五八年にドイツ民主共和国に移り住むまでそこが新しい故郷となった。なぜレナウが旧世界に戻り、第二の亡命を選んだかについては議論の余地がある。レナウは、作家フアン・アントニオ・オルミゴンにこう語っている。「それは厳しい時代だった。冷戦はピークを迎えていた。［メキシコの壁画家ダビド・］シケイロスや他の連中は投獄されていた。私はいくつもの事件に巻き込まれたが、それは事前に計画されたものではないかと疑っている[9]」。レナウは政治的にも芸術的にも活動できない状態に置かれていた。一九三九年から四〇年にかけて、かれはシケイロスとともにメキシコ電気工連盟から委嘱された壁画《ブルジョワジーの肖像》の制作に従事する。その際に出された要望は、「電器産業と労働者運動への言及を組み合わせた広範な主題を有す［…］視覚的に革命的な空間[10]」であることだった。シケイロスがメキシコ共産党の党員によるコヨアカンのレフ・トロツキー邸への武装襲撃を組織したのもその時期のことである。メキシコ労働者大学の雑誌『フトゥーロ（未来）』（一九四〇—四六）

を飾るレナウの表紙は、血に染まったような赤い空に浮かぶ太陽の下、フランスのギロチン、ブランデンブルク門が並ぶ鮮明な色彩のヨーロッパを縦断し、第二次世界大戦の展開（「一九四一年――モスクワ、一九四二年――ベルリン」[11]）を辿るものである。ゴヤに対するもうひとつの目配せとして、一九四三年には、頭蓋骨の山から切り株が伸び、その葉のない枝に、ヒトラー、フランコ、ムッソリーニ、ヒロヒトを絞首刑にするための輪縄がつけられているという表紙で読者に新年の祝いを述べている。一九四五年には、一羽の鳩がとまっているハンマーによって平和を祝した。背景には、右手の拳を突き上げる集団が立っている。派手でカラフルなこれらのデザインは、ジョン・ハートフィールドの陰鬱な作品のどれよりも――メキシコの映画ポスターや聖人画を意識しつつ――ソ連の構成主義を彷彿とさせる。

レナウのライフワークの頂点をなすのが、一九四九年にメキシコで制作を始め、一九六六年に東ドイツで完成した《アメリカの生活様式》である。（百点以上の）連作モンタージュのうち四十点ほどが、一九六七年にベルリンで出版されている。『蜃気楼USA』と呼ばれた同書には、新聞や『ライフ』誌の切り抜き、匿名の新聞写真、カール・サンドバーグの詩、聖書やリンカーンのゲティスバーグ演説からの引用、さらに、ハリー・S・トルーマン（「原子力の時代はアメリカの時代だ」）、ジョルジュ・サドゥール（「チャーリー・チャップリンは［…］マッカーシーの魔女狩りによってアメリカから追放された」）、マリリン・モンロー（「私がいやなのは、セックスシンボルがモノになること、私はモノになるのはいや」）その他の引用によるモンタージュが並んで掲載されている。[12] 一九七六年、ヴェネツィア・ビエンナーレで初めて展示された最後の連作の決定版は、レナウが選び、配列した六十九点のモンタージュからなる。《アメリカの生活様式》の政治的内容は、私たちが生粋の共産主義者に期待するまさにそのものかもしれないが、そこで用いられている技術は決してそうではない。真実らしさというものに、レナウはまったく関心がなかった。ハートフィールドと同様、並列を効果的に用いているものの（木に吊るされた黒人の死体の下でキスするさわやかな白人のカップル、聖書にまたがる胸をはだけた反共産主義者ジェーン・ラッセル）、レナウの作品は、はるかに複雑な意味が交錯する宇宙となっている。クルーツィスやロトチェンコが切り拓いたスケールや遠近法の目が眩むような矛盾を用いたモンタージュを使いつつ、かれらの用いた四角い枠からはみ出している。レナウはそれらの色彩を、写実的にではなく、強調の手段として用いている。艶やかな女性の肉体とアメリカのアイコン（コルゲート、星条旗、ラッキーストライク、ホットドッグ、マーチングバンド、ペプシ、コカ・コーラ）がモンタージュに次ぐモンタージュによって繰り返され、過飽和になる一方、貧困、人種差別主義、帝国主義戦争という隠れた現実がセピアやグレーの影の背景に潜んでいる。レナウはアメリカの夢の世界に入り込む高次のリアリズムを目指したが、同時にその宿命的な魅力についても十分に意識していた。

『蜃気楼USA』の中で、レナウはこう綴っている。「アメリカ合衆国の社会が、巨大な独占企業の強力な浸食作用によっていかに効果的に弱められ、マスメディア（映画、ラジオ、テレビ、新聞、コミック、雑誌など）の顕著な反応にいかに過敏になっているかは注目に値する。これは――社会の現実そのものから部分的に、偏向的に抽出された――『アメリカの生活様式』という図式が、現実の『モデル』の形をとりつつあるほどに進行している」。かれはこう考える。「それは、そのような抽出化の指示に従って自己を形成する必要がある米国の人口のかなりの部分に関係している」[13]。のちの世代の社会理論家は「ハイパー・リアリティ」や「媒介された主観性」といった観点から語ることになるが、本質的なメッセージは同じである。イメージと現実、夢と覚醒の間に明確な太い線を引くことはもはやできない。というのも、夢の世界が日常となっているからである。このような条件の下、レナウは「『ＡＩＺ』が成し遂げたことは、もはや繰り返すことはできない」と考えるにいたる。

アメリカ国内を旅したのち、メキシコでの亡命生活の最初の数年間、「フォトモンタージュの」「ナイフ」が、花咲く色や――信号やショーウィンドウと同様に――ネオンの光を塗りたくり、「誰の心も」さりげなくかつ深く「貫く」だろうと悟った。というのも、それらは視神経を刺激し、批判意識を鈍くし、心臓の鼓動を早め、より危険にする道を作っているからだ。［…］ハートフィールドの世界――ベルリンのプロレタリア地区――では、「色彩」は、近代の大都市における毒のある、犯罪的（この語のもっとも広義での）、反動的な部分を演じることなく、かれが不屈の精神で戦った同じ社会的、政治的カテゴリーをカムフラージュしている。おそらくそれが、私の色彩豊かな政治的フォトモンタージュを見たときにハートフィールドが「苛立った」理由だろう。おそらく、かれの心はとうの昔にあらゆるモノクロによって硬化していたのだろう。[14]

アポリネールがかつて述べたように、モダンであるものを選ばない者もいれば、それを受け入れる者もいる。もちろん、これらのモンタージュは意味を有している。だが、問題となるのはそれが何であるかだ。ジュゼップ・レナウのアメリカは、トム・ウェッセルマンやアンディ・ウォーホルのアメリカと実によく似ている。巨大で、けばけばしく、大声を張り上げる醜悪なるもの。だが、新世界はその強烈な醜悪さによって人びとを魅了する。レナウの意図は何であれ、《風と共に去りぬ》[15]の中でパール・ハーバー委員会の記録の束の横でポーズを取るワシントンのテレタイピストの美しい脚は、彼女の背後のビーチで命を落とした兵士たちとは別のことを多く想起させる。困った点は、レナウがヌードを用いたこと、ヌードを大いに用いたことである。ストリッパー、ショーガール、カレンダーのピンナップガール、バーレスクの女王で《アメリカの生活様式》は飾り立てられ、マリリン・モンローの唇はいたるところにあふれている。いたるところにある肉体は否定しがたいセクシーさを悪魔――たとえそれが悪魔だと知っていても――に授け、コルゲート、コカ・コーラその他のアメリカン・ドリームの自由奔放なシニフィアンをエロティックなものに変える。そのメッセージはもはやマルクス主義の枠組みから外れ、見世物小屋の楽園という倒錯した快楽の中に作者と鑑賞者をともに巻き込む。ポール・エリュアールが述べたように、あらゆる事柄が女性を裸にする口実となる――ウォール街、メインストリート、クー・クラックス・クラン、ハリウッドのモレクの神、ヒロシマであっても。レナウが結局のところ単にセミヌードを見るのが好きだっただけなのか、疑念を払うことは難しい。シュティルスキーやトワイヤンであれば何らかの意図があっただろうが、《アメリカの生活様式》に収録された最終的なモンタージュの数が六十九になっているのは単なる偶然であることは疑いない。レナウにとって残念なことに、ドイツ民主共和国の共産党当局が『蜃気楼ＵＳＡ』の刊行を認めたのは国外でのみだった。

虐殺された詩人

ジョン・ハートフィールドのフォトモンタージュをモダンアートの最高峰として称賛するルイ・アラゴンは、『イレーヌ』を発表した頃から大出世を遂げていた。どれほど長く、またどんなに奇妙な道のりを辿ったかについては、もう少し時間をかけて詳しく検討するに値する。ブルトンとアラゴンが初めて出会ったのは、第一次世界大戦が終わる年、カルチエ・ラタンのオデオン通りにあったアドリエンヌ・モニエの書店「本の友の家」でのことである。モニエはパリのレズビアン・サークルの指導的立場にあり、「本の友の家」はフランスで初めての女性が経営する書店だった。モニエはアラゴンについて、「およそ考えうるかぎりもっともやさしい、もっとも感じ易い若者でした。もっとも頭の切れる人でもありました[16]」と語っている。二人の詩人は、当時ヴァル＝ド＝グラース病院近くで看護兵として勤務しつつ、軍事医療についての授業を受けていたが、かれらの心は別の場所にあった。「当時私たちが仲間うちで《現代的》と呼んでいたもの」、「その探索には必然的に最大限の冒険が要求されるような、そうした典型的に新しい感じ方、および語り方」に関心を寄せ、「一九一九年三月以降、『リテラチュール』誌上で初期踏査を行ない、すぐさま《ダダ》の中で爆発し、そして、すっかり充電し直してシュルレアリスムに達することになる活動[17]」に没頭するようになる。若い時分のことを懐かしく思い出すとき、ブルトンは友人に対する親愛の情を隠すことはない。

私には彼の、素晴らしい散歩の道づれぶりが眼に浮かびます。彼と一緒に歩くパリのさまざまな場所は、まるでどうということのない場所でさえも、曲がり角やショーウィンドーをきっかけにしては溢れ出す決して種切れにはならない魔術的・奇想的物語によって、格段に引き立つのでした。『パリの土地者』以前でも、『アニセ』のような本がすでに、この種の豊かな才能をうかがわせてくれます。あらゆる形態をまとった異様さを、彼より巧みに探知する者は誰ひとりないでしょう。都市の隠された生といったものにかんして、あれほど陶然たる夢想へと誘われるものは誰ひとりないと思います。［…］アラゴンはこの意味でひと――彼自身も含めて――を目くるめく思いにさせる人物でした。［…］彼のただひとつの危険は、ひとに気に入られたいという欲求があまりに強いことです。才気煥発で……[18]

シュルレアリスムの指導者は、目が眩むような魅力にかつて虜になっていた昔の恋人を描写しているかのようである。その後、二人の間に生じた距離を考えると、それは寛大な賛辞と言えるだろう。

一九二七年、アラゴンはブルトンとエリュアールとともに、主にブルトンの強い勧めで、フランス共産党に入党する。つい三年前、アラゴンは、「人間存在の問題は、この数年間に束で起きている嘆かわしい、あまり革命的でない活動とは無関係だ」と鼻であしらい、「よぼよぼのモスクワ」と高慢に切り捨てていた。[19]かれのトラブルは――起点となる具体的な一点を定めることができればの話だが――一九三〇年十一月のソ連旅行の最中に始まった。その地でアラゴンとシュルレアリスト仲間であるジョルジュ・サドゥールは、驚いたことに、自分たちがハリコフで開催されている革命作家国際会議にフランスの公式代表団として招待されたという事実を知る。この頃までに、ブルトンとフランス共産党の関係はかなり気まずいものになっていた。『シュルレアリスム第二宣言』でこぼしているように、「密偵その他、好ましくない連中」や「たわいもない告発[20]」といった問題は別にしても、一九二九年のソ連のトロツキー追放は、かの労働者国家に対するブルトンの態度を一変させる分岐点となった。アラゴンとサドゥールは、当時シュルレアリストたちと反目していたアンリ・バルビュス主催の新聞『モンド』に対する弾劾決議を採択させるなど、ブルトンが言うところの「異論の余地ない成功[21]」とともに、同会議で重要な収穫があったと思っていた。だが、ロシアを出国する直前、二人はコミンテルンの文化組織に影響を与える約束と引き換えに、シュルレアリスムのいくつかの側面を批判する文書に署名するよう説得されてしまう。その文書は、フロイト主義を「観念論的イデオロギー」として退け、「弁証法的唯物論に反する」として『シュルレアリスム第二宣言』を否認するものだった。ブルトンについて言えば、さらに悪いことに、アラゴンとサドゥールは将来の文学活動を「共産党の規律と統制」に従わせると誓約してしまう。ブルトンはのちにこう述べている。「このとき初めて、私は深淵が眼下に口をあけるのを見たのです。この深淵は、それ以降、有効性の前には真実は屈服しなければならないとか、良心や個人の人格はまったく考慮する必要がないとか、目的は手段を正当化するとかいった破廉恥な考えが広まるにつれて、目くるめく規模に達したのです」。

パリに戻ったアラゴンは、諸手を挙げて歓迎されはしなかった。だが、「感情の琴線」は、ブルトンによれば、「共鳴音を、とりわけ私の内部に呼びさまずにはいませんでした」。そして、「『革命的知識人へ』の上申書、それは実のところこの上なく曖昧な内容のものではありましたが、そうした形で私たちに示した最少限の公式の前言取消しのおかげで、彼は私たちのうちで元の地位をしめたのです。もっともわだかまりが一掃されたわけではありませんが[22]」。不幸なことに、消え去ることのない「放棄の選択」を克服するには感情だけでは足りなかった。アラゴンは自身のシュルレアリストとしての資格を取り戻そうとして、「シュルレアリスムと革命の未来」と題した文章を発表する。感情のあまり――「あえていうが感情以上のもの」によって――言葉がつまる。「君から私を引き離そうとする唯一の試み〔…〕その狂気はどこから来たのか？　それは、私が旅に出たからであるように思われる[23]」。アラゴンは、あらゆる面からの攻撃を招いたハリコフでの軽率な振る舞いを懸命に説明しようと試みるが、友人たちはフランス共産党とアラゴンの関係をかえって複雑なものにしてしまう。問題は、「性」という些細な言葉がふたたび頭をもたげたことであった。

「シュルレアリスムと革命の未来」は、一九三一年十二月、『革命に奉仕するシュルレアリスム』誌第三号に掲載された。第四号もほぼ同時に発行される。同号ではマルキ・ド・サドの未発表原稿が冒頭を飾り、シュルレアリスムの近年の発展における「反-個人主義的、唯物論的」傾向をこの雑誌の新しい号が示しているというアラゴンの主張を裏づけるものではほとんどなかった[24]。雑誌の巻末には、サルバドール・ダリの《夢想》というグラフィック作品が掲載される。それは、牛小屋の「糞尿と腐った藁にまみれて」デュリタという十一歳の少女にソドミーを行なおうというかれの欲望を中心とする（ダリの主張によれば）「完全に無意思的な」白日夢だった[25]。もし「グループの生および活動の拡張にきわめて大切な［…］表現手段[26]」があったなら、最近グループに加入したダリとルイス・ブニュエルがシュルレアリスムに多くのものをもたらしたとアラゴンは主張するが、共産主義者たちはかれらとの関係を拒絶する。当時まだ活動的な党員であった他のシュルレアリストたち（サドゥール、ピエール・ユニック、マクシム・アレクサンドル）とともに、アラゴンはフランス共産党内の規律委員会に召喚され、このようなポルノグラフィーとプロレタリア革命との関係を説明することを求められた。アレクサンドルによれば、この四人はシュルレアリスムを否定することを「猛然と」拒絶したという[27]。

　このような矛盾する忠誠心のもつれ、さらに「人間の解放」という対極の——と思われる——概念をめぐって、のちに「アラゴン事件」として知られるものが勃発する。モスクワ滞在中、アラゴンは「赤色戦線」と呼ばれる詩を書き、これは雑誌『世界革命文学』に掲載され、一九三一年にはかれの詩集『迫害された迫害者』に収録される。前衛詩人がソ連の首都に巡礼し、クリムトの《ヌーダ・ヴェリタス——裸の真実》の警告を無視することになったのはこれが初めてではない。若き詩人ヤロスラフ・サイフェルトは、それ以前に赤の広場で「これらの人びとの詩人になりたいと死ぬほど切望した[28]」と記し、私たちを困惑させた。切望というのは、しばしば多くの釈明を要する。革命的な美といういかがわしい基準をもってしても、「赤色戦線」は偉大な作品とは言えない。

ポリ公どもをひきずり倒すんだ
同志よ
ポリ公どもをひきずり倒すんだ［…］
レオン・ブルムに発砲せよ
ボンクールに　フロッサールに　デアに発砲せよ
社会民主主義の学者づらした熊どもを射て[29]

時代が時代だったので、詩は必要以上に深刻に受け止められてしまう。一九三二年一月、アラゴンは「軍人にたいする不服従の煽動」と「無政府主義の宣伝を目的とした殺人教唆」の罪で起訴され、禁固五年の刑を言い渡される。「別な状況でアラゴンが頼ったような言葉の暴力と表現の過激さに満ちたアジテーション詩[30]」として「赤色戦線」を切り捨てたにもかかわらず、ブルトンは二つの小冊子の中で旧友の弁護に回る。シュルレアリスト・グループ全体の名前で刊行された『アラゴン事件』は、ブラック、ピカソ、デュシャン、マティス、オザンファン、ル・コルビュジエ、ヴァルター・ベンヤミン、ベルトルト・ブレヒト、ラースロー・モホイ=ナジ、トーマス・マン、カレル・タイゲら三百人以上の署名を集めた。それは「司法上の目的のために曲解しようとするあらゆる試み[31]」に正面から抵抗するものだった。『詩の貧困』は、より複雑な形で詩的自由を擁護したものであり、こちらはブルトン一人の名前で発表されている。アラゴンの「諸状況への絶えまない参照を要求している［…］詩的に見て逆行的なもの[32]」への困惑は明らかである。ブルトンの議論の主題は、「赤色戦線」は一篇の詩にすぎないという点に尽きる。他の詩行（「星々が親しげに地上に下りてくる」）はそうではないというのに、どうしてある一行（「同志よ、ポリ公どもをひきずり倒すんだ」）だけが文字どおり読まれるのか、と大げさに問いかけている。詩と散文は「思考の明らかに区別された二つの領域」にあり、同じ基準で判断してはならない。詩に対する報復は、「何よりもたえがたい侵害（本来非合理的な事物を合理的に判断すること）であり、［そして］（考えるやり方が感ずるしかたと離れがたく結びついている領域において）自由に思考することへの、他とは比較にならないほど気まぐれで深刻な侵害[33]」であるとブルトンは続ける。『ユマニテ』紙はブルトンの区別を嬉々として取り上げ、シュルレアリストたちは「詩と詩人だけの政治的自由[34]」を追求していると嘲笑した。

続く展開については異なる解釈が存在する。アラゴンによれば、党の機密事項であり、秘密裡にしておくべきことなので、ダリの《夢想》に対するフランス共産党の規律委員会の関与に言及する註をブルトンが削除するという条件で、例の冊子の刊行に同意したという。追放の口実を共産党員たちに与えないようにするため、ブルトンはアラゴンがいる目の前で校正刷りから註を削除したと当人は主張する。しかし、翌日その冊子が刊行されると、不思議なことに、その註がふたたびついていた。「信じがたい失望」を抱いたアラゴンは、三月十日、『ユマニテ』紙で『詩の貧困』を否定し、その声明はシュルレアリスト・グループとの訣別を事実上宣言するものとなった[35]。以後、アラゴンがブルトンとふたたび言葉を交わすことはなかった。シュルレアリスムの指導者は、異なる物語を伝えている。ブルトンによれば、元の形で刊行された場合、関係を断つとアラゴンが通告してきたが、「私たちが出会っているのがどんな悪意か、また、どんなみすぼらしい考え方か」を示す一節を削除する気はさらさらなかったと断言している。そして、「実際、逆説的なことに、彼を弁護するのが目的だったこの小冊子が発行された瞬間に、訣別が完了したのです[36]」。真実が明らかになることはないだろうが、私としては、ブルトンの都合のいい記憶よりも、アラゴンの懐疑的な怒りを信じたい気がする。そのうえ、シュルレアリストの別離という痛ましい問題の責任が不注意な植字工に課せられるとは、頼もしいまでに超現実的なものがある。

「私の人生でこれほど高くついたものはなかった」と、後年アラゴンは記している。「若い頃にずっといっしょにいた友人と別れるとは、つらいことだ。[…]私が負ったこの傷は、決して癒えることがないだろう[37]」。ブルトンもまた、「双方にとってひどく応えた訣別——いまだこのことに涙を流す心優しき人びとがいるのです[38]」と認めている。だが、ポール・エリュアールはそうではなかった。アラゴンの離脱をめぐるグループ全体の宣言に飽き足らず、激高して『証明書』を個人の名前で刊行している。「私は十四年にわたってルイ・アラゴンを知っていた」とエリュアールは始める。

私は彼にたいして、長いあいだ、無制限の信頼をよせていた。私の彼にたいする尊敬と友情とは、性格からくる過ちと思いこみたいようなことに対しては、私に目をつぶらせてきた。彼が「世間」に出ていくようなとき、彼のほうが私よりもより軽快であり、より社交的であると思っていた。われわれが、われわれの怒りを公然と表明したいと思っても、彼がそれに対して時期を見はからうべきだと言うような時、私はそのような態度を極度な批判精神のせいにしてきた。言葉による彼のアピールも、ただ彼を少しばかり子供っぽく、また罪のないものに思わせるだけだった。たとえ過ちを犯しても、私はいつも彼を十分に聡明で、勇気があり、誠実な人間だと信じていたので、それをすぐに改めると思っていた。つまり私は彼を愛し、尊敬し、弁護してきたのだ。

美しい少年への嫉妬による心の疼きを感知するのは私だけだろうか。ハリコフの書簡の文面が公開されたら自殺すると言って脅したとき、初めて――エリュアールはこう続ける――アラゴンは「翳(かげ)って見えてきた。[…]だんだんひどくなる感情的な恐喝のもとで彼の悪意が日々あらわれていくのを見て、心が動揺し、意気消沈し、懐疑的になった私は、それでも、このような決定的な闇のなかで必ずや彼がしてくれるにちがいない飛躍を待ちのぞんだ」。ついに「自分から仮面をぬいだ」アラゴンは、「いかがわしい秘密出版の作品を自ら三冊も書いているくせに、悪意ある人びとがサルバドール・ダリの作品をポルノグラフィーだと思いこませようとしているとの口実をあげて、厚顔しくもわれわれに、われわれの出版物へのダリの協力をやめるべきだ、などと要求してきたのだ」。エリュアールはダリにつねに甘かった。「アラゴンは他人」になったとエリュアールは弾劾する。「彼の思い出ももはや私にとどまりえなくなった」。「証明書」は、メッセージを読み逃がさないようにと太字を用いたロートレアモンの引用で終わっている。「海の水すべてをもってしても、知的血痕を洗いおとすには足りないであろう」[39]。

ブルトンがのちに、アラゴンの変節は単なる偶然の悪戯――そしてある女の企み――であるとして非難を逸らしたのは、そのなかなか消えない感情のため、あるいは単にエリュアールなりの黒いユーモアの理解のためだったかもしれない。「さまざまな事情が重ならなかったら」とブルトンは述べる。「私が当時識っていたようなアラゴンが、私たちと袂を分かつ恐れのあるようなことを敢えてするようなことは決してなかったはずです」。ハリコフへの旅行をめぐっては、「その発案はまったくアラゴンによるものではなく、彼が識り合ったばかりのエルザ・トリオレが計画し、アラゴンに一緒に行くよう誘ったのです。年月を隔ててみると、そして彼女のその後の歩みからすると、かの地で、彼女が自分の望んだことを押しつけそれを手に入れた、と考えざるをえません」。トリオレはその後著名な作家として成功し、フランス共産党の重要人物のひとりとなる。ブルトンによれば、サドゥールがこの二人とともにロシアに同行したのはまったくの偶然だという。その数か月前、大酒をくらったサドゥールはサン＝シールの陸軍士官学校に首席入学した生徒に煽動的な手紙を送り、そのため、不在中に禁固三か月の刑を言い渡されていた。サドゥールには「宣告されたばかりの刑が重くのしかかっており、その中に自分を罰した政体の否定をみてとっていた一政体にたいして、必要とあれば譲歩することも辞さない構え」であったとブルトンは説明する。「こうくどくど述べるのも、ただただ、酔ったうえでの冗談という、まるで話にもならないことに端を発して事態が展開したことを知って[40]」ほしいがためであった。おそらくブルトンの言い分は正しいだろう。これは、くだらない理由がもとで事件となったもうひとつの例である。だが、かれもエリュアールも、そのような放蕩者のシュルレアリスム詩人を大目に見る心構えはなかったし、そしてまた、ほとんどの場合アラゴンに賛同する者はいなかった。

　この一件の悪役となったエルザ・トリオレは、マヤコフスキーの愛人リリー（リーリャ）・ブリークの妹だった。アラゴンが彼女と付き合うようになったのは、ナンシー・キュナードに捨てられて傷心状態にあったことへの反動でもある。エルザはしなやかなミドリヘビなどではなかったが、何の妨げにもならなかった。ブルトンの伝記作家マーク・ポリゾッティが語るところによると、「背が低く、ぽっちゃりして、それほど可愛くも」なかったが、狡猾な女狐は、一九二八年の秋、当時、アラゴン、ジャック・プレヴェール、アンドレ・ティリオンや他のシュルレアリストたちが住んでいたモンパルナスのシャトー通りの建物で行なわれたロシアの詩人のための晩餐の際、「〔アラゴンを〕奥の暗い部屋へ連れ込み、誘惑した」。「その直後、同棲を始めるとアラゴンにこともなげに告げ」、「身の回りのものを片づけ、前の愛人たちの痕跡をすべて消し、そしてアラゴンの友人たち——とりわけ、彼女が邪魔で退屈だと思っていたシュルレアリストたち——を追い出しはじめた」。エルザはアラゴンの「愛人、興行主、女主人、そして母親」となった。二人は一九三九年に結婚し、エルザが一九七〇年に亡くなるまで一緒に暮らし、「シュルレアリスムのジョン・レノンとオノ・ヨーコ[41]」となった。ポリゾッティは、意地の悪い註でさりげなくこう付け加えている。「エルザの死後、アラゴンは同性愛の放蕩癖のためにプロレタリアートのトルバドゥールの役割を投げ打った。ソードテール〔熱帯魚の一種。性転換することで知られる〕のように、歳を取るとともに性を変えたようである」[42]。哀れなルイ。このような記述を読むと、アラゴンを気の毒に思えばよいのか、忌み嫌うべきなのか、あのずんぐりとした小柄なエルザからついに解放され、あの老齢でピンクのオープンカーに乗ってゲイ・パレードを行進するのを応援すべきなのかわからなくなってしまう。

だが、まだいくつか問われるべき疑問がある。アラゴンは明らかに、今日ではバイセクシュアルと呼ばれる人物であり、多くの男性がそうであるように、女主人が自分を意のままにするのを楽しんでいた。『性についての探究』での本人の証言によれば、「処女が大嫌い」、「愛とはなにかを知っていて、もったいぶることのない、立派な女性」を好んでいたという。一番そそられるのは、「フェラチオの際、こちらが体を動かして射精するやり方[43]」だという（超男性的なブルトンは対照的に、「唇と舌でクリトリスを刺激したところで、快感を感じる女性はごくまれにしかいない[44]」と確信していた）。アラゴンの女々しさは幼少期の環境に多くを負っている。ジェラール・ドゥロゾワは『シュルレアリスム運動の歴史』の中で、アラゴンは「女性に囲まれて育ち、その環境はかれに困惑しかもたらさなかった。かれの母は、自分が姉であるとか祖母であるとか母であるとかいうふりをし、息子の出自について本当のことを告げたのは一九一七年のことだった[45]」。エリュアールの幼稚な告発に同調しつつ、アンドレ・ティリオンはかつてのルームメイトを、共産主義者たちによって「よいしつけを学ぶために新イエズス会に」送られた「坊や」としている。「『イレーヌ』の作者は「ダリの《夢想》に」突如ショックを受けた」と、ティリオンは辛辣に付け加える。「少女の前で自慰する仕事のない不幸なプロレタリアートに同情していたかもしれないが、かれらにポルノ雑誌を買ってやる金もかれにはなかったのだ[46]」。ポリゾッティが主張するように、アラゴンには「より高い権威――すなわち、これまでブルトンが占めていた役割――に従う抜きがたい必要性[47]」があった。たしかにかれは、それから三十年にわたって、党の方針に多かれ少なかれ従うことになる（一九六八年のソ連軍によるチェコスロヴァキア侵攻を支持することは拒否したが）。だが、政治的に正しくないことを非難する強情な母や鞭を振り回す妻がいない他の多くの人びともまた、たいていそうしたのである。ブルトンやエリュアールの政治姿勢を議論するとき、このような下半身の分析までする必要は必ずしもないだろう。では、ここで実際に問題となっているのは何であろうか。つまるところ、ブルトン自身もかつて、シャツを着替えるたびごとに自分の性別も変えたいと述べたことがあった――だが、そのような思いつきは、ブルトンの場合、一時的な詩的空想以上のものではないだろう。[48]

このような論理でいけば、アラゴンはブルトンの従順な雌犬であったわけだが、それでも、アラゴンの「混乱した」セクシュアリティは、一九二〇年代のシュルレアリスムへの貢献を減ずるものではない。『夢の波』（一九二四）は『シュルレアリスム宣言』と並ぶシュルレアリスム運動の基礎文献であり、『パリの農夫』や『文体論』はシュルレアリスム文学の古典となっている。そして『イレーヌ』もまた、たとえばジュリア・クリステヴァにフランス語の傑作と見なされている。[49]アラゴンの性的な曖昧さこそが、そもそも「あらゆるフォルムの異常なもの」に対するかれの目を開かせたと考えるのは、シュルレアリスム的な視点から見れば、必ずしも驚くことではないだろう。ロベール・ベナユンは、そのような事例を一九五九年の〈エロス〉展の図録に寄せた論考「曖昧さの暗殺」の中で明快に論じ、「不穏な半影の消失、未踏の不確実性の海、思考のバランスの母、想像力の輝かしい王国[50]」を脅かしているという理由で、性的「逸脱」を「治療」しようとする科学の欲求を攻撃している。『性についての探究』のなかで、アラゴンがブルトンに反論している注目すべき事例がある。

ブルトン　クノー、君は男色家なのか。
クノー　いや。アラゴンは男色をどう考える?
アラゴン　男色は他のさまざまな性的習慣と同じ、一つの習慣にすぎないと思う。そのことはぼくの場合いかなる道徳的断罪をも含まない。ある種の男色家に対しては、いわゆる「女たらし」に対してと同様、留保をつけたいとは思うけれど、今それをここで述べる必要はないだろう。
［…］
ブルトン　この問題について議論を続けるのはまっぴら御免だ。男色擁護に向かうというなら、ぼくは即刻退席

させてもらおう。

アラゴン　男色擁護などとは誰も言っていないぞ。この議論の規則は、質問にたいして答えるということじゃないか。ぼくは男色という質問が出たからそれに答えただけの話だし、できればさらに説明を加えさせてもらいたいな。ぼくはあらゆる性的習慣のことを話題にしたいんだ。

ブルトン　諸君はぼくの退席を望むのか。こんな問題に関してなら、ぼくは進んで反啓蒙主義を表明したい[51]。

そののち、アラゴンは参加者の大半のコメントにおける「男女の不平等という風な考え方がうかがえる」心象について不平を述べ、それを『性についての探究』の有効性を損なうものだと考える。アラゴンはこう述べている。「男女が同等の権利を持つということをまず最初に認めないかぎり、性愛に関して何を言ったことにもならないと思う[52]」。今日の目から見ると、アラゴンの発言は、この討論の多くを特徴づけるマッチョのポーズからは爽快なまでに自由である。アラゴンはまた、ユーモアのセンスも持っていたようだ。女性が勃起していないペニスに触れると、ブルトンは「萎えた」ように感じると述べるが、アラゴンは軽妙にこう答えている。「もし勃起したときしか触らせないというのなら、ぼくの場合そんな機会はあまりないだろうな[53]」。

伝統的で、支配的で、異性愛的な男性性がこの詩人に欠落していることが、仲間のシュルレアリストたちのみならず、のちの解説者たちによっても執拗に指摘され、かれらが受け入れがたいと思う政治的選択を説明するために持ち出されるのは、控えめに言っても興味深い。そのずれは、きわめてフロイト的である。この言説の流れにおける中断は、「永遠の女性」というシュルレアリストたちの理想（それは、人間の堕落の起源と同様、伝統的なキリスト教の地位に突然逆戻りしたように思える）と両立することなく、そしてまた、それは今日の学術論文の多くで義務と化している、無菌化され、中性化された規範と呼応している。ポリゾッティが、より同時代の人物を扱いながら、性差別主義者、人種差別主義者[54]、同性愛蔑視を仄めかすそのような寄せ集めで好き放題にしているのには疑問を感じる。アラゴンが手に負えない女性性に主体を移し替えることは、私が思うに、より根本的な不安の徴候であり、それは、自

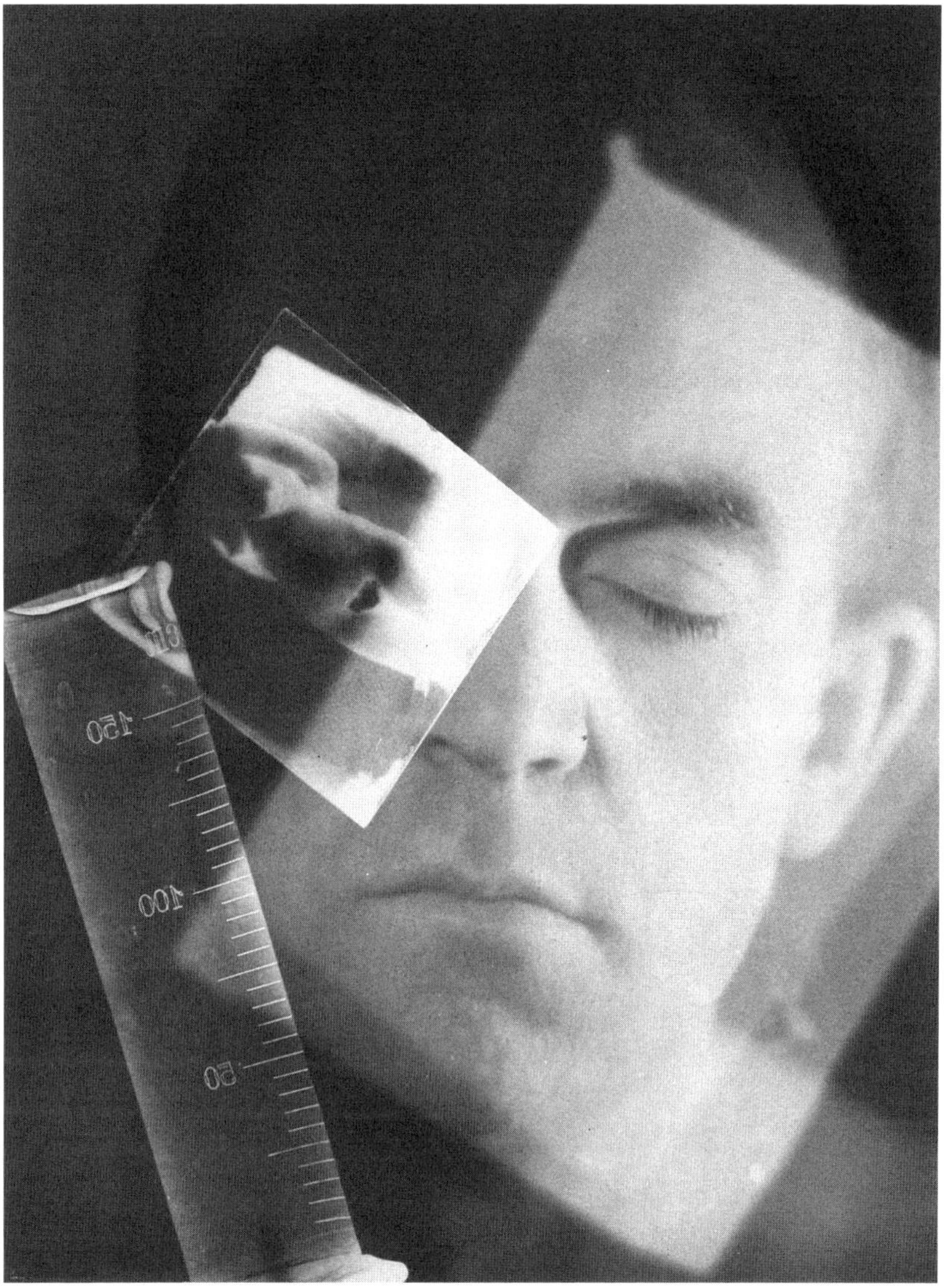

オタカル・レンハルト《セルフ・ポートレート》1935年。ブルノ、モラヴィア美術館蔵

称・進歩的知識人にとっては、認めるよりも抑圧するほうが容易であっただろう（今でもそうかもしれない）。一九三〇年代後半のヨーロッパの前衛作家および芸術家が直面した唯一の選択肢が、一九三五年にプラハで〈左翼戦線〉向けに行なった講演でブルトンが説明した「放棄」という去勢的な選択であったことが徐々に明らかになりつつあった――いかなる理性的な主体もあざ笑う選択は、自己と状況を掌握した自信たっぷりの「男」が、アンドレ・マッソンの鳥かごの中の可愛いマネキンのように、夢の中の卑しむべきおもちゃであることを暴くものなのだ。

これらすべての《ヴェールに覆われたエロティック》に照らしてさらに興味深いのが、ブルトンとアラゴンが掲載をめぐって決裂するにいたった『詩の貧困』の例の註のことである。アラゴンが生涯でもっとも痛ましい別れという危険を冒してまでクローゼットの中に隠そうとしたのは、「あなた方［引用者註――シュルレアリストたち］は、男と女の実に単純で実に健康な関係を複雑にしようとしているだけだ[55]」という、ダリの《夢想》に向かって共産党役員の発した言葉だった。アラゴンは、人間の性について単純なものなど何もないことを誰よりもよく知っていた。そして、ジョン・ハートフィールドの芸術が捉える以上に、この世にはより痙攣的な美があることも知っていた。つまるところかれはそれらを探求すべく、とりわけ『イレーヌ』において存分に時間を費やしたのだ。「世界を変えるための行動に向けた実践的な計画に協力すること」は、以後、芸術をアジテーションに従属させ、批評的才能と大柄のブロンドの少年水夫への欲望をともに革命的な美というありきたりの敬神へと昇華させ、より大きな善のために永遠に嘘の中で生きるよう仕向けたのである。弱々しく、男らしくない、東の魔女の手中にある若いツバメとしての詩人という、ひとを見下すようなお決まりの描写を目のあたりにすると、その当時の状況において、放棄はまさに英雄的なものにほかならなかったと論じたい気持ちに駆られる。もっとも、「［アラゴンが］望んだのは普遍的に愛されることだけだった。すなわち、あらゆる人を喜ばせたかっただけなのだ[56]」とのルース・ブランドンの指摘は正しいかもしれない。愛の意のままにあることは、真に恋する人であれば誰もが知っているように、つねにもっとも快適というわけではない。

『マルドロールの歌』、『ナジャ』、『通底器』を通じて、あらゆる偶然の出会いに持ちうる以上の意味を持たせ、光の都の街路をさまよいながら、一九三五年夏、ヴィーチェスラフ・ネズヴァルはシュティルスキーとトワイヤンとのパリ訪問の最中、シュルレアリストらしい素晴らしいひとときを過ごした。一行は、たまたま予約したパンテオン広場に面した宿の隣に「『ナジャ』の写真でよく知っていた〔…〕〈偉人ホテル〉」があるのを知って心地よい驚きを覚える。そこは、ブルトンとスーポーが『磁場』を執筆した場所だった。「あらゆるものが夢のようだ[57]」と、ネズヴァルは『ジ＝ル＝クール通り』の中で書いている。フランスのシュルレアリストたちは、自分たちの夜の会合にネズヴァルを招いたり、かれが本でしか知らなかった場所に実際に連れていくなどして、その三か月前にブルトンとエリュアールが満喫したプラハでのもてなしに存分に報いた。会合の場所を選んだのはブルトンだった。通常、モンマルトルのみすぼらしい南の端にあるフォンテーヌ通りのかれの家の近くで行なわれていたが、週に一、二度、左岸に移動していた。というのも、サルバドール・ダリ、マックス・エルンスト、マン・レイは全員モンパルナスに住んでいたからである。ネズヴァルは、バンジャマン・ペレ――公衆の面前で司祭を罵倒している姿を折よく目撃する――、オスカル・ドミンゲス、ドラ・マール、ブルトンの「親しい友人[58]」クロード・カーアンと彼女の義理の姉で恋人のシュザンヌ・マレルブ、モーリス・エーヌ、ジョアン・ミロ、ジゼル・プラシノス、イヴ・タンギー――大切にしていた水彩画をプレゼントされる――と出会う。さらに、マン・レイ、サルバドール・ダリ、マックス・エルンストのアトリエを訪問し、エルンストのアトリエでは、嬉しい驚きとともに、伝説的なマルセル・デュシャンを紹介される。ネズヴァルが『ナジャ』を愛読していることを知ったポール・エリュアールは、通常版よりも多くの写真を収録した豪華本、ヒロインの手紙、そしてブルトン自筆の注釈をネズヴァルに贈呈する。ブルトン本人は一歩先を行き、サン＝ドニに客人を連れていくと、『ナジャ』の「手袋の婦人」ことリーズ・ドゥアルムを紹介する。ネズヴァ

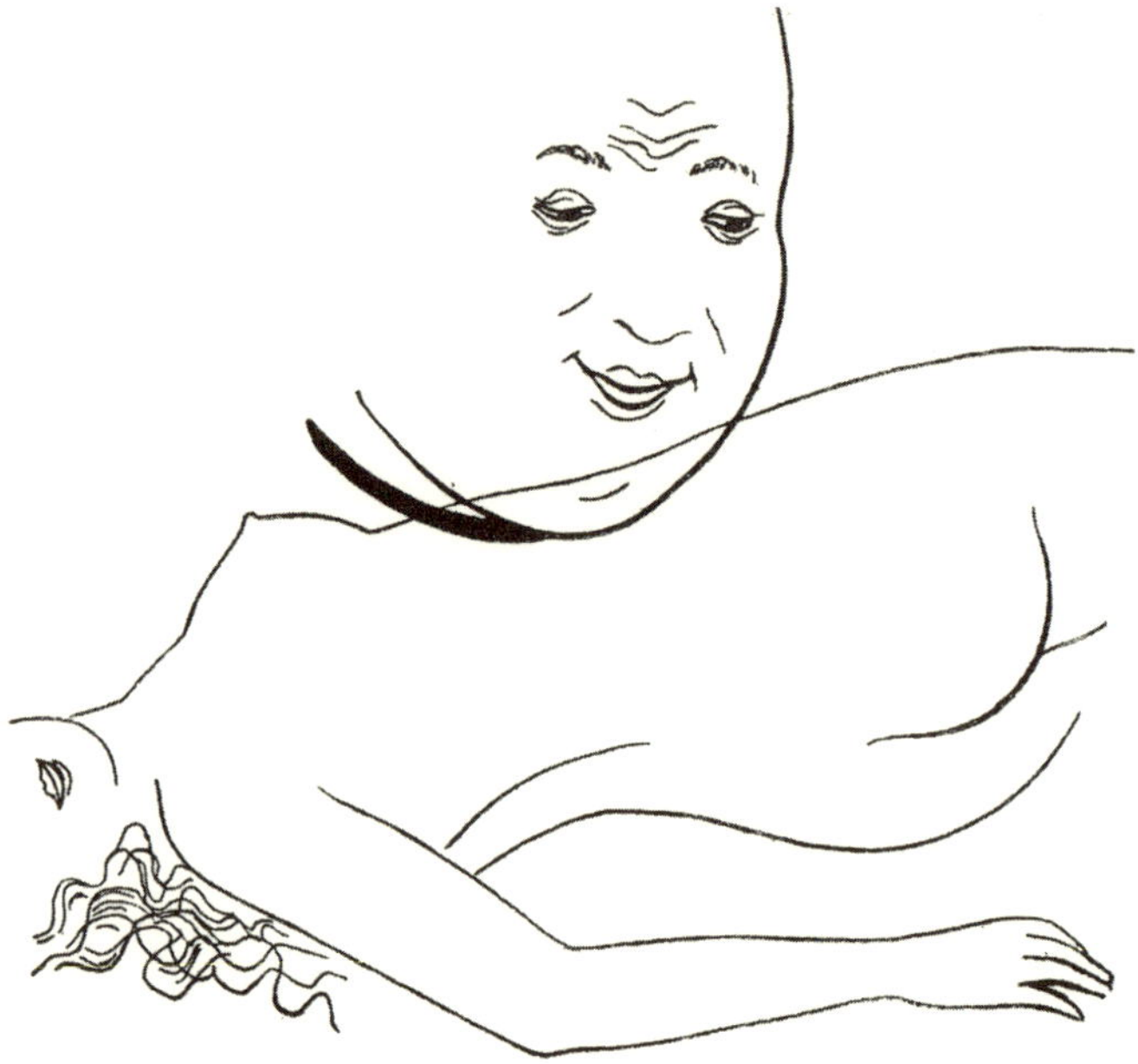

トワイヤン、マルグリット・ド・ナヴァル『エプタメロン』の挿絵。プラハ、〈協同組合〉、1932年。

ルは、その女性が若く愛らしいだけではなく、カレル・チャペックの『園芸家の一年』の熱烈なファンであることを知る。[59]

探求されるべきアポリネール的な美と光景もあった。チェコ人たちは、六月十四日の金曜日にパリに到着した。翌日の夜には、二年前、ネズヴァルがブルトンと出会った〈カフェ・ブランシュ広場〉でシュルレアリストたちと合流する。みな、緑色のアペリティフを注文する中、エリュアールだけは「ピンクのレモネードを飲み、いろいろな銘柄の煙草を吸っていた」。ブルトンの住まいのある角にほど近いブランシュ広場は、伝説的な〈ムーラン・ルージュ〉の本拠地としてのほうがよく知られている。当時も今日と同様、そこはいかがわしい界隈だった。その後、エリュアールはその地区の「数ある娯楽施設」のひとつに一行を連れていく。そこはフォンテーヌ通りのあるキャバレーで、ネズヴァルは「乳首がハート、スペード、ダイヤモンド、クラブに塗られた」「途方もなく魅力的な」踊り子たちに魅了されてしまう。「人形のような魅力があった」[60]とかれは語る。

二日後の夜、詩人は「グラン・ブールヴァールを離れ」、サン＝ドニ門に向かい、「〈オ・ベル・プル〉という名の建物がある、人目につかないブロンデル通り三十二番地」を探す。この娼館ほど「グロテスクで退廃的な」ところはないとネズヴァルは認め、「そこでは十人かそれ以上の裸の女性に迎えられ、彼女たちはガチョウの群れのようにお喋りしながら、気だるい魅力で気を惹こうとする」。ブルトンはこういったいかがわしい店の敷居を跨いだことなどないだろう、とネズヴァルは考える。「さもなければ、かれのあらゆる振る舞いを物語るあの賞嘆すべき純粋さを保つことはできないだろうから」。シュルレアリスムの指導者への敬意を払いつつも、ネズヴァルは「快楽の館でバーレスクの恰好をした半裸の女性たちと夜を過ごしたことを後悔していない」と打ち明ける。そしてまた、「それ以来、私の中に依然として無垢さに対する疑念がある」[61]と述べている。ジョルジュ・バタイユであれば、このような下からのあからさまな主張の爆発を全面的に認めたであろうが、バタイユはネズヴァルがその素晴らしい冒険の途中で会えなかったパリの人びとの一人であった。ネズヴァルはカフェ〈ラ・クープル〉でロベール・デスノスの姿をちらりと見る。バンジャマン・ペレは、『死骸』の煽動者は「以前にもまして不快な奴なんだ」[62]とネズヴァルに語っている。

『ジ＝ル＝クール通り』の雰囲気はしばしば、ラム川やムージャンの愉快なシュルレアリストのホームパーティーを想起させる。パリのありふれた街角にネズヴァルが懸命に魔法を見いだそうとしているにもかかわらず、同書には絶えず死の影が差している。チェコ人たちが到着した昼下がり、シュティルスキーはホテルの近くでショーウィンドウに棺がずらりと並んでいるのに気づき、いざというときのために用意してあるのさ、と冗談を言う。[63]その数日後、画家は心臓発作に襲われる。ネズヴァルは、友人が生きるとも死ぬともわからぬまま、病院に残して帰国する。シュティルスキーはこの危機を乗り越えるが、ふたたび絵を描くようになるのはそれから丸一年後のことだった。このエピソードは、結果的に一九四二年のシュティルスキーの早すぎる死の予兆となった。その同じ夜に起こった偶然の出会いは、より運命に直結する結果をもたらす。ネズヴァルはこう述べている。「夕食後、私たちはモンパルナス大通りを歩き」、マン・レイの家に向かった。「〈クロズリー・デ・リラ・カフェ〉に差し掛かったとき、トワイヤンが私に、イリヤ・エレンブルグがカフェを出て、通りを渡ろうとしていると指差した」。一九二二年、デヴィエトスィルが寄稿者のひとりとして誇らしげに名前を挙げたソ連の作家は、当時『イズベスチヤ』紙のパリ特派員だった。その前年、エレンブルグはシュルレアリストたちについて、「遺産あるいは嫁の持参金を費やし」、まっとうな昼間の仕事をせずに「少年愛と夢を学ぶことに忙しい」と公の場で攻撃していた。[64]

「奴はどこだ?」ブルトンが尋ねる。「私はそいつに会ったことがないんだ」

「あなたと貸し借りを清算したい」道の真ん中でエレンブルグを呼び止めてブルトンは言った。

「どちらさまですか?」エレンブルグが答えた。

「アンドレ・ブルトンだ」

「どちらさまですか?」

アンドレ・ブルトンは幾度か自分の名前を繰り返し、そのたびにエレンブルグがシュルレアリスムに対する嘘だらけの冊子で述べた侮蔑の言葉を交えていった。これらの自己紹介のあとに平手打ちが続いた。その後、バンジャマン・ペレもジャーナリストとの清算に加わった。エレンブルグは身を守ろうとはしなかった。直立したまま、顔を手で覆い、私の友人たちが借りを返し終えると、エレンブルグはこう言った。「君たちのしたことは、決していいことではないよ」。[65]

たしかにそうだろう。ネズヴァルのパリ訪問の目的は、かれ自身もはっきりさせているように、ブルトンとエリュアールとより多くの時間を過ごし、「かれらのプラハ滞在中、絶えず宿っていた魔法」を再確認することであった。だが、かれがこの街にいる口実は、第一回文化擁護国際作家会議のチェコ代表として(アンドレ・ジッド、ロマン・ロラン、アンリ・バルビュス、アンドレ・マルローから)受け取った招待状だった。共産党が主催したこの会議には、E・M・フォースター、オルダス・ハクスリー、リオン・フォイヒトヴァンガー、ベルトルト・ブレヒト、ローベルト・ムージル、マックス・ブロート、H・G・ウェルズといった文壇のスターがみな参加していた。それは、ネズヴァルが予期したように、かれいわく「あまり気が進まない」会合だった。詩人ルネ・クルヴェルが組織委員会に名を連ねていることだけが、シュルレアリストの見解が相応に表明されるのではないかという希望を抱かせた[66]。この頃すでにクルヴェルとブルトンの関係はかなり緊迫していたが、クルヴェルは自分の立場を利用して、シュルレアリストの指導者が確実に講演に招待されるように手配していた。組織委員会の他のメンバーには、(すでにフランス共産党に入党していた)ルイ・アラゴン、トリスタン・ツァラ、そしてエレンブルグそのひとも名を連ねていた。共産主義者たちは、前年ソ連でアンドレイ・ジダーノフが宣言した社会主義リアリズムの方針を強化するという明確な行動計画を立てていた。モンパルナス大通りでの騒動は、シュルレアリストを議論の場から排除する格好の口実を与えた。ソ連側は欠席するという脅しをかけたため、委員会はブルトンの招待を取り消す。クルヴェルは妥協点を見いだそうと週末にかけて必死で調整するが、ブルトンもエレンブルグも歩み寄ることはなかった。六月十八日火曜日の夜、クルヴェルは自室の窓を閉め、オーブンのガス栓を開く。翌朝、かれの遺体の脇に走り書きが見つかった。「私を火葬してくれ。うんざりだ[67]」。

クルヴェルが命を絶つ理由はほかにもあったかもしれないが——ひとつには、手の施しようのない結核にかかっていることを知ったばかりだった——三か月前、ブルトンがプラハで〈左翼戦線〉主催の講演で述べた「放棄の選択」の早すぎる犠牲者かもしれないという疑いはほとんどないであろう。クルヴェルの自殺は会議の間じゅう長い影を落としていたが、ネズヴァルにはかれなりに耐えるべき試練があった。その前夜、シュルレアリストたちの集いで——ネズヴァルが〈オ・ベル・プル〉でのパーティーを切り上げたのと同じ夜——クルヴェルは何度もポール・エリュアールに電話をかけていた。二人は親しい仲で、スイスのサナトリウムでともに長い時間を過ごし、そのサナトリウムはエリュアールが、「クルヴェルやぼくと一緒に山で裸でいた」ガラのことを懐かしく思い出す場所だった。友人の精神状態を案じたエリュアールは、翌朝クルヴェルに電話をかけるようネズヴァルに依頼する。ブルトンとクルヴェルが仲違いしていることを気にかけ、また面識のない人物に不得手なフランス語で電話をかけるのに躊躇して、ネズヴァルは電話をかけなかった。エリュアールに紹介されるのを待つほうが賢明だと考え、「明日、その翌日、いつか[68]」

まだ時間があると思っていたのだ。ネズヴァルは過ぎ去った可能性を苦々しく後悔する。

もう一度、私はエリュアールの悲しい表情を見た。その眼差しは、火曜の朝、私にルネ・クルヴェルに電話をかけてほしかったという思いを際立たせていた。［…］私がクルヴェルと出会うことで生じたかもしれない未来の姿が浮かんだ。馬鹿げているように聞こえるかもしれないが、健康面で疲弊していただけでなく、しばらくの間かれと他の友人たちを隔てていた誤解によっても苦しんでいた一人の人間に対して、二言三言、言葉をかけることで、何か大きな慰めと助けを差し伸べることができたかもしれないと思った。[69]

プラハでは、シュルレアリストと共産主義者の関係はパリよりもずいぶん良好であるとネズヴァルはクルヴェルに伝えることもできたかもしれない。実際、クルヴェルの『皿に足を突っ込め』（一九三五）をめぐって、チェコスロヴァキアの共産党系の新聞では真剣な議論が交わされていたからである。[70]

クルヴェルを追悼すべく、組織委員会は最終的に、代読という条件でブルトンの文章が朗読されることを認める。[71]ポール・エリュアールが会場に通されたときには、すでに真夜中を過ぎていた。それまでに、ツァラとアラゴンを除き、登壇者のほとんどは退席していた。会議の最中、アラゴンは「惹きつけられたか、催眠術にかけられたかのように」、会場の後ろにいたブルトンの顔をちらちらと見ていたとネズヴァルは語る。それに対し、ブルトンは笑みを浮かべて「夢遊病者」と言葉を発する。[72]会場は零時半までしか使えないとエリュアールは告げられ、今にも照明が消されかねない状況だった。「かれはなかば無人のホールで話を始めた」とネズヴァルは記す。「口笛の音で幾度となく中断した。最上階にいた何人かは、いくつかの表現に喝采を送った。話が終わると、ミハイル・コリツォフが演壇の近くにやってきて、『ご愁傷さま、シュルレアリストはトロツキストだ』と私に向かって言った」。のちにコリツォフは、「チェコの詩人ネズヴァルは、シュルレアリスムの幼稚園の狂気に毒され、ブルトンの一団に加わった。連中は、トロツキストやソ連の敵とつるんでいる[73]」とのコメントを残す。チェコスロヴァキア唯一の代表だったネズヴァルは、この日のために用意した原稿（バンジャマン・ペレがフランス語への訳出を手助けした）を読み上げる機会が与えられてしかるべきだと何度も念を押したにもかかわらず、マイクのもとに呼ばれることはなかった。『ジ＝ル＝クール通り』に全文が掲載されたこの原稿は、シュルレアリスムと共産主義の両立を擁護する情熱的な内容である。ネズヴァルはチェコスロヴァキア共産党のジャーナリスト、ザーヴィシュ・カランドラが『ドバ』誌に寄せた『通底器』の長文の書評を引用していたので、クルヴェルがその内容を知っていれば、勇気づけられたにちがいない[74]。ブルトンに促されて、ネズヴァルは最後のセッションの終わりに抗議すべく演壇に駆け寄る。「私はここに招待されているというのに、一言も発言の機会を与えられていない。［…］原稿の中で、私がシュルレアリスムに好意的な立場を取っているせいだということはよくわかっている。だがこれは、会議の主催者側の臆病ぶりを示すものだ」。ネズヴァルはさらに続ける。「私がこのような言葉を発するやいなや、ルイ・アラゴンが近づいてきて、ぶっきらぼうにこう言った。『会議はこれにて終了！[75]』」。翌年二月、『シュルレアリスム』誌でこれらの出来事を報告したネズヴァルは辛辣に述べている。「文化の擁護とは何よりもまず、発言の自由の擁護である[76]」と。

すでに見たように、小冊子『シュルレアリストが正しかったとき』は、パリのシュルレアリスト・グループが「ソヴィエト・ロシアの現在の政体と、この政体がかくあらねばならぬもの、過去にそうであったものとまったく逆の方向を向いた責任をもつ全能の指導者[77]」と最終的に袂を分かつことになったものだが、この小冊子こそ、これらの出来事に対する直接の反応であった。六月二日、モーリス・エーヌの家での会合の折にこの文書が合意されたとき、ネズヴァルもその場に居合わせた。もしブルトンとエリュアールがその三か月前、モスクワへの架け橋を見つけたと信じてプラハを発っていたとしたら、ネズヴァルは——ここで私たちは、かれが長年チェコスロヴァキア共産党の党員であったことを思い出しておくべきかもしれない——その橋はいまや完全に閉じられたと知って、パリを去っていった。七月五日、パリ東駅のプラットフォームで、ネズヴァルはブルトンとジャクリーヌ、エリュアールと（惜別のバラの花束を持参した）ニュッシュ、タンギー、そして「親愛なるバンジャマン・ペレ」に別れを告げる。ブルトンとエリュアールとの再会は、かれが望んだように魔法に満ちたものとなったが、ネズヴァルは虫の知らせを感じながら帰国する。「ひとりの人間に死が運命づけられているとしたら、死ぬべき運命にある人びとと別れることほど悲しいものはない。ほんの些細なことで、もう二度と会うことは叶わないかもしれない。ここに立ち、友情を込めて抱き合う私たちの間にも、ほんの些細な過ちで永遠のように分厚い壁ができるかもしれない。ほんの些細な過ち、取るに足らない環境のせいで、私たちの魅惑的な瞳で奇跡の星座を形づくることは二度と叶わないかもしれない[78]」。

プラハに戻ったネズヴァルは、自らがブルトンの「放棄の選択」というジレンマに陥っていることに気づく。パリでのもうひとつの偶然の出会いのことが、かれの頭から離れなくなる。

数週間が経ち、パリから『シュルレアリストが正しかったとき』の原稿が届き、我々がそれに対してどういう立場を取るべきか、言いようのない不安な日々を過ごしていたとき、私はカルーセル橋でのことを思い出してばかりいた。私と友人たちが左岸から右岸へ渡ろうとしていると、その橋をブルトンが右岸から左岸へ渡ろうとしていたのだ――その不安な日々の間、このことが何かの象徴のように思え、私たちがそのときブルトンと一緒に左岸に渡らなかったことを心の中で後悔した。シュルレアリストたちの宣言が出てから、私はチェコのシュルレアリスト・グループが行動をともにしなかったことを後悔した[79]。

ネズヴァル、シュティルスキー、トワイヤン、そしてブロウクは、フランスのシュルレアリストたちの宣言に署名することに賛成だったが、タイゲとビーブルは反対の立場を取る。グループの何人かのメンバーは町を離れ、意志を確認することができなかった。トワイヤンの提案により、同宣言には、グループとしても個人としても署名しないことで最終的に合意する。というのも、「パリのグループは、チェコスロヴァキアのシュルレアリスト・グループが全員一致の合意をとることに関心を寄せ、何人かのメンバーによる個人の署名は要請しなかった[80]」ためである。皮肉なことに、最終的にスターリン主義という右岸へ渡ったのはネズヴァルで、ブルトンとともにトロツキストのいる左岸へ渡ったのは、他のメンバーを引き連れたタイゲであった。客観的偶然の謎めいた予兆から期待すべきものは、ほかに何なのだろう？

一九三六年一月、ソ連の日刊紙『プラウダ』に、ショスタコーヴィチのオペラ《ムツェンスク郡のマクベス夫人》を攻撃する記事が掲載された。「ブルジョワの形式主義」への反対運動はその後も続き、イサーク・バーベリ、セルゲイ・エイゼンシュテイン、オシップ・マンデリシュターム、フセヴォロド・メイエルホリド、ボリス・パステルナークを含む多くの人びとが巻き込まれた。第一回モスクワ裁判は、レーニンの古くからの同志カーメネフとジノヴィエフを処刑してその八月に結審する。タイゲは、「悲劇[81]」と繰り返し評しながら、この判決に対して公に疑問を投げかけるが、ネズヴァルは沈黙を守る。翌年一月、タイゲは雑誌『プシートムノスト』が主催した討論会の場で、ソ連に対する批判によってヨーロッパの左翼を啞然とさせたアンドレ・ジッドの近著『ソヴィエト紀行』を公然と擁護している。ジッドのルポルタージュは「世界初の労働者国家、およびソ連と西側のプロレタリアートの戦いと目的に対する、深い誠実な共感に触発された」、「盲目でない愛と批判的な友情の書物」であるとタイゲは論じた。ソ連批判はどのようなものであれ反動的な力を教唆することになるという仄めかしにも、タイゲはおじけづくことはなかった。「同胞として、友人として」の批判を抑圧すること、とりわけ抑圧の手法がファシズム国家のそれと区別がつかなくなったとき、その結果はいっそうひどいものになると強調した。「自由な批判ができる雰囲気こそ、官僚化、腐敗、浅薄さ、お役所化から守るはずだ」と警告し、「批判の沈黙、批判なき称賛の奨励は、受動性と昏睡状態につながるだろう。［…］批判し、議論することが［社会主義］運動の力と権威を弱体化させるという主張は、まさにぞっとするほど警察のような立場である[82]」と述べる。

このような「警察のような立場」の見事な例が、一九三七年五月に刊行されたS・K・ノイマンによる小冊子『反ジッド、あるいは神話や幻想なき楽観主義』である。老練の進歩主義者は、同性愛と中絶を認めないソ連の法律を擁護し、モスクワ裁判を「ソ連のプロレタリアートが破壊活動家を一掃した[83]」出来事として描き出す。十年前にかれ自身がチェコスロヴァキア共産党から一時的に追放されたことを忘れて――いや、おそらく思い出しながら――ノイマンは、「プチ・ブルジョワの『知識人』」に対するきわめて煽動的な侮辱を投げかけ、「ブルジョワ『イズム』」、「つまらないモダニズムの遊び」と嘲笑し、とりわけ「騒々しいタイゲ語［halasná Teigovština——詩人フランチシェク・ハラスの名を掛けている」は、何年にもわたってマルクスを引用しながら我々に呪文をかけている」[84]と述べ、「社会主義革命は、知識人のティーカップの中で議論されている今日の審美的『革命』とは何の共通点もない」[85]と冷笑する。「現代ヨーロッパ美術において個性の強いチェコ部門」を擁護していたことをとうの昔に忘れたのか、『トヴォルバ』誌に「今日のマーネス」と題した記事を掲載し、同様の低次元の論争をはじめ、エミル・フィラによる「人体の無残なデフォルメ」、ヴァーツラフ・シュパーラの「後期印象派のような芸術家の迷走」、シュティルスキーとトワイヤンの「性の面で病的な文学とエロティックな写真」[86]の使用を嘲笑している。アドルフ・ホフマイステルは、口にパイプをくわえ、敵の切断されたいくつもの頭部の真ん中に嬉々として立ち上がるノイマンの肖像画を描いている。ホフマイステル自身もまた忠実な共産党員であったため、その四年前、《一週間の骸骨》[87]と題してアドルフ・ヒトラーの諷刺画を描いた際に同じモチーフを使っているのは単なる偶然であろう。いや、そうではないかもしれない。その間、ソ連の検閲当局は、一九三七年十月にモスクワで開かれた〈チェコスロヴァキア公式美術展〉から、シュパーラ、フィラをはじめとするチェコのモダンアートの主要な画家たちの作品とともに、シュティルスキーとトワイヤンの絵画を撤去している。フォルマリストの想像力が駆使されていたわけではなかったが、マックス・シュヴァビンスキーのすべての作品も「不道徳」[88]という理由で同展から取り払われた。シュヴァビンスキーは徹底して裸体画を扱っていたからである。

一九三八年一月、トピッチ・サロンで行なわれた〈シュティルスキーとトワイヤン展〉の図録所収の文章で、タイゲは『反ジッド』に長々と返答している。「色彩、形態、言葉を通して内的世界で知覚されるものを表現し、精神生活という深遠かつ隠れた現実に接近するために、あらかじめ対象を放棄したり、自然のモデルをリアリズムで描出することを断念する芸術」について、かれは雄弁に論証する——それは、ノイマンが「開かれた窓」の筆者であり、『チェルヴェン』誌の編者であったこととそれほど齟齬はない。だがそれ以上に当時の状況で問題となったのが、「ドイツで『退廃芸術』と呼ばれ、ソ連で『奇怪なフォルマリズム』と呼ばれる諸作品に対するテロルの波」をタイゲが同一視した点であった。タイゲはもはや、「独立した芸術と、ベルリンやモスクワの国際的アヴァンギャルドに対して同時に宣戦布告された十字軍」の間にどんな違いも見いださず、「そこでは、騒々しい誇大広告とともにミュンヘンで開催された〈退廃芸術展〉はあまりの成功に主催者を狼狽させ、他方、ロシアの〈芸術左翼戦線〉の芸術家は、モスクワのトレチャコフ美術館から徹底的に追放され、演劇の詩的精神を体現するもっとも重要な場であったフセヴォロド・メイエルホリド劇場は、無分別な文化的反動の犠牲となった」[89]と述べる。タイゲがソ連の文化政策についてどのような疑念を抱いていたにせよ、ネズヴァルにしてみれば、公に全体主義と同一視するのは考えられないことであった。ネズヴァルは共産主義に傾倒する学生たちに向けてこう語る。「カレル・タイゲが［…］ベルリンとモスクワをひとつのかごに放り込むとしたら、それは単なる道徳的な誤りであるだけではなく、まず何よりも、知識人としての誤りである」[90]。

一九三八年三月九日、ネズヴァルは『ハロー・ノヴィヌィ』紙に電話をかけ、〈チェコスロヴァキアのシュルレアリスト・グループ〉が「解散した」と伝える。危機が頂点に達したのは、その二日前、プラハのワインバー〈ウ・ロハ〉でのことだった。数か月間、グループの他のメンバーと接触していなかったネズヴァルは、かれらの会合に姿を見せたときにはすでに戦闘的な態度だった。タイゲは『流れに抗うシュルレアリスム』（一九三八）の中でその話を伝えている。

グループの五人のメンバー、そして何人かの親しい友人の目の前でネズヴァルは議論の口火を切り、モスクワ裁判の死刑判決、メイエルホリド劇場の閉鎖——これはスパイ防止策（!!!）だとかれは言い張る——といったソ連体制の活動を支持すべきだと述べた。我々の友人の何人かが関わっている学術的グループについて、国際的なユダヤ組織を隠蔽する容疑者との濡れ衣を着せた。——ネズヴァルはためらうことなく排他的かつ反ユダヤ的な言動を繰り広げ、とりわけその場にいなかった我々の友人のひとりに対して、「ニュルンベルク法の」アーリア条項の資格に該当しないだろうとまで言った。［…］故意という明らかな兆候さえなければ、かれの発言は錯乱状態にあると考えることもできたかもしれないが、しまいにE・F・ブリアン、ボフスラフ・ブロウク、インジフ・シュティルスキーを罵倒した。議論が白熱していたため、シュティルスキーはかれが発した言葉に対して、「単なる理論的な」回答はできずにいた。[91]

タイゲが言及した「その場にいなかったユダヤ人の友人」とは、ロマーン・ヤーコブソンである。ネズヴァルとタイゲがかれとともに、一九三一年にブルノのイジー・クロハ邸のプールではしゃいでいたのはすでに見たとおりである。

『ハロー・ノヴィヌィ』は、チェコスロヴァキアのシュルレアリスト・グループの解散を三月十一日に報道した。そのニュースは、共産党系の新聞のみならず、ファシズム的な『ナーロドニー・ヴィーズヴァ（国民の訴え）』紙も歓迎し、「昏睡し、忘我状態にあるシュルレアリスムの夢」から「色狂い」の仲間たちを目覚めさせたネズヴァルに敬意を表し、「夜の詩人は、チェコスロヴァキア文化を微塵も損なうことはないだろう。マエストロ、心からの最大の謝意を！」と述べた。[92] ユリウス・フチークもまた、異なる理由からではあるが――いや、そうではなかったかもしれない――「ネズヴァルの爆発的な主導権」に感謝した。かれは『トヴォルバ』誌にこう書いている。「ネズヴァルの行為は、インテリゲンツィアにおける第五列〔「裏切り者、スパイ」の意味〕を殲滅する一助となるだろう」[93]。三月十四日、残ったメンバーはふたたび集い、ネズヴァルにはグループを解散させる権利などないと否定しつつ、自称・創設者兼リーダーなしで活動を継続することで意見の一致を見る。議事録には継続メンバーとして、タイゲ、シュティルスキー、トワイヤン、ビーブル、ブロウク、ホンズル、イェジェクの名が記され、協力者としてヤーコブソン、ヤン・ムカジョフスキー、ラツォ・ノヴォメスキー、ザーヴィシュ・カランドラ、フランチシェク・ハラス、インジフ・ホジェイシー、E・F・ブリアン、ヴィンツェンツ・クラマーシュの名を挙げている。[94] インジフ・ハイスレルは同年の春頃にグループに参加した。ネズヴァルは少数派のひとりとなったことに気づく。かれはパリのシュルレアリストたちに支援を求めるが、ブルトンは多数派の側につく。[95] 二か月後、タイゲは『流れに抗うシュルレアリスム』を刊行する。副題には

「シュルレアリスト・グループは、ヴィーチェスラフ・ネズヴァル、J・フチーク、クルト・コンラット、St・K・ノイマン、J・リバーク、L・シュトルその他の人びとに答える」とあるように――かれらはチェコスロヴァキア共産党の文人であった――『シュルレアリストが正しかったとき』のチェコ版である。そして事態は一巡する。ネズヴァルが望んでいたとおりではなかったにせよ、カルーセル橋での出会いは正夢となった。だが、これは、古いヨーロッパの魔法の首都プラハである。ここでは、ありとあらゆるものが、他のありとあらゆるものに変化していく。

この一連の出来事を振り返って、タイゲを白い騎士、ネズヴァルを裏切り者の悪党と見なすことは簡単であるが、当時の状況はそれほど単純ではなかった。社会主義リアリズムに対するタイゲの嫌悪感の大部分は、一九二二年に「凡庸なキッチュ、不快かつ感傷的」としてアロイス・イラーセク、K・V・ライス、スヴァトプルク・チェフをはじめとする著名なチェコ人作家たちを切り捨てたモダニズム美学のスノビズムに根ざしたものだった。『流れに抗うシュルレアリスム』の中の、「政治的な旗印の違いを越えて、社会主義リアリズム、ポピュリズム、ルーラリズム、ナチのリアリズムを相互に結びつける美学上の親縁性」という主張を耳にしていたら、若きクレメント・グリーンバーグは誇らしく思ったことだろう。[96]モスクワ裁判に対するタイゲの倫理的な嫌悪感を軽んじているわけではない。逆に、多くの評者は「一九三八年までに、ネズヴァルは［…］チェコ・ナショナリズムの声[97]」となったと、その理由や経緯を説明しようともせず、満足してきた。先に引用したカレル・チャペックの死を追悼する詩（あるいは『プラハの散策者』の大部分）といったネズヴァルの作品のある一部は、たしかに愛国的な色調を帯びている。『流れに抗うシュルレアリスム』において、「大統領‐解放者の死の数時間後に印刷されたことから、明らかに存命中に執筆されたと思われる三篇の悲しいソネット[98]」は晒し台にさらされている。だが、これは一九三〇年代後半の状況において、それほど奇妙で、それほど非難されるべきことだろうか。ミレナ・イェセンスカーが『プシートムノスト』の読者に対して述べたように、ある民族の存亡がかかっているとき、民族主義者になる必要はない。ネズヴァルはそれに先立つ十年にわたって、政治的アンガージュマンの自己検閲の要求に対し、芸術家の想像力の自立性を擁護するために誰よりも多くのことをなしていた。だが、ミュンヘン会談の前夜である一九三八年までに、それよりも優先すべき喫緊の課題があると判断するにいたる。かれは「放棄の選択」をしたうえで、ソ連をめぐっていかなる疑念を抱こうとも、その後は党の方針に従順に従うようになる。

一九三八年七月、文化擁護国際作家会議の代表団としてネズヴァルがふたたびパリを訪問した際、三年前にパリ東駅で、瞳で奇跡の星座を形づくった友人たちを訪れはしなかった。代わりに会ったのはトリスタン・ツァラとルイ・アラゴンであり、そして同じくシュルレアリスムという船から下りようとしていたポール・エリュアールであった[99]。この事例において、プラハでの出来事はパリで起こることを先取りしていた。「アラゴン事件」は現実離れした再演を行なったが、今度は主役が入れ替わっていた。エリュアールとブルトンは、過去において異なる点はあったが（特に一九三四年の「ナチのファシズムを賛美する傾向のある反革命的行為」をめぐるシュルレアリストたちによるサルバドール・ダリの「裁判」など）[100]、一九二九年のグループの粛清を経ても、エリュアールはブルトンの忠実な補佐役であり続けた。アラゴンが離反してフランス共産党に近づいた際、ブルトンの激高した態度はすでに見たとおりである。だが、世界が深淵に沈んでいくにつれ、かれもまた旧友と次第に仲違いするようになる。うんざりするかもしれないが、ここでもまた問題は「放棄の選択」である。一九三七年二月、エリュアールはガラに宛てて、ブルトンは「モスクワ裁判の物語に深く関与している。ぼくはそうではない」[101]と書いている。翌年、ブルトンがメキシコでレフ・トロツキーとともに宣言をしたためているころ、エリュアールはルイ・アラゴンが編集するフランス共産党の機関誌『コミューヌ』に、「昨日の勝者は敗北する」と題した詩を発表する。これによってブルトンの堪忍袋の緒が切れた。六月十四日、ブルトンはエリュアールに宛てて、「言うまでもないが、あの犬野郎どもの機関誌［…］の中に君の詩を見つけるのが私にとってどんなにつらいことか。君が政治的に私と完全には一致しないとしても、真実の偽造といういいいいい悪しき試みに手を貸すとはとても信じがたいということを付け加えさせてくれ」[102]。ブルトンはエリュアールに注意を促しただけかもしれない。だがそうではなかった。海の水すべてをもってしても、もはや知的血痕を洗いおとすことはできなかった。

九月一日、二人は会うものの、意見の相違を解決することは不可能だった。二十年かけて結んできた関係を、二人はそれから数週間かけて解くことになる。十月十日の手紙（アンドレからポールへ）、十月十二日の手紙（ポールからアンドレへ）を通じて、互いに借りた本の返却を整理して行なっている。エリュアールはその最後の手紙の結びで、「我々の共通理解を最後まで証明するものであった『ミノトール』の編集部から私の名前を削除する」ようブルトンに依頼する。そしてこのように付け加えた。「諸々のことにかかわらず、君がどういう人間であったか、君が私に何を残したかを忘れることはないと信じてほしい」[103]。ブルトンは傲慢な態度でこう応じている。「我々の関係を脅かす悪魔の呪いを祓い、我々の間に生じつつある深刻な相違を最小限にすべく、私はこの数か月、全力を尽くしてきた」。だが、友情にも限界があった。

この流れをもはや止めることはできないと確信したとき、私と君が別れるか、それとも、ファシズムとともにこの時代の主たる恥辱をなすものに対する私の考えを表明するのを断念すべきかというジレンマに直面したとき、私は甘んじて我々の別れを受け入れることにした。［…］私にとってそれは、シュルレアリスム、まさに私の人生の意義をめぐる問題であったからだ[104]。

そのあとは容赦がなくなる。ブルトンは「エリュアールを［…］正式な、公然たる敵と見なす」よう要求し、シュルレアリスト仲間に対し、「ありとあらゆる手段を用いて、エリュアールの詩を妨害する」[105]ように訴える。嫌悪感を抱いたマックス・エルンストとマン・レイは、エリュアールに続いてグループを去る。

それから七十年後、ミラン・クンデラは「反感と友情」というテーマで短い考察を記している。ボヘミアに生まれ育った消えがたい影響に気づくのはあながち間違いではないだろう。かれはボフミル・フラバルの「心底から非-政治的［…］諸々のイデオロギーが猛威をふるっている世界を馬鹿にする」姿勢をめぐって、かつてあるチェコ人の友人と言い争った思い出から始める。クンデラは一九六八年秋にヴァレンヌ通りのルイ・アラゴンのアパルトマンで、二、三度、長々と話し込んだことを思い出す。その際、アラゴンは（その二年前に亡くなった）ブルトンとの友情について繰り返し口にしていたという。それから七年後、クンデラ自身もパリに亡命者として暮らすようになり、ヴィフレド・ラムのアトリエでエメ・セゼールを紹介される。クンデラが初めてセゼールの詩に触れたのは、戦後まもないプラハでのことだった。

若々しく、生き生きとし、魅力的だったエメ・セゼールは、わたしを質問攻めにした。まずいきなり、「クンデラ、あなたはネズヴァルを知っているか？」「もちろんです。でも、あなたはどうやって彼を知ったのですか？」いや、彼は知らなかった。しかし、アンドレ・ブルトンがよく彼のことを話してくれたのだという。わたしの先入観によれば、非妥協的な人間として知られていたブルトンは、ヴィーチェスラフ・ネズヴァルについては悪し様にしか言わないはずだった。ネズヴァルは数年まえに〈ほぼアラゴンと同じく〉〈党〉の声にしたがうことを選び、チェコのシュルレアリストのグループと別れていたからだ。ところが、一九四〇年のマルティニック滞在のあいだ、ブルトンは愛情をこめてネズヴァルのことを話していたと、セゼールは何度も繰りかえしわたしに言ったのである。そして、このことがわたしを感動させた。わたしはよく覚えているが、ネズヴァルもまた、いつも愛情をこめてブルトンのことを話していただけに、その感動もひとしおだった。[106]

旧友たちとのこうした諍いのさなかに、ブルトンが医師見習いとして召集されたことを記すのは決して筋違いというわけでもないだろう。[107] かれが徴兵されたのはミュンヘン危機であったのだから。

ディディエ・デロッシュ

ブルトンとジャクリーヌの関係は、オーブの誕生後、悪化の一途を辿っていく。人魚が「水の素晴らしいネグリジェ」[108]だけをまとい、しばしの間「狂気の愛」の思い出となっていただけに、それはいっそう痛切なものとなる。シュルレアリストたちのプラハ旅行から一年半しか経っていない一九三六年九月、「ジャクリーヌはブルトンのもとを離れた。おそらく永遠に」とエリュアールはガラに知らせているが、その時点では二人の恋人は折り合いをつけていた。[109]（ジャクリーヌをよく知っていた）メアリー・アン・カウズが述べているように、「愛がなくなったというわけではなかった。少なくともわたしにはそう見える。彼女はただアンドレ・ブルトン夫人にはなりたくなかっただけ」[110]かもしれない。オーブを連れて、ジャクリーヌは一九四二年、ついにブルトンのもとを去り、ニューヨークにいるアメリカ人彫刻家デイヴィッド・ヘアのもとに向かう。そこは、ブルトン一家がヴィシー政権下のフランスを逃れ、船でマルセイユから脱出して向かった場所でもあった。旅の道連れには、作家ヴィクトル・セルジュ、文化人類学者クロード・レヴィ=ストロースがいた。[111]ヘアは、『ミノトール』誌の大西洋の向こう側の後継者である『VVV』誌の編集者であり、その編集顧問にはブルトン、エルンスト、マルセル・デュシャンが名を連ねていた。デュシャンは〈シュルレアリスムの第一申請書〉展にも寄与し、巨大なクモの巣のように、内部の展示空間を一マイルの長さの糸で覆った。デュシャンによれば、これがアメリカのアヴァンギャルドが生まれた瞬間であったという。「そのことは、広く認められています。至るところで、ブルトンの影響が受け入れられました」[112]。〈第一申請書〉展は、ペギー・グッゲンハイムの〈今世紀の芸術〉画廊がオープンした一か月後に始まっている。両者は現代美術の首都がパリからニューヨークに移ったことの先触れとなり、その移動は、歴史が新世界の夢によりふさわしいやり方で書き直される条件を用意した。

チリ出身で、もうじき三人目の妻となる「悲しみに沈む寡婦」エリザ・クラーロを同伴し、ブルトンは自ら述べるように、喪失を乗り越えるべく、一九四四年にケベックのガスペジー半島の未開地に隠遁する。この地でかれは、『ナジャ』、『通底器』、『狂気の愛』とならぶ散文の傑作『秘法十七』[113]を執筆した。カナダの自然の美しさに心を奪われ、突然、「したたる血の大きなあとを点々とふやしていく老いたるヨーロッパの血でぬらぬらした心臓［…］ほんの一瞬前にはあんなに遠かった暗いヨーロッパ」[114]というヴィジョンを抱く。そして、「いまこの瞬間をできる限り楽しんでみても、私は魂の奥底に生ずる動揺を十分には乗りこえられない」と打ち明ける。

私のうちでは、私自身の立場がいままさにこのときにいっそう特権的なものであるということが、彼方であんなに数多い人々を恐怖や憎悪や殺戮や飢餓にさらしている運命の不公平さについての意識を、対比的にいっそう強くする。こうしたことを口に出すについても、何か美しい感情をみせびらかそうとしていると見られるのを恥じて、なかなかあえて言う気になれないほど、時代の過酷さははなはだしいのである。戦争の倫理がもつ最大の力の一つは、実際にこうした感情を人々を柔弱にするものとして閉めだしていって、まんまといかがわしいもの、いずれにせよはなはだしく場ちがいなものにしてしまうというところに発揮される。そこから生ずる精神状態は連合軍がパリの市内に迫ったと伝えられる日には、それまでにもまさる弁護を提供するにちがいない。[115]

ブルトンは正しかった。振り返ってみると、『秘法十七』は、とりわけ「凝集した宇宙を創り出す複雑な関係を知覚すること［…］そして実際、人間中心主義を脱し、惑星の連帯を求める必要性[116]」という点において、ブルトンの作品においてもっともポストモダン的なものに見える。だが、同書の平和的なメッセージは、時代の軋みとは絶望的なまでにちぐはぐである。愛、戦争、エリザ、自由、ペルセ岩の荘厳さ、フランス史の記述、メリュジーヌの伝説、そして「黒い神」オシリスなどをめぐる考察とともに、濃密な（そして、ところどころ疼くほど美しい）散文は、科学の合理性という境界を超越する手段としての魔術的思考の要求をふたたび表明する――その科学、その合理性とは、ヒロシマとナガサキの上空を覆うキノコ雲によって署名を残すことになるのと同じものである。近代戦争の経験によって、理性の限界に対する懐疑主義を強めた二〇世紀の思想家はブルトンだけではない。社会学者マックス・ウェーバーは神秘主義者でもなければシュルレアリストでもないことはたしかだが、一九一八年、ミュンヘン大学の学生たちに向かってはっきりとこう述べている。「それ［学問］は無意味な存在である、なぜならそれはわれわれにとってもっとも大切な問題、すなわちわれわれはなにをなすべきか、いかにわれわれは生きるべきか、にたいしてなにごとをも答えないからである」[117]。第一次世界大戦の捕虜収容所で『論理哲学論考』を頭の中で執筆したルートヴィヒ・ウィトゲンシュタインもまた、「たとえ可能な科学の問いがすべて答えられたとしても、生の問題は依然としてまったく手つかずのまま残されるだろう」[118]と確信している。

『秘法十七』のやや予想外のひとつの特徴――少なくとも、シュルレアリスムと女嫌いを同等に捉えることに慣れているひとにとって――は、その無条件なまでのフェミニズムである。もっとも、それは私たちが慣れ親しんでいる類のフェミニズムではない。ブルトンが戦後に抱いた贖罪のフェミニズムのヴィジョンは、同書のタイトルのもとになったイメージに具現化している。それはタロットの大アルカナの十七枚目のカードで、二つの壺から水を注ぐ裸の女性が描かれている。ひとつは水溜りに、もうひとつは乾いた大地に注ぎ、女性の頭上には星がひとつ輝いている。「星」、「天空の娘」、「水の間に棲む者」としても知られるこのカードの占い師にとっての予言的な意味には、希望、再生、霊感、保護といったものがある[119]。この機会に、詩人自身の言葉でたっぷりと語ってもらうことにする。というのも、これはその書き手にとっても、その時代にとっても注目すべき一節であるからだ。

この危機ははなはだ激しいので、私としても、それに対しただ一つの解決しか見出せない。それは、今日ずいぶん騒々しく実現しつつある男性の諸思想の代りに、女性の諸思想を高く評価する時代がいずれ来るだろうということである。この世の女性の体系から生ずるもののすべてを男性の体系に対し最大限に優越させること、ひとえに女性の能力に信頼をおくこと、ものごとの評価の仕方や意志の働き方という点からみて女性を男性から区別しているものすべてをほめたたえ、いやその上、それをくやしさのあまり自分のものにしたくなるまでに、身につけること、そうすることは、よしんば単にこの恥しらずな現状に対する抗議としてであっても、とくに芸術家の仕事である。実をいうと、私が芸術に与えることができたらいいのにと思っているこの方向は、新しいものではない。芸術は暗黙のうちにかなりの広がりをもって、この方向にしたがうようになってすでに久しく、近代を降るにつれてますますこの好みが明確になり、排他的になろうとするのがたしかめられる。レミ・ド・グールモンはランボーを相手に悪態をつくだけですむだろう。「少女気質」と彼は言ったものだ。こうしたたぐいの評価は、今日になってみれば、それを与えた方のうつわの程度を示している。それは一九世紀末における男性型の知性についての審判を予審するのに十分であろう。一方には、例の《生を変えること》に他ならぬ、大きな羽ばたき、今一方には本をかじる鼠のよだれ。これら二つの態度については、時間がそれをどう扱ったかを考えてみさえすればよいのだ。精神が、一方では、徐々に、そして確実に上へ上へと昇りつづけ、今一方では、エネルギーをたえず消耗していったのが、見てとれよう。してみれば、裁きはすでになされているのであって、私としては今後ますます早く片がつくことをねがうだけにする。芸術が、いわゆる女性の《非合理性》に、決然として優先権を認めんことを。うぬぼれて自分を確実なもの強固なものと思っているが、実は男性の非妥協性の刻印を受けているものすべてを、芸術が遠慮会釈なく敵とみなさんことを。男性の非妥協性が何をしでかし得るかは今日、国際的規模の人間関係の場で、十分に示されているではないか。今はもはや、はっきり言うが、この点についていろいろな軽率な思いつきや、多かれ少なかれ恥ずべき譲歩に固執すべきときではなく、逆に、芸術においては男性に反対し女性の味方をすると何のあいまいさを止めずに宣言すべきときであり、男性がこれまで存分に悪用して来たことが明白になった権力を、男性から取り上げて女性の手に返すべきときであり、女性がこの権力のうち自分の公正な持ち分をとりもどすまで、それももはや芸術のなかではなく生のなかでとりもどすまでは、男性のあらゆる要求をはねつけるべきときなのだ。[120]

ブルトンは直近の愛に毒されただけなのかもしれない、だが、「子供にして女であるものに、感受性の王権を返してやるのは誰であろうか?」とかれは訊ねる。「子供にして女であるもの(femme-enfant)」というブルトンの概念は、女性の幼児化と見なされ、多くの批判を招いてきたが、ブルトンがはるかに悪いものとして比較するのは、成長し、文明化した理性的な「男性」である。

ヴィーチェスラフ・ネズヴァル『アルファベット』の文字「Z」。ミルチャ・マイェロヴァーによる振付とカレル・タイゲのタイポグラフィー。マイェロヴァーのポーズは、最後の詩行「愛しい乙女は、エッフェル塔を登る！」を思い起こさせる。プラハ、オットー社刊、1926年。
Archive of Jindřich Toman. Courtsey of Olga Hilmerová, © Karel Teige – heirs c/o DILIA.

彼女自身もまだ知らない彼女の反応のプロセス、移り気という名のヴェールがこれほどまでに性急に投げかけられる彼女の意志のプロセスを、明らかにするのは誰であろうか？　それのできる者は、それに先立って、鏡の前にいる彼女を長い間観察しなければならなかったろうし、男性心理を相手どって訴訟中の女性心理をこれら双方を結局は和解させることを条件にして予審するためには、あらかじめ、男たちがこうまで貧しく誇りとしながら、こうまでみじめに欺されている理論形式を投げすてておかなければならないだろうとし、女性にとっては何の値打もない男性心理が全くエゴイスティックにきずきあげられて来た、その基礎をなしている、諸原則の白紙還元をすましておかなければならないだろう。私が、子供にして女であるものを選ぶのは、それを他の女性に対立させるためでなくて、いま一つの幻視プリズム、まったく異なった法則に従っていて、男性の専制にしてみればその法則の暴露を是が非でも妨げねばならないプリズムが、彼女のうちに、彼女のうちにだけ、絶対的な透明状態で宿っていると、私には思われるからである。[121]

ジャクリーヌであれば、ブルトンの理論と実践の間にある大きな隔たりを笑い飛ばしたかもしれないが、それはかれの議論を決するものではない。それればかりか、女性たちのために多くの時間を費やしながら、「いわゆる女性解放」にはほとんど時間を費やすことのなかったミレナ・イエセンスカーの遠い反響が聞こえる。ミレナの「おばあさん」は「子供にして女であるもの」ではなかったが、それはおそらく、「どんなによく組織された理論体系をも、身辺から一掃するが、それは、何物も、彼女を体系に従属させたり、含まれさせたりできたためしがないからである」。[122]

ポール・エリュアールはと言えば、より男性的な戦争を体験していた。ブルトンと他の多くの者が逃げていく一方で、かれはヨーロッパにとどまることを選び、自分の文学的才能をレジスタンスに捧げている。フランス北部の作家のための地下組織とともに働き、発行欄に「設立者――ドイツ軍に射殺されたジャック・ドゥクール」と記された地下新聞『レットル・フランセーズ』に頻繁に寄稿した。一九四二年に非合法的に刊行されたエリュアールの詩集『詩と真実』の冒頭を飾る詩「自由」は、英国空軍によってフランス全土に何千部も投下され、北アフリカでイタリア侵攻を準備する連合国軍の部隊にも読まれた。それは、ポールとニュッシュが隠棲することを余儀なくされた年でもあった。一九四三年十一月、二人はロゼールのサン＝タルバン＝シュル＝リマニョルの精神病院に避難する。ジャック・マタラッソが撮影した、病院の床で眠っているエリュアールの写真は、リー・ミラーの《ドイツ軍の歩哨、ダッハウ》に写る美少年を忘れがたいほどに予兆している。一九一七年二月のヴェルダンでの爆撃時にエリュアールとエルンストがそうであったように、二つの写真の被写体が戦った陣営は異なっていたが、身体の向き、腕の曲線、顔に当たった光はまさに同じである――ただ鏡に写ったように逆向きになっている。[123] もちろん、これは偶然以外の何物でもない。

E・L・T・メゼンスとローランド・ペンローズは、一九四四年にロンドンで『詩と真実』の英訳を（五百部限定で）刊行する。男性の体面を傷つけるあの偽善に満ちた煩わしい現実に挑むべく、誰もが服を脱ぎ、配偶者を交換したラム川でのホームパーティーをおそらく意識したのか、二人のシュルレアリストは、エリュアールの詩が戦争遂行に取り込まれていることに当惑していた。エリュアールが戦っているものが何であれ、少なくともそれは祖国ではないはずだった。メゼンスは、次のような指摘から序文を始めている。「ポール・エリュアールは［…］長年にわたって、アンドレ・ブルトンとともにシュルレアリスム運動の指導者のひとりだった」。そしてこう続ける。「近年、我が国の批評家たちはエリュアールの詩を『愛国的』と評している。だが、本書に収録された詩でそのように見なされうるものはほとんどない。その一方で、連合国の域内におけるフランスの民族主義的プロパガンダは、講演やラジオを通じてエリュアールの詩を引き合いに出し、そしてしばしば、クローデル、ジッド、ピエール・エマニュエル、アラゴンといった困惑させられるような仲間たちとともにかれの名を挙げている。ここで指摘しておきたいのは、こういった布教者たちに対してエリュアールが書いたのが次の詩行であるということである」。

詩の批評

当然ながら私はブルジョワの統治を忌み嫌い
警官と司祭の統治を忌み嫌う
だがそれにも増して忌み嫌うのが
私とは異なり、
あらゆる権力を忌み嫌わない者たち。
私のあらゆる詩よりも
「詩の批評」を好む
自然よりも小さな人間の顔に
私は唾を吐きかける。[124]

一九四四年八月二十五日、リー・ミラーが『ヴォーグ』誌の写真家として連合国軍とともにパリに入城したとき、彼女はすぐに旧友たちを探し出した。ピカソは以前のピカソのままで、「いつもどおりに、気取ることなく、寛大で、お喋り好きだった。彼は、自分のコーヒー、石鹸、タバコを私に分け与えてくれた──彼の手元にあったすべてのものを」。「泣いたり笑ったりしながら、尻を狭いところに押し込み、髪はぐしゃぐしゃのままで」、ミラーは「パリでの戦闘の日々の日付が入れられた」ピカソの新しい作品を見た。その戦闘は「絵画の狂騒へとピカソを駆り立て、彼は描き続けている間、声をかぎりに歌っていた」[125]それは忘れがたいイメージだった。彼女は、書店の奥の部屋で電話をかけているエリュアールの姿を見つける。「薄暗い小部屋に誰が入ってきたのか気づかず、静かにするよう手で合図をした。そのあと、私の軍服に気づき、少しこわばった。長い間『兵士』と向き合うことはなかったのだ」。ブラッサイによれば、エリュアールの手は昔よりもずっと震えていた。[126]ミラーはさらに続ける。「お互いほとんど何も言うことはなかった。どうやって見つけたのかといった馬鹿な質問も、くだらないお天気の話もなかった。［…］私たちはエリュアールのアパートに戻った。さっき、管理人がエリュアールのことも他の住人のことも知らないとうそぶいたアパートだ」。

　ニュッシュがいた。痩せて顔色の悪いニュッシュが微笑んでいた。一風変わったアルザスなまり、縮れた髪、美しい横顔のニュッシュだった。すっかりやつれていた。痩せ細って弱々しく、腕は骨と皮ばかりで、だぶだぶのスカートの下に骨盤が異様に突き出していた。ブラウスは病気と窮乏生活を隠しきれなかった。ただ、顔いっぱいの笑みとこぼれんばかりの大きな歯がそのままだった。


ニュッシュは戦争中、ピカソのためにモデルになった。ブラッサイは、一九四一年に描かれ、のちに「パリでもっとも荒廃した地区の一つ、貨物駅、倉庫、ガスタンク、石炭やコークスや、鉱滓の山のある地区」ラ・シャペルにあったエリュアール宅のマントルピースの上に飾られることになる肖像画についてこう述べている。

> 　ピカソはまるで恐怖を優雅のうちに休ませてやりたいとでもいうように、絵筆に可能なかぎりのやわらかさと繊細さをあたえて、この精霊のような被造物を描いた。ニュッシュの半身像、乙女のかよわいからだ、ほっそりした頸、ちぢれた髪の頭、長いまつげにふちどられた眼、こどもっぽい口、唇のかすかな微笑は、絵の上で、光りに息を吹きかけられていた。青味をおびた薄ネズ色の背景からぬけ出したエリュアールの伴侶は、そこに肉体をもたぬ形なき存在としてでもあるように見えた。[127]

まるでハンス・ベルメールの人形について語っているかのようである。

「みんな意味のないことばかりしゃべった」とミラーは続ける。「感情がたかぶっていたからでもあるし、現実があんまりだったからでもある」——

パリでもっとも美しいフラットの中で、かれらは文字どおり飢えていた。壁にはこの街でもっとも知られた絵画の数々が飾ってあった。ひと財産になる美術品だったが、食べるものも、タバコもなかった。半年の間に八回も転居を繰り返したのち、かれらはそこで野営していたのだ。家主は街の反対側にある事務所とともにかれらにこの部屋を貸したのだが、隣の建物が家宅捜索を受けていたため、ポールは今週になってもこの建物の軒下で生活していた。

ミラーは続ける。「モナコで偽名で刊行された詩集、それに、占領地区から船で運び込まれた非合法の雑誌や新聞からは理解することはできないだろう。我々みなが知っている医師の協力によって、六か月にわたって、治療不可能なまでに狂気の状態にあると公的な『精神病院』に登録されたポールとニュッシュから、どのような意味を引き出すことができるのか？」[128] リー・ミラーは、つねにシュルレアリストの眼を持っていた――そしてそれに伴い、あまりにも多くの意味づけに疑念を抱いていた。考えてみると、戦間期の彼女の写真が発表されうる媒体の中でも、おそらく『ヴォーグ』はもっともふさわしいものであり、「ブーヘンヴァルトの近づきがたい骨だけの遺体は［…］豪華なガウンをまとった美女が用意した美味しそうなレシピ本の紙のわずかな厚みによって隔てられていた」。リーとローランドの息子であるアントニー・ペンローズが述べるように、「シュルレアリスムの芸術家であることは、戦争のあらゆる不合理さに直面しても、自分の客観性を維持することを唯一可能にする訓練であるにちがいない」[129]。だが、戦争が終わると彼女の精神は蝕まれ、サセックスの農場で酒と鬱に悩まされる未知の深みに陥ってしまう。奇抜なレディ・ペンローズの慰藉のひとつは――ローランドは芸術への奉仕に対し、ナイトの称号を受けた――シュルレアリスム料理を作ることであり、そのカラフルな不協和音はマリネッティの未来派の料理本に比肩する。ロベール・デスノスであればこれを理解してくれたであろうが、かれは不幸にも戦争を生き延びることができなかった。

一九四五年三月十八日、エリュアールはガラに宛てて、「ぼくたちは幸いにしてゲシュタポから逃れることができた」と綴っている。それは、元妻に宛てた五年ぶりの手紙だった。「この五年間について何を話すべきなのかわからない。［…］正義と穏やかさに対するぼくの感覚は変わることはなかったので、ぼくは大変な思いをした。恐怖はつねにぼくたちの目の前にあった。［…］今となっては、笑い方すら忘れてしまったようだ」[130]。一九四六年十一月、ふたたび快方に向かいつつある中、スイスで手紙を書いているエリュアールは繰り返す。「以前のように笑うにはどうしたらいいか、ぼくには皆目わからない」。戦争がいかに多くのものをかれから奪ってしまったかを告げる、痛々しいまでの自白である。エリュアールがこの日、真面目な若者たちに、若い女性から目を離さず、物事の尽度にふさわしい場所で過大な期待をして卑猥な絵葉書を送っていたとは想像しがたい。かれはこう書き添えている。「でも、君に対しては笑みを浮かべることができる。愛しいガラ、遠く離れていても、この山の中でも、ぼくたちは互いをよく知っている」。かれは、ディディエ・デロッシュという偽名で「詩人としての人生を一から始める」という自分に課した「大変な課題」について元妻に打ち明けている。それはニュッシュにだけ明かしていた秘密だった。ポール・エリュアールはもはや有名人となり、本名のウジェーヌ・グランデルとしても必ずしも落ち着けることのない地位にあった。当人によれば、サイン欲しさに人びとが自分の詩集を買うのに飽き飽きしていたのだ。「デロッシュが初の詩集を刊行したら、クラヴァデルの療養所にいたときのように、すぐに君に送るよ」[131]。

その手紙には、エリュアールがすでに八年にもわたって言葉を交わしていなかったブルトンについてのニュースも含まれていた。シュルレアリスムの指導者は、一九四六年五月二十五日、フランスに帰還した。五十歳になっていた。ジャン・シュステルは次のように書いている。「アメリカから、かれは輝くものを数多く携えて帰還した。ガスペジー半島の瑪瑙、エリザ、ホピとズニの精霊、シャルル・フーリエ全集、のちに『狂気の愛』となるオーブ、太平洋岸北西部の仮面、クロード・レヴィ＝ストロース、ロベール・ルベル、ジョルジュ・デュテュイとの親交、アンティル諸島での魔術的滞在、エメ・セゼール、マグロワール・サン＝トード、イポリットとの出会い」[132]。時間の経過のみならず、戦間期の体験の大西洋規模の格差が、いまや二人の詩人を隔てていた。リー・ミラーがピカソのアトリエで一九四四年に撮影した写真は、変化した雰囲気を如実に捉えている。『シュルレアリスム簡約辞典』の集合写真、あるいはエルンストの《友人たちの集うところ》といった、以前の来たるべきシュルレアリストの死の予兆と比べてみるのも有益だろう。その写真に映る集団は、軍服姿のリー・ミラーとローランド・ペンローズ、パブロ・ピカソ、それにポール・エリュアールとニュッシュ、ルイ・アラゴンとエルザ・トリオレ。エリュアールはエルザの隣に座り、手をしっかりと握り合うさまは兄弟のような連帯を思わせるが、もはやエリュアールと一緒にいると、誰もが確信を持てなくなる。もはや笑みを浮かべる者はひとりもいない。[133] サドやロートレアモンとともに、かつて自分の思考を解放してくれた男に対して、エリュアールはもはや寛大ではなかった。ガラにはこのように警告を発している。「ブルトン氏は歴史的な姿勢に凝り固まってしまった。それはまさに亡命だ――つねに、どこにいても。かれの記憶を大目に見ないほうがいい。というのも、ダリを冒瀆する機会は決して見逃すことがないからだ。ブルトンが最悪の反動主義者たちによって支援されているのを見るのは、ぼくにとって、もはや痛々しいものでなくなっている」。そしてこう加えている。「ぼくはと言えば、完全に自分の党に奉仕している。党が求めるもので不快なことは何ひとつない。正反対だ。ぼくはその政治を全面的に承認している」[134]。一九四二年二月、エリュアールはフランス共産党にふたたび入党していた。

マン・レイは、一九四七年秋、新妻ジュリエット・ブラウナーとともにパリに帰還した。「街が痛手から立ち直ろうとしているのがあちこちで見られる以外は」、パリは表面上変わっていないとかれは見なす。二人はルーヴル美術館、「大聖堂のように見られようと、男根のような円錐形の教会が頂上にある薄汚れたモンマルトル」を訪れた。「わたしはジュリエットをエッフェル塔に連れていった。わたしが二〇年代にパリにいた間は一度も訪れたことがなかった」。マン・レイは語る。「シュルレアリスム運動の内でも外でも、かつての友人たちとの関係が著しく変化したのは火を見るよりも明らかだった。昔日の口論や軋轢は、関心がすっかり乖離して終わっていた」。アラゴンとエリュアールは、「彼らいわく、政治参加するようになった」。他の仲間たちも同様であり、ピカソがエリュアールの要請に従って一九四四年にフランス共産党に入党し、ルネ・マグリットもまたベルギー共産党に加盟していたことが、一九四五年九月、『赤旗』紙上で発表される。[135] それは、マン・レイが支持するアンガージュマンではなかった。かれはさらにこう続ける。

オタカル・ムルクヴィチカ、ヤロスラフ・サイフェルト『愛そのもの』の挿画。プラハ、ヴェチェルニツェ社、1923年

わたしはエリュアールといちばん親しかったし、詩人のなかでも彼が最も人間的で邪気がないとおもっていたから、ただちに彼と連絡をとった。占領中、わたしはカリフォルニアで、地下に潜行したレジスタンス運動の組織が発行し配布した小冊子類を受け取ったが、そこには彼が書いた、自由と愛をめぐる、魂を揺り動かす詩も載っていた。夫人のニュッシュが最近死んだが、このことが彼をむっつりした人間に変えてしまっていた。ときおり彼は無理やりに、昔のごとく快活そうに振る舞った。わたしたちは政治の話など決してしなかったが、それでも彼は代弁者たることは続けたい、それは彼には必要なことで、より良き世界のために働いているのだということをほのめかした。かわいそうにポールは無慈悲な陰謀の歯車の中に巻き込まれてしまっている、とおもった。邪気のない性格の人間だからこんなにもだまされてしまうのだった。[136]

マックス・エルンストもまた、解放されたヨーロッパにやはり新しい妻とともに帰還するまで、さらに二年の歳月を要した。「ドロテア［・タニング］とともに、今一度、パリを眺めてみた――いろいろな感情が入り混じる中――ナチの占領、挫折と混乱から痛々しいほどに立ち直ろうとしていたパリとその住民をゆっくりと眺めてみた」とかれは記している。「旧友に会えてうれしく思った」。その中にはジョルジュ・バタイユもいた。「そしてポール・エリュアールも、いくつか困難な点はあるにせよ（自由の詩人は、無慈悲な規律に囚われていた）[137]」。

一九四六年十一月二十八日、ニュッシュは脳出血で死去する。エリュアールがスイスからガラに、詩人としての人生を建て直す計画を手紙に書いてからわずか三日後のことだった。それはまさに青天の霹靂だった。「今朝だってまだ、本当に上機嫌だったのよ……電話で長いこと喋ったわ……お昼を一緒に食べる約束だったのよ」、ドラ・マールは取り乱しながらも、その日、あとでブラッサイに伝えている。「エリュアールはスイスにいるわ。電報を打っておいた……ニュッシュは彼のすべてだったのに……すべてよ……すべて……妻で、恋人で、秘書で、守護天使で……一年前に彼はこういったわ。『ニュッシュなしのぼくの人生なんて考えられない。彼女を失うなんて、考えることすらできない……彼女がいなかったら、ぼくはとてもやって行けないよ……』って。彼にとっては大変な打撃だわ……」[138]。「ぼくの痛みは減ったかもしれない。けれども、虚しさはいまやとてつもなく大きくなっている。ぼくの中で、ぼくの周りで」とエリュアールは数か月後にガラに書いている。「死、死の感覚が、ぼくの中であまりにも大きな場所を占めている」[139]。一年が経過してもなお、かれは元妻に乞うている。「ぼくの口ぶりを許してくれ。あまりにも大きな一撃を食らったんだ。ぼくの人生はからっぽだ」[140]。エリュアールは、ピカソが描いたニュッシュの肖像画をパリ市立近代美術館に寄贈した。

ディディエ・デロッシュは、一九四七年、『時は溢れる』と題した詩集でデビューを飾る。偽名が用いられているものの、著名な作者の素性をほとんど隠してはいない。ドラ・マールとマン・レイによるニュッシュの写真が図版に用いられていたからである。（少なくとも私の考えでは）これまで書かれたものの中でもっとも感動的な愛の詩であり、エリュアールにとっては詩篇「詩の否定」（当時の詩のひとつがそう題されている）以上にかれ自身の詩人としての人生の建て直しを特徴づけるものではなかった。アステリスクは、詩行の流れを有無を言わさず中断している。

＊

一九四六年十一月二十八日

＊

ぼくたちはいっしょに老いることはない
今日がその日だ
あまりにも――時は溢れる。

＊

ぼくの愛はあまりにも軽々と拷問の重さを受け入れる。[141]

＊

『時は溢れる』の数篇の詩は、ロジェ・カイヨワが関わっていた雑誌『リコルヌ（一角獣）』にまず掲載された。「ニュッシュが亡くなったとき、すでに雑誌は印刷に回されていた」とカイヨワは回想する。「［エリュアールは］自分の名前を削除し、ディディエ・デロッシュという偽名に差し替えてほしいと依頼してきた。これらの詩を収録した号の中で、ポール・エリュアールの名前は判読しがたい。喪の強い衝撃に覆われている」[142]。エリュアールがガラに宛てた最後のものとして知られる一九四八年二月二十一日付の手紙は、次の言葉で終わっている。「自分の故郷をふたたび去ることができるとは思えない。ニュッシュの不在。愛しいガロチカ〔ガラの愛称〕、ぜひ君にもう一度会いたい」[143]。

エリュアールが（かれ自身の言葉によれば）「生き返った」[144]のは、ジャクリーヌ・トリュタの「復活のキス」のおかげであり、詩集『記憶すべき肉体』（一九四八）の中でそのことを祝している。かれの新たな愛は、例によって詩と肉体を融合させた。エリュアールはこう綴っている。「そして時間の扉が、君の脚の間で開く／稲妻の唇に夏の夜の花が咲く／花が笑い、泣く風景の敷居で」[145]。翌年、エリュアールは『道徳の一授業』を刊行する。これは善と悪の詩的対話の体裁をとっているが、困惑させられることに、両者はそれぞれ相手に姿を変えていく。この詩集の終わり近くで、エリュアールは「悪の側」と「善の側」の入れ替わりという対立構造を完全にあきらめ、気ままに正反対なものを混交させる。序文の中で、詩人は不安な心境を打ち明ける。「『善』を『悪』にしたり、あるいは『悪』を『善』にしたりと、わたしは何度、詩の順序を入れ替えたことだろう。昼が夜に続くのか、夜が昼に続くのか［…］わたしの長所、わたしの失敗、わたしの楽観主義、わたしの無能さがもつれ合っている。わたしはただの人間にすぎない」。「十字路で、分岐点で」と詩人は続ける。「死体を目にした。彼女の亡骸、わたしの死。それを通じて生きることを学び、それをわたしの第一の原則にした。軽薄さとはおさらば。その後、お馴染みの声がわたしに口述させる——悲しみの後では、幸せが基本的な前提となり、悲観主義は悪徳となる」[146]。幸せは道徳的な要請となりうるのか。エリュアールはたしかに試みている。エリュアールの伝記作家レーモン・ジャンによれば、この頃かれは「『一人の人間の地平から、あらゆるものの地平へ』と移行すべく、一人の人間の愛を、人間の同胞愛という巨大な総体と置き換えることを選んだ」[147]。「わたしは無条件に幸せだったが、突然あらゆる希望を失った。早く死ぬということを除いて」と、エリュアールは一九四七年秋、娘セシルにそう説明している。「だからわたしを裁かないでくれ」[148]と。
一九五一年六月、エリュアールは三度目にして最後となる結婚をする。ジャンが示唆するように、それは政治と情熱から生まれた「成熟した」結合だった。メキシコで開かれた世界平和会議で、エリュアールとドミニクは出会う。[149]詩人なりに試みたようだが、ニュッシュの不在がかれの詩にいつまでも残り、つねに存在する不在は消え去ろうとはしない——

眼に見える死者よ　わたしの憔悴した肉体にとっては
飢えや渇きにもまして耐え難い不可視のニュッシュよ
大地のうえ　大地のしたの　雪の仮面よ
夜のなかの涙の泉　盲目の仮面よ
わたしの過去は溶解し　わたしは沈黙と入れ替わるのだ[150]

そうではないか、ヤン・フスよ?

それは単なる偶然かもしれないし、しかしまた一方でそうではないかもしれない。一九三八年十二月——ミュンヘン会談の三か月後、ドイツ軍のチェコスロヴァキア占領の三か月前——ボフスラフ・ブロウクは弟ヤロスラフと未来の義妹マリエに結婚祝いのプレゼントを作ってもらえないかとトワイヤンに依頼した。その結果生まれたのが、ペンとインクの彩色ドローイング二十一点を収めた手綴じのアルバム『二十一』である。[151]幾何学的な飛行編隊や、燃えさかる村から青空に立ち昇る煙の螺旋といった風景に人びとは次第に慣れつつあったものの、そのような不謹慎なことから目を逸らすほうがなおも好まれた時代における、ある種の結婚生活の手引きだった。このアルバムには、『エロティック・レヴュー』で私たちが遭遇した夢見る少女が冒頭に登場する。花嫁のヴェールをつけた少女は、胴体の見えない、少女と同じくらいの大きさのペニスの前でお辞儀をしている。少女はペニスを、ヴェールをつけたまま優しく口に含む。――他にも、裸の胸の間にペニスを挟む娘。――バレリーナのチュチュ姿でペニスの上で踊ってもいる。優雅な爪でその先端を撫でる者。それをさすりながら、自慰する娘もいる。ペニスを枕にして、からみつくように寝ている娘もいる。ペニスが萎えると、顔を背け、目隠しをする少女。ペニスはチェスの駒になって増殖し、少女はチェス盤の上で裸になって寝そべり、けだるそうにそれを操る。彼女が自慰をする隣で、ペニスは鳥かごの鉄格子の間から頭を突き出す。人形遣いの手にぶら下がって、揺れ動くペニスの上に少女がまたがっている。そして最後に、上品に手袋をはめた彼女の両手の間で休み、その上でぐにゃりとして少し滴ると、すべての情熱が使い果たされる。花嫁がいたるところにある男根に飽きてしまわないように、同性愛的な気晴らしも用意されている。双頭の張り形が、迎え入れるような陰門の横に置いてある。女性の唇が、一組のトランプのハートのキングに取って代わった女性の乳首を愛撫する。解剖学の授業のように、向かい合って吊るされた二つのパネルは、同じイメージを映し出している。一枚目ではペニスがヴァギナの上を舞い、二枚目ではヴァギナがそれ自身の鏡像に覆いかぶさっているところだけが違う。その隣には魔術的な数字「69」が記されている。[152]

『二十一』は、深淵のきわにおける人類の稀有な瞬間であった。その露骨なまでの生きる歓びは、当時の屍姦症的な卑猥さとは強烈なほど対照的である。それは、ヴィノフラツカー通りのさまよえるユダヤ人から、ミュンヘン会談の解剖台の上で丁寧に畳まれたネヴィル・チェンバレンの傘にいたるまで多種多様な形をとっていた。トワイヤンの連作《射撃場》(一九四〇)、《隠れよ、戦争!》(一九四四)は、まったく異なる雰囲気を湛えている。いずれも単一の意味に還元できないもので、これはジョン・ハートフィールドの白か黒かの世界ではない。カレル・タイゲが示したように、「謎が目を光らせており、魔術的な魅力に手を触れさせないようにしている」。《射撃場》では、すべてが戦争による荒廃を示唆しているが、「有刺鉄線の杭というモチーフだけはテロルと虐殺の日々を想起させる」。これらのドローイングには幼少期のオブジェが置かれていて、精密なリアリズムによって描写されている。「がらくたや遊具からなるこの奇妙な静物」は「当代の《戦争の惨禍》」であるとタイゲは結論づける。

芝生のうえに子供がつくっていたものの、廃墟となった建物、爆撃された町の廃墟、遊んでいて殺された子供たち――撃墜された飛行機のように地面に横たわる、ずたずたにされた鳥の胴体――壊れた人形――画面の地平線をめざす小学生の女の子――パリが陥落し、古びた椅子の近くで、地面に散らかっている葬儀用の花――小さな人形劇場には切断されぐったりとした指が一本吊るされ、舞台上には、切断され、無残な姿の魚が市場の露店のように首から吊るされている。値段の書いてある値札は、歴史という屠殺場でも商いをし、儲けることができることを示唆している。もうひとつの劇場の幕はまだ下ろされたままで、どういう演目がこれから上演されるのか知ることはない……。朽ちていき、半ば腐食しているこれらの事物はすべて、多方面にわたる意味を多く孕んでいる。子供の楽園の遊具は現実の歴史の悲劇の舞台を作り、わたしたちが驚愕する対象となっている。幼少期の時代、人類の失楽園、それは、時代の野蛮な怒りのなかで座礁している。縁日の的を狙う遊戯の射撃は、世界的なカタストロフィの血にまみれた恐怖へと一変していく。[153]

戦時中にトワイヤンが描いたドローイングは、一九四五年、トピッチ・サロンで初めて展示され、『射撃場』として翌年プラハで刊行されている。そのころ、優雅なマンカはプラハを永遠に去る準備をしていた。すでに七十代になっていたS・K・ノイマンが『トヴォルバ』誌を編集していたという事実は、トワイヤンに留まり続けたいと思わせるだけの理由を与えられなかった。戦争中の大半、自身のアパートに匿っていたインジフ・ハイスレルとともに――ユダヤ人のハイスレルは移送命令を受けながらも身を隠していたため、彼女自身も相当の危険を冒していた――一九四七年三月、トワイヤンはパリに向けて出発した。〈チェコスロヴァキアのシュルレアリスト・グループ〉は、かれらの旅立ちによって解散にいたる。

「多方面にわたる意味を多く孕んでいる」という一節は、タイゲ自身が一九三五年以来取り組んできた注目すべき一連のコラージュ作品にもそのまま当てはめることができるだろう。デヴィエトスィルの指導者は、一九二〇年代にも絵画詩を制作し、『アルファベット』の「タイポーフォトモンタージュ」はもちろん、自身の多くの書籍の装丁にフォトモンタージュを用いていたが、これら後年のコラージュは新しい出発を意味していた。印刷された文字を単に説明する従属関係から解放されたコラージュは、いまやオブジェそのものとなっただけではなかった。それは多くの知識人にとって、きわめて私的なプロジェクトだった。タイゲはこれらを決して展示したり発表したりすることはなく、親しい友人に見せたり（あるいは贈ったり）しただけだった。このようなコラージュの存在こそが、アンドレ・ブルトンがプラハ市立図書館で行なった講演でまさに予知したかのように警告した、個人的なものと政治的なものの折り合いをつけることがますます不可能になっていくことについての証言であるという結論を導き出したくなる気持ちに駆られる。タイゲは一九三五年から五一年に亡くなるまで、四百点近いコラージュを制作しているが[154]、これは、マックス・エルンスト、ハンナ・ヘーヒ、ジュゼップ・レナウといったこのジャンルの巨人たちに匹敵する作品数である。これらのイメージには、ジョン・ハートフィールドを想起させるものはほとんどない。教訓めいたものでも、寓話的なものでもなく、純粋な想像力による自由な表現そのものである。だが、その雰囲気は陰鬱で不穏で、からかうようであったりメランコリックであったりするが、何度も繰り返し用いられるモチーフは女性の裸体であり、しばしば切り開かれていたり繋ぎ合わされたりしている。

女性の身体（あるいはその一部）は、野原、丘、山の真ん中ではしゃぎ回り、海岸で遊び戯れ、モスクワの地下鉄で踊ったり、構成主義的な空間に浮かんだりしている。聖ミクラーシュ教会のドームから逆さまに吊るされた国民劇場の舞台を占拠したり、バランドフ・テラスの飛び込み台から手招きしたりしている。ヴォイチェフ・ラホダによれば、《コラージュ 三四〇番》（一九四八）は、ミロスラフ・ハークの一九四七年の写真《プラハの郊外》のひとつの修正案であり、女性の脚の一部が「PRAHA」という標識を支えていて、「プラハに入る［…］性的オブジェに入るための囮（おとり）」[155]に転じている。アンジェロ・マリーア・リペッリーノであれば賛同するかもしれないが、私はそのイメージをよりわびしいものと捉えている。「［女性の身体の］部分の侵害、切断、破壊、再編成」というタイゲの動機をめぐる批評家の意見はさまざまで、ラホダはこのやり方によって「奇妙で、およそマゾヒスティックな性的特性[156]」がコラージュに付与されていると考える。だが私には、頭脳明晰で知的で沈着冷静なタイゲがなぜ、人生のこの時期にこのような視覚言語を用いて、このような芸術的プロジェクトに取り組む決意をしたのかという点がより興味深い問題である。それは、一九二〇年代のタイゲの思想におけるライトモチーフであり続けた構成主義とは奇妙な呼応を見せ、そのバランスをとるはずの快活なポエティスムとは縁遠いものになっている。かれのイメージはときにマックス・エルンストを想起させるかと思うと、ハンナ・ヘーヒを想起させ、ときにジョルジュ・ユニェを想起させるかと思うと、ルネ・マグリットを想起させる[157]。だが、モダンな世界の裏側で孤独に実験していたもうひとりの人物と奇妙な結びつきがあるかもしれない。一九五三年、東京で行なわれた日本のコラージュ作家、岡上淑子の初の個展の招待状はこう始まっている。「明けましておめでとうございます。岡上さんは画家ではありません、若いお嬢さんです。独りでこつこつグラフ雑誌を切抜きコラージュ（貼合せ）して夢そのものを描きました。不思議な国のアリスの現代版がこのアルバムになりました。どうぞご覧ください[158]」。当時、岡上がタイゲのコラージュを知っていたとは考えられないが、両者は不気味な類似を見せている。

　トワイヤンとハイスレルは、一九四七年七月七日、パリのマーグ画廊で始まった戦後初の国際的なシュルレアリスム展の出品者に名を連ねた。アンドレ・ブルトンとマルセル・デュシャンが企画した〈一九四七年のシュルレアリスム〉展は、二十七か国から八十六名の芸術家を取り上げ、ブルトンが苦心しながら指摘しているように、「その多くは、昨日はまだ互いに対立関係にあった[159]」。アルチンボルド、ブレイク、アンリ・ルソー、ヒエロニムス・ボスといった画家たちの幾人かは、「本人の意志にかかわらずシュルレアリスト」であったという点にもとづいて出品者に含まれているが、戦前のたくさんのシュルレアリストたちもまた、この運動の数多くの新メンバーとともにふたたび姿を見せている。後者には、アメリカ合衆国、カナダ、敗戦国となった日本、ならびにまもなく「第三世界」として再編されるアルゼンチン、ブラジル、チリ、キューバ、ハイチ、メキシコ、エジプトといった多様な地域の芸術家がいた。[160] 一九三八年の〈シュルレアリスム国際展〉でお馴染みの何人か、特にダリ、ピカソ、そして最近除名されたばかりのルネ・マグリットの名前はなかった。ブルトンの怒りを買ったのは、マグリットが共産党に入党したことではなく、「陽の光に満ちたシュルレアリスム」を書いたことにあった。一九四六年十月に発表されたその宣言の中で、マグリットは「我々の精神宇宙」を太陽の光で照らすよう、シュルレアリストたちに促した。「魅力を創り出すためには、この凡庸で陰鬱なハビトゥスに対立する力強い手段が必要である」[161] とマグリットは論じている。

なかには、マグリットによるバラ色がかった新しいパレットからオーギュスト・ルノワールを想起する者もいた。だが、それはブルトンに関するかぎり、ミラン・クンデラの『存在の耐えられない軽さ』に出てくるテレザに絶えずつけ込もうとする対照的な女性サビナが嫌悪したキッチュに、危険なほど近づきつつあった。サビナは、陽の光を浴びて歩くふりをするよりも、むしろ夜の中を歩くことを好むもうひとりの人物であった。クンデラはこう説明する。「ソビエト的キッチュの世界が現実になりうるかもしれず、自分がその世界で生きざるをえなくなるかもしれないと考えると鳥肌が立った。たとえいろんな迫害があったり、肉屋のまえで長い行列をしなければならないのだとしても、彼女はただの一瞬もためらわず、現実の共産主義体制での生活のほうを好んだことだろう。[…] 実現された理想の共産主義体制、すなわちただの一言たりとも言葉を交わせそうもない、にたにた笑っている馬鹿者たちの世界では、一週間もすれば恐怖のあまり死んでしまうことだろう」。彼女にはおそらく『フォレスト・ガンプ』を見るような暇もなかっただろう。サビナは決していい娘ではなかった。「私はこの小説の第三部で」とクンデラは続ける。

きちんと服をまとっているトマーシュのかたわらで、半裸のサビナが頭に山高帽を載せて立っている情景を描きだした。しかし、私が伏せておいたことがひとつある。じつはふたりが鏡に映った相手をじっと見つめ、彼女はその状況の滑稽さに興奮する自分を感じながらも、やがてトマーシュが自分をトイレの便座にすわらせ、彼の見ているまえで自分が腸を空っぽにする様を想像していたのである。すると心臓がどきどき鳴りだし、考えが曇ってきて、彼女はトマーシュを絨毯のうえに押し倒した。その直後、彼女は快楽の呻き声を立てていた。

トワイヤン『射撃場』の図版、1940年。プラハ芸術工芸博物館蔵。© ADAGP, Paris & JASPAR, Tokyo, 2018 G1248

思考の流れを追いかけながら、クンデラは数ページ後でこう示唆している。「この観点からすれば、強制収容所と呼ばれるものは、全体主義的キッチュがその汚物を投げ捨てる浄化槽のようなものと見なされてよい」[162]。崇高さと下劣さが、相変わらず不思議なほどに絡み合っている。

空虚な陽光は、〈一九四七年のシュルレアリスム〉展での最後の展示物だった。マーグ画廊での展示は、エロティックなものより神話的なものに力点が置かれていたとはいえ、一九三八年の〈シュルレアリスム国際展〉の暗くしたホールを想起させた。戦時中、亡命している間にブルトンは、世界は新たな神話を切に求めていると確信するようになる。当人が記しているように、同展の目的は、「そういった神話がどのようなものであるかを概略として示すスケッチにすぎなかった――本物のショーの前の、一種の精神的な『客寄せの芝居』[163]」。シュルレアリスト通りのマネキンたちの列の間をくぐり抜ける代わりに、観客は「一連の試練に直面する」[164]ことが求められた。「イニシエーションの連続段階」は、本の背に見えるように塗られた二十一段の階段から始まる。それは「タロットの二十一の大アルカナの意味に対応し」、「迷信の部屋」を経由して、「異教徒の祭壇」を含む十二の八角堂であふれた部屋に繋がっている。[165] ハイスレルは祭壇のひとつをデザインし、トワイヤンも別の祭壇を手がけている。同展には四万人の来場者――とりわけ多くの若者――が訪れ、メディアの大きな注目を集めたにもかかわらず、当時の知識人の嗜好にはそぐわなかったようである。ルイ・アラゴンが編集長を務めていた『レットル・フランセーズ』紙は、「使い古されたものの焼き直し」[166] と片づけ一顧だにせず、左岸の新たな花形となったジャン＝ポール・サルトルは、シュルレアリスムについて、「チャールストンやヨーヨーといった、もうひとつの大戦後に流行ったひとつの現象」[167] と切り捨てている。今回、ジョルジュ・バタイユは批判の合唱には加わらずにいた。かれは一九四六年七月、『秘法十七』の書評で、「今日、誰がシュルレアリスムの燦然たる力を否定することができるだろうか」と疑問を呈している。[168] 内部からの古い敵は、〈一九四七年のシュルレアリスム〉展の図録に「神話の不在」という文章を寄せている。バタイユはこう警鐘を鳴らす。「『夜もまた太陽である』。そして神話の不在もまた神話である。最も冷たい、最も純粋な、唯一真なる神話である」。[169] ハンス・ベルメール、バンジャマン・ペレ、インジフ・ハイスレル、エメ・セゼールも同展の図録に寄稿しているが、今日、より記憶されているのはエンリコ・ドナーティとマルセル・デュシャンによる表紙、そしてラテックスやビロードの布、「お触りください」というラベルが張られた口紅で作られた女性の胸の複製であろう。

ブルトン流のシュルレアリスムは当時の切迫した状況に対応しきれていないと見なしたのは、実存主義者、それにアラゴンやエリュアールといった共産主義者に転向した元シュルレアリストたちだけではなかった。マーグ画廊のドアの外では、〈革命的シュルレアリスト〉を自称するベルギーに拠点を置く新たに設立されたグループがクリスチャン・ドートルモンの小冊子『結審済み』を配布しており、その文章は「シュルレアリスムはもはや存在しないものとなるだろう」という断言で結ばれていた。[170] ドートルモンとノエル・アルノーは、表紙に「五十フランでお触りください」と書かれた『九四七年のシュルレアリスム』と題した図録の「パタログ」を作る。[171] かれらにも一理あった。というのも、デュシャン作の触ることのできる胸のついた図録は、通し番号入りで九九九点のみが作られ（今日、四千ドル以上の値で売買されている）、一般大衆は白黒写真の複製で満足しなければならなかったからである。[172]〈革命的シュルレアリスト〉には〈グループRa〉も属していた。プラハとブルノに拠点を置く作家〈ルドヴィーク・クンデラ、ズデニェク・ロレンツ〉、画家〈ヨゼフ・イストレル、ボフダン・ラツィナ、ヴァーツラフ・チカル、ヴァーツラフ・ジクムント〉、写真家〈ミロシュ・コレチェク、ヴィレーム・ライフマン〉からなるこのグループは、戦時中も非合法に活動を続けていた。「『正統派』シュルレアリスム〈すなわち、戦前のシュルレアリスム〉との我々の関係は、より批判的である。それは自明のことである。保護領下の文化隔離という恐ろしい年月、国外の前衛芸術からの完全なる遮断が、このような状態をもたらしたのだ」。さらにかれらはこう続ける。「解散したプラハの〈チェコスロヴァキアのシュルレアリスト・グループ〉のうち、三人の主要メンバーが残っている。K・タイゲ、トワイヤン、J・ハイスレル。言うまでもないが、我々はかれらを自分たちと同一視することはない[173]」。〈グループRa〉も〈一九四七年のシュルレアリスム〉展に参加するよう招待を受けたが、「古いオイディプスの壁」が立ちはだかり、かれらは拒否している[174]。ロレンツとイストレルは、一九四八年十月、ブリュッセルで聞かれた革命的シュルレアリスト国際会議に出席する。この会議は、「国家レベルでは［…］共産党を唯一の革命的勢力」と見なし、「多かれ少なかれアンドレ・ブルトンと同一視されるシュルレアリスムを非難」し続ける旨の「国際宣言」を採択する[175]。ノエル・アルノーは、演説の中でルイ・アラゴンの「重要な記事［…］『シュルレアリスムと革命の未来』」を満足げに引用し、「ブルトンの似非シュルレアリスム」を「謎めいて不可解なもの」として糾弾した[176]。

　おそらくもっとも息の長い攻撃を加えたのは、ロジェ・ヴァイヤンの小冊子『革命に抗するシュルレアリスム』だろう。かつて〈大いなる賭け〉に属し、すでに党員証に署名していたヴァイヤンは、シュルレアリスムを「プチブルからなる、そしてプチブルだけからなるインテリの反動」、「社会の軋轢の周縁に生きる」社会集団と特徴づける。一九二五年から三〇年にかけての「黄金時代」において、シュルレアリスムは「『作品』よりもはるかに多くのスキャンダルの体系的な実践を示してきた。［…］シュルレアリスムの活動は、本質的には普遍的な笑いの種を披露することで成立していた。［…］子供が〈自分がなりたいと思う〉英雄の仕事、船乗りやパイロットや機関士の争いに心を惹かれるように、シュルレアリストは、共産党の争いに心惹かれたのである」。だが、「戦争と職業は［…］ストライキに参加しない労働者はスト破りと見なされる状況へと、すべてのフランス人を駆り立てた。［…］周辺部は徐々に消失した」。「嘲笑された時代にも、当初の抵抗の根底にあった誠実さを保ち続けた」シュルレアリストたちは抵抗運動に加わった。それに反して、ブルトンは「戦時下のもっとも劇的な年月をアメリカ合衆国で過ごした。［…］ピカソ、ツァラ、エリュアール、アラゴン、言うまでもなく他のさらに無名の多くの人びとが共産党に入党した」一方、「ラジオの話し手（スピーカー）［この語は英語で書かれている］は、占領下のフランスから何千キロも離れたところで、社会から離れて暮らすことができた」。「ホピ族の人形も、超現実の鍵も、もはや原子力が征服した世界においては何の有効性も持たない」とヴァイヤンは鼻で笑う。「今日、笑いの種となるのは、『シュルレアリスム革命』誌のみならず、『革命に奉仕するシュルレアリスム』誌もまたそうである。革命はシュルレアリスムなど必要としていない、必要とするのは、石炭、鉄、そして疑う余地もなく原子力であり、とりわけ、この強力なエネルギーこそ、この時代の深遠さに応える科学者を偉大にし、指導者を明晰にし、思想家を英雄にする」。私たちは、『秘法十七』のフェミニズムからこれ以上ないほど遠いところにいる。ついでに言えば、カレル・タイゲのコラージュの夢の世界からも。

　ヴァイヤンは辛辣にこう付け加える。昨日の「原理主義の」シュルレアリストたちは、今日では「いたるところに」見いだしうる。「人民共和国の大使となったリスティッチ、将軍となったもうひとりのユーゴスラヴィアの詩人、省幹部のホフマイステル、そして多くの共産党の闘士」[177]。当時ヴァーツラフ・コペツキーの情報省で（省幹部ではなく）働いていたアドルフ・ホフマイステルが戦時下の大半をアメリカ合衆国で過ごしていたことについては、ヴァイヤンはいっさい言及していない。「勝利の二月」事件以後、デヴィエトスィルの諷刺画家は在パリのチェコスロヴァキア大使に就任する。十八歳でセーヌ川を初めて見て以来、ホフマイステルは光の都を愛し、その職に就けるよう積極的に働きかけている。「私はパリにふさわしいように思います」と、コペツキーとヴラジミール・クレメンティスに書き送っている。後者は、当時まだ外務副大臣だった——外務大臣ヤン・マサリクが亡くなるのはそれからわずか一週間後のことである。「私はフランス語を話し、同時代のフランス文化に精通し、指導的立場にあるフランスの政治家たちとも個人的に知り合いです。文化人も、マスコミの担当者も個人的に知り合いです。合計すると、私はフランスに少なくとも五年は住んでいることになります」[178]。ヴァイヤンの痛烈な非難を読んでいると、かれは〈大いなる賭け〉時代の自分のやわな青春をどの程度償おうとしているのかと疑問が生じるかもしれない[179]。労働者階級が男性性を表象していると考えたプチブル知識人はホフマイステルだけではない。ジョン・ハートフィールドやジョージ・グロスによるオスカー・ココシュカへの攻撃が一九二〇年のベルリンという似ていなくもない状況で起こったように、ホフマイステルへの一斉攻撃がなぜすぐさまなされたかを理解するのは難しいことではない。選択肢がどれもあまりにも明白に思えてしまう、そんな危険な一時であったのだ。

一九四七年十一月四日、プラハのナーロドニー大通りのトピッチ・サロンで始まった〈一九四七年のシュルレアリスム〉展の縮小版は、〈国際シュルレアリスム展〉というタイトルのもと、一か月にわたって開催された。同展はパリのオリジナルの展示の二番煎じでしかなかった。一連の祭壇もなければ、出品者もマーグ画廊の四分の一にも満たない二十名の芸術家だけである。その中には、ハンス・ベルメール、ヴィクトル・ブローネル、マックス・エルンスト、ヴィフレド・ラム、ジョアン・ミロ、イヴ・タンギー、そしてトワイヤンがいた。主催者側は「税関その他の克服しがたい理由」によって、他の十八名の「シュルレアリストの画家」――そこには、レオノーラ・キャリントン、ヘンリー・ミラー、イサム・ノグチ、ローランド・ペンローズ、ケイ・セージ、ドロテア・タニングを含む――の作品を展示できなかったことを詫びた。何年ものちにプラハ国立美術館の館長に就任するイジー・コタリークが編纂した図録は、パリのと比べると、展示物と同様に貧相なものであった。ここには愛撫できるラテックスの胸もなく、出品された五十五点のリストを含む、ページ番号の振られていない薄っぺらな八つ折り版の冊子にすぎない。モノクロの図版十点。インジフ・ハイスレル、バンジャマン・ペレ、ハンス・アルプによる三篇の詩。そしてカレル・タイゲとアンドレ・ブルトンによるエッセイが二本。それは、すでにトワイヤンが「プラハ生まれ、パリ在住」と記される時代の兆しを感じさせた[180]。展示も図録も、地下出版、潤沢な資料の一夜限りの展示、アパート劇場での巡回公演の世界が待ち構えていることを予兆していた。「勝利の二月」事件が起きるのは、それからわずか三か月後のことである[181]。

「シュルレアリスムがプラハに現われたのは十二年前のことである」、ブルトンは同展の図録の巻頭エッセイ「第二の箱舟」をこのように書き起こす。「そしてこの街においては、人々はこの時期の半ばをおそらく他のどこよりもきびしいかたちで経験したのである。なぜなら、このシュルレアリスムの発端を思い返してみると、人々はミュンヘンと呼ばれる閉じることのない傷口に指をおかざるをえないのであり、この傷口はシュルレアリスムの思い出を鈍らせはしないまでも、どうしてもぼかすことにならざるをえなかった」。現実的政策の切迫した状況に脅かされることを拒みつつ、ブルトンは、いっとき魔法の都が約束したかのように思われたあらゆるものの記憶に固執してこう尋ねる。「シュルレアリスムは、その名がその明白な定義を通してはっきりと示しているように、このような思考のみじめな状態を乗り越えようとしていたのだが、このシュルレアリスムも、シュルレアリスムの裏切者や変節漢が面白おかしくうながしているように、やがては悔恨を示すことになるであろうか?」ブルトンの答えは断固として否である。「シュルレアリスムは、私が一九三五年にエリュアールとともにプラハに滞在中に作ったと思しいいくつかのテーゼをそのままのかたちで保持している」として、かれはこのように主張する。「芸術上の自由な表現という問題が、今日においては他のことばで呈出されねばならぬというのはまちがいである」。

私はあのときと同様現在も「まさしくその名に値する現代の芸術に固有なさまざまな方法手段を解明するということは、結局のところただ人間の解放というただひとつの利益を無条件に守るということに帰する」と信じている。だが、私はかつて以上にこの解放の感覚を何を賭しても生き生きと保っていたいとねがっているが(たえず自分を再創造し、自分を完成に近づけることが出来るようにだ)、だからといって、私はこのような解放を実現するために、そのいかにも陰険な諸手段や、人間の個性にたいする絶対的な侮蔑が私の心にありとあらゆる疑惑を呼び起こすようななんらかの仕組に、盲目的に頼るつもりはない。このようなことが、私に、現在次のように叫ばせるのである。〈何が起ころうと、けっして芸術には命令は存在しない〉と。

「戦争に先立つ何年かのあいだに、自由なる芸術への攻撃が、相反するイデオロギー上の目的を追求すると自任するいくつかの政体によって同時に行なわれたこと」を読者に想起させながら、ブルトンは、「傾向の区別なしに［…］『頽廃芸術』だとか『ブルジョア的なデカダン芸術』などという不潔なことばを撤回」するよう、芸術家たちに要請する。ブルトンのペンは、スターリンの旅の道連れたちへの軽蔑に満ちている。「彼らのなかのある者は、マゾヒスムや目先しか見えぬオポチュニスムではないにしても、あの自己殺戮のあそびに身を委ねたのであろうか？　いったいどうして、彼らには見えないのだろう、翼のなかにあのような鉛を入れれば、それだけで、彼らが狂熱的にあのような自然に反した犠牲を捧げようとしているより一般的な利益そのものが台無しになるということが？」そしてふたたび、絵画の運命以上のものが危険にさらされる。ブルトンはこう結論づける。「その生の中心部を傷つけられたヨーロッパ（それとも全世界であろうか？）は、漸進的な『改善』への抑えがたい信頼感がかつてヨーロッパから期待させていたような歩みを、もはや辿りえぬのかも知れぬ」。なすべき放棄には、もはや選択の余地がなかった。

　芸術においては、政治上軍事上のいかなる命令も、何らかの裏切りなしに受けとられ公布されることは出来ないだろう。詩人や芸術家の唯一の義務は、いっさいの規律的な定式にたいして確乎不抜の〈否〉を対立させることだ。戦争以来一般に用いられているあの「アンガージュマン」といういやなことばからは、詩や芸術が嫌悪するある奴隷根性がしみ出している。さいわいにして、現在まで時代に挑戦することのできた偉大な人間的証言が、これらのちょっとした禁治産状態を、この言わば反用的に口にされた「公式謝罪」を、この恥ずべき妥協を、急流のごとき正義と化している。そうではないか、ヤン・フスよ？　これはたしかではないか、［ジョルダーノ・］ブルーノ〔イタリアの哲学者。異端の疑いで火刑となる〕よ？　きみはどう言う、ジャン＝ジャック［・ルソー］よ？[182]

ガス灯の下にきらめくメッサリナの肩

プラハを訪れてから十五年が経過し、アンドレ・ブルトンは、表層や見取り図が寸断されて再編されたヨーロッパの反対側となった魔法の都のある出来事とふたたび関わりを持つ。今回は、世界のこの片隅で理解することがかつて想像した以上に困難であることが明らかになる。かれにとっての直近の——差し迫った——関心事は、共産党員のジャーナリスト、ザーヴィシュ・カランドラの運命だった。ヴィーチェスラフ・ネズヴァルは、一九三五年にパリで開催された文化擁護国際作家会議で読み上げることを許されなかった原稿の中で、かれの名前を何度となく引用している。カランドラは、一九二三年、二十一歳でチェコスロヴァキア共産党に入党した。ユリウス・フチークやヴァーツラフ・コペツキーとともに、共産党の日刊紙『ルデー・プラーヴォ』の事務所が設置されて以降、「カルリーンの若者たち」として知られる戦闘的な新聞記者のひとりとなる。一九三四年、プラハ市立図書館で「チェコスロヴァキアにおけるシュルレアリスム」を議論する〈左翼戦線〉によるシンポジウム「討論されるシュルレアリスム」において、シュルレアリスムと弁証法的唯物論の両立可能性を見事に擁護してみせた。そのシンポジウムには千人以上の聴衆が集まり、六時間を超える討論がなされた[183]。それから二年後、カランドラは、〈チェコスロヴァキアのシュルレアリスト・グループ〉によるカレル・ヒネク・マーハへのオマージュ論集『白鳥も、月さえも』に参加する。これは、詩人の没後一〇〇年を記念する公式記念行事の偽善性を暴こうとしたアンソロジーであった[184]。カレル・タイゲと同様、カランドラはモスクワ裁判の結果に我慢がならなかった。一九三六年、共産党から除名され、敵対する左翼雑誌『プロレターシュ（プロレタリアー）』に移る。二年後にはペロウトカの雑誌『プシートムノスト』に参加する。一九三九年十一月、ゲシュタポに逮捕され、ラーフェンスブリュックとザクセンハウゼンの強制収容所で戦時下を過ごす。収容所を——しばしの間——生き延びたものの、一九四九年、トロツキストとして逮捕され、翌年、それまで一度も面識のないミラダ・ホラーコヴァーの見せ物裁判に連座させられてしまう。

ボヘミアが不条理劇に寄与した例のひとつとして知られるホラーコヴァー裁判は、国際的に知られる事件となった。ブルトンは、マックス・エルンスト、ジャン＝ポール・サルトル、シモーヌ・ド・ボーヴォワール、アルベール・カミュ、ミシェル・レリスその他の高名なフランスの左翼芸術家、知識人とともに、チェコスロヴァキア政府に対して寛大な処置を要請する電報に署名したひとりである。シュルレアリスムの指導者はまた、より個人的な「ポール・エリュアールに宛てた公開書簡」を一九五〇年六月十三日付で『コンバ』紙に掲載している。エリュアールは、クレメント・ゴットヴァルト政府の公賓として――戦争が終わってから二度目となる――チェコスロヴァキア訪問から戻ったばかりで、その後、モスクワにも渡っている。いまやロシアの門はかれが望むときにいつでも開かれるようになっていた。エリュアールはもう故郷を離れたくないとガラに語っていたにもかかわらず――本心であったのは間違いないが――ニュッシュを失くした後の数年間、世界平和という永遠の美しい女王の夢を探し求めて、英国、ポーランド、ギリシア、ハンガリー、メキシコ、チェコスロヴァキア、ブルガリア、スイス、ソ連と広く旅行している。おそらく、ニュッシュが残した空白を旅で埋めていたのかもしれない。

ブルトンは、生涯でもっとも美しい思い出のひとつと、すべてをやると約束した親友のことをエリュアールに思い出させる。「十五年前、友人であるチェコのシュルレアリストたちに招かれて、きみといっしょにプラハへ行ったことがある」とブルトンは書き起こす。「きみは、昔プラハで迎えられたときのことを忘れてしまったはずはない」。

きみも覚えていると思うが、最初の数日間のいささか熱に浮かされたような昂奮状態のさなかに、やって来ては出来るかぎり機会をとらえてよくわれわれと同席した人物がいただろう。なんとかわれわれの話を理解しようと努力する、いかにも心の開かれた人物だった。［…］きみもその人物の名前を覚えていると思うが、その人物は、ザヴィス［ザーヴィシュ］・カランドラと呼ばれている。いや、あるいは呼ばれていたと言うべきだろうか。［…］と言うのは、新聞が伝えるところによると、彼はこの木曜に、プラハの裁判所で死刑の宣告を受けたということだからだ。もちろんこれは、正式の「自白」にもとづくということになっている。だがきみも、昔は、ぼくと同様、こういった自白についてどのように考えればよいか知っていたのだ。［…］いったいきみは、かつてきみの友たることを示した人物の人格において、このように人間がいやしめられるのを、心のなかでどのようにして耐えることが出来るのか[185]？

『アクシオン』紙に掲載されたエリュアールの返事は、短く、辛辣で、超然とした冷たさという点において実に衝撃的だった——少なくとも、官能的なヌードが愛の言葉の歓びを高め、写真の銀色の色調が愛の光と影を体現していた『たやすいこと』を愛する者にとって——あるいは、三十四歳のエリュアールが情熱的な十七歳のまま、春のようにかれの下で動く少女の柔らかい尻を夢見た『ガラへの手紙』の読者にとって——いや、とりわけ『時は溢れる』のディディエ・デロッシュの寂しさに感動したすべての人にとってかもしれない。「私は、無実を叫んでいる無実な人々のことでいそがしいから」と詩人は宣言する。「有罪を主張している有罪の人間にかまっているひまはない[186]」。もしかれがチェコ人であったならば、「俺は別に何者でもない、ただの音楽家だ（Já nic, já muzikant）」と言って、肩をすくめていたことだろう。

ザーヴィシュ・カランドラは、一九五〇年六月二十七日、プラハのパンクラーツ刑務所で処刑された。そこは偶然にも、七年前、ナチによってユリウス・フチークが処刑されたのと同じ場所であった。翌日、ヴァーツラフ広場に居合わせたミラン・クンデラは、まさに超現実的な光景に恵まれる。「あれもやはり、なにかの記念日だった。プラハの街路には、またしても踊る若者たちの輪がたくさんできた」と、『笑いと忘却の書』の中でクンデラは述べる。「そしてちょうどそのとき、私は彼を見た、私の眼の前に！」

彼は彼らの肩に手をかけ、彼らと一緒にごく単純な二、三の音符を歌い、一方に左脚をぴょん、他方に右脚をぴょんと上げていた。そう、それが彼、プラハの秘蔵っ子エリュアールだったのだ！　やがて突然、彼と一緒に踊っていた者たちが黙り込んだ。彼らが完全に沈黙したまま動き回り続けるあいだ、彼のほうは、靴底をかちかち鳴らすようなリズムで、言葉を切って口ずさんだ。

「ぼくらは憩いを逃れ、眠りを逃れ、
夜明けと春の先を越す
そして日々と四季の支度をする
ぼくらの夢に合わせて」

［…］その直後にはもう、だれひとり足が地につかなくなり、足が地につかないまま、その場でツゥーステップ、前にワンステップした。そう、彼らはヴァーツラフ広場のうえに舞い上がって、彼らの踊りの輪は飛翔する大きな環に似ていたのだ。私は眼をあげて彼らを見たのだが、彼らはだんだん遠ざかってゆき、一方に左脚をぴょん、そして他方に右脚をぴょんと上げながら飛んでいた。彼らの下方のプラハには、詩人たちでいっぱいのカフェー、人民の裏切り者たちでいっぱいの監獄があり、ひとりの社会党代議士とひとりのシュルレアリスム作家が火葬場で灰にされていた。その煙が幸福の前兆のように、天高く舞い上がっていた。すると私の耳に、エリュアールの金属的な声がきこえてきた。

「愛が仕事にとりかかる　愛は疲れを知らない」[187]

一九五二年の美しい春はやってきて、去っていった。十六歳のオーブ・ブルトンが『狂気の愛』を読み、どんな感情を抱いたかは私にはわからない。だが、同年の秋、サーカスがふたたび町を訪れる。「ルドルフ・スラーンスキーを首謀者とする反国家的陰謀の指導に関する裁判」（見世物は公的にはこのように謳われた）で告発された十四名の共産党および政府関係者のうち、十一人が「ユダヤ系の出自」であると起訴状に記されていた。法廷の窓の外で、チェコの子供たちが「我らがユダヤ人、リーバーマン」を楽しげに歌っている声が想像できるが、それはこの愛国的なドラマの中で、裁判官の何が問われているかを想起させるものである。「いささかの情状酌量もせず、断固として判決を下すこと」と、国の検察官ヨゼフ・ウルヴァーレクは要請した。「背信という恥ずべき癌の根っこを燃やす炎となれ。我々の美しい故郷全体に、社会主義の太陽に向かう新しい勝利を呼びかける鐘となれ」[188]。かれもまた「陽の光」が好きであったようだ。起訴された人物のうち、十一名に対して死刑が、三名には終身刑が言い渡された。死刑は直ちに絞首台で執行された。スラーンスキーの場合、その評決は詩的な正義であるように思われたかもしれない。というのも、二年前にホラーコヴァーとカランドラを呑み込んだ地獄の機械を動かしたのは、ほかならぬかれだったからである。自ら作った装置の犠牲となったチェコスロヴァキア共産党の元書記長は、一九五二年十二月三日、社会党の議員とシュルレアリストの記者に続いて、絞首台に向かう。

フランツ・カフカもまた、単なる告発がヨーゼフ・Kの悔悛の罪を誘発する『訴訟』のみならず、短篇「流刑地にて」において、このグロテスクな筋書きを夢見ていた。自分の罪を理解し、受け入れるまで、先端に腐蝕液がついている針で裸の身体に罪状を刻んで殺していく自ら設計した拷問機械の上で、将校は――自らの意志で――死ぬ[189]。ここで《ヴェールに覆われたエロティック》は、あのプラハの警察署長の息子レオポルト・ザッハー＝マゾッホにふさわしいものであり、マゾッホの妻ワンダによる愉悦の記録は、抄訳であるが『エロティック・レヴュー』に収録されている。だが、この場合、犠牲者が卑屈になる理由は単純かもしれない。地下六百メートル、鉱夫のランプの灯りが揺らめくだけの真の闇の底で、イジー・ムハは不思議に思う。「巧みにつくり上げられた告白をどうやったらすらすらと陳述できるのか理解できない。陳述者は、自分がどう思われるのか、なぜ気にしないのだろう」。

そのような時代は過ぎ去ったのだ。いまや気にかけるのは、言い間違えないこと、言葉に詰まらないこと、マイクの前で馬鹿みたいに思われないこと。運命は決せられている。ひとつもミスなく終えたら、状況は少しはよくなるのではと淡い期待を抱く（そのような期待を抱かない者がいるだろうか？）。これが見せしめ裁判の謎。上演前の一週間はずっといい食事が与えられ、アメリカ製のタバコ、きれいにアイロンがけされた衣服、丁寧に結ばれ、結び直されたネクタイ。重要なシーンでセットに臨もうとする映画スターに対するような配慮が惜しみなくなされる。我々の劇場もまた、同じような徹底ぶりで準備してくれるとよいのだが[190]。

今回、ポール・エリュアールは、プラハで喝采する群衆とともに輪になって踊りはしなかった。カランドラとホラーコヴァーの処刑が行なわれた日、かれはそこにいなかったかもしれないが、心の中ではプラハにいたかもしれない。詩人がヴァーツラフ広場を舞い上がったのは、もっぱらミラン・クンデラの想像による絵空事であった――あるいは、本質のみを保つために、時間と場所を混同する作家の記憶の錯覚にすぎないのかもしれない。[191]

一九五二年十一月十八日、エリュアールは、ヴァンサンヌの森に面する自宅で亡くなった。ギヨーム・アポリネール、マックス・エルンストと同じく、パリの偉大でロマンティックな共同墓地ペール・ラシェーズに埋葬されている。そこは、インジフ・シュティルスキーが一九三五年夏にカメラを携えて長い時間かけてさまよった場所だった。詩人は、ホロコースト記念碑、処刑されたパルチザン兵、共産党指導者らが多く眠る粛然とした一帯で、フランス共産党書記長モーリス・トレーズの隣に眠っている。そこには、二〇世紀の残酷さを想起させるものは数多くあるものの、アポリネールの墓を訪れる者が小石でハートマークを代わる代わる作っていくような愛を思わせるものはほとんどない。エリュアールの墓には、かれがフランスの偉大な詩人のひとりであったことを示すものは何も置かれていない。だが、エリュアールの軍隊への大いなる呼びかけ「自由」は、ニュッシュに捧げる愛の詩として生まれたことを忘れるべきではないだろう。「[この詩を]結ぶにあたって、この詩を捧げた、私が愛した女性の名前を明かすことを考えた。だが、私の心にあったのは『自由』という一語であるのにはたと気がついた。私の愛した女性は、彼女自身よりも大きな欲望を体現していた。もっとも崇高な私の願いを彼女に重ね合わせたのだ[192]」。哀れなニュッシュ。女性を隠喩に変えるこのような変容を、個人的なものと政治的なものの完璧な結合と見なす者もいるかもしれない。一九二四年の「馬鹿げた旅」の後で、シモーヌ・ブルトンがエリュアールに尋ねた問いが消えることはないだろう。「象徴に喩えられる被造物って何?」詩的思考の翼に乗って漂うこの世のすべてのものは、ありとあらゆるものに姿を変えることができるだろう。言葉は肉となり、肉は言葉に融けていく。

明るく移ろいやすい世界、そこでは光は濃密で、オブジェは透明、感覚を麻痺させる世界、そんな国、そんな気候に、ポール・エリュアールはかれの思考、欲望、記憶とともに棲みついている。ありとあらゆるものが儚く移ろうが、まばゆいばかりに明るい。もの、存在、イメージは融けて混じり合う。ありとあらゆる特徴はひとつの顔に溶け込む……愛はもっとも美しいイメージ、その純粋さという点において並外れた、不穏なイメージをまとい、震え、目を眩ませられながら夢から引きはがされる、その美しいイメージに避けがたく夢遊病のような雰囲気を与えていた夢から。[193]

ここで引用したのは、一九三六年にエリュアールの詩を味わったジョルジュ・ユニェの文章である。「感覚を麻痺させる世界」の強調は本人による。ヴィーチェスラフ・ネズヴァルがかつて鋭く観察したように、エリュアールのリズムはかれの手のように震えていた。「かれの詩は、この世をそっと夢見心地で忘却させるように私には思える。かれの外見もそれに似ている」[194]。私たちは『ジュリエッタ』のきらめく和音をもう一度耳にするだろうか。

同じく一九五二年十二月の朝、先ほどのパンクラーツ刑務所でルドルフ・マルゴリウスも絞首刑に処された。(それからまもなく、ヨシフ・スターリンがパリ通り越しに旧市街を見下ろすことになる) レトナーの丘に永遠の傷を残すようフューチャー・システムズに希望したイヴァン・マルゴリウスの父である。そして、ヴラド・クレメンティスもともに処刑された。その四年前、「勝利の二月」事件の日の雪が降りしきる昼下がり、一階でかつてヘルマン・カフカが小間物店を営んでいたキンスキー宮殿のバルコニーで、クレメント・ゴットヴァルトと並んで立っていたクレメンティスは、その後、そのときかぶっていた帽子のみを写真に残して痕跡を消された。処刑される日の朝、クレメンティスは妻リーダに最後の手紙を綴っている。「私は最後のパイプをふかし、耳を傾けている。君がスメタナとドヴォジャークを歌っているのがはっきりと聞こえる」[195]。この手紙は、一九六五年に刊行されたクレメンティスの回想録『未完の年代記』の中に収録されたが、その頃にはスラーンスキー裁判の被告は全員、公式に名誉回復がなされていた。かつての外務大臣は、一九七三年、「占領下でナチズムとファシズムに抗する戦士たち」を記念する一連の記念切手の中でふたたび姿を見せ、一千百三十五万枚のクレメンティスの肖像が国中を駆け巡ることとなった[196]。それはいかにもボヘミア的な死であり、そしていっそうボヘミア的な復活とも言える。二〇世紀チェコ美術の中でもっともよく知られたイメージのひとつである一九一五年作のボフミル・クビシュタの《絞首刑にされた男》には、客観的偶然の痕跡があるだろうか。頭が首のところで幾何学的にずれた亡霊の姿に、クビシュタは愕然としている。おそらく第一次世界大戦中に捕虜となったチェコスロヴァキア軍団の大量虐殺の写真から影響を受けたのかもしれない。あるいは、クビシュタは単にモダニズムの美学を探求していただけかもしれない。

　エリュアールの死から数か月後、パリに戻ったアンドレ・ブルトンは、フランス語でトワイヤンについての小論を発表する。これは最終的に『シュルレアリスムと絵画』に収録された。「私たちがこんにち引きうけている生活よりも前に流れていたいくつもの生活を考えるとき、それらははるかに波瀾も少なく、はるかに意味深長ではない時間しかふくんでいなかったように思われ、あたかも私たちは運命の望むがままに、いまくりひろげられている芝居に対して、大詰めの演者よろしくふるまわなければならないかのようである」。「それにしてもやはり、人間の一生に割りあてられた期間がおわるまでに、私たちは、出来事の推移が異常なほど加速されてゆくのを見ることができるだろうし、また『未来の現象』［引用者註――オリヴィエ・ロランの小説］が予告するあの時代への、こんどはおそろしく切迫した移行を懸念していることもありうるだろう、『絶望の叫びとともに水底に落ちてゆく太陽に、かなたから哀願するすべての眼の不安な沈黙のなかに……』」。さらにブルトンは続ける。「数多くの重大な出来事の目撃者になるという点では怪しげな優越性を保つことだろうし、そのおかげで〈黙示録〉の夜のなかへ大きく一歩を踏みだすことになるのだろうが」、その出来事のひとつが「こんにちすでに既成事実となっているプラハの、ヨーロッパの魔術的首都としての隠滅[197]」である。読者に対して、一九四二年のインジフ・シュティルスキーの死、一九五〇年のザーヴィシュ・カランドラの処刑、そして一九五一年十月一日のカレル・タイゲの自殺（ブルトンの勘違いである）、それに一九五三年一月三日にパリで亡くなったばかりのインジフ・ハイスレルについても言及している。もしブルトンが知っていたら、一九四一年、ニューヨークでのヤロスラフ・イェジェクの死、さらに一九五一年、プラハでのコンス

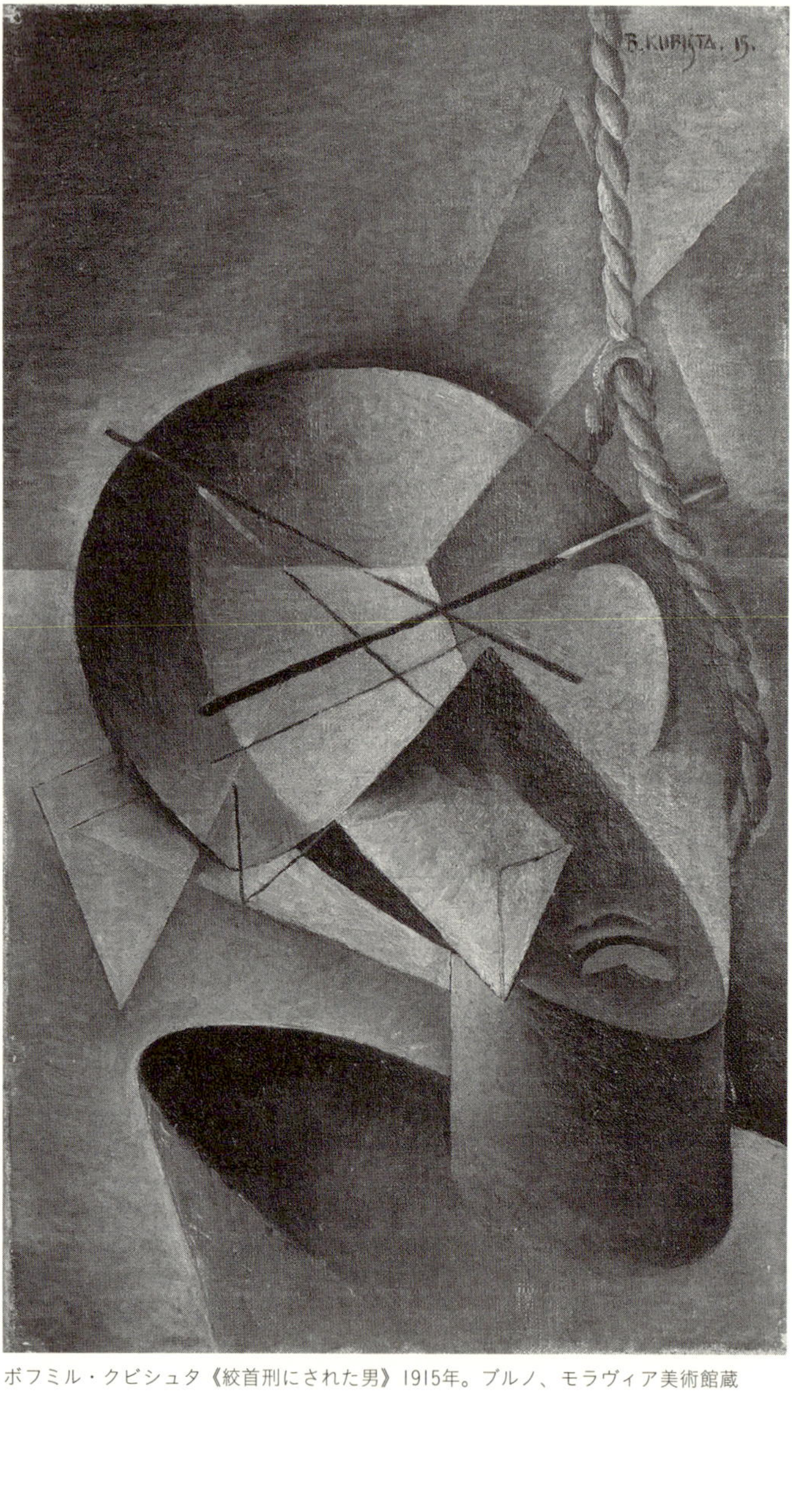

ボフミル・クビシュタ《絞首刑にされた男》1915年。ブルノ、モラヴィア美術館蔵

タンチン・ビーブルの自殺にも触れていたであろう。当時、ハイスレルは三十八歳の若さだった。トワイヤンによれば、「戦争がかれの心を破壊した」[198]のだという。ハイスレルが亡くなったその日に、サミュエル・ベケットの不条理劇『ゴドーを待ちながら』の初演がバビロン劇場で行なわれたという皮肉をマシュー・ウィトコフスキーが指摘しているが、私はそれは単なる偶然だと思っている。[199]

ブルトンはタイゲの死因として、長年かれにまとわりついていたチェコの秘密警察の存在を挙げているが、それはある意味で正しかったかもしれない。だが、タイゲは逮捕を恐れて毒に手を出したわけではない。タイゲもまた、スミーホフの路面電車の停留所で心臓発作で亡くなったのだった。電気の世紀である二〇世紀と同じく、享年五十一歳だった。タイゲの内縁の妻であり、詩人（そして「チェスカー・モデルナ」の署名者）J・S・マハルの私生児であるヨシュカ・ネヴァシロヴァー、そして愛人エヴァ・エベルトヴァーはともに、タイゲの死から二週間後、かれを追うように自殺し、もうひとつの超現実的な三人所帯にふさわしい超現実的な結末をもたらした。秘密警察は、タイゲとエヴァのアパートからかれらの本や原稿を押収する。一九三五年、タイゲが編集にたずさわっているのを知ってポール・エリュアールが大いに感銘を受けたチェコスロヴァキア共産党の文化雑誌『トヴォルバ』は、タイゲの訃報を載せる代わりに、「タイゲ語――我々の文化におけるトロツキストの諜報員」と題した告発記事を三回に分けて掲載した。[200]ブルトンは、「伝説の偉大な友」[201]ヴィーチェスラフ・ネズヴァルのことを懐かしく思い出していたかもしれないが、先の文章では言及していない。ネズヴァルは当時まだ健在で、プラハに住んでいた。一九四五年から五〇年にかけて、情報省の映画部門の長を務めている。ネズヴァルは一九五八年に亡くなり、国民芸術家の称号を受けた。ブルトンがネズヴァルの名前を省略しているのはきわめて意味ありげである。つまるところネズヴァルは、〈チェコスロヴァキアのシュルレアリスト・グループ〉の核心であったのだから――だが、それは驚くことでもない。ブルトンは、エリュアールの詩の記憶もまた消し去ろうとしていた。残されたのは、ブルトンによればただひとり、「トワイヤン、感動なしにはけっして思いおこすことのできない、高貴のしるしをおびたその顔、どんなにはげしい襲撃にも深く身をふるわせながら岩のように抵抗しつづける人――彼女の眼は、光の浜辺である」。

「他のどんな国よりもフランスで猛威をふるって」いる「盲目的愛国心」を痛烈に批判しながら、シュルレアリスムの創始者は、「ある特定の時代について、できれば私たちの時代について、それぞれの国の（創意をもつ）芸術のなかにあらわれる傾向のある固有で特殊な部分を、比較研究」する必要性を訴える。そうすれば、「チェコスロヴァキアのような新しい国の芸術こそが最先端にありえたという事実を、とりわけて重要視する結果になったはずである。どこよりも自由を渇望していたチェコスロヴァキアは、それでもなおあの破局のむすび目のなかにとらえられなければならなかった。ミュンヘン、ドイツによる侵略、そしてすぐそのあとにつづいたロシアによる占領——とくにこの最後のものは、どこよりもきわだった不寛容の徴候をひきおこしている」。そして、「この点では、彼女の心とおなじように聡明な、だが暗い予兆につらぬかれてもいるトワイヤンの作品ほど、偉大で忠実な回答者はありえないだろう」と結んでいる。たしかにそうかもしれない。だが、ブルトンはどのトワイヤンを念頭に置いていたのだろう。アニー・ル・ブランは、七十代になったトワイヤンが、「週に何度も成人向けの映画館に足を運んでいた」ことを指摘し、「不穏な夜の中に彼女が静かに入っていく姿を見ながら、彼女の友人シュティルスキーが一九三八年に告白したことを何度も思い出さずにいられなかった。『私の目には絶えず糧を与えてやる必要がある。私の目は貪欲に、そして乱暴にその糧を呑みこんでいる。そして夜、寝ながら消化している』」[202]と述べている。優雅なマンカは、《枕》、《ニグロの楽園》、『エロティック・レヴュー』、『二十一』で探究した側溝につねに足を置いていた。ザーヴィシュ・カランドラの処刑後、トワイヤンはエリュアールと口をきくことはなかったが、何年も経ってから、ハイスレルの甥であるインジフ・トマンに、エリュアールはつねに「私たちの仲間」だったと伝えている。[203]そして実際、かれはそうであった。

そして、あらゆる美術研究、とりわけ私たちの時代の美術研究をすっかり困惑させつつ、かつての言い回しがふたたび用いられるようになる。戦後プラハが直面した運命を嘆きつつも、シュルレアリスムの父は、カランドラやエリュアールのものでもあると同様に、かれ自身のものでもある物語の中で、戦後プラハの状況——そのモダニティの複雑さ、皮肉さ、複数性——について思いをめぐらすことができずにいたか、そうする意思がなかったようである。

古いヨーロッパの魔法の都において、至高の恋愛詩と、絞首刑にされ揺れているシュルレアリストの死骸という思いがけない出会いがあったとしても、それはブルトンの想像力を引き留めるものではない。おそらく、直視するにはあまりにも痛ましい結びつきであったのだろう。結局のところ、ブルトンは神秘を破壊するかもしれない蛆虫や昆虫が中にいるのではないかと恐れて、メキシコの飛び跳ねる豆を開けてみようとはしなかったのである。〈オ・ベル・プル〉のような獰猛なまでにエロティックな施設に向かうヴィーチェスラフ・ネズヴァルについていかなかったのと同様に。ブルトンは「私の中に見たいものだけを見て、本当の私を見ようとはしなかった[204]」とマーク・ポリゾッティに語ったジャクリーヌとの関係、あるいは、「ブルトンは自らの愛にうぬぼれていた。かれは愛する女を自分の望みに合うように、そしてかれのお眼鏡にかなうように作り変える[205]」というシュザンヌとの関係においておそらくまさにそうであったように、神秘は虫の中にあるという恐ろしい可能性を考慮する用意が詩人にはできていなかった。「驚異のフォルム」は、怒れる若者ロジェ・カイヨワが指摘するように、「知識を恐れるのではなく、逆にそれを肥やしにする[206]」。ガス灯の下にきらめくメッサリナ〔ローマ皇帝クラウディウスの妻。放縦な性格で知られる〕の肩を見て、ブルトンは萎縮する。痙攣的な美に対するかれの評価は、「悪の特殊な美しさ、おぞましいものの中にある美しさ」まで広がることはない。ボードレールの「文明の中の野蛮[207]」に直面しても、ブルトンは「夢の中央管理局」に留まることを選ぶ。

お馴染みの「狂気の愛」が立ち上がり、ふたたびかれを夢中にさせる。売春宿のネグリジェのような大きくうねる霧のガウン、牛乳の濃い膜のような夜の霧を抜けて、古いイメージはノスタルジアへと遠のきながら、新たな痛切さを帯びていく。メタファーはふたたび回転しながら、数えきれない意味をまき散らす。詩的思考の流れが私たちを予測不能な場所へと運ぶとき、紛れもないキッチュのアウラは、ヴルタヴァ川沿いの街の上に降り積もる。

アポリネールの歌ったプラハ、立ちならぶ彫像の垣をもち、昨日から永遠へとわたされていた壮麗なその橋、外からではなく内側から光を発していたその看板の数々――〈黒い太陽〉、〈金の車輪〉、〈金の樹〉、等々、等々――欲望の金属で鋳造された二本の針が逆方向にまわっていたその大時計、その〈練金術師通り〉、そしてとくに、他のどこよりも激しかったその理想と希望との沸騰、鴎たちがモルダウ河をいちめんに攪拌して星々を噴きださせようとするあいだに、詩と革命とをひとつのものにしようと願う人間の水面すれすれに生まれたあの情熱的な交流――そのうちの何が、いま私たちにのこされているだろうか[208]?

ミシェル・フーコーはかつて、「ブルトンの夢は、昼のまっただなかの破壊しえない夜の核[209]」であると述べた。たしかに、プラハを二〇世紀にふさわしい首都としているのは、モダンな世界のあらゆる美に夜が残す永続的な刻印である。ここで詳しく述べてきた諸々の出来事の半世紀後にあたる一九九七年、私はヨゼフ・シーマがプラハを旅するブルトンとエリュアールに同伴した翌年の一九三六年に描いた一点のカンヴァス《他の世界の太陽》の造形の中に、まさに形見を偶然見いだした。その作品のタイトルは、カレル・ヒネク・マーハの詩『五月』の一節から採られたものである。その絵は、プラハのテート・モダンに変容した〈見本市宮殿〉に展示されていた。シーマは正規のシュルレアリストでは決してなかったが、かれの絵画はダリやエルンストやタンギーと同じく、たしかに心象風景を描いている。シーマの作品は、より抒情的であると言えるかもしれない。かれの描くオブジェ――女性のトルソ、水晶、卵、立方体――は、やわらかい色彩の世界で漂い、純粋な抽象と化すことはめったにないが、しばしばその境界線上にある。《他の世界の太陽》は、色合いは他の多くの作品に比べるとやや暗いが、シーマに典型的な夢の風景である。いや、それはアポリネールやブルトンと同様、プラハの妖術の影響を受けやすい私の想像力でしかないのかもしれない。一歩も後退せず前進し続けるアヴァンギャルドのモダニズムという美術館の進歩的な物語を破壊する、不釣り合いな「発見されたオブジェ」――私はそれを意図的に探したわけではないが――は、その絵画自体にはなかった。私の歩みを止めたのは、画家が木の額縁に刻んだ「ヴラド・クレメンティスに捧ぐ、かれのシーマより、一九四八年[210]」という文言である。ヴァルター・ベンヤミンであれば、それを弁証法的形象と呼んだかもしれない。かつてあったものが「その真の――シュルレアリスティックな――相貌を被る」「この今における認識可能性[211]」の中に出現するからだ。

あの名だたる白い闇

それでは、いまや私たちに残されたものとはいったい何だろうか。ブルトンの問いに異なる形で、たとえば、別の漂流からモダニティの「記憶の場」にアプローチする者もいる。鉄のカーテンのこちら側でも向こう側でも、戦後、チェコ・アヴァンギャルドが完全に忘れ去られたことを考えれば、〈見本市宮殿〉――客観的偶然という奇妙な経緯により、一九〇二年にボヘミア王国近代美術館という形で開館して以来、常設展のスペースを確保したことがなかった[212]――が一九九五年にプラハ国立美術館の近現代コレクションの本拠地として改装されたことは歓迎されるばかりである。この建物の構造の先駆的なモダニズムを考えれば、その位置はきわめてふさわしいように思われる。しかしながら、注意すべきは、今日ここを訪れる人びとが目にするのは、フクスやティルによるオリジナルの建物ではないということである（一見そうは思えないかもしれないが）。〈見本市宮殿〉は、一九七四年の壊滅的な火事によって骨組みだけを残して焼失した。内部は焼け、構造だけが長いこと放置されていた。歴史的価値があるため、たやすく破壊することもすぐに修繕することもできなかったのだ。最終的には、リベレッツの建築コンソーシアムＳＩＡＬによって、かつての栄光にふさわしい形で再建される。工事は一九八六年に始まり、一世紀前の国民劇場と同様、幾度となく遅延しながらも、〈見本市宮殿〉は灰塵の中から（その機会を記録した展覧会の、必然的につけられたタイトルを引用すると）「不死鳥のように[213]」復活した。建築の構造はかつてのものと同じように見えるが、ファサードの厳めしさを和らげていた資本主義的かつ無政府主義的なカラフルで無秩序な日除けと広告がなくなっている。内装にもささやかな変更点がある。そのひとつが階段をスロープに変更した点で、これは一九二八年にカレル・タイゲとのインタビューの中でル・コルビュジエが唱えたもので、オリジナルの建物よりもインターナショナル・スタイルの美学をより完璧に近い形で具現している。

ミシュランによるプラハの『グリーン・ガイド』は、「市街地にあるホレショヴィツェまでの短い距離をトラムで移動すること」を旅行者に勧めている。それによって、ゴーギャン、ピカソ、クリムト、シーレ、ミロ、ココシュカその他の「ヨーロッパのモダンアートの巨匠」だけでなく、「二〇世紀美術の発展に貢献したことはあまりにも長きにわたってほとんど知られてこなかったが、それでもなお重要な二〇世紀チェコの芸術家たちの作品」をも堪能できる。さらに〈見本市宮殿〉そのものについても熱弁を振るう。「大展示室は不定期の企画展に用いられ、同館の他の部分は一般人は入ることはできない。常設展とその他の企画展は、小展示室の白くきらめく展示空間を占めている。ガラス張りの天井の下で完璧に修復された空間は、モダニズム建築のもっとも輝かしい時代の傑出したインテリアのひとつとして、今日評価されている」。そして、「戦間期のプラハの進歩的な精神が、これほど力強く表現されている例は、ガラスとコンクリートからなるこの巨大な宮殿をおいてほかにない」[214]と結論づける。そのような形式と機能の非の打ち所のない結合を前にして、圧倒されずにいるのは難しい。建物と芸術作品の双方において、ペトル・クラールが述べた「戦間期の都市に住みつき［…］壁のなかやファサードの裏側で脈打つ、記憶によって息を吹き込まれた精神」の典型であるように思われる。だが、〈ホテル・パリ〉の派手さやきらめきと同様、過去の輝きは見かけほど単純なものとは限らない。私は旅行者に――そして現代の歴史家に――その近隣をもっと探索することで、ストロモフカ公園を散策し、〈博覧会場(ヴィースタヴィシュチェ)〉を称賛しに立ち止まり、それから丘を下ってほんの十分ほどのホレショヴィツェ駅から中心部へ地下鉄で戻ってくることをお勧めする。というのも、モダニティが進歩とこれほどたやすく合致することに疑問を抱かせるような場所――私たちが辿っている足跡――は他にあるからである。

モダニズム建築は忘却に実に適している。なぜなら、開かれた機能性を有していると同時に、カレル・タイゲが評価していた時間と場所を識別できる徴を損なっているからである。その理想は、オランダの建築家レム・コールハースが「基準階平面」と呼ぶ、ニュートラルでミニマルで、そして何も特定されない、多様な活動を可能にする無限に順応可能な空間の構成である。[215]〈見本市宮殿〉はきわめて柔軟な容れ物である。美術館、省庁、貿易会社の本社、アルフォンス・ムハを鉄とコンクリートと難なく組み合わせたスラヴ精神の大聖堂にいたる、モダンな世界のあらゆるもの、あらゆる場所でありうる。実際、〈見本市宮殿〉はこれらすべての用途に用いられてきた。現在、この建物は、ホワイトキューブのギャラリーという究極の形態を見せているものの、白い漆喰の壁を並べるアヴァンギャルド芸術と見かけほどの繋がりは必ずしもない。たしかに、第二次世界大戦中は、丘を下ればすぐホレショヴィツェ駅やテレジーン行きの列車があるというこの宮殿の規模および立地のおかげで、収容所への移送を待つユダヤ人たちを押し込めておくには理想の場所だった。

指定の日の早朝、まだ真っ暗なうちにわたしたちは家を出た。小型の橇にくくりつけた荷物を牽きながら、ひと言も言葉を交わさずに、雪の舞うなかを、ヴルタヴァの左岸から林苑の脇を通り、ホレショヴィツェ方面の博覧会場まで、遠い道を歩いていった。その場所に近づくにつれて、薄暗がりから大きな荷物を下げた人たちが三々五々と姿を現した。重い足取りで、おりから激しくなってきた吹雪をついて、一様に同じ方向に歩いていく。そうやって少しずつ、おたがいがひどく離れた行列ができていき、わたしたちはその中に混じって、七時ごろ、電球ひとつがかぼそく灯った入り口に着いた。

これは、W・G・ゼーバルトの小説『アウステルリッツ』からの引用である。[216] アウステルリッツとは戦場の地名ではなく、同書の主人公の奇妙な名前であるのだが、一万回の爆発、際限のない仕事、仕事、仕事で沸き立っていたフクスとティルのモダニズムの大聖堂の記憶はかれにはまったくない。プラハから遠く離れたウェールズの小さな町で育ち、自分の出自を知ることなく暮らしている。実は、プラハの小地区で幼年時代を過ごしたのだが、そのことは覚えておらず、ヴェラという女性が小地区にあった両親のアパートに今なお住んでいることを何年も経ってから突き止め、彼女から真実の物語を知らされる。ヴェラはかつて母アガータのメイドをしていた人物だった。そして、アウステルリッツは自身がユダヤ人であり、子供のころに英国の株式仲買人ニコラス・ウィントンが組織した「子供列車」に乗って占領下のプラハを脱出していたことが判明する。それは、ドイツ当局が一九三九年夏、ロンドン行きを許可した列車だった。ウィントンは、八回の運行で六百六十九名の子供を救出し、その中には、のちに『裸足のイサドラ』、『フランス軍中尉の女』といった映画を手がける映画監督のカレル・ライス、カナダのジャーナリストでCBCニュース特派員のジョー・シュレジンガー、そしてヴィクトル・ウルマンの子供ヨハネスとフェリシアもいた[217]。九回目かつ最大の「キンダートランスポート」は、一九三九年九月三日にプラハを出発する予定であったが、その日、英国はドイツに宣戦を布告する。「宣戦布告から数時間と経たないうちに、列車は消えてしまった」とウィントンはのちに述べている。「車両に乗っていた二百五十人の子供たちの誰ひとりとして、二度と会うことはかなわなかった。その日、リヴァプール・ストリート駅には二百五十の家族が待ち受けていたが、無駄足となってしまった。もし列車が一日早く出発していたら、通過できていただろう。その後、子供たちの消息は一人として知れず、痛ましかった[218]」。

この思いも寄らないウィントンの秘密列車は、〈グランド・ホテル・エヴロパ〉（のちの〈グランド・ホテル・シュロウベク〉）の地階にあるアール・ヌーヴォー風のカフェで始まった。ここでこの若き英国人は、ヴァーツラフ広場の甘くかび臭い匂いが漂う中、ひどく取り乱したユダヤ人の両親と必要な手続きを行なっていた。豪華な内装は、ル・コルビュジエをぞっとさせた類の宮殿風であった（今もそうである）。世紀末プラハの名残りを探し求める旅行者は金メッキと鏡に圧倒されて、隅にあるサー・ニコラスの写真と、その下にある小さな真鍮の記念プレートがあるのをたやすく見過ごすことだろう。遅ればせながら二〇〇二年にサーの称号を受けたかれは、列車の話を半世紀以上にわたって、家族にも黙っていたのだった。私たちのポストモダンの時代にふさわしく、プレートはチェコ語と英語で併記されている。だが、両方のヴァージョンに欠けているものについては、特に目新しいものはない。

一九三八年末から三九年の初めにかけて、英国人サー・ニコラス・ウィントンとかれの同僚は、このホテルから、そしてしばしばこのカフェから直接、六百六十九名のチェコ人とスロヴァキア人の子供たちを救出する唯一無二の任務を果たした。それは近代史において他に例を見ないものであった[219]。

すでに述べたが、人びと――そして歴史――を忘却するのに多くのやり方があるように、それらを想起するのにも数多くの方法がある。

ゼーバルトのすべての小説――フィクションと呼ぶのはためらわれる――がそうであるように、『アウステルリッツ』は詩と現実の境界に横たわる不穏な領域を蛇行して進みながら、偶然の一致や不明瞭な細部の周囲を巡り、反復-強迫の曲がりくねった小道を辿っていき、やがて読者はイメージが描写する恐怖から目を逸らせずに織り合わされたイメージの中に捉えられる。「そのまま、ごくたまに恐怖にどよめく被召喚者の群れの中で待った」とヴェラは続ける。

男もいれば女もいた。子連れの家族も、ひとりきりの人もいた。老人もいれば子どもも、上流階級の人々もいれば庶民もいた。全員が、規定どおりに移送番号を首から紐でぶら下げていた。それからほどなく、アガータが、もう帰って、とわたしに言ったの。別れるときわたしを抱きしめて言った。あそこはストロモフカ公園ね。あなた、わたしのかわりに、ときどきあそこへ散歩にいってくださる？　あの美しい公園が大好きだったのよ。あなたがもしも池の暗い水面をのぞくことがあったら、運のいい日にはわたしの顔が映るかもしれないわ。

「アガータがいまどうしているか、まだ入り口の前で待っているのか、それとも博覧会場の中に入っていっただろうか、想像しようとしたわ」と彼女はアウステルリッツに語る。「実際どうだったかは、ずっとのち、生きのびた人の口から聞き知った」。

移送のため招集された人々は、まずこの真冬に暖房のない、底冷えのする木造のバラックに入れられた。荒涼とした場所で、電灯がわびしく灯り、おそろしい混乱ぶりだった。到着したての者の多くが荷物の徹底検査を受け、お金、時計などの高級品をフィードラーという名の、粗暴者で恐れられていた指揮官に提出しなければならなかった。ひとつのテーブルに銀製食器が山に積んであって、その隣に狐の毛皮とカラクール羊のケープがあった。身上調査書が受理され、質問用紙が配られ、いわゆる住民票に〈退去〉〈ゲットー収容〉といったスタンプが押された。ドイツ人管理者とその助手のチェコ人、ユダヤ人が忙しげに動き回り、怒鳴り声やののしり声が響き、殴る蹴るもあった。出発予定者は指定の場所で待機させられた。大半が押し黙っていたけれど、なかには声を殺して泣いている者もいたし、耐え切れなくなってわめき声をあげ、発作的に狂う者も少なからずいた。博覧会場のバラックで数日間を送ったあと、いよいよ早朝、まだ人気のない時刻を見計らって、見張りの一行に伴われながら最寄りのホレショヴィツェの駅まで行進した。そこでいわゆる〈搭載〉されるまで、なお三時間近い待ち時間があった。

ゼーバルトは、この陰惨な行進を大展示室のガラスの天井の下に位置づけることで、詩的解放を試みたのかもしれない。だが、かつて『プシートムノスト』の編集者であったフェルディナント・ペロウトカもまた同じことを行なっている。ナチの強制収容所で年月を過ごした経験があったかれは、プラハのユダヤ人たちが語る体験談に耳を傾ける豊富な機会に恵まれた[220]。そのような資料的証拠は、プラハのユダヤ博物館で生き延びるのと同様に、収容所への移送を待つ間、囚人たちが〈見本市宮殿〉に隣接する〈だがなおも宮殿の施設内にある〉バラックに収容されていたことを示唆する。おそらくそのことが、今日、記念プレートが宮殿内ではなく隣接するホテルにあり、文明と残忍さ、近代と野蛮の間に明確に線を引いている理由であることに疑いはないだろう。だが、確実に言えるのは、〈見本市宮殿〉が当時意味していた本質を小説家の想像力は捉えているということである。別の視点から見れば――たとえば、ルネ・ドーマルなど――建物が美術館に変貌するのは、卑猥さの最終形態と見なすことができるかもしれない。だが、ジャック・ヴァシェであれば、不幸な笑いだと笑い飛ばしたであろう。

アウステルリッツは、ロンドンのリヴァプール・ストリート駅の待合室に――デジャヴュの感覚、思い出せない記憶――奇妙な親近感を抱いている。フランチシェク・ゼレンカは別の列車（ディファレント・トレインズ）に乗っていた[221]。まず、テレジーンに

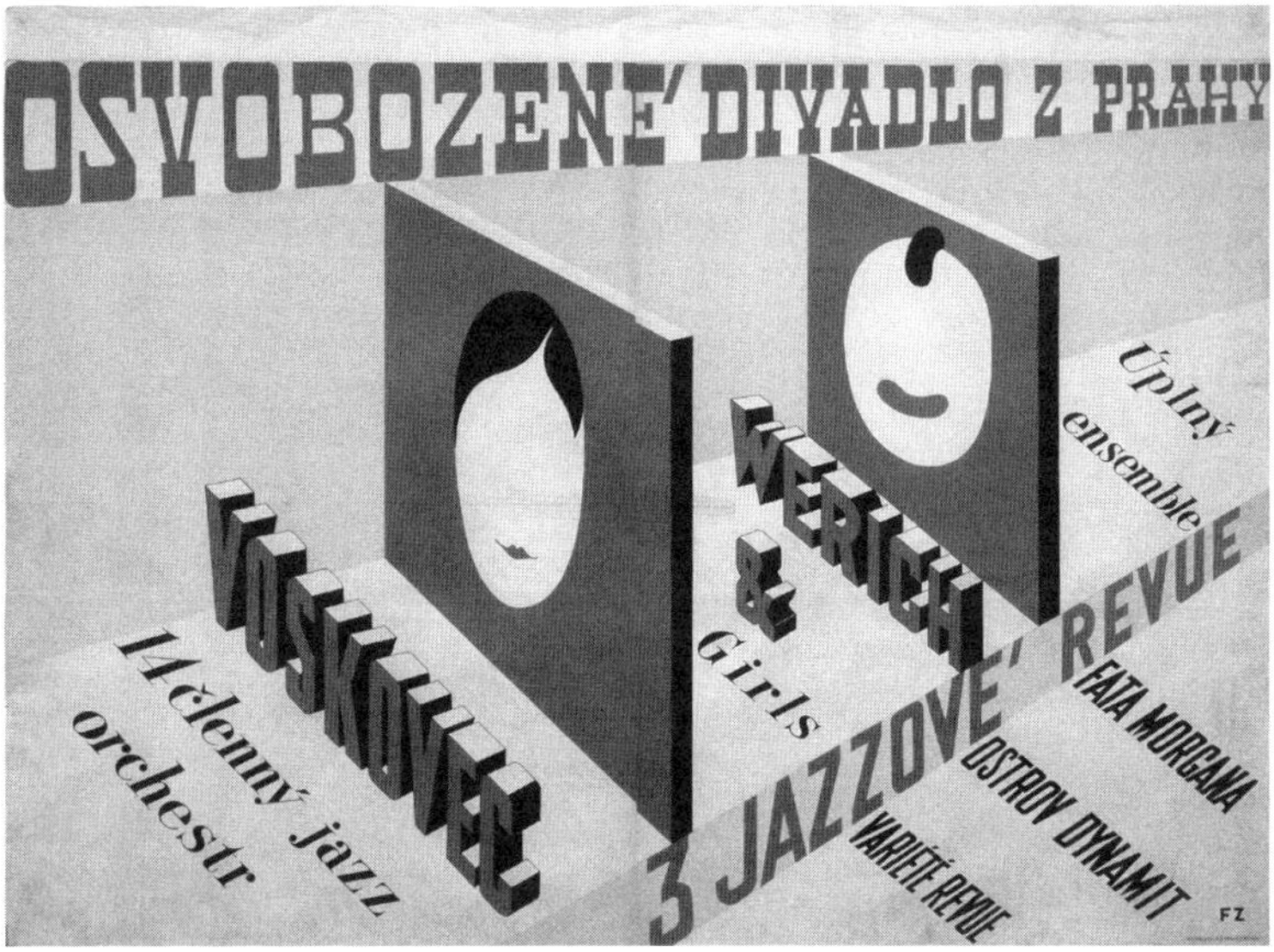

フランチシェク・ゼレンカ《3ジャズ・レヴュー》解放劇場のポスター、1930年。プラハ芸術工芸博物館蔵

向けてホレショヴィツェ駅を出発する。そのあと、アウシュヴィッツに向かう最後の移送列車のひとつに乗り、一九四四年十月十九日にテレジーンを出発する。亡くなった正確な日付はわかっていない。ゼレンカは、英語圏の読者が本書のような書物を読むのに大いに苦労する要因となっているチェコ人の名前のひとつであるが、すでに私たちはかれと遭遇している。オタカル・ムルクヴィチカ、カレル・タイゲとともに、一九二六年、解放劇場で上演されたアポリネールの『ティレシアスの乳房』――「シュルレアリスム」という言葉が世界の舞台で初めてデビューを飾った戯曲――の舞台装置を担当したのがゼレンカである。ヴォジチコヴァ通りの〈ウ・ノヴァークー〉のパサージュに名残惜しく残っているのをペトル・クラールが思い出したあのプルースト的なポスターのデザインを手がけたのもゼレンカかもしれない。それは、当時もまだ「赤軍広場」であった場所で日向ぼっこをする可愛い女子学生たちの脚のように、鮮烈かつ永続するイメージである。ゼレンカが描いたV+Wのポスターは、ある時代の夢を捉え、ジャズ、少女たち、そしてモダンな世界のあらゆる美しさのイメージとともに観衆を誘惑した。[222] 言うまでもなく、ゼレンカはスラー

ンスキー裁判の十四人の被告のうちの十一人、そしてニコラス・ウィントンが救出した六百六十九名のチェコ人とスロヴァキア人のすべての子供たちとまさに同じ「ユダヤ系の出自」である。

フランチシェク・ゼレンカは、私たちがアンドレ・ブルトンの問いに、詩的ノスタルジアよりももっと本質的な何かでもって答えるために検討すべきシュルレアリスム的な出発点である。建築家、デザイナーであったゼレンカは、妻と八歳の息子マルチンとともに、一九四三年七月十三日、あるいはその頃、モダニズムとはほとんど関係のない、だがモダニティとはあらゆる点で関係のある用事で、モダニズム建築の英雄たちの時代を代表する主要なインテリアのひとつ――あるいは裏手にあるみすぼらしい小屋だったかもしれない――を通り抜けた。完璧に修復された今日の〈見本市宮殿〉には、このような過去を示すものは何もなく、記憶されるものとかつてあったものの差異をつねに想起させるものとして、サー・ノーマン・フォスターがベルリンの国会議事堂を修復する際に実に注意深く保存しようとしたソ連兵の猥褻な落書きに匹敵するものもない。[223] この建物の歴史は、目を眩ませる光、空気、明るさによって消し去られてしまった。そう、私は、中心部からホレショヴィツェに向かって路面電車で短い旅をすることを勧める。〈見本市宮殿〉は実に意義深い建造物である。壮大なガラスの天井から室内空間にミース・ファン・デル・ローエ的な光が降り注ぐとき、すべては天の配剤であると信じるのはたやすい。だが、魔法の都においても雨はしばしば降り、ロッテルダムのオゾンがしみ込んだ埃を私たちに想起させる。注意深く耳をそばだててみれば、マルチヌーの『ジュリエッタ』のメロディーが聞こえるかもしれない。だが、雪が降っているときにこの街を訪れ、あの名だたる白い闇が舞い降りてくるのを感じるのに勝るものはない。

8 時の黄金

自らのファンタスマゴリーに支配される世界、
それは──ボードレールの表現をわれわれが使うならば──
現代性（モデルニテ）である。
──ヴァルター・ベンヤミン「パリ、一九世紀の首都」[1]

占い師のがらくた部屋

一九六六年九月二十八日水曜日、午前六時過ぎ、アンドレ・ブルトンは心不全で亡くなった。エリザとオーブはその傍らにいた。シュルレアリスムの創始者は、パリ北西の郊外にあるバティニョル墓地で、インジフ・ハイスレルやバンジャマン・ペレの近くに眠ることとなった。夫の死後、エリザの要望でブルトンのアパルトマンに移り住んだトワイヤンは、一九八〇年、かれらに加わる。ブルトンの墓碑には、「現実僅少論序説」からの一節、「わたしは時の黄金をさがしているのだ」と記されているが、そこで圧倒されるのは舞台の凡庸さである。バティニョルには、ペール・ラシェーズの壮観さもなければ、モンパルナスの魅力もない。その墓地はパリが終わるところから始まり、一部がパリ市内、一部がペリフェリック環状線の立体交差路がある、街のみすぼらしい暗い端にある。葬儀のためにパリの外れまではるばるやってきた千人あるいはその前後の会葬者の中には、ルイス・ブニュエル、マルセル・デュシャン、ミシェル・レリス、ジャック・プレヴェール、フィリップ・スーポー、シモーヌ・ブルトンがいた。ピカソ、ダリ、アラゴンはいなかった。数多の賛辞が捧げられた。「ブルトンは、売春を信じる世界にあって、愛を愛する人間だった」と、デュシャンはかれらしくなく抒情的に思いを吐露している。「私にとって、かれはこの世界でもっとも美しい夢の一瞬を体現していた」[2]。ミシェル・フーコーはこう書いた。「ブルトンの死は、今日、我々自身の誕生を二重写しにするようなものだ。かれの死は、我々に実に近しい全能の死であり、アトレウス一族（すなわちすべてのギリシア人）にとってのアガメムノンの死のようなものである」[3]。だが（マーク・ポリゾッティによれば、以前、シュルレアリスムのプロレタリアート兼トルバドゥールが同性愛の放蕩者になったと愚弄したのを一時的に忘れたかのように）、「おそらく誰よりも、心からの追悼を捧げたのは、シュルレアリストたちに手ひどく嘲笑されたユダであったアラゴンだった」。

もうすぐ四十八年前のことになる。一九一八年十一月九日、アンドレ・ブルトンは当時の執筆習慣となっていた一通のコラージュの手紙を私に送った。［…］その手紙を受け取ると［…］十日の朝、手紙を投函する直前に入れたにちがいない小さな四角い紙を見て、私は目の前が真っ暗になった。その紙の中央にはこう書いてあった。

だがギヨーム・
アポリネールは
今まさに
亡くなった。

先週の水曜、アンドレの手紙の中からこの四角い紙をたまたま見つけ、悲しい気持ちでもう一度読み返し始めた。それからというもの、その手紙のことが頭から離れない。私の青春時代の友人について、愛することをやめなかった偉大な詩人について、私が言わんとすることをここで語ることはできない。こだまのような一文以外は発することができない。[…] 多くの点で私の目の前を真っ暗にする一文。

だがアンドレ・
ブルトンは
今まさに
亡くなった。[4]

ブルトンは、ブランシュ広場の角を曲がってすぐのフォンテーヌ通り四十二番地にあるつましいアパルトマンに、皇帝ルドルフ二世のフラッチャヌィの二〇世紀版とでも言うべき「驚異の部屋」を残している――もっとも、この部屋を世紀末プラハのゲットーのメルツバウの名残と見なす者もいるかもしれない。戦時中に亡命していた時期を除き、ブルトンは一九二二年以来ずっとフォンテーヌ通りに住んでいた。ポール・エリュアールは同じ建物に部屋を持っていたが、健康状態の悪化に伴い、より快適な住居を別の場所に探すことになる。[5]「晴れた日であっても、高いところに窓があるというのに、小さな階段でつながっている二つの部屋はいつも暗かった」と小説家ジュリアン・グラックは述べている。「全体の色調はダークグリーンにチョコレートブラウンで、地方の古い博物館のようだ。[…] 壁のいたるところに飾られた芸術作品が膨れ上がって、空いたスペースを徐々に埋めていく。森の小道の枝、蔓、棘を避けながら、まさに使うことによってできる正確な道を通ってのみ辿りつくことができる」。「[ブルトンの] 死以来、ここでは何も変わっていない」とかれは声を上げる。「すでに十年が経っているというのに！」グラックは回想する。詩人が「混沌としたオブジェで絶えずあふれかえる重い作業台の向こうに腰掛け、パイプを口にくわえている [...] カフェから戻ると、毎晩、絵画や書物、パイプに囲まれた占い師のがらくた部屋に引きこもる。それはかれの真の衣服で、かれの全人生が積み重なり、動くことなく堆積していた。不動性、蓄積、保持された習慣、従僕への狂ったような不変の命令が新たに語りかける熱狂なるものの内部にあるあらゆるものは――ここを一度訪れれば、この言葉にそのすべての力を込めるのに十分だった――邪魔するのをためらってしまう」。かれはこう結論づける。このアパルトマンは、「世界の機械主義に対する避難所[6]」であった。

現代の「美術と驚異の部屋（クンスト・ウント・ヴンダーカンマー）」の系統立っていない目録[7]は、埃をかぶった書物の混沌から始まるかもしれず、それらを引っかき回すのはさぞ楽しいことだろう。書物の多くは署名入りで、二〇世紀のもっとも高名な作家たちがブルトンに献呈したものがいくつもある。アルプ、ダリ、デ・キリコ、デュシャン、ゴーギャン、ラム、マグリット、マッソン、マッタ、ミロ、オッペンハイム、パーレン、ピカビア、ピカソ、リベラ、タンギーらの作品を含む絵画、ドローイング、彫刻。数ある中でも、アンリ・カルティエ＝ブレッソン、マン・レイ、ラウール・ユバック、ブラッサイ、マヌエル・アルバレス＝ブラボ、クロード・カーアン、ピエール・モリニエ、ドラ・マールによる写真。当時もなお「プリミティヴ・アート」という悪びれない表現で知られていたものの熱心な蒐集家であったブルトンは、アフリカ、アジア、オセアニア、ネイティヴ・アメリカンの手工芸品――仮面、ビーズ、魔除け、首飾り、腕輪、耳飾り、足飾り、人形、小立像、彫刻された石、竹や樹皮に描かれた絵、盾や武器、櫂、杖、腰掛け、皿、スプーン、パイプ、楽器、祈禱板、食料用フック、骨壺――ではちきれそうなほど自室を満たしていた。作風としては一見可愛らしく、内容においては冒瀆的であるクロヴィス・トルイユの《煙草を吸うイタリアの尼僧》では、めくれたスカートからハイヒール、赤いストッキング、ガーターがのぞき、ささやかな慰藉を与えてくれる。

詩人の文学的遺物は、学術的な夢精の本質であった。シュルレアリストのわずかな断片は、どんなに取るに足らないものであっても、破棄されたことはなかったようである。アラゴン、アルトー、ダリ、デスノス、エリュアール、リブモン＝デセーニュ、スーポー、ツァラなど、除名された者たちも皆、その痕跡を忠実に刻んでいる。革装の表紙にハート型にコラージュされたエリザの写真をあしらった『秘法十七』のオリジナル原稿もある。数多くの詩であふれた筆記帳、シュルレアリスム研究所の議事録、夢日記、シュルレアリスムのゲームの採点表、小冊子、宣言文、オートマティスムのドローイング、美しく手で彩色されたボードレール、ロートレアモン、ランボー、ジャリ、ポール・エリュアールとニュッシュの占星術表。ブルトンは『通底器』と『狂気の愛』に掲載したオリジナルの写真だけでなく、のちに精神病院行きとなったシュルレアリストの「子供にして女である」『ナジャ』のヒロインから「私のアンドレ」に送られた二十七通の手紙、「放蕩者、アルコール中毒、薬物中毒、神経症、シュルレアリスト、精神錯乱、小児愛好者、少女を誘惑する者」であると誤解されていると不平をこぼす手紙が添えられたハンス・ベルメールの「球体関節人形の覚書」の原稿、[8] スキャンダラスな断片のみが『シュルレアリスム革命』誌に掲載された「性についての探究」の手書きの記録も残していた。二〇〇四年、（もっとも縁がなさそうな）プラハのマルドロール画廊の奥付に掲載されて世に出るまで未発表だった一九三一年頃のブルトン、エリュアール、シュザンヌ・ミュザールによる共作の三十三点のコラージュを含むスパイラルノートもあった。[9]

だが、ここでもまた私たちは、物事を分類するための秩序立ったカテゴリー、私たちの時代と地理の光に従って意味をなすグリッドが少なくともまだある（比較的）安全な領域を越えて進んでいくこともできるだろうし、そうではなく、見過ごされてしまうものの目録を、私たちがモダンな世界と考えるものの表層と見取り図を蝕む欲望のあいまいな対象の目録を作り始めることもできるだろう。このもっとも慎ましい芸術の画廊には、選択肢が数多くある。縁日の占い師が用いる水晶玉から始めることもできるだろう。一九〇〇年頃のものと思われるびっくり箱。交尾する象の写真とヴィクトリア朝時代のヌード写真。細心の注意を払ってガラスケースに収められた貝殻や蝶、ロブスター、磔刑像、ドミノのセット、それにヴィクトル・ユゴーの胸像、これらすべてはガラス瓶の中に入っている。グスタフ・クリムトの《ヌーダ・ヴェリタス——裸の真実》のモデルのように楕円の鏡を持つ女性の手。生涯にわたって「家族」、「国家」、「宗教」に対してブルトンが示した敵意のことを考えると、その大半が一九三八年のメキシコ滞在の折に撮ってきたと思われるラテンアメリカの鮮やかな色彩の礼拝写真、あるいは聖水の容器数ダースや壁に掛けられたワッフル、ウエハース、聖餐のパンの鋳型を目にして私たちは驚くべきなのか。『秘法十七』を読むか、〈一九四七年のシュルレアリスム〉展の異教的祭壇を思い出せば、驚きはしないだろう。アンティークの硬貨のコレクション、女性の手袋のブロンズの鋳型、トカゲのミイラ、サン＝ジュストの肖像、磁器のオーケストラ、亀の甲羅、自転車に乗っている死神の像とまだ続く。そして、一九三四年春のある晴れた日、パリの蚤の市で手にした、小さなブーツが柄の部分についた奇妙な形に削られた木製のスプーン。

いかがわしいもの、シュルレアリスムのタブロイド的な真実を求めて、ブルトンの三度にわたる結婚が残した「優美な屍骸」、さまざまな愛、そして幾多の壊れた友情について、少し時間をかけてもよいかもしれない。一九四一年、マルセイユに逃れていた芸術家たちによって発案された自作のトランプの不完全なセットがある。愛、夢、革命、知識が揃って一組になるのだが、そのトランプにはロートレアモン、ノヴァーリス、ヘーゲル、フロイト、ボードレール、パンチョ・ビジャ、サド侯爵の肖像が描かれ、ジョーカーはユビュ親爺である。偏執狂的-批判的方法によって、危険なほどヒトラー礼賛に近づいたとブルトンが考えたサルバドール・ダリの一九三四年の「裁判」資料。マルクスの『ルイ・ボナパルトのブリュメール十八日』とは異なり、悲劇の前に喜劇が訪れたものの、そこにモスクワ裁判を予見するものがあったのだろうか。ダリはその自由な想像力によって、「生焼けのバゲットのように長く、ぐにゃりとした[…]裸の右の尻とともに」レーニンも描いたが、それは、ナチがボリシェヴィキの芸術と共存していることと同じくらいブルトンを不快にさせたイメージであった[10]。女性の身体の部位と心理的特性をプラス二十点からマイナス二十点のスコアで参加者が評価する、ポール・エリュアール考案の「女性（ラ・ファム）」というシュルレアリスムの娯楽を私たちはどう解釈すべきなのか。エリュアールは胸に二十点、性器に十九点、だが尻はマイナス二十点としている——春のようにかれの下で不思議な動きをするガラの愛しいお尻を忘れてしまったのだろうか。それに対して、つねにロマンチストであるブルトンは、女性の手と瞳に最高点を与えている。このゲームの唯一の女性プレイヤーであるシモーヌ・ブルトンは、自分の記入欄のほとんどを空白のままにしている。しかし、シモーヌはだいぶ前から、シュルレアリスム研究所で「家事をこなし、機械のように扱われる特定の女性メンバーの雇われ方」にうんざりしていたのだった[11]。

ブルトンの古いヨーロッパの魔法の都との戯れ——あるいは、プラハのブルトンとの戯れと言うべきか——を記念する品々を探し求めていけば、シュティルスキーとトワイヤンの絵画や写真を、幸せな日々の賜物として発見するだろう。「私の親愛なる友、アンドレ・ブルトンへ、すべての天才と太陽（?）私の心から（?）ヴィーチェスラフ・ネズヴァル、一九三五年四月十日、プラハ」[12]と部分的にキャプションが判読できる、パイプをくわえ、太って楽しげに見えるヴィーチェスラフ・ネズヴァルの自画像写真。厳めしく、おそらく（確信が持てるものは誰もいないが）レズビアンと思われる、トワイヤンのより威厳のある肖像写真。[13]一九三五年にジェジュンのシャトー・ド・プイ、サン＝ジャン＝オ＝ボワ、モンフォール＝アン＝シャロッス、カルロヴィ・ヴァリ、マリアーンスケー・ラーズニェ、プラハ、テネリフェで撮影されたブルトンとジャクリーヌ、エリュアールとニュッシュ、ネズヴァルとタイゲ、シュティルスキーとトワイヤン、若いボフスラフ・ブロウクが写った、丁寧に貼られてラベルがつけられた八十三枚のスナップ写真を集めたアルバム。[14]私たちはまた、一方でタイゲ、ブロウク、シュティルスキー、トワイヤン、ホンズル、コンスタンチン・ビーブルが、もう一方でヴィーチェスラフ・ネズヴァルが、ともにブルトンの支援を求めて緊迫した、今となってはほとんど理解しがたい〈チェコスロヴァキアのシュルレアリスト・グループ〉の分裂をめぐる一九三八年の激しい論争に関する束を解くこともできるだろう。それは、一九三五年の講演でブルトンが〈左翼戦線〉に対して概略を示した「放棄の選択」がついに我が身に跳ね返ってきたとき、自分たちの夢の尺度に合わせて日々を形づくることに身を捧げてきた芸術家たちがすべきことはいったい何なのかという論争である。[15]「今日がその日だ／あまりにも――時は溢れる」。今となっては遠い昔のこと、こうした形見によって思い出される世界は、ルドルフ二世の城にいた天文学者や錬金術師のように遠く隔たっているように感じられる――だが、それはつねに思い出されている。そう、昔々、近代という世界があった。

ルドルフ二世の「驚異の部屋」やプラハのゲットーの屑屋がもはやないのと同じように、二〇世紀の神秘の宝の山も、もはや存在しない。例外は、豪華な八巻本のオークション・カタログの中で幽霊のように記録され、付録のＤＶＤのヴァーチャルな空間に生きているものだけである。[16]ブルトンのコレクションもまた、骨董市でぼんやりと夢見るようなものになった。ブルトンの死後、エリザとオーブは、フォンテーヌ通り四十二番地のアパルトマンを、訪ねてくる研究者やシュルレアリストのために神殿のようにそのままにしておいた。エリザは二〇〇〇年に他界する。彼女

ピーラー・ホラの「星型の城」(フヴィエズダの夏の別荘)。当時の絵葉書、プラハ、年代不明。
アンドレ・ブルトン『狂気の愛』所収

はバティニョル墓地のブルトンの隣に埋葬された。オーブは七十の齢に近づいている。家族が再三申し入れているにもかかわらず、フランス政府は、今では国家の文化遺産の一部となっているのが明々白々であるものを保管する責務を担う手続きに進むことを拒否した。オーブの要請によって、ブルトンの住まいにあったものはすべて、二〇〇三年四月に競売会社カルメルズ・コーエンによって売りに出された。〈一九四七年のシュルレアリスム〉展の外で行なわれた革命的シュルレアリストの抗議行動と共鳴しながら、実演宣伝者たちは、ブルトンの顔が「お前の金は、お前が決してなれない詩人の死骸の匂いがする」[17]という言葉とともに印刷したユーロの偽札を配布した。『狂気の愛』の木製のスプーンは一万八千ユーロで落札された。オークション全体の売上高は四千六百万ユーロに上っている。だがこのオークションには、「ブルトン財団に課せられた相続税を政府に支払う代わりに、「オーブ・」ブルトン・エレウエからジョルジュ・ポンピドゥー・センターの国立近代美術館に寄贈された「…」「ブルトンの」机の背後にあった雑然とした壁」[18]は含まれていない。細部まで再現され、周到に注釈がつけられた「ブルトンの壁」は、今ではポンピドゥー・センターの目玉のひとつとなっている。世界の有史以前の数々の吃音に囲まれた中央には、エリザのモノクロ写真が置かれている。

そのような豊饒さの中にあって、ビーラー・ホラの「星型の城」の絵葉書は、ほとんど取るに足らないもののように思える。[19] ブルトンの物語のヴァージョンの大半においてはひとつの脚注にすぎないが、私たちの物語においては基調をなすこの絵葉書の参考価格は、わずか百五十から二百ユーロであった。最終的には五千ユーロで競り落とされている。誰が、どのような目的で競り落としたかはわからない。裏面には、ブルトン自身の丁寧な字で、「深淵の斜面に、賢者の石で建てられた……」と記されている。この狂気の歴史を表わすのにこのうえない碑文である。最期の奇妙な偶然として触れたいのが、一九六六年八月、ドルドーニュのドンムという美しい小さな町での休暇中、アンドレ・ブルトンが偶然見つけた最後の「発見されたオブジェ」である。いくつもの三角面が美しく刻まれた屋根飾りが捨てられていたものであるが、ブルトンはそれが「プラハの星型の城［…］だと気づいた」。[20]『狂気の愛』に掲載された「星型の城」の写真の隣に、ラドヴァン・イヴシックによる暗示的なオブジェの写真が、シュルレアリスムの創始者に対する十分すぎるほどの賛辞として、一九六七年四月に出たパリのシュルレアリストたちの新しい雑誌『アルシブラ』の創刊号に掲載された。星の刻まれたオブジェは、今ではバティニョル墓地のブルトンの墓石の上に置かれているが、それ以外の点では、アドルフ・ロースが望んだように、墓石に余計な装飾はない。

墓地を訪れる大半の人にとって、それは客観的偶然のあらゆる兆候と同じく、ほとんど理解不能なものである。パリをプラハと永遠に結びつける複雑なもつれというこのような謎めいた形見とともに、二つの都市をめぐるこの物語を締めくくるのもふさわしい――いや、詩的とも言える。だが、プラハとフランスのシュルレアリストの関係はこれで終わりではない。このお袋さんには獰猛な爪があった。

プラハ―パリの電話

ブルトンの死から一年半と経たないうちに、一九六八年という驚異の年がボヘミアでまさに始まろうとしていた。

一月五日には、チェコスロヴァキア共産党第一書記がアントニーン・ノヴォトヌィーからアレクサンデル・ドゥプチェクに交代し、「人間の顔をした社会主義」というその当時の世界でもっとも美しい夢への道が開かれた。春――あるいは何か――の気配が感じられたひとつの徴候が、ブルノ、プラハ、ブラチスラヴァで多数の目の肥えた観客を集めた〈快楽原則〉展である。それは、ブルトンが「第二の箱舟」という文章を寄せた一九四七年のトピッチ・サロンでの展覧会以降、チェコスロヴァキア国内で初めて開催された国際的なシュルレアリスム展だった。戦前のアーティストとして出品したのは、ミロ、マッタ、ラム、そしてトワイヤンのみである。六十年前、マックス・ブロートが「プラハの春」と称賛した〈オスマ〉の作品のような新鮮で若々しい展示は、〈法律違反〉、〈夜の法〉、〈自動的真実〉、〈ゲーム〉という項目にまとめられた「シュルレアリスム運動の現代作品のセレクション」だった。同展は、ヴァンサン・ブーヌール、クロード・コルト、ジョゼ・ピエールといった一九五〇年代と六〇年代にブルトンの周囲に集ったパリの新生シュルレアリスト・グループのメンバーによって企画されたものである。展覧会の図録には『シュルレアリストの電話　プラハ―パリ』という小冊子がついていて、スタニスラフ・ドヴォルスキー、ヴラチスラフ・エッフェンベルゲル、ペトル・クラールといったチェコの第二世代のシュルレアリストからの質問と、パリのシュルレアリストの回答で構成されている。三十四年前にザーヴィシュ・カランドラを含む千人を超える聴衆が集まり、「チェコスロヴァキアにおけるシュルレアリスム」について討議されたプラハ市立図書館では、「シュルレアリスムと芸術」と題した連続講演が行なわれた[21]。エリュアール、ランバ、ブルトンの足跡を辿りながら、フランスの新世代のシュルレアリストは、魔法の都での友人たちとの邂逅を急いだ[22]。

訪問者たちと案内者たちは、国際的なシュルレアリスムの活動を刷新する基盤となることを期待して、「プラハのプラットフォーム」と呼ばれる指針を表明することに同意する。その小冊子は、鉄のカーテンの両側にいる「進歩という発狂した間抜け」を対象とし、シュルレアリスムは「『進歩』あるいは歴史的不可逆性の神話という誤った特質を検証するうえで、とりわけ重要な位置にある」と論じていた。「二都市のシュルレアリスト・グループの組織のみならず、今日それ自体を定義づけるシュルレアリスム運動のグローバルな表現として」、「パリの『アルシブラ』誌とプラハでまもなく創刊予定の『アウラ』誌」という新しい雑誌と連動しながら、その文章はシュルレアリスムの歴史におけるプラハの誇るべき位置を思い出させる文言で終わっている。

一九三五年四月九日、プラハで『シュルレアリスム国際公報』が刊行される。
一九六八年四月九日、プラハでシュルレアリスム展〈快楽原則〉が開幕予定。

底はつねにつながっている。
（アンドレ・ブルトン）
一九六八年四月—プラハ—パリ[23]

新世代のシュルレアリストたちの電話での意思疎通は熱狂的であったとはいえ、必ずしも容易には進まなかった。戦後の地理は、夢の世界に避けがたい犠牲をもたらしていた。

このような断絶のとりわけ痛切な事例——立場によって見方は異なるだろうが、あるいは教訓的なまでに喜劇的な事例——は、一九六八年四月、フランスのシュルレアリストたちがビーラー・ホラの「星型の城」を巡礼したことで、一行の予定の中でも重要なものとして位置づけられていた。訪問者たちは、三十三年前のブルトンとエリュアール以上に、この「記憶の場」がチェコ人にとってどれほどの、あるいは単にどのような意味を持つか、まったく見当もつかなかった。とりわけ、共産党による架空の民族再生が二十年かけて進行する間に、この建築物がどのような意味を帯びていたか、かれらは知らずにいた。当時まだプラハに住んでいたが、まもなくその都市を離れることになるペトル・クラールは、次のような話を伝える。

たしかに、チェコ人のリアリズムは、反イデオロギー的であるばかりか、反ロマン主義的でもある。我々の歴史の中でもっとも熱狂した瞬間であった一九六八年、パリからやってきた友人たちがブルトンの訪問から三十年後にあの名高い「星型の城」を発見して熱狂している様子を見ても、共感はできなかった。というのも、その間にそれは学校の遠足で行く地となり、大きなスリッパ（訪問者はこれを履くことを義務づけられていた）を履いた本当の軍隊に監視された地元の滑稽な守護霊の博物館へと変貌していたからであり、この驚異はもはや愚行の要塞としてしか、我々を魅了することはなかった。両者の態度は相容れなかったかもしれないとはいえ、我々の「シニカルな」笑いだけが、美しい幻想という罠から、我々の友人をすぐさま救ったのだった。[24]

クラールの伝える小咄には、超現実に対する疑う余地なき見解が見られるが、それは驚異というよりも不条理に対する見解である。[25] 大きすぎるスリッパを履いた軍隊は、靴以上のものを覆う。

カレル・タイゲが亡くなった一九五一年、クレメント・ゴットヴァルトの政府は、歴史小説家の生誕一〇〇周年を記念して、「星型の城」をアロイス・イラーセク博物館へと変えてしまった。『革命論集デヴィエトスィル』の中で、タイゲは『チェコの古代伝説』や『すべてに抗して』の作家を「凡庸なキッチュ、不快かつ感傷的」として退けていたことを私たちは思い出すことができるだろう。ルネサンス様式の建築に必要な修復を手がけたのは、フラーフカ橋とアドリア宮殿の設計者パヴェル・ヤナークだったが、その頃にはすでに青年時代のキュビスム建築と手を切っていた。イラーセク博物館は、三月十二日の式典を経て、教育大臣ズデニェク・ネイェドリーの管理下に移る。その式典の写真には、クレメント・ゴットヴァルトとヨシフ・スターリンの巨大なポスターの間に――後世の目からすると――不釣り合いな猟師小屋が写っている。[26] そこを訪れた者は、玄関ホールにあるゴットヴァルトが書いた文章を記した大理石のプレートを目にしたであろう。昔の愛郷的な小説家とチェコスロヴァキア共産党の間には明らかな歴史的親縁性などないため、奇妙と思われるかもしれない組み合わせを説明しようとしたものである。つまるところ、イラーセクの名前は、第一回チェコスロヴァキア議会の上院議員の国民民主党の候補者リストの一番上にあった――その国民民主党は、一九四五年、ミュンヘン協定にいたる時代に国益を損なったとして、他の戦前の右派政党ともに解党

プラハ、フヴィエズダのアロイス・イラーセク博物館の開館式典、1951年。撮影者不詳。ミロスラフ・ノヴォトヌィー『アロイス・イラーセクの年月』（プラハ、メラントリフ社、1953年）より

された。だが、そんなことは関係ない。そのプレートには誇らしげに以下のように記されている。「我々はこう主張できる。イラーセクは、我々の伝統の何が我々を前へと導き、自由、そして民族の全盛期へと導くのかを、作品を通して見事な手法で表現する。その点において――古い資本主義社会よりも――我々に近いのだと。かれの作品は、我々の過去についての正しい見方を教え、我々の国民としての矜持を強め、歴史的な楽観主義、そして人民の創造的力への信頼で満たしてくれる」[27]。

博物館の開館は、一九四八年十一月にチェコスロヴァキア共産党が開始した「イラーセク作戦」の頂点をなすものだった。その後、十年にわたって（ふたたびゴットヴァルトの言葉によると）、「イラーセクの生涯と作品は、かれの作品が記録する時代と出来事と同様[28]」、社会主義国家チェコスロヴァキアに浸透する。社会主義国家建設に奉仕するために懐古的に参加させられた一九世紀の啓発者はイラーセクだけではない。ボジェナ・ニェムツォヴァー、ベドジフ・スメタナをはじめとする「国民文化」の巨人たちが、続いて大手を振るうことになる。翌年――スラーンスキー裁判があった年――は、「ミコラーシュ・アレシュの年」と公的に宣言され、四か所の会場で半年にわたってオマージュが捧げられた。これはおそらく、プラハが特定の一人の芸術家の作品に対して捧げた最大の賛辞であろう[29]。

プラハ城の調馬場で行なわれた展覧会の図録で、フランチシェク・ネチャーセクは次のように書いている。「今日、［アレシュの］芸術は、これまでとは異なる新しい調べを奏でながら、私たちに鳴り響く」。尊い偽装を施し、借用された言語を用いて、新しい世界-歴史の情景を上演するために、過去の精神がふたたび召喚されたのである。古い表現が新しく生まれ変わった。

アレシュの《孤児》や《パンを求めて》は、実際には二度と戻ってくることのない過去の語りである。だが、帽子にソ連の星をつけたかれのコサック兵は、実際に旧市街広場に戻り、我々に自由をもたらした。かれのフス派の人びとは、今日の我々の人民の中で息を吹き返し、平和と社会主義国家建設を求める力強い戦いに戻ってきたのだ。アレシュの子供たちの楽しい叫び声、ヒバリの歌声が、我が民族が先祖代々引き継ぐ緑の野原に、かつてないほど楽しく響き渡る。[30]

「我々のもっともチェコらしい芸術家」が「星型の城」で旧友アロイス・イラーセクに加わるのはふさわしいと言うほかなく、一九六四年にはアロイス・イラーセクとミコラーシュ・アレシュ博物館となっている。

ブルトンの星型の城に敬意を払いつつ訪問した客人たちを、ペトル・クラールやその仲間が笑いをもって迎えたことは理解できる。共産主義の経験によって、戦後のチェコのシュルレアリストのアイロニー、エロス、不条理に対する認識が深まったとしたら、それは周囲の環境および自己を改革するというモダニティのより壮大なプロジェクトの断固とした拒絶にもつながるだろう。ヴラチスラフ・エッフェンベルゲルは、戦前のシュルレアリスムについて、「詩という独自の空間を用い、無意識の心理的メカニズムを通して、日常の奇跡の考察を重視していた。エネルギーのこの巨大な源が、経済と政治の法の内部で起こっていた抵抗の瞬間と連動して、世界を変革し、生を変えうるのだという事実を意識することが可能になるようなやり方で」と述べている。しかし、「その後の政治的な展開」は、「そのような革命的な歴史の変革が、過激主義者の前提においては、単なるロマンティックな理想にすぎない」ことを示したとにべもなく結論づけている。マルクスの「世界を変革せよ」とランボーの「生を変えよ」を一致させるブルトンの夢は、次のようなものにとどまっている。

具象的非合理性は、もはや社会革命の騒動としては理解されない。それはむしろ、ある特殊な種類の存在論的熟考となり、そこでは潜在的に不穏な力がある。［…］もし太古から詩、イメージあるいは生における詩の正統なダイナミズムとなっているそのような不穏かつ魔術的な力が、歴史を転覆させることなく、魔力よりも懐疑を通じて作用することのほうが多いとしても――というのも、それは愛、自由、詩的な切迫感を宣言するのではなく、むしろその正反対のものの信憑性を失わせるからだ――それでも、人間の精神がそれ自身の影の境界を超える唯一の可能性であり続けるだろう。[31]

シュルレアリスムは、まさしくポール・エリュアールが「詩の明証性」の中で定義したもの、すなわち知識の道具へと後退していく。そのような禁欲的態度は、その後の年月に求められることになる。

四か月後、深淵はふたたび開き、「現実原則」はソ連軍の戦車という形を取り、「快楽原則」に打ち勝つ。言うまでもないが、雑誌『アウラ』が日の目を見ることはなかった。だが、エッフェンベルゲルは一九六九年にチェコのシュルレアリストによる新しい雑誌『アナロゴン』の唯一の号を、「意識の危機」という副題をつけてどうにか世に送り出す。同誌は、ブルトンとトロツキーによるマニフェスト「自立した革命芸術のために」、ザーヴィシュ・カランドラの文章の八ページにおよぶ抜粋、アンドレ・ブルトンの「ポール・エリュアールに宛てた公開書簡」などを掲載している。パウケルトのデリカテッセンの例に倣ったのか、この雑誌が同じタイトルで刊行を再開したのは一九八九年のビロード革命後のことであった。[32]『アルシブラ』誌は、一九六八年九月三十日付の未綴じの特別号を刊行した。見出しには単に「チェコスロヴァキア」と記されている。カフカ風の官僚的なゴム印のように、その単語は緑色のインクの四角形の中に、ページの上部に斜めにスタンプが押されてあった。「プラハのプラットフォーム」はまさにここで初めて日の目を見る。その文書には、パリのシュルレアリスト・グループの二十八名のメンバーの署名があった。編者はこのように説明している。「別の状況であれば、チェコスロヴァキアのシュルレアリスト二十一名、パリ在住の外国人のシュルレアリスト十一名の署名もなされていただろう[33]」。

同号は「政治的現実と警察的現実」と題した論説で始まっているが、その年の消えつつある夢に執着しようとしている。「政治的現実は新しいものであり、内的に抑圧されたものを解放する運動である。それは個人を解放しながら、集団の運命を創出する」。「内的世界の野蛮な力」に対抗するのは、「警官のイデオロギー的な制服［……］民主社会学生同盟、ブラック・パワー、ベトコン、アメリカとアフリカのゲリラ、ナンテールの怒れる者たち、フラン〔ルノーの工場〕の労働者たち、チェコスロヴァキア市民の政治的現実よ、永遠なれ！[34]」二一世紀の視点から見ると、オタカル・ムルクヴィチカがヴァーツラフ広場の赤い星と摩天楼を組み合わせたのと同じくらい、遠い昔のモダニティの超現実的なモンタージュである。これに続く記事は、果敢にも「春は止められない」と題されている。「八月二十日にプラハを去ったチェコのシュルレアリストたち」によって書かれたとされ、名前は明かされていないが、そのうちのひとりはペトル・クラールである[35]。「戦車によってためらうことなく国中を拘束しようとしたにもかかわらず」、その記事はこのように締めくくる。「スターリンの後継者たちは、かれらの要塞と化した象牙の塔の中で、よりいっそう孤立を深めることになった。［…］人びとが英気を養う地下では、土壌にしみこんだ血のように真っ赤な、燃え上がるような反抗が生まれつつある[36]」。

だがすぐに、風向きはどちらかが明らかになる。一九六八年十二月に刊行された『アルシブラ』誌の最後からひとつ前の号では、「時の色に染まったプラハ」と題して「チェコスロヴァキアにおけるシュルレアリスムの内的状況を定義する」試みが行なわれた。「近年の出来事によって、一九六七年十二月から一九六八年一月にプラハで記されたこの文章のいくつかの部分は、純粋に歴史的なものとなっている[37]」と序文は明らかにしている。狂気じみた軍隊は通り過ぎ、戦場は歴史の一部となった。アンドレ・ブルトンという人物と同一視される運動において、〈快楽原則〉展はシュルレアリスム運動によって展開された最後の国際的な展覧会となった。世界中の多くの加盟組織――とりわけプラハでは、国外に逃げなかったチェコスロヴァキアのシュルレアリストたちは、ふたたび夜の中を歩こうとしていた[38]――が落胆したことに、パリのシュルレアリスト・グループは、数か月後の一九六九年二月八日、正式に解散する。一九六九年三月に出た『アルシブラ』の第七号にあたる終刊号は、（ジェラール・ドゥロゾワの言葉によれば）「実際に存在することをやめたシュルレアリスト・グループによる、集団として最後の表現[39]」となった。そこには、アドリアン・ダックスの「一九六八年四月十二日金曜日、午後三時頃、プラハの古い天文時計に隣接する広場の、うわの空の観察コースにおいて、連想的で視覚的なルートを再構成する試み」も含まれていたが、それはまさに、この街がいかに素早く詩的空間の領域に戻っていたかを強調するものでしかなかった[40]。

ダンシング・ハウス

もしアンドレ・ブルトンが、カフカ、ネズヴァル、あるいはリペッリーノの描いた幽霊のようなプラハの散策者の仲間に加わって、墓場から起き上がり、忘れがたい風景を彷徨うことがあるとしたら――きっとそうしているはずだろう、ブルトンの生涯でもっとも美しい思い出のひとつをこの街はかれに与えたのだから――カレル橋、錬金術師通り、今なお針が反対回りに進むゲットーの時計を目にするだろう。その魔法は今日やや価値が下がっているかもしれないが、土産物店が開店したり旅行者であふれかえる前の早朝のプラハは、今なお想像された自己にふさわしい似姿を見せている。ブルトンはきっとビーラー・ホラ行きの路面電車に乗り、三角形の外観を有する「星型の城」の記憶を新たにすることだろう。だが、時の黄金のために、「オブジェのシュルレアリスム的状況」の講演を行なった場所を再訪したほうがいいだろう。プラハは悪い星のもとに生まれた二〇世紀を忘れ、ポストモダンの時代に入ったというのに、人びとは今なお、奇妙なことに、そこをジョフィーン島と呼んでいる。マーネス画廊は、パウケルトのデリカテッセンや〈グランド・カフェ・オリエント〉と同様、そのさまざまな過去との繋がりは断片的になっているものの、ふたたび芸術家協会マーネスの所有となっている。「余計」であり、それが存続すれば「社会主義国家建設の妨げになる」[41]という理由から一九四九年に解散に追い込まれた古い歴史を持つこの組織は、一九九〇年、まだ存命だった二十二名のメンバーによって再結成されている。[42]

今日、晴れた日にマーネス画廊のテラスでビールを啜っていると、オタカル・ノヴォトヌィーが最新のモダニズムのギャラリーに隣接する玉葱状の古い給水塔と、ラシーン河岸とイラーセク広場の角にあるフランク・ゲーリーとヴラド・ミルニッチのポストモダンなダンシング・ハウスの頂部にあるクーポラの偶然の出会いの喜びを賞嘆せずにはいられない。そのクーポラは、作り手たちが呼んでいたように「メドゥーサ」として親しまれている。一九九四年から九六年に建設されたダンシング・ハウスは、ヴァーツラフ・ハヴェルの市民フォーラムが一九九〇年の選挙を戦ったときのスローガン（「ふたたびヨーロッパへ」）がそうであったように、プラハがふたたび自らをヨーロッパに回帰させようとしたもうひとつの瞬間の産物である。劇作家の大統領宅が所有する隣の集合住宅を数年前に改装したのはミルニッチだが、河岸の開発に熱心だったのはハヴェルである。ゲーリーによる凝った建築は、いまやハリウッドスターにあやかって「フレッド&ジンジャー」というあだ名で呼ばれているが、誰が命名したのか定かではない。大恐慌時代のアステアとロジャースの映画（『コンチネンタル』、『トップ・ハット』、『踊らん哉』）が非対称的な二つのタワーのなまめかしい回転を想起させたのか、そのあだ名は定着している。古いヨーロッパの魔法の都にそれほど際立った徴を残したのは、ありそうもない組み合わせだと思えるかもしれないが、そうした言及はもはや場違いなものではないことを私たちは知るべきである。そう、ヤロスラフ・イェジェクの『ダークブルーの世界』に耳を傾けさえすればいい。

だが、ためらう部分もある。ダンシング・ハウスの最終的な形は、クロアチア出身のパートナーよりもゲーリーに多くを負っているが、高名な建築家がこのプロジェクトに加わったのは、オランダの保険会社ナショナーレ・ネーデルランデンが一九九二年にその区画を購入してからのことである。その区画のための一九九〇年のコンペを勝ち取ったヴラド・ミルニッチの当初の案は、三つのヴィジョンに触発されていた。「最終的な結果は、これらの明らかな愚行から抽出されたものだ」とミルニッチは強調し、「しかし、この建物はそうして生まれたのであって、その事実は何事によっても変わりはしないだろう」とする。当人の語るところによれば、ミルニッチの最初のインスピレーションは、「ある種の『モスクワの記憶』であり、そこでは建物の三分の二が、高いコーニスやコリント式柱のある社会主義リアリズム様式で建てられ」、他方、「上の三分の一は実に簡素で節約した造りとなり」、「ストリップショーの形で純化が進行中の社会のアナロジー」だった。第二の案は、「［一九八九年の］革命内部のエネルギーに満ちた建築。そのため、豆のさやのように、赤-白-青という色で」――チェコの国旗の色――「自分を押し出すように、はちきれんばかりである」。第三の案は、「プラハの魔法の中心部に向かって屹立するチェコのジャンヌ・ダルク[43]」。裸の女性が国民劇場の前庭にあるヴルタヴァ川を擬人化し、フラーフカ橋の支柱の上で《労働》と《人間らしさ》を体現し、プラハ市立図書館でミューズのように変装し、ユングマン広場に建つパヴェル・ヤナークによるアドリア宮殿のファサードを可愛らしく横切るプラハであれば、このオルレアンの処女の生まれ変わりは、同じ河岸のアール・ヌーヴォー様式の集合住宅の窓を支える彼女の姉妹たちのように、胸をはだけて建物から飛び出す――ただし、ミルニッチの夢のヴィーナスだけは、七階建ての高さを誇るポスト共産主義のポルノ・クイーンで、恥毛を輝かせている。「内部のエネルギーに満ちて」――とミルニッチは審査用資料の中で説明している――「建物ははちきれんばかりである。テラスは、ローリング・ストーンズのロゴの舌のように、マーネス、そしてプラハ城のほうに突き出ている[44]」。

　第二次世界大戦中の連合国軍による誤爆により、そしてその後の共産主義時代に四十年にわたって放置されたことで空き地になっていた場所に建てられたダンシング・ハウスは、ビロード革命の熱狂と、チタンで覆われたゲーリー作のビルバオのグッゲンハイム美術館を生み出した新時代の建築技術とのありそうもない偶然の出会いの産物である。米軍パイロットは、プラハをドレスデンと勘違いしたのかもしれない――一九四五年二月十四日の正午頃、空飛ぶ要塞から放たれた百五十トンの高弾頭を搭載したミサイルは、工場にも軍事施設にも命中していない――中心街という好立地と、川越しに望むフラッチャヌィの絵葉書のような景色が楽しめるため、状況さえ違えば、その場所自体は一等地となっていただろう。だがそのような状況に巡り合うことはなかった。私有財産が国有化されると、空き地はその価値を失い、共産主義者は富裕層向けのマンションを再建することに関心を持たなかった。B-17によって破壊された建物の所有者ヤロスラフ・ネベサーシュは優秀な左翼系の弁護士だったが、見世物裁判により、一九五四年、「スパイ、サボタージュ、裏切り」の罪で禁固十五年の刑に服していた。[45] ハヴェル一家は、隣にある世襲財産の名残にしがみつき、一九〇四年から〇五年に大統領の祖父によって建てられたアール・ヌーヴォー様式の建物の一室に居住していた。

ダンシング・ハウスはさらに、キャメルの煙草の新しいパッケージ、カルヴァン・クラインのオートクチュール、レム・コールハースの『S、M、L、XL+』を押しのけて、一九九六年の『タイム』誌のベスト・デザイン賞を受賞している。だが、プラハの景観における『ジャンピン・ジャック・フラッシュ』――あるいはむしろジンジャー・ロジャースとフレッド・アステア――が刻印された建築は、故郷でそれほど評価が一致していたわけではなかった。とりわけ、ゲーリーとミルニッチの作品は、その前年チェコ共和国で建てられた最高の建築作品に贈られる一九九七年の建築家連盟賞の特別賞すら受賞しなかった。この建築を誹謗する人びとは、それが傲慢にも都市の背景を蹂躙している――きわめて歴史的な重みをもつ文脈があまりにも軽々しく扱われている――と非難した。「プラハはもはや、私たち――チェコ人――のものではないのか?」と、来訪者名簿に署名したある現地住民は息巻いている。「ディズニーランドに相当する建築の醜塊だ」とつぶやく者もいた。[46] こういった異論は、建築をめぐる会話から出たものばかりでも、チェコ人から出たものばかりでもない。ケネス・フランプトンが評したように、長きにわたって忘れられていたチェコスロヴァキアの「その名に値するモダニティ」は、遅ればせながら西側の想像力を魅了していた。[47] ゲーリーは、通りの向かい側にあるオタカル・ノヴォトヌィーのマーネス画廊のすっきりとしたラインに典型的な、チェコのモダニズムの遺産を裏切ったとして広く糾弾された。相も変わらず、ここでも美学以上のことが問題にされている。社会主義リアリズムのコリント式ファサードから脱却しようと躍起になっている世界にとって、危険な瞬間にこそ浮かび上がるかつてあったものの記憶は、とりわけ際立ったものだった。

だが、その瞬間とその危険は過ぎ去った。ダンシング・ハウスは、フラッチャヌィ、カレル橋、さらには観光ルートで必ず立ち寄るプラハの魔術的な中心部にある他の驚異に加わり、その周囲に溶け込みつつある。いまや苦情は鎮まり、波状のプラハのアール・ヌーヴォー建築、プラハのキュビスム建築の挑戦、あるいはプラハのバロック建築の過剰さの残響をそこに見いだせるようになったが、これらすべては、ゲーリーがこの都市に足を踏み入れるはるか前に、表層を砕き、見取り図を歪めていた。この建築は、今日、マーネス画廊と同じくらい場違いに見え、それらの新旧の「メドゥーサ」の共存はあまりにも多くを物語っている。ヨゼフ・パジョウトは（ヴラド・ミルニッチがこのプロジェクトに注入したもののおかげで、とかれは考える）、プラハは「アメリカの巨匠に、その土地の精神（ゲニウス・ロキ）の前にひれ伏させ」、「ある種の啓示――二〇世紀の新たなバロック」[48]を作らせた初めての都市であるとまで豪語している。「私の意図は」――ゲーリー自身、ダンシング・ハウスについて語る際に強調している――「それぞれの場所の一部となることだ。私の試みとは文脈に応じて作用することだが、伝統に迎合するわけではない。［…］ビルバオはそこと関わり、プラハはそこと関わっていると思う。こういった建築はロサンジェルスでは作りはしなかった[49]」。二〇〇〇年、ダンシング・ハウスが、過去十年間に建設された「傑出したクオリティーを有する建築作品」に与えられるプラハ市長賞を遅ればせながら受賞したとしても、それはなんら驚くことではなかった。プラハはこのような異様さに満ちている。遅かれ早かれ、それらは風景に溶け込み、サルバドール・ダリの柔らかい時計のようにしなやかな過去へと退いていくにつれ、場違いであったことは忘れ去られてしまう。

あまりにも見過ごされがちだが、一方をノヴォトヌィーのマーネス画廊に、他方をゲーリーのダンシング・ハウスに囲まれた小さな広場の中央には――モダンとポストモダンの中間とも言えるかもしれない――アロイス・イラーセクの像が置かれている。チェコのウォルター・スコットは、自身の名前を冠する広場に一九〇三年から三〇年に亡くなるまで住んでいた――偶然にも、イラーセクが亡くなった年に新しく建設されたマーネス画廊がその景色を台無しにしている。この記念碑は、ブルトンに何か驚きをもたらしたかもしれないが、実際のところ、シュルレアリストが驚かされることはなかった。一九三五年には、回顧的ナショナリズムというイラーセクのブランドは、少なくともブ

アンドレ・ブルトン、「発見されたオブジェ」。のちにブルトンの墓の上に置かれた。ラドヴァン・イヴシック撮影、1967年4月21日、『アルシブラ』誌創刊号

ルトンやエリュアールを連れて街を歩いた進歩的な左翼系の人びとにとって、救いがたいほど過去の遺物であったからだ。だが、これまで十分すぎるほど明らかになっているように、プラハは歴史が一歩前進したり、一歩後退するような場所ではない。この彫像は一九六〇年、イラーセクに感謝の念を表す共産主義者たちによって建造された。かれらは一九世紀の夢の世界を再利用し、ユリウス・フチークが「明日がすでに昨日を意味する土地」[50]として、無意識の内に皮肉を込めて社会主義を定義したものに新たな意味を与えたのだった。いまやそのような共産主義者たちも鬼籍に入り、イラーセクの記念碑は、ズデニェク・ホイダとイジー・ポコルヌィーがプラハの彫像をめぐる秀逸な書物の中で「ザポムニーク」と呼ぶものになりつつある。「ポムニーク（pomník）」はチェコ語で「記念碑」を意味し、「ザポムニーク（zapomník）」はホイダとポコルヌィーの造語で、zapomenout「忘れる」という動詞をもじったものである。「ザポムニーク」とは、「忘却碑」――忘却の不可避性を私たちに思い出させてくれるためだけに、その風景にとどまっている記号――である。なぜなら、それがかつて意味したものは、はるか昔へと消え去ったからである。[51]

だが、断言するのはやめておこう。彫像はここで息を吹き返す。晩餐会の招待状を受け取ったとしても、それは主人を深淵に引きずり込むためなのである。糞を落とす鳩が頭上にとまり、老イラーセクは、いまや侘しい像となっている。アンドレ・ブルトンがこの彫像のことをどう思うか、私には見当がつかない。だがかれの姿は、ヴァルター・ベンヤミンの落ちぶれた歴史の天使を、チェコ語の指小形の「小さいけれど（マレー）、私たちのもの（アレ・ナシェ）」をいやおうなく想起させてくれる。

訳者あとがき

ドイツの思想家ヴァルター・ベンヤミンは、多種多様な引用、断片的な記述を通して「一九世紀の首都」である「パリ」を描こうとしたことはよく知られている。没後に『パサージュ論』として刊行されるその書物は多様な読みを可能にし、かつ、その微細な記述は今なお読者の心に深い印象を残している。ベンヤミンの精神を引き継ぎ、舞台を二〇世紀のプラハに移して執筆されたのが、英国出身の研究者デレク・セイヤーによる本書『プラハ、二〇世紀の首都――あるシュルレアリスム的な歴史』（二〇一三）である。

ベンヤミンの『パサージュ論』と同様、本書においても、詩、小説、絵画、彫刻、写真、音楽、演劇、建築など多種多様な芸術作品への参照が次から次へとなされ、大著ならではの広がりと奥行きを有する書物になっている。各章で言及されるのは、フランツ・カフカ、カレル・チャペック、アルフォンス・ムハ（ミュシャ）といった日本の読者にもよく知られた芸術家から、専門家の知性を刺激する固有名詞に至る百花繚乱の人物である。その舞台となっているのが、「二〇世紀の首都」こと、プラハである。なぜ、プラハが「二〇世紀の首都」なのか？　一九世紀の首都であるパリが「光の都」と称され、その輝きによって多くの人々を魅了したのに対し、二〇世紀の首都のプラハはその「暗さ」によって特徴づけられると筆者は説く。序章でも触れられているとおり、わずか百年の間に、ボヘミアの首都は、国家独立、ナチ・ドイツによる保護領、「勝利の二月」事件、「プラハの春」、民主化という幾度もの体制転換を経ている。もちろん、その間に「ホロコースト」、「全体主義」を経験していることは言うまでもない。だが、本書で論じられる「暗さ」は歴史の暗部だけではない。たとえば、一九八九年のビロード革命後、大統領となったのは劇作家ヴァーツラフ・ハヴェルであったが、反体制運動の拠点が置かれたのは、パヴェル・ヤナークによるロンド・キュビスムの代表的建築アドリア宮殿であったことが触れられる。不条理演劇作家が大統領になったことだけでなく、その活動が「国民様式」とも称されるキュビスム建築と結びついていることが明らかにされる。ここでは、「歴史」的な出来事よりも、その「背景」をなす出来事に光が当てられ、「黒いユーモアの具体的な実例」が示される。そう、本書の根幹をなすのは「歴史」に見られる黒いユーモアなのである。

この黒いユーモアの精神を主に担っているのは、本書の副題にもあるように、「シュルレアリスム」であろう。プラハの地に〈チェコスロヴァキアのシュルレアリスト・グループ〉が結成されたのは、ブルトンの『シュルレアリスム宣言』が発表されてから十年が経過した一九三四年のことである。驚いたことに、当時のプラハでは「シュルレアリスム」と「社会主義リアリズム」を共存させる可能性が模索されていた（詳細は、拙著『カレル・タイゲ　ポエジーの探求者』水声社、二〇一七年を参照）。パリとモスクワの中間に位置するプラハは、思想、文化の面においても両都市の影響を受けていた。だが、他の都市で運動としてのシュルレアリスムが求心力を失っていくなか、プラハのシュルレアリスト・グループは連綿とその精神を継承していく。戦後の社会主義体制下では長きにわたって公的な活動を制限されたものの、映画監督ヤン・シュヴァンクマイエルの活動に見られるように、今なおお同グループは健在である。運動体としてのシュルレアリスト・グループがこれほどの連続性を保っているのはプラハを措いて他にない。

本書では主に、理論家・コラージュ作家カレル・タイゲ、詩人ヴィーチェスラフ・ネズヴァル、画家インジフ・シュティルスキー、トワイヤンといったチェコ・シュルレアリスム第一世代の主要な人物の足跡を辿りながら、チェコ・シュルレアリスムの広がりが触れられているが、その射程は狭義のシュルレアリスムに限定されるものではない。というのも、文字どおり「現実離れ」した幾多の出来事が次から次へと語られていくからだ――アンドレ・ブルトンらのプラハ訪問、チャペックの『ロボット』とマイリンクの『ゴーレム』の親近性、カフカの『変身』とイジー・ヴァイルの『色』の奇妙な呼応、当時もっともモダンな建造物〈見本市宮殿〉で行なわれたムハ《スラヴ叙事詩》の展覧会、未完に終わったル・コルビュジエによるズリーンの都市計画、この世の美しきものすべてを謳う「ポエティスム」、恋人だったアルマ・マーラーをかたどったオスカー・ココシュカの人形とコメニウス崇拝、ネズヴァルの詩集『アルファベット』におけるミルチャ・マイェロヴァーの躍動的な身体、ムージャンでのシュルレアリストたちのホームパーティー、マルチヌーのオペラ『ジュリエッタ』と若くして世を去った天才作曲家ヴィーチェスラヴァ・カプラーロヴァー、ルイ・アラゴンの性的志向と政治遍歴、エメ・セゼールがミラン・クンデラに語るネズヴァルの思い出、W・G・ゼーバルトの小説『アウステルリッツ』とニコラス・ウィントンの「キンダートランスポート」、そしてブルトンの「星型の城」とイラーセク博物館……

「記憶」と「忘却」が交錯する土地の諸相を掘り出し、浮かび上がらせていく筆者の手つきは「考古学的文化史」とも言える。ここで明らかにされるのは、「文学史」や「美術史」といった枠組みではなく、「プラハ」という場で織り成されたさまざまな生の集積体である。なかでも、その生の様相はモダニズムとの関連で掘り下げられていく。著者は序章で、プラハにおけるモダンの経験は「見るという慣れ親しんだ領域への挑戦」であると説いているが、それは二一世紀に生きる「私たち」の視座を相対化するものであり、西側が主導してきたモダニズム、アヴァンギャルドの議論に対する異議申し立てでもある（6章でのウィリアム・ルービンの網羅的なシュルレアリスム研究書への批判はその端的な例だろう）。「西欧」でも、「ロシア」でもない、「中東欧」のモダニティの位相を明らかにし、モダニティの複数性を提示しようとする筆者の姿勢は、4章「複数形のモダニズム」のタイトルからも窺える。つまり、プラハのモダニズムの議論を通して、我々が「モダン」と捉えるものの狭隘さを意識させてくれるのである。またこのような議論のなかで、看過されてきた感のある女性の芸術家の系譜（トワイヤン、ハンナ・ヘーヒ、カプラーロヴァーなど）に光を当てている点も大いに注目に値するものだろう。

ここで、著者デレク・セイヤー氏を紹介しよう。一九五〇年、英国ケント州に生まれ、エセックス大学、ダーラム大学で社会学を学んだ同氏は、グラスゴー大学（一九七九―八六）、カナダのアルバータ大学（一九八六―二〇〇〇）で社会学の教師として教鞭を執ったのち、二〇〇六年以降、英国のランカスター大学で文化史の教授を務めた。二〇一六年に同大を退職し、現在はアルバータ大学名誉教授としてカナダを拠点に活動している。氏の著作は、マルクスの『資本論』を中心とする著作、資本主義とモダニズムの関係性を社会学の視座から論じた書物、さらには、本書をはじめとするボヘミアの文化史の書物がある。なお、セイヤー氏の著作のうち、以下の邦訳がある（D・フリスビー、D・セイヤー『社会とは何か』大鐘武訳、恒星社厚生閣、一九九三年／デリク・セイア『資本主義とモダニティ　マルクスとウェーバーによる知的探険』清野正義・鈴木正仁・吉田浩・栗岡幹英訳、晃洋書房、一九九三年）。

マルクス主義の研究者としてスタートし、研究対象であるマルクスの著書と同様、その射程を常に広げてきた著者が、一九九〇年代後半以降、力を注いでいるのがボヘミアの文化史の記述である。一九世紀のボヘミアを舞台にさまざまな文化的事象を媒介した「記憶」の有り様を多面的に論じた『ボヘミアの海岸――チェコのある歴史』（一九九八）は、チェコ、ボヘミアの文学、歴史研究に新風を吹き込むものとして多くの読者を獲得した。一九世紀を対象にした同書に次ぐのが、二〇世紀前半を主な対象とする本書『プラハ、二〇世紀の首都』である。さまざまな歴史資料、文学作品を渉猟し、かつ独特の語り口によって紡がれた本書は、アメリカ歴史協会主催のジョージ・L・モス賞、チェコ文学研究所主催のF・X・シャルダ賞を受賞したほか、二〇一三年の『フィナンシャル・タイムズ』紙の「ベスト・ヒストリー・ブックス」にも選出されている。

なお現在、同氏は、『ボヘミアの海岸』、『プラハ、二〇世紀の首都』に次ぐ、二〇世後半を対象にした『プラハ　歴史の終わり』（仮題）を執筆中であり、これにより「プラハ三部作」が完結するという。同書の刊行も楽しみにしたい。

本書の底本は、Derek Sayer, *Prague, Capital of the Twentieth Century: A Surrealist History*. Princeton: Princeton University Press, 2013 である。原著は六百ページを超える大著であり、一人で訳出するのは困難であると判断し、ともにチェコ・シュルレアリスムを専門としている宮崎淳史さん、河上春香さんに協力を仰いだ。翻訳の作業は、各自が担当する章を訳出したのち、阿部が表現の統一等を行なった。本書がさまざまな引用を駆使して成り立っているように、訳文においてもそれぞれの個性が反映されていると思うが、最終的にはうまく共鳴していることを祈る。翻訳の担当は、以下のとおりである――序章、2、3、7、8章（阿部）、1、4章（宮崎）、5、6章、原註（河上）。

原著は英語であるが、引用の出典はチェコ語、フランス語、ドイツ語など多岐に渡る。訳出にあたっては、チェコ語の文献を中心に、可能なかぎり原典を参照した。また既訳があるものは出典を明示のうえ利用させていただいたが、全体の記述と統一を図るため、一部表現を変更させていただいた点があることをお断りしておく。引用の出典については、原註の括弧内で記してある。なお、巻頭のエピグラフ（ホイットマン『草の葉』木島始訳、アーノルド「ドーヴァの渚」村松眞一訳）、七章と八章の章タイトル（マヤコフスキー、小笠原豊樹訳／ブルトン「現実僅少論序説」生田耕作訳）についても、既訳を使わせていただいた。先人の訳業に心から敬意を表したい。

最後に、プラハの都市文化の複数性については、拙著『複数形のプラハ』（人文書院、二〇一二年）で論じたことがあるが、本書には拙著と呼応する点が多く見られ、このような浩瀚でありながらも刺激的な書物を訳す機会に恵まれたことを嬉しく思う。このような機会を与えてくれた白水社編集部の金子ちひろさんには心より感謝したい。さまざまな声の最終的な調律がうまく行っているとしたら、それは金子さんのおかげである。

プラハの春から五十年後の夏至の日に

訳者を代表して
阿部賢一

No. 7, March 1969, 36-37.

41. 1949年7月19日、協会の解散を発表する手紙。プラハ市文書館にコピーが保管されている。芸術家協会マーネスのウェブサイトでも閲覧可能（現在リンク切れ）。

42. 芸術家協会マーネスのウェブサイトを参照（現在リンク切れ）。

43. Vlado Milunić, "View into the Black Kitchen," March 1991, in Frank Gehry and Vlado Milunić, *The Dancing Building*, ed. Irena Fialová, Prague: Zlatý Řez and Rotterdam: Prototype Editions, 2003, 46.

44. Vlado Milunić, "Technical Report," September 1990, in Gehry and Milunić, *Dancing Building*, 44.

45. この場所の歴史に関しては、Gehry and Milunić, *Dancing Building* に掲載されたロスチスラフ・シュヴァーハとイリナ・フィアロヴァーの紹介文を参照。ネベサーシュは1969年に釈放されている。かれに関する情報は、孫のイヴォ・ヴルチェクによる。

46. 以下の引用による。Gehry and Milunić, *Dancing Building*, 156.

47. Kenneth Frampton, "A Modernity Worthy of the Name," in Anděl, *Art of the Avant-Garde in Czechoslovakia*, 213-31.

48. Josef Pažout, *Večerní Praha*, 29 April 1996. 以下の引用による。Gehry and Milunić, *Dancing Building*, 152.

49. Frank Gehry, *Gehry Talks: Architecture and Process*, ed. Mildred Friedman, New York, Rizzoli, 1999, 207.

50. ユリウス・フチークは、このフレーズをソヴィエト連邦のルポルタージュのタイトル（『明日がすでに昨日を意味する土地』）に使った。Julius Fučík, *V zemi, kde zítra již znamená včera*, Prague, 1932.

51. Zdeněk Hojda and Jiří Pokorný, *Pomníky a zapomníky*, Prague: Peseka, 1997.

よび拙論 “A Quintessential Czechness” で詳しく論じている。

30. František Nečásek, “V Alšově jubilejním roce,” in Nečásek, *Výstava díla Mikoláše Alše*, 13-14.

31. Vratislav Effenberger, “Variants, Constants and Dominants of Surrealism,” in “Anthology of Czech and Slovak Surrealism IV,” *Analogon*, 41/41, 2004, iii-ix.

32. *Analogon* 1/1, Krise vědomí, Prague: Československý spisovatel, June 1969.「第２版（復刻版）」が100 部の通し番号入りで、1990 年代初めにプラハのシュルレアリスム画廊ガンブラから出ているが、残念ながら具体的な発行日が明記されていない。

33. “Le plateforme de Prague,” *L'Archibras*, No. 5, September 1968, 11-15. 同文章の大部分は、「プラハのプラットフォーム（The Platform of Prague）」というタイトルで、以下に英訳されている。“Anthology of Czech and Slovak Surrealism, III,” in *Analogon*, No. 40, 2003, xxiv-xxix. スタニスラフ・ドヴォルスキー、ヴラチスラフ・エッフェンベルゲル、ロマン・エルベン、ズビニェク・ハヴリーチェク、ヤロスラフ・フルストカ、ボフスラフ・コヴァーチ、ペトル・クラール、イヴォ・メデク、ユライ・モイジーシュ、イヴァナ・スパンランゴヴァー、マルチン・ステイスカル、イヴァン・スヴィターク、カレル・シェベク、ルドヴィーク・シュヴァープ、プロコプ・ヴォスコヴェツがチェコ側の署名者である。トワイヤンも署名している。

34. “Réalité politique et réalité policière,” *L'Archibras*, No. 5, 1968, 1.

35. このとき渡航したスタニスラフ・ドヴォルスキー、イヴァナ・スパンランゴヴァー、ルドヴィーク・シュヴァープ、プロコプ・ヴォスコヴェツは、クラールとは異なり、数か月でチェコスロヴァキアに帰国した。“Chronologický přehled,” *Analogon*, 41, 42, 2004, 1. スタニスラフ・ドヴォルスキーとマルチン・ステイスカルは、その後、戦後のチェコ・シュルレアリスムの回顧展を、遅ればせながらもふさわしい形で、「星形の城」で（全体を使って）2011 年の夏に企画した。現在、同施設はチェコ文学資料館の管理下にある。同展の公式ウェブサイト“Surrealistiká východiska 1948-1989”は、以下で閲覧可能。http://www.surrealismus.cz/vychodiska/index.html（2018 年 6 月 18 日閲覧）

36. “On n'arrête pas le printemps,” *L'Archibras*, No. 5, 1968, 4.

37. Dvorský, Effenberger, Král and Šváb, “Prague aux couleurs du temps,” *L'Archibras*, No. 6, 1968, 6-9.

38. 以下を参照。“The Possible against the Real,” in “Anthology of Czech and Slovak Surrealism IV,” *Analogon*, 41/42, 2004, x-xii. この文章は、パリのシュルレアリストの論争への応答である。ジャン・シュステルが 1969 年 10 月 4 日の『ル・モンド』紙に「第 4 の歌（*Le Quatrième Chant*）」を掲載し、シュルレアリスト・グループの解散を宣言した。ジャン＝ルイ・ベドゥアン、ヴァンサン・ブーヌール、ホルヘ・カマーチョらが対抗し、組織的なシュルレアリスム運動を再開させようと、『シュルレアリスム通信（*Bulletin de liaison surréaliste*）』と『シュルレアリスム（*Surréalisme*）』という２つの雑誌を発行したが、いずれも短命に終わった。背景については、以下を参照。Durozoi, *History of the Surrealist Movement*, 640-44. チェコ側はシュステルに対する批判として「シュルレアリスムは、可能なものを現実のものに対置させるという点で、想像力を触発する媒介であり、もっとも具体的に人間の意識を刷新するものである」と述べる（xii）。1969 年 9 月 22 日付の文章、「現実のものに対する可能なもの」には、「スタニスラフ・ドヴォルスキー、ヴラチスラフ・エッフェンベルゲル、ロマン・エルベン、アンディ・ラース、アルベルト・マレンチン、ユライ・モイジーシュ、マルチン・ステイスカル、ルドヴィーク・シュヴァープら」が署名している。大半は〈プラハのプラットフォーム〉の署名者と同じである。

39. Durozoi, *History of the Surrealist Movement*, 642.

40. Adrien Dax, “Essai de reconstitution d'un trajet visual associative au cours d'une observation distraite de la place avoissinant la vielle horologe de Prague, le vendredi 12 avril 1968 vers 15 heures,” *L'Archibras*,

J・ミロ（Miró）、M・ペアレント（Parent）、F・シュレーダー＝ゾンネンシュターン（Schröder-Sonnerstern）、J-C・シルベルマン（Silbermann）、H・テレマック（Télémacque）、J・テロシアン（Terrossian）、トワイヤン（Toyen）。以下を参照。Roman Dergam, "Selected Chronology," in "Anthology of Czech and Slovak Surrealism, III," *Analogon*, No. 40, 2004, xxxii; Dvorský, Effenberger, Král and Šváb, "Prague aux couleurs du temps," *L'Archibras*, No. 6, December 1968, 9; Durozoi, *History of the Surrealist Movement*, 640-42, 763, note 58.

22. Dergam, "Chronology," in "Anthology of Czech and Slovak Surrealism, III," xxxii.
23. "La plateforme de Prague," *L'Archibras*, No. 5, 30 September 1968, 15.
24. Petr Král, *Le surréalisme en Tchécoslovaquie*, Paris: Gallimard, 1983, 28.
25. クラール『チェコスロヴァキアにおけるシュルレアリスム（*Le surréalisme en Tchécoslovaquie*）』の長い序文は、フランスとチェコのシュルレアリスム、さらに戦前と戦後のチェコのシュルレアリスムの感性の違いに関する詳細な議論を行なっている。なかでもクラールは、戦後のチェコのシュルレアリストの反ロマンティシズム、イデオロギーへの敵意、エロティックなものへの愛着、不条理への感覚、そして日常的な小さな事物に関与する姿勢を強調している。チェコのシュルレアリスムは、パリから発散されたものだけでなく、『兵士シュヴェイクの冒険』の精神も継承している。
26. 写真は以下に掲載されている。Miloslav Novotný, *Roky Aloisa Jiráska*, Prague: Melantrich, 1953, 413.
27. Novotný, *Roky Aloisa Jiráska*, 419.
28. 1948 年 11 月 10 日の演説。Novotný, *Roky Aloisa Jiráska*, 403. ゴットヴァルトは、星形の城のイラーセク博物館の展示内容を中心に語っている。翌年、オルビス社、のちの SNKLHU（文学、音楽、美術に関する国立出版社）は、全 32 巻のイラーセク作品集『イラーセクの国家への遺産』の刊行を開始する。「神話の時代、古代チェコの伝説からイラーセク自身の時代まで、チェコの各時代の包括的な像」として喧伝された。第 1 巻は『チェコの古代伝説』[邦訳『チェコの伝説と歴史』浦井康夫訳、北海道大学出版会、2011 年]。平均的な発行部数は 5 万 5 千部であった。1953 年から 62 年にかけて、SNKLHU だけでも『遺産』叢書とは別にイラーセクの著書が 18 冊出版されている。1947 年から 53 年にかけて、イラーセクの演劇５作（『M・D・レティゴヴァー』、『ランタン』、『ヤン・ジシュカ』、『ヴォイナルカ』、『孤独』）が――『ランタン』は２つの異なる演出で――国民劇場で上演され、上演回数は全部で 632 回を数えた。フス派の三部作『ヤン・フス』、『ヤン・ジシュカ』、『ヤン・ロハーチ』はチェコスロヴァキア軍団劇場で 1951 年から 52 年にかけて上演されたほか、イラーセクの小説『犬頭の一族』をカレル・コヴァショヴィツがオペラ風にアレンジした作品は、1945 年から 62 年までの間に、異なる演出で少なくとも 4 回、国民劇場で上演されている。世紀の初頭、レオシュ・ヤナーチェクのモダニズム的な醜態に敵意を抱き、同じ劇場から締め出したあのコヴァショヴィツである。『ヤン・ロハーチ』は 1947 年に、『暗黒』は 1950 年に、『チェコの古代伝説』は 1953 年に、『ヤン・フス』は 1955 年に、『ヤン・ジシュカ』は 1956 年に、『すべてに抗して』は 1957 年に、それぞれ映画化されている。これらの情報は以下の書誌にもとづく。Novotný, *Roky Aloisa Jiráska*; Zdenka Broukalová and Saša Mouchová, eds., *Bibliografický soupis knih výdaných SNKLU v letech 1953-1962*, Prague: SNKLU, 1964; Hana Konečná, ed., *Soupis repertoáru Národního divalda v Praze*, 3 vols., Prague: Národní divadlo, 1983.
29. 以下を参照。*Výstava díla Mikoláše Alše*, ed. František Nečásek, Prague: Orbis, 1952; *Výstava díla Mikoláše Alše: seznam děl výstavených v Jízdárně pražského hradu*, ed. Emanuel Svoboda and František Dvořák, Prague: Orbis, 1952; *M. Aleš: výstava jeho života a díla pro českou knihu a divadlo*, ed. V. V. Štech and Emanuel Svoboda, Prague: Národní muzeum, 1952. チェコスロヴァキア共産党によ、イラーセク、アレシュ、その他 19 世紀の人物が利用されたことについては、拙著 *The Coasts in Bohemia* の 7 章お

8　時の黄金

1. Walter Benjamin, "Paris, Capital of the Nineteenth Century. Exposé [of 1939]," in *The Arcades Project*, 26.［ベンヤミン『パサージュ論　第1巻』64頁］
2. Arts, 5 October 1966, 5, 7. 以下の引用による。Polizzotti, *Revolution of the Mind*, 622.
3. Michel Foucault, "André Breton: A Literature of Knowledge," interview with Claude Bonnefoy, *Arts-Loisirs*, 5 October 1966, translated in Lotringer, *Foucault Live*, 10.
4. Aragon, "André Breton," *Lettres françaises*, 6 October 1966, 1. 以下の引用による。Polizzotti, *Revolution of the Mind*, 622-23.
5. Vítězslav Nezval, *Ulice Gît-le-Cœur*, 17.
6. *42 rue Fontaine: L'atelier d'André Breton*, text by Julien Gracq, photographs by Gilles Ehrmann, Paris: Adam Biro, 2003（ページ数表記なし）．ヴァルター・ベンヤミンは「パリ、19世紀の首都」でこう書いている。「事務室のなかで現実に対応する金利生活者は、自分の幻想に浸って楽しむことのできる場を室内に求める」、「室内は芸術の避難所である［…］蒐集家は、遠い世界あるいは過去の世界に赴く夢を見るだけではなく、同時により良き世界に赴く夢を見る。人間たちが自分の必要とするものをろくに与えられていないのは、日常の世界と変わらないけれども、物たちは役に立たねばならないという苦役から解放されているような、そういう世界に赴く夢を」。*Arcades*, 19.［ヴァルター・ベンヤミン「パリ——19世紀の首都」久保哲司訳、『ベンヤミン・コレクション1』浅井健二郎編訳、ちくま学芸文庫、1995年、343-344頁］
7. この後に続く描写は、以下のオークション・カタログの記述にもとづく。*André Breton: 42 rue Fontaine, 8 vols*. 付属DVD, Paris: CalmelsCohen, 2003.
8. *André Breton: 42 rue Fontaine*, Vol. 3, *Manuscrits*, 201, lot 2275. 手紙の日付は1947年3月8日。
9. *33 koláží Breton Éluard Muzard*, Prague: Galerie Maldoror, 2004. 同書はチェコ語・フランス語・英語の三言語版となっている。序文はカレル・スルプ。
10. Polizzotti, *Revolution of the Mind*, 394. ヴィーチェスラフ・ネズヴァルは、1935年にブルトンのアパルトマンを訪れた際に壁にかかっていた「サルバドール・ダリのウィリアム・テル」に特に言及している。*Ulice Gît-le-Cœur*, 18.
11. 以下の引用による。Polizzotti, *Revolution of the Mind*, 229.
12. *André Breton: 42 rue Fontaine*, Vol. 8, *Photographies*, 450, lot 5410.
13. Ibid., 167, lot 5153.
14. Ibid., 95, lot 5057.
15. *André Breton: 42 rue Fontaine*, Vol. 3, *Manuscrits*, 166, lots 2220, 2221.
16. *André Breton: 42 rue Fontaine*. このDVDでは、印刷されたカタログとは異なり、書簡の全文と写真のアルバムのすべての内容が収められている。
17. "Surrealist's treasures for sale," 2003年4月7日のＢＢＣニュースより。http://news.bbc.co.uk/2/hi/europe/2924761.stm（2018年6月18日閲覧）
18. "Surrealism for Sale," New York Times, Tuesday, 17 December 2001, Section E, 1.
19. *André Breton: 42 rue Fontaine*, Vol. 8, *Photographies*, 348, lot 5405.
20. ラドヴァン・イヴシックが撮影した写真のキャプション。*L'Archibras*, No. 1, April 1967, 21.
21. 〈快楽原則〉展に出品したのは、E・バイ（Baj）、J・ブノワ（Benoit）、J・カマーチョ（Camacho）、A・カルデネス（Cárdenes）、A・ダックス（Dax）、G・デア・ケルヴォルキアン（der Kervorkian）、F・デ・サンクティス（De Sanctis）、H・ジネ（Ginet）、K・クラフェク（Klaphek）、R・レガール（Legard）、Y・ラロワ（Laloy）、W・ラム（Lam）、R・マッタ（Matta）、

索引

［人　名］

＊イタリック体のノンブルは、図版の関連ページを示す。

ア行
アーキペンコ　233, 268, 331
アーノルド、マシュー　27
アアルト、アルヴァ　171
アインシュタイン、アルベルト　356, 371
アウト、J・J・P　190, 191, 193
アオスタッリ、ジョヴァンニ・マリオ　37
アジェ、ウジェーヌ　72
アステア、フレッド　568, 570
アップダイク、ジョン　291
アプフェル、アリス　318
アボット、ベレニス　228
アポリネール、ギヨーム　55-59, 65, 66, 68, 69, 73, 75, 78-81, 83, 84, 87, 88, 90-92, 97-99, 101, 112, 114-116, 137, 145-147, 153, 172, 210, 223, 226, 227, 231, 240, 270, 288, 289, 293, 306, 325, 334, 342, 345, 352, 360-361, 460, 471, 535, 541, 542, 549, 552
『アルコール』 56, 81, 92, 343 『異端教祖株式会社』 57 『一万一千本の鞭』 66 『カリグラム』 80, 87, 88 「ゾーン」 56, 59, 67, 73, 80, 87, 92, 99, 118, 121, 153, 240 『ティレシアスの乳房』 56, 145, 549 「プラハの散策者」 57, 75, 137, 172
アラゴン、ルイ　20, 43, 47, 53, 66, 67, 231, 317, 318, 322-325, 377, 379, 380, 406, 407, 463-466, 472-481, 482, 484, 489-491, 498-500, 512, 524-526, 552, 554
『アニセ』 472 『イエズス会士の宝』 53 『イレーヌ』 66, 318, 322, 472, 480, 481, 484 「赤色戦線」 475-476 『パリの農夫』 20, 481 『文体論』 481 『夢の波』 481
アルチンボルド、ジュゼッペ　74, 76, 77, 89, 108, 162, 405, 521
アルトー、アントナン　317, 323, 344, 406, 554
アルノー、ノエル　524, 525
アルバレス＝ブラボ、マヌエル　554
アルプ、ジャン（ハンス）　32, 232, 355, 375, 376, 413, 527, 554
アレクサンドル、マクシム　475
アレシュ、ミコラーシュ　102, *103*, 105, 127, 128, 130, 158, 219, 241, 243-244, 246, 250, 253, 369, 448, 563, 564
《プラハの栄華を予見するリブシェ》 102, *103*,369 『民謡と子守唄の小冊子』 130, 244, 448
アレティーノ、ピエトロ　345
アンジェル、ヤロスラフ　62
イーラ、ヤロスラフ　267-269
イヴシック、ラドヴァン　559, *572*
イェジェク、ヤロスラフ　44, 53, 146, 229, 319, 435, 496, 537, 568
イェセンスカー、ミレナ　105, 106, 118, 120, 121, 154, 165, 168-172, 176, 239, 248-250, 311, 388, 497, 506
イェセンスカー、ルージェナ　249
イェセンスキー、ヤン　105, 154
イェセンスキー（イェセニウス）、ヤン　74-75, 154
イェリーネク、イジー　229
イオファン、ボリス　171, 359
イジー、ポジェブラディの　167, 198, 199
イストレル、ヨゼフ　525
イプセン、ヘンリック　132
イポリット、エクトル　511
イラーセク、アロイス　96, 105, 116, 122, 125, 127, 163, 174, 199, 261, 312, 497, 562-564, 571, 573

『チェコの古代伝説』 96, 105, 116, 122, 127, 174, 562
イリガライ、リュス　425
イルー、ヴァーツラフ　*332*
インノケンティウス13世　73
インペコーフェン、ニディ　356
ヴァーグナー、オットー　219
ヴァーグナー、リヒャルト　164, 292
ヴァーツラフ1世（聖ヴァーツラフ）　59, 75, 102, 127, 137, 143, 440
ヴァーツラフ3世　79
ヴァーツラフ4世　73
ヴァイグル、ハヌシュ　452
ヴァイスコップ、フランツ・カール　286, 287, 352-353
ヴァイネル、リハルト　228
ヴァイヤン、ロジェ　228, 525-527
ヴァイル、イジー　175, 176, 183, 315
『モスクワ―国境』 176 『色』 176, 183
ヴァイル、クルト　43, 176, 381, 443
ヴァクスマン、アロイス　264, 319, 325, *326*
ヴァシェ、ジャック　84, 307, 372, 404, 408, 548
ヴァツリーク、ルドヴィーク　114, 247, 436
ヴァニェク、カレル　136
ヴァネル、エレーヌ　427, 429
ヴァラドン、シュザンヌ　232, 541
ヴァンチュラ、ヴラジスラフ　209, 263, 264, 267, 272, 276, 314
『チェコ民族史の像』 209
ヴァン・ドンゲン、キース　232, 233
ヴィール、アントニーン　123, 128, 199, 219
ウィザーズ、オードリー　401
ヴィシュコフスキー、エウゲン　63, *94*
ヴィットフォーゲル、カール・アウグスト　352
ウィトゲンシュタイン、ルートヴィヒ　21, 133, 503
ウィトコフスキー、マシュー　310, 539
ヴィフテルロヴァー、ハナ　229
ヴィリリオ、ポール　429
ヴィヨン、ジャック　227
ウィルソン、ウッドロウ　138
ヴィルヘルム2世　356
ウィルデンシュタイン、ジョルジュ　406
ヴィンテル、ジクムント　90
ウィントン、ニコラス　545-546, 550
ウェーバー、マックス　25, 502
ヴェーベルン、アントン　451
ウェッセルマン、トム　471
ヴェリフ、ヤン　144-147, 309, 435, 436
ウェルズ、H・G　488
ヴェルディ、ジュゼッペ　117, 179
ヴェルネロヴァー、マリエ　167
ヴェルヌ、ジュール　261
ヴェルフェル、アルマ → マーラー、アルマ
ヴェルフェル、フランツ　90, 239, 295, 296, 371
ヴェルレーヌ、ポール　322
ヴェンチューリ、ロバート　203
ウォーホル、アンディ　471
ヴォスコヴェツ、イジー　144-147, 229, 269, 309, 435, 436
ヴォラフコヴァー、ハナ　184, 185
『消えたプラハ』 115, 184
ヴォルケル、イジー　92, 93, 176, 264, 267
ヴォンドラーチコヴァー、ヤロスラヴァ　388
ヴュイヤール、エドゥアール　232
ヴラマンク、モーリス・ド　233, 270
ウルヴァーレク、ヨゼフ　533
ヴルフリツキー、ヤロスラフ　90, 127, 128
ウルバン、アントニーン　193
ウルマン、ヴィクトル　179, 180, 453, 546
『アトランティスの皇帝、あるいは死の否定』 179
エイガー、アイリーン　351, 377, 390-392, 395-398, 415-417
エイゼンシュテイン、セルゲイ　493
エーヌ、モーリス　47, 485, 491
エーレンシュタイン、アルベルト　364
エッフェンベルゲル、ヴラチスラフ　150, 560, 564, 565

エプスタイン、ジャン　269
エベルトヴァー、エヴァ　539
エマニュエル、ピエール　507
エリオット、T・S　292, 330, 351, 422
エリス、ハヴロック　114
エリュアール、ガラ → ダリ、ガラ
エリュアール、セシル　375, 517
エリュアール、ドミニク　517
エリュアール、ニュッシュ　53, 323, 388, 389, 391, 392, 398, *399*, 401, 403, 405, 507, 509, 511, 512, 514-516, 531, 535, 555, 557
エリュアール、ポール　29, *30*, 33-36, 39, 43, 46-47, *48*, 50, 51, 53-56, 58, 75, 76, 93, 126, 150, 158, 171, 183, 187, 200, 206, 213, 244, 264, 291, 292, 322, 323, 348, 350, 351, 374, 375, 376, 379-389, 391, 392, 395, 396, 398, *399*, 401, 403-409, 412-414, 454, 463, 471, 473, 477-480, 485, 486, 488-491, 498, 499, 501, 506-512, 514-517, 524, 526, 528, 531, 532, 535, 536, 537, 539-540, 542, 553-557, 560, 561, 565, 573
　『詩と真実』 506-507 『死なずに死ぬこと』 380 「詩の批評」 507 『シュルレアリスム簡約辞典』 406-409, 416, 511 『証明書』 477 『たやすいこと』 401, 532 『沈黙の代わりに』 384 『道徳の一授業』 516 『時は溢れる』 515-516, 532 『反復』 380
エルベン、カレル・ヤロミール　448
エルンスト、ジミー　374-376, 386, 387, 392, 393, 395
エルンスト、マックス　32, 37, 39, 40, 47, 81, 85, 144, 174, 232, 323, 342, 344-346, 355, 373-376, 379-386, 388, 391-393, 400, 406, 407, 409, 413, 417, 418, 424, 425, 464, 485, 499, 501, 507, 511, 514, 520, 521, 527, 531, 535, 542
　《赤ん坊のイエスにお仕置きする聖母マリア》 384 《美しき女庭師》 373-375, 384, 386-387 『慈善週間』 413 《石化した都市》 383 《セレベスの象》 413 『沈黙の代わりに』 384 『百頭女』 344, 400 《友人たちの集うところ》 407, 511 《楽園》 377
エルンスト（オーランシュ）、マリー＝ベルト　318
エレンブルグ、イリヤ　145, 267, 269, 270, 352, 487-489
エンゲルス、フリードリヒ　44, 123, 132
エントウィッスル、エリック　458, 459
オースマン男爵、ジョルジュ＝ウジェーヌ　114, 161, 209
オーデン、ウィスタン・ヒュー　314
岡上淑子　521
オザンファン、アメデー　191, 192, 266, 269, 476
オストルチル、オタカル　179
オタカル２世　100
オットー、ヤン　102, 200, 251, 312
オッペンハイム、メレット　47, 351, 414-415, 422, 447, 554
オトレ、ポール　196
オノ、ヨーコ　479
オブルテル、ヴィート　192, 193
オリヴァ、ヴィクトル　226, 251, 252, 288
オルブラフト、イヴァン　314
オルミゴン、フアン・アントニオ　468

カ行

カーアン、クロード　416, 485, 554
カーメネフ、レフ　493
カーロ、フリーダ　416
カーン、シモーヌ　381, 383, 387, 390, 535, 551, 556
カーンワイラー、ダニエル＝アンリ　226
カイヨワ、ロジェ　403-404, 516, 541
カウズ、メアリー・アン　501
カウフマン、フィリップ　385
ガスコイン、デイヴィッド　386
カッシーラー、エルンスト　235
カフカ、オットラ　76, 169, 173, 182
カフカ、フランツ　26, 69, 72, 76, 104, 105, 109-113, 118, 133, 135, 137, 153-154, 156, 158-165, 167-170, 173, 184,

226, 238, 239, 249, 307, 340, 439, 534, 567
『城』 26, 77, 162, 168, 169 『訴訟』 26, 534 『万里の長城』 76 『変身』 76, 307 『流刑地にて』 534
カフカ、ヘルマン 137, 159, 160, 165, 167, 536
カフカ（旧姓レーヴィ）、ユーリエ 137, 167-168
ガフラ、フランチシェク・リディエ 212, 214, 215
カプラーロヴァー、ヴィーチェスラヴァ（ヴィートカ） 229, 447-449, 451, 452-461
『軍隊シンフォニエッタ』 451, 459 『さよならとハンカチーフ』 449, 451 『手紙』 457 『膝の上のリンゴ』 449, 451
カプラル、ヴァーツラフ 458, 459
カプリツキー、ヤン 151
カミュ、アルベール 531
カーメネフ、レフ 493
カモワン、シャルル 233
カラーセク・ゼ・ルヴォヴィツ、イジー 90, 125
カラヴァッジョ、ミケランジェロ・メリージ・ダ 234
カランドラ、ザーヴィシュ 49, 491, 496, 530-532, 534, 535, 537, 540, 560, 565
カリスタ、ズデニェク 96
ガリッグ、シャーロット 125
ガリレオ、ガリレイ 120, 292
カリン、アンナ 365, 367, 368
カルーソー、エンリコ 128
カルヴォコレッシ、リチャード 298
カルダー、アレクサンダー 228
カルティエ＝ブレッソン、アンリ 40, 554
カルフィーク、ヴラジミール 212, 214, 258
カレル（カール）4世 59, 67, 72, 76, 99, 101, 105, 125, 137, 158, 209, 215
カンディンスキー、ヴァシリー 43, 193, 334, 336
カンペンドンク、ハインリヒ 336
キースラー、ヘドヴィヒ → ラマー、ヘディ 319, 320
キーツ、ジョン 93
ギーディオン、ジークフリート 192
キートン、バスター 410
キキ（アリス・プラン）、モンパルナスの 318, 322
キスリング、モイーズ 268
キセラ、フランチシェク 254
キセラ、ルドヴィーク 210
キッシュ、エーゴン・エルヴィン 104, 239
キバル、アントニーン 60
キャリントン、レオノーラ 391, 392, 415, 417, 527
キャロル、ルイス 408
キュナード、ナンシー 377, 479
（聖）キュリロス 60, 117
キルヒナー、エルンスト・ルートヴィヒ 336
ギンズブルグ、モイセイ 170
クーセヴィツキー、セルゲイ 440
グートフロイント、オットー 118, 128, 226, 243, 244, *245*, 250, 253, 325
《産業》 243 《チェコスロヴァキア軍団の帰還》 253 《ビジネス》 243, *245*
クールベ、ギュスターヴ 290, 292
グールモン、レミ・ド 503
クーンズ、ジェフ 281
クシチカ、ペトル 457
グッゲンハイム、ペギー 374, 391, 418, 501
クノー、レーモン 324, 481
クビーン、オタカル 226, 234
クビシュタ、ボフミル 227, 233-235, 292, 537, *538*
《絞首刑にされた男》 537, *538*
クプカ、フランチシェク 126, 227-229, 232, 338, 462
クラーク、アン 415
クラースノホルスカー、エリシュカ 244
クラーリーチェク、エミル 223
クラール、ペトル 142-145, 147, 150, 152, 160, 161, 172, 544, 549, 560-562, 564,

566
『プラハ』 142-144
クラーロ、エリザ → ブルトン、エリザ
クラウス、ヴァーツラフ 204
クラウス、ロザリンド 411
クラギーナ、ヴァレンチナ 360
グラック、ジュリアン 553
グラフ、エルヴィン・フォン 291
クラマーシュ、ヴィンツェンツ 118, 120, 226, 496
グランベリ、オロフ 76-77
クリーマ、イヴァン 107, 113, 127, 247, 248
グリーンバーグ、クレメント 236, 497
グリス、フアン 226
クリスティーナ（スウェーデン女王） 89
クリステヴァ、ジュリア 481
クリムト、グスタフ 133, 289-291, 388, 420, 475, 544, 555
《ヌーダ・ヴェリタス——裸の真実》 290, 388, 420, 475, 555
クルヴェル、ルネ 389, 489-491
クルーツィス、グスタフ 359, 469
クレイチー、フランチシェク・ヴァーツラフ 125
クレイツァル、ヤロミール 126, 137, *138*, 170, 171, 192-194, 197, 209, 249, 269, *271*, 272-273, 276, 388, 432
クレー、パウル 32, 43, 292, 336, 372
グレーズ、アルベール 227, 233
クレマンソー、ジョルジュ 464
クレメンティス、ヴラジミール 159, 526, 536-537, 542
クレムリチカ、ルドルフ 120, 221, 252
クローデル、ポール 507
グロス、ジョージ 43, 300-302, 336, 354-356, 358, 359, 362, 364, 462-464, 527
クロハ、イジー 311, 496
グロモ、マリオ 319
グロピウス、ヴァルター 43, 190, 191, 194, 295, 296
クワン、スタンリー 152
クンデラ、ミラン 22, 26, 92, 93, 95, 96, 107, 108, 110, 117, 118, 131-134, 159, 162, 172, 179, 186, 244, 248, 385, 436, 440, 499, 500, 522, 523, 532, 535
『裏切られた遺言』 162 『可笑しい愛』 26 『最後の五月』 93, 95 『小説の技法』 107 『冗談』 95 『生は彼方に』 93 『存在の耐えられない軽さ』 248, 385, 522 『笑いと忘却の書』107, 159, 532
クンデラ、ルドヴィーク 117, 118, 451
ゲーテ、ヨハン・ヴォルフガング・フォン 36, 168
ケアン＝ラースン、リタ 415
ケネディ、マイケル 117
ゲーマンス、イヴォンヌ 318
ゲーリー、フランク・オーウェン 238, 568-571
ゲーリング、ヘルマン 353, 466
ゲッベルス、ヨーゼフ 329, 331, 333-337
ケプラー、ヨハネス 74
ケリー、エドワード 74
ゲンスブール、セルジュ 131
コーエン、ゲイリー 104
コウラ、ヤン 136, 137, 139, 143, 149, 191, 199
コウラ、ヤン・E 139, 191, 193
ゴーギャン、ポール 233, 257, 381, 544, 554
コーネル、ジョゼフ 413
コープランド、アーロン 451
コールハース、レム 544, 570
コクトー、ジャン 145, 267, 462
ココシュカ、オスカー 43, 133, 291, 293, 295-302, 328, 330, 336, 337, 355, 363-371, 389, 426, 429, 464, 527, 544
《赤い卵》 368, 369 《青い服の女》 299 『暗殺者、女たちの希望』 293 《風の花嫁》 295, 336 《プラハ、郷愁》 368, *369*
コザーク、ボフミール 221
コジーチェク、ヨゼフ 106
ゴダール、ジャン＝リュック 15
コタリーク、イジー 527
コチェラ、ヤン 219

ゴチャール、ヨゼフ　118, 130, 224-226, *225*, 238, 253, 309
ゴットヴァルト、クレメント　159, 161-163, 170, 456, 460, 531, 536, 562, 563
ゴッホ、フィンセント・ファン　233, 234, 257
コフーン、イセル　416
コプタ、ヨゼフ　286
コペツキー、ヴァーツラフ　526, 530
コペッツ、ルドルフ　452, 459
コメンスキー（コメニウス）、ヤン・アーモス　157, 158, 202, 365, 432, 442
『世界図絵』 157, 365
ゴヤ、フランシスコ・デ　292, 468, 469
コラーシュ、イジー　159
コリツォフ、ミハイル　490
コリニー、ルイーズ・ド　66, 83, 84, 341, 345, 351
コリント、ロヴィス　329
ゴル、イヴァン　145, 231, 268, 285, 304
コルヴィヌス、マティアス（マーチャーシュ1世）　36
コルト、クロード　560
コレチェク、ミロシュ　525
コロンブス、クリストファー　308, 431, 432
コンラット、クルト　497

サ行

サイフェルト、ヤロスラフ　70, 87, 111, 125, 133, 145, 163, 209, 251-252, 264, 266-269, 272, 274-277, *278*, 279-280, 284-288, 303, 304, 306-308, *309*, 314, 319, 320, 339, 340, 352, 449, *450*, 475, *513*
『愛そのもの』 277, *278*, 279, 280, 303, 307, 352, *451* 『この世の美しきものすべて』 111, 284, 308 『ＴＳＦの波に乗って』 87, 307, *311* 『涙に埋もれた町』 264, 277, 279, 286
サウエル＝キセラ、フランチシェク　158
坂倉準三　171
ザッキン、オシップ　231, 232, 268
ザッハー＝マゾッホ、レオポルト・フォン　114, 161, 322, 422, 534
サドゥール、ジョルジュ　469, 473-475, 479
サド侯爵（マルキ・ド・サド）、ドナシアン・アルフォンス・フランソワ・ド　47, 292, 323-324, 342, 345, 348, 350, 385, 408, 462, 474, 512, 556
『ジュスティーヌ』 342-343
サビナ、カレル　113
サリヴァーロヴァー、ズデナ　246
サルトル、ジャン＝ポール　50, 131, 524, 531
サルモン、アンドレ　227, 232
サン＝シモン、アンリ・ド　17
サン＝ジュスト、ルイ・アントワーヌ・ド　403, 555
ザンダー、アウグスト　362, 392, 393
サンティーニ、ジョヴァンニ　125
サン＝トード、マグロワール　511
サンドバーグ、カール　469
サンドラール、ブレーズ　67
サンファル、ニキ・ド　415
シーマ、ヨゼフ　29, 32, 126, 228, 231, 232, 269-270, *271*, 317, 542
シーレ、エゴン　133, 291, 292, 544
シーレ、エーディト　293
ジヴィシュ、アレーン　229
シェーンベルク、アルノルト　133, 179
ジェニーシェク、フランチシェク　105
シェリー、パーシー・ビッシュ　218
シェリー、メアリー　122
ジェレズヌィー、ダヴィット　310
ジクムント、ヴァーツラフ　525
シケイロス、ダビッド・アルファロ　468
ジシュカ、ヤン　163
ジダーノフ、アンドレイ　489
ジッド、アンドレ　488, 493, 507
ジノヴィエフ、グリゴリー　493
シャール、ルネ　401
シャイトハウエロヴァー、リンカ　234
シャガール、マルク　336
ジャコメッティ、アルベルト　89, 259, 387,

413
シャーマン、デイヴィッド　400
ジャリ、アルフレッド　146, 408, 554
ジャルー、エドモン　39
シャルダ、フランチシェク・クサヴェル　125, 234, 270
シャロウン、ラジスラフ　128, 157, 246
ジャン、マルセル　379, 385
ジャン、レーモン　516, 517
シュヴァーハ、ロスチスラフ　210, 226
シュヴァビンスキー、マックス　59, 95, 96, 123, 126-128, 494
シュヴァンクマイエロヴァー、エヴァ　416
シュヴィッタース、クルト　43, 89, 145, 193, 304, 336, 355, 370
シュヴェツ、オタカル　139, 146
シュヴェリーン、クルト・クリストフ・フォン　172
シュクヴォレツキー、ヨゼフ　113, 126, 149, 157, 246
「魂のボヘミア」 126, 149, 157
シュステル、ジャン　511
シュティルスキー、インジフ　32, 35, 44-47, 51, 53, 83, 87, 146, 229-231, *230*, 267, 277, 282, 284, 305, 306, 315, 317-319, 322, 326, 341-344, 346, 348, *349*, *382*, 405, 407, 414, 466, 485, 487, 492, 494, 496, 535, 539, 540, 556, 557
《移動キャビネット》 46 《想い出》 277, *382* 『パリとその近郊案内』 87, 229, *230*, 322
シュテスロヴァー、カミラ　118, 158, 181, 182
シュテフ、ヴァーツラフ・ヴィレーム　120
シュトゥルサ、イジー　139
シュトゥルサ、ヤン　127, 128, 139, 221
《思春期》 128 《人間らしさ》 128, 222, 569 《憂鬱な少女》 128 《労働》 128, 221, 569
シュトゥルツ、ヴラジーミル　267, 269, 272
シュトラウス（2世）、ヨハン　179
シュトラウス＝エルンスト、ルー　81, 375, 376, 392-393, 395, 407
シュトル、ラジスラフ　497
シュトルフ＝マリエン、オタカル　241
シュニルフ、ボフスラフ　199
シュパーラ、ヴァーツラフ　118, 120, 130, 234, 241, 242, *242*, 244, 250-253, 257, 494
シュペーア、アルベルト　171
シュミット＝ロットルフ、カール　336
シュリヒター、ルドルフ　355
シュルツ、カレル　267, 269, 277
シュルツ、ヨゼフ　128, 222, 272
シュレジンガー、ジョー　546
シュレンマー、オスカー　336
ジョイス、ジェイムズ　132, 377
ショウレク、オタカル　441
ショーロホフ、ミハイル　352
ショスタコーヴィチ、ドミートリー　117, 493
ショパン、フレデリック　129
ジョルジョーネ　413
ジョン、オーガスタス　351, 367, 369, 385, 412
ジョンストン、エドワード　277
ジョンソン、フィリップ　190, 194, 197, 200, 206, 210, 262
シラー、フリードリヒ　290
ジリー、ディン　129
ジルベール＝ルコント、ロジェ　228
シンクレア、アプトン　361
スウィフト、ジョナサン　307
スウィンバーン、アルジャーノン・チャールズ　292, 322
スヴォリンスキー、カレル　253
スヴルチェク、ヤロスラフ　267
スーポー、フィリップ　43, 67, 92, 145, 231, 304, 317, 384, 406, 407, 485, 551, 554
スーラ、ジョルジュ　268
スキャパレリ、エルザ　417, 426
スキラ、アルベール　38, 39
スターリン、ヨシフ　41, 42, 49, 149, 172, 359, 529, 536, 562, 566

スタイケン、エドワード 418
スタイン、ガートルード 228
スタホヴァー、マリエ 51, *52*
スタリー、オルジフ 193
スチヴィーン、イジー 435
ステク、ヨゼフ 60-65, *61*, *64*, 70, 72, 87, 185, 258, 348, 452
『悲しき風景』 63, 72, 87, 348 《聖ヴィート》 60, 62, *64* 『パノラマのプラハ』 72
ストッパード、トム 216
ストナル、ラジスラフ 60, *61*, 126, 257, 311, 343, 432, *433*, 434, 435, 435, 440
ストラヴィンスキー、イーゴリ 117, 292, 440
ストラウスレル、トマーシュ → ストッパード、トム
ストリンドベリ、ヨハン・アウグスト 132
スニケット、レモニー 352
スハルダ、スタニスラフ 128
スミス、エレーヌ 408
スメタナ、ベドジフ 100, 105, 107, 113, 127, 129, 133, 153, 158, 180, 222, 442, 536, 563
『売られた花嫁』 113, 129, 153, 158, 168, 178, 179, 276, 292, 437, 438 『リブシェ』 105, 180 『わが祖国』 127, 180, 442
スメドレー、アグネス 352
スラーデク、ヨゼフ・ヴァーツラフ 128
スラーンスキー、ルドルフ 150, 533, 534, 536, 549, 563
ズラリー、ヴァーツラフ 193
ズルザヴィー、ヤン 120, 229, 252, 253, 257
スルプ、カレル 317, 319, 343
ゼイエル、ユリウス 128
セージ、ケイ 416, 527
ゼーバルト、W・G 545, 547, 548
ゼーフリート、イルムガルト 400
セザンヌ、ポール 203, 233, 236, 240, 257, 263, 270, 465
セゼール、エメ 500, 511, 524
セゼール、シュザンヌ 416, 541
セフェリス、イオルゴス 132
セリグマン、クルト 421
セルジュ、ヴィクトル 501
ゼレンカ、フランチシェク 145, 147, 548-550
ゾフィー大公妃 30

タ行

タイゲ、カレル 31, 32, 34, 44-46, 51, 53, 67, 83, 87, 130, 136, 145, *149*, 151, *155*, 170, 176, *177*, 190-196, 199, 200, 202, 205, 206, 209, 221-222, 224-225, 228, 233-234, 237, 251, 260-262, 264, 266-269, *265*, *271*, 272-275, 277, 279-280, *283*, 286, 288, 304-308, *309*, 311-312, *313*, 314, *314*, 315-316, 319, 333, *360*, 363, *402*, 403, 407, 414, 476, 492-497, *505*, 518-520, 525-527, 530, 537, 539, 543, 544, 549, 557, 562
《シテール島への船出》 277, *283* 『最小住宅』 196 《旅路からの挨拶》 277 『チェコスロヴァキアにおける現代建築』 192, 196
タイゲ、ヨゼフ 130, 199
ダヴィット、ヨゼフ 173
ダックス、アドリアン 567
タトリン、ヴラジーミル 270, 272
タニング、ドロテア 416, 417, 514, 527
ダラディエ、エドゥアール 24, 120, 171
ダリ、ガラ 30, 34, 51, 55, 318, 375, 376, 381-384, 388, 389, 391, 407, 409, 415, 431, 489, 498, 501, 510-512, 514-516
ダリ、サルバドール 32, 35, 39, 47, 51, 344, 388-390, 406, 407, 409, 413, 421-423, 426, 431, 474-475, 476, 478, 484, 485, 498, 522, 542, 551, 554, 556, 571
《雨のタクシー》 423, 431 《催淫性電話》 421 《内乱の予感》 344 《夢想》 474, 476, 480, 484 『目に見える女』 388
タリフ、ヴァーツラフ 443, 444
タンギー、イヴ 32, 47, 232, 323, 413, 485, 491, 527, 542, 554
タンギー、ジャネット 318, 323
ダングレーム(ド・ナヴァル)、マルグリッ

ト　343, *486*
チェハーチェク、ヤロスラフ　267
チェフ、スヴァトプルク　128, 136, 149, 261, 497
チェルニーク、アルトゥシュ　267-269, 272
チェルヌィー、アントニーン　221
チェルヌィー、ダヴィット　139, 140
チェルヌィー、トマーシュ　137
チェルマーク、ヤロスラフ　226
チェルミーノヴァー、マリエ → トワイヤン
チェンバレン、ネヴィル　24, 120, 132, 171, 367, 401, 518
チカル、ヴァーツラフ　525
チャップリン、チャーリー　268-270, 378, 407, 469
チャトウィン、ブルース　79, 115
チャペック、カレル　26, 92, 97, 116, 118, 120-122, 125, 240-242, 251, 252, 255, 367, 486, 497
『イギリス便り』 120 『園芸家の一年』 255, 486 『新時代のフランス詩』 92 『マクロプロス事件』 116, 117 『マサリクとの対話』 37 『ロボット』 116, 121, 122, 252, 261
チャペック、ヨゼフ　118-120, *119*, 122, 125, 135, 174, 178, 226, 232, 240, 242, 251, 252, 255-261, *256*, *260*, 264, 281-282, 297, 462
《憧れ》 255 《田舎の礼拝堂》 255 『原始民族の美術』 257 《じゃがいもをむく女》 255, *256* 『慎ましい芸術』 257, 259-260, *260* 《ニグロの王》 281 《火》 255 《街の上の女》 *119*, 240
チュルン、ウニカ　416
ツァラ、トリスタン　85, 375, 376, 489, 498, 526, 554
ツィーグラー、アドルフ　336, 337, 373, 397, 401
ツェムリンスキー、アレクサンダー　179
ディーツェンホーファー、キリアーン・イグナーツ　136, 153
ディク、ヴィクトル　92, 126
ディクス、オットー　336, 355, 462
ティツィアーノ　290
ティッセン、フリッツ　463, 466
ティリオン、アンドレ　479, 480
ティル、オルジフ　190, 191, 194, *195*, 196, 200-202, 543, 545
ティルシュ、ミロスラフ　100, 150, 199
ティルショヴァー、レナータ　199
デ・キリコ、ジョルジョ　32, 136, 232, 406, 407, 413, 554
デスティノヴァー、エマ　128, 309, 437
デスティン、エミー → デスティノヴァー、エマ　128, 129
デスノス、ロベール　50, 72, 173, 174, 307, 317, 382, 406, 407, 410, 487, 510, 554
デスノス＝フジタ、ユキ　174
デュカス、イジドール → ロートレアモン伯爵
デュシャン、マルセル　39, 144, 227, 303, 320, 407, 409, 412-414, 421, 425, 427, 476, 485, 501, 521, 524, 551, 552, 554
デュシャン、シュザンヌ　227
デュシャン＝ヴィヨン、レーモン　227
デュテュイ、ジョルジュ　511
デュフィ、ラウル　232
デュロゾワ、ジェラール　405, 480, 567
テラーニ、ジュゼッペ　330, 331
デリダ、ジャック　412
デリュック、ルイ　269
デルヴォー、ポール　413
トイバー＝アルプ、ゾフィー　376, 415
ドゥアルム、リーズ　485
ドゥースブルフ、テオ・ファン　273
ドゥーセ、ジャック　374
ドヴォジャーク、アントニーン　75, 127, 180, 364, 442, 536
『ジャコバン党員』 442 『新世界』 365 『フス派序曲』 75, 180
ドヴォルスキー、スタニスラフ　150, 560
ドゥフェク、アントニーン　63
ドゥプチェク、アレクサンデル　139, 248, 560
ドゥホルシュ、エリック　190
トゥホルスキー、クルト　355, 358

ドートルモン、クリスチャン　524
ドーマル、ルネ　228, 317, 325, 386, 549
ドーミエ、オノレ　17
ドガ、エドガー　136, 146, 252
トスカニーニ、アルトゥーロ　129, 437
ドストエフスキー、フョードル・ミハイロヴィチ　116, 235, 407
ドス・パソス、ジョン　361
ドナーティ、エンリコ　524
ドナテッロ　234
ドビュッシー、クロード　440
トピンカ、ミロスラフ　363
トポル、ヤーヒム　152
トマン、インジフ　191, 540
ドミンゲス、オスカル　421, 485
ドラクロワ、ウジェーヌ　246
ドラモンド、リンジー　371
ドラン、アンドレ　232, 233
ドリアーク、アロイス　201
トリオレ、エルザ　318, 478-480, 512
トルーマン、ハリー・S　469
トルイユ、クロヴィス　554
ドルチコル、フランチシェク　*294*, 311-312
トレーズ、モーリス　535
トロースト、パウル・ルートヴィヒ　328, 429
ドローネー、ソニア　227
ドローネー、ロベール　227, 233
トロツキー、レフ　49, 87, 408, 468, 473, 498, 565
トワイヤン　32, 35, 44, 46, 47, 51, 53, 87, 126, 229-231, *230*, 267, 274, 281, 282, 284, 305, 306, 320, 322, 339, 342, 343, 345, 405, 407, 414, 415, 471, 485, *486*, 487, 492, 494, 496, 517-519, 521, *523*, 524, 525, 527, 539, 540, 551, 556, 557, 560
《異郷の楽園》 322 《射撃場》 518, 519, *523* 《東洋の女たち》 322 《ニグロの楽園》 281, 282, 339, 540 『21』 518, 540 『パリとその近郊案内』 87, 229, *230*, 322 《枕》 282, 540
トンドル、イヴァン　454

ナ行

ナヴィル、ピエール　323, 381
ナター、トビアス・G　290
ナッシュ、ポール　392, 395, 396, 414
ニーチェ、フリードリヒ　25, 169
ニェムツォヴァー、ボジェナ　128, 168, 209, 222, 241-243, *242*, 244, 246, 248-250, 254, 264, 276, 325, 563
『おばあさん』 168, 209, 241, *242*, 243, 244, 247, 248, 250, 253, 264, 276, 325
ニクソン、ミニョン　429
ニコライ2世　136
ヌヴー、ジョルジュ　443
ネイェドリー、ズデニェク　163, 562
ネヴァシロヴァー、ヨシュカ　539
ネグリ、ニーナ　415
ネズヴァル、ヴィーチェスラフ　31, 32, 35, 36, 44, 45, 47, *48*, 51, 53, 58, 65, 72, 90-92, 96-98, 108, 109, 114, 121, 130, 135, 144, 145, 170, 176, 183, 206, 207, 222, 223, 228, 264, 267, 269, 272, 276, 288, 306, 307, 310-312, *313*, *314*, 315, 316, 319, 339, 340, 342-344, 348, *349*, *402*, 403, 405, 406, 408, 414, 427, 441, 442, 447, 449, 451, 485-493, 495-498, 500, *505*, 530, 536, 539, 541, 557, 567
『雨の指をしたプラハ』 98, 109, 207 『アルファベット』 310-312, *313*, *314*, 315, *402*, 403, 429, 447, *505*, 520 『幸運の鎖』 91, 135 『さよならとハンカチーフ』 449, 451 『自転車の至急便』 145, 269 『ジ＝ル＝クール通り』 97, 485, 487, 491 『性の夜想曲』 339-342, 348, *349* 『パントマイム』 310 『複数形の女』 206 『プラハの散策者』 91-92, 97, 222, 497 『目に見えないモスクワ』 97 『森の声』 441
ネチャーセク、フランチシェク　564
ネチャス、ヴィンツェンツ　87, *230*, 352
『パリとその近郊案内』 87, 229, *230*, 322
ネベサーシュ、ヤロスラフ　570
ネポムツキー、ヤン（ネポムクの聖ヨハネ）

72-75, 207
ネルー、ジャワハルラール　213
ネルダ、ヤン　59, 113, 114, 128, 164, 248, 254
『小地区物語』 113, 164
ネルヴァル、ジェラール・ド　424
ノイトラ、リチャード　193
ノイツェル、ヴァリ　292
ノイマン、スタニスラフ・コストカ　70, 92, 198, 202, 233, 239, 240, 257, 270, 314, 315, 493, 494, 497, 519
ノヴァーク、ヴラチスラフ　139, 152
ノヴァーリス　408, 556
ノヴァク、ヴィリ　234
ノヴォトナー、ヤルミラ　437-440, 443
ノヴォトヌィー、アントニーン　560
ノヴォトヌィー、オタカル　30, 568, 570, 571
ノヴォメスキー、ラツォ　496
ノグチ、イサム　527
ノスケ、ギュスターヴ　464
ノル、マルセル　383
ノルデ、エミール　331, 335-336

ハ行

バー、アルフレッド　203, 227, 229, 236, 263
ハーク、ミロスラフ　*166*, 520
ハースト、ウィリアム・ランドルフ　396, 397
バーダー、ヨハネス　303, 355, 359, 362
バード、ジョゼフ　390, 391
ハートフィールド、ジョン　43, 150, 300-302, 330, 351-356, 358, 359, 361-362, 367, 370, 371, 407, 462-466, 469-472, 484, 518, 520, 527
バーベリ、イサーク　493
パーラー、ペーター　59
パーレン、アリス　416, 554
パーレン、ヴォルフガング　32, 413, 427
ハイスレル、インジフ　126, 496, 519, 521, 524, 525, 527, 539-540, 551
ハイドリヒ、ラインハルト　143, 174, 180, 209, 439
バイロン、ジョージ・ゴードン　96, 322
ハヴェル、ヴァーツラフ　26, 138, 140, 162, 247, 252, 389, 568, 570
ハヴェル、ヴァーツラフ・マリア　140, 570
ハヴェル、ミロシュ　140, 142, 221, 570
パウケルト、ヤン　308-310, 565, 567
パウケルト・ジュニア、ヤン　310
ハウスマン、ラウール　273, 302-304, 336, 354-358, 361-363, 392
パヴラート、レオ　184
ハヴリーチェク・ボロフスキー、カレル　101, 126, 137, 164, 186, 200, 243
ハヴロック・エリス、ヘンリー　114
パウンド、エズラ　330
ハクスリー、オルダス　116, 488
ハシェク、ヤロスラフ　26, 136, 158, 327, 354
『兵士シュヴェイクの冒険』 26, 136, 158, 253, 327, 354
パジェス、マドレーヌ　84, 345
パジョウト、ヨゼフ　571
パステルナーク、ボリス　493
パスパ、カレル　312
バタイユ、ジョルジュ　16, 38, 50, 66, 80, 318, 324, 325, 342, 348, 372, 403, 406, 409-412, 427, 487, 514, 524
バタイユ、シルヴィア　427
バチャ、トマーシュ　211-212, 214, 216
バチャ、トマーシュ（トーマス・バタ・ジュニア） 216
バチャ、ヤン・アントニーン　211, 213, 215-216
バッハ、ヨハン・ゼバスティアン　238
ハラス、フランチシェク　209, 304, 315, 319, 342, 494, 496
パラツキー、フランチシェク　101, 105, 123, 125, 130, 200, 202
パラフ、ヤン　143
バル、フーゴ　85, 344, 410
バルヴィティウス、アントニーン　123
パルコフスカー、オルダ　368-369
バルザック、オノレ・ド　20

パルセリサス、ピラール　396
バルト、ロラン　77, 115, 412
バルトーク、ベーラ　132, 451
バルビュス、アンリ　473, 488
ハルラン、ファイト　142
ハレル、レイチェル　176
バロ、レメディオス　416
ハワード、エベネザー　212
ビアズリー、オーブリー　322
ビイイ、アンドレ　57
ピーシャ、アントニーン・マチェイ　267
ビードロ、フランチシェク　326-327
ビーブル、コンスタンチン　44, 54, 92, 276, 306, 315, 492, 496, 537, 557
ビーレク、フランチシェク　157
ピエール、ジョゼ　560
ピカソ、パブロ　22, 26, 39, 50, 56, 79, 81, 117, 118, 120, 145, 171, 203, 226, 232, 234, 236, 240, 257, 267, 331, 344, 360-361, 390, 398, 409, 414, 429, 464, 465, 468, 476, 508, 509, 511, 512, 522, 526, 544, 551, 554
ピカビア、フランシス　232, 303, 355, 409, 414, 554
ビゼー、ジョルジュ　179
ピックフォード、メアリー　269
ヒッチコック、ヘンリー＝ラッセル　43, 190, 194, 197, 200, 203, 206, 210, 262
ピッテルマン（・ロンゲン）、エミル（・アルトゥール）　234
ヒトゥスィ、アントニーン　128, 226
ヒトラー、アドルフ　15, 28, 42, 43, 150, 171, 175, 302, 328, 331, 333-334, 336-337, 353, 366, 368, 393, 400, 401, 432, 437, 438, 443, 462, 463, 466, 494
ヒナイス、ヴォイチェフ　105, 128, 226
ヒムラー、ハインリヒ　174, 175
ヒューブナー、カルラ　284
ヒュルゼンベック、リヒャルト　303
ビョルリング、ユッシ　438
ビリャ、パンチョ　556
ヒンデミット、パウル　451
ファーリントン卿　370
ファイグル、フリードリヒ　234
ファイニンガー、ライオネル　43, 336
ファネッリ、サラ　263
ファノン、フランツ　247
ファロヴァー、アンナ　62
ファンタ、ヨゼフ　219
フィッツジェラルド、F・スコット　228
フィドラン、アドリエンヌ（アディ）　391, 392, 396-398, *399*
フィニ、レオノール　416, 417
フィビヒ、ズデニェク　128, 246
フィラ、エミル　118, 120, 226, 233-235, 319, 494
フーコー、ミシェル　26, 79, 130, 150, 215, 346, 411, 412, 542, 552
プーシキン、アレクサンドル　93
ブーヌール、ヴァンサン　560
ブーバー＝ノイマン、マルガレーテ　249
フーリエ、シャルル　17, 511
ブールデル、エミール・アントワーヌ　226
フェアバンクス、ダグラス　269, 407
フェルディナント５世　105
フェルディナント大公　37
フォイエルシュタイン、ベドジフ　192, 193, 269, *271*
フォイヒトヴァンガー、リオン　488
フォースター、E・M　488
フォード、ヘンリー　211
フォール、エリー　269
フォッシュ、フェルディナン　172, 317
フォスター、ノーマン　550
フォルティーン、フランチシェク　229, 231, 390
フクス、ヨゼフ　194, *195*, 200-202, 543, 545
フサーク、グスタフ　76
ブジェジナ、オタカル　125, 243, 244, 325
プシェミスル　79, 100, 123, 198
プシェミスロヴナ、エリシュカ　158
藤田嗣治　174, 268
フス、ヤン　37, 73-75, 105, 143, 156-158, 246, 365, 432, 517, 529
フチーク、ユリウス　93, 95, 96, 170, 176,

197, 307, 308, 496, 497, 530, 532, 573
『絞首台からのレポート』 93, 95
プッチーニ、ジャコモ 117, 128, 179
ブニュエル、ルイス 32, 475, 551
フュグネル、インジフ 100, 150, 199
ブラーエ、ティコ 74
ブライアン、ハヴァーガル 451
ブラウナー、ジュリエット 131, 418, 512
フラグネル、ヤロスラフ 130, 192, 193
プラゲル、カレル 138
プラシノス、ジゼル 416, 485
ブラック、ジョルジュ 22, 25, 79, 120, 226, 232, 233, 236, 263, 331, 360, 464, 476
ブラッサイ 29, 38, 39, 282, 307, 398, 508, 509, 514, 554
フラバル、ボフミル 54, 187, 327, 499 『あまりにも騒がしい孤独』 26 『わたしは英国王に給仕した』 54-55, 187-189, 327
フラモストヴァー、ヴラスタ 276
ブランキ、オーギュスト 28
ブランクーシ、コンスタンチン 223, 232, 233, 332
フランコ、フランシスコ 363, 397, 469
フランツ1世（オーストリア皇帝） 65, 254
フランツ・フェルディナント大公 170, 293
フランツ・ヨーゼフ1世 72, 105, 106, 164
ブランドン、ルース 484
フランプトン、ケネス 26, 170, 570
プランポリーニ、エンリコ 83, 268
ブリアン、エミル・フランチシェク 130, 146, 496
ブリーク、リリー（リーリャ） 479
ブリス、アラン 439
ブリテン、ベンジャミン 117, 451
ブリューゲル、ピーテル 90, 115
プリンツィプ、ガヴリロ 170, 174, 293
プルースト、マルセル 18, 143, 398
ブルーノ、ジョルダーノ 529
プルキニェ、カレル 128
ブルジョワ、ルイーズ 429
フルストカ、アレクセイ 142
ブルックナー、アントン 371
ブルトン、アンドレ 20, 27, 29-47, *33*, *48*, 49-51, 53-56, 58, 66-69, 72, 74, 75, 81, 82, 84-87, 89, 90, 96, 97, 117, 126, 136, 144, 145, 150, 151, 154, 158, 160-163, 171, 174, 183, 187, 207, 213, 228, 229, 231, 244, 253, 259, 260, 264, 304-307, 311, 316-318, 322-324, 338, 345, 348, 352, 373, 379-385, 387-390, 398, 400, 403, 405-409, 412, 414, 417, 421, 422, 425, 426, 430, 431, 432, 463, 472-474, 476-481, 482, 484-492, 497-503, 505-507, 511, 512, 520-531, 537, 539, 541-543, 550-562, 565-567, 571, *572*, 573 『イエズス会士の宝』 53 『狂気の愛』 29, 33, 40, 50, 89, 162, 259, 387, 408, 501, 511, 533, 541, 555, *558*, 559 『黒いユーモア選集』 307, 352 『磁場』 67, 485 『シュルレアリスム簡約辞典』 406-409, 416, 511 『シュルレアリスム宣言』 32, 162, 382, 481 『シュルレアリスム第二宣言』 38, 86, 316, 318, 473 『シュルレアリスムと絵画』 305, 537 『星座』 373 『性についての探究』 323-325, 348, 388, 480-482, 555 『通底器』 34, 49-50, 154, 316, 485, 491, 501, 555 『ナジャ』 32, 66, 68, 84, 97, 160, 325, 387, 485, 501, 555 『秘法17』 501-504, 524, 554, 555 『魔術的芸術』 74 『無原罪の御宿り』 322
ブルトン、エリザ 416, 501, 502, 511, 551, 554, 557, 558
ブルトン、オーブ 387, 416, 500-501, 511, 533, 551, 557, 558
ブルトン、シモーヌ → カーン、シモーヌ
ブルトン、ジャクリーヌ → ランバ、ジャクリーヌ
ブルヒャルト、オットー 354, 355
ブルフマン、ティル 357
ブルム、レオン 475
フレイカ、イジー 145, 146
ブレイク、ウィリアム 292, 521
ブレイク、パンドラ 385
プレヴェール、ジャック 479, 551

ブレーデル、ヴィリ　352
プレザンス、ドナルド　436
ブレヒト、ベルトルト　43, 352, 371, 476, 488
フロイト、ジークムント　20, 84, 133, 306, 322, 408, 409, 427, 556
ブロイド、ヴェラ　358, 362
ブロイヤー、マルセル　43, 193
ブロウク、ボフスラフ　44, 319, 322, 346, 347, 429, 492, 496, 517, 557
ブロート、マックス　99, 110, 111, 133, 154, 162, 170, 234, 235, 238, 488, 560
ブローネル、ヴィクトル　527
フローベール、ギュスターヴ　270, 292
プロコフ、ヤン　72
ブロジーク、ヴァーツラフ　105, 226
プロハースカ、アントニーン　118, 234
フンケ、ヤロミール　62, 63, *71*
ヘア、デイヴィッド　501
ペアレント、ミミ　416
ベイカー、ジョセフィン　282, 284, *467*
ヘイドゥク、アドルフ　128
ヘイトゥム、アントニーン　126, 277
ヘーゲル、ゲオルク・ヴィルヘルム・フリードリヒ　22, 23, 28, 408, 556
ベートーヴェン、ルートヴィヒ・ヴァン　437, 449
ヘーヒ、ハンナ　304, 342, 355-359, 362, 415, 520, 521
ベーレンス、ペーター　195, 269, 270
ペカシュ、ヨゼフ　157
ベケット、サミュエル　131, 539
ペシャーネク、ズデニェク　*208*
ベッカーマン、マイケル　435-436
ベックスマン、マックス　336
ベックリン、アルノルト　305
ヘッケル、エーリッヒ　336
ペトル、ヴァーツラフ　307, *309*
ベナユン、ロベール　481
ヘニングス、エミー　85, 86
ベネシュ、ヴィンツェンツ　118, 130, 234
ベネシュ、エドヴァルト　99, 432, 441, 451
ペヒシュタイン、マックス　336
ヘミングウェイ、アーネスト　118, 228
ヘラクレイトス　408
ペラヒム、ジュール　144
ベルク、アルバン　117, 179, 443
ベルクソン、アンリ　34
ヘルツフェルデ、ヴィーラント　301, 351-353, 355, 362, 370, 371
ベルナール、サラ　60
ヘルビッヒ、ペトル　63
ヘルマン、イグナート　90
ベルメール、ハンス　289, 374, 407, 413, 509, 524, 527, 555
ベルンハルト、ゾフィー　355-356
ペレ、オーギュスト　268
ペレ、バンジャマン　47, 318, 323, 485, 487, 488, 491, 524, 527, 551
ペロウトカ、フェルディナント　121, 134, 172, 250, 530, 548
ペロン、ドニーズ　415
ベン、ゴットフリート　331-333, 335
ベンツ、マリア → エリュアール、ニュッシュ
ベンヤミン、ヴァルター　15-23, 27, 28, 43, 45, 109, 219, 330, 361, 371-372, 476, 542, 551, 573
ペンローズ、アントニー　510
ペンローズ、ローランド　386, 391, 392, 397, 398, *399*, 418, 420, 507, 512, 527
ホイダ、ズデニェク　573
ホイットマン、ウォルト　270
ボウ、クララ　318
ボエティンゲル、フゴ　255
ボーヴォワール、シモーヌ・ド　50, 131, 531
ボードレール、シャルル　17, 25, 62, 92, 107, 131, 219, 292, 322, 384, 408, 541, 554, 556
ポコルヌィー、イジー　573
ホジェイシー、インジフ　267, 496
ボス、ヒエロニムス　521
ボシュチーク、ヴァーツラフ　184
ボッチョーニ、ウンベルト　83
ボッティチェリ、サンドロ　431

ボナール、ピエール　232, 233, 252
ボハーチ、ヴァーツラフ　200-202
ホブズボーム、エリック　22, 23
ホフマイステル、アドルフ　145, 167, 231, 264, 304, 319, 320, 326, 462, 494, 526, 527
ホフマン、E・T・A　120, 226, 322
ホフマン、ヴラスチスラフ　118, 224, 257
ホホル、ヨゼフ　118, 123, *124*, 193, 223, 224, 226
ホラ、ヨゼフ　314
ホラーコヴァー、ミラダ　134, 530, 534, 535
ボラック、エルンスト　154, 170, 249
ポリゾッティ、マーク　479, 480, 482, 541, 552
ボレスラフ1世　59
ホルニーチェク、ミロスラフ　436
ホルプ、マックス　234
ボルヘス、ホルヘ・ルイス　79, 130, 215
ポロック、ジャクソン　305
ボワ、イヴ=アラン　411
ボワイエ、エミール　267
ホワイト、パール　269
ホンジーク、カレル　192, 193
ホンズル、インジフ　34, 44, 53, 91, 145, 146, 267, 269, 272, 307, 443, 496, 557

マ行

マーネス、ヨゼフ　101-103, 253
マーハ、カレル・ヒネク　93, 96, 101, 248, 276, 307, 327, 530, 542
『五月』 93, 96, 248, 307, 327, 542
マーラー、アルマ　295-299, 355, 366, 371
マーラー、グスタフ　133, 295, 437
マール、ドラ　47, 50, 416, 468, 485, 514, 515, 554
マイェロヴァー、マリエ　60, 314
マイェロヴァー、ミルチャ　311, 312, *313*, *314*, *402*, 403, 429, 447, *504*
マイヤー、アンドレアス　180
マイヤー、ハンネス　193
マイヤー、フレディ　249
マイヨール、アリスティド　232, 233
マイリンク、グスタフ　90, 109, 111, 116, 153
『ゴーレム』 109, 116, 122, 147, 153
マクシミリアン1世　88, 156
マクナブ、ロバート　384
マグリット、ルネ　39, 47, 326, 345, 407, 413, 422, 427, 512, 521, 522, 554
マコフスキー、ヴィンツェンツ　32, 44, 46, 51, 229
マザーウェル、ロバート　303
マサリク、トマーシュ・ガリッグ　107, 125, 160, 202, 222, 254, 262, 309, 366, 437
『チェコの問題』 254, 262
マサリク、ヤン　160, 438-440, 443, 526
マシェク、カレル・ヴィーチェスラフ　226, 246
《リブシェ》 246
マジャーク、ユリウス　105, 128
マスカーニ、ピエトロ　117
マタラッソ、ジャック　507
マチェイチェク、アントニーン　232, 233, 235, 236, 263, 331
マツェク、イジー　447
マッケ、アウグスト　81
マッケラス、チャールズ　117
マッコルラン、ピエール　66
マッソン、アンドレ　39, 80, 81, 229, 232, 317, 406, 413, 426, 427, *428*, 484, 554
マッタ、ロベルト　413, 423, 554, 560
マティアス、アラスの　59
マティス、アンリ　39, 232, 233, 236, 257, 263, 414, 476
マネ、エドゥアール　252, 281, 290, 387, 388, 420, 422
マハティー、グスタフ　319-320, *321*, *414*
『エロティコン』 319 『土曜から日曜へ』 319 『春の調べ』 319, *321*, *413*
マハル、ヨゼフ・スヴァトプルク　125, 539
マホン、アリス　423, 427
マヤコフスキー、ウラジーミル　145, 146, 176, 361, 388, 389, 465, 479

マラルメ、ステファヌ　322
マリア・テレジア　68, 92, 180
マリーショヴァー、ヘレナ　314
マリネッティ、フィリッポ・トンマーゾ　81-83, 136, 145, 173, 193, 329, 331, 333, 334, 408, 510
マリノフスキ、ブロニスワフ　322
マルキ・ド・サド → サド侯爵
マルク、フランツ　334, 335
マルクス、カール　17, 19, 27, 36, 44, 51, 96, 161, 270, 408, 494, 565
マルクス、ハーポ　17, 36, 44, 51, 96, 270, 407
マルケ、アルベール　233
マルゴリウス、イヴァン　149, 151, 159, 536
マルゴリウス、ルドルフ　150, 536
マルチヌー、シャルロット　449, 452
マルチヌー、ボフスラフ　126, 229, 440-444, 446-449, 451, 452, 456-460, 550 『泉開き』 459 『ジュリエッタ、あるいは夢占いの本』 441 『橋の上の喜劇』 441 『場末の劇場』 441 『ピアノのためのアダージョ』 458 『兵士と踊り子』 441 『マズルカ』 458 『マリアの奇蹟』 441 『森の声』 441 『野外ミサ』 441, 442 『ラ・バガール』 440 『リディツェへの追悼』 440, 442, 458
マルティンス、マリア　416
マルロー、アンドレ　488
マレ、レオ　425
マレー、エティエンヌ＝ジュール　227
マレルブ、シュザンヌ　485, 541
マロルト、ルジェク　200, 226
マン、トーマス　43, 371, 476
マン、ハインリヒ　43
マンギャン、アンリ・シャルル　233
マンキエヴィッツ、ヘドヴィヒ　362, 363
マンスール、ジョイス　416
マンデリシュターム、オシップ　493
マン・レイ　39, 40, 47, 131, 228, 231, 266, 268, 269, 318, 323, 345, 363, 387, 388, 391, 396-398, *399*, 401, 403, 406, 407, 413, 418, 420-422, 424-425, 485, 487, 499, 512, 515, 554 《ヴェールに覆われたエロティック》 422, 484, 534 《贈り物》 421 《天文台の時刻に――恋人たち》 418 『ヌード』 363 《破壊されないオブジェ》 420 《破壊されるべきオブジェ》 420
マン・レイ、ジュリエット → ブラウナー、ジュリエット
ミース・ファン・デル・ローエ、ルートヴィヒ　43, 190, 193, 194, 197, 203-205, 210, 273, 331, 550
ミケランジェロ　234, 344, 357
ミスルベク、ヨゼフ・ヴァーツラフ　127, 128, 137, 139, 140, 143, 202, 222
ミドラーシュ、ヤン　75, 154
ミトラニ、ノラ　416
ミュザール、シュザンヌ　318, 387, 390, 416, 541, 555
ミュシャ、アルフォンス → ムハ、アルフォンス
ミュラー、オットー　339
ミュンツェンベルク、ヴィリ　326, 353
ミュンツベルゲル、ベドジフ　199, 200
ミラー、ヘンリー　228, 377, 509, 527
ミラー、リー　228, 345, 391, 392, 396, 398, *399*, 400, 401, 407, 417, 418, *419*, 420, 507-512
ミルニッチ、ヴラド　568-571
ミレー、ジャン＝フランソワ　423
ミロ、ジョアン　32, 39, 232, 413, 485, 527, 544, 554, 560
ムーア、ヘンリー　391, 414
ムージル、ローベルト　168, 488
ムカジョフスキー、ヤン　310, 496
ムジカ、フランチシェク　130, 229, 264, 443
ムッソリーニ、ベニート　42, 43, 83, 120, 136, 171, 329-331, 354, 368, 469
ムハ（ミュシャ）、アルフォンス　60, 123, 126-130, 143, 157, 158, 163, 190, 198, 200, 202, 203, 226, 229, 233, 240, 250, 253, 257, 441, 442, 453, 460, 544

《スラヴ叙事詩》 157, 202, 442
ムハ、イジー 441-443, 448, 449, 453-457, 460, 461, 534
ムハ、ジェラルディン 456
ムルクヴィチカ、オタカル 145, *148*, 277, *278*, 285, 303, *450*, *513*, 549, 566
ムルシュチーク、ヴィレーム 135, 151
ムンク、エドヴァルド 233, 234
メイエルホリド、フセヴォロド 146, 493
メシアン、オリヴィエ 451
メゼンス、E・L・T 391, 507
メチアル、ヴラジミール 204
メッツァンジェ、ジャン 227, 233
メトコヴァー、エミラ 416
(聖) メトディオス 60, 117
メルスロー、アレクサンドル 227, 233
モース、ヘルミーネ 296, 298, 300
モーツァルト、ヴォルフガング・アマデウス 83, 143, 153, 179
モッケル、ヨゼフ 125, 128, 158
モッセ、ソニア 415
モディリアーニ 232, 268
モニエ、アドリエンヌ 472
モホイ=ナジ、ラースロー 43, 336, 476
モリーズ、マックス 323, 390
モリニエ、ピエール 554
モンドリアン、ピエト 336
モンロー、マリリン 469, 471

ヤ行

ヤーコブソン、ロマーン 310-311, 496
ヤウレンスキー、アレクセイ・フォン 336
ヤナーク、パヴェル 118, 128, 176, *220*, 222, 224, 226, 236-238, 254, 257, 331, 562, 569
ヤナーチェク、レオシュ 116-118, 122, 125, 130-133, 158, 161, 180-182, 215, 242, 246, 440, 443, 458, 459
『イェヌーファ』 133, 242 『カーチャ・カバノヴァー』 117 『グラゴール・ミサ』 117 『死の家より』 116, 117 『シャールカ』 127, 246 『ブロウチェク氏の旅』 180 『マクロプロス事件』 116, 117 『利口な女狐の物語』 117
ヤノーホ、グスタフ 109, 110, 112, 153, 184, 435
『カフカとの対話』 109, 112, 435
ユゴー、ヴァランティーヌ 416
ユゴー、ヴィクトル 322, 555
ユニェ、ジョルジュ 521, 536
ユニック、ピエール 47, 475
ユバック、ラウール 407, 426, 554
ユング、カール・グスタフ 17
ユングマン、ヨゼフ 101, 200
ヨーゼフ2世 67, 68, 115, 122, 164, 169, 174, 175, 180
ヨン、イジー 184
ヨーン、ヤロミール 207, 209
『賢いエンゲルベルト』 209

ラ行

ラーマン、アリス 364
ライス、カレル 546
ライス、カレル・ヴァーツラフ 261, 497
ライス、シェリー 401
ライト、フランク・ロイド 197, 212, 268-270, 272
ライフマン、ヴィレーム 525
ラウバル、ゲリ 336
ラウフマン、ヤン *141*
ラカン、ジャック 38, 412, 427
ラダ、ヨゼフ 253, 354
ラツィナ、ボフダン 525
ラッセル、ジェーン 469
ラッチェンス、エドウィン 182
ラドクリフ、アン 408
ラビ・レーフ(・ベン・ベザレル) 116
ラホダ、ヴォイチェフ 520, 521
ラマー、ヘディ 320, 413, 463
ラム、ヴィフレド 500, 527, 554, 560
ラング、フリッツ 43
ランゲル、フランチシェク 118, 130
ランバ、ジャクリーヌ 29, 33, *33*, 38, 50, 54, 97, 158, 162, 387, 409, 415, 417, 426, 431, 491, 500, 506, 541, 557, 560
ランボー、アルチュール 51, 93, 96, 322,

464, 504, 554, 565
リーゲル、フランチシェク・ラジスラフ　130
リード、ジョン　361
リード、ハーバート　35, 367, 370
リーチ、ジクムント　184, *184*
リーフェンシュタール、レニ　333, 334, 429
リープクネヒト、カール　302, 356, 464
リオタール、ジャン＝フランソワ　16
リクル、ズデニェク　229
リシツキー、エル　273, 336
リバーク、ヨゼフ　497
リヒター、ハンス　273, 274
リブシェ　79, 102, 105, 122, 123, 126, 127, 180, 246, 369
リプシッツ、ジャック　268
リブモン＝デセーニュ、ジョルジュ　145, 229, 317, 554
リペッリーノ、アンジェロ・マリーア　68, 69, 72, 74-78, 89-91, 96, 110, 115, 116, 122, 143, 144, 151, 163, 387, 520, 567
リベラ、ディエゴ　49, 554
リン、マヤ　185
リンカーン、エイブラハム　469
リンハルト、エフジェン　192, 193
ルイ＝フィリップ　22
ルイス、C・S　223
ルービン、ウィリアム　414, 415
ルービンシュタイン、アルトゥール　129
ルーベンス、ピーテル・パウル　300, 302
ルクセンブルク、ローザ　302, 356, 464
ル・コルビュジエ　145, 151, 171, 190-197, 201, 205-207, 209, 212-214, 218, 221, 222, 237, 238, 252, 266, 269, 476, 543, 546
ルソー、アンリ　243, 258, 282, 521
ルソー、ジャン＝ジャック　258, 292, 529
ルッチェーゼ、ジョヴァンニ　37
ルト、フランチシェク　73, 75
　『王立プラハ年代記』　73, 75
ルドルフ２世　72, 74-76, 78, 79, 86, 88, 89, 116, 122, 144, 147, 156, 183, 393, 553, 557
ルノワール、オーギュスト　522
ル・ブラン、アニー　282, 540
ルベル、ロベール　511
レヴィ＝ストロース、クロード　103, 501, 511
レーニン、ウラジーミル　92, 136, 151, 176, 273, 359, 493, 556
レーム、エルンスト　43
レーン、ジョン　352
レオナルド・ダ・ヴィンチ　227, 322
レジェ、フェルナン　227, 232, 266, 267
レスラー、アルチュール　227
レスレル、ヤロスラフ　63, 229, *394*
レッグ、シェイラ　35
レナウ、ジュゼップ　466, 468-471, 520
レノン、ジョン　479
レハール、フランツ　179
レリス、ミシェル　38, 403, 410, 531, 551
レンハルト、オタカル　*482*
レンブラント・ファン・レイン、ハルメンソーン　234
ロイド＝ウェーバー、アンドリュー　238
ロース、アドルフ　60, 133, 191-192, 295, 330, 559
ローゼンベルク、アルフレート　331, 333, 337
ロートレアモン伯爵　37, 97, 101, 253, 317, 346, 348, 350, 386, 408, 423, 424, 426, 440, 478, 512, 554, 556
　『マルドロールの歌』　37, 317, 319, 423, 485
ロジャース、ジンジャー　568, 570
ロスコ、マーク　305
ロスマン、ズデニェク　193
ロゼ、ギー　324
ロタール、エリ　410
ロダン、オーギュスト　233
ロップス、フェリシアン　281, 322
ロトチェンコ、アレクサンドル　359, 469
ロマス、デイヴィッド　422
ロラン、オリヴィエ　537
ロラン、ロマン　488

ローランス、アンリ　270
ロレンツ、ズデニェク　525
ロンドン、ジャック　261

ワ行

ワイルド、オスカー　30, 325
ワルター、ブルーノ　437, 438

［事　項］

＊プラハやパリなど、該当都市に関連する事項はそれぞれの都市の項目を参照。
＊チェコ語の名称のみ、原文の綴りを併記した。

あ

〈アーモリー・ショー〉 414
アールデコ 221
アール・ヌーヴォー 54, 60, 130, 135, 143, 158, 202, 218, 219, 221, 546
アヴェンティヌム社（Aventinum） 241, *242*, 244, 247, 257, 312
『アヴェンティヌム論叢』（Rozpravy Aventina） 194, 231
アウシュヴィッツ 175, 180, 182, 395, 429, 548
『アウラ』誌 561, 565
〈青騎士〉 235, 335, 339
『アクシオン』紙 532
アクシオン・フランセーズ 96, 203
『アクシオン・フランセーズ』紙 42
「新しいプラハのためのクラブ」 209
『アナロゴン』誌（Analogon） 565
〈アブストラクシオン－クレアシオン〉 229
『アルシブラ』誌 559, 560, 565-567, *572*
〈アルチェル〉（Artěl） 257
『イズベスチヤ』紙 488
イチーン（Jičín） 279, 280
インターナショナル・スタイル 31, 40, 43, 190, 192, 194, 203, 205, 206, 210, 218, 237, 263, 330, 543
ヴァンゼー会議 175
ウィーン
　国立歌劇場 438；総合芸術展（1908 年） 293；ノイ・クンスト・グルッペ展 292；美術アカデミー 333
ヴェストファーレン条約 89, 156, 157
『ヴォーグ』誌 400, 401, 418, 508, 510
〈美しい居室（クラースナー・イズバ）〉（Krásná jizba） 60, 193, 257
ヴルタヴァ川（Vltava） 24, 30, 53, 72, 73, 79, 83, 95, 97, 105, 114, 123, 127, 136, 142, 151, 154, 186, 197, 202, 251, 285, 365, 368, 405, 541, 545, 569
衛生化 110, 114, 115, 135, 183, 185
『エロティック・レヴュー』（Erotická revue） 318-320, 322, 323, 325, *326*, 327, 341-343, 408, 466, 518, 534, 540
〈大いなる賭け〉 228, 229, 317, 525, 527
『大いなる賭け』誌 228, 317
オストラヴァ（Ostrava） 255, 257
〈オスマ〉（Osma） 234, 560
オットー社 102, 200, 312, *313*, *314*, *402*, *500*
『オットー百科事典』 102, 163, 312
オデオン社 87, *230*, 276, 312, 317, 354
乙女戦争 127, 198, 246
オパヴァ（Opava） 181
オルフィスム 227, 267
オロモウツ（Olomouc） 92, 276

か

絵画詩（Obrazové básně） 277, 520
カカーニエン 168
〈革命作家・芸術家協会〉（ＡＥＡＲ） 463
〈革命的シュルレアリスト〉 524-525
革命的シュルレアリスト国際会議（ブリュッセル、1948 年） 525
『革命に奉仕するシュルレアリスム』誌 39, 45, 315, 316, 345, 389, 474, 526
カルロヴィ・ヴァリ（カールスバート）（Karlovy Vary） 35, 304, 557
〈頑固派〉（Tvrdošíjní） 120, 130, 229, 239-241, 251-253；〈それでもなお〉展 120, 239
キャバレー・ヴォルテール 85, 86, 363

客観的偶然　33, 34, 38, 50, 122, 137, 175, 185, 228, 303, 344, 384, 431, 493, 537, 543, 559
キュビスム　22, 26, 80, 118, 123, 128, 203, 221, 223, 224, 225, 226, 227, 229, 233, 234, 236-238, 240, 241, 243, 261, 267, 269, 305, 333, 463, 562, 571
〈協同組合〉（Družstevní práce）　60, 193, 311, 354, 432, 434, *486*
クメン現代出版社協会　312
クラドノ（Kladno）　280
クラルピ・ナド・ヴルダヴォウ（Kralupy nad Vltavou）　125
グループＲａ　525
黒いユーモア　23, 27, 172, 218, 478
芸術家協会マーネス（Spolek výtvarných umělců Mánes）　31, 118, 232, 233, 234, 367, 568
芸術協会（Umělecká beseda）　268, 232
『ゲーグナー』誌　300
『ゲーゲンヴァルト』誌　235
憲章77（Charta 77）　276, 436
「建築家クラブ」　191-193, 219
構成主義　21, 224, 261, 270, 277, 279, 315, 359, 469, 520, 521
『黄道十二宮』（Zvěrokruh）　32, 316
国際現代音楽協会（ＩＳＣＭ）　451
国際ダダ見本市 → ベルリン
国民劇場（Národní divadlo）　30, 104, 105, 123, 133, 153, 170, 179, 226, 251, 437, 438, 443
国民社会党（チェコスロヴァキア）　134, 200, 201
国民様式　221, 224, 254
ゴシック　36, 58-60, 70, 125, 135, 136, 172, 209, 226, 236, 237, 331, 347, 395
ゴットヴァルドフ（Gottwaldov）　216, 218
『コミューヌ』誌　498
コンスタンツ公会議　73
『コンバ』紙　531

さ

ザクセンハウゼン　530
〈左翼戦線〉（Levá fronta）　34, 41, 49, 315, 484, 489, 530, 557
『319』誌　303, 409
三十年戦争　37, 58, 89, 157
ジープ（Říp）　174
『ジイェメ』誌（Žijeme）　311, *433*
『ジヴォットII』 → デヴィエトスィル
シックスティ・エイト出版　247, 276
シネク社（Synek）　354
市民フォーラム（Občanské fórum）　222, 568
社会主義リアリズム　47, 95, 128, 219, 327, 489, 497, 569, 570
自由ヨーロッパ放送　134, 138
シュコダ　104
『シュトゥルム』誌　81, 293
『シュルレアリスム革命』誌　39, 315, 317, 318, 323, 344, 377, 384, 526, 555
『シュルレアリスム国際公報』（*Mezinárodní bulletin surrealismu*, 1935）　34, 561
『シュルレアリスムの起点』（*Surrealistické východisko*, 1969）　150
「勝利の２月」事件（Vítězný Únor）　25, 93, 134, 159, 204, 526, 527, 536
シレジア（Slezsko）　24
人工主義（Artificielisme）　87, 231, 305, 306
新即物主義　206, 329
『新ドイツ新聞』　352
『ジンプリクス』誌　326
スヴァトボル協会　123
『スヴィエトゾル』誌（Světozor）　51, *52*
『スタヴバ』誌（Stavba）　193, 196, 206
ズデーテン　142, 351, 353
スペイン内戦　398, 468
スラヴ人会議　30
ズリーン（Zlín）　210-216, *217*, 218, 258
〈21番ビル〉　214, 215；ホテル〈社交館〉　214, 216
スロヴァーツコ　198, 240
スロヴァキア　24, 173, 180, 546, 549
正常化（Normalizace）　76, 114, 150, 151, 185, 204, 246, 255

『世界画報』誌（Svět v obrazek） 354
〈セクシオン・ドール〉 227
〈セルクル・エ・カレ〉 229
〈造形芸術家グループ〉（Skupina výtvarných umělců） 118, 130, 226, 227, 233
「叢書 69」（Edice 69） 341, 343, 345, *349*
ソコル 150, 173, 178, 199, 202
ソビボル 175

た

ターボル（Tábor） 127, 163
ダダ 21, 26, 43, 85, 89, 145, 146, 150, 228, 261, 300, 302-304, 327, 333, 337, 342, 351, 354-358, 361-364, 370, 463-466, 468, 472
ダッハウ 134, 400, 401, 507
タルレンツ 375, 376
チェコ・キュビスム 221, 223, 224, 227, 240
チェコスロヴァキア教会 136
チェコスロヴァキア軍団（Československá legie） 65, 126, 253, 537；「軍団橋」→ プラハの橋
チェコスロヴァキア作家出版（Československý spisovatel） 276
チェコ・フィルハーモニー管弦楽団（Česká filharmonie） 450
チェスカー・スカリツェ（Česká Skalice） 242, 243
「チェスカー・モデルナ」（Česká moderna） 125, 234, 243
チェスキー・クルムロフ（Český Krumlov） 292
チェスキー・ラーイ（Českáý Ráj） 279
『チェスコスロヴェンスキー・ボイ』紙（Československý boj） 453
『チェルヴェン』誌（Červen） 92, 118, 240, 494
『チャス』（Čas）誌 251
〈チェコスロヴァキアのシュルレアリスト・グループ〉（Skupina surrealistů v ČSR） 32, 44-46, 319, 492, 495-497, 519, 525, 530, 539
チェドック 460
『ディスク』誌（Disk） 267, 274, 310
デヴィエトスィル（Devětsil） 67, 83, 87, 130, 137, 145, 167, 170, 191-194, 209, 229, 232, 251, 260-264, 266-268, 270, 273, 275-277, 279, 280, 285-288, 304-308, 310-311, 314-315, 317, 318, 339, 407, 443, 450, 487, 520, 526
『革命論集デヴィエトスィル』 83, 261, 262, 267, 285, 308, 562；〈現代芸術バザール〉展 304；『ジヴォットII』 192, 267-269, *271*, 272-274, 277；第1回〈春のデヴィエトスィル展〉 264
デカルコマニー 421
デ・ステイル 190
テプリツェ（Teplice） 303
テレジーン（Terezín） 173-176, 178-180, 453, 545, 548-549
トゥーゲントハット邸 → ブルノ
「討論されるシュルレアリスム」（Surrealismus v diskusi） 530
『トヴォルバ』誌（Tvorba） 93, 494, 496, 519, 539
『ドキュマン』誌 409
トシェビーチ（Třebíč） 340, 344
トシ・ストゥドニェ（Tři studně） 447, 458, 459
『ドバ』誌（Doba） 44, 49, 491
『トリブナ』誌（Tribuna） 121, 251

な

ナールデン 157, 202
『ナーロドニー・ヴィーズヴァ』紙（Národní výzva） 496
『ナーロドニー・オベッツ』紙（Národní obec） 201
『ナーロドニー・リスティ』紙（Národní listy） 169, 248
『ナシェ・ジェチ』誌（Naše řeč） 168
２月革命 →「勝利の２月」事件
ニューバーリントン画廊 → ロンドン
ニューヨーク近代美術館（MOMA） 31, 203, 206, 210, 229, 337, 374, 414, 418,

421
〈キュビスムと抽象美術〉展　203, 229, 263；〈幻想美術、ダダ、シュルレアリスム〉展　418, 420, 422；〈ダダ、シュルレアリスムとその遺産〉展　414, 415
『ニューヨーク・タイムズ』紙　218, 227
ネオ・バロック　135
ノイ・クンスト・グルッペ展 → ウィーン
『ヌエバ・クルトゥーラ』誌　468
『ノヴァー・プラハ』紙（Nová Praha）　202

は

バウハウス　43, 190, 193, 194, 295
〈バウハウス国際建築展〉　193
バチャ社　210-218
発見されたオブジェ　22, 416, 542, 559, *572*
パネラーク　218
バランドフ　140, *141*, 142, *177*, 520
パリ
——のカフェ、レストラン、バー：シラノ　50, 383；ドゥ・マゴ　50, 229；ドーム　229, 449；ブランシュ広場　32, 45, 486；ボナパルト　453；ラ・クープル　487；ロトンド　87, 229, 285
——の劇場、遊興施設：大観覧車　268, 269；フェルナンド座　136, 146；フォリー・ベルジェール　282；ムーラン・ルージュ　282；メドラノ座　146；ル・コリセウム　33, 431；バビロン劇場　539
——の地域：ヴァンサンヌの森　535；オーボンヌ　375；カルチエ・ラタン　472；グラン・ブールヴァール　487；サン=ドニ　485；サン=ブリス　375, 389；シテ島　160；ナンテール　566；バスティーユ　58；ピガール　32, 363；ピュトー　227；ポルト・デ・リラ　424；モンパルナス　87, 174, 232, 418, 449, 479, 485；モンマルトル　33, 82, 146, 232, 267, 426, 485, 512；モンルージュ　231；ラ・シャペル　509；ラ・ヴィレット　410；レ・アール　97
——の展覧会、博覧会：アンデパンダン展（1924年）　233, 235, 384；〈今日の芸術〉展（1925年）　231；サロン・ダダ　304；サロン・ドートンヌ　56, 227；サロン・ド・パリ　290；〈シュルレアリスム国際展〉（1938年）　406, 409, 412-415, 418, 421, 423, 427, *428*, 429, 430；〈シュルレアリスム国際展〉（1959年）　126, 350, 481；〈1947年のシュルレアリスム〉展　521-525, 527, 555, 558；パリ万博（1889年）　199；パリ万博（1900年）　268；パリ万博（1925年）　139, 221, 312；パリ万博（1937年）　170, 359, 432, 468
——の通り、広場：ヴァレンヌ通り　499；ヴィエイユ=ランテルヌ通り　424；ヴィヴィエンヌ通り　424, 426；オデオン通り　472；オペラ座のパサージュ　20；コルベール通り　322；コンコルド広場　213；サン=ジェルマン通り　50；サン=ミシェル大通り　456；シャトー通り　479；シャンゼリゼ　26, 397；ジ=ル=クール通り　97；ドーフィーヌ広場　161；パンテオン広場　485；フォーブール・サントノレ通り　406；フォンテーヌ通り　485, 486, 553, 557；ブランシュ広場　32, 45, 486, 553；ブルターニュ通り　58；ブロンデル通り　487；ペリフェリック環状線　551；メディシス通り　449；モンパルナス大通り　487, 489；ラ・ペ通り　286
——の橋：カルーセル橋　492, 497；ポン=ヌフ　161；ポン・デ・ザール　206
——の美術館、博物館：アール・コンタンポラン画廊　231；ヴァヴァン画廊　231；ウヴェール・ラ・ニュイ画廊　363；オルセー美術館　246；シャルル・ラットン画廊　396；ジュ・ド・ポーム美術館　229；市立近代美術館　515；トロカデロ民族誌博物館　257；文化会館　463；ボザール画廊　406；マーグ画廊　521, 523, 524, 527；ルーヴル美術館　512；ル・サクレ・デュ・プランタン画廊　229
——の墓地：バティニョル墓地　126, 551, 558, 559；ペール・ラシェーズ墓地　393, 535；モンパルナス墓地　131, 551

——の名所：ヴァル=ド=グラース　455；エッフェル塔　80, 114, 171, 174, 198, 268, 269, 270, 272, 279, 285, 286, 311, *505*, 512；偉人（グラン・ゾム）ホテル　485；グラン・パレ　42；国立図書館　16, 206；サン=ジャックの塔　97；サン=ドニ門　487；洗濯船　232；東駅　491, 498；リュクサンブール公園　97, 418, 449, 455
バルセロナ・パビリオン（1929年バルセロナ万博のドイツ館）　43, 196, 203
パルドゥビツェ（Pardubice）　60
『ハロー・ノヴィヌィ』紙（Haló, noviny）　42, 47, 49, 495
バロック　36, 38, 59, 72, 73, 92, 125, 136, 144, 151, 172, 210, 224, 225, 237, 299, 571
『ビトヴァー・クルトゥラ』誌（Bytová kultura）　191
ピュリスム　210, 268, 269, 272, 279
表現主義　90, 157, 206, 224, 227, 235, 236, 261, 293, 300, 305, 329, 331-333, 335, 363, 410
ビロード革命　24, 54, 138, 139, 143, 149, 218, 565, 569
ビロード離婚　24, 204
ファシズム　23, 43, 44, 120, 146, 190, 251, 329-331, 352, 462, 493, 496, 498, 499, 536
ブーヘンヴァルト　134, 510
フォトモンタージュ　21, 26, *52*, 63, *148*, 150, *217*, *265*, *271*, *278*, 311, 312, *315*, 344, 358-360, 370, 403, 407, 462, 463, 468, 470-472, 520
フクヴァルディ（Hukvaldy）　122, 125, 130
『プシートムノスト』誌（Přítomnost）　121, 134, 172, 249, 493, 497, 530, 548
『フトゥーロ』誌　468
フューチャー・システムズ　149, 151, 536
『プラウダ』紙　151, 493
『プラシュスケー・ポンジェリー』誌（Pražské pondělí）　260, 262
ブラチスラヴァ（Bratislava）　60, 560
『プラーガー・タークブラット』紙　367
プラハ
——の映画館：セヴァストポル・シネマ　221；ブラニーク・シネマ　221；ルツェルナ・シネマ　140
——の駅：ウッドロウ・ウィルソン駅 → 本駅；フランツ・ヨーゼフ駅　57-58；ホレショヴィツェ駅　544, 545, 549；本駅（Hlavní nádraží）　58, 206
——の河岸：スメタナ河岸（Smetanovo nábřeží）　107；フランツ1世河岸（Františkovo nábřeží）　106；フリードリヒ・エンゲルス河岸（nábřeží Bedřicha Engelese）　123, 132；マサリク河岸（Masarykovo nábřeží）　106, 107；ラシーン河岸（Rašínovo nábřeží）　568；リーゲル河岸（Riegrovo nábřeží）　151
——のカフェ、レストラン、バー：アルコ　154, 238；インペリアル　238, 252；ウニオン　83；ウ・ロハ　495；エレクトラ　53；グランド・カフェ・オリエント　223, 238, 266, 309；コンヴィクト　113；スラヴィア　251, 252, 288；ナーロドニー　251, 320；パウケルトのデリカテッセン　308, 309, 565, 567；パサージュ　223；バランドフ・テラス　*141*, 142, *177*；バロック　151；プラウダ　151；メトロ　53, 448
——の画廊：調馬場（Jízdárna）　564；トピッチ・サロン（Topičův salon）　494, 519, 527, 560；マーネス画廊 → ま行；マルドロール画廊（Maldoror）　555
——の記念碑、記念像：イラーセク　571, 573；共産主義犠牲者　149, 185；スターリン　139, 146, 149；スラヴィーン　123, 127, 134, 219；聖ヴァーツラフ　137, 140, 143, 203, 222；聖母マリア　156-158, 198；パンテオン（国立博物館）　222, 244；ピンカス・シナゴーグ　182-186；フス　157, 158, 246, 432；ポジェブラディのイジー　199；マーハ　95
——の宮殿：アドリア宮殿（Adria）　*220*, 221, 222, 562, 569；アエフレンタールスキー宮殿（Achrentálský）　210；キンスキ

ー宮殿（Kinský） 156, 159, 161, 165, 536；産業宮殿（Průmyslový palác） 198-199；チェルニーン宮殿（Černín） 160；文化宮殿（Palác kultury） 123；見本市宮殿（Veletržní palác） 194-197, *195*, 198, 200-203, 542-545, 548-550；ルツェルナ宮殿（Lucerna） 140, 142, 147, 221, 450
――の教育機関：音楽院 441, 449；旧市街ギムナジウム 159；工芸大学 143；美術アカデミー 126；ミネルヴァ 154；プラハ大学（カレル大学） 34, 74, 102, 125, 154
――の教会、聖堂：聖ヴァーツラフ礼拝堂 59；聖ヴィート大聖堂 59, 62, 65, 95, 104, 125, 127, 158, 205；聖ペトロ＝聖パウロ教会 122, 125；聖ミクラーシュ教会 136, 153, *155*, 156, 520；ティーン教会 58, 74, 75, 136, 156, 157；ベツレヘム礼拝堂 157；ロレタ教会 160, 161
――の銀行：スラヴィア銀行 60；チェコスロヴァキア軍団銀行 253；地方銀行 103, 219
――の劇場：アパート劇場（Bytové divadlo） 276, 527；解放劇場（Osvobozené divadlo） 83, 145-147, 191, 269, 311, 312, 319, 388, 435, 441, 549；貴族劇場（Stavovské divadlo） 83, 153, 173；国民劇場（Národní divadlo） 30, 104, 105, 123, 133, 153, 170, 179, 226, 251, 437, 438, 443, 520, 543；シュヴァンダ劇場（Švandovo divadlo） 83；新劇場（Nové divadlo） 53；新ドイツ劇場（Nové německé divadlo） 102, 138, 179；スメタナ劇場（Smetanovo divadlo） 102, 138
――の公園：ストロモフカ公園（Stromovka） 198, 544, 547；博覧会場（Výstaviště） 198, 200, 201, 544, 545, 547, 548；ペトシーンの丘（Petřín） 70, 95, 96, 114, 199；ベルヴェデーレ（Belvedere） → レトナー；ユリウス・フチーク文化公園 198；レトナー（Letná） 137, *138*, 139, 146, 149, 151, 178, 191, 235, 536
――の公共施設：旧市庁舎（旧市街） 36, 97, 102, *103*, 156, 157, 369；市庁舎（新市街） 160；市民会館 158, 163, 225, 232, 257；市立図書館 34, 43, 520, 530, 560, 569；スラヴ会館 99；中央郵便局 140, 170；ドイツ・カジノ 99, 103；モーツァルテウム 191, 219, 304；ルドルフィヌム 83, 137, 143；ユダヤ市庁舎 67, 114, 115, 153, 169；議会 137, *138*
――のシナゴーグ：旧新シナゴーグ（Staronová synagoga） 59, 115；高シナゴーグ（Vysoká） 115；クラウス・シナゴーグ（Klausova） 115；スペイン・シナゴーグ（Španělská） 115；ピンカス・シナゴーグ（Pinkasova） 115, 182-187；マイズル・シナゴーグ（Maislova） 115
――の集合住宅：ヴィール館（Wiehlův dům） 219；石の鐘の館（U kamenného zvonu） 36；黄金のカマスの館 76；オッペルトの館（Oppeltův dům） 153；金の子羊の館（U zlatého beránka） 210；黒い聖母の館（U černé boží matky） 224, 225, 238, 266；皇帝の館（U císařských） 209；ダンシング・ハウス（Tančící dům） 567-571；２つの太陽の館（U dvou slunců） 59；ペテルカ館（Peterkův dům） 219；ホデク集合住宅（Hodkův dům） *124*, 226；ミュラー邸（Müllerova vila） 192；ルホテク館（U Lhotků） 210
――の地域：ヴィートコフ（Vítkov） 163；ヴィシェフラット（Vyšehrad） 79, 122-123, 125-128, 130-134, 182, 219, 441, 442；ヴィノフラディ（Vinohrady） 66, 68, 125, 164, 171, 172；カルリーン（Karlín） 164, 530；カンパ（Kampa） 36；旧市街（Staré Město） 58, 67, 89, 99, 104, 123, 135, 536, 564；クラーロフスケー・ヴィノフラディ（Královské Vinohrady） → ヴィノフラディ；コビリスィ（Kobylisy） 209；コシージェ（Košíře） 65；ジシュコフ（Žižkov） 102, 111, 163-165, 226, 274, 277, 286；小地区（Malá Strana） 67, 89, 95, 111, 113, 164, 170,

251, 432, 545；ジョフィーン島（Žofín） 30, 151, 310, 567；新市街（Nové Město） 67, 68, 99, 104, 110, 160, 184, 205, 226；ストシェショヴィツェ（Střešovice） 192；スミーホフ（Smíchov） 95, 102, 139, 164, 539；スラヴ島（Slovanský ostrov） 30；トロヤ（Troja） 72；ビーラー・ホラ（Bílá hora） 37, 38, 40, 74, 75, 88, 153, 156-158, 160, 174, 246, 247, *558*, 559, 561, 567；ブラニーク（Blaník） 127；ブベネツ（Bubenec） 68；フラッチャヌィ（Hradčany） 36, 59, 67, 89, 123, 127, 152, 160, 365, 553, 569, 571；ホレショヴィツェ（Holešovice） 194, 197-198, 544, 545, 548-550；ヨーゼフ街（ヨゼフォフ）（Josefov） 67-68, 91, 135；リベン（Libeň） 287
——の店舗：シュトルフ書店 102；バチャ靴店 210, 218, 223；百貨店〈オリンピック〉 194, 276, 388；フランツ・カフカ書店 160；リンツ百貨店 210；ロット金物店 102
——の展覧会・博覧会：アンデパンダン展 233, 235；〈イタリア未来派絵画〉展 82-83；印象派展 233；エコール・ド・パリ展 232；エドヴァルド・ムンク展 233-234；建築・工業博覧会（1898年） 200；第1回〈チェコスロヴァキアのシュルレアリスト・グループ展〉46；チェコスラヴ民族誌博覧会 200；〈チェコスロヴァキア国立コレクション所蔵 ユダヤの秘宝〉展 187；100周年記念内国総合博覧会 198, 199；〈フランス現代美術展〉 232；〈ポエジー 1932〉展 32, 228, 414；〈モダンアート——パリ、アレクサンドル・メルスロー・コレクション〉展 233；ロダン展 233［〈オスマ〉、〈頑固派〉、デヴィエトスィル、〈造形芸術家グループ〉主催の展覧会は、それぞれの項目を参照］
——の通り：インジシュスカー通り（Jindřišská） 169；ウィルソン通り（Wilsonova） 138；ウーヴォス通り（Úvoz） 36；ヴィノフラツカー通り（Vinohradská） 171, 172, 518；ヴォジチコヴァ通り（Vodičkova） 145, 146, 221, 549；エリーザベト大通り → 革命大通り；「黄金の小路」（Zlatá ulička） 75, 541, 567；革命大通り（Revoluční） 106；カルロヴァ通り（Karlova） 74；ジトナー通り（Žitná） 191, 219；「勝利の2月」通り → ウィルソン通り；スパーレナー通り（Spálená） 194；スメタナ河岸通り 254；チェルナー通り（Černá） 269；ツェレトナー通り（Celetná） 72, 137, 165, 225, 266, 286；ナ・ポジーチー通り（Na poříčí） 58, 112, 238, 253；ナ・プシーコピェ通り（Na příkopě） 99, 103, 105, 106, 137, 207, 209, 219, 221；ナーロドニー大通り（Národní） 83, 106, 207, 219, 221, 309, 320, 527；ネクラノヴァ通り（Neklanova） 123, *124*, 226；ネルダ通り（Nerudova） 59；パリ通り（Pařížská） 137, 149, 151, 536；バルトロムニェイスカー通り（Bartolomějská） 113, 127, 248, 252；ヒベルンスカー通り（Hybernská） 154, 238；フェルディナント大通り（Ferdinandova） → ナーロドニー大通り；ブジェチスラヴォヴァ通り（Břetislavova） 111；マサリク河岸通り 251, 254；ヤーンスキー・ヴルシェク（Jánský vršek） 111；ミクラーシュスカー通り（Mikulášská） 136, 137, 153, 156；錬金術師通り → 「黄金の小路」
——の時計：天文時計 58, 59, 91, 97, 102, 567；ユダヤ市庁舎 67, 114, 115, 153, 169
——の博物館、美術館：イラーセクとアレシュ博物館 562-564；芸術工芸博物館（UPM） 114, 363；国立博物館（Národní museum） 137, 138, 149, 191, 199, 222, 244, 254, 277；国立美術館（Národní galerie） 120, 233, 292, 368, 527, 543；石碑収蔵館（Lapidárium） 199, 254；チェコ・キュビスム博物館 225；ボヘミア王国近代美術館 234, 543；ユダヤ博物館（Židovské muzeum） 183, 184, 186, 549

——のパサージュ（アーケード）：アドリア（Adria） 221；ウ・ノヴァークー（U Nováků） 145, 147, 152, 549；フェニックス（Fénix） 221；ブロードウェイ（Broadway） 221；ルツェルナ（Lucerna） 140, 221
——の橋：イラーセク橋（Jiráskův most） 123；石橋 → カレル橋；カレル橋（Karlův most） 27, 36, 59, 72, 74, 98, 238, 368, 567, 571；軍団橋（チェコスロヴァキア軍団橋）（Most Legií） 65, 72, 106, 107；5月1日橋 → 軍団橋；チェフ橋（Čechův most） 136, 137, 139, 143, 149；スメタナ橋 → 軍団橋；ヌスレ陸橋（Nuselský most） 123；パラツキー橋（Palackého most） 123；フラーフカ橋（Hlávkův most） 128, 176, 221, 224, 562, 569；フランツ・ヨーゼフ1世橋 → 軍団橋；マーネス橋（Mánesův most） 142-143
——の広場：イラーセク広場 568, 571；ヴァーツラフ広場 105, 137, 138, 140, 145, 203, 206, 207, 209, 210, 218, 219, 221-223, 277, 279, 302, 303, 327, 355, 532-533, 535, 546, 566；馬市場（Kůňský trh） 137, 209；旧市街広場 69, 74, 75, 99, 102, 135-138, 149, 153, 154, *155*, 158, 159, 165, 167, 199, 246, 432, 440, 564；共和国広場 106, 158；小広場 102；スメタナ広場 143；赤軍広場 143, 152, 549；青果市場（Ovocný trh） 153, 225, 266, 286；フランツ・カフカ広場 69；フランツ・ヨーゼフ広場 106；モーツァルト広場（Mozartplatz） 143；ヤン・パラフ広場 143；ユングマン広場 210, 221, 223, 569；ロレタ広場 160, 161
——の墓地：ヴィシェフラット墓地 122-123, 126, 133, 182；オルシャヌィ墓地 143, 435；旧ユダヤ人墓地 97, 114, 115, 163, 183；新ユダヤ人墓地 163
——のホテル：アンバサダー・ホテル（Ambassador） 210；インペリアル・ホテル（Imperial） 238；グランド・ホテル・エヴロパ（Grandhotel Evropa） 219, 546；グランド・ホテル・シュロウベク（Šroubek） 219, 546；シュチェパーン大公ホテル（U arcivévody Štěpána） 219；ホテル・バヴァリア（Bavaria） 58；ホテル・パリ（Paříž） 54-56, 67, 158, 187, 544；ホテル・メラン（Meran） 219；ホテル・ヤルタ（Jalta） 219；ホテル・ルナ（Luna） 219；ＹＷＣＡホステル 191
プラハ言語学サークル 310
プラハの春 134, 139, 142, 204, 234, 248, 436
「プラハのプラットフォーム」 560, 565
プラハ見本市社（ＰＶＶ） 194, 200-201
ブリュッケ 227, 235, 335, 339
「古いプラハのためのクラブ」 209, 225
プルゼン（Plzeň） 255
ブルノ（Brno）
音楽院 117, 449, 452；旧市庁舎 36；芸術の館 204；市劇場 146；市立博物館 205；トゥーゲントハット邸 197, 203-205, 210
プロスチェヨフ（Prostějov） 176
フロノフ（Hronov） 125
『プロレターシュ』誌（Proletář） 530
文化擁護国際作家会議 488, 498, 530
分離派 60, 128, 136, 234, 246
ヘプ（Cheb） 188
ベルゲン＝ベルゼン 120, 174
ベルリン
〈アエロピットゥーラ〉展 333；クラブ・ダダ 355, 356；国際ダダ見本市 302, 337, 354, 356, 358；国立歌劇場 437；国会議事堂 146, 353, 550；ブランデンブルク門 469
ポエティスム（Poetismus） 83, 145, 260, 279, 286, 306, 307, 315, 521
『ポエティスム宣言』 314, 315
ポジェブラディ（Poděbrady） 167
ボストン交響楽団 440
『ボストン・ヘラルド』紙 440
ボヘミア 24, 25, 27, 29, 36, 37, 38, 40, 47, 51, 54, 59, 60, 63, 68, 73, 78, 79, 88, 89, 90, 93, 96, 99, 100, 101, 105, 112,

114, 122, 123, 125, 126, 127, 131, 137, 140, 143, 144, 149, 163-165, 167, 173, 174, 180, 182, 183, 185, 186, 197, 200, 202, 207, 216, 227, 229, 233, 234, 236, 242, 243, 247, 262, 279, 288, 292, 365, 369, 438, 439, 440, 447, 499, 530, 537, 543, 559
ボヘミア同胞教団 157
ボヘミア・モラヴィア（ベーメン・メーレン）保護領 143, 173, 174, 176, 180, 216, 442, 525
ポリチカ（Polička） 440, 447
ホロコースト 25, 175, 184, 216, 320, 333, 535
ポンピドゥー・センター 337, 344, 405, 558
〈痙攣的な美〉展（1991年） 405；〈フェミニン＝マスキュラン 芸術の性〉展（1995年） 344；ブルトンの壁 558

ま

マーネス画廊（Galerie Mánes） 30, 31, 32, 34, 35, 37, 46, 51, 81, 123, 151, 228, 232, 233, 304, 338, 414, 462, 463, 567-571
マゾヒズム 114, 292, 521, 529
マリアーンスケー・ラーズニェ（マリーエンバート）（Mariánské Lázně） 35, 557
マリク書店 300, 351-354, 361
『マンチェスター・ガーディアン』紙 367
『ミノトール』誌 33, 38-40, 174, 403, 404, 422, 427, 499, 501
ミュンヘン
〈大ドイツ芸術展〉 328-329, 336-337, 366, 429；〈退廃芸術展〉 329, 336-339, 354, 373, 374, 375, 386, 406, 429
ミュンヘン会談 120, 497, 517, 518
ミュンヘン協定 24, 252, 255, 367, 368, 434, 441, 562
未来派 43, 81-83, 173, 198, 227, 239, 261, 269, 329-333, 409, 510
ムンダネウム 196, 201
メルツバウ 370, 553
『ムセイオン』誌（Museion） 196
モスクワ裁判 170, 176, 493, 497, 556
『モデルニー・レヴュー』誌（Moderní revue） 125, 243
モラヴィア 24, 34, 73, 91, 92, 100, 101, 116, 117, 122, 130, 133, 182, 183, 186, 200, 210, 214, 340, 424, 440, 460

や

ユーゲントシュティール 17, 60, 206
優美な屍骸 421, 556
『ユマニテ』紙 42, 476

ら

ラーフェンスブリュック 172, 530
『ライフ』誌 469
『リーゲル百科事典』 130
『リコルヌ』誌 516
立体−表現主義 224
リディツェ（Lidice） 439, 440, 442
『リテラチュール』誌 43, 67, 229, 472
リテン（Litten） 438
『リドヴェー・ノヴィヌィ』紙（Lidové noviny） 13, 121, 228, 441, 450
リパヌィ（Lipany） 163, 200
リベレッツ（Liberec） 543
『レイバー・リーダー』紙 367
『レスプリ・ヌーヴォー』誌 192
『レットル・フランセーズ』誌 506, 524
『ルデー・プラーヴォ』紙（Rudé právo） 93, 530
『ル・モンド』紙 142
老チェコ党 130
『労働の世界』誌（Svět práce） 354
ロプコヴィツェ（Lobkovice） 125
ロンドキュビスム 221, 224
ロンドン
アーケード・ギャラリー 370；ヴィクトリア＆アルバート博物館 147；〈シュルレアリスム国際展〉（1936年） 35, 291, 350-351, 385, 390, 418, 443；水晶宮 198；大英帝国博覧会（1924年） 277；テート・モダン 263, 337, 542；ニューバ

ーリントン画廊　35, 350, 385, 422；リヴァプール・ストリート駅　546, 549；ロンドン万博（1851年）　96, 198
『ロンドン・タイムズ』紙　423

わ

ワシントンＤＣ
アーリントン国立墓地　130；ヴェトナム戦争戦没者記念碑　185；スミソニアン博物館　187

アルファベット

『ＡＩＺ』（労働者画報、Arbeiter-Illustrierte Zeitung）　353, 463
ＡＲＤＥＶ → デヴィエトスィル
ＣＩＡＭ（近代建築国際会議）　192-193
『Ｇ　エレメンタルな造形のための材料』　273-274
ＰＶＶ → プラハ見本市社
ＲｅＤ → デヴィエトスィル

参考文献

略号

ABOC. Breton, André. *Œuvres complètes*. 4 volumes. Ed. Marguerite Bonnet. Paris: Gallimard, 1988, 1992, 1999, 2008.［アンドレ・ブルトン『全集』全4巻］

AZN. *Avantgarda známá a neznámá*. 3 volumes. Ed. Štěpán Vlašín. Vol. 1, *Od proletářského umění k poetismu 1920-1924*. Vol. 2, Vrchol a krise poetismu 1925-1928. Vol. 3, *Generační diskuse 1929-1931*. Prague: Svoboda, 1969-72.［『知られているアヴァンギャルド、知られていないアヴァンギャルド』（チェコ・アヴァンギャルドの資料集）全3巻］

Coasts. Sayer, Derek. *The Coasts of Bohemia: A Czech History*. Princeton, NJ: Princeton University Press, 1998.

DJS. Seifert, Jaroslav. *Dílo Jaroslava Seiferta*. Vols. 1 and 2. Prague: Akropolis, 2001.［『ヤロスラフ・サイフェルト作品集』］

KTD. Teige, Karel. *Výbor z díla*. 3 volumes. Ed. Jiří Brabec, Vratislav Effenberger, Květoslav Chvatík and Robert Kalivoda. Vol. 1, *Svět stavby a básně: studie z 20. let*. Vol. 2, *Zápasy o smysl moderní tvorby: studie z 30. let*. Vol. 3, *Osvobozování života a poesie: studie z 40. let*. Prague: Československý spisovatel, 1966, 1969 and Aurora/Český spisovatel, 1994.［『カレル・タイゲ選集』全3巻］

PEOC. Éluard, Paul. *Œuvres complètes*. 2 volumes. Ed. Marcelle Dumas and Lucien Scheler. Paris: Gallimard, 1968, 1996.［ポール・エリュアール『全集』全2巻］

Torst Surrealist Reprints. *Zvěrokruh 1/Zvěrokruh 2/Surrealismus v ČSR/Mezinárodní bulletin surrealismu/Surrealismus*. Facsimile reprint in 1 volume. Prague: Torst, 2004.［『黄道十二宮　第1号』、『黄道十二宮　第2号』、『チェコスロヴァキア共和国におけるシュルレアリスム』、『シュルレアリスム国際公報』、『シュルレアリスム』の復刻版］

定期刊行物、雑誌、年鑑

391. Ed. Francis Picabia. Barcelona, New York, Zurich, Paris: 1917-24. 19 numbers. Facsimile reprint. Ed. Michel Sanouillet. Paris: La Terrain Vague, 1960.

Almanach Kmene (Kmen Almanac). 12 volumes. Prague: 1930-37.

Almanach královského hlavního města Prahy (Almanac of the Royal Capital City Prague). Annual volumes. Prague, 1898-.

Almanach na rok 1914 (Almanac of the Year 1914). Ed. Josef Čapek. Prague: Přehled, 1913.

Almanach secese (Almanac of the Secession). Ed. S. K. Neumann. Prague: 1896.

Analogon. No. 1, ed. Vratislav Effenberger, Prague: 1969. "Second edition" (facsimile reprint), Prague: Surrealistická galerie Gambra, n.d. (early 1990s). 同誌は1990年に復刊し、年に数回刊行されている。

L'Archibras. Ed. Jean Schuster. 7 issues. Paris: 1967-69.

Avantgarda (Avant-Garde). 2 volumes. Prague: 1925-26.

Bulletin international du surréalisme/Mezinárodní bulletin surrealismu. Issue 1, 1935, in Torst Surrealist Reprints. 1935年から36年にかけて、プラハ、テネリフェ、ブリュッセル、ロンドンで刊行された雑誌の創刊号。［「シュルレアリスム国際ブレティン」、『シュルレアリスム読本4　シュルレアリスムの資料』稲田三吉・笹本孝・塚原史訳、思潮社、1981年］

Bulletin international du surréalisme révolutionnaire. Brussels: January 1948. With *Le Surréalisme Révolutionnaire*, 1999 reprint.

Červen (June). Ed. Michal Kácha and S. K. Neumann. 4 volumes. Prague: F. Borový, 1918–21.

Československá fotografie (Czechoslovak Photography). Ed. Augustin Škarda et al. 8 volumes. Prague: SČKFA, 1931–38.

Disk. Ed. Artuš Černík. 2 volumes. Prague and Brno: 1923, 1925.

Doba: Časopis pro kulturní, sociální i politický život (Time: A Magazine for Cultural, Social and Political Life). Ed. Karel Teige. 1 volume. Prague: Lubomír Linhart, 1934–35.

Documents. Ed. Georges Bataille. 2 volumes. Paris: 1929–30. Facsimile reprint, Paris: Jean-Michel Place, 1991.

Erotická revue (Erotic Review). Ed. Jindřich Štyrský. 3 volumes. Prague: Edice 69, 1930–33. Reprint, Prague: Torst, 2001.

G: Material zur elementaren Gestaltung. Ed. Hans Richter. 5 issues. Berlin: 1923–26. Facsimile reprint in English translation by Steven Lindberg with Margareta Ingrid Christian. In *G: An Avant-Garde Journal of Art, Architecture, Design and Film, 1923-26.* Ed. Detlef Martins and Michael W. Jennings. Los Angeles: Getty Research Institute and London: Tate, 2010.

Le Grand Jeu. Ed. Roger Gilbert-Lecomte, René Daumal, Josef Šíma and Roger Vailland. 4 volumes. Paris: 1928–32. Facsimile reprint, Paris: Jean-Marcel Place, 1977.

Levá fronta (Left Front). Ed. Ladislav Štoll. 3 volumes. Prague: Levá fronta, 1930–33.

Literární kurýr Odeonu (Odeon Literary Courier). Ed. Jindřich Štyrský. 1 volume. Prague: Jan Fromek, 1929–31.

Magazín Družstevní práce (Družstevní Práce Magazine). Ed. Josef Cerman. 4 volumes. Prague: Družstevní práce, 1933–37.

Milostný almanach Kmene (Kmen Lovers' Almanac). Ed. Libuše Voková, art direction Toyen. Prague: Spring 1933.

Minotaure. Ed. Albert Skira and others. 3 volumes. Paris: Skira, 1933–39. Facsimile reprint, Geneva: Skira, 1981.

Moderní revue (Modern Review). Ed. Arnošt Procházka. 40 volumes. Prague, 1894–1925.

Musaion. Prague: Aventinum, 1920–31. Vols. 1 (1920) and 2 (1921) ed. Karel Čapek. 1923 年から 28 年にかけては個別の芸術家を特集し、1929 年から 30 年にかけてはふたたび雑誌の形態に戻った。Ed. František Muzika and Otakar Štorch-Marien.

Obliques. No. 14–15 (special issue) on "La Femme surréaliste." Ed. Roger Borderie. Paris: 1977.

Pásmo (Zone). Ed. Artuš Černík. 2 volumes. Brno: US Devětsil, 1924–26.

Přítomnost (The Present). Ed. Ferdinand Peroutka. 15 volumes. Prague: 1924–38.

Proletkult. Ed. S. K. Neumann. 2 volumes. Prague: 1922–24.

ReD (Revue Devětsilu) (Devětsil Review). Ed. Karel Teige. 3 volumes. Prague: US Devětsil, 1927–31.

Reflektor (Headlight). Ed. S. K. Neumann, Bohumil Šafář and Jaroslav Seifert. 3 volumes. Prague: Melantrich, 1925–27.

Revoluční sborník Devětsil (Devětsil Revolutionary Miscellany). Ed. Karel Teige and Jaroslav Seifert. Prague: Večernice V. Vortel, 1922.

La Révolution surréaliste. Ed. Pierre Naville and Benjamin Péret (1–3), André Breton (4–12). 12 issues. Paris: 1924–29. Facsimile reprint, Paris: Jean-Michel Place, 1975.

Rozpravy Aventina (Aventinum Debates). Ed. Otakar Štorch-Marien. 6 volumes. Prague: Aventinum, 1925–

31.
Simplicus (later *Der Simpl*). Prague: January 1934-July 1935.
Stavba (Construction). Ed. J. R. Marek, Karel Teige, Oldřich Starý, Jan E. Koula, et al. 14 volumes. Prague: Klub architektů, 1922-38.
Surréalisme. Ed. Ivan Goll. 1 issue. Paris: 1924. Facsimile reprint, Paris: Jean-Michel Place, 2004.
Le Surréalisme au service de la révolution. Ed. André Breton. 6 issues. Paris, 1930-33. Reprint, New York: Arno Press, n.d.
Le Surréalisme Révolutionaire. Ed. Noel Arnaud. 1 issue. March-April 1948. Reprint, Brussels: Didier Devillez, 1999.
Surrealismus (Surrealism). Ed. Vítězslav Nezval. 1 issue. Prague: 1936. In Torst Surrealist Reprints.
Světozor (World Outlook). 1834 年以降、断続的に刊行され、1899 年から 1933 年にかけては定期的に刊行された（Prague: Otto, 1899-1933）。1933 年から 38 年にかけて、左翼ジャーナリストのパヴェル・アルトシュルがオーナーとなった。
Tvorba (Creation). Various editors including F. X. Šalda, Julius Fučík and Kurt Konrád. 12 volumes. Prague: 1925-37.
Umělecký měsíčník (Artistic Monthly). Ed. Josef Čapek. 6 issues. Prague: 1911-12. Variétés. Special issue, "Le Surréalisme en 1929." Ed. P.-G. Van Hecke. Brussels: June 1929. Reprint, Brussels: Didier Devillez Editeur, 1994.
Volné směry (Free Directions). Various editors. Prague: S.V.U. Mánes, 1896-1949.
VVV. Ed. David Hare. 4 issues. New York: 1942-44.
Žijeme (We Live). Ed. Josef Cerman. 2 volumes. Prague: Družstevní práce, 1931-32.
Život II: Sborník nové krásy (Life II: A Collection of New Beauty). Ed. Jaromír Krejcar. Prague: Umělecká beseda, 1922.
Zvěrokruh (Zodiac). Ed. Vítězslav Nezval. 2 issues. Prague: Studentské knikupectví, 1930. In Torst Surrealist Reprints.

一次文献：選集、アンソロジー

Ani labuť ani Lůna: sborník k stému výročí K. H. Máchy. Ed. Vítězslav Nezval. Prague: O. Jirsák, 1936. Reprint, Prague: Společnost Karla Teige/Concordia, 1995.
"Anthology of Czech and Slovak Surrealism." Parts 1-6. *Analogon*, Nos. 37-45, 2003-5.
The Autobiography of Surrealism. Ed. Marcel Jean. New York: Viking, 1980.
Avantgarda známá a neznámá. 3 volumes. Ed. Štěpán Vlašín. Vol. 1, Od proletářského umění k poetismu 1920-1924. Vol. 2, Vrchol a krise poetismu 1925-1928. Vol. 3, Generační diskuse 1929-1931. Prague: Svoboda, 1969-72. 略号 AZN.
The Bauhaus: Weimar Dessau Berlin Chicago. Ed. Hans M. Wingler. Cambridge, MA: MIT Press, 1993.
Between Worlds: A Sourcebook of Central European Avant-Gardes, 1910-1930. Ed. Timothy O. Benson and Eva Forgacs. Los Angeles: Los Angeles County Museum of Art/Cambridge, MA: MIT Press, 2002.
Black, Brown and Beige: Surrealist Writings from Africa and the Diaspora. Ed. Franklin Rosemont and Robin D. G. Kelley. Austin: University of Texas Press, 2009.
České umění 1938-1989: programy, kritické texty, dokumenty. Ed. Jiří Ševčík, Pavlína Morganová and Dagmar Dušková. Prague: Academia, 2001.
Dada. Ed. Rudolf Kuenzli. New York: Phaidon, 2006.
The Dada Painters and Poets: An Anthology. Ed. Robert Motherwell. 2d ed. Boston: G. K. Hall, 1981.

Dada Performance. Ed. and trans. Mel Gordon. New York: PAJ Publications, 1987.

Deset let Osvobozeného divadla. Ed. Josef Träger. Prague: Borový, 1937.

Dobrá zvěst: z cest za poznáním SSSR ve dvacátých a třicátých letech. Ed. Kateřina Blahynková and Martin Blahynka. Prague: Československý spisovatel, 1987.

Encyclopaedia Acephalica. Georges Bataille, Michel Leiris, Marcel Griaule, Carl Einstein, Robert Desnos and other writers associated with the Acéphale and Surrealist Groups. Ed. Alastair Brotchie, trans. Iain White, Dominic Faccini, Annette Michelson, John Harman and Alexis Lykiard. London: Atlas Press, 1995.

I Never Saw Another Butterfly: Children's Poems and Drawings from Terezín. Ed. Hana Volavková. New York: Schocken, 1993.

In Memory's Kitchen: A Legacy from the Women of Terezín. Ed. Cara De Silva. Northvale, NJ: Jason Aronson, 1996.

Investigating Sex: Surrealist Discussions 1928-1932. Ed. José Pierre, trans. Malcolm Imrie. New York: Verso, 1992. [アンドレ・ブルトン編『性についての探究』野崎歓訳、白水社、2004 年]

The Jews of Bohemia and Moravia: A Historical Reader. Ed. Wilma Abeles Iggers. Detroit, MI: Wayne State University Press, 1992.

Le Corbusier kdysi a potom. Ed. Stanislav Kolíbal. Prague: Arbor Vitae, 2003.

Moderní revue 1894-1925. Ed. Otto M. Urban and Luboš Merhaut. Prague: Torst, 1995.

Naše umění v odboji. Ed. Miloslav Novotný. Prague: Evropský literární Klub, 1938.

Neuzavřená kapitola: politické procesy padesátých let. Ed. Bedřich Utitz. Prague: Lidové nakladatelství, 1990.

Osma a Skupina výtvarných umělců 1910-1917: teorie, kritika, polemika. Ed. Jiří Padrta. Prague: Odeon, 1992.

Pamětní list...k slavnosti položení základního kamene k Husovu pomníku. Prague: Spolek pro budování "Husova pomníku," 1903.

Photography in the Modern Era: European Documents and Critical Writings, 1913-1940. Ed. Christopher Phillips. New York: Metropolitan Museum of Art/Aperture, 1989.

Poetismus. Ed. Květoslav Chvatík and Zdeněk Pešat. Prague: Odeon, 1967.

Si vous aimez l'amour...Anthologie amoureuse du surréalisme. Ed. Vincent Gille and Annie Le Brun. Paris: Éditions Syllepse, 2001.

Surrealism. Ed. Herbert Read. New York: Harcourt, Brace, n.d. [1937].

Surrealism. Ed. Mary Ann Caws. New York: Phaidon, 2004.

Le Surréalisme en Tchécoslovaquie. Ed. Petr Král. Paris: Gallimard, 1983.

Surrealismus v diskusi. Prague: J. Prokopová, 1934.

Surrealistické východisko 1938-1968. Ed. Stanislav Dvorský, Vratislav Effenberger and Petr Král. Prague: Československý spisovatel, 1969.

Surrealist Painters and Poets: An Anthology. Ed. Mary Ann Caws. Cambridge, MA: MIT Press, 2001.

Surrealists on Art. Ed. Lucy Lippard. Englewood Cliffs, NJ: Prentice-Hall, 1970.

Surrealist Women: An International Anthology. Ed. Penelope Rosemont. Austin: University of Texas Press, 1998.

Svému osvoboditeli Československý lid. Prague: Orbis, 1955.

The Tradition of Constructivism. Ed. Stephen Bann. New York: Viking, 1974.

Voices of German Expressionism. Ed. Victor H. Miesel. London: Tate, 2003.

Volné směry: časopis secese a moderny. Ed. Roman Prahl and Lenka Bydžovská. Prague: Torst, 1993.

Zajatec kubismu: dílo Emila Filly v zrcadle výtvarné kritiky 1907-1953. Ed. Tomáš Winter. Prague: Artefactum,

2004.
Za právo a stát: sborník dokladů o československé společné vůli k svobodě 1848-1918. Prague: Státní nakladatelství, 1928.

一次文献：著者別

Apollinaire, Guillaume. *Apollinaire on Art: Essays and Reviews 1902-1918*. Ed. Leroy C. Breunig. New York: Viking, 1972.

Aragon, Louis. *Écrits sur l'art moderne*. Paris: Flammarion, 1981.

Baťa, Jan. *Budujme stát pro 40,000,000 lidí*. Zlín: Tisk, 1937.

Bataille, Georges. *The Absence of Myth: Writings on Surrealism*. Ed. and trans. Michael Richardson. London: Verso, 2006.

———. *Visions of Excess*. Ed. Allan Stoekl. Minneapolis: Minnesota University Press, 2004.

Baudelaire, Charles. *The Painter of Modern Life and Other Essays*. Trans. Jonathan Mayne. New York: Phaidon, 2005.

Bellmer, Hans. *Little Anatomy of the Physical Unconscious, or the Anatomy of the Image*. Trans. Jon Graham. Waterbury Center, VT: Dominion, 2004.

Benjamin, Walter. *The Arcades Project*. Ed. Roy Tiedemann, trans. Howard Eiland and Kevin McLaughlin. Cambridge, MA: Harvard University Press, 1999.［ヴァルター・ベンヤミン『パサージュ論　全５巻』今村仁司・三島憲一ほか訳、岩波書店、2003 年］

———. *Selected Writings*. 4 volumes. Various editors and translators. Cambridge, MA: Belknap Press of Harvard University Press, 1996-2003.

———. *Walter Benjamin's Archive*. Trans. Esther Leslie. London: Verso, 2007.

Breton, André. *Arcane 17: le manuscript original*. Ed. Henri Béhar. Paris: Biro, 2008.

———. *Arcanum 17*. Trans. Zack Rogow. Los Angeles: Sun and Moon Press, 1994.［アンドレ・ブルトン『秘法 17』入沢康夫訳、人文書院、1993 年］

———. *L'Art magique*. Paris: Éditions Phebus/Éditions Adam Biro, 1991.［アンドレ・ブルトン『魔術的芸術』巖谷國士ほか訳、河出書房新社、1997 年］

———. *Communicating Vessels*. Trans. Mary Ann Caws and Geoffrey T. Harris. Lincoln: University of Nebraska Press, 1997.［アンドレ・ブルトン「通底器」豊崎光一訳、『アンドレ・ブルトン集成１』人文書院、1970 年、165-350 頁］

———. *Free Rein*. Trans. Michel Parmentier and Jacqueline d'Amboise. Lincoln: University of Nebraska Press, 1995.

———. *The Lost Steps*. Trans. Mark Polizzotti. Lincoln: University of Nebraska Press, 1996.［「失われた足跡」巖谷國士訳、『アンドレ・ブルトン集成６』人文書院、1974 年］

———. *Mad Love*. Trans. Mary Ann Caws. Lincoln: University of Nebraska Press, 1987.［アンドレ・ブルトン『狂気の愛』海老坂武訳、光文社古典新訳文庫、2008 年］

———. *Manifestoes of Surrealism*. Trans. Richard Seaver and Helen R. Lane. Ann Arbor: University of Michigan Press, 1972.

———. *Martinique: Snake Charmer*. Trans. David W. Seaman. Austin: University of Texas Press, 2008.［アンドレ・ブルトン『マルティニーク島蛇使いの女』松本完治訳、エディション・イレーヌ、2015 年］

———. *Nadja*. Trans. Richard Howard. New York: Grove Press, 1960.［アンドレ・ブルトン『ナジャ』巖谷國士訳、岩波文庫、2003 年］

———. *Œuvres complètes.* 4 volumes. Ed. Marguerite Bonnetl. Paris: Gallimard, 1988, 1992, 1999, 2008. 略号 ABOC.

———. *Position politique du Surréalisme.* Paris: Éditions du Sagittaire, 1935. Reprint, Paris: Société Nouvelle des Éditions Pauvert, 1971.

———. *Surrealism and Painting.* Trans. Simon Watson Taylor. Boston: Museum of Fine Arts, 2002. ［アンドレ・ブルトン『シュルレアリスムと絵画』瀧口修造・巖谷國士監修、粟津則雄・巖谷國士・大岡信・松浦寿輝・宮川淳訳、人文書院、1987 年］

———. *What Is Surrealism? Selected Writings.* Ed. Franklin Rosemont. New York: Pathfinder, 1978.

Breton, André and Paul Éluard. *Dictionnaire abrégé du surréalisme.* Facsimile reprint of 1938 original. Paris: José Corti, 2005. ［アンドレ・ブルトン、ポール・エリュアール編『シュルレアリスム簡約辞典』江原順訳、現代思潮社、1971 年］

Caillois, Roger. *The Edge of Surrealism: A Roger Caillois Reader.* Ed. Claudine Frank. Durham, NC: Duke University Press, 2003.

Čapek, Josef. *Nejskromnější umění.* Prague: Dauphin, 1997.

———. *Umění přírodních národů.* Prague: Československý spisovatel, 1949.

Čapek, Karel. *The Gardener's Year.* Trans. Geoffrey Newsome. New York: Modern Library, 2002. ［カレル・チャペック『園芸家の一年』飯島周訳、平凡社ライブラリー、2015 年］

———. *Letters from England.* London: Continuum, 2004. ［カレル・チャペック『イギリスだより　カレル・チャペック旅行記コレクション』飯島周訳、ちくま文庫、2007 年］

———. *Spisy. Vol. 19, O umění a kultuře III.* Prague: Československý spisovatel, 1986.

Dalí, Salvador. *La Femme visible.* Paris: Éditions surrealists, 1930.

———. *Oui: The Paranoid-Critical Revolution—Writings 1927-1933.* Ed. Robert Descharnes, trans. Yvonne Shafir. Boston: Exact Change, 1998. ［サルヴァドール・ダリ『ダリはダリだ　ダリ著作集』北山研二訳・解説、未知谷、2011 年］

Drtikol, František. *Oči široce otevřené.* Prague: Svět, 2002.

Éluard, Paul. *Œuvres complètes.* 2 volumes. Ed. Marcelle Dumas and Lucien Scheler. Paris: Gallimard, 1968, 1996. 略号 PEOC.

Engels, Friedrich. "Democratic Pan-Slavism." In Karl Marx and Friedrich Engels, *Collected Works,* Vol. 8. New York: International Publishers, 1977.

Gutfreund, Otto. *Zázemí tvorby.* Prague: Odeon, 1989.

Hausmann, Raoul. *Courrier Dada.* Paris: Éditions Allia, 2004.

Havel, Václav. *Living in Truth.* London: Faber, 1989.

Jesenská, Milena. *The Journalism of Milena Jesenská: A Critical Voice in Interwar Central Europe.* Ed. and trans. Kathleen Hayes. New York: Berghahn Books, 2003.

———. *Zvenčí a zevnitř.* Prague: Nakladatelství Franze Kafky, 1996.

Kaprálová, Vítězslava. Draft analysis of *Military Sinfonietta.* In Karla Hartl, "Notes to the Catalogue." 以下のウェブサイトで閲覧可能。http://www.kapralova.org/OPUS_NOTES.htm#iscm（2018 年 6 月 18 日閲覧）

Kisch, Egon Erwin. *Egon Erwin Kisch, the Raging Reporter: A Bio-anthology.* Ed. Harold B. Segel. West Lafayette, IN: Purdue University Press, 1997.

Král, Petr. *Prague.* Seyssel: Editions du Champ Vallon, 1987. ［ペトル・クラール『プラハ』阿部賢一訳、成文社、2006 年］

Krejčí, František Václav, František Xaver Šalda, Josef Svatopluk Machar, Antonín Sova, Otakar Březina,

Vilém Mrštík and others. "Česká moderna." In F. X. Šalda, *Kritické projevy—2, 1894-1895, Soubor díla F. X. Šaldy*, Vol. 11. Prague: Melantrich, 1950.

Kundera, Milan. *The Art of the Novel*. Trans. Linda Asher. New York: Grove Press, 1988.［ミラン・クンデラ『小説の技法』西永良成訳、岩波文庫、2016 年］

———. *Encounter*. Trans. Linda Asher. London: Faber and Faber, 2010.［ミラン・クンデラ『出会い』西永良成訳、河出書房新社、2012 年］

———. *Testaments Betrayed*. Trans. Linda Asher. New York: HarperCollins, 1995.［ミラン・クンデラ『裏切られた遺言』西永良成訳、集英社、1994 年］

Lacan, Jacques. *Écrits*. Trans. Bruce Fink. New York: Norton, 2007.［ジャック・ラカン『エクリ　全3巻』宮本忠雄・佐々木孝次ほか訳、弘文堂、1972-75 年］

Le Corbusier. *Le Corbusier: Le Grand. Introductions by Jean-Louis Cohen and Tim Benton*. New York: Phaidon, 2008.

———. *The Radiant City: Elements of a Doctrine of Urbanism to Be Used as the Basis of Our Machine-Age Civilization*. Reprint, New York: Orion Press, 1964.［ル・コルビュジエ『輝ける都市　機械文明のための都市計画の教義の諸要素』白石哲雄監訳、河出書房新社、2016 年］

———. *Towards a New Architecture*. New York: BN Publishing, 2008.［ル・コルビュジエ『建築をめざして』吉阪隆正訳、鹿島出版会、1967 年］

Loos, Adolf. *Ornament and Crime: Selected Essays*. Riverside, CA: Ariadne Press, 1998.［アドルフ・ロース『装飾と犯罪　建築・文化論集』伊藤哲夫訳、中央公論美術出版、2011 年］

Magritte, René. *Écrits complèts*. Paris: Flammarion, 2001.

Marinetti, F. T. *F. T. Marinetti: Critical Writings*. Ed. Günter Berghaus, trans. Doug Thompson. New York: Farrar, Straus and Giroux, 2006.

———. *F. T. Marinetti: Selected Poems and Related Prose*. Selected by Luce Marinetti, trans. Elizabeth R. Napier and Barbara R. Studholme. New Haven, CT: Yale University Press, 2002.

———. *The Futurist Cookbook*. Trans. Susan Brill. San Francisco: Bedford Arts, 1989.

Masaryk, Tomáš G. *Česká otázka*. Prague: Svoboda, 1990.

———. *Karel Havlíček*. 3d ed. Prague: Jan Laichter, 1920.

———. *Masaryk on Marx*. Lewisburg, PA: Bucknell University Press, 1972.

———. *The Meaning of Czech History*. Ed. René Wellek, trans. Peter Kussi. Chapel Hill: University of North Carolina Press, 1974.

Miller, Lee. *Lee Miller's War: Photographer and Correspondent with the Allies in Europe 1944-45*. Ed. Antony Penrose. London: Thames and Hudson, 2005.

Mucha, Alfons. *Slovanstvo bratrské/Fraternal Slavdom*. Prague: Gallery, 2005.

Nejedlý, Zdeněk. "Komunisté, dědici velkých tradic českého národa." In *Spisy Zdeňka Nejedlého*, Vol. 16, O smyslu českých dějin. Prague: Státní nakladatelství politické literatury, 1953.

Neruda, Jan. "Pro strach židovský." In *Studie krátké a kratší*. Prague: L. Mazač, 1928.

Neumann, Stanislav Kostka. *Anti-Gide, nebo optimismus bez pověr a ilusí*. Prague: Svoboda, 1946.

Palacký, František. *Úvahy a projevy z české literatury, historie a politiky*. Prague: Melantrich, 1977.

Peroutka, Ferdinand. *Budeme pokračovat*. Toronto: Sixty-Eight Publishers, 1984.

Saint-Point, Valentine de. *Manifeste de la femme futuriste* (March 1912). Reprint, Paris: Mille et une nuits, 2005.

Škvorecký, Josef. "Bohemia of the Soul." *Daedalus*, Vol. 119, No. 1, 1990.

———. *Talkin' Moscow Blues: Essays about Literature, Politics, Movies and Jazz*. Toronto: Lester and Orpen

Dennys, 1988.
Štyrský, Jindřich. *Každý z nás stopuje svoji ropuchu: texty 1923-1940*. Prague: Thyrsus, 1996.
———. *Texty*. Prague: Argo, 2007.
———. *Život markyze de Sade*. Prague: Kra, 1995.
Štyrský, Jindřich, Toyen and Vincenc Nečas. *Průvodce Paříží a okolím*. Prague: Odeon, 1927.
Sutnar, Ladislav. *Visual Design in Action*. New York: Hastings House, 1961.
Teige, Karel. *The Minimum Dwelling*. Trans. Eric Dluhosch. Cambridge, MA: MIT Press, 2002.
———. *Modern Architecture in Czechoslovakia and Other Writings*. Trans. Irena Zantovska Murray and David Britt. Los Angeles: Getty Research Institute, 2000.
———. *Svět, který se směje*. Prague: Odeon, 1928. Reprint, Prague: Akropolis, 2004.
———. *Svět, který voní*. Prague: Odeon, 1930. Reprint, Prague: Akropolis, 2004.
———. *Výbor z díla*. 3 volumes. Ed. Jiří Brabec, Vratislav Effenberger, Květoslav Chvatík and Robert Kalivoda. Vol. 1, *Svět stavby a básně: studie z 20. let*. Vol. 2, *Zápasy o smysl moderní tvorby: studie z 30. let*. Vol. 3, *Osvobozování života a poesie: studie z 40. let*. Prague: Československý spisovatel, 1966, 1969 and Aurora/Český spisovatel, 1994. 略号 KTD.
Terragni, Giuseppe. "Building the Casa del Fascio in Como." In Peter Eisenman, *Giuseppe Terragni: Transformations, Deformations, Critiques*. New York: The Monacelli Press, 2003.
Vailland, Roger. *Le Surréalisme contre la Révolution*. Reprint, Brussels: Éditions Complexes, 1988.

書簡、日記、回想録、インタビュー

Agar, Eileen. *A Look at My Life*. London: Methuen, 1988.
Apollinaire, Guillaume. *Lettres à Lou*. Paris: Gallimard, 1990. ［アポリネール「ルーへの手紙」堀田郷弘訳、『アポリネール全集IV』青土社、1979 年］
———. *Lettres à Madeleine: tendre comme le souvenir*. Paris: Gallimard, 2005.
Ball, Hugo. *Flight Out of Time: A Dada Diary*. Ed. John Elderfield. Berkeley: California University Press, 1996. ［フーゴ・バル『時代からの逃走　ダダ創立者の日記』土肥美夫・近藤公一訳、みすず書房、1975 年］
Brassaï. *Conversations with Picasso*. Trans. Jane-Marie Todd. Chicago: University of Chicago Press, 2002. ［ブラッサイ『語るピカソ』飯島耕一、大岡信訳、みすず書房、1968 年］
Breton, André. *Conversations: The Autobiography of Surrealism*. Trans. Mark Polizzotti. New York: Marlowe, 1993. ［アンドレ・ブルトン『ブルトン、シュルレアリスムを語る』稲田三吉・佐山一訳、思潮社、1994 年］
———. *Lettres à Aube*. Ed. Jean-Paul Goutier. Paris: Gallimard, 2009.
Breton, Simone. *Lettres à Denise Levy 1919-1929*. Ed. Georgiana Colville. Paris: Éditions Joëlle Losfeld, 2005.
Brod, Max. *Život plný bojů*. Prague: Nakladetelství Franze Kafky, 1994.
Buñuel, Luis. *My Last Breath*. Trans. Abigail Israel. London: Fontana, 1985. ［ルイス・ブニュエル『映画、わが自由の幻想』矢島翠訳、早川書房、1984 年］
Čapek, Karel. *Hovory s T. G. Masarykem. Spisy Karla Čapka*, Vol. 20. Prague: Československý spisovatel, 1990. ［カレル・チャペック『マサリクとの対話　哲人大統領の生涯と思想』石川達夫訳、2004 年］
Clementis, Vladimír. *Nedokončená kronika*. Prague: Československý spisovatel, 1965.
Cunard, Nancy. *These Were the Hours: Memories of My Hours Press, Réanville and Paris 1928-1931*. Carbondale:

Southern Illinois University Press, 1969.

Duchamp, Marcel. *Dialogues with Marcel Duchamp.* Ed. Pierre Cabanne. London: Thames and Hudson, 1971.［マルセル・デュシャン、ピエール・カバンヌ『デュシャンは語る』岩佐鉄男・小林康夫訳、ちくま学芸文庫、1999 年］

Éluard, Paul. *Lettres à Gala 1924-1948.* Paris: Gallimard, 1984.

———. *Letters to Gala.* Trans. Jesse Browner. New York: Paragon House, 1989.

Ernst, Jimmy. *A Not-So-Still Life.* New York: St. Martin's/Marek, 1984.

Ernst, Max. "Biographical Notes." In Max Ernst: *Life and Work: An Autobiographical Collage*, ed. Werner Spies. London: Thames and Hudson, 2008.

———. "An Informal Life of M. E. (as told by himself to a young friend)." In *Max Ernst.* London: Arts Council of Great Britain, 1961.

Foucault, Michel. *Foucault Live: Collected Interviews, 1961-1984.* Ed. Sylvère Lotringer. New York: Semiotext(e), 1996.

Fučík, Julius. *Reportáž psaná na oprátce.* Prague: Torst, 1995.［ユリウス・フチーク『絞首台からのレポート』栗栖継訳、岩波文庫、1977 年］

Gehry, Frank. *Gehry Talks: Architecture and Process.* Ed. Mildred Friedman. New York: Rizzoli, 1999.

Havel, Václav M. *Mé vzpomínky.* Prague: Lidové noviny, 1993.

Höch, Hannah. Interview with Edouard Roditi. *Arts Magazine*, Vol. 34, No. 3, December 1959.

Janáček, Leoš and Kamila Stösslová. *Intimate Letters: Leoš Janáček to Kamila Stösslová.* Ed. John Tyrell. Princeton, NJ: Princeton University Press, 1994.

Janouch, Gustav. *Conversations with Kafka: Notes and Reminiscences.* London: Derek Verschoyle, 1953.［グスタフ・ヤノーホ『増補版　カフカとの対話　手記と追想』吉田仙太郎訳、ちくま学芸文庫、1994 年］

Kafka, Franz. *The Diaries of Franz Kafka 1910-1923.* Ed. Max Brod, trans. Joseph Kresh (diaries 1910–13) and Martin Greenberg and Hannah Arendt (diaries 1914–23). London: Penguin, 1964.［『決定版カフカ全集　第 7 巻　日記』谷口茂訳、新潮社、1992 年］

———. *Dopisy rodičům z let 1922-1924.* Ed. Josef Čermák and Martin Svatoš. Prague: Odeon, 1990.［ヨーゼフ・チェルマーク、マルチン・スヴァトス編『カフカ最後の手紙』三原弟平訳、白水社、1993 年］

———. *Letters to Friends, Family and Editors.* Trans. Richard and Clara Winston. New York: Schocken, 1977.［『決定版カフカ全集　第 9 巻　手紙 1902–1924』吉田仙太郎訳、新潮社、1992 年］

———. *Letters to Milena.* Ed. and trans. Philip Boehm. New York: Schocken, 1990.［『決定版カフカ全集　第 8 巻　ミレナへの手紙』辻瑆訳、新潮社、1992 年］

———. *Letters to Ottla and the Family.* Ed. N. N. Glazer, trans. Richard and Clara Winston. New York: Schocken, 1982.［『決定版カフカ全集　第 12 巻　オットラへの手紙』柏木素子訳、新潮社、1992 年］

Kaprálová, Vítězslava. Letters 1939–40, various dates. Reproduced in various issues of *Kapralova Society Newsletter and Kapralova Society Journal*, as identified in Notes.

Kokoschka, Oskar. *Oskar Kokoschka Letters 1905-1976.* Ed. Olda Kokoschka and Alfred Marnau. London: Thames and Hudson, 1992.

———. *My Life.* London: Thames and Hudson, 1974.

———. *A Sea Ringed with Visions.* London: Thames and Hudson, 1962.

Lamarr, Hedy. *Ecstasy and Me: My Life as a Woman.* London: W. H. Allen, 1967.

Lévi-Strauss, Claude. "New York in 1941." In *The View from Afar*, trans. Joachim Neugroschel. Chicago: University of Chicago Press, 1992.

Lord, James. *Picasso and Dora: A Personal Memoir.* New York: Fromm International, 1993.

Mahler Werfel, Alma. *And the Bridge Is Love: Memories of a Lifetime.* Trans. E. B. Ashton. London: Hutchinson, 1959.［アルマ・マーラー『マーラーの思い出』酒田健一訳、白水社、1999 年］

Martinů, Charlotte. *My Life with Martinů.* Trans. Diderik C. D. De Jong. Prague: Orbis, 1978.

Mucha, Jiří. *Au seuil de la nuit.* Trans. Françoise and Karel Tabery. La Tour d'Aigues: Éditions de l'aube, 1991.

———. *Living and Partly Living.* London: The Hogarth Press, 1967.

———. *Podivné lásky.* Prague: Mladá fronta, 1989.

Muchová (Mucha), Geraldine. Interview with Lucie Bartošová for *Lidové noviny*, November 2009. バルトショヴァー氏から提供された原稿。

Němcová, Božena. *Z dopisů Boženy Němcové.* Ed. Jana Štefánková. Prague: Státní nakladatelství dětské knihy, 1962.

Nezval, Vítězslav. *Korespondence Vítězslava Nezvala: depeše z konce tisíciletí.* Prague: Československý spisovatel, 1981.

———. *Neviditelná Moskva.* Prague: Borový, 1935.

———. *Pražský chodec.* Prague: Borový, 1938.

———. *Ulice Gît-le-Coœr.* Prague: Borový, 1936.

———. *Z mého života.* Prague: Československý spisovatel, 1959.

Novotná, Jarmila. *Byla jsem šťastná.* Prague: Melantrich, 1991.

———. Interview, June 1979. In Lanfranco Rasponi, *The Last Prima Donnas.* New York: Limelight Editions, 1985.

Ray, Man. *Self-Portrait.* New York: Little, Brown, 1998.［マン・レイ『マン・レイ自伝　セルフ・ポートレイト』千葉成夫訳、文遊社、2007 年］

Sanouillet, Michel. *Dada in Paris.* Enlarged by Anne Sanouillet, trans. Sharmila Ganguly. Cambridge, MA: MIT Press, 2009. ブルトン、ツァラ、ピカビアの書簡も収録。［ミッシェル・サヌイエ『パリのダダ』安堂信也・浜田明・大平具彦訳、白水社、2007 年。邦訳には書簡資料は未収録］

Seifert, Jaroslav. *Všecky krásy světa.* Prague: Československý spisovatel, 1992.［ヤロスラフ・サイフェルト『この世の美しきものすべて』飯島周・関根日出男訳、恒文社、1998 年］

Štorch-Marien, Otakar. *Paměti nakladatele.* 3 volumes. Vol. 1, *Sladko je žít.* Vol. 2, *Ohňostroj.* Vol. 3, *Tma a co bylo potom.* Prague: Aventinum 1992 (2d ed.) and Československý spisovatel, 1969, 1972.

Straus-Ernst, Lou. *The First Wife's Tale.* New York: Midmarch Arts Press, 2004.

Sudek, Josef. *Josef Sudek o sobě.* Ed. Jaroslav Anděl. Prague: Torst, 2001.

Thirion, André. *Revolutionaries without Revolution.* Trans. Joachim Neugroschel. New York: Macmillan, 1975.

Vondráčková, Jaroslava. *Kolem Mileny Jesenské.* Prague: Torst, 1991.

小説、詩、文芸作品

Apollinaire, Guillaume. *Alcools.* Ed. and trans. Donald Revell. Hanover, NH and London: Wesleyan University Press, 1995.［ギヨーム・アポリネール「アルコール」飯島耕一訳、『アポリネール全集 I』青土社、1979 年］

———. *Alkoholy.* Trans. Zdeněk Kalista. Prague: Edice Pásmo, 1935.

———. *Alkoholy života*. Ed. Adolf Kroupa and Milan Kundera. Prague: Československý spisovatel, 1965.
———. *Básně*. Trans. K. Čapek, J. Hořejší, Z. Kalista and J. Seifert, preface by Karel Teige. Prague: Ústřední dělnické knihupectví a nakladatelství, 1935.
———. *Calligrammes: Poems of Peace and War 1913-1916*. Trans. Anne Hyde Geet. Berkeley: University of California Press, 1991. ［ギヨーム・アポリネール「カリグラム　平和と戦争の詩（1913～1916）」飯島耕一訳、『アポリネール全集Ⅰ』青土社、1979 年］
———. *Œuvres en prose complètes,* Vol. 1. Paris: Gallimard, 1977.
———. *Œuvres poétiques*. Paris: Gallimard, 1965.
———. *The Wandering Jew and Other Stories*. Trans. Rémy Inglis Hall. London: Rupert Hart-Davis, 1967.
Apollinaire, Guillaume and Louis Aragon. *Flesh Unlimited: Surrealist Erotica*. Trans. Alexis Lykiard. New York: Creation Books, 2000. Contains Apollinaire's Les Onze mille verges and Aragon's Le Con d' Irène.
Aragon, Louis, Benjamin Péret and Man Ray. *1929*. Reprint, Paris: Éditions Allia, 2004.
Arnold, Matthew. "Dover Beach." 以下で閲覧可能。 http://www.victorianweb.org/authors/arnold/writings/doverbeach.html（2018 年 6 月 18 日閲覧）［マシュー・アーノルド「ドーヴァの渚」、『マシュー・アーノルド詩集　二つの世界の間に』村松眞一訳、英宝社、1990 年、259-261 頁］
Bataille, Georges. *The Story of the Eye*. Trans. Joachim Neugroschel. San Francisco: City Lights, 1987. ［ジョルジュ・バタイユ『眼球譚』生田耕作訳、河出文庫、2003 年］
Biebl, Konstantín. *S lodí jež dováží čaj a kávu*. In *Cesta na Jávu*. Prague: Labyrint, 2001.
Breton, André. *Anthology of Black Humor*. Trans. Mark Polizzotti. San Francisco: City Lights, 1997. ［アンドレ・ブルトン『黒いユーモア選集　全２巻』小海永二ほか訳、河出文庫、2007 年］
———. *Constellations*. Ed. Paul Hammond. San Francisco: City Lights Books, 2000. ［アンドレ・ブルトン『星座』大槻鉄男訳、『アンドレ・ブルトン集成４』人文書院、1970 年］
———. *Earthlight*. Trans. Bill Zavatsky and Zack Rogow. Los Angeles: Sun & Moon Press, 1993.
———. *Poems of André Breton: A Bilingual Anthology*. Trans. and ed. Jean-Pierre Cauvin and Mary Ann Caws. Boston: Black Widow Press, 2006.
Čapek, Karel. *Francouzská poezie. Spisy,* Vol. 24. Prague: Český spisovatel, 1993.
———. *R.U.R.* Trans. Paul Selver. New York: Washington Square Press, 1973. ［カレル・チャペック『ロボット』千野栄一訳、岩波文庫、1989 年］
Chatwin, Bruce. *Utz*. London: Picador, 1989. ［ブルース・チャトウィン『ウッツ男爵　ある蒐集家の物語』池内紀訳、白水Ｕブックス、2014 年］
D'Angoulême, Marguerite. *Heptameron novel*. Prague: Družstevní práce, 1932. ［『エプタメロン　ナヴァール王妃の７日物語』平野威馬雄訳、ちくま文庫、1995 年］
Desnos, Robert. *Essential Poems and Writings of Robert Desnos*. Ed. Mary Ann Caws. Boston: Black Widow Press, 2007.
Eliot, T. S. *Collected Poems 1909-1962*. London: Faber, 1974.
———. *The Four Quartets*. London: Faber, 1983.
———. *Inventions of the March Hare: Poems 1909-1917*. Ed. Christopher Ricks. New York: Harcourt Brace, 1996.
Éluard, Paul. *Capital of Pain*. Trans. Mary Ann Caws, Patricia Terry and Nancy Kline. Boston: Black Widow Press, 2006.
———. *Last Love Poems of Paul Éluard*. Trans. Marilyn Kallet. Boston: Black Widow Press, 2006.
———. *A Moral Lesson*. Trans. Lisa Lubasch. Copenhagen and Los Angeles: Green Integer Books, 2007.

———. *Poésie et Verité 1942/Poetry and Truth 1942*. Trans. Roland Penrose and E.L.T. Mesens. London: London Gallery Editions, 1944.

———. *Voir: Poèmes Peintures Dessins*. Geneva and Paris: Éditions des Trois Collines, 1948.

Hašek, Jaroslav. *The Good Soldier Švejk*. Trans. Cecil Parrott. London: Penguin, 1973.［ヤロスラフ・ハシェク『兵士シュヴェイクの冒険　全４巻』栗栖継訳、岩波文庫、1972 年］

Heisler, Jindřich. *Z kasemat spánku*. Ed. František Šmejkal, Karel Srp and Jindřich Toman. Prague: Torst, 1999.

Hrabal, Bohumil. *I Served the King of England*. Trans. Paul Wilson. London: Picador, 1990.［ボフミル・フラバル『わたしは英国王に給仕した』阿部賢一訳、河出書房新社、2010 年］

———. *Too Loud a Solitude*. Trans. Michael Henry Heim. New York: Harcourt Brace Jovanovich, 1990.［ボフミル・フラバル『あまりにも騒がしい孤独』石川達夫訳、松籟社、2007 年］

Jirásek, Alois. *Legends of Old Bohemia*. Trans. Edith Pargeter. London: Hamlyn, 1963.

———. *Staré pověstí české*. Prague: Papyrus, 1992.［アロイス・イラーセク『チェコの伝説と歴史』浦井康男訳・註解、北海道大学出版会、2011 年］

Kafka, Franz. *The Castle*. Trans. J. A. Underwood. London: Penguin, 1997.［カフカ『城』池内紀訳、白水Ｕブックス、2006 年］

———. *Dearest Father: Stories and Other Writings*. Trans. Ernst Kaiser and Eithne Wilkins. New York: Schocken, 1954.

———. *Franz Kafka: The Complete Stories*. Ed. Nahum N. Glatzer. New York: Schocken, 1995.

———. *The Trial*. Trans. Breon Mitchell. New York: Schocken, 1999.［フランツ・カフカ「訴訟」川島隆訳、『ポケットマスターピース 01　カフカ』多和田葉子編、川島隆編集協力、集英社、2015 年］

Klíma, Ivan. *Love and Garbage*. Trans. Ewald Osers. New York: Vintage, 1993.

Kundera, Milan. *The Book of Laughter and Forgetting*. Trans. Michael Henry Heim. London: Penguin, 1986.［ミラン・クンデラ『笑いと忘却の書』西永良成訳、集英社文庫、2013 年］

———. *The Joke*. Trans. Michael Henry Heim. London: Penguin, 1984.［ミラン・クンデラ『冗談』西永良成訳、岩波文庫、2014 年］

———. *Life Is Elsewhere*. Trans. Peter Kussi. London: Penguin, 1986.［ミラン・クンデラ『生は彼方に』西永良成訳、ハヤカワ epi 文庫、2001 年］

———. *Poslední máj*. 2d ed. Prague: Československý spisovatel, 1961.

———. *The Unbearable Lightness of Being*. Trans. Michael Henry Heim. New York: HarperCollins, 1991.［ミラン・クンデラ『存在の耐えられない軽さ』西永良成訳、河出書房新社、2008 年］

Lautréamont, Comte de [Ididore Ducasse]. *Maldoror and the Complete Works of the Comte de Lautréamont*. Trans. Alexis Lykiard. Cambridge, MA: Exact Change, 1994.［ロートレアモン『ロートレアモン全集』石井洋二郎訳、ちくま文庫、2005 年］

Lewis, C. S. *The Lion, the Witch and the Wardrobe*. New York: HarperCollins, 1994.［Ｃ・Ｓ・ルイス『ナルニア国物語２　ライオンと魔女と衣装だんす』土屋京子訳、光文社古典新訳文庫、2016 年］

Mácha, Karel Hynek. *May*. Trans. Marcela Sulak. Prague: Twisted Spoon Press, 2005.

Meyrink, Gustav. *The Golem*. Ed. E. F. Bleiler. New York: Dover, 1976.［グスタフ・マイリンク『ゴーレム』今村孝訳、白水Ｕブックス、2014 年］

Musil, Robert. *A Man without Qualities*. 3 volumes. New York: Vintage, 1996.［ローベルト・ムージル『ムージル著作集　特性のない男』全６巻、加藤二郎訳、松籟社、1992-1995 年］

Němcová, Božena. *Babička*. Illustrated by Václav Špála. Prague: Aventinum, 1923.［ボジェナ・ニェム

ツォヴァー『おばあさん』栗栖継訳、岩波文庫、1971 年]
Neruda, Jan. *Prague Tales*. Budapest, London, New York: Central European University Press, 2003.［ヤン・ネルダ『フェイエトン　ヤン・ネルダ短篇集』竹田裕子訳、未知谷、2003 年]
Nezval, Vítězslav. *Abeceda*. Prague: Otto, 1926. Facsimile reprint, Prague: Torst, 1993.
———. *Alphabet*. Ed. and trans. Jindřich Toman and Matthew S. Witkovsky. Ann Arbor: Michigan Slavic Publications, 2001.
———. *Antilyrik and Other Poems*. Trans. Jerome Rothenberg and Milos Sovak. Copenhagen and Los Angeles: Green Integer, 2001.
———. *Edison*. Trans. Ewald Osers. Prague: Dvořák, 2003.
———. *Pantomima: poesie*. Prague: Ústřední studentské knikupectví a nakladatelství, 1924. Reprint, Prague: Akropolis, 2004.
———. *Prague with Fingers of Rain*. Trans. Ewald Osers. Tarset: Bloodaxe Books, 2009.
———. *Praha s prsty deště*. Prague: Borový, 1936.
———. *Sbohem a šáteček: básně z cesty*. Prague: Borový, 1934. Reprint, Prague: Československý spisovatel, 1961.
———. *Sexuální nocturno: příběh demaskované iluse*. Prague: Edice 69, 1931. Reprint, Prague: Torst, 2001.［ヴィーチェスラフ・ネズヴァル「性の夜想曲」、『性の夜想曲　チェコ・シュルレアリスムの〈エロス〉と〈夢〉』赤塚若樹訳、風濤社、2015 年]
———. *Žena v možném čísle*. Prague: Borový, 1936.
Nezval, Vítězslav and Jindřich Štyrský. *Edition 69*. Trans. Jed Slast. Prague: Twisted Spoon Press, 2004.［ヴィーチェスラフ・ネズヴァル「性の夜想曲」、インジフ・シュティルスキー「エミリエが夢のなかで私の許にやってくる」、『性の夜想曲　チェコ・シュルレアリスムの〈エロス〉と〈夢〉』赤塚若樹訳、風濤社、2015 年]
Osers, Ewald, ed. and trans. *Three Czech Poets*. London: Penguin, 1971.
Owen, Wilfred. *The Collected Poems of Wilfred Owen*. Ed. C. Day Lewis. London: Chatto & Windus, 1963.
Proust, Marcel. *The Way by Swann's (Vol. 1 of In Search of Lost Time)*. Trans. Lydia Davis. London: Allen Lane, 2002.［マルセル・プルースト『失われた時を求めて 1　第一篇　スワン家の方へ I』鈴木道彦訳、集英社文庫ヘリテージシリーズ、2006 年]
Sade, Markýz [Marquis] de. *Justina čili prokletí ctnosti*. Reprint of original 1932 edition, illustrated by Toyen. Prague: Torst, 2003.［サド『ジュスチーヌまたは美徳の不幸』植田祐次訳、岩波文庫、2001 年]
Sebald, W. G. *Austerlitz*. New York: Knopf, 2001.［W・G・ゼーバルト『[改訳] アウステルリッツ』鈴木仁子訳、白水社、2012 年]
Seifert, Jaroslav. *Dílo Jaroslava Seiferta*, Vols. 1 and 2. Prague: Akropolis, 2001. 略号 DJS.
———. *The Early Poetry of Jaroslav Seifert*. Trans. Dana Loewy. Evanston, IL: Northwestern University Press, 1997.
———. *Osm dní*. 2d ed. Prague: Československý spisovatel, 1968.
Shelley, Mary. *Frankenstein: Or, the Modern Prometheus*. London: Penguin, 2004.［メアリ・シェリー『フランケンシュタイン』森下弓子訳、創元推理文庫、1984 年]
Skelton, Robin, ed. *Poetry of the Thirties*. London: Penguin, 1964.
Stoppard, Tom. *Lord Malquist and Mr. Moon*. London: Faber, 1986.
Štyrský, Jindřich. *Emilie přikází k mně ve snu*. Prague: Edice 69, 1933. Reprint, Prague: Torst, 2001. 以下にも英訳あり。Nezval and Štyrský, *Edition 69*.［インジフ・シュティルスキー「エミリエが夢のなかで私の許にやってくる」、『性の夜想曲　チェコ・シュルレアリスムの〈エロス〉と〈夢〉』赤塚

若樹訳、風濤社、2015 年]
———. *Poesie*. Prague: Argo, 2003.
———. *Sny*. Prague: Odeon, 1970.
Topol, Jáchym. *Výlet k nádražní hale*. Brno: Petrov, 1995.
Toyen. *Specters of the Desert*. Chicago: Black Swan Press, 1974.
Updike, John. *Collected Poems 1953-1993*. New York: Knopf, 1997.
Vaculík, Ludvík. *A Cup of Coffee with My Interrogator: The Prague Chronicles of Ludvík Vaculík*. Trans. George Theiner. New York: Readers International, 1987.
Weil, Jiří. *Colors*. Trans. Rachel Harrell. Ann Arbor: Michigan Slavic Publications, 2002.
Wolker, Jiří. *Svatý Kopeček*. Prague: Československý spisovatel, 1960.

図録

Adolf Hoffmeister. Ed. Karel Srp. Prague: Gallery, 2004.
Adolf Loos—dílo v českých zemích / Adolf Loos—Works in the Czech Lands. Maria Szadowska, Leslie Van Duzer and Dagmar Černoušková. Prague: Galerie hlavního města Prahy, 2009.
Alfons Mucha: Das slawische Epos. Ed. Karel Srp. Krems: Kunsthalle, 1994.
Amazons of the Avant-Garde: Alexandra Exter, Natalia Goncharova, Liubov Popova, Olga Rozanova, Varvara Stepanova and Nadezhda Udaltsova. Ed. John E. Bowlt and Matthew Drutt. New York: Guggenheim Museum, 2000.
André Breton: La beauté convulsive. Ed. Agnès Angliviel de la Beaumelle, Isabelle Monod-Fontaine and Claude Schweisguth. Paris: Éditions du Centre Georges Pompidou, 1991.
André Masson 1896-1987. Ed. Josefina Alix. Madrid: Museo Nacional Centro de Arte Reine Sofía, 2004.
Angels of Anarchy: Women Artists and Surrealism. Ed. Patricia Allmer. London: Prestel, 2009.
Art and Power: Europe under the Dictators 1930-45. Dawn Ades, Tim Benton, David Elliott and Iain Boyd White. London: Hayward Gallery/Thames and Hudson, 1995.
The Art of Lee Miller. Mark Haworth-Booth. London: Victoria and Albert Museum/New Haven, CT: Yale University Press, 2007.
The Art of the Avant-Garde in Czechoslovakia 1918-1938 / El Arte de la Vanguardia en Checoslovaquia 1918-1938. Ed. Jaroslav Anděl. Valencia, Spain: IVAM Institut d'Art Modern, 1993.
Avant-Garde Art in Everyday Life: Early-Twentieth-Century Modernism. Ed. Matthew S. Witkovsky. Chicago: The Art Institute of Chicago/New Haven, CT: Yale University Press, 2011.
Aventinská mansarda: Otakar Štorch-Marien a výtvarné umění. Ed. Karel Srp. Prague: Galerie hlavního města Prahy, 1990.
Baťa: architektura a urbanismus. Ed. Vladimír Šlapeta. Zlín: Státní galerie, 1991.
Celostátní výstava archivních dokumentů: od hrdinné minulosti k vítězství socialismu. Prague: Ministerstvo vnitra, 1958.
Central European Avant-Gardes: Exchange and Transformation 1910-1930. Ed. Timothy O. Benson. Los Angeles: Los Angeles County Museum of Art/Cambridge, MA: MIT Press, 2002.
České imaginativní umění. František Šmejkal. Prague: Galerie Rudolfinum, 1996.
Český kubismus 1909-1925: malířství, sochářství, umělecké řemeslo, architektura. Ed. Jiří Švestka and Tomáš Vlček. Prague: Národní galerie, 1991.
Český kubismus 1910-1925: architektura a design. Ed. Alexander von Vegesack. Weil am Rhein: Vitra Design Museum, 1991.

Architecture, Furniture, Decorative Arts. Princeton, NJ: Princeton Architectural Press, 1992.

Český surrealismus 1929-1953: Skupina surrealistů v ČSR: události, vztahy, inspirace. Ed. Lenka Bydžovská and Karel Srp. Prague: Galerie hlavního města Prahy/Argo, 1996.

Chaos and Classicism: Art in France, Italy and Germany, 1918-1936. Ed. Kenneth E. Silver. New York: Guggenheim Museum, 2010.

Cubism and Abstract Art. Alfred Barr. New York: Museum of Modern Art, 1936.

Cyklus výstav Sbírky moderního malířství, tiskové zpravodajství, 1984-1989. Sixteen exhibitions, curated by Jiří Kotalík at Czechoslovak National Gallery. Prague: Národní galerie, 1984–89. 国立美術館の広報資料。

Czech Functionalism 1918-1938. Vladimír Šlapeta. London: Architects Association, n.d. [1987].

Czech Modern Art 1900-1960. Ed. Lenka Zapletalová. Prague: Národní galerie, 1995. 国立美術館 20 世紀コレクションのガイドブック。

Czech Modernism 1900-1945. Ed. Jaroslav Anděl. Houston: Museum of Fine Arts/Bulfinch Press, 1989.

Czech Photography of the Twentieth Century. Vladimír Birgus and Jan Mlčoch. Prague: Kant, 2010. 2005 年に芸術工芸博物館、プラハ市立美術館で開催された同名の展覧会図録。

Czech Vision: Avant-Garde Photography in Czechoslovakia. Howard Greenberg and Anette and Rudolf Kicken. Ostfildern, Germany: Hatje Cantz, 2007.

Dada. Ed. Laurent Le Bon. Paris: Centre Pompidou, 2005.

Dada. Ed. Leah Dickerman. Washington, DC: National Gallery of Art, 2006.

Dada and Surrealism Reviewed. Ed. Dawn Ades. London: Arts Council of Great Britain, 1978.

Dada, Surrealism and Their Heritage. William S. Rubin. New York: Museum of Modern Art, 1968.

"Degenerate Art": The Fate of the Avant-Garde in Nazi Germany. Ed. Stephanie Barron. Los Angeles: Los Angeles County Museum of Art/New York, Abrams, 1991.

Devětsil: česká výtvarná avantgarda dvacátých let. František Šmejkal, Rostislav Švácha and Jan Rous. Prague: Galerie hlavního města Prahy, 1986.

Devětsil: Czech Avant-Garde Art, Architecture and Design of the 1920s and 30s. Ed. Rostislav Švácha. Oxford, UK: Museum of Modern Art/London: London Design Museum, 1990.

Dreaming with Open Eyes: The Vera, Silvia and Arturo Schwarz Collection of Dada and Surrealist Art in the Israel Museum. Ed. Tamar Manor-Friedman. Jerusalem: The Israel Museum, 2000.

Družstevní práce—Sutnar Sudek. Ed. Lucie Vlčková. Prague: Uměleckoprůmyslové muzeum, 2006.

Edvard Munch: XX. výstava spolku výtvarných umělců "Mánes" v Praze. Introduction by K. Svoboda. Prague: Mánes, 1905.

Elie Lotar. Alain Sayag, Annick Lionel-Marie and Alain and Odette Virmaux. Paris: Musée national d'art moderne/Centre Georges Pompidou, 1993.

Emil Králíček: zapomenutý mistr secese a kubismu. Zdeněk Lukeš, Ester Havlová and Vendula Hnídková. Prague: Galerie Jaroslava Fragnera, 2005.

Entartete " Kunst ": Ausstellungsführer. Munich, 1937. Reproduced in facsimile in Stephanie Barron, "Degenerate Art."

Erste internationale Dada-Messe. Berlin: Kunsthandlung Dr. Otto Burchard, n.d. [1920].

Exposition inteRnatiOnale du Surréalisme 1959-1960. Ed. André Breton and Marcel Duchamp. Paris: Galerie Daniel Cordier, 1959.

Exposition internationale du Surréalisme, Janvier-Février 1938. André Breton and Paul Éluard. Paris: Galerie Beaux-Arts, 1938.

Expresionismus a české umění 1905-1927. Ed. Alena Pomajzlová, Dana Mikulejská and Juliana Boublíková. Prague: Národní galerie, 1994.

Fantastic Art, Dada, Surrealism. Alfred Barr. New York: Museum of Modern Art, 1937.

féminimasculin: Le sexe de l'art. Ed. Marie-Laure Bernadac and Bernard Marcadé. Paris: Centre Pompidou, 1995.

Film und Foto der zwanziger Jahre: Eine Betrachtung der Internationalen Werkbundasstellung "Film und Foto" 1929. Ed. Ute Eskildsen and Jan-Christopher Horak. Stuttgart: Würtembergischer Kunstverein, 1979.

Focus on Minotaure: The Animal-Headed Review. Texts by Charles Goerg et al. Geneva: Musée d'Art et d'Histoire, 1987.

Foto: Modernity in Central Europe, 1918-1945. Matthew S. Witkovsky. Washington, DC: National Gallery of Art, 2007.

Francouzské moderní umění: l'école de Paris. Introduction by André Salmon. Prague: Umělecká beseda, 1931.

Francouzští impressionisté: katalog 23. výstavy SVU Mánes v Praze 1907. Introduction by F. X. Šalda. Prague: Mánes, 1907.

František Drtikol: fotografie z let 1918-1935. Jan Mlčoch. Prague: Uměleckoprůmyslové muzeum, 2004.

František Kupka: la collection du Centre Georges Pompidou, Musée national d'art moderne. Ed. Brigitte Leal. Paris: Centre Pompidou, 2003.

František Kupka ze sbírky Jana a Medy Mládkových/From the Jan and Meda Mládek Collection. Meda Mládková and Jan Sekera. Prague: Museum Kampa, 2007.

František Zelenka: plakáty, architektura, divadlo. Ed. Josef Kroutvor. Prague: Uměleckoprůmyslové muzeum, 1991.

Gegen jede Vernunft: Surrealismus Paris-Prague. Ed. Reinhard Spieler and Barbara Auer. Ludwigshafen am Rhein, Germany: Wilhelm-Hack-Museum/Belser, 2010.

Grand Jeu et surréalisme: Reims, Paris, Prague. Nelly Feuerhahn, David Liot, Didier Ottinger, Anna Pravdová, Bertrand Schmitt, Michel Random, Karel Srp and Alain Virmaux. Reims: Musée des beaux-arts, 2004.

The Great Utopia: The Russian and Soviet Avant-Garde, 1915-1932. Paul Wood et al. New York: Guggenheim Museum/Abrams, 1992.

Gustav Klutsis and Valentina Kulagina: Photography and Montage after Constructivism. Margarita Tupitsyn. New York: International Center of Photography/Steidl, 2004.

The International Style. Henry-Russell Hitchcock and Philip Johnson. New York: Norton, 1995. 1932 年版の復刻版、補遺あり。

Jak fénix: minulost a přítomnost Veletržního paláce v Praze. Radomíra Sedláková. Prague: Národní galerie, 1995.

Jaromír Krejcar 1895-1949. Ed. Rostislav Švácha. Prague: Galerie Jaroslava Fragnera, 1995.

Jindřich Heisler: Surrealism Under Pressure, 1938-1953. Jindřich Toman and Matthew S. Witkovsky. Chicago: The Art Institute of Chicago/New Haven, CT: Yale University Press, 2012.

Jindřich Štyrský 1899-1942. Karel Srp. Prague: Galerie hlavního města Prahy, 2007.

Jiří Kolář: Diary 1968. Ed. David Elliott and Arsén Pohribny. Oxford, UK: Museum of Modern Art, 1984.

Jiří Kroha (1893-1974): architekt, malíř, designer, teoretik v proměnách umění 20 století. Ed. Marcela Macharáčková. Brno: Muzeum města Brna, 2007.

Jiří Kroha: Sociologický fragment bydlení. Brno: Krajské středisko státní památkové peče a ochrany přírody v Brně, 1973.

John Heartfield. Ed. Peter Pachnicke and Klauss Honnef. New York: Abrams, 1991.

John Heartfield en la colección del IVAM. Valencia, Spain: Institut Valencia d'Art Modern, 2001.

Josef Čapek in Memoriam. Václav Rabas, Emil Filla and Jarmila Čapková. Prague: Umělecká beseda, 1945.
Josef Čapek: Nejskromnější umění/The Humblest Art. Alena Pomajzlová, trans. Branislava Kuburović. Prague: Obecní dům, 2003.
Josef Sudek: Dialog z cisza/Dialogue with Silence. Photographs from 1940–1970 from the Collection of the Moravian Gallery in Brno. Ed. Jolanta Pieńkos. Warsaw: Zachenta Narodowa Galeria Sztuki, 2006.
Josef Sudek: The Commercial Photography for Družstevní práce. Ed. Maija Holma. Jyväskylä, Finland: Alvar Aalto Museum, 2003.
Josep Renau fotomontador. Ed. Maria Casanova. Valencia, Spain: IVAM Institut Valencia d'Art Modern, 2006.
Karel Svolinský 1896-1986. Ed. Roman Musil and Eduard Burget. Prague: Národní galerie, 2001.
Karel Teige 1900-1951. Ed. Karel Srp. Prague: Galerie hlavního města Prahy, 1994.
Karel Teige: architettura, poesie—Praga 1900-1951. Ed. Manuela Castagnara Codeluppi. Milan: Electa, 1996.
Karel Teige: surrealistické koláže 1935-51. Vojtěch Lahoda, Karel Srp and Rumana Dačeva. Prague: Středočeská galerie, 1994.
Katalog pavillonu kral. hlav. města Prahy a odborních skupin městských. Prague, 1908.
Katalog výstavy děl sochaře Augusta Rodina v Praze. F. X. Šalda and Stanislav Sucharda. Prague: Mánes, 1902.
Konec avantgardy? Od Mnichovshé dohody ke komunistickému převratu. Hana Rousová, Lenka Bydžovská, Vojtěch Lahoda, Milan Pech, Anna Pravdová and Lucie Zadražilová. Prague: Galerie hlavního města Prahy/Arbor Vitae, 2011.
Křídla slávy: Vojtěch Hynais, čeští Pařížané a Francie. Ed. Marie Mžyková. 2 volumes. Prague: Galerie Rudolfinum, 2000.
Kupka—Waldes: The Artist and His Collector. Ed. Anna Pachovská. Prague: Meissner, 1999.
L'Amour fou: Photography and Surrealism. Rosalind Krauss and Jane Livingston. Washington, DC: Corcoran Gallery/London: Abbeville Press, 1995.
L'enfer de la Bibliothèque: Éros au secret. Ed. Marie-Françoise Quignard and Raymond-Josué Seckel. Paris: Bibliothèque nationale de France, 2007.
L'Esprit nouveau: Purism in Paris 1918-1925. Carol. S. Eliel. Los Angeles: Los Angeles County Museum of Art/New York: Abrams, 2001.
La Révolution surréaliste. Ed. Werner Spies. Paris: Centre Pompidou, 2002.
La Subversion des images: Surréalisme, Photographie, Film. Ed. Marion Diez. Paris: Centre Pompidou, 2009.
Ladislav Sutnar: Americké Venuše [U.S. Venus]. Iva Knobloch. Prague: Arbor Vitae and Uměleckoprůmyslové muzeum, 2011.
Ladislav Sutnar—Praha—New York—Design in Action. Ed. Iva Janáková. Prague: Uměleckoprůmyslové muzeum/Argo, 2003.
Le Cubisme à Prague. Ed. Claude Petry. Paris: Jacques London, 1991.
Le Surréalisme en 1947: Exposition internationale du Surréalisme présentée par André Breton et Marcel Duchamp. Paris: Maeght Éditeur, 1947.
Lee Miller: Photographer. Jane Livingston. Los Angeles: California Art Foundation/New York: Thames and Hudson, 1989.
Les Indépendents: xxxi výstava Sp. výtv. um. "Mánes." Introduction by Antonín Matějček. Prague: Mánes, 1910.
Livres de nus. Alessandro Bertolotti. Paris: Éditions de la Martinière, 2007.
Magritte: catalogue du centenaire. Ed. Gisèle Ollinger-Zinque and Frederik Leen. Brussels: Musées royaux des Beaux-Arts de Belgique/Flammarion, 1998.
M. Aleš: výstava jeho života a díla pro českou knihu a divadlo. Ed. V. V. Štech and Emanuel Svoboda. Prague:

Národní muzeum, 1952.
The Malik-Verlag: 1916-1947. Ed. James Fraser. New York: Goethe House, 1984.
Man Ray 1890-1976. Ed. Jan Ceuleers. Antwerp: Ronny Van de Velde/New York: Abrams, 1994.
Man Ray and Lee Miller: Partners in Surrealism. Phillip Prodger. Salem: Peabody Essex Museum/London: Merrell, 2011.
Man Ray: Despreocupado pero no indiferente/Unconcerned but Not Indifferent. Noriko Fuku and John P. Jacob. Madrid: La Fabrica, 2007.
Man Ray: Luces y sueños. Ed. Pilar Parcerisas. Valencia, Spain: Museu Valencià de la Illustracio i de la Modernitat, 2006.
Man Ray: Photography and Its Double. Ed. Emanuelle de L'Ecotais and Alain Sayag. Corte Madera, CA: Gingko Press, 1998.
Man Ray Women. Ed. Valerio Dehó. Bologna: Damiani, 2005.
Max Ernst: Invisible a primavera vista: grabados, libros ilustrados, esculturas. Dieter Ronte, Irene Kleinschmidt-Altpeter, Lluisa Faxedas, Werner Spies and Jürgen Pech. Barcelona: Fundació la Caixa, 2006.
The Mexican Suitcase: The Rediscovered Spanish Civil War Negatives of Capa, Chim and Taro. Ed. Cynthia Young. 2 volumes. New York: International Center of Photography/Steidl, 2010.
Mezery v historii 1890-1938: polemický duch Střední Evropy—Němci, Židé, Češi. Ed. Hana Rousová. Prague: Galerie hlavního města Prahy, 1994.
Mezinárodní surrealismus, 30. (410.) výstava Topičova salonu od 4. listopadu do 3. prosince 1947. André Breton and Karel Teige. Prague: Topičův salon, 1947.
Moderní galerie tenkrát 1902-1942. Roman Musil, Martina Nejezchlebová, Alena Pomajzlová, Roman Prahl, Nikolaj Savický, Tomáš Sekyrka, Vít Vlnas and Jindřich Vybíral. Prague: Národní galerie, 1992.
Modernism 1914-1939: Designing a New World. Ed. Christopher Wilk. London: Victoria and Albert Museum, 2006.
Moderní umění, soubor sestaven A. Mercereauem v Paříži: 45. výstava SVU Mánes v Praze. Introduction by Alexandre Mercereau. Prague: Mánes, 1914.
The Naked Truth: Klimt, Schiele, Kokoschka and Other Scandals. Ed. Tobias G. Natter and Max Hollein. New York: Prestel, 2005.
Na křižovatce Evropy: Karel Teige a Penklub. Eva Wolfová. Prague: Památník Národního písemnictví, 1994.
Narodopisná výstava československá v Praze 1895. Prague: Otto, 1895.
New Formations: Czech Avant-Garde Art and Modern Glass from the Roy and Mary Cullen Collection. Karel Srp and Lenka Bydžovská with Alison de Lima Greene and Jan Mergl. Houston: Museum of Fine Arts/New Haven, CT: Yale University Press, 2011.
Oskar Kokoschka 1886-1980. Ed. Richard Calvocoressi. London: Tate Gallery, 1986.
Otto Gutfreund. Jan Bauch, Jiří Šetlík, Václav Erben, Petr Wittlich, Karel Srp and Vojtěch Lahoda. Prague: Národní galerie, 1995.
Paris Prague 1906-1930. Paris: Musée national d'art moderne, 1966.
Paul Éluard et ses amis peintres. Ed. Annick Lionel-Marie. Paris: Centre Pompidou, 1982.
Paul Nash: Modern Artist, Ancient Landscape. Ed. Jemima Montagu. London: Tate, 2003.
The Photomontages of Hannah Höch. Peter Boswell, Maria Makela, Carolyn Lanchner and Kristin Makholm. Minneapolis: Walker Art Center, 1997.
Picasso érotique. Ed. Jean Clair. Munich/London/New York: Prestel, 2001.
Picasso: Life with Dora Maar. Love and War 1935-1945. Anne Baldassari. Paris: Flammarion, 2006.

Picasso: Suite 347. Ed. Kosme de Baranano. Valencia, Spain: Bancaixa, 2000.

Picasso surréaliste. Ed. Anne Baldassari. Basel: Fondation Beyeler/Paris: Flammarion, 2005.

Pocta Rodinovi 1902-1992. Marie Halířová. Prague: Národní galerie, 1992.

Prague 1900-1938: capitale secrète des avant-gardes. Ed. Jacqueline Menanteau. Dijon: Musée des Beaux-Arts, 1997.

Prague sur Seine. Patrizia Runfola, Gérard-Georges Lemaire and Oliver Poive d'Arvor. Paris: Paris Musées, 1992.

Praha Paris Barcelona: modernidad fotográfica de 1918 a 1948/Photographic Modernity from 1918 to 1948. Ed. Alberto Anaut. Barcelona/Madrid: Museu Nacional d'Art de Catalunya/La Fábrica, 2010.

The Precious Legacy: Judaic Treasures from the Czechoslovak State Collections. Ed. David Altshuler. New York: Summit Books, 1983.

Průvodce výstavou svatováclavskou. Antonín Podlaha and Antonín Šorm. Prague: Výbor svatováclavský, 1929.

První výstava skupiny surrealistů v ČSR: Makovský, Štyrský, Toyen. Karel Teige and Vítězslav Nezval. Prague: Mánes, 1935.

Raoul Hausmann. Eva Züchner, Andrei Nakov, Christopher Phillips, Jean-Francois Chevrier, Yves Michaud and Bartomeu Marí. Valencia, Spain: IVAM Centre Julio Gonzalez, 1994.

Šíma/Le Grand Jeu. Antoine Coron, Serge Fauchereau, Jacques Henric, Patrick Javault and Pierre Restany (Šíma) and Michel Camus, Gérald Gassiot-Talabot, Olivier Poivre d'Arvor, Raphael Sorin, Paule Thévenin and Marc Thivolet (Le Grand Jeu). Paris: Musée d'art moderne, 1992.

Skupina Ra. Ed. František Šmejkal. Prague: Galerie hlavního města Prahy, 1988.

Státní židovské muzeum v Praze. Prague: Státní židovské muzeum, 1979.

Sto let práce: zpráva o všeobecné zemské výstavě v Praze 1891. 3 volumes, Vol. 3 in 2 parts. Prague, 1892–95.

Štyrský a Toyen. Vítězslav Nezval and Karel Teige. Prague: Borový, 1938.

Štyrský a Toyen 1921-1945. Věra Linhartová and František Šmejkal. Brno: Moravská galerie, 1966/Prague: Mánes, 1967.

Štyrský, Toyen, artificielismus 1926-1931. Lenka Bydžovská and Karel Srp. Prague: Středočeská galerie, 1992.

Štyrský, Toyen, Heisler. Ed. Jana Claverie. Paris: Centre Georges Pompidou, 1982.

Surrealism and After: The Gabrielle Kieller Collection. Elizabeth Cowling with Richard Calvocoressi, Patrick Elliott and Ann Simpson. Edinburgh: Scottish National Gallery of Modern Art, 1997.

Surrealism: Desire Unbound. Ed. Jennifer Mundy. London: Tate/Princeton, NJ: Princeton University Press, 2001.

Surrealism: Two Private Eyes, the Nesuhi Ertegun and Daniel Filipacchi Collections. 2 volumes. Ed. Edward Weisberger. New York: Guggenheim Museum, 1999.

Surrealist Vision and Technique: Drawings and Collages from the Pompidou Center and the Picasso Museum, Paris. Clark V. Poling. Atlanta: Michael C. Carlos Museum at Emory University, 1996.

Toyen. André Breton, Jindřich Heisler and Benjamin Péret. Paris: Éditions Sokolová, 1953.

Toyen. Karel Srp. Prague: Galerie hlavního města Prahy/Argo, 2000.

Toyen: une femme surréaliste. Karel Srp. Saint-Étienne Métropole, France: Musée d'Art Moderne, 2002.

Tschechische Avantgarde 1922-1940: Reflexe europäischer Kunst und Fotografie in der Buchgestaltung. Zdeněk Primus. Münster-schwarzach: Vier-Türme-Verlag, n.d. [1990].

Tvrdošíjní. Karel Srp. Prague: Galerie hlavního města Prahy, 1986.

Tvrdošíjní a hosté. 2. Část, užité umění, malba, kresba. Karel Srp. Prague: Galerie hlavního města Prahy, 1987.

Umělecká beseda: k 125. výročí založení. Jiří Kotalík. Prague: Národní galerie, 1988.

Umění pro všechny smysly: meziválečni avantgarda v Československu. Ed. Jaroslav Anděl. Prague: Národní galerie, 1993.

Umění současné Francie. Introduction by Antonín Matějček. Prague: SVU Mánes, 1931.

Undercover Surrealism: Georges Bataille and DOCUMENTS. Ed. Dawn Ades and Simon Baker. London: Hayward Gallery/Cambridge, MA: MIT Press, 2006.

Václav Špála: mezi avantgardou a živobytím. Ed. Helena Musilová. Prague: Národní galerie, 2005.

Vincenc Kramář od starých mistrů k Picassovi. Vojtěch Lahoda and Olga Uhrová. Prague: Národní galerie, 2000.

Visages d'Éluard: photographies. Ed. Paul André. Paris: Musée d'Art et d'Histoire de Saint-Denis/Éditions Parkstone, 1995.

Všeobecná zemská výstava v Praze...Hlavní katalog. Ed. Josef Fořt. Prague, 1891.

Výstava díla Mikoláše Alše. Introduction by František Nečásek. Prague: Orbis, 1952.

Výstava díla Mikoláše Alše: seznam děl vystavených v Jízdárně pražského hradu. Emanuel Svoboda and František Dvořák. Prague: Orbis, 1952.

Výstava Poesie 1932. Introduction by Karel Novotný. Prague: Mánes, 1932.

Zakladatelé moderního českého umění. Miroslav Lamač, Jiří Padrta and Jan Tomes. Brno: Dům umění, 1957.

画集、写真集

33 koláží Breton Éluard Muzard. Preface by Karel Srp. Prague: Galerie Maldoror, 2004.

Aleš, Mikoláš. *Špalíček národních písní a říkadel.* Prague: Orbis, 1950.

Baum, Timothy, François Buot and Sam Stourdzé. *Georges Hugnet: Collages.* Paris: Scheer, 2003.

Čapek, Josef. *Dějiny zblízka: soubor satirických kreseb.* Prague: Borový, 1949.

Éluard, Paul and Man Ray. *Facile.* Paris: Éditions G.L.M., 1935. Facsimile reprint, Paris: La Bibliothèque des Introuvables, 2004.

Ernst, Max. *Hundred Headless Woman (La femme 100 têtes).* Trans. Dorothea Tanning. New York: George Braziller, 1982.［マックス・エルンスト『百頭女』巖谷國士訳、河出文庫、1996 年］

———. *A Little Girl Dreams of Taking the Veil (Rêve d'une petite fille qui voulut entrer au Carmel).* Trans. Dorothea Tanning. New York: George Braziller, 1982.［マックス・エルンスト『カルメル修道会に入ろうとしたある少女の夢』巖谷國士訳、河出文庫、1996 年］

———. *Une Semaine de bonté: les collages originaux.* Ed. Werner Spies. Paris: Gallimard, 2009.［マックス・エルンスト『慈善週間または七大元素』巖谷國士訳、河出文庫、1996 年］

Gracq, Julien and Gilles Ehrmann. *42 rue Fontaine: l'atelier d'André Breton.* Paris: Biro, 2003.

Kolář, Jiří. *Týdeník 1968.* Prague: Torst, 1993.

Miller, Lee. *Grim Glory: Pictures of Britain under Fire.* Ed. Ernestine Carter. London: Lund, Humphries, 1941.

Okanoue, Toshiko. *Drop of Dreams.* Ed. Mayako Ishiwata. Tucson: Nazraeli Press, 2002.

Renau, Josep. *Fata Morgana USA: The American Way of Life.* Valencia, Spain: IVAM Centre Julio Gonzales/Fundació Josep Renau, 1989.

Sander, August. *People of the Twentieth Century.* 7 volumes. New York: Abrams, 2002.［アウグスト・ザンダー『20 世紀の人間たち　肖像写真集　1892-1952』山口知三訳、リブロポート、1991 年］

Sudek, Josef. *Josef Sudek: Works.* Prague: Torst. 現在刊行中の叢書、チェコ語版と英語版が同時に刊行されている。現在刊行されたのは以下のとおり。*Portraits (2007); The Window of My Studio* (2007); *The Advertising Photographs* (2008); *Still Lifes* (2008); *Svatý Vít/Saint Vitus's* (2010); *Mionsi Forest* (2009); *Labirynth* (2013).

———. *Panoramatická Praha.* 2d ed. Prague: Odeon, 1992.

———. *Smutná krajina / Sad Landscape: Severozápadní Čechy / Northwest Bohemia 1957-62*. 2d ed. Prague: Kant, 2004.

———. *Svatý Vít*. Prague: Družstevní práce, 1928.

Toyen. *Jednadvacet*. Prague: Torst, 2002.

歌詞、アルバムのライナーノーツ、演劇プログラム、オークション・カタログ、その他の印刷物

Agar, Eileen. Legend to "Angel of Anarchy," as displayed in Tate Modern, 2006.

André Breton: 42 rue Fontaine. 8-volume auction catalogue with accompanying DVD. Paris: CalmelsCohen 2003.

Blyth, Alan. Liner notes to *Jarmila Novotná: The Artist's Own Selection of Her Finest Recordings*, Pearl LP no. GEMM 261/2, 1983.

Café Imperial (Prague) menu, December 2008.

Červinková-Riegrová, Marie. Libretto to Antonín Dvořák, *Jakobín* (1889). Included with Supraphon record album set Jakobín, no. SU 1112 2481/3, 1980.

Destinová, Ema. *Ema Destinová, Souborná edice, 3. Richard Wagner*. Supraphon LP number 1 0120-1 602G, 1989.

Fanelli, Sara. *Tate Artist Timeline*. Foldout chart. London: Tate, 2006.

Grand Café Orient (Prague) menu, December 2008.

Králík, Jan. Liner notes to Jarmila Novotná, *České písně a árie*, Supraphon CD no. SU 11 1491-2, 1992.

Martinů, Bohuslav. *Julietta* (1938). Libretto by the composer after a play by Georges Neveux. Supraphon CD set Julietta, no. SU 3626-2 612, 2002.

———. *Julietta*. New Opera Company/English National Opera program, 1978. 1947 年にマルチヌーが書いたオペラの梗概を収録。

Masaryk, Jan. Liner notes to Jarmila Novotná, *Songs of Czechoslovakia* (1942). RCA Victor LP record no. VIC 1383, 1969.

Meyer, Andreas K. W. Liner notes to Viktor Ullmann, Piano Sonatas 5-7, cpo CD no. SU 999 087-2, 1992.

Mihule, Jaroslav. Liner notes to Bohuslav Martinů, *Julietta*, Supraphon CD no. SU 3626-2 612, 2002.

Mucha, Jiří. Libretto to Bohuslav Martinů, *Field Mass* (1939). Trans. Geraldine Thomsen. Supraphon CD SU 3276-2 931, 1997.

Stedron, Miloš. Liner notes to Leoš Janáček, *Mša glagolskaya*, Supraphon CD no. SU 3045-2 211, 1996.

事典、ガイドブック、参考図書

Bibliografický soupis knih vydaných SNKLU v letech 1953-1962. Ed. Zdenka Broukalová and Saša Mouchová. Prague: SNKLU, 1964.

Dictionnaire générale du Surréalisme et de ses environs. Adam Biro and René Passeron. Paris: Presses universitaires de France, 1982.

The Green Guide: Prague. Watford, UK: Michelin Travel Publications, 2000.

Katalog Sixty-Eight Publishers. Prague: Společnost Josefa Škvoreckého, 1991.

Kdo byl kdo v našich dějinách v 20. století. 2 volumes. Ed. Milan Churaň. Prague: Libri, 1998.

Kobbé's Complete Opera Book. Ed. The Earl of Harewood. London: Putnam, 1976.

Kronika královské Prahy i obcí sousedních. 3 volumes. Ed. František Ruth. Prague: Pavel Körber, 1903.

Kubistická Praha / Cubist Prague. Michal Bregant, Lenka Bydžovská, Vojtěch Lahoda, Zdeněk Lukeš, Karel Srp,

Rostislav Švácha and Tomáš Vlček. Prague: Středoevropské nakladatelství, 1995.
Malá československá encyklopedie. 3 volumes. Prague: Academia, 1986.
Nový slovník československých výtvarných umělců. Prokop Toman. Ostrava: Chagall, 1994. Photoreprint of 3d ed. of 1947–49.
Opera on Record, Vol. 2. Ed. Alan Blyth. London: Hutchinson, 1983.
Ottův slovník naučný. 28 volumes. Prague: Otto, 1888–1909.
Ottův slovník naučný nové doby. 12 volumes. Prague: Otto, 1930–43.
Prague: A Guide to Twentieth-Century Architecture. Ivan Margolius. London: Ellipsis 1996.
Prague in Picture Postcards of the Period 1886-1930. Ed. Edmund Orián. Prague: Belle Epoch, 1998.
Pražský uličník: encyklopedie názvů pražských veřejných prostranství. 2 volumes. Ed. M. Lašťovka. Prague: Libri, 1998.
Příručka pro sběratele československých známek a celin. Ed. Alois Dušek. Prague: Svaz československých filatelistů, 1988.
Původní názvy pražských ulic, nábřeží, nádraží a sadů podle stavu v r. 1938. Prague: Česká obec turistická, 1945.
[Riegrův] *Slovník naučný*. 11 volumes. Ed. F. L. Rieger. Prague: Kober, 1860–74.
Seznam ulic, náměstí atd. hlavního města Prahy (stav k 1. květnu 1948). Prague: Dopravní podniky hl. m. Prahy, 1948.
Soupis repertoáru Národního divalda v Praze. 3 volumes. Ed. Hana Konečná. Prague: Národní divadlo, 1983.
Stará Praha: obraz města a jeho veřejného života v 2. polovici XIX. století. Zdeněk Wirth. Prague: Otto, 1942.
Statistika královského hlavního města Prahy. Vol. 1. Ed. Josef Erben. Prague: Obecní statistická komise královského hlavního města Prahy, 1871.
Ulicemi města Prahy od 14. století do dneška. Prague: Orbis, 1958.
Václavské náměstí v Praze: architecktonický průvodce/Wenceslas Square in Prague: Architectural Guide. Supplement to Ad architektura 2. Yvonne Janková. Prague: J. H. & Archys, 2006.
Židovská Praha; glosy k dějinám a kultuře; průvodce památkami. Ctibor Rybár. Prague: TV Spektrum/Akropolis, 1991.
Zmizelá Praha. 6 volumes. Vol. 1, V. V. Štech, Zdeněk Wirth and Václav Vojtišek, *Staré a Nové město s Podskalím*. Vol. 2, Cyril Merhout and Zdeněk Wirth, *Malá Strana a Hradčany*. Vol. 3, Hana Volavková, *Židovské město pražské*. Vol. 4, Emanuel Poche and Zdeněk Wirth, *Vyšehrad a zevní okresy Prahy*. Vol. 5, Zdeněk Wirth, *Opevnění, Vltava a ztráty na památkách 1945*. Vol. 6, Antonín Novotný, *Grafické pohledy 1493-1850*. Prague: Václav Poláček, 1945–48.

モノグラフ、博士論文、記事

Adlerová, Anna. *České užité umění*. Prague: Odeon, 1983.
Altshuler, Bruce. *The Avant-Garde in Exhibition: New Art in the 20th Century*. Berkeley: University of California Press, 1998.
Anděl, Jaroslav. *Avant-Garde Page Design 1900-1950*. New York: Delano Greenidge, 2002.
Anděl, Jaroslav. *The New Vision for the New Architecture: Czechoslovakia 1918-1938*. Bratislava: Slovart, 2005.
Arendt, Hannah. *Eichmann in Jerusalem: A Report on the Banality of Evil*. New York: Penguin, 2006. [ハンナ・アーレント『エルサレムのアイヒマン　悪の陳腐さについての報告（新版）』大久保和郎訳、みすず書房、2017 年]
Barthes, Roland. *Camera Lucida*. Trans. Richard Howard. New York: Hill and Wang, 2000. [ロラン・バルト『明るい部屋　写真についての覚書』花輪光訳、みすず書房、1997 年]

———. "Rhetor and Magician." Introductory essay in *Arcimboldo*. Milan: Franco Maria Ricci, 1980.［ロラン・バルト「修辞家と魔術師」、『美術論集』沢崎浩平訳、みすず書房、1986年］

Bauman, Zygmunt. *Modernity and the Holocaust*. Ithaca, NY: Cornell University Press, 2001.［ジークムント・バウマン『近代とホロコースト』森田典正訳、大月書店、2006年］

Beckerman, Michael. "The Dark Blue Exile of Jaroslav Ježek." *Music and Politics,* Vol. II, No. 2, 2008.

Bečková, Kateřiná. *Society for Old Prague: One Hundred and Two Years*. Prague: Klub za starou Prahu, 2002.

Bepoix, Michel, ed. *Des peintres au camp des Milles: septembre 1939—été 1941*. Aix-en-Provence: Actes Sud, 1997.

Birgus, Vladimír. *Akt v české fotografii/The Nude in Czech Photography*. Prague: Kant, 2001.

———. *The Photographer František Drtikol*. Prague: Kant, 2000.

Birgus, Vladimír, ed. *Czech Photographic Avant-Garde 1918-1948*. Cambridge, MA: MIT Press, 2002.

Bois, Yve-Alain and Rosalind E. Krauss. *Formless: A User's Guide*. New York: Zone, 1997.［イヴ＝アラン・ボワ、ロザリンド・E・クラウス『アンフォルム　無形なものの事典』加治屋健司・近藤學・高桑和巳訳、月曜社、2011年］

Brabcová, Jana. *Luděk Marold*. Prague: Odeon, 1988.

Brandon, Ruth. *Surreal Lives: The Surrealists 1917-1945*. London: Macmillan, 1999.

Brod, Max. *Franz Kafka: A Biography*. New York: Schocken, 1963.［マックス・ブロート『フランツ・カフカ』辻瑆・林部圭一・坂本明美訳、みすず書房、1972年］

Brozová, Michaela, Anne Hebler and Chantal Scaler. *Praha: průchody a pasáže*. Prague: Euro Art, 1997.

Brunhammer, Yvonne. *1925*. 2 volumes. Paris: Les Presses de la Connaissance, 1976.

Buben, Václav, ed. *Šest let okupace Prahy*. Prague: Orbis, 1946.

Buber-Neumann, Margarete. *Mistress to Kafka: The Life and Death of Milena*. London: Secker and Warburg, 1966.［マルガレーテ・ブーバー＝ノイマン『カフカの恋人　ミレナ』田中昌子訳、平凡社ライブラリー、1993年］

Burkett, M. E. *Kurt Schwitters: Creator of Merz*. Kendal, UK: Abbot Hall Art Gallery, 1979.

Bydžovská, Lenka and Karel Srp. *Jindřich Štyrský*. Prague: Argo, 2007.

———. *Knihy s Toyen*. Prague: Akropolis, 2003.

Calvocoressi, Richard. *Lee Miller: Portraits from a Life*. London: Thames and Hudson, 2002.［リチャード・カルヴォコレッシ『リー・ミラー　いのちのポートレイト』高田ゆみ子訳、岩波書店、2003年］

Canonne, Xavier. *Surrealism in Belgium: 1924-2000*. Brussels: Mercatorfonds, 2007.

Caws, Mary Ann. *Dora Maar with and without Picasso: A Biography*. London: Thames and Hudson, 2000.

Caws, Mary Ann, Rudolf Kuenzli and Gwen Raaberg, eds. *Surrealism and Women*. Cambridge, MA: MIT Press, 1991.

Chadwick, Whitney. *Women Artists and the Surrealist Movement*. London: Thames and Hudson, 1985.［ホイットニー・チャドウィック『シュルセクシュアリティ　シュルレアリスムと女たち1924〜47』伊藤俊治・長谷川祐子訳、1989年］

Chadwick, Whitney, ed. *Mirror Images: Women, Surrealism and Self-Representation*. Cambridge, MA: MIT Press, 1998.

Cheek, Timothy. "Navždy (Forever) Kaprálová: Reevaluating Czech Composer Vítězslava Kapralova through Her Thirty Songs." *Kapralova Society Journal*, Vol. 3, No. 2, 2005.

Cohen, Gary B. *The Politics of Ethnic Survival: Germans in Prague, 1861-1914*. Princeton, NJ: Princeton University Press, 1981.

Colomina, Beatriz. *Sexuality and Space*. Princeton, NJ: Princeton University Press, 1996.

Colville, Georgiana. *Scandaleusement d'elles: trente-quatre femmes surréalistes.* Paris: Jean-Michel Place, 1999.
Conley, Katharine. *Automatic Woman: The Representation of Woman in Surrealism.* Lincoln: University of Nebraska Press, 1996.
———. *Robert Desnos, Surrealism and the Marvelous in Everyday Life.* Lincoln: University of Nebraska Press, 2003.
Cork, Richard. "Eye of the Beholder." *Tate Magazine*, No. 3, January-February 2003.
Daix, Pierre. *Aragon avant Elsa.* Paris: Éditions Tallandier, 2009.
Demetz, Peter. *Prague in Black and Gold.* London: Penguin, 1997.
Denton, Pennie. *Seaside Surrealism: Paul Nash in Swanage.* Swanage, UK: Peveril Press, 2002.
Derrida, Jacques. *Margins of Philosophy.* Trans. Alan Bass. Chicago: Chicago University Press, 1986. ［ジャック・デリダ『哲学の余白』上・下、高橋允昭・藤本一勇訳、法政大学出版局、2007-2008 年］
———. *Positions.* Trans. Alan Bass. Chicago: Chicago University Press, 1982. ［ジャック・デリダ『ポジシオン』高橋允昭訳、青土社、2000 年］
Dimanche, André, ed. *André Masson.* Paris: André Dimanche, 1993.
Dluhosch, Eric and Rostislav Švácha, eds. *Karel Teige 1900-1951: The Enfant Terrible of the Prague Avant-Garde.* Cambridge, MA: MIT Press, 1999.
Durozoi, Gérard. *History of the Surrealist Movement.* Trans. Alison Anderson. Chicago: Chicago University Press, 2002.
Dvořáková, Zora. *Miroslav Tyrš: prohry a vítězství.* Prague: Olympia, 1989.
Eisner, Pavel. *Chrám i tvrz: kniha o češtině.* Prague: Lidové noviny, 1992. Photoreprint of 1946 edition.
Entwistle, Erik. "To je Julietta: Martinů, Kaprálová and Musical Symbolism." *Kapralova Society Newsletter*, Vol. 2, No. 2, 2004.
Evans, David. *John Heartfield; AIZ/VI.* New York: Kent Fine Arts, 1992.
Fanon, Franz. *Black Skin, White Masks.* New York: Grove Press, 1994. ［フランツ・ファノン『黒い皮膚・白い仮面』海老坂武・加藤晴久訳、みすず書房、1998 年］
Fárová, Anna. *František Drtikol: Art-Deco Photographer.* Munich and London: Schirmer Art Books, 1993.
———. *Josef Sudek.* Prague: Torst, 1995.
Farník, Jaromír, ed. *V + W = 100: Vždy s úsměvem. Pocta Jiřímu Voskovcovi a Janu Werichovi.* Prague: Lotos, 2005.
Foster, Hal, Rosalind Krauss, Yve-Alain Bois and Benjamin H. D. Buchloh. *Art Since 1900: Modernism, Antimodernism, Postmodernism.* London: Thames and Hudson, 2004.
Foster, Norman. *Rebuilding the Reichstag.* London: Weidenfeld and Nicholson, 2001.
Foucault, Michel. *The History of Sexuality.* Vol. 1, *The Will to Know.* Trans. Robert Hurley. London: Penguin, 1998. ［ミシェル・フーコー『性の歴史Ⅰ　知への意志』渡辺守章訳、新潮社、1986 年］
———. *The Order of Things: An Archaeology of the Human Sciences.* New York: Vintage, 1994. ［ミシェル・フーコー『言葉と物』渡辺一民・佐々木明訳、新潮社、1974 年］
Fukuyama, Francis. *The End of History and the Last Man.* London: Penguin, 1993. ［フランシス・フクヤマ『歴史の終わり』渡部昇一訳、三笠書房、1992 年］
Gehry, Frank and Vlado Milunić. *The Dancing Building.* Ed. Irena Fialová. Prague: Zlatý Řez/Rotterdam: Prototype Editions, 2003.
Giddens, Anthony. *Conversations with Anthony Giddens: Making Sense of Modernity.* Stanford, CA: Stanford University Press, 1998. ［アンソニー・ギデンズ、クリストファー・ピアスン『ギデンズとの対話

——いまの時代を読み解く』松尾精文訳、而立書房、2001 年]
Giroud, Francoise. *Alma Mahler: The Art of Being Loved.* Oxford, UK: Oxford University Press, 1991.［フランソワーズ・ジルー『アルマ・マーラー　ウィーン式恋愛術』山口昌子訳、河出書房新社、1989 年]
Gissing, Vera. *Nicholas Winton and the Rescued Generation.* London: Vallentine Mitchell, 2001.
Giustino, Cathleen M. "Rodin in Prague: Modern Art, Cultural Diplomacy and National Display." Slavic Review, Vol. 69, No. 3, 2010.
Goldhagen, David J. *Hitler's Willing Executioners: Ordinary Germans and the Holocaust.* London: Abacus, 1997.［ダニエル・J・ゴールドハーゲン『普通のドイツ人とホロコースト　ヒトラーの自発的死刑執行人たち』望田幸男監訳、ミネルヴァ書房、2007 年]
Greenberg, Clement. *The Collected Essays and Criticism.* Vol. 1, Perceptions and Judgments, 1939-1944. Ed. John O'Brian. Chicago: Chicago University Press, 1988.
Grunenberg, Christoph and Max Hollein, eds. *Shopping: A Century of Art and Consumer Culture.* Frankfurt: Hatje Cantz, 2002.
Gruša, Jiří. *Franz Kafka of Prague.* Trans. Eric Mosbacher. New York: Schocken, 1983.
Hartl, Karla. "In Search of a Voice: Story of Vítězslava Kaprálová." *Kapralova Society Newsletter*, Vol. 1, No. 1, 2003.
———. "Vítězslava Kaprálová: A Life Chronology." *Kapralova Society Newsletter*, Vol. 2, No. 1, Vol. 3, No. 1 and Vol. 4, No. 1, 2004-6.
Havelock Ellis, Henry. *Studies in the Psychology of Sex.* Vol. 3. London: The Echo Library, 2007.
Hemus, Ruth. *Dada's Women.* New Haven, CT: Yale University Press, 2009.
Hobsbawm, Eric. *The Age of Extremes: The Short Twentieth Century 1914-1991.* London: Abacus, 1995.［エリック・ホブズボーム『20 世紀の歴史　両極端な時代』上・下、大井由紀訳、ちくま学芸文庫、2018 年]
Hockaday, Mary. *Kafka, Love and Courage: The Life of Milena Jesenská.* Woodstock, NY: Overlook Press, 1997.
Hojda, Zdeněk and Jiří Pokorný. *Pomníky a zapomníky.* Prague: Peseka, 1997.
Hollier, Denis. *Against Architecture: The Writings of Georges Bataille.* Cambridge, MA: MIT Press, 1992.
Hollier, Denis, ed. "A Documents Dossier." *October*, No. 60, 1992, special issue.
Holub, Karel. *Velká Kavárna Slavia.* Prague: Jan Hovorka, 1998.
Horneková, Jana, Karel Ksandr, Maria Szadkowska and Vladimír Šlapeta. *The Müller Villa in Prague.* Prague: City of Prague Museum, 2002.
Horská, Pavla. *Prague—Paris.* Prague: Orbis, 1990.
Houtchens, Alan. "Love's Labours Lost: Martinů, Kaprálová and Hitler." *Kapralova Society Journal*, Vol. 3, No. 1, 2006.
Huebner, Karla Tonine. "Eroticism, Identity and Cultural Context: Toyen and the Prague Avant-Garde." PhD Thesis, University of Pittsburgh, 2008.
Irrigaray, Luce. *This Sex Which Is Not One.* Ithaca, NY: Cornell University Press, 1985.
Ivšić, Radovan. *Toyen.* Paris: Éditions Filipacchi, 1974.［ラドヴァン・イブシュク『シュルレアリスムと画家叢書「骰子の 7 の目」第 10 巻　トワイヤン』巖谷國士訳、河出書房新社、1978 年]
Janeček, Gerald, ed. *The Eastern Dada Orbit: Russia, Georgia, Central Europe and Japan.* New York: G. K. Hall/Prentice International, 1998.
Jean, Marcel. *The History of Surrealist Painting.* Trans. Simon Watson Taylor. London: Weidenfeld and

Nicolson, 1960.
Jean, Raymond. *Éluard*. Paris: Seuil, 1968.
Jentsch, Ralph. *George Grosz: Berlin—New York*. Milan: Skira, 2008.
Josef Sudek: Poet of Prague. New York: Aperture, 1990.
Josep Renau: catálogo razonado a cargo de Albert Forment. Ed. Albert Forment. Valencia, Spain: IVAM Institut Valencia d'Art Modern, 2003.
Jules-Rosette, Bennetta and Njami Simon, eds. *Josephine Baker in Art and Life: The Icon and the Image*. Chicago: University of Illinois Press, 2007.
Kachur, Lewis. *Displaying the Marvelous: Marcel Duchamp, Salvador Dalí and Surrealist Exhibition Installations*. Cambridge, MA: MIT Press, 2001.
Karas, Joza. *Music in Terezín 1941-1945*. 2d ed. Hillsdale, NY: Pendragon Press, 2008.
Keenan, Brigid. *The Women We Wanted to Look Like*. London: St. Martin's Press, 1977.
Klíma, Ivan. *Karel Čapek: Life and Work*. North Haven, CT: Catbird Press, 2002.［イヴァン・クリーマ『カレル・チャペック』田才益夫訳、青土社、2007 年］
Klingan, Katrin and Kirstin Gust, eds. *A Utopia of Modernity: Zlín. Revisiting Bat'a's Functional City*. Berlin: Jovis, 2009.
Koolhaas, Rem and Bruce Mau. *S, M, L, XL: Small, Medium, Large, Extra-Large*. 2d ed. New York: The Monacelli Press, 1998.［レム・コールハース『Ｓ，Ｍ，Ｌ，ＸＬ＋　近代都市をめぐるエッセイ』太田佳代子・渡辺佐智江訳、ちくま学芸文庫、2015 年（同書の抄訳)］
Kopp, Robert, ed. *Album André Breton*. Paris: Gallimard, 2008.
Krauss, Rosalind E. *Bachelors*. Cambridge, MA: MIT Press, 2000.
Krejčí, Jaroslav, ed. *Zpráva o pohřbu básníka Jaroslava Seiferta*. Prague: Volvox Globator, 1995.
Kristeva, Julia. *Powers of Horror: An Essay on Abjection*. New York: Columbia University Press, 1982.［ジュリア・クリステヴァ『恐怖の権力　〈アブジェクシオン〉試論』枝川昌雄訳、法政大学出版局、1984 年］
Kudělka, Zdeněk and Jindřich Chatrný, eds. *For New Brno: The Architecture of Brno 1919-1939*. 2 volumes. Brno: Museum of the City of Brno, 2000.
Kudělka, Zdeněk and Libor Teplý. *Villa Tugendhat*. Brno: FOTEP/Brno City Museum, 2001.
Lahoda, Vojtěch. *Český kubismus*. Prague: Brana, 1996.
Lamač, Miroslav. *Osma a Skupina výtvarných umělců 1907-1917*. Prague: Odeon, 1988.
Lang, Jaromír. *Neumannův Červen*. Prague: Orbis, 1957.
Langerová, Marie, Josef Vojvodík, Anja Tippnerová and Josef Hrdlička. *Symboly obludností: mýty, jazyk a tabu české postavantgardy 40.-60. let*. Prague: Malvern 2009.
Laurence, Charles. *The Social Agent: A True Intrigue of Sex, Lies and Heartbreak behind the Iron Curtain*. London: Ivan R. Dee, 2010.
Le Brun, Annie. *Lâcher tout*. Paris: Sagittaire, 1977.
———. *Sade: A Sudden Abyss*. San Francisco: City Lights, 2001.
———. "Toyen ou l'insurrection lyrique." *Nouvelle Revue Française*, No. 559, 2001.
L'Écotais, Emmanuelle de. *Man Ray Rayographies*. Paris: Editions Léo Scheer, 2002.
Lichtenstein, Therese. *Behind Closed Doors: The Art of Hans Bellmer*. Berkeley: University of California Press, 2001.
Lin, Maya. *Boundaries*. New York: Simon and Schuster, 2000.
Locke, Brian S. "Opera and Ideology in Prague: Polemics and Practice at the National Theater, 1900-

1938." *Opera Quarterly*, Vol. 23, No. 1, 2007.
Lottman, Herbert R. *Man Ray's Montparnasse*. New York: Abrams, 2001.
Lukeš, Zdeněk, Petr Všetečka, Ivan Němec and Jan Ludwig. *Vladimír Karfík: Building No. 21 in Zlín: A Monument of Czech Functionalism / Vladimí Karfík: Budova č. 21 ve Zlíně: Památka českého funkcionalismu*. Zlín: cfa nemec Ludwig, 2004.
Lyotard, Jean-François. *The Postmodern Condition: A Report on Knowledge*. Trans. Geoff Bennington and Brian Massumi. Manchester, UK: Manchester University Press, 1984.［ジャン＝フランソワ・リオタール『ポスト・モダンの条件　知・社会・言語ゲーム』小林康夫訳、書肆風の薔薇、1986 年］
Mahon, Alyce. *Surrealism and the Politics of Eros 1938-1968*. London: Thames and Hudson, 2005.
Mansbach, Steven A. *Modern Art in Eastern Europe: From the Baltic to the Balkans*, ca. 1890–1939. Cambridge, UK: Cambridge University Press, 1999.
Marcus, Greil. *Lipstick Traces: A Secret History of the Twentieth Century*. Cambridge, MA: Harvard University Press, 1999.
———. *The Old, Weird America: The World of Bob Dylan's Basement Tapes*. New York: Picador, 2001.
Marx, Karl. *The Civil War in France*. In Karl Marx and Friedrich Engels, *Collected Works*, Vol. 22. New York: International Publishers, 1987.［カール・マルクス「フランスの内乱」辰巳伸知訳、『マルクス・コレクション VI』筑摩書房、2005 年］
———. *The Eighteenth Brumaire of Louis Napoleon*. In *Surveys from Exile*. London: Penguin, 1993.［カール・マルクス「ルイ・ボナパルトのブリュメール 18 日」横張誠訳、『マルクス・コレクションⅢ』筑摩書房、2005 年］
Masák, Miroslav, Rostislav Švácha and Jindřich Vybíral. *Veletržní palác v Praze*. Prague: Národní galerie, 1995.
McNab, Robert. *Ghost Ships: A Surrealist Love Triangle*. New Haven, CT: Yale University Press, 2004.
Mucha, Jiří. *Alphonse Maria Mucha: His Life and Art*. New York: Rizzoli, 1989.［ジリ・ミュシャ『アルフォンス・マリア・ミュシャ　生涯と芸術』島田紀夫・小松原みどり監訳、三省堂書店、1989 年］
Mumford, Eric. *The CIAM Discourse on Urbanism 1928-1960*. Cambridge, MA: MIT Press, 2002.
Nadeau, Maurice. *The History of Surrealism*. Cambridge, MA: Harvard University Press, 1999.［モーリス・ナドー『シュールレアリスムの歴史』稲田三吉・大沢寛三訳、思潮社、1995 年］
Nešlehová, Mahulena. *Bohumil Kubišta*. Prague: Odeon, 1984.
Nixon, Mignon. *Fantastic Reality: Louise Bourgeois and a Story of Modern Art*. Cambridge, MA: MIT Press, 2005.
Novotný, Miloslav. *Roky Aloisa Jiráska*. Prague: Melantrich, 1953.
Obecní dům hlavního města Prahy. Prague: Obecní dům, 2001.
Orlíková, Jana. *Max Švabinský: ráj a mýtus*. Prague: Gallery, 2001.
Paces, Cynthia. *Prague Panoramas: National Memory and Sacred Space in the Twentieth Century*. Pittsburgh: University of Pittsburgh Press, 2009.
Páleníček, Ludvík. *Max Švabinský: život a dílo na přelomu epochu*. Prague: Melantrich, 1984.
Páleníček, Ludvík, ed. *Švabinského český slavín*. Prague: Státní pedagogické nakladatelství, 1985.
Palmier, Jean-Michel. *Weimar in Exile: The Antifascist Emigration in Europe and America*. London: Verso, 2006.
Pečinková, Pavla. *Josef Lada*. Prague: Gallery, 1988.
Penrose, Antony. *The Lives of Lee Miller*. London: Thames and Hudson, 1988.［アントニー・ペンローズ『リー・ミラー　自分を愛したヴィーナス』松本淳訳、パルコ出版、1990 年］
———. *The Surrealists in Cornwall: 'The Boat of Your Body.'* Falmouth, UK: Falmouth Art Gallery, 2004.

Penrose, Roland. *Man Ray*. London: Thames and Hudson, 1975.

Pfaff, Ivan. *Česká levice proti Moskvě 1936-1938*. Prague: Naše vojsko, 1993.

Polizzotti, Mark. *Revolution of the Mind: The Life of André Breton*. New York: Da Capo, 1997.

Potoček, Václav. *Vyšehradský hřbitov—Slavín*. Prague: Svatobor, 2005.

Ptáčková, Věra. *Česká scénografie xx. století*. Prague: Odeon, 1982.

Putík, Alexandr, ed. *Path of Life: Rabbi Judah Loew Ben Bezalel, 1525-1609*. Prague: Academia/The Jewish Museum, 2009.

Remy, Michel. *Surrealism in Britain*. Aldershot, UK: Ashgate Publishing, 1999.

Le rêve d'une ville: Nantes et le surréalisme. Nantes: Musée des Beaux Arts, 1994.

Ripellino, Angelo Maria. *Magic Prague*. Ed. Michael Henry Heim, trans. David Newton Marinelli. Berkeley: University of California Press, 1994.

Robinson, Leonard. *Paul Nash. Winter Sea: The Development of an Image*. York, UK: William Sessions/The Ebor Press, 1997.

Roth, Andrew. *The Book of 101 Books: Seminal Photographic Books of the Twentieth Century*. New York: PPP Editions, 2001.

Rothenstein, Julian and Mel Gooding, eds. *ABZ: More Alphabets and Other Signs*. London: Redstone, 2003.

Rubin, William S. *Dada and Surrealist Art*. New York: Abrams, n.d. [1968].

Sabatier, Thierry. *L'Origine du monde: histoire d'un tableau de Gustave Courbet*. 2d ed. Paris: Bartillat, 2006.

Sawin, Martica. *Surrealism in Exile and the Beginning of the New York School*. Cambridge, MA: MIT Press, 1997.

Sayer, Derek. "André Breton and the Magic Capital: An Agony in Six Fits." *Bohemia*, Vol. 52, No. 1, 2012.

———. *Capitalism and Modernity: An Excursus on Marx and Weber*. London: Routledge, 1991.［デリク・セイア『資本主義とモダニティ　マルクスとウェーバーによる知的探検』清野正義・鈴木正仁・吉田浩・栗岡幹英訳、東洋書房、1993 年］

———. "Ceci n'est pas un con: Duchamp, Lacan and L'Origine du monde." In *Marcel Duchamp and Eroticism*, ed. Mark Décimo. London: Cambridge Scholars Press, 2007.

———. *The Coasts of Bohemia: A Czech History*. Princeton, NJ: Princeton University Press, 1998. Abbreviated Coasts.

———. "Crossed Wires: On the Prague-Paris Surrealist Telephone." *Common Knowledge*, Vol. 18, No. 2, 2012.

———. "Everyday Forms of State Formation: Some Dissident Remarks on 'Hegemony.'" In *Everyday Forms of State Formation: Revolution and the Negotiation of Rule in Modern Mexico*, ed. Gilbert M. Joseph and Daniel Nugent. Durham, NC: Duke University Press, 1994.

———. *Going Down for Air: A Memoir in Search of a Subject*. Boulder, CO: Paradigm, 2004.

———. "Hypermodernism in the Boondocks." *Oxford Art Journal*, Vol. 33, No. 2, 2010.

———. "The Language of Nationality and the Nationality of Language: Prague 1780-1920." *Past and Present*, No. 153, 1996.

———. "A Quintessential Czechness." *Common Knowledge*, Vol. 7, No. 2, 1998.

———. "The Unbearable Lightness of Building—A Cautionary Tale." *The Grey Room*, No. 16, 2004.

Schaffner, Ingrid. *Salvador Dalí's Dream of Venus: The Surrealist Funhouse from the 1939 World's Fair*. New York: Princeton Architectural Press, 2002.

Schaffner, Ingrid and Julien Lisa Jacobs. *Julien Levy: Portrait of an Art Gallery*. Cambridge, MA: MIT Press, 1998.

Šíp, Ladislav. *Česká opera a její tvůrci*. Prague: Supraphon, 1983.

Slavík, Antonín. *Josef Čapek*. Prague: Albatros, 1996.

Snyder, Timothy. *Bloodlands: Europe between Hitler and Stalin*. New York: Basic Books, 2010.［ティモシー・スナイダー『ブラッドランド　ヒトラーとスターリン　大虐殺の真実』布施由紀子訳、筑摩書房、2015 年］

Solomon, Deborah. *Utopia Parkway: The Life and Work of Joseph Cornell*. New York: Farrar, Straus and Giroux, 1997.［デボラ・ソロモン『ジョゼフ・コーネル　箱の中のユートピア』林寿美・太田泰人・近藤学訳、白水社、2011 年］

Spurný, Jan. *Karel Svolinský*. Prague: Nakladatelství československých výtvarných umělců, 1962.

Srp, Karel. *Jindřich Štyrský*. Prague: Torst, 2001.

Srp, Karel and Jana Orlíková. *Jan Zrzavý*. Prague: Academia, 2003.

Srp, Karel, in cooperation with Polana Bregantová and Lenka Bydžovská. *Karel Teige a typografie: asymetrická harmonie*. Prague: Arbor/Akropolis, 2009.

Staněk, Tomáš. *Odsun Nemců z Československa 1945-1947*. Prague: Academia/Naše vojsko, 1991.

Stargardt, Nicholas. *Witnesses of War: Children's Lives under the Nazis*. London: Pimlico, 2006.

Švácha, Rostislav. *The Architecture of New Prague 1895-1945*. Cambridge, MA: MIT Press, 1995.

Svoboda, Jan E., Zdeněk Lukeš and Ester Havlová. *Praha 1891-1918: kapitoly o architectuře velkoměsta*. Prague: Libri, 1997.

Taussig, Michael. *Walter Benjamin's Grave*. Chicago: University of Chicago Press, 2006.

Taylor, A.J.P. *The Habsburg Monarchy*. London: Penguin, 1990.［A・J・P・テイラー『ハプスブルク帝国 1809-1918　オーストリア帝国とオーストリア＝ハンガリーの歴史』倉田稔訳、筑摩書房、1987 年］

Taylor, Sue. *Hans Bellmer: The Anatomy of Anxiety*. Cambridge, MA: MIT Press, 2002.

Templ, Stephan. *Baba: Die Werkbundsiedlung Prag/The Werkbund Housing Estate Prague*. Basel, Boston and Berlin: Birkhäuser, 1999.

Terain, Gregory. "From La Bagarre: A Selective Dip into the Boston Symphony Orchestra Archives." *Bohuslav Martinů Newsletter*, Vol. 6, No. 2, 2006.

Tichá, Jana, ed. *Future Systems*. Prague: Zlatý řez, 2002.

Toman, Jindřich. "Émigré Traces: John Heartfield in Prague." *History of Photography*, No. 32, 2008.

———. *Foto/montáž v tiskem/Photo/Montage in Print*. Prague: Kant, 2009.

———. *Kniha v českém kubismu/Czech Cubism and the Book*. Prague: Kant, 2004.

Topinka, Miloslav. "The Dada Movement in Relation to the Czech Interwar Avant-Garde." *Orientace*, 1970, trans. James Naughton for Dada East, 17th Prague Writers Festival. http: //www. pwf. cz/rubriky/projects/dada-east/miloslav-topinka-the-dada-movement-in-relation-to-the-czech-interwar-avant-garde_8057.html（2018 年 6 月 18 日閲覧）

Tyrrell, John. *Janáček: Years of a Life*. 2 volumes. Vol. 1, *The Lonely Blackbird*. Vol. 2, *Tsar of the Forests*. London: Faber, 2006, 2007.

Tyršová, Renata. *Miroslav Tyrš: jeho osobnost a dílo*. Prague: Český čtenář, 1932-34.

Vacek, Václav. "Praha—na hlavní evropské křižovatce." *Československo*, Vol. 1, No. 3, 1946.

Valette, Robert D., ed. *Éluard: livre d'identité*. Paris: Tchou, 1967.

Venturi, Robert. *Complexity and Contradiction in Architecture*. 2d ed. New York: Museum of Modern Art, 2002.［ロバート・ヴェンチューリ『建築の多様性と対立性』伊藤公文訳、鹿島出版会、1982 年］

Vieuille, Chantal. *Nusch: portrait d'une muse du Surréalisme*. Paris: Le Livre à la carte, 2010.

Virilio, Paul. *Art and Fear*. Trans. Julie Rose. New York: Continuum, 2003.

Volavková, Hana. *Mikoláš Aleš: ilustrace české poezie a prózy*. Prague: Státní nakladatelství krásné literatury a umění, 1964.

Wagnerová, Alena. *Milena Jesenská*. Prague: Prostor, 1996.

Webb, Peter. *Leonor Fini: metamorphoses d'un art*. Paris: Éditions Imprimerie Nationale, 2009.

Weber, Max. *The Protestant Ethic and the Spirit of Capitalism*. Trans. Peter Baehr and Gordon C. Wells. London: Penguin, 2002.［マックス・ヴェーバー『プロテスタンティズムの倫理と資本主義の精神』大塚久雄訳、岩波文庫、1989 年］

———. "Science as a Vocation." In *From Max Weber*, ed. H. Gerth and C. Wright Mills. London: Routledge, 1974.［マックス・ウェーバー『職業としての学問』尾高邦雄訳、岩波文庫、1980 年］

Whitford, Frank. *Oskar Kokoschka: A Life*. London: Weidenfeld and Nicolson, 1986.

Witkovsky, Matthew S. "Avant-Garde and Center: Devětsil in Czech Culture, 1918－1938." PhD dissertation, University of Pennsylvania, 2002.

———. "Surrealism in the Plural: Guillaume Apollinaire, Ivan Goll and Devětsil in the 1920s," *Papers of Surrealism*, No. 2, summer 2004.

Wittgenstein, Ludwig. *Tractatus Logico-Philosophicus*. Trans. Brian McGuiness and David Pears. London: Routledge, 2001.［ウィトゲンシュタイン『論理哲学論考』野矢茂樹訳、岩波文庫、2003 年］

Zarecor, Kimberly Elman. *Manufacturing a Socialist Modernity: Housing in Czechoslovakia, 1945-1960*. Pittsburgh: University of Pittsburgh Press, 2011.

原 註

序

1. 「我々は曖昧な理念と明確なイメージを対峙させなければならない」。このスローガンは、ジャン=リュック・ゴダールの映画『中国女』(1967 年)の大半の舞台となっているアパルトマンの壁に描かれている。
2. Jean-François Lyotard, *The Postmodern Condition: A Report on Knowledge*, trans. Geoff Bennington and Brian Massumi, Manchester, UK: Manchester University Press, 1984.［ジャン=フランソワ・リオタール『ポスト・モダンの条件　知・社会・言語ゲーム』小林康夫訳、書肆風の薔薇、1986 年］
3. Walter Benjamin, "One-Way Street," in *Selected Writings, Volume 1: 1913-1926*, ed. Marcus Bullock and Michael W. Jennings, Cambridge, MA: Belknap Press of Harvard University Press, 1996, 444-88.［ヴァルター・ベンヤミン『一方通行路』久保哲司訳、『ベンヤミン・コレクション３　記憶への旅』浅井健二郎編訳、ちくま学芸文庫、1997 年］
4. Walter Benjamin, *The Arcades Project*, ed. Roy Tiedemann, trans. Howard Eiland and Kevin McLaughlin, Cambridge, MA: Harvard University Press, 1999, 458.［ヴァルター・ベンヤミン『パサージュ論　第３巻』今村仁司・三島憲一ほか訳、岩波書店、2003 年、174 頁］
5. Charles Baudelaire, *The Painter of Modern Life and Other Essays, trans.* Jonathan Mayne, New York: Phaidon, 2005, 12.［ボードレール「現代生活の画家」、『ボードレール批評２　美術批評Ⅱ・音楽批評』阿部良雄訳、ちくま学芸文庫、1999 年、169 頁］
6. Benjamin, *Arcades*, 464.［ベンヤミン『パサージュ論　第３巻』190 頁］
7. Ibid., 389.［同書 7-8 頁］
8. Ibid., 389-90.［同書 8 頁］
9. Ibid., 388-89.［同書 7 頁］
10. Ibid., 462.［同書 184 頁］強調は引用者。
11. Ibid., 473.［同書 212 頁］強調は引用者。
12. Marcel Proust, *The Way by Swann's* (Vol. 1 of *In Search of Lost Time*), trans. Lydia Davis, London: Allen Lane, 2002, 50.［マルセル・プルースト『失われた時を求めて１　第一篇　スワン家の方へⅠ』鈴木道彦訳、集英社文庫へリテージシリーズ、2006 年、113 頁、114 頁］
13. Benjamin, *Arcades*, 462.［ベンヤミン『パサージュ論　第３巻』191 頁］
14. Ibid., 391.［同書 13 頁］
15. Ibid., 564.［同書 444 頁］
16. Ibid., 84.［ヴァルター・ベンヤミン『パサージュ論　第１巻』今村仁司・三島憲一ほか訳、岩波現代文庫、2003 年、181 頁、182-183 頁］
17. Ibid., 458.［ベンヤミン『パサージュ論　第３巻』173-174 頁］
18. Ibid., 13.［ベンヤミン『パサージュ論　第１巻』30 頁］
19. Ibid., 83.［同書 180 頁］
20. Ibid., 461.［ベンヤミン『パサージュ論　第３巻』181 頁］強調は引用者。
21. Ibid., x.
22. Ludwig Wittgenstein, *Tractatus Logico-Philosophicus*, trans. Brian McGuinness and David Pears, London: Routledge, 2001, 89.［ウィトゲンシュタイン『論理哲学論考』野矢茂樹訳、岩波文庫、2003 年、148 頁］

23. Benjamin, *Arcades*, 460. 強調は引用者。［ベンヤミン『パサージュ論　第3巻』179 頁］

24. Ibid., 463.［同書 187 頁］

25. Milan Kundera, *Testaments Betrayed*, trans. Linda Asher, New York: Harper-Collins, 1995, 50.［ミラン・クンデラ『裏切られた遺言』西永良成訳、1994 年、集英社、62 頁］

26. Benjamin, *Arcades*, 13.［ベンヤミン『パサージュ論　第1巻』30 頁］

27. Eric Hobsbawm, *The Age of Extremes: The Short Twentieth Century 1914-1991*, London: Abacus, 1995.［エリック・ホブズボーム『20 世紀の歴史　両極端な時代』上・下、大井由紀訳、ちくま学芸文庫、2018 年］

28. Benjamin, *Arcades*, 456.［ベンヤミン『パサージュ論　第3巻』172 頁］

29. ここでは、Francis Fukuyama, *The End of History and the Last Man*, London: Penguin, 1993［フランシス・フクヤマ『歴史の終わり』上・下、渡部昇一訳、三笠書房、2005 年］で議論されている 20 世紀の夢の最後の喘ぎを示唆している。フクヤマの著書は、1933 年から 45 年にかけて、戦争の死者とは別に、ナチとソ連によって殺害された 1400 万の人々をめぐる恐ろしい研究である Timothy Snyder, *Bloodlands: Europe between Hitler and Stalin*, New York: Basic Books, 2010［ティモシー・スナイダー『ブラッドランド　ヒトラーとスターリン　大虐殺の真実』上・下、布施由紀子訳、筑摩書房、2015 年］を背景に読むと有益であろう。

30. 分離交渉にあたったチェコの市民民主党（ODS）およびスロヴァキアの民主スロヴァキア運動（HZDS）は、ともに分離を主張して 1992 年 6 月の選挙活動を行なったが、チェコ、スロヴァキアとも、当時の世論調査では多数の人びとが分離に反対していたことは指摘しておくべきだろう。分離の直接的原因は、市民民主党と民主スロヴァキア運動が経済改革について共通の綱領に同意できなかったことに起因する。

31. この件については以下の拙著で、そうした言語の使用をめぐる豊富な事例を用いて、より包括的な議論を行なっている。*The Coasts of Bohemia: A Czech History*, Princeton, NJ: Princeton University Press, 1998, 237-48.（以降、同書は *The Coasts of Bohemia* と表記する）

32. Max Weber, "Science as a Vocation," in *From Max Weber: Essays in Sociology*, ed. H. H. Gerth and C. Wright Mills, London: Routledge, 1974, 148.［マックス・ウェーバー『職業としての学問』尾高邦雄訳、岩波文庫、1980 年、54 頁］

33. アンソニー・ギデンズはこう述べている。「最も簡単にいえば、モダニティとは、近現代社会ないし工業文明を表わす簡略化された用語です。もっと細かく描写すれば、モダニティは、（1）世界にたいする一連の態度、つまり、世界が人間の介在による変容に晒されているという認識、（2）経済制度の複合体、とりわけ工業生産と市場経済、それに（3）国民国家と大衆民主制を含む、一続きの政治制度、と密接に結びついています。主にこれらの特徴の結果として、近現代の時代特性は、かつてのどの社会秩序類型と比べても、はるかにダイナミズムに富んでいます。モダニティは、先行するどの文化とも異なり、過去よりも未来に生きる社会——もっと専門的にいえば、制度の複合体——です」。*Conversations with Anthony Giddens: Making Sense of Modernity*, Stanford, CA: Stanford University Press, 1998, 94.［アンソニー・ギデンズ、クリストファー・ピアスン『ギデンズとの対話　いまの時代を読み解く』松尾精文訳、而立書房、2001 年、148-149 頁］

34. このような議論を展開したのは、もちろん筆者が初めてではない。たとえば、Zygmunt Bauman, *Modernity and the Holocaust*, Ithaca, NY: Cornell University Press, 2001［ジークムント・バウマン『近代とホロコースト』森田典正訳、大月書店、2006 年］を参照。

35. Václav Havel, "The Power of the Powerless," in *Living in Truth*, London: Faber and Faber, 1987. また拙論 "Everyday Forms of State Formation: Some Dissident Remarks on 'Hegemony,' " in *Everyday Forms of State Formation: Revolution and the Negotiation of Rule in Modern Mexico*, ed. Gilbert M. Joseph and Daniel

Nugent, Durham, NC: Duke University Press, 1994, 367-78 を参照。

36. カレル・チャペックによる冒頭の挨拶。*At the Crossroads of Europe*, Prague: PEN-Club, 1938. 以下にも再録。Eva Wolfová, *Na křižovatce Evropy: Karel Čapek a Penklub*, Prague: Památník Národního písemnictví, 1994, 22-27. この大会でプラハが会場として選ばれたのは、ミュンヘン会談に連なるドイツの圧力に対して、同国への支援を表明するためだった。

37. Kenneth Frampton, "A Modernity Worthy of the Name," in *The Art of the Avant-Garde in Czechoslovakia 1918-1938/El Arte de la Vanguardia en Checoslovaquia 1918-1938*, ed. Jaroslav Anděl, Valencia, Spain: IVAM Institut d'Art Modern, 1993, 213-31. また拙論 "Hypermodernism in the Boondocks," *Oxford Art Journal*, Vol. 33, No. 2, 2010, 243-49 も参照。

38. 本書 131-134 頁の議論を参照。

39. André Breton, *Nadja*, trans. Richard Howard, New York: Grove Press, 1960, 60.［アンドレ・ブルトン『ナジャ』巖谷國士訳、岩波書店、2003 年、69 頁］

40. Benjamin, *Arcades*, 13.［ベンヤミン『パサージュ論　第 1 巻』30-31 頁］

41. 拙著 *Capitalism and Modernity: An Excursus on Marx and Weber*, London: Routledge, 1991［デリク・セイア『資本主義とモダニティ　マルクスとウェーバーによる知的探検』清野正義・鈴木正仁・吉田浩・栗岡幹英訳、晃洋書房、1993 年］の結論で展開されている議論を参照。

42. Max Weber, "Science as a Vocation," in *From Max Weber*, ed. H. Gerth and C. Wright Mills, London: Routledge, 1974, 143［ウェーバー『職業としての学問』42 頁］からこの表現を借用した。

43. Karl Marx, *The Civil War in France*, in Karl Marx and Friedrich Engels, *Collected Works*, Vol. 22, New York: International Publishers, 1987［「フランスの内乱」辰巳伸知訳、『マルクス・コレクション VI』筑摩書房、2005 年］を参照。

44. Benjamin, *Arcades*, 25-26. 強調は引用者。［ベンヤミン『パサージュ論　第 1 巻』62-64 頁］

1　星型の城が開いてくる

1. André Breton, *Mad Love*, trans. Mary Ann Caws, Lincoln: University of Nebraska Press, 1987, 97.［アンドレ・ブルトン『狂気の愛』海老坂武訳、光文社古典新訳文庫、2008 年、197 頁］

2. チラシは以下の書籍に掲載されている。*Český surrealismus 1929-1953: Skupina surrealistů v ČSR: události, vztahy, inspirace*, ed. Lenka Bydžovsk and Karel Srp, Prague: Galerie hlavního města Prahy/Argo, 1996, 82.

3. Brassaï, *Conversations with Picasso*, trans. Jane-Marie Todd, Chicago: University of Chicago Press, 2002, 11-12.［ブラッサイ『語るピカソ』飯島耕一・大岡信訳、みすず書房、1968 年、18-19 頁］

4. エリュアールからガラへの手紙、1935 年 4 月 7-8 日。Paul Éuard, *Lettres à Gala 1924-1948*, Paris: Gallimard, 1984, 254. この手紙には英訳（*Letters to Gala*, trans. Jesse Browner, New York: Paragon House, 1989）もあるが、ここでは仏語の原文を参照した。

5. 特に記載のないかぎり、プラハの街路、広場、河岸等の地名の変遷に関しては、以下の書誌を参照した。*Kronika královské Prahy i obcí sousedních*, 3 vols., ed. František Ruth, Prague: Pavel Körber, 1903; *Původní názvy pražských ulic, nábřeží, nádraží a sadů podle stavu v r. 1938*, Prague: Česká obec turistická, 1945; *Seznam ulic, náměstí atd. hlavního města Prahy (stav k 1. květnu 1948)*, Prague: Dopravní podniky hl. m. Prahy, 1948; *Ulicemi města Prahy od 14. století do dneška*, Prague: Orbis, 1958; M. Lašťovká, *Pražský uličník: encyklopedie názvů pražských veřejných prostranství*, 2 vols., Prague: Libri, 1998.

6. Henry-Russell Hitchcock and Philip Johnson, *The International Style*, New York: Norton, 1995（1932

年版の復刻版、補遺あり).[ヘンリー-ラッセル・ヒッチコック、フィリップ・ジョンソン『インターナショナル・スタイル』武澤秀一訳、鹿島出版会、1978 年、44 頁]

7. Zdeněk Wirth, V. V. Štech and V. Vojtíšek, *Zmizelá Praha, 1. Staré a Nové město s Podskalím*, Prague: Václav Poláček, 1945, 63, 66, plate 33, 34. 叢書『消えたプラハ』は全6巻。詳細は参考文献を参照。
8. André Breton, "Surrealist Situation of the Object: Situation of the Surrealist Object," in *Manifestoes of Surrealism*, trans. Richard Seaver and Helen R. Lane, Ann Arbor: University of Michigan Press, 1972, 255-56.[アンドレ・ブルトン「オブジェのシュルレアリスム的状況」田淵晋也訳、『アンドレ・ブルトン集成5』人文書院、1970 年、231-232 頁]
9. Luis Bunuel, *My Last Breath*, trans. Abigail Israel, London: Fontana, 1985, 106.
10.「[フォンテーヌ通り] 42 番地で、ブルトンがちょうど去ったところだったことを知る。私は疲れ、落胆する。広場の角のカフェで少し休憩しようとホンズルに言う。カフェに入り、手前の空いた席を選ぶ。すると向かいにアンドレ・ブルトンが座っている。/これはまさに『ナジャ』のワンシーンのようだ」。Vítězslav Nezval, *Neviditelná Moskva*, Prague: Borový, 1935, 14. 以下の引用による。Bydžovská and Srp, *Český surrealismus*, 21.
11.『黄道十二宮』(*Zvěrokruh*)は、第1号が 1930 年 11 月、第2号が同年 12 月に刊行された。ネズヴァル、タイゲ、ヴァンチュラ、ブロウクらチェコ人によるテクストの他、ブルトン、エリュアール、スーポー、ツァラ、コクトー、マラルメ、ボードレールらのテクストや詩の翻訳が掲載された。『ナジャ』の短い抜粋は『黄道十二宮』第1号 4-6 頁に、『シュルレアリスム第二宣言』が第2号 60-74 頁に掲載されている。1930 年代チェコ・シュルレアリスムの他の重要なテクストとともに、いずれも以下の復刻版に収録されている。*Zvěrokruh 1/Zvěrokruh 2/Surrealismus v ČSR/Mezinárodní bulletin surrealism/Surrealismus*, Prague: Torst, 2004. 以降、同書は Torst Surrealist Reprints として引用する。
12. *Výstava Poesie 1932*, Prague: Mánes, 1932. その他のチェコの出品者は、画家フランチシェク・ムジカ、アロイス・ヴァクスマン、アドルフ・ホフマイステル、エミル・フィラ、フランチシェク・ヤノウシェク、彫刻家ハナ・ヴィフテルロヴァー、ベドジフ・ステファン。
13. André Breton, "Sunflower," in *Earthlight*, trans. Bill Zavatsky and Zack Rogow, Los Angeles: Sun and Moon Press, 1993, 76.[ブルトン『狂気の愛』117 頁]〈ル・コリセウム〉でランバが裸で行なったパフォーマンスの様子を収めたロジ・アンドレの写真(その1点は『ミノトール』誌のブルトンの文章に添えられ、その後『狂気の愛』でも用いられた)は、以下に再録されている。*La Subversion des images: Surréalisme, Photographie, Film*, ed. Marion Diez, Paris: Centre Pompidou, 2009, 368-69.
14. Mark Polizzotti, *Revolution of the Mind: The Life of André Breton*, New York, Da Capo, 1997, 402-4.
15. Breton, "Surrealist Situation of the Object," 268.[ブルトン「オブジェのシュルレアリスム的状況」、『アンドレ・ブルトン集成5』249 頁]
16. 英語の Czech Lands または Bohemian Lands(「チェコ諸領邦」、チェコ語では České země)は、ボヘミア、モラヴィア、シレジアを指している。スロヴァキアはチェコスロヴァキアが建国された 1918 年から、チェコ共和国とスロヴァキア共和国が独立する 1993 年 1 月 1 日まで「チェコ諸領邦」の一部だった(1945 年までは下(ポト)カルパチア・ルテニアも含む)。
17. ブルトンは、1936 年 8 月 25 日付のネズヴァルへの手紙で、数年間プラハ(もしくはメキシコ)に滞在する計画があると述べている。Vítězslav Nezval, *Korespondence Vítězslava Nezvala: depeše z konce tisíciletí*, Prague: Československý spisovatel, 1981, 95.
18. 1935 年 4 月 3 日付『ルデー・プラーヴォ』紙の記事を参照。Torst Surrealist Reprints, 127.
19. エリュアールからガラへの手紙、1935 年 4 月 7-8 日。*Lettres à Gala*, 253.
20. André Breton, *Co je surrealismus?*, Brno: J. Jícha, 1937.「シュルレアリスムとは何か?」とともに、

ブルトンの1935年のマーネス画廊での講演、〈左翼戦線〉主催の講演が収録されている。

21.「ラジオジャーナル・ブルノ」によるブルトンのインタビュー(1935年4月5日)はTorst Surrealist Reprints, 203に収録されている。とりわけ注目すべきは、「超現実は現実そのものの中に含まれる」ことが強調されている点である。

22. エリュアールからガラへの手紙、1935年4月7-8日。*Lettres à Gala*, 253. この詩はネズヴァルの翻訳でTorst Surrealist Reprints, 204に掲載されている。

23. ネズヴァルの日記、1935年4月5日。Bydžovská and Srp, *Český surrealismus*, 83. エリュアールからガラへの手紙、1935年4月7-8日。*Lettres à Gala*, 253.

24.『シュルレアリスム国際公報』は、公式には4月9日に発行されたことになっている。*Bulletin international du surréalisme / Mezinárodní bulletin surrealismu*, in Torst Surrealist Reprints, 121-32.[「シュルレアリスム国際ブレティン」、『シュルレアリスム読本4 シュルレアリスムの資料』稲田三吉・笹本孝・塚原史訳、思潮社、1981年、164-174頁]

25. André Breton, "Limits Not Frontiers of Surrealism," *Surrealism*, ed. Herbert Read, New York: Harcourt, Brace, n.d. [1937], 95.

26. Read, *Surrealism*, 19.

27. Ibid., plate 96.

28. ネズヴァルの日記、1935年4月2日。Bydžovská and Srp, *Český surrealismus*, 82.

29. ネズヴァルの日記、1935年4月4日。Ibid., 83. 戦間期のブルノの建築モダニズムについては、Zdeněk Kudělka and Jindřich Chatrný, eds., *For New Brno: The Architecture of Brno 1919-1939*, 2 vols., Brno: Museum of the City of Brno, 2000を参照。

30. Comte de Lautréamont, *Maldoror and the Complete Works of the Comte de Lautréamont*, trans. Alexis Lykiard, Cambridge, MA: Exact Change, 1994.[ロートレアモン「マルドロールの歌」、『ロートレアモン全集』石井洋二郎訳、ちくま文庫、2005年、278頁]

31. Breton, "Surrealist Situation of the Object," 275.[ブルトン「オブジェのシュルレアリスム的状況」、『アンドレ・ブルトン集成5』259-261頁]

32. André Breton, "Le Château Étoilé," *Minotaure*, No. 8, 1936, 25-40(全3巻の復刻版、Geneva: Skira, 1981).

33. *Minotaure*, No. 1 (1933). ページ数表記のない序文による。

34. Dr. [Jacques] Lacan, "Le problème du style et les formes paranoïaques de l'expérience," *Minotaure*, No. 1, 1933, 68-69; *Minotaure*, No. 1(特別号), *Mission Dakar-Djibouti*, 1933. ラカンは、同年の後半、パパン姉妹に関する記事も発表している。"Motifs du Crime Paranoïaque: le crime des sœurs Papin," *Minotaure*, Nos. 3/4, 1933, 25-28.

35. Georges Bataille, "On the Subject of Slumbers," in *The Absence of Myth: Writings on Surrealism*, ed. and trans. Michael Richardson, London: Verso, 2006, 49.[ジョルジュ・バタイユ「半睡状態について」、『ランスの大聖堂』酒井健訳、ちくま学芸文庫、2005年、106頁]

36. André Breton, "Second Manifesto of Surrealism," in *Manifestoes of Surrealism*, 184-86.[アンドレ・ブルトン「超現実主義第二宣言」、『超現実主義宣言』生田耕作訳、中公文庫、1999年、166-174頁]

37. Bataille, "The Castrated Lion," in *Absence of Myth*, 28-29.[ジョルジュ・バタイユ「去勢されたライオン」吉田裕訳、『異質学の試み バタイユ・マテリアリストI』書肆山田、2001年、208頁]

38. Brassaï, *Conversations with Picasso*, 10-11.[ブラッサイ『語るピカソ』17-18頁]

39. *Minotaure*, No. 9, 1936, "À nos lecteurs". ページ数表記のない序文。

40.『ミノトール』誌(1981年の復刻版)には、表紙を含め、すべてのオリジナルの図像作品がフルカラーで収録されている。*Focus on Minotaure: The Animal-Headed Review*, Geneva: Museé d'Art et

d'Histoire, 1987; Dawn Ades, *Dada and Surrealism Reviewed*, London: Arts Council of Great Britain, 1978, 278-329 を参照。後者は、ダダとシュルレアリスムの雑誌についてこれまで刊行されたものの中で、もっとも包括的な作品となっている。

41. *Minotaure*, No. 9, 1936. ページ数表記のない序文による。

42. Brassaï, *Conversations with Picasso*, 7, 13.［ブラッサイ『語るピカソ』12 頁、21 頁］

43. André Breton, *Mad Love*, 97.［ブルトン『狂気の愛』197 頁］

44. Breton, "Le Château Étoilé," 40. 図版は以下に収録されている（マックス・エルンストとマン・レイの作品となっている。マン・レイはこの本のためにフロッタージュを撮影したが、『ミノトール』にはかれの名前は掲載されていない）。Noriko Fuku and John P. Jacob, *Man Ray: Despreocupado pero no indiferente/Unconcerned but Not Indifferent*, Madrid: La Fabrica, 2007, 193.

45. Breton, "The Political Position of Today's Art," in *Manifestoes of Surrealism*, 213-14.［アンドレ・ブルトン「今日の芸術の政治的位置」田淵晋也訳、『アンドレ・ブルトン集成5』161-165 頁］

46. Ibid.［同書 164 頁］

47. Breton, "Interview with *Haló-noviny*," in André Breton, *What Is Surrealism? Selected Writings*, ed. Franklin Rosemont, New York: Pathfinder, 1978, Book 2, 142.［アンドレ・ブルトン「『ハローノヴィニイ』誌のインタビュー」田淵晋也訳、『アンドレ・ブルトン集成5』194-195 頁］

48. *The International Style*, 22.（ヒッチコックによる 1962 年版への序文）［ヘンリー・ラッセル・ヒッチコック、フィリップ・ジョンソン『インターナショナル・スタイル』武澤秀一訳、鹿島出版会、1978 年、12 頁］

49. ポール・ヴァレリーが提案したこのタイトルは、ヴェルレーヌの詩「詩の作法」の最終行「残るは文学のみ」に由来する。ブルトンは当初、雑誌名を「新世界（*Le Nouveau Monde*）」にしようとしていた。Polizzotti, *Revolution of the Mind*, 93-95.

50. Breton, "Political Position of Today's Art," 220-21.［ブルトン「今日の芸術の政治的位置」、『アンドレ・ブルトン集成5』172 頁］

51. タイゲ、『ドバ』誌 1934 年 4 月 12 日第 6 号。以下の引用による。Bydžovská and Srp, *Český surrealismus*, 78-79.

52. シュティルスキーとタイゲの論争については、以下の 241-242 頁を参照。タイゲはシュルレアリスト・グループへの参加が遅れたことに対し、自らの立場からの説明を『流れに抗するシュルレアリスム』の中で行なっている。Karel Teige, *Výbor z díla II, Zápasy o smysl moderní tvorby: studie z třicátých let*, Prague: Československý spisovatel, 1969, 523-24.「古い論争はさっと流れ去った」とタイゲは書いている。かれの関心はむしろ、〈チェコスロヴァキアのシュルレアリスト・グループ〉が強固な唯物論的弁証法の基盤の上に成り立っているかどうかという点にあった。タイゲの著作については、イジー・ブラベツ、ヴラチスラフ・エフェンベルゲル、クヴィェトスラフ・フヴァチーク、ロベルト・カリヴォダ編による 3 巻本の選集が、1966 年、1969 年（ともに Prague: Československý spisovatel）、そして 1994 年（Prague: Aurora-Český spisovatel）に出版されている。第 2 巻の大半は、書店に並ぶ前に断裁された。以降、引用時は略号 KTD に巻数を添えて表記する。

53. デヴィエトスィルの代表としてネズヴァルがブルトンに宛てた文章（1934 年 3 月 21 日）。*Surrealismus v ČSR*, in Torst Surrealist Reprints, 115. マニフェスト「チェコスロヴァキアにおけるシュルレアリスム」の署名者は次のとおり。ヴィーチェスラフ・ネズヴァル、コンスタンチン・ビーブル、ボフスラフ・ブロウク、イムレ・フォルバト、インジフ・ホンズル、ヤロスラフ・イェジェク、カティ・キング、ヨゼフ・クンシュタット、ヴィンツェンツ・マコフスキー、インジフ・シュティルスキー、トワイヤン。フォルバト、キング、クンシュタットはほどなくしてグループを

離脱。マコフスキーはのちに除名された。

54. "Surrealism: The Last Snapshot of the European Intelligentsia" (1929), in Walter Benjamin, *Selected Writings, Volume 2 1927-1934*, Cambridge, MA: Belknap Press of Harvard University Press, 1999, 207-21.［ヴァルター・ベンヤミン「シュルレアリスム　ヨーロッパ知識人の最新のスナップショット」、『暴力批判論　他十篇　ベンヤミンの仕事１』野村修訳、岩波文庫、1994 年、193-221 頁］

55. チェコスロヴァキア共産党中央委員会アジプロ部に宛てた手紙、1934 年 3 月 19 日。*Surrealismus v ČSR*, in Torst Surrealist Reprints, 115.

56. Karel Teige, "Surrealismus není uměleckou školou," in *První výstava skupiny surrealistů v ČSR: Makovský, Štyrský, Toyen*, Prague: Mánes, 1935, 3-4.［カレル・タイゲ「シュルレアリスムは流派ではない」阿部賢一訳、阿部賢一『カレル・タイゲ　ポエジーの探究者』水声社、2017 年、214-216 頁］タイゲのこの文章は "Surrealism Is Not a School of Art" として、最近（キャスリーン・ヘイズによって）英訳され、ネズヴァルの文章"Systematic Investigation of Reality through the Reconstruction of the Object, Hallucination and Illusion"とともに以下に収録されている。Karel Srp and Lenka Bydžovská with Alison de Lima Greene and Jan Mergl, *New Formations: Czech Avant-Garde Art and Modern Glass from the Roy and Mary Cullen Collection*, Houston: Museum of Fine Arts/New Haven, CT: Yale University Press, 2011。タイゲの文章は同書の 180-183 頁、ネズヴァルの文章は 183-187 頁に、それぞれ掲載されている。

57.《移動キャビネット》のコラージュは以下に掲載されている。Lenka Bydžovská and Karel Srp, *Jindřich Štyrský*, Prague: Argo, 2007, 279-327. また Karel Srp, *Jindřich Štyrský*, Torst, 2001（チェコ語と英語の二言語版）では、シュティルスキーの写真の三つの連作《カエル男》、《眼帯をした男》、《パリの昼下がり》の良質なセレクションを鑑賞できる。

58. André Breton（ほか 21 名）, "On the Time When the Surrealists Were Right," in *Manifestoes of Surrealism*, 253.［アンドレ・ブルトン「シュルレアリストが正しかったとき」田淵晋也訳、『アンドレ・ブルトン集成５』230 頁］

59. ネズヴァルからブルトンへの手紙、1935 年 9 月 7 日以降。*Korespondence Vítězslava Nezvala*, 85.

60. André Breton, *Position politique du Surréalisme*, Paris: Éditions du Sagittaire, 1935;（再刊）Paris: Société Nouvelle des Éditions Pauvert, 1971. 同書はブルトンが 1935 年に行なった文化擁護国際作家大会の講演原稿も収録している。

61. André Breton and Leon Trotsky, "Manifesto for an Independent Revolutionary Art," in Breton, *What Is Surrealism?*, Book 2, 185.［アンドレ・ブルトン、レフ・トロツキー「独立革命芸術のために」粟津則雄訳、『アンドレ・ブルトン集成７』人文書院、1971 年、57-58 頁］

62. Záviš Kalandra, "A. Breton a P. Éluard v Levé frontě," *Haló-noviny*, 3 April 1935. 以下の引用による。*Bulletin international du surréalisme/Mezinárodní bulletin surréalismu*, 1, 1935, 6, in Torst Surrealist Reprints, 126.［「シュルレアリスム国際ブレティン」、『シュルレアリスム読本４　シュルレアリスムの資料』169 頁］

63. Záviš Kalandra, *Doba*, 15-16. 以下の引用による。*Bulletin international du surréalisme/ Mezinárodní bulletin surrealismu*, 1, 1935, 4-5, in Torst Surrealist Reprints, 124-125.［同書 166-167 頁］

64. Jacqueline Lamba, "A Revolutionary Approach to Life and the World," in *Surrealist Women: An International Anthology*, ed. Penelope Rosemont, Austin: University of Texas Press, 1998, 77.

65. Breton, *Mad Love*, 41.［ブルトン『狂気の愛』95 頁］

66. Ibid., 67.［同書 136 頁］

67. 詳しくは以下を参照。Mary Ann Caws, *Dora Maar with and without Picasso: A Biography*, London, Thames and Hudson, 2000, 60, 81-83.

68. Bataille, "Un cadavre," in *Absence of Myth*, 32.

69. エリュアールからガラへの手紙、1935 年 4 月 7-8 日。*Lettres à Gala*, 252-53. エリュアールがここで触れている雑誌とは『トヴォルバ』のことである。

70.『スヴィエトゾル』誌 1935 年 3 月 28 日第 35 巻 13 号。スタホヴァーによる表紙については、以下に詳しい。Jindřich Toman, *Foto/montáž tiskem/Photo/Montage in Print*, Prague: Kant, 2009, 69.

71.「世界を変革するとマルクスはいった。生活を変えるとランボオはいった。このふたつのスローガンは、われわれにとっては、ひとつのものである」(A. B.)、「マルクス、カール」の項目。André Breton and Paul Éluard, *Dictionnaire abrégé du surréalisme* (1938), Paris: José Corti, 2005, 17 (復刻版). [アンドレ・ブルトン、ポール・エリュアール編『シュルレアリスム簡約辞典』江原順訳、現代思潮社、1971 年、17 頁] ブルトンは、1935 年に行なった文化擁護国際作家大会の講演の結びでこの一節を引用している。それについては本書 490-491 頁で論じる。*Manifestoes of Surrealism*, 241.

72. ブルトンからネズヴァルへの手紙、1935 年 4 月 14 日。*Korespondence Vítězslava Nezvala*, 82.

73. ネズヴァルの日記、1935 年 4 月 10 日。Bydžovská and Srp, *Český surrealismus*, 83. トワイヤンは自作の油彩画《プロメテア》をブルトンに、《森の声》をエリュアールに贈り、シュティルスキーも《根》をブルトンに、《ソドムとゴモラ》と《氷の男》をエリュアールに贈った。その他にもトワイヤンは二人に水彩画を、シュティルスキーはコラージュを贈っている。

74. エリュアールからネズヴァルへの手紙、日曜日(1935 年 4 月)。*Korespondence Vítězslava Nezvala*, 131.

75. ブルトンからネズヴァルへの手紙、1935 年 4 月 14 日。*André Breton: La beauté convulsive*, ed. Agnès Angliviel de la Beaumelle, Isabelle Monod-Fontaine and Claude Schweisguth, Paris: Éditions du Centre Georges Pompidou, 1991, 225. チェコ語の全文は、以下を参照。*Korespondence Vítězslava Nezvala*, 81-83.

2　ゾーン

1. Konstantín Biebl, *S lodí, jež dováží čaj a kávu* (1927), in *Cesta na Jávu*, Prague: Labyrint, 2001, 116.

2. Bohumil Hrabal, *I Served the King of England*, trans. Paul Wilson, London: Picador, 1990, 86, 99-100. [ボフミル・フラバル『わたしは英国王に給仕した』阿部賢一訳、河出書房新社、2010 年、86 頁、98-99 頁]

3. エリュアールからガラへの手紙、1935 年 4 月 7-8 日。*Lettres à Gala*, 253-54.

4. *Les Mamelles de Tirésias: drame surréaliste en deux actes et un prologue* (1917), in Guillaume Apollinaire, *Œuvres poétiques*, Paris: Gallimard, 1965, 863-913.

5. Guillaume Apollinaire, "Zone," in *Alcools*, ed. and trans. Donald Revell, Hanover, NH/London: Wesleyan University Press, 1995, 2-3. [ギヨーム・アポリネール「ゾーン」飯島耕一訳、『アポリネール全集 I』青土社、1979 年、58 頁]

6. アポリネール本人の言葉。以下の引用による。Guillaume Apollinaire, *Alkoholy života*, ed. Adolf Kroupa and Milan Kundera, Prague: Československý spisovatel, 1965, 121.

7. アンドレ・ビイイの発言。以下の引用による。Apollinaire, *Alkoholy života*, 121.

8. Apollinaire, "Zone," 8-9. [アポリネール「ゾーン」、『アポリネール全集 I』63 頁]

9. のちに「プラハの散策者」に結実するディテールの多くは(「ボヘミアでは塩以外のあらゆるものを生産している」という文も含めて)、1902 年の滞在時につけていたノートに残されている。

Alkoholy života, 121-22 を参照。

10. Guillaume Apollinaire, *The Wandering Jew and Other Stories*, trans. Rémy Inglis Hall, London: Rupert Hart-Davis, 1967, 3.［ギヨーム・アポリネール「プラーグで行き逢った男」、『異端教祖株式会社』窪田般彌訳、白水Uブックス、1989 年、8 頁］

11. Vítězslav Nezval, *Pražský chodec*, Prague: Borový, 1938, 172.

12. Apollinaire, "The Wandering Jew," 4.［アポリネール「プラーグで行き逢った男」9 頁］

13. Ibid., 9.［同書 15 頁］

14. Antonín Podlaha and Antonín Šorm, *Průvodce výstavou svatováclavskou*, Prague: Výbor svatováclavský, 1929（〈プラハ城の聖ヴァーツラフ千年祭〉展の公式ガイドブック）.

15. シュヴァビンスキーの作品に関する概論としては、以下を参照。Jana Orlíková, *Max Švabinský: ráj a mýtus*, Prague: Gallery, 2001. 筆者は拙著 *The Coasts of Bohemia* で、シュヴァビンスキーについてさらに詳しい考察を行なっている。

16. Josef Sudek, *Svatý Vít*, Prague: Družstevní práce, 1928. トルスト社の素晴らしい全集『ヨゼフ・スデク作品集（*Josef Sudek: Works*）』（*Portraits*, 2007; *The Window of My Studio*, 2007; *The Advertising Photographs*, 2008; *Still Lifes*, 2008 の 4 冊には、チェコ語版と英語版の両方が存在する）のうち、2010 年に出版された『聖ヴィート』（*Svatý Vít/Saint Vitus*）と題された巻には、1924 年から 28 年に教会を撮った作品のみならず、それを引き継いで撮影された 1942 年から 45 年の連作も収録されている。いくつかの作品は、Anna Farová, *Josef Sudek*, Prague: Torst, 1995 にも収録されている。同書は、スデクの優れた作品集にもなっている（ファロヴァーによるテクストの抄訳も掲載されている）。スデクの作品について英語で読める良質な概説書としては、次のものがある。*Josef Sudek: Poet of Prague*, New York; Aperture, 1990. 同書には、ファロヴァーによる人物紹介も収録されている。

17. 以下の引用による。Anděl, *Art of the Avant-Garde in Czechoslovakia*, 451.〈協同組合〉および〈美しい居室〉については、以下を参照。Alena Adlerová, "Functionalist Design and the Beautiful Chamber," in ibid., 256-91; Alena Adlerová, *České užité umění*, Prague: Odeon: 1983; Lucie Vlčková, ed., *Družstevní práce—Sutnar Sudek*, Prague: Uměleckoprůmyslové muzeum, 2006（チェコ語と英語の二言語版）.

18. 以下を参照。*Josef Sudek: The Commercial Photography for Družstevní práce*, ed. Maija Holma, Jyväskylä, Finland: Alvar Aalto Museum, 2003; Vlčková, *Družstevní práce—Sutnar Sudek*; Josef Sudek, *The Advertising Photographs*.

19. Anna Farová, *Josef Sudek*, 45-46.

20. ここで、本書 17 頁に引用したボードレールの文にもう一度触れておこう。「現代性（モデルニテ）とは、一時的なもの、うつろい易いもの、偶発的なもので、これが芸術の半分をなし、他の半分が永遠なもの、不易なものである」。Baudelaire, *Painter of Modern Life*, 12.［ボードレール「現代生活の画家」、『ボードレール批評２　美術批評Ⅱ・音楽批評』阿部良雄訳、ちくま学芸文庫、1999 年、169 頁］

21. *Josef Sudek o sobě*, ed. Jaroslav Anděl, Prague: Torst, 2001, 92.［ヨゼフ・スデクの言葉、阿部賢一『複数形のプラハ』人文書院、2012 年、179 頁］

22. Jaroslav Funke, "Sudkovy fotografie," *Panorama*, Vol. 6, Nos. 1-2, 1928, pp. 56-59, trans. in Holma, *Josef Sudek: The Commercial Photography*, 11.

23. Josef Sudek, *Smutná krajina/Sad Landscape: Severozápadní Čechy/Northwest Bohemia 1957-62*, 2d ed., Prague: Kant, 2004. 戦間期チェコのモダニズム写真全般に関しては、以下を参照。Vladimír Birgus, ed., *Czech Photographic Avant-Garde 1918-1948*, Cambridge, MA: MIT Press, 2002; Matthew S. Witkovsky, *Foto: Modernity in Central Europe, 1918-1945*, Washington, DC: National Gallery of Art, 2007; Jaroslav Anděl, *The New Vision for the New Architecture: Czechoslovakia 1918-1938*, Bratislava: Slovart,

2005; Alberto Anaut, ed., *Praha Paris Barcelona: modernidad fotográfica de 1918 a 1948/Photographic Modernity from 1918 to 1948*, Madrid: Museu Nacional d'Art de Catalunya/La Fábrica, 2010.

24. Antonín Dufek, "Memories of Reality," in *Josef Sudek: Dialogue with Silence*, Warsaw: Zachenta Narodowa Galeria Sztuki, 2006, 67.

25. ペトル・ヘルビフへの手紙、1917年夏。ヘルビフの1987年の未公刊の手稿「ヨゼフ・スデクの思い出」にもとづく。Farová, *Josef Sudek*, 23-24.

26. Apollinaire, "The Wandering Jew," 10-11. ［アポリネール「プラーグで行き逢った男」17-18頁］

27. Vítězslav Nezval, *Edison*, trans. Eward Osers, Prague: Dvořák, 2003, 12-13.

28. 『エロティスム簡約辞典』("Lexique succinct de l'érotisme") で用いられた表現。以下の図録に収録されている。*Exposition inteRnatiOnale du Surréalisme*, Paris: Galerie Daniel Cordier, 1959, 121. 同展については、本書348頁で論じる。この『簡約辞典』は、(他の豊富なシュルレアリストによる性愛小説とともに) 以下にも収録されている。*Si vous aimez l'amour...Anthologie amoureuse du surréalisme*, ed. Vincent Gille and Annie Le Brun, Paris: Éditions Syllepse, 2001, 305-55.

29. Georges Bataille, *The Story of the Eye*, trans. Joachim Neugroschel, San Francisco: City Lights, 1987 ［ジョルジュ・バタイユ『眼球譚 (初稿)』生田耕作訳、河出文庫、2003年］; Guillaume Apollinaire and Louis Aragon, *Flesh Unlimited: Surrealist Erotica*, trans. Alexis Lykiard, New York: Creation Books, 2000. 後者には、『一万一千本の鞭』、『イレーヌ』がともに収録されている。

30. *L'enfer de la Bibliothèque; Eros au secret*, Paris: Bibliothèque nationale de France, 2007, 253-54.

31. アポリネールからルイーズ・ド・コリニーへの手紙、1915年1月8日。Apollinaire, *Lettres à Lou*, Paris: Gallimard, 1990, 87. ［アポリネール「ルーへの手紙」堀田郷弘訳、『アポリネール全集Ⅳ』青土社、1979年、106頁］

32. Apollinaire, "The Wandering Jew," 11-12. ［アポリネール「プラーグで行き逢った男」20頁］

33. アポリネールが訪れた当時、クラーロフスケー・ヴィノフラディにはチェコ語話者が47,056人、ドイツ語話者が4,769人暮らしていた (1900年の国勢調査による)。1851年に不完全ながら行なわれた国勢調査によると、プラハの人口は約15万人、そのうち40パーセント程度がドイツ人と申告している。1900年までに、プラハは人口50万人を超える大都市圏となり、その93パーセントが「日常的に使用する言語」をチェコ語と申告した。プラハ郊外の人口は急激に拡大し、1890年までには古くからの5つの行政区に収まらなくなった。1884年にはホレショヴィツェ=ブブヌィ (人口15,352人) が、1901年にはリベン (人口12,536人) がプラハに統合されている。またカルリーン、スミーホフ、ジシュコフ、ヴィノフラディの隣接する郊外地域は、その他の34の街区とともに1922年に併合され、プラハ市 (Hlavní město Praha) を構成するようになる。この頃のプラハの公式な人口は、223,700人 (1910年の国勢調査) から676,700人 (1921年の国勢調査) まで増加していた。1922年の市境にもとづいて計算すれば、1900年のプラハの人口は514, 345人となる。統計値については、以下を参照。Josef Erben, ed., *Statistika královského hlavního města Prahy*, Vol. 1, Prague: Obecní statistická komise královského hlavního města Prahy, 1871; *Ottův slovník naučny*, Prague: Otto, 28 vols., 1888-1909; *Ottův slovník naučny nové doby*, Prague: Otto, 12 vols., 1930-43; Václav Vacek, "Praha—na hlavní evropské křižovatce," *Československo*, Vol. 1, No. 3, 1946.

34. チェコ語はジェンダーと強く結びついた言語である。student は男子学生のみを指し、女子学生の場合は studentka となる。男性が「私は〜した」と言うときに "Dělal jsem." となるのに対し、女性ならば "Dělala jsem." となる。ソプラノ歌手ヤルミラ・ノヴォトナー (本書437-440頁で取り上げる) は、自伝のタイトルを *Byla jsem šťastná* (『私は幸せだった』) としたが、もしこれが男性のテノールかバス歌手であったなら *Byl jsem šťastný* となる。

35. 以下の引用による。Angelo Maria Ripellino, *Magic Prague*, ed. Michael Henry Heim, trans. David

Newton Marinelli, Berkeley: University of California Press, 1994, 109.

36. Philippe Soupault, "Do Prahy," *ReD*, Vol. 1, No. 1, October 1927, 3-4. 詩の原文はフランス語。スーポーはまた、「黄金の小路」、聖ヴィート大聖堂の瑪瑙、そしてユダヤ人墓地に言及している――多くの人々が通る魅惑的な散歩道である。

37. ヨーゼフ2世の改革と同改革がチェコ諸領邦に与えた両義的な影響については、拙著 *The Coasts of Bohemia*, 65-69 で論じている。

38. Apollinaire, "The Wandering Jew," 12.［アポリネール「プラーグで行き逢った男」20 頁］

39. Ripellino, *Magic Prague*, 123.

40. Ibid., 6.

41. カフカからオスカー・ポラックへの手紙、1902 年 12 月 20 日。Franz Kafka, *Letters to Friends, Family and Editors*, trans. Richard and Clara Winston, New York: Schocken, 1977.［『決定版カフカ全集第9巻　手紙 1902-1924』吉田仙太郎訳、新潮社、1992 年、11 頁］

42. この名称変更がなされた時期については確定できていないが、少なくとも 1998 年刊の『プラハ街路名索引』（*Pražský uličník*）にはフランツ・カフカ広場の名はない。

43. Ripellino, *Magic Prague*, 9.

44. Jaroslav Seifert, "Praha s Petřína," in Farová, *Josef Sudek*, 115. ここではデレク・ペイトンによる英訳を使用した。この英訳はファロヴァーの文章（16）の英文による抄訳から採られている。スデクの希望により、同書の初版（1959 年刊）ではサイフェルトの詩が使われている。第 2 版からは削除されているが、写真の配置は変更されていない。

45. *Dílo Jaroslava Seiferta*, Vol. 1, Prague: Akropolis, 2001, 12. 以降、『サイフェルト作品集（*Dílo Jaroslava Seiferta*）』は DJS および巻数を添えて表記する。

46. Josef Sudek, *Panoramatická Praha*, 2d ed., Prague: Odeon, 1992.

47. Robert Desnos, " Spectacles of the Street—Eugène Atget," 1928, trans. Berenice Abbott, in *Photography in the Modern Era: European Documents and Critical Writings, 1913-1940*, ed. Christopher Phillips, New York: Metropolitan Museum of Art/Aperture, 1989, 17.

48. Ripellino, *Magic Prague*, 3.

49. 正確には「昨日から永遠へとわたされていた壮麗なその橋」。André Breton, "Toyen. Introduction à l'œuvre de Toyen" (1953), *Le Surréalisme et la peinture*, 3d ed,, in *Œuvres complètes*, Vol. 4, *Écrits sur l'art et autres textes*, Paris: Gallimard, 2008, 602. 英訳は以下。André Breton, *Surrealism and Painting*, trans. Simon Watson Taylor, Boston: Museum of Fine Arts, 2002, 207-14, また一部は *What Is Surrealism?*, 286-90 を参照。［ブルトン「トワイヤン　トワイヤンの作品への序」、『シュルレアリスムと絵画』瀧口修造・巖谷國士監修、粟津則雄・巖谷國士・大岡信・松浦寿輝・宮川淳訳、人文書院、1987 年、245 頁］ブルトンの 4 巻本の全集 *Œuvres complètes* (ed. Marguerite Bonnet, Paris: Gallimard, 1988, 1992, 1999, 2008) に関しては、以降、ABOC と巻数を添えて表記する。

50. たとえば、*Panoramatická Praha* の図版 10、92、146 を参照。

51. Apollinaire, "The Wandering Jew," 10.［アポリネール「プラーグで行き逢った男」15 頁］

52. Catholic Encyclopedia, "St. John Nepomucene," 以下の URL を参照。http://www.newadvent.org/cathen/08467a.htm（2018 年 6 月 18 日閲覧）

53. František Ruth, *Kronika královské Prahy*, Vol. I, 506.

54. Apollinaire, "Zone," 2.［アポリネール「ゾーン」、『アポリネール全集 I』57 頁］

55. ケプラーの言葉、以下を参照。Peter Demetz, *Prague in Black and Gold*, London: Penguin, 1997, 192. 同書の著者デーメッツが「魔法のプラハ」という比喩を嫌っていることについて、筆者は大いに共感を覚える。この比喩によって、プラハの歴史の実際のありようがわかりにくくなっているという

氏の主張は正しい。だが筆者自身の論点はむしろ、歴史の見え方に対する西欧の常識を基準にすると、プラハの歴史のありようそれ自体が超現実的であるということである。だが、筆者が関心を寄せるこの超現実性は、プラハのモダニティに宿るものであって、ルドルフ２世の時代のものではない。詳しくは以下の拙論を参照。“André Breton and the Magic Capital,” *Bohemia*, Vol. 52, No. 1, 2012; “Crossed Wires: On the Prague-Paris Telephone,” *Common Knowledge*, Vol. 18, No. 2, 2012.

56. André Breton, *L'Art magique*, in ABOC 4, 259.［ブルトン『魔術的芸術』巖谷國士監修、巖谷國士・鈴木雅雄・谷川渥・星埜守之訳、河出書房新社、1997 年、218-219 頁］
57. Ruth, *Kronika královské Prahy*, Vol. 3, 1012.
58. Demetz, *Prague in Black and Gold*, 195.
59. Ruth, *Kronika královské Prahy*, Vol. 3, 989.
60. Ripellino, *Magic Prague*, 118-19, 153-55.
61. Apollinaire, “The Wandering Jew,” 10.［アポリネール「プラーグで行き逢った男」16 頁］
62. Ripellino, *Magic Prague*, 92.
63. Franz Kafka, “Metamorphosis,” in *Franz Kafka: The Complete Stories*, ed. Nahum N. Glatzer, New York: Schocken, 1995.［カフカ『変身』池内紀訳、白水Uブックス、2006 年］
64. Franz Kafka, “The Great Wall of China,” in ibid.［カフカ「万里の長城」、『ノート１　万里の長城』池内紀訳、白水Uブックス、2006 年］
65. Ripellino, *Magic Prague*, 92.
66. Paul Éluard, “Food for Vision,” in *Surrealists on Art*, ed. Lucy Lippard, Englewood Cliffs, NJ: Prentice-Hall, 1970, 57.
67. *Arcimboldo*, Milan: Franco Maria Ricci, 1980, 58.
68. Roland Barthes, “Rhetor and Magician,” in ibid., 8.［ロラン・バルト「修辞家と魔術師」、『美術論集』沢崎浩平訳、みすず書房、1986 年、48 頁］
69. Ripellino, *Magic Prague*, 109.
70. Franz Kafka, *The Castle*, trans. J. A. Underwood, London: Penguin, 1997, 38.［カフカ『城』池内紀訳、白水Uブックス、2006 年、75 頁］
71. Ripellino, *Magic Prague*, 120.
72. Ibid., 122.
73. Apollinaire, “The Wandering Jew,” 12.［アポリネール「プラーグで行き逢った男」20-21 頁］
74. Ripellino, *Magic Prague*, 75-76.
75. Bruce Chatwin, *Utz*, London: Picador, 1989, 13.［ブルース・チャトウィン『ウッツ男爵　ある蒐集家の物語』池内紀訳、白水Uブックス、2014 年、14 頁、16 頁］
76. Alois Jirásek, *Legends of Old Bohemia*, trans. Edith Pargeter, London: Hamlyn, 1963, 52.［アロイス・イラーセク『チェコの伝説と歴史』浦井康男訳・註解、北海道大学出版会、2011 年、55 頁］
77. Michel Foucault, *The Order of Things: An Archaeology of the Human Sciences*, New York: Vintage, 1994, xv.［ミシェル・フーコー『言葉と物』渡辺一民・佐々木明訳、新潮社、1974 年、13 頁］
78. Guillaume Apollinaire, *Calligrammes: Poems of Peace and War 1913-1916*, trans. Anne Hyde Geet, Berkeley: University of California Press, 1991（英仏二言語版）.
79. Apollinaire, “The Little Car,” *Calligrammes*, 105.［ギヨーム・アポリネール「小さな自動車」、『アポリネール全集Ｉ』328 頁］
80. アンドレ・マッソンの文章、以下の引用による。William S. Rubin, *Dada and Surrealist Art*, New York: Abrams, n.d. [1968], 172.
81. アンドレ・マッソンの文章、以下の引用による。Clarke V. Poling, *Surrealist Vision and Technique:*

Drawings and Collages from the Pompidou Center and the Picasso Museum, Paris, Atlanta: Michael C. Carlos Museum at Emory University, 1996, 72. マッソンの《虐殺》の何点かは、『ミノトール』誌（1933年、創刊号、10-13 頁）に掲載されている。

82. Breton, "Surrealist Situation of the Object," 260 ff.［ブルトン「オブジェのシュルレアリスム的状況」、『アンドレ・ブルトン集成5』237-238 頁］

83. Max Ernst, "An Informal Life of M. E.（ある若い友人に本人が語ったもの）," in *Max Ernst*, London: Arts Council of Great Britain, 1961, 9.

84. Ibid., 10.

85. Lou Straus-Ernst, *The First Wife's Tale*, New York: Midmarch Arts Press, 2004, 43.

86. F. T. Marinetti, "The Foundation and Manifesto of Futurism," 1909, in *F. T. Marinetti: Critical Writings*, ed. Günter Berghaus, trans. Doug Thompson, New York: Farrar, Straus and Giroux, 2006, 14.

87. "Against Sentimentalized Love and Parliamentarianism," 1910, in *Marinetti: Critical Writings*, 55-56. 『未来派宣言』に対してはヴァランティーヌ・ド・サン=ポワンが興味深い反応を示している。Valentine de Saint-Point: *Manifeste de la femme futuriste*, March 1912, 再刊は Paris: Mille et une nuits, 2005.「人間性を女性と男性に分けるなんて馬鹿げている」と彼女は主張する。「人間性が女性性と男性性から構成されているだけである」(8)。現代女性の「涙と感傷」を酷評し、サン=ポワンは女性に「崇高な本能へ、暴力へ、残虐性へ回帰せよ」と呼びかけて自らの文章を締めくくる(14)。

88. "Zong Toomb Toomb," in *F. T. Marinetti: Selected Poems and Related Prose*, selected by Luce Marinetti, trans. Elizabeth R. Napier and Barbara R. Studholme, New Haven, CT: Yale University Press, 2002, 68.

89. ウンベルト・ボッチョーニ、カルロ・カッラ、ルイージ・ルッソロ、ジーノ・セヴェリーニの作品が展示された展覧会は、1913 年 12 月、ハヴェル画廊で行なわれた。*Czech Modernism 1900-1945*, ed. Jaroslav Anděl, Houston: Museum of Fine Arts/Bulfinch Press, 1989, 210.

90. *Futurist Words In Freedom*, in *Marinetti: Selected Poems and Related Prose*, 83-123.

91. *Revoluční sborník Devětsil*, ed. Karel Teige and Jaroslav Seifert, Prague: Večernice V. Vortel, 1922.

92. このグループ名の由来は定かではない。「デヴィエトスィル」はセイヨウフキの花のことだが、また「9 つの力（devět sil）」とも同じ音であり、この表現は古代の 9 人のミューズと関係しているとも考えられる。インジフ・トマンは次のように示唆している。「もし『9』を 9 人のミューズ、『力』を馬力と考えると［…］よりわかりやすくなるだろう。『9 つの力』という表現はモダンな『エンジン駆動』で、9 人のミューズの宿る古代の神殿を飛び出していくことを高らかに宣言している」(*Foto/montáž tiskem*, 82)。最終的にデヴィエトスィルは、詩（ヤロスラフ・サイフェルト、ヴィーチェスラフ・ネズヴァル、フランチシェク・ハラス、コンスタンチン・ビーブル、イジー・ヴォルケル）、小説（ヴラジスラフ・ヴァンチュラ、カレル・シュルツ、イジー・ヴァイル）、絵画（インジフ・シュティルスキー、トワイヤン、アドルフ・ホフマイステル、フランチシェク・ムジカ、ヨゼフ・シーマ、イジー・イェリーネク、オタカル・ムルクヴィチカ、アロイス・ヴァクスマン）、彫刻（ベドジフ・ステファン、ズデニェク・ペシャーネク）、建築（ヤロミール・クレイツァル、ヨゼフ・ホホル、ベドジフ・フォイエルシュタイン、ヤロスラフ・フラグネル、カレル・ホンジーク、エフジェン・リンハルト、ヴィート・オブルテル）、写真（ヤロスラフ・レスレル）、演劇（俳優のイジー・ヴォスコヴェツとヤン・ヴェリフ、演出家のエミル・フランチシェク・ブリアン、インジフ・ホンズル、イジー・フレイカ、そしてダンサーのミラ・ホルツバホヴァー）、音楽（作曲家ヤロスラフ・イェジェクとミロスラフ・ポンツ）のあらゆる分野を横断するものとなった。映画評論家（アルトゥシュ・チェルニーク）、美術史家（ヤロスラフ・イーラ）、ジャーナリスト（ヴィンツェンツ・ネチャスとエーゴン・エルヴィン・キッシュ）、さらにロシアの言語学者でプラ

ハ言語学サークルの創設者であるロマーン・ヤーコブソンも、ここに加わっている。当時、西欧の前衛芸術でこれほど領域横断的な広がりを持つグループはなかった。これほどまでに多彩な分野をカバーしたデヴィエトスィルは「いくつもの頭を持つモダニティと革命のヒュドラ」であったと、カレル・タイゲが述懐している。

93. Karel Teige, "Poezie a revoluce," in KTD 2, 285.

94. アポリネールからルイーズ・ド・コリニーへの手紙、1915年1月13日。*Lettres à Lou*, 104.［アポリネール「ルーへの手紙」、『アポリネール全集IV』121頁］

95.「きみの躰の9つの門（Les neuf portes de ton corps）」と題された「秘密の詩（poème secret）」を参照。1915年9月21日のアポリネールからマドレーヌ・パジェスへの手紙に書かれている。アポリネールは同様のイメージをすでに1915年9月10日の手紙で用いている。Guillaume Apollinaire, *Lettres à Madeleine: tendre comme le souvenir*, Paris: Gallimard, 2005, 215-22, 177.

96. アポリネールからルイーズ・ド・コリニーへの手紙、1915年1月13日。*Lettres à Lou*, 103.［アポリネール「ルーへの手紙」、『アポリネール全集IV』120頁］

97. アポリネールからルイーズ・ド・コリニーへの手紙、1915年1月27日。Ibid., 136-37.［同書149-150頁］

98. 1914年1月28日付のアポリネールの手紙に見られる「土曜にきみがした素晴しい体位」という図示的な記述によれば、ルーがその楽しみやゲームに喜んで参加していたことに疑問の余地はほとんどない。Ibid., 140［同書153頁］を参照。この一節は、本書342-343頁に収録。

99. André Breton, *Conversations: The Autobiography of Surrealism*, trans. Mark Polizzotti, New York: Marlowe, 1993, 13.［アンドレ・ブルトン『ブルトン、シュルレアリスムを語る』稲田三吉・佐山一訳、思潮社、1994年、25頁］

100. ヴァシェの死の状況（ブルトンは自殺だと信じていた）とそれをめぐるさまざまな仮説については、以下で詳しく議論されている。Polizzotti, *Revolution of the Mind*, 85-89. ポリゾッティは、ブルトンの同性愛嫌悪の原因をヴァシェの件のトラウマに求めている。ブルトンの文章「ジャック・ヴァシェ」も参照。これはもともとヴァシェの著書（*Lettres de guerre*, Paris: Au Sans Pareil, 1919）の巻頭言だった。その後、以下に再録されている。André Breton, *The Lost Steps*, trans. Mark Polizzotti, Lincoln: University of Nebraska Press, 1996, 40-43.

101. ブルトンからトリスタン・ツァラへの手紙、1919年1月22日。Michel Sanouillet, *Dada in Paris*, trans. Sharmila Ganguly, Cambridge, MA: MIT Press, 2009, 333.［ミッシェル・サヌイエ『パリのダダ』安藤信也・池田明・大平具彦訳、白水社、1979年、130頁］

102. Breton, *Second Manifesto of Surrealism, in Manifestoes of Surrealism*, 128.［ブルトン「超現実主義第二宣言」、『超現実主義宣言』生田耕作訳、中公文庫、1999年、85頁］

103. 以下の引用による。Rudolf Kuenzli, ed., *Dada*, New York: Phaidon, 2006, 31.

104. Hugo Ball, "Dance of Death," in ibid., 194.

105. Hugo Ball, *Flight Out of Time: A Dada Diary*, ed. John Elderfield, Berkeley: California University Press, 1996, 32.［フーゴ・バル『時代からの逃走　ダダ創立者の日記』土肥美夫・近藤公一訳、みすず書房、1975年、64頁］

106. Emmy Hennings, "Prison," in *Dada Performance*, ed. and trans. Mel Gordon, New York: PAJ Publications, 1987, 44.

107. Breton, *Second Manifesto*, 123.［ブルトン「超現実主義第二宣言」、『超現実主義宣言』79頁、80頁］

108. Ibid., 128-29.［同書85頁］

109. Ibid., 125.［同書82頁］

110. Jindřich Štyrský, Toyen and Vincenc Nečas, *Průvodce Paříží a okolím*, Prague: Odeon, 1927; *ReD*, Vol. 2, No. 9, 1929, 292（広告記事）.

111. Štyrský, Toyen and Nečas, *Průvodce Paříží*, 306.

112. Jaroslav Seifert, "Guillaume Apollinaire," in *Na vlnách TSF* (1925), DJS 2, 7. 英訳（*The Early Poetry of Jaroslav Seifert*, trans. Dana Loewy, Evanston, IL: Northwestern University Press, 1997）には、サイフェルトの最初の４冊の詩集『涙に埋もれた街』（1921 年）、『愛そのもの』（1923 年）、『TSF の波に乗って』（1925 年）、『歌の下手なナイチンゲール』（1926 年）が収録されている。ただし、ここでは筆者自身による翻訳を用いた。

113. Breton, *Conversations*, 15.［『ブルトン、シュルレアリスムを語る』28 頁］

114. Apollinaire, *Calligrammes*, 343-45.［アポリネール「きれいな赤毛の女」（『カリグラム』）、『アポリネール全集Ｉ』474 頁、476 頁］

115. Ripellino, *Magic Prague*, 121-22.

116. Breton, *Mad Love*, 28.［ブルトン『狂気の愛』65-66 頁］

117. Ripellino, *Magic Prague*, 122.

118. Apollinaire, "The Wandering Jew," 9.［アポリネール「プラーグで行き逢った男」18 頁］

119. Ripellino, *Magic Prague*, 125-26.

120. Vítězslav Nezval, "Co dělá polední slunce s Prahou," in *Praha s prsty deště*, Prague: Borový, 1936, 186.

121. ネズヴァル、以下の引用による。Ripellino, *Magic Prague*, 262. この一節は *Pražský chodec*, 190 による。同書でネズヴァルは、プラハに対する「新しい感性（nový cit）」を目覚めさせてくれたのはアポリネールだったと評価している（19）。

122. Karel Čapek, "Poznámka překladatele," in "Francouzská poezie," *Spisy*, Vol. 24, Prague: Český spisovatel, 1993. チャペックによるアポリネールの「ゾーン」の翻訳も同書に収録されている。『チェルヴェン』については、以下を参照。Jaromír Lang, *Neumannův Červen*, Prague: Orbis, 1957.

123. ミラン・クンデラによる序文。Apollinaire, *Alkoholy života*, 9.

124. Jiří Wolker, *Svatý Kopeček*, Prague: Československý spisovatel, 1960, 7, 10.

125. Milan Kundera, *Testaments Betrayed*, trans. Linda Asher, New York: HarperCollins, 1995, 233.［クンデラ『裏切られた遺言』264 頁］

126. Milan Kundera, *Life Is Elsewhere*, trans. Peter Kussi, London: Penguin, 1986, 270.［ミラン・クンデラ『生は彼方に』西永良成訳、ハヤカワ epi 文庫、2001 年、460 頁］

127. Milan Kundera, *Poslední máj*, 2d ed., Prague: Československý spisovatel, 1961, 28-29.

128. Julius Fučík, *Reportáž psaná na oprátce*, Prague: Torst, 1995. この版は、事前に検閲された箇所も掲載している。

129. Milan Kundera, *The Joke*, trans. Michael Henry Heim, London: Penguin, 1984, 166.［ミラン・クンデラ『冗談』西永良成訳、岩波文庫、2014 年、329 頁］

130. Ludvík Páleníček, *Švabinského český slavín*, Prague: Státní pedagogické nakladatelství, 1985.

131. Karel Hynek Mácha, *May*（チェコ語と英語の二言語版）, trans. Marcela Sulak, Prague: Twisted Spoon Press, 2005.

132. Alois Jirásek, *Staré pověsti české*, Prague: Papyrus, 1992. イラーセクは各３巻からなる大部の小説３作でフス派の時代を扱っているほか（『流れの間に』1891 年、『すべてに抗して』1894 年、『同胞』1909 年）、戯曲も３作残している（『ヤン・ジシュカ』1903 年、『ヤン・フス』1911 年）、『ヤン・ロハーチ』1913-14 年）。民族復興期については、５巻本の『Ｆ・Ｌ・ヴィエク』（1890-1907 年）、４巻本の『我らのもとで』（1897-1904 年）を発表している。『犬頭』（1883-84 年）では、1692 年から 93 年にかけてドマジュリツェの辺境地帯で起こった農民の反乱を描いている。また

『哲学的歴史』（1878年）では、1848年の革命を生き生きと描いている。イラーセクに関する議論については、拙著 *The Coasts of Bohemia* および以下の拙論を参照。“A Quintessential Czechness,” *Common Knowledge*, Vol. 7, No. 2, 1998, 136-64.

133. 以下の引用による。Ripellino, *Magic Prague*, 261.

134. Vítězslav Nezval, “Košile” (A Shirt), *Ulice Gît-le-Cœur*, Prague: Borový, 1936, 102. この詩の全篇の英訳は、以下を参照。Vítězslav Nezval, *Antilyrik and Other Poems*, trans. Jerome Rothenberg and Milos Sovak, Copenhagen and Los Angeles: Green Integer, 2001, 24. ネズヴァルは1935年にパリを訪れた際、深夜にリュクサンブール公園を散策した経験に着想を得てこの詩を書いた。

135. Nezval, “Praha s prsty deště”（「雨の指をしたプラハ」、同名の詩集より）, 198.『雨の指をしたプラハ』からは、この詩を含む21篇が以下に英訳されている。*Three Czech Poets*, trans. Ewald Osers, London, Penguin, 1971. 後年、同じ訳者によって詩集の全篇が英訳された。Vítězslav Nezval, *Prague with Fingers of Rain*, Tarset, UK: Bloodaxe Books, 2009.

136. 1945年5月16日のエドヴァルド・ベネシュによる演説。以下の引用による。Tomáš Staněk, *Odsun Nemců z Československa 1945-1947*, Prague: Academia/Naše vojsko, 1991, 58.「移送（odsun）」については、拙著 *The Coasts of Bohemia*, 237-48 でさらに詳しい議論を行なっている。

137. 出典は以下を参照。Ctibor Rybár, *Židovská Praha; glosy k dějinám a kultuře; průvodce památkami*, Prague: TV Spektrum/Akropolis, 1991, 32-33.

138. Erben, *Statistika královského hlavního města Prahy, Vol. 1*, 122-23 を参照。以下の拙論で、19世紀のプラハの人口統計から「国籍」を読み取ることの難しさに関する議論を行なった。“The Language of Nationality and the Nationality of Language: Prague 1780-1920,” *Past and Present*, No. 153, 1996, 164-210.

139. 以下の引用による。Zora Dvořáková, *Miroslav Tyrš: prohry a vítězství*, Prague: Olympia, 1989. ティルシュのチェコ語との格闘については、以下も参照。Renata Tyršová, *Miroslav Tyrš: jeho osobnost a dílo*, Prague: Český čtenář, 1932-34, 34-35.

140. František Palacký, “Psaní do Frankfurtu,” in *Úvahy a projevy z české literatury, historie a politiky*, Prague: Melantrich, 1977, 158-59.

141. ここで言及した人物、および19世紀チェコの「民族復興」については、拙著 *The Coasts of Bohemia*, 107-118 を参照。

142. *Ottův slovník naučný*, Vol. 20, 1903, 488.

143. Egon Erwin Kisch, “Germans and Czechs,” in *Egon Erwin Kisch, the Raging Reporter: A Bio-anthology*, ed. Harold B. Segel, West Lafayette, IN: Purdue University Press, 1997, 95.

144. Gary B. Cohen, *The Politics of Ethnic Survival: Germans in Prague, 1861-1914*, Princeton, NJ: Princeton University Press, 1981, 122.

145. カフカの日記、1921年10月21日。*The Diaries of Franz Kafka 1910-1923*, ed. Max Brod, trans. Joseph Kresh（1910-13年の日記）and Martin Greenberg and Hannah Arendt（1914-23年の日記）, London: Penguin, 1964, 395.［『決定版カフカ全集　第7巻　日記』谷口茂訳、新潮社、1992年、391頁］

146. オーストリア皇帝フェルディナント1世（1793年生-1875年没）を指す。

147. 国立美術館のパンテオンでのアロイス・イラーセクの演説（1918年5月16日）。“Řeč Al. Jiráska,” in *Za právo a stát: sborník dokladů o československé společné vůli k svobodě 1848-1918*, Prague: Státní nakladatelství, 1928, 298-300.

148. ベドジフ・スメタナの発言、以下の引用による。Ladislav Šíp, *Česká opera a jeji tvůrci*, Prague: Supraphon, 1983, 40.

149. Milena Jesenská, “O umění zůstat stát,” *Přítomnost*, Vol. 16, No. 4, 1939, 205-6. このテクストを含む『プシートムノスト』に掲載されたイェセンスカーのいくつかの文章は、以下の英訳で読むことができる。*The Journalism of Milena Jesenska: A Critical Voice in Interwar Central Europe*, ed. and trans. Kathleen Hayes, New York: Berghahn Books, 2003.［邦訳には以下のものがある。ミレナ・イェセンスカー『ミレナ　記事と手紙　カフカから遠く離れて』松下たえ子編訳、みすず書房、2009 年］

150. 以下の引用による。Mary Hockaday, *Kafka, Love and Courage: The Life of Milena Jesenská*, Woodstock, NY: Overlook Press, 1997, 20.

151. Ivan Klíma, *Love and Garbage*, trans. Ewald Osers, New York: Vintage, 1993, 45.

152. Milan Kundera, *The Book of Laughter and Forgetting*, trans. Michael Henry Heim, London: Penguin, 1986, 3.［ミラン・クンデラ『笑いと忘却の書』西永良成訳、集英社文庫、2013 年、7 頁］

153. Milan Kundera, *The Art of the Novel*, trans. Linda Asher, New York: Grove Press, 1988, 130.［ミラン・クンデラ『小説の技法』西永良成訳、岩波文庫、2016 年、200 頁］

154. ここではジャック・デリダが「差延」と呼ぶものを指している。「差延」に関しては、デリダの以下の著作に簡潔にまとめられている。*Positions*, trans. Alan Bass, Chicago: Chicago University Press, 1982, 24-29.［ジャック・デリダ『ポジシオン』高橋允昭訳、青土社、2000 年、41-45 頁］これに関連し、筆者は記憶についての議論を拙著 *Going Down for Air: A Memoir in Search of a Subject*, Boulder, CO: Paradigm, 2004 で展開している。

155. Kundera, *Testaments Betrayed*, 128-29.［クンデラ『裏切られた遺言』147 頁］

156. Nezval, “Hodiny v ghetu,” in *Praha s prsty deště*, 89.

3　変身

1. Walter Benjamin, “The World of Forms in Kafka” (1934), in *Walter Benjamin's Archive*, trans. Esther Leslie, London: Verso, 2007, 215.

2. Gustav Janouch, *Conversations with Kafka: Notes and Reminiscences*, London: Derek Verschoyle, 1953, 80.［グスタフ・ヤノーホ『増補版　カフカとの対話　手記と追想』吉田仙太郎訳、ちくま学芸文庫、1994 年、141-142 頁］

3. Max Brod, *Franz Kafka: A Biography*, New York: Schocken, 1963, 216.［マックス・ブロート『フランツ・カフカ』辻瑆・林部圭一・坂本明美訳、みすず書房、1972 年、243 頁］

4. Ibid., 215-16.［同書 242 頁］

5. Kundera, *Testaments Betrayed*, 43.［クンデラ『裏切られた遺言』54 頁］

6. Brod, Franz Kafka, 240-42.［ブロート『フランツ・カフカ』271-274 頁］この説を裏づける確たる証拠はないものの、ブロートが母グレーテ・ブロッホから受け取った手紙が根拠となっている。グレーテは一時期カフカの婚約者だったフェリーツェ・バウアーの友人で、頻繁に連絡を取り合っていた。子供は 7 歳で死亡し、その存在をカフカが知ることはなかったとされる。

7. 日付のないカフカの日記、1910 年 5 月 17 日以前。*Diaries*, 12. クンデラによると、マックス・ブロートは自身が編集したカフカの日記から、この文章のほか、「売春婦への言及ばかりでなく、性に関するところをすべて」削除したという。*Testaments Betrayed*, 44-45.［クンデラ『裏切られた遺言』55 頁］

8. カフカからマックス・ブロートへの手紙、1907 年 8 月中旬。*Letters to Friends, Family and Editors*, 26.［『決定版カフカ全集　第 9 巻　手紙 1902-1924』吉田仙太郎訳、新潮社、1992 年、37 頁］

9. Gustav Meyrink, *The Golem*, ed. E. F. Bleiler, New York: Dover, 1976.［グスタフ・マイリンク『ゴ

ーレム』今村孝訳、白水Uブックス、2014年]

10. Jaroslav Seifert, *Všecky krásy světa*, Prague: Československý spisovatel, 1992, 165-7. [ヤロスラフ・サイフェルト『この世の美しきものすべて』飯島周・関根日出男訳、恒文社、1998年、208-210頁]

11. Josef Škvorecký, *Talkin' Moscow Blues: Essays about Literature, Politics, Movies and Jazz*, Toronto: Lester and Orpen Dennys, 1988, 161.

12. イヴァン・クリーマの序文。Jan Neruda, *Prague Tales*, Budapest, London, New York: Central European University Press, 2003, vii-viii.

13. Havelock Ellis, *Studies in the Psychology of Sex*, Vol. 3, London: The Echo Library, 2007, 112.

14. Ripellino, *Magic Prague*, 114.

15. Ibid.

16. *Zmizelá Praha*, 6 volumes, various editors, Prague: Václav Poláček, 1945-48; Zdeněk Wirth, *Stará Praha: obraz města a jeho veřejného života v 2. polovici XIX. století*, Prague: Otto, 1942; Roland Barthes, Camera Lucida, trans. Richard Howard, New York: Hill and Wang, 2000, 95-96. [ロラン・バルト『明るい部屋 写真についての覚書』花輪光訳、みすず書房、1997年、119頁]

17. Meyrink, *The Golem*, 26. [マイリンク『ゴーレム』63-64頁]

18. Karel Čapek, *R.U.R.*, trans. Paul Selver, New York: Washington Square Press, 1973. [カレル・チャペック『ロボット』千野栄一訳、岩波文庫、1989年]

19. Ripellino, *Magic Prague*, 108-9.

20. Kundera, *Testaments Betrayed*, 188. [クンデラ『裏切られた遺言』214頁]

21. Alan Blyth, ed., *Opera on Record*, Vol. 2, London: Hutchinson, 1983, 327.

22. Kundera, *Testaments Betrayed*, 183. [クンデラ『裏切られた遺言』208頁]

23. Ibid. [同上]

24. ルドヴィーク・クンデラ(Ludvík Kundera, 1891-1971)。ちなみに、ミラン・クンデラの従兄であり、ブルノで1920年に生まれた同姓同名の作家ルドヴィーク・クンデラとは別人である。

25. ミロシュ・シュチェドロンによるライナーノーツ。以下の引用による。*Mša glagolskaya*, Supraphon compact disc, 1996, 11.

26. *Picasso: Suite 347*, Valencia: Bancaixa, 2000. より全般的には *Picasso érotique*, New York: Prestel, 2001を参照。

27. Kundera, *Testaments Betrayed*, 196-97. [クンデラ『裏切られた遺言』223-224頁]ヤナーチェクの晩年に関する詳細な(また、より正確とは言わないまでも実証的な)解説は、以下を参照。John Tyrrell, *Janáček: Years of a Life*, Vol. 2, *Tsar of the Forests*, London: Faber, 2007.

28. 以下を参照。Vojtěch Lahoda and Olga Uhrová, *Vincenc Kramář od starých mistrů k Picassovi*, Prague: Národní galerie, 2000.

29. これらはすべて、以下に掲載されている。Josef Čapek, *Dějiny zblízka: soubor satirických kreseb*, Prague: Borový, 1949.

30. BBCラジオでのネヴィル・チェンバレンの演説、1938年9月27日。原稿は『ロンドン・タイムズ』(1938年9月28日)に掲載。

31. Ferdinand Peroutka, "Osud Karla Čapka" (1953), in *Budeme pokračovat*, Toronto: Sixty-Eight Publishers, 1984, 39-40.

32. Milena Jesenská, "Poslední dny Karla Čapka," *Přítomnost*, 11 January 1939. 以下に再録。Milena Jesenská, *Zvenčí a zevnitř*, Prague: Nakladatelství Franze Kafky, 1996, 28.

33. 以下の引用による。Ivan Klíma, *Karel Čapek: Life and Work*, North Haven, CT: Catbird Press, 2002, 238. [イヴァン・クリーマ『カレル・チャペック』田才益夫訳、青土社、2007年、344頁]

34. 以下を参照。Jindřich Toman, “Renarrating the Rabbi and His Golem,” in *Path of Life: Rabbi Judah Loew Ben Bezalel, 1525-1609*, ed. Alexandr Putík, Prague: Academia/The Jewish Museum, 2009, 314-41.
35. アルフォンス・ムハの葬儀でのマックス・シュヴァビンスキーの弔辞、1939 年 7 月 19 日。Ludvík Páleníček, *Max Švabinský: život a dílo na přelomu epoch*, Prague: Melantrich, 1984, 164-66. ヴィシェフラット墓地とそこに埋葬されている人物など、詳しい背景に関しては、以下を参照。Václav Potoček, *Vyšehradský hřbitov—Slavín*, Prague: Svatobor, 2005.
36. スミーホフの市長ペトル・フィシェル（ヴォールトの施工を依頼した人物）。以下の引用による。Ruth, *Kronika královské Prahy*, Vol. 3, 1147.
37. Karel Čapek, *Hovory s T. G. Masarykem*, in *Spisy Karla Čapka*, Vol. 20, Prague: Československý spisovatel, 1990.［カレル・チャペック『マサリクとの対話』石川達夫訳、成文社、2004 年］
38. František Václav Krejčí, František Xaver Šalda, Josef Svatopluk Machar, Antonín Sova, Otakar Březina, Vilém Mrštík and others, *Česká moderna*, in F. X. Šalda, *Kritické projevy—2, 1894-1895, Soubor díla F. X. Šaldy*, Vol. 11, Prague: Melantrich, 1950, 361-63. 詳しい背景に関しては、以下を参照。*Moderní revue 1894-1925*, ed. Otto M. Urban a Luboš Merhaut, Prague: Torst, 1995.
39. 1856 年 8 月 2 日のボジェナ・ニェムツォヴァーからドゥシャン・ランブルへの手紙を参照。*Z dopisů Boženy Němcové*, ed. Jana Štefánková, Prague: Státní nakladatelství dětské knihy, 1962, 142-45. ハヴリーチェクの葬儀については、拙著 *The Coasts of Bohemia*, 91-92 でも論じた。サイフェルトの葬儀に関しては、以下を参照。*Zpráva o pohřbu básníka Jaroslava Seiferta*, ed. Jaroslav Krejčí, Prague: Volvox Globator, 1995.
40. Josef Škvorecký, “Bohemia of the Soul,” *Daedalus*, Vol. 119, No. 1, 1990.
41. *Exposition inteRnatiOnal du Surréalisme*, 114.
42. Viktor Dyk, “Země mluví,” in *Naše umění v odboji*, ed. Miloslav Novotný, Prague: Evropský literární klub, 1938, 105-6.
43. Prokop Toman, *Nový slovník československých výtvarných umělců*, Ostrava, Czech Republic: Chagall, 1994, Vol. 1, 10（1947-49 年に出た第３版の復刻版）.
44. ドイツ語での上演。『売られた花嫁』のアメリカ初演は 1893 年シカゴで行なわれ、このときはチェコ語で上演された。*Kobbé's Complete Opera Book*, ed. Earl of Harewood, London: Putnam, 1976, 963.
45. “Music: Intoxicated with Romance,” *Time* magazine archive, 4 June 1973. http://content.time.com/time/magazine/article/0,9171,907361,00.html（2018 年 6 月 18 日閲覧）以下の引用による。Rubinstein, *My Young Life*.
46. エミー・デスティン財団。http://www.destinn.com（2018 年 6 月 18 日閲覧）
47. デスティノヴァーは「イゾルデの愛の死」を 1910 年と 1911 年の２回にわたって録音している。いずれも以下のレコードで聞くことができる。*Ema Destinová, Souborná edice, 3. Richard Wagner*, Supraphon LP number 1 0120-1 602G, 1989.
48. 以下の引用による。Hana Volavková, *Mikoláš Aleš: ilustrace české poezie a prózy*, Prague: Státní nakladatelství krásné literatury a umění, 1964, 224.
49. クンデラはモラヴィア出身であり、ブルノで生まれ育った。自作の多くで、クンデラはボヘミアを全体的な舞台として——かれならば「実存的状況」と呼んだかもしれないものとして——また心理的な場所として用いている。クンデラによれば、チェコスロヴァキアという語は「あまりにも若く（1918 年に誕生）、時間に根づかず、美しさに欠け、命名された事柄の、合成的であまりにも新しい（時間に試されていない）性格を暴露する」。「政治的地理の観点からすれば」、ボヘミアという用語はおそらく正確でないのだろうがとクンデラは認めつつ、「ポエジーの観点からすれば唯

一可能な命名なのである」とする。*Art of the Novel*, 126-27.［クンデラ『小説の技法』209-210 頁］

50. Friedrich Engels, "Democratic Pan-Slavism," in K. Marx and F. Engels, *Collected Works*, Vol. 8, New York: International Publishers, 1977, 362-78.

51. この描写は、小説家ローベルト・ムージルによるものである。*A Man without Qualities*, New York: Vintage, 1996.［ローベルト・ムージル『特性のない男 I』加藤二郎訳、松籟社、1992 年、37 頁］

52. 以上の議論で用いたクンデラの発言はすべて、以下の引用による。*Testaments Betrayed*, 192-94.［クンデラ『裏切られた遺言』218-223 頁］

53. ここで筆者は、以下の書誌を念頭に置いている。Pavel Eisner, *Chrám i tvrz: kniha o češtině*, Prague: Lidové noviny, 1992（1946 年版の復刻版）.

54. 以下の引用による。Milan Churaň, ed., *Kdo byl kdo v našich dějinách v 20. století*, Vol. II, Prague: Libri, 1998, 61.

55. ヴィシェフラット墓地にある墓碑銘より（筆者自身の調査による）。ヨゼフの遺体は発見されていない。

56. Kateřiná Bečková, "History of the Society for Old Prague," in *Society for Old Prague: One Hundred and Two Years*, Prugue: Klub za starou Prahu, 2002, 18.

57. Karel Teige, "Poezie a revoluce," in KTD 2, 284-89.

58. Jaroslav Hašek, *The Good Soldier Švejk*, trans. Cecil Parrott, London: Penguin, 1973, 125-33.［ヤロスラフ・ハシェク『兵士シュヴェイクの冒険（1）』栗栖継訳、岩波文庫、1972 年、232-250 頁］

59. カフカからヘドヴィヒ・W への手紙、1908 年初頭。*Letters to Friends, Family and Editors*, 41.［『決定版カフカ全集　第 9 巻　手紙 1902-1924』吉田仙太郎訳、新潮社、1992 年、56 頁］

60. トマーシュ・チェルヌィーの就任演説、1882 年 10 月 8 日。以下の引用による。Jindřich Šolc, "Tomáš Černý," *Almanach královského hlavního města Prahy*, Vol. 13, 1910, 269. 強調は原文。

61. レトナーの丘に建設予定だった議会と省庁の複合施設の 1928 年の建築コンペで、クレイツァル案が次点となった。クレイツァルの狙いは、当人の言葉によれば、「光と空気を十分に取り入れる開放的なシステム」を作り上げることだった。以下を参照。*Jaromír Krejcar 1895-1949*, ed. Rostislav Švácha, Prague: Galerie Jaroslava Fragnera, 1995, 91-95.

62. この通りは、かつてハプスブルク家の皇帝カール（カレル）1 世の名を冠していた（1917-19 年）。その後、チェコスロヴァキアの食品産業と繋がりがあった実業家で、のちにアメリカ大統領となったハーバート・フーヴァーの名が（1923-40 年、1945-47 年）、さらに作曲家リヒャルト・ヴァーグナーの名が（1940-45 年）つけられていたこともあった。1947 年から 52 年まではウッドロウ・ウィルソンの名で呼ばれ、1990 年以降、現在にいたるまでその名称を冠している。

63. Yvonne Brunhammer, *1925*, Paris: Les Presses de la Connaissance, 1976, 180-81.

64. ダヴィット・チェルヌィーについては、本人の公式サイトを参照（英語版）。http://www.davidcerny.cz/startEN.html（2018 年 6 月 18 日閲覧）この情報も同ウェブサイトによる。

65. Anna Klementová, "An Entrepreneur with a Sense of Public Duty," *Lidové noviny*, 19 April 2001. 英訳は以下で閲覧可能。http://www.cesky-dialog.net/clanek/163-vaclav-m-havel（2018 年 6 月 18 日閲覧）

66. 同上。以下も参照。Václav M. Havel, *Mé vzpomínky*, Prague: Lidové noviny, 1993.

67. ポスターの図版は拙著 *The Coasts of Bohemia*, 199 に掲載している。

68. 以下の引用による。"Miloš Havel," *Reflex*, No. 9, 3 March 2004. 元の出典に関してはこれ以上の情報はない。

69. Petr Král, *Prague*, Seyssel: Éditions du Champ Vallon, 1987, 19.［ペトル・クラール『プラハ』阿部賢一訳、成文社、2006 年、19 頁］

70. 一般に流布しているこの発言は作り話であるが、プラハの市民がモーツァルトの音楽を暖かく迎え入れたのは事実である。
71. Král, *Prague*, 74.［クラール『プラハ』92-93 頁］
72. Vitězslav Nezval, *Ulice Gît-le-Cœur*, 48.
73. Král, *Prague*, 24.［クラール『プラハ』23 頁］
74. *Deset let Osvobozeného divadla*, ed. Josef Träger, Prague: Borový, 1937, 114. 近年の研究に関しては、以下を参照。Jaromír Farník, ed., *V + W = 100: Vždy s úsměvem. Pocta Jiřímu Voskovcovi a Janu Werichovi*, Prague: Lotos, 2005.
75. 解放劇場では、シュヴィッタース（1926 年 5 月）、エレンブルグ（1927 年 3 月）、マヤコフスキー（1927 年 4 月）、ル・コルビュジエ（1929 年 10 月）がそれぞれ講演を行なっている。
76. たいていは古くからあった芸術家団体〈芸術協会（Umělecká beseda）〉が場所を提供した。本書 232 頁、および 4 章の註 107 で詳しく触れている。
77. *Deset let Osvobozeného divadla*, 115.
78. 他に解放劇場で才能を発揮したチェコの芸術家やデザイナーには、ヴィート・オブルテル、アントニーン・ヘイトゥム、ヨゼフ・シーマ、ベドジフ・フォイエルシュタイン、アロイス・ヴァクスマンがいる。以下を参照。Věra Ptáčková, *Česká scénografie XX. století*, Prague: Odeon, 1982, 58-66.
79. ホンズルは 1931 年に解放劇場に戻り、ヴォスコヴェツとヴェリフの舞台作品『ゴーレム』（1931 年）、『カエサル』（1932 年）、『盗賊ロビン』（1932 年）、『ロバと影』（1933 年）などで演出を手がけている。
80. Matthew S. Witkovsky, "Avant-Garde and Center: Devětsil in Czech Culture, 1918-1938," PhD dissertation, University of Pennsylvania, 2002, 188. ここには、解放劇場についての詳細な議論が含まれている。
81. *Deset let Osvobozeného divadla*, 148.
82. Meyerhold, "Mejerhold o Voskovcovi a Werichovi," in *Deset let Osvobozeného divadla*, 105.
83. *Modernism 1914-1939: Designing a New World*, ed. Christopher Wilk, London: Victoria and Albert Museum, 2006. 同展は、ストナルの陶器、キバルの布地、オブルテルやフクスの建築デザイン、レスレル、タイゲ（本書 309-314 頁で詳しく触れる『アルファベット』）、クロハ（『住居に関する社会学的断章』1930-32 年）そしてストナルのグラフィックデザイン、さらにステデク、イールー、チェコ報道協会の写真、1937 年製造のサルーンカー・タトラ T 87 にいたる戦間期のチェコスロヴァキアで制作された作品や製品を幅広く扱う瞠目すべき展覧会となった。ここで掲載したゼレンカのポスターは、1932 年の《アエロ》である（408）。ゼレンカの他の作品に関しては、以下を参照。*František Zelenka: plakáty, architektura, divadlo*, ed. Josef Kroutvor, Prague: Uměleckoprůmyslové muzeum, 1991.
84. Král, *Prague*, 24-25.［クラール『プラハ』23 頁］
85. Ibid.,114-15.［同書 163-164 頁］
86. Ibid., 105.［同書 136 頁］
87. Ivan Margolius, *Praha: A Guide to Twentieth-Century Architecture*, London: Ellipsis 1996, 36.
88. Stanislav Dvorský, Vratislav Effenberger and Petr Král, eds., *Surrealistické východisko 1938-1968*, Prague: Československý spisovatel, 1969. 同書 232 頁に続くページ数表記のない図版による。作者は明記されていないが、パヴェル・ヤナークのデザインと思われる。1911 年のスケッチが以下に掲載されている。*Czech Cubism*, ed. Alexander von Wegesack, trans Michal Schonberg, Princeton, NJ: Princeton Architectural Press, 1992, 156.
89. 以下に再録。*John Heartfield*, ed. Peter Pachnicke and Klauss Honnef, New York: Abrams, 1991, 176.

90. 以下を参照。Jana Tichá, ed., *Future Systems*, Prague: Zlatý řez, 2002. 案のみに終わった記念碑の写真が、同書 138-139 頁に掲載されている。

91. Karel Teige, *Modern Architecture in Czechoslovakia and Other Writings*, translated by Irena Zantovska Murray and David Britt, Los Angeles: Getty Research Institute, 2000, 80.

92. 以下の引用による。Ripellino, *Magic Prague*, 8.

93. Jáchym Topol, *Výlet k nádražní hale*, Brno: Petrov, 1995, 7-8.

94. この劇場は、1783 年、ボヘミア城伯フランツ・アントン・ノスティッツ＝リエネク伯爵によって、「伯爵の民族劇場（Gräfliches nationaltheater）」として設立された。1798 年、ボヘミア貴族が買い取り、〈貴族劇場（Stavovské divadlo）〉と改称したが、チェコ人の所有となった後も、日曜の午後のマチネでのチェコ語による上演以外は、すべてドイツ語での上演であった。この劇場に表われているのは、ドイツ語を話すボヘミア貴族のいわゆる「郷土愛」であって、19 世紀に興隆したチェコの民族主義とはまったく異なるものである。民族主義者の対立の主たる舞台としての同劇場については、拙著 *The Coasts of Bohemia* の２章と３章で論じている。

95. Brod, *Franz Kafka*, 224.［ブロート『フランツ・カフカ』252 頁］以下も参照のこと。Jaroslava Vondráčková, *Kolem Mileny Jesenské*, Prague: Torst, 1991, 23.

96. マックス・ブロート、カフカ、フランツ・ヴェルフェル、エーゴン・エルヴィン・キッシュの名をもじった言葉遊びで、ウィーン出身の批評家カール・クラウスによるものである。

97. カフカからミレナ・イェセンスカーへの手紙、1920 年 11 月。*Letters to Milena*, ed. and trans. Philip Boehm, New York: Schocken, 1990, 212-13.［フランツ・カフカ『ミレナへの手紙』池内紀訳、白水社、2013 年、288-289 頁］

98. André Breton, *Communicating Vessels*, trans. Mary Ann Caws and Geoffrey T. Harris, Lincoln: University of Nebraska Press, 1997, 86.［アンドレ・ブルトン「通底器」豊崎光一訳、『アンドレ・ブルトン集成 1』人文書院、1970 年、269 頁］

99. カフカの日記、1911 年 11 月 9 日。*Diaries*, 111-12.［『決定版カフカ全集　第 7 巻　日記』マックス・ブロート編集、谷口茂訳、新潮社、1981 年、111 頁］

100. Josef Pekař, "In Memoriam," in *Pamětní list...k slavnosti položení základního kamene k Husovu pomníku*, Prague: Spolek pro budování "Husova pomníku," 1903, 7.

101. カフカからマックス・ブロートへの手紙、1922 年 7 月末。*Letters to Friends, Family and Editors*, 347.［『決定版カフカ全集　第 9 巻　手紙 1902-1924』マックス・ブロート編集、吉田仙太郎訳、新潮社、1992 年、439 頁］

102. ここでは、コメンスキー著『地上の迷宮と心の楽園（*Labyrint světa a ráj srdce*）』を念頭に置いている。この本は 1623 年にブランディース・ナト・オルリツィーで書かれたのち、まず 1631 年に国外で出版され、1782 年になってようやくボヘミアで出版された（1820 年にはふたたび発禁処分を受ける）。

103.「伝説によれば」とカレル・スルプは書いている。「同胞団の最後の司祭であるコメンスキーは、自らの腰掛けた椅子を浜辺の波打ち際に運ばせたという。ムハは、チェコ史の他の偉人たちを自らの創造性を遺憾なく発揮したダイナミックな筆致で描き出した一方、ヤン・アーモス・コメンスキーを運命に屈した悲壮な姿で表現した。静かな水面と並置することで、コメンスキーの孤独はますます強調されている」。Karel Srp, *Alfons Mucha: Das slawische Epos*, Krems, Austria: Kunsthalle, 1994, 131. 図版は同書 112-13 頁に収録されている。ムハの《スラヴ叙事詩》については、拙著 *The Coasts of Bohemia*, 151-53 で詳細に論じている。

104. 以下を参照。*Intimate Letters: Leoš Janáček to Kamila Stösslová*, ed. John Tyrell, Princeton, NJ: Princeton University Press, 1994.

105. これらはすべて、以下に図版として掲載されている。*Obecní dům hlavního města Prahy*, Prague: Obecní dům, 2001.

106. この柱像の破壊については、以下で詳しく論じられている。Cynthia Paces, *Prague Panoramas: National Memory and Sacred Space in the Twentieth Century*, Pittsburgh: University of Pittsburgh Press, 2009, 87-96.

107. カフカの日記、1911 年 11 月 9 日。*Diaries*, 111-12. [『決定版カフカ全集 第 7 巻 日記』111-112 頁]

108. Milan Kundera, *The Book of Laughter and Forgetting*, 3-4. [クンデラ『笑いと忘却の書』6-7 頁]

109. Jiří Kolář, "Ale zbav nás…," in *Týdeník 1968*, Prague: Torst, 1993, plate 22. 後者の一部は以下に掲載されている。David Elliott and Arsén Pohribny, *Jiří Kolář: Diary 1968*, Oxford, UK: Museum of Modern Art, 1984.

110. Král, *Prague*, 42-43. [クラール『プラハ』51-52 頁]

111. Breton, *Nadja*, 80. [ブルトン『ナジャ』巖谷國士訳、白水 U ブックス、1989 年、78 頁]

112. André Breton, "Pont-Neuf," in *Free Rein*, trans. Michel Parmentier and Jacqueline d'Amboise, Lincoln: University of Nebraska Press, 1995, 225. [アンドレ・ブルトン「ポン-ヌフ」粟津則雄訳、『アンドレ・ブルトン集成 7』人文書院、1971 年、359 頁]

113. Karl Marx, *The Eighteenth Brumaire of Louis Napoleon*, in *Surveys from Exile*, London: Penguin, 1993, 146. [カール・マルクス「ルイ・ボナパルトのブリュメール 18 日」横張誠訳、『マルクス・コレクションⅢ』筑摩書房、2005 年、4 頁]

114. Kundera, *Testaments Betrayed*, 50. [クンデラ『裏切られた遺言』62 頁]

115. フランツ・カフカからオスカー・ポラックへの手紙、1902 年 12 月 20 日。*Letters to Friends, Family and Editors*, 7. [『決定版カフカ全集 第 9 巻 手紙 1902-1924』吉田仙太郎訳、新潮社、1992 年、13 頁]

116. 2 章の註 132 を参照。

117. もしくは、より [政治的に] 好ましい歴史上の偉人たちに置き換えられてしまった。詳しくは拙著 *The Coasts of Bohemia*, 289 を参照。

118. ズデニェク・ネイェドリーの無題の序文。*Celostátní výstava archivních dokumentů: od hrdinné minulosti k vítězství socialismu*, Prague: Ministerstvo vnitra, 1958, 7. ネイェドリーはこの時代に重要な役割を果たした人物であり、以下の拙著でもかれを取り上げている。*The Coasts of Bohemia*, 303-13. チェコにおける過去と現在の関係についてのネイェドリーの考えは、「共産主義者たち、チェコ民族の偉大なる伝統を受け継ぐ者たち」という文言に簡潔に表われている。以下を参照。*Spisy Zdeňka Nejedlého*, Vol. 16, *O smyslu českých dějin*, Prague: Státní nakladatelství politické literatury, 1953, 217-67.

119. 『オットー百科事典』に収録された 1900 年の国勢調査の数字より。

120. 以下の引用による。A. J. P. Taylor, *The Habsburg Monarchy*, London: Penguin, 1990, 181.

121. カレル・ハヴリーチェク・ボロフスキーによるジークフリート・カッパーの『チェスケー・リスティ』の書評。*Česká včela*, November 1846. 以下の引用による。T. G. Masaryk, *Karel Havlíček*, 3d ed., Prague: Jan Laichter, 1920, 446-47; Jan Neruda, "Pro strach židovský," in *Studie krátké a kratší*, Prague: L. Mazač, 1928, 248. 後者の一部は、以下に英訳がある。*The Jews of Bohemia and Moravia: A Historical Reader*, ed. Wilma Abeles Iggers, Detroit: Wayne State University Press, 1992, 183-90.

122. カフカの日記、1911 年 11 月 18 日。*Diaries*, 119. [『決定版カフカ全集 第 7 巻 日記』118-119 頁]

123. 一度目はウィーン、二度目は国境の町グミュントで、二人は短い密会をしている。ミレナの手紙は残っていない。

124. カフカからミレナ・イェセンスカーへの手紙、1920年5月。*Letters to Milena*, 14. [『決定版カフカ全集 第8巻 ミレナへの手紙』辻瑆訳、新潮社、1992年、15-16頁]

125. カフカからミレナ・イェセンスカーへの手紙、1920年4月末。Ibid., 8. [同書10頁]

126. プラハ同業者人名録、以下の引用による。Jiří Gruša, *Franz Kafka of Prague*, trans. Eric Mosbacher, New York: Schocken, 1983, 18.

127. カフカから両親への手紙、1924年2月20日。Franz Kafka, *Dopisy rodičům z let 1922-1924*, ed. Josef Čermák and Martin Svatoš, Prague: Odeon, 1990, 93.

128. "Franz Kafka: dopis otci," 1965. 以下に掲載されている。*Adolf Hoffmeister*, ed. Karel Srp, Prague: Gallery, 2004, 276.

129. カフカの日記、1911年10月24日。*Diaries*, 88. [『決定版カフカ全集 第7巻 日記』谷口茂訳、新潮社、1992年、85-86頁]

130. 「カカーニエン」とは、ローベルト・ムージルが『特性のない男』の中でオーストリア=ハンガリー帝国を指して用いた言葉である。ハプスブルク王家を示す略語 k. und k.(kaiserlich und königlich, 帝立および王立の)に由来するが、ドイツ語の幼児語「うんち(kaka)」も含意されている。

131. 以下を参照。Janouch, *Conversations*, 29. [ヤノーホ『カフカとの対話』27-28頁]カフカからオットラへの手紙、1920年4月6日。*Letters to Ottla and the Family*, ed. N. N. Glazer, trans. Richard and Clara Winston, New York: Schocken, 1982, 43. [『決定版カフカ全集 第12巻 オットラへの手紙』柏木素子訳、新潮社、1992年、60頁]

132. カフカからオットラへの手紙、1919年2月20日。*Letters to Ottla*, 36. [同書52頁]

133. カフカの日記、1910年11月16日および1911年12月25日。*Diaries*, 28, 152. [『決定版カフカ全集 第7巻 日記』154-155頁]

134. カフカからオットラへの手紙、1921年1月第3週。*Letters to Ottla*, 58. [『決定版カフカ全集 第12巻 オットラへの手紙』79頁]

135. カフカからミレナ・イェセンスカーへの手紙、1920年5月29日。*Letters to Milena*, 17 [『決定版カフカ全集 第8巻 ミレナへの手紙』20頁]カフカからフェリックス・ヴェルチュへの手紙、1917年9月22日。*Letters to Friends, Family and Editors*, 145.

136. 以下を参照。Max Brod, *Franz Kafka*, 221. [ブロート『フランツ・カフカ』249頁]

137. カフカからマックス・ブロートへの手紙、1921年3月11日。*Letters to Friends, Family and Editors*, 266. [『決定版カフカ全集 第9巻 手紙 1902-1924』343頁]カフカからオットラへの手紙(1921年1月)も参照。*Letters to Ottla*, 57. [『決定版カフカ全集 第12巻 オットラへの手紙』78-79頁]

138. カフカからミレナ・イェセンスカーへの手紙、1920年6月24日。*Letters to Milena*, 58. [『決定版カフカ全集 第8巻 ミレナへの手紙』58頁]

139. カフカからオットラへの手紙、1924年1月第1週。*Letters to Ottla*, 89. [『決定版カフカ全集 第12巻 オットラへの手紙』118頁]

140. フランツ・カフカ「イディッシュ演劇についての前口上」。*Dearest Father: Stories and Other Writings*, trans. Ernst Kaiser and Eithne Wilkins, New York: Schocken, 1954, 382. このテクストは、同席していたエルザ・ブロートの取ったノートにもとづく。

141. *Malá československá encyklopedie*, Vol. 3, Prague: Academia, 1986, 256.

142. ミレナからマックス・ブロートへの手紙。以下を参照。Brod, *Franz Kafka*, 222-39. [ブロート『フランツ・カフカ』249-271頁]

143. *Letters to Milena*, 272. 初出は『ナーロドニー・リスティ』1924年6月6日。[ライナー・シュ

タッハ『この人、カフカ？』本田雅也訳、白水社、2017 年、326 頁、327 頁］

144. カフカからマックス・ブロートへの手紙、1921 年 4 月。Franz Kafka, *Letters to Friends, Family and Editors*, 275.［『決定版カフカ全集　第 9 巻　手紙 1902-1924』吉田仙太郎訳、新潮社、1992 年、356 頁］

145. 以下の引用による。Alena Wagnerová, *Milena Jesenská*, Prague: Prostor, 1996, 122.

146. Kenneth Frampton, "A Modernity Worthy of the Name: Notes on the Czech Architectural Avant-Garde," in Anděl, *Art of the Avant-Garde in Czechoslovakia*, 217. クレイツァルは、ガラスの使用が単に機能的であるだけではなく、「チェコスロヴァキアの工業生産力」を示すデザインでもあることを強調している。「……建物の角に角度をつけるのも、角を丸くするのも、同じくらい機能的であることは疑いようがない」。"Czechoslovak Pavilion at the International Exhibition of Art and Technology in Modern Life, Paris 1937," in Švácha, *Jaromír Krejcar 1895-1949*, 174.

147. Milena Jesenská, "Hundreds of Thousands Looking for No-Man's Land," *Přítomnost*, 277. 1938. 以下に英訳がある。Hayes, *The Journalism of Milena Jesenska*, 167.

148. Apollinaire, "The Wandering Jew," 12.［アポリネール「プラーグで行き逢った男」20 頁］原文の "tétonnière et fessue" は「巨乳で尻が大きい」と優雅に訳すことができる。Guillaume Apollinaire, *Œuvres en prose complètes*, Vol. 1, Paris: Gallimard, 1977, 91.

149. Král, *Prague*, 80-81.［クラール『プラハ』100-101 頁］

150. Kundera, *Book of Laughter and Forgetting*, 158.［クンデラ『笑いと忘却の書』261-262 頁］

151. 1921 年 4 月（ここでカフカは自らチェコ語で「フランチシェクから挨拶を、元気にしています」"František pozdravuje a je zdráv"と書きつけている）および 1923 年 10 月 13 日（姪の名にチェコ語の指小形を用いている）のカフカの手紙を参照。*Letters to Ottla*, 68, 81.［『決定版カフカ全集　第 12 巻　オットラへの手紙』108 頁］

152. 保護領におけるユダヤ人の定義は「人種的に少なくとも３人のユダヤ人の祖父母の血を引いている者」であった。この祖父母世代に関しては、ユダヤ教の宗教的共同体に属していればユダヤ人とされた。「ユダヤ人と見なされた」のは２人のユダヤ人の祖父母を持つ「混血」で、1935 年 9 月よりも前にユダヤ教の宗教的共同体に属していた者、あるいはこの日付よりも後に共同体に受け入れられた者、この日付よりも後にユダヤ人と結婚した「混血」、そしてこの日付よりも後に生まれた、もしくは 1940 年 2 月 1 日以降に結婚したユダヤ人と非ユダヤ人の間に生まれた「混血」であった。スロヴァキアではこの基準はより厳しかったが、「人種」の定義は同じくらい気まぐれなものだった。1939 年 4 月の法令では、ユダヤ人はユダヤ教の信仰を持つすべての者、本人が現在信仰を持たなくとも少なくとも両親の片方がユダヤ教徒である者、以上のように定義されるユダヤ人を先祖に持つ者（1918 年 10 月 30 日以前にキリスト教のいずれかの教団に入信した者を除く）、あるいはこの 1939 年 4 月の法令の発効後にユダヤ教の信仰を持つ者と結婚した者がすべてユダヤ人とされた。結婚によってユダヤ人と見なされるようになった者に関しては、離婚をもってユダヤ人の属性を喪失するとされた。

153. Katharine Conley, *Robert Desnos, Surrealism and the Marvelous in Everyday Life*, Lincoln: University of Nebraska Press, 2003, 192-98.

154. F. T. Marinetti, *The Futurist Cookbook*, trans. Susan Brill, San Francisco: Bedford Arts, 1989.

155. Cara De Silva, ed., *In Memory's Kitchen: A Legacy from the Women of Terezín*, Northvale, NJ: Jason Aronson, 1996.

156. Nicholas Stargardt, *Witnesses of War: Children's Lives under the Nazis*, London: Pimlico, 2006, 210-11.

157. Conley, *Robert Desnos*, 201.

158. イジー・ヴァイルによるあとがき。*I Never Saw Another Butterfly: Children's Poems and Drawings from*

Terezín, ed. Hana Volavková, New York: Schocken, 1993, 101.

159. Volavková, *I Never Saw Another Butterfly*, 62.

160. ヴァイルによるあとがき。Volavková, *I Never Saw Another Butterfly*, 101.

161. Vítězslav Nezval, *Z mého života*, Prague: Československý spisovatel, 1959, 84.

162. Jiří Weil, *Colors*, trans. Rachel Harrell, Ann Arbor: Michigan Slavic Publications, 2002, 12.

163. Weil, *Colors*, 90.

164. Ibid., 14-15.

165. Joza Karas, *Music in Terezín 1941-1945*, 2d ed., Hillsdale, NY: Pendragon Press, 2008, 24.

166. Ibid., 24-25.

167. 以下の引用による。David Schiff, "A Musical Postcard from the Eye of the Nazi Storm," *New York Times*, 23 March 2003.

168. 以下を参照。Brian S. Locke, "Opera and Ideology in Prague: Polemics and Practice at the National Theater, 1900-1938," *Opera Quarterly*, Vol. 23, No. 1, 2007, 126-30.『ヴォツェック』のプラハでの初演は、ベルリン国立歌劇場での世界初演（1925 年 12 月）の後 1 年弱経ってから、ウィーンでの初演の 4 年前に行なわれているが、*Kobbé's Complete Opera Book* の該当作品の項目では言及されていない。

169. Viktor Ullmann, "Goethe and Ghetto" (1944), trans. Michael Haas. ヴィクトル・ウルマン財団の以下のウェブサイトで閲覧可能。https://viktorullmannfoundation.com/viktor/（2018 年 6 月 18 日閲覧）

170. アンドレアス・K・W・マイヤーによるライナーノーツ。*Viktor Ullmann, Piano Sonatas 5-7*, cpo CD no. 999 087-2 (1992). ページ数表記なし。

171. フス派のコラール『汝ら神の戦士らよ（Ktož jsú boží bojovníci）』が近代以降に使用された例として、スメタナの『わが祖国』よりも古いのが、カレル・シェボルの 1867 年のオペラ『フス派の花嫁』である。さらに最近の例としては、ヨゼフ・スクの交響詩『プラーガ』（1904 年）、カレル・フサの『プラハのための音楽 1968』がある。この情報はマイケル・ベッカーマンによる。

172. マイヤーによるライナーノーツ。*Viktor Ullmann, Piano Sonatas 5-7*.

173. Volavková, *I Never Saw Another Butterfly*, xx-xxi.

174. ヴァイルによるあとがき。*I Never Saw Another Butterfly*, 102. また、ツチボル・リーバルの以下に引用されている数字も参照。Ctibor Rybár, *Židovská Praha*, 158.

175. 匿名の書き手（テレジーンの子供）。"Dusk," in Volavková, *I Never Saw Another Butterfly*, 58.

176. カミラ・シュテスロヴァーからレオシュ・ヤナーチェクへの手紙、1924 年 7 月 9 日。*Intimate Letters: Leoš Janáček to Kamila Stösslová*, 50.

177. ヤナーチェクからシュテスロヴァーへの手紙、1927 年 5 月 8-9 日。*Intimate Letters*, 113.

178. ヤナーチェクからシュテスロヴァーへの手紙、1928 年 4 月 30 日。Ibid., 262.

179. ヤナーチェクの備忘録。Ibid., 344-45.

180. エリュアールからガラへの手紙、1935 年 4 月 7-8 日。*Lettres à Gala*, 253-54.

181. Weil, Colors, 54.

182. Rybár, *Židovská Praha*, 275.

183. プラハ・ユダヤ博物館のウェブサイトより。https://www.jewishmuseum.cz/（2018 年 6 月 18 日閲覧）

184. Hana Volavková, ed., *Zmizelá Praha*, Vol. 3, *Židovské město Pražské*, Prague: Poláček, 1947.

185. Maya Lin, *Boundaries*, New York: Simon and Schuster, 2000, 4-10. リンはラッチェンスのティプヴァル記念碑から大きな影響を受けたと語っている。

186. Rybár, *Židovská Praha*, 276.

187. 筆者自身の調査による。

188. *Státní židovské muzeum v Praze*, Prague: Státní židovské muzeum, 1979, 7（公式ガイド）.

189. カレル・ハヴリーチェク・ボロフスキーによるジークフリート・カッパーの『チェスケー・リスティ』の書評。以下の引用による。T. G. Masaryk, *Karel Havlíček*, 134-35.

190. *The Precious Legacy: Judaic Treasures from the Czechoslovak State Collections*, ed. David Altshuler, New York: Summit Books, 1983.

191. 以下を参照。Hannah Arendt, *Eichmann in Jerusalem: A Report on the Banality of Evil*, New York: Penguin, 2006［ハンナ・アーレント『エルサレムのアイヒマン　悪の陳腐さについての報告［新版］』大久保和郎訳、みすず書房、2017年］; Zygmunt Bauman, *Modernity and the Holocaust*［ジークムント・バウマン『近代とホロコースト』森田典正訳、大月書店、2006年］; Daniel J. Goldhagen, *Hitler's Willing Executioners: Ordinary Germans and the Holocaust*, London: Abacus, 1997.［ダニエル・J・ゴールドハーゲン『普通のドイツ人とホロコースト　ヒトラーの自発的死刑執行人たち』望田幸男監訳、2007年、ミネルヴァ書房］

192. Bohumil Hrabal, *I Served the King of England*, 100-101.［フラバル『わたしは英国王に給仕した』100-101頁］

193. Ibid., 128.［同書128頁］

194. Ibid., 139-40.［同書139-140頁］

4　複数形のモダニズム

1. Eric Dluhosch and Rostislav Švácha, eds., *Karel Teige 1900-1951: The Enfant Terrible of the Prague Avant-Garde*, Cambridge, MA: MIT Press, 1999, xvi.

2. Hitchcock and Johnson, *International Style*, 44.［ヒッチコック、ジョンソン『インターナショナル・スタイル』44頁］

3. ここで触れていない個々の建築家については、以下を参照。Vladimír Šlapeta, *Czech Functionalism 1918-1938*, London: Architects Association, n.d. [1987].

4. この表現は以下より。Karel Hannauer, "Architect Jeanneret-Le Corbusier v Praze," *České slovo* X, No. 235, 9 October 1928, 5. 以下に再録。Miroslav Masák, Rostislav Švácha and Jindřich Vybíral, Veletržní palác v Praze, Prague: Národní galerie, 1995, 34. なお、問題の写真は後者の38頁に掲載されている。

5. Karel Teige, "Rozhled. Polemické výklady. Interview s Le Corbusierem," *Stavba*, Vol. 7, 1928-29, 105.

6. Jindřich Toman, "Poetry, Capitalized Throughout," in Anděl, *Art of the Avant-Garde in Czechoslovakia*, 207-212.

7. タイゲは、ロースをチェコの建築家として扱いつつ、ロースその人の正統性を主張している。以下の著作を参照。Karel Teige, Modern Architecture in Czechoslovakia, 301. ロースのチェコにおける作品に関しては、以下を参照。Maria Szadowska, Leslie Van Duzer and Dagmar Černoušková, *Adolf Loos—dílo v českých zemích/Adolf Loos—Works in the Czech Lands*, Prague: Galerie hlavního města Prahy, 2009.

8. 以下を参照。"Adolf Loos and the Naked Architectural Body," in *The Naked Truth: Klimt, Schiele, Kokoschka and Other Scandals*, ed. Tobias G. Natter and Max Hollein, New York: Prestel, 2005, 138-39.

9. Adolf Loos, *Ornament and Crime: Selected Essays*, Riverside, CA: Ariadne Press, 1998, 167-68.［アドルフ・ロース『装飾と犯罪　建築・文化論集［新装普及版］』伊藤哲夫訳、中央公論美術出版、2011年、91-92頁］以下を参照。Jana Horneková, Karel Ksandr, Maria Szadkowska and Vladimír Šlapeta, *The Müller Villa in Prague*, Prague: City of Prague Museum, 2002

10. 以下を参照。Beatriz Colomina, *Sexuality and Space*, Princeton, NJ: Princeton University Press, 1996.

11. Teige, *Modern Architecture in Czechoslovakia*, 136.

12. 背景に関しては、以下を参照。Carol. S. Eliel, *L'Esprit nouveau: Purism in Paris 1918-1925*, Los Angeles: Los Angeles County Museum of Art; New York: Abrams, 2001.

13. *Život II, Sborník nové krásy*, ed. Jaromír Krejcar, Prague: Umělecká beseda, 1922. このアンソロジーに関しては、本書268-273頁で詳しく論じている。

14. チェコ代表団の一員として、タイゲは「生活レベルが最低層の住宅問題」を語った。以下を参照。Klaus Spechtenbach and Daniel Weiss, "Karel Teige and the CIAM: The History of a Troubled Relationship," in Dluhosch and Švacha, *Karel Teige 1900-1951*; Simone Hain, "Karel in Wonderland: The Theoretical Conflicts of the Thirties," in *Karel Teige: architettura, poesie-Praga 1900-1951*, ed. Manuela Castagnara Codeluppi, Milan: Electa, 1996. CIAMの背景に関しては、以下を参照。Eric Mumford, *The CIAM Discourse on Urbanism 1928-1960*, Cambridge, MA: MIT Press, 2002.

15. "R. J. Neutra blahopřeje Stavbě k X. ročníku," *Stavba*, Vol. 10, 1931-32, 94.

16. この広告は、以下に掲載されている。Hans M. Wingler, ed., *The Bauhaus: Weimar Dessau Berlin Chicago*, Cambridge, MA: MIT Press, 1993, 130-31.

17. Hannes Meyer, "My Expulsion from the Bauhaus: An Open Letter to Lord Mayor Hesse of Dessau" (1930), in Wingler, Bauhaus, 164. タイゲのバウハウスでの講義は、「建築の社会学に向けて（K sociologii architektury）」というタイトルで、以下に掲載されている。*ReD*, Vol. II, Nos. 6-7, 1930, 161-223.

18. *ReD*, Vol. III, No. 5, 1930, 129-59; Karel Teige, "Deset let Bauhausu," *Stavba*, Vol. VIII, No. 10, April 1930, 146-52. KTD 1, 477-86に再録。後者の英訳は、以下に掲載されている。*Modern Architecture in Czechoslovakia*, 417-30.

19. タイゲはチェコの新聞でマイヤーの解任に厳しく抗議し、その後すぐにバウハウスとの繋がりを絶っている。タイゲの以下の文章を参照。"Bauhaus a otravné plyny reakce," *Tvorba*, Vol. 5, Nos. 33-35, August-September 1930; "Hannes Meyer donucen k odchodu z Bauhausu," *Stavba*, Vol. 9, No. 1, September 1930; "Doslov k Bauhausu," *Tvorba*, Vol. 5, No. 38, September 1930.

20. クレイツァルのデザインは以下に掲載されている。*ReD*, Vol. I, No. 5, 1928, 180. 同号の特集は「現代国際建築」、以下に再録されている。Anděl, *Art of the Avant-Garde in Czechoslovakia*, 121.

21. Karel Teige, "Le Corbusier v Praze," *Rozpravy Aventina*, Vol. IV, 1928-29, 31-32. 以下に再録。Masák, *Veletržní palác*, 40.

22. Teige, *Modern Architecture in Czechoslovakia*, 179.

23. Karel Teige, "Mundaneum," *Stavba*, Vol. 7, No. 10, April 1929, 145-55. 以下に抄録。KTD 1, 533.

24. Rumjana Dačeva, "Appendix: Chronological Overview," in Dluhosch and Švácha, *Karel Teige*, 368.

25. Le Corbusier, "Défense de l'architecture," in Le Corbusier and Pierre Jeanneret, *L'Architecture d'aujourd'hui*, No. 10, Paris, 1933. 初出はチェコ語だった。以下を参照。"Obrana architektury: odpověď Karlu Teigovi," *Musaion*, Vol. 2, Prague, 1931, 27-52. ル・コルビュジエの文章のチェコ語版は、（『ムセイオン』の同じ号に収録されたタイゲの返答とともに）以下を参照。Stanislav Kolíbal, ed., *Le Corbusier kdysi a potom*, Prague: Arbor Vitae, 2003. タイゲの「ムンダネウム」とル・コルビュジエの「建築を擁護するために」は、以下に英訳がある。*Oppositions*, No. 4, October 1974.

26. Karel Teige, *The Minimum Dwelling*, trans. Eric Dluhosch, Cambridge, MA: MIT Press, 2002, 180-81.
27. Hitchcock and Johnson, *International Style*, 21.［ヒッチコック、ジョンソン『インターナショナル・スタイル』11 頁］
28. Teige, *Minimum Dwelling*, 197.
29. Jaromír Krejcar, "Soudobá architektura a společnost," in *Za socialistickou architekturu*, Prague, 1933, 11-31; "Hygiena bytu," *Žijeme*, Vol. II, 1932-33, 132-34. どちらの文章も、以下の引用による。Rostislav Švácha, "The Life and Work of the Architect Jaromír Krejcar," in Švácha, *Jaromír Krejcar 1895-1949*, 122.
30. オットー百科事典に収録された 1890 年の人口調査による。
31. S. K. Neumann, "Otevřená okna," (1913), *Osma a Skupina výtvarných umělců 1910-1917: teorie, kritika, polemika*, ed. Jiří Padrta, Prague: Odeon, 1992, 138-40.
32. Jan E. Svoboda, Zdeněk Lukeš and Ester Havlová, *Praha 1891-1918: kapitoly o architektuře velkoměsta*, Prague: Libri, 1997, 13-14. 100 周年記念内国総合博覧会に関しては、以下を参照。*Všeobecná zemská výstava v Praze...Hlavní katalog*, ed Josef Fořt, Prague, 1891. *Sto let práce: zpráva o všeobecné zemské výstavě v Praze 1891*, 3 vols., Vol. 3 in 2 parts, Prague, 1892-95.
33. Josef Teige, "Vývoj kral. hlav. města Prahy od roku 1848-1908," in *Katalog pavillonu kral. hlav. města Prahy a odborních skupin městských*, Prague, 1908, 8.
34. Teige, *Modern Architecture in Czechoslovakia*, 89.
35. この博覧会については、拙著 *The Coasts of Bohemia*, 124-27 でも論じている。
36. *Národopisná výstava českoslovanská v Praze 1895*, Prague: Otto, 1895, 540-43.
37. Jana Brabcová, *Luděk Marold*, Prague: Odeon, 1988, 66-74.
38. Masák, *Veletržní palác*, 6.
39. Radomíra Sedláková, *Jak fénix: minulost a přítomnost Veletržního paláce v Praze*, Prague: Národní galerie, 1995, 49.
40. 以下の引用による。Masák, *Veletržní palác*, 31.
41. 以下に集められたテクストを参照。Tomáš G. Masaryk, *The Meaning of Czech History*, ed. René Wellek, trans. Peter Kussi, Chapel Hill: University of North Carolina Press, 1974.
42. *Nová Praha*, 6 September 1928. 以下の引用による。Masák, *Veletržní palác*, 33.
43. ムハによる日付のない手紙（1900 年頃に書かれたと推定される）を参照。以下の引用による。Jiří Mucha, *Alphonse Maria Mucha: His Life and Art*, New York: Rizzoli, 1989, 145.
44. ムハによる切手やポスター、紙幣に関しては、拙著 *The Coasts of Bohemia*, 147-53 で論じている。水上公演に関しては、以下を参照。ムハのデザインおよび関連テクストも収録されている。Alfons Mucha, *Slovanstvo bratrské/Fraternal Slavdom*, Prague: Gallery, 2005.
45.〈見本市宮殿〉での《スラヴ叙事詩》の展示に関する論評の一部は、以下で見ることができる。Jiří Mucha, *Alfons Maria Mucha, 277*; František Žákavec's review in *Umění*, Vol. 2, 1929-30, 242-44.
46. ミスルベクは 1922 年に死去した。回顧展は聖ヴァーツラフ生誕 1000 年を記念する行事の一部であった。*Uměni*, Vol. 3, 1929-30, 62-63.
47. Alfred Barr, *Cubism and Abstract Art*, New York: Museum of Modern Art, 1936（表紙）.
48. Hitchcock and Johnson, *International Style*, 24.［ヒッチコック、ジョンソン『インターナショナル・スタイル』15 頁］
49.「ブルノのトゥーゲントハット邸」、ユネスコのウェブサイトより。http://whc.unesco.org/en/list/1052（2018 年 6 月 18 日閲覧）トゥーゲントハット邸に関する筆者の解説は、以下も参照した。Zdeněk Kudělka and Libor Teplý, *Villa Tugendhat*, Brno: FOTEP/Brno City Museum, 2001.

50. Jim Rendon, "A Mies Home, Deteriorating and Disputed," *Observer* (London), 1 April 2007. 同邸宅は2012 年現在、改装されている。

51. Karel Teige, "Rozhled...Interview s Le Corbusierem," 105.

52. Vítězslav Nezval, *Žena v možném čísle*, Prague: Borový, 1936. この詩集はポール・エリュアールに捧げられている。

53. Karel Teige, "Le Corbusier v Praze," in Masák, Veletržní palác, 40.

54. ここでは、以下の書誌を念頭に置いている。Robert Venturi, *Complexity and Contradiction in Architecture*, 2d ed., New York: Museum of Modern Art, 2002.［ロバート・ヴェンチューリ『建築の多様性と対立性』伊藤公文訳、鹿島出版会、1982 年］

55. Teige, "Le Corbusier v Praze," in Masák, *Veletržní palác*, 40.

56. Jaromír John, *Moudrý Engelbert*, 1940. 以下の引用による。Michaela Brozová, Anne Hebler and Chantal Scaler, *Praha: průchody a pasáže*, Prague: Euro Art, 1997, 24. この一節は 1918-23 年を扱っている。

57. この人数は、プラハとブルノの法廷に起訴された者の公刊されたリストにもとづく。以下を参照。Václav Buben, ed., *Šest let okupace Prahy*, Prague: Orbis, 1946, 173-207. なお、本書 439-440 頁で論じるリディツェ、レジャーキの虐殺の犠牲者は、ここには含まれていない。

58. 広場の端にある「黄金の蜂の巣の館（Dům u Zlatého úlu）」はもともと中世の建物だが、1572 年にルネサンス様式に改築されている。1789 年に改築され、さらにエピソードが加わった後、現在にいたるまで同じ場所にある。この一節を書くにあたって、以下を参照した。Yvonne Janková, *Václavské náměstí v Praze: architektonický průvodce/Wenceslas Square in Prague: Architectural Guide, supplement to Ad architektura 2*, Prague: J. H. & Archys, 2006.

59. 同書の経緯については、フィリップ・ジョンソン本人による序文を参照。"Foreword to the 1995 Edition," *International Style*, 13-14.

60. Rostislav Švácha, *The Architecture of New Prague 1895-1945*, Cambridge, MA: MIT Press, 1995, 270.

61. キセラはまたヤン・ヤロリームとともに、この通りの同じ側をさらに上ったところにある機能主義建築〈アルファ宮殿〉（1927-28 年）を設計している。

62. Steve Rose, "Welcome to Bata-ville," *Guardian* (London), 19 June 2006. http://www.guardian.co.uk/artanddesign/2006/jun/19/architecture（2018 年 6 月 18 日閲覧）

63. ヴラジミール・カルフィークの文章。以下の引用による。Zdeněk Lukeš, Petr Všetečka, Ivan Němec and Jan Ludwig, *Vladimír Karfík: Building No. 21 in Zlín: A Monument of Czech Functionalism/Vladimír Karfík: Budova č. 21 ve Zlíně: Památka českého funkcionalismu*, Zlín: cfa nemec Ludwig, 2004, 66.

64. ガフラからル・コルビュジエへの手紙、1935 年 1 月 19 日。*Le Corbusier: Le Grand*（編者名未掲載）, introductions by Jean-Louis Cohen and Tim Benton, New York: Phaidon, 2008, 290.

65. ル・コルビュジエからヤン・A・バチャと同僚たちへの手紙、1935 年 5 月 14 日。以下のウェブサイトで閲覧可能。http: //web. archive. org/web/20071007225327/http: //www. batahistory.com/images/LeCorbusier_letter_to_Jan_Bata_05-14-1935.pdf（2018 年 6 月 18 日閲覧）

66. 当時の設計図は、以下に掲載されている。*Le Corbusier: Le Grand*, 291.

67. František L. Gahura, "Budování Baťova Zlína," *Stavitel*, Vol. 14, 1933-34, in *Baťa: architektura a urbanismus*, ed. Vladimír Šlapeta, Zlin: Státní galerie, 1991, 7.

68. カルフィークの文章、以下の引用による。Lukeš, *Vladimír Karfík: Building No. 21*, 28.

69. Alois Kubíček, Maximilián John and Vladimír Karfík, "Správní budova Baťových závodů ve Zlíně," *Architektura*, Vol. 2, No. 12, 1940. 以下の引用による。*Vladimír Karfík: Building No. 21*, 59.

70. Jan A. Baťa, "Ke čtyřicátému výročí podniku." http://www.zlin.estranky.cz/clanky/p__234_le-m__

234_le_-odkazy/prvni-maje---svatky-prace---ve-zlinskem-a-batovskem-podani. html（2018年6月18日閲覧）

71. こうした楽観主義の最たるものが、以下の文章で確認できるだろう。Jan Baťa, *Budujme stát pro 40, 000,000 lidí*（4000万人のための国家を建設しよう）, Zlín: Tisk, 1937.

72.「ズリーン」、ラジオ・プラハのウェブサイトより。https://www.radio.cz/en/section/spotlight/zlin-the-town-that-bata-built--1（2018年6月18日閲覧）

73. Tom Stoppard, *Lord Malquist and Mr. Moon*, London: Faber, 1986, 53.

74. William Shaw, "Design for Living in Zlín, Czech Republic," *New York Times Travel Magazine*, 25 March 2007. http://travel.nytimes.com/2007/03/25/travel/tmagazine/03talk.zlin.t.html（2018年6月18日閲覧）

75. Le Corbusier, *The Radiant City: Elements of a Doctrine of Urbanism to Be Used as the Basis of Our Machine-Age Civilization*, New York: Orion Press, 1964（新版）. 扉ページのキャプションより。[ル・コルビュジエ『輝ける都市　機械文明のための都市計画の教義の諸要素』白石哲雄監訳、河出書房新社、2016年]

76. Kimberly Elman Zarecor, *Manufacturing a Socialist Modernity: Housing in Czechoslovakia, 1945-1960*, Pittsburgh: University of Pittsburgh Press, 2011. 同書では、チェコスロヴァキアにおける戦前のモダニズム建築と戦後の社会主義建築の個人的、制度的、イデオロギー的な繋がりが巧みに描き出され、ズリーンの経験の重要性も十分に把握されている。より一般的な概論としては、以下を参照。Katrin Klingan and Kirstin Gust, eds., *A Utopia of Modernity: Zlin. Revisiting Bat'a's Functional City*, Berlin: Jovis, 2009.

77. Benjamin, *The Arcades Project*. 本書「序」を参照。

78. 以下の引用による。Brozová, *Praha: Průchody a pasáže*, 84.

79. Teige, *Modern Architecture in Czechoslovakia*, 154-55.

80. パンテオンに埋葬される人物の出入りについては、拙著 *The Coasts of Bohemia*, 99-100, 233, 269で論じている。

81. Vítězslav Nezval, *Pražský chodec*, 182-83.

82. C. S. Lewis, *The Lion, the Witch and the Wardrobe*, New York: HarperCollins, 1994. [C・S・ルイス『ナルニア国物語２　ライオンと魔女と衣装だんす』土屋京子訳、光文社古典新訳文庫、2016年]

クラーリーチェクに関しては、以下を参照。Zdeněk Lukeš, Ester Havlová and Vendula Hnídková, *Emil Králíček: zapomenutý mistr secese a kubismu*, Prague: Galerie Jaroslava Fragnera, 2005.

83. 以下のさまざまな展覧会図録を比較されたい。*Český kubismus 1909-1925: malířství, sochářství, umělecké řemeslo, architektura*, ed. Jiří Švestka and Tomáš Vlček, Prague: Národní galerie, 1991; *Expresionismus a české umění 1905-1927*, ed. Alena Pomajzlová, Dana Mikulejská and Juliana Boublíková, Prague: Národní galerie, 1994. チェコ・キュビスムに関する資料には、他にも以下のものがある。*Le Cubisme à Prague*, ed. Claude Petry, Paris: Jacques London, 1991; *Český kubismus 1910-1925: architektura a design*, ed. Alexander von Vegensack, Weil am Rhein, Germany: Vitra Design Museum, 1991（英語版は *Czech Cubism: Architecture, Furniture, Decorative Arts*, Princeton, NJ: Princeton Architectural Press, 1992）; Michal Bregant, Lenka Bydžovská, Vojtěch Lahoda, Zdeněk Lukeš, Karel Srp, Rostislav Švácha and Tomaš Vlček, *Kubistická Praha/Cubist Prague, Prague*: Středoevropské nakladatelství, 1995; Vojtěch Lahoda, *Český kubismus*, Prague: Brana, 1996; Jindřich Toman, *Kniha v českem kubismu/Czech Cubism and the Book*, Prague: Kant, 2004. 本質的な議論については、以下を参照。Anděl, *Czech Modernism 1900-1945; Prague 1900-1938: capitale secrète des avantgardes*, ed. Jacqueline Menanteau, Dijon: Musée des Beaux-Arts, 1997; *Central European Avant-Gardes: Exchange and Transformation 1910-1930*, ed. Timothy O.

Benson, Los Angeles: Los Angeles County Museum of Art; Cambridge, MA: MIT Press, 2002.

84. Teige, *Modern Architecture in Czechoslovakia*, 141-54.

85. 詳しくは以下を参照。Bečková, "History of the Society for Old Prague."

86. Švácha, *Architecture of New Prague*, 118.

87. 以後挙げる個別の文献以外にも、プラハとパリの芸術上の交流を扱った書誌や展覧会としては、以下のものが挙げられる。*Paris Prague 1906-1930*, Paris: Musée national d'art moderne, 1966; Pavla Horská, *Prague-Paris*, Prague: Orbis, 1990; Patrizia Runfola, Gérard-Georges Lemaire and Oliver Poive d'Arvor, *Prague sur Seine*, Paris: Paris Musées, 1992; Marie Mžyková, ed., *Křídla slávy: Vojtěch Hynais, čeští Pařížané a Francie*, 2 vols., Prague: Galerie Rudolfinum, 2000; Anaut, *Praha Paris Barcelona*.

88. ヨゼフ・チャペックは、1910 年から 11 年のもっとも気候のよい時期をパリで過ごしている。さらに 1912 年には 3 か月にわたって同地に滞在している。フィラは 1910 年と 1914 年に、クビーンが 1912 年にそれぞれパリを訪れている。

89. 背景に関しては、以下を参照。Otto Gutfreund, *Zázemí tvorby*, Prague: Odeon, 1989; Jan Bauch, Jiří Šetlík, Václav Erben, Petr Wittlich, Karel Srp and Vojtěch Lahoda, *Otto Gutfreund*, Prague: Národní galerie, 1995.

90. 背景に関しては、以下を参照。Mahulena Nešlehová, *Bohumil Kubišta*, Prague: Odeon, 1984.

91. 以下の引用による。Meda Mládková and Jan Sekera, *František Kupka ze sbírky Jana a Medy Mládkových/From the Jan and Meda Mládek Collection*, Prague: Museum Kampa, 2007, 385.

92. シュザンヌ・デュシャンに関する詳細は、以下を参照。Ruth Hemus, *Dada's Women*, New Haven, CT: Yale University Press, 2009.

93. *František Kupka: la collection du Centre Georges Pompidou, Musée national d'art moderne*, ed. Brigitte Leal, Paris: Centre Pompidou, 2003, 202.

94.『ニューヨーク・タイムズ』紙、日付不明。色と音に関しては、1913 年 10 月 19 日のクプカからヴァルシャウスキーへの手紙を参照。いずれも以下の引用による。Mládková and Sekera, *František Kupka ze sbírky Jana a Medy Mládkových*, 381.

95. クプカからレスラーへの手紙、1913 年 2 月 2 日。以下の引用による。Mládková and Sekera, *František Kupka ze sbirky Jana a Medy Mládkových*, 375.

96. シーマは、1927 年、29 年、30 年にパリで、さらに 1925 年、28 年、29 年、32 年、36 年にプラハで個展を開いている。背景に関しては、以下を参照。*Šíma/Le Grand Jeu*, texts by Antoine Coron, Serge Fauchereau, Jacques Henric, Patrick Javault and Pierre Restany (Šíma) and Michel Camus, Gérald Gassiot-Talabot, Olivier Poivre d'Arvor, Raphael Sorin, Paule Thévenin and Marc Thivolet (Le Grand Jeu), Paris: Musée d'art moderne, 1992.

97. ヴァイヤンからロジェ・ジルベール=ルコントへの日付のない手紙より。以下の引用による。Karla Tonine Huebner, "Eroticism, Identity and Cultural Context: Toyen and the Prague Avant-Garde," PhD Thesis, University of Pittsburgh, 2008, 115-16.

98. *Le Grand Jeu, collection compléte*（復刻版）, Paris: Éditions Jean-Marcel Place, 1977, Vol. II, 1929, 33-36. シーマはサイフェルトの詩をフランス語に訳している。"Le tableau frais" in *Le Grand Jeu*, Vol. I, 1928, 30-32. 背景に関しては、以下を参照。Coron, *Šíma/Le Grand Jeu*; Nelly Feuerhahn, David Liot, Didier Ottinger, Anna Pravdová, Bertrand Schmitt, Michel Random, Karel Srp and Alain Virmaux, *Grand Jeu et surréalisme: Reims, Paris, Prague*, Reims: Musée des Beaux-arts, 2004; *Le rêve d'une ville: Nantes et le surréalisme*, Nantes: Musée des Beaux Arts, 1994. 後者にはジャック・ヴァシェに関する有益な資料も含まれている。

99. *ReD*, Vol. III, No. 8, 1930, 225-26. この号にはフランスのシュルレアリスト・グループの宣言文

のチェコ語訳が掲載されている。

100. Štyrský, Toyen and Nečas, *Průvodce Paříží a okolím*, 774-78.

101. マコフスキーとヴィフテルロヴァーは1926年から30年にかけて、レスレルは1927年から35年にかけてそれぞれパリに滞在した。ヴォスコヴェツ（母親がフランス人だった）は1921年から24年にかけて、イェジェクは1928年の1月から6月にかけてパリで学んだ。マルチヌーとカプラーロヴァーに関しては、本書440-461頁を参照。

102. クプカの講義には、ジヴィシュ、イェリーネク、マコフスキー、ムジカ、リクル、シーマ、ヴィフテルロヴァー、ズルザヴィー、マルチヌーが出席していた。以下を参照。Luděk Jirásko, "Kupka's Czech Students in Paris, 1923-30," in *Kupka-Waldes: The Artist and His Collector*, ed. Anna Pachovská, Prague: Meissner, 1999, 427-29.

103. スーポーの序文は、以下に全文が収録されている。*Štyrský, Toyen, Heisler*, ed. Jana Claverie, Paris: Centre Georges Pompidou, 1982, 38-39. 当時、チェコ語訳が以下に掲載された。*ReD*, Vol. I, No. 6, 1928, 217-18. その他、シュティルスキーとトワイヤンに関する書誌としては、以下のものが挙げられる。Vítězslav Nezval and Karel Teige, *Štyrský a Toyen*, Prague: Borový, 1938; André Breton, Jindřich Heisler et Benjamin Peret, *Toyen*, Paris: Éditions Sokolová, 1953; *Štyrský a Toyen 1921-1945*, texts by Věra Linhartová and František Šmejkal, Brno: Moravská galerie, 1966; Radovan Ivšić, *Toyen*, Paris: Éditions Filipacchi, 1974; *Štyrský, Toyen, artificielismus 1926-1931*, texts by Lenka Bydžovská and Karel Srp, Prague: Středočeská galerie, 1992; Karel Srp, *Toyen*, Prague: Galerie hlavního města Prahy/Argo, 2000; Karel Srp, *Toyen: une femme surréaliste*, Saint-Étienne Métropole: Musée d'Art Moderne, 2002; Lenka Bydžovská and Karel Srp, *Knihy s Toyen*, Prague: Akropolis, 2003; *Jindřich Štyrský 1899-1942*, Prague: Galerie hlavního města Prahy, 2007（チェコ語と英語の二言語版、スルプの文章を含む）; Lenka Bydžovská and Karel Srp, *Jindřich Štyrský*, Prague: Argo, 2007. *Surrealism: Two Private Eyes, The Nesuhi Ertegun and Daniel Filipacchi Collections*, New York: Guggenheim Museum, 2 vols., ed. Edward Weisberger, 1999は、Srp, *New Formations* と並び、シュティルスキーとトワイヤンのまとまった数の作品を収めた珍しい英語の資料である。シュティルスキーの文章は、エッセイも含め、以下にまとめられている。Jindřich Štyrský, *Každý z nás stopuje svoji ropuchu: texty 1923-1940*, Prague: Thyrsus, 1996; *Texty*, Prague: Argo, 2007. シュティルスキーの夢についての注釈やドローイングも存在するが（Sny, Prague: Odeon, 1970)、英訳はまだほとんどない。いくつか詩も残しているとはいえ（*Poesie*, Prague: Argo, 2003)、シュティルスキーは主に絵画、コラージュ、写真の分野で知られている。写真に関しては、以下を参照。Karel Srp, *Jindřich Štyrský*, Prague: Torst, 2001（チェコ語と英語の二言語版); Jindřich Heisler and Jindřich Štyrský, *Na jehlách těchto dní*, Prague: Borový, 1941. 後者は以下に再録されている。Jindřich Heisler, *Z kasemat spánku*, ed. František Šmejkal, Karel Srp and Jindřich Toman, Prague: Torst, 1999, 83-144. スティーヴン・バンが1974年に自ら編纂したアンソロジー（*The Tradition of Constructivism*, New York: Viking, 1974, 97-102）に、シュティルスキーの「絵画（Obraz)」を収録した際、「シュティルスキー」を地名と思い込み（「シュティルスコ、オーストリア=ハンガリー帝国のボヘミア北部の一地方を指す名称の形容詞形」――実際にはオーストリアの一地方)、名前を聞いたことがないだけの実在する芸術家だと気づかなかったことは、まだ許容範囲である。「絵画」はデヴィエトスィルの雑誌『ディスク』の創刊号（1923年）に寄せられた編集後記だった。以下に英訳が掲載されている。Timothy O. Benson and Eva Forgacs, eds., *Between Worlds: A Sourcebook of Central European Avant-Gardes, 1910-1930*, Los Angeles: Los Angeles County Museum of Art/Cambridge, MA: MIT Press, 2002, 364-66. ［インジフ・シュティルスキー「絵画」宮崎淳史訳、井口壽乃・圀府寺司編『アヴァンギャルド宣言　中東欧のモダニズム』三元社、2005年、56-61頁］だが2009年、鉄のカーテンが取り払われて20年が経ってなお、この重

要な展覧会の図録で、以下のような不正確な解説が掲載されたのはきわめて悩ましいことである。「1922 年、[トワイヤンは] チェコの詩人インジフ・シュティルスキーとユーゴスラヴィアで出会った。トワイヤンの芸術家としてのキャリアは、短命に終わった過激なチェコのアヴァンギャルドのグループ、デヴィエトスィルに参加することで始まった。このグループは構成主義者やダダイストなどを集めたものだった」(*Angels of Anarchy: Women Artists and Surrealism*, ed. Patricia Allmer, London: Prestel, 2009, 249)。シュティルスキーは主に詩人として活動していたわけではなく、デヴィエトスィルは短命に終わった活動ではなかったし、メンバーにダダイストはいなかった。英語圏の読者には、このような文章よりもむしろ、カルラ・ヒューブナーの傑出した博士論文（Karla Huebner, "Eroticism, Identity and Cultural Context: Toyen and the Prague Avant-Garde"）のほうが有益である。この論文が何らかの形で近い将来に刊行されることを、筆者は願ってやまない。

104. Adolf Hoffmeister, "La Rotonde: s kresbami autorovými," *Rozpravy Aventina*, Vol. 2, No. 5, 1926-27, 50. 以下に英訳がある。Huebner, "Eroticism," 100.

105. 以下を参照。Matthew Witkovsky, "Surrealism in the Plural: Guillaume Apollinaire, Ivan Goll and Devětsil in the 1920s," *Papers of Surrealism*, No. 2, summer 2004. ゴルの雑誌『シュルレアリスム』は、1924 年 10 月、創刊号のみで終わった（寄稿者にはルネ・クルヴェルとピエール・ルヴェルディがいた)。現在、復刻版として再刊されている。Paris: Jean-Michel Place, 2004.

106. Srp, *Adolf Hoffmeister*, 343-44. ホフマイステルのほか、亡命チェコ人がパリで拘束された件については、イジー・ムハの自伝的小説（Jiří Mucha, *Podivné lásky/Au seuil de la nuit*）に詳細な記述がある。同書については本書 456-457 頁を参照。

107. 〈芸術協会（Umělecká beseda)〉は、文学、音楽、視覚芸術についての国民的理念を広めることを目的として 1863 年に設立された。代表的なメンバーとしては、ヨゼフ・マーネス、ベドジフ・スメタナ、ヤン・ネルダが挙げられる。『売られた花嫁』の台本を書いた愛国的な転向者カレル・サビナも参加していた。芸術家協会マーネスは、同協会が停滞していると感じ、不満を抱いた若い世代によって 1887 年に設立された。中心となったのはミュンヘンのチェコ人学生協会で、若きアルフォンス・ムハがその筆頭だった。初代会長にはミコラーシュ・アレシュが就いている。拙著 *The Coasts of Bohemia*, 103-4 を参照。また以下も参照。Jiří Kotalík, *Umělecká beseda: k 125. vyročí založení*, Prague: Národní galerie, 1988.

108. *Francouzské moderní umění: l'école de Paris*, Prague: Umělecká beseda, 1931. 同展は、市民会館だけではなく〈芸術協会〉のアレシュ・ホールでも行なわれ、ドローイング、水彩、グラフィックアートが展示された。

109. Ibid., 13-19.

110. Antonín Matějček, Úvod, *Umění současné Francie*, Prague: SVU Mánes, 1931. ページ数表記のない序文。

111. *Katalog výstavy děl sochaře Augusta Rodina v Praze*, texts by F. X. Šalda and Stanislav Sucharda, Prague: Mánes, 1902; *Francouzští impressionisté: catalogue 23. výstavy SVU Mánes v Praze 1907*, introduction by F. X. Šalda, Prague: Mánes, 1907; *Les Indépendents: xxxi výstava Sp. výtv. um. "Mánes,"* introduction by Antonín Matějček, Prague: Mánes, 1910.

112. Karel Teige, "Mezinárodní orientace českého umění," KTD 2, 393.

113. 以下を参照。*Pocta Rodinovi 1902-1992*, ed. Marie Halířová, Prague: Národní galerie, 1992; Cathleen M. Giustino, "Rodin in Prague: Modern Art, Cultural Diplomacy and National Display," *Slavic Review*, Vol. 69, No. 3, 2010, 591-619.

114. エミル・フィラとV・ザーヴァダの対談。*Rozpravy Aventina*, 1932. 以下に再録。Miroslav Lamač, *Osma a Skupina výtvarných umělců 1907-1917*, Prague: Odeon, 1988, 36.

115. *Moderní umění, soubor sestaven A. Mercereauem v Paříži: 45. výstava SVU Mánes v Praze*, introduction by Alexandre Mercereau, Prague: Mánes, 1914.

116. Karel Teige, “Pražské výstavy podzimní sezóny (II),” *Stavba*, Vol. 6, No. 7, 1927–28, in *Zajatec kubismu: dílo Emila Filly v zrcadle výtvarné kritiky 1907-1953*, ed. Tomáš Winter, Prague: Artefactum, 2004, 175–76.

117. Padrta, *Osma a Skupina*, 18–19.

118. Ibid., 21.

119. 以下に再録。Lamač, *Osma a Skupina*, 32.

120. 以下を参照。Roman Musil, Martina Nejezchlebová, Alena Pomajzlová, Roman Prahl, Nikolaj Savický, Tomáš Sekyrka, Vít Vlnas and Jindřich Vybíral, *Moderní galerie tenkrát 1902-1942*, Prague: Národní galerie, 1992.

121. Lamač, *Osma a Skupina*, 31.

122. Max Brod, “Frühling in Prag,” *Die Gegenwart* XXXVI, Vol. 71, No. 20, 18 May 1907, 316-17. 以下にチェコ語訳がある。Lamač, *Osma a Skupina*, 32.

123. Antonín Matějček, *Les Indépendents*, Prague: Mánes, 1910. ページ数表記のない無題の序文。

124. Le Corbusier, *Towards a New Architecture*, New York: BN Publishing, 2008.［ル・コルビュジエ『建築をめざして』吉阪隆正訳、鹿島出版会、1967 年］

125. Pavel Janák, “The Prism and the Pyramid,” in Benson, *Between Worlds*, 86–91.

126.〈グランド・カフェ・オリエント〉のメニュー（2008 年 12 月）。

127.〈カフェ・インペリアル〉のメニュー（2008 年 12 月）。

128. S. K. Neumann, “And Yet!”（1918 年の第 1 回〈頑固派〉展図録の序文）, in Benson, *Between Worlds*, 196–97.

129. *Almanach secese*, ed. S. K. Neumann, Prague: 1896. 寄稿者には、アルノシュト・プロハースカ、カレル・フラヴァーチェク、イジー・カラセク・ズ・ルヴォヴィツ、ユリウス・ゼイエル、オタカル・ブジェジナがいた。*Almanach na rok 1914*, ed. Josef Čapek, Prague: Přehled, 1913. こちらの寄稿者には、ヨゼフ・チャペック、カレル・チャペック、オトカル・フィシェル、スタニスラフ・ハヌシュ、ヴラスチスラフ・ホフマン、ヨゼフ・コジーチェク、スタニスラフ・K・ノイマン、アルネ・ノヴァーク、ヴァーツラフ・シュパーラ、ヴァーツラフ・シュテパーン、オタカル・テヒル、ヤン・ズ・ヴォイコヴィッツがいる。

130. この時期のチャペックの他の作品に関しては、以下を参照。Antonín Slavík, *Josef Čapek*, Prague: Albatros, 1996, 219–88.

131. 背景に関しては、以下を参照。Jaromír Lang, *Neumannův Červen*.

132. S. K. Neumann, “And Yet!,” in Benson, *Between Worlds*, 196–97.

133. Božena Němcová, *Babička*, Prague: Aventinum, 1923［ボジェナ・ニェムツォヴァー『おばあさん』栗栖継訳、岩波文庫、1971 年］; Otakar Štorch-Marien, *Sládko je žít*, Prague: Aventinum, 1992, 187.

134. Karel Čapek, “Starý Mistr,” *Lidové noviny*, 22 January 1933, in *Spisy*, Vol. 19, *O umění a kultuře III*, Prague: Československý spisovatel, 1986, 363–64.

135. Karel Čapek, “Kraj Jiráskův,” in *Spisy*, Vol. 19, 200–201.

136. 以下の引用による。“Babička Vulgaris II,” *Nedělní Lidové noviny*, 23 July 1994, 5.

137. Němcová, *Babička*, 118.［ニェムツォヴァー『おばあさん』282 頁］

138. “Náš Žid Liebermann,” in Mikoláš Aleš, *Špalíček národních písní a říkadel*, Prague: Orbis, 1950, 60.

139. オルセー美術館のウェブサイトより。http://www.musee-orsay.fr/en/collections/works-in-

focus/painting/commentaire_id/the-prophetess-libuse-10610. html? tx_commentaire_pi1%5BpidLi%5D = 509&tx_commentaire_pi1%5Bfrom%5D = 841&cHash = f8c3602644（2018 年 6 月 18 日閲覧）

140. *Katalog Sixty-Eight Publishers*, Prague: Společnost Josefa Škvoreckého, 1991, 28.

141. Franz Fanon, *Black Skin, White Masks*, New York: Grove Press, 1994.［フランツ・ファノン『黒い皮膚・白い仮面』海老坂武・加藤晴久訳、みすず書房、1998 年］

142. Milena Jesenská, "O té ženské emancipaci několik poznámek velice zaostalých," *Národní listy*, 17 February 1923. 以下に英訳がある。Hayes, *The Journalism of Milena Jesenská*, 118.

143. Milan Kundera, *The Unbearable Lightness of Being*, trans. Michael Henry Heim, New York: HarperCollins, 199, 29-32, 72-73.［ミラン・クンデラ『存在の耐えられない軽さ』西永良成訳、河出書房新社、2008 年、85 頁］

144. Margarete Buber-Neumann, *Mistress to Kafka: The Life and Death of Milena*, London: Secker and Warburg, 1966, 97.［マルガレーテ・ブーバー＝ノイマン『カフカの恋人　ミレナ』田中昌子訳、平凡社ライブラリー、1993 年、198 頁］

145. Milena Jesenská, "Česká maminka," *Přítomnost*, Vol. 16, No. 16, 1939, 205-206.

146. この絵画は、以下に掲載されている。*Václav Špála: mezi avantgardou a živobytím*, ed. Helena Musilová, Prague: Národní galerie, 2005, plate 151. この図録には英語の概要も収録されており、シュパーラの作品の良質な選集となっている。

147.『黄金のプラハ（ズラター・プラハ）』とヤン・オットーの出版社については、拙著 *The Coasts of Bohemia*, 93-98 を参照。

148.〈カフェ・スラヴィア〉の歴史に関しては、以下を参照。Karel Holub, *Velká Kavárna Slavia*, Prague: Jan Hovorka, 1998. 同書の表紙には、オリヴァの《アブサンを飲む男》が用いられている。

149. この箇所と続く２つの段落に引用したサイフェルトの詩句は、以下による。*Všecky krásy světa*, 37-38.［ヤロスラフ・サイフェルト『この世の美しきものすべて』飯島周・関根日出男訳、恒文社、1998 年、41-44 頁］

150. こうした作品の例は、以下の書誌で見ることができる。Pavla Pečinková, *Josef Lada*, Prague: Gallery, 1988; Jan Spurný, *Karel Svolinský*, Prague: Nakladatelství československých výtvarných umělců, 1962; *Karel Svolinský 1896-1986*, ed. Roman Musil and Eduard Burget, Prague: Národní galerie, 2001.

151. マサリクの『社会問題』（*Otázka sociální*, 1898）は、マルクス主義に対する古典的な批判となっている。英語による要約版は、以下を参照。*Masaryk on Marx*, Lewisburg, PA: Bucknell University Press, 1972.

152. T. G. Masaryk, *Česká otázka*, Prague: Svoboda, 1990, 112-16.

153. Karel Čapek, *The Gardener's Year*, trans. Geoffrey Newsome, New York: Modern Library, 2002, 102.［カレル・チャペック『園芸家の一年』飯島周訳、平凡社ライブラリー、2015 年、179 頁］

154. ヤルミラ・チャプコヴァー（ヨゼフの妻）による無題の序文。*Josef Čapek in Memoriam*, Prague: Umělecká beseda, 1945.

155. これらすべての例は、*Václav Špála: mezi avantgardou a živobytím* で見ることができる。

156. ズルザヴィーについての最新の包括的な論考は、以下を参照。Karel Srp and Jana Orlíková, *Jan Zrzavý*, Prague: Academia, 2003.

157. Josef Čapek, *Umění přírodních národů*, Prague: Československý spisovatel, 1949. イジー・オペリークは、チャペックの当時未刊だった手稿が世界で最初の体系的な「未開芸術」の研究であり、カール・アインシュタインの先駆的な『黒人彫刻』（1915）に先んじるものであると主張している。以下を参照。Jiří Opelík, *Josef Čapek*, 65-67.

158. Josef Čapek, *Nejskromnější umění*, Prague: Dauphin, 1997, 83.

159. Ibid., 13.
160. Ibid., 11.
161. Ibid., 88.
162. Ibid., 77. さらに詳しい背景については、以下を参照。*Josef Čapek: Nejskromnější umění / The Humblest Art*, ed. Alena Pomajzlová, trans. Branislava Kuburović, Prague: Obecní dům, 2003.
163. "US Devětsil," 6 December 1920. 以下に再録。*Avantgarda známá a neznámá*, ed. Štěpán Vlašin, Vol. 1, Prague: Svoboda, 1971, 81-83. この３巻本のアンソロジーは、以後、略号 AZN に巻数を添えて表記する。
164. Teige, "Poetismus," *Host*, Vol. III, 1924, 197-204. 以下に再録。AZN 1, 561. 英訳は以下を参照。Benson, *Between Worlds*, 579-82.
165. Teige, "Nové umění a lidová tvorba," *Červen*, Vol. IV, 1921, 175-77. AZN 1, 152 に再録。この時点ではまだ、デヴィエトスィルはＳ・Ｋ・ノイマンや〈頑固派〉と近しい関係にあった。タイゲとサイフェルトの 1924 年７月の記事「Ｊ・コジーチェクと彼の世代」("J. Kodíček a jeho generace," AZN 1, 562-65）に、戦前のアヴァンギャルドに対する若い世代の批判が端的にまとまっている。
166. Teige, "Umění dnes a zítra," *Revoluční sborník Devětsil*, 187-202. AZN 1, 365-81 に再録。この文章は 1922 年の秋に書かれたもの。「新しいプロレタリア芸術」はその数か月前、同じ年の春に書かれている。
167. アンドレ・ブルトンは 1966 年９月に死去したため、まさに自分自身の革命を見逃したというのがフランスでは古典的なジョークになっている。ダダと初期シュルレアリスムから、レトリスム、シチュアシオニスム、1968 年の５月革命を経由してパンクにいたる拒否と抵抗の底流を辿ろうとするきわめて真剣な（とはいえ徹底して非学術的な）試みが、以下の書物である。Greil Marcus, *Lipstick Traces: A Secret History of the Twentieth Century*, Cambridge, MA: Harvard University Press, 1999.
168. Teige, "Umění dnes a zítra," in AZN 1, 367.
169. "US Devětsil," in AZN 1, 81-83.
170. フィリップ・ジョンソンは、のちに次のように指摘している。「マルクス主義者と、建築の社会的側面に興味を持っていた人々は、デザインやスタイルに力点を置くことを嫌った」。*International Style*, 14, 1995 年版の序文。
171. 以下に（チェコ語訳が）再録されている。*Poetismus*, ed. Květoslav Chvatík and Zdeněk Pešat, Prague: Odeon, 1967, 63. 要約は他にドイツ語とフランス語があるが、内容はロシア語版と少々異なるほか、厳密にはロシア語で明確に「インターナショナル・スタイル（стиль интернациональный）」の語が使われていたわけではない。ロシア語の原文は、以下を参照。*Revoluční sborník Devětsil*, 205.
172. Sara Fanelli, *Tate Artist Timeline*, London: Tate, 2006. ファネッリによる数百におよぶ芸術運動と芸術家の人名一覧にチェコ人の名が１人（フランチシェク・クプカ）しか挙がってない理由はこれだけではなく――ダダと構成主義はデヴィエトスィルと似たような「反芸術」のスタンスを取っていたが、ファネッリの眼鏡にかなっている――おそらくは芸術家がどの分野に貢献したかという問題も関わっているのだろう。デヴィエトスィルの芸術家たち（シュティルスキーとトワイヤンは重要な例外だが、どちらも多くのブックデザインを手がけている）による 20 世紀の視覚言語への主な貢献は、おそらく建築、デザインなどの応用芸術、演劇、写真などの分野で行なわれたもので、古典的な絵画や彫刻の分野に収まるものではない。もちろん、「絵画詩」やネズヴァルとタイゲの『アルファベット』（本書 309-314 頁で論じる）、ズデニェク・ペシャーネクの光の運動による彫刻など、デヴィエトスィルのもっとも重要な成果のいくつかは、絵画や彫刻にも関わっている。この

ことは、デヴィエトスィルの左翼的な政治姿勢と、そしてポエティスムの「生活の一部としての芸術」というプログラムに直接関わっているが、またその「小さいけれど、私たちのもの（malé, ale naše)」というあり方に典型的なチェコ性を見いだすこともできるかもしれない。

173. ヴォルケルは1922年の初めにデヴィエトスィルに参加したが、グループのプログラムの一部に当初から反対していた。ヴォルケルが脱退した理由について、タイゲは「現代の構成主義とポエティスムの方法論は、現代の新古典主義や記念碑的な叙事詩の規律と衝突していたが、ヴォルケルは後者を信じていた」と語っている。タイゲはこの別れは友好的なものだったと主張し、1924年1月にヴォルケルが死去するまで2人は個人的な友人同士であった。*In Memoriam Jiřího Wolkra*. Prague: 1924. 抜粋はKTD 1, 514-17に再録。第1回〈春のデヴィエトスィル展〉はルドルフィヌムで行なわれた。出展者にはベドジフ・フォイエルシュタイン、シーマ、タイゲがいた。

174. ヤロスラフ・サイフェルト『涙に埋もれた街』の無題の序文。US Devětsil [Vladislav Vančura], *Město v slzách*, DJS 1, 12.

175. これらの表紙デザインは、以下に掲載されている。DJS 1, 11, 18-19.

176. 「角ばった苦悩のイメージ（hranatý obraz utrpení)」は、詩集の巻頭を飾る「序文詩」の最初の詩行である。DJS 1, 13.

177. Seifert, "Modlitba na chodníku," DJS 1, 23-26.

178. 「トルココーヒー（turecká káva)」は誤ってつけられた名であり、細かく挽いたコーヒー豆に湯を注ぎ、上澄みを飲む。プラハではかつてよく飲まれたが、最近ではどこにでもあるエスプレッソに取って代わられつつある。

179. ネズヴァルの作品でもっともよく知られている長い詩篇のひとつ『驚異の魔術師』も含まれる。

180. *Revoluční sborník Devětsil*, 158.

181. Ibid., 183.

182. Ibid., 136-42. 図版としてチャップリンの映画『キッド』のスチール写真と、スーラのサーカスの絵が記事に添えられている。

183. 以下を参照。Karel Srp, in cooperation with Polana Bregantová and Lenka Bydžovská, *Karel Teige a typografie: asymetrická harmonie*, Prague: Arbor/Akropolis, 2009, 29-33.

184. *Revoluční sborník Devětsil*, 176.

185. Ibid., 188, 192. どちらの写真も『ジヴォットII』（196）で再度用いられており、スーラと大観覧車の写真とともに、クレイツァルの「メイド・イン・アメリカ」の図版となっている。サイフェルトの『パリ』の図版、蒸気船、除雪列車の写真が掲載された『革命論集デヴィエトスィル』のページは、以下に再録されている。Srp, *New Formations*, 37.

186. *Revoluční sborník Devětsil*, 203.

187. *Život II*（あとがき), 208.

188. *Život II*, ページ数表記のない序文。

189. Ibid., 85. この文章はフランス語のみで掲載された。ル・コルビュジエとオザンファンの2本目の寄稿「ピュリスム（Le Purisme)」も、それ以前には発表されていない。後者はフランス語の原文（8-16）とカレル・タイゲによるチェコ語訳（17-27）が掲載され、同号の巻頭を飾っている。エレンブルグ「構成」（29-34）は、『それでも地球は動く』からの抜粋であり、ベーレンスは「美術的諸問題と技術的諸問題の関係」を論じている（54-62)。フランスの映画監督で批評家のデリュックは「映画スクリーンの前の大衆」を寄稿（148-52）しているが、これはかれの影響力を持った1920年の本『フォトジェニー（*Photogenie*)』からの抜粋である。フォーレは「機械の美学」（94-101）を、エプスタインはエッセイ「映画」（143-47）を寄稿している。

190. *Život II*, 159-60. マン・レイの写真集「シャン・デリシュ」は12葉のレイヨグラフを収録し、

1921年12月、トリスタン・ツァラの序文とともに限定少部数がパリで出版された。同誌より前にこのレイヨグラフを掲載したのは、アメリカの『リトル・レヴュー』（1922年秋号）と『ヴァニティ・フェア』（1922年11月号）のみである。以下を参照。Emmanuelle de l'Écotais, *Man Ray Rayographies*, Paris: Éditions Léo Scheer, 2002. マン・レイの作品は「機械的な、写真による美」の例として、デヴィエトスィルの〈現代芸術バザール〉展に出品され、1923年11-12月にプラハで、1924年1-2月にはブルノで展示されている。

191. *Život II*, 153-68.

192. Teige, "Umění přítomnosti," *Život II*, 119-42.

193. *Život II*, 110-18.

194. より広範な文脈に関しては、以下を参照。Jaroslav Anděl, *Avant-Garde Page Design 1900-1950*, New York: Delano Greenidge, 2002.

195. ３か月前に刊行された『革命論集デヴィエトスィル（*Revoluční sborník Devětsil*）』（207）には、フォイエルシュタインの名もシーマの名もないが、クレイツァルは名を連ねている。デヴィエトスィルの会員資格というのはつねに流動的であった。

196. *Život II*, 54-61.

197. Ibid., 30. エレンブルグの文章にもやはり、灯台、電柱、そして（またもや）エッフェル塔とマンハッタンの摩天楼の写真が添えられていた。

198. Ibid., 52-54.

199. Ibid., 46.

200. Ibid., 38-43.

201. Josef Šíma, "Reklama," *Život II*, 102-103. タイポグラフィーのデザインはタイゲによるもの。関連するノイマンの文章が、同書103頁の脚注に太字で転載されている。

202.「昔は地方的、民族的に自足し、まとまっていたのに対し……」から始まる『共産党宣言』の有名な一文がある［マルクス、エンゲルス『共産党宣言』大内兵衛・向坂逸郎訳、2007年、岩波文庫、47頁］。*Život II*, 142.

203. Ibid., 21, 62.

204. Ibid., 45.

205. Ibid., ページ数表記のない前付。

206. Ibid., 199-200.

207. H. R. [Hans Richter], "Prague," in *G: Journal for Elemental Form-Creation*, No. 3, June 1924, 140（復刻版）. 英訳は以下に掲載されている。*G: An Avant-Garde Journal of Art, Architecture, Design and Film, 1923-26*, ed. Detlef Martins and Michael W. Jennings, trans. Steven Lindberg with Margareta Ingrid Christian, Los Angeles: Getty Research Institute and London: Tate, 2010, 140.

208. *Život II*, 5-6. 以下に再録。*Samá láska*, DJS 1, 125-26. 詩の英語の全訳は、以下を参照。Loewy, *Early Poetry of Jaroslav Seifert*, 91-92.

209. *Revoluční sborník Devětsil*, 202.

210. より完全な情報は、以下を参照。Seifert, *Všecky krásy světa*, "Ediční poznámka," 527-32. このオデオン社は、戦間期にヤン・フロメクが経営していた同名の出版社とは何の関係もない。チェコスロヴァキアの出版社は、1948年にすべて国有化された。

211. この詩集は、ビーブルの『ジャワへの旅（*Cesta na Jávu*）』に収録されている。

212. デヴィエトスィルの絵画詩の例は、以下に掲載されている。Anděl, *Art of the Avant-Garde in Czechoslovakia*; Anděl, *Czech Modernism; Devětsil: česká výtvarná avantgarda dvacátých let*, texts by František Šmejkal, Rostislav Švácha and Jan Rous, Prague: Galerie hlavního města Prahy, 1986; *Devětsil: Czech*

Avant-Garde Art, Architecture and Design of the 1920s and 30s, ed. Rostislav Švácha, Oxford, UK: Museum of Modern Art; London: London Design Museum, 1990; *Karel Teige 1900-1951*, texts by Karel Srp and others, Prague: Galerie hlavního města Prahy, 1994; Codeluppi, *Karel Teige: architettura, poesie-Praga 1900-1951*; Srp, New Formations.

213. *Život II*, 35-42. Kという署名がある。

214. 以下を参照。Loewy, *Early Poetry of Jaroslav Seifert*.

215. 諷刺雑誌『スルシャテツ』に掲載された宣伝文句。DJS 1, 217.

216. たとえば「栄光の日」や「革命を記憶する詩」などの作品。

217. Seifert, "Verše o lásce, vraždě a šibenici," DJS 1, 107

218. 表紙のモンタージュには、自動車のタイヤ、花を活けた花瓶、イチーンの絵葉書、「プラハ（Praha）」、「デヴィエトスィル（Devětsil）」、「ディスク（Disk）」の文字、そして1923年の表記が入っている。口絵には「イチーン（Jičín）」、「パリ（Paris）」、「ニューヨーク（New York）」の語が組み込まれている。DJS 1, 72-73.

219. デヴィエトスィル［カレル・タイゲ］、サイフェルト『愛そのもの』のための無題のあとがき。DJS 1, 128-29.

220. Seifert, "Černoch," DJS 1, 121. 筆者はčernochをNegro、černoškyをNegro Womanと訳した。ダナ・ローウィーはčernoškyをblack womenと訳しているが、筆者は1920年代当時の英単語の用法との整合性を鑑みて先の訳語を用いた。一方、ローウィーがcerný hochをblack boyと訳したこともやはり、boyの語を黒人に用いていたアメリカの歴史から、残念ながら人種差別的なニュアンスがこもってしまう。チェコ語にはこのような含意はない。hochはboy, lad, kidもしくはguyと訳しうる。černýは単に「黒い」という意味である。

221. 《ニグロの王》は、以下に再録されている。Slavík, *Josef Čapek*, 252.

222. Annie Le Brun, "Toyen ou l'insurrection lyrique," *Nouvelle Revue Française*, No. 559, 2001, 135.

223. これらのスケッチは、同じスケッチブックの他のスケッチ数点とともに、以下に掲載されている。Karel Srp, *Toyen*, 25-28. カルラ・ヒューブナーは次のように記している。「フランス滞在初期のスケッチブックで、トワイヤンはさまざまな性的イメージを実験的に描いている。レズビアン、裸の女性たちに精液を噴射する水兵たち、獣姦の光景さえある」（Karla Huebner, "Eroticism," 101）。こうしたスケッチの多くに残された日付から、トワイヤンは1925年に、少なくとも1月中旬から3月までパリにいたことがわかる。

224. 以下の引用による。Bennetta Jules-Rosette and Njami Simon, eds., *Josephine Baker in Art and Life: The Icon and the Image*, Chicago: University of Illinois Press, 2007, 179. 有名なバナナのスカート（のみ）を身にまとったベイカーの写真は、以下に掲載されている。*ReD*, Vol. I, No. 1, October 1927, 25.

225. Huebner, "Eroticism,"106.

226. Seifert, "Černoch," DJS 1, 121.

227. DJS 1, 85.〈カフェ・ロトンド〉の文字が見える。

228. Seifert, "Paříž," DJS 1, 82-84. この詩はイヴァン・ゴルに捧げられている。

229. Seifert, "Námořník," DJS 1, 119.

230. Seifert, "Paříž," DJS 1, 82-84.

231. Josef Kopta, "Umění proletářské a poetismus," *Přerod*, II, 1924, 157-62. 以下に再録。AZN 1, 598. フランチシェク・ブラニスラフの1925年の諷刺詩「ポエティスム的な」も参照。AZN 2, 59.

232. サイフェルトの詩集『TSFの波に乗って』に収録されている同名の詩への言及。DJS 2, 43.

233. F. C. Weiskopf, "100 Procent," *Avantgarda* Vol. 1, No. 4, April 1925. AZN 2, 78-83に再録。

234. 初出は『アヴェンティヌム論叢（*Rozpravy Aventina*）』のコラム「自分について（O sobě）」とし

て発表されたもの。以下の引用による。*Reflex*, No. 39, 1992, 68.
235. Vítězslav Nezval, *Ulice Gît-le-Cœur*, 7.

5　ボディ・ポリティック

1. Hans Bellmer, *Little Anatomy of the Physical Unconscious, or The Anatomy of the Image*, trans. Jon Graham, Waterbury Center, VT: Dominion, 2004, 19-20.［ハンス・ベルメール「肉体的無意識の小解剖学あるいはイマージュの解剖学」、『イマージュの解剖学』種村季弘・瀧口修造訳、河出書房新社、1975年、142頁］
2. Tobias G. Natter, "On the Limits of the Exhibitable: The Naked Body and Public Space in Viennese Art around 1900," in Natter, *Naked Truth*, 20. クールベの《世界の起源》は、サンクトペテルブルク駐在のオスマン帝国大使からの私的な依頼で1866年に描かれている。この作品は長いこと覆いの下に隠されていた。「外側のパネルには、雪に閉ざされた小さな村の教会が描かれていたが、絵の鍵を外すと、クールベがハリル＝ベイのために描いた絵画が現われた。女性の腹部から、黒々とした陰毛に覆われた恥丘、その下のピンク色の女性器の溝までが描かれている」。エドモン・ド・ゴンクールは、1889年6月29日の日記にこのように記している（以下の引用による。Bernard Marcadé, "Le devenir-femme de l'art," in *féminimasculin: Le sexe de l'art*, Paris: Centre Pompidou, 1995, 23）。ジェイムズ・アボット・マクニール・ホイッスラーの愛人ジョアンナ・ヒファーナンがモデルであると考えられている。クールベは自作をこのように考えていた。「美しい……そう、実に美しい。ティツィアーノ、ヴェロネーゼ、彼らのラファエロ、そして私自身もこれ以上に美しいものは描いたことがない」（以下の引用による。Thierry Sabatier, *L'Origine du monde: Histoire d'un tableau de Gustave Courbet*, 2d ed., Paris: Bartillat, 2006, 75）。
3. 以下の引用による。Max Hollein, Foreword to Natter, *Naked Truth*, 10. ドイツ語の原文は次のとおり。"Kannst Du nicht allen gefallen durch Deine That und Dein Kunstwerk—mach es wenigen recht vielen Gefallen ist schlimm."
4. John Updike, "Klimt and Schiele Confront the Cunt," in *Collected Poems 1953-1993*, New York: Knopf, 1997, 210.
5. Paul Éluard, "Poetic Evidence," in Read, *Surrealism*, 174-76.［「詩の明証性」、『エリュアール詩集』宇佐美斉編訳、小沢書店、1994年、134-135頁］
6. シーレ《聖セバスティアヌスとしての自画像》（1914年）、図版は以下に収録。Natter, *Naked Truth*, 275. クビシュタ《聖セバスティアヌス》（1912年）、図版は以下に収録。Nešlehová, *Bohumil Kubišta*, 125. T・S・エリオット「聖セバスティアヌスの愛の歌」（1914年）、以下より。T. S. Eliot, *Inventions of the March Hare: Poems 1909-1917*, ed. Christopher Ricks, New York: Harcourt Brace, 1996, 78-79.
7. この一節の情報は、以下による。Natter, *Naked Truth*, 126-27.
8. ココシュカ『わが生涯（*Mein Leben*）』より、以下の引用による。Natter, *Naked Truth*, 120. 『ブリタニカ百科事典』によると、ココシュカは1933年にこの舞台について、「我々の男性社会の無神経さを、死すべき定めの男と不死身の女という私の基本的な構想に」対比させる意図があったと説明した。「現代社会では、このような物事の状態をひっくり返したいと願うのは殺人者だけです」。残念なことに、この発言の出典は記されていない。『ブリタニカ百科事典』のウェブサイト、"Oskar Kokoschka"の項目を参照。http://www.britannica.com/EBchecked/topic/321260/Oskar-Kokoschka（2018年6月18日閲覧）

9. Natter, *Naked Truth*, 152. 『シュトゥルム』誌の攻撃的な表紙は、同書 153 頁に掲載されている。
10. Natter, *Naked Truth*, 476.
11. Kokoschka, *Mein Leben*. 以下の引用による。Natter, *Naked Truth*, 121.
12. マックス・リーバーマンの代理としての公開書簡、1933 年 5 月。*Oskar Kokoschka, Letters 1905-1976*, ed. Olda Kokoschka and Alfred Marnau, London: Thames and Hudson, 1992, 134.
13. ココシュカからアルマ・マーラー＝ヴェルフェルへの手紙、1937 年 12 月 16 日。*Letters*, 150.
14. Oskar Kokoschka, *My Life*, London: Thames and Hudson, 1974, 72-73.
15. Kokoschka, *My Life*, 79.
16. アルマ・マーラーの日記、1914 年 5 月 17 日。以下の引用による。Francoise Giroud, *Alma Mahler: The Art of Being Loved*, Oxford, UK: Oxford University Press, 1991, 109. ［フランソワーズ・ジルー『アルマ・マーラー　ウィーン式恋愛術』山口昌子訳、河出書房新社、1989 年、203 頁］アルマは以下の書物で、「デスマスク事件」についてやや異なる説明を行なっている。Alma Mahler Werfel, *And the Bridge Is Love: Memories of a Lifetime*, trans. E. B. Ashton, London: Hutchinson, 1959, 75. ［アルマ・マーラー『マーラーの思い出』酒田健一訳、白水社、1999 年、173-174 頁］
17. Giroud, *Alma Mahler*, 115. ［ジルー『アルマ・マーラー　ウィーン式恋愛術』203 頁］
18. ココシュカからアルマ・マーラー＝ヴェルフェルへの手紙、1937 年 7 月 30 日。*Letters*, 146.
19. Kokoschka, *My Life*, 116.
20. ココシュカからヘルミーネ・モースへの手紙、1918 年 8 月 20 日。以下の引用による。Frank Whitford, *Oskar Kokoschka: A Life*, London: Weidenfeld and Nicolson, 1986, 119-20.
21. ココシュカからヘルミーネ・モースへの手紙、1918 年 12 月 10 日。以下の引用による。Whitford, *Kokoschka*, 120-21.
22. ココシュカからヘルミーネ・モースへの手紙、1919 年 1 月 15 日。Ibid., 121.
23. Oskar Kokoschka, *A Sea Ringed with Visions*, London: Thames and Hudson, 1962, 7. 以下の引用による。Whitford, *Kokoschka*, 123. ここでココシュカは、レザールがのちに自分のベッドの中へもぐりこんできて、「私は身も心もあなたに捧げますわ——私を自由にしてください、ご主人様」と耳元でささやいたと主張している。
24. 以下に再録された手紙を参照。Whitford, *Kokoschka*, 122-24.
25. Kokoschka, *My Life*, 116-17.
26. ココシュカからヘルミーネ・モースへの手紙、1919 年 1 月 15 日。以下の引用による。Whitford, *Kokoschka*, 121.
27. ココシュカからヘルミーネ・モースへの手紙、1919 年 4 月 6 日。Ibid., 121.
28. Kokoschka, *My Life*, 118.
29. 《人形のいる自画像》（1920-21）。カルヴォコレッシの記述は、以下による。*Oskar Kokoschka 1886-1980*, ed. Richard Calvocoressi, London: Tate Gallery, 1986, 309.
30. Kokoschka, *My Life*, 117.
31. Ibid., 118.
32. Calvocoressi, *Oskar Kokoschka*, 97.
33. ココシュカ「ドレスデンの住民に宛てた公開書簡」、1920 年 3 月。*Letters*, 75.
34. John Heartfield and George Grosz, "The Art Scab," 初出は"Der Kunstlump," *Der Gegner*, Vol. 1, Nos. 10-12, 1920. 以下に英訳がある。Kuenzli, *Dada*, 227-28.
35. Ibid.
36. ココシュカ「ドレスデンの住民に宛てた公開書簡」。
37. この絵画は、以下に掲載されている。Kuenzli, Dada, 94. 〈ベルリン国際ダダ見本市〉の背景につ

いては、以下を参照。Bruce Altshuler, *The Avant-Garde in Exhibition: New Art in the 20th Century*, Berkeley: University of California Press, 1998, 98-105.

38. Robert Motherwell, ed. *The Dada Painters and Poets: An Anthology*, 2d ed., Boston: G. K. Hall, 1981, Introduction, xxiii.

39. Huelsenbeck, "En avant Dada," 1920, in Motherwell, *Dada Painters*, 45-47.

40. 訪問は 1921 年 9 月。

41. 以下を参照。Karel Srp, "Poetry in the Midst of the World: The Avant-Garde as Projectile," in Benson, *Central European Avant-Gardes*, 116.

42. František Halas, *Dadaism*, Prague, 1925. 抜粋の英訳は、以下を参照。Benson, *Between Worlds*, 372; Karel Teige, "Dada," *Host*, Vol. 6, No. 2, November 1926. AZN 2, 285-303 に再録。抜粋の英訳は、以下を参照。*Between Worlds*, 376-81. タイゲは以下の２巻本でもダダについて書いている。『笑みを浮かべる世界』、『香りを放つ世界』（プラハ、オデオン社、1928 年、1930 年）。いずれも「ユーモア、ダダイストそして道化（クラウン）」をめぐる書物であった。ともに近年、再刊されている（プラハ、アクロポリス社、2004 年）。さらに詳しい議論については、以下を参照。Jindřich Toman, "Now You See It, Now You Don't: Dada in Czechoslovakia, with Notes on High and Low," in *The Eastern Dada Orbit: Russia, Georgia, Central Europe and Japan*, ed. Gerald Janeček, New York: G. K. Hall/Prentice International, 1998, 11-40; Miloslav Topinka, "The Dada Movement in Relation to the Czech Interwar Avant-Garde," *Orientace*, 1970, trans. James Naughton for *Dada East*, 17th Prague Writers Festival. http://www. pwf. cz/rubriky/projects/dada-east/miloslav-topinka-the-dada-movement-in-relation-to-the-czech-inter-war-avant-garde_8057.html（2018 年 6 月 18 日閲覧）

43. Witkovsky, "Surrealism in the Plural: Apollinaire, Ivan Goll and Devětsil in the 1920s." 1920 年代プラハのアヴァンギャルドからシュルレアリスムへの移行に関しては、レンカ・ビジョフスカーとカレル・スルプが、おそらく英語で読むことのできる最良の概説を以下で行なっている。Srp, New Formations, chs. 3-5.

44. Karel Teige, "Surréalistické malířství," *ReD*, Vol. 2, No. 1, September 1928, 26-27.

45. Jindřich Štyrský and Toyen, "Artificielismus," *ReD*, Vol. 1, No. 1, October 1927, 28-30, trans. in Benson, *Between Worlds*, 589-90.［インジフ・シュティルスキー、トワイヤン「人工主義」宮崎淳史訳、『アヴァンギャルド宣言　中東欧のモダニズム』103 頁］

46. Karel Teige, "Ultrafialové obrazy, čili artificielismus (poznámka k obrazům Štyrského & Toyen)," *ReD*, Vol. 1, No. 9, 1927-28, 315-17. 英訳は以下を参照。*Between Worlds*, 601-3. この文章が掲載された『ReD』は『ポエティスム宣言集』と題され、他にネズヴァルの「インクの一滴」とタイゲの「ポエティスム宣言」も収録している。

47. Štyrský and Toyen, "Artificielismus," in Benson, *Between Worlds*, 589.［シュティルスキー、トワイヤン「人工主義」、『アヴァンギャルド宣言　中東欧のモダニズム』103-104 頁］

48.「そもそもわたしたちよりも以前に、この言葉が世にうけいれられたことがないのは明らかだからである。そこで、いまこそきっぱりと、私はこの言葉を定義しておく。シュルレアリスム。男性名詞。心の純粋な自動現象（オートマティスム）であり、それにもとづいて口述、記述、その他あらゆる方法を用いつつ、思考の実際上の働きを表現しようとくわだてる。理性によって行使されるどんな統制もなく、美学上ないし道徳上のどんな気づかいからもはなれた思考の書きとり」。André Breton, Manifesto of Surrealism, 1924, in Manifestoes of Surrealism, 26.［アンドレ・ブルトン『シュルレアリスム宣言・溶ける魚』巖谷國士訳、岩波文庫、1992 年、46 頁］

49. 以下を参照。André Breton, "Le message automatique," Minotaure, Vol. 1, Nos. 3-4, 1933, 55-65. 英訳は以下を参照。*What Is Surrealism?*, Book 2, 109.

50. 以下を参照。Jindřich Štyrský, *Sny*.
51. Karel Teige, "Ultrafialové obrazy."
52. André Breton, *Anthology of Black Humor*, trans. Mark Polizzotti, San Francisco: City Lights, 1997, vi-vii.［アンドレ・ブルトン『黒いユーモア選集１』小海永二ほか訳、河出文庫、2007 年、20 頁］
53. Brassaï, *Conversations with Picasso*, 12.［ブラッサイ『語るピカソ』19 頁］
54. Robert Desnos, "Third Manifesto of Surrealism" (1930), in *Essential Poems and Writings of Robert Desnos*, ed. Mary Ann Caws, Boston: Black Widow Press, 2007, 72. これもまたブルトンの「第二宣言」に対する辛辣な返答であった。
55. ヤロスラフ・サイフェルト『TSF の波に乗って』のエピグラム。DJS 2, 15.
56. ユリウス・フチーク「世界旅行」、サイフェルト『歌の下手なナイチンゲール』のあとがき。DJS 2, 133-36. この詩集はまず 1926 年にオデオン社から、ヨゼフ・シーマの挿絵（いずれも女性の裸体をモチーフにしている）入りで出版された。同書はシーマに捧げられている。フチークは当初、『TSF の波に乗って』を「プロレタリア路線の放棄」と批判したことを認めつつ、その点「私たちは間違っていた」と述べる。『歌の下手なナイチンゲール』で改めて確信したとおり、フチークは『TSF の波に乗って』を、モスクワから始まりモスクワで終わる詩的な「世界旅行」の一部と見なしている。
57. Seifert, *Všecky krásy světa*, 335.［サイフェルト『この世の美しきものすべて』422 頁］
58. Seifert, DJS 2, 22, 51, 34.
59. Seifert, "Počitadlo," DJS 2, 55.［サイフェルト『この世の美しきものすべて』422-433 頁］
60. Seifert, Všecky krásy světa, 336.［同書 423 頁］
61. パウケルトのデリカテッセンのウェブサイトより。http://www.janpaukert.cz（2018 年 6 月 18 日閲覧）
62.「パウケルトのスペシャル・サンドイッチがふたたび！」Praha.eu のウェブサイトより。http://www.praha.eu/jnp/cz/co_delat_v_praze/volny_cas/chlebicek_od_paukertu_uz_je_opet_k_mani.html（2018 年 6 月 18 日閲覧）
63. Vítězslav Nezval, *Abeceda*, Prague: Torst, 1993, 8. 同書は、1926 年刊オットー社版の復刻版である。また、インジフ・トマンとマシュー・Ｓ・ウィトコフスキーは同書のテクストの優れた英訳を手がけており、タイポグラフィー、フォトモンタージュ、レイアウトが綿密に再現されている（*Alphabet*, Ann Arbor: Michigan Slavic Publications, 2001）。以降、特に注記のないかぎり、オットー社版を復刻したトルスト社のチェコ語版を参照している。
64. Vítězslav Nezval, *Pantomima: poesie*, Prague: Ústřední studentské knikupectví a nakladatelství, 1924. 再刊は以下。Prague: Akropolis, 2004.「アルファベット」は、同書の冒頭に収録されている（7-11）。
65. Nezval, *Abeceda*, 3.
66. Witkovsky, "Avant-Garde and Center: Devětsil in Czech Culture, 1918-1938."
67. この写真は、以下の２冊に掲載されている。Anděl, *Art of the Avant-Garde in Czechoslovakia*, 209; Srp, *Karel Teige a typografie*, 154. 後者では、1933 年にブルノのイジー・クロハ邸で撮影されたと記されている。クロハの代表作は、1932 年から 33 年に制作された「教育的フォトモンタージュの連作」《生活の社会学的断片》であり、1934 年にブルノとプラハ（クラム＝ガラス宮殿）で展示された。この連作は、のちに書籍（Jiří Kroha, *Sociologický fragment bydlení*, Brno: Krajské středisko státní památkové péče a ochrany přírody v Brně, 1973）として刊行されたが、オリジナルとはほど遠いものになっている。クロハのモンタージュがよりよい形で（クラウス・シュペヒテンハウザーの詳細な解説とともに）掲載されたのは、以下の書物である。*Jiří Kroha (1893-1974): architekt, malíř, designer, teoretik v proměnách umění 20. století*, ed. Marcela Macharáčková, Brno: Muzeum města Brna, 2007, 226-

72.

68.『アルファベット』は2006年、ヴィクトリア&アルバート博物館で開催された〈モダニズム1914-1939〉展で大きく取り上げられ、同書が展示されたのみならず、ミルチャ・マイエロヴァーのパフォーマンスも動画で再現された。タイゲの「G」の文字のデザインは、以下の書籍の表紙にもなっている。Julian Rothenstein and Mel Gooding, eds., *ABZ: More Alphabets and Other Signs*, London: Redstone, 2003.

69. ここで引用したのは、ネズヴァルの「I」の文字の詩の最初の行である。*Abeceda*, 22.

70. イェセンスカーのスポーツに関する文章のうち、いくつかはHayes, *Journalism of Milena Jesenská* で読むことができる。ストナルが手がけた雑誌『ジイェメ』(*Žijeme*, Vol. 1, Nos. 4-5, July-August 1931)の表紙は、以下の2冊に掲載されている。Vlčková, *Družstevní práce—Sutnar Sudek*, 96; Iva Janáková, ed., *Ladislav Sutnar—Praha—New York—Design in Action*, Prague: Uměleckoprůmyslové museum/Argo, 2003, 154. ドルチコルに関しては、以下を参照。Anna Fárová, *František Drtikol: Art-Deco Photographer*, Munich and London: Schirmer Art Books, 1993; Vladimír Birgus, *The Photographer František Drtikol*, Prague: Kant, 2000; František Drtikol, *Oči široce otevřené*, Prague: Svět, 2002; Jan Mlčoch, *František Drtikol: fotografie z let 1918-1935*, Prague: Uměleckoprůmyslové muzeum, 2004(チェコ語、フランス語、英語の三言語版).

71. コイケ博士からドルチコルへの手紙、1929年4月。以下の引用による。Birgus, *The Photographer František Drtikol*, 46.

72. タイゲのエッセイ「モダン・タイポグラフィー」では、サイフェルトの『TSFの波に乗って』、ネズヴァルの『パントマイム』、『アルファベット』での自身のデザインが論じられている。以下に(アレクサンドラ・ビューヒラーによる)英訳がある。Dluhosch and Švácha, *Karel Teige 1900-1951*, 94-105; Srp, *New Formations*, 76-84. チェコ語の原文は "Moderní typo" と題して *Typografia*, No. 34, 1927, 189-98に掲載され、KTD 1, 220-34に再録されている。詳しくは以下を参照。Polana Bregantová, "Typography," in Dluhosch and Švácha, *Karel Teige*, 72-91. タイゲのタイポグラフィーへの貢献に関する包括的な研究としては、Srp, *Karel Teige a typografie* があり、ここではタイポグラフィーに関するタイゲの主要な文章がすべて収録されている。

73.「クメン」については、拙著 *The Coasts of Bohemia*, 207-8で詳しく論じている。「私たちは国家に属しているが、この語の最良の意味でコスモポリタンでありたい。私たちは国内と海外の文化の懸け橋となりたい」と、オタカル・シュトロフ=マリエンは協会の設立声明に記している(1926年4月6日)。*Aventinská mansarda: Otakar Štorch-Marien a výtvarné umění*, ed. Karel Srp, Prague: Galerie hlavního města Prahy, 1990, 7. 毎年発行された雑誌と春の年鑑『クメン年鑑』(*Almanach Kmene*, 1930-38)が、この野望がどの程度達成されたかを物語っている。トワイヤンは「愛」がテーマだった1933年春の『年鑑』の美術担当を務め、多くの挿画を提供した。*Milostný almanach Kmene pro jaro 1933*, ed. Libuše Vokrová, Prague: Orbis, 1933.

74. Matthew S. Witkovsky, "Creating an Alphabet for the Modern World," in Nezval, *Alphabet* (Michigan edition), 66-69. ウィトコフスキーの博士論文 "Avant-Garde and Center: Devětsil in Czech Culture, 1918-1938" の第2章は、『アルファベット』に関する実にまとまった研究となっている。

75. Karel Teige, "Poetismus," 初出は *Host*, Vol. 3, Nos. 9-10, July 1924, 197-204. 以下に再録。KTD 1, 123. 以下に英訳がある。Benson, *Between Worlds*, 579-82. [カレル・タイゲ「ポエティスム」宮崎淳史訳、『アヴァンギャルド宣言　中東欧のモダニズム』70頁]

76. W. H. Auden, "September 1, 1939," in Robin Skelton, ed., *Poetry of the Thirties*, London: Penguin, 1964, 280-83. [W・H・オーデン「1939年9月1日」風呂本武敏訳、『オーデン名詩評釈』安田章一郎・風呂本武敏・櫻井正一郎共編著、大阪教育図書、1981年、150頁]

77. Karel Teige et al., "Zásadní stanovisko k projevu 'Sedmi,'" *Tvorba*, Vol. 4, 1929. AZN 3, 54-55 に再録。

78. Jindřich Štyrský, "The Generation's Corner," in Benson, *Between Worlds*, 676-77. 初出は "Koutek generace," Odeon, No. 1, 1929. 以下に再録。Štyrský, Texty, 42-43; AZN 3, 102-3.

79. 関連テクストは AZN 3 を参照。特にシュティルスキーのタイゲへの批判は、以下を参照。"Koutek generace III," AZN 3, 180-82.

80. Teige, "Poetismus," 123.［カレル・タイゲ「ポエティスム」、『アヴァンギャルド宣言　中東欧のモダニズム』69 頁］

81. "Levá fronta," in AZN 3, 121. 初出は *ReD*, Vol. III, No. 2, 1929, 48. 英訳は Left Front, "Founding Manifesto" として、以下に収録。Benson, *Between Worlds*, 678-79.

82. 『黄道十二宮』は第２号まであり、それぞれ 1930 年 11 月と 12 月に発行された。第１号には、ブルトンの『ナジャ』の抜粋、ポール・エリュアール、ルイ・アラゴン、ジャン・コクトー、フィリップ・スーポー、トリスタン・ツァラ、E・L・T・メゼンスによる詩、アンドレ・ブルトン、エリュアール、アラゴン、ロベール・デスノス、ジョルジュ・サドゥール、バンジャマン・ペレが参加した「シュルレアリストのゲーム」、カレル・タイゲの「詩、世界、人間」、さらにネズヴァル、ブロウク、ヴァンチュラ、ホフマイステルによる文章が掲載された。第２号では『第二宣言』（60-74）に加え、ブルトンとエリュアールの「詩に関するノート」（74-77）、さらにカール・マルクスの「フォイエルバッハに関するテーゼ」の初めてのチェコ語訳が掲載された。いずれも Torst Surrealist Reprints の復刻版として再刊されている。

83. Karel Teige, "Nová etapa surrealismu," *Rozpravy Aventina*, Vol. 6, Nos. 39-40, June 1931. KTD 2, 593-94 に一部が再録されている。

84. Karel Teige, "Od artificielismu do surrealismu," in KTD 2, 465.

85. 以下を参照。Polizzotti, *Revolution of the Mind*, 273-74.

86. フィリップ・スーポー、以下の引用による。Serge Faucherau, "Quelques semaines au printemps de 1935: L'Internationale Surréaliste," in Spies, *La Révolution surréaliste*, 406.

87. René Daumal, "Lettre ouverte à André Breton," in *Le Grand Jeu*, Vol. III, 1930, 76-83. 皮肉なことに、『大いなる賭け』に対するブルトンの批判のひとつは、ロートレアモンへの関心がかれらには欠けているということだった。

88. *Le Grand Jeu*, Vol. III, 1930, 87.

89. Karel Srp, "Erotická revue a Edice 69," in *Erotická revue*, Vol. 3, 1933, Prague: Torst, 2001（復刻版）, 136-37.

90. *La Révolution surréaliste*, Vol. 5, No. 12, December 1929. 復刻版は以下。Paris: Jean-Michel Place, 1975, 1. ジャン＝ミシェル・プラス社の復刻版に収録されているジョルジュ・セバッグの序文によれば、キスマークはミュザール、トリオレ、エリュアール、エルンスト、アプフェル、ゲーマンス、タンギーのものとされている（vi）。他にもやや異なる解釈がある。

91. Louis Aragon, Benjamin Péret and Man Ray, *1929*. 復刻版は以下。Paris: Éditions Allia, 2004.『1929』の写真は、以下に掲載されている。Fuku and Jacob, *Man Ray: Despreocupado pero no indiferente/Unconcerned but not Indifferent*, 173.

92. *Variétés: Le Surréalisme en 1929*, Brussels: June 1929. 復刻版は以下。Brussels: Didier Devillez Editeur, Collection Fac-Similé, 1994.

93. Aragon, Péret, Ray, *1929*, 45.

94. John Baxter, "Man Ray Laid Bare," *Tate Magazine*, Issue 3, January-February 2003. http://umintermediai501.blogspot.co.uk/2008/04/man-ray-laid-bare.html（2018 年 6 月 18 日閲覧）

95. *Erotická revue*, 3 vols., Praha, soukromý tisk, 1930-33. 復刻版は Prague: Torst, 2001. 第1集は1930年10月から1931年5月にかけて4号が発行され、第2集と第3集は1932年5月と1933年4月に1号ずつ発行された。詳しくは以下を参照。Srp, "Erotická revue a Edice 69."

96. 少数の豪華版を除く。それらの豪華版では、いくつかの挿画――トワイヤンのものも含め――が画家本人の手で彩色されていた。

97. *Erotická revue*, Vol. I, 2001. 復刻版の裏表紙内側。

98. Srp, "Erotická revue a Edice 69," 136.

99. ロベルト・パオレッラ、ロンドン・チェコセンターのウェブサイトより。http://london.czechcentres.cz/programme/travel-events/erotikon-live-accompaniment1（2018年6月18日閲覧）

100. Mario Gromo, "Sullo schermo, sotto le stelle," *La Stampa*, 8 August 1934. http://www.archiviolastampa.it/component/option,com_lastampa/task,search/mod,libera/action,viewer/Itemid,3/page,3/articleid,0028_01_1934_0187_0003_24906700/（2018年6月18日閲覧）

101. Hedy Lamarr, *Ecstasy and Me: My Life as a Woman*, London: W. H. Allen, 1967, 25-26.

102. *Erotická revue*, Vol. I, 1.

103. 以下の記述による。Gérard Durozoi, *History of the Surrealist Movement*, trans. Alison Anderson, Chicago: Chicago University Press, 2002, 700.

104. Seifert, *Všecky krásy světa*, 175.［サイフェルト『この世の美しきものすべて』221頁］

105. 1930年頃に描かれたこのカリカチュアは、以下に掲載されている。Srp, *Adolf Hoffmeister*, 90.

106. この漫画は、マックス・エルンストの《聖対話》に驚くほどよく似ている。構図の面でも、また鳩というモチーフからも、《聖対話》は《美しき女庭師》の元になった作品と考えられる（本書373-374頁で詳述する）。ホフマイステルはたびたびパリに旅行していたが、その際、何かの折に、ルイ・アラゴンが持っていたエルンストの作品のオリジナルを目にしていたかもしれない。

107. *Erotická revue*, Vol. I, 25, 27.

108. Ibid., 40.

109. Ibid., 81.

110. *Erotická revue*, Vol. III, 109.

111. André Breton and Paul Éluard, *L'immaculée conception*, in ABOC 1, 841-86.

112. "Adresář Maison de rendevous v Paříži," *Erotická revue*, Vol. II, 129-30. 64店舗がすべて掲載されている。

113. "Recherches sur la sexualité. Part d'objectivité, déterminations individuelles, degré de conscience." *La Révolution surréaliste*, Vol. 4, No. 11, March 1928, 32-40.

114. *Investigating Sex: Surrealist Discussions 1928-1932*, ed. José Pierre, trans. Malcolm Imrie, New York: Verso, 1992, 3.［アンドレ・ブルトン編『性についての探究』野崎歓訳、白水社、2004年、41頁］

115. Ibid., 31.［同書81頁］

116. Ibid., 5.［同書46頁］

117. Ibid., 132.［同書199-200頁］

118. Ibid., 131.［同書199頁］

119. Ibid., 5.［同書46頁］

120. Ibid., 151.［同書218頁］

121. 以下の引用による。Polizzotti, *Revolution of the Mind*, 316.

122. Georges Bataille, "The 'Old Mole' and the prefix Sur in the Words Surhomme (Superman) and Surrealist," in *Visions of Excess*, ed. Allan Stoekl, Minneapolis: Minnesota University Press, 2004, 39.［ジョルジュ・バタイユ「『老錬なもぐら』と超人（シュルオム）および超現実主義者（シュルレアリスト）なる言葉に含まれる超（シュル）とい

う接頭辞について」、『異質学の試み　バタイユ・マテリアリストⅠ』吉田裕訳、書肆山田、2001年、226-227頁］

123. André Breton, *Second Manifesto*, in *Manifestoes of Surrealism*, 185.［ブルトン「超現実主義第二宣言」、『超現実主義宣言』生田耕作訳、中公文庫、1999年、171頁］

124. *Erotická revue*, Vol. I, 102.

125. *Erotická revue*, Vol. III, 45.

126. 以下を参照。Karel Srp, "Ti druzí," in Srp, *Adolf Hoffmeister*, 138-67.『ジンプリクス』誌にホフマイステルが寄せた作品が、数多く掲載されている。

127. *Erotická revue*, Vol. I, 128.

128. この関連で、ナチ・ドイツにおけるヌード写真との比較は興味深い。かの地には健康であけっぴろげなヌーディズムのカルトが広まっていた。たとえば以下を参照。Alessandro Bertolotti, *Livres de nus*, Paris: Éditions de la Martinière, 2007, 125-37.

129. Adolf Hitler, Speech at Reich Party Congress 1935, trans. in Stephanie Barron, ed., *"Degenerate Art": The Fate of the Avant-Garde in Nazi Germany*, Los Angeles: Los Angeles County Museum of Art/New York: Abrams, 1991, 384-86.

130. 1930年代後半、ムッソリーニ自身は未来派から距離を置いていた。背景に関しては、以下を参照。*Art and Power: Europe under the Dictators 1930-45*, compiled by Dawn Ades, Tim Benton, David Elliott and Iain Boyd White, London: Hayward Gallery/Thames and Hudson, 1995, esp. 120-85.

131. 以下の引用による。Benjamin, "The Work of Art in the Age of Its Technological Reproducibility: Third Version," in *Selected Writings Volume 4*, 269. この評論の英語タイトルとしては（正確な訳ではないが）"The Work of Art in the Age of Mechanical Reproduction" のほうがよく知られている。［ヴァルター・ベンヤミン『複製技術時代の芸術』佐々木基一編集・解説、晶文社、1999年、47-48頁］

132. Walter Benjamin, "Work of Art," 269-70.［同書49頁］

133.『荒地』の献辞、1922年。T. S. Eliot, *Collected Poems 1909-1962*, London: Faber, 1974, 61［Ｔ・Ｓ・エリオット『荒地』岩崎宗治訳、岩波文庫、2010年、82頁］

134. Giuseppe Terragni, "Building the Casa del Fascio in Como," *Quadrante*, 35-36, 1936, translated in Peter Eisenman, *Giuseppe Terragni: Transformations, Deformations, Critiques*, New York: The Monacelli Press, 2003, 262, 266.

135. レム・コールハースは、ミースのバルセロナ・パビリオンをめぐるまったく虚構化された――だが超現実的なまでに正確な――「歴史」の中で、そのようなモダニズム建築の代表的な作品と、モダニティの「現実の歴史」の関係について挑発的な問いを投げかけている。"Less Is More," in Rem Koolhaas and Bruce Mau, *S, M, L, XL: Small, Medium, Large, Extra-Large*, 2d ed., New York: Monacelli Press, 1998, 46-61.［レム・コールハース『Ｓ，Ｍ，Ｌ，ＸＬ＋　現代都市をめぐるエッセイ』太田佳代子・渡辺佐智江訳、ちくま学芸文庫、2015年、120-134頁］コールハースの評論は、筆者がトゥーゲントハット邸とプラハの〈見本市宮殿〉との関連で、同じ問いを検討する起点となっている。"The Unbearable Lightness of Building—A Cautionary Tale," *Grey Room*, No. 16, summer 2004, 6-35.

136. Alfred Rosenberg, *"Race and Race History" and Other Essays*, New York: Harper and Row, 1970, 154. 以下の引用による。Barron, *"Degenerate Art,"* 11.

137. Gottfried Benn, "Confessions of an Expressionist," in *Voices of German Expressionism*, ed. Victor H. Miesel, London: Tate, 2003, 194.

138. Ibid., 202.

139. レニ・リーフェンシュタール、日付不明のＢＢＣニュースのインタビュー。以下の引用による。

"Film-Maker Leni Riefenstahl Dies"（2003年9月9日掲載）. ＢＢＣのウェブサイトで閲覧可能。http://news.bbc.co.uk/1/hi/entertainment/film/3093154.stm（2018年6月18日閲覧）

140. フランツ・マルクからヴァシリー・カンディンスキーへの手紙、1914年10月14日。Barron, *"Degenerate Art,"* 295.

141. Franz Marc, "In War's Purifying Fire," 1915, in Miesel, *Voices of German Expressionism*, 160-66.

142. Emil Norde, *Jahre der Kämpfe*, 1934. 以下の引用による。Barron, *"Degenerate Art,"* 319.

143. Barron, *"Degenerate Art,"* 319.

144. エミール・ノルデからヨーゼフ・ゲッベルスへの手紙、1938年7月2日。Miesel, *Voices of German Expressionism*, 209.

145. Emil Norde, "The second world war," Ibid., 210-11.

146. 以下の図録に掲載されている。*Chaos and Classicism: Art in France, Italy and Germany, 1918-1936*, ed. Kenneth E. Silver, New York: Guggenheim Museum, 2010, 134-35. この展覧会は――とりわけニューヨークという、長い間現代美術の形式主義的な歴史記述の牙城となっていた土地では――（複数の）モダニズムとファシズムの間の複雑な関係に取り組もうとする特筆すべきものであった。ツィーグラーの《四大元素》、ゲオルク・コルベの《若い兵士》、マリオ・シローニの《兵士》、そしてジョルジョ・デ・キリコの《剣闘士の休息》を（他の作品の間に）展示した部屋が展覧会の目玉となっていた――そこではさらに、レニ・リーフェンシュタールの『オリンピア』の最初のシークエンスが繰り返し上映されていた。コルベの《若い兵士》は〈大ドイツ芸術展〉でも展示されたものである。偶然にも――あるいはそうでもないかもしれないが――ミース・ファン・デル・ローエのバルセロナ・パビリオンに置かれた、その建築の純粋に「装飾的」な要素、プールに映る裸婦像の彫刻《夜明け》を制作したのもコルベだった。

147. ドイツの主要な美術館全館に送られたヨーゼフ・ゲッベルスの1937年6月30日の布告。以下の引用による。Barron, *"Degenerate Art,"* 19.

148. 同展で展示されたものを含むココシュカの作品の詳細については、以下を参照。Barron, *"Degenerate Art,"* 286-89.

149. ここで引用しているのは、公式の展覧会ガイド *Entartete "Kunst": Ausstellungsführer* である。復刻版は（英訳とともに）以下に掲載されている。Barron, *"Degenerate Art."* 引用は、同書362頁より。

150. これらの統計は Barron, *"Degenerate Art,"* 9-23 および Altshuler, *The Avant-Garde in Exhibition*, 136-49による。ステファニー・バロンによるロサンゼルス・カウンティ美術館での1991年の「退廃芸術」の再現は、20世紀美術の真の歴史に言及した記念碑的なものであり、彼女の図録は非常に調査の行き届いた、情報量の豊富な重要資料となっている。

151. 「ここ10年かそれ以上の間に、最後に自分の絵画を見ることができたのは、1937年にミュンヘンで行なわれた悪名高い〈退廃芸術展〉だった。この展覧会には250万人の悲しいドイツ人と外国人が訪れ、私の仲間の芸術家たちと私に――永遠に、と当時かれらは考えていたにちがいない――別れを告げたのだ」（ココシュカからジェイムズ・Ｓ・プロートへの手紙、1948年5月13日。*Letters*, 193. 原文も英語で書かれている）。

152. テート・モダンがオープンした際、常設展示のセクションを年代順ではなくテーマごとにするという決断にいくらかの騒ぎが生じた。2006年の展示替えでもテーマごとの展示という原則は変わらなかったが、展示のセクション分けも、また各運動と作家を年代順に右から左へと直線的に図式化したサラ・ファネッリによる現代美術のカノンの「マップ」も、明らかに美術史のスタンダードな分類に歩み寄ったものとなっている。この「マップ」については、第4章註172を参照。

153. *Entartete "Kunst": Ausstellungsführer*, in Barron, *"Degenerate Art."*

154. Ibid., 360.

155. Ibid., 364-66.

156. Ibid., 368.

157. Ibid., 374.

158. Ibid., 376.

159. Breton, "Surrealist Situation of the Object," in *Manifestoes of Surrealism*, 273. 強調は引用者。［ブルトン「オブジェのシュルレアリスム的状況」、『アンドレ・ブルトン集成５』257 頁］

160. 筆者がもしチェコ語で書いていたら、"asanace" という単語を使う誘惑に駆られていたかもしれない。本書 135 頁を参照。

161. 〈退廃芸術展〉に展示されたミュラーの作品は、以下に掲載されている。Barron, *"Degenerate Art."*

162. Vítězslav Nezval, *Sexual Nocturne*, trans. Jed Slast, in V. Nezval and J. Štyrský, *Edition 69*, Prague: Twisted Spoon Press, 2004, 33.［ヴィーチェスラフ・ネズヴァル「性の夜想曲」、『性の夜想曲』赤塚若樹訳、風濤社、2015 年、35-36 頁］同書には、ネズヴァルの『性の夜想曲』、シュティルスキーの『エミリエが夢のなかで私の許にやってくる』、そしてのちにシュティルスキーの『夢』に収録された 4 つの夢日記の英訳が収録されている。

163. Nezval, *Sexual Nocturne*, 7. チラシの文章はインジフ・シュティルスキーによる。［ネズヴァル『性の夜想曲』編訳者あとがき、186 頁］

164. Ibid., 37, 49-52.［同書 38-39 頁、49-50 頁、56-57 頁］

165. Nezval, Štyrský, *Edition 69*, 128（訳者あとがきで引用されたチラシ）.

166. Vítězslav Nezval, *Sexuální nocturno: příběh demaskované iluse*, Prague: *Edice 69*, 1931. 復刻版は以下。Prague: Torst, 2001. シュティルスキーの挿画は、英訳 *Edition 69* にも掲載されている。以下を参照。Max Ernst, *Hundred Headless Woman (La femme 100 têtes)*, trans. Dorothea Tanning, New York: George Braziller, 1982（フランス語と英語の二言語版）; *A Little Girl Dreams of Taking the Veil (Rêve d'une petite fille qui voulut entrer au Carmel)*, trans. Dorothea Tanning, New York: George Braziller, 1982（フランス語と英語の二言語版）; *Une Semaine de bonté: les collages originaux*, ed. Werner Spies, Paris: Gallimard, 2009. このタイトル『百頭女（*La femme 100 têtes*）』では、同音異義語の「百（cent）」と「無（sans）」が掛けてあるため、英訳版は『無頭（headless）女』となっている。"With method and violence": Ernst, "An Informal Life of M. E.," 12.

167. Nezval, *Sexual Nocturne*, 49, 54-57.［ネズヴァル「性の夜想曲」、『性の夜想曲』50-51 頁］

168.「あらゆる発展段階を通じて、かれ［エルンスト］は私にもっとも近しい作家だった。それはダダとともに始まったのです」。ハンナ・ヘーヒの日付のない日記、1951 年 12 月。以下の引用による。Peter Boswell, Maria Makela, Carolyn Lanchner and Kristin Makholm, *The Photomontages of Hannah Höch*, Minneapolis: Walker Art Center, 1997, 22. 同書 32 頁に「ダダ＝エルンスト」が掲載されている。バタイユについては以下を参照。*Story of the Eye*, 84.

169. *Erotická revue*, Vol. I, 1931, 126. Radovan Ivšić, *Le puits dans la tour*, 1967［ラドヴァン・イヴシック＆トワイヤン『塔のなかの井戸　夢のかけら』松本完治訳、エディション・イレーヌ、2013 年］および Annie Le Brun, *Sur le champ*, 1967 のトワイヤンの挿画を参照。いずれも一部が以下に掲載されている。Bydžovská and Srp, *Knihy s Toyen*, 78-81.

170. Markýz de Sade, *Justina čili prokletí ctnosti*, Prague: Torst, 2003, 49（1932 年刊の復刻版）. トワイヤンのオリジナルの彩色ドローイングは、同書のページ数表記のない裏表紙に掲載されている。

171. アポリネールからルイーズ・ド・コリニーへの手紙、1915 年 1 月 28 日。*Lettres à Lou*, 140.［アポリネール「ルーへの手紙」、『アポリネール全集 IV』153 頁（訳註：アポリネールの手紙では 1914 年と記されているが、1915 年の誤り）］

172. Guillaume Apollinaire, *Alkoholy*, trans. Zdeněk Kalista, Prague: Edice Pásmo, 1935. トワイヤンは以下にも口絵を提供している。Apollinaire, *Básně*, trans. K. Čapek, J. Hořejší, Z. Kalista and J. Seifert, preface by Karel Teige, Prague: Ústřední dělnické knihupectví a nakladatelství, 1935. どちらも以下に掲載されている。Bydžovská and Srp, *Knihy s Toyen*, 23, 55.

173. Srp, *Toyen: une femme surréaliste*, 87. "Výprask na holou." Divoké víno のウェブサイトに掲載されている。http://www.divokevino.cz/3107/toyen.php?pos = 12#toyen（2018 年 6 月 18 日閲覧）

174. Jindřich Štyrský, "Inspirovaná ilustrátorka," in *Almanach Kmene*, ed. František Halas, 1932-33, 73. 以下の引用による。Toman, *Foto/Montáž tiskem*, 189. この記事全体は、最近キャスリーン・ヘイズによって英訳されている。"The Inspired Illustrator," Srp, *New Formations*, 120-21.

175. Marguerite d'Angoulême, *Heptameron novel*, Prague: Družstevní práce, 1932, 175, 323. これらのドローイングのうち５点は、以下に掲載されている。Srp and Bydžovská, *Knihy s Toyen*, 30-31. 同書の「個人使用を目的として」と題された章は、1930 年代のトワイヤンのエロティックなドローイングを詳細に論じている。併せて以下も参照。Srp and Bydžovská, "Under Covers," in Srp, *New Formations*, 122-27（および後に続く図版）.

176. Nezval, Štyrský, *Edition 69*, 71.

177. Karel Srp, in *Erotická revue*, Vol. III, 135.

178. Jindřich Štyrský, *Emilie přikází k mně ve snu*, Prague: Edice 69, Prague: Torst, 2001, 29（原著 1933 年版の復刻版）. 同書はカラー版で、モノクロによる図版は以下に掲載されている。Nezval and Štyrský, *Edition 69*, 107. アイリス・アーヴィンによる『エミリエ』の英訳は、以下を参照。Srp, *New Formations*, 140-43.

179. Antonin Artaud, "Adresse au Pape," *La Révolution surréaliste*, No. 3, April 1925, 16. 同号の表紙には「1925 年：キリスト教時代の終わり」という宣言が書かれている。

180. Man Ray, "Hommage à D. A. F. de Sade," 1933. "Monument to Sade"のタイトルで以下に掲載されている。*Dreaming with Open Eyes: The Vera, Silvia and Arturo Schwarz Collection of Dada and Surrealist Art in the Israel Museum*, ed. Tamar Manor-Friedman, Jerusalem: The Israel Museum, 2000, 94. マン・レイの《祈る人》("La prière," 1930 年）も同じくらい冒瀆的だが、モデルはやはりリー・ミラーと考えられる。こちらは以下に掲載されている。*Man Ray 1890-1976*, ed. Jan Ceuleers, Antwerp: Ronny Van de Velde/New York: Abrams, 1994, 90.

181. アポリネールからマドレーヌ・パジェスへの手紙、1915 年 10 月 17 日。*Lettres à Madeleine*, 300.

182. Pietro Aretino, *Život kalícnic*, Prague: Edice 69, 1932. このドローイングは以下に掲載されている。Bydžovská and Srp, *Knihy s Toyen*, 30.

183. 以下を参照。Michel Foucault, *The History of Sexuality*, Vol. 1, *The Will to Know*, trans. Robert Hurley, London: Penguin, 1998.［ミシェル・フーコー『性の歴史Ｉ　知への意志』渡辺守章訳、新潮社、1986 年］

184. Max Ernst, "Danger de pollution," *Le Surréalisme au service de la révolution*, No. 3, 1931, 22-25; 復刻版は New York: Arno Press, n.d. 英訳は以下に収録されている。Werner Spies, *Max Ernst: Life and Work: An Autobiographical Collage*, London: Thames and Hudson, 2008, 112-14.

185. ボフスラフ・ブロウクによる無題のあとがき。Štyrský, *Emilie přichází*, in Edition 69, 115.

186. Ibid., 109-10.

187. Pierre, *Investigating Sex*, 13.［ブルトン編『性についての探究』57 頁］

188. Ibid., 16.［同書 62 頁］この問題は人種的なものというよりは言語的なものであろう――ひとつの例外を除いては。ブルトンは「白人以外のどんな女性とでもいいが、ただし黒人女はいやだ」と語っている。それは「単に身体的な嫌悪感」から来るのかと聞かれ、ブルトンは「そう、それに

子供ができる可能性は無視できないし」と答えている［同書 112 頁］。これを自らのアフリカ芸術への愛着とどう一致させていたのかはわからないが、おそらくその正直さは称賛に値するだろう。

189. André Breton, "Avis aux exposants/aux visiteurs," in *Exposition inteRnatiOnal du Surréalisme*, 8. 以下に付録として英訳が掲載されている。Pierre, *Investigating Sex*, 167-71.

190. Pierre, *Investigating Sex*, 145.［ブルトン編『性についての探究』212 頁］

191. Ibid., 111.［ブルトン編『性についての探究』174 頁］

192. ヴィーチェスラフ・ネズヴァルからポール・エリュアールへの手紙、1935 年 4 月 19 日。*Korespondence Vítězslava Nezvala*, 135-37. さらに詳しくは以下を参照。*Paul Éluard et ses amis peintres*, ed. Annick Lionel-Marie, Paris: Centre Pompidou, 1983, 175.

193. これらの写真のうちいくつかは、以下に掲載されている。Bydžovská and Srp, *Český surrealismus*, 20; Bydžovská and Srp, *Jindřich Štyrský*, 206. 1930 年代、シュティルスキーはサドの人生を扱った『バスティーユの住人』という本に取り組んでいた。Jindřich Štyrský, *Život markyze de Sade*, Prague: Kra, 1995.

194. Paul Éluard, *Les Dessous d'une vie ou la pyramide humaine*, 1926 に添えられた手書きの献辞。以下に掲載。Lionel-Marie, *Paul Éluard et ses amis peintres*, 11.

195. Éluard, "Poetic Evidence," 177.［「詩の明証性」、『エリュアール詩集』宇佐美斉編訳、小沢書店、1994 年、136 頁］

196. Ibid., 179-80.［同書 138-139 頁］

197. Eileen Agar, *A Look at My Life*, London: Methuen, 1988, 118.

198. T. S. Eliot, "Burnt Norton," in *The Four Quartets*, London: Faber, 1983, 14.

199. Agar, *Look at My Life*, 117.

200. John Heartfield, "Curriculum Vitae," 1951, Heartfield-Archiv, Akademie der Künste zu Berlin に所蔵された手稿による。以下の引用による。Pachnicke and Honnef, *John Heartfield*, 308.

201. Jindřich Toman, *Foto/montáž tiskem/Photo/Montage in Print*, 248. トマンによる以下の記事も参照。"Émigré Traces: John Heartfield in Prague," *History of Photography*, No. 32, 2008, 232-46.

202. Wieland Herzfelde, "Wir wollen deutsch reden," *Neue Deutsche Blätter*, No. 1, September 1933. 以下の引用による。Jean-Michel Palmier, *Weimar in Exile: The Antifascist Emigration in Europe and America*, London: Verso, 2006, 138.

203. F. C. Weiskopf, trans. in *The Malik-Verlag: 1916-1947*, ed. James Fraser, New York: Goethe House, 1984, 76.

204.『ＡＩＺ』は 1935 年に『人々の肖像（Volks-Illustrierte）』と改題されている。ハートフィールドが同誌に寄せたモンタージュは、以下に収録されている。David Evans, *John Heartfield; AIZ/VI*, New York: Kent Fine Arts, 1992.

205. Palmier, *Weimar in Exile*, 757.

206. 以下に掲載。Pachnicke and Honnef, *John Heartfield*, 167, 171, 201, 198.

207. Jaroslav Hašek, *Osudy dobrého vojáka Švejka*, 6 vols., Prague: Synek, 1936-37. 表紙はすべて以下に掲載されている。Toman, *Foto/montáž tiskem/Photo/Montage in Print*, 249-51.

208. 以下を参照。Ralph Jentsch, *George Grosz: Berlin—New York*, Milan: Skira, 2008, 151-54. ３点の図版は、同書 165 頁に掲載。

209. 詳細は以下による。*Erste internationale Dada-Messe*, Berlin: Kunsthandlung Dr. Otto Burchard, n.d. [1920].

210. Altshuler, *Avant-Garde in Exhibition*, 103.

211. Kurt Tucholsky, *Berliner Tagblatt*, 20 July 1920, in Pachnicke and Honnef, *John Heartfield*, 85.

212. Hannah Höch, "Schnitt mit dem Küchenmesser Dada durch die letzte weimarer Bierbauch-kulturepoche Deutschlands." 以下に掲載。Boswell, *Photomontages of Hannah Höch*, 25.

213. Sophie Bernard, "Hannah Höch: Schnitt mit dem Küchenmesser Dada...," in *Dada*, ed. Laurent Le Bon, Paris: Centre Pompidou, 2005, 494. ダダの反芸術の精神にふさわしい、(1014頁におよぶ)この巨大な図録は、おそらくダダの歴史を振り返る最大の書物であり、電話帳のようにアルファベット順に構成されている。安っぽい薄い紙の本で、参考文献は巻末ではなく、"Berlin Club Dada"と"The Blind Man"の２つの章の間にある。同展がワシントンＤＣのナショナル・ギャラリーとニューヨーク近代美術館に巡回した際、より一般的で立派なカタログが製作された。*Dada*, ed. Leah Dickerman, Washington, DC: National Gallery of Art, 2006.

214. *Erste internationale Dada-Messe*（ページ数表記なし）.

215. Hannah Höch, "The Painter," in Kuenzli, *Dada*, 230.

216. Edouard Roditi, "Interview with Hannah Höch," *Arts Magazine*, Vol. 34, No. 3, December 1959. 以下の引用による。Boswell, *Photomontages of Hannah Höch*, 8. このインタビューの一部は以下に掲載されている。Kuenzli, *Dada*, 231-33.

217. 1959年に行なわれたロディーティによるヘーヒのインタビュー。Kuenzli, *Dada*, 232.

218. George Grosz, *Blättern der Piscator-Bühner*, 1928。以下の引用による。*John Heartfield en la colección del IVAM*, Valencia, Spain: Institut Valencia d'Art Modern, 2001（二言語版の図録）, 167.

219. ヴェラ・ブロイドのインタビュー。*Phases*, No. 2, Paris, 1967. 英訳は以下を参照。Eva Züchner, Andrei Nakov, Christopher Phillips, Jean-Francois Chevrier, Yves Michaud and Bartomeu Marí, *Raoul Hausmann*, Valencia, Spain: IVAM Centre Julio Gonzalez, 1994, 314.

220. Raoul Hausmann, "Cinéma synthétique de la peinture," in *Courrier Dada*, Paris: Éditions Allia, 2004, 42-43.

221. 以下を参照。Hubertus Gassner, "Heartfield's Moscow Apprenticeship 1931-32," in Pachnicke and Honnef, *John Heartfield*, 256-90. ソ連滞在中、ハートフィールドは〈十月〉グループの構成主義者たちと協力して制作を行なっている。〈十月〉グループは、1930年にベルリンで展覧会を開いた。メンバーはクルーツィス、ロトチェンコ、リシツキー、マヤコフスキー、建築家のモイセイ・ギンズブルグとアレクサンドル・ヴェスニン、映画監督のセルゲイ・エイゼンシュテインとジガ・ヴェルトフ、演出家のフセヴォロド・メイエルホリド。

222. Pachnicke and Honnef, *John Heartfield*, 306. シュトゥットガルトの展覧会の背景に関しては以下を参照。*Film und Foto der zwanziger Jahre: Eine Betrachtung der Internationalen Werkbundasstellung "Film und Foto" 1929*, ed. Ute Eskildsen and Jan-Christopher Horak, Stuttgart: Würtembergischer Kunstverein, 1979.

223. クラギーナの日記、抜粋は以下より。Margarita Tupitsyn, *Gustav Klutsis and Valentina Kulagina: Photography and Montage after Constructivism*, New York: International Center of Photography/Steidl, 2004, 235. クルーツィスの逮捕に関する情報も同書による。

224. "Pablo Picasso." 初出は以下。*Montjoie*, 14 March 1913, in *Apollinaire on Art: Essays and Reviews 1902-1918*, ed. Leroy C. Breunig, New York: Viking, 1972, 279.

225. 19世紀におけるフォトモンタージュの利用例を集めた特筆すべきコレクションとして、ウェブサイト luminous-lint 上でアラン・グリフィスがキュレーションしたオンライン展覧会〈フォトモンタージュ〉がある。このサイトは写真史に関する素晴らしいデジタルリソースである。http://www.luminous-lint.com/app/home/（2018年6月18日閲覧）

226. Apollinaire, "Pablo Picasso," in *Apollinaire on Art*, 281.

227. Wieland Herzfelde, "George Grosz, John Heartfield, Erwin Piscator, Dada und die Folgen—oder die

Macht der Freundschaft" (1971), in Pachnicke and Honnef, *John Heartfield*, 123.

228. Walter Benjamin, "Neue Sachlichkeit und Photographie" (1934), in Pachnicke and Honnef, *John Heartfield*, 99.

229. Wieland Herzfelde, "John Heartfield" (Dresden 1962), in Pachnicke and Honnef, *John Heartfield*, 96.

230. 1959 年に行なわれたロディーティによるヘーヒのインタビュー。Kuenzli, *Dada*, 232.

231. ヴェラ・ブロイドのインタビュー。Züchner, *Raoul Hausmann*, 314.

232. August Sander, *People of the Twentieth Century*, 7 vols., New York: Abrams, 2002, Vol. 3, *The Woman*, photograph III/13/14, p. 49.［アウグスト・ザンダー『20 世紀の人間たち　肖像写真集　1892-1952』山口知三訳、リブロポート、1991 年］ザンダーについては、本書 392-393 頁で詳しく論じている。

233. ヴェラ・ブロイドのインタビュー。Züchner, *Raoul Hausmann*, 315.

234. Hausmann, *Courrier Dada*, 181.

235. 以下の引用による。Miloslav Topinka, "The Dada Movement in Relation to the Czech Interwar Avant-Garde." トピンカはまた、インジフ・ハルペツキーに宛てたハウスマンの 1965 年 4 月 7 日の手紙も引用している。「1937 年から 38 年までの間、チェコの画家や彫刻家たちは私には何の興味も持っていなかったと認めなければなりません。特にタイゲ氏がそうでした。ここで触れておきたいのは、タイゲはハンス・リヒターが 1921 年から 24 年まで編集した『G』誌に協力していたため、私の人となりや作品について他の人よりも少しはよく知っていたということです」(*G*, 209-10)。

236. ココシュカからアリス・ラーマンへの手紙、1931 年 6 月 11 日。*Letters*, 130-31.

237. ココシュカからアルベルト・エーレンシュタインへの手紙、1933 年 1 月 18 日。Ibid., 132.

238. ココシュカからアルベルト・エーレンシュタインへの手紙、1934 年 9 月 22 日。Ibid., 134.

239. ココシュカからアルベルト・エーレンシュタインへの手紙、1934 年秋。Ibid., 137.

240. ココシュカからヘレン・ブリフォールトへの手紙、1935 年 2 月 8 日。Ibid., 139.

241. 同上。

242. ココシュカからアルマ・マーラー＝ヴェルフェルへの手紙、1937 年夏。Ibid., 145.

243. ココシュカからヘレン・ブリフォールトへの手紙、1935 年 2 月 8 日。Ibid., 138.

244. ココシュカからアルベルト・エーレンシュタインへの手紙、1934 年秋。Ibid., 136.

245. ココシュカからアンナ・カリンへの手紙、1935 年 7 月 11 日。Ibid., 142.

246. ココシュカからヘレン・ブリフォールトへの手紙、1935 年 2 月 8 日。Ibid., 140.

247. ココシュカからヘレン・ブリフォールトへの 1935 年 2 月 8 日の手紙、また、アルベルト・エーレンシュタインへの 1935 年 6 月あるいは 7 月の手紙を参照。Ibid., 138, 141.

248. ココシュカからアンナ・カリンへの手紙、1935 年 7 月 11 日。Ibid., 142.

249. ココシュカはマサリクの著作に親しんでいた。Ibid., 140.

250. ココシュカからアルマ・マーラー＝ヴェルフェルへの手紙、1937 年 7 月 30 日。Ibid., 146-48.

251. ココシュカからアンナ・カリンへの手紙、1935 年 7 月 11 日。Ibid., 141-42.

252. ココシュカからアンナ・カリンへの手紙、1936 年 2 月。Ibid., 143.

253. ココシュカからハーバート・リードへの手紙、1938 年 5 月 17 日。Ibid., 153.

254. ココシュカからオーガスタス・ジョンへの手紙、1938 年 5 月 26 日。Ibid., 154（原文は英語）.

255. ココシュカからルースおよびアドルフ・アーントへの手紙、1938 年 10 月 20 日。Ibid., 157.

256. ココシュカからアンナ・カリンへの手紙、1936 年 11 月 22 日。Ibid., 145.

257.《赤い卵》は Artists Rights Society Artchive のウェブサイトで閲覧可能。http://www.artchive.com/artchive/K/kokoschka/red_egg.jpg.html（2018 年 6 月 18 日閲覧）

258. スコットランド国立美術館（同館でこの作品の複製が制作された）のウェブサイトで閲覧可能。http://www.nationalgalleries.org/collection/artists-a-z/K/3794/artistName/Oskar%20Kokoschka/recordId/54063（2018 年 6 月 18 日閲覧）

259. ミコラーシュ・アレシュ《プラハの栄華を予見するリブシェ》、プラハ旧市街の市庁舎ホールの壁画、1904 年。

260. ココシュカからオーガスタス・ジョンへの手紙、1946 年 4 月 24 日。*Letters*, 178.

261. ココシュカからジャック・カーニーへの手紙、1946 年 9 月 7 日。Ibid., 182（原文は英語）.

262. ココシュカからハーバート・リードへの手紙、1945 年 9 月 6 日。Ibid., 171-72（原文は英語）.

263. 以下を参照。M. E. Burkett, *Kurt Schwitters: Creator of Merz*, Kendal, UK: Abbot Hall Art Gallery, 1979.

264. House of Lords Debate, 15 August 1940, *Hansard*, Vol. 117, 258. http://hansard.millbanksystems.com/lords/1940/aug/15/internment-of-aliens（2018 年 6 月 18 日閲覧）

265. アルマ・マーラー＝ヴェルフェル。引用は以下のＵＲＬより。http://www.alma-mahler.com/engl/almas_life/almas_life4.html（2018 年 6 月 18 日閲覧）

266. Walter Benjamin, “On the Concept of History,” in *Walter Benjamin Selected Writings 4*, 392.［ヴァルター・ベンヤミン「歴史の概念について」浅井健二郎訳、『ベンヤミン・コレクション１　近代の意味』浅井健二郎編訳、ちくま学芸文庫、1995 年、653 頁］

267. ベンヤミンの死に関しては、以下を参照。*Walter Benjamin: Selected Writings 4*, 444-45; Lisa Fittko, “The Story of Old Benjamin,” in Benjamin, *Arcades Project*, 946-54; Michael Taussig, *Walter Benjamin's Grave*, Chicago: University of Chicago Press, 2006.

6　深淵のきわで

1. André Breton, “Constellations,” in *Constellations of Miró, Breton*, ed. Paul Hammond, San Francisco: City Lights Books, 2000, 201.［『星座』大槻鉄男訳、『アンドレ・ブルトン集成 4』1970 年、人文書院、281 頁］

2. *Entartete “Kunst”: Ausstellungsführer*, in Barron, *“Degenerate Art,”* 390.

3. Max Ernst, *Biographical Notes*, trans. in Spies, *Max Ernst: Life and Work*, 96.［「マックス・エルンスト自伝メモ　真実の織り物と偽りの織り物」戸田春夫・巖谷國士訳、『エルンスト展』図録、西武美術館、1977 年、ページ数表記なし］

4. Altshuler, *Avant-Garde in Exhibition*, 147.

5. Peggy Guggenheim, *Confessions of an Art Addict*. 以下の引用による。Spies, *Max Ernst: Life and Work*, 166.

6. Max Ernst, *Biographical Notes*, 147. 詳細については、以下を参照。*Des peintres au camp des Milles: septembre 1939—été 1941*, ed. Michel Bepoix, Aix-en-Provence: Actes Sud, 1997.

7. エリュアールの手紙の下書きからの転写。Spies, *Max Ernst: Life and Work*, 157. フランス語の原文は、以下に掲載されている。Lionel-Marie, *Paul Éluard et ses amis peintres*, 109.

8. *Entartete “Kunst”: Ausstellungsführer*, 390.

9. Lou Straus-Ernst, *The First Wife's Tale*, New York: Midmarch Arts Press, 2004, 46.

10. Jimmy Ernst, *A Not-So-Still Life*, New York: St. Martin's/Marek, 1984, 11.

11. Lou Straus-Ernst, *The First Wife's Tale*, 46. 山括弧内は、ジミー・エルンストが所有する手稿からの翻訳。以下の引用による。*Not-So-Still Life*, 12. Midmarch 版は、不完全なカーボンコピーから再構

成されている。

12. Max Ernst, *Biographical Notes*, 86.［「マックス・エルンスト　自伝メモ　真実の織り物と偽りの織り物」、『エルンスト展』図録、ページ数表記なし］

13. Lou Straus-Ernst, *The First Wife's Tale*, 44.

14. Jimmy Ernst, *Not-So-Still Life*, 10-11.

15. ナンシー・キュナード、ピエール・デクスとの会話、1950 年。以下の引用による。*Aragon avant Elsa*, Paris: Éditions Tallandier, 2009, 102.

16. Eileen Agar, *Look at My Life*, 47.「ニグロと寝て」とは、ジャズピアニストで作曲家のヘンリー・クローダーとナンシーの関係のこと。ナンシーは彼を「インディアンとアフリカ人の血が混じったハンサムなアフロ=アメリカン」と形容している。Nancy Cunard, *These Were the Hours: Memories of My Hours Press, Réanville and Paris 1928-1931*, Carbondale: Southern Illinois University Press, 1969, 148.「アメリカの黒人と白人の間の恐ろしい対立についてヘンリーが語ることに、私は興味津々になり、怒りを覚えた」と彼女は書いている。「私が『ニグロのアンソロジー』を編むことにした理由はそれだけではないけれど、ヘンリーの多くの、つねに公平な語りが最初のきっかけだったことはたしかだ。黒人や有色人種の業績についても、もっと書かれるべきことがたくさんある」（152）。キュナードの『ニグロ』（アンソロジーのタイトルである）は 1934 年に発表され、アフリカ系アメリカ文学にとって画期的な作品となった。

17. Agar, *Look at My Life*, 29.

18.「愛に干渉するな！」初出は以下。*transition*, September 1927, trans. in *The Autobiography of Surrealism*, ed. Marcel Jean, New York: Viking, 1980, 152-54. この文章のオリジナルのフランス語版は、翌月の『シュルレアリスム革命』誌第３号に掲載され（9-10 巻, 1-6 頁)、以下のような但し書きが付されている「我々の当初の意図に反し、フランス語版の「愛に干渉するな！」を以下に掲載する。これは『トランジション』誌に英語で発表されたが、その掲載状況は我々が予想したものではなかった」。

19. Paul Éluard, "Max Ernst," *Répétitions* (1922). 英訳は以下に収録されている。Jean, *Autobiography of Surrealism*, 78.［「マックス・エルンスト」、『エリュアール詩集』宇佐美斉編訳、小沢書店、1994 年、16 頁］

20. Éluard, "Max Ernst [1]," *Œuvres complètes*, Vol. 1, Paris: Gallimard, 1968, 103.［「マックス・エルンスト」、『エリュアール詩集』15-16 頁］以降、同書については略号 PEOC に巻数を添えて表記する。

21. 以下を参照。Jimmy Ernst, *Not-So-Still Life*, 19.

22. ポール・エリュアール『死なずに死ぬこと』（1925）の献辞。PEOC 1, 136.

23. Robert McNab, *Ghost Ships: A Surrealist Love Triangle*, New Haven, CT: Yale University Press, 2004, 119.

24. Ibid., 116.［ピエール・ナヴィル『超現実の時代』家根谷泰史訳、みすず書房、1991 年、40 頁］

25. エリュアールから父への手紙、1924 年 3 月 24 日。*Éluard: Livre d'identité*, ed. Robert D. Valette, Paris: Tchou, 1967, 49.

26. エリュアールからガラへの手紙、1924 年 5 月 12 日。*Lettres à Gala*, 17.

27. エリュアールから父への手紙、1924 年 3 月 24 日。Valette, *Éluard: Livre d'identité*, 49.

28. アンドレ・ブルトンからマルセル・ノルへの手紙、日付不明。McNab, *Ghost Ships*, 117.

29. シモーヌ・ブルトンからドニーズ・レヴィへの手紙、1924 年 10 月 3 日。Simone Breton, *Lettres à Denise Levy 1919-1929*, ed. Georgiana Colville, Paris: Éditions Joëlle Losfeld, 2005, 203.

30. Ernst, *Biographical Notes*, 97.［「マックス・エルンスト　自伝メモ　真実の織り物と偽りの織り

物」、『エルンスト展』図録、ページ数表記なし］

31. Paul Éluard, "La suppression de l'esclavage," PEOC 2, 797.
32. McNab, *Ghost Ships*, 56.
33. 以下の引用による。PEOC 1, 1369.
34. Paul Éluard, *Au défaut du silence*, in PEOC 1, 165.
35. 以下を参照。Jimmy Ernst, *Not-So-Still Life*, 52; Marcel Jean, *The History of Surrealist Painting*, trans. Simon Watson Taylor, London: Weidenfeld and Nicolson, 1960, 131.
36. "Surrealist Spanking." パンドラ・ブレイクのウェブサイト"Spanked, Not Silenced"より。http://pandorablake.com/blog/2008/7/surrealist-spanking（2018 年 6 月 18 日閲覧）ポール・エリュアールはエルンストの絵画を模写した鉛筆画を（ここではマリアが胸をはだけ、目撃者はいない）、この画家に捧げた３篇の詩に添えている。以下に掲載。*Voir: Poèmes Peintures Dessins*, Geneva and Paris: Éditions des Trois Collines, 1948, 49.
37. André Breton, "Limits Not Frontiers of Surrealism," in Read, *Surrealism*, 99.
38. Roland Penrose, "Un œil de liberté," in Lionel-Marie, *Paul Éluard et ses amis peintres*, 15-16.
39. ここでは、ウィルフレッド・オーウェンの詩「奇妙な出会い」を念頭に置いている。もっとも重要な箇所は次の行だろう。「ぼくは君が殺した敵兵なのだ、友よ」。*The Collected Poems of Wilfred Owen*, ed. C. Day Lewis, London: Chatto & Windus, 1963, 35.
40. Paul Éluard, "Poetic Evidence," in Read, *Surrealism*, 181.［「詩の明証性」、『エリュアール詩集』宇佐美斉編訳、小沢書店、1994 年、140-141 頁］エリュアールは前年の左翼戦線での講演で、ほとんど同じ表現を用いている。以下を参照。Záviš Kalandra, "A. Breton a P. Éluard v Levé frontě," *Haló-noviny*, 3 April 1935, in Torst Surrealist Reprints, 126.
41. Jimmy Ernst, *Not-So-Still* Life, 95.
42. Angliviel de la Beaumelle, *André Breton: La beauté convulsive*, 214.
43. Ripellino, *Magic Prague*, 57.
44. Breton, *Mad Love*, 111-12.［ブルトン『狂気の愛』243 頁］同じような――ブルトンを無慈悲なシュルレアリスムの法王としてしか見ない者にとっては――驚くべき優しさが、没後に出版された『オーブへの手紙』のテクスト、ドローイング、コラージュにも満ちている。*Lettres à Aube*, ed. Jean-Paul Goutier, Paris: Gallimard, 2009.
45. Pierre, *Investigating Sex*, 61.［ブルトン編『性についての探究』118 頁］
46. André Breton and Paul Éluard, "Prière d'insére pour 'La Femme visible' de Salvador Dalí," 1930, in ABOC 1, 1027-28.
47. この手法については、ダリの「腐ったロバ」（『革命に奉仕するシュルレアリスム』誌創刊号、1930 年 7 月、9-12 頁）の中で初めて解説がなされ、そのテクストは『目に見える女』の中核をなしている。以下に英訳がある。"The Rotting Donkey" in Salvador Dalí, *Oui: The Paranoid-Critical Revolution—Writings 1927-1933*, ed. Robert Descharnes, trans. Yvonne Shafir, Boston: Exact Change, 1998, 115-19.［「腐ったロバ」、『ダリはダリだ　サルヴァドール・ダリ著作集』北山研二訳・解説、未知谷、2010 年、175-180 頁］
48. Salvador Dalí, *La Femme visible*, Paris: Éditions surrealists, 1930. ダリがエリュアールに渡した 1 冊は、現在、スコットランド国立近代美術館のガブリエル・キーラー・コレクションの一部となっている。詳しくは以下を参照。Elizabeth Cowling with Richard Calvocoressi, Patrick Elliott and Ann Simpson, *Surrealism and After: The Gabrielle Kieller Collection*, Edinburgh: Scottish National Gallery of Modern Art, 1997, 157.
49. エリュアールからガラへの手紙、1930 年 4 月 27 日。*Lettres à Gala*, 108-9.

50. Jaroslava Vondráčková, *Kolem Mileny Jesenské*, Prague: Torst, 1991, 100.

51. André Breton, "La barque de l'amour s'est brisée contre la vie courante," *Surréalisme au service de la révolution*, No. 1, July 1930, 16-22.

52. エリュアールからガラへの手紙、1930年4月。*Lettres à Gala*, 102-3.

53. エリュアールからガラへの手紙、1930年8月20日。Ibid., 247.

54. Václav Havel, "The Power of the Powerless," in *Living in Truth*, London: Faber, 1989を参照。

55. エリュアールからガラへの手紙、1935年3月。*Lettres à Gala*, 251.

56. アンドレ・ブルトンからシモーヌ・ブルトンへの手紙、1928年11月15日。以下の引用による。Polizzotti, *Revolution of the Mind*, 309.

57. Agar, *Look at My Life*, 120, 132.

58. Ibid., 131, 120, 174. ニュッシュに関しては、(コラージュ作品も含め) 以下に詳しい。Chantal Vieuille, *Nusch: Portrait d'une muse du Surréalisme*, Paris: Le Livre à la carte, 2010.

59. Agar, *Look at My Life*, 131.

60. Ibid., 133.

61. Ibid.

62. エリュアールからガラへの手紙、1937年7月。以下の引用による。Antony Penrose, *The Surrealists in Cornwall: "The Boat of Your Body,"* Falmouth, UK: Falmouth Art Gallery, 2004 (ページ数表記なし). ペンローズは、この「愉快なシュルレアリストのホームパーティー」に関する詳しい証言を残している。エリュアールが絵葉書に書いた文章は、以下に見ることができる。*Lettres à Gala*, 281-82. 英国のシュルレアリストについては、以下を参照。Michel Remy, *Surrealism in Britain*, Aldershot, UK: Ashgate Publishing, 1999.

63. Agar, *Look at My Life*, 133.

64. これらの写真は《射撃の名手》と同様、以下に掲載されている。Antony Penrose, *Surrealists in Cornwall.*

65. Leonora Carrington, "Down Below," *VVV*, No. 4, February 1944. テクストの一部が、以下に再録されている。*Surrealist Women: An International Anthology*, ed. Penelope Rosemont, Austin: University of Texas Press, 1998, 150-54; *Surrealism*, ed. Mary Ann Caws, New York: Phaidon, 2004, 271.

66. August Sander, "An Answer to the Question: What Is Enlightenment," 1927. 以下の引用による。August Sander, *People of the Twentieth Century*, Vol. 7, The Last People, 53. [アウグスト・ザンダー『20世紀の人間たち　肖像写真集　1892-1952』10頁]

67. エーリッヒ・ザンダーは1944年の釈放直前に亡くなっている。Ibid., 51.

68. ザンダーからデットマー・ハインリヒ・ザルネツキへの手紙、1947年1月7日。以下の引用より。Sander, *People of the Twentieth Century*, Vol. 6, 19.

69. Photograph III/14/4, "Mutter und Sohn," in Sander, *People of the Twentieth Century*, Vol. 3, The Woman, 57. [同書163頁]

70. Jimmy Ernst, *Not-So-Still Life*, 3-4.

71. Lou Straus-Ernst, *The First Wife's Tale*, xviii-xxii.

72. Paul Nash, "Swanage, or Seaside Surrealism," Architectural Review, April 1936. 以下に再録。Pennie Denton, *Seaside Surrealism: Paul Nash in Swanage*, Swanage: Peveril Press, 2002, 77-82.

73. ポール・ナッシュからE・M・O・ディッキーへの手紙、1941年3月11日 (帝国戦争博物館の資料)。*Paul Nash: Modern Artist, Ancient Landscape*, ed. Jemima Montagu, London: Tate, 2003, 46.

74. ポール・ナッシュからマーガレット・ナッシュへの手紙、1917年11月16日。以下の引用による。Leonard Robinson, *Paul Nash: Winter Sea: The Development of an Image*, York. UK: William

Sessions/The Ebor Press, 1997, 28.

75. 『ヴォーグ』誌 1937 年 9 月号。詳しくは以下を参照。Sala Elise Patterson, "Yo, Adrienne," *New York Times*, 25 February 2007. この連作は《コンゴのモード》というタイトルで、以下に収録されている。*Man Ray Women*, ed. Valerio Dehó, Bologna: Damiani, 2005, 99-115.

76. Agar, *Look at My Life*, 135.

77. Pilar Parcerisas, "Ady Fidelin: the Venus naturalis," in *Man Ray: Luces y sueños*, ed. Pilar Parcerisas, Valencia, Spain: Museu Valencià de la Illustracio i de la Modernitat, 2006, 146-47（スペイン語と英語の二言語版）. マン・レイが撮影したアディの写真のうち数点は、同書に掲載されている。先述の Dehó, *Man Ray Women* にも、別の数点が掲載されている。

78. Man Ray, *Self-Portrait*, New York: Little, Brown, 1998, 237.［マン・レイ『マン・レイ自伝　セルフ・ポートレイト』千葉成夫訳、文遊社、2007 年、420 頁］

79. Ibid., 252.［同書 445 頁］

80. Roland Penrose, "Un œil de liberté," 18.

81. Agar, *Look at My Life*, 135.

82. このピクニックでは、リー・ミラーとローランド・ペンローズがそれぞれ数枚のスナップ写真を残している。ペンローズが撮影した 1 枚は、Caws, *Dora Maar*, 134-35 に掲載されている。ミラーの撮影した 1 枚は、以下に掲載されている。Richard Calvocoressi, *Lee Miller: Portraits from a Life*, London: Thames and Hudson, 2002, 49.

83. Agar, *Look at My Life*, plate 12a.

84. Ibid., 2.

85. 以下を参照。Caws, *Dora Maar*, 133.

86. Brassaï, *Conversations with Picasso*, 207.［ブラッサイ『語るピカソ』202 頁］

87. Lee Miller, *Grim Glory: Pictures of Britain under Fire*, ed. Ernestine Carter, London: Lund, Humphries, 1941.《沈黙するレミントン》、《ユニヴァーシティ・カレッジ》、《文化への復讐》は、すべて以下に掲載されている。Mark Haworth-Booth, *The Art of Lee Miller*, London: Victoria and Albert Museum/New Haven, CT: Yale University Press, 2007, 156-57. さらに《文化への復讐》は、《非国教徒の教会、ロンドン、カムデン・タウン》と同様に（61）、以下にも（全ページ大で）掲載されている。Jane Livingston, *Lee Miller: Photographer*, New York: Thames and Hudson/California Art Foundation, 1989, 59. 現在のイデオロギー的な要請に応じて、過去を奇妙に私物化しつつ、パトリシア・オルマーは《文化への復讐》を次のように読み解いている。「［ミラー自身の］対象化された、写真のミューズという自身の立ち位置に対するアイロニカルな論評である。ここで表象されているのは堕天使の像である。その表情は、マン・レイが撮影した写真や『ヴォーグ』のイメージでお馴染みのミラーの彫刻的な表情に驚くほどよく似ている。ミラーの「堕天使」は捨てられている。［…］ここで男性の欲望の理想化された対象としての影像は、もはや目覚めることはなく、それを生み出した文化への復讐として破壊され、女性性と自己のさまざまな表象に向けた空間を切り開いている。《文化への復讐》というタイトルすら、二重性を帯びている――それは、第二次世界大戦における家父長制の破壊的な力を示すと同時に、家父長制が女性を破壊することを暗示してもいる。［…］《文化への復讐》では、見られる客体として男性一般を図像化するミラーの姿は砕け散り、もはや完璧なものではない」（*Angel of Anarchy*, 17）。写真が撮影された文脈（ロンドン大空襲）、出版された写真集の性質（『灰色の栄光』）、そしてミラーの政治的信念について知られている事実もすべて無視してかまわないなら、そのような読みも可能だろう。愚かなこの若い女性は、ミラーが「家父長制」ではなくファシズムのもたらした破壊を描き出していると思い込んでいたわけだ。筆者はタイトルに関して、むしろヘルマン・ゲーリングの（真偽の疑わしい）発言（「文化という

言葉を聞くと、私は拳銃に手が伸びる」）を踏まえているのではないかと考える。

88. André Breton, "Avis au lecteur pour 'La Femme 100 têtes' de Max Ernst," 1929, in ABOC 2, 305. 英訳およびスペイン語訳が以下に掲載されている。Dieter Ronte, Irene Kleinschmidt-Altpeter, Lluisa Faxedas, Werner Spies and Jürgen Pech, *Max Ernst: Invisible a primavera vista: grabados, libros ilustrados, esculturas*（スペイン語と英語の二言語版の図録）, Barcelona: Fundació la Caixa, 2006, 188. ポール・ナッシュは「スワネージ、あるいは海辺のシュルレアリスム」で、シュルレアリスムが何であるかを説明する際、ブルトンの見解に言及している。

89. ミラーは戦争を記録した最初の女性写真家ではない。ゲルダ・タロー（1937 年、テルエルの戦いで死去）がスペイン内戦を捉えたネガを 800 枚以上残している。以下を参照。*The Mexican Suitcase: The Rediscovered Spanish Civil War Negatives of Capa, Chim and Taro*, ed. Cynthia Young, 2 vols., New York: International Center of Photography/Steidl, 2010.

90. Lee Miller, "Germany: The War That Is Won." 初出は『ヴォーグ』誌 1945 年 6 月号。加筆されたオリジナルの原稿は以下に再録。*Lee Miller's War: Photographer and Correspondent with the Allies in Europe 1944-45*, ed. Antony Penrose, London: Thames and Hudson, 2005, 176.

91. リー・ミラー、以下の引用による。Calvocoressi, *Lee Miller: Portraits from a Life*, 120. 写真は対向ページに掲載されている。［リチャード・カルヴォコレッシ『リー・ミラー　いのちのポートレイト』高田ゆみ子訳、岩波書店、2003 年、120 頁］

92. Ibid., 116［同書 116 頁］; Penrose, *Lee Miller's War*, 184.

93. Lee Miller, "Germany: The War That Is Won," 182.

94. リー・ミラーからオードリー・ウィザーズへの日付のない伝言。Penrose, *Lee Miller's War*, 188-89.

95. Lee Miller, "Hitleriana," 初出は『ヴォーグ』誌 1945 年 7 月号。加筆されたオリジナルの原稿は以下に再録。*Penrose, Lee Miller's War*, 191.

96. Haworth-Booth, *The Art of Lee Miller*, 197.

97. David E. Sherman, "Lee Miller in Hitler's Bath, 1945." Ibid., 199 に再録。

98. リー・ミラーからオードリー・ウィザーズへの日付のない手紙。Penrose, *Lee Miller's War*, 188.

99. ルネ・シャールからマン・レイへの日付のない手紙。Dominique Rabourdin, Postface, in Paul Éluard and Man Ray, *Facile*, Paris: La Bibliothèque des Introuvables, 2004（ページ数表記なし）. 同書は 1935 年刊の原著（Paris: Éditions G.L.M.）の復刻版である。

100. Shelley Rice, "When Objects Dream," in Andrew Roth, *The Book of 101 Books: Seminal Photographic Books of the Twentieth Century*, New York: PPP Editions, 2001, 13.

101. ロジェ・カイヨワからアンドレ・ブルトンへの手紙、1934 年 12 月 27 日。*The Edge of Surrealism: A Roger Caillois Reader*, ed. Claudine Frank, Durham, NC: Duke University Press, 2003, 85.

102. Caillois, "Testimony (Paul Éluard)," in *Edge of Surrealism*, 61-62.

103. Paul Éluard, "Les Plus belles cartes postales," *Minotaure*, Nos. 3-4, 1933, 86-87.

104. Durozoi, *History of the Surrealist Movement*, 294; Angliviel de la Beaumelle, *La beauté convulsive*, 223-24. 筆者は同じ間違いを、以下の拙論でも指摘している。"Surrealities," in Benson, *Central European Avant-Gardes*, 90.

105. ネズヴァルの日記の抜粋は、以下を参照。Bydžovská and Srp, *Český surrealismus*, 80-84. 写真については、以下を参照。*André Breton: 42 rue Fontaine*, Paris: CamelsCohen 2003（8 巻本のオークション・カタログ）, Vol. 8, *Photographies*, 95, lot 5057. アルバム中の写真は、同図録に付属の DVD に原寸大で収録されている。

106. エリュアールからシュティルスキーとトワイヤンへの手紙、1935 年 4 月 19 日。以下に図版が

掲載されている。Lionel-Marie, *Paul Éluard et ses amis peintres*, 181.

107. Herbert R. Lottman, *Man Ray's Montparnasse*, New York: Abrams, 2001, 219.

108. André Breton, "Devant le rideau," in *Le Surréalisme en 1947: Exposition internationale du Surréalisme présentée par André Breton et Marcel Duchamp*, Paris: Édition Pierre a feu, Maeght Éditeur, 1947, 13-19. 以下に英訳がある。"Before the Curtain" in Breton, *Free Rein*, 80.

109. Breton and Éluard, *Dictionnaire abrégé du surréalisme*.［アンドレ・ブルトン、ポール・エリュアール編『シュルレアリスム簡約辞典』江原順訳、現代思潮社、1971 年］この『簡約辞典』はアルファベット順に構成されているため、以下の議論でページ数を逐一明記することは差し控えたい。同画廊で独自の図録も制作されている（*Exposition internationale du Surréalisme*, Janvier-Février 1938, Paris: Galerie Beaux-Arts）。同図録に掲載された 229 点の作品一覧が完全なものではないことは、他の資料から明らかになっている。

110.《友人たちの集うところ》のオリジナルは『簡約辞典』に掲載されている。ここには 1935 年に自殺した詩人ルネ・クルヴェルの姿も描かれている。クルヴェルについては、本書 489-491 頁で論じている。1931 年 12 月の『革命に奉仕するシュルレアリスム』誌第 4 号で、エルンストは同じタイトルで、登場人物を変更したヴァージョンを発表している。それは渦を巻くフォトモンタージュで、キャプションには次のように記されている。「上から下へ、蛇の頭に続き、指笛を吹いているイヴ・タンギー——手の上で、棺に入ったアラゴン——肘を折っているのがジャコメッティ——女性の肖像画の前にいるマックス・エルンスト——その前の下部にはサルバドール・ダリ——その右側にツァラとペレ——鎖で繋がれた男の前で、ポケットに手を入れているのがブニュエル——タバコに火をつけているポール・エリュアール——その上にティリオン、その左に手を挙げたシャール——手の後ろ側にいるユニック、アレクサンドル——やや下にマン・レイ——そして、肩から上しか見えないブルトン。壁にはクルヴェルの肖像画がかかっており、右上で背を向けているのがジョルジュ・サドゥールだ」(36-37)。このモンタージュは以下に掲載されている。Diez, *La Subversion des images*, 47. ただしエルンストによる説明書きはなく、タイトルは《ロプロプが 1931 年シュルレアリスト・グループのメンバーを紹介する》となっている。同書では、エルンストの肩を見つめている女性はパール・ホワイトであると明記されている。

111. 以下の引用による。Mary Ann Caws, "Essay on Éluard's Poetry," in Paul Éluard, *Capital of Pain*, trans. Mary Ann Caws, Patricia Terry and Nancy Kline（フランス語と英語の二言語版）, Boston: Black Widow Press, 2006, 244.

112. ルクサルドによって 1936 年に撮影された写真。以下に掲載されている。Marinetti, *Futurist Cookbook*, 15.

113. Francis Picabia, "Carnet du Docteur Serner," in *391*, No. 11, February 1920, 4（復刻版）, ed. Michel Sanouillet, Paris: La Terrain Vague, 1960.

114. 英国を代表する 500 名の現代美術家（ダミアン・ハースト、トレイシー・エミン、デイヴィッド・ホックニーら）と批評家が行なった 2004 年の投票による。このときは《アヴィニョンの娘たち》に勝っている。Nigel Reynolds, "'Shocking' Urinal Better Than Picasso Because They Say So," *Daily Telegraph*, 2 December 2004. http://www.telegraph.co.uk/culture/art/3632714/Shocking-urinal-better-than-Picasso-because-they-say-so.html（2018 年 6 月 18 日閲覧）

115. André Breton, "Zinnia-red Eyes," from *L'Air de l'eau*, 1934, in *Poems of André Breton: A Bilingual Anthology*, trans. and ed. Jean-Pierre Cauvin and Mary Ann Caws, Boston: Black Widow Press, 2006, 146-47.

116. *Documents*, 2 vols., 1929-30. 再刊は Paris: Jean-Michel Place, 1991.『批評辞典』を構成する記事の英訳は、以下に収録されている。*Encyclopaedia Acephalica*, ed. Alistair Brotchie, trans. Iain White and

others, London: Atlas Press, 1995.［バタイユ『ドキュマン』江澤健一郎訳、河出文庫、2014 年］背景に関しては以下を参照。*Undercover Surrealism: Georges Bataille and DOCUMENTS*, ed. Dawn Ades and Simon Baker, London: Hayward Gallery/Cambridge, MA: MIT Press, 2006; Ades, *Dada and Surrealism Reviewed*, 228-49; Dennis Hollier, ed., *A Documents Dossier*, *October*, No. 60, 1992（特別号）.

117. *Encyclopaedia Acephalica*, 72-73.［バタイユ「屠場」、『ドキュマン』117-122 頁］ロタールによるラ・ヴィレットの屠場の写真の多くは、以下に掲載されている。Alain Sayag, Annick Lionel-Marie and Alain and Odette Virmaux, *Elie Lotar*, Paris: Musée national d'art moderne/Centre Georges Pompidou, 1993, 79-83; Reinhard Spieler and Barbara Auer, eds., *Gegen jede Vernunft: Surrealismus Paris-Prague*, Ludwigshafen am Rhein, Germany: Wilhelm-Hack-Museum/Belser, 2010, 256; Diez, *La Subversion des images*, 134, 223, 265-67; Ades and Baker, *Undercover Surrealism*, 106-11.

118. Georges Bataille, "L'Informe," *Documents*, Vol. 1, No. 1, 1929, trans. in *Encyclopaedia Acephalica*, 51-52.［バタイユ「不定形の」、『ドキュマン』144 頁］

119. Yve-Alain Bois and Rosalind E. Krauss, *Formless: A User's Guide*, New York: Zone, 1997, 18.［イヴ＝アラン・ボワ、ロザリンド・E・クラウス『アンフォルム　無形なものの事典』加治屋健司・近藤學・高桑和巳訳、月曜社、2011 年、18 頁］

120. ブルトンは「大嫌いだ」と語っている。一方、愛する女性の排尿を見るのは「全然悪い感じは受けないね」という。Pierre, *Investigating Sex*, 93.［ブルトン編『性についての探究』156-157 頁］

121. Georges Bataille, "Architecture," *Documents*, Vol. 1, No. 2, 1929, trans. in *Encyclopaedia Acephalica*, 35-36.［バタイユ「建築」、『ドキュマン』38-40 頁］以下も参照。Denis Hollier, *Against Architecture: The Writings of Georges Bataille*, Cambridge, MA: MIT Press, 1992.

122. *Dialogues with Marcel Duchamp*, ed. Pierre Cabanne, London: Thames and Hudson, 1971, 81.［マルセル・デュシャン、ピエール・カバンヌ『デュシャンは語る』岩佐鉄男・小林康夫訳、ちくま学芸文庫、1999 年、169 頁］

123. チラシは以下に掲載されている。*La Révolution surréaliste*, ed. Werner Spies, Paris: Centre Pompidou, 2002, 85.

124. ジョゼフ・コーネルからパーカー・タイラーへの手紙、1941 年 7 月 2 日。Deborah Solomon, *Utopia Parkway: The Life and Work of Joseph Cornell*, New York: Farrar, Straus and Giroux, 1997, 125.［デボラ・ソロモン『ジョゼフ・コーネル　箱の中のユートピア』林寿美・太田泰人・近藤学訳、白水社、2011 年、173 頁］

125. Joseph Cornell, "'Enchanted Wanderer': Excerpt from a Journey Album for Hedy Lamarr," *View*, Nos. 9-10, December 1941-January 1942. 以下の引用による。Solomon, *Utopia Parkway*, 126.［同書 173 頁］

126. 以下を参照。*Picasso surréaliste*, ed. Anne Baldassari, Basel: Fondation Beyeler/Paris: Flammarion, 2005.

127. William S. Rubin, *Dada, Surrealism and Their Heritage*, New York: Museum of Modern Art, 1968.

128. William S. Rubin, *Dada and Surrealist Art*, New York: Abrams, n.d. [1968]. ワーズワース・アセニウムの巡回展は、ニューヨークのジュリアン・レヴィの画廊でも 1932 年 1 月 9 日から 29 日まで行なわれた。詳しくは以下を参照。Ingrid Schaffner and Julien Lisa Jacobs, *Julien Levy: Portrait of an Art Gallery*, Cambridge, MA: MIT Press, 1998.

129. メレット・オッペンハイムの発言。以下の引用による。*Surrealism: Desire Unbound*, ed. Jennifer Mundy, London: Tate/Princeton, NJ: Princeton University Press, 2001, 45. 同書には《私の看護婦》も掲載されている。

130. Rubin, *Dada, Surrealism and Their Heritage*（展示作品リスト）, 228-43.

131. より正確に言えば、「レオノーラ・キャリントンは切手ほどの大きさの図版でしか扱われていない。メレット・オッペンハイムは1行で済まされ、フリーダ・カーロはついでに言及されているだけだ。アンドレ・ブルトンの『シュルレアリスムと絵画』に作品が取り上げられている女性だけを挙げても、マルセル・リュプチャンスキー、マリア・マルティンス、ミミ・ペアレント、ユディト・レーグル、ケイ・セージ、そしてトワイヤンは、まったく無視されている」。Penelope Rosemont, *Surrealist Women: An International Anthology*, liv. ローズモントのこの傑出したアンソロジーには、シュルレアリスム運動に寄与した97人の女性のテクストが収録されている。20世紀美術を専門とする美術史家——そしてシュルレアリスムの女性嫌悪を信じて疑わない、すべてのフェミニスト——にとって必読の書である。

132. Rubin, Dada and Surrealist Art, 7.

133. 少し前までは、「一般に広く知られた事実として」（ロザリンド・クラウスが自らの知識形成について語る *Bachelors*, Cambridge, MA: MIT Press, 2000, 1 からの引用）、「シュルレアリスムには根深い女性嫌悪がある」と言われていた。このステレオタイプが——それ自体、ルービンによる1968年のニューヨーク近代美術館での展覧会に代表されるように、戦後になってから行なわれたシュルレアリスム運動の解釈があまりにも男性中心主義的であったことに起因しているのだろうが——今もって英米文学にとりついている。女性嫌悪としてのシュルレアリスムに関する古典的な議論は、以下に見られる。Mary Ann Caws, Rudolf Kuenzli and Gwen Raaberg, eds., *Surrealism and Women*, Cambridge, MA: MIT Press, 1991. 近年の他の研究者は、しばしばフェミニズムの視点から女性シュルレアリスム芸術家の広範な「再発見」を進め、それによってシュルレアリスム運動に見いだされてきた女性嫌悪をさまざまな面から再検討している。代表的なものとしては、以下を参照。Roger Borderie, ed., *La Femme surréaliste, special issue of Obliques*, Nos. 14-15, Paris, 1977; Whitney Chadwick, *Women Artists and the Surrealist Movement*, London: Thames and Hudson, 1985; Katharine Conley, *Automatic Woman: The Representation of Woman in Surrealism*, Lincoln: University of Nebraska Press, 1996; Whitney Chadwick, ed., *Mirror Images: Women, Surrealism and Self-Representation*, Cambridge, MA: MIT Press, 1998; Georgiana Colville, *Scandaleusement d'elles: trente-quatre femmes surréalistes*, Paris: Jean-Michel Place, 1999; Alyce Mahon, *Surrealism and the Politics of Eros 1938-1968*, London: Thames and Hudson, 2005; Mundy, *Surrealism: Desire Unbound*. この20年の英語圏でのシュルレアリスムに対する関心の復活のかなりの部分が、ドーン・エイズ、メアリー・アン・カウズ、ホイットニー・チャドウィック、キャサリン・コンリー、ロザリンド・クラウス、ジェーン・リヴィングストン、アリス・マホン、ジェニファー・マンディ、ペネロペ・ローズモントといった女性のキュレーター、批評家、研究者によって牽引されてきた。女性嫌悪という面では悪名高かったハンス・ベルメールに対するもっとも思いやりのある文章を、スー・テイラー（*Hans Bellmer: The Anatomy of Anxiety*, Cambridge, MA: MIT Press, 2002）、テレーズ・リヒテンスタイン（*Behind Closed Doors: The Art of Hans Bellmer*, Berkeley: University of California Press, 2001）そしてロザリンド・クラウスが書いている。なかでもクラウスの次の論文を参照されたい。"Corpus Delicti," in Rosalind Krauss and Jane Livingston, *L'Amour fou: photography and surrealism*, Washington, DC: Corcoran Gallery/London: Abbeville Press, 1995. アニー・ル・ブランの著書（*Lâcher tout*, Paris: Sagittaire, 1977）は対照的に、なによりトワイヤンの親しい友人だった女性シュルレアリストによる、フェミニズムに対する容赦ない反論である。序文は以下に英訳されている。Rosemont, *Surrealist Women*, 306-9. ル・ブランは「生物学的な偶然のためだけに戦いを仕掛ける女性の軍団に参加させられるのはごめんだ」と主張する。

134. 以下を参照。*Amazons of the Avant-Garde: Alexandra Exter, Natalia Goncharova, Liubov Popova, Olga Rozanova, Varvara Stepanova and Nadezhda Udaltsova*, ed. John E. Bowlt and Matthew Drutt, New York:

Guggenheim Museum, 2000. Paul Wood et al., *The Great Utopia: The Russian and Soviet Avant-Garde 1915-1932*, New York: Guggenheim Museum, 1992. 豊富な図版を用い、男性作家も女性作家も同様にカバーした同書は、この主題を包括的に扱った資料となっている。

135. アイリーン・エイガーの《無秩序の天使》(*Angel of Anarchy*) が 2006 年にテート・モダンに展示された際のキャプション（出典は不明)。

136. 以下を参照。Julia Kristeva, *Powers of Horror: An Essay on Abjection*, New York: Columbia University Press, 1982.［ジュリア・クリステヴァ『恐怖の権力 〈アブジェクシオン〉試論』枝川昌雄訳、法政大学出版局、1984 年］アリス・マホンも『シュルレアリスムとエロスの政治学』(Alyce Mahon, *Surrealism and the Politics of Eros 1938-1968*, London: Thames and Hudson, 2005) で同様の議論を行なっている。

137. Agar, *Look at My Life*, 120-21.

138. レオノール・フィニ、ピーター・ウェッブとの対話、1994 年 2 月 9 日。*Leonor Fini: metamorphoses d'un art*, Paris: Éditions Imprimerie Nationale, 2009, 69.

139. 熱心なアマチュア写真家だった父の習作のため、ミラーは早いうちから数え切れないほどヌードモデルの役をこなした。ミラーのモデルとしてのキャリアは客観的偶然の結果である。ある日、ニューヨークで彼女は「うっかり走ってくる車の前に飛び出してしまった。そばにいた男がミラーを引き戻し、間一髪の差で事故を免れたものの、彼女はその男の腕に倒れ込んでしまった」。この男こそ、『ヴォーグ』の版元であるコンデ・ナストだった。ミラーが初めて『ヴォーグ』の表紙を飾ったのは 1927 年 3 月のことである。Antony Penrose, *The Lives of Lee Miller*, London: Thames and Hudson, 1988, 16.［アントニー・ペンローズ『リー・ミラー　自分を愛したヴィーナス』松本淳訳、パルコ出版、1990 年、32 頁］

140. 以下の引用による。Ibid., 16.［同書 33 頁］出典は不明。アントニー・ペンローズは、リー・ミラーとローランド・ペンローズの息子である。

141. Ibid., 20.［同書 37 頁］

142. 以下の引用による。Penrose, ibid., 22.［同書 41 頁］出典は以下。Brigid Keenan, *The Women We Wanted to Look Like*, London: St. Martin's Press, 1977, 136.

143. Althsuler, *Avant-Garde in Exhibition*, 130.

144. Man Ray, *Self-Portrait*, 207.［マン・レイ『マン・レイ自伝　セルフ・ポートレイト』369 頁］

145. Mahon, *Surrealism and the Politics of Eros*, 57.

146. Roland Penrose, *Man Ray*, London: Thames and Hudson, 1975, 108-9. このメトロノームは Diez, *La Subversion des images* の口絵として掲載されている。

147. Richard Cork, "Eye of the Beholder," in *Tate Magazine*, Issue 3, January-February 2003. 以下も参照。Penrose, *Man Ray*, 108-9.

148. Man Ray, "À l'heure de l'observatoire—les amoureux," *Cahiers d'Art*, Vol. 10, Nos. 5-6, 1935, 127, in Phillip Prodger, *Man Ray and Lee Miller: Partners in Surrealism*, Salem, MA: Peabody Essex Museum/London: Merrell, 2011, 45.

149. ブルトンの《オブジェ-チェスト》の写真は、以下に掲載されている。Mahon, *Surrealism and the Politics of Eros*, 39.「優美な屍骸」とは、『シュルレアリスム簡約辞典』の解説によると、「いく人かの人間に、一句乃至はひとつのデッサンをかかせることでなりたつ、畳んだ紙の遊び」。1 枚の紙にテクストや絵を描き込み、描いたものが見えないように紙を折りたたんで次のプレイヤーへ回していく。「この遊びに名を与えることになった古典的な最初の例に、『優美な——屍骸は——新しい酒を——飲むだろう』という句がある」。［ブルトン、エリュアール編『シュルレアリスム簡約辞典』6 頁］

150. Man Ray, *Self-Portrait*, 203. [マン・レイ『マン・レイ自伝　セルフ・ポートレイト』362 頁]

151. デイヴィッド・ロマスの無題のコメント。Mundy, *Surrealism: Desire Unbound*, 224. 写真は同書 225 頁に掲載されている。同じシリーズの写真は、以下に掲載されている。Diez, *La Subversion des images*, 103–5; *Man Ray: Photography and Its Double*, ed. Emanuelle de L'Écotais and Alain Sayag, Corte Madera, CA: Gingko Press, 1998, 168–73.

152. ロマス、以下の引用による。Mundy, *Surrealism: Desire Unbound*, 224. この写真のトリミングされたヴァージョンは、以下に掲載されている。*Minotaure*, No. 5, 1934, 15. キャプションは《ヴェールに覆われたエロティック》。まさにタイトルどおりである。

153. Mahon, *Surrealism and the Politics of Eros*, 19.「この展覧会は」と彼女は続ける。「触覚的であり、双方向的であると同時に、はっきりと女性的な空間を作り出した。[…] この空間は抑圧された心理的不安と、放棄された合理性（西洋の形而上学の伝統では男性的特徴とされるもの）を暴露し、非合理とその女性的な性質（同じ伝統によると、狂気、原始的で主観的な直感、感情と情熱）がそれに取って代わった」(55)。

154. "Surrealist Art: Strange Exhibits in Paris," London *Times*, 21 January 1938, 11. 以下の引用による。Lewis Kachur, *Displaying the Marvelous: Marcel Duchamp, Salvador Dalí and Surrealist Exhibition Installations*, Cambridge, MA: MIT Press, 2001, 31–34.

155. ラウール・ユバックの写真は、以下を参照。Kachur, *Displaying the Marvelous*, 33.〈シュルレアリスム国際展〉に展示されたマネキンはすべて、当時、ドニーズ・ベロン、ラウール・ユバック、マン・レイらによって撮影され、同書に掲載されている。ミレーの《晩鐘》は、この時期のダリの作品に繰り返し登場するモチーフだった。

156. Roberto Matta, "Souvenir d'une cohue, 1938." 以下の引用による。Polizzotti, *Revolution of the Mind*, 449.

157. チラシは以下に掲載されている。Durozoi, *History of the Surrealist Movement*, 340.

158. Comte de Lautréamont, *Maldoror*, 193. [「マルドロールの歌」、『ロートレアモン全集』278 頁]

159. Hal Foster, Rosalind Krauss, Yve-Alain Bois and Benjamin H. D. Buchloh, *Art since 1900: Modernism, Antimodernism, Postmodernism*, London: Thames and Hudson, 2004, 298.

160. Man Ray, *Les Mannequins—La résurrection des mannequins*, Paris, 1966. 以下の引用による。Katherina Sykora, "Merchant Temptress: The Surrealistic Enticements of the Display Window Dummy," in *Shopping; A Century of Art and Consumer Culture*, ed. Christoph Grunenberg and Max Hollein, Frankfurt: Hatje Cantz, 2002, 133.

161. PLEM の名称はまた、ギャラリーの図録の扉ページでも目立つところに記されていた。

162. Georges Hugnet, *Pleins et déliés*. 以下の引用による。Polizzotti, *Revolution of the Mind*, 450.

163. 以下を参照。Kachur, *Displaying the Marvelous*, 43, 53.

164. Luce Irrigaray, *This Sex Which Is Not One*, Ithaca, NY: Cornell University Press, 1985, 26. これに関連して、以下の論文も参照。Hal Foster's "Violation and Veiling in Surrealist Photography: Woman as Fetish, as Shattered Object, as Phallus," in Mundy, *Surrealism: Desire Unbound*, esp. 218–22.

165. Man Ray, *Self-Portrait*, 191. [マン・レイ『マン・レイ自伝　セルフ・ポートレイト』338 頁]

166. この写真は以下に掲載されている。Kachur, *Displaying the Marvelous*, 46.

167. André Breton, "Prestige d'André Masson," in *André Masson*, ed. André Dimanche, Paris: André Dimanche, 1993, 113.

168. 以下を参照。Kachur, *Displaying the Marvelous*, 48. 同じくマッソンの "La pensée"と題した 1938 年のドローイングも参照。以下に掲載されている。Dimanche, *André Masson*, 39.

169. Jacques Lacan, "The Mirror-Phase as Formative of the Function of the I," in *Écrits*, trans. Bruce Fink,

New York: Norton, 2007.［ジャック・ラカン「〈わたし〉の機能を形成するものとしての鏡像段階——精神分析の経験がわれわれに示すもの」宮本忠雄訳、『エクリ I』宮本忠雄・佐々木孝次ほか訳、弘文堂、1972 年］ラカンが最初にシュルレアリストたちと知り合ったのは、早くも 1926 年初頭、アドリエンヌ・モニエの書店でのことだった。以下を参照。Quentin Bajac, "L'experiénce continue," in Diez, *La Subversion des images*, 253. またすでに述べたとおり、ラカンは『ミノトール』誌にも寄稿した。

170. アリス・マホンが著書 *Surrealism and the Politics of Eros* で展開した繊細な議論と比較できるだろう。マホンの議論はフェミニズム的な分析にほかならないが、しかし方向感覚の狂った形象の破壊を強調している（47）。筆者は以下の拙論で、本節で行なった議論をさらに展開している。"Ceci n'est pas un con: Duchamp, Lacan and *L'Origine du monde*," in *Marcel Duchamp and Eroticism*, ed. Mark Décimo, London: Cambridge Scholars Press, 2007, 160-72.

171. Mahon, *Surrealism and the Politics of Eros*, 50-51.

172. Ibid., 52.

173. *Dictionnaire abrégé du surréalisme*, 76.［ブルトン、エリュアール編『シュルレアリスム簡約辞典』76 頁］

174. 1938 年 1 月 17 日、〈シュルレアリスム国際展〉のオープニングで撮影された撮影者不詳のヴァネルの写真を参照。Kachur, *Displaying the Marvelous*, 86 ; Karoline Hille, "Ein Traum wird Farbe," in Spieler and Auer, *Gegen jede Vernunft*, 209. また後者のエッセイには、ドニーズ・ベロンによる展覧会の中央展示室の当時の写真が２点、2010 年の展覧会のために再制作された同じ部屋の数点の写真とともに掲載されている。

175. 原文は"Il faisait tellement noir à midi qu'on voyait les étoiles." ピカソがマッチ箱の底に手書きした文章。Anne Baldassari, *Picasso: Life with Dora Maar. Love and War 1935-1945*, Paris: Flammarion, 2006 のエピグラムとして、また復刻されたものが見返しに掲載されている。

176. Mignon Nixon, *Fantastic Reality: Louise Bourgeois and a Story of Modern Art*, Cambridge, MA: MIT Press, 2005, 58.

177. Paul Virilio, *Art and Fear*, trans. Julie Rose, New York: Continuum, 2003.

178. André Breton, "Before the Curtain," in *Free Rein*, 80-81.

179. Ingrid Schaffner, *Salvador Dalí's Dream of Venus: The Surrealist Funhouse from the 1939 World's Fair*, New York: Princeton Architectural Press, 2002, 32. 筆者は「古き奇怪なアメリカ（old weird America）」という表現を以下から拝借した。Greil Marcus, *The Old, Weird America: The World of Bob Dylan's Basement Tapes*, New York: Picador, 2001.

180. Schaffner, Dream of Venus, 26; Kachur, *Displaying the Marvelous*, 150-51.

181. これらパビリオンの開場式典に関する詳細は、同時代の報道（「半旗を掲げたチェコ・パビリオン」、『ニューヨーク・イブニング・ジャーナル』紙 1939 年 5 月 31 日）および写真（NYPL ID 番号 1669173、1669197、1669131、1669141、1669203）にもとづく。どれもニューヨーク公立図書館が提供している素晴らしいヴァーチャルな展示 "The World of Tomorrow: Exploring the 1939-40 World's Fair Collection" 内の "War and the Czech Pavilion" のセクションで見ることができる。この展示は "NYPL Biblion" というタイトルの iPad アプリの形式で閲覧可能である。その 20 年前には、トマーシュ・マサリクがコメンスキーの祈りの言葉を、チェコスロヴァキア独立時の大統領としての最初の演説で用いている。1969 年には同じ言葉が「ザ・ゴールデン・キッズ」のリードヴォーカルだったマルタ・クビショヴァーが吹き込んだ歌にふたたび現われた。『マルタのための祈り』（*Modlitba pro Martu*）と題されたこの曲を歌ったクビショヴァーは、のちに「憲章 77」に署名したため、その後 20 年にわたってステージでの演奏、ラジオやテレビへの出演、そしてレコーディン

グを禁じられた。次に彼女が公共の場でこの曲を歌ったのは 1989 年 11 月、ヴァーツラフ広場のメラントリフのバルコニーでヴァーツラフ・ハヴェルとともに立ち、50 万人のデモ参加者という観客を前にしたときのことだった。その後ハヴェルが、大統領としての最初の演説を次の言葉で締めくくった。「皆さん、あなたがたの政府はあなたがたのもとへと返ってきました！」詳細は、拙著 *The Coasts of Bohemia*, 269-70 を参照。筆者はこの話をハッピーエンドの実例としてではなく、シニフィアンは永遠に回帰するという客観的な教訓を示すために挙げた。シニフィアンこそが、安定した意味や参照を通じてではなく、その終わりのない繰り返しという慰めを通じて、歴史に一貫性を与える。イヴァン・クリーマは、バルトロムニェイスカー通りで自分の肩に置かれた手から安堵を感じただろう。

182. Ladislav Sutnar, *Visual Design in Action*, New York: Hastings House, 1961, 14. 以下の引用による。Jindřich Toman, "'Nesmírně zajímavá motanice': Ladislav Sutnar a jeho Amerika," in Janáková, *Ladislav Sutnar—Praha—New York—Design in Action*, 330-31.

183. 1960 年代に書かれた未刊の手稿より。以下の引用による。Janáková, *Ladislav Sutnar—Praha—New York—Design in Action*, 274.

184. 以下を参照。Iva Knobloch, ed., *Ladislav Sutnar: Americké Venuše (U.S. Venus)*, Prague: Arbor Vitae/Uměleckoprůmyslové muzeum, 2011.「歓びの芸術」の多くは以下にも掲載されている。Janáková, *Ladislav Sutnar—Praha—New York—Design in Action*, 273-87. この展覧会は素晴らしい出来で、図録もストナルのチェコ時代とアメリカ時代の作品を包括的に調査したものとなっている。

185. ラジスラフ・ストナル、以下の連作への序文。*The Strip Street: Posters without Words*（ニューヨーク、1963 年、限定 25 部）. 以下の引用による。Knobloch, *Ladislav Sutnar: Americké Venuše*, 197-98.

186. Michael Beckerman, "The Dark Blue Exile of Jaroslav Ježek," *Music and Politics*, Vol. II, No. 2, summer 2008. https://quod.lib.umich.edu/m/mp/9460447.0002.201/--dark-blue-exile-of-jaroslav-jezek?rgn = main;view = fulltext（2018 年 6 月 18 日閲覧）このページには、スチヴィーンの映像に加え、イェジェクのジャズと「クラシック」の両ジャンルにわたるいくつかの作品へのリンクもある。1939 年 1 月のイェジェクからヤノーホへの手紙は、以下で閲覧可能。František Cinger, *Šťastné blues aneb z deníku Jaroslava Ježka*, Prague: BVD, 2006, 147. ただし、ここでは上記の論文からベッカーマン自身の訳を引用した。

187. David Stewart-Candy, "Pleasence, Bond and Blofeld," ドナルド・プレザンスのウェブサイトより。http://www.pleasence.com/film/youonly/youonly-1.html（2018 年 6 月 18 日閲覧）

188. この箇所およびこれ以後のノヴォトナーの発言は、1979 年 6 月に行なわれた以下のインタビューから引用した。Lanfranco Rasponi, *The Last Prima Donnas*, New York: Limelight Editions, 1985, 316-28.

189. ヤン・マサリクによるライナーノーツ（1942 年）。Jarmila Novotná, "Songs of Czechoslovakia," RCA Victor LP record number VIC 1383 (1969).

190. 1942 年 6 月の公式声明。以下に掲載されている。Buben, *Šest let okupace Prahy*, 165-66.

191. ヤン・マサリクによるライナーノーツ。Novotná, "Songs of Czechoslovakia."

192. ヤン・マサリクによるライナーノーツ。Jarmila Novotná, "České písně a arie," Supraphon CD number 11 1491-2201 (1992).

193. アラン・ブリスによるライナーノーツ。"Jarmila Novotná: The Artist's Own Selection of Her Finest Recordings," Pearl LP record number GEMM 261/2 (1983).

194. Janáková, *Ladislav Sutnar—Praha—New York—Design in Action*, 372.

195. レヴューは以下に引用されている。Gregory Terain, "From La Bagarre: A Selective Dip into the Boston Symphony Orchestra Archives," in *Bohuslav Martinu Newsletter*, Vol. 6, No. 2, May-August 2006,

10.

196. マルチヌーからオタカル・ショウレクへの手紙、1938 年 11 月 8 日。以下の引用による。Alan Houtchens, “Love’s Labours Lost: Martinů, Kaprálová and Hitler,” *Kapralova Society Journal*, Vol. 3, No. 1, Spring 2006, 2-3. 1938 年 11 月 30 日、ベネシュの後任としてエミル・ハーハがこの分断された国の大統領となり、ナチ占領期を通じてその地位にとどまることになる。

197. Jiří Mucha, *Au seuil de la nuit*, trans. Françoise and Karel Tabery, La Tour d’Aigues: Éditions de l’aube, 1991, 273. 本書の執筆時にチェコ語の原書（*Podivné lásky*, Prague: Mladá fronta, 1989）を入手できなかったため、ここではフランス語版を参照しているが、そのほうがどこかしらふさわしいようにも思われる。

198. イジー・ムハ、ボフスラフ・マルチヌー『野外ミサ』の台本より。Bohuslav Martinů, *Field Mass*, trans. Geraldine Thomsen in Supraphon CD number SU 3276-2 931 (1997).

199. マリエ・チェルヴィンコヴァー＝リーグロヴァー、ドヴォジャーク『ジャコバン党員』の台本より。Antonín Dvořák, *Jakobín* (1889), Supraphon record album set number 1112 2481/3 (1980), 35.

200. イジー・ムハ、『野外ミサ』の台本より。Martinů, *Field Mass*.

201. 以下の引用による。Bohuslav Martinů, *Julietta*, Supraphon CD number SU 3626-2 612, 2002（再版）. 解説ヤロスラフ・ミフレ、1992 年、付属ブックレット（9-11）。続くパラグラフの引用もすべて、上記の同じ CD の付属ブックレットによる。

202. マルチヌーからヴァーツラフ・タリフへの手紙、1938 年 3 月 16 日から 17 日頃。Jiří Mucha, *Au seuil de la nuit*, 124.

203. ここまでの引用はすべて、『ジュリエッタ』の台本による。

204. 1947 年 4 月、ボフスラフ・マルチヌーがニューヨークで書いた『ジュリエッタ』のシノプシス。New Opera Company/English National Opera program *Julietta*, 1978. ページ数表記なし。

205. ここまでの引用はすべて『ジュリエッタ』の台本による。

206. 1947 年、マルチヌーが書いた『ジュリエッタ』のシノプシス。

207. 1938 年 7 月の写真は以下に掲載されている。Timothy Cheek, “Navždy (Forever) Kaprálová: Reevaluating Czech Composer Vítězslava Kaprálová through her Thirty Songs,” in *Kapralova Society Journal*, Vol. 3, No. 2, Fall 2005. 以下のウェブサイトを参照。http: //www. kapralova. org/JOURNAL.htm（2018 年 6 月 18 日閲覧）Jiří Mucha, *Au Seuil de la nuit* の 289 頁以降の写真。また、以下のウェブサイトで閲覧可能なカプラーロヴァー協会の資料も参照。http: //www. kapralova.org/index.htm（2018 年 6 月 18 日閲覧）

208. 以下の引用による。Jiří Mucha, *Au seuil de la nuit*, 67.

209. Ibid., 199.

210. マイケル・ベッカーマンが筆者に個人的に語ってくれた情報。本章のここまでの節に目を通し、助言をくれたマイクに心から感謝の意を表したい。

211. Jiří Mucha, *Au seuil de la nuit*, 122.

212. Charlotte Martinů, *My Life with Martinů*, trans. Diderik C. D. De Jong, Prague: Orbis, 1978, 32.

213. Jiří Mucha, *Au seuil de la nuit*, 122-23.

214. Vítězslav Nezval, *Sbohem a šáteček: básně z cesty*, Prague: Československý spisovatel, 1961, 212.

215. 以下の引用による。Cheek, “Navždy (Forever) Kaprálová,” 3, 6. 筆者が新たに訳出した。クンデラは 1949 年に執筆している。

216. ヴィーチェスラヴァ・カプラーロヴァーによる『軍隊シンフォニエッタ』の分析の下書き。Karla Hartl, “Notes to the Catalogue. ”以下のウェブサイトを参照。http: //www. kapralova. org/OPUS_NOTES.htm#iscm（2018 年 6 月 18 日閲覧）

217. Bohuslav Martinů, in *Lidové noviny*, 28 June 1938, 7. 英訳は以下を参照。Karla Hartl, "Vítězslava Kaprálová: A Life Chronology" (Part III), in *Kapralova Society Journal*, Vol. 4, No. 1, 2006, 10.
218. Havergal Brian, "The Nature of Modern Music. Contemporary Music Festival," *Musical Opinion*, July 1938, 858.
219. Jiří Mucha, *Au seuil de la nuit*, 140.
220. 写真は以下に掲載されている。*Josef Sudek: Portraits*, Prague: Torst, 2007, 43.
221.「ルデク、あなたが欲しい、私は水や氷ではなく、血と炎。あなたが欲しい、私のひと、私の恋人……欲望に苦しめられている。あなた、あなたの手、あなたの口、あなたの唇、あなたの身体以外、何もそれを鎮めることはできません」(カプラーロヴァーからルドルフ・コペッツへの手紙、1938年4月18日)。以下の引用による。Jiří Mucha, *Au seuil de la nuit*, 196.
222. カプラーロヴァーから両親への手紙、1939年6月7日。以下の引用による。Hartl, "Vítězslava Kaprálová: A Life Chronology," Part III, 11.
223. 1947年版『ジュリエッタ』の楽譜にマルチヌーが寄せた序文。*Julietta*, New Opera Company/English National Opera program, 1978. 本屋を営む若者ミシェルについても触れている。
224. カプラーロヴァーからハヌシュ・ヴァイグルへの手紙、1939年12月。以下に掲載された図版による。*Kapralova Society Newsletter*, Vol. 2, Issue 1, Spring 2004, 7-8.
225. Jiří Mucha, *Au seuil de la nuit*, 64.
226. Vítězslava Kaprálová, "Hussitský chorale," in *Československý boj*, 9 February 1940, 8. 以下のウェブサイトで閲覧可能。http://www.kapralova.org/WRITINGS.htm(2018年6月18日閲覧)
227. カプラーロヴァーからイジー・ムハへの手紙、1940年4月7日。Jiří Mucha, *Au seuil de la nuit*, 343.
228. Ibid., 388.
229. Ibid., 392.
230. Jiří Mucha, *Living and Partly Living*, London: The Hogarth Press, 1967, 114.
231. Jiří Mucha, *Au seuil de la nuit*, 393.
232.『生と部分的な生』(*Living and Partly Living*)は、ムハの著書 *Studené slunce* の英語版タイトルである。英語のタイトルの表現はムハ自身のものだが、原題 *Studené slunce* を字義どおりに訳すと「冷たい太陽」になる。
233. Jiří Mucha, *Living and Partly Living*, 7.
234. Ibid., 113.
235. Ibid., 115.
236. Jiří Mucha, *Au seuil de la nuit*, 7.
237. 2009年、ルツィエ・バルトショヴァーのインタビューに応え、当時92歳だったジェラルディン・ムハは『奇妙な愛』について次のように語っている。「半世紀が経過し、イジーは彼女たちの関係を本に書いたのです。おそらくそれ以前には書けなかったのでしょう。カプラーロヴァーと一緒にいたのはあんなに短い間でしたが、そこに大いなる愛があったことは明らかです。そうしたことから十分に距離を取るために、かれは待たなければなりませんでした。ですが、いったんこの小説に取りかかると、かれは完全にのめり込んでいました」。書き起こし原稿を提供してくれたルツィエ・ジートコヴァー(旧姓ルツィエ・バルトショヴァー)に心から感謝の意を表したい。
238. 以下に英訳がある。Karla Hartl, "In Search of a Voice: Story of Vítězslava Kaprálová," *Kapralova Society Newsletter*, Vol. 1, No. 1, Fall 2003, 4. イジーは『奇妙な愛』の準備を進める際、それまで知られていなかった楽曲の手稿を発見した。
239. カプラーロヴァーからイジー・ムハへの手紙、1940年6月9日。Jiří Mucha, *Au seuil de la nuit*,

386.

240. Ibid., 391-92.

241. Ibid., 123.

242. Erik Entwistle, "To je Julietta: Martinů, Kaprálová and Musical Symbolism," in *Kapralova Society Newsletter*, Vol. 2, No. 2, Fall 2004, 5.

243. ボフスラフ・マルチヌーからヴァーツラフ・カプラルへの手紙。日付はないが（内容から）おそらく 1938 年 9 月のものと思われる。以下の引用による。Jiří Mucha, *Au seuil de la nuit*, 394.

244. ヴィーチェスラヴァ・カプラーロヴァーの日記、1939 年 1 月 21 日および 22 日。Ibid., 182.

245. Entwistle, "To je Julietta," 14.

246. Jiří Mucha, *Au seuil de la nuit*, 123.

247. この見解は以下による。Charles Laurence, *The Social Agent: A True Intrigue of Sex, Lies and Heartbreak behind the Iron Curtain*, London: Ivan R. Dee, 2010.

248. Jiří Mucha, *Living and Partly Living*, 117.

249. Ibid., 114-15.

7　愛の小舟は生活に打ち砕かれ、粉々になってしまった

1. 以下の引用による。Annie Le Brun, *Sade: A Sudden Abyss*, San Francisco: City Lights, 2001, 171.
2. これらはそれぞれ、Pachnicke and Honnef, *John Heartfield*, 194 および *John Heartfield en la colección del IVAM*, 107 に掲載されている。
3. 以下に掲載。Pachnicke and Honnef, *John Heartfield*, 179.
4. 1944 年 4 月 2 日に行なわれたフランシス・クリンゲンダーのインタビュー。以下の引用による。Pachnicke and Honnef, *John Heartfield*, 26.
5. "John Heartfield et la beauté révolutionnaire," in Louis Aragon, *Écrits sur l' art moderne*, Paris: Flammarion, 1981, 46-54. このエッセイの英訳は、以下を参照。Phillips, *Photography in the Modern Era*, 60-67. アラゴンが言及しているモンタージュは、Pachnecke and Honnef, *John Heartfield*: "The Meaning of Geneva," 182 および "O Christmas Tree in Germany, How Crooked Are Your Branches," 295 に掲載されている。
6. Aragon, "John Heartfield," 52, 54. 強調は引用者。
7. 連作《十戒》は、すべて以下に掲載されている。*Josep Renau fotomontador*, ed. Maria Casanova, Valencia, Spain: IVAM Institut Valencia d'Art Modern, 2006, 96-105. また《北極の男》も同書に収録されている（95）。ジュゼップ・レナウの作品に関するもっともまとまった文献として、以下がある。*Josep Renau: catálogo razonado a cargo de Albert Forment*, ed. Albert Forment, Valencia, Spain: IVAM Institut Valencia d'Art Modern, 2003. 同書には、《十戒》（59-63）、1936 年の連作《歴史の中の愛》（64-65）および同時期に手がけたポスターや書籍の表紙が多数掲載されている。
8. *Nueva Cultura*, Vol. 3, Nos. 4-5, June-July, Valencia, Spain, 1937. 以下も参照。Carole Naggar, "The Baggage of Exile: Josep Renau and *The American Way of Life*," in Casanova, *Josep Renau Fotomontador*, 261-74. ナガーは、レナウがこのときの旅でアンドレ・ブルトンやシュルレアリストたちに会い、また文化会館でハートフィールドの個展〈150 枚のコラージュ〉を見たと主張している。だが、個展の開催が 1935 年、レナウのパリ旅行が 1936 年 12 月であったことを考えると、かれが個展を見たとは想定しにくい。
9. Juan Antonio Hormigón, "Un dia con Renau," *Triunfo*, Madrid, 12 June 1976, 36. 以下の引用による。

Manuel García, "Josep Renau: An Artist's Theory and Practice," in Casanova, *Josep Renau Fotomontador*, 252.

10. José Renau, "Mi experienzia con Siqueiros," *Revista de Bellas Artes*, No. 25, Mexico 1976. 以下の引用による。García, "Josep Renau," 251.
11. 1942 年 6 月号の表紙に使用された道路標識の文言。Forment, *Josep Renau: catálogo razonado*, 97. ここで言及した作品も含め、レナウが『フトゥーロ』誌に提供した 34 点のカバーデザインは同書（95-103）に掲載されている。
12. Josep Renau, *Fata Morgana USA: The American Way of Life*, Valencia, Spain: IVAM Centre Julio Gonzales/Fundació Josep Renau, 1989. これは、レナウが 1976 年のヴェネツィア・ビエンナーレに向けて用意したセレクションと掲載順にもとづく、オリジナルのドイツ語版に増補したものである。
13. Renau, *Fata Morgana USA*, 127.
14. Josep Renau, "The Function of Photomontage: Homage to John Heartfield," in Casanova, *Josep Renau Fotomontador*, 275-78. 引用はそれぞれ 278 頁および 275 頁より。オリジナルの文章は "Homenaje a John Heartfield" in Photovision, No. 1, July-August 1981 に掲載されている。ハートフィールドの作品の「すべての心を貫くナイフ」という表現は、アラゴンの「ジョン・ハートフィールドと革命的な美（John Heartfield et la beauté révolutionnaire）」から取られている。
15. Renau, *Fata Morgana USA*, 69. モンタージュの正式なタイトルは《風と共に去りぬ（美しい脚をした国家的悲劇……）》。
16. Adrienne Monnier, *Rue de l'Odéon*, Paris: Albin Michel, 1989.［アドリエンヌ・モニエ『オデオン通り　アドリエンヌ・モニエの書店』岩崎力訳、河出書房新社、2011 年、110 頁］以下の引用による。Ruth Brandon, *Surreal Lives: The Surrealists 1917-1945*, London: Macmillan, 1999, 32.
17. André Breton, *Conversations*, 24-25.［『ブルトン、シュルレアリスムを語る』39-40 頁］
18. Ibid., 27-28.［同書 43-44 頁］
19. ルイ・アラゴン、以下の引用による。Brandon, *Surreal Lives*, 232. 同書は以下を参照している。Pierre Daix, *Aragon, une vie à changer*, Paris: Seuil, 1975, 193.
20. Breton, *Second Manifesto of Surrealism*, in *Manifestoes of Surrealism*, 142-43.［ブルトン「超現実主義第二宣言」、『超現実主義宣言』生田耕作訳、中公文庫、1999 年、107 頁］
21. Breton, *Conversations*, 129.［『ブルトン、シュルレアリスムを語る』183 頁］
22. Ibid., 129-30.［『ブルトン、シュルレアリスムを語る』184 頁］
23. Louis Aragon, "Le surréalisme et le devenir révolutionaire," *Surréalisme au service de la révolution*, No. 3, December 1931, 3.
24. Ibid.
25. Salvador Dalí, "Rêverie," *Surréalisme au service de la révolution*, No. 4, December 1931, 31-36. 以下に英訳がある。*Oui*, 139-52. 引用は同書より（141）。［「夢想」、『ダリはダリだ　サルヴァドール・ダリ著作集』北山研二訳・解説、未知谷、2010 年、213-231 頁］
26. Aragon, "Le surréalisme et le devenir révolutionnaire," 3.
27. 以下を参照。Brandon, *Surreal Lives*, 280. 同書は以下を引用している。Alexandre, *Mémoires d'un surréaliste*, Paris: La Jeune Parque, 1968, 109.
28. Brandon, *Surreal Lives*, 219-20.
29. Louis Aragon, "Front rouge," in André Breton, ABOC 2, 32.［アラゴン「赤色戦線」、『シュルレアリスム読本 4　シュルレアリスムの資料』稲田三吉・笹本孝・塚原史訳、思潮社、1981 年、110-111 頁］

30. Breton, *Conversations*, 131.［『ブルトン、シュルレアリスムを語る』186 頁］
31. André Breton, "Misère de la poésie: 'L'Affair Aragon' devant l'opinion publique," in ABOC 2, 5.［アンドレ・ブルトン「詩の貧困」、『シュルレアリスム読本 4　シュルレアリスムの資料』稲田三吉・笹本孝・塚原史訳、思潮社、1981 年、118 頁］署名者の一覧がある。テクストの一部は、以下に英訳されている。Maurice Nadeau, *The History of Surrealism*, Cambridge, MA: Harvard University Press, 1999, 296-303.［モーリス・ナドー『シュールレアリスムの歴史』稲田三吉・大沢寛三訳、思潮社、1995 年、207-217 頁］
32. Breton, "Misère de la poésie," ABOC 2, 21.［ブルトン「詩の貧困」、『シュルレアリスム読本 4　シュルレアリスムの資料』124 頁］
33. Ibid., 14-15.［同書 120 頁］
34. "L'inculpation d'Aragon," *L'Humanité*, 9 February 1932. 以下に掲載。Breton, "Misère de la poésie," ABOC 2, 21-22.
35. 以下を参照。ABOC 2, 1308; Polizotti, *Revolution of the Mind*, 373-74. 問題となっている記述は、ABOC 2, 23 で見られる（126)。
36. Breton, *Conversations*, 131-32.［『ブルトン、シュルレアリスムを語る』187 頁］
37. ルイ・アラゴン、以下の引用による。Polizzotti, *Revolution of the Mind*, 374.
38. Breton, *Conversations*, 132.［『ブルトン、シュルレアリスムを語る』187 頁］
39. Paul Éluard, "Certificat," in Valette, *Éluard: Livre d'identité*, 110.［ポール・エリュアール「証明書」、『シュルレアリスム読本 4　シュルレアリスムの資料』稲田三吉・笹本孝・塚原史訳、思潮社、1981 年、135-136 頁］
40. Breton, *Conversations*, 128.［『ブルトン、シュルレアリスムを語る』181-182 頁］
41. Polizzotti, *Revolution of the Mind*, 307-8.
42. Ibid., 375.
43. Aragon, in Pierre, *Investigating Sex*, 48, 29.［ブルトン編『性についての探究』103 頁、78 頁］
44. Breton, in Pierre, *Investigating Sex*, 105.［同書 168 頁］
45. Durozoi, *History of the Surrealist Movement*, 650.
46. André Thirion, *Revolutionaries without Revolution*, trans. Joachim Neugroschel, New York: Macmillan, 1975, 308.
47. Polizzotti, *Revolution of the Mind*, 308.
48. André Breton, "Convulsionnaires: avant-propos à Man Ray, 'La photographie n'est-pas l'art,'" 1937, in ABOC 2, 1212.
49. Julia Kristeva, *Sens et non-sens de la révolte*, Paris: Fayard, 1966. 以下の引用による。Brandon, *Surreal Lives*, 250.
50. Robert Benayoun, "L'asassinat de l'équivoque," in *Exposition inteRnatiOnale du Surréalisme*, 86.
51. Pierre, *Investigating Sex*, 27-28.［ブルトン編『性についての探究』75-76 頁］
52. Ibid., 31.［同書 81 頁］
53. Ibid., 45.［同書 98 頁］
54. エルザは、ガラ・エリュアールと同じくロシア人だった。ガラの「オリエンタリズム」に関しては、本書 376 頁で触れたルー・シュトラウス=エルンストの発言を参照。ポリゾッティは、ジョン・レノンを誘惑してビートルズ解散の原因を作ったと言われるオノ・ヨーコにエルザをなぞらえ、エキゾチックなものにしている。
55. Breton, "Misère de la poésie," ABOC 2, 23.［ブルトン「詩の貧困」、『シュルレアリスム読本 4　シュルレアリスムの資料』131 頁］

56. Brandon, *Surreal Lives*, 281.
57. Vítězslav Nezval, *Ulice Gît-le-Cœur*, 8-9, 13.
58. Ibid., 95.
59. Ibid., 94-95. リズは、ブルトンが愛した（が、報われることのなかった）人物のひとりである。
60. Ibid., 24-26.
61. Ibid., 34.
62. Ibid., 96-97.
63. 1934年の連作《眼帯をつけた男》で、シュティルスキーは棺のあるショーウィンドウを撮影している。Karel Srp, *Jindřich Štyrský*, 26を参照。この写真は、同書の図版11に掲載されている。
64. Ilya Ehrenburg, *Vus par un écrivain d'U.R.S.S.* (1934). 以下の引用による。Polizzotti, *Revolution of the Mind*, 418.
65. Nezval, *Ulice Gît-le-Cœur*, 14.
66. Ibid., 10.
67. ルネ・クルヴェルの遺書、以下の引用による。Polizzotti, *Revolution of the Mind*, 419.
68. Nezval, *Ulice Gît-le-Cœur*, 36-37.
69. Ibid., 38.
70. カレル・タイゲの「社会主義リアリズムとシュルレアリスム」における議論を参照。"Socialistický realismus a surrealismus," KTD 2, 241-43.〈チェコスロヴァキアのシュルレアリスト・グループ〉の最初の展覧会の図録に寄せた文章で、タイゲはクルヴェルの本について、「小説風のパンフレット、社会ルポルタージュ、政治批判を総合するもの」として言及している。以下を参照。"Surrealism Is Not a School of Art" in Srp, *New Formations*, 180.［カレル・タイゲ「シュルレアリスムは流派ではない」阿部賢一訳、阿部賢一『カレル・タイゲ　ポエジーの探究者』水声社、2017年、215頁］
71. André Breton, "Speech to the Congress of Writers (1935)," in *Manifestoes of Surrealism*, 234-41.［アンドレ・ブルトン「作家会議における発言」田淵晋也訳、『アンドレ・ブルトン集成５』207-215頁］
72. Nezval, *Ulice Gît-le-Cœur*, 72.
73. ヴィーチェスラフ・ネズヴァルからアンドレ・ブルトンへの手紙、1935年9月7日。以下を参照。*Korespondence Vítězslava Nezvala*, 85.
74. この原稿の全文は、以下に掲載されている。Nezval, *Ulice Gît-le-Cœur*, 59-67. 同書（61-64）の大半は、カランドラの書評の引用となっている。
75. Nezval, *Ulice Gît-le-Cœur*, 82-84.
76. Vítězslav Nezval, "Předpoklady Mezinárodního kongresu na obranu kultury," *Surrealismus*, No. 1, February 1936, 25, in Torst Surrealist Reprints, 160.
77. 本書47-49頁を参照。
78. Nezval, *Ulice Gît-le-Cœur*, 120-21.
79. Ibid., 111-12.
80. Karel Teige, "Surrealismus proti proudu," in KTD 2, 527-29.
81. Karel Teige, "Moskevský proces," *Praha—Moskva*, No. 1, 1936. KTD 2, 335-49に再録。
82. Karel Teige, "Projev Karla Teigeho na diskusním večeru Klubu Přítomnost v Praze 13. ledna 1937" 一部が（チェコ文学資料館所蔵の手稿にもとづき）KTD 2, 626-31に再録されている。この討論には、ほかにラジスラフ・シュトル、ザーヴィシュ・カランドラ、ヴラジミール・クレメンチスが参加している。
83. Stanislav Kostka Neumann, *Anti-Gide, nebo optimismus bez pověr a ilusí*, Prague: Svoboda, 1946, 102.

84. Ibid., 117-18.

85. Ibid., 124.

86. Stanislav Kostka Neumann, "Dnešní Mánes," *Tvorba*, Vol. 12, No. 20. 以下の引用による。Ivan Pfaff, *Česká levice proti Moskvě 1936-1938*, Prague: Naše vojsko, 1993, 107.

87. "S. K. Neumann"(1938) and "Umrlčí hlavy týdne"(1934). それぞれ以下に掲載されている。Srp, *Adolf Hoffmeister*, 135, 146.

88. 以下を参照。Pfaff, *Česká levice proti Moskvě*, 107.

89. Karel Teige, "Doslov k výstavě Štyrského a Toyen," Prague: Topič, January 1938, in KTD 2, 664-65.

90. Vítězslav Nezval, "Řeč ke studentstvu o roztržce se skupinou surrealistů 24. 3. 1938," *Tvorba*, Vol. 13, 1938, 150. 以下の引用による。Pfaff, *Česká levice proti Moskvě*, 130n.

91. Teige, "Surrealismus proti proudu," in KTD 2, 503.

92. *Národní výzva*, 18 March 1938. 以下の引用による。Teige, "Surrealismus proti proudu," KTD 2, 505.

93. *Tvorba*, Vol. 13, No. 11. 以下の引用による。"Surrealismus proti proudu," KTD 2, 506. 『ルデー・プラーヴォ』紙（1938 年 4 月 16 日）および『ハロー・ノヴィヌィ』紙（クルト・コンラート、1938 年 3 月 19 日）上でもこれに近い発言がなされており、どちらもタイゲが引用している。

94. "Schůzi surrealistické skupiny v Praze 14. III. 1938," in KTD 2, 662.

95. アンドレ・ブルトンからヴィーチェスラフ・ネズヴァルへの手紙、1938 年 3 月 18 日。*Korespondence Vítězslava Nezvala*, 96-99. 多数派の人びと（タイゲ、シュティルスキー、ビーブル、ブロウク、ホンズル）がブルトンとペレとやりとりした手紙は、以下の付属 DVD に収録されている。*André Breton: 42 rue Fontaine*, Vol. 3, Manuscrits, 166, lots 2220, 2221.

96. Teige, *Surrealismus proti proudu*, 484. グリーンバーグの以下のテクストと比較されたい。"The Avant-Garde and Kitsch," Clement Greenberg, *The Collected Essays and Criticism, Volume 1: Perceptions and Judgments, 1939-1944*, ed. John O'Brian, Chicago: University of Chicago Press, 1988.［クレメント・グリーンバーグ「アヴァンギャルドとキッチュ」、『グリーンバーグ批評選集』藤枝晃雄編訳、勁草書房、2005 年、2-25 頁］

97. Polizzotti, *Revolution of the Mind*, 424.

98. Teige, *Surrealismus proti proudu*, 511-14. トマーシュ・ガリック・マサリクは、1937 年 9 月 14 日に死去した。ヤロスラフ・サイフェルトは、詩的な追悼文を寄せた一人である。かれの以下の詩集を参照。*Eight Days (Osm dní)*, Prague: Československý spisovatel, 1968.

99. Bydžovská and Srp, *Český surrealismus*, 93.

100. この「裁判」に関する議論は、以下で見ることができる。Polizzotti, *Revolution of the Mind*, 394-97.

101. エリュアールからガラへの手紙、1937 年 2 月 14 日。*Lettres à Gala*, 275.

102. ブルトンからエリュアールへの手紙、1938 年 6 月 14 日。ABOC 2, lvi.

103. エリュアールからブルトンへの手紙、1938 年 10 月 12 日。Ibid., lvii.

104. ブルトンからエリュアールへの手紙、1938 年 10 月 13 日。Ibid., lvii.

105. それぞれモーリス・ナドー、ジャン=シャルル・ガトー。以下の引用による。Polizzotti, *Revolution of the Mind*, 468.

106. Milan Kundera, *Encounter*, trans. Linda Asher, London: Faber and Faber, 2010, 110-13.［ミラン・クンデラ『出会い』西永良成訳、河出書房新社、2012 年、132-135 頁］

107. ABOC 2, lviii. ブルトンは 1938 年 9 月 29 日から 10 月 8 日に召集されている。

108. "The sexual eagle exults," from *L'Eau du temps* (1934), in Breton, *Earthlight*, 144.

109. エリュアールからガラへの手紙、1936 年 9 月 15 日。*Lettres à Gala*, 270.

110. Mary Ann Caws, "Remembering Jacqueline Remembering André," in *Surrealist Painters and Poets: An Anthology*, ed. Mary Ann Caws, Cambridge, MA: MIT Press, 2001, 12.
111. Claude Lévi-Strauss, "New York in 1941," in *The View from Afar*, trans. Joachim Neugroschel, Chicago: University of Chicago Press, 1992, 258-67; André Breton, *Martinique: Snake Charmer*, trans. David W. Seaman, Austin: University of Texas Press, 2008. 背景に関しては以下を参照。 Martica Sawin, *Surrealism in Exile and the Beginning of the New York School*, Cambridge, MA: MIT Press, 1997.
112. Cabanne, *Dialogues with Marcel Duchamp*, 84.［『デュシャンは語る』176 頁］
113. André Breton, *Arcanum 17*, translated by Zack Rogow, Los Angeles: Sun and Moon Press, 1994, 9.［アンドレ・ブルトン『秘法 17』入沢康夫訳、人文書院、1993 年、11 頁］
114. Ibid., 19.［同書 15-16 頁］
115. Ibid., 33.［同書 24-25 頁］
116. アンナ・バラキアンによる序文。Breton, *Arcanum 17*, 16.
117. Max Weber, "Science as a Vocation," in *From Max Weber*, ed. H. Gerth and C. Wright Mills, London: Routledge, 1970, 143.［マックス・ウェーバー『職業としての学問』尾高邦雄訳、岩波文庫、1980 年、42-43 頁］ウェーバーはトルストイを引用している。このエッセイに関する注釈として、以下の拙著を参照。*Capitalism and Modernity*, London: Routledge, 1991, 148-53.
118. Ludwig Wittgenstein, *Tractatus Logico-Philosophicus*, trans. Brian McGuiness and David Pears, London: Routledge, 2001, 88.［ウィトゲンシュタイン『論理哲学論考』野矢茂樹訳、岩波文庫、2003 年、148 頁］
119. "Tarot Cards; The Star," 以下で閲覧可能。http://www.paranormality.com/tarot_star.shtml（2018 年 6 月 18 日閲覧）ブルトンは、このカードのうち２枚を自らの手稿にコラージュした。以下を参照。André Breton, *Arcane 17: le manuscript original*, ed. Henri Béhar, Paris: Biro, 2008, plate xxxii.
120. Breton, *Arcanum 17*, 61-62.［ブルトン『秘法 17』83-86 頁］
121. Ibid., 65.［同書 92-93 頁］
122. Ibid., 64.［同書 91 頁］
123. ジャック・マタラッソによる写真。以下に掲載されている。Paul André, ed., *Visages d'Éluard: photographies*, Paris: Musée d'art et d'histoire de Saint-Denis/Éditions Parkstone, 1995, 21.
124. E・L・T・メゼンスによる無題の序文。Paul Éluard, *Poésie et Verité 1942/Poetry and Truth 1942*, trans. Roland Penrose and E.L.T. Mesens, London: London Gallery Editions, 1944, 9.
125. Lee Miller, "Paris. Its Joy…Its Spirit…Its Privations." 初出は『ヴォーグ』誌 1944 年 10 月号。"The Way Things Are in Paris"（『ヴォーグ』誌 1944 年 11 月号）の手稿やその他の追加資料とともに、以下に掲載されている。Penrose, *Lee Miller's War*, 73.
126. Brassaï, *Conversations with Picasso*, 209.［ブラッサイ『語るピカソ』204 頁］
127. Ibid., 210.［同書 206 頁］
128. Lee Miller, "Paris. Its Joy…Its Spirit…Its Privations," 74-77.［ここまで、一部以下の訳を参照した。アントニー・ペンローズ『リー・ミラー　自分を愛したヴィーナス』松本淳訳、パルコ出版、1990 年、186-187 頁］
129. アントニー・ペンローズによるあとがき。*Lee Miller's War*, 205.
130. エリュアールからガラへの手紙、1945 年 3 月 18 日。*Lettres à Gala*, 305-6.
131. エリュアールからガラへの手紙、1946 年 11 月 25 日。Ibid., 261-62.
132. Jean Schuster, "1946-1966, les années maudites," in Angliviel de la Beaumelle, *André Breton: La béauté convulsive*, 398.

133. 以下に掲載。André, *Visages d'Éluard*, 15.
134. エリュアールからガラへの手紙、1946 年 11 月 25 日。*Lettres à Gala*, 261.
135. *Magritte: catalogue du centenaire*, ed. Gisèle Ollinger-Zinque and Frederik Leen, Brussels: Musées royaux des Beaux-Arts de Belgique/Flammarion, 1998, 332. マグリットは二年後に離党した。
136. Man Ray, *Self-Portrait*, 289-90. ［マン・レイ『マン・レイ自伝　セルフ・ポートレイト』510 頁］
137. Max Ernst, "An Informal Life of M. E." 16.
138. Brassaï, *Conversations with Picasso*, 283-84. ［ブラッサイ『語るピカソ』285 頁］
139. エリュアールからガラへの手紙、1947 年 6 月 16 日。*Lettres à Gala*, 320.
140. エリュアールからガラへの手紙、1947 年 10 月 13 日。Ibid., 321.
141. Paul Éluard, *Le Temps déborde*, 1947, in PEOC 2, 108-9.
142. Caillois, "Testimony (Paul Éluard)," in *Edge of Surrealism*, 65.
143. エリュアールからガラへの手紙、1948 年 2 月 21 日。*Lettres à Gala*, 324.
144. 以下への献辞。Paul Éluard, *A Moral Lesson*, trans. Lisa Lubasch, Copenhagen and Los Angeles: Green Integer Books, 2007.
145.『記憶すべき肉体』のフランス語の原文とマリリン・カレットの英訳は、以下に収録されている。*Last Love Poems of Paul Éluard*, Boston: Black Widow Press, 2006, 98-129. 詩句は「よみがえるキス」から（120-21）。このアンソロジーには、『時は溢れる』の英語の全訳も収録されている。
146. Éluard, *A Moral Lesson*, 7-8.「わたしはただの人間にすぎない」という箇所の強調は筆者による。善と悪の交代は、この詩集でもっとも重要な作品である「悪しき夜、善き昼」（68）で放棄される。
147. Raymond Jean, *Éluard*, Paris: Seuil, 1968, 42.
148. エリュアールから娘セシルへの手紙、1947 年 8 月。以下を参照。Valette, *Éluard: Livre d'identité*, 213.
149. Ibid., 43.
150. Éluard, "Notre vie [1], " in *Le Temps déborde*, PEOC 2, 112. ［「わたしたちの生」、『エリュアール詩集』宇佐美斉編訳、小沢書店、1994 年、112 頁］
151. Toyen, *Jednadvacet*, Prague: Torst, 2002. この作品が刊行されたのは、これが初めてである。
152. トワイヤンはオーラルセックスを数多く描いたが、*Josefina Mutzenbacherová neboli Paměti vídeňské holky jak je sama vypravuje*, Prague: Čejka a Hokr, 1930 のために描かれたレズビアンのシックスナインはとりわけ可愛らしい。以下に掲載。Bydžovská and Srp, *Knihy s Toyen*, 27.
153. Karel Teige, "Střelnice (The Shooting Range)," trans. William Hollister, "Anthology of Czech and Slovak Surrealism I," in *Analogon*, 37, 2003, xiii-xxi. ［カレル・タイゲ「射撃場」阿部賢一訳、阿部賢一『カレル・タイゲ　ポエジーの探究者』水声社、2017 年、258-271 頁］この文章は最近キャスリーン・ヘイズによって英訳されている。"The Shooting Gallery," in Srp, *New Formations*, 235-43.《射撃場》の 12 点の図版はすべて（カラーで）、トワイヤンの《身を隠せ、戦争！》（173-77）、《昼と夜》（1940-41）、またハイスレルの『眠りの要塞から』（1941）のための挿画の一部とともに Srp, *Toyen*, 154-61 に掲載されている。*New Formations* には《射撃場》（198-203）および《身を隠せ、戦争！》（204-9）のすべてのモノクロ図版が掲載されている。トワイヤンはまた、ハイスレルの詩『砂漠の幻影』の挿画も手がけており、同書は（ハイスレルとバンジャマン・ペレによって）フランス語に翻訳され、1939 年、プラハで検閲を避けるため、スキラ社版として刊行された。1953 年にはパリ（Éditions Arcanes）で、フランス語と英語で再刊された。スティーヴン・シュワルツによる英訳は Toyen, *Specters of the Desert*, Chicago: Black Swan Press, 1974 に収録され、*New Formations*, 224-25 に再録された。後者にはトワイヤンの挿絵の一部も含まれている（196-97）。

154. この数字は以下による。Toman, *Foto/Montáž tiskem*, 327n.

155. Vojtěch Lahoda, "Karel Teige's Collages, 1935-1951: The Erotic Object, the Social Object and Surrealist Landscape Art," in Dluhosch and Švácha, *Karel Teige 1900-1951*, 299.《コラージュ 340 番》は以下に掲載されている。Vojtěch Lahoda, Karel Srp and Rumana Dačeva, *Karel Teige: surrealistické koláže 1935-51*, Prague: Středočeská galerie, 1994, 79. さらに、Toman, *Foto/Montáž tiskem*, Ch. 9 および Codeluppi, *Karel Teige: architettura, poesie—Praga 1900-1951* の議論も参照。後者にはタイゲのコラージュ作品が数多く掲載されている。

156. Vojtěch Lahoda, "Teige's Violation: The Collages of Karel Teige, the Visual Concepts of Avant-Garde and René Magritte," in Lahoda et al., *Karel Teige: surrealistické koláže*, 13. 以下を参照。Toman, *Foto/Montáž tiskem*, 324.

157. ユニェの作品に関しては、以下を参照。Timothy Baum, François Buot and Sam Stourdzé, *Georges Hugnet: Collages*, Paris: Scheer, 2003. タイゲとマグリットの類似点に関しては、 Lahoda, "Teige's Violation" を参照。

158. Toshiko Okanoue, *Drop of Dreams*, Tucson: Nazraeli Press, 2002, 9.［『岡上淑子　フォト・コラージュ——夢のしずく』展図録、第一生命保険相互会社、2000 年、4 頁］

159. André Breton, "Surrealist Comet," in *Free Rein*, 96.

160. チェコ人や女性たちと同じように、シュルレアリスム運動に参加した非白人の存在も、戦後のシュルレアリスムのスタンダードな歴史記述ではほとんど顧みられてこなかった。このような見落とされてきた部分については、以下に詳しい。Franklin Rosemont and Robin D. G. Kelley, eds., *Black, Brown and Beige: Surrealist Writings from Africa and the Diaspora*, Austin: University of Texas Press, 2009.

161. René Magritte, "Le Surréalisme en plein soleil, dossier," in René Magritte, *Écrits complèts*, Paris: Flammarion, 2001, 196.

162. Milan Kundera, *Unbearable Lightness of Being*, 247-49, 252-53.［クンデラ『存在の耐えられない軽さ』286-287 頁、292 頁、293 頁］

163. André Breton, "Before the Curtain" in *Free Rein*, 87.「新しい神話」という発想は、"Surrealist Comet," 88-97 でさらに練り上げられている。

164. Breton, "Before the Curtain," 85.

165. André Breton, "Projet initiale," in *Le Surréalisme en 1947*. 以下に英訳がある。Polizzotti, *Revolution of the Mind*, 546.「迷信の部屋」というアイデアはデュシャンによる。同展でデュシャンが果たした役割については、以下を参照。*Dialogues with Marcel Duchamp*, 86-87. このインスタレーションについては、Mahon, *Surrealism and the Politics of Eros* で詳しく議論されている。

166. *Lettres françaises*, 18 July 1947. 以下の引用による。Polizzotti, *Revolution of the Mind*, 548.

167. Claude Mauriac, "Sartre contre Breton," Carrefour, 10 September 1947, 7. 以下の引用による。Polizzotti, *Revolution of the Mind*, 538.

168. Georges Bataille, "Surrealism and How It Differs from Existentialism," in *Absence of Myth*, 57. 書評の初出は以下。*Critique*, No. 2, July 1946.

169. Bataille, "The Absence of Myth," in *Absence of Myth*, 48.［ジョルジュ・バタイユ「神話の不在」、『ランスの大聖堂』酒井健訳、ちくま学芸文庫、2005 年、149 頁］

170. Xavier Cannone, "Le Surréalisme-Révolutionnaire." 以下への序文。*Le Surréalisme Révolutionnaire*, Brussels: Didier Devillez, Collection Fac-Similé, 1999, 6. 後者は 1948 年 4 月に 1 号のみ発行されたグループの機関紙の復刻版である。背景に関しては、以下を参照。Xavier Canonne, *Surrealism in Belgium: 1924-2000*, Brussels: Mercatorfonds, 2007, 50-56.

171. Canonne, *Surrealism in Belgium*, 52.

172. 2009 年 8 月 7 日の時点で、999 部のうち 4 部がインターネット上の古書店ネットワーク abe books.com に登録されており、価格は 3739 ドルから 7000 ドル（約 37 万円〜70 万円）。

173. Josef Istler, Miloš Koreček, Ludvík Kundera, Bohdan Lacina, Zdeněk Lorenc, Vilém Reichmann, Václav Tikal and Václav Zykmund, "Skupina (Ra)," January 1947, in *Skupina Ra*, ed. František Šmejkal, Prague: Galerie hlavního města Prahy, 1988, 126-27. 以下も参照。Lenka Bydžovská, "Skupina Ra," in Hana Rousová, Lenka Bydžovská, Vojtěch Lahoda, Milan Pech, Anna Pravdová and Lucie Zadražilová, *Konec avantgardy? Od Mnichovshé dohody ke komunistickému převratu*, Prague: Galerie hlavního města Prahy/Arbor Vitae, 2011, 254-26. この展覧会は、1938 年のミュンヘン協定からチェコスロヴァキア共産党の 1948 年の「勝利の２月」クーデタまでの困難な時期におけるチェコ芸術の独自性を描き出すという重要な試みを行なっている。

174. František Šmejkal, "Le groupe Ra," in Šmejkal, *Skupina Ra*, 149.

175. "Déclaration Internationale," *Bulletin International du Surréalisme Révolutionaire*, Brussels, January 1948, in *Le Surréalisme Révolutionnaire*（1999 年の復刻版）, 1.

176. Noël Arnaud, "Le surréalisme-révolutionnaire dans la lutte idéologique: vers un surréalisme scientifique," *Bulletin International du Surréalisme Révolutionnaire*, 3-4.

177. Roger Vailland, *Le Surréalisme contre la Révolution*, Brussels: Éditions Complexes, 1988. 引用は 56, 77, 61, 78, 79-80, 82-83, 85, 94 頁より。

178. 1949 年 2 月 29 日の手紙。Srp, *Adolf Hoffmeister*, 345.

179. 以下を参照。Olivier Todd, "Préface: Vailland, la litérature et l'engagement," in Vailland, *Le Surréalisme contre la révolution*, 9-27.

180. *Mezinárodní surrealismus, 30. (410.) výstava Topičova salonu od 4. listopadu do 3. prosince 1947*, Prague: Topičův salon, 1947.

181. ヴラチスラフ・エッフェンベルゲル、ヴァーツラフ・チカル、カレル・ヒネク、ヨゼフ・イストレル、ミクラーシュ・メデク、エミラ・メトコヴァー、リボル・ファーラら——〈グループ Ra〉のメンバーだった者もいる——若い作家や芸術家の一部は、1948 年以降、カレル・タイゲの周辺に集い、ふたたびグループを形成する。かれらは 10 巻からなる地下出版アンソロジー『黄道十二宮の徴』（*Znamení zvěrokruhu*）を、タイゲが亡くなる 1951 年に編纂した。チェコスロヴァキアでは共産主義時代を通じて、シュルレアリスムは主に地下運動として活発に続けられ、状況が許せば——特に 1960 年代半ばは——公的な場に姿を現わすこともあった。以下を参照。Marie Langerová, Josef Vojvodík, Anja Tippnerová and Josef Hrdlička, *Symboly obludností: mýty, jazyk a tabu české postavantgardy 40.-60. let*, Prague: Malvern 2009. ここには、1966 年の重要なプラハの展覧会〈醜悪さの象徴〉（*Symboly obludnosti*）の図録の復刻版が収録されている。Dvorský, Effenberger and Král, *Surrealistické východisko 1938-1968* は（主に）戦後のチェコ・シュルレアリスムのテクストを集めた貴重なアンソロジーとなっている。背景と主要なテクストの翻訳に関しては、以下を参照。Král, *Le Surréalisme en Tchécoslovaquie*, "Anthology of Czech and Slovak Surrealism" in *Analogon*, 37, 38/39, 40, 41/42, 2003-4, 43, 44-45, 2005. Spieler and Auer, *Gegen jede Vernunft* は、戦後のチェコのシュルレアリストの活動にスペースを割いた、珍しい西側の二次資料である。

182. André Breton, "Second Ark," in *Free Rein*, 99-101.［アンドレ・ブルトン「第二の箱舟」、『アンドレ・ブルトン集成７』粟津則雄訳、人文書院、1971 年、162-166 頁、一部訳文に手を加えた］

183. Záviš Kalandra, "Nadskutečno v surrealismu," in *Surrealismus v diskusi*, Prague: J. Prokopová, 1934, 84-93.

184. Záviš Kalandra, "Mácha a Palacký," in *Ani labuť ani Lůna: sborník k stému výročí K. H. Máchy*, ed.

Vítězslav Nezval, Prague: O. Jirsák, 1936. 再刊は Prague: Společnost Karla Teige/Concordia, 1995, 44-62.

185. André Breton, "Lettre ouverte à Paul Éluard," 13 June 1950, in ABOC 3, 896-98. 英語の全訳は以下。*Free Rein*, 229-31.［アンドレ・ブルトン「ポール・エリュアールへの公開書簡」、『アンドレ・ブルトン集成7』粟津則雄訳、人文書院、1971 年、363-366 頁］

186. エリュアールの返信は、ブルトンの「公開書簡」の脚注として掲載されている。ABOC 3, 898.［同書 366 頁］

187. Milan Kundera, *The Book of Laughter and Forgetting*, 94-95.［クンデラ『笑いと忘却の書』110-113 頁］

188. 以下の引用による。Bedřich Utitz, *Neuzavřená kapitola: politické procesy padesátých let*, Prague: Lidové nakladatelství, 1990, 114. 個々人に対する非難は、繰り返し「ユダヤ系の出自（*židovského původu*）」という表現を用いつつ、階級的な出自も決めつけていた（それゆえに、可能なときはいつでもユダヤとブルジョワを結びつけていた）。ウチッツが同書にこの訴状を掲載している（16-17）。筆者は拙論 "A Quintessential Czechness" で、より完全な形で翻訳を行なっている。

189. "In the Penal Colony," in *Franz Kafka: The Complete Stories*.［カフカ『流刑地にて』池内紀訳、白水Uブックス、2006 年］

190. Jiří Mucha, *Living and Partly Living*, 109.

191. PEOC, I, lxxv の年表によれば、エリュアールは 1950 年 4 月 17 日からプラハにいたが、ソフィアとモスクワに移動したのち、その地でメーデーを祝っている。カランドラが処刑されたのは 6 月 27 日。

192. Paul Éluard, "La Poésie de circonstance," *La Nouvelle Critique*, April 1952, in PEOC 2, 941.

193. Georges Hugnet, "1870 to 1936," in Read, *Surrealism*, 220-21.

194. Vítězslav Nezval, *Ulice Gît-le-Cœur*, 25.

195. ヴラジミール・クレメンティスからリーダ・クレメンティソヴァーへの手紙、1952 年 12 月 3 日。Vladimír Clementis, *Nedokončená kronika*, Prague: Československý spisovatel, 1965, 182.

196. Alois Dušek, ed., *Příručka pro sběratele československých známek a celin*, Prague: Svaz československých filatelistů, 1988, 257.

197. André Breton, "Introduction to the Work of Toyen," in *What Is Surrealism?*, Book 2, 286-87.［アンドレ・ブルトン「トワイヤン トワイヤンの作品への序」、『シュルレアリスムと絵画』244 頁］

198. トワイヤンとインジフ・トマンの対話。Jindřich Toman, "The Hope of Fire, the Freedom of Dreams: Jindřich Heisler in Prague and Paris, 1938-1953," in Jindřich Toman and Mathew S. Witkovsky, *Jindřich Heisler: Surrealism under Pressure, 1938-1953*, Chicago: The Art Institute of Chicago/New Haven, CT: Yale University Press, 2012, 21.

199. Matthew S. Witkovsky, "Night Rounds: On the Photo-Poem from the Strongholds of Sleep," in ibid., 31.

200. Mojmír Grygar, "Teigovština—trostictická agentura v naší kultuře," *Tvorba*, Vol. 20, Nos. 42-44, October 1951. タイゲの死については以下を参照。Seifert, *Všecky krásy světa*, 509-11.［サイフェルト『この世の美しきものすべて』636-640 頁］

201. ブルトンからネズヴァルへの手紙、1936 年 3 月 25 日。以下の引用による。Angliviel de la Beaumelle, *André Breton: La beauté convulsive*, 226.

202. Annie Le Brun, "A l'instant du silence des lois," in *Štyrský, Toyen, Heisler*, 57. ル・ブランはシュティルスキーの『エミリエが夢のなかで私の許にやってくる』を引用している。［インジフ・シュティルスキー「エミリエが夢のなかで私の許にやってくる」、シュティルスキー、ネズヴァル『性の夜

想曲』93 頁]

203. 筆者との会話より。

204. Polizzotti, *Revolution of the Mind*, 404.

205. シュザンヌ・ミュザールによる 1974 年の無題の文章。以下を参照。Marcel Jean, *Autobiography of Surrealism*, 190. ここでは、Polizzotti, *Revolution of the Mind*, 362 の英訳に筆者が手を加えた。

206. カイヨワからアンドレ・ブルトンへの手紙、1934 年 12 月 27 日。以下の引用による。Caillois, *Edge of Surrealism*, 85.

207. Baudelaire, "Painter of Modern Life," 36-38. [「現代生活の画家」『ボードレール批評　第２巻　美術批評Ⅱ・音楽批評』阿部良雄訳、ちくま学芸文庫、1999 年、208 頁、211 頁]

208. André Breton, "Introduction to the Work of Toyen," in *What Is Surrealism?*, Book 2, 286-87. [ブルトン「トワイヤン　トワイヤンの作品への序」、『シュルレアリスムと絵画』243-247 頁]

209. Michel Foucault, "André Breton: A Literature of Knowledge," interview with Claude Bonnefoy, *Arts-Loisirs*, 5 October 1966, translated in *Foucault Live: Collected Interviews, 1961-1984*, ed. Sylvère Lotringer, New York: Semiotext(e), 1996, 11.

210. 筆者自身の調査による。作品は以下に掲載。Coron, *Šíma/Le Grand Jeu*, 104.

211. Benjamin, *Arcades Project*, 464. [ベンヤミン『パサージュ論　第３巻』188-189 頁]

212. 以下を参照。Musil, *Moderní galerie tenkrát 1902-1942*.

213. Sedláková, *Jak fénix: minulost a přítomnost Veletržního paláce v Praze*.

214. *The Green Guide: Prague*, Watford, UK: Michelin Travel Publications, 2000, 214-15.

215. Rem Koolhaas, "Typical Plan," in S, M, L, XL, 243. [レム・コールハース『Ｓ，Ｍ，Ｌ，ＸＬ＋現代都市をめぐるエッセイ』72 頁]

216. この箇所および以降は、以下の引用による。W. G. Sebald, *Austerlitz*, New York: Knopf, 2001, 178-80. [W・G・ゼーバルト『[改訳]アウステルリッツ』鈴木仁子訳、白水社、2012 年、170-172 頁]

217. グウィネス・ブラヴォ「ヴィクトル・ウルマン」、オレル財団 http://orelfoundation.org/index.php/composers/article/viktor_ullmann/ およびヴィクトル・ウルマン財団のウェブサイト http://www.viktorullmannfoundation.org.uk/index.html（ともに 2018 年 6 月 18 日閲覧）を参照。

218. ユダヤ・ヴァーチャル・ライブラリーのウェブサイトの引用による。http://www.jewishvirtuallibrary.org/jsource/biography/Winton.html（2018 年 6 月 18 日閲覧）また、以下も参照。Muriel Emanuel and Vera Gissing, *Nicholas Winton and the Rescued Generation*, London: Vallentine Mitchell, 2001.

219. 筆者自身の調査による（2009 年）。

220. Sedláková, *Jak fénix*. ペロウトカの回想録『雲とワルツ（*Oblák a valčík*）』の抜粋が掲載されており、ユダヤ人たちが「〈見本市宮殿〉内の集合場所」に連行され、ガラス張りの天井の下で一夜を過ごし、明け方の灰色の光に目を覚ましてホレショヴィツェ駅へと歩いていく様子が語られている（24）。

221. ここでは、作曲家スティーヴ・ライヒの作品 *Different Trains*（1988）を念頭に置いている。

222. ゼレンカの作品の概説としては、以下を参照。Kroutvor, *František Zelenka: plakáty, architektura, divadlo*.

223. 以下を参照。Norman Foster, *Rebuilding the Reichstag*, London: Weidenfeld and Nicholson, 2001, Ch. 1.

訳者略歴

阿部賢一（あべ・けんいち）
一九七二年生まれ。東京大学准教授。専門は中東欧文学、比較文学。著書に『複数形のプラハ』（人文書院）、『カレル・タイゲ　ポエジーの探究者』（水声社）、共編著に『バッカナリア　酒と文学の饗宴』（成文社）、訳書にB・フラバル『剃髪式』（松籟社）、J・クラトフヴィル『約束』（河出書房新社）、P・オウジェドニーク『エウロペアナ　二〇世紀史概説』（白水社、共訳、第一回日本翻訳大賞受賞）などがある。

河上春香（かわかみ・はるか）
一九八八年生まれ。大阪市立大学大学院後期博士課程単位取得退学。大阪市立大学都市文化研究センター（UCRC）研究員。専門は視覚文化論、シュルレアリスム研究。主な論文に『戦間期チェコスロヴァキアにおけるシュルレアリスムのポリティクス――政治的イデオロギーと真理による自己統治をめぐって――』（『美学』第67巻2号、二〇一六年）がある。

宮崎淳史（みやざき・あつし）
一九七九年生まれ。東京外国語大学大学院博士後期課程修了。博士（学術）。東京工業大学非常勤講師。専門は中東欧美術史、文化論。単著に“Japonská kaligrafie”（Česko-japonská společnost）、共著に『中欧の現代美術』（彩流社）、共訳書に『アヴァンギャルド宣言――中東欧のモダニズム』（三元社）、『東欧アニメを巡る旅――ポーランド、チェコ、クロアチア』（求龍堂）がある。

プラハ、二〇世紀の首都
あるシュルレアリスム的な歴史

二〇一八年　九　月一五日　印刷
二〇一八年一〇月一〇日　発行

著　者　デレク・セイヤー
訳　者©　阿部賢一
　　　　河上春香
　　　　宮崎淳史
発行者　及川直志
印刷・製本所　図書印刷株式会社
発行所　株式会社白水社

東京都千代田区神田小川町三の二四
電話　営業部〇三（三二九一）七八一一
　　　編集部〇三（三二九一）七八二一
振替　〇〇一九〇‐五‐三三二二八
郵便番号　一〇一‐〇〇五二
www.hakusuisha.co.jp
乱丁・落丁本は、送料小社負担にてお取り替えいたします。

ISBN978-4-560-09582-9

Printed in Japan